大连发展战略研究

（上）

李　才　主编

大连出版社

图书在版编目(CIP)数据

大连发展战略研究/李才主编. —大连:大连出版社,2010.11

ISBN 978-7-5505-0010-5

Ⅰ.①大… Ⅱ.①李… Ⅲ.①地区经济—经济发展战略—研究报告—大连市—2008~2010 Ⅳ.①F127.313

中国版本图书馆 CIP 数据核字(2010)第 227182 号

出 版 人:刘明辉
策划编辑:卢 锋
责任编辑:杨 琳 于孝锋 李 萤
封面设计:张 金
责任校对:金 琦 张莉莉
责任印制:史凌玲

出版发行者:大连出版社
地址:大连市西岗区长白街 12 号
邮编:116011
电话:0411-83620674/83620941
传真:0411-83610391
http://www.dl-press.com
E-mail:cds@dl.gov.cn
印 刷 者:大连美跃彩色印刷有限公司
经 销 者:各地新华书店

幅面尺寸:170 mm×240 mm
印 张:60.75
字 数:1248 千字
出版时间:2010 年 12 月第 1 版
印刷时间:2010 年 12 月第 1 次印刷
印 数:1~2000 册
书 号:ISBN 978-7-5505-0010-5
定 价:120.00 元(上、下册)

大连发展战略研究

编　委　会

前 言

科学发展离不开科学决策，科学决策离不开科学的政策咨询研究。“十一五”期间，是大连市经济发展最快的时期，经济发展和社会进步取得了举世瞩目的成就。经济总量不断提升，产业结构日趋合理，社会事业不断进步，人民收入显著提高，生态环境明显改善，综合竞争力日益增强，经济社会取得了又好又快的发展，为打造辽宁沿海及东北地区“核心城市”，实现科学发展新跨越奠定了坚实的基础。这些成就的取得离不开市委、市政府的正确领导和科学决策，是大连市人民解放思想、开拓进取、共同努力的结果，也凝结着政策咨询工作者的智慧和心血。

作为市政府决策的参谋部门和重要助手，多年以来，大连市人民政府发展研究中心始终紧紧围绕市委、市政府中心工作，立足大连，从服务大局、服务决策出发，就大连市具有前瞻性、长远性的重点、难点课题开展调研和政策咨询，为市委、市政府科学决策提供参考依据，在推动大连市国民经济和社会事业又好又快发展方面发挥了重要的作用。特别是“十一五”以来，我们围绕改革和发展中遇到的重点、难点问题开展深入研究，取得了一批较高水平的调研成果，开创了政策咨询研究工作的新局面。“十一五”这五年，是市政府发展研究中心科研成果最多的五年，也是知名度最高和社会影响力最大的五年，共完成课题研究成果及调研报告160多篇，绝大部分研究成果受到了市领导的好评，得到了有关部门的应用和认可，在社会上引起了较大的反响。为了让这些研究成果能够发挥更大的作用及得到广泛的宣传，也为了能够让政策咨询研究工作者的辛劳和智慧得以充分展示，我们对“十一五”期间特别是近三年的重要研究成果加以整理，结集出版，以飨读者。

受篇幅所限，本书共收录课题研究报告28篇，分上下两册。这些研究成果是政策咨询工作者集体智慧的结晶，主要呈现出以下几个特色：

一是围绕市委、市政府中心工作开展深入调研。围绕大连市产业结构调整及新兴产业培育、沿海经济带开发、社会民生发展、创建科学发展示范城市等中心工作展开调研，形成了“大连市主导产业优化升级与布局研究”、“大连市农业商品生产基地建设研究”、“大连市产业结构高级化研究”、“促进大连市新兴产业发展的对策研究”、“辽宁沿海经济带国家战略与大连对外开放引领作用研究”、“大连民生发展评价指标体系研究”、“大连市创建中国北方科学发展示范城市评价指标体系研究”等调研成果。这些研究成果为市委、市政府制定政策及相关规划起到了重要的参考作用，为市委、市政府科学决策提供了有力的智力支持。

二是围绕当前重点、热点、难点问题开展调研。围绕提高居民收入、中小企业发展、金融危机对大连的影响、外商投资效应、提高政府管理效能、科技企业孵化器建设、新能源汽车发展、先导区发展等开展深入调研，形成了“促进我市农民收入持续增长对策研究”、“宏观调控政策对中小企业发展影响的研究”、“金融危机对大连农业的影响和对策研究”、“大连外商投资企业经济效应实证研究”、“建设创新型城市中提高大连市政府科技管理效能的对策研究”、“大连市科技企业孵化器发展规划纲要(2008—2015)”、“大连市节能与新能源汽车推广模式研究报告”、“大连市农村贫困(低收入)人口问题研究”、“大连经济技术开发区建立现代产业体系的对策研究”、“花园口经济区管理体制机制创新研究”、“大连保税区健全社会管理体制研究”等调研成果。这些调研成果为市政府相关部门及先导区提供了有较强针对性和可操作性的对策建议，得到了有关部门的认可和好评。

三是注重前瞻性研究。围绕进一步扩大开放、创新基地建设、谋划“十二五”发展等开展超前性、战略性研究，形成了“后金融危机时代大连开放型经济战略研究”、“大连开放型经济中长期发展战略研究”、“关于建立大连长兴岛综合保税区的研究报告”、“大连市科技创新基地空间布局战略研究”、“大连市‘十二五’服务业发展重点、空间布局及对策研究”、“旅顺口区‘十二五’全域城市化民生发展战略研究”等调研成果。这些研究成果为市委、市政府及相关部门解放思想、创新发展提供了参考和借鉴。

本书的出版得到了大连出版社的大力支持和帮助，在此表示衷心的感谢！但愿本书所收录的研究成果能够为各级领导、政府相关部门、高校、科研机构及从事政策咨询研究的有关人士提供帮助和启迪。同时，敬请各位领导及相关人士对课题研究成果提出宝贵意见和建议。

展望未来，特别是“十二五”时期，我市经济、社会发展进程中还会遇到许多新的问题需要我们去研究和探讨，等待我们去破解，尽管任重道远，但我们将一如既往，解放思想，不断创新，锐意进取，多出成果，多出精品，为市委、市政府科学决策提供强有力的智力支持，为大连市实现科学发展新跨越做出更大贡献。

东风起，扬帆远航正当时！

编　者

2010年11月

目　录

大连市主导产业优化升级与布局研究

杨大海　王盛兴　张永欣　宋欣茹　张　娜

产业结构优化升级是推动经济又好又快发展的必然要求,也是产业发展演进规律的体现。党的十七大报告明确提出"加快转变经济发展方式,推动产业结构优化升级"。大连市委十届四次全会和政府工作报告也明确提出加快产业结构优化升级,推动产业结构高端化进程。大连市作为东北地区对外开放的龙头和窗口,又是东北亚重要的国际航运中心及国际性城市,在产业结构高级化方面必定要走在东北地区各城市前列,为东北老工业基地振兴做出表率。为了全域谋划大连发展,促进大连产业结构优化升级,推动大连市经济实现又好又快发展,提升城市综合竞争力,进而率先实现老工业基地振兴,我们开展"大连市主导产业优化升级与布局研究"课题研究。

一、大连市产业发展现状及评价

(一)大连市产业结构优化升级的必要性

大连市第十次党代会提出的率先实现全面振兴、建设东北亚重要国际城市的目标,把大连的振兴发展放在经济全球化的大趋势下,放在全国发展的大格局中,放在东北振兴的大背景中来思考和谋划,这就要求大连市必须要对全域发展思路进行谋划,并对产业结构进行优化升级。大连市产业结构升级的必要性体现在以下几点:

1. 适应全球经济一体化的必然要求

伴随着全球经济一体化的推进,世界城市体系得以重新分工,而生产要素配置全球化,使传统产业不断地升级,是现代社会生产力发展和生产关系变革的客观反映和客观要求。需要我们及时适应市场变化,调整产业发展目标和发展战略。大连在区域经济一体化的大背景下,整合优势产业资源,对生产要素以及产业链条进行优化配置,是适应经济全球化的现实选择。

2. 世界产业升级规律的必然要求

以美国为首的发达国家不断推进产业升级,其产业结构清晰地呈现出以第一产业、第二产业、第三产业为重心的先后次序和演变轨迹,美国目前已率先向第四产业——知识产业为重心升级。产业结构优化升级是现代经济的一个显著特征,是保持区域经济快速、协调、稳定发展,提高经济增长质量和效益的重要保障。大连应顺应产业发展规律,推进产业结构优化升级，改善三次产业的比例关系，调整和优化产品结构和产业布局，提升整体技术水平和综合竞争力。

3. 落实东北老工业基地振兴战略的必然要求

大连市作为东北老工业基地振兴、辽宁五点一线沿海经济带开发建设的重要组成部分，必须坚定不移地落实国家、省委省政府建设东北亚重要国际航运中心、沿海经济强省的重大战略部署，充分利用自然优势和区位优势，有效承接国际产业转移，为东北地区产业结构调整创造新的发展平台。要实现建设国际航运中心、先进制造业和现代服务业基地，构筑环渤海临港产业集聚区和先进制造业基地的目标，就必须对大连市产业结构进行优化升级，建立现代产业体系。这是落实东北老工业基地振兴战略和辽宁沿海经济带开发战略的必然要求。

4. 全域谋划大连现代化建设、推动全市科学发展的必然要求

大连已进入新的发展时期，需要在新起点上谋划新的发展思路。2007 年，我市地区生产总值跨上 3000 亿元新台阶，人均 GDP 达到 7067 美元，标志着我市经济发展进入工业化后期阶段，是产业结构、经济布局和城市功能发展变化较大时期，进入新一轮发展的重要时期。坚持以科学发展观统领我市经济社会发展全局，必须转变经济增长方式和产业升级，借鉴国内外经济社会发展普遍规律，理顺思路，明确发展方向、重点，顺势加快大连的发展。

(二)大连市产业发展现状及评价

党的十六大以来，大连市委、市政府与全市人民不懈努力，抓住对外开放的机遇，紧跟世界产业结构调整步伐，大力实施产业结构战略性调整，推动四大产业基地聚集发展，加快改造传统产业，鼓励和支持优势骨干企业研发具有自主知识产权的产品，实现由“大连制造”向“大连创造”的战略升级。目前，大连在建设东北亚国际航运中心的目标指引下，正在向全球软件和服务外包新领军城市、亚洲重要的集成电路产业基地、具有国际竞争力的装备制造业基地和东北亚现代服务业聚集中心快步迈进。

1. 产业发展现状

2007 年，我市实现地区生产总值 3131 亿元，第一产业增加值 247.6 亿元，第二产业增加值 1536.5 亿元，第三产业增加值 1346.9 亿元，三次产业构成比例为 7.9:49.1:43。

其中，第一产业中：水产、畜牧、蔬菜、水果和花卉五大优势产业产值占第一产业总产值的比重达 81.8%；第二产业中：石化工业 232.5 亿元，现代装备制造业 327.9 亿元，船舶制造业 88.3 亿元，电子信息产品工业 88.4 亿元；第三产业中：软件和信息服务业实现销售收入 215 亿元，增长 48.3%。

(1)产业结构分析

首先，我们分析一下 1995 年～2007 年年间大连市国内生产总值三次产业构成状况，

如表 1 所示。

从表 1 可以看出,大连市国内生产总值的三次产业构成,在同一时期,虽然优于全国平均水平和辽宁省平均水平,但与典型的重工业城市沈阳市相比并无太大区别,产业构成的优化程度明显低于北京、上海等城市。从 1995 年 ~2007 年间大连各产业产值的变动来看,大连第一产业产值的变动趋势是呈下降态势,第二产业的变动在 1995 年开始呈现下降趋势,但在"十五"期间,第二产业比重又逐渐上升,这无疑是国家提出的振兴东北老工业基地的方针对东北、大连的许多重化工业项目支持发展的结果。与中国平均水平以及其他城市第三产业比重发展趋势相反,大连的第三产业比重十年来的变化不大,第三产业的产值比重与国内平均水平差别不大,但与北京市的差距则很大,表现为第三产业发展速度不够,产业结构高级化进程缓慢。

表 1　　国内生产总值的三次产业构成　　单位:%

地区 年份	全国			辽宁			大连			沈阳			上海			北京		
	一产	二产	三产	一产	二产	三产	一产	二产	三产	一产	二产	三产	一产	二产	三产	一产	二产	三产
1995	20.5	48.8	30.7	13	52.1	35.9	10.0	50.0	40.0	7.6	42.3	50.0	—	—	—	5.8	44.1	50.1
1996	20.4	49.5	30.1	13.5	50.8	37.3	10.7	47.3	42.0	7.3	40.4	52.2	2.5	54.5	43.0	5.2	42.3	52.5
1997	18.7	49.2	32.1	13.9	50	37.6	11.3	46.3	42.4	7.1	40.7	52.1	2.3	52.2	45.5	4.7	40.8	54.5
1998	18.4	48.7	32.9	12.6	47.8	38.5	10.7	46.7	42.6	7.2	39.9	52.9	2.1	50.1	47.8	4.3	39.1	56.6
1999	17.3	49.7	33.0	11.9	50.8	39.1	10.3	46.1	43.6	6.9	44	49.1	2.0	48.4	49.6	4.0	38.9	57.1
2000	16.3	50.0	33.7	10.9	49.4	39.7	9.5	46.5	44.0	6.4	44.3	49.3	1.8	48	50.2	3.7	44.1	58.3
2001	15.2	51.2	33.6	10.8	48.6	40.6	9.0	46.5	44.5	6.2	43.8	50	1.7	47.6	50.7	3.3	37.8	58.9
2002	14.5	51.7	33.8	10.8	47.8	41.4	8.4	47.0	44.6	6.0	43.9	50.1	1.6	47.4	51.1	3.1	35.6	61.3
2003	14.8	52.9	32.3	10.4	47.5	42.1	8.9	47.9	43.2	5.5	47.3	47.2	1.5	50.1	48.4	2.6	36.0	61.4
2004	15.2	53.0	31.8	11.2	47.7	41.1	7.8	50.1	42.1	5.8	49.5	44.7	1.11	50.9	48.0	2.4	37.6	60.0
2005	12.4	47.3	40.3	10.7	48.8	40.5	8.6	46.2	45.2	6.1	43.5	50.4	0.9	48.9	50.2	1.4	30.9	67.7
2006	11.8	48.7	39.5	10.5	51.0	38.5	8.1	47.8	44.1	5.5	45.8	48.7	0.9	48.5	50.6	1.3	27.8	70.9
2007	11.7	49.2	39.1	10.7	52.9	36.4	7.9	49.1	43.0	5.4	47.2	47.4	0.8	47.3	51.9	1.1	27.5	71.4

资料来源:根据 1995 年 ~2007 年全国、各省市统计年鉴及统计公报整理。

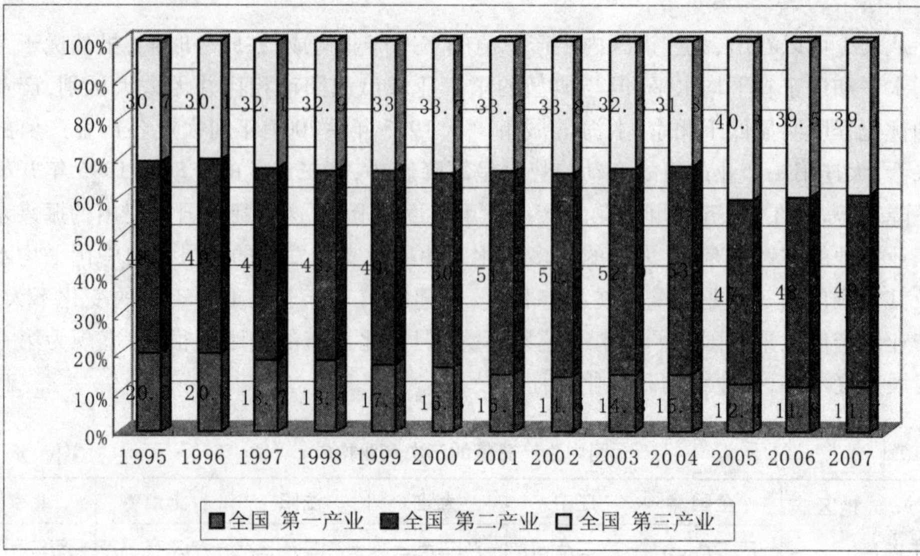

图1　全国产业结构变化图

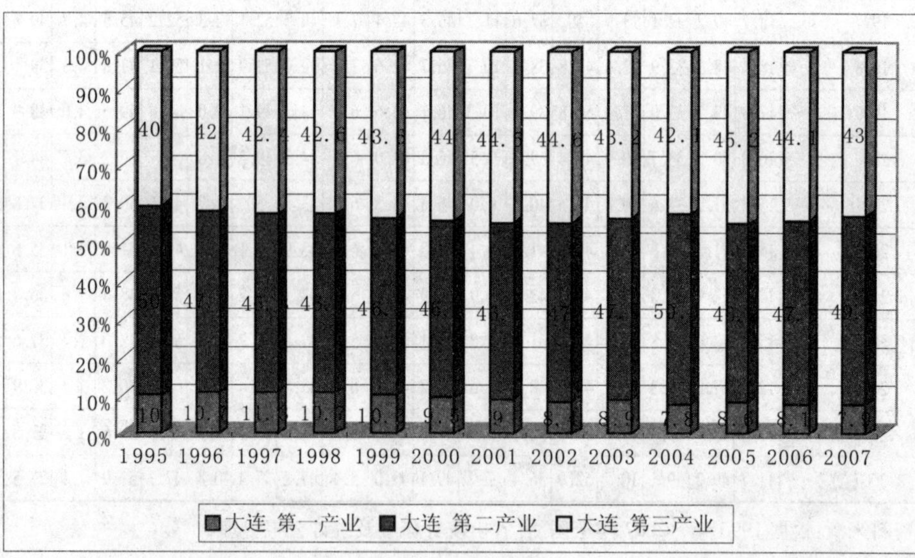

图2　大连市产业结构变化图

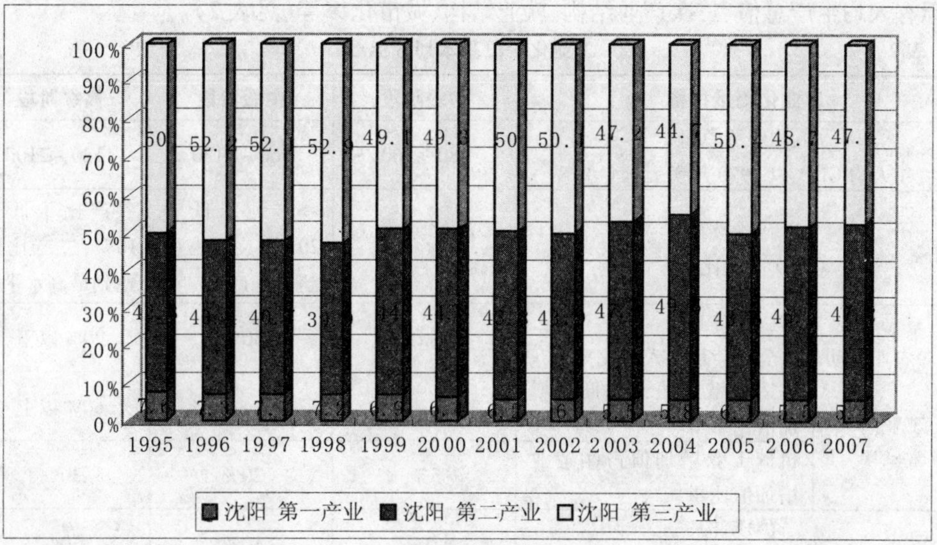

图 3 沈阳市产业结构变化图

(2)工业化进程所处阶段分析

工业化是任何国家和地区都不可逾越的阶段,工业化程度是评价国家、地区发达程度的一个标准。为加深对我市产业结构的了解,现根据美国工业化进程和国际综合评价理论体系来确定我市目前所处的工业化阶段。

美国的工业化经历了100年的历程,取得了巨大成就,其制造业长期雄居世界第一,目前美国已进入了高度发达的后工业化时代。在美国的工业化发展进程中,虽然其所处的时代背景与我国当今的新型工业化进程有很大不同,但美国工业化所反映的一般性特点,对加速我国工业化仍然具有非常重要的借鉴意义。

美国工业化是一个工业比重逐步超过农业的产业结构升级过程。其工农业产值比重在1850年至1900年间由39:61变为73:27。其主要特点是产业结构升级在各产业协调发展的基础上进行,实现了各产业之间的相互促进。美国在工业化完成之后,农业发展慢于工业,但在工业化时期内,农业发展是相当快的。它一方面为工业提供了市场,另一方面,农产品加工业成为美国第一大制造业。农业在区域布局上存在明显的专业化分工,这一点非常值得我们借鉴,虽然工业是工业化的显著特征,但工业化绝不仅仅是工业发展,而是各产业协调发展的过程。比如,今天的加州不仅高科技发展独占鳌头,居世界领先水平的农业现代化也是它的一张王牌,农产品加工成为加州一大特色。这说明工业化的过程也是农业现代化的过程,应当在产业结构升级的同时,注重协调各产业的发展和产业间的关系,使其相辅相成,相得益彰。

国际综合评价理论体系是国际上衡量工业化程度的主要理论方法,其体系主要经济指标有人均生产总值、三次产业结构、就业结构、城市化率等(见表2)。

表2　　工业化阶段基本划分标准

工业化衡量指标		初级阶段	中级阶段	高级阶段
人均经济总量（人均GDP,以1970年美元衡量）		280~560	560~1120	1120~2100
产业结构（三次产业比例）		二产比重超过一产	一产比重低于20%,二产比重超过三产	一产比重低于10%,二产比重达到最高水平
就业结构（农业劳动力占全社会从业人员比重）		50%以上	30%	20%以下
工业内部结构	制造业增加值占总商品增加值比重	20%~40%	40%~60%	60%以上
	机械工业增加值占制造业增加值比重	5%	20%	30%
贸易结构（机电产品出口额占总出口额比重）		1%	10%	30%
城乡结构（城镇人口占总人口比重,即城市化率）		20%以下	50%	70%以上

到2007年年底,我市上述几项相关指标的数值分别是：

●人均经济总量。2007年大连市的人均GDP为51624元,参用美国1970年美元衡量,大约相当于4548美元。(2007年,大连人均GDP为7067美元)

●产业结构。工业化进程的直接表现就是三次产业的升降变化,突出表现就是第一产业下降、第二产业上升。2007年大连市三次产业构成为7.9∶49.1∶43。

●就业结构。工业化进程中,劳动力也由第一产业向第二、第三产业转移,即第一产业就业人数减少、第二和第三产业就业人数增加。2007年,大连市农业劳动力为68.8万人,占全市就业人数的29%。

●工业内部结构。伴随着工业化进程的,是轻、重工业主导地位及内部结构的演变。2007年,大连市的制造业实现增加值1168.2亿元,占总商品增加值(第一、第二产业增加值之和)的65.5%;机械工业增加值为477.5亿元,占制造业增加值的40.8%。

●贸易结构。一般来说,贸易结构的变化在相当程度上是由工业产品的结构调整决定的。2007年,大连市机电产品出口额94.48亿美元,占全市出口总额的47.9%。

●城乡结构。工业化与农业产业化、城市化紧密联系,特别是工业化与城市化高度相关,大量的农业人口向第二、第三产业转移,也就是人口由乡村向城镇转移。大连市城镇人口占全市总人口58.3%,即城市化率为58.3%。

将以上指标数值与划分标准比较,"产业结构"、"就业结构"、"工业内部结构"、"城乡结构"均处于工业化中级阶段,只有"人均经济总量"、"贸易结构"达到工业化高级阶段。

综合判断:一是大连市处于工业化中级阶段的后期;二是大连市已进入工业化进程加速状态,正向工业化高级阶段迈进。

(3)就业结构分析

从发达国家经济发展历程看,随着经济的发展,第一产业从业人员比重逐渐下降,第二产业从业人员比重一般要经过一个上升、稳定、下降的过程,第三产业从业人员比重则呈上升趋势。发达国家第一产业从业人员比重均在10%以下,第二、三产业从业人员比重分别在30%和70%左右。2005年,我国第一、二、三次产业就业人员比重分别为44.8%、23.8%和31.4%,表明第三产业接受农业剩余劳动力转移的潜力巨大。可以看出,无论从产业结构还是从就业结构来看,目前我国第三产业都相对落后,仍处于工业化进程中的初级阶段,与发达国家及周边一些国家相比,还有很大的差距。

表3　大连市三次产业从业人员构成

时间	第一产业%	第二产业%	第三产业%
2005	22	31	47
2006	21	30	49
2007	20	31	49

资料来源:2005年~2007年《大连劳动和社会保障事业发展统计公报》。

大连市三次产业从业人员构成的变化反映了虽然第一产业从业人员比重在不断下降,但从业人员不是向容量大的第三产业转移,这种现象与其他城市的变化和国际经验是不同的,反映了大连市第三产业对就业的吸纳能力较弱(见表3)。上述状况表明,大连市加快技术创新与产业结构调整对提高第三产业吸纳就业的意义重大。

(4)产业结构变动度分析

为衡量大连市产业结构的变动程度,现引入产业结构变动度指标。它是指一个地区一段时期内三次产业构成变化值的绝对值之和。其计算公式如下:

$$K=\sum_{i=1}^{3}|Q_{ij}-Q_{i0}|$$

式中:K为产业结构变化值,Q_{ij}为报告期i次产业构成百分比,Q_{i0}为基期同次产业构成百分比。经计算的大连市1995年~2007年间产业结构变动值如表4所示:

表4　产业结构变动度对比

时间 / 地区	1995~2000 年产业结构变动度%	2001~2007 年产业结构变动度%	1995~2007 年产业结构变动度%
全国	11	5.3	16.6
辽宁	13.8	7.5	11.8
沈阳	4.3	11.8	6.8

续表

时间 地区	1995～2000 年产业结构变动度%	2001～2007 年产业结构变动度%	1995～2007 年产业结构变动度%
大连	5.1	10.9	8.5
北京	21.1	4.2	24.4
上海	13.2	7.9	10.7

资料来源：根据国家、各省市统计公报整理。

从产业结构变动度的对比可以看出，大连市从1995年～2000年这6年间的产业结构变动度达5.1%，低于表中除沈阳外所有作为参考对比的城市的产业结构变动度水平，甚至低于全国同期的11%的平均水平，表明了在20世纪90年代后期，大连市调整产业结构的速度缓慢。从2000年～2007年间，大连市产业结构变动度为10.9%，高于除沈阳外的其他城市，高于全国的平均水平近6个百分点，说明沈阳、大连两市利用国家东北老工业基地振兴政策的支持，均加大了产业结构调整的力度。以上分析表明，大连市在“九五”期间大连市产业结构调整的力度和采取的措施已经走到全国的后面，“十五”期间和“十一五”开局产业结构不断调整，力度与全国平均水平比较，有了大幅度的提高。因此，如何充分巩固大连在“十五”期间产业结构调整优化的成果，争取在“十一五”期间取得产业结构调整更大的成绩是我市未来工作的重中之重。

2. 产业空间布局

(1)总体空间布局

经过多年的发展，大连市目前形成了“一个核心区，两条产业带，多个组团式园区”的产业分布格局。

一个核心区。指大连城市的主城区，这里聚集了较为密集的科技、资本、人才等经济要素。通过完善综合服务功能，增强吸纳辐射能力，这一区域成为全市的行政文化中心、商务中心、现代服务业核心区，形成城市经济的“内核”。其中包括沿旅顺南路迅速发展的电子信息、软件等高新技术产业，是我市未来新领军城市的核心产业。

两条产业带。围绕大连城市主城区为核心沿不同方向培育两个带动力强的经济带。一是由开发区、保税区、出口加工区、大窑湾港区等经济功能区形成一条产业带，作为外向型经济集中区是大连工业特别是开放型工业的主体；二是将旅顺开发区到长兴岛作为一条产业带，形成以修造船和石化为主的开放型临港产业区，承接国外临港产业和东北老工业基地重大产业的转移，形成我市新型产业基地和经济增长区域。

两条产业带的核心是“两区一带”。“两区一带”是我市的临港装备制造业聚集区、临海装备制造业聚集区和造船产业带。临港装备制造业聚集区指能利用大窑湾公共港区进行产品的制造和流通的装备制造业园区，主要为大连开发区、保税区、双D港、金州开发区等地区，重点发展汽车及汽车零部件、机床制造、轨道交通制造业。临海装备制造业聚集区指企业可以自建码头的装备制造业园区，主要指大连湾棉花岛地区，重点发展重大装备及海洋工程。造船产业带是指大连沿渤海湾从长兴岛到旅顺开发区的造船产业园区。

多个组团式园区。发挥大连市区市县不同区域的资源和产业优势，承接国内外产业和我市产业转移，按照布局合理、产业各具特色的要求，重点培育沿两条产业带的长兴岛临港工业区、花园口工业区以及涉农区市县的各新兴产业园区。我市城镇点状产业布局包括：皮杨陆岛经济区、登沙河临港工业区、旅顺开发区、营城子工业区、三十里堡临港工业区、海湾工业区、松木岛化工区、瓦房店工业区等新兴产业园区及一批经济重镇，这些城镇点状园区将成为大连产业增量的集中成长区，成为支撑我市整体经济和谐发展的主要增长点。

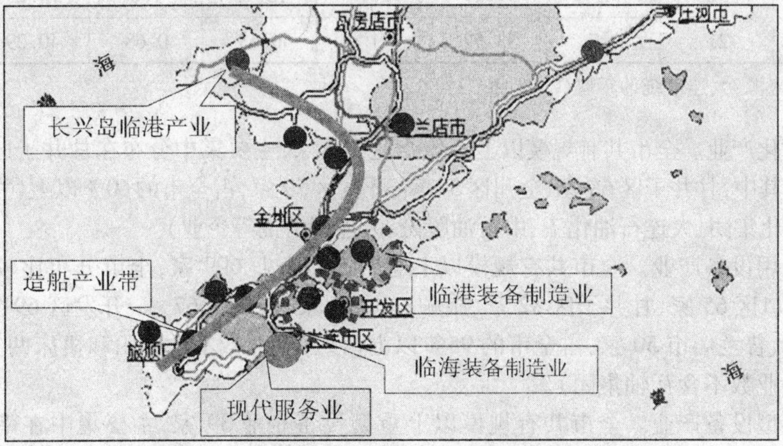

图4　大连市产业总体空间布局图

(2) 主要产业空间布局

近十年来，大连市内工业企业通过搬迁改造和全市产业园区建设，优势产业逐步由市内三区向周边区（市）转移，区（市）产业呈现专业化、集群化趋势，并形成了各自新的产业优势。

全市八大优势产业规模以上企业按照产出占全市规模以上工业产值比重划分，各个产业规模的顺序为石化、通用机械及基础部件、电子信息及软件、船舶、精品钢材、重型装备、汽车及发动机等零部件、机车及交通运输装备产业（见表5）。

表 5　　各产业占全市规模以上工业比重

	企业数（个）	比重%	总产值（亿元）	比重%	增加值（亿元）	比重%	资产总值（亿元）	比重%
全市	2954		3437.46		976.8		3316.80	
石化	304	10	1086.29	31	249.6	25	677.18	20
通用机械	609	20.6	454.33	13.2	143.4	14.6	439.46	13.25
电子软件	67	2.3	306.69	9	76.46	7.8	258.36	7.8
船舶	56	2	240.67	7	66.61	6	402.58	12
精品钢材	63	2.1	145.02	4.2	36.66	3.8	244.52	6.8
重型设备	39	1.3	96.17	2.8	38.83	4	118.55	3.6
发动机	56	2	57.49	1.7	15.12	1.6	74.25	2.2
机车	21	0.7	33.57	1	6.63	0.68	40.29	1.2

资料来源：大连市统计年鉴（2008 年）。

●石化产业。全市共有规模以上石化企业 304 家，主要集中分布在甘井子区、金州区、开发区。其中，甘井子区 68 家、金州区 57 家、开发区 59 家，占全市的 60% 以上（甘井子企业数不含大化集团、大连石油化工、中石油股份、大连润滑油等企业）。

●通用设备产业。全市共有规模以上通用设备企业 609 家，全市分布比较均匀。其中，沙河口区 65 家、甘井子区 82 家、旅顺口区 77 家、金州区 67 家、开发区 69 家、瓦房店市 174 家、普兰店市 50 家，占全市的 95% 以上（沙区企业数不含冰山和机床两家企业，瓦房店市企业数不含瓦轴集团）。

●重型设备产业。全市共有规模以上重型设备企业 39 家，主要集中在南三区。其中，甘井子区 5 家、旅顺口区 7 家、金州区 4 家、开发区 5 家、高新技术园区 5 家，占全市 67%（甘井子区企业数不含重工起重集团）。

●船舶产业。全市共有规模以上船舶企业 56 家，其中，主要集中在西岗区，甘井子区、旅顺口区、开发区，北三市也有分布。其中，西岗区 11 家、甘井子区 8 家、旅顺口区 9 家、开发区 9 家、普兰店市 5 家、庄河市 8 家，占全市的 85% 以上。

●汽车及发动机零部件产业。全市共有规模以上企业 56 家，主要集中在开发区、瓦房店市、金州区等。其中，开发区 14 家、瓦房店市 10 家、金州区 8 家、甘井子市 7 家、旅顺口区 5 家，占全市的 78% 以上。

●通信设备产业。全市共有规模以上通信设备企业 67 家，主要集中在开发区、高新技术园区两地，分别有 31 家、13 家，占全市的 65%。

●机车及交通运输产业。全市共有规模以上企业 21 家，全市分布比较均匀。

3. *产业发展存在问题分析*

虽然大连市产业结构不断进行调整、优化，但与先进地区相比，大连产业发展及布局依然存在着一些问题，主要表现在以下几个方面：

一是第三产业发展速度较慢。从表1中明显看出我市第三产业的比重从1998年的42.6%至2007年的43%，其中最高年份为2005年的45.2%，十年间第三产业的比重增长微乎其微。从第三产业增长速度来看，明显落后于第二产业增速。2007年第二产业增长速度为20.5%，第三产业增长速度为15.5%，三产增速落后二产增速5个百分点。从对经济增长贡献率来看，我市第三产业总量虽然在不断扩大，但对经济增长贡献率不高。2007年我市二次产业与三次产业构成比例为49.1∶43，对经济增长的贡献率分别为56.2%和39%，第三产业对经济发展的拉动作用不强。从第三产业内部结构看，我市传统的房地产、餐饮等消费型服务业仍处于主导地位，金融、物流业等现代服务业业刚刚兴起，智力型、技术型、生产型服务业发展不快。

二是产业结构不合理，重工业过重、轻工业过轻，与产业竞争能力提升不相适应。在全国15个副省级城市三次产业构成中（见表6），2007年大连市三次产业结构比例为7.9∶49.1∶43，与其他副省级城市相比，第三产业比重低，第一产业比重较高，产业结构不尽合理，产业高级化进程缓慢，与建设东北亚重要国际航运中心的目标不相适应。同时，各次产业内部结构也不尽合理。2007年全市规模以上轻重工业比为23.6∶76.4，重工业过重；在工业内部结构中传统工业比重高，新兴工业比重低；2007年全市第三产业中信息传输、计算机服务和软件业；金融保险业；科学研究、技术服务和地质勘查业占服务业的比重仅为18.7%，现代服务业比重较低。

表6　十五个副省级城市三次产业构成比较表

项目 地区	第一产业(%)		第二产业(%)		第三产业(%)	
	2006年	2007年	2006年	2007年	2006年	2007年
大连	8.1	7.9	47.8	49.1	44.1	43.0
沈阳	5.5	5.4	45.8	47.2	48.7	47.4
长春	9.6	9.3	48.9	50.3	41.5	40.3
哈尔滨	14.9	14.27	36.8	37.04	48.3	48.6
济南	6.6	5.9	45.8	45.2	47.6	48.9
青岛	5.7	5.4	52.3	51.6	42	43
南京	2.9	2.6	49.0	48.9	48.1	48.5
杭州	4.5	4.1	50.6	50.2	44.9	45.7
宁波	4.8	4.4	55.1	55.3	40.1	40.3
厦门	1.6	1.3	54.0	53.1	44.5	45.6
广州	2.4	2.1	40.0	39.5	57.6	58.4
深圳	0.1	0.1	52.5	50.1	47.4	49.8

续表

项目 地区	第一产业(%)		第二产业(%)		第三产业(%)	
	2006 年	2007 年	2006 年	2007 年	2006 年	2007 年
武汉	4.5	4.1	46.2	45.8	49.3	50.1
成都	7.1	7.1	44.1	45.2	48.8	47.7
西安	4.8	4.7	43.4	43.8	51.8	51.5

资料来源:各市统计公报。

三是产业链发展不完整。石化产业“有头无尾”,石化业是大连工业经济的支柱,整个产业占规模工业的比重在 1/3 以上,在各产业门类中首屈一指。大连全市税收总额的半数来自大连石化和西太平洋石化两家。下游产业链不发达是大连石化业的主要问题,精细化工率仅 30%,低于全国平均水平,结构性矛盾突出。汽车产业“有尾无头”,目前我市已经形成了区域性汽车配套及零部件制造的产业集群,但是缺少整车的龙头带动。微电子产业中“有芯片无封装”,以英特尔等生产企业为基础的中、上游产业发展迅速;在下游封装、测试和整机应用产品部分,企业较少。

四是产业高加工度化相对较低。虽然我市工业基础较好,装备制造业有一定优势,但与先进国家和地区相比,产业高加工度化还相对较低。特别是一些关键技术、核心技术尚未取得突破,致使技术含量高、附加值大的产品相对短缺,企业的国际竞争力不强。因此,急需通过科技进步,提高产业高加工度化程度,加大新兴潜力型高附加值产业的发展力度,从而带动工业经济结构的高级化和高附加值化,从根本上消除产业和产品结构的矛盾性失衡现象。

五是产业自主创新体系尚不完善。品牌产品较少,特别是服装和轻工业产业,从服装会展来牵动服装产业发展的角度和轻工业发展的速度来分析,按着一个产业的国际化标准来要求差距还相当大。科技成果转化率偏低,院校和研发机构的成果和发明不少,真正产业化的不多。目前我市工业企业与高校及研发机构群体性创新突破能力、自主创新与成果转化能力,以及相应的政策配套能力有待提高。

六是产业园区定位不明确,产业雷同现象严重,产业不集中,加重环境污染和资源浪费。现有园区在产业发展规划上,一定程度存在着功能定位、产业雷同和重复建设现象,缺乏产业特色,降低了资源配置效率;此外,一些区域产业布局与区域功能定位不相匹配,产业布局不尽合理。如旅顺口区是大连市的后花园,定位为旅游、教育、高科技产业发展区,但造船业也在发展,这明显与区域功能定位不适应。在开发建设组织上,相邻园区协作沟通不够,致使园区之间产业分工不尽合理;在吸引外商投资上,不同园区存在无序竞争和过度竞争现象,造成了不必要的内耗。

二、大连市主导产业的选择

(一)主导产业选择相关理论

通常来说,区域主导产业是指具有一定规模,能够迅速有效地吸收科技创新成果,满足大幅度增长的需求而获得持续高的经济效益,并直接或间接地影响其他产业,对经济发展和产业结构演进有强大的促进和带动作用的产业。主导产业具有如下特点:一是关联性。主导产业对较多产业产生带动和推动作用的产业,是前后向关联和旁侧关联度较大的产业。二是序列演替性。由于主导产业能够诱发相继的新一代主导产业,因此,特定阶段的主导产业是在具体条件下选择的结果。一旦条件变化,原有的主导产业群对经济的带动作用就会弱化,被新一代的主导产业所替代。三是多层次性。由于发展中国家在产业结构调整和优化过程中,既要解决产业结构的合理化问题,又要解决产业结构的高度化问题,因此,处在战略地位的主导产业应该是一个主导产业群,并呈现多层次的特点,实现多重化的目标。国际上关于区域主导产业界定和选择的理论众多,其中最具代表性的有:

扩散效应最大准则。又称"罗斯托准则",强调主导产业对经济和社会发展的影响力。美国经济学家罗斯托认为,应选择扩散效应最大的产业或产业群作为一国或区域的主导产业,重点扶持,加速发展,从而带动其他产业发展和社会进步。扩散效应的带动原理在于:一是回顾效应,主导产业高速增长,对各种要素产生新的投入要求,从而刺激这些投入品的发展;二是旁侧效应,主导产业的兴起会影响当地经济、社会的发展,如制度建设、国民经济结构、基础设施、人口素质等等;三是前向效应,主导产业能够诱发新的经济活动或派生新的产业部门,甚至为下一个重要的主导产业建立起新的平台。

收入弹性和生产率上升率准则。又称"筱原基准",强调市场需求对支柱产业发展的作用力。日本经济学家筱原三代平早在20世纪50年代中期就提出,产业的收入弹性和产业的生产率上升是影响产业发展的两个主要因素。在市场经济条件下,社会需求是推动产业发展最直接、也是最大的原动力,其结构变化也是产业结构变化和发展的原动力。"收入弹性"大的产业,因产品增加而带来更大收入,进而创造了更大需求,从社会获得更大的发展动力;生产率上升较快的产业有着较快的技术进步速度,生产成本低,投入产出高,自然吸引资源向该产业移动,从而在产业结构中占有更大的比例。"筱原基准"的实质在于从供求两方面反映产业结构演进的内在根源,其意向在于把收入弹性和生产率上升率高的产业作为主导产业重点发展,使之上升为支柱产业。

产业关联准则。又称"赫希曼标准",强调产业结构的协同效应。支柱产业必须关联度高,有较强的前向、后向和旁侧关联效应,能够向各方向渗透,带动相关产业和地区经济的发展。赫希曼认为,市场扩张能促进生产的发展,而生产的发展又能带动其他产业发展。所以,应当以一个产业的产品需求价格弹性与收入弹性两个标准作为选择主导产业的具体标准,因为需求价格弹性和收入弹性大表明该产品市场前景广阔,这样的主导产业有可能比较顺利地成长为支柱产业。

动态比较优势准则。根据德国历史学派先驱李斯特扶持幼小产业、保护民族工业的学说，在国际市场背景下，扶持本国暂时相对幼小的新兴产业，尽管短期内比较成本较高，但在政府保护下经过努力，就可以扭转生产费用劣势，赢得比较优势。据此，应当用发展的眼光关注产业的潜在优势，尤其是在后发国家和地区，参照发达国家经历过的支柱产业部门更替，把在先进国家或地区曾经带动或正在带动产业结构演进，但在本国尚处于比较成本劣势的新兴幼小产业作为培育支柱产业的重点对象，通过国家扶持，使其比较费用逐步转向优势，进而成为带动产业结构升级的支柱产业。

上述理论为区域主导产业的选择提供了重要的导向。但是，区域主导产业的选择是一个复杂的系统问题，采用任何单一的方法都有其局限性，本文将采用主成分分析方法，定量分析大连市各产业的发展状况并确定其主导产业。

(二)主导产业选择依据

选择主导产业的目的是为了培育，而培育的目的是促进区域产业结构高级化和争取区域经济动态比较优势。为实现上述目的，确定主导产业选择的依据就应考虑主导产业的两大功能：一是结构高级化功能，即对内带动产业结构高级化；二是优势升级化功能，即对外推动比较优势升级转换。紧扣主导产业的本质特征。主导产业的本质特征表现在以下三方面：一是高创新率或吸收创新率，二是高增长率，三是高带动力。在进行我市区域主导产业选择时，应紧扣主导产业的这些本质特征。

1. 选择大连市主导产业的基本原则

(1)综合比较优势原则。对区域主导产业选择，必须考虑该地区具体的资源情况、生产技术水平以及目前所处的发展阶段和上一阶段的情况，进行综合性研究，体现出其综合性原则；比较优势原则是指具有较强的市场竞争力，只有这样才能发挥其比较优势，建立起具有较强竞争力的产业结构，引导和带动区域经济的发展。根据大连市社会经济发展水平，结合大连市产业结构进步程度及相关产业的潜在能力，有的产业在经济中已经占有较高的比重，具有一定的扩张力量，并且对其他产业也具有一定的带动作用，那么可以考虑选择这样的产业作为主导产业。如高新技术、装备制造等。

(2)成长高效原则。对区域主导产业选择，要考虑其市场的空间和发展的潜力。这就需要对主导产业的市场前景进行研究。一个产业具有良好的、持续成长的经济效益可以有力地推动区域经济和社会的发展，因此，具有较高的社会与经济效益，尤其是具有持续成长的经济效益，是一个产业成为区域主导产业的重要条件。有的产业尽管当前效益比较好，但如果是夕阳产业，则不能选择作为主导产业。

(3)技术创新原则。当今世界竞争本质上是技术优势的竞争，技术进步快、技术水平高、技术不断进步的产业具有较高的生产率，选择技术进步快的产业作为主导产业，符合产业结构演进的总体趋势。主导产业与其他产业的一个重要区别就在于它依靠科学技术创新，获得了新的生产函数。所以，主导产业的选择必须特别重视技术创新的作用，所选择的主导产业应当能够集中地体现技术进步的主要方向和发展趋势。作为优先发展的主导产业,应能够较快地吸纳先进技术,从而提高产业的劳动生产率,增加产品的技术附加值,在市场竞争中获得优势。如发展壮大先进制造业、电子信息产业等高新技术产业。

(4)产业关联原则。主导产业所具有的带动性是主导产业的一个重要性质,而主导产业正是通过与相关产业的关联来带动其发展的。所谓产业的关联,在本质上是社会生产中不同部门之间和不同产业之间的技术结构及产品的需求结构,是社会生产力发展的一种结构状态。而产业的关联度则是产业之间这种技术结构和产品的需求结构的扩散程度及其相互依存、相互推动的强度。一个产业只有与其他产业具有广泛、密切的经济联系,才有可能通过聚集效应带动区域内相关产业的发展,进而带动整个区域的经济发展。

(5)和谐发展原则。主导产业选择一方面要遵循资源、能源节约原则,另一方面要遵循环境保护原则。大连市的主导产业选择,要考虑到大连市的资源、能源状况,特别是要考虑到资源的约束因素。大连市土地资源、矿产资源、淡水资源等都比较缺乏,在未来主导产业选择时就要考虑到资源的制约,尽可能选择资源、能源消耗少的,科技含量高的产业。再有大连市主导产业的选择应强调环境保护,把环境保护作为一个重要的衡量标准,突出"绿色产业"的重要性。大连市作为"中国优秀生态旅游城市",资源环境承载力较差。因此,在选择主导产业时应更加注重对环境的保护。

2. 指标体系的构建原则

对大连市主导产业的选择进行评价,在构建相应的指标体系时,应遵循以下基本原则:

(1)客观性原则。在选择评价指标的过程中,客观地分析所选指标的经济含义,依据其经济含义做出取舍,尽量不受主观因素的影响。

(2)可行性原则。尽量采用有数据支撑的指标,而对数据不可得的指标只能做舍弃处理。如旅游业对大连市经济社会发展尽管非常重要,但由于其指标难以全部取得,所以在实证分析时只能剔除该产业。

(3)可比性原则。要求指标的计算口径和计算方法保持一致,便于前后期对比。

(三)大连市主导产业选择

1. 可供选择的评价方法的比较

主导产业的选择方法历来是专家学者研究的主要课题,由于主导产业选择的影响因素繁杂,且具有因素影响力的不确定性,所以不同方法各有其侧重,具体到不同的地区应结合各地区不同的特点合理选择,不能完全照搬。

(1)区位熵方法

区位熵是用来判断一个产业是否构成地区专业化部门,即判断一个产业与其他地区比较是否具有集中优势的办法。是指一个区域特定产业的产值占全国该产业总产值的比重与区域内人口数与全国人口数比重之间的比值。一般主导产业区位熵值在1以上。区位熵只考虑了现有已经发展起来并具有一定规模的产业,而对具有潜在优势,尚未形成产业规模和产值的产业，则可能由于区位熵过小而被排除在主导产业行列之外。因此，在使用区位熵进行主导产业选择时，应采用其他方法对具有潜在发展优势的产业做出评价和判断。

(2)专家评价法(Expert Evaluation Method，EEM)

专家评价法是基于一组有关专家的知识、经验和主观判断能力，根据评价目的，按照规范化的程序和评价标准，对某一评价对象提取最一致的信息，并形成专家群决策意见的方法。主要包括专家咨询法(Delphi 法)、加权平均法等方法。这类方法由于简单、易于操作，又能有效地吸收专家的知识和经验，因此，它被广泛地应用于各种评价问题中。

专家评价法是在科技评价领域应用最多和最广的一种方法，可以充分利用专家智慧、技术和经验，但同时也容易受专家知识、经验不足和主观等因素的影响。因此这些方法的主观性比较强，多人评价使结论难以收敛，从而使得其应用范围受到了一定的限制。

(3)层次分析法(Analytic Hierarchy Process，AHP)

层次分析法是美国著名运筹学家 T. L. 萨迪(T. L. Saaty)于 20 世纪 70 年代末提出的一种多层次权重解析方法，它是通过分析复杂系统所包含的因素及其相关关系，将问题分解为不同的要素，并将这些要素归并为不同的层次从而形成一个多层次的分析结构模型。层次分析所需数据量少，能够克服一般评价方法要求样本点多、数据量大的特点，可靠度比较高，误差小，从而使系统因素间的量化分析成为可能。因此，最初该方法被广泛应用于技术创新能力评价。AHP 目前进一步研究的主要方面是其权重的测算和模糊 AHP 两类。

层次分析法在多层次评价指标权重确定方面具有优越性，但当某一指标的下一层直属分指标超过 9 个时，其有效性降低，则判断矩阵往往难以满足一致性要求。由于该方法要求各评价指标之间严格独立，这就给我们建立评价指标体系造成一定的困难。因为难以找到完全独立的评价指标，所以使得该方法的使用范围受到了一定的限制。

(4)数据包络分析法(Data Envelopment Analysis，DEA)

1978 年美国 A. 查恩斯(A. Charnes)等人提出了 DEA 方法。它是一种根据同一类决策单元的输入输出数据来评价各决策单元相对有效性的多指标评价方法。该方法是基于对前期决策数据分析的基础上进行评价的，强调所评价对象的整体效果最优，为未来决策提供大量的经验信息。与其他评价方法相比，DEA 方法的长处就在于它不仅能够判断决策单元的相对有效性，而且还能有针对性地给出决策单元的改进信息。另外，DEA 方法求解的最终变量为权重，所以避免了事先人为设定权重的困难，使评价结果更具客观性。

DEA 方法是根据一组多输入和多输出的观察值来确定有效生产前沿面，以评价其对象系统的相对有效性，虽然被广泛应用于多种方案之间的有效性评价，但其仅限于具有多输入和多输出的对象系统的相对有效性评价。并且该方法只表明评价单元的相对发展指标，无法表示出实际发展水平，从而使得其应用存在一定的局限性。

(5)主成分分析(Principal Component Analysis,PCA)

主成分分析(PCA),首先是由英国的皮尔生(Karl Pearson)对非随机变量引入的,而后美国的数理统计学家赫特林(Harold Hotelling)在1933年将此方法推广到随机向量的情形。

主成分分析法是一种多变量数学分析方法,也称为主分量分析,是一种降维方法,它研究如何将多个存在一定相关关系的变量减少为几个彼此互不相关,又能反映原来变量信息的新的综合变量,从而简化数据,寻求变量之间的线性关系。通过适当调整线性函数的系数,既可使各主成分相互独立,舍去重叠的信息,又能将各原始指标所包含的不十分明显的差异集中地表现出来;同时,研究对象在主成分上的差异反应明显,为进一步的分类研究或综合排序提供数量依据。并且评价过程不受主观因素影响,使评价结果具有较好的客观性和公正性。

2. 大连市主导产业选择的评价模型

比较以上可供选择的评价方法,专家评价法、层次分析法的评价结果主观性过强,且层次分析法在指标独立性与数量方面的严格要求使它不适用于本研究对象的评价;数据包络分析法(DEA)由于仅限于具有多输入和多输出的对象系统的相对有效性评价,不可能测度出所有样本的产业发展能力的综合评价结果,致使本文无法有效地确定主导产业;主成分分析(PCA)可以利用影响因子的实际评分,构建企业综合评价模型,测度出不同产业的综合评价值并予以排序,它克服了专家评价法、层次分析法的缺点,虽然舍弃了一些次要信息,但这更有利于发现制约产业发展的关键因素,解决问题更具有重点性与针对性。因此,本文的评价方法选择主成分分析法作为主导产业的选择模型,并结合定性分析来最终确定大连市的主导产业。

采用主成分分析法选择主导产业的步骤如下:

(1)指标的设置;

(2)原始数据标准化;

(3)计算相关系数矩阵及其特征根和特征向量,计算由初级指标体系构成的相关系数矩阵R,求解特征方程$R-E=0$的全部非负特征值;

(4)确定公共因子,计算各特征值的方差贡献率及累积方差贡献率,取累积方差贡献率达到85%以上的前q个因子为公共因子;

(5)计算公共因子的载荷矩阵,计算因子载荷矩阵,并根据各原始指标作用在每一个公共因子上的载荷值,结合各原始指标反映的客观事实,对各公因子进行解释。如果公共因子在原始变量上的载荷值不容易解释,须进行因子旋转,建立旋转后的因子模型;

(6)因子得分,计算因子得分系数矩阵,根据因子得分系数和原始变量的观测值计算各个观测量的因子得分,并以各因子的方差贡献率占前q个因子总方差贡献率的比重为权重,计算综合得分。

3. 主导产业选择的指标体系

根据所选指标要具有代表性、相对完备性、易于收集和可计算等基本原则,本文构建了大连市主导产业选择的指标体系(表7)。

表7　　大连市主导产业选择的指标体系

基本准则	相应指标	计算公式	符号说明	备注
市场需求	需求收入弹性系数 e_i	$e_i = \frac{\triangle Q_i \triangle_i}{\triangle I/I}$	Q_i 指对 i 行业的需求量,I 指人均收入	E 越大,产业发展的市场容量就越大
技术进步	技术进步率 λ	$\lambda = \triangle Y/Y - \alpha \cdot \triangle K/K - \beta \cdot \triangle L/L$	$\triangle Y/Y$、$\triangle K/K$、$\triangle L/L$ 分别为产值、资金和劳动力增长率	劳动力的增长率大于0,反映技术进步对经济增长的贡献率较大
	技术扩散带动系数 TS_i	$TS_i = \lambda \times G_i$ $G_i = E_i + F_i$	G_i 为产业关联度,E_i 与 F_i 分别是感应度系数和影响力系数	TS_i 越大,表明该产业带动其他产业实现技术进步的能力越强
产业关联	影响力系数 F_j	$F_j = \frac{\sum_{i=1}^{n} h_{ij}}{\frac{1}{n}\sum_{i=1}^{n}\sum_{j=1}^{n} h_{ij}}$	h_{ij} 是列昂惕夫逆矩阵中的元素,表示 j 部门生产单位最终产品对 i 部门产品的完全需求	某部门的这两个系数大于1,说明该部门对其他部门的影响力和感应度居于平均水平以上
	敏感度系数 E_i	$E_j = \frac{\sum_{j=1}^{n} h_{ij}}{\frac{1}{n}\sum_{i=1}^{n}\sum_{j=1}^{n} h_{ij}}$		
比较优势	区位熵 LQ_{ij}	$LQ_{ij} = \frac{L_{ij}/L_j}{L_{in}/L_n}$	L_{ij} 和 L_{in} 分别是 j 地区和全国 i 行业的从业人员数,L_j 和 L_n 分别是 j 地区和全国所有行业的从业人员数	$LQ_{ij} > 1$,表明 j 地区行业的集中程度大于全国平均水平
	比较市场占有率系数 M_{ij}	$M_{ij} = \frac{SR_{ij}/SR_j}{SR_{in}/SR_n}$	SR_{ij} 和 SR_{in} 分别是 j 地区和全国 i 行业的产品销售收入,SR_j 和 SR_n 分别是 j 地区和全国所有行业的产品销售收入	比较市场占有率系数越大,表明该地区该行业在全国的产品销售越集中

续表

基本准则	相应指标	计算公式	符号说明	备注
产业规模	总产值比重	$RY_i = \frac{Y_i}{\sum_{i=1}^{n} Y_i}$	Y_i 为 i 行业的总产值	反映工业生产活动成果的综合指标
	固定资产比重	$RFA_i = \frac{FA_i}{\sum_{i=1}^{n} FA_i}$	FA_i 为 i 行业的固定资产值	反映某产业在整个城市国民经济中的地位和产业的规模
	利税比重	$RPT_i = \frac{PT_i}{\sum_{i=1}^{n} PT_i}$	PT_i 为 i 行业的利税额	反映与自身规模相应的利税贡献
经济效益	增加值率	$VR_i = VA_i/Y_i \times 100\%$	VA_i 为 i 行业的增加值	反映降低中间消耗的经济效益
	比较劳动生产率 CLP_i	$CLP_i = \frac{VA_i}{\sum_{i=1}^{n} VA_i} \Big/ \frac{L_i}{\sum_{i=1}^{n} L_i}$	L_i 为 i 行业的年均从业人员数	$CLP_i > 1$，说明该行业的企业在生产技术水平和职工技术熟练程度方面有比较优势
	资金利税率 PTA_i	$PTA_i = PT_i/TA_i \times 100\%$	TA_i 为 i 行业的流动资产平均余额与固定资产净值平均余额之和	反映行业资金运用的经济效益
	产值利税率 PTY_i	$PTY_i = PT_i/Y_i \times 100\%$	PT_i 为 i 行业利税总额	反映行业利税运用的经济效益
发展速度	总产值增长速度 aY_i	$aY_i = i\sqrt{\frac{Y_{it}}{Y_{io}}} - 1$	Y_{it} 和 Y_{io} 分别为报告期和基期行业的总产值	反映经济增长的快慢
	增加值增长速度 aVA_i	$aVA_i = i\sqrt{\frac{VA_{it}}{Y_{io}}} - 1$	VA_{it} 和 VA_{io} 分别为报告期和基期 i 行业增加值	

4. 大连市主导产业的测算与选择

考虑大连市经济社会发展的现实基础以及产业结构演替规律，未来我市产业将以第三产业和第二产业为主，第一产业在国内生产总值中的比重不断下降，因此将不对第一产业进行主导产业选择。另外，第三产业对现代服务业未作统计，定量分析无法实现，但产业演进规律表明随着经济的发展现代服务业的地位越来越重要。因此，大连市第三产业的主导产业是现代服务业。

我们利用主成分分析法对我市的工业主导产业进行选择。计算数据来源于2004年和 2008 年《大连统计年鉴》、2008 年《中国统计年鉴》以及大连市 2002 年 42 个部门的投入产出表。

将整理后的各指标数据调入 SPSS 软件，计算各变量的相关系数矩阵并求解其特征值，运用主成分分析法将特征值大于 1 的因子作为公因子提取出来（共有 5 个），同时选择方差最大正交旋转法，经过旋转迭代，得到因子载荷矩阵（见表 8），然后计算因子得分系数矩阵，根据因子得分系数和原始变量的观测值计算出各个观测量的因子得分，以各公共因子的方差贡献率所占比重作为权重进行加权汇总，得出各工业行业的综合得分（见表 9）。

表 8　　大连市工业行业相关系数阵旋转后的因子载荷矩阵

Component Matrix[a]

	component				
	1	2	3	4	5
需求收入弹性系数	-0.108	0.967	0.01658	-0.0924	-0.0463
技术进步率	-0.115	0.957	0.01912	-0.0949	-0.0616
技术扩散带动系数	0.764	-0.0636	0.322	-0.489	-0.232
影响力系数	0.497	0.138	-0.0767	0.453	-0.501
感应度系数	0.433	0.04809	0.174	0.403	-0.716
区位熵	0.549	0.121	-0.557	0.224	0.371
比较市场占有率系数	0.864	0.05966	-0.101	-0.288	0.312
总产值比重	0.965	0.05033	0.05647	-0.0535	0.137
固定资产比重	0.898	0.01803	0.07194	0.246	-0.0623
利税比重	0.411	0.144	-0.00982	0.783	0.294
增加值率	0.966	0.05764	0.04292	0.04276	0.166
比较劳动生产率	0.666	-0.065	0.392	-0.619	-0.021
资金利税率	-0.241	0.123	0.816	0.296	0.323
产值利税率	-0.0811	0.102	0.891	0.308	0.184
总产值增长速度	-0.0164	0.931	-0.0964	-0.134	-0.0068
增加值增长速度	-0.0278	0.977	-0.0068	-0.0477	0.01831

Extraction Method: Principal Component Analysis.

a. 5 components extracted.

表 9　　大连市工业主导产业选择的因子得分及综合得分

工业行业	第一主成分	第二主成分	第三主成分	第四主成分	第五主成分	综合得分
	产业规模	市场需求	经济效益	产业关联	比较优势	
石油加工、炼焦及核燃料加工业	5.233	-0.169	-1.150	-0.887	-0.175	1.464
农副食品加工业	-0.482	4.797	0.373	-0.499	-0.176	0.940
通信设备、计算机及其他电子设备	1.149	-0.045	0.112	3.627	-0.862	0.774
交通运输设备制造业	0.823	0.423	0.258	2.693	-1.270	0.643
专用设备制造业	0.318	0.641	0.379	1.212	0.866	0.532
非金属矿采选业	0.262	0.192	-0.435	1.503	0.135	0.276
家具制造业	-0.041	0.563	-0.496	0.722	0.963	0.224
废弃资源和废旧材料回收加工业	-0.039	-0.827	3.710	-1.022	0.486	0.193
有色金属冶炼及压延加工业	-0.345	1.173	0.409	-0.864	0.843	0.176
饮料制造业	-0.118	-0.213	1.195	-0.212	1.189	0.140
纺织服装、鞋、帽制造业	-0.055	0.125	-0.134	0.928	0.280	0.132
医药制造业	-0.112	0.212	0.412	-0.347	0.937	0.101
化学纤维制造业	-0.522	0.758	0.442	-0.659	1.215	0.079
通用设备制造业	0.482	-0.535	0.102	0.794	-1.634	0.014
橡胶制品业	-0.497	0.417	-0.145	-0.428	1.089	-0.052
造纸及纸制品业	-0.421	0.234	0.378	-0.538	0.564	-0.058
黑色金属冶炼及压延加工业	0.107	0.620	-0.044	-0.317	-2.417	-0.064
电力、热力的生产和供应业	0.631	-0.633	0.572	-0.760	-1.886	-0.111
木材加工及木、竹、藤、棕、草制	-0.218	-0.442	-0.370	0.188	0.563	-0.157
非金属矿物制品业	-0.192	-0.159	0.163	-0.142	-0.755	-0.162
电气机械及器材制造业	-0.152	-0.418	0.336	0.408	-1.287	-0.163

续表

工业行业	第一主成分	第二主成分	第三主成分	第四主成分	第五主成分	综合得分
	产业规模	市场需求	经济效益	产业关联	比较优势	
印刷业和记录媒介的复制	-0.331	-0.172	0.174	-0.430	0.159	-0.170
食品制造业	-0.420	-0.528	-0.049	-0.277	1.082	-0.218
工艺品及其他制造业	-0.525	-0.277	0.502	-0.569	-0.231	-0.268
仪器仪表及文化、办公用机械制造	-0.385	-0.321	-0.174	-0.238	-0.290	-0.283
化学原料及化学制品制造业	-0.208	-0.538	0.093	-0.139	-0.975	-0.284
文教体育用品制造业	-0.528	-0.319	-0.231	-0.672	1.014	-0.284
金属制品业	-0.282	-0.218	-0.101	-0.340	-1.213	-0.304
纺织业	-0.491	0.057	-0.139	-0.594	-0.822	-0.314
塑料制品业	-0.277	-0.679	-0.344	-0.222	-0.010	-0.328
水的生产和供应业	-0.252	-0.979	-0.643	-0.126	0.032	-0.414
有色金属矿采选业	-0.533	-0.831	0.216	-0.913	0.483	-0.422
燃气生产和供应业	-0.422	0.243	-2.653	-0.316	-0.314	-0.501
皮革、毛皮、羽毛(绒)及制品业	-0.592	-1.367	-0.009	-0.678	0.852	-0.538
其他采矿业	-0.564	-0.785	-2.709	0.109	1.566	-0.589

各工业行业加权计算的综合得分居前五位的是石油加工、炼焦及核燃料加工业，农副食品加工业，通信设备、计算机及其他电子设备，交通运输设备制造业和专用设备制造业。其中，石油加工、炼焦及核燃料加工业综合得分较高，未来将重点发展精细化工业。农副食品加工业不仅综合得分高，而且各因子的得分均位于前列，特别是其市场需求大，经济效益比较好，有地方特点，使其在大连市的经济发展中占有重要地位。通信设备、计算机及其他电子设备在产业规模、经济效益、产业关联得分较高，具有较好的发展前景。交通运输设备制造业综合得分排第四位，在产业规模、市场需求、经济效益、产业关联都有很大的发展潜力，特别是在船舶制造业和汽车制造业方面发展前景很好。专用设备制造业排在第五位，产业关联得分特别高，为其他产业做配套服务。

综合以上分析，大连市工业的主导产业可以定为装备制造业、电子产品制造业、食品加工业以及精细化工等高新技术产业。

三、国内外主导产业优化升级的经验借鉴

产业优化升级一直是世界各国和地区不断探讨和实践的重要课题,主导产业的更替和优化升级是产业优化升级的核心内容。世界各国和地区在优化主导产业结构、提升主导产业层次,推进主导产业优化升级方面积累了许多成功经验,值得我们学习和借鉴。我们选取美、日、韩三国,以及国内珠三角、长三角和环渤海地区的部分城市进行产业优化升级做法和经验的综合分析。

(一)国外主导产业优化升级的经验

1. 美国

美国的产业优化升级被誉为发达国家中的典范,原因主要在于美国经济所创造的“新经济现象”。20 世纪 90 年代,美国经济持续增长了 117 个月, 出现以低失业率、低通货膨胀和高增长率为标志的“新经济现象”,而这一现象在很大程度上得益于美国产业结构调整和升级换代取得的巨大成功。

美国推动主导产业优化升级的措施主要包括:

一是大力发展以信息技术为代表的高新技术产业。通过加大研发投入,特别是加大对半导体、电子、信息、航空航天、新材料等产业的投入,加快高新技术产业发展。同时,运用税收优惠、政府购买等市场支持政策,以及信贷支持和关税保护政策,帮助高科技企业从事开发和创新,扶植高新技术企业成长。

二是运用信息网络化提升传统制造业产能。运用信息技术革新企业的生产、销售等环节的管理模式,降低成本和加快产品开发,使经济活动处于良性循环之中,使汽车、钢铁等行业重新焕发活力,提升了传统制造业的国际竞争力。

三是重视教育和人才的培养引进。为保证产业结构向高级化发展,政府一直致力于制定适应市场要求的教育培训政策,使教育适应科学技术发展的需要,培养出更多的科技人才。同时,设立各种各样的奖学金,吸引国外学生到美国学习,并以各种形式邀请其他国家的专家学者到美国研究工作,以充实美国科研队伍的力量,提高美国的科学研究水平。此外,还修改移民法,对学有专长的移民减少限制,从国外引进科技人才,如在加州的科技人员中,有 2/3 来自国外。

四是推动经济全球化,为产业优化升级创造了外部条件。美国通过倡导经济全球化为其产业结构调整创造了重要条件,一方面外围地区对美国传统产业转移的承接,为其传统产业在国内的退出、裂变和重组提供了足够的外围空间。另一方面,更多的外部市场需求为其高新技术产业的蓬勃发展提供了有力支持。

2. 日本

二战后至20 世纪 80 年代末,日本在经济迅速崛起的过程中,进行了一系列产业优化升级。日本推动产业优化升级的主要特点是根据不同发展阶段的经济形势、资源环境等变化情况,准确选择重点扶持的战略性产业,通过制定和实施一系列的产业政策和相应措施,推动了一轮又一轮主导产业的结构调整和优化升级,显著提高了经济实力。

日本促进主导产业优化升级的具体措施：

一是制定切实可行的产业发展规划。日本大约每10年提出一个中长期的促进产业结构高级化的总体规划，确定产业发展的重点。为保证战略性产业选择的准确性，采取官、产、学三方共同参与的方式，并依据明确的选择标准，包括收入弹性标准、生产力提高标准、技术进步比较标准等。

二是实施法规化的产业政策。日本的绝大部分产业政策都是以法规的形式出台的，以此形式将产业政策具体化并保证落到实处。如日本政府根据产业升级需要先后出台了"机械工业振兴临时措施法"、"振兴特定电子工业及特定机械工业临时措施法"等政策性法律法规。在政策手段上，主要通过投资补贴、加速折旧、税收减免、提供长期政府贷款和优惠利率等方式促进产业升级目标的实现。

三是引进吸收国外先进技术。日本在产业结构转型升级过程中，选择了先模仿后独创、先低科技后高科技的技术引进和创新策略，利用有利的国际环境，从引进、消化、吸收技术到自主创新，逐步建立起了本国的技术创新体系，有效缩短了产业优化升级进程。据统计，日本在1955年~1970年十五年间几乎掌握了过去半个世纪发明的全部技术，却只用了不到60亿美元的代价，争取了20年左右的时间。

四是采用大企业集团带动产业升级。日本在战略性主导产业领域有为数不少的大型企业集团，这些大企业集团利用其在行业和市场中的优势地位，大力开展技术研发和创新，并通过各种经济行为和活动将技术更新延伸到其他企业，带动更大范围的产业优化升级。

五是推动建立有利于产业优化升级的金融体系。日本建立起强大的公共金融机构和政策性金融机构，对特定产业领域或特定产业地区的民间企业提供了长期低息资本。同时通过银行和各种运作方式，为企业技术创新提供大量民间间接融资。

3. 韩国

韩国促进主导产业优化升级的主要经验：

首先是选择适应不同阶段经济发展要求的战略产业重点发展。随着国内外环境和世界产业分工格局的变化，韩国能及时调整策略和选择主导产业，构筑能够吸收发达国家先进技术的高效率的产业结构体系，在国际协作分工中占据有利地位。

其次是重视科技进步对产业优化升级的巨大推动作用。韩国实施了以鼓励产业技术开发为重点的政策，加大技术开发投资，并设立了由总统直接管辖的科技开发最高审议机构"技术振兴审议会"。在税收、金融等方面提供优惠政策，鼓励产业技术开发，分担企业技术开发风险。20世纪90年代后期，韩国进一步实施"科技立国"战略，加快发展高等教育和高科技产业，开展全民信息化教育运动。

再次是对各类企业实施分类指导，发挥其在产业升级中的不同作用。如重视公营企业在和支柱产业的发展和升级过程中的重要作用，积极引导和支持民营企业做大做强。帮助大企业引进外资与先进技术，鼓励大企业和企业集团的国际化经营，支持大企业集团对中小企业的兼并等。

进入21世纪,韩国又对自身产业结构进行了新的调整,根据产业的不同类型和所处发展阶段的不同进行了分类,制定了相应的发展策略。如对于仍具优势的产业如纺织、石化、钢、汽车、造船等,通过技术革新实现产品精深加工和多样化,提高国产化率和附加价值。同时,将信息通讯、环保产业和生物工程等处于萌芽阶段的新型产业,作为未来主导产业进行积极培育和发展,等等。

(二)国内主导产业优化升级的经验

国内城市为促进主导产业优化升级,主要从制定产业升级的规划、确定目标方向、创新方式途径、提供环境保障等方面进行了探索和实践,具体经验做法如下。

1.制定产业发展和优化升级规划,促进了主导产业优化升级的有序开展

为明确主导产业优化升级的方向和整体发展战略,各地制定并出台了一系列产业发展和升级规划,确定产业发展重点、发展战略、实现途径,以及布局安排等,为产业优化升级提供具体性和前瞻性的指导。近年来,上海市先后制定了《上海加速发展现代服务业实施纲要》和《上海优先发展先进制造业行动方案》,确定了推动制造业与服务业互动发展的产业优化升级目标和实现途径。温州市出台了《"十一五"工业产业升级规划》,从战略任务、战略方向、战略保障三大方面对工业产业升级作了明确安排,提出优化工业产业结构、创新能力、产业组织和经济布局等,大力促进工业产业优化升级。近日,深圳市也正着手研究制定《工业结构调整实施方案》,对进一步促进产业结构调整做出部署。

2.鼓励自主研发和技术创新,增强了主导产业升级的内在动力

技术进步是主导产业结构调整和优化升级的内在动力。各地通过科技研发和技术创新推动主导产业升级的主要途径,一是大力扶持高新技术企业,发展高新技术产业,提高高新技术产业产值在工业产值中的比重,增强产业结构的高度化;二是通过高新技术改造传统产业,增强传统产业的研发和技术创新能力,发展先进制造业、现代农业和服务业,提高三大传统产业的高端化水平。

近年来,各地以市场为导向,以企业为主体,以产业化为目标,大力推进官产学研资介相结合的科技创新体系,采取了一系列措施鼓励自主研发和技术创新。

一方面是为自主研发创造了必要的基础条件,如加大研发投入和技术扶持力度,建设和完善研发公共服务平台,通过认定和建立企业技术中心、工程技术中心等方式,搭建各类产学研合作平台等等。其中,上海市于2004年建立了由仪器设施共用系统、试验基地协作系统、创业孵化服务系统等10大子系统"串联"而成的市研发公共服务平台正式对外开通服务,自开通至今,在鼓励技术创新方面发挥了重要作用。

另一方面是灵活运用了各种科技创新战略加快技术进步,包括重大项目和大企业的创新带动和辐射战略、引用国外先进适用技术与鼓励企业"走出去"相结合战略、培育自主创新企业群战略等等。如深圳市在引进国外先进技术的同时,积极鼓励和引导具备条件的企业"走出去",以并购、参股国外研发和制造企业、合资设立技术研发中心等形式,

获取国外先进技术，占领技术制高点。深圳市还采取分类指导、梯度推进的方式，积极培育不同梯队在内的自主创新型企业群，包括以华为、中兴等为代表的已具有较强国际竞争力的第一梯队，以迈瑞、比亚迪等为代表的国内行业龙头的第二梯队等等。

3. 大力发展现代服务业，促进了主导产业结构的调整和优化

近年来，各地都将大力发展现代服务业、适时地推动服务业做大做强，作为调整优化主导产业结构、提升地方产业发展水平的必由之路。

一是根据自身优势，有重点地发展现代服务业。上海作为国际性大都市，利用其较强的开放性和资源优势，选择发展潜力大、产业关联度好、面临良好发展机遇的金融、物流、航运、信息、中介和会展旅游六大重点服务业发展领域，带动上海现代服务业加速发展。

二是全面谋划现代服务业的发展，在扩大规模的同时，注重提高现代服务业发展质量和发展水平。广州市将现代服务业发展与先进制造业、高新技术产业、优化传统服务业紧密结合，积极发展高端生产服务业和科技服务业，夯实现代服务业发展基础。并且，积极利用国际服务业加速转移的契机，加强穗港澳台合作，大力促进服务业全方位、宽领域、多层次对外开放，提升广州现代服务业水平和国际竞争力。同时，从创新体制机制、加强财税金融支持、落实优惠政策、完善价格和收费政策等方面为现代服务业健康发展创造良好的宏观环境。

三是将现代服务业的错位发展与区域合作相结合。依据周边区域的服务业发展特点和自身区位情况等外部宏观环境，对城市现代服务业发展方向进行正确定位，选择具有比较优势的产业，与周围城市错位发展。苏州市根据与上海之间的综合关系，将自身定位于“学习上海、依托上海、服务上海、接轨上海”的位置，实现了与上海现代服务业的相对错位发展。在错位发展的基础上，各地十分重视利用区位优势推动现代服务业的区域合作与竞合共赢。如长三角、珠三角等城市间形成的企业、行业间的多层次、多角度的分工协作关系，有效促进了资源整合利用和各城市服务业的优化升级，加快了现代服务业的发展步伐。

4. 灵活运用多种产业优化升级的战略方式，加快了主导产业的优化升级进程

各地在有选择地引进外商直接投资、承接国际产业转移的同时，也在积极运用产业集群、产业融合，以及产业转移等其他多种产业优化升级方式，加快城市主导产业的结构调整和技术升级。

目前，发展产业集群已经成为各地加强产业间的资源、信息沟通，加快地区产业升级的重要手段。青岛市在发展产业集群过程中，以尊重市场导向为根本，顺应产业自身发展规律，充分发挥大企业的带头和带动效应，集聚并整合上下游衔接的产业链条，建立了以“名牌叠加”和“大项目”拉动为主体的产业集群发展模式，形成了包括家电电子、石化、汽车、造船、港口经济等在内的六大产业集群，带动了主导产业结构的调整优化。从当前发展趋势来看，产业集群正向创新型集群、区域合作型集群等方向发展。

以知识和信息作为重要投入要素的产业融合也是当前各地正在探索的产业优化升级方式。深圳市将高新技术产业与文化产业相融合,运用电子出版、数字影视、网络传输等现代技术,催生新的文化业态,大力发展文化博览、动漫游戏、数字传输等新兴文化创意产业,并将文化创意产业定位为深圳未来产业发展的主导产业。上海市则将制造业与服务业相融合,提出加快发展与制造业直接相关联的专业性和公共性的配套服务业。

另外,东莞市正在进行产业优化升级试点,探索通过产业和劳动力"双转移"的方式促进产业结构调整和跨越式升级。

5. 加强体制机制创新,打造了适应主导产业优化升级要求的发展环境

为提供产业调整所必需的条件和环境支持,实现产业优化升级目标,各地在体制机制上进行了创新和实践,包括建立健全有利于产业优化升级的行政管理体制、政策引导机制、投融资机制、人才机制等等。在政策引导方面,大多通过制定和实施财税、价格、信贷、人才等方面的优惠政策和相关法律法规,引导产业进行结构调整和优化升级。为完善行政管理体制,深圳市于 2008 年 7 月出台了《关于优化政府服务促进产业发展的若干措施》,其中对政府促进产业结构优化升级的行政管理职责作了明确规定。温州市十分重视发挥人才在产业升级中的重要作用,从实施"企业家素质提升工程"、构建职业经理人制度、规范人才市场管理、建立技术人才信息网、推进人才柔性流动等方面入手,构建了人才培养、引进、使用、评价、激励的新机制,为产业优化升级提供智力支持。

(三)对大连的启示

综合分析国内外主导产业优化升级的经验做法,得到对大连的几点启示,概述如下。

第一,推动主导产业优化升级应遵循产业更替的内在规律,适时调整产业结构。

国际产业发展的实践经验证明,服务业尤其是现代服务业是产业更替和优化升级的必然规律。在遵循产业演替规律的情况下,还应综合考虑自身产业发展、资源禀赋和外部宏观环境,选择适合自身特点、具有发展优势和潜力的主导产业,在适当的时机和阶段推进产业结构调整和优化升级。大连市应根据自身发展的情况,适时地加快发展现代服务业,加大对现代服务业的支持力度,并且利用大连的开放性和资源优势,大力发展金融、现代物流、软件与信息服务、商务服务等现代服务业领域,不断提升现代服务业的发展水平,优化服务业结构,带动大连主导产业结构的整体优化和升级。

第二,推动主导产业优化升级应将科技创新作为核心驱动力。

从国内外产业发展经验可以看出,科技进步和技术创新是提升产业技术能力,推动产业更新换代的内在动力,同时也是促进产业发展与资源、环境协调发展的根本途径,是主导产业优化升级的发展方向。大连市应继续加大科技研发投入和对企业自主研发的支持力度,大力促进高新技术产业,并加强高新技术对传统产业的改造和融合力度,通过科技进步不断提升主导产业的层次和水平。

第三,推动主导产业优化升级应坚持产业结构高度化与协调化的统一。

发展高新技术产业和现代服务业已成为当前城市产业结构调整和升级的共识,但与

此同时各地也十分注重传统产业的技术升级和更新换代，发展先进制造业、现代农业，促进产业结构协调化发展，推进主导产业优化升级的健康有序发展。这一经验对于作为东北老工业基地的大连市而言具有尤为重要的意义。大连市应在今后的发展中继续保持装备制造等先进制造业优势，通过高新技术改造不断提升产业层次、打牢产业基础，在此基础上大力发展高新技术产业，提高现代服务业比重，形成科学的产业序列。同时，通过制度创新，进一步完善市场机制，提高政府产业政策的科学性，增强产业间的有机联系等方式，不断提高产业结构、发展速度、产业阶段更替等方面的协调化。

第四，推动主导产业优化升级应广泛开展产业间、地区间的互动合作。

发挥产业集群效应、促进产业融合、加强区域间的产业联系与合作等日益成为推动产业优化升级的重要方式。参考各地经验，大连市主导产业优化升级应从全局角度，综合考虑产业间、区域间的协调发展，加强产业间的相互关联、相互促进和相互融合等，创新产业发展模式，实现产业合理布局。在大连市各区市之间，以及大连与东北其他城市之间实现错位发展的基础上，通过各种方式的区域经济合作，加快产业优化升级步伐。

第五，推动主导产业优化升级应注重发挥政府的引导和保障作用。

促进产业优化升级应将市场作用与政府作用适度结合，在尊重市场规律、以市场为主导的同时，大力发挥政府的产业导向和保障作用。借鉴国内外经验，大连市主导产业优化升级应充分发挥政府从规划、政策制定，到体制机制创新、环境营造等方面的引导、规范、监督、促进作用，以保证大连市主导产业优化升级的正确方向，促进相关战略措施的顺利实现，为主导产业优化升级提供良好的发展环境。

四、大连市主导产业优化升级的思路、目标及重点

（一）大连市主导产业优化升级的思路

借鉴国内外产业优化升级的经验，遵循产业优化升级的规律，结合大连市的实际，大连市产业优化升级的思路是：以党的十七大精神为指导，坚持和落实科学发展观，紧紧抓住东北振兴和沿海开放的双重机遇，围绕东北亚重要国际城市建设，充分发挥大连市的区位、资源及人才优势，以市场为导向，以实现资源配置最优化和宏观经济效益最大化为目标，以技术进步为动力，以信息化为核心，走新型工业化之路、循环经济之路，大力发展先进装备制造业、高新技术产业和现代服务业，改造和提升传统产业，构筑现代产业体系，培育扶持特色主导产业，调整和优化产品结构，实现全域产业合理布局，推进全市产业结构的高级化。

（二）大连市主导产业优化升级的原则

大连市主导产业优化升级应遵循以下原则：

1. 市场导向原则。根据国内外市场需求组织生产，按价值规律办事。通过市场调节优化资源配置，促进产业结构升级，提高经济效益。主导产业优化升级必须以市场为导向，自觉遵循价值规律，充分发挥市场调节的基础性作用，以实现资源的优化配置，进而促进产业结构优化升级。与时同时，要加强政府宏观引导，通过制定产业发展规划、出台

产业扶持政策，引导产业不断优化升级。

2. 比较优势原则。坚持有所为，有所不为，从国际、国内两个市场中找准大连市的优势所在，突出优势，形成有国内和国际竞争力的大连特色主导产业集群。发挥大连临海临港的区位优势，大力发展先进装备制造业，形成装备制造业产业集群；充分利用海洋资源丰富的优势，发展海洋经济，形成新兴海洋产业集群；发挥港口城市优势，大力发展现代服务业，形成现代服务业产业集群。

3. 产业融合原则。产业结构优化升级必须走新型工业化之路，以信息化带动工业化，以工业化促进信息化，促进三次产业融合。要不断拓展和拉伸产业链条，发展产业关联度强，带动作用大的产业。要大力发展生产性服务业，促进农业、工业和服务业融合，建立健全现代产业体系。

4. 技术进步原则。推动开放创新，提升自主创新能力，把产业结构优化升级纳入到依靠科技进步的轨道。技术进步是产业升级的动力源泉，要通过加大投入，建立健全以市场为导向，以企业为主体，产学研相结构的技术创新体系，走开放式创新之路，不断推动大连市科技进步。努力使技术创新渗透到三次产业发展的各个环节，进而促进大连产业结构优化升级。

5. 可持续发展原则。产业结构优化升级要坚持可持续发展原则，通过产业结构升级，转变经济发展方式，促进大连市经济、社会、环境协调发展。在产业选择和优化升级时，要着力保护生态环境，发展科技含量高、经济效益好、资源消耗低、环境污染少的产业。同时要大力发展循环经济，促进节能减排，努力在全市形成资源节约、环境友好的产业结构。

6. 区域分工与协调发展原则。既要考虑主体功能区分工，也要考虑促进区域经济协调发展、城乡协调发展，因地制宜布局产业，形成分工明确、布局合理的全域产业分布格局。再有，产业升级的同时，要加强配套基础设施建设，推进城乡一体化进程，形成产业与基础设施、城市化协调互动的格局。此外，在考虑大连市主导产业优化升级与周边地区特别东北地区相协调的同时，还要着眼全球，与世界产业结构大调整结合起来。要充分利用大连开放优势，瞄准国际市场，积极参与国际分工，把大连的产业融入到国际产业链条中。

（三）大连市主导产业优化升级的目标

力争经过几年发展，加快了产业结构调整步伐，大连市实现如下发展目标：

1. 产业结构明显优化。大力发展现代服务业、高新技术产业，促进产业结构优化升级。到2015年，三次产业构成由2007年7.9∶49.1∶43调整为5∶40∶55，现代服务业所占比重不断提升；第三产业就业人数明显增多，三次产业产值结构与就业结构偏离度降低。到2020年，三次产业构成调整为3∶35∶62，现代服务业所占比重明显提升，成为支撑全市经济发展的重要支柱。

2. 产品技术结构明显优化。到2015年，高新技术产业发展迅速，规模以上工业高新技术产品产值占规模以上工业产值比重达到50%以上；科技进步贡献率达到65%以上；实施品牌战略，形成一批在国内外具有竞争能力和影响力的名牌产品，中国名牌产品和驰名商标大幅增加。到2020年，规模以上工业高新技术产品产值占规模以上工业产值比重达到60%以上；科技进步贡献率达到70%以上。

3. 企业组织结构明显优化。推进企业专业化、规模化、集成化，形成一批拥有核心技术和自主品牌、具有较强国内国际竞争力的大公司和企业集团，与“专、优、特、精”的中小企业协调发展。

4. 区域布局结构明显优化。全域谋划产业布局，形成分工明确、布局合理的产业分布格局。促进产业向园区集中，形成产业集聚效应。产业集中度明显提高，产业集聚力明显增强。

5. 主导产业优化升级目标。主导产业发展迅速，产业结构明显优化，成为支撑全市产业发展的重要力量。力争到2015年，装备制造业、电子信息业、精细化工、食品加工业增加值占工业增加值75%；现代服务业增加值占服务业增加值70%；到2020年，装备制造业、电子信息业、精细化工、食品加工业增加值占工业增加值85%；现代服务业增加值占服务业增加值80%。

（四）大连市主导产业优化升级重点

通过上述定性定量分析，我们确定先进装备制造业、电子产品制造业、高新技术产业、食品加工业和现代服务业为大连市未来发展的主导产业。今后及“十二五”期间乃至更长远一段时间，我市将做大做强主导产业，引领全市产业结构优化升级。

1. 装备制造业

（1）汽车及零部件制造业

建设北方重要的汽车整车和零部件制造及出口基地。以开发区汽车产业集聚区为依托，重点培育和发展汽车发动机、汽车关键零部件、整车等装备制造业，积极推进和重点建设大众一汽发动机、大众变速箱、道依茨卡车发动机项目，带动泛泰汽车、吉布斯汽车配件、蒂森凸轮轴、利优比等项目发展，培育汽车零部件制造配套产业，力争整车项目尽早落户大连。

以构建区域性汽车零部件制造产业集群为目标，通过集成创新和引进消化吸收再创新，重点发展拥有自主知识产权的汽车发动机、客车、汽车电子产品、汽车空调、汽车转向泵等产品。改造提升传统产品，积极开发节能环保和新型燃料汽车等新兴产品，打造具有国际竞争优势的汽车发动机及零部件产业链基地。

积极推进电动汽车产业在大连的发展。我市已成为国家“863”电动汽车示范城市，这将积极推动我市向节能型、环保型城市迈进，并为参与国家重大战略产业分工、培育电动汽车新兴产业奠定基础。

（2）船舶制造业

建设具有国际先进水平的船舶制造基地。着重建设以大连船舶重工、中远大连造船、韩国STX造船为龙头，以长兴岛、大连开发区等地的船舶配套企业为支撑的渤海岸线船舶产业带。一是重点发展LNG船、8000TEU集装箱船、超大型原油船、大型浮式生产储油轮、大型自升式、半潜式钻井平台等高技术、高附加值船舶和海洋工程产品。二是通过扩能改造和新项目建设，发展大功率超大缸径智能型船用柴油机、大型船用曲轴、超大型螺旋桨和可调距桨、新型船用阀门、舾装件、船舶分段制造、海洋工程模块等船舶配套产品。

(3)重型机械制造业

建设具有国际竞争力的重型机械和大型成套设备制造基地。以中国一重集团、大连重工·起重集团、大连机床集团为龙头，依托国家重点工程，重点发展兆瓦级风力发电机组成套设备、百万千瓦级核岛设备、核级阀门、超(超)临界火电机组和大型水电机组关键部件；研制大型薄板冷热连轧成套设备、大断面岩石掘进机/盾构机、大口径高频直缝焊管机组等产品。继续保持散料输送、冶金装备和港口机械、物流装卸设备等在国内的优势地位，推进重点骨干企业从重大装备产品单机制造向工程总承包方向发展。

(4)数控机床制造业

建设具有国际先进水平的数控机床及工具研发生产基地。以大连机床集团、大连光洋科技工程有限公司为重点，建设数控机床产业化基地，为汽车、航天航空、军工、模具等行业提供高性能的产品。开发具有自主知识产权的中高档数控系统，建设开放式数控系统的开发平台，发展高速、精密、复合机床，实现中高档数控机床国产化，建设具有国际先进水平的数控机床及工具研发生产基地。

(5)装备制造业配套的零件制造业

建设全国规模最大的轴承研发和生产基地。以瓦房店"中国轴承之都"为依托，以瓦轴集团、瓦冶轴集团、光阳集团、远东集团等为重点，通过自主创新和引进消化吸收，重点发展汽车轴承、铁路机车轴承、石油化工机械轴承、机床精密轴承、静音电机轴承、风电系列轴承及特种轴承。

建设互感器生产基地。互感器在普兰店市已形成集群发展态势，大量配套国家电力工程。以大一互、二互、北互为依托，重点发展新型绝缘、新结构、低损耗、免维护、特种用途产品，主要有0.66~500kV电压等级的电流电压互感器、中置柜用系列手车、真空断路器、350~700kV高压互感器、阻燃型油浸变压器、新型绝缘干式变压器、卷铁芯变压器、特种变压器、干式互感器、高电压电量传感器等。

2. 电子产品制造业

建设电子产品制造业产业集群。以大显集团、华录集团、辽无二电器有限公司以及英特尔芯片制造厂为重点，发展新型平板显示器、基础元器件、数字视听产品、通信产业、半导体产业、汽车电子、装备电子等，使电子产品制造业产业集群化发展。

(1)新型平板显示器

重点发展TFT-LCD面板、模组和上游配套产业，继续做大现有TN/STN/CSTN-

LCD 的生产规模,集中发展 LCD 产业园区,使园区内至少有一条 TFT - LCD 面板生产线和一大批上游材料配套企业及下游模组生产企业。

(2)基础元器件

重点发展微特电机、精密轴、电子枪金属零件及部件、混合集成电路、磁性材料、电感、变压器、电阻、电位器等产品。重点培育、扶持和引进印刷电路板、电声器件、继电器、汽车音响机芯等发展潜力大的电子产品。

(3)数字视听产品

面向等离子电子(PDP)、液晶显示器(LCD)等新型平板显示电视和大屏幕电视、数字电视机顶盒和一体机等数字电视接收及中间件、收发系统设备、高密度数字激光视盘机等产品生产,加快数字视听技术开发应用。

(4)通信产业

建设以移动通信产业为重点的通信产业基地。发展移动通信终端产品、系统及配套软件。全面掌握 CDMA2000 系统设备技术,进一步提高系统的各项性能指标,实现 CDMA2000 及其增强型系统的规模生产并基本实现产业化。

(5)半导体产业

建成我国东北地区规模最大的半导体产业化基地。重点发展数字设备所需的集成电路、分立器件、片式器件制造与封装、高效 LED 芯片及 LED 封装、信息网络产品芯片设计、通讯产品芯片设计等。引进一批世界知名的集成电路设计和智能功率半导体器件企业以及一批拥有自主知识产权的高水平 IC 产品,为东北地区集成电路和功率半导体产业的发展以及传统工业的改造,提供核心产品,建成具有国际先进水平的半导体照明研发、生产基地,使大连成为我国半导体照明制造研发中心。

(6)汽车电子

重点发展车载信息系统整机、汽车音响机芯、汽车电子控制系统、汽车软件等。积极开展车载通信系统、车载导航终端、汽车电子控制制动系统(EBS)等技术的研发并实现产业化。

(7)装备电子

重点发展机床数控系统、船舶电子、工业过程控制系统、工业智能仪器仪表、节能降耗电子技术和产品。

(8)光电子产业

根据全球光电子产业发展趋势和大连的资源组合特征,以开发区光电产业园为依托,重点发展领域是 LED、激光器和光通讯三大产业。以 LED 产业链关键环节为核心竞争力构建基本载体,以激光器、光通讯两大产业为两翼,形成具有国际持续竞争优势的光电子产业集群。

3. 高新技术产业

高新技术产业是全球发展竞争的关键。大连重点发展以生物医药产业、海洋高新技术产业、新材料、新能源、精细化工、现代农业、新能源和节能环保为主的高新技术产业。

(1)生物医药产业

继续推进生物技术产业研发。依托双D港、开发区、七贤岭的生物技术与医药产业园区,运用生物高技术改造医药工业,注重从源头上进行创新,高度重视致病基因的发现和保护,抢占上游知识产权,大力开发具有自主知识产权的创新药物;以传统中医药、海洋生物技术、生物医学材料及设备、生物医药、生物制剂和农业生物技术为重点,开发一批技术含量高、市场容量大、具有自主知识产权的新品种,形成一批拳头产品和骨干企业,促进全市医药工业由单纯仿制跟踪向技术创新和仿制并重的方向转变,尽快形成全市生物医药产业的核心竞争力。

通过组织实施创新药物研制等一批重大科技专项,着力解决生物技术产业共性关键技术;选择成长性良好的企业予以重点支持,促进其向规模化、国际化方向发展;实施知识产权战略,发展具有大连特色的自主知识产权产品;建设生物技术特色产业基地,实现生物产业集群化发展。

(2)海洋高新技术产业

以建立海洋科技创新体系和创建海洋科技名城为重点,充分利用大连的海域资源,大力发展海洋高新技术,改造海洋传统产业,发展新兴海洋产业,把海洋资源优势转变为海洋经济优势。

盐业及盐化工。大连的盐业及盐化工的发展要依靠科技进步,调整产业结构,实现以盐为主、盐化并重,盐、化、养同步发展。原盐加工向精细化、多样化、系列化方向发展,提高产品的附加值。盐化工要重点突破研制开发溴及其系列产品和钾、镁及其系列产品,形成规模生产。

海水利用业。①进一步发展海水直接利用技术。研究海水防腐蚀、菌藻防污杀生等技术,开发推广海水直接冷却技术、海水冲厕技术。②加强海水淡化技术的研究开发。海水淡化的主要方向是解决工业用水和海岛及引水较远地区居民生活用水,随着海水淡化技术进步和生产成本降低,增加海水淡化在城市供水中的比重,使大连成为国家海水淡化示范基地。③海洋能资源开发的主导方向是采用大型离心式热泵技术,以海水为热源,实现区域供暖供热。

(3)新材料

建设新材料产业国家高技术产业基地。以花园口经济区大项目为依托,围绕信息、生物、航空航天、新能源和重大装备等产业发展的需求,以金属及复合材料、光电子材料、有机高分子材料、膜材料、纳米材料、新能源材料等为发展重点。

金属及复合材料。①合金钢材料。改变现有工艺装备水平,重点以引进的高精度合金钢棒线材连轧生产线为主,对前后工艺进行结构调整改造,做大做强高温合金钢、军工和高技术领域特殊材料、银亮材、合金钢丝、碳素结构钢、高强度低合金钢和合金结构钢等精品钢。②有色金属材料。重点推进有色金属连续挤压与包覆、镁合金焊接成型、铜包钢、双金属管复合等技术研发及产业化。③高性能复合材料。重点发展聚合物基复合材料、金属基复合材料、陶瓷基复合材料。

光电子材料。重点支持人工晶体加工工艺、光有源器件、有源芯片规模化生产关键技术等项目的开发，推进其产业化进程。

有机高分子材料方面。实现含杂环联苯结构的新型聚醚砜酮系列产品产业化；做大做强新型高性能环保系列氟涂料，加快实现生态型水性涂料和三氟氯乙烯新工艺产业化，建成亚洲最大的氟涂料生产基地。

膜材料。实现气体膜分离技术和液体膜分离技术产业化，开拓更广阔的应用领域，达到规模经济效益。其中，气体膜分离技术主要有氮氢膜、有机蒸汽膜、富氧膜和富氮膜等；液体膜分离技术主要有反渗透膜及设备、超滤膜及设备和纳滤膜及设备。

纳米材料。实现纳米微粒子功能材料、复合纳米材料、纳米催化材料、纳米氧化锌、纳米钛酸钡、纳米粉体材料产业化。

新能源材料。质子交换膜燃料电池、熔融碳酸盐型燃料电池、固体氧化物型燃料电池、再生氢氧燃料电池和直接醇燃料电池等在中试的基础上，初步实现产业化，建成国家级新能源产业基地。

(4)精细化工

大力培育精细化工产业。在巩固以大连石化和西太平洋石化为龙头的新型石化产业基地的基础上，转攻下游产品，发展精细化工产业。加快用高新技术和先进适用技术改造传统产业步伐，大力推进石化产业向集约化、高级化、系列化和深加工方向发展，拉长石油化工深加工产业链，积极培育精细化工的专、精、特企业和产品。

以开发区石化工业区和长兴岛临港工业区石化产业园区为依托。开发区石化产业重点发展原油深加工、基础原料化工和精细化工，在西太平洋石化项目基础上，重点建设PX、PTA、齐化化工二期工程等大型化工项目，扩大凯金化工农药中间体、栗田工业化学添加剂、天源基化学催化剂、助剂和石油添加剂等精细化工产品生产，拉长产业链，尽快壮大临港现代石油化工产业集群。长兴岛临港工业区石化产业园区计划通过三期开发，争取用15年时间，打造国家级石化产业基地。在“十一五”后期，启动精细化工区，发展低污染、轻化工、深加工型的精细化工产品和化工新材料，初步形成大连长兴岛临港工业区石化产业园区框架。

(5)现代农业

应用高新技术，改造提升传统农业，提升传统农业的科技水平。重点应用推广生物技术、信息技术、现代工程装备技术，对海洋渔业、畜牧业、种植业等进行改造升级。

海洋渔业。充分利用大连市海洋资源，实施科技兴海战略，以“精养、远捕、深加工”为主攻方向，大力发展海洋渔业，创建海洋牧场。开发海产品养殖捕捞技术，引进和推广名贵水产品工厂化、深水网箱养殖技术、浅海滩涂多品种立体混养和健康养殖技术。远洋捕捞方面，利用声波信息技术测报鱼类资源，推进保护幼鱼的网具改革和捕捞船的淘汰更新技术等。

精品果蔬业。重点研究开发农作物丰产增收配套技术，反季节蔬菜、水果栽培技术。大力发展以苹果、黄桃、大樱桃、梨、李子、葡萄、草莓、蓝莓、树莓、银莓等为主的名特优精品水果业。大力发展以精菜、细菜、绿色无公害菜、反季节菜、特色菜、出口创汇菜为主的精品蔬菜业。

(6)新能源

随着技术的进步和生产规模的扩大以及政策机制的不断完善，在今后15年左右的时间内，太阳能热水器、风力发电和太阳能光伏发电、地热采暖和地热发电、生物能利用技术可以逐步具备与常规能源竞争的能力，有望成为替代能源。这些技术都有利于减排温室气体和保护环境，并有望成为本世纪清洁能源供应的一种有效选择。到2020年新能源和可再生能源产业将成为国民经济的一个新兴行业，未来发展空间巨大。大连要加快发展以风能、太阳能、海洋能、生物能和氢能等为主的新能源产业，作为重点培育产业，确立其优先发展的地位，推动其产业化、市场化的进程。

(7)节能环保

依据现有资源和技术优势，以能源技术、海洋环保技术、电子除尘技术为重点，开发和培育一批竞争力较强、市场前景广阔的节能环保新产品。积极开发节能环保和新型燃料汽车、LED节能环保产品、节能海水热泵等新兴产品。

4. 食品加工业

建设区域性农业“两水”加工基地。依托瓦房店工业区、皮杨陆岛经济区、庄河市临港工业区等园区重点发展水产品加工业和水果加工业。引进和开发水产品特别是海参、鲍鱼、海胆、扇贝、对虾等海珍品深加工技术；引进和开发畜禽产品特别是肉类制品及乳制品深加工技术；引进和开发果菜产品特别是苹果、桃子等水果及精菜、细菜、出口创汇菜深加工技术。面向国际、国内两个市场，提高精深加工能力和水平，稳步拓展来进料加工能力，建设国际化水产品和水果来进料加工基地。

建设粮食深加工基地。依托世界级粮食中转口岸、粮食仓储设施和粮食期货市场，单体规模世界最大的粮食码头，国家最大的储备粮基地等优势，大力发展粮食深加工基地。建设一批大型深加工项目，特别是在玉米深加工领域，尽快建设年加工能力50万吨以上的项目。将大连建设成为世界级的粮食贸易、物流和加工中心。

5. 现代服务业

大力发展具有区域优势的物流、金融、信息服务业，积极培育发展空间较大的科技服务、文化创意、旅游会展、商务和商贸服务等潜力产业。这是缓解资源约束，迎接国际服务业转移，吸纳就业、构筑宜居城市，提高城市综合辐射力的重要途径。

(1)现代物流业

大力发展港航现代物流业，构建东北亚国际物流中心。重点建设大孤山半岛保税物流园区、陆港综合物流园区、羊头洼综合物流园区金州铁路编组站物流园区等五大综合物流园区和空港物流、粮食物流、石油及制品物流、汽车及配件物流、水产品物流、水果蔬菜物流、建筑(装饰)材料物流、机电产品物流等八大物流中心。形成大连航运中心核心功能区“北箱(以集装箱和整车滚装为主)南散(以油品、矿石和粮食等大宗干液散货为主)”物流基础设施结点链网体系。重点发展第三方、第四方物流,完善交通运输和信息网络平台建设,大幅度提高物流的社会化、专业化水平,建设成东北经济区的国际物流中心、环渤海地区中转物流和南北水运物流的主枢纽、东北亚地区国际物流的主通道。

(2)金融业

建设东北亚国际金融中心。发展总部经济,拓展国内外业务空间,着力提高对东北乃至东北亚区域辐射能力;继续深化金融改革,推动金融创新和市场发展,开发金融产品;充分发挥银行业融通资金的功能和作用,构建起高效、健康、安全、主体多元的银行服务体系;加快保险业创新发展,推动保险进社区、进农村、进学校,探索商业保险参与社会管理的有效方式;重点建设商品期货交易中心,形成以大豆、玉米为核心的农产品期货品种体系,发展工业品期货、期权交易;发展多层次资本市场,促进证券业规范运行,推动更多企业在海内外上市融资,促进中小科技企业在创业板上市。

扩大直接融资,研究设立产业基金,发展债券融资,探索产权交易、股权交易的有效方式;积极发展、做大做强地方金融机构,争取离岸金融业务,开发金融产品,培育地区金融品牌,推进大连银行跨区域经营,深化农信社改革,组建保险公司,支持信托投资公司及重组后的证券公司创新发展;积极发展货币经纪、期货经纪、基金管理、金融租赁、金融公司、财务公司等各类金融服务机构;加强风险投资体系和中小信用担保体系建设;努力把大连建设成为东北地区国际结算、外汇交易、投融资与金融服务中心,全国商品期货中心、北方保险业中心、东北亚国际金融中心。

(3)软件信息业

建立国家软件和服务外包产业试验区。向国家争取在旅顺南路软件产业带建立国家软件和服务外包产业试验区,加快软件产业国际化的步伐,加大对跨国公司以及日本、韩国、美国、欧洲等软件外包市场的开拓力度,市场重点由一般劳务输出向品牌输出发展,由低技术层次向高技术层次发展,增加利润空间。依托世界500强企业在连开展的BPO、ITO、KPO业务,继续吸引跨国公司投资,扩大以BPO、ITO、KPO为主的信息服务外包业务。推动软件和服务外包产业的结构优化和升级,使我市成为高端服务外包承接基地和连接国内外服务外包市场的再次转移中心。逐步发展成为国际化的服务外包市场中的“中国第一”和“世界第一”,向全球软件和服务外包新领军城市迈进。

在大力发展软件外包业务的同时,加大力度支持和鼓励自主知识产权软件产品的研发和生产。重点开发嵌入式软件,并在工业控制系统和IC设计方面广泛应用,逐步建成我国重要的数控系统软件研发基地。

在发展行业和企业应用软件方面,重点开发航运、物流、机械、化工、外贸、金融、旅游、教育等行业和企业应用软件,促进行业和企业信息化建设。

在信息数据库建设方面，完善电子政务、电子商务系统，建设一批面向全市企业、社会和家庭的信息数据库，逐步实现政务信息公开和信息资源共享。

在信息人才培养方面，建立健全信息人才教育与培训体系，扩大信息专业的中高等教育与培训规模，培养多层次的信息技术人才和管理人才。吸引国内外相关教育机构投资办学，建立具有国际水平的信息人才教育与培训基地。

(4)科技服务业

建设东北亚区域制造业研发基地。服务大连及东北老工业基地振兴和制造业基地建设，把研发基地设在高技术产业聚集区内，面向产业搞研发，成果直接产业化，实现了"产学研"的无缝对接。重点发展工程与技术、生物医学等领域的研究与开发及测绘、技术检测、技术推广、计算机系统服务、环境监测等专业服务。建设公共检测平台、技术产权交易平台、公共研发和技术平台，形成功能社会化、服务产业化、结构网络化、手段现代化的科技服务体系。开展"产学研"交流与合作。探索对外交流形式，建立和拓展技术交易平台，构建东北亚地区技术转移和服务中心，努力把大连建设成为国内外研发机构和高新技术企业的集聚地、技术服务外包基地，促进"大连制造"向"大连研发"、"大连创造"转变。

(5)现代旅游业

建设世界闻名的"旅游名城"。以滨海旅游和都市旅游为主导特色，以提升旅游产品国际化水平为核心，促进大连旅游业向度假休闲阶段转变。重点开发城市周边的滨海休闲度假、北部的山林休闲观光、长海岛屿度假、温泉养生度假等产品，努力构建现代休闲旅游度假产品体系。大力发展邮轮经济，以建设国际邮轮母港，发展邮轮旅游为重点，加快东港区改造建设步伐。力争把大连建设成为有特色、高品位、国际化、高收益的中国最佳旅游城市，具有"和谐精致、浪漫大气"特质的东北亚滨海旅游中心城市，中国重要的门户型国际旅游目的地，闻名世界的东方浪漫之都。

(6)文化创意产业

建设"创意之都"。重点推进动漫和网络游戏制作、专业化工业设计、工程勘查设计、工程咨询、管理咨询、资信服务、市场调查、广告、工程管理、规划管理、知识产权服务等行业快速增长。加快建设代表城市文化形象的重点文化设施。积极推进文化管理体制和机制创新。有效整合文化资源，集聚创意高端要素，加速文化产业园区建设，推动文化创意产业集群化发展。推进适应未来发展需要的移动内容、数字艺术等产业，加速产业开发，积蓄发展能力。建立健全文化创意产业市场中介机构和行业组织，加大知识产权保护力度，营造健康、快速发展的法律和市场环境，促进文化创意产业快速发展，使创意产业在全市 GDP 比重不断上升，成为推动经济发展的引擎，把大连打造成为东北乃至东北亚的"创意之都"。

发展动漫游戏产业。依托七贤岭至河口湾动漫走廊、学苑广场动漫世界，发展动漫游戏产业。重点引进国内外著名的动漫制作企业和运营商，大力发展动漫产业，形成动漫人才培养、原创制作、外包加工、市场运营、相关产品生产和售后服务等产业链体系。把动漫走廊建成东北地区最大的动漫产业基地和数字娱乐中心。动漫产品拥有自主知识产权和具有原创内容的民族品牌,辐射国内外市场,具有较强的国际竞争力。

发展创意产业。在东港区改造基础上,建设由公共活动区、生活工作区、创意产业园区三大板块组成的创意产业公共服务平台,重点吸引国内外著名的研发中心、设计中心、科研机构以及各类创意公司、投资公司、科技企业入驻,发展科技创意设计、文化创意设计、服装创意设计、工业创意设计、环境创意设计等创意产业,促进创意设计成果产业化。

强化文化设施建设。全面完成大连大剧院、大连音乐厅、市民文化广场和综合文化超市建设。加快建设数字化图书馆、大连东方艺术博物馆、大连近代历史博物馆和大连古墓博物馆,进一步提升完善现代博物馆的展陈内容。扩大新华书店经营网点面积,在青泥洼桥新建3万平方米的科技图书城,在西安路新建2万平方米的综合图书城。

(7)现代商贸业

建设东北亚地区国际商贸中心。重点加快推进以连锁经营、物流配送、特许经营和电子商务为代表的现代流通方式,拓展国际采购,积极引导连锁经营从超市、百货店向便利店、专卖店等多业态渗透,从传统商业零售、餐饮业向汽车服务、家政服务、教育培训、维修服务等新兴服务业拓展,提高连锁经营的组织化、规模化、集约化程度。

按照优化市区、强化新区、辐射农村的思路调整商贸业空间布局,重点完善和建设粮食、船舶配套产品、机电产品、果蔬、海产品等地方优势和特色的大宗商品交易中心,使其成为部分商品的集散中心。提升传统商业区辐射能力,完善青泥洼商业中心、天津街商业中心、西安路商业中心、香炉礁物流园区、中华路商业中心五大现代商贸区的集聚服务功能,形成核心商业区、次商业中心和社区便利网点的布局。建立起结构优化、布局合理、功能互补、各具特色的城市商品流通新体系,形成各种所有制商业共同繁荣、城乡商业协调发展的局面。努力把大连建设成为规模可观、结构优化、效益良好、功能齐全、辐射力强的国际国内主要商贸中心。

(8)现代商务会展业

建设国际商务会展中心城市。重点发展法律、经济鉴证、投资和资产管理服务,培育市场主体、品牌和特色商务服务,促进商务机构在区域间的联合、重组,提高产业竞争力。积极发展项目策划、财务顾问、并购重组、上市等投资与资产管理服务。大力发展会展业,国际会展方面要力争发展成为东北亚地区国际展览和国际会议重要举办场所。国内会展业方面,建成面向东北地区最大的会展中心城市,成为东北地区主要商品展示、订货、交易中心。

依托人民路中央商务区,大力发展楼宇经济和总部经济,吸引更多的企业总部和办事机构入驻。不断提升商务服务功能,大力发展信息咨询、法律服务、经济鉴证、投资管理、研发设计等中介服务,为楼宇经济和总部经济提供配套服务。依托世界博览广场和会展中心,重点办好进出口商品交易会、国际服装博览会、软件与信息产品交易会等国家级展览会，以及汽车展、机械展、家具展、海事展等专业展览会。积极推进会展业的市场化转轨，促进展览公司做强做大，提高会展业的专业化、国际化水平，培育更多的品牌展览会，扩大会展业的国际交流与合作，把大连建成中国北方的国际会展名城。

五、大连市主导产业优化升级的战略、模式和路径

总体战略思路是以科学发展观为指导，以提高产业竞争力为核心，以建设东北亚重要国际城市为目标，发展高新技术产业与改造传统产业并举，调整优化产业结构和布局，建立完善现代产业体系，加快形成以高新技术产业为先导，以电子信息产业为龙头，以传统优势产业为基础，以新兴支柱产业为支撑，结构合理、优势明显、特色突出的新型产业格局。

（一）大连市主导产业优化升级的战略

实施科技创新战略、国际化战略、产业集群战略、大企业带动战略、可持续发展战略，加快经济结构调整和主导产业优化升级。

1. 科技创新战略

实施科技创新战略，把科技创新作为经济结构战略性调整和主导产业优化升级的核心与关键，以改革创新和市场经济的思路和办法做好、做活科技创新这篇大文章，为全市经济社会又好又快发展提供有力的科技支撑。

认真落实我市中长期科学和技术规划发展纲要，增强科技在经济结构优化调整中的支撑和引领作用。坚持“自主创新、重点跨越、支撑发展、引领未来”的指导方针，加大对自主创新的投入，建立健全区域技术创新体系，引进、消化、吸收、创新高新技术，围绕我市经济发展需求开展创新，着力突破制约发展的关键性技术，提升我市主导产业和优势产业的核心竞争力。

2. 国际化战略

实施国际化战略，加大对外开放步伐，加强国际交流与合作。抓住沿海扩大开放和国际产业转移的机遇，坚持引进来，走出去的方针，密切优势主导产业与国外的产业联系，推动宽领域、多层次的国际交流与合作，不断增强我市产业的竞争力。

坚持重外不轻内、重大不轻小、重新不轻老、重量不轻质的原则，加大引资力度，创新引资手段，拓展引资途径，扩大引资规模，提高引资质量。积极引进国外的高技术成果和高技术企业，吸引国外资本参与我市经济结构调整和主导产业优化升级。密切跟踪世界高技术产业开发的最新成果和高技术大公司的开发动态，创造条件，适时引进，吸引国际知名大公司和科研机构来连创办合资或独资高技术企业，促进我市新兴产业主要是高技术产业实现跨越式发展。重点跟踪分析欧美和日本、韩国等国家的产业发展，加强与国外的人才、技术、信息等方面的交流合作。同时鼓励有条件的企业积极开拓国际市场，树立国际知名品牌，通过引进消化吸收再创新，推动我市的产业结构不断优化升级，提升层级水平，进而提升我市经济综合国际竞争力。

3. 产业集群战略

实施产业集群战略，把发展产业集群作为促进我市经济结构调整、主导产业优化升级的一项重要着力点和突破口。大力发展产业链经济，逐步拉伸和拓展产业链条，积极培育优势产业集群。突出特色，强化专业化分工与协作，推动企业集聚、资源共享、整体优化，推动有条件的产业项目逐步走向特色化、专业化和集群化，以重大优势产业项目辐射、带动、聚合产业集群。完善优势主导产业配套体系，形成促进主导产业发展的内外产业及企业互动合作的机制。

4. 大企业带动战略

实施大企业带动战略，通过引进国内外大型企业，发挥大型龙头企业的示范辐射带动作用，牵动相关上下游企业集聚，带动相关配套产业发展，进而促进大连主导产业迅速做大做强。

围绕大连经济结构调整，主导产业优化升级的方向和重点，培育和引进一批具有影响和带动作用的大企业、大项目，要有目标、有重点地培育、扶持、壮大一批各具特色的龙头企业，特别是对优势主导产业带动性强、科技含量高、出口创汇多的龙头企业；要注重引进在全球同行业具有领先水平的龙头企业，注重引进对我市传统产业具有改造和提升作用的技术含量较高的项目。精心打造培育出大连产业的集聚效应和特色优势，形成代表大连产业水平、具有个性化特征和综合竞争力的优势主导产业。

5. 可持续发展战略

实施可持续发展战略，始终坚持经济效益、社会效益和环境效益相统一，正确处理好产业发展与人口、就业、资源、环境保护的关系，充分兼顾短期政策目标和长远利益要求，从体制上建立起有利于我市优势主导产业可持续发展的合理结构。

坚持科学的发展观，转变经济发展方式，注重优化产业结构，增强经济发展后劲。重视环境和资源承载能力建设，调整人与自然的关系，使经济发展与资源承载能力相适应，人的发展与生态环境建设相和谐，建立与环境友好和谐的、生态化的产业运行和发展模式。

(二)大连市主导产业优化升级的模式

借鉴报告前面所述国外及国内其他城市产业优化升级的经验做法，综合分析我市实际，我们认为，大连市主导产业优化升级的模式，应采取“双路径”模式——“循序演进”和“跳跃推进”模式，这是我市经济结构调整、主导产业优化升级的理想模式。

从国内外经济发展的实践看，产业结构优化升级的模式，通常采取了两种模式，即“循序演进”和“跳跃推进”两种模式。

“循序演进”模式是按照技术变革的方向，在前一阶段产业充分发展的基础上，自发而平稳地进入产业发展的下一阶段。“循序演进”模式的优势是产业演进的基础坚实，产业构成完整，产业升级具有连续性，有利于产业结构和整个经济的平稳转型。美国、英国等技术先进国家的产业结构，就是通过这种模式向前演进的。例如美国，第一次产业升级是在广泛推广机械化种植技术、农业生产力极大提高后，于20世纪初期完成的。美国工业的发展也是沿着技术发展的轨道逐步向前推进的，不同阶段的主导产业都获得了充分的发展。美国的钢铁、石油、汽车业都先后成为世界上规模最大、技术最先进的产业。实行这种模式的国家或地区，一般都拥有独立、强大的技术创新能力。美国的产业结构演变，都是依靠自身的素质和优势，在自我技术创新的推动下逐渐形成和成长，逐步向更高技术产业层次发展的，每一次大的产业结构变革都是在本国的技术结构提升到新的高度和产业获得充分发展后自然转入下一阶段的。

"跳跃推进"模式是技术后起国家通过移植先进国家的成熟技术，省略或缩短产业经济发展的某一阶段，在相对短的时期内完成先进国家几十年、上百年才能实现的产业结构升级演进任务。"跳跃推进"模式最显著的优势是，通过移植别国先进技术进行产业结构升级，避免了自己开发技术所要走的弯路，大大缩短了产业结构演进的过程，充分发挥了后发优势效应。对于技术后起国家或地区，这的确是一条产业优化升级的捷径。日本、韩国等国家都实施了这种产业结构调整模式。例如日本从20世纪50年代初开始实施重化工业政策，对机械、钢铁、化工等产业实行特别折旧、免税、财政投资等扶持措施，仅用10年时间就形成了以重化工业为重心的产业结构。据统计，日本第一产业就业人数从50%下降到22%，比美国缩短了近40年。进入20世纪70年代后，日本实施知识、技术密集型的产业政策，也只用了15年左右的时间，便实现了产业重心由重化工业向知识、技术密集型产业的转移。20世纪70～80年代，日本的电气机械和精密机械产业的增长率分别上升到世界第一位和第二位。日本的运输、金融、通讯等第三产业的培育速度也相当快。统计表明，日本第三产业就业人数比重从40%上升到60%仅用了34年，较英国缩短了56年。纵观日本的产业发展，不难看到：日本的产业结构都是在政府的大力推动下，依靠大规模引进国外先进技术进行升级演进的。

我市选择什么样的模式进行产业结构的优化升级？从产业结构高级化、合理化两者相互影响、相互制约、相互促进的辩证关系出发，以历史的眼光、开放的视野进行审视和判断，综合"循序演进"和"跳跃推进"两种途径之优势的"双路径"模式，无疑是大连市主导产业优化升级的理想模式。

照搬照抄"循序演进"模式必将延误我市产业结构适时调整升级的大好时机。当前，全球经济一体化发展与东北老工业基地振兴为大连经济结构调整、优化升级提供了一次十分难得的重要机遇。若不顺应国际国内经济发展的大势，适时优化调整经济结构，提升产业技术水平，我市未来的产业、产品，也包括企业，很有可能将无法立足于世界市场，将被淘汰出局，而陷入长期落后的覆辙。如果根据"循序演进"模式，我市目前则根本还没到发展高新技术产业的时候。据大致估算，按照"循序演进"模式，大连至少需要30～50年时间才能将产业发展到当今一般先进国家的水平。这显然不符合大连在国内率先实现现代化和建设东北亚重要国际城市的战略目标要求。

照搬照抄"跳跃推进"模式，很难保持产业结构的平稳转型和持续升级。这种模式虽然具有快捷、经济的优势，但也存在不少问题：一方面一个国家或地区实行纯粹的拿来主义政策，很容易忽视培育自己的研发能力和建设自己的技术创新体系。另一方面容易出现在产业调整、转移中，新兴产业还没发展起来，传统产业又停滞不前甚至萎缩，经济发展因此缺乏支柱产业支撑而萎靡不振的现象，容易造成产业断层，使经济陷入失去支撑的被动局面，影响经济的持续、稳定增长。

综上分析，经过对“循序演进”和“跳跃推进”两种模式进行扬弃改造而形成的“双路径”模式，是我市产业结构高级化、合理化的理想模式。该模式最突出的特点是它的兼顾性和包容性。该模式既突出了产业结构演进的连续性，也顺应了全球经济一体化条件下产业结构演进的大趋势，非常符合大连市全域建设现代化的战略思想。我市应积极运用“跳跃推进”策略，大胆移植先进国家的成熟技术，加速和缩短产业结构的升级过程；同时充分体现“循序演进”模式的求实思想，加强基础产业的建设，注重培育自我技术创新能力，夯实产业发展基础，赢得有利条件，以确保产业结构快速、平稳、持续升级。总之，“双路径”模式较好地满足了产业结构高级化与合理化辩证关系的要求，符合我市发展的实际。

（三）大连市主导产业优化升级的路径

在当前国际国内形势条件下，我市如何实施经济结构调整，主导产业优化升级？应采取什么样的路径？我们认为，大连市主导产业优化升级的具体路径应该是：

1. 以制度创新推进主导产业结构优化升级

对于大连来说，这次经济结构调整，主导产业优化升级，由于处于大连经济社会发展新的重要时期，需要在新起点上谋划新的发展思路，明确发展方向、重点，许多问题绝不单单是一个产业发展和项目建设问题，而主要是一个制度和政策问题。因此，规则的调整就成为主导产业优化升级成功与否的关键，必须以制度创新推进主导产业结构优化升级。

一是加快行政管理体制改革，建设服务型政府。规范行政行为，提高行政效能，加快建设服务型政府和效能型政府。要着力转变职能、理顺关系、优化结构、提高效能，形成权责一致、分工合理、决策科学、执行顺畅、监督有力的行政管理体制。健全政府职责体系，完善公共服务体系，推行电子政务，强化社会管理和公共服务。加快推进政企分开、政资分开、政事分开、政府与市场中介组织分开，规范行政行为，加强行政执法部门建设，减少和规范行政审批，减少政府对微观经济运行的干预。

二是加快投资体制的改革，真正使投资者自负盈亏。目前我市经济发展建设中的产业布局雷同，部分生产能力过剩，传统落后产业比重较大，其中重要原因就是重复投资、重复建设。要从根本上解决这个问题，必须加快投资体制的改革。现在的问题的关键是在投资问题上仍然是政企分开，政府部门官员依然存在不按经济规律办事，热衷于政绩考核，造成了低水平的重复建设，加剧了产业结构的不合理，产业水平的低度化。政府的投资要严格限定在基础设施建设、公共服务工程方面。让企业真正成为投资的主题，这将有可能减少投资的失误。

三是培育扶持具有竞争优势的企业,增强综合竞争能力。目前,总体看来,我市的企业规模不经济,产业结构趋同,市场竞争能力不强。因此,要顺应市场经济体制的要求,扶优汰劣,实现结构优化。必须进行企业重组,调整产业结构,增强综合竞争能力。也要做好区域、城乡间的利益协调工作,合理进行全域产业分布,加强城乡之间的经济分工与合作。还要发展资本经营与资本市场,充分利用市场机制培植优势企业,形成主导产业优化升级的龙头。

四是营造公平竞争的体制环境,规范外资企业的行为。以往我们为了吸引外资,不适当地给与各种优惠,造成了外资与内资的不公平竞争。在经济发展过程中,政府的任务就是坚持以诚信为本,逐步以环境优势取代政策优势,健全服务体系,提高服务水平,为企业创造公平竞争的良好环境。目前要特别注意解决外资的"超国民待遇"问题,尽快取消外资在税收、土地、水电等方面的优惠政策,实现内外企业在税收、法律等诸多方面政策上的公平,使其之间真正开展公平竞争。规范外资的企业行为,制定相关的法规政策,防止外资采取不正当的竞争手段,挤垮我们的优势主导产业,垄断市场。

2. 以技术创新推进主导产业优化升级

主导产业优化升级最终是要达到提升产业综合竞争能力目的,因此,考虑主导产业优化升级就不仅仅是解决当前的经济结构调整问题,而且要考虑通过主导产业优化升级发展新的经济增长点,支撑未来的经济增长。也就是说,要把解决当前经济结构调整同大连经济的长远发展联系起来,同主导产业的优化升级联系起来。实现这一目标,主要靠技术创新。

一是促进企业技术创新,增强产品竞争力。任何企业都是利用一定的产品来表现市场存在,进行市场竞争。任何产品都是以一定的技术水平为基础的。提高技术水平是企业增强自身国际与国内市场上竞争力的主要途径。要把技术创新的重点放在创造产品的差别性上,在开发新产品的同时,注意老产品的升级换代,创造名牌产品。

二是加快高技术产业化,推进主导产业优化升级。主导产业优化升级不仅是要在现有产业中培植具有竞争优势的产品,而且还要进行产业创新,推动产业结构的升级,依靠技术进步,以市场为导向,创造出技术密集型的新兴产业。21 世纪是创新经济的时代,新技术、新产品及其产业化发展的周期大大缩短,科技进步推动经济增长的作用大大增加,地区间、国家间的竞争越来越表现为高科技的竞争。我们要加快高技术产业化,加快高技术产业的发展,用高技术改造传统产业,推进传统产业的技术升级与产品更新,推进主导产业优化升级。

3. 以观念创新推进主导产业优化升级

主导产业优化升级有赖于思想的调整,观念的创新。在当前的背景条件下,主导产业优化升级要有新思路。关键是要改变我们传统的思维方式、工作思路与方法,按照科学发展观的要求坚定不移地推进主导产业优化升级。

一是要依据科学发展的要求创新观念。一切阻碍科学发展的条条框框都要坚决打破，一切有利于科学发展的都要大力支持。要突破束缚科学发展的思维定势、路径依赖、利益格局和体制机制，转换视角、拓宽视野，在更高的层面客观理性地看待我市的优势和劣势，突破制约经济结构调整、主导产业优化升级的思想障碍，强化改革创新精神，敢闯敢试，敢想敢干，敢为人先，积极探索科学发展的新路子。

二是要针对发展中的难题创新观念。现在大连发展中面临着资源环境压力日渐加大、自主创新能力和产业竞争力不强、城乡区域发展不平衡等诸多矛盾。这些既是我们全域谋划大连现代化建设中遇到的难题，又是我们创新观念的课题，更是大连实现又好又快发展的重点问题。

六、大连市主导产业区域布局

(一)总体布局

1. 原则及思路

(1)布局原则

第一，坚持科学发展原则。在未来产业布局中要因地制宜，更多地关注人口、资源与环境的协调，使得经济发展与环境的承载能力相适应，坚持科学发展。

第二，坚持主导产业全域统筹原则。按照全域大连、重心北移的发展理念，谋划、培育主导产业，强化整体规划，在重点领域和区域合理布局，实现产业集中集约集群发展。

第三，坚持主导产业向园区集中原则。坚持走新型工业化道路，大力引导主导产业企业向园区集中，实现产业集中发展，土地节约集约利用，污染集中治理，降低企业营运成本和政府服务成本。

第四，坚持主导产业发挥比较优势、错位竞争原则。依托区位条件，挖掘、利用、开发优势特色资源，培育主导产业，壮大优势产业，形成特色经济，打造竞争优势，实现区域经济的分工协作，优势互补，错位竞争，优劣互补，共同发展。加快长兴岛临港工业区和花园口工业园区规划布局和实施步伐，逐步形成产业化程度高、聚集效强、分工明确、布局合理的工业新格局。

(2)布局思路

充分把握东北老工业基地振兴和辽宁“五点一线”沿海经济带建设重大战略机遇，在保持原有产业优势的基础上，按照“全域谋划、城乡统筹、沿海牵动、两翼推动”的思路，加强大连经济区内部的合理分工，优化全域经济空间布局，统筹城乡经济协调发展。依托黄、渤海岸线和交通主干线发展产业带，以长兴岛临港工业区和庄河、花园口新城区为经济增长极，把大连经济区打造成为东北地区哈大和沿海经济带两个一级发展轴线的龙头。

2. 总体布局

根据城市功能、产业布局和人口集聚的客观需要，按照产业向园区集中、发挥比较优势、错位竞争的原则，构建“一区两带两极三组团”的空间发展格局(如图5所示)。

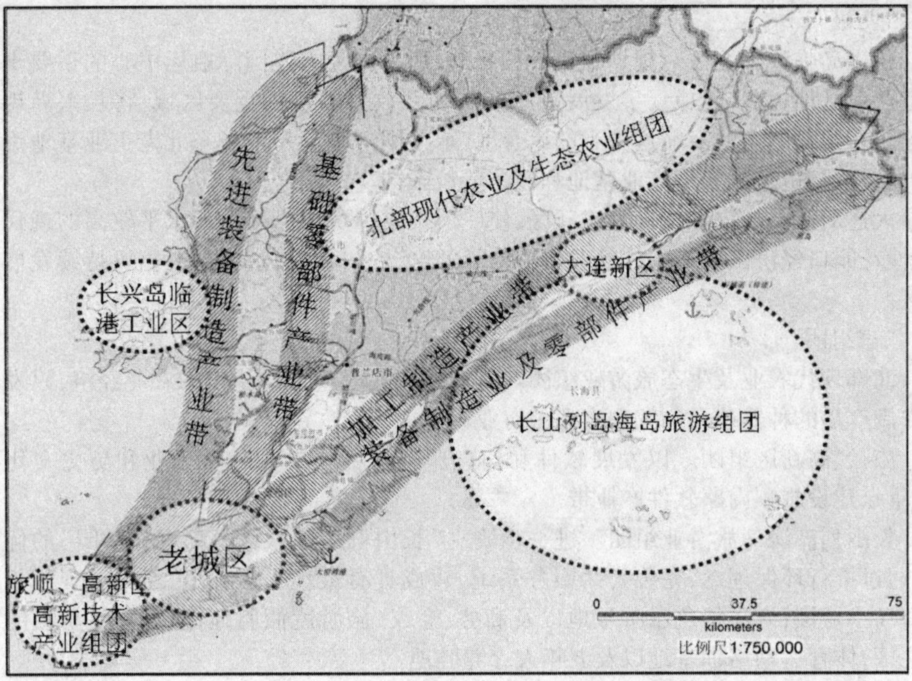

图5　大连市产业空间布局示意图

"一区"

大连市老城区是全市的行政文化中心和现代服务业核心区。全面调整老城区的功能和经济结构,促进"进三"产业置换,大力发展现代服务业,围绕区域性商贸中心、金融中心、旅游中心、信息中心优化整合,突出功能特色。中山区,全面推进从中山广场至海之韵广场具有港航特色的金融、商贸、旅游、涉外商务等服务业相配套的中央商务区建设,完善和提升服务功能,逐步发展成为油轮经济核心区和国际航运中心的服务区之一。沙河口区,积极推进星海湾至西安路商贸、金融、旅游、会展业的发展。西岗区,着力推进滨海路旅游,新开路、中山路、长春路沿线以及火车站北文化、行政、体育、商贸中心建设。甘井子区,重点建设沿旅顺北路、旅顺南路和大连湾岸线三条产业带。

"两带"

沿海产业带。渤海一侧的先进装备制造业产业带,依托深水岸线,建设以发展造船业为重点的船舶和海洋工程及配套产业带。黄海一侧依托大连湾北岸深水岸线资源建设装备制造业及零部件产业带。

沿路产业带。重点建设沿沈大高速公路的基础零部件产业带和沿黄海大道的加工工业产业带。规划沿 G201、G202、辽宁滨海路、永青路、海皮路、城八线、兴唐线、盖亮线、庄林线等沿路产业。

"两极"

长兴岛临港工业区。规划和建设长兴岛,使其成为大连国际航运中心的重要支撑和临港产业基地,逐步建成辽宁发展沿海经济和开放型经济的重要区域;将长兴岛规划为大连正在建设的东北亚航运中心的组合港,承接国外临港产业和东北老工业基地重大产业的转移,打造东北新型产业基地和经济增长区域。

大连新区。规划和建设大连新区,使庄河市成为黄海沿岸发展水平较高的现代化城市;使花园口经济区成为中外产业转移的承载区、农村城市化的先导区、可持续发展的示范区。

"三组团"

北部现代农业及生态旅游业组团。重点发展北三市北部乡镇的农业经济,以发展特色农副产品的种养殖及加工和生态旅游业为主。

旅顺、高新区组团。以发展软件和信息服务业为主的现代服务业和历史文化旅游业,重点建设旅顺南路软件产业带。

长山列岛海岛旅游业组团。进一步确立"长山群岛国家级海岛森林公园"的优势地位,通过推行环保理念,完善公共服务系统,建成具有最佳人居环境、新兴的现代化花园式海岛小城镇;海洋特色旅游基地以及商务、会议、旅游度假胜地;适合富裕阶层的第二居住区;体育运动培训基地以及老年人疗养胜地。

(二)主导产业空间布局结构

1. 装备制造业

我市的装备制造业重点承接发达国家和国内特别是东北产业升级转移,按照产业向园区集中的发展思路,装备制造业集聚在各工业园区内(如图6)。

长兴岛临港工业区。重点发展船舶制造及配套和重大装备制造业。

花园口经济区。重点建设电动汽车生产基地。

开发区。重点发展汽车制造业、数控机床及配套的零件制造业。

三十里堡临港工业区。重点发展船舶制造业。

登沙河临港工业区。重点发展装备制造业配套的零件制造业。

海湾工业区。重点发展装备制造业配套的零件制造业。

瓦房店工业区。重点发展装备制造业配套的零件制造业。

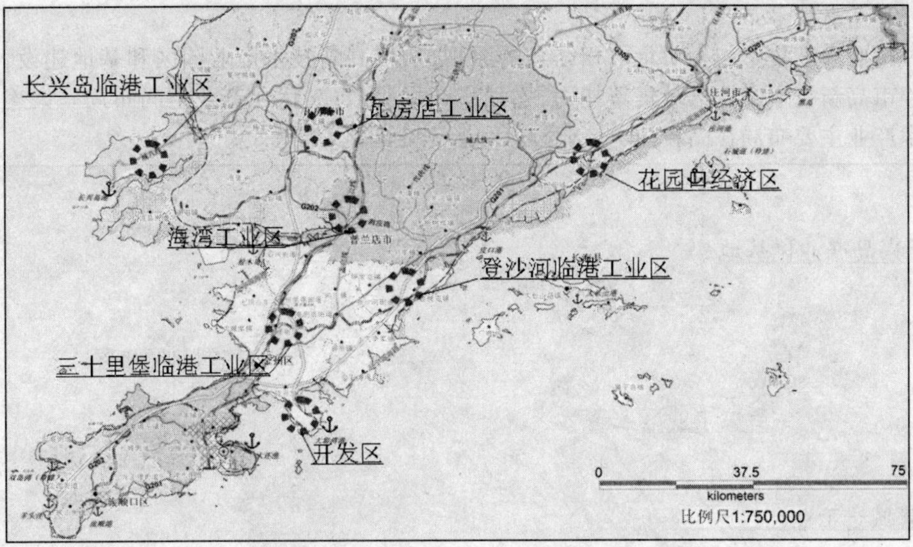

图 6　装备制造业空间布局示意图

2. 电子产品制造业

电子产品制造业以产业链为基础，在空间分布上高度集聚，建设产业基地和特色园区（如图 7）。

七贤岭产业基地。重点发展软件及信息服务业、动漫游产业、数字视听产业。

旅顺南路软件产业带。重点发展软件、信息服务业、微电子及教育产业。

长兴岛产业化基地。重点发展数字化制造、装备电子。

开发区。重点发展装备电子、汽车电子、半导体产业和光电子产业等。

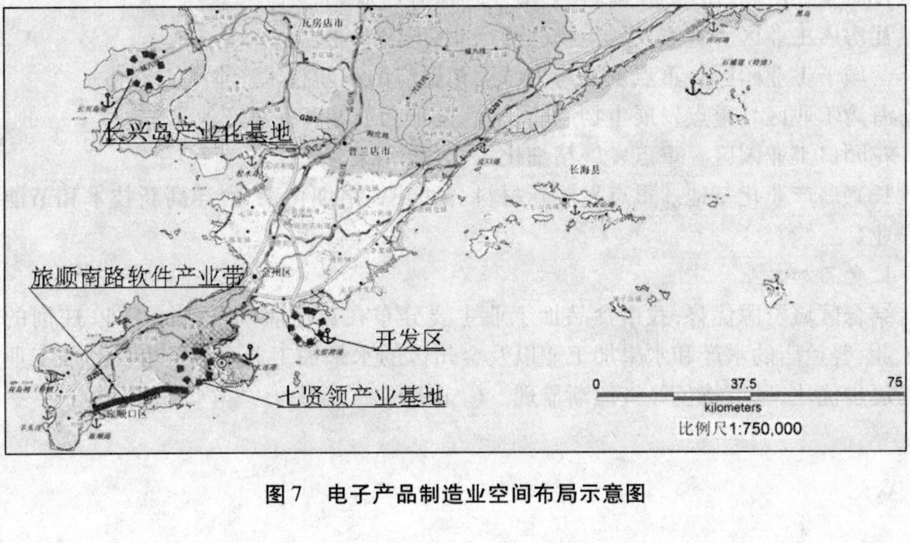

图 7　电子产品制造业空间布局示意图

3. 高新技术产业

按照高度集聚与相对集中相结合的原则,加快高新技术产业园区和基地建设,提高大连市高新技术产业区域集聚能力,增强产业聚集效应,优化产业空间布局。大连高新技术产业主要布局在高新技术产业园区和各工业园区(如图8)。

图8　高新技术产业空间布局示意图

高新技术产业园区。包括双D港、英歌石生态园、七贤岭产业化基地、龙头分园等,重点发展生物医药、微电子、新材料、节能环保等产业。

瓦房店工业区。重点发展生物医药产业、现代农业。

营城子工业园区。重点发展与主城区相适应的高新技术产业。

海湾工业区。重点发展生物制药、精细化工和节能环保等产业。

花园口工业园区。重点发展精细化工、节能环保等产业。

长兴岛产业化基地。重点发展新材料、新能源、精细化工、海洋高新技术和节能环保等产业。

4. 食品加工业

结合区域资源优势,我市食品加工业主要分布在瓦房店的畜禽加工业、庄河的水产加工业、普兰店的水产和水果加工业以及金州区的水果加工业。使全市食品加工业产业布局逐步优化,区域特色经济逐渐显现。(如图9)

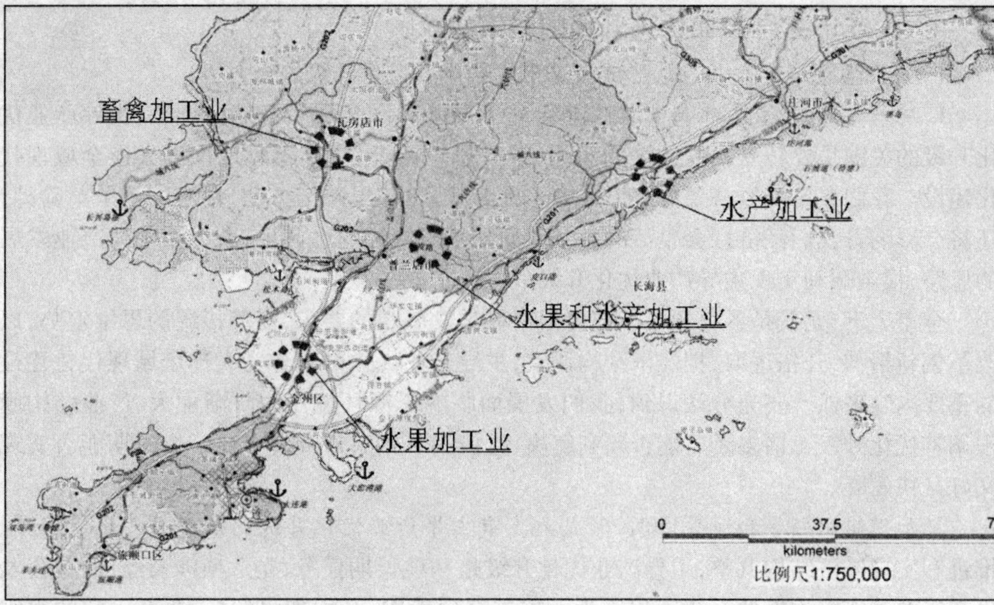

图9　食品加工业空间布局示意图

5. 现代服务业

大连主城区作为现代服务业的“中心区”，要强化中央商务区核心功能，在大孤山半岛、东港区、人民路、星海湾、香炉礁、旅顺南路、大东沟、羊头洼等区域形成各具特色的现代服务业集聚区。此外，在各工业园区、各城镇集聚区，现代服务业也有分布。(如图10)

图10　现代服务业空间布局示意图

七、大连市主导产业优化升级的对策建议

(一)加强领导,统一认识,形成大连市主导产业优化升级的合力

1.统一认识,形成主导产业优化升级的重要基础。实现经济结构调整,主导产业优化升级的关键是要转变我们传统的观念,统一思想认识,坚定不移地推进大连全域现代化建设。我们在传统经济条件下形成的思维方式、工作思路与方法,很难一下子革除掉,还将会影响着我们经济社会生活的各个方面。不解决好这个问题,就无法理清产业发展的思路,很难顺利实现主导产业优化升级。

全市上下,尤其是各级领导干部要根据科学发展观的要求,变革传统的思维定势,以改革创新精神,开拓进取,把经济结构调整、主导产业优化升级作为大连全域现代化建设的重要内容来抓。要充分认识到,我们发展面临的资源环境压力日渐加大、产业结构亟须调整优化升级等诸多矛盾能否顺利解决,直接关系到我市经济今后一个时期能否实现又好又快发展。

2.加强组织领导和统筹协调,形成大连市主导产业优化升级的强有力的组织保障。推进和实现经济结构调整,主导产业优化升级是一项长期任务,是一项涉及经济、社会及生态资源等诸多方面的系统工程。为了推进这项工作,必须加强领导,要有一定的组织保证。建议成立由市分管领导任组长、相关委、办、局等部门主要领导为成员的主导产业优化升级工作领导小组,承担组织、指导、协调的职责,负责重大事项的决策,确保经济结构调整,主导产业优化升级工作的顺利开展。主要负责制定主导产业优化升级发展规划和相关法规政策、重大决策,协调解决经济结构调整、主导产业优化升级中的重大问题等等,把经济结构调整、主导产业优化升级纳入规范化、科学化、法制化的轨道。领导小组下设办公室,办公室设在市发展改革委,办公室主任由市发改委主任兼任。办公室负责具体工作及日常事务。要明确分工,划分任务,责任到位,狠抓落实。

建立大连市经济结构调整,主导产业优化升级联席会议制度,注重解决产业发展中的新情况、新问题,加强相关部门的统筹协调,形成发展合力。尽快建立健全适应主导产业优化升级的统计指标、监测和评价体系,建立健全产业安全预警应急机制和政策实施反馈机制,优化产业发展的外部环境。各区市县要结合实际,建立相应的工作制度和机制,指导、协调和推进经济结构调整,主导产业优化升级。各有关部门要在全面深入调查研究的基础上,抓紧制定出台具体的实施意见。

(二)统筹规划,合理布局,夯实主导产业可持续发展的基础

1.结合实际,抓紧编制规划工作。主导产业优化升级,规划必须先行。要加快编制我市主导产业优化升级的规划,编制出台循环经济总体规划和资源综合利用中长期规划,合理确定大连产业的发展方向、功能布局和形态结构,为主导产业优化升级提供重要依据。完善产业规划体系,对一些尚未制订规划的重要产业,加强调查研究,加快制订产业发展规划和指导意见。结合主体功能区规划,制定实施区域各有侧重和差别化发展的

产业政策，明确各区域、各园区产业发展定位，形成以"一区两带两极"为中心，"多组团"发展的特色鲜明、功能互补，人口与环境承载力相适应的现代产业格局。

2. 根据规划，加强分类指导工作。坚持总体谋划与分类指导相结合。为了推动主导产业健康培育，快速发展，必须在搞好总体规划的基础上，根据不同产业发展的不同阶段和特点，提出具有针对性的发展思路和措施，实施分类指导。

要结合大连的实情和基础，立足长期发展需要，明确产业定位和分类，优选和界定一定发展时期、特定发展阶段的主导产业、优势支柱产业、新兴重点产业，加以大力培育发展和改造提高，制定限制淘汰类产业和产品目录，鼓励转移和引导退出。在产业空间布局上，要重视考虑产业集群效应，促进产业的区域集聚，优化产业分工和链条，规划建设一批重大产业基地，形成优势产业链。

（三）制定政策，强化实施，建立健全主导产业发展导向政策体系

1. 完善产业导向政策，推进产业结构优化升级。按照国家《产业结构调整指导目录》，抓紧制定实施《大连市限制和淘汰相关产业落后生产能力目录》和《大连市产业发展导向目录》，鼓励发展低能耗、低污染的先进生产能力，加快淘汰落后生产能力，促进区域协调发展的产业导向政策体系，稳步推进我市经济结构调整，主导产业优化升级。制定相应的扶持政策，在项目建设、税费征缴、信贷扶持等方面提供具体的优惠和倾斜；在新产品开发、品牌建设等方面要有相应的支持；鼓励企业向产业园区集中，研究制定企业跨区域发展的政策措施，促进主导产业加快培育发展。制定鼓励发展技术和资金密集型产业政策，根据不同行业情况，适当提高建设项目在土地、环保、节能、技术、安全等方面的准入标准。

创新招商引资方式，提高产业招商水平，积极吸引跨国公司和世界500强企业投资现代产业体系的高端产业和新兴产业，把更高技术水平、更大增值含量的产品和项目落户我市。

2. 多渠道加大资金投入力度，扶持优势主导产业建设发展。加快完善财政政策。创新政府资金使用方式，整合各部门用于产业发展的专项资金，设立优势主导产业培育发展专项资金，制定优势主导产业培育发展专项资金使用办法，集中用于大企业培育、优势产业发展、企业技术改造、区域创新体系建设等方面的扶持和奖励，重点支持关系我市产业全局的关键领域、战略性新兴产业的领头项目发展。

广辟融资渠道，积极吸引社会资金。目前，国内外一些投资者对在大连等地区建立专业基金、发展高端产业及企业有较高兴趣，我们要通过政府引导和营造良好环境，引导和带动社会民间资金投入大连优势主导产业发展。积极推动国有企业和优势中小企业上市融资。稳步发展企业债券市场。

（四）扩大开放，提高层次，形成更高水平的开放型经济体系

1. 创新对外开放模式，优化产业发展环境。进一步扩大对外开放，统筹利用好国内

国外两种资源、两个市场，加快完善开放型经济体系。注重创新对外开放模式，不断优化产业发展环境，广泛吸引国内外大型跨国公司和境外投资者来连投资发展。实行外商直接投资与重点企业域外直接融资并举，积极引进我市经济建设发展和产业结构优化升级急需的技术项目和资金，充分利用国外管理经验，争取引进更多的发展资源，在更大的范围内进行生产要素的组合，促进大连经济结构调整和主导产业优化升级。鼓励外商投资生态型、环保型、资源集约型项目，严格限制高耗能、高污染、资源性外资项目，促进外商投资产业结构升级。

2. 转变对外贸易方式，扩大对外交流与合作。开展全方位、宽领域、高层次的对外经济技术合作与交流，加快转变对外贸易方式。

制定和完善鼓励企业加强对外合作和产品出口的相关政策，积极支持有实力的企业对外开展各类经济技术合作，鼓励进口国外先进技术、进口关键设备和重要资源，培育具有国际竞争力的大连本土型跨国公司。鼓励有经济实力的企业到境外建厂设点，开展境外加工贸易业务。建立全球化营销网络，不断增加技术含量高、附加值大的产品出口，引导鼓励企业扩大出口规模，优化出口产品结构。

（五）发展循环经济，推进节能减排，促进经济发展方式转变

1. 提高全民节约意识，形成发展循环经济的良好风尚。推进节能减排，发展循环经济，促进经济发展方式转变，是一项长期而艰巨的任务。要广泛开展节约资源宣传教育活动，在全社会形成节约资源、保护环境的良好风尚，提高全民自觉节约资源、保护环境的意识，树立节约型的消费观念和消费模式，使节约资源、发展循环经济、建设节约型社会成为全体公民的自觉行动。

要充分认识到，节约能源资源，保护生态环境，是经济结构调整与主导产业优化升级的重要突破口。产业的选择培育发展，必须坚持做到，对于科技含量低、资源消耗大、环境污染重、不利于可持续发展的产业一票否决，不予立项。只有将产业结构调整与发展循环经济结合起来，调整后的产业结构才具有可持续发展的能力。

2. 采取综合措施，建立节能减排的长效机制。要采取有力措施，充分挖掘潜力，努力实现节能降耗和污染减排的约束性目标，切实保护好生态环境。抓紧制定实施《大连市循环经济促进条例》，建立产业准入、退出机制，严格实行能耗和污染物排放总量前置审核制度。要把强化政府责任作为实现节能降耗和污染减排目标的关键环节，把完善市场调节机制作为节能降耗和污染减排的基本手段，把加强依法治理作为节能降耗和污染减排的重要保证，突出抓好重点行业、主导产业节能降耗和环境保护工作。要着力推进重点区域污染治理，加大环境监测和执法力度，深入开展整治违法排污企业、保障群众健康的环保专项行动，加快研究完善促进环境保护和减少污染物排放的税费机制。

3. 推进循环经济重点工程建设。实施重点节能工程，组织实施循环经济试点，推进重点行业、重点领域、企业、产业园区和农村循环经济发展。着重抓好大连经济技术开发

区、长兴岛临港工业园区、花园口经济区、高新技术产业园区等重点区域的循环经济发展。鼓励其他产业园区按照循环经济的要求建设和改造，围绕核心资源发展相关产业，推进循环经济、节能减排工作。大力发展和使用清洁能源，对有限资源进行合理的综合利用，提高能源的利用率。推进风能、太阳能、地热能、水电、沼气、生物质能利用以及可再生能源与建筑一体化的科研、开发和建设，鼓励生产和使用节能节水产品、节能环保型汽车，发展节能省地型建筑，坚决淘汰高耗能、高耗水、高污染和浪费资源的落后产能。逐步建成以高新技术产业为先导，以先进制造业为支撑，科技含量高、经济效益好、能源资源消耗低、环境污染少、安全有保障、人力资源得到充分发挥、国际竞争力强的现代产业体系。

(六)培育人才，强化引进，形成促进主导产业发展的人力资源的重要支撑

*1. 采取多种形式、多条渠道，加快培育人才。*充分利用大连市现有的科研院所资源，加快培养我市经济结构调整和主导产业优化升级急需的多层次各类人才。支持高校、企业开展校企合作，采取定向、委托培养等形式为企业输送实用型、复合型的人才。也可以分期分批选派人员到国内科学发展先进城市、经济结构调整和产业优化升级先进地区研修学习。还可以通过扩大交流与合作，积极培养未来经济发展需要的高级人才，优选一批人才到国外进行培训、考察，不断提高掌握国际高端产业先进技术的能力，提升驾驭宏观经济的综合能力。总之，通过开展多层次，全方位的人才培育活动，加快培养和造就一支与经济结构调整、主导产业优化升级相适应的高素质人才队伍。

*2. 加大工作力度，积极引进域外人才。*根据我市确定的主导产业，制定各类人才引进指导目录，制定相关政策，加大各类人才的引进力度，千方百计把国内外的人才吸引到大连来创业。国内主要面向长三角、珠三角地区，国外主要面向欧美和日本等发达国家引进我市急需的适应产业发展的各类人才。要通过制定相应的人才安置政策、创造优良的工作环境，使人才不仅能够引进来，而且能够留下来，做到人尽其才，并不断为我市经济建设社会发展做贡献。对有贡献的优秀人才，掌握核心技术的拔尖人才、特殊人才，要打破常规，给予特殊待遇。

(七)搞好宣传，扩大舆论，创造良好的舆论氛围和社会发展环境

*1. 加强宣传教育，增强广大群众科学发展意识。*我们应该在舆论、观念等各方面大力宣传和灌输只有树立科学发展观，加快经济结构调整、主导产业优化升级，坚定不移地谋求科学发展，才能实现建设东北亚重要国际城市的目标。可以通过报刊电视广播等新闻媒体，全面地宣传报道我市经济结构调整、主导产业优化升级的重大意义，以及将对大连经济建设社会发展人民生活产生的重大变化等，焕发起广大群众的工作热情，形成全民参与的社会氛围，确保经济结构调整、主导产业优化升级工作顺利健康进行。

*2. 创新发展环境，为加快主导产业结构升级提供重要保障。*充分发挥政府的宏观指导和环境建设的职能，为企业发展营造宽松的外部环境，为产业发展创造良好的基础条

件。创新行政管理体制,全力打造"决策科学、分工合理、执行顺畅、运转高效、监督有力"的行政管理体制。按照精简、统一、效能和决策、执行、监督相协调的原则,调整和完善机构设置,理顺明晰职能与权责分工。深入推进政务公开和公共企事业单位办事公开制度。加快服务政府、法治政府、责任政府建设,切实转变职能,提高行政效能,降低企业与政府打交道的成本,创造主导产业优化升级的良好环境。

3. 加快行业组织发展,强化服务体系建设。按照政府引导支持、行业自主发起、企业积极参与的原则,对那些条件成熟的行业、新兴优势产业等,要尽快成立行业协会,不断扩大全市行业组织的覆盖面,完善行业组织体系。政府要积极支持行业组织发展,要把政府不该管、不该办的事尽快交给行业组织去管、去办,尽量多地让行业组织承担行业管理的职能,参与政府有关行业发展和管理事务,提高行业组织的地位,充分发挥行业组织的作用。行业组织要加强自身建设,增强服务意识,在加强行业规划和管理,推动产业结构优化升级,保障经济社会全面、协调和可持续发展等方面充分发挥桥梁纽带作用,为主导产业优化升级创造良好的社会发展环境。

附表:大连市主导产业选择基础数据一览表

附表1　　大连市及全国基础统计数据

	2007年工业总产值全口径(千元)	2007工业增加值(千元)	2007全部从业人员年均数(人)	2007流动资产年平均余额(千元)	2007年工业增加值全口径(千元)
有色金属矿采选业	101395.332	40789	286	6065	45015.693
非金属矿采选业	868906.383	286688	4079	370746	316395.57
其他采矿业	7249.89332	2565	50	10360	2830.7939
农副食品加工业	33780599.9	7474466	69526	9808045	8248995.2
食品制造业	3195617.59	987940	10448	1235554	1090313.6
饮料制造业	4980461.56	1692240	4937	2024184	1867595.6
纺织业	6285595.86	1635675	23875	1765852	1805169.1
纺织服装、鞋、帽制造业	15462716.4	5039922	86287	3317135	5562175.6
皮革、毛皮、羽毛(绒)及制品业	1263341.09	265781	5316	378020	293322.12
木材加工及木、竹、藤、棕、草制	5696620.66	1782035	16448	1889795	1966695.4
家具制造业	6775133.52	1727650	20150	2581329	1906674.9
造纸及纸制品业	2716800.01	737196	5774	843655	813586.72
印刷业和记录媒介的复制	2362619.7	55065	4546	955444	607715.71
文教体育用品制造业	679795.143	205192	2840	359618	226454.68
石油加工、炼焦及核燃料加工业	115198122	21902100	11008	19676240	24171669
化学原料及化学制品制造业	12728984.5	3038189	29278	6879261	3353016.3
医药制造业	5368359.79	2179839	7486	2495574	2405721.2
化学纤维制造业	429725.411	106199	1033	45961	117203.7
橡胶制品业	1192765.99	350542	5755	669428	386866.33
塑料制品业	8389062.69	1712961	21458	6662287	1890463.7
非金属矿物制品业	11192617.3	3234005	24735	4652893	3569123.4
黑色金属冶炼及压延加工业	22583069.2	4589727	26023	9966508	5065329.9

续表

	2007 年工业总产值全口径(千元)	2007 工业增加值(千元)	2007 全部从业人员年均数(人)	2007 流动资产年平均余额(千元)	2007 年工业增加值全口径(千元)
有色金属冶炼及压延加工业	1920288.13	458416	1787	627584	505918.6
金属制品业	10487963.4	2658298	22798	3613625	2933759.7
通用设备制造业	72596706.1	17106693	127123	28940899	18879346
专用设备制造业	27424145.8	6469660	31500	14844681	7140067.8
交通运输设备制造业	61102594.1	13518280	72951	52384136	14919089
电气机械及器材制造业	21936931.5	5182872	48456	8052366	5719938.5
通信设备、计算机及其他电子设备	48897637.8	10718918	56164	15902251	11829648
仪器仪表及文化、办公用机械制造	4211655.79	1070550	10302	1545220	1181484
工艺品及其他制造业	1531707.94	389598	4779	647951	429969.45
废弃资源和废旧材料回收加工业	92566.3662	49933	106	57075	55107.224
电力、热力的生产和供应业	11619999.9	4007458	8276	4323756	4422724.2
燃气生产和供应业	1029009.24	251075	2352	243159	277092.23
水的生产和供应业	1346323.56	432286	4562	1119645	477080.92

续附表1　　大连市及全国基础统计数据

	2007 固定资产原价(千元)	2007 固定资产净值年平均余额(千元)	工业销售产值(当年价)(千元)	2007 利税总额(千元)	2003 年工业总产值(当年价)(千元)
有色金属矿采选业	75429	53475	80586	5232	
非金属矿采选业	609837	165070	696150	77632	35230
其他采矿业	19332	11416	5762	-2338	
农副食品加工业	9066052	5956551	26419378	1193629	8168506
食品制造业	1749557	1184694	2515142	156119	1293255
饮料制造业	2512812	1486891	3450116	753705	1547053
纺织业	2741806	1595977	4963824	201936	1680552
纺织服装、鞋、帽制造业	3730334	2116709	11925025	721547	4199877
皮革、毛皮、羽毛(绒)及制品业	241745	147576	1006083	35800	1410461
木材加工及木、竹、藤、棕、草制	1934530	913480	4351367	189547	2393208
家具制造业	2566701	1611820	5095165	286427	1211164
造纸及纸制品业	1040248	611522	2128842	189895	617186
印刷业和记录媒介的复制	1936408	1006407	1869267	182505	691518
文教体育用品制造业	352126	277145	505576	17572	247778
石油加工、炼焦及核燃料加工业	22693854	10903188	90670938	-1520632	38327800
化学原料及化学制品制造业	11597199	8173018	9802849	814220	5250357
医药制造业	2867955	1764274	3851096	475325	1283750
化学纤维制造业	48783	10506	327815	10497	78088
橡胶制品业	950048	786684	988116	57842	222705
塑料制品业	5264503	3073368	6640588	234666	3828354
非金属矿物制品业	8451364	5293655	8783264	772376	3323082
黑色金属冶炼及压延加工业	12597589	7710881	17836026	928190	3731137

续表

	2007 固定资产原价(千元)	2007 固定资产净值年平均余额(千元)	工业销售产值(当年价)(千元)	2007 利税总额(千元)	2003 年工业总产值(当年价)(千元)
有色金属冶炼及压延加工业	411849	280727	1520993	111842	234472
金属制品业	2993219	2046074	7632372	442615	3485145
通用设备制造业	21903498	13166969	57056241	4510673	19285859
专用设备制造业	7878306	5781239	21430226	2279211	4599667
交通运输设备制造业	24870762	16206173	49322050	4413247	11631271
电气机械及器材制造业	6653365	3142153	17067895	1481637	8099035
通信设备、计算机及其他电子设备	12964251	7083782	38134194	1921943	20227810
仪器仪表及文化、办公用机械制造	1594425	881804	3279386	186927	1481914
工艺品及其他制造业	1251631	721145	1206883	172968	512391
废弃资源和废旧材料回收加工业	31214	17846	73569	38614	
电力、热力的生产和供应业	19938881	10410568	9188666	1154974	4411400
燃气生产和供应业	1094101	781649	809783	-202805	298480
水的生产和供应业	6394192	4658342	1033782	17364	877903

续附表1　　大连市及全国基础统计数据

	2003年工业总产值(当年价)全口径(千元)	2003年工业增加值(生产法)(千元)	2003年工业增加值(生产法)全口径(千元)	2003年工业销售产值(千元)	全部从业人员年平均数(人)
有色金属矿采选业					286
非金属矿采选业	67592.476	14058	20920.077	31328	4079
其他采矿业			0		50
农副食品加工业	15672141	1876809	2792928.5	8228093	69526
食品制造业	2481246.3	484312	720717.35	1290191	10448
饮料制造业	2968184.6	618621	920586.08	1369607	4937
纺织业	3224316.5	437384	650882.56	1683916	23875
纺织服装、鞋、帽制造业	8057907.6	1206223	1795012	3790513	86287
皮革、毛皮、羽毛(绒)及制品业	2706118.4	337553	502321.44	1372088	5316
木材加工及木、竹、藤、棕、草制	4591622.3	731946	1089228	2366396	16448
家具制造业	2323746	404268	601601.78	1102786	20150
造纸及纸制品业	1184136.5	176930	263294.16	606956	5774
印刷业和记录媒介的复制	1326750.3	216090	321569.18	683328	4546
文教体育用品制造业	475388.26	65490	97457.381	245896	2840
石油加工、炼焦及核燃料加工业	73535932	6463470	9618458.6	38313153	11008
化学原料及化学制品制造业	10073364	1362612	2027738.5	5095478	29278
医药制造业	2463010	472560	703228.89	1185523	7486
化学纤维制造业	149820.07	14677	21841.227	79368	1033
橡胶制品业	427283.06	82045	122093.31	237042	5755
塑料制品业	7345101.5	1026467	1527512.4	3787526	21458
非金属矿物制品业	6375683.8	1129246	1680460.5	3229727	24735
黑色金属冶炼及压延加工业	7158580.4	960729	1429685.9	3673811	26023

续表

	2003年工业总产值(当年价)全口径(千元)	2003年工业增加值(生产法)(千元)	2003年工业增加值(生产法)全口径(千元)	2003年工业销售产值(千元)	全部从业人员年平均数(人)
有色金属冶炼及压延加工业	449859.29	74938	111517.2	231997	1787
金属制品业	6686618.7	875617	1303028.5	3381999	22798
通用设备制造业	37001957	5950603	8855247.9	18943372	127123
专用设备制造业	8824946.9	1365816	2032506.5	4419554	31500
交通运输设备制造业	22315822	2988038	4446577.4	11634286	72951
电气机械及器材制造业	15538854	2347805	3493830	8153020	48456
通信设备、计算机及其他电子设备	38809190	4969917	7395863.4	19899924	56164
仪器仪表及文化、办公用机械制造	2843208.5	441866	657552.34	1464006	10302
工艺品及其他制造业	983076.25	143689	213827.36	511174	4779
废弃资源和废旧材料回收加工业			0		106
电力、热力的生产和供应业	8463736.8	2512991	3739647.6	4383880	8276
燃气生产和供应业	572665.4	42103	62654.575	317980	2352
水的生产和供应业	1684349.6	370405	551209.36	854974	4562

续附表 1　　大连市及全国基础统计数据

	全国从业人员年平均人数(万人)	全国工业总产值(亿元)	全国工业销售产值(亿元)
有色金属矿采选业	55.11	2288.75	2229.93
非金属矿采选业	46.62	1365.63	1336.13
其他采矿业	0.26	10.97	10.82
农副食品加工业	264.80	17496.08	17133.91
食品制造业	135.03	6070.96	5919.79
饮料制造业	101.02	5082.34	4962.91
纺织业	626.26	18733.31	18323.05
纺织服装、鞋、帽制造业	414.19	7600.38	7404.29
皮革、毛皮、羽毛(绒)及制品业	256.98	5153.49	5037.02
木材加工及木、竹、藤、棕、草制	106.18	3520.54	3432.17
家具制造业	91.30	2424.94	2369.89
造纸及纸制品业	138.30	6325.45	6226.14
印刷业和记录媒介的复制	72.38	2117.57	2068.87
文教体育用品制造业	119.32	2098.79	2048.00
石油加工、炼焦及核燃料加工业	80.64	17850.88	17745.56
化学原料及化学制品制造业	380.28	26798.8	26203.87
医药制造业	137.34	6361.9	6003.73
化学纤维制造业	45.30	4120.8	4006.65
橡胶制品业	87.51	3462.41	3402.16
塑料制品业	224.05	8120.41	7944.20
非金属矿物制品业	448.41	15559.44	15196.91
黑色金属冶炼及压延加工业	304.43	33703.01	33406.42
有色金属冶炼及压延加工业	156.27	18031.88	17748.78
金属制品业	273.48	11447.08	11214.70
通用设备制造业	420.71	18415.52	17962.50
专用设备制造业	256.51	10591.98	10294.35
交通运输设备制造业	408.59	27147.4	26550.16

续表

	全国从业人员年平均人数(万人)	全国工业总产值(亿元)	全国工业销售产值(亿元)
电气机械及器材制造业	449.15	24019.07	23399.38
通信设备、计算机及其他电子设备	587.92	39223.77	38537.35
仪器仪表及文化、办公用机械制造	106.97	4307.99	4238.63
工艺品及其他制造业	136.94	3387.71	3300.98
废弃资源和废旧材料回收加工业	6.64	680.71	670.57
电力、热力的生产和供应业	256.96	26462.65	26367.38
燃气生产和供应业	15.88	988.72	999.10
水的生产和供应业	41.36	797.08	777.23

资料来源:《2004 年大连统计年鉴》《2008 年大连统计年鉴》《2008 中国统计年鉴》。

附表2　　大连市35个工业行业16项指标一览表

	需求收入弹性系数	技术进步率	技术扩散带动系数	影响力系数	感应度系数
有色金属矿采选业			1.1695	0.4100	0.4100
非金属矿采选业	17.9622	11.3212	1.1456	0.9300	0.7000
其他采矿业	0.0000	0.0000	0.0000		
农副食品加工业	1.7507	0.8421	1.5158	0.8500	0.5600
食品制造业	0.4362	0.1572	0.2648	0.1700	0.1100
饮料制造业	1.0272	0.6008	0.7198	0.1300	0.0800
纺织业	1.4385	0.8416	1.4935	1.1200	1.0600
纺织服装、鞋、帽制造业	1.3923	0.7049	0.8294	0.9100	0.5100
皮革、毛皮、羽毛(绒)及其制品业	-0.8078	-0.4315	0.2200	0.2900	0.1500
木材加工及木、竹、藤、棕、草制	0.3646	0.1645	1.1484	0.6500	0.4100
家具制造业	2.9024	1.4977	0.7202	0.5100	0.3300
造纸及纸制品业	1.9611	1.0266	1.0597	0.3900	0.4400
印刷业和记录媒介的复制	1.1830	0.6780	1.5868	0.6200	0.6900
文教体育用品制造业	0.6515	0.1604	0.2095	0.1400	0.1500
石油加工、炼焦及核燃料加工业	0.8584	0.4008	33.8241	0.8300	0.8700
化学原料及化学制品制造业	0.3994	0.2090	2.2103	0.5800	1.5500
医药制造业	1.7873	0.8954	1.2812	0.1200	0.3200
化学纤维制造业	2.8307	1.8034	0.1851	0.0500	0.1300
橡胶制品业	2.7144	1.1882	0.1584	0.0700	0.1900
塑料制品业	0.2153	0.0735	1.1256	0.3800	1.0300
非金属矿物制品业	1.1447	0.6507	2.5626	1.0400	0.9200
黑色金属冶炼及压延加工业	3.2647	1.7918	6.4199	1.0300	2.6100
有色金属冶炼及压延加工业	4.9525	2.7283	1.2570	0.1400	0.3500
金属制品业	0.8614	0.3758	3.1483	1.2400	1.4600

续表

	需求收入弹性系数	技术进步率	技术扩散带动系数	影响力系数	感应度系数
通用设备制造业	1.4575	0.8011	2.8259	1.0100	1.0900
专用设备制造业	3.1933	1.8093	1.0064	0.2400	0.2500
交通运输设备制造业	2.6335	1.3694	3.7988	1.2500	0.8000
电气机械及器材制造业	0.6239	0.3039	2.8238	1.3000	1.3400
通信设备、计算机及其他电子设备	0.3939	0.1251	5.2293	1.4000	1.3400
仪器仪表及文化、办公用机械制造	0.7292	0.3698	1.8705	1.1600	0.6400
工艺品及其他制造业	0.8456	0.3188	1.3207	1.0300	0.5900
废弃资源和废旧材料回收加工业	0.0000	0.0000	4.9462	0.4100	0.6400
电力、热力的生产和供应业	0.5650	0.3383	13.0741	0.7400	1.9600
燃气生产和供应业	1.2074	0.8007	1.9962	1.1500	0.7200
水的生产和供应业	-0.3041	-0.2336	1.3361	0.8300	0.5800

续附表2　　大连市35个工业行业16项指标一览表

	区位熵	比较市场占有率系数	总产值比重	固定资产比重	利税比重
有色金属矿采选业	0.0487	0.0329	0.0002	0.0004	0.0002
非金属矿采选业	0.8215	0.4741	0.0017	0.0030	0.0035
其他采矿业	1.8056	0.4846	0.0000	0.0001	-0.0001
农副食品加工业	2.4652	1.4031	0.0643	0.0451	0.0535
食品制造业	0.7265	0.3866	0.0061	0.0087	0.0070
饮料制造业	0.4589	0.6326	0.0095	0.0125	0.0338
纺织业	0.3579	0.2465	0.0120	0.0136	0.0091
纺织服装、鞋、帽制造业	1.9560	1.4656	0.0294	0.0186	0.0323
皮革、毛皮、羽毛(绒)及其制品业	0.1942	0.1818	0.0024	0.0012	0.0016
木材加工及木、竹、藤、棕、草制	1.4544	1.1537	0.0108	0.0096	0.0085
家具制造业	2.0722	1.9564	0.0129	0.0128	0.0128
造纸及纸制品业	0.3920	0.3111	0.0052	0.0052	0.0085
印刷业和记录媒介的复制	0.5897	0.8222	0.0045	0.0096	0.0082
文教体育用品制造业	0.2235	0.2246	0.0013	0.0018	0.0008
石油加工、炼焦及核燃料加工业	1.2817	4.6496	0.2192	0.1129	-0.0682
化学原料及化学制品制造业	0.7229	0.3404	0.0242	0.0577	0.0365
医药制造业	0.5118	0.5837	0.0102	0.0143	0.0213
化学纤维制造业	0.2141	0.0745	0.0008	0.0002	0.0005
橡胶制品业	0.6175	0.2643	0.0023	0.0047	0.0026
塑料制品业	0.8992	0.7607	0.0160	0.0262	0.0105
非金属矿物制品业	0.5179	0.5259	0.0213	0.0420	0.0346
黑色金属冶炼及压延加工业	0.8026	0.4859	0.0430	0.0627	0.0416
有色金属冶炼及压延加工业	0.1074	0.0780	0.0037	0.0020	0.0050
金属制品业	0.7827	0.6193	0.0200	0.0149	0.0198

续表

	区位熵	比较市场占有率系数	总产值比重	固定资产比重	利税比重
通用设备制造业	2.8371	2.8905	0.1382	0.1090	0.2022
专用设备制造业	1.1530	1.8944	0.0522	0.0392	0.1022
交通运输设备制造业	1.6764	1.6905	0.1163	0.1237	0.1978
电气机械及器材制造业	1.0129	0.6638	0.0417	0.0331	0.0664
通信设备、计算机及其他电子设备	0.8969	0.9005	0.0931	0.0645	0.0861
仪器仪表及文化、办公用机械制造	0.9042	0.7040	0.0080	0.0079	0.0084
工艺品及其他制造业	0.3277	0.3327	0.0029	0.0062	0.0078
废弃资源和废旧材料回收加工业	0.1499	0.0998	0.0002	0.0002	0.0017
电力、热力的生产和供应业	0.3024	0.3171	0.0221	0.0992	0.0518
燃气生产和供应业	1.3906	0.7376	0.0020	0.0054	-0.0091
水的生产和供应业	1.0356	1.2104	0.0026	0.0318	0.0008

续附表2　　　　大连市35个工业行业16项指标一览表

	增加值率	比较劳动生产率	资金利税率	产值利税率	总产值增长速度	增加值增长速度
有色金属矿采选业	3.3473	0.9041	878.7370	516.0001		
非金属矿采选业	23.5267	0.4456	1448.8556	893.4449	0.9720	0.8935
其他采矿业	0.2105	0.3252	-1073.6591	-3224.8750		
农副食品加工业	613.3832	0.6815	757.1580	353.3475	0.3109	0.2117
食品制造业	81.0741	0.5994	645.0537	488.5409	0.1090	0.0653
饮料制造业	138.8717	2.1729	2146.6502	1513.3236	0.1935	0.1381
纺织业	134.2297	0.4343	600.6730	321.2679	0.2905	0.1816
纺织服装、鞋、帽制造业	413.5952	0.3703	1327.8758	466.6366	0.3268	0.1770
皮革、毛皮、羽毛(绒)及其制品业	21.8110	0.3169	681.1315	283.3756	-0.1258	-0.1734
木材加工及木、竹、藤、棕、草制	146.2406	0.6868	676.1627	332.7359	0.1592	0.0554
家具制造业	141.7775	0.5435	683.0833	422.7621	0.3343	0.3067
造纸及纸制品业	60.4971	0.8094	1304.9615	698.9657	0.3258	0.2307
印刷业和记录媒介的复制	45.1888	0.7679	930.2694	772.4688	0.1725	0.1552
文教体育用品制造业	16.8388	0.4580	275.9582	258.4896	0.2346	0.0935
石油加工、炼焦及核燃料加工业	1797.3698	12.6132	-497.2729	-132.0015	0.2591	0.1188
化学原料及化学制品制造业	249.3254	0.6578	540.9281	639.6583	0.1340	0.0602
医药制造业	178.8859	1.8460	1115.8262	885.4194	0.3600	0.2150
化学纤维制造业	8.7151	0.6517	1858.9619	244.2723	0.5220	0.3014
橡胶制品业	28.7668	0.3861	397.2359	484.9401	0.3342	0.2926
塑料制品业	140.5721	0.5061	241.0377	279.7285	0.0547	0.0338
非金属矿物制品业	265.3948	0.8288	776.5267	690.0763	0.2072	0.1511
黑色金属冶炼及压延加工业	376.6505	1.1181	525.0719	411.0114	0.3720	0.3327
有色金属冶炼及压延加工业	37.6194	1.6262	1231.3183	582.4230	0.4594	0.4374

续表

	增加值率	比较劳动生产率	资金利税率	产值利税率	总产值增长速度	增加值增长速度
金属制品业	218.1501	0.7392	782.0469	422.0219	0.2249	0.1191
通用设备制造业	1403.8404	0.8531	1071.2186	621.3330	0.2084	0.1835
专用设备制造业	530.9250	1.3020	1105.0227	831.0964	0.3690	0.3277
交通运输设备制造业	1109.3616	1.1747	643.4214	722.2684	0.3534	0.2864
电气机械及器材制造业	425.3262	0.6781	1323.5379	675.4076	0.1312	0.0900
通信设备、计算机及其他电子设备	879.6353	1.2099	836.1351	393.0544	0.1246	0.0595
仪器仪表及文化、办公用机械制造	87.8534	0.6588	770.1902	443.8326	0.1578	0.1032
工艺品及其他制造业	31.9719	0.5168	1263.3738	1129.2492	0.1908	0.1172

附表3　　标准化之后的大连市35个工业行业16项指标一览表

	需求收入弹性系数	技术进步率	技术扩散带动系数	影响力系数	感应度系数
有色金属矿采选业	-0.5643	-0.50013	-0.30841	-0.58447	-0.52986
非金属矿采选业	5.28644	5.38336	-0.31246	0.62845	-0.02393
其他采矿业	-0.5643	-0.50013	-0.50705	-1.5408	-1.24515
农副食品加工业	0.00594	-0.06252	-0.24958	0.44185	-0.26817
食品制造业	-0.42222	-0.41844	-0.46208	-1.14427	-1.05324
饮料制造业	-0.22972	-0.18789	-0.38479	-1.23757	-1.10558
纺织业	-0.09574	-0.06278	-0.25337	1.07163	0.60413
纺织服装、鞋、帽制造业	-0.11078	-0.13379	-0.36618	0.5818	-0.3554
皮革、毛皮、羽毛(绒)及制品业	-0.82743	-0.72439	-0.46969	-0.86437	-0.98346
木材加工及木、竹、藤、棕、草制	-0.44554	-0.41464	-0.31199	-0.02466	-0.52986
家具制造业	0.38109	0.2782	-0.38472	-0.35121	-0.66943
造纸及纸制品业	0.07448	0.03338	-0.32706	-0.63112	-0.47752
印刷业和记录媒介的复制	-0.17898	-0.14779	-0.23753	-0.09463	-0.04137
文教体育用品制造业	-0.3521	-0.41679	-0.47146	-1.21425	-0.98346
石油加工、炼焦及核燃料加工业	-0.2847	-0.29187	5.23808	0.3952	0.27266
化学原料及化学制品制造业	-0.4342	-0.3915	-0.13163	-0.18794	1.45899
医药制造业	0.01785	-0.03479	-0.28943	-1.2609	-0.68688
化学纤维制造业	0.35773	0.43705	-0.47562	-1.42418	-1.01835
橡胶制品业	0.31985	0.11733	-0.48015	-1.37753	-0.91367
塑料制品业	-0.49416	-0.46192	-0.31587	-0.65444	0.55179
非金属矿物制品业	-0.19144	-0.16196	-0.07178	0.88503	0.35989
黑色金属冶炼及压延加工业	0.49908	0.43105	0.58339	0.8617	3.30827
有色金属冶炼及压延加工业	1.04884	0.91775	-0.29355	-1.21425	-0.63454

续表

	需求收入弹性系数	技术进步率	技术扩散带动系数	影响力系数	感应度系数
金属制品业	-0.28374	-0.30485	0.02769	1.35154	1.30197
通用设备制造业	-0.08955	-0.08382	-0.02706	0.81505	0.65647
专用设备制造业	0.47583	0.44012	-0.33611	-0.981	-0.809
交通运输设备制造业	0.29348	0.21154	0.13818	1.37486	0.15053
电气机械及器材制造业	-0.3611	-0.34222	-0.02743	1.49149	1.09262
通信设备、计算机及其他电子设备	-0.43601	-0.43513	0.38116	1.72474	1.09262
仪器仪表及文化、办公用机械制造	-0.32677	-0.30796	-0.18934	1.16493	-0.12861
工艺品及其他制造业	-0.28888	-0.33447	-0.28273	0.8617	-0.21583
废弃资源和废旧材料回收加工业	-0.5643	-0.50013	0.33307	-0.58447	-0.1286
电力、热力的生产和供应业	-0.38026	-0.32433	1.71363	0.18527	2.17428
燃气生产和供应业	-0.17103	-0.084	-0.16799	1.14161	0.01097
水的生产和供应业	-0.66335	-0.62151	-0.28011	0.3952	-0.23328

续附表 3　　标准化之后的大连市 35 个工业行业 16 项指标一览表

	区位熵	比较市场占有率系数	总产值比重	固定资产比重	利税比重
有色金属矿采选业	-1.2405	-0.88652	-0.60392	-0.79782	-0.54457
非金属矿采选业	-0.12231	-0.40527	-0.57284	-0.7226	-0.48221
其他采矿业	1.30168	-0.39383	-0.60773	-0.80572	-0.55109
农副食品加工业	2.25613	0.608	0.76008	0.46764	0.47906
食品制造业	-0.25979	-0.5007	-0.47861	-0.56218	-0.4146
饮料制造业	-0.64704	-0.23242	-0.40632	-0.45475	0.10013
纺织业	-0.79307	-0.65351	-0.35346	-0.42252	-0.37514
纺织服装、鞋、帽制造业	1.51932	0.67611	0.01821	-0.28338	0.07243
皮革、毛皮、羽毛(绒)及制品业	-1.02996	-0.72415	-0.55686	-0.77441	-0.51824
木材加工及木、竹、藤、棕、草制	0.79355	0.33593	-0.37731	-0.53615	-0.38581
家具制造业	1.68743	1.21147	-0.33364	-0.44717	-0.30236
造纸及纸制品业	-0.7438	-0.58303	-0.498	-0.66202	-0.38551
印刷业和记录媒介的复制	-0.45771	-0.02563	-0.51234	-0.53588	-0.39187
文教体育用品制造业	-0.98764	-0.67738	-0.5805	-0.75888	-0.53394
石油加工、炼焦及核燃料加工业	0.54359	4.14886	4.05748	2.3858	-1.85888
化学原料及化学制品制造业	-0.26501	-0.55109	-0.0925	0.82391	0.15226
医药制造业	-0.57048	-0.28574	-0.39061	-0.40476	-0.13965
化学纤维制造业	-1.0012	-0.84119	-0.59062	-0.80157	-0.54003
橡胶制品业	-0.41754	-0.63413	-0.55972	-0.67472	-0.49925
塑料制品业	-0.00983	-0.09275	-0.26827	-0.06744	-0.34694
非金属矿物制品业	-0.56158	-0.34875	-0.15473	0.38112	0.11622
黑色金属冶炼及压延加工业	-0.14966	-0.39248	0.30658	0.96472	0.25043
有色金属冶炼及压延加工业	-1.15565	-0.83734	-0.53026	-0.75047	-0.45274
金属制品业	-0.17845	-0.24692	-0.18327	-0.38713	-0.16783

续表

	区位熵	比较市场占有率系数	总产值比重	固定资产比重	利税比重
通用设备制造业	2.79417	2.23024	2.33213	2.27455	3.33622
专用设备制造业	0.35738	1.14377	0.50265	0.30046	1.41414
交通运输设备制造业	1.11468	0.9214	1.86662	2.69221	3.2523
电气机械及器材制造业	0.1547	-0.19844	0.28042	0.12804	0.72714
通信设备、计算机及其他电子设备	-0.01314	0.05974	1.37232	1.01632	1.1064
仪器仪表及文化、办公用机械制造	-0.00258	-0.15449	-0.43746	-0.58402	-0.38806
工艺品及其他制造业	-0.83688	-0.55952	-0.54599	-0.63227	-0.40009
废弃资源和废旧材料回收加工业	-1.09412	-0.8135	-0.60428	-0.80405	-0.51581
电力、热力的生产和供应业	-0.87344	-0.57652	-0.13742	1.99803	0.44577
燃气生产和供应业	0.70122	-0.11795	-0.56635	-0.65444	-0.72376
水的生产和供应业	0.18752	0.39773	-0.5535	0.09157	-0.53412

续附表 3　　标准化之后的大连市 35 个工业行业 16 项指标一览表

	增加值率	比较劳动生产率	资金利税率	产值利税率	总产值增长速度	增加值增长速度
有色金属矿采选业	-0.67522	-0.1722	0.04036	0.03621	-1.18229	-0.92467
非金属矿采选业	-0.62697	-0.39204	0.5775	0.39966	3.70894	4.10371
其他采矿业	-0.68273	-0.44973	-1.7991	-3.56598	-1.18229	-0.92467
农副食品加工业	0.78355	-0.27892	-0.07418	-0.12041	0.38237	0.26654
食品制造业	-0.48936	-0.31827	-0.1798	0.00977	-0.63362	-0.55719
饮料制造业	-0.35114	0.43608	1.23493	0.99656	-0.20886	-0.14728
纺织业	-0.36225	-0.39743	-0.22162	-0.1513	0.27942	0.09742
纺织服装、鞋、帽制造业	0.3058	-0.42813	0.46352	-0.01132	0.46197	0.07126
皮革、毛皮、羽毛(绒)及其制品业	-0.63107	-0.4537	-0.14581	-0.18779	-1.8155	-1.90052
木材加工及木、竹、藤、棕、草制	-0.33352	-0.27637	-0.15049	-0.14026	-0.38126	-0.61295
家具制造业	-0.3442	-0.34507	-0.14397	-0.05357	0.4997	0.80144
造纸及纸制品业	-0.53856	-0.21762	0.44193	0.21239	0.4573	0.37382
印刷业和记录媒介的复制	-0.57517	-0.23751	0.08891	0.28317	-0.31437	-0.05135
文教体育用品制造业	-0.64296	-0.38606	-0.52755	-0.21175	-0.00158	-0.39829
石油加工、炼焦及核燃料加工业	3.61482	5.44121	-1.25605	-0.58777	0.12133	-0.25633
化学原料及化学制品制造业	-0.08702	-0.29027	-0.27791	0.15529	-0.50811	-0.58565
医药制造业	-0.25546	0.27932	0.26374	0.39194	0.62917	0.28555
化学纤维制造业	-0.66239	-0.2932	0.96388	-0.22544	1.44439	0.77141
橡胶制品业	-0.61444	-0.42052	-0.41329	0.0063	0.49932	0.72191
塑料制品业	-0.34708	-0.36303	-0.56045	-0.1913	-0.90683	-0.73455
非金属矿物制品业	-0.04859	-0.20829	-0.05594	0.20383	-0.13962	-0.07451
黑色金属冶炼及压延加工业	0.21746	-0.06962	-0.29285	-0.06489	0.68938	0.94776
有色金属冶炼及压延加工业	-0.59327	0.17399	0.37255	0.10017	1.12954	1.53677
金属制品业	-0.16157	-0.25127	-0.05074	-0.05428	-0.05037	-0.25438

续表

	增加值率	比较劳动生产率	资金利税率	产值利税率	总产值增长速度	增加值增长速度
通用设备制造业	2.67378	-0.19667	0.22171	0.13764	-0.13384	0.10808
专用设备制造业	0.58637	0.01856	0.25356	0.33963	0.67471	0.9196
交通运输设备制造业	1.96959	-0.04247	-0.18134	0.23483	0.59603	0.68685
电气机械及器材制造业	0.33385	-0.28057	0.45943	0.18971	-0.52232	-0.418
通信设备、计算机及其他电子设备	1.42024	-0.02562	0.00022	-0.08218	-0.55534	-0.59
仪器仪表及文化、办公用机械制造	-0.47314	-0.28982	-0.06191	-0.03328	-0.38838	-0.3438
工艺品及其他制造业	-0.60677	-0.35788	0.40275	0.62673	-0.22213	-0.26487
废弃资源和废旧材料回收加工业	-0.67343	0.826	4.06828	3.55619	-1.18229	-0.92467
电力、热力的生产和供应业	0.10319	0.86599	-0.04902	0.49645	-0.96675	-0.46062
燃气生产和供应业	-0.63396	-0.28121	-2.65202	-2.35847	1.08291	-0.03668
水的生产和供应业	-0.5984	-0.31766	-0.75923	-0.33647	-1.36073	-1.23116

《大连市主导产业优化升级与布局研究》课题组成员

课题领导小组：

组　长：李　才　大连市政府发展研究中心　主任　教授

成　员：杨大海　大连市政府发展研究中心　处长　副研究员

课题组：

组　长：杨大海　大连市政府发展研究中心　处长　副研究员

成　员：王盛兴　大连市政府发展研究中心　调研员　副研究员

张永欣　大连市政府发展研究中心　主任科员　助理研究员

宋欣茹　大连市政府发展研究中心　助理研究员

张　娜　大连市政府发展研究中心　实习研究员

促进大连市新兴产业发展的对策研究

鲁　岩　秦学冬　刚晓丹　冯士森

一、新兴产业的内涵及发展路径

(一)新兴产业的内涵

关于新兴产业的内涵,我国学者主要有以下几种看法:

黄南认为新兴产业有狭义和广义之分。狭义的新兴产业,主要指依靠科技革命成果而发展起来的高新技术产业;广义的新兴产业,是指那些利用先进革命成果而建立起来的一系列对经济发展具有战略意义的产业,这些产业普遍采用先进的生产技术,是科技创新最为集中的生产领域,具有较高的劳动生产率,处于产业生命周期曲线中的成长期阶段。同时,这些产业需求旺盛,对经济增长的拉动作用明显。

程巍认为新兴产业是指由于技术创新、或新的消费需求的推动、或其他经济技术因素的变化使某种新产品或者新服务成为一种现实的发展机会,从而形成或重新形成一个产业。它对国民经济发展与人类社会生活产生了深刻广泛的影响,它与其他行业一样是衡量一定时期内区域经济发展状况的标志之一。

陈刚认为新兴产业是承担新的社会生产分工职能的,具有一定规模和影响力的,代表着市场对经济系统整体产出的新要求和产业结构转换的新方向,同时也代表着新的科学技术产业化水平,正处于产业自身生命周期形成阶段的产业。他还认为,作为一种推动产业结构演进的新生力量,新兴产业的形成与发展有其自身的内在逻辑和规律。

贾建国等指出,在各个不同时代的经济增长中,总是可以区分出新产生的,技术上先进,具有较快增长率,有着较大潜在需求的产业群,这种产业群可以称为新兴产业。他的观点是相对于经过长时间发展的传统产业而言的,即新兴产业只是一个相对的概念。

我们认为,新兴产业可以理解为在业已存在的产业基础上,伴随着社会进步,利用科技革命和重大技术创新成果建立起来的、对区域经济具有战略意义的一系列新兴的产业部门,它们代表产业未来的发展方向,在促进经济增长中发挥着关键作用。对新兴产业的认识应着重于两个方面:一是新兴性,这种产业应已经具有一定的物质技术基础,技术提升潜力广阔,有可能率先实现突破,但目前尚处于技术不成熟、产业垄断未形成、商业模式存在不确定性的阶段;二是产业性,其发展最终落脚在产业上,有利于生产生活方式的改变,有利于实体经济发展,有利提高劳动生产率。

(二)新兴产业形成与发展的路径

所谓新兴产业形成与发展的路径是指新兴产业从萌芽到成长再到市场地位的确立、巩固和持续的方式和过程。从新兴产业发展的驱动因素角度,国内的一些研究将新兴产业形成与发展路径大致划为三种:市场培育下的内生式发展路径、政府培育下的推动式发展路径、市场选择与政府扶持共同作用的推拉式发展路径。

1. 市场培育下的内生式发展路径

市场培育下的内生式发展途径可以理解为,新兴产业在市场对现有产业进行自然选择的情况下,依靠自身的素质和优势,在与其他产业的生存竞争中优先获取必需的生产要素、经济资源和市场份额,并逐渐赢得有利条件,博得市场自发的倾斜式支持和拉动,从而逐渐形成、成长和发展的方式与过程。从产业的构成主体——企业的角度看,是企业根据千变万化的市场需求,通过长期的自主研发或技术引进消化,推出适应市场需求的新产品,并将新产品规模化生产,最终形成新的产业的过程。其实质是新产业在自然市场环境下依靠自身力量进行生存竞争,并获得市场拉动的成长过程。

市场内生式发展具体路径有:一是原有产业分支的分化;二是新技术的产业化;三是满足新的潜在需求的供给力量逐步形成并产业化。

市场内生式发展路径的特点表现为:一是客观性,即新兴产业的市场选择、形成与发展是一定阶段与条件下,未受外界干扰的经济系统市场竞争客观选择的结果;二是自主性,即新兴产业形成与发展并不依赖于政府政策倾斜,而是在市场竞争中依靠自身力量形成与发展的;三是内生性,即新兴产业形成与发展是在经济系统内部各产业相互竞争、相互作用下市场选择的结果,是经济系统内生的产业。

市场内生式发展路径的优点:一是新兴产业在形成与发展的过程中经历了市场的严格选择,其固有优势得到了固化和加强,因而产业抗外界干扰能力、应变能力与创新能力较强;二是新兴产业在形成与发展的过程中经历了严酷市场的竞争,产业素质较高。不足之处在于,一是新兴产业形成与发展存在一定程度的盲目性、波动性,易受经济系统本身不确定性的强烈影响;二是形成与发展的速度较慢,新兴产业从萌芽到市场地位的确立所需时间较长。

2. 政府培育下的推动式发展路径

政府培育下的推动式发展路径可理解为,新兴产业在政府政策的倾斜式扶持下参与其他产业的生存竞争,获取必需的生产要素、经济资源和市场份额,并逐渐赢得有利的市场条件,从而逐渐形成、成长和发展的方式与过程。在这种路径下,政府通过明确而强烈的政策指向以及对新技术的产业化所给予的扶持,提供给新兴产业优厚的财税政策,吸引企业介入新兴产业,使新兴产业在与其他传统产业的竞争中获得优势地位。其实质是产业在政府推动下进行生存竞争并逐步谋求发展的结果。

政府培育下的推动式发展具体有三种途径:政府对原有产业分支的分化进行支持;政府对新技术的产业化进行扶持;政府对满足新的潜在需求的供给力量给予支持并推动

其产业化。

政府培育下的推动式发展路径的特点表现为：一是主观性，即政府选择是基于政府对产业系统演进、产业系统外部条件和产业发展战略的认识与把握，而产业的产品能否被市场所接受或容纳，并没有明确的验证，因而具有主观性；二是依赖性，即新兴产业在资源、政策等各方面都对政府存在很强的依赖性；三是外生性，即新兴产业形成与发展是政府选择的结果，是外部力量干预经济系统的结果。

政府培育下的推动式发展路径的优点有三：一是新兴产业形成与发展的速度较快，产业从萌芽到市场地位的确立所需时间较短；二是政府培育新兴产业的目的性比较明确，前瞻性强，确定性程度比较高，政策不易波动，而且不易受经济系统本身不确定性的影响；三是在形成与发展过程中，新兴产业的极化效应的时间跨度会比较短，其作用从极化转向扩散的时滞缩短，因而社会所承担的新兴产业阶段成熟成本可能会较低。不足之处在于：一是新兴产业是在政府的政策推动、刺激下发展起来的，没有经过自然市场的严格选择，产业自我发展、自主创新能力没有得到固化和加强，因而其抗风险能力和可持续发展能力相对于市场培育下的内生发展路径要弱；二是新兴产业在形成与发展的过程中没有经历自然市场的严酷竞争，因而产业素质与市场自发方式相比可能较低。

3. 市场培育与政府扶持结合的推拉式发展路径

对于新兴产业形成与发展而言，纯粹的市场自发模式或纯粹的政府培育模式在现实经济中都是不存在的。也就是说，现实中新兴产业的形成与发展是市场选择与政府政策扶持共同作用的结果，即市场推动与政府拉动相结合的模式——推拉结合模式。

推拉结合模式是新兴产业形成与发展的主要模式，它可以在很大程度上克服单纯市场形成模式和单纯政府培育模式的不足，而把两者的长处结合起来，形成市场拉动与政府推动的合力，从而更有利于新兴产业的形成与发展。市场推动与政府拉动相结合的具体方式也有两种：一是先由政府进行选择、培育、扶持，然后再接受市场的选择与检验；二是先让市场自发选择，然后政府力量再介入进行培育、扶持。这两种方式究竟孰优孰劣应视情况而定，无论哪种方式，最终都应以能否通过市场检验为准则。因而，市场在新兴产业形成与发展中似乎起着更为基础的作用。

（三）影响新兴产业形成与发展的主要因素

新兴产业形成与发展过程中的影响因素有以下几个方面：新兴产业的发展前景及市场容量；新兴产业的创新环境与基础条件；新兴产业投入要素的供给状况和有关新兴产业的政府政策导向等。

1. 新兴产业的发展前景及市场容量

从分工的角度看，新兴产业形成与发展是社会分工进一步深化、细化的结果，新兴产业实际上就是经济系统中承担新的社会经济分工职能且具有一定规模和影响力的同类企业的集合。既然新兴产业是社会生产分工的结果，而分工的形成与发展又受市场容量的约束与限制，那么新兴产业的形成发展必然与产业的市场容量及前景之间的关系十分密切。一方面,新兴产业的形成受到最低市场容量的影响。所谓最低限度产业市场容量既是指有分工的需要,又有分工的收益最小需求量,只有经济系统中存在某一最低限度的市场容量时,相应的产业分工才会在该系统内被采纳。另一方面,新兴产业的发展也受到发展前景的影响。新兴产业处于发展的起始阶段,在规模效益等方面短时间内与传统产业尚存在差距,但它却代表了先进生产力的发展方向,其前景趋优保证了新兴产业发展的可持续性。

2. 新兴产业的创新环境与基础条件

新兴产业的创新,其本质是一种技术创新,它包括新技术新工艺的产生、研究、开发、市场化生产至扩散等一系列积极的活动。在开展这一系列积极活动的过程中,新兴产业的创新条件及环境至关重要。新兴产业创新环境与基础条件对新兴产业的形成与发展的重要影响表现在:企业决策管理者才能既影响新兴产业的创新能力,又影响创新的方向和创新的潜在空间;现有技术条件为新兴产业创新提供技术基础,从而影响着创新的能力与水平;经济系统的运行机制决定新兴产业创新的运行方式,从而影响创新的制度成本;社会文化环境影响新兴产业创新的价值观念,从而影响创新的选择。

3. 新兴产业投入要素的供给状况

新兴产业投入要素的供给包括劳动、资本等硬要素的供给,也包括技术、知识、信息和企业家才能等软要素的供给。供给状况体现为投入要素的现实或潜在供给存量与投入要素的供给流量及其效率。作为新兴产业形成与发展的基本条件,要素供给特别是其中的技术、知识、信息和企业家才能等高级要素的供给状况,将对新兴产业的发展条件和空间产生直接影响。

4. 新兴产业的政府政策导向

政府政策特指政府所选择、实施、供给的与新兴产业形成发展关系紧密的各项政策措施的总和。包括促进新兴产业形成的培育政策、促进新兴阶段成熟的扶持政策、维护新兴产业利益的保护政策等。作为一种重要的外部因素,政府政策对新兴产业的形成与发展有着重要影响:政府政策影响新兴产业的成长环境,影响新兴产业内企业的经济行为,从而影响着新兴产业的形成、发展的进程。

二、国内外新兴产业发展现状与趋势

(一)国外新兴产业的发展现状

全球性金融危机加快了世界各国特别是发达国家发展新兴产业的步伐,新兴产业的发展不仅成为全球经济结构调整、产业转移、技术创新的重心,而且为全球经济合作、世界经济一体化、国际贸易、国际投资等注入全新的内容。因此,许多国家在确定发展重点的前提下(见表1)推出了相应的扶持政策,新兴产业已进入高投入与密集创新共同推动的爆发式发展时期。

表 1　世界各国新兴产业发展的重点

国别	新兴产业发展重点
中国	新能源 新材料 节能环保 生物医药 信息通信 电动汽车 高端制造
美国	新能源和环保 信息和互联网 生物医疗技术 空间技术 海洋产业
欧盟	新能源和环保 电子信息技术 互联网 生物医疗 新材料
日本	环保能源 电子信息 生物医疗技术 新材料

1. 美国新兴产业的发展

1993 年,克林顿政府调整美国出口,确定半导体、环境保护、电脑、咨询软件工业及服务业等高科技产业和知识密集型产业为重点出口产业,同时,计算机程序、电子机器人、人工智能等“军民两用”技术的开发也成为政策扶持的重点领域。这些产业政策有效地促进了信息产业为主的新兴产业的蓬勃发展,促进了美国经济的再度繁荣。接下来,小布什政府的能源战略和能源法案对能源技术创新和能源产业发展起到了积极的推动作用。近两年在全球性金融危机的背景下,奥巴马政府则将政策重点放在新能源和环保产业上。2009 年 2 月,美国总统奥巴马签署总额为 7870 亿美元的《美国复苏与再投资法案》,其中新能源为重点发展产业,主要包括发展高效电池、智能电网、碳捕获和碳储存、可再生能源如风能、太阳能等。其要点是在 3 年内让美国再生能源产量倍增,足以供应全美 600 万户用电,这是过去计划在 30 年内才能达到的目标。奥巴马政府计划在未来 10 年,通过投入 1500 亿美元进行新能源开发,创造 500 万个新工作岗位;对电网改造投入 110 亿美元;对先进电池技术投入 20 亿美元;对住房的季节适应性改造投入 50 亿美元;到 2015 年新增 100 万辆油电混合动力车,并用 3 亿美元支持各州县采购混合动力车;保证美国风能和太阳能发电量到 2012 年占美国发电总量的 10%,到 2025 年占 25%。

新能源产业的崛起将引起电力、IT、建筑、汽车、新材料、通讯等多个产业的重大变革和深度裂变,并催生出一系列新兴产业,再塑实体经济新实力,使美国由消费社会转变为生产、消费并重的社会。

2. 日本新兴产业的发展

全球金融危机之后,日本政府提出了不以增加短期需求为目标的指导原则,力求以“结构改革促经济发展”的方式,取代“通过扩大政府支持刺激经济成长”的方法。继续提出了普及、开发节能技术,加大研究清洁能源力度的目标,并给予了相当大的预算支持,进一步体现了通过解决危机促进能源结构转型、继续保持日本在节能方面优势地位的战略目标。

为此,日本政府有关部门初步拟定了旨在占领世界领先地位、适应 21 世纪世界技术创新要求的四大战略性产业领域:一是环保能源领域,包括燃料电池汽车、复合型汽车(电力、内燃两用)等新一代汽车产业,太阳能发电等新能源产业,资源再利用与废弃物处理、环保机械等环保产业;二是信息家电、宽带网、IT 领域,包括与因特网相关的数字家电

(如新一代液晶显示电视等)、各种高性能的服务终端与半导体、新一代软件等电子信息产业;三是医疗、健康、生物技术领域,包括再生医疗(人体部分器官组织的再生)、新型药物等先进医疗产业,健康、美容的食品产业,生命基因信息解析等IT生物产业;四是纳米技术、纳米材料产业,主要为上述其他重点产业领域提供广泛的实际应用。

2009年3月,日本推出为期3年的信息技术(IT)紧急计划,目标为官民共同增加投资3万亿日元,新增40万~50万个工作岗位,侧重于促进IT技术在医疗、行政等领域的应用。同年4月,日本政府为配合第四次经济刺激计划又推出了新增长策略,发展方向为环保型汽车、电力汽车、低碳排放、医疗与护理、文化旅游业、太阳能发电等。

3. 欧盟新兴产业的发展

欧盟以"绿色经济"、"环保型经济"主要支撑,为经济增长注入新动力。2008年11月法国宣布建立200亿欧元的"战略投资基金",主要用于对能源、汽车、航空和防务等战略企业的投资与入股。荷兰的经济刺激方案中也包含对可持续能源行业的投资和支持。欧盟委员会日前公布的新闻公告称,已制定了一项发展"环保型经济"的中期规划。主要内容是,欧盟将筹措总金额为1050亿欧元的款项,在2009年~2013年的5年时间中,全力打造具有国际水平和全球竞争力的"绿色产业",初步形成"绿色能源"、"绿色电器"、"绿色建筑"、"绿色交通"和"绿色城市"(包括废品回收和垃圾处理)等产业的系统化和集约化结构成型,以实现促进就业和经济增长的两大目标,为欧盟在环保经济领域长期保持世界领先地位奠定基础。

(二)国内新兴产业发展的现状

1. 兴起的背景

2008年以来,国际上一些主要国家为应对金融危机,都把争夺经济科技制高点作为战略重点,把科技创新投资作为最重要的战略投资,把发展高新技术及产业作为带动经济社会发展的战略突破口。这预示着全球科技将进入一个前所未有的创新密集时代,重大发现和发明将改变人类社会生产方式和生活方式,新兴产业将成为推动世界经济发展的主导力量。

此时我们所面临的情形是,一方面是经济质量不高,能耗高,产出低,产业升级迫在眉睫;另一方面是在科技创新上,国际竞争压力愈来愈大,必须战略把握,重点发展,争取在未来国际竞争中占有一席之地。事实上,在产业发展的不同阶段,针对自身发展的初始条件和产业发展的一般规律,选择适合本地区发展的一个或几个本身具有领先技术和市场优势的主导的产业作支撑,替代逐渐丧失竞争优势的传统产业,是各个国家或地区产业发展中的必然选择。发展新兴战略产业,不仅是我国目前调整结构、转变发展方式的突破点和着力点,更是在若干关系长远发展的领域抢占经济科技制高点,使国民经济和企业发展走上创新驱动、内生增长轨道的关键点。

2. 我国培育和发展新兴产业的重点领域

根据我国的发展实际,温家宝总理指出,选择新兴战略性产业,要兼顾一、二、三产业和经济社会协调发展，统筹规划产业布局、结构调整、发展规模和建设时序，在最有基础、最优条件的领域率先突破。以此为标准，我国战略性新兴产业主要涉及新能源、新材料、信息、生物医药和生物育种、节能环保、新能源汽车、航空航天和海洋等领域。

●新能源产业。新能源产业发展将突出清洁能源和可再生能源，包括水电、核电、风力发电、太阳能发电、沼气发电，以及地热利用、煤的洁净利用等。

●新材料产业。新材料产业的发展重点是加快微电子和光电子材料和器件、新型功能材料、高性能结构材料、纳米技术和材料等领域的科技攻关，以突破“中国制造”总体水平处在国际产业链低端的现状。

●信息产业。信息产业的发展重点将是着力突破传感网、物联网关键技术，及早部署后IP时代相关技术研发，使信息网络产业成为推动产业升级、迈向信息社会的“发动机”。

●生物医药产业。生物医药产业的发展是把科学前沿、高新技术手段与传统医学优势结合起来，研发适应多发性疾病和新发传染病防治要求的创新药物，突破应用面广、需求量大的基本医疗器械关键核心技术，形成以创新药物研发和先进医疗设备制造为龙头的医药研发产业链，大幅度提升生物医药产业的国际竞争力。

●生物育种产业。加快推进生物育种产业科技创新步伐，一是加强种质基因资源开发、生物育种核心技术和新品种开发、生物品种制种关键技术开发；二是强化产学研结合，推动建立种业产业技术创新战略联盟，推进科研院所等种业科技成果向优势种业企业转移，加速种子企业的资源融合和并购重组；三是发挥公益院所和高校的人力资源优势，加快信息化、社会化的种业科技推广服务体系建设。

●节能环保产业。节能环保产业可划分为节能产业、环保产业和资源循环利用产业，涉及节能环保的技术、装备、产品和服务等。国家正在酝酿的节能环保产业发展规划中，主要任务包括大力发展节能产业，大规模发展环保产业，做大做强资源循环利用产业。

●新能源汽车产业。目前，我国新能源汽车研发工作已取得重要进展，部分领域与世界先进水平的差距大大缩小。当前紧迫的任务是，通过技术经济、市场需求和经济效益三个方面的充分论证，尽快确定中国新能源汽车发展的技术路线和市场推进措施，推动新能源汽车工业的跨越发展。

此外，产业链长、辐射面宽、连带效应强的航空航天产业，以海洋生物医药、海水综合利用、海洋能利用和其他海洋高新技术产业为代表的一批新兴海洋产业等，也成为此次产业调整发展的重点。

3. 国内战略性新兴产业的区域布局初步形成

●长三角地区。目前来看，长三角的产业优势在于现代服务业、高新技术产业、文化创意产业和临港工业。上海作为该区域的核心城市，将凭借举办2010年世博会的契机，搭建起全方位、多角度、深层次的展示平台，引领科技发展、推动技术变革和产业革命，促进我国城市生产生活方式的重大变革，从而有力地带动战略性新兴产业的发展。2009年，江苏省新能源和智能电网、生物技术和新医药、新材料、节能环保产业产值分别增长

66%、30%、22%和21%，战略性新兴产业重要增长极的作用已经显现。目前，江苏省在建6个风电场项目、20个风电装备项目，整个风电产业总投资近500亿元；无锡市则利用国务院批准建设国家传感网创新示范区的机遇，加快构建集技术创新、产业化和市场应用于一体的传感网产业体系，2012年力争实现收入3500亿元。浙江省的发展重点确定为提高战略性新兴产业的核心竞争力，瞄准世界科技前沿，新能源技术、生物医药技术、新材料技术、物联网技术等前沿领域的发展动态，特别关注浙江已有基础的碳纤维、高端计算机、风力发电、电动汽车和太阳能光伏等领域的发展趋势，集中力量，聚集各类创新要素，不断提升自主创新能力，以掌握一批具有自主知识产权的核心技术，形成一批重点产品，增强产业核心竞争力。

●中部地区。湖北省已出台的"战略性新兴产业主要技术领域目录"提出，将重点加快发展新能源、节能环保、电动汽车、新材料、生物医药、信息产业等六大战略性新兴产业。其中仅新能源就开列了太阳能、风能、生物质能、核能等几十项产品和技术"清单"。湖南省已启动战略性新兴产业总体规划及7个专项规划编制。按照规划，至2015年，该省以高新技术产业为核心的战略性新兴产业年销售收入将达到1.5万亿元，增加值占当年生产总值的20%以上。长株潭经济一体化试验区将重点打造几大战略性新兴产业基地，包括以长沙光伏产业园、湘潭风电产业园、株洲风电产业园为主的新能源示范基地；以长沙航空工业园、株洲航空产业园为主的航空航天产业示范基地；以及要把长株潭建设成为国内规模最大的电动汽车研发与制造基地和全球产业化水平最高的电动汽车用动力电池研发与生产基地等。

●西部地区。陕西省将太阳能光伏产业、环保产业和现代服务业作为重点扶持发展的三大战略性新兴产业。陕北和渭北将实施金太阳工程，建设大型荒漠太阳能并网光伏电站；陕西2010年还将打造关中污水处理设备产业及节能装备、陕北煤化工废气处理及能量回收设备制造、陕南矿产废渣综合利用设备研发制造三大基地，发展环保产业；在现代服务业方面，着力壮大文化、旅游、物流、会展、金融等产业，同时抓好服务外包和创意产业的发展。甘肃省培育战略性新兴产业的重点工作包括，一是加强对培育战略性新兴产业的调查研究；二是要用足用好国家扶持政策，选择在新能源、新材料、生物医药等具有比较优势的产业进行重点培育；三是通过科技重大专项，加强重点产业关键技术和共性技术的研发力度；四是"十二五"科技发展规划要将培育发展战略性新兴产业列为编制重点；五是培育发展战略性新兴产业要与重视人才的培养和使用结合起来。重庆市建立新兴产业集群的战略意图也日趋明确：以北部新区、西永微电子产业园、长寿化工园区、茶园新区为重点，以其他特色工业园区为补充，加快实施"大投资、大基地"战略。同时注重产业链环节和上下游企业环节的配套，引导上下游企业向核心企业集中。组建产业联盟，协同创新，推动形成若干各具特色的，以龙头企业为核心，众多专业化分工的中小企业协作配套的新兴产业集群。

●东北地区。2010年2月，辽宁省率先提出了依托传统产业转型开发新领域的新兴产业发展规划——《辽宁省新兴产业指导目录》,作为确认新兴产业和企业享受有关政策的依据。预计2010年~2012年,辽宁新兴产业产值年均增长要超过25%,实现到2012年产值较2009年翻番的目标;到2015年,新兴产业比2012年再翻一番,成为省内主导产业。吉林省正在按照国家要求积极研究推进战略性新兴产业发展,确定了新能源汽车、新能源、新材料、生物医药和技术、电子信息等具有比较优势的产业领域。据此,吉林省政府提出,在国内外新兴战略产业竞争中,吉林省理应先行抢入。黑龙江省迅速征求、汇集省内专家学者、企业界人士对该省新兴产业发展的意见建议,将新材料、新能源、新型环保、生物、信息、现代装备制造等产业确定为黑龙江六大战略性新兴产业。

(三)国内外新兴产业的发展趋势

1. 国外新兴产业发展趋势

●导向性投资投入力度增大。发达国家为突显发展新兴产业的紧迫性和坚定性,纷纷实施高密度的导向性投资,从美国的《2009年美国复兴与再投资法》至法国的"战略投资基金",无不充分地传递与表达着政府着力推动,并吸引更多的社会资金聚拢至新兴产业领域的意愿。有关国际咨询和预测机构分析认为,目前各国政府对新兴产业的扶持性资金,已从以往注重技术本身延伸到产业的关键环节。

●综合性竞争更趋激烈。发达国家培育发展新兴产业的根本目的,是形成竞争优势而获取国家战略利益;企业投入巨资进行新兴产业领域的技术研发和创新,同样是为形成市场垄断而获得高额回报。因此,发展新兴产业,既是国家间竞争,也是企业间竞争,具有全球性和综合性。既表现为国家组织能力、机制体制运行、政策法律等层面的竞争;也表现为资本规模、技术创新能力、基础科学研究能力、人才结构和规模、试验手段等方面的竞争。目前,各发达国家实施大规模投资、制定各类规划和相关法律的频繁颁布,已经证明全球围绕新兴产业而展开了新一轮竞争。

●实体经济的重新回归。金融危机后,发达国家政府、企业界已经形成了新的共识:即现代服务业无论如何发达,也不可能替代实体经济特别是先进制造业在国家经济中的重要地位,回归实体经济战略可以获得新的竞争优势。即使是世界经济高度一体化背景下,掌握先进制造业技术,仍将是各国长期稳定发展的基石。为此,欧美日等国已经开始新的生产结构调整。奥巴马政府已经提出,美国经济要转向出口推动型增长和制造业推动增长的可持续增长模式。因此,精益生产、清洁生产、柔性制造、虚拟制造等众多先进生产模式再度受到美国各界的高度关注并引发大批企业的快速跟进。

2. 国内新兴产业发展趋势

●融资渠道趋于多元化。新兴产业既有巨大的利益,也包含更高的风险,其吸纳资金的密度和强度是传统产业成长时期和成熟时期都无法比拟的。因此,政府资金引导、资本市场驱动、民营资本参与的多元化融资方式成为新兴产业发展的必然趋势。2010年4月,上海市政府设立上海市创业投资引导基金,并与国家发展改革委、财政部共同发起设立新能源、集成电路、生物医药、新材料、软件和信息服务业等首批5只高新技术产业化创业投资基金，专门投向战略性新兴产业。目前，上海的生物医药、新材料、软件和信息服务业3只基金正式揭牌运作，新能源、集成电路2只基金已签订发起出资协议。通过国家出资2.5亿元、上海市创业投资引导基金出资2.5亿元，共吸引各类社会资金17亿元。

●区域特色成为形成竞争力的有力支撑。目前，新能源、新材料、电子信息等几乎成了全国性产业，特别是长三角、珠三角等发达区域，区域内部和区域之间产业重叠现象更为严重。为避免产业同构现象，国家有关部门正在通过规划加以调整。以新材料产业为例，包头已形成稀土新材料产业地带；武汉、长春等地为国内主要的光电材料产业基地；湖南则以电池材料、硬质合金材料、复合材料为主；宁波以磁性材料、高分子材料为特色。基于特定区域已有的产业基础与特色，在原有地域空间上进行资源整合，以明显的区域特色与优势，有效形成和提升新兴产业的竞争力。

●区域经济发展与新兴产业形成“共振”。2009年，国家先后批准了《关于支持福建省加快建设海峡西岸经济区江苏沿海地区发展规划的若干意见》《江苏沿海地区发展规划》《促进中部地区崛起规划》和《辽宁省沿海经济带发展规划》等11个区域发展规划，区域经济正以前所未有的密集度跃升至国家战略。与此同时，受国务院委托，32位国务院参事分三组分赴江西、福建和甘肃，深入了解各地区域经济和新兴产业发展情况。据介绍，即将出台的国家战略性新兴产业发展规划，也有浓重的区域布局特征。表明国家通过区域经济和新兴产业形成“共振效应”来锻造未来国家竞争力的战略已经确定，在未来相当长时间内，我国区域经济将和新兴产业形成共同发展的局面。

三、大连新兴产业发展现状分析

(一)新兴产业的发展基础

1. 产业基础

从我市现有的工业经济体系看，石化工业、装备制造业、船舶制造业和电子信息等产业基础雄厚、技术领先、社会贡献突出，是名副其实的支柱性产业。近年来，上述优势产业向高加工度化和技术集约化转变效果明显，产业结构与产品结构更趋合理。石化工业产能提升、链条延长，随着大石化2000万吨炼油、西太平洋1000万吨炼油扩能改造项目的完工，我市原油加工能力达到3050万吨，位居全国各城市第一；120万吨/年PTA、70万吨/年PX、30万吨/年甲醇等项目的完工投产，及固特异子午线轮胎项目落户海湾工业区等，使我市石化产业在拓展精深加工、延长产业链条方面取得新突破。现代装备制造业以创新促发展，内燃机车、数控机床及功能部件、核环吊、核压力容器、加氢反应器、风电机组、工业制冷设备、轴承、互感器、线路瓷绝缘子等产品在国内同行业位居第一，产品竞争力明显增加。船舶制造业不断加大对制约我国船舶工业发展的关键船舶配套产品的引进消化吸收再创新，掌握了一批先进技术，一些新型船舶配套产品形成了批量生产能力，其中包括大连船柴生产的新型船用大马力低速柴油机、大连船推研制的超大型船用螺旋桨、大连船阀研制的新型船用阀门，大连华锐曲轴公司研制生产的大型船用柴油机曲轴等。电子信息产业结构调整力度加大,一批具有高科技含量的项目和产品相继投产。华录集团建立的蓝光关键件、整机、光盘及母盘、节目源标准一条龙项目填补国内空白,蓝光整机实现批量生产;大显东芝电视生产的高清液晶电视机,形成了批量生产能力;大显电子自主开发的液晶电视机形成30万台的生产能力,并成功出口日本,成为我国东北地区唯一具有自主品牌的数字电视机;LED产业化项目已经竣工;英特尔项目已经开工,进展顺利。大显集团、华录集团、辽无二电器有限公司跻身中国电子信息百强企业。2009年,上述四个产业实现工业增加值1126.3亿元,比上年增长14.6%;为新兴产业发展提供了良好的产业基础。

2. 研发基础

近年来,我市企业科技基础不断夯实,技术创新队伍不断壮大,科技投入不断提高,技术创新产出成果丰硕,高新技术产业快速发展,技术创新已成为全市经济腾飞的重要推动力。科技投入加大,地方财政科技拨款由2002年的5.3亿元增长到2009年的25.18亿元,增长3.7倍。企业技术创新主体地位巩固,全市大中型工业企业自筹科技经费占科技经费筹集总额比重的85%,企业自主研发能力显著增强。科研资源集聚,目前全市拥有国家级重点实验室7个,国家级工程技术研究中心49个,各类专业技术人员近40万人,两院院士21人。拥有普通高等院校24所、市级以上自然科学类独立科研机构32家,初步形成了由科研院所、大专院校、企业研发机构等综合集成的创新资源体系。科技创业环境优化,截至2009年,全市共有市级以上科技企业孵化器33家,其中国家级6家,省级6家,孵化面积超过160万平方米;设立了大连市科技企业孵化创业专项资金,支持在孵科技型中小企业成长;大连理工大学技术转移中心是科技部认定的首批国家级技术转移示范中心。

3. 载体建设

工业园区的组织结构、低成本、创新能力、协同效应的优势是产业集约化、规模化发展的积极因素。我市十分重视重点工业(园)区的规划、投资和建设,将工业园区打造成是产业发展的重要载体。瓦房店光电产业园一期建设占地面积1平方公里,建设投资30亿元,主要引进大功率LED芯片、外延片、LED封装、LED照明灯具、光学材料制造等项目。目前,已有大连九久光电科技有限公司总投资4.1亿元、晶田科技(大连)有限公司总投资5亿元、大连九久光电制造有限公司总投资1亿元项目投产,总投资10亿元的LED灯具国际物流中心项目建设已经启动。金开新区制定了《生物产业发展规划》和《关于扶持半导体照明产业发展若干意见》,提出在未来三年内投入2.5亿元资金用于支持新兴产业的发展。2010年上半年,区内电子信息产业产值突破210亿元,同比增长60%;生物产业产值实现75亿元,同比增长45%;半导体照明产业实现产值16亿元,比去年同期翻了一番;风电和数控装备实现产值62亿元,同比增长35%。2010年4月,总投资500亿元的高新区"十大软件园区"建设正式启动,包含15个以软件和信息服务、创意和文化产业为主的高端产业园区:华信(国际)软件园、IBM软件园、海辉软件园、亿达信息软件园、信雅达金融服务外包软件园、欧力士软件园、航天软件研发基地、船舶软件及工业设计港、汽车电子及服务产业基地、通讯软件和服务产业基地、万达国际影视文化产业基地、凌水湾总部经济基地、文思软件和服务外包基地、富达基金软件和信息服务基地、龙湖科技园。"十大软件园区"项目预计用5年时间完成,建成后形成15万从业者、千亿元年产值规模。此外,我市还拥有国家半导体照明工程产业化基地、软件服务外包产业基地、新能源高新技术产业化基地和国家数控机床高新技术产业化基地,四个国家级高新技术产业化基地。

(二)新兴产业的发展规模

近年来,我市经过的结构调整与产业优化,软件服务外包、高端装备制造、新能源、生物医药及电子信息产业等新兴产业已形成一定规模。从总体发展规模来看,以全市完成高新技术产业产值拟合新兴产业发展规模,2009年全市高新技术产业产值达到4010亿元,是2004年该产值的4倍,其中规模以上工业高新技术产品产值2801亿元,是2004年该产值的3.4倍,规模以上工业高新技术产品产值占总产值比重近五年来由40.5%增加到46.4%,提高了近6个百分点,表明以高新技术为重要特征的新兴产业占工业总规模的比重越来越大,增长速度明显高于产业发展平均水平。

表2　大连市2004年~2009年高新技术产品产值及比重

	2004年	2005年	2006年	2007年	2008年	2009年
高新技术产品产值(亿元)	810	1010	1323	1800	2185	2801
工业总产值(亿元)	1997.2	2523.4	3415.1	4295.5	4932	6037.6
高新技术产品占总产值比重	40.5%	40%	38.7%	39%	44.3%	46.4%

注:产值为规模以上工业企业。

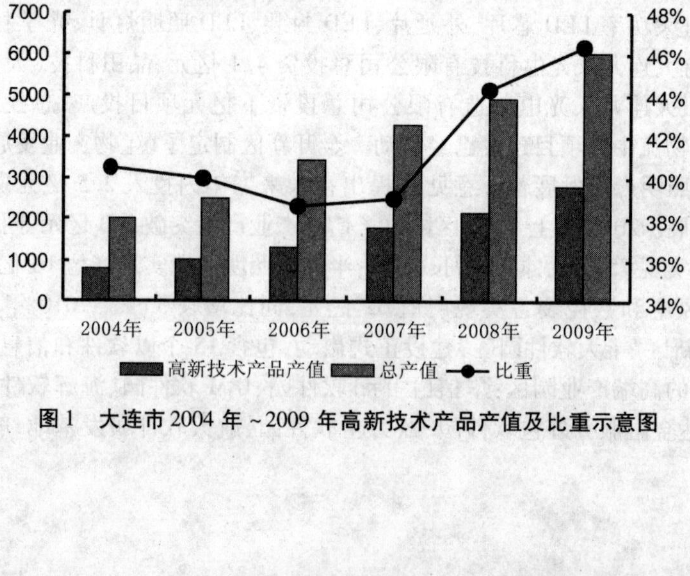

图1　大连市2004年~2009年高新技术产品产值及比重示意图

从有较强基础且形成一定规模的各个新兴产业发展来看,2004 年到 2008 年短短四年间,我市软件服务外包业、高端装备制造业、医药制造等新兴产业产值规模都有 2～3 倍的增长。2004 年至 2008 年我市部分新兴产业产值情况如下表所示:

表 3　　大连市 2004 年～2008 年各新兴产业产值　　单位:亿元

	2004 年	2005 年	2006 年	2007 年	2008 年
软件服务外包业	71.9	102.7	145	215	290
高端装备制造业	602.8	783.9	1081.4	1454.8	2023.8
医药制造	22	29	30.8	41	54.8
电子及通信设备制造业	226	233.2	298.7	376.3	358.5

注:产值为规模以上工业企业。

(三)新兴产业发展的特点

1. 强劲的创新驱动力

电子信息、新能源等新兴产业的发展无不建立在相应领域的重大科技突破的基础之上。我市在 2006 年就明确提出了提高自主创新能力,建设创新型城市的目标,大力提高全社会特别是企业的创新活力。2008 年,我市有科技活动的企业约占企业总数的 3%;拥有科研机构的企业占企业总数的 2%;企业 R&D 人员占全市专业技术人员的 5%;企业申请专利占全社会申请专利的 8%;企业科技活动经费筹集总额 47.5 亿元,其中企业资金占 84%,政府资金占 9.2%。企业创新能力的增强为产业升级及新兴产业发展提供了强劲的内驱动力:近 5 年中全市高新技术产业年均增长 30% 以上;2008 年高新技术产值占同期工业产值的比重达到 40%,光电子、数控机床、软件外包等高技术产业集群初步形成。

2. 有效的政策推动力

新兴产业在其发展初期,大多为缺少竞争力优势的弱势产业。通过政策倾斜进行必要的培育和扶持,是促使其快速发展的重要条件。我市于 2004 年就制定出台了《大连市老工业基地振兴规划纲要》,提出按照国家产业布局及振兴重点,建设高新技术和新兴产业为先导,石化、电子信息及软件、装备制造、造船四个基地为支撑,新型材料、服装、家具、饮料和农产品深加工等优势产业快速发展的新型工业体系。随后又陆续推出《大连市产业发展指导目录》《大连市进一步促进软件和服务外包产业发展的若干规定》《鼓励软件产业和集成电路产业发展的若干政策》《大连市关于吸引软件高级人才的若干规定》等系列具有针对性的鼓励政策,为新兴产业的萌芽发展起到了直接的推动作用。

3. 市场与产业的良性互动

有效的市场需求对新兴产业发展至关重要。新兴产业一般处于产业生命周期的前期,它在基础科学和应用成熟度之间存在较大差异,如何形成有效的市场需求,是新兴产业最终能否发展壮大的必备条件。我市新兴产业发展的突出特点是,有效地整合各类资源,使新兴产业的发展较早地与市场需求形成了良性互动。以软件服务外包业为例,基于历史与地域的原因。大连与日本经济文化等方面的交流更为频繁,大连软件企业十年前抢滩日本市场的重要条件是拥有十多万的日语人才与每周60余次往来日本的航班。在成为我国对日软件外包的代表性城市后,占据全球软件产值55%份额的美国又成为我们下一个目标市场。

(四)新兴产业发展中存在的问题

1. 金融支撑不强,研发资金投入不足

目前,我市的投融资体系还不够发达,对新兴产业的金融支撑不强。一是创业风险投资机构资金主要投向于处于成熟期的产品和企业,对初创期投资不够,从而使新兴产业难以获得基本的资金支持;二是大多银行机构经营管理理念仍未根本转变,发展战略和模式仍以大企业为主,银行信贷文化、管理体制与小企业新兴产业贷款业务发展不相适应;三是金融创新滞后,科技担保、知识产权质押贷款、科技保险、科技支行等业务刚刚起步,税收优惠支持金融创新和投资于新兴产业的举措不多,进展不快。

2. 产学研合作机制不完善,科技成果转化率低

从总体上看,目前我市产学研合作机制还没有从根本上破题,合作机制不完善、合作渠道不畅、合作成效不明显等问题依然存在,科技成果的转化率还比较低。主要表现在以下几个方面:一是企业还没有真正成为创新主体,高层次科技人才大部分集聚在高校院所,绝大多数企业没有设立研发机构,企业科研资金投入占销售收入比重较低;二是互利机制没有形成,企业与高校院所没有建立起利益共享、风险共担的利益共同体,企业忧虑成果难以转化,高校院所担心权益得不到保障,彼此缺乏足够信任度和相互制约机制;三是相关政策法规不完备,产学研合作中的行为规范难以保障,合作中引起的利益、产权纠纷难以协调,支持产学研合作的优惠政策措施支持力度不够。

3. 知识产权制度不健全,创新创业氛围营造不够

知识产权制度对于激励自主创新、促进新兴产业发展意义重大;而创新文化、创新环境同样是新兴产业发展的重要条件。目前我市在建立知识产权制度和营造创新环境方面还存在一些不足:一是知识产权意识不强,企业、高校、科研院所和科技人员存在着"重成果、轻专利"的思想,多数企业没有建立知识产权制度,没有专门从事知识产权管理工作的部门;二是知识产权权属不清,知识产权是基于人的智力劳动成果产生,同时又依托于一定的科研条件和经费形成,在实际操作中,没有明晰知识产权的财产权、收益权、人身权,引起纠纷时,企业和个人的维权成本又较高;三是创新创业氛围营造不够,"鼓励创新、宽容失败"的创新文化氛围尚未形成,"以成败论英雄"的惯性思维导致不顾科学自身规律,过分追求科技行为的短期效益。

4. 新兴产业市场培育不足,潜在的产能过剩风险

新兴产业由于其技术不确定性、质量不稳定性,其产品最终被市场接受需要漫长的

过程;而政府的产业政策制定、政府采购等扶持政策对培育新兴产业有效市场需求、壮大新兴产业发展规模具有重要作用。在实际发展过程中,会产生新兴产业市场培育不足与产能过剩风险并存的发展悖论,而市场培育不足又会放大产能过剩风险。一方面新兴产业的发展需要政府在培育有效市场需求上发挥发展导向和结构调整的作用。尤其在结构调整方面,政府起着重要的杠杆作用,通过调控主要社会资源,扶持新兴产业发展;通过政府采购政策支持,培育和壮大新兴产业市场。另一方面中央定调新兴产业的发展方向和政策导向后,各省市甚至县乡都在加大新兴产业发展力度,期望抢得先机,在巨大市场"预期"的推动下,掀起了新一轮的产业投资热潮。在这一过程中,如果不注重对新兴产业的发展进行充分的论证规划,不注重产业发展自身规律和市场饱和程度,重复建设、无序竞争、产能过剩等潜在风险将有可能出现在新兴产业发展过程之中。

(五)大连新兴产业未来发展规模与潜力分析

1. 新兴产业未来发展规模分析

以我市2004年~2008年各新兴产业产值为基础,采用时间序列模型分析方法,通过Eviews软件计算,得出2009年~2013年我市部分新兴产业产值情况如下表所示:

表4　　大连市2009年~2013年各新兴产业产值预测值　　单位:亿元

	2009年	2010年	2011年	2012年	2013年
软件服务外包业	400	500	630	776	988
高端制造业	2669	3446	4345	5365	6707
医药制造	70	88	110	145	194
电子及通信设备制造业	444	511	588	676	778
高新技术产品产值	2800	3376	4373	5546	7205

注:工业产值为规模以上企业。

根据预测结果分析,伴随着全市经济总量的快速增长,未来五年,我市新兴产业将取得持续迅猛发展。从总体上看,衡量我市新兴产业发展规模的高新技术产品产值(规模以上企业)在未来五年,将以30%的年均增速发展,到2013年,产值将超过7000亿元。各主要新兴产业也将在未来五年表现出良好的增长趋势。

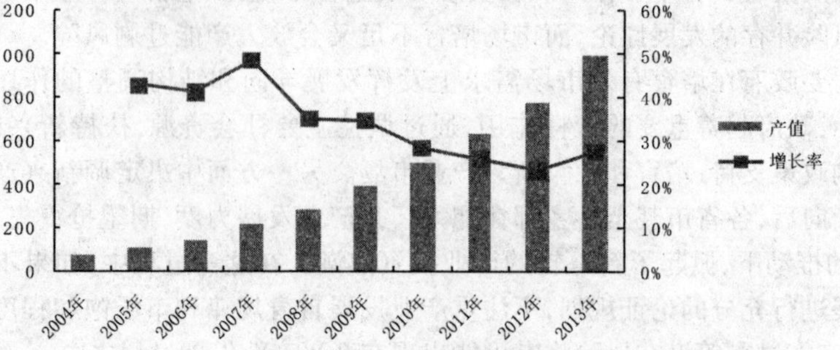

图 2　软件服务外包业产值及趋势预测(单位:亿元)

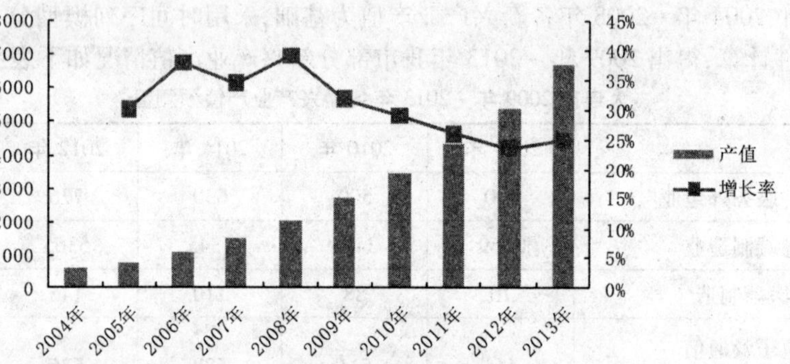

图 3　高端制造业产值及趋势预测(单位:亿元)

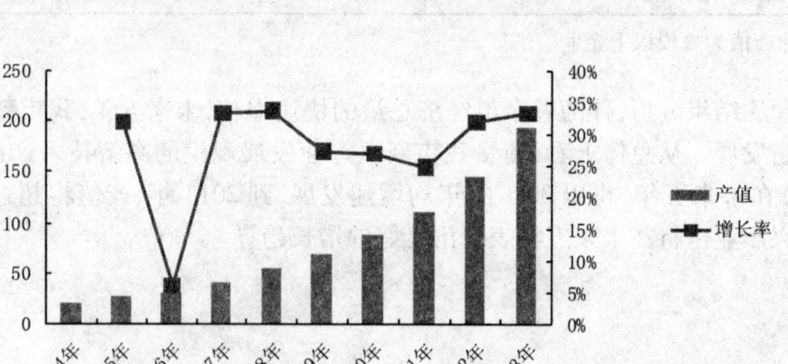

图 4　医药制造业产值及趋势预测(单位:亿元)

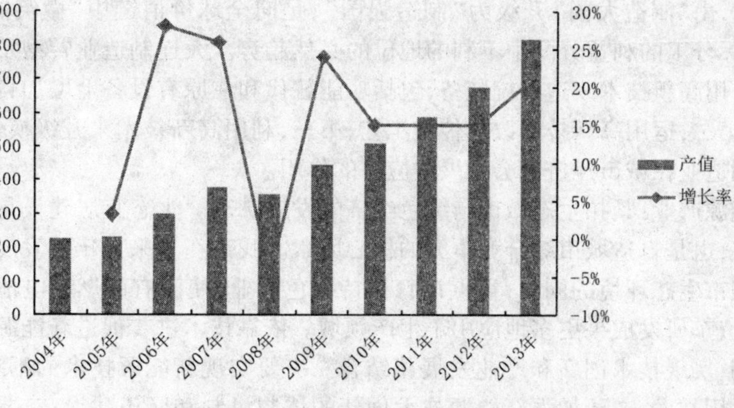

图5　电子及通信设备制造业产值及趋势预测(单位:亿元)

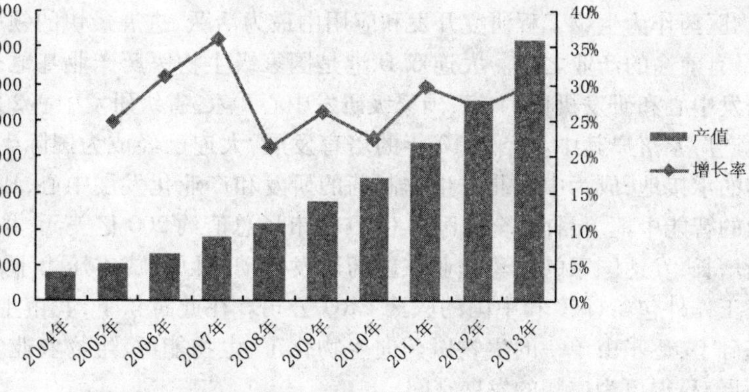

图6　高新技术产品产值及趋势预测(单位:亿元)

2. 新兴产业的发展潜力分析

基于现阶段我市经济社会发展的特点与态势,以及"十二五"经济发展的目标,我们认为,未来3~5年将是我市产业体系由重工业为主的传统产业结构体系向科技创新为引领的产业结构体系转型的关键期与加快期,新兴产业将逐步发展成为城市发展的支柱产业,其主要发展趋势如下:

●高端制造业:新旧产业更替的重中之重。大连是全国重要的工业城市之一,传统制造业产值在社会总产值中所占比重较大,是国民经济的重要基础,也是产业体系的重要构成。但是,传统制造业固有的资本密集、劳动力密集以及高物耗、高能耗、高污染的特征,已无法适应新经济的发展要求,以高技术含量、高附加值为特征的高端制造业替代传统制造业,由“制造大国”升级为“制造强国”,是向全球价值链中“微笑曲线”两端延伸,改变国际分工的利益分配中不利的地位的必然趋势。大连制造业转型发展的重点工作是:第一,用高新技术改造传统装备,包括功能替代和在原有设备上增加自动控制系统两种模式;第二,运用高新技术改造传统工艺;第三,利用高新技术来升级换代传统产品,继续发挥制造业在城市经济社会发展中应有的作用。

●新能源产业:紧扣生态城市与绿色经济的发展脉动。生态宜居建设是大连城市发展中的亮点,也是打造城市综合竞争力的核心因素。我市在未来几年的发展中将会更加强调优化城市生态环境的同时,重点培育扶持绿色产业,使已有的燃料电池、太阳能、风能、新能源汽车研发成果更多地应用于生产领域。依靠技术进步促进新能源成本降低和大规模应用,实现技术创新和产业发展相结合。一要实现新能源技术的不断突破,优先发展先进适用技术;二要加强新能源技术创新的体制机制和队伍建设;三要大力培养新能源产业集群,在强化自主创新、提高技术含量、避免低水平重复建设的前提下,使新能源产业尽快做强做大。

●生物医药:未来发展空间极为广阔。20 世纪 90 年代后,全球生物技术产业高速发展,极大地带动了生物医药、转基因工程、生命科学、遗传工程等领域的技术进步与新产品开发,生物医药作为生物工程研究开发和应用中最为活跃、进展最快的领域,被公认为是 21 世纪最有前途的产业之一。大连双 D 港是国家级生物医药产业基地,区内聚集了相关企业研发中心和研发机构 11 家、国家级研发中心 2 家、省级研发中心 2 家,同时还吸引了大批生产厂家落户其中。经过 10 年的培育发展,大连已经成为国际生物制药产业向国内转移的承接地,成为中国北方生物制药的研发和产业化发展中心,成为国际化生物医药产业的智能中枢。目前,全球医药 CRO 的市场总值约 200 亿美元,并以每年 16% 的速度不断增长,发达国家的医药企业在新药研发活动的巨额成本压力下,正在把越来越多的研发工作外包给印度和中国的医药 CRO 公司。在此背景下,我市生物医药产业将在已有基础上,逐步由单一的生物医药向生物化工、生物能源、生物农业、生物林业等多个方面拓展,赢得更为广阔的发展空间。

●信息网络产业细分:等待中的机遇。以电子信息化与互联网、移动增值服务为基础的新经济将会衍生、细分出更多的新兴产业群。未来几年内,大连在精心打造现代产业集聚区的同时,还将成为大连东北亚地区的航运中心、物流中心、金融中心,与此相关的网络商业应用必然大量增多。与此同时,随着网络通信速度、容量、清晰度、互动功能、支付结算等需求的解决,以互联网为核心,结合手机、电脑、电视(1 +3)等大众化消费品而展开的满足不同个体需求的各类后台服务的商业价值也将得到深度挖掘。网络个性化需求所蕴涵的巨大商机将带动信息网络产业体系不断细分,为我市新兴产业更多更好地萌生发展提供契机。

四、大连发展新兴产业的指导思想与重点领域

(一)指导思想

目前,新兴产业基本处于发展的起步阶段,我国以国际视野和战略思维,瞄准新兴产业发展这一重要契机,旨在调整优化产业结构,实现经济发展方式的根本转变。大连作为我国北方地区的产业重镇,应顺应产业发展趋势,抓住世界和国家产业结构调整、东北振兴和辽宁沿海经济带建设的重大机遇,围绕大连全域发展的战略目标,加快培育发展新兴产业,增强自主创新能力,突破关键核心技术,抢占新一轮经济增长的战略制高点。

大连培育发展新兴产业的指导思想是坚持以科学发展观为统领,以促进发展方式转变、推动产业结构升级为目标,以辽宁沿海经济带建设和全域城市化战略为依托,以企业为主体,以园区和基地建设为载体,遵循产业发展规律,立足现有产业优势,推进新兴产业集群发展;充分发挥市场机制作用,加大政府支持力度,全面提高自主创新能力,努力抢占未来经济科技发展制高点,尽快使战略性新兴产业成为我市的支柱产业。

(二)发展原则

大连培育发展新兴产业,必须坚持科学发展与协调发展并重、市场导向与政府引领相结合、创新驱动与结构调整想结合、集聚发展与融合发展相结合等四大原则。

1. 坚持科学发展与协调发展并重原则

科学发展重在处理好近期发展与长远发展的关系,经济增长与结构调整的关系,产业发展与环境保护的关系,传统优势产业与发展新兴战略产业的关系,以培育新兴产业为契机,实现资源节约和节能减排,促进经济社会健康持续发展。协调发展重在将国家产业发展战略与本地区产业优势有机结合,在服从和服务于国家战略和经济安全的前提下,选择最有基础、最有条件的产业领域突破核心和关键技术,整合优势资源,实现我市经济社会的全面协调可持续发展。

2. 坚持市场导向与政府引领相结合原则

充分发挥市场配置资源的基础作用,坚持企业的市场主体地位,按照市场经济规律,更好地发挥政府的规划引导、政策导向作用,加大政策支持倾斜力度,引导优质要素资源向新兴产业聚集,使政府主导力、市场配置力“二力合一”、优势互补,形成加快发展的强大原动力,为具有市场需求前景,具备资源消耗低、带动系数大、就业机会多、综合效益高的新兴产业营造良好的发展空间。

3. 坚持创新驱动与结构调整相结合原则

着力推进体制机制及技术创新,提升创新对经济社会发展的贡献率。扩大国际技术交流与合作,引进先进适用技术,实现技术层次的跨越;瞄准世界先进水平,通过消化吸收,提高企业自主创新能力。加快产业发展从要素驱动向创新驱动转型,实现产业升级发展。强化对企业创业创新的支持力度,形成多主体、多层次、开放互动的创新机制和环

境。通过突破一批制约产业发展的核心、关键共性技术以及资源要素瓶颈，为新兴产业快速发展注入驱动力。同时充分发挥新兴产业的带动作用，注重用高新技术改造提升传统产业，加快产业结构优化升级，全面提升经济整体素质和核心竞争力。

4. 坚持集聚发展与融合发展相结合原则

实施集群化发展战略，以具有核心竞争优势和龙头企业带动相关中小企业在一定空间区域内集聚发展，使企业之间形成稳定的专业化分工联系及合作，依托集群内非正式的规则认同，有效竞争与资源共享等，提高产业的劳动生产率，促进新企业创立，刺激产业创新，延伸拓展产业链条，加快提高新兴产业集约化规模与水平。同时，加快信息化与工业化相融合，用信息化带动工业化和现代化；推动现代服务业特别是生产性服务业与新兴产业的融合互动，以现代服务业发展促进优势传统产业升级，全面推进新兴产业的跨越式发展。

（三）发展重点

从我市的产业基础和优势出发，同时考虑国家布局的重点领域和重大项目，重点推进我市新能源、先进装备制造、海洋工程装备与高技术船舶、新能源汽车、半导体集成电路、新材料及生物医药等产业战略布局和快速发展，进一步推进软件与服务外包、高端生产性服务业、信息通信、节能环保等产业壮大规模和提升水平，不断提高我市战略性新兴产业的核心竞争力。

1. 新能源

包括风能、核能、太阳能、生物质能源等。重点提升风电机组关键部件生产和整机总装水平，加快5MW风电设备产业化。推进核电关键核岛设备及配套规模化生产，打造国内重要的核岛成套设备研制基地。重点发展太阳能光伏电池和模组制造，规划建设年产200MW多晶硅或非晶硅薄膜电池生产项目。推动光伏并网发电、太阳能光电建筑、光伏发电城市亮化等示范工程。加快发展固体燃料、燃气、柴油等生物质能源。

2. 先进装备制造

包括高速轨道交通设备、高档数控机床，以及传统产业升级改造急需的数字化、绿色化重大装备。依托旅顺现代化轨道交通装备研制基地等重大产业项目，推进大功率交流传动内燃机车、货运电力机车技术改造，形成规模化生产能力。鼓励支持高速、高精、复合类高档数控机床国产化，加快数控系统及关键功能部件产业化。

3. 海洋工程装备与高技术船舶

重点研发自升式和半潜式钻井平台、大型浮式生产储油船等海洋工程装备及其配套产品。重点发展液化天然气船（LNG）、大型集装箱船、超大型原油船、大型重载滚装船、大型游船、高档游艇等高科技高附加值船舶产品。

4. 新能源汽车

重点发展混合动力汽车、纯电动汽车整车及零部件配套产业。支持燃料电池产业化。支持各种新型动力电池、混合动力和纯电动电机及控制系统的研发及生产。加快培育具有国际竞争能力、拥有自主技术和自主品牌的整车制造及关键零部件生产骨干企业,形成核心竞争力较强、配套体系完善的产业集群。

5. 软件与服务外包

重点发展嵌入式软件、基础软件、系统集成等,提高用信息技术改造传统产业的水平和能力。鼓励开展以信息技术应用为主的各类生产性服务外包业务、以动漫游戏开发为主的数字内容业务、基于互联网的各类增值服务。

6. 半导体与集成电路

以英特尔项目为依托,重点发展12英寸或8英寸芯片制造、芯片封装测试产业,鼓励集成电路设备、材料、设计产业发展。加快发展LED外延片、芯片、封装、半导体照明器具的生产,延伸上下游产业链,扩大半导体照明终端显示装置和新兴绿色照明产品产业化规模。

7. 信息通信产品

围绕下一代通信网络、物联网、三网融合、新型平板显示等领域,加快高清数字电视机、移动数字终端、蓝光DVD、广播电视网络设备等数字视听产品发展;重点发展第三代移动通信系统设备、终端设备、关键元器件、移动通信网信息安全防护系统等新一代移动通信产品;重点发展新型液晶面板(TFT - LCD)、液晶电子纸、有机发光二极管显示(OLED)和模组等新型显示产品。

8. 新材料及生物医药

重点发展航空航天、光电子、微电子、新型显示材料,鼓励和支持碳纤维、稀土材料、多晶硅、单晶硅、纳米材料、钛合金、高性能工程塑料等产品。推进海洋生物医药、保健品等生物资源开发项目。重点扶持疫苗和诊断试剂产业化、重大新药创制以及化学药物升级改造等。

9. 节能环保产品

以高效节能、先进环保、循环利用为原则,发展太阳能热水器、水源热泵、地源热泵等产品,支持发展废弃物资源化、飞灰处理等静脉产业,推进碳的捕集与存储工程建设项目。实施国家智能电网规划,加快推动光伏、风电并网进程,完善电动汽车充电设施建设。

10. 高端生产性服务业

大力发展工业设计服务,加快提升制造业在工业美术、产品造型和产品研发设计等方面的水平。重点发展现代电子商务,推进大宗商品网上交易系统、第三方电子商务网站、行业公共服务平台的建设。积极扶持网络与信息安全产品及服务的相关产业发展。

五、促进大连市新兴产业发展的对策建议

(一)科学编制发展规划

围绕国家培育发展战略新兴产业的七大重点领域,结合我市"十二五"产业发展规划以及新兴产业的发展基础,统筹编制我市新兴产业的发展规划及配套建设规划。通过科学规划,明确我市新兴产业发展的重点领域、主攻方向和产业区域布局等重大部署;保证与新兴产业发展节奏相吻合的资本、技术、功能性载体等必需要素的有效投入与有序集聚;提升新兴产业对于新产品开发、生产技术升级、产业结构优化的带动作用,尽快形成具有自主知识产权的产业体系。在制定规划的基础上要做好相关衔接工作,既要注重上下衔接,使区域发展服从服务于全国大局,又要注重横向衔接,包括新兴产业发展与资源环境的衔接、与传统产业的衔接,以及新兴产业内部各产业之间的衔接。同时还要严格规划执行,进一步增强规划的严肃性和权威性,严格准入门槛,避免出现重复建设、产能过剩问题,这对于我市培育新的经济增长点、形成未来竞争优势和增强城市核心竞争力都具有重要意义。

(二)完善资金保障体系

尽快建立以财政投入为主导、以企业和社会资本投入为主体的多元化产业发展投入机制。充分整合利用国家对东北老工业基地实施的优惠政策、省市出台的各类产业扶持资金等,为培育发展新兴产业争取到政策支持和资金倾斜。市政府应对接国家相关扶持政策,建立新兴产业发展导向基金,用于关系到新兴产业发展速度与规模的关键领域、重点项目;增强财政资金对产业结构调整和转型升级的支持和引导作用,形成加快培育发展新兴产业的财政投入机制;拓宽融资渠道,重视新兴产业与金融资本的融合发展,通过企业上市、政企银互动平台建设、担保再担保体系建设、引入风险投资与民间资本等诸多方式,提高资金供给对战略性新兴产业发展的支持强度。

(三)提升自主创新能力

技术创新与应用是新兴产业发展的内在驱动力,电子信息、新能源等战略性新兴产业的发展均建立在相应领域的重大科技突破的基础之上。结合我市的发展实际,一是创新合作机制和模式,整合资源,积极发展形式多样的政产学研金用合作技术创新和成果转化战略联盟,提升对科技创新创业的承载支撑能力,形成面向国内外的开放型创新体系;二是实施一批重大科技和技术创新项目,从中挖掘与新兴产业相关的科技成果,并使其尽快产业化。同时集中力量突破一批关键领域核心技术和行业共性技术,促进通用技术、共性技术、先进适用技术的消化吸收再创新;三是调动企业科技创新的主动性,引导企业加大科研技改投入和人才引进力度,鼓励各类企业通过参与创建国家级、省级技术研发中心等,带动技术密集型的新兴产业的发展;四是依托各类开发区,重点推进孵化器、中试基地、高新技术产业基地和大学科技园、科技创业园等,有效集聚创新要素资源,

提供良好的孵化创新环境;五是切实抓好知识产权保护和标准化建设,形成完善的促进科技创新创业的知识产权运用和保护体系。

(四)扩大市场应用规模

战略性新兴产业的培育发展除了需要有清晰、系统的发展规划与自主创新能力外,关键还在于通过培育市场,形成市场需求规模。政府一方面要率先垂范,在市政设施建设及公共产品采购等环节优先使用技术含量高、能源效率高、排放低的高新技术产品,以带动和影响应用市场的扩大;另一方面要尊重新兴产业自身发展的规律与市场需求,通过建设和完善与创新有关的各种要素市场,让市场去发现、筛选和推动新兴产业的发展。同时,相关企业要深入社会和用户端,了解用户的真实需求,使科技创新的成果最大范围地惠及千家万户,使培育消费与引导增长得以有效结合。

(五)强化人才队伍培养

依据战略性新兴产业的发展要求,从人才培养、人才引进和人才使用三个环节入手,形成一支高层次创新创业的人才队伍。首先将人才培养作为培育发展战略性新兴产业的基础条件,整合政府、中介机构、企业等资源,建立多渠道、立体化的企业在职人员培训模式。同时促进校企合作,使职业教育发展与地方经济发展相衔接,为新兴产业当前和今后发展储备和提供大量的专业人才;其次要进一步加大高层次创业创新人才引进的政策优惠力度,重点引进拥有自主创新成果、熟悉国际先进管理经验、善于运作科技资源的创新创业领军人才;最后以重点产业、重点学科、科研基地、重大科研和工程项目为依托,为优秀人才提供创新创业的载体支撑,同时积极探索科技要素资本化,鼓励资本、技术等要素参与分配,鼓励企业采取人才股、技术股等多种方法吸引人才、留住人才。

(六)优化产业发展环境

一是创建有利于产业发展的政策环境和法律环境,全方位扶持优质企业做大做强。出台支持企业扩大生产的政策措施,增强企业创业创新的坚定信心;为企业提供差异化、个性化服务,了解企业需求、解决发展难题。二是完善产业发展的政务环境和社会环境,这是衡量地方产业发展软实力的关键因素。包括,完善产业发展审批机制,全面推行联席会审、手续代办、跟进督查等机制,对产业项目实行全程“保姆式”服务,提升产业项目审批效率;强化公务员的服务意识、责任意识、效率意识、执行意识,转变政府工作作风明,提高办事效率;加快电子政务建设步伐,完善产业发展信息平台,促进政务信息公开和行政效能提升,为产业发展提供优质服务。三是打造一流的产业发展经济环境和经营环境。包括,加强硬环境建设,加大基础设施建设,建设完备的能够满足新兴产业需求的发展载体与平台;加强软环境建设,创造综合成本较低的宜业、宜商、宜居的区域环境;更加重视产业园区建设,在做大做强已有工业园区的基础上,高起点规划和建设一批新兴产业基地,实现新兴产业在地理、资金、科技资源、人力资本等方面的有效集中;进一步搞好外引内联，对发达国家有关重点企业、科研机构加大定向招商力度，有重点、有针对性地引进一批新兴项目及其配套产业项目，促进世界知名大企业集团的研发机构和生产基地进驻，促进形成更多的新兴产业群。

《促进大连市新兴产业发展的对策研究》课题组成员

课题领导小组：

组　长：李　才　大连市政府发展研究中心　主任　教授

副组长：栾福军　大连市政府发展研究中心　副主任

课题组：

组　长：鲁　岩　大连市政府发展研究中心　处长　副研究员

成　员：秦学冬　大连市政府发展研究中心　处级调研员

刚晓丹　大连市政府发展研究中心　副主任科员

冯士森　大连市政府发展研究中心　副主任科员

辽宁沿海经济带国家战略
与大连对外开放引领作用研究

王文清　刘国志　王金成　蒋晓冰

一、辽宁沿海经济带开发的国家战略使命

(一)辽宁沿海经济带开发的时代背景

1. 沿海开放带动区域经济快速发展

从国内外经济和社会发展的成功经验来看,沿海地区已经成为引领区域经济发展和社会进步的前沿与主导地带。有鉴于此,开发和建设辽宁沿海经济带,不仅关系到辽宁老工业基地的全面振兴大局而且也关系到东北老工业基地振兴向实现战略转进。因此,必须以开阔的战略眼光,来认真打量辽宁沿海经济带的开发问题。改革开放以来,我国沿海地区由南向北,已经形成珠三角的深圳特区、长三角的上海浦东新区、京津冀地区的天津滨海新区三大开放战略高地。如果说,深圳的开放带动了“珠三角”率先崛起,上海浦东的开放带动了“长三角”跨越式发展,那么建设辽宁沿海经济带,充分发挥大连的区位、资源、产业、人才和对外开放优势,有利于带动东北全面振兴。

2. 辽宁沿海经济带引领东北全面振兴

2005 年,时任省委书记李克强曾经强调过,实施沿海经济带开发开放战略就是抓住两个机遇的一个结合点,就是加快发展的一个突破口。时任省委书记张文岳、省长陈政高多次赶赴沿海经济带建设现场,强调指出,辽宁沿海经济带作为东北地区重要的对外开放门户,是带动东北全面振兴的重要引擎。作为东北地区对外开放的桥梁和纽带,建设辽宁沿海经济带,可以为东北地区产业结构调整创造新的发展平台,形成面向沿海的发展模式,全面提升东北优势产业的国际竞争力。建设辽宁沿海经济带,可以充分释放东北产业基础雄厚和人力资源成本低的潜在优势,增强对国际国内产业资本吸引力,带动东北地区在更大范围、更广领域、更高层次上参与国际产业分工与合作。加快辽宁沿海经济带的开发建设,可以和天津滨海新区遥相呼应,有利于提升整个环渤海地区竞争力,从而形成我国沿海地区全面开放的崭新局面。

国家有关部门负责人评价,辽宁沿海经济带处于环渤海地区和东北亚经济圈的关键地带,是东北地区的主要出海通道和对外开放的重要窗口,区位优势明显,战略地位突出。建设辽宁沿海经济带不仅可以促进辽宁全面振兴,还可以带动东北地区实现加快发

展和科学发展,也为中国参与东北亚经济竞争打下战略基础。

3. 上升国家战略加速区域快速发展

2009年7月1日,辽宁沿海经济带开发上升为国家战略,是经济全球化、区域经济一体化的重要举措,充分发挥沿海地区利用国内国外两种资源和两个市场方面的独特优势,提高东北区域经济的外向度、国际化水平和国际竞争力,从而构筑辽宁和东北腹地与沿海地区良性互动的格局、促进东北全面振兴、参与东北亚的合作与竞争、形成我国沿海地区全面开放新格局,奠定了今后辽宁及东北地区快速发展的基础。

(二)辽宁沿海经济带开发的区域布局

1. 辽宁沿海经济带组成

辽宁沿海经济带由大连、丹东、锦州、营口、盘锦、葫芦岛6个沿海市所辖的21个市区和12个沿海县市(庄河市、普兰店市、瓦房店市、长海县、东港市、凌海市、盖州市、大石桥市、大洼县、盘山县、兴城市、绥中县)组成,长约1400公里,宽30~50公里,土地面积约占全省的1/4,人口约占1/3,地区生产总值占近1/2,是东北地区唯一的沿海区域。辽宁沿海经济带包括有5.65万平方公里的陆域面积,2920公里的海岸线,6.8万平方公里海域面积,1800万常住人口,6950亿元地区生产总值。

2. 辽宁沿海经济步入快速发展

据辽宁省对外贸易经济合作厅的统计显示,截至2009年5月底,辽宁沿海经济带在土地开发方面,累计已开发土地面积199.2平方公里,占起步区总面积的81.7%;实际利用土地面积98平方公里,占起步区总面积的33.3%;在固定资产投资及基础设施建设方面,累计投资810.6亿元,基础设施建设累计投资315.7亿元;在招商引资方面,截至2009年5月底,累计签约项目779个,投资总额4449亿元,其中外商投资项目190个,合同外资额134.1亿美元。累计批准入区注册项目673个,投资总额2605亿元。其中外商投资项目180个,合同外资额54.1亿美元,实际利用外资额18.5亿美元。新加坡万邦集团、中国台湾富士康集团、韩国STX集团、澳大利亚阿斯创公司、中国五矿集团公司等一批国内外大公司大企业相继入驻。辽宁沿海经济带正在成为国内外瞩目的投资热点区域,昔日的盐田、碱地、荒滩已经逐步形成以滨海公路为纽带的最具发展潜力的黄金海岸线。辽宁的沿海经济带开放新格局已见雏形,辽宁经济发展的重心正在向沿海转移,一大批重点产业项目正加紧向临港布局。

3. 正在形成"一个航运中心、多个切入点"的区域经济布局

其中"一个航运中心",就是要构建大连东北亚重要国际航运中心,以大窑湾保税港区建设为核心,以大连市域为载体,以辽宁沿海港口群为支撑,以东北腹地为依托,构建完善的航运功能体系、基础设施体系、综合运输体系和港区服务体系;"多个切入点"就是以开发大连长兴岛临港工业区、营口沿海产业基地、锦州湾经济区、丹东产业园区、花园口经济区这五个重点区域为重要切入点,进一步开辟新的发展空间,推动辽宁沿海经济带成长为全方位对外开放平台、经济增长新亮点、高端产业和劳动力的承载区,构筑辽宁

和东北腹地与沿海地区良性互动格局;"沿海经济带"就是要积极培育沿海产业,着力建设沿海城镇,并且注重促进产业、城镇、生态环境的协调发展,形成生产发展、生活富裕、生态优美的辽宁沿海经济带。相对而言,辽宁沿海经济带经济基础雄厚、资源物产丰富、社会事业发达、地理位置优越、发展潜力巨大。因此,辽宁沿海经济带的开发建设,主要是发挥沿海地带的区位和资源等独特优势,通过统筹规划、重点开发、整合资源、集聚优势,逐步建成体制机制新、开放程度高、牵动作用大、竞争实力强的沿海经济地带。

(三)辽宁沿海经济带开发的战略地位

辽宁沿海经济带位于东北亚地区的中心,毗邻黄海和渤海,与日本、韩国、朝鲜隔海邻江相望,面向经济活跃的太平洋,与俄罗斯、蒙古陆路相连,是欧亚通往太平洋的重要"大陆桥"之一。凭借优越的区位条件,建设沿海经济带,将实现东北亚各国资本优势、资源优势、加工优势有效对接,更多地吸引日、韩、俄等国的资金、技术和资源;还可以深化我国与东北亚各国的经济技术合作,维护国家经济安全和战略安全。随着东北亚区域经济一体化进程的加快,辽宁沿海经济带完全可能成为东北亚地区的制造业中心、贸易中心,成为未来东北亚自由贸易区的最佳承载地。因此,辽宁沿海经济带开发必将为造就东北亚区域合作关系带来新的推进机遇,也能够加快辽宁沿海经济带参与东北亚经济发展的现实进程。

二、辽宁沿海经济带国家战略对大连的总体要求

(一)东北亚区域合作的前沿

辽宁沿海经济带处于环渤海地区和东北亚经济圈的关键地带,是东北地区的主要出海通道和对外开放的重要窗口。近年来大连市吸引了大量的日资、韩资,与东北亚地区的相互贸易也比较大,对辽宁沿海经济带的发展及空间格局的形成具有重要的带动和促进作用。建设辽宁沿海经济带不仅可促进辽宁全面振兴,还可带动东北地区加快发展和科学发展。目前,辽宁沿海经济带正在形成面向东北地区的扇形辐射,而大连正是东北亚区域合作的前沿。

1. 建设东北亚重要国际航运中心

辽宁沿海经济带提出"以大连大窑湾保税港区建设为核心,打造大连东北亚国际航运中心。到2010年,沿海港口新建泊位约160个,新增集装箱泊位27个;港口总吞吐量超过5亿吨,集装箱吞吐能力达到1400万标箱。初步建成基础设施比较完备,航运中心各项要素条件基本具备,经济管理体制和运作方式与国际惯例接轨,现代服务业比较发达,城市和口岸功能较强的腹地型国际航运中心。到2020年,建成腹地型与中转型相结合的东北亚国际航运中心。"大连是东北经济区最大的口岸城市,是环渤海地区和辽东半岛沿岸港城通往国外的最近点,海运、空运、铁路、公路、管道五种运输方式齐全,大连港是枢纽港,同锦州、葫芦岛、营口、丹东等港口形成沿海经济速的港口群。对于大连来说,国际航运中心既是一个东北地区乃至国家经济快速发展的推进器,也是城市具备强大综合竞争力的集中体现。因此,把大连建设成为东北亚重要的国际航运中心,既是国

家对大连城市功能的进一步定位，也是实现东北老工业基地振兴的重中之重，将会对东北经济带、环渤海经济圈加快发展产生重要影响。

2. 建设东北亚重要国际金融中心

大连金融商务区发达，吸引了大量国内外金融机构在大连落户，通过金融机构集聚，汇集1万亿元的国内外资金，为辽宁沿海经济带开发建设提供有力的金融支持。以此为契机，加快推进金融业对外开放，引进更多的外资银行开设分行或设立地区总部。要逐步建立起适合现代临港产业发展所需的金融服务体系，为辽宁沿海经济带开发建设提供有力的金融支持；大商所正逐步发展成为世界最大的资源性商品期货交易所。

3. 建设东北亚重要国际商贸中心

大连作为中国东北地区最重要的中心城市之一，其特殊的区位优势、雄厚的工业基础以及重要的信息交通枢纽地位，有利于城市商贸流通业的改造升级，所以已经促进传统的商业形态发生了深刻的变化，增强了商务功能。大连现在已建设了人民路商务区、新开路商务区、星海湾商务区等具有大连特色的商贸中心区和中央商务区，进一步扩大了大连在东北市场、东北亚市场甚至世界市场上的影响力，大连正在立足于得天独厚的综合优势加快现代服务业体系建设，构筑辐射东北腹地的现代服务业平台。

4. 建设东北亚重要国际旅游中心

大连建设东北亚重要国际航运中心，会带动大连市港口物流、人流的剧增。而人员流动性强，对大连发展观光旅游业是一个绝对优势。现在，大连市的金石滩国家旅游度假区、金渤海岸旅游度假区、长山群岛国家旅游休闲度假区已成为重要的旅游区域。大连现在注重生态文明建设，加强城市环境建设和环境保护，大连正在向成为有特色、高品位、国际化、高收益的旅游城市和生态宜居城市的方向迈进。

5. 建设东北亚重要的产业发展基地

重工起重、一重、冰山、瓦轴、机车等企业是我国重要的装备制造企业，使大连成为我国重要的先进装备制造业基地。大连船舶重工是我国最大的造船企业，使大连正逐步发展为我国的造船基地。大连石化、大化、西太平洋等企业的发展建设，使大连成为全国最大的石油加工和石化产品深加工基地之一。大连依托软件园，力争成为全球软件和服务外包的新领军城市；大显、华录、东芝、松下、佳能、阿尔卑斯、欧姆龙等企业的快速发展，使大连成为重要的电子信息产业基地。大连的“四个基地”建设正是大连成为东北亚重要产业发展中心的最好证明。同时，辽宁沿海经济带重点建设的五点中就有长兴岛临港工业区、花园口临港工业区两个大连的重点开发区域，大连在辽宁沿海经济带开发中占有重要地位。大连是东北地区对外开放的龙头区域，又是临港临海产业优势明显的经济聚集区，更是辽宁沿海经济带建设不可或缺的重要依托和重要支撑。

(二) 提升核心地位与龙头作用

区域经济的快速发展往往与龙头的带动作用密切相关，龙头的辐射带动力越强，区域经济的发展动力就越大，发展速度也就越快。目前，在以长三角、珠三角和京津塘为代表的全国区域经济发展板块中，以上海为龙头的长三角连续多年保持了强劲的增长势头，2008 年，长三角、珠三角和京津塘在我国经济总量中，分别占 22.9%、21.4% 和 20.7%，长三角之所以排在首位，上海的辐射带动是功不可没的。在东北地区，大连的地位尽管还算不上真正意义上的龙头老大，但在东北振兴和对外开放中，经过多年不懈的努力，大连的龙头地位日益突出，2008 年，全市外贸进出口总额已达 449 亿美元，占东北其他地区总和的 75%，大连在事实上已成为辽宁乃至东北地区的核心城市，大连成为辽宁沿海经济带开发的重中之重。然而，长期以来，作为东北地区对外开放的窗口，大连对东北腹地的辐射带动作用发挥得并不够，与相邻城市的合作也不够紧密。

因此，在沿海经济带一体化发展趋势日益明显的情况下，大连必须承担起东北核心城市的责任，扮演好龙头角色，加大对相邻城市的辐射和带动力度，积极发挥区域核心城市的示范带动作用，通过真诚合作、热情服务，密切与相邻城市的关系，形成以大连为核心，以位于渤海岸线的营口、锦州、葫芦岛和位于黄海岸线的丹东为两翼的发展格局。同时，大连还应该注重与东北地区其他中心城市共同参与国际分工与合作，努力提升东北地区的国际竞争力，使东北地区能够继续成为带动全国区域经济社会协调发展的龙头和我国参与经济全球化的主体区域。

大连要进一步提升在辽宁沿海经济带中的核心地位与龙头作用，必须做到以下几点：

1. 促进产业集聚与传导，打造区域行业的龙头地位

生产的地域分工与专业化，可以提高劳动生产效率及获得规模经济性。从产业到产业链乃至形成产业集聚，是经济区域具有强大发展、辐射和带动能力的普遍规律，产业传导是产业集聚到一定阶段的必然结果。大连已经确立了“依托沿海经济带，建立一批世界级产业基地”的发展战略，世界级的先进装备制造业基地、世界级的造船和海洋工程产业基地、世界级的大型石化产业基地、亚洲重要的超大规模集成电路产业基地、全球软件和服务外包新领军城市、东北亚重要的国际物流中心和国际金融中心等正在加快建设。在沿海经济的建设过程中，大连要继续壮大优势产业，促进产业集群与产业传导，加强产业、技术、人才、信息等资源向整个经济带的辐射与渗透，打造区域行业的龙头地位与强大引擎，以水平分工的形式，通过产业集群的前向、后向带动效应拉动区域经济增长，推动经济带内产业结构优化升级，实现沿海经济带各板块产业一体化发展。

2. 为沿海经济带其他地区提供服务

发挥“提升、融合、率先、带动”的作用，快速发展航运服务产业、金融业、生产性服务业等现代服务业，构建和形成完善配套的现代化服务体系，提升城市综合服务能力。通过生产服务业强化大连作为龙头城市的组织核心功能，形成产业梯度的垂直分布和分工；通过技术转让、产业转换、资本输出、信息传播等多种方式，带动辽宁沿海经济带资金、信息要素流和物流向周边城市扩散，给周边城市的发展输入能量；通过发展商务服务业中的法律服务、咨询与调查、知识产权服务、职业中介服务等，也可以为其他周边地区

产业的发展创造良好的环境，提供智力支持；通过产业链垂直分解发展模式带动周边地区制造业发展，有利于区域产业梯度转移、分工合作与空间整合，改变沿海经济带空间布局的无序局面。

3. 推动重大基础设施建设一体化

推动重大基础设施建设，形成快速便捷、互联互通的基础设施体系，为提高区域经济的整体竞争力，提升区域合作功能和效率，发挥作为中心城市的辐射功能。要根据世界经济发展方向，积极进行产业结构调整，大力发展高新技术产业和现代服务业，在承接世界高端产业转移的同时，将一些具有传统优势的装备制造业通过梯度转移的方式向同样有产业基础的相邻城市转移，实现以辐射促进相邻城市快速发展的目的，积极发挥好大连作为东北核心城市的作用。

4. 强化辐射功能

大连以建设东北亚重要国际航运中心为战略取向，已经成为东北区域经济带中一颗耀眼的“北方明珠”。无论是在发展的势头上，还是在城市经济总量上，或是在产业结构的优化上，大连都形成了独特的区域优势。因此，要强化大连作为辽宁沿海经济带中心城市的辐射功能，发挥主导作用，大力推进与丹东、营口、锦州、盘锦、葫芦岛等城市的互补合作，并以市域内花园口、长兴岛的强力开发来牵动其他“三点”区域快速协调发展；要建立定期信息交流制度，强化相互联系机制，制定统一的竞争规则，在发展规划、招商引资、要素流动等方面实现一体化发展，努力形成优势互补的产业发展格局，促进合作共赢。在这些方面，大连完全有能力提升在辽宁沿海经济带开发开放中的核心地位与龙头作用，与辽宁沿海各城市、各重点区域紧密携手，共创辉煌。

（三）激发沿海城市竞争力

1. 加强港口合作，实现大连港与其他港口的共同发展

在今后的发展中，大连港要按照国家和省统筹规划，通过资源整合，进一步加强与丹东、营口、锦州、盘锦、葫芦岛 5 个港口协作，在优化港口功能分区，巩固传统优势的基础上，通过分工合作，错位发展，避免恶性竞争，形成以大连港为母港，营口、丹东、锦州、盘锦、葫芦岛为喂给港的中心突出、两翼并举、优势互补的发展格局，确保大连港枢纽港的地位，实现大连港与其他港口的共同发展。

2. 加强产业分工，力避产业雷同

在沿海经济带开发开放进程中，大连要关注左邻右舍的产业定位，遵循你无我有、你有我特、你特我新的原则，通过分工合作，化解定位雷同带来的不利影响。对同属一个大类的产业，要有取有舍，果断放弃那些与邻居相同但又并不占优的产业。同时，对性质、类别、产品完全相同的产业，更要做好产业链条分工，做到上下游分属不同城市，避免在同一环节出现竞争。对跨区域发展的旅游产业，要整合区域资源，突出滨海旅游特色，合作开发区域旅游系列产品，培育一批国内外具有影响力和竞争力的旅游品牌，提升区域旅游竞争力。同时，要鼓励优势企业跨区域兼并、重组，发挥各自比较优势，构筑分工明

确、优势互补、梯次发展、资源共享,具有国际竞争力的现代产业体系,形成城市间产业互动的良好局面。

3. 加强行政合作,打破行政界限

随着区域经济的快速发展,生产要素的自由流动和各种资源的优化配置迫切要求打破行政界限。近年来,长三角、珠三角、京津塘等区域经济板块之所以焕发出蓬勃的生机,保持了强劲的发展势头,完全得益于区域内各城市的“同城化”发展。特别是长三角自2003年以来,在各方面力量的共同推动下,一体化进程开始有了质的飞跃。区域内交流层面不断升级,部门合作全面展开,协调机制逐渐建立。继区域内三地的信息、金融、人事、交通、旅游、卫生、教育等部门纷纷展开合作、推出一系列具有实际意义的合作成果之后,以区域内高层领导频繁交流互访为标志,三地政府在政策与制度方面的合作力度也明显加大。现在,区域内部政策与制度开始统一协调,一些商品与生产要素基本实现了无障碍流动。因此,在加快沿海经济带一体化发展的进程中,大连要在建设多层次、高效率的联系协调机制和组织机构方面做出更大的贡献。要尽快建立起跨行政区域的协商机制和制度平台,促进各城市在金融、电力、通信、环保、基础设施、社会保障等方面的合作。要通过组建区域性行业协会,将区域内的企业按行业组织起来,形成市场力量的利益共同体,建立市场与政府间相对均衡的沟通和对话渠道,以此推动政府合作向纵深发展,加快区域一体化进程。要打破行政壁垒和地方保护主义,破解各城市间存在的各自为政、分工不明、政策差异、过度竞争等诸多“瓶颈”,打造城市间合作的“绿色”通道,最终形成携手并进的共赢局面。

三、辽宁沿海经济带发展环境与制约因素分析

(一)以地方利益为核心的过度竞争

位于辽宁省沿海经济带的葫芦岛、锦州、营口、盘锦、大连和丹东6个城市都依山傍海,资源禀赋和区位特征大同小异,各城市在确定城市定位时,基本都遵循了“以港立市”或“以港兴市”的原则,形成了围绕港口发展经济的共性特点。虽然属于同一个省级行政区,但辽宁沿海地区的六个城市,其经济运行仍带有明显的行政区经济利益特征,各沿海城市在生产和建设上都想建立一个相对独立完整的体系。辽宁沿海城市忽视各自比较优势,在各领域开展了激烈的竞争。在辽宁沿海地区,各城市之间港口重复布局,影响了整体联动效应的发挥;由于受地方或部门利益驱动,区域内各层面的开发区陷入了招商引资的“倾销式”竞争中;外贸产品出口竞相压价,导致无序竞争和过度竞争,人为阻挠各种商品和生产要素的自由流动;有些地方对异地投资企业实行双重征税政策,严重影响优势企业的跨地区迁移、兼并、重组。各城市之间的盲目竞争和无序竞争,已严重影响辽宁沿海的整体经济利益。

(二)产业结构趋同

位于辽宁沿海经济带上的6座城市经济发展的战略目标和战略重点具有较强的趋同性,不仅恶化了城市间的经济关系,扭曲了城市职能,且导致地区的资源供给更加紧

张,增加了环境负荷。辽宁沿海五个城市在"十一五"规划中明确提出要重点发展石化工业,四个城市提出要重点发展装备制造业,三个城市提出要重点发展船舶制造业。沿海六市在高新技术领域,如电子信息、新材料、生物工程等产业规划上也具有很强的趋同性。这6座城市相互为邻,多年来由于缺少必要的专业分工,造成了各城市产业发展十分雷同,多数地方产业发展方向不明确,建设起点不高、层次较低;多数地区的产业定位比较笼统,不了解国际产业转移规律,盲目追求高新技术,没能立足自身的产业基础,导致产业功能定位缺乏针对性、差异性及可实现性。地方政府从地方本位出发实施产业布局安排,必然导致新一轮的产业低水平重复建设,也会阻碍区域间产业结构调整和优化进程。

(三)合作共赢意识不强

辽宁沿海各城市间经济发展水平存在巨大差距。其中,大连各项经济指标都居于前列。2008年大连人均GDP是丹东的2.72倍、锦州的2.84倍、营口的2.1倍、盘锦的1.23倍、葫芦岛的3.87倍;规模以上工业企业增加值是丹东的9.02倍、锦州的6.47倍、营口的3.34倍、盘锦的3.2倍、葫芦岛的10倍;固定资产投资额、财政收入、进出口额和实际利用外资则分别是其余五市总和的1.45倍、1.89倍、6.89倍和4.11倍。对沿海其他城市而言,大连经济发展的聚集效应大大强于扩散效应,各城市的经济利益无法协调。因此,沿海各市虽然把本地区被纳入辽宁沿海经济带作为地区经济发展的契机,但在推动区域经济一体化进程中仍是竞争大于合作。在这种情况下,区域一体化的发展只能停留在较浅的层面上,而在一些关键领域则难以开展协调一体化的行动,真正的经济一体化难以形成。

近年来,沿海经济带虽然发展态势良好,成为辽宁省经济发展速度增长最快的区域。但是,由于各城市都有自己的发展规划,两个相邻城市的规划并未实现有效衔接,结果导致各城市功能定位、产业发展等方面存在许多相似甚至交叉之处,致使各城市发展模式雷同,影响了资源的有效配置,造成了人力、物力、财力的极大浪费,制约了各城市的快速发展。

四、发挥大连开放引领作用的基础与优势

(一)大连开放型经济发展现状

经过30多年改革开放,特别是6年多振兴发展,大连已经形成了新的开放优势和雄厚的产业基础,为辽宁沿海经济带开发开放创造了重要的基础和条件。截至2008年年末,我市利用外资项目累计已达16127家,累计实际使用外资331.4亿美元。已建成开业投产的外资企业4050家。目前,现已批准的1000万美元以上外资项目累计已逾1600个,88家财富500强企业来连投资兴办了189个项目,10余家外企业在连设立了地区总部和投资性公司,20余家外资研发中心落户大连,28个外资金融机构在连运营。外资来源由最初的以日本、中国香港为主扩展到了全球80多个国家和地区。

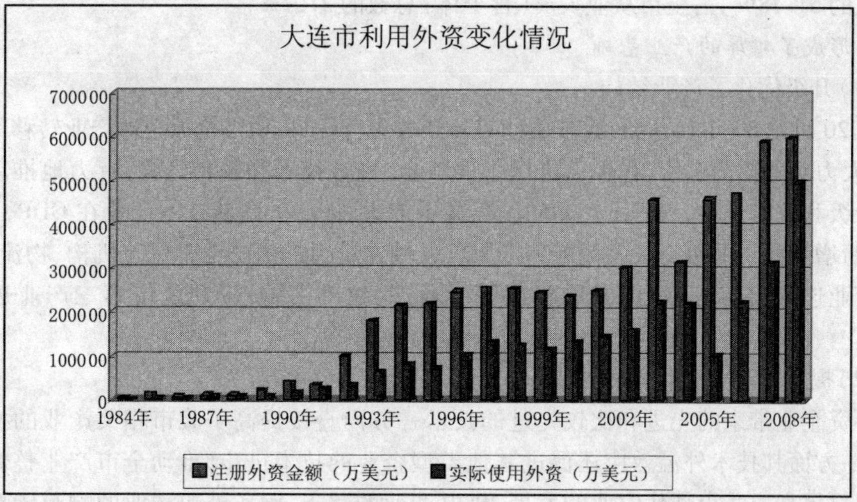

(二)开放型经济主要特征与优势

在当今的国际经济生活中,外国直接投资已被看成是经济增长的发动机,对经济发展意义重大。我市通过大力发展开放型经济,吸引进来的大批外资企业对全市经济持续、快速、健康发展起到明显的促进作用,现已成为拉动经济增长的重要牵引力量。

1. 外资企业已成为拉动全市经济增长的主要力量

(1)外资企业对固定资产投资日趋提高

随着大连利用外资规模持续扩大,外资企业固定资产投资额不断增加,在全市固定资产投资总额中所占比重日趋提高,对推动大连经济发展的贡献逐步增强。2008 年全市完成全社会固定资产投资总额 2513.4 亿元,其中外资企业完成 337.54 亿元,所占比重已升至 13.4%,金额已超过 2001 年全市固定资产投资总额。

(2)外资企业已成为对外贸易的重要力量

改革开放以来,我市进出口贸易保持了年均 30% 的持续快速增长,2008 年全市自营进出口总额达 449 亿美元,全市经济增长的外贸依存度已经达到 81%。目前我市有进出口业绩的外资企业 3000 多家,2008 年实现进出口总额 282.77 亿美元,占全市进出口总额的 63%,在我市对外贸易中,外资企业已发挥着主力军作用。

(3)外资企业已成为拉动经济增长的重要力量

外资企业带来的大量资金,有效地缓解了长期制约大连经济发展的资金短缺问题,弥补了储蓄缺口和外汇缺口,而且在扩大就业、增加税收、引进示范先进技术和管理经验方面贡献巨大,对全市经济发展、现代化建设以及社会和谐做出了重要贡献。2008 年,全市国税收入 245.1 亿元,其中涉外税收 93.5 亿元,占 38.1%;全市地税收入 255.4 亿元,其中涉外税收 39.7 亿元,占 15.5%。外资企业从业人员 49.2 万人,占城镇单位从业人员总数的51.78%,占全市从业人员(含个体)总数的21.7%。

2. 形成了雄厚的产业基础

(1)升级优化了产业结构

从20世纪80年代开始,我市借助对外开放先行优势,积极抢抓全球产业转移的历史机遇,大力对外招商引资,积极引进国外的资金、先进技术和管理经验,有力地推动产业结构升级和技术进步,提升了产品的国际竞争能力,提高了高新技术产业在GDP中的比重,不断增强我市的可持续发展能力。服务领域通过引进国外金融保险机构、物流公司、跨国商业连锁集团等,积极发展新型服务业态,拉动消费,带动全市第三产业迈向现代化。

(2)提升了产业整体技术水平

外资企业带来的先进和比较先进的技术一方面直接提高了我市相关产业的技术水平,另一方面其技术外溢效应还促进其他类型企业的技术进步,推动全市产业整体技术水平明显提高。我市现代农业的发展、机电产业的腾飞、服务外包产业的崛起皆离不开外资企业的贡献。2008年实现高新技术产业3130亿元,比上年增长30.3%,实现高新技术产业增加值802亿元,比上年增长33.2%,占第二产业增加值的40.2%,高新技术产品出口所占比重已超10%;机电产品出口额已占全市出口总额的半壁江山。

3. 促进了管理体制与制度创新

(1)促进了政府行政管理体制的改革创新

为改善投资软环境,我市不断深化行政管理体制改革,推行阳光政务,减少审批事项,提高社会管理和公共服务的水平,打造高效政府。经过七轮改革,目前全市的行政审批事项已从2001年的1309项削减至127项,审批项目削减率达到90%,全国同类城市中处于较少水平。引入ISO9000质量管理体系,使政府行政效能大幅提高,企业与政府打交道时间年均仅14.6天,处于全国先进水平。外商云集的开发区、高新产业园区及保税区等经济功能区已成为全市行政管理体制机制创新的先行区,发挥着带动、示范和辐射作用。

(2)推进了重点领域的改革和发展

作为国家首批综合改革试点城市,大连率先在公共服务领域引进外资,组建合资或民营公交公司、合资港口经营公司,加快了公共基础领域的体制改革步伐。通过引进外资企业开展合资合作,推动国有大中企业改组、改造、改制,基本完成了国有大中型企业改革任务。较早在污水净化、环保产品生产领域引进外资和民间资本,激活了环保市场,加大了环境保护力度;制定一系列优惠政策,吸引国际知名跨国公司来我市发展高新技术产业,特别是机电产业和软件信息产业。

(3)加快了现代企业制度的建立

大量外资企业的进入,带来了较为完善的企业制度及与之相适应的先进的管理模式、组织方式,使我市企业得以在学习和模仿中不断改进自身的生产作业方法、组织形式、管理模式、营销策略,完善产权制度和公司治理结构,加快建立现代企业制度,提高自身的管理水平和组织能力,提升企业整体素质。

4. 提升了城市能级水平

(1)东北亚国际航运中心初具雏形

大连在国家振兴东北战略中被明确定位为东北亚重要的国际航运中心。在国际航运中心重大基础设施项目建设中,我市积极借助外力,通过招商引资,引进了多家国际知名公司参与,迅速形成了以"一岛三湾"核心港区为主体的港口格局。大窑湾现已汇集了集装箱、原油码头、矿石码头、汽车码头等一大批大型专业化深水码头,使我市港口的功能结构实现了重大突破,枢纽港地位凸显。而沈大高速公路、烟大火车轮渡、丹大高速公路、土羊高速公路、哈大电气化铁路、哈大铁路客运专线、大窑湾疏港路等一批基础设施项目的建设,为国际航运中心构建了高效便捷的现代化、立体化集疏运网络体系,又进一步吸引物流、港航、地产、加工制造等行业的国际知名企业纷至沓来,使航运中心各项功能配套日趋完备。

(2)产业集聚效应渐显

随着招商引资的集聚效益、链式效应日趋明显,我市初步形成了大项目拉动投资增长的良好局面,产业集聚速度明显加快,产业集群优势开始显现。石化产业基地、船舶工业基地、现代装备制造业基地、电子信息及软件产业基地"四个基地"建设成效显著,产能开始集中释放,对经济拉动作用强劲。2008 年"四个基地"实现工业增加值 930.3 亿元,占全部工业增加值的 52.5%。大窑湾临港区域汽车配套产业初具规模,海洋工程、船用曲轴和风电设备等重型装备产业集群基本形成。渤海岸线 STX 造船、万邦修造船项目、中远造船项目全面启动。以集成电路为主的微电子产业发展取得重大突破,投资 25 亿美元的英特尔超大规模集成电路项目即将投产。

(3)城市知名度显著提高

20 多年的对外招商引资活动,不仅吸引了大量外资进入我市,同时持续的宣传、推介大连,也使世界的目光聚焦大连,让大连这座百年城市蜚声海内外。首届中国夏季达沃斯年会和 2009 年第三届新领军者年会、亚太高官会议、WTO 小型部长会议等大型国际活动纷纷选址大连,即是例证,同时又使大连的国际影响力进一步增强。今日的大连城市知名度、美誉度空前提升,国际性城市的目标指日可期。

5. 强化了大连东北龙头地位

(1)口岸和区位优势日益显现

我市积极借助对外开放先行优势,通过招商引资不断推进东北亚国际航运中心、东北亚国际物流中心和区域性金融中心建设,提升对东北地区的辐射作用,增强为其他沿海城市和内陆腹地服务能力。据海关统计,2008 年东北三省进出口总额 1086.7 亿美元,其中大连地区内企业(含省公司)完成进出口总额470.41亿美元,占东北地区进出口总额的43.3%、辽宁省的64.9%。2008年大连沿海港口货物吞吐量达到2.46亿吨,其中外贸吞吐量0.86亿吨,集装箱吞吐量452.5万标箱。东北地区70%以上的海运货物和90%以上的外贸集装箱经由大连出口到世界各地。大连是中国北方金融业最集中的城市,拥有东北地区唯一一家外汇交易中心,外汇交易和结售汇总额占辽宁省的2/3,国际结算量占东北的50%以上。

(2)产业辐射、带动作用明显增强

我市从20世纪80年代开始通过招商引资与国外企业开展合资合作,推动产业结构升级和技术进步,提高了高新技术产业在GDP中的比重。通过发展高端产业,带动了东北地区的产业结构调整和优化及新兴产业基地的建设。特别是发展电子信息和软件产业及现代服务业,使我市产业竞争力和辐射力不断提升。目前,我市的信息产业总量占东北三省的50%强,占辽宁省的70%强;软件业销售收入占辽宁省的50%多。伴随英特尔芯片项目的落户,我市将成为我国重要的半导体集成电路产业制造基地,必将对全市乃至东北地区的产业结构产生深远影响。

五、面临的机遇与挑战

近30年来,大连积极参与经济全球化,深入地参与了国际分工与合作,走上了开放式发展之路,日益广泛地参与到世界经济体系中,大连经济与世界经济的结合达到前所未有的紧密程度。随着大连对外依存度的不断提高,开放型经济发展所需要的市场、技术、资源、人才等要素,不仅与国内紧密相连,也与国际市场密不可分。全球贸易的走势、国际金融市场变化、资源能源的供求,都影响到大连开放型经济的平稳运行和安全保障。

(一)面临的机遇

从国际看,世界经济形势有所好转,但复苏进程缓慢曲折。为应对国际金融危机造成的严重经济衰退,世界各国采取了规模和力度空前的金融救援和经济刺激措施。在这些措施作用下,国际金融信心有所提升,发达国家金融体系系统功能有所恢复,股市出现反弹,房地产市场开始企稳,工业生产出现积极迹象。一些发展中国家内需继续扩张,工业生产加速增长,国际资本出现回流。国际贸易和跨国投资开始活跃,特别是新兴经济体内需扩大对国际贸易起到主要拉动动用。世界经济发展新趋势主要表现为以下几点:

1.世界经济向服务经济转型

从全球看,全球经济正在向服务业为主导的服务型经济转变。与此同时,经济全球化也加快从制造业向服务业延伸,服务业全球化蓬勃兴起。在服务业全球化浪潮中,全球服务业FDI流量已占当年FDI总量的2/3以上;发达国家跨国公司加快向服务型企业转型,成为推动服务业全球化的主体;国际服务外包成为服务业全球化的最新标志,在促进世界贸易与投资以及世界经济融合方面将产生更大的推动作用。这一趋势变化为大连吸引外资发展现代服务业,大力发展服务外包,促进服务贸易增长创造了条件。

2. 全球跨国经营活动日益活跃

进入新世纪后，全球跨国经营活动更加活跃，世界对外直接投资出现新一轮增长势头，发达国家、发展中国家均出现较快增长。跨国并购成为跨国投资的主导方式。全球并购的政策环境总体上更加宽松，2006年，跨国并购占全球FDI的比重已达67%。在新一轮全球并购浪潮中，银行、保险、电信、传媒、电力及其他公用事业等服务业成为跨国并购的重要领域。全球跨国经营活动的日益活跃，必将为大连有选择地利用外资，加大企业"走出去"步伐提供更多更好的机会。

3. 开放式创新成为世界科技发展的主流模式

随着科学技术对经济增长和竞争力的影响显著增强，未来的产业竞争从根本上说是科技的竞争，特别是自主创新能力的竞争。为此，各国以及各大跨国公司将在高科技领域及相关产业展开更为激烈的争夺。鉴于当代科技发展所具有的综合化和体制化的特征，充分利用全球创新资源的、开放式的"集成创新"将成为科技发展的主流模式。这种创新模式将为大连拓展对外科技合作空间，加快科技进步创造有利条件。

从国内看，由于国家全面实施并不断完善应对国际金融危机冲击的一揽子计划和政策措施，有效制止了经济明显下滑的态势，经济实现了回升和较快发展，国内经济发展新趋势主要表现为以下几点：

1. 中国经济将继续保持稳定增长

2008年，面对国际经济环境复杂变化和自然界严峻挑战，中国经济保持较快增长，金融业稳健运行，经济发展的基本态势没有改变。国际经济界继续看好中国经济，很多国际经济组织纷纷发表报告，认为中国会长期保持较好的发展势头。国内经济界主流意见也认为，中国经济未来具有巨大的增长潜力。

2. 开放型经济发展环境日益向好

随着我国金融体系改革加快推进，公共服务体系显著改善，贸易投资自由化、便利化程度进一步提高，开放型经济正面临日趋向好的体制政策条件。特别是近年，国务院先后批准下发了一系列重要文件，商务部和财政部设立了对外经济合作专项资金，初步建立起包括简化审批程序、提供资金支持、扩大进出口经营权范围、放宽行业准入限制，财税管理、外汇管理、外派人员审批和海外经营保险等多方面的政策措施体系，为开放型经济发展保驾护航。同时，国家相关政府部门还不断增强服务意识，外经贸管理工作日趋便利化和网络化，开放型经济发展所需的服务体系、宏观监管体系、协调机制正日臻完善。

3. 国家实施振兴东北老工业基地、辽宁沿海经济带战略

2003年10月，《中共中央、国务院关于实施东北地区等老工业基地振兴战略的若干意见》拉开了振兴东北老工业基地的序幕。为加快东北等老工业基地振兴步伐，2005年7月又出台了《国务院办公厅关于促进东北老工业基地进一步扩大对外开放的实施意

见》,支持东北地区利用国际国内两个市场和两种资源,提高对外开放的质量和水平。2009 年,《辽宁沿海经济带发展规划》上升为国家战略,对大连的振兴发展具有里程碑意义。我市统筹谋划,制定了贯彻落实的实施意见和专项规划。强力推进航运中心建设,着力提高开放水平,稳步实施新市区等重点领域改革,为加快区域核心城市建设描绘了宏伟蓝图。在辽宁省实施的沿海经济带建设中,大连的长兴岛临港工业区、花园口经济区作为重中之重,被给予了更多的关心和支持,举全省之力重点开发建设,从而为大连打造开放型经济发展新的增长点提供了契机。

4. 大连对外开放进入新阶段

大连经过 30 多年的改革开放特别是近几年的努力,我市外经贸工作打下了较为坚实的基础,我市已经成为国内外资本转移的热点地区。大连在东北地区对外开放中发挥着龙头和窗口作用。大连拥有两个国家级开发区和东北地区唯一的保税区,是东北地区吸引外资和对外贸易最集中的城市。中央提出建设东北亚重要的国际航运中心之后,大连强占了新的对外开放制高点,也为外经贸跨越发展带来了巨大发展需求,注入了新的动力。

(二)面对的挑战

1. 国际金融危机尚未完全消除

世界经济形势仍然面临着诸多变数,特别是国际金融危机导致世界经济增长模式调整变化的过程极其复杂。世界经济完全走出低谷可能需要相当长的一段时间,对复苏前景不可过于乐观。国际货币基金组织(IMF)发表的报告中进一步指出,许多发达国家现在都已濒临衰退边缘,美国经济衰退已逐渐成形,西欧增长也明显转弱,日本经济活动也快速降温,而新兴经济体也无法幸免于难,全球经济正逐步进入大幅萎缩的局面。在逐步下行的世界经济环境下,大连开放型经济发展面临的外部环境更加复杂,不确定不稳定因素明显增多,困难和挑战不断增加。

2. 中国经济回升向好的基础还不稳固

近年,我国根据自身经济发展的实际,实行宏观政策调控,同时对一些政策进行了调整,一定时间内对大连开放型经济发展产生一定影响。同时也应该看到,我国经济回升向好的基础还不稳定,面临的困难和矛盾依然很多;外部需求恢复艰难,出口形势依然严峻,全国出口恢复到 2008 年的规模还需要二至三年甚至更长时间;扩大内需效应减弱,经济增长内在动力不强,发展方式转变依然滞后,结构调整难度进一步加大;社会就业再就业和物价上涨压力较大。

3. 金融危机对大连开放型经济的冲击开始显现

随着欧美等大市场萎缩,亚洲新兴市场也出现波动,大连对外贸易正面临前所未有的困难。金融危机已经影响到实体经济,国际市场需求大幅减少,已影响我市相关企业的生产经营和出口。我市外贸企业出口回款难度加大,对外贸企业特别是中小型外贸企业生产经营带来严重影响,一些中小型出口企业处境困难,经营难以为继。受金融危机影响,一些国际大公司普遍缩紧投资,致使大连一些在谈的重点项目或取消投资或延迟投资的现象已十分明显。

六、发挥大连开放引领作用的模式与途径

经过改革开放30多年来的发展和积累,大连阶级社会发展进入了一个新的历史阶段。国务院通过的《辽宁沿海经济带发展规划》,进一步强化了大连的核心地位,既要建设国际航运中心、国际物流中心和区域性金融中心,又要建设现代产业集聚区,为大连提供了千载难逢的发展机遇。大连要抓住双重机遇,引领沿海经济带开发开放,推动东北地区更好地参与东北亚区域合作。

(一)指导方针

紧紧抓住振兴老工业基地和沿海开放双重机遇,按照做大城市体量、完善城市功能、增强城市实力、强化龙头地位和开放引领的要求,彰显"联动发展、优势互补、错位竞争、共赢共荣"的理念,以深化改革、扩大开放为动力,以优化发展环境、扩大招商引资为突破口,找准大连与沿海经济带及东北地区产业优势互补的结合点,形成互利互惠、共同发展。要善于发现各地产业优势,要把为各地发展和跨越服务,从区域发展的战略高度,确定大连产业区域合作的切入点。在大连着力建设东北亚重要的国际航运中心、国际物流中心、区域性金融中心和现代产业集聚区的同时,发挥开放引领作用,形成带动各地产业共同发展、共同繁荣的综合优势。

(二)遵循原则

发挥大连在辽宁沿海经济带及东北地区的开放引领作用,应遵循以下基本原则:

1.坚持良性互动、共同发展

既要立足当前,又要谋划长远,既要突出重点,又要全面推进,既要加快自身发展,又要加强与周边地区协调互动,充分发挥大连在辽宁沿海经济带的开放引领作用,坚持良性互动,着力推进与辽宁沿海经济带、东北地区共同发展。着眼于做大产业、做强企业、做响品牌,根据各地区经济发展落差和资源条件,以资本技术换市场,进一步拓展大连产业的发展空间。在技术支撑上,以先进成熟的技术作支撑,以大连产业技术、管理创新为后盾,突出产业与服务为重点,集中力量,稳步发展。

2.坚持市场导向、协调发展

沿海地区要充分发挥区位优势,成为引领东北地区走向世界的前沿和阵地,同时成为国际产业转移的主要承载地。依据梯度转移理论,沿海地区在产业选择上要坚持有所为,有所不为,要与东北腹地成为一体。充分考虑沿海经济带及外省市商务成本低廉、资源丰富、比较优势明显的特点,将不宜在大连生产的产品向这些区域转移。产业合作模式的核心是以市场为导向搭建平台,争取当地的"造血"功能。同时,大连等沿海地区也要发挥带动作用,与腹地一道开发资源型产业,并引领腹地产业走向国际市场。

3. 坚持资源整合、集约发展

依托资源条件、产业基础和港口优势,进一步强化资源整合,努力打"东北牌",形成东北地区拳头产业、拳头产品。要把沿海的海洋资源及腹地的矿产、土地、旅游等资源有机整合,形成海陆产业良性互动局面。在产业为导向上,大连应以科学发展观为统领,与落实区域协调发展的总体方针相适应,与国家方针发展战略和产业导向相符合,与当地的资源、能源特点和环境容量相适应。在合作与引领方式上,应逐渐向行业组合、条块结合、内外结合、上下结合转变,以利于大连发挥开放优势,实现错位竞争。

4. 坚持利益共享、持续发展

沿海与腹地各属于不同的行政区划,在产业互动过程中有竞争也有合作。因此,要破除行政壁垒,依据市场经济规律,在东北经济区全域范围内对产业进行整合,坚持互利共赢原则,实现利益最大化。特别是发达地区与不发达地区、城市与乡村进行产业互动时,更要照顾到不发达地区和乡村地区,不能剥夺这些地区的利益。

(三)开放引领模式与实现路径

目前,全世界的大城市、产业资本和人口都集聚在沿海地带,最具竞争力的发达的大都市和经济带也在沿海。借鉴国内外经验,通过构筑辽宁沿海经济带,把沿海开放前沿和腹地紧密连接起来,形成以大连为核心带动辽宁和东北经济区的振兴。

1. 在合作引领要素上,加大区域间的辐射带动作用

区域经济的快速发展往往与龙头的带动作用密切相关,龙头的辐射带动作用越强,区域经济发展的动力就越大,发展速度也越快。在长三角、珠三角和京津塘为代表的全国区域经济发展板块中,以上海为龙头的长三角的辐射带动功不可没。2008 年,长三角、珠三角和京津塘在我国经济总量中,分别占 22.9%、21.4% 和 20.7%。在东北地区,大连的地位尽管还算不上真正意义上的龙头老大,但在东北振兴和对外开放中,大连的龙头地位日益突出,特别是在辽宁沿海经济带上升国家战略情况下,扮演好龙头角色,担当起对相邻城市的辐射和带动力度。在合作要素上,资金、设备等实物要素与人才、教育培训、品牌专利、技术管理、市场辐射、中介咨询、网络信息等虚拟要素结合起来,提升大连产业能级。

2. 在合作与引领模式上,充分发挥对外开放比较优势

鉴于大连与沿海经济带及东北地区的资源禀赋、发展阶段各异,大连产业与各地的合作与开放引领模式也要根据实际情况,分类指导。其中,沿海经济带的合作模式具有承上启下的特点,既是推动辽宁区域产业一体化模式的延伸,又是参与东北振兴战略的基础。同时,大连先进制造业在区域合作的特点、需求各不相同,因此,应该从产业发展规律出发,创新合作模式。先进制造业是国内新一轮合作的支柱,大连要充分发挥对外开放的比较优势,通过开放引领、产业梯度转移、市场拓展、实现产业合作。在合作与引领主体上,发挥市场对产业资源的基础性作用,运用市场机制,形成以市场为纽带,以市

场为导向,经济效益与社会效益兼顾的运作模式。

3. 在空间布局上,实现有效衔接

统筹规划是相邻城市实施经济一体化发展战略的重要途径,是避免各种资源浪费,促进生产要素流动,实现共同进步的唯一选择。近年来,辽宁沿海经济带虽然发展态势良好,成为全省经济发展速度最快的区域。但是,由于各城市都有自己的发展规划,而相邻城市的规划并未为实现有效衔接,致使各城市发展模式雷同,影响了资源的有效配置,严重制约了各城市的快速发展。因此沿海经济带各城市合作过程中,要推进发展规划一体化,将各城市的发展统一到辽宁沿海开发开放的总体框架之中,不搞同构竞争,避免重复建设。大连首先要从发展战略上寻找与其他城市同一体化发展的结合点,积极与相邻城市进行沟通与协商,做到大方向一致,小目标不同,从而实现城市定位各具特色,发展道路和模式具有差异性。在空间布局上,坚持走由点到面,由面到线的发展道路,首先加快各重点工业园区开发建设,以工业化带动城市化,形成以大连为核心,以位于渤海岸线的营口、锦州、葫芦岛和位于黄海岸线的丹东为两翼的发展格局。

4. 在国际航运中心建设和资源整合上,为开发开放提供引擎

对发展基础相同、发展条件相近、行政边界相邻的城市而言,错位发展是走上良性发展道路的重要前提。葫芦岛、锦州、营口、盘锦、大连和丹东 6 个位于沿海经济带的城市都依山傍海,资源禀赋和区位特征大同小异,各城市在确定城市定位时,基本都遵循了“以港立市”或“以港兴市”的原则,形成了围绕港口发展经济的共同特点。2003 年中央下发的《关于实施东北地区等老工业基地振兴战略的若干意见》中指出,要把大连建设成为东北亚主要的国际航运中心,明确了大连的龙头和地位。然而,随着沿海经济带各港口的快速崛起,大连港的竞争力不断受到挑战。在今后的发展中,要按照国家和全省的统一部署,着力推进同省内港口资源的整合,通过资源整合,大连应进一步加强与丹东、营口、锦州、葫芦岛、盘锦 5 个港口间的合作,在优化港口功能分工,巩固传统优势的基础上,通过分工合作,形成以大连港为母港,营口、丹东、葫芦岛、锦州、盘锦为给港的中心突出、两翼并举、优势互补的发展格局,确保大连枢纽港的地位,实现大连港为核心的辽宁沿海组合港建设与发展。

5. 在产业区域互动层次上,注重打造临海优势产业集群

专业分工不但是社会化大生产的结果,也是提高生产效率,促进产业健康发展的基本保证。从世界经济发展的轨迹看,其相邻的城市只有搞好专业分工,才能实现互利共赢,携手发展。位于辽宁沿海经济带上 5 座城市相互为邻,多年来由于缺少必要的专业分工,造成了各城市产业发展雷同。在沿海经济带开发开放过程中,大连一定要高度重视左邻右舍的产业定位,通过错位发展化解雷同带来的不利影响。同时,对性质、类别、产品系统的产业,更要做好产业链条分工,做到上下游分属不同城市,努力构筑分工明确、梯次发展、优势互补的具有国际竞争力的现代产业体系。从产业区域互动层次上,沿

海与腹地要形成三级互动层次。一是与辽宁腹地互动。沿海经济带与辽东、辽西经济区梯度发展,同时与辽宁中部城市群协调发展,在产业布局上要实现专业分工、优势互补,使沿海经济带与辽宁腹地形成上游、中游、下游产业链条。二是与东北腹地互动,依托腹地资源优势,开发资源型产业及新兴产业,促进腹地产业结构优化升级。三是与环渤海经济区及东北亚经济区互动。在国内与国际区域分工中找准辽宁沿海经济带的产业定位,承接国际产业转移,打造区域新的经济增长点。同时,沿海经济带要成为沟通环渤海经济区、东北亚经济区,引领东北腹地参与国际产业竞争与合作的桥梁和纽带。从长远来说,沿海地区应与东北腹地形成更深层次、更宽领域的产业互动格局,最终实现产业一体化。

(四)开放引领的战略重点

1. 在创新国际合作机制方面发挥开放引领作用

开放是30年来大连取得成功的关键因素,也是推动城市发展的重要力量。在全球经济一体化和区域经济集团化的大趋势下,扩展对外开放的深度和广度,全面提高对外开放水平,对于开放引领作用的发挥至关重要。要继续发挥大连在辽宁沿海经济带及东北地区全方位开放的比较优势,实施高水平国际化战略,不断提高开放层次。今后,大连的对外开放在坚持有利于城市功能的提升、有利于产业结构的合理布局和有利于技术进步技术创新的同时,要在辽宁沿海经济带及东北地区构建内外联动开放型经济体系,创新国际合作机制,积极发挥对外开放引领作用。

2. 在加快产业高端化促进区域经济发展方面发挥引领作用

当前和今后一个时期,实现又好又快发展,做大大连经济规模仍然是大连的重要目标和任务,但是从长远发展看,从提升大连区域经济的核心地位和龙头作用来看,根本出路在城市转型和产业升级。城市转型就是在城市发展模式由集中型向外溢型、由加工为主型向以服务为主,由外在推动转为内生动力,由自我发展转向区域一体化转变。产业升级是推进大连经济发展方式转变、实现科学发展、建设生态城市所面临的重要任务,也是实现与辽宁沿海经济带及东北地区一体化发展的主要途径。在区域经济发展中,目前大连虽然也有产业规模不大、经济总量不足的问题。但更重要的是大连的产业与周边地区的产业基本在同一级次上的低水平发展,与区域内产业关联度低,对区域辐射带动作用小,没有形成势差,没有形成专业分工。因此,发挥大连在辽宁沿海经济带开放引领作用,必须实施以产业升级为主的总量增长与结构优化相结合策略,突出大连的产业特色与个性,实现与区域经济发展密不可分的产业关联。大连产业升级、增加与区域经济关联度的战略重点是,有优先发展第三产业,特别是现代服务业,加快推进大连产业高级化进程。现代服务业发展要提升能级,努力成为东北地区的国际航运物流中心、区域性金融中心和信息服务中心。加工业要突出抓好辽宁沿海经济带及东北地区的分工合作,大连要成为国外产业和技术转移的中转站和变压器,大力发展产业链条中的高端产业,形成于东北周边地区及东北腹地的合理分工。整个东北地区都具有装备制造业，大连要作对东北装备制造业起装备作用的制造业，重点发展装备制造业的心脏和头脑部分，重点发展发动机、精密轴承、工业设计、嵌入式软件、关键零部件等使大连成为东北地区装备制造业发展的核心和龙头。

3. 在创新发展模式上发挥开放引领作用

坚持发展观，实现科学发展是我国今后发展的永恒主题。大连能否成为区域的核心和龙头，关键看在科学发展方面发挥引领、示范和辐射作用。在先进制造业服务模式方面，坚持走新型工业化道路，大力发展高新技术产业，强化基础产业是我国未来发展的一大重点。优先发展先进制造业，增强产业发展后劲，更是大连推进产业优化升级的重要抓手。先进制造业合作模式与引领的内容丰富，由于沿海经济带及东北地区制造业和经济发展水平不同，因此针对不同的区域有各种不同的类型。辽宁沿海经济带开发开放上升国家战略后，大连将按照规划总体要求，经济带性行业将形成或垂直、或水平、或混合分工，从而推动区域产业一体化的形成。东北地区的许多优势行业正是大连制造业战略升级的重点行业，两地都将装备产业作为制造业发展重点，但两地装备的能级、发展门类、产品等都有明显的差异。大连要加强与东北地区装备产业的合作，鼓励两地的企业、高等院校、科研机构、关键技术等建立战略联盟，推动双方支柱产业技术能级的提高，有利于双方的产业加快增强国际竞争力。

4. 在内引外联上发挥开放引领作用

上海在长三角区域经济中的龙头作用无可替代，除了其经济规模和经济实力居于领先地位外，应当与其四通八达、方便快捷的口岸交通网路和链接国内外的现代化“丝绸之路”密切相关的。大连要紧紧抓住建设东北亚重要的国际航运中心的发展机遇，充分利用大连独特的区位优势，高水平、高速度构建一个服务功能完备的物流平台，支撑辽宁沿海经济带及东北亚区域物流、人流、资金流、智力流、信息流高效集聚和扩散，引领带动腹地加快发展，成为中国北方发展最为活跃的区域。

5. 在开拓俄罗斯及东北亚市场上发挥引领作用

大连要主动为沿海经济带及东北地区扩大开放提供服务，同时要充分利用沿海经济带及东北的区位优势，共同拓展东北亚市场，积极进军欧洲市场。要鼓励大连企业加强与沿海经济带及东北地区企业建立战略联盟关系，或直接在东北建立分支机构，引导国际资本参与东北老工业基地的改造与振兴，充分发挥、利用沿海经济带及东北地区独特的地理优势，进一步拓展东北亚和欧洲市场。鼓励大连企业与东北地区企业联合拓展海外市场，共同开展工程承包、劳务输出、产品加工等。逐步建立沿海经济带及东北地区招商引资项目库、商品供求信息库、积极为沿海经济带及东北地区来大连招商引资提供便利；组织引导在连企业考察沿海经济带及东北地区，推动这些企业“以外引外”；鼓励大连的中介机构为沿海经济带及东北地区提供招商引资、扩大对外贸易信息、咨询等多方面服务。

6. 在改革开放和制度建设上发挥引领作用

包括辽宁沿海经济带在内的东北地区，目前依然是体制改革滞后、开放层次较低的区域。因此，大连必须利用开放时间早、经验丰富的优势，不断积累。像上海、深圳那样，在体制改革、制度建设上有所突破，重点在深化行政管理体制、强化市场机制作用、提高区域的市场化程度方面发挥引领作用，为辽宁沿海经济带及东北地区做出表率。深化金融体制改革，发展股权交易市场，创新金融服务体系。推进投融资改革，建立多元化的投资机制和运营机制，拓展沿海经济带开发建设的融资渠道。深化城乡规划管理体制改革，促进土地资源有效流转和优化配置。建立健全区域一体化发展机制，推进区域基础设施共享、互联互通。在全域开放的条件下，一方面大连应发挥已有的优势，积极推行“小政府、大社会、大服务”行政管理体制的改革取向，大力推进体制机制创新。要树立科学规范的管理秩序和法制化环境，提高行政和公共服务水平。加快推进行政管理机构和园区管委会内部运行机制创新，科学设置内部机构，逐步建立起统一、高效、精干、廉洁的管理体系。另一方面，把大连招商引资和对外出口、境外投资等提升到新的高度，把开放重点放在提升引资质量、提高国际竞争力上。通过开放引领，避免和减少与辽宁沿海经济带及东北地区同水平恶性竞争，引领和带动腹地加快发展。

七、对策与保障措施

（一）提升开放引领作用的思路与定位

1. 与开放引领作用相适应的发展理念

首先在发展理念上要具有领先水平，代表时代发展潮流，充分体现科学发展、社会和谐的要求，成为辽宁沿海经济带及东北地区新的法制理念、发展思路形成和引领中心，并得到辽宁沿海经济带和东北地区普遍的认同和自觉跟随。

2. 强化辐射带动和服务意识

要重视大连本身的发展，但更要重视以大连的带动周边地区的发展，大连要在城市功能、产业结构调整、招商引资等方面都要充分考虑如何支持、带动和服务辽宁沿海经济带及东北地区的发展，像20世纪80年代的深圳、90年代的浦东那样，迅速发展成为带动沿海经济带和中国北方地区经济发展的龙头，这既是时代赋予的伟大责任，也是大连一个十分现实的发展目标。

3. 明晰开放引领的总体思路与定位

大连在辽宁沿海经济带及东北地区开放引领的总体思路要以服务为宗旨，以促进区域经济发展与共同富裕为己任，确保区域经济合作实现可持续发展。在定位上要把实施“走出去”方针与“引进来”方针并重，要把推进区域经济合作作为推进大连产业经济的一个重要内容来加以规划、加以落实。在具体操作中要重视落实把支持兄弟省区发展经济与确保大连资源、能源安全，推进大连产业实行梯度转移的发展思路，确保大连产业持续、快速、健康发展。

(二)建立多层次、高效率的联系协调机制和组织机构

随着区域经济的快速发展,生产要素的自由流动和各种资源的优化配置迫切要求打破行政界线。辽宁沿海经济带要向长三角学习,加快推进一体化进程,区域交流层面不断升级,部门合作全面展开,协调机制逐渐建立,一些商品与生产要素基本实现了无障碍流动。

1. 确定牵头单位,落实引领责任

在加快辽宁沿海经济带一体化发展进程中,大连应积极参与区域城市群内各类相关合作组织当中,以便更多了解区域动态,加强区域间的合作。建议由市政府开放办牵头,率先破除阻碍一体化发展的制度性障碍,在建设多层次、高效率的联系协调机制和组织机构方面做出更大贡献。一是要尽快建立起跨行政区域的协商机制和制度平台,就区域内经济发展的重大问题进行协商,协调解决区域内产业同构、无序竞争等问题,通过构建区域发展政策协调和磋商机制,促进各城市在金融、电力、通信、环保、基础设施、社会保障等方面积极做出响应。二是开放办区牵头建立政府间经常性的协商制度,达成共识,保证每年召开区域内各市市长或分管副市长会议,定期召开协作办主任会议,在会议上形成的决议要以文件的形式下发,使其具有法律的约束性、权威性和可操作性。

2. 拓宽服务交流平台

增强大连港服务功能,为沿海经济带及东北腹地发展进出口贸易提供良好条件,一是大连应与沿海经济带及东北地区进行重大互访考察,增进相互了解,及时解决问题。二是增加资金筹措渠道。大连应继续加强对沿海经济带及东北地区的资金支持力度和资源整合力度,增强当地经济发展的持续能力。

3. 组建区域性行业协会

参照长三角经验,组建区域性行业协会,将区域内企业按行业组织起来,形成市场力量的利益共同体,建立市场与政府间相对均衡的沟通和对话渠道,以此推动政府合作向纵深发展,加快区域一体化进程。要打破行政壁垒和地方保护主义,破解各城市间存在的各自为政、分工不明,政策差异、过度竞争等诸多瓶颈,打造城市间合作的绿色通道,最终形成携手并进的共赢局面。

(三)建立长效机制,推进优势互补

在政府层面上,要根据大连经济发展的资源、能源的需求,根据我市开放型经济"外资保第一、外贸抓升级、外经新跨越、环境创一流"的总要求,紧密围绕大连加快推进全域城市化和建设"三个中心、一个集聚区"的发展定位,着力推进以沿海经济带为重点的扩大对外开放。

1. 加强与东北腹地经济的紧密联系

建立长效机制,加强与东北腹地经济的紧密联系,强化与辽宁沿海五市、沈阳中部城

市群以及辽西北的互利合作，加强与长吉图经济区、哈大齐走廊的分工合作，推进内蒙古东部地区的经济合作，加强与环渤海地区、京津冀都市圈、山东半岛城市群的合作。

2. 建立区域性合作交流平台

根据全市产业升级和梯度转移的情况，在产业规划、产业布局、经济运行、技术进步、产业投资、市场准入等方面进行全面分析，寻求合适的合作机遇，建立国内外合作的交流平台，建立长效机制，推进优势互补，为大连与沿海经济带及东北地区产业经济提供技术支撑、信息服务、制度保障。

3. 积极促成项目合作开发

应该鼓励沿海经济带及东北地区城市通过调查研究，会同市开放办，共同制定具体项目的规划和开发。项目合作开发应该以企业为主体，充分发挥市场的作用，推进项目开发的深度和范围，可以充分发挥双方开放、技术和资源优势。

(四)继续扩大对内对外开放，提高经济国际化水平

1. 吸引外资实现四个结合

改革开放以来，大连对外开放的程度和对外资的吸引力不断提高，已经成为中国北方外资相当集中的区域之一。外资在改善大连的产业结构、促进提高技术和管理水平方面都发挥出积极的作用。与前 20 多年吸引外资的实践相比，今后大连吸引外资应注意引导性，通过外资实现产业结构优化调整，因此在继续加大吸引外资力度的同时实施四个结合：一是吸引资金与引进先进技术、现代化管理和优秀人才相结合；二是引进具有较高水平的制造业与更多引进高新技术产业相结合；三是工业项目与服务业和基础设施项目相结合；四是引进外资项目与发挥龙头作用、积极引领、服务与带动沿海经济带及东北地区相结合，通过开放型经济的战略升级，提高区域经济国际化水平。

2. 积极营造适应市场要求、与国际接轨的软环境

建设公平竞争、规范运行的市场秩序，优化市场经济环境；强化政府服务意识和服务水平，营造良好的政府服务环境；提高司法透明度，建设优良的法制环境；建立科技创新体系，建设良好的科技服务环境；改善口岸环境，提高通关速度，规范物流市场，建设快捷的现代物流通关服务环境，积极营造适应市场要求、满足沿海经济带及东北腹地的不同需求、与国际接轨的软环境，提高大连乃至整个区域环境竞争力。

3. 注重提高内生发展能力

大连在加强国际经济合作的同时，必须注重提高内生发展能力，培养大连本地化企业，鼓励他们到与沿海经济带及东北地区发展，提高大连在东北地区经济发展中的辐射作用。同时，积极创造条件向海外发展，在参与世界经济竞争中，不断提高适应和应用国际市场和国际规则的能力。要变单纯的扩大开放，既以进出口和吸引外资为主要目标的开放型经济模式向提高企业在国际市场竞争力的方向发展。为实现经济的国际化，有赖于对各项技术的投入，开发具有知识产权的科研成果；整合周边区域的各种资源，带动周

边区域快速发展。

(五)推进产业联合,进一步增强产业整体竞争力

1. 加快实现区域性制造业中心

在大连积极打造大连湾重型装备和大型设备为重点的临海制造业集聚区、北起长兴岛南至旅顺的渤海深水岸线的世界级造船和海洋工程产业基地、大孤山半岛、长兴岛的世界级大型石化产业基地、开发区的亚洲重要的超大规模集成电路产业基地的基础上,以工业园区为载体,以点带面,以面带线,将辽宁沿海经济带建设成为具有国际竞争力的产业带。

2. 联合构建区域性高新技术产业链

积极营造沿海经济带及东北地区信息产业、现代生物技术及新材料的发展环境,促进其加快发展。整合区域内的技术开发、成果孵化、融资中介、市场拓展等功能,共同优化人才自由流动、信息集散等外部环境,联合建设高新技术产业链、产业带,尽快形成产业规模,提高市场竞争能力。

3. 顺应国际产业转移新动向

大连要发挥对外开放优势,顺应国际产业转移新动向吸引海外的资金、技术和人才,参与区域内企业重组。通过产业整合、要素配置、制度建设等,通过引进国内外的资金、技术管理等要素,共同创建具有国际竞争力、带动相关产业发展的同业企业集团,培育一批承担增长极发展、参与国际竞争重任的骨干企业,形成更加高效的行业组织规模。

(六)携手保护环境,高度重视生态文明建设

1. 把生态建设和环境保护纳入重要发展战略

世界经济发展证明,以破坏环境为代价的经济发展是不可取的。目前,辽宁沿海经济带正处于高速发展期,经济发展对环境的压力不断加大。沿海经济带中如果任何一个城市出现环境污染,都有可能波及周边区域,影响经济带的持续健康发展。因此,大连应携手沿海经济带其他城市,以生态经济和知识经济为基础,以改善环境质量为前提,树立绿色发展理念,将生态建设和环境保护作为又好又快的战略工程,合力建设生态城市。

2. 积极打造沿海生态区

制定《生态市建设规划》,并将创建生态市工作纳入各市国民经济发展规划。要加快实施重点节能工程,做好重点行业的节能、节水技术和清洁能源的推广,适当提高建设项目在土地、环保、节能等方面的准入标准。要落实污染减排方案,严格遵守环境保护法律法规,坚决淘汰落后生产工艺和设备,坚决关闭污染严重的企业,制定污染物总量排放计划,保证区域污染物排放总量得到大幅削减。

3. 进一步实施《辽宁碧海行动计划》

坚持开发与保护并重,深化合作内涵,提升合作质量,共同保护区域河流和饮用水资源,加强近岸陆域污染源管理,保护海洋生态环境,有效遏制环境污染与生态破坏,不断

提高区域内绿化、美化水平。进一步实施《辽宁碧海行动计划》,建设自然宜居的生态体系,全面改善沿海生态质量,共同推进生态文明建设。

(七)注重政策研究与引导

1. 在政府层面上:要加强政策研究与引导

在政府层面上,要重视研究沿海经济带开发开放及于东北地区合作中的各种政策问题,要学好政策、用好政策、学会运用各地政策和大连实际相结合,从而加快推进产业合作与开放引领进程。根据国家振兴东北战略和辽宁沿海经济带发展规划,抓紧制定大连建设区域核心城市和实施区域发展等专项规划,科学指导沿海经济带开发建设工作。

2. 在企业层面上:要组建并做大做强跨省市企业

在新一轮国内产业合作中,在企业层面上,必须强调企业是合作的主体,政府不能包办代替。在重大项目的合作方式可以采用:大连企业 + 当地政府和企业的模式。如果建立新的合资合作企业,一定要按照现代企业制度办事。应以产权为纽带,组建跨省市的能源、资源开发企业以及港口、码头航运企业联盟。

3. 在市场层面上:要发挥平台载体作用

大连作为东北地区最开放城市,已经形成了区域性要素市场框架,在市场层面上,要发挥大连产权交易所、技术交易所、航运交易所、人才交易市场等平台载体作用,促进新一轮国内合作。用好省、市专项体系资金,助推沿海经济带产业项目的全面建设。做好政策对接,争取国家项目布局和政策支持。

《辽宁沿海经济带国家战略与大连对外开放引领作用研究》课题组成员

课题领导小组:

顾　问:戴玉林　大连市人民政府　副市长

组　长:李　才　大连市政府发展研究中心　主任　教授

　　　　刘德春　大连市对外贸易经济合作局　局长

副组长:李文语　大连市政府发展研究中心　副主任

课题组:

负责人:王文清　大连市政府发展研究中心开放研究室　主任　副研究员

　　　　刘国志　大连市对外贸易经济合作局办公室　主任

成　员:王金成　大连市政府发展研究中心　助理研究员

　　　　蒋晓冰　大连市对外贸易经济合作局办公室　主任科员

大连市"十二五"服务业发展重点、空间布局及对策研究

张少颖　宋欣茹　赵　欣

一、服务业发展现状及存在的差距

(一)服务业的发展特点

1. 规模不断扩大

"十一五"以来,大连市贯彻落实振兴东北老工业基地的战略和辽宁沿海经济带发展规划,大力发展先进制造业、高新技术产业和现代服务业,促进了经济社会又好又快发展,推进了老工业基地率先全面振兴。全市服务业持续快速发展,规模不断扩大,2008 年服务业(第三产业)增加值达到 1575.2 亿元,比 2005 年增长62.3%,年均增长 17% 以上。大连建设东北亚国际航运中心取得重大进展,同时加快向区域性金融中心、全球软件和服务外包新领军城市迈进。

2. 结构逐渐优化

近几年来,大连围绕先进制造业和高新技术产业发展,大力发展航运物流、金融、软件信息、科技服务、文化创意、商务会展等生产性服务业,逐步建立起以生产性服务业为主的现代服务业体系。生产性服务业的企业数量、从业人员、销售收入等都有较大幅度增长,占服务业的比重明显提高。

适应消费需求增长和消费结构升级的趋势,加快发展商贸、旅游等消费性服务业,改造提升传统服务业,使消费性服务业逐步升级,现代化业态和经营方式不断扩大,服务功能进一步增强。

按照构建和谐社会的要求,加快发展教育、医疗卫生、文化体育、公用事业、社区服务等公共服务业,使公共服务业不断完善,服务质量不断提高,民生事业进一步改善。

3. 支撑作用增强

从经济贡献率看,2008 年大连服务业增加值占 GDP 的 40.8%;服务业从业人员占社会从业人员的 49%,比 2005 年提高 1 个多百分点,成为吸纳就业的重要载体;服务业税收占地方税收总额的 70% 左右,大大高于制造业的税收水平,成为税收增长的主要源泉。

从服务业的作用看,生产性服务业发展有力地促进了先进制造业和高新技术产业发展;消费性服务业发展充分满足了人们日益增长的物质文化消费需求,提高了居民生活

水平和质量;公共服务业发展有效地改善了民生状况,促进了社会和谐。现代服务业发展进一步增强了城市综合服务功能,促进了现代化、国际化城市建设。此外,服务业发展对促进节能减排和环境保护、实现可持续发展也做出了较大贡献。

(二)服务业的发展优势

1. 物流业的发展优势

"十一五"以来,大连建设东北亚国际航运中心取得重大进展。

物流基础设施不断完善。全市港口拥有万吨级以上泊位数十个,30 万吨原油码头、矿石码头和大窑湾集装箱港二、三期工程等一批重点项目相继竣工投产,港口吞吐能力大幅度提高。大连保税港区、国际物流园区、羊头洼物流园区等相继建成运营,构建了以保税物流为特色、覆盖东北地区的国际物流网络体系。建立了大连口岸物流网、辽宁省电子口岸、航运在线、锦程物流网等信息服务平台,提高了物流信息化水平和通关效率。大连空港开通 147 条航线,连接国内外 94 个城市,空港物流园正在建设。依托哈大、沈大等铁路干线,形成了较为完备的疏港铁路运输网络;开通烟大铁路轮渡,形成了东部陆海铁路大通道。沈大高速公路完成升级改造,丹大高速公路、大窑湾疏港高速公路、土羊高速公路等相继建成通车,全市高速公路达到 410 公里。

物流企业不断发展壮大。全市物流企业发展到 2000 家。引进了一批世界 500 强物流企业,物流业国际化水平不断提高;大型物流企业加快资源整合,向专业化物流集团发展;民营物流企业加快创新发展,市场竞争力逐渐增强。

物流业持续快速增长。2008 年全市物流业(交通运输、仓储和邮政业)增加值达到 356.9 亿元,比 2005 年增长 69.5%,年均增长 19%;物流业增加值占 GDP 的 9.25%,占服务业增加值的 22.66%,比 2005 年提高 1 个多百分点。港口吞吐量不断扩大,货物吞吐量 2.46 亿吨,集装箱吞吐量 452.5 万标箱,比 2005 年增长44.7%、68.3%;空港吞吐量、铁路和公路货物周转量也都有较大幅度增长。

2. 金融业的发展优势

"十一五"以来,大连建设区域性国际金融中心取得显著成就。

金融市场体系不断完善。全市拥有各类金融机构 186 家,分支机构 2995 个,从业人员 6 万多人。金融资产总额 7677 亿元,存、贷款余额为 5535 亿元、4063 亿元,占东北地区的 15%、18%。共有上市公司 31 家,募集资金总额 271 亿元。大商所期货交易品种扩大到 7 个,成交量和成交额分别占全国的 46.8%、38.2%。保费收入 107.4 亿元,占东北地区的 13%。

金融中心实力进一步增强。大连金融机构的数量、种类、业务收入和经济效益均居东北地区第一,大商所是亚洲第一、世界第二大粮食期货交易所。大连在"中国金融中心指数"排名中列环渤海及东北地区首位,是东北地区金融体系最完善、金融机构聚集度最高、金融市场开放度最高、金融生态环境最好的城市。

金融业持续快速增长。2008 年全市金融业(银行保险期货)增加值达到 158 亿元,比

2005 年增长 1.46 倍,年均增长 35%;金融业增加值占 GDP 的 4.09%,占服务业增加值的 10%,分别比 2005 年提高 1 个和 3.4 个百分点。

3. 软件产业的发展优势

"十一五"以来,大连加快向全球软件和服务外包新领军城市迈进。

软件园区建设领先全国。大连高新区是国内最大的软件园区,拥有国内外软件企业 500 多家、从业人员 5 万多人。正在建设的旅顺南路软件产业带将成为世界一流的软件产业基地,占地面积 30 平方公里,建成后可吸纳从业人员 20 万人,软件年销售收入超过千亿元。

软件企业不断发展壮大。2008 年全市拥有软件企业 700 多家,从业人员 7 万多人。其中,超过 6000 人的企业 1 家(东软),超过 3000 人的企业 5 家(华信、海辉、IBM、GE、HP),超过 100 人的企业 70 多家。东软、华信和海辉排在国内软件出口前三名,进入全球 IT 服务百强企业、亚洲服务外包 10 强企业。

软件产业国际化进程加快。全市引进外资软件企业 300 多家,其中世界 500 强企业 50 多家,全球十大服务外包供应商有 6 家进入大连开展业务,对日软件和服务外包居全国第一。

软件人才培养逐渐扩大。大连在 22 所高校、40 所职业中专开设了软件专业,成立了 5 所软件学院,理工大学软件学院、东软信息学院成为全国最大的软件学院,软件专业在校生达 5 万人。建立了 100 多所软件人才培训机构,每年可培训上万名软件人才。

软件产业示范作用增强。国家有关部门授予大连"中国服务外包基地城市"、"软件产业国际化示范城市"、"软件人才国际培训基地"、"国家软件版权保护示范城市"等称号。大连软件园的发展模式被国内许多城市借鉴和效仿。大连的国际知名度不断提高,被美国 IDC 公司评为全球离岸交付指数城市世界第五、中国第一。

软件销售收入快速增长。2008 年全市软件销售收入 306 亿元,软件出口 10.5 亿美元,比 2005 年增长 2 倍多,年均增长 45%。2009 年有效抵御了国际金融危机影响,软件销售收入突破 400 亿元,软件出口 14 亿美元,同比增长 30% 以上;软件销售收入占 GDP 的 9.07%,经济贡献率进一步提高,成为全市支柱产业之一。

4. 文化创意产业的发展优势

"十一五"以来,大连动漫产业发展取得了显著成绩。

高新区是全市动漫产业集聚区。近几年来,高新区发挥政策优势和毗邻日韩等动漫强国的区位优势,依托动漫走廊和动漫孵化器,积极引进和培育动漫企业,先后引进了北京中视鑫潮动画公司、东方嘉纳动画公司、上海阿凡提卡通艺术有限公司、韩国 NHN 游戏公司、日本百锐图像技术有限公司、美国甲骨文 DWP 中心等 31 家国内外知名动漫企业,使入驻动漫企业扩大到 132 家。2009 年共出产动画片 8146 分钟,在线运营动漫游戏 6 款,正在研发动漫游戏 8 款,部分动漫游戏打入国际市场,被中国游戏产业年会授予"中国游戏产业支持奖"。

5. 会展业的发展优势

“十一五”以来，大连加快向国际商务会展中心发展。

会展业法规逐渐完善。市政府颁布《“十一五”期间大连市会展业发展指导目录》，市财政局和贸促会下发《大连市展览业发展资金管理暂行办法》，市统计局发布《大连市展览业统计管理实施办法》，市展览办印发《关于实行品牌展会排期保护的通知》，这些政策法规进一步规范和促进了会展业发展。

品牌展览会走向成熟。培育出具有较高国际知名度的品牌展览会11个：中国大连进出口商品交易会暨国际工业博览会，中国（大连）国际服装纺织品博览会，大连国际汽车展览会，中国国际软件和信息服务交易会，中国国际专利技术与产品交易会，中国大连国际海事展览会，中国国际家具（出口）展览会，东亚国际旅游博览会，中国国际环境保护博览会，中国国际建筑装饰材料（用品）展览会，中国国际木工机械展览会。

国际性会议不断增多。成功举办两届夏季达沃斯—新领军者年会，与世界90多个国家1700多位政要和经济界领袖建立了密切联系。以此为契机，又举办了中国现代渔业发展高峰论坛、汇丰（中国）财富论坛、科技孵化器国际论坛、国际海运（中国）2008年会、第44届世界规划师大会、第十三届国际生物技术大会等国际性会议。

会展业示范作用增强。中国会展业高峰论坛先后授予大连“中国十大最佳会展城市”、“中国（宏观管理）最佳会展城市”、“中国最具影响力会展城市”、“中国最佳会展城市”等奖励和荣誉称号，并把“大连模式”作为经验向全国推广。大连会展业的发展成就被国内许多城市学习和借鉴。

会展业持续稳定增长。2008年全市共举办各类展会96个，比上年增长4.3%，展览面积95.7万平方米；参展企业24746家，比上年增长14.6%，其中海外参展企业1869家；到会参展商88456人，比上年增长18.4%；参观人数544.6万人次，其中海外参观人数4.6万人次；贸易成交额超过400亿元，比2005年增长20%以上。

6. 商贸业的发展优势

“十一五”以来，大连建设区域性国际商贸中心取得新成就。

商业国际化进程加快。全市共引进外资商业企业760家，其中世界500强企业20多家，实际利用外资16.36亿美元。外资商业企业进入零售、批发、餐饮、采购配送、休闲服务等20多个行业，2008年销售额188亿元，占社会消费品零售额的15.9%。

农村现代流通体系初步形成。实施“千村百镇”市场工程，构筑起农村现代流通体系，扩大了农村消费，提高了农民生活水平。开展“农商对接工程”，促进了农民、农村合作组织与商业企业的分工合作，扩大了农产品流通。实施“双百市场工程”，培育了一批大型农产品批发市场和流通企业，扩大了农产品出口。

促进消费拉动经济成效显著。实施商业网点改造，改善了购物和消费环境。开拓假日、旅游、休闲娱乐和信贷消费市场，促进了消费结构升级。建设特色商业街和商业旅游景点，促进了商旅结合发展。举办各类大型展销会，扩大了商业销售。出台促消费、保增长十项措施，有效地抵御了国际金融危机影响。

商贸业持续稳定增长。2008 年全市社会消费品零售总额 1182.6 亿元，比 2005 年增长 61.6%，年均增长 17%。商贸业（批发、零售、住宿和餐饮）增加值 303.2 亿元，比 2005 年增长 5.6%；商贸业增加值占 GDP 的 7.86%，占服务业增加值的 19.24%。

7. 旅游业的发展优势

“十一五”以来，大连创建“中国最佳旅游城市”取得显著成就。

旅游产业不断发展壮大。开发旅游景区、景点、度假村 160 处；开发国家 A 级旅游景区 24 个，其中 5A 级景区 1 个，4A 级景区 10 个。拥有星级饭店 168 家，其中四星级以上 25 家；旅行社 362 家，其中国际旅行社 26 家。

旅游工作取得显著成果。旅游产业定位和发展目标进一步明确；旅游业对外开放不断扩大；旅游大项目建设取得突破性进展；旅游市场管理得到加强；旅游宣传促销力度加大；大连被国家旅游局授予“中国最佳旅游城市”称号；旅游经济指标在省内领先，进入全国前 10 名。

旅游业持续快速增长。2008 年全市接待国内游客 3000 万人次，接待境外游客 95 万人，分别比 2005 年增长 57.9%、58.3%。旅游业总收入 400.8 亿元，比 2005 年增长 90.9%，年均增长 24%；旅游业总收入占 GDP 的 10.39%，比 2005 年提高 1.2 个百分点。

（三）服务业存在的差距

1. 服务业比重降低

“十一五”以来，大连服务业虽然持续快速发展，但服务业在产业结构中的比重有所降低。2008 年服务业增加值占 GDP 的 40.8%，比 2005 年降低 4.4 个百分点。这一方面是由于制造业迅速发展壮大，使第二产业增加值占 GDP 的比重明显提高；另一方面是由于经济发展中还存在着一些体制和结构性制约因素，阻碍了服务业的发展。目前，北京、上海、广州、深圳等城市的服务业比重已达到 50% ~70%，大连服务业发展远远落后于这些城市，这种状况既不利于促进工业化和城市化，也不利于推进产业结构优化升级。

2. 物流业存在的差距

大连港缺乏自主物流需求。比利时安特卫普港作为世界主要港口之一，规划建设了庞大的临港产业园区。其中，石化产业基地 40 平方公里，形成了石化产业集聚区和循环经济体系；物流基地 40 平方公里，专门为欧盟和世界各国提供物流服务。营口港作为东北第二大港口，规划建设了鞍钢 500 万吨现代化钢铁基地，物流需求迅速扩大。而大连各个港口都没有这么大的临港产业园区，产业集聚能力不强，自主物流需求不足。

3. 金融业存在的差距

金融业规模不够大。大连金融机构规模较小，金融业务总量不够大，在东北地区的比较优势不明显。全国性、区域性金融总部机构较少，市场竞争力不强，对东北地区缺乏吸引力和辐射力。

金融市场体系不健全。尚未形成多层次资本市场，直接融资规模较小。中小企业融资服务体系不完善，难以满足广大中小企业的融资需求。金融创新发展水平不高，在投资银行、基金公司、财务公司、金融租赁、汽车金融公司、消费金融公司、货币经纪公司、农业保险、再保险、再担保等领域，金融机构建设还是空白。城乡发展不协调，农村金融业发展滞后。

4. 软件产业存在的差距

软件人才短缺。大连每年的软件人才需求约上万人，本地培养只能满足一半需求，其他要靠引进人才弥补。现有的软件人才构成低端人才较多，高级人才匮乏。

自主创新能力不强。软件产业发展主要依靠承接国际低端服务外包业务，缺少应用软件、嵌入式软件开发和整体解决方案，难以承接国际高端服务外包业务。

5. 科技服务业存在的差距

专业孵化器建设滞后。专业孵化器、国际孵化器建设是国内外孵化器的发展趋势。而大连的孵化器体系仍然以综合孵化器为主，形成一定规模的专业孵化器只有 4 家，占孵化器总数的 17%，国际孵化器尚未发展起来。

科技资本市场不完善。风险投资发展落后，国内先进高新区拥有风险投资基金上百亿元，大连高新区只有 1 亿元风险投资基金。贷款担保能力不强，国内先进高新区拥有担保资金 4 亿 ~5 亿元，累计贷款担保几十亿至上百亿元；大连高新区的担保资金只有 1 亿元，累计贷款担保不到 10 亿元。上市企业较少，大连高新区至今还没有一家企业在主板市场和创业板市场上市，落后于国内许多地区，申请新三板试点也落在许多城市后面。

6. 会展业存在的差距

展馆可用面积不足。举办大型展会通常只使用一层展场，不使用二层展场。大连两个展馆虽可同时举办展会，但两个展馆的一层可用面积只有 5 万平方米，限制了大型展会的规模。目前，国内不少城市的展馆可用面积达到 10 万平方米，举办大型展会的能力超过大连。

展览市场发育落后。展览公司发展滞后，全市有专业展览公司 110 多家，但真正具有办展实力并能连续办展的公司只有 20 多家。展览业体制转轨较慢，政府办展仍然占有较大比重，市场化的管理体制和机制尚未建立起来。

7. 商贸业存在的差距

市区商业发展不协调。大连老城区商业趋于饱和，新城区商业相对落后；商业中心区服务设施过剩，社区商业服务设施落后。

市场集散功能不强。批发商业发展落后，缺乏全国性、区域性批发市场，吸引力和辐射力不强。

商业经济效益下降。近三年来，商贸业增加值只增长 5.6%，远远低于其他服务业的增长速度，商贸业增加值占 GDP 和服务业的比重均有所降低。

8. 旅游业存在的差距

旅游业布局南重北轻。大连已开发景区、景点主要集中在南部区域，北部旅游资源开发相对滞后。

旅游服务设施不完善。城市交通拥堵日益严重,旅游信息系统、游客服务中心、停车场、旅游厕所、观光巴士、道路标识等服务设施不完善,给游客带来诸多不便。

旅游市场发育不足。旅游产品供给不足,缺乏高档次的观光旅游和休闲度假旅游产品。旅行社发展滞后,多数旅行社处于“小、弱、散”状况,管理粗放,服务水平不高,经济效益较差,缺乏市场竞争力。

二、“十二五”服务业发展思路和重点

(一)服务业的发展思路

1. 重要意义

发展服务业对于大连实现率先全面振兴具有重要意义。大连作为我国重要的沿海开放城市和东北地区发展的龙头,实现率先全面振兴有三个重要标志:一是工业化达到较高水平,第一产业比重降到5%以下;二是产业结构升级达到较高水平,第二产业比重逐渐降低,第三产业比重达到50%以上;三是城市化达到较高水平,城镇人口占总人口的80%以上,实现充分就业,普遍过上高水平小康生活。大连在这些方面不仅要领先东北地区,还要进入沿海城市先进行列。显然,实现这些目标在很大程度上必须依靠服务业发展。只有大力发展服务业,才能促进工业化,推进产业结构优化升级;只有大力发展服务业,才能促进城市化,吸纳农村剩余劳动力,满足城镇居民的就业和生活需求;只有大力发展服务业,才能全面推进经济社会现代化,使大连进入沿海城市先进行列,为东北地区提供示范效应。

发展服务业对于建设辽宁沿海经济带具有重要意义。国务院批准辽宁沿海经济带发展规划,给大连带来了重大发展机遇,也提出了更高要求。加快建设辽宁沿海经济带,要求大连充分发挥核心和龙头作用,加快建设国际航运中心、国际物流中心和区域性金融中心,构建具有国际竞争力的现代产业集聚区,进而对辽宁沿海经济带发挥辐射作用,带动辽宁和东北地区全面振兴。可见,建设“三个中心、一个集聚区”,发展航运物流、金融、信息和科技服务等现代服务业,是大连面临的一项重大战略任务。只有不断完成这些任务,实现服务业的发展目标,才能推进辽宁沿海经济带建设,带动辽宁和东北地区全面振兴。

2. 指导思想

以科学发展观为指导,认真贯彻落实辽宁沿海经济带发展规划和大连市经济社会发展规划,以建设“三个中心、一个集聚区”为目标,抓住机遇发挥优势,大力发展现代服务业,改造提升传统服务业,重点发展“八大产业”、建设“九大块区”,构建现代服务业聚集区,打造服务产业集群,形成主导产业突出、对区域经济辐射带动作用较强、并辐射东北亚及全球市场的服务经济体系,实现服务业又好又快发展,促进大连科学发展新跨越、辽宁沿海经济带建设和东北老工业基地振兴。

3. 发展原则

(1)坚持改革开放的原则。深化服务企业改革、行政管理体制改革和投融资体制改革，建立和完善市场经济体制；扩大服务业开放，承接国际产业转移，发展中外合资合作，加强国内外交流与合作，促进服务业持续快速发展。

(2)坚持政府引导、市场化运作的原则。发挥政府的宏观调控作用，合理运用经济、法律和行政手段，引导服务业健康有序发展。发挥市场的主导作用，营造公平竞争的市场环境，实现资源合理配置，促进服务业又好又快发展。

(3)坚持全面协调可持续发展的原则。推进生产性服务业与消费性服务业协调发展；发展现代服务业与改造提升传统服务业相结合；推进城乡服务业协调发展；推进服务业与先进制造业和高新技术产业协调发展；发展服务业与发展低碳经济和循环经济相结合。

(4)坚持统筹规划、分步实施的原则。根据全市经济社会发展的总体规划，立足于服务业的地位和作用，科学制定服务业发展规划。分阶段实施服务业发展规划，优先发展重点产业和重点块区，带动其他服务业发展，逐步实现服务业的发展目标。

4. 发展目标

"十二五"时期，大连要在发展"八大产业"、建设"九大块区"方面取得显著成就，基本建成东北亚重要的国际航运中心和物流中心，建成全球软件和服务外包新领军城市，并在建设东北亚国际金融中心、国际商务会展中心等方面取得重大进展。

到2015年，全市服务业增加值占GDP的比重达到50%左右，比2008年提高8个百分点，三次产业结构比例调整为6:47:47；服务业从业人员占社会从业人员的60%以上，比2008年提高10个百分点，服务业成为大连经济的支柱产业。

(二)服务业的发展重点

1. 加快发展物流业

加快发展物流业，建设东北亚重要的国际航运中心和物流中心。

加强物流基础设施建设，建设完善港口设施和临港产业园区，培育石化、汽车、装备制造等临港产业集群，扩大自主物流需求；建设完善保税港及国际物流园区、二十里堡国际物流园区、空港物流园区等七大物流园区，以及石化物流中心、汽车物流中心、农副产品物流中心等八大专业物流中心。加强物流网络体系建设，构建以大连口岸为中心，以东北地区物流节点为基础，辐射东北亚及全球物流市场的国际物流体系。加强物流信息化建设，构建以大连口岸物流信息服务平台为中心，与国内外各个物流节点信息一体化的电子物流网络系统。加强集疏运体系建设，建设完善港口、铁路、公路和管道运输设施，发展陆海联运和大陆桥运输，加快建设新机场，构建全方位、立体化、高效率的物流运输体系。发展壮大物流企业，重点发展第三方物流企业，引进国内外知名的专业物流公司；推进区域物流企业并购重组，组建规模较大的物流企业集团。

到2015年，大连基本建成东北亚重要的国际航运中心和物流中心。预计物流业增加值占 GDP 的 12% 以上,比 2008 年提高 3 个百分点;实现港口货物吞吐量 3.9 亿吨,集装箱吞吐量 1700 万 TEU,空港货邮量 50 万吨。

2. 大力发展金融业

大力发展金融业,建设东北亚重要的国际金融中心。深化金融业改革开放,促进中资金融机构发展壮大;引进更多的国内外知名金融机构。创新金融服务和产品,建立健全中小企业金融服务体系、科技金融服务体系和农村金融服务体系;建设金融后台服务基地。建设完善金融市场体系,扩大信贷、保险、证券、期货和外汇市场;建立风险投资、产权交易、新三板、境内外上市等多层次资本市场;逐步建立离岸金融市场。加强金融人才队伍建设,培养和引进高素质金融人才。加强金融安全区建设,健全金融法规和政策;完善社会信用体系;强化金融监管与服务;建立金融风险预警机制。

到 2015 年,大连建设东北亚国际金融中心取得重大进展。预计金融业增加值占 GDP 的 7% 以上,比 2008 年提高 3 个百分点。

3. 大力发展软件和服务外包产业

大力发展软件和服务外包产业,争创"两个第一",向全球软件和服务外包新领军城市迈进。加快建设旅顺南路软件产业带;完善配套基础设施,构建"世界电信港"工程,打造世界一流的软件和服务外包产业基地。支持骨干软件企业做大做强;促进中小软件企业发展;引进更多国际知名软件企业。积极拓展国内外市场,发展应用软件、嵌入式软件开发和 BPO 外包服务,抢占国际高端服务外包市场;发展金融后台服务外包,参与国内服务外包市场竞争。加强人才资源开发,培养和引进高端软件人才及复合型人才。加大政策支持力度,完善服务外包企业认定标准,实施税收优惠政策。

到 2015 年,大连基本建成东北亚的国际服务外包承接中心和分拨中心,软件产业的发展规模、经济效益、国际市场占有率达到世界领先水平,成为可与美国硅谷、印度班加罗尔、爱尔兰都柏林相媲美的全球软件和服务外包新领军城市。预计软件产业销售收入超过 1000 亿元,出口超过 80 亿美元。

4. 积极发展科技服务业

积极发展科技服务业,建设东北地区重要的科技创新基地。规划建设高水平的科技创新服务平台,引进国内外知名研发机构,围绕战略性新兴产业开展技术研发和技术转移,提高自主创新能力。建设完善科技企业孵化器,与国内外孵化器的发展趋势接轨,构建"平台专业化、标准国际化、管理企业化、服务专家化、融资多元化、政策规范化、布局网络化"的孵化器体系;建立"专业孵化 + 创业导师 + 天使投资"的孵化服务模式;推行孵化器与风险投资相结合的创业孵化集团模式;建设集研发基地、成果转化基地、产业化基地为一体的孵化器集群;开辟科技企业在新三板挂牌—创业板上市的便利通道,提升孵化功能和孵化效率,推进科技成果转化和产业化,促进中小科技企业快速成长。

到 2015 年,大连基本建成东北地区重要的科技创新基地。专利成果和转化项目名列国内前茅;孵化企业超过 2500 家,累计毕业企业超过 1300 家;科技进步对全市经济贡献率达到70%以上。

5. 大力发展文化创意产业

大力发展文化创意产业,建设东北地区"创意设计之都"。规划建设文化创意产业园,引进国内外知名文化创意企业;培育中小文化创意企业。加快发展文化产业,开发音乐、艺术、图书、影视、多媒体等文化产品,建立编剧创作、演艺录制、市场发行、售后服务、人才培养等产业服务链,打造文化产业集群。发展动漫游戏产业,开展原创设计制作、外包服务、版权交易、体验娱乐和市场营销,保护知识产权,培育品牌形象和龙头企业,打造动漫产业集群。发展创意设计产业,开展服装设计、工业设计、建筑设计、景观设计和环保设计,建立设计制作、信息和技术服务、展示发布、市场推广、人才培训等服务平台,打造创意设计产业集群。

到2015年,大连基本建成东北地区"创意设计之都",文化创意产业形成较大规模,占有较大的国内外市场份额,对全市经济贡献率明显提高。

6. 积极发展商务会展业

积极发展商务会展业,建设东北亚重要的国际商务会展中心。加快建设人民路—东港CBD,提升商务服务功能,吸引国内外知名企业进驻,打造总部经济集聚区。推进西安路二期改造工程,建设完善商务服务设施,发展楼宇经济和总部经济,打造商务商贸集聚区。推进普兰店湾CBD、小窑湾CBD建设,打造区域商务中心。发展法律中介、经济鉴证、科技中介、资本运营等中介服务机构,为经济发展提供全方位服务。大力发展会展业,建设完善会展设施;办好现有品牌展会,承揽更多的大型国际专业展会;发挥夏季达沃斯品牌效应,承揽更多的大型高端国际会议;推动会展企业并购重组,组建大型专业化会展公司。

到2015年,大连建设东北亚国际商务会展中心取得重大进展,成为国内外企业总部集聚区、国际商品展示交易的重要平台、举办大型高端国际会议的重要场所。会展业销售收入大幅度增长,对全市经济贡献率明显提高。

7. 加快发展商贸业

加快发展商贸业,建设东北地区重要的商贸中心。发展商业物流配送服务,引进国内外商品采购配送中心;建立大型批发市场和物流配送中心;发展电子商务和网络购物。扩大商业对外开放,引进国际知名商业企业和先进业态;扩大国际品牌总代理和总经销;培育时代广场、新世界、恒隆广场等高端商业市场;建立世界名品精品展销中心。发展特色商业,建设特色商业街、特色餐饮街、旅游购物街。根据新城区和南关岭车站、地铁、东港区等建设规划,配套建设现代化商业设施。发展农村商业,推进"千村百镇"市场工程;建设中心城镇现代商业综合体;落实汽车、家电和农资下乡政策,引导和扩大农村消费。发展社区服务业,促进中小商业企业和个体工商户发展,满足民生需求,扩大社会就业。

到2015年,大连基本建成东北地区重要的商贸中心。预计商贸业增加值占GDP的12%以上,比2008年提高4~5个百分点。

8. 加快发展旅游业

加快发展旅游业，建设“时尚浪漫”的中国最佳旅游城市和国际旅游目的地。科学规划旅游业布局，建设沿海旅游经济带和北部旅游产业带，构建环市旅游经济圈；开发建设长山群岛，构建中国首个群岛型国际旅游度假区和世界著名的休闲度假旅游目的地。打造门户型旅游目的地，建设完善旅游交通设施，提高境内外游客集散能力；推进区域无障碍旅游区、跨境旅游合作区建设。开发多样化旅游项目和产品，依托资源环境优势，开发海滨观光、城市观光、自然生态、休闲度假、历史文化等旅游项目和产品；开发特色化旅游商品和纪念品。推进旅游业改革开放，促进旅游企业发展壮大；引进国际知名旅游公司。提高旅游服务质量，健全旅游公共服务系统；完善自助式旅游服务体系。丰富旅游文化内涵，提升“浪漫之都”文化品位。推进旅游节能环保，实现旅游业可持续发展。

到 2015 年，大连基本建成“时尚浪漫”的中国最佳旅游城市和东北亚重要的国际旅游目的地。预计旅游业总收入占 GDP 的 13% 以上，比 2008 年提高 2 ~3 个百分点。

9. 重点建设“九大块区”

“十二五”时期，大连要围绕上述“八大产业”发展，建设完善一批服务业功能区，重点建设“九大块区”。

一是建设保税港及国际物流园区，打造国际航运中心和物流中心的核心功能区。将功能区建成开放度最高、物流资源最密集、服务功能最完善的物流园区，对其他物流园区发挥引领和带动作用。重点发展国际中转、保税仓储、保税加工、国际分拨等业务，主要货种是集装箱、石油化工、汽车等大宗产品。

二是建设二十里堡国际物流园区，打造大连汽车城。该物流园区是保税港区的延伸功能区，重点建设以汽车出口为导向、以保税物流仓储加工为支撑、以现代服务业为辅助的生态型综合卫星城，争取成为国家级汽车整车和新能源汽车的研发、制造、销售、出口和零部件配套生产基地。

三是建设空港物流园区，提升国际物流中心服务功能。该物流园区重点为空港货物提供运输、仓储、中转、快递和保税服务，主要货种是进出口商品、展览展销商品、电子信息产品、海珍品、包裹等。

四是建设星海湾金融城，打造国际金融中心的核心功能区。一期建设国际金融大厦，以大商所为龙头，引进国内外期货公司总部和营业机构，构建国际期货市场。二期建设银行大厦、信托证券大厦和保险大厦，发展金融总部经济，引进国内外知名的银行、保险公司、投资公司、基金公司、国际财团总部、跨国公司财务中心、国际金融中介机构，以及国际货币基金组织、世界银行等国际组织办事机构，打造国际金融产业集群，全面提升国际金融中心服务功能。

五是建设旅顺南路软件产业带，打造软件产业和科技服务业集聚区。建设一个核心功能区，即高新区七贤岭科技创新基地；建设两个人才资源区，即凌水高校和科研区、龙头大学城；建设三个综合服务区，即河口、龙王塘、龙头综合服务区；建设四个软件园区，即大连软件园、河口国际软件园、黄泥川天地软件园、龙头国际软件园。

六是建设人民路—东港中央商务区，打造国际航运中心的服务功能区、国际金融中心的核心功能区、东北地区的商务商贸中心。建设完善中山广场金融商务区，吸引更多的国内外金融机构进驻；建设完善航运物流专业大厦，吸引更多的国内外航运物流企业进驻；建设完善高档酒店和商务楼宇，吸引更多的世界500强企业和国内外知名企业进驻。在东港区规划建设总部经济区、金融商贸区、邮轮游艇区、海滨旅游区和高档社区，打造集国际金融、总部经济、商务会展、文化创意、高端商业、观光度假旅游为一体的现代服务业集聚区。

七是根据大连工业化、城市化发展的需要，开发建设普兰店湾 CBD，打造大连北部的商务中心。

八是根据开发区产业升级和城市化发展的需要，开发建设小窑湾 CBD，打造开发区金融商务中心。

九是开发建设长山群岛旅游度假区。规划建设集海洋观光、休闲度假、游乐健身、商务会议、海洋科技文化于一体的旅游经济区，逐步建成生态环境优美、服务功能完善、旅游经济发达的中国首个群岛型国际旅游度假区和世界著名的休闲度假旅游目的地。

三、服务业发展的空间布局

(一)物流业的空间布局

"十二五"时期，大连要加快建设物流业功能区，形成组合港口群、空港、七大物流园区、八大专业物流中心的物流业布局。

1. 组合港口群

基本建成以大窑湾港区(包括北良港)为中心，以长兴岛港、庄河港(包括石城岛)、羊头洼港为组合港，以其他中小港口、货主码头为补充的港口群。大窑湾港区集中发展集装箱、石油化工、粮食、矿石、汽车等大型专业化码头。长兴岛港围绕临港工业发展，重点建设石油化工、集装箱和散杂货码头；庄河港重点发展散杂货码头；羊头洼港重点发展滚装运输，接收大连港的全部滚装运输业务，成为大连的滚装运输中心。

2. 空港

到2020年，基本建成毛莹子新机场，并在周水子建成占地16.5万平方米、总投资15亿元的空港物流中心。争取开辟国际和国内航线60条以上，其中国际货运包机航线10条以上。

3. 七大物流园区

(1)保税港区及国际物流园区。地理位置：大窑湾港区。规划面积：保税港区占地4.6平方公里，其中国际物流园区占地1.5平方公里，铁路集装箱中心站占地20万平方米。功能定位：园区是大连国际航运中心和物流中心的核心功能区，开放度最高，物流资源最密集，服务功能最强，对其他物流园区具有示范、引领和带动作用。经营模式：重点发展国际中转、保税仓储、保税加工、国际分拨等，主要货种是集装箱、石油化工、汽车等。

(2)二十里堡国际物流园区。地理位置:大黑山北侧,大窑湾高速公路西侧。规划面积:10 平方公里,一期 5 平方公里。功能定位:保税港区的延伸功能区,也是为大窑湾港区提供物流服务的最佳区域。经营模式:根据保税区转型发展的需要,建立以出口为主导、以新能源汽车为方向的大连汽车城。

大连汽车城的总体发展思路是:以二十里堡镇主城区为中心,以"两横一纵"的对外交通体系为纽带,以汽车产业发展区、保税物流仓储加工区、生态保护区、城市功能区 4 个独具特色的功能区为基本构架,努力建设以汽车出口为主导、以保税物流仓储加工为支撑、以现代服务业为辅助的生态型综合卫星城。争取用 10 年时间,建成年产汽车 100 万辆、产值 3000 亿元、出口 80 亿美元、增加值 750 亿元、税收 300 亿元,并拥有 35 万人口的汽车城,成为国家级汽车整车和新能源汽车的研发、制造、销售、出口和零部件配套生产基地。

(3)陆港物流园区。地理位置:甘井子区南关岭。规划面积:5 平方公里。功能定位:大连农副产品物流中心,为农副产品集散物流服务。经营模式:建设农副产品交易区、仓储区、加工区、分拨配送区、办公区和综合服务区,主要货种是粮油、海产品、畜产品、蔬菜、水果、花卉、加工食品等。

(4)羊头洼物流园区。地理位置:羊头洼港临港区。规划面积:2 平方公里。功能定位:为烟大跨海滚装运输服务。经营模式:建设仓储区、装卸区、分拨配送区、流通加工区和综合服务区,主要货种是粮食、果蔬、钢材、建材等。

(5)长兴岛物流园区。地理位置:长兴岛临港区域。规划面积:2 ~ 3 平方公里。功能定位:为长兴岛港口运输和临港工业服务,争取建成大连国际物流中心的分中心。经营模式:建设仓储区、装卸区、分拨配送区、流通加工区和综合服务区,主要货种是石油化工、钢材、建筑材料、集装箱等。

(6)庄河及石城岛物流园区。地理位置:庄河港临港区,远期包括石城岛临港区。规划面积:庄河港临港区占地面积 1 平方公里,石城岛临港区占地面积 1 平方公里。功能定位:黄海沿岸中部物流中心,为辽宁东部地区的海运物流服务。经营模式:建设仓储区、装卸区、分拨配送区、流通加工区和综合服务区,主要货种是矿砂、钢材、建材、橡胶及制品、食品等。

(7)空港物流园区。地理位置:大连周水子机场。规划面积:占地 16.5 万平方米。功能定位:为空港货物运输集散服务。经营模式:提供货物运输、仓储、中转、快递和保税服务,主要货种是进出口商品、展览展销商品、电子信息产品、海珍品、包裹等。

4. 八大专业物流中心

(1)在大窑湾港区建设两个物流中心。一是建设石化产品物流中心,依托两个 30 万吨原油码头和大连石化公司码头,以国家石油战略储备基地、西太平洋石化公司、大连石化公司等企业需求为支撑,逐步建成东北地区最大的石化产品储备基地、中转基地和分拨配送基地。二是建设机电产品物流中心,以全市雄厚的机电产品物流需求为基础

(2008年机电产品自营进出口总额178亿美元，占全市进出口总额的40%)，提供机电产品的进出口物流服务和区域分拨配送服务，逐步建成环渤海地区重要的机电产品物流中心。

(2)在二十里堡物流园区建设汽车及零部件物流中心，以大连港汽车码头为依托，提供汽车及零部件仓储、转运和分拨配送服务，逐步建成东北地区重要的汽车及零部件物流中心。

(3)在陆港物流园区建设两个专业物流中心。一是建设农副产品物流中心，实行农副产品仓储、加工、配送、展销、进出口贸易一体化经营，逐步建成环渤海地区重要的农副产品物流中心。二是建设建筑及装饰材料物流中心，依托大连陆港毅腾建材市场等物流基地，推进企业重组和功能提升，吸引国内建筑装饰材料制造商进驻经营，逐步建成环渤海地区重要的建筑装饰材料物流中心。

(4)在羊头洼物流园区建设钢材物流中心，发挥区位优势和交通优势，以中远造船、STX造船、北车集团等装备制造企业的巨大钢材需求为基础，吸引全国排名前10位的特大型钢厂进驻经营，带动其他钢材经销商和企业进驻交易，逐步建成环渤海地区重要的钢材物流中心。

(5)在香炉礁物流园区建设日用消费品物流中心(见商贸业的空间布局)。

(6)在瓦房店市建设轴承物流中心，依托瓦轴集团物流公司，组建专业化轴承物流中心，实行轴承原材料和产品物流一体化经营，逐步建成我国最大的轴承物流中心。

(二)金融业的空间布局

"十二五"时期，大连要加快建设金融功能区，形成两大核心功能区、两大后台服务基地、一个离岸金融中心的金融业布局。

1. 中山金融商务区

发挥中山金融商务区的传统优势，不断优化网络布局，整合金融资源，创新金融产品，强化服务功能，提高市场竞争力。同时，利用东港区改造的契机，沿人民路延伸至东港区，拓展金融商务区，重点发展航运金融和总部金融，完善航运融资担保、保险、货币兑换、结算等服务功能，形成与国际航运中心相配套的金融服务体系。

2. 星海湾金融城

星海湾金融城未来将发展成为面向东北亚和全球市场的现代化、国际化金融功能区。一期国际金融中心以大商所为龙头，聚集期货公司总部和营业机构，加快发展期货市场。二期建设银行大厦、信托证券大厦、保险大厦等项目，聚集金融机构总部和功能总部，加快发展金融总部经济。三期吸引境内外金融机构进驻，重点引进银行、保险公司、投资公司、基金公司、国际财团总部、跨国公司财务中心，以及国际律师事务所、会计师事务所、金融咨询机构、国际货币基金组织、世界银行等国际组织的办事机构，不断完善国际金融服务体系，增强国际影响力和辐射力。

3. 金融服务外包基地

在旅顺南路软件产业带、旅顺北路规划建设两个金融服务外包基地，利用大连的区位优势、人才优势和产业优势，吸引国内外金融机构后台服务中心、数据处理中心、金融服务外包企业进驻，逐步形成金融特色功能区。

4. 离岸金融中心

利用大连保税港区的政策优势，争取国家批准开展离岸金融业务试点，吸引国内外离岸金融机构进驻，开展离岸金融业务，培育离岸金融市场，逐步发展成为东北亚重要的离岸金融中心。

（三）软件产业的空间布局

"十二五"时期，大连要以旅顺南路软件产业带为中心，合理规划软件和服务外包产业布局。旅顺南路软件产业带的布局是：建设一个核心功能区、两个人才资源区、三个综合服务区和四个软件园区。

1. 一个核心功能区

七贤岭核心功能区是高新区的科技创新基地。占地面积5.7平方公里，包括大连创业服务中心、海外学子创业园、动漫孵化器、二次孵化基地、产业发展区、高新技术产品出口基地、生活服务区和旅游疗养区等，具有较强的科技研发和产业化服务功能，提供技术研发、成果转化、产业化生产、教育培训、商务服务、生活服务等全方位服务。

2. 两个人才资源区

（1）凌水人才资源区。位于甘井子区凌水街道。这里汇集了大连理工大学、大连海事大学、东北财经大学、东软信息学院等11所高等院校，中科院大连化物所、机车研究所等40多个科研机构，拥有中科院院士和工程院院士20多人，还有IT培训机构、实训基地和国际合作培训组织100多家，主要提供研发和人才服务。

（2）龙头人才资源区。位于旅顺口区龙头街道和龙王塘街道、旅顺南路软件产业带西部。这里正在规划建设大学城，总占地面积9平方公里，首期占地面积2.5平方公里，大连医科大学、大连外国语学院已进驻大学城。根据规划，将来还要进驻10所大学，引进国内外软件人才培训机构和实训基地，实施创新人才培训和重点产业人才集聚计划，每年能培养高端软件人才两万人。

3. 三个综合服务区

三个综合服务区即河口、龙王塘、龙头综合服务区，分布在旅顺南路软件产业带的东、中、西部。综合服务区将遵循以人为本、生态和谐的原则，规划建设住房、公寓、酒店、写字楼、购物、餐饮、教育、医疗、休闲娱乐等服务设施，打造舒适、便利和高效的服务环境，为软件产业带发展提供全方位生活服务和商务服务。

4. 四个软件园区

（1）大连软件园。位于甘井子区凌水街道、高新区东部，规划占地面积3平方公里，建筑面积140万平方米，累计投资约60亿元。包括产业发展区、教育培训区和生活服务区。目前已成为我国最大的软件园区和服务外包基地，软件产业销售收入和出口占全市70%以上。

(2)河口国际软件园。位于旅顺南路东部、高新区西部,规划占地面积 2.6 平方公里,总投资 100 亿元。包括东软国际软件园、新加坡腾飞软件园和中科院创新园。东软国际软件园由东软软件研发基地、东软信息技术学院、国际合作产业区、中小企业孵化器、IT 会所等项目构成,未来能容纳从业人员 1.5 万人,每年软件销售收入达到 20 亿元。新加坡腾飞软件园一期建成 10 万平方米商务大厦,将为软件产业带发展提供高质量商务服务。中科院创新园包括国家燃料电池及氢源技术工程研究中心、高技术转化中心、催化工程技术研究中心等,是我国新能源、新材料等领域的重要科技创新基地。

(3)黄泥川天地软件园。位于河口至旅顺南路中段,规划占地面积 4 平方公里,建筑面积 400 万平方米,总投资 150 亿元。包括产业发展区、配套商业区、配套住宅区和学校,未来能容纳从业人员 10 万人,每年软件销售收入达到 300 亿元~500 亿元,成为我国最大的软件和服务外包产业基地。

(4)龙头国际软件园。位于旅顺南路软件产业带东侧,距旅顺口区较近,规划占地面积 20 平方公里。包括软件分园、中小软件企业园、微电子产业园、科技大厦、生活配套区等,未来将成为大连重要的软件和集成电路设计基地。

(四)科技服务业的空间布局

"十二五"时期,大连科技服务业的布局主要包括两个方面:一是依托高新区核心功能区和人才资源区,发展研发机构和科技中介服务机构(见旅顺南路软件产业带的布局);二是构建以高新区为中心、覆盖全市各区市县的孵化器网络体系。

1. 高新区的孵化器

高新区是全市的孵化器集聚区,拥有 7 家孵化器:大连市高新技术创业服务中心(G-国家级),大连科技创业大厦(G),大连市理想光电技术孵化创业中心(G),大连理工大学科技园(G),大连软件园(S-省级),大连集成电路设计产业基地,大连三科科技创业基地。这些孵化器依托高新区的科技优势,主要培育电子信息、集成电路、光机电一体化、生物医药、环保、新能源、新材料等领域的科技企业,在孵企业、毕业企业均占全市的 50% 以上。

2. 开发区的孵化器

开发区拥有 3 家孵化器:大连双 D 港创业孵化有限公司(G),大连北方科技企业孵化基地(S),大连翔大生物技术有限公司。这些孵化器依托开发区的产业优势,主要培育生物医药、先进制造等领域的科技型中小企业。

3. 主城区的孵化器

市内四区拥有 8 家孵化器。中山区:中山区科技孵化中心,锦联大厦。西岗区:西岗区科技发展中心(S),大连市科技创新大厦。沙河口区:沙河口区天河科技创业中心(G),大连光洋国际工控产品技术转移中心(S)。甘井子区:大连市民营科技企业创业服务中心(G),大连市基因工程动物药物技术孵化器。这些孵化器依托各区的环境和资源优势,主要培育软件、先进制造、生物技术、环保、新材料等领域的科技型中小企业。

4. 区市县的孵化器

各区市县拥有5家孵化器。旅顺口区:旅顺民营科技企业创业中心(S)。瓦房店市:瓦房店市农业科技创业中心。普兰店市:大连市农业科技孵化中心。庄河市:庄河市科技创业中心。长海县:大连海洋高科技创业孵化中心。这些孵化器依托各区市县的产业优势,主要培育先进制造、现代农业、海洋技术等领域的科技型中小企业。

5. 孵化器的发展布局

到2015年,大连孵化器总量达到35家以上,比2008年增加12家,其中新建专业孵化器9家、综合孵化器2家、国际孵化器1家。初步规划,在高新区建设电子信息、动漫孵化器和国际孵化器;在开发区建设先进制造、新能源孵化器;在市内三区建设创意孵化器、九龙高新技术创业服务中心;在旅顺口区建设中科院科技创新园(新能源、新材料孵化器);在金州区建设绿色农业孵化器;在瓦房店市建设先进制造孵化器;在庄河市建设博科科技创业服务中心。

(五)文化创意产业的空间布局

"十二五"时期,大连文化创意产业的布局是,建设高新区动漫走廊、东港文化创意产业基地和大型文化设施。

1. 高新区动漫走廊

建设完善高新区动漫走廊。完善动漫产业发展平台、公共技术服务平台,引进国内外知名动漫企业,打造原创制作、外包加工、市场运营、人才培养、售后服务一体化的动漫产业链,逐步发展成为东北地区最大的动漫产业基地。

2. 东港文化创意产业基地

加快建设东港文化创意产业基地。基地占地面积100万平方米,由公共活动区、生活工作区、创意产业园组成,重点吸引国内外研发机构、设计机构和创意企业进驻,发展动漫设计、影视设计、工业设计、服装设计、建筑设计、景观设计、环保设计等创意产业,建设创意设计、人才培训、信息服务、展示发布、市场推广等公共服务平台,打造创意设计产业集群,逐步发展成为东北地区最大的文化创意产业基地。

3. 大型文化设施

"十二五"时期,大连规划建设的大型文化设施包括:大连歌剧院、音乐厅、综合文化超市、东方艺术博物馆、近代历史博物馆、古墓博物馆、科技图书城等。

(六)商务会展业的空间布局

"十二五"时期,大连商务会展业的布局是,建设人民路—东港中央商务区、星海湾会展商务区、普兰店湾商务区和小窑湾商务区。

1. 人民路—东港中央商务区

建设完善人民路中央商务区。完善中高档商务设施,发展各类中介服务机构,实施房租补贴、减免税等优惠政策,营造良好的投资环境,吸引国内外知名企业进驻,逐步形成总部经济集聚区。

加快建设东港中央商务区。东港区占地面积5.97平方公里,未来将连接人民路中央商务区,建成集商务、金融、总部经济、文化娱乐、旅游休闲为一体的现代服务业集聚区。规划建设国际邮轮母港区、商务服务区、金融办公区、文化娱乐区、商业服务区、高档居住区、海滨服务区、公共休闲区等。

2. 星海湾会展商务区

依托星海湾会展设施,大力发展会展业。办好大连进出口商品交易会、国际服装博览会、软件与信息产品交易会等国际展会,以及汽车展、机械展、家具展、海事展等专业展会,承揽更多的国际展会和专业展会。办好夏季达沃斯等国际会议,承揽更多的大型高端国际会议。

3. 普兰店湾商务区

根据全域城市化的发展要求,开发建设普兰店湾商务区,打造大连未来的行政服务中心和北部商务中心。

4. 小窑湾商务区

根据开发区产业结构升级和城市化发展的需要,开发建设小窑湾商务区,打造集金融后台服务、供应链管理、动漫设计为一体的服务外包园区。

(七)商贸业的空间布局

"十二五"时期,大连商贸业的布局是,建设四大商业中心、特色商业街、社区商业体系和"千村百镇"市场工程。

1. 四大商业中心

建设完善青泥洼桥商业区。发展各种先进业态,提升商业服务功能,逐步建成以大型购物中心和大型百货店为主,提供全方位、多功能、中高档、一站式服务的现代化商业中心。

加快推进西安路二期改造工程,按照"南进北拓"的发展规划,逐步建成现代化商务商贸集聚区。"南进"连接星海湾金融城,重点发展商务服务业,建设完善酒店、写字楼等商务设施,承接星海湾产业辐射和转移,发展楼宇经济和总部经济。"北拓"到达沙河口火车站,重点发展现代商业,引进国内外知名的主力店,发展专业店、品牌店、专卖店、特色店等新型业态,推进商业结构优化升级,带动商业和旅游业发展。利用地铁建设的契机,规划建设以JD型立体交通体系为基础的商业步行街,打造最具人文和环保理念的现代化商业区。

加快建设香炉礁物流园区。以麦德龙、百安居、迪卡侬、宜家家居等世界500强企业经营为基础,重点发展日用消费品物流,提升物流仓储、加工、采购配送、城际快递等服务功能,逐步建成东北地区重要的日用消费品物流中心和连锁经营采购配送中心。

加快建设中华路商业区。适应南关岭新车站和北部新城区的开发建设,规划建设中高档购物、餐饮、休闲娱乐等商业设施,提升商业服务功能,满足未来城市居民和流动人口的消费需求;规划建设酒店、写字楼等商务设施,提升商务服务功能,发展楼宇经济和总部经济，逐步建成北部商贸商务集聚区。

2. 特色商业街

加快建设30条特色商业街。主要有星海新天地、老虎滩渔人码头、勤俭海鲜餐饮一条街、俄罗斯风情街、高尔基路咖啡一条街、锦华日本料理街、同泰美食休闲一条街、婚庆用品一条街、松江路餐饮休闲特色街等。加快建设东港商业旅游区、小平岛休闲度假区、长春路商业旅游一条街、解放路商业旅游一条街等商旅结合项目。加快建设恒隆广场项目，规划建设中高档商业设施和商务设施，打造商务商贸集聚区。

3. 社区商业

大力发展社区商业。建设和发展满足居民日常生活需求的商业业态，如连锁超市、便利店、餐饮店、药店、理发店、洗衣店、书报店、维修店、回收站等。建设和发展满足居民多样化、个性化消费要求的商业业态，如购物中心、品牌店、专卖店、咖啡馆、酒吧、中西餐厅、鲜花店、面包房、美容美发厅、健身房等，逐步形成完善的社区商业服务体系。

4. “千村百镇”市场工程

继续推进“千村百镇”市场工程。积极组织新型商业业态和经营方式向农村延伸，5年内建成城镇中心店为龙头、乡镇连锁店为骨干、村屯农家店为基础的农村现代商业体系。全市建设和改造4000个农家店，农村连锁商业零售额占消费品零售总额的50%以上。

（八）旅游业的空间布局

“十二五”时期，大连旅游业的布局是，建设东港区、滨海路、金石滩、旅顺口、北三市、长山群岛六大旅游区。

1. 东港旅游区

加快建设东港旅游区。建设国际邮轮港，由港口、五星酒店、流行世纪、国际海员俱乐部、海景摩天轮等项目组成，打造超级龙头旅游项目。建设海景大剧院，形成大连的文化景观标志。建设渔人码头，融餐饮、购物和娱乐消费于一体，为东港旅游区提供配套服务。

2. 滨海路旅游区

建设完善滨海路旅游区。建设星海湾露天剧场，形成大型时尚文化开放空间。建设星海城堡酒店，打造都市旅游亮点。举办大连之夜文艺专场，形成夜间王牌娱乐项目。建设灯光音乐喷泉，提升“浪漫之都”魅力。建设虎滩时尚剧场和海洋科技馆，提升文化旅游和科技旅游服务功能。

3. 金石滩旅游区

建设完善金石滩旅游区。丰富发现王国娱乐项目，提升主题公园服务功能。建设未来雪世界，形成全天候休闲娱乐场所。建设游艇俱乐部，提供海洋观光和休闲度假服务。建设动漫城堡，提供文化旅游服务。

4. 旅顺口旅游区

建设完善旅顺口旅游区。建设中国近代史博物馆，打造历史文化旅游和爱国主义教育基地。建设潜艇博物馆,提供探险航海科普服务。

5. 北三市旅游区

加快建设北三市旅游区。建设安波温泉小镇,打造冬季"3S"旅游和生态旅游基地。建设瓦房店松源海景乐园,形成海洋观光和休闲度假场所。

6. 长山群岛旅游度假区

加快建设长山群岛旅游度假区,制订完善发展规划,建设集海洋观光、休闲度假、游乐健身、商务会议、海洋科技文化于一体的旅游经济区,逐步建成生态环境优美、服务功能完善、旅游经济发达的中国首个群岛型国际旅游度假区和世界著名的温带海岛型旅游目的地。

四、服务业发展的主要对策

(一)加强领导科学规划

进一步提高认识。全市各级领导应充分认识到,大力发展现代服务业、加快建设"三个中心"是大连面临的一项重大战略任务,对于大连实现科学发展新跨越、建设辽宁沿海经济带和振兴东北老工业基地具有重要意义。要把发展服务业的工作摆在十分重要的位置上,切实加强领导,科学规划,促进服务业又好又快发展。

发挥全市服务业领导小组的作用。市政府主要领导负责,建立联席会议制度,统筹协调领导小组各成员单位,定期研究解决服务业发展面临的重大问题,制订服务业发展促进政策。建立省、市协调机制,加强联系沟通,积极争取省委、省政府对大连服务业发展的政策支持。建立与国家有关部门的协调机制,积极争取国家对大连服务业发展的政策支持。

制订服务业发展规划。市发改委会同有关部门制订大连市服务业"十二五"发展规划。学习借鉴国内外先进经验,结合大连实际找差距,按照转变经济发展方式、推进产业结构优化升级的要求,制订服务业发展目标、产业布局和保障措施,保证规划的科学性和可行性。把服务业发展规划与土地、交通、城建、人才、科技、环保等行业规划紧密衔接起来,引导各类资源要素向服务业流动,保证规划的贯彻落实。维护规划的权威性和严肃性,严格按照规划有序推进服务业发展。

建立市区联动的工作机制。各区市县应建立相应的服务业领导机构,按照全市服务业发展规划,围绕本地区的发展任务和产业布局,采取有力措施促进服务业发展,与全市服务业发展保持协调一致,为全市服务业发展作出积极贡献。

(二)深化改革扩大开放

深化经济体制改革。深化服务企业改革,完善现代企业制度,推进企业并购重组,打造一批规模较大、市场竞争力较强的大企业和大公司。支持科技型中小企业发展,推进科技成果转化和产业化,提高自主创新能力。扶持社区中小企业发展,扩大社会就业,满足居民消费需求。深化行政管理体制改革,转变政府职能,加强服务型政府建设,营造良好的软环境,促进服务业发展。深化投融资体制改革,政府加大政策支持;鼓励民营企业投资;扩大贷款担保;发展风险投资;推动企业上市;扩大利用外资,建立多元化、多渠道投融资体系,促进服务业建设和发展。建立健全市场运行机制,加强市场监管;完善企业征信体系;发挥行业协会、法律、经济鉴证等中介服务机构的作用,建立公平竞争的市场机制,促进服务业规范有序发展。

扩大服务业对外开放。全面开放服务业市场,按照WTO规则和国际惯例办事,营造良好的投资环境,吸引外商扩大投资。重点围绕物流业、金融业、软件和服务外包产业、文化创意产业,加大招商引资力度,争取引进更多的世界500强企业和跨国公司,承接发达国家的服务外包产业转移,扩大服务业的国际市场占有率。学习借鉴国际先进经验,推进服务企业的管理创新、技术创新和经营创新,采用现代化管理技术和方法,提高企业核心竞争力。

(三)加快产业集聚区建设

产业集聚区是服务业发展的重要基础。建设产业集聚区,有利于转变经济发展方式,促进服务业集约式发展,提高资源利用率,推进节能减排和环境保护,发展循环经济和低碳经济;有利于培育产业集群,完善服务业产业链,提高服务业的规模效益和竞争力。

明确功能定位。根据各个集聚区的区位优势、资源优势、产业基础和市场发展前景,确定主导产业和重点项目,防止产业结构趋同和低水平重复建设。确定市场准入门槛,严把企业和项目审核关,禁止高消耗、高污染、低水平的企业和项目进入集聚区。

建设完善基础设施。落实集聚区的建设用地指标,采取"民办官助"方式加快建设项目主体设施,同时抓好道路、供电、供水、通讯、环保等配套设施建设,规模较大的集聚区还要配套建设酒店、写字楼、购物、餐饮、文化娱乐、教育、医疗等服务设施,完善各项服务功能。

培育服务产业集群。围绕主导产业开展招商引资,实施多方面优惠政策,吸引具有主导作用的国内外知名企业进驻,同时引进上下游配套企业,完善集聚区产业链。引进相关的研发机构、教育培训机构和中介服务机构,为企业发展提供服务,提高产业配套服务能力。

(四)加强人才培养和引进

加强专业人才培养。鼓励高校、专业学院和职业中专扩大软件、创意、物流、金融等专业人才教育,支持社会培训机构扩大专业人才培训,引导服务企业开展岗位人才培训。鼓励开展多种形式的校企联合,建立专业人才培训基地,采取"双师型"教育模式和"订单式"培养模式,扩大专业人才定向培训。

加强高端人才培养。与国际软件联盟和其他国际教育机构合作,成立具有国际先进水平的软件学院和其他专业学院,师资队伍、课程设置、考试和认证制度完全与国际接轨,重点培养架构师、设计师、估价师等高级软件人才,培养总经理、总会计师等高级管理人才,培养掌握多种语言和专业技能的复合型人才。与国外友好城市和跨国公司合作,实施"专业人才境外培训工程",组织高层管理人员和骨干技术人员到国外进修学习,提高专业人才素质。

扩大国内人才引进。利用人才市场、人才招聘会、外地招商说明会等渠道,定期发布人才需求信息,实施优惠的人才政策,吸引国内各地的软件人才和其他专业人才。重点面向北京、上海、广东等先进地区,引进高端人才、复合型人才和紧缺急需人才。

扩大国外人才引进。利用海外学子创业周、软交会、海外人才招聘会、国外招商说明会等渠道,定期发布人才需求信息,实施优惠的人才政策,吸引留学人员和其他海外人才。构筑海外引才网络,发挥外资合作伙伴、各类驻外机构、华侨华人团体的作用,重点面向发达国家、国外知名大学和科研机构,引进软件人才和其他专业人才。

(五)改善宏观调控和服务

加强服务业分类指导。政府有关部门应对不同地区、不同发展水平的服务业进行分类指导。引导先进地区的服务业向产业集群发展,帮助落后地区加快发展服务业。引导发展水平较高的服务业向国内外先进水平迈进,帮助发展水平较低的服务业不断提升服务功能。

健全服务业统计制度。统计部门应学习和借鉴国内先进地区的经验,建立健全现代服务业统计指标体系,督促服务企业及时准确地填报有关统计报表。重点组织软件和服务外包、科技服务、文化创意、商务服务等新兴产业的企业按照新的统计指标体系,填报好各项统计数据。实行统计信息定期发布制度,为服务业的宏观和微观管理提供科学依据。建立服务业发展评价体系,加强服务业发展评估研究,准确把握服务业的发展趋势,及时发现服务业发展存在的问题。

完善服务业考核制度。市政府要把服务业发展作为考核各区市县工作的重要指标,完善考核办法,加强督促检查,年度考核结果作为评价各区市县工作的重要依据。定期开展先进服务企业评比活动,树立一批快速发展、业绩优良的服务企业典型,对其他服务企业发挥示范带动作用。

规范服务业行政管理。全面清理涉及服务业的行政事业性收费,对各种资格认证、考试、培训等收费价格,要重新确定标准,并向社会公示,接受社会监督。擅自和变相提高收费标准,或借助管理名义对企业吃拿卡要的,坚决予以严肃处理。除法律法规有明确规定外,工商、卫生等行政管理部门对企业抽查商品时,一律支付商品货款。

(六)加大政策支持力度

降低市场准入门槛。允许民间资本进入法律法规未规定禁入的服务业领域。服务企业登记注册时,除法律法规有规定外,各部门一律不得设置前置性审批事项。除法律法规有限制外,服务企业可根据发展需要自主调整经营范围和经营方式,工商部门应予核准。放宽企业集团登记注册条件,核心企业注册资本在1000万元以上,并拥有3家以上控股子公司,集团合并注册资本在2000万元以上,可办理企业集团登记。简化连锁企业审批手续,除药品经营、卫生许可实行“一店一证”外,连锁企业经营书籍、报刊、音像制品等业务,可由总部向管理部门统一申请,各分支机构凭总部批准文件到工商部门办理营业执照。

加大专项资金投入。市政府设立科技创新专项资金，支持科技成果转化和产业化，支持建设公共技术服务平台；设立人才专项资金，支持高端人才培养和引进；设立融资专项资金，对重点行业项目贷款给予贴息支持；设立企业发展专项资金，对上市服务企业和经济贡献较大的服务企业给予奖励。市财政应保证各类专项资金每年按一定比例增长。各区市县财政也要安排专项资金支持服务业发展。

支持重点行业发展。支持物流业发展，合理确定物流企业营业税计征基数，允许跨区域设立分支机构的物流企业统一缴纳所得税。支持金融业发展，对新设立的金融机构总部给予一定年限的税收减免政策。支持软件和服务外包产业发展，对认定的服务外包企业，给予软件产业的税收优惠政策。支持科技服务业发展，对促进科技成果转化贡献较大的科技服务机构，给予高新技术企业的优惠政策；科技研发投入可计入管理费，并按实际发生额的50%抵扣应纳税所得额。支持文化创意产业发展，对新办文化创意企业实行税收减免政策；成立文化创意企业，允许投资人以商标、专利成果、技术等无形资产评估作价入股，入股比例可占注册资本的40%。支持商务服务业发展，对已改制的经济鉴证类中介服务机构，允许适度提高税前工资水平。

支持科技资本市场建设。鼓励发展风险投资，市政府提供创业投资引导资金，引进境内外著名的风险投资机构，建立公司型风险投资基金；对风险投资机构在高新区注册经营，给予一次性补贴和房租补贴；对符合条件的风险投资机构，给予高新技术企业的税收优惠政策；允许风险投资机构按总收入的10%提取风险准备金。鼓励发展贷款担保，对高新区担保公司实行税收留成部分先征后返政策，并按累计担保额的2%给予风险补贴；对高成长的优秀企业获得担保贷款，给予30%～50%贴息。鼓励科技企业上市，对科技企业在创业板、新三板上市和挂牌，给予100万元补贴，并对保荐券商、主办券商给予50万元补贴。

《大连市"十二五"服务业发展重点、空间布局及对策研究》课题组成员

负责人：张少颖　大连市政府发展研究中心财贸研究室　主任　研究员
成　员：宋欣茹　大连市政府发展研究中心财贸研究室　研究人员
　　　　赵　欣　大连市政府发展研究中心财贸研究室　研究人员
执　笔：张少颖

促进我市农民收入持续增长对策研究

王　玲　徐向峰　刘文展　陈玉贵

一、关于农民收入增长的相关理论

(一)基本概念的界定

1.农民概念的界定

研究农民收入问题,首先应该对农民概念进行界定。那么,何谓农民?这一问题看似简单,实际上却十分复杂。从20世纪70年代开始,人类学家和农民学家对此问题就一直争论不休,迄今为止仍无定论。

纵观国内外各种关于农民内涵的叙述,给农民下定义的标准主要有职业标准、经济标准、政治标准和社会—文化标准。

在大多数市场经济国家特别是发达国家,高度城市化已消除了"农村社会"的概念,农业产业化和现代化使农业投资回报率与社会平均利润率大致相当,农民已经成为行业概念即农业工人。

在我国,现实中认定农民有一个极为简单的办法——户籍标准。自1958年1月《中华人民共和国户口管理条例》正式实施后,我国形成了农村户口和城市户口"二元结构"的户籍管理体制。凡是具有城镇户口的居民(不管他从事何种职业)就是城市居民;具有农村户口的居民(不管他从事何种职业)就是农民。这是我国目前法律上确认农民的唯一标准。相对而言,我国农民主要不是一个职业概念,而是一个身份概念。

本研究课题即是以"农业户口"来界定农民的。

2.农民收入及相关概念

(1)农民收入的内涵

农民收入是指农民从事生产经营或提供劳务所获得的收入总和。这种收入既包括从事农业生产经营所得的产品或者货币收入,也包括从事非农产业活动获得的收入,还包括转移性收入和财产性收入。

与农民收入紧密相关的概念有两个:农民总收入和农民纯收入。

①农民总收入:指农村住户和住户成员从各种来源渠道得到的收入总和(包括现金收入和非现金收入)。

②农民纯收入:指农村住户当年从各个来源得到的总收入相应地扣除所发生的费用

后的收入总和。它是反映农村居民家庭实际收入水平的综合性指标,能较好地反映农民实际收入增长的状况。农民纯收入主要用于再生产投入和当年生活消费支出,也可用于储蓄和各种非义务性支出。

农民纯收入可以细分为农民人均纯收入,指按人口平均的纯收入水平,反映的是一个地区或一个农户农村居民的平均收入水平。

纯收入 = 总收入 - 家庭经营费用支出 - 生产性固定资产折旧 - 税费支出 - 调查补贴 - 赠送农村外部亲友的支出

本研究课题探讨的农民收入主要为农民纯收入。

(2)农民收入的分类

①按收入性质划分,农民收入分为工资性收入、家庭经营收入、财产性收入和转移性收入等四部分。

工资性收入:指受雇于单位或个人,依靠劳动获得的收入。包括在乡村组织中劳动得到的报酬收入、在企业劳动得到的报酬收入和在其他单位劳动得到的报酬收入。其中,在乡村组织中劳动得到的报酬收入是指农村住户成员在当地县、乡、村组织中劳动得到的收入,包括乡村干部和民办教师的工资、奖金、各种补贴,基本建设用工报酬,乡以上行政、单位工作人员的工资、奖金、补贴等;在企业劳动得到的报酬收入是指农村住户成员在国有企业、集体企业、私营企业、个体企业劳动,企业直接发给的工资、奖金和各种补贴收入;在其他单位劳动得到的报酬收入是指除在集体组织和企业以外的单位劳动得到的报酬收入,包括个人劳动得到的报酬,外出打工得到的报酬等。

家庭经营收入:指农村住户从事各项生产的收入,包括种植业收入、林业收入、牧业收入、渔业收入和手工业收入、采集捕猎收入、工业收入、建造业收入、运输业收入、生产性劳务收入、商业收入饮食业收入、服务业收入和其他家庭经营收入。主要用来反映以家庭为生产单位的收入水平、生产规模和经济效益情况。

财产性收入:包括利息收入、股息收入、租金收入、出让特许权收入、集体财产收入、其他财产收入。

转移性收入:包括在外人员寄回和带回收入、农村以外亲友赠送的收入、调查补贴、保险赔款、救济金、救灾款、抚恤金、五保户的供给、奖励收入、土地征用补偿收入和其他转移性收入。

②按收入形式划分,农民收入分为现金收入和非现金收入。

现金收入:指农村居民家庭年内所有家庭成员的全部现金收入,包括工资性收入和家庭经营现金收入、财产性收入、转移性收入和储蓄借贷现金收入。

非现金收入:指农民家庭自产自用的实物性收入。

(二)发达国家农民收入增长相关理论综述

农民增收理论最早产生于德国的农业经营学派,后来西方发达国家在市场经济实践

中逐渐形成了完善的支持农民收入的理论和政策体系。现代西方发达国家农民增收理论主要有:

1. 刘易斯的两部门劳动力转移理论

美国经济学家刘易斯构建了一个两部门模型作为解决发展中国家劳动力转移的工具。刘易斯把整个国民经济按行为准则分为两大部门,即传统部门和现代部门。在传统部门的工资率是由相当于当时生存水平的制度所决定,现代部门的工资率是由劳动边际生产力方程所确定的。他假设传统农业部门存在无限供给的剩余劳动,并且劳动边际贡献生产率为零。他认为现代部门工资率高于农业部门的制度工资率,而传统部门因传统收入共享制的习俗和共同就业制的惯例,以致传统部门劳动的边际生产力即使不为零,也大大低于制度工资率,远远低于现代部门的工资率。刘易斯认为,当所有农业剩余劳动力逐渐被工业部门吸收后,随着工业部门对劳动力的进一步吸收,农业部门的工资率将沿着它的边际生产力提高,工资率达到转折点以后,经济的二元性质不再存在,农业成为现代经济的组成部分,其工资率和人均收沿着向上倾斜的劳动力供给曲线持续上升。

该理论告诉我们,增加农民工资,要靠农业人口的减少,要靠非农业部门的快速发展和就业率的提高,即就业率增长速度高于本国人口增长速度。但是,该理论的前提条件是农业人口转移是自由的不受任何限制,而对于大多数发展中国家而言,刘易斯理论的假设条件同发展中国家的经济现状大相径庭。

2. 托达罗的农业人口流动理论

针对农业劳动人口流动现象,美国经济学家托达罗提出人口流动模型。他分析农业劳动力人口逆向流动原因,并提出了相应的解决方法。他认为:①促进人口流动的基本力量是对经济收益和成本的理性思考,主要是经济因素,同时也包括心理因素;②迁徙决策取决于预期的工资差异而不是现实的城乡工资差异;③迁徙的农村人口获得城市就业机会的概率与城市就业率成正比,而与城市失业率成反比;④人口流动率超过城市工作机会的增长率,不仅是可能的而且是合理的。

从托达罗的理论可以看出,农村人口流动率同城乡的工资差异呈正相关,也同人们预期工资收益呈正相关。如果预期工资收益接近城乡工资差异,那么人口流动接近于停止。如果城乡工资差异发生直接逆转,那么民工就加速回流。所以,要增加农民收入,就是要加速农村剩余劳动力转移,扩大非农业部门的就业机会,巩固民工转移成果,实现农业增收和非农业增收同步进行。

3. 舒尔茨的收入流价格理论

美国经济学家、诺贝尔经济学奖获得者西奥多·W. 舒尔茨提出的“收入流价格理论”认为,收入是一个流量概念,它由每单位时间既定数量的收入流所组成。在一定意义上,收入流数量的增加就等于经济增长。要使经济增长,就必须使收入流有所增长。

而收入是由生产要素生产出来的,所以收入流的来源也是生产要素。而生产要素是有价格的,所以收入流也是有价格的。要研究经济增长,就应该研究决定收入流的收入流来源的价格,进而要从决定价格的供给和需求两方面来分析。舒尔茨从供求入手,建立了关于传统农业的收入流价格理论的双垂直线模型。由于生产要素和技术不变,所以获得持久收入流来源是不变的,即持久收入流的供给曲线或是一条垂直线;另一方面,传统农业中农民持有和获得收入流的偏好的动机不变,所以持久收入来源的需求也不变,即持久收入流的需求曲线是一条水平线。这样农业收入流的价格将长期保持高价位。他认为传统农业处于停滞发展状态,是因为农民贫困源于农业资本收益率低下,也就是收入流的价格太高。要改造传统农业在于寻找一些新要素作为农业廉价增长源泉。他提出:①建立与先进技术相适应的制度和技术保证;②从供求两个方面为引进现代生产要素创造条件;③对农民进行人力资本的开发投资等措施实现农民增收。

我国农民增收的现状说明,仅从生产领域去实现农民增收举步艰难。另外,舒尔茨仅仅关注农民生产性增收,而忽视了分配性增收。因此,该理论在实践上相对逊色。

4. 阿马蒂亚·森的可行能力理论

出生于印度的诺贝尔经济学奖获得者阿马蒂亚·森认为,可行能力是人们在从事各种社会经济活动中所具有的各种潜在的素质和资源禀赋。具体讲,可行能力包括政治、经济和文化等方面的自由生存权和自由发展权,即人的可行能力处于不断增长的动态过程。其在分析幸福奴隶和贫困自由人的悖论时,并不局限于市场效率,而是立足于人身自由和就业自由等各方面的社会权益,市场的整体成就深深地依赖于政治和社会安排。因此,离开了自由看待农民增收,无法理解穷人的经济学。贫困的实质不是收入的低下,而是可行能力的贫困或被剥夺。

阿马蒂亚·森的理论对我国建立长期的农民增收机制有重大意义。我国农业正处于转型时期,农民权益缺失和侵犯问题比较严重。农业市场化、专业化和现代化不仅是农业发展、农村进步和农民增收的过程,而且是农民各种可行能力不断丰富发展完善的过程。另一方面,只有农民的可行能力扩张了,才能更好地促进我国农业的市场化、专业化和现代化。

5. 速水的社区理论

日本经济学家速水佑次郎教授在分析日本等东亚国家的市场经济地位时认为,由于信息的不充分,造成了普遍的市场失灵和政府失败交叉并存的现象。从理论上讲,这种市场失败可以通过强制性治理来纠正;但是东亚国家农村市场交易规模普遍较小,履行正式法律程序的司法成本又很高,通常超过了调解争端的预期收入,客观上需要利用社区来纠正政府失败和市场失灵,所以支持农村经济发展,增加农民收入,不能只是市场和国家的结合,而且应该是包括社区在内的三个组织的结合。

针对我国农村情况,如何实现社区、市场和国家三者有机结合,形成推动农民增收和经济增长的合力,是我们探讨农民增收机制的重点。充分认识利用社区功能,有利于降低农民生产增收交易成本,有利于减少政府工作人员道德行为犯罪,有利于提高农民生活质量和个人幸福。

(三)我国学者对农民收入增长机制的新探索

国内学者也对农民增收问题进行了大量研究探索。从研究内容看,主要涉及了农民增收的意义,农民收入现状、存在的问题,农民增收的制约因素、对策等几方面;从研究方法看,既有规范分析的方法,又有实证分析的方法;从研究视角看,既有系统视角、教育视角,又有社会资本视角、政府行为视角等。目前被广泛认可的主干理论是资源禀赋论、人力资本约束论、产业空洞论和市场风险论。

1. 资源禀赋论

该理论认为,在同样的社会经济环境条件下,生产收入的高低主要取决于生产者所占有的资源及生产要素的多少。能给农民带来收入的资源和要素无非是土地和劳动力。但是,目前对我国农民来说,这两种资源和要素或供给不充足,或利用难度大,因而带来的收入少。

从土地资源看,目前我国农民人均耕地2.08亩,每一个农户经营的耕地5.87亩。这样的资源禀赋条件造成的直接影响:一是规模很小,农户终年经营,在扣除了自己生活所需的农产品之后,可以用来交换的商品性农产品数量少,因而资金收入少;二是我国农业生产自然灾害频繁,农业的物质技术装备程度低,抗御自然灾害的能力弱,因而经营风险大,稳定程度差,收入相对少;三是我国现行的土地管理制度是所有权和使用权相分离,农民对土地占有不完全产权,因而土地很难给农民带来生产以外的其他利润。这就使农民在市场竞争与调节中失去了很多获得收入的机会,因而收入增长缓慢。

从劳动力资源角度看,我国农业劳动力资源充裕,但人均占有的农地资源逐年减少,在农村农业劳动力很难实现充分就业。这种情况下,农民必然要寻求非农就业,但近几年乡镇企业由于结构调整和改制,吸纳农村劳动力的人数逐年下降,从而形成农村剩余劳动力不断增加、就业状况持续恶化的局面。

2. 人力资本约束论

现代经济发展的实践证明,劳动力资源是国民财富的最终基础。在经济再生产过程中,对人本身的投资是最有价值的。在经济活动中,智力投资的经济效益显著,比对物的投资有更多的收益率并少担风险,但投资的回收期较长。由于非农产业就业收入普遍高于农业就业收入,大批有文化和技能的农业劳动力转移到非农产业,从而影响了从事农业生产的劳动者的整体素质的提高,对农业技术进步带来很多不利影响。从费用开支水平看,我国农村居民用于人力资本开发的费用占生活消费总支出的比重很小,且多为未成年人义务教育支出,用于成年农民生产技能培训的开支微乎其微。正由于农民的人力资本投入不足,导致农民的文化技术素质偏低,使科技在农业和农村中的普及难度增大,最终影响了农民收入的增长。

3. 产业空洞论

农民生活在农村,所从事的产业主要是农业,农业本来是一个完整而古老的产业,而且这一产业还可以凭借自然生产力而实现产业的发育和进步。按理而论,从事农业产业应该获得较高的收入。然而社会的发育和经济运行使农业这一产业被分割肢解,并且分属于不同的经济利益主体。产前环节(生产资料的供给)属于工业,产后环节(农产品加工、运输、销售服务)属于商业,而农民仅占有农业产业的中间环节(农产品的生产),表现为对农业产业占有的不完全性,形成了产业利益获得的空洞。产业空洞的出现,对农民收入产生明显影响:一是使农民收入以第一产业(农业)为主,失去了分享二、三产业(工业、商业)利润和剩余的机会,或者偶然参与二、三产业生产经营而获得很少的收入部分。这样,当一、二、三产业利益不均匀,工农产品价格不合理及农业不景气和农产品跌价时,农民的收入就要受到影响。二是加大了农民收入对农产品供求形式和价格的依赖程度。当农产品卖难和价格走低时,则收入增长速度下降和收入减少成为必然。

4. 市场风险论

我国农村改革以来,农民的市场经济意识不断增强,但同时市场风险对于农民增收的影响也相应增大。按照市场价格由商品供求关系决定的规律,供大于求必然使市场的均衡点下移,使市场价格下跌。由于我国农业信息服务发展滞后,许多农民不了解市场供求信息,难以及时根据市场需求调整生产结构,使得生产的品种、品质不符合市场需求,从而使收入下滑。另外,目前不少行政部门仍采用行政手段生产,干涉市场,发展项目一哄而起,产品销路又无人负责。而广大农民从众心理严重,也造成市场局部性农产品供给与需求不平衡,使农产品价格下降,农民增收受到影响。

综上所述,国内外学者对农民增收问题的研究可谓百花齐放、百家争鸣,这些理论的阐释对本课题研究具有明显的借鉴意义。

二、我市农民收入增长情况分析

(一)改革开放以来我市农民收入增长历程

中国是一个农业大国,党中央国务院历来高度重视农业和农村经济发展。改革开放30余年来,国家不断加大强农惠农政策力度,逐步建立起统筹城乡经济社会发展的体制机制,推动全国农民的总体收入水平有了较大幅度的提高。2008年全国农民人均纯收入达到4761元,是1978年的35.5倍。同年大连市的农民人均纯收入更高达9818元,是1978年的46.3倍。(详见图1)

30余年来,我市农民收入增长大体经历了如下五个阶段:

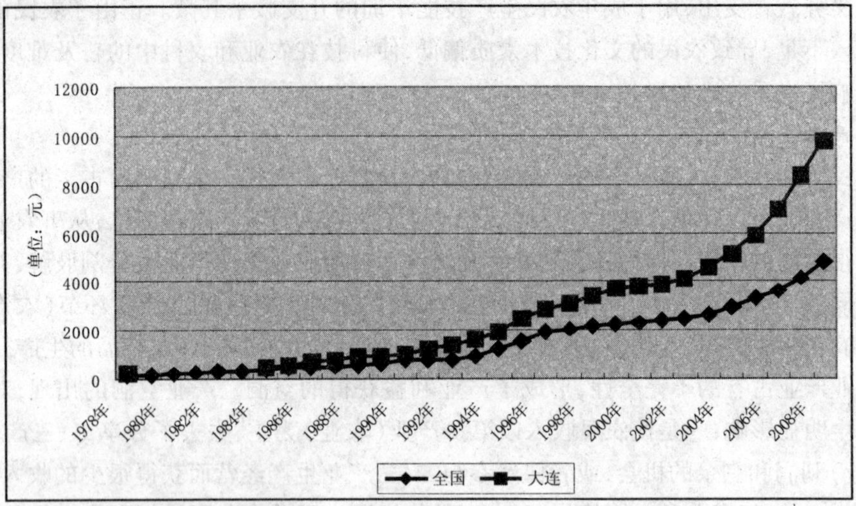

资料来源：相关年度《中国统计年鉴》《大连统计年鉴》。

图1　1978 年～2008 年大连市农民人均纯收入增长情况

第一阶段:1978 年～1984 年,为农民收入高速增长阶段。这其间,农村进行经济体制改革,实行家庭联产承包责任制,极大调动了农民生产积极性,彻底解放了农村生产力,农村经济快速发展,农民收入大幅增加,1984 年全市农民人均纯收入达到 468 元,是 1978 年的 2.21 倍,年均增长 14%。

第二阶段:1985 年～1989 年,为农民收入缓慢增长期。这其间,由于对农业投入重视不够,农村非农产业不景气,大批劳动力回流农业,减少了农民收入来源,加之同期物价上涨过快等因素,农民收入增速进入低谷,农民人均纯收入年均增幅只有 8.9%,明显低于第一阶段。1989 年全市农民人均纯收入为 870 元,较上年下降了 5.2%,仅为 1984 年的 1.53 倍。

第三阶段:1990 年～1996 年,为农民收入回升期。这其间,邓小平发表南巡讲话,党的十四大提出建立社会主义市场经济体制,农产品价格全面放开,农村经济结构得到优化,加上这期间农业生产形势较好,价格改革农产品受益,农业生产效益有了很大提高,农民来自一产的收入明显增加。同时,乡镇企业有了新的发展,大批剩余劳动力转向二、三产业,农民收入较快增长。1990 年全市农民人均纯收入首次超过 1000 元,达到 1004 元。1996 年农民人均纯收入达到 2851 元,是 1990 年的 2.84 倍,年平均增长 19%。

第四阶段:1997 年～2003 年,农民收入低速增长期。这其间,国家加大宏观调力度,经济实现了软着陆,但在政策惯性作用下,国民经济出现通货紧缩现象。农产品出现结构性过剩,市场价格持续回落,伴随着东南亚金融危机,出口受阻,进一步加剧了通货紧缩局面。在这一宏观背景下,全市农民人均纯收入增速从 1996 年的 16.9% 回落到 1997

年的8.1%,到2000年仅为1.6%,直至2003年农民人均纯收入连续7年低位徘徊,年均增幅仅为6.5%。

第五阶段:2004年~2008年,农民收入快速增长期。这一时期,国家、省市高度重视农民收入问题,围绕促进农民增收、提高农业综合生产能力、建设社会主义新农村和发展现代农业,连续出台多个文件,大连更是率先取消农业税和农产品特产税,大力落实粮食直补、良种补贴和农机补贴等新政策,调动了农民生产积极性,拓宽了农民增收途径,减轻了农民负担,农民收入快速增长,年增幅均在两位数以上,年均增速高达17.8%。其中,2006年~2008年全市农民人均纯收入年均增加超过千元,2008年全市农民人均纯收入达9818元,接近万元大关,较上年增加1449元,同比增长17.3%。(详见图2)

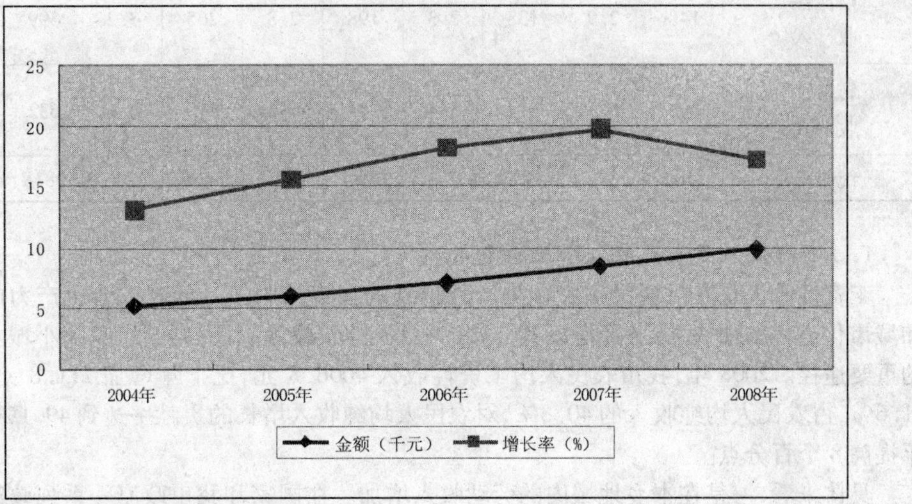

注:增长率未扣除价格因素(下同)。

资料来源:《大连统计年鉴》(下同)。

图2 2004年~2008年大连市农民人均纯收入增长情况

(二)现阶段我市农民收入增长的主要特点

近年,随着市场经济的发展和农业结构调整的深化,我市农民收入来源市场化、多元化和非农化的趋势十分明显,农民纯收入的各项构成即家庭经营纯收入、工资性收入、转移性收入和财产性收入均呈增长态势,农民收入结构正在发生根本性变化。

表 1　　2004 年~2008 年大连市农民人均纯收入结构分析表　　单位:元、%

	2004 年		2005 年		2006 年		2007 年		2008 年	
	金额	比重	金额	比重	金额	比重	金额	比重	金额	比重
工资性收入	2378	46.6	2299	39.0	2727	39.0	3295	39.4	4007	40.9
家庭经营性收入	2284	44.7	3149	53.3	3666	52.5	4299	51.4	4780	48.7
财产性收入	148	2.9	138	2.3	198	2.8	265	3.2	399	4.0
转移性收入	296	5.8	317	5.4	294	5.6	510	6.1	632	6.4
纯收入	5106		5903		6984		8369		9818	

1. 工资性收入是农民收入增长的亮点

工资性收入是农村居民除农业生产外得到的最直接收入。随着农业生产力的提高和城市化进程的加快,劳务经济以其广阔的成长空间,成为农民增加收入、缩小城乡差距的重要途径。2008 年,我市农民人均工资性收入 4006.8 元,比上年增加 711.8 元,增长 21.6%,占农民人均纯收入的 40.8%,对农民人均纯收入增长的贡献率达到 49.1%,比上年提高 8 个百分点。

具体来看,一是在本乡地域内的劳动收入增加。在国家和我市政府一系列政策的利好刺激下,农村当地企业发展迅速,促进当地农民工资性收入大幅增加。2008 年我市农民在本乡地域内获得的劳动收入为 2263.6 元,同比增加 564.8 元,增长 33.2%,对农民纯收入增长的贡献率为 39%。二是从非企业组织获得的收入增多。2008 年,全市农民从非企业组织获得的收入人均达 877.3 元,比上年增加 106.3 元,增长 13.8%。其中,乡村干部人均收入 561.6 元,比上年增加 72.6 元,增长 14.8%;乡村教师人均收入 172 元,比上年增加 25.5 元,增长 17.4%。三是外出从业获得的收入增加。2008 年,我市农民外出从业得到的收入为人均 865.9 元,比上年增加 41.2 元,同比增长 5%。2009 年全球金融危机影响我国,国内部分地区出现了大量农民工提前返乡的情况,但资料显示我市农民外出从业未受影响,反而有小幅上升,原因是我市外出农民工集中在乡外县内和县外省内,主要从事制造业和建筑业,接受过专业培训的比率较高,工作相对稳定且收入较高。

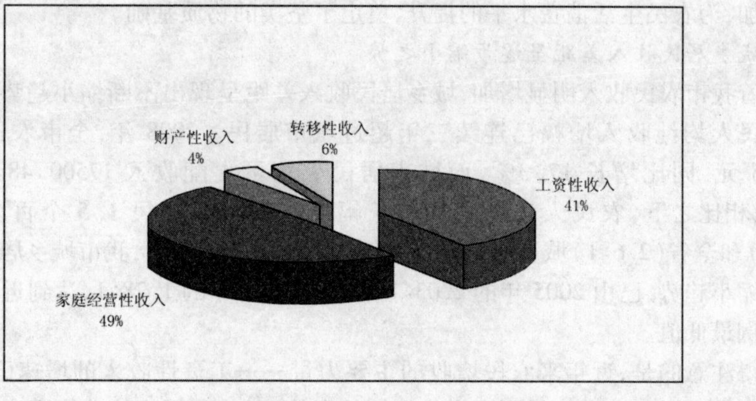

图3　2008年大连市农民人均纯收入构成情况

2. 家庭经营收入仍是农民收入的主要来源

2008年,主要农产品生产形势较好,农民从事农业生产获得的收入稳定增长。2008年全市农民人均家庭经营收入4780.6元,比上年增加481.6元,增长11.2%,占农民人均纯收入的48.7%,对农民人均纯收入增长的贡献率为33.2%。第一产业仍然是拉动农民经营性收入增加的主体。2008年,我市农民人均第一产业纯收入为3961.5元,同比增加533.1元,增长15.5%,占农民人均纯收入的40.3%,对农民收入增长的贡献率达36.8%。出现这一情况的原因有二:一是粮食产量增加及价格上涨,使农民人均纯收入增加319元,对全市农民人均纯收入增长的贡献率为22%。二是畜牧业产品价格上涨,使农民人均牧业纯收入增加159.8元,对全市农民人均纯收入增长的贡献率为11%。

3. 财产性收入和转移性收入成为农民收入稳步增长的有效支撑

2008年,全市农民人均财产性收入为398.6元,比上年增加133.6元,增长50.4%。农民财产性收入快速增长,主要是受农村土地征占补偿水准提高、农民土地流转和出租房屋增多以及参加入股投资分红人数增加等因素的推动。

2008年,全市农民人均转移性收入为632.1元,比上年增加122.1元,增长23.9%。农民转移性收入大幅增加,一是随着我市老龄人口不断增加,离退休金、养老金等发放范围的扩大和标准的提高,使离退休金和养老金达到人均263.1元,比上年增加47.7元,增长22.2%;二是国家先后出台了粮食直补、良种补贴、农机具购置补贴和农资综合直补等一系列优惠政策,带动了农民转移性收入的增加,其中粮食直接补贴收入人均74元,增长70.3%。

4. 农民收入货币化程度大幅提高

随着市场经济的快速发展,农民非农收入比重增加,我市农民纯收入中的实物收入比重大幅度下降,现金收入比重显著提高,收入货币化趋势明显。2008年,全市农民人均现金纯收入7919元,占纯收入的比例为80.7%,实物纯收入1899元,占19.3%。现金收入的增加,为农民生活消费水平的提升,奠定了坚实的物质基础。

5. 城乡居民收入差距呈逐步缩小之势

随着我市农民收入明显增加,城乡居民收入差距呈现出不断缩小趋势。至2008年,我市农民人均纯收入增幅已连续三年超过城市居民。2008年,全市农民人均纯收入9818.06元,同比增长17.3%,而城市居民人均可支配收入17500.48元,同比增长15.8%,相比之下,农民人均纯收入增长幅度高于城市居民1.5个百分点。在全国(3.3:1)和全省(2.6:1)城乡居民收入比例逐步拉大的情况下,我市城乡居民收入比例却呈现出缩小趋势,已由2005年的2.03:1缩小为2008年的1.78:1,达到近年来城乡居民收入比例最低值。

值得注意的是,近年来农民增收的主要力量——工资性收入的增速已呈下降趋势,同时农民外出务工人数也呈现出增势趋缓的态势,对此我们应该给予高度关注。这种趋势如果得不到扭转,不仅会影响非农收入增长和农民纯收入增长,而且也将对农民收入增长格局产生不利影响。

(三)与其他省市的比较分析

1. 与全国、辽宁省比较

2008年,全国农民人均纯收入4761元,同比增长15%,辽宁省农民人均纯收入5576元,同比增长16.8%。我市农民人均纯收入是全国同期平均水平的2.1倍,是辽宁省的1.76倍;增幅分别高于全国和全省2.3个百分点和0.5个百分点。至此,我市农民人均纯收入已经连续10年位居辽宁省14个市的首位,且年人均增加额居全省之最。我市与其他13市的差距继续拉大,2008年较第二名沈阳市人均高出1789元(2007年1563元),比第14名阜新市人均高出4788元(2007年4241元)。其中,长海县、瓦房店市、庄河市、普兰店市在辽宁省44个县(市)中稳居前四位,2008年农民人均纯收入分别达到17256元、8340元、8309元和8302元。(详见图4)

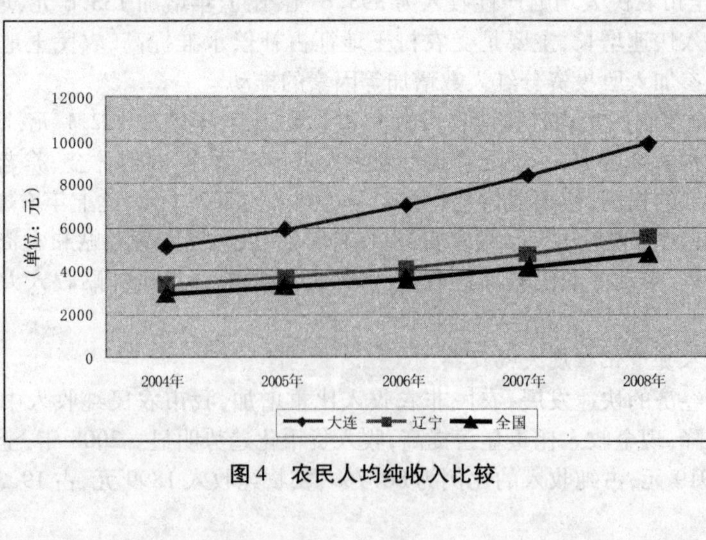

图4 农民人均纯收入比较

2. 与沿海开放城市比较

2004 年～2008 年，我市农民人均纯收入增幅始终位列沿海开放城市第一位，且分别高出平均水平 2.6 个百分点、2.6 个百分点、7.2 个百分点、6.6 个百分点和 4.7 个百分点。农民人均纯收入金额在沿海开放城市中的排名也由 2004 年～2007 年的第六上升到 2008 年的第四位，从比平均值低 10 元到逐步高出 210 元、645 元、1199 元和 1734 元。（详见表 2）

表 2　　沿海开放城市 2004 年～2008 年农民人均纯收入比较表　　单位：元、%

	2004 年		2005 年		2006 年		2007 年		2008 年	
	金额	增长率	金额	增长率	金额	增长率	金额	增长率	金额	增长率
大连	5106	13.1	5903	15.6	6984	18.3	8369	19.8	9818	17.3
上海	7337	10.2	8342	13.7	9213	10.4	10222	11.0	11400	11.5
天津	6525	11.3	7202	10.4	7942	10.3	8752	10.2	9670	10.5
秦皇岛	3075	6.4	3376	9.8	3832	13.5	4480	16.9	5068	13.1
烟台	4660	13.1	5347	14.7	6072	13.6	6979	14.9	7935	13.7
青岛	5080	12.1	5806	14.3	6546	12.7	7477	14.2	8509	13.8
连云港	3501	11.5	3869	10.5	4265	10.2	4828	13.2	5440	12.7
南通	4929	12.2	5501	11.6	6106	11.0	6905	13.1	7811	13.1
宁波	7018	12.8	7810	11.3	8847	13.3	10051	13.6	11450	13.9
温州	6202	11.8	6845	10.4	7543	10.2	8591	13.9	9469	10.2
福州	4815	9.4	5197	7.9	5577	7.3	6286	12.7	7141	13.6
广州	6625	8.1	7080	6.9	7788	10.0	8613	10.6	9828	14.1
湛江	3964	7.5	4250	7.2	4620	7.8	4980	7.8	5330	7.0
北海	2790	7.8	3180	14.0	3414	7.4	3846	12.7	4309	12.1

3. 与副省级城市比较

2004 年～2008 年，我市农民人均纯收入金额在副省级城市排名中基本保持在第四、第五位，不过却较平均水平不断提高，由比平均值高 209 元逐步增加到 400 元、832 元、1363 元和 1812 元。增幅排名波动较大，从 2004 年的第五位上升至 2006、2007 年的第一名，2008 年又降为第四名，此间分别比平均值高 0.3 个百分点、3.4 个百分点、6.7 个百分点、5.9 个百分点、2.9 个百分点。（详见表 3）

表3　　副省级城市2004年~2008年农民人均纯收入比较表　　单位:元、%

	2004年		2005年		2006年		2007年		2008年	
	金额	增长率	金额	增长率	金额	增长率	金额	增长率	金额	增长率
大连	5106	13.1	5903	15.6	6984	18.3	8369	19.8	9818	17.3
哈尔滨	3626	23.1	4006	10.5	4405	10.0	5069	15.1	5961	17.6
长春	3906	14.5	4180	7.0	4480	7.2	4780	6.7	5080	6.3
沈阳	4347	13.9	5050	16.2	5712	13.1	6806	19.2	8080	18.7
济南	4116	13.7	4812	16.9	5480	13.9	6300	15.0	7200	14.3
青岛	5080	12.1	5806	14.3	6546	12.7	7477	14.2	8509	13.8
南京	5533	12.4	6225	12.5	7045	13.2	8020	13.8	8950	11.0
杭州	6382	11.2	7655	20.0	8515	11.2	9546	12.1	10692	12.0
宁波	7018	12.8	7810	11.3	8847	13.3	10051	13.6	11450	13.9
厦门	5647	9.6	6230	10.3	6868	10.2	7637	11.2	8475	11.0
广州	6625	8.1	7080	6.9	7788	10.0	8613	10.6	9828	14.1
深圳	—	—	—	—	—	—	—	—	—	—
武汉	3955	13.1	4341	9.8	4748	9.4	5371	13.1	6349	18.2
成都	4072	11.4	4485	10.1	4905	9.4	5642	15.0	6481	14.9
西安	3143	10.7	3460	10.1	3809	10.1	4399	15.5	5212	18.5

三、我市农民收入增长主要影响因素分析

农民增收问题既是一个经济问题,又是一个社会、政治问题,是一项复杂的系统工程,因此影响因素非常复杂。从我市的具体情况来看,影响农民收入增长的因素也很多,既有国际经济大环境的影响,也有我国宏观经济形势以及农产品供求关系的影响,同时还涉及我市的经济发展和农村的实际。

(一)有利因素分析

1. 经济全球化趋势促进国际农产品贸易快速发展

当前,世界各国的经济联系日益紧密,相互依存、利益交融在不断加深,全球经济已经成为一个有机互动的整体。国际市场更为开放,国际农产品贸易规模日益扩大。

在此大背景下,我市农业对外开放程度不断提高,与国际市场关联度日益密切。农业参与国际市场竞争、分享全球经济一体化的利益,对促进我市经济发展、调整农业结构、拓宽农民就业渠道、增加农民收入具有积极作用。有关研究表明,我国农产品出口乘数2002年为1.66,相当于1美元农产品出口能够额外产生1.66美元的经济活动;每1万

美元的农产品出口,能直接和间接创造近28个就业岗位(程国强,2004)。劳动力密集型农产品出口占我市农产品出口重要份额,并呈进一步扩大的趋势,这对中国农业发挥比较优势、提高农业竞争力具有重要意义。同时,农产品进口缓解了农业资源短缺压力,促进了农业比较优势的发挥和农业资源配置的优化。

2. 三农问题已经成为全党工作的重中之重

改革开放初期的1982年~1986年,我国即连续五年发布以农业、农村和农民为主题的中央"一号文件",对农村改革和农业发展作出具体部署。时隔18年,胡锦涛总书记于2003年12月30日签署《中共中央、国务院关于促进农民增加收入若干政策的意见》,中央一号文件再次回归农业。至2009年,中央在新世纪已连续出台了六个指导三农工作的中央"一号文件",不断强调要更多地关注农村、关心农民、支持农业,把三农问题作为全党工作的重中之重。切实加强农业基础建设、促进农业发展农民增收已经成为近年中央农村工作会议的核心内容。

经过多年的努力,我国已初步构建起支持三农工作的战略思想、政策体系和制度框架。2003年~2007年中央财政用于三农资金的投入累计达1.56万亿元,年均增长17.8%,较好地保持了我国农业和农村发展的良好势头。2008年中央财政又投入三农资金5955亿元,同比增长37.9%,占中央财政预算支出的17.1%。2009年,面对来势汹汹的国际金融危机,温家宝总理主持召开国务院常务会议,研究出台了应对国际金融危机、稳定农业发展促进农民增收的政策措施。中央财政也拟安排"三农"资金7161亿元,比上年增加1206亿元。国家出台的政策措施为我市农村发展、农业增效、农民增收创造了良好的外部条件。

3. 我市农民收入增长机制正在逐步建立

第一,我市不断完善强农惠农政策。2006年以来,我市先后制定《大连市建设社会主义新农村实施纲要(2006年~2010年)》《关于壮大县域经济、扎实推进社会主义新农村建设的意见》《关于加快统筹城乡发展、全面推进社会主义新农村建设的意见》《关于加快推进"富民工程"建设的实施意见》等政策,为促进农民增收提供了有力保障。第二,我市不断强化对三农发展的资金投入。近年我市坚持"多予、不取、放活"的方针,积极调整财政支出结构,加大向三农的倾斜力度,稳步提高农业投入水平。2008年,全市财政支农资金达6.8亿元。第三,实施"科技兴农"战略。我市不断完善农业技术推广体系,建立"三员"进村制度,依靠科研成果转化提高农业科技含量,发展高产、优质、高效农业,提高市场竞争力,以增加农民收入。市财政每年安排2000万元资金用于农业新品种、新技术引进补贴,重点推广"十大"农业增产增效技术,年直接增加农民收入15亿元。目前,全市农业优良品种率达到98%,科技贡献率达到60%,农业机械化综合水平达到53%。第四,大力调整优化农业结构。我市注重以市场为导向,积极发挥区域比较优势,不断围绕农民增收调整优化农业结构,突出发展水产、畜牧、水果、蔬菜、花卉五大优势特色产业。2008年五大优势产业产值占农林牧渔业及服务业总产值的比重达81.7%,为农民收入稳定增长奠定了牢固的产业基础。第五,推进农业产业化经营。为实现家庭分散经营与大市场的有效对接,市政府加大对农业龙头企业的扶持力度,努力做大做强一批龙头企业,同时积极扶持农民专业合作组织,充分发挥其对农民增收的带动作用。目前,我市农民收入中近三分之一来自产业化经营。第六,加快农村劳动力转移。在全市建立劳动力转移技能培训基地、乡土人才培训基地和区市县职业教育中心,为农村劳动力转移提供培训。加大劳务中介组织、农村劳务经纪人、职业培训机构的扶持力度,发展规范劳务市场,简化进城务工农民办证手续。市财力先后投入扶持资金3.9亿元,加快县域工业园区建设,为农村劳动力转移增加就业岗位,促进农民就地就近转移就业。此外,我市还不断加强农村基础设施建设,深化农村各项改革,努力为农民收入持续增长创造条件。

(二)制约因素分析

1.世界经济动荡引发的冲击日益明显

随着我国加入WTO,三农问题也变得更加复杂。如今我国的三农问题已经不能局限于农业、农村和农民问题本身,还要考虑中国农业与世界农业的关系,国内市场与世界市场的关系,中国农民与世界上其他国家农民的关系,以及中国经济与世界经济的关系。

我市也不例外。随着我市对外开放度的不断提高,世界经济中一些不稳定和不确定因素对我市农业的影响越来越明显。国际农产品的丰歉、价格的高低、品种的多少及质量的优劣等等,现都直接影响着我市农产品的生产和销售价格。2008年下半年以来,由国际金融危机引发的经济危机愈演愈烈,国际市场主要农产品需求萎缩、价格回落,部分农产品出口受阻,对我市农业农村经济的冲击已由少数农产品向多数农产品扩展,由加工和流通产品向整个农产品蔓延,使农产品价格下行压力较大,农业生产效益下滑,保持农业稳定发展和农民增收困难明显加大。

2.我国农业生产比较效益相对低下

农业作为最古老的产业,与二三产业相比,经济效益相对较低。尽管近年国家连续大幅度提高主要农产品的价格,并向农民发放粮食直补、农机补贴等,但都被增幅更猛的农业生产成本如农业生产资料价格大幅上涨所抵消,导致农民增产不增收。如畜牧业方面,受饲料价格和仔猪价格大幅上涨等因素的影响,饲养业的成本持续增加,使养殖户及生产单位生产压力增大,收入受到一定影响。农业生产资料价格上涨导致农业生产成本加大,同时受农产品价格不稳定及农产品市场供求变化的影响,农业比较效益下降,农民从农业增产中获得的收入减少,给农民持续增收带来一定难度。

3.我市农业投入机制尚不健全

政府对农业支持保护的投入政策、补贴政策、金融支农和税收政策等方面还有待完善,县乡财政投资农业能力较弱,农民持续增收还缺少长效的保障机制。尤其是目前金融投入(信贷资金)有限,不能在扶持农村经济发展、促进农民致富增收上发挥重要作用。而农民自身投入能力有限,客观上影响了农民自身对农业的投资能力。由于对农业的有效投入不足,致使农业基础设施不够完备,设施农业比重偏小,建设标准不高;高产稳产田数量相对较少;水利工程配套不足,不少水库、渠灌、塘堰、泵站机组等水利设施年久失修,功能衰退,抵御突发性、强灾害能力不强。

4. 农业结构优化调整不到位

从结构层次上看,目前我市在农产品结构上尚不能合理把握资源与市场的"双重决定性",资源优势仍未得到合理利用和开发,缺乏大规模的特色产品、名优产品、拳头产品,且产品品种单一、档次不高,产业链条过短,新的合理高效的产品结构未形成,难以适应优质、多样、反季节、营养保健、无公害等社会需求。在行业结构上,作为基础行业的种植业,主导行业的农副产品加工业,以及林牧副渔业、服务业等,其间的比例、规模摆布不尽科学,部分农村尤其是山区缺乏优质高产高效的基础行业,农副产品加工滞后,且生产粗糙,行业结构效益差。在产业结构上,产业内部不完整,产前的良种、农药、化肥、农机等生产资料供应,产中的技术指导与生产管理,产后的农产品储藏、加工、销售及信息服务等环节不协调,产、供、销脱节,农、工、贸分离,农业利润分配不均等。农业结构不尽合理,农业产业化难以形成,直接影响了农民的持续增收。

5. 农业技术成果推广转化体系仍有待完善

目前,我市农业科研体制和服务体系仍不健全。一方面,农业科技人员严重缺乏,而且现有人才大多集中在传统农业中,在农产品营销、加工等二、三产业中非常贫乏;另一方面,科研与生产脱节,技术推广体制运作效率低,致使农业科技成果转化率、适用技术普及率不高。由此导致我市农业、林业、畜牧业、渔业等资源没有得到充分利用,新科技项目难以开花结果,农产品科技含量低,市场占有率低,缺乏市场竞争力,影响了农民增收。

6. 农村劳动力素质偏低

农业增效、农民增收必须依靠科技进步,而科技进步的推广应用,很大程度上取决于农民素质的高低。但是,2008 年我市农村劳动力平均受教育程度仅为初中水平。在对 2377 名农村劳动力进行的调查数据显示,受过专业培训的仅有 573 人,受培训率为 24.1%。我市农村青壮年劳动力外出打工,剩余劳动力年龄偏大、文化偏低,不能适应现代农业发展的需要。由于农村劳动力受教育的程度低,农民的思想观念依然陈旧,对现代农业科技的接收能力低,市场经济观念淡薄,不利于拓宽就业渠道,在外部不确定因素影响下失业风险会随之上升,这些都严重地影响着农民的增收。

7. 农民组织化程度不高

目前,我市农业小生产与大市场的矛盾仍十分突出。龙头企业、专业合作社与农民的利益联结机制还不完善。农业龙头企业仍然较少,个别企业不仅不能与农户形成利益共同体,反而一遇到价格波动,就将风险、损失转嫁到农民身上。农民专业合作社规模不大、运作不够规范,带动农民进入市场能力还不强。由此导致我市农产品生产、销售衔接不紧密,市场流通不畅,农民收入受到影响。

8. 农村劳动力转移就业难度大

目前,我市农村劳动力向非农产业转移速度还不快,农民收入构成中工资性收入比重还不高。特别是当前一些生产企业由于国际金融危机、汇率变动、原料涨价、劳动力成本增加等因素的影响,生产规模逐步压缩,导致农民工就业机会有所减少。据我市农民工监测调查显示,2008 年,农村 500 户外出劳动力人数中有 31 人因金融风暴原因返回家中待业,占外出劳动力的 13.9%。

四、国内外促进农民收入增长的经验与启示

(一)主要发达国家促进农民收入增长的经验

发达国家农业是在市场经济条件下逐步发展起来的。农户根据市场价格信号、按照利润最大化准则自由地配置农业资源。政府根据市场机制本身的不足,通过产业政策手段,对农业发展进行宏观干预和调控,促进农业发展,提高农业从业人员收入。因此弄清发达国家的农业产业政策调整及其演变过程,也就基本了解了其农民增收的基本脉络。

1. 美国主要农业政策演变

美国的农业保护政策始于20 世纪30 年代初的农业经济危机。当时执政的罗斯福政府颁布了《农业调整法》。该法确定支持农民收入为农业政策的主要目标,从农业耕作面积、品种,到农产品价格与储备,实施了系统的农业干预政策。主要内容是:第一,价格支持。规定对小麦等 7 种农产品进行经济补贴。第二,鼓励生产者缩小生产面积,并与价格支持挂钩。第三,对生产者实行“低贷价格”,作为农产品的最低保证价格。第四,建立名曰“常平仓”的缓冲储备。第五,开始实行旨在控制农产品上市量的销售规程和销售协议。同时,制定了销售规程和销售协议等行政法规,建立了专司调控的政策性机构。美国政府主要通过制定一年一度的“农产品计划”(即生产与产量计划),以与农场主签订合同的方式来执行农产品价格与收入支持政策。

在此后的若干年里,美国根据不断变化的国际国内形势,对农业保护政策进行了多方面的修改。1996 年,克林顿政府制定了《联邦农业完善和改革法》,决定取消已经实行了 60 余年的农业补贴政策。但在 2002 年 5 月,布什政府即出台了《2002 年农场安全与农村投资法案》,决定在今后继续向农场主提供各种补贴。由此可见,美国农业产业政策虽然不断调整,但其核心始终是围绕如何保护农业从业人员收入的前提下不断加强和日趋完善的。

2. 欧盟主要农业政策演变

实施共同农业政策是欧洲经济联盟的一块重要基石。以 1992 年为界,欧盟共同农业政策的演变大致分为两个阶段:一是欧共体共同农业政策阶段;二是欧盟共同农业政策阶段。

根据《罗马条约》中明确的共同农业政策的目标和原则,在 1960 年 ~ 1962 年间创立了欧共体农业共同政策(CAP)的主要实施机制。20 世纪 80 年代,随着农业科技的进步,农产品供大于求,为消除欧共体内的粮食高价与世界粮食市场低价的差额,欧共体又实行“回扣制”。

这样,共同体农业政策不惜成本地设法把农产品挤进第三国市场的竞争行列,成为

兼具价格扭曲与市场扭曲的集大成者。1986年开始的乌拉圭回合谈判将制定农产品贸易行为规范作为一项主要任务,在美国和凯恩斯集团国家的极力推动下,乌拉圭回合中的农产品贸易谈判将扩大市场准入、降低出口补贴和削减国内支持列为三大议题,这使得欧盟当时的共同农业政策成为谈判的最主要对象。在内部和外部环境都发生了重大变化的情况下,欧盟也开始进行共同农业政策的改革。1991年,欧共体六国通过了一个"建立农产品统一市场折衷协议"。

共同农业政策不是农业经济发展的必然结果,其改革也未遵循经济发展的要求。但是,农业环保措施被引入共同农业政策中,变原来的农产品市场价格补贴为环保奖金和绿色农产品补贴,从而降低了粮畜产量,减少了库存,节约了资金,保护了环境,基本上做到了农业生产与环境保护的有机结合,使农业朝可持续发展方向迈出了关键性的一步。1997年,欧盟委员会根据未来农产品贸易势必进一步走向开放的前景,提出了进一步推进以市场为导向的政策改革建议。1999年3月,欧盟通过了新的共同农业政策改革方案——《2000年议程》。欧盟委员会提出的《欧洲共同农业政策中期评估报告》则更加注重农业环保,把它作为保护农民利益、稳定农民收入的一项重要措施来抓。

3. 日本主要农业政策演变

战败后的日本政府沿着振兴农业生产和巩固扩大农村民主化成果两个方向,陆续制定和实施了一系列法律和政策,为战后日本农业的复兴与发展奠定了基础,也极大地解放和发展了农村的生产力。1961年日本出台《农业基本法》,目的是增加农业收入、缩小农工差别,使农民同非农劳动者享有同等的生活水平,使农产经营的农业成为能够自立的产业。1970年日本政府又出台了《综合农政的基本方针》,强调培育现代化农业。1999年7月,日本国会通过新的《食品·农业·农村基本法》替代1961年制定的《农业基本法》。新基本法综合分析了经济全球化、信息化的趋势,国际贸易的前景,日本国民经济的发展趋势,以及食品、农业和农村在未来发展中应有的地位与作用,以创新的态度规划了今后日本农业的发展方向。与旧基本法相比,新基本法覆盖面更宽,不只是单纯讲农业,而是包括了食品、农业和农村;更强调了需求导向的作用,强调要以消费者买到物美价廉的食品为制定农业政策的原则;强调了市场机制的作用,这意味着要多方面改革旧基本法体制下行政色彩浓厚的农业经营管理体制。

(二)国内主要城市促进农民收入增长的做法

1. 北京市

2008年,北京农民人均纯收入达到10747元,其中工资性收入6354元,占纯收入的比重达到59.1%,成为最主要的增收渠道;财产性收入达到1199元;转移性收入达到1118元。高低收入农户差距降到5倍以内,趋于合理。农村基尼系数下降为0.3090,为1993年以来的最低水平。

北京市为促进农民增收主要采取了以下措施:

一是加强农业基础设施建设,大力发展设施农业,推进规模化养殖业发展,加快花卉、果品产业发展,积极推进农业产业化、标准化、现代化,进一步挖掘农业内部增收潜力。二是加快推进新农村基础设施、公共服务设施和重点生态项目工程建设,建立健全新农村建设项目农民参与机制,加强农民就业产业基地建设,进一步增加农民劳务收入和工资性收入。三是深化农村土地制度改革。北京市按照依法、自愿、有偿原则,制定专门政策,促进农户土地承包经营权流转,建立了市和区县两级农地流转信息平台,启动了集体建设用地和宅基地确权发证工作,开展了征地多元化补偿安置试点工作,以此进一步增加农民转移性收入和财产性收入。四是推进城乡结合部地区创新发展,加大低收入农户帮扶力度,进一步促进区域协调发展,提高农民的整体收入水平。五是加强农民技能培训和就业服务。北京市大规模开展针对性、实用性强的农村劳动力技能培训,提高就业竞争能力。同时建立城乡一体的就业失业管理制度,在岗位补贴、社会保险补贴、职业技能和创业培训补贴等方面实现城乡同等待遇。六是开展农村金融体制改革。北京市不断完善农村金融服务平台,放松农村金融市场准入,健全政策性农业投资公司运行机制,组建专业化农业担保公司和农业产业投资基金,放宽村镇银行试点范围,加速发展小额贷款公司、农村资金互助社等新型农村金融组织,稳步扩大政策性农业保险覆盖面。

2. 上海市

2008 年上海农村居民家庭人均纯收入达到 11385 元。收入构成为工资性收入 8182 元,家庭经营纯收入 711 元,财产性和转移性收入 2492 元。

上海市促进农民增收的主要措施如下:

一是不断出台扶持政策。围绕农民增收问题,上海每年以“城市反哺农村,工业反哺农业”为中心出台许多扶持政策,如农村税费改革政策、稳定粮食生产政策以及提高农业组织化、市场化的政策等。二是以农村宅基地置换为突破口推进“三个集中”(即人口向城镇集中、产业向园区集中、土地向规模经营集中)战略,拓展农民增收的新途径。三是农村社会保障使农民增收有了新的增长点。上海不断完善农村各类社会保障,“小城镇社会保险”、“低保救助”、“提高低收入老年农民养老水平”、“新型合作医疗”等农村社会保障体系的建立,为农民增收提供了有力支撑,使每年农民的转移性收入增幅超过 20%。四是大力推进非农就业。上海深入挖掘非农就业岗位,拓展政府公益性岗位,确保低收入农户家庭劳动力至少一人稳定从事非农就业。同时把退工人员、新生劳动力、低收入群体作为推进非农就业的重点,按实际需求开展分类分层次定向培训。五是鼓励创业带动就业。鼓励农民挖掘传统优势特色创业和有志人士从事农业创业,以创业带动就业,积极吸纳本地农民就业。六是积极推动农村一二三产业融合发展。推进农产品精深加工,加强区域特色农产品基地建设,多层次、大幅度提高附加值。发展农业旅游和农家乐,拓宽农民增收渠道。七是实施低收入农民的就业援助。在实施低收入人员就业补贴基础上制订企业吸纳低收入农民就业补贴政策,调动企业吸纳低收入人员就业的积极性。此外,上海市还从统筹城乡发展、加强农业基础建设、推进现代农业发展、加快农村基础设施建设、改善农村民生、深化农村改革等角度针对农民增收做了详细的要求和部署。

3. 宁波市

改革开放以来,宁波市农民人均纯收入持续增长,2007 年突破万元,2008 年达到 11450 元,连续多年稳居副省级城市首位。

宁波市促进农民增收的主要经验:

一是提高“三农”支持力度。宁波高度重视对农业支持保护,建立健全农业投入保障制度,不断优化财政支出、固定资产投资和信贷投放结构,保证各级财政对农业投入增长幅度高于经常性收入增长幅度。同时健全农业补贴制度,扩大范围,提高标准,完善办法,逐年增加农民种粮补贴。完善与农业生产资料价格上涨挂钩的农资综合补贴动态调整机制。二是加强农村剩余劳力转移就业。宁波通过“百万农民素质培训工程”等措施,积极引导农村劳动力合理有序流动,促进农民增收。2003 年至 2007 年 5 年的时间,累计培训农民 100 万人,使 50 万农村劳动力转岗就业,50 万农村人口转移到城镇,极大地促进了农民收入的增加。三是推进农业产业化经营。宁波通过拉长产业链,提高农产品的加工深度,实现多次增值。对于有品牌、有市场、有竞争力的农村致富带头人和龙头企业加大扶持力度,把对农业的扶持政策延伸到致富带头人和龙头企业,不断提高专业化水平和经济效益,使农民在出售农产品、获得劳务报酬的同时,分享产业化经营的增值利润。四是建立农村经济合作组织。目前宁波已成立农民专业合作社 284 家,涉及农林牧渔各主导产业,联系带动农户 1.9 万户,极大提高了农民在市场谈判中的地位以及农产品的销售价格,在维护农民利益的同时也增加了农民收入。五是积极发挥城乡统筹发展的带动作用。宁波现已走出了一条依托工业化、城镇化和市场化破解“三农”问题的新路。通过促进传统农业向现代农业转变,传统村落向农村新社区转变,传统农民向专业农民和现代市民转变,形成新型城市化和新农村建设双轮驱动的发展格局。六是强化科技支撑现代农业发展。宁波加大农业科技投入,积极推进特色农业产业基地建设和农产品标准化,推进品牌与标准化建设,农业科技对提高农民收入发挥了显著作用。七是不断完善社会保障体系。宁波农村社会保障水平处于全国领先水平。早在 2002 年宁波就在全国率先推出了《被征地人员养老保障试行办法》,目前全市被征地农民累计参保人数已达 51.68 万人,2007 年市政府又出台了《关于建立新型农村养老保险制度的意见》,农村养老保障开始向全覆盖迈进。全市 96.6% 的农民参加了新型农村合作医疗,农村社区卫生服务覆盖率达到 90% 以上。

4. 青岛市

近年青岛市农民人均纯收入增长较快, 2008 年青岛农民人均纯收入达到 8509 元。其中,工资性收入占 42.5%,家庭经营纯收入占 51.6%,财产性收入占 3%,转移性收入占 2.9%。

青岛市促进农民增收的措施主要有:

一是在财政上保证市级财政对农业投入增长幅度高于经常性收入增长幅度。二是通过加大粮食直补、良种补贴、农机具购置补贴、农资综合补贴力度,以及大型商品粮基地、优质粮食产业化、现代农业产业技术体系和农业产业化经营建设等,不断巩固农业基础地位。三是通过河道治理、水库除险加固、大中型灌区实施续建配套与节水改造、农业综合开发、渔港建设、村村油(水泥)路、农村沼气、秸秆气化等工作加强农村基础设施建设。四是通过集体土地所有权确权登记颁证、土地承包经营权证发放到户、促进土地流转、严格耕地保护制度、集体林权制度改革、小城镇发展改革试点等工作不断深化农村改革。五是通过减免农业税,减轻农民负担,直接增加农民收入。六是通过大力发展品牌农业、畜牧业等措施不断调整农业结构,挖掘农业内部增收潜力。七是不断加大农村劳动力转移力度,促进农民工资性收入快速增长,逐步成为推动农民稳定增收的关键因素。

(三)几点启示

从以上发达国家农业政策演变的历史可以看出,发达国家农业政策的演变是以政治环境为大背景,以保护本国农业发展、增加本国农民收入为主线,不断调整本国农业产业政策以及农业对外贸易政策的一个渐进式的发展过程。总的来看,发达国家的农业政策模式在实践中取得了一定成效,农民收入得到了不同程度的保护和提高,但是也带来了一些消极后果。如发达国家对农业采取的保护,短期看成效显著,但几十年后国家财政负担沉重,政府的预算支出受到很大影响,而且由于发达国家实施的过度贸易保护引发国际市场农产品贸易战接连不断。

分析研究主要发达国家的农业政策以及北京、上海、宁波、青岛等经济发达城市农民增收促进措施,我们可以得到如下启示:

第一,促进农民增收是一项长期而艰巨的任务。农民增收问题是一项复杂的系统工程,必须将其置于经济社会发展整体的环境中加以统筹考虑,统筹城乡发展,深化农村改革,加快制度创新与科技创新,突破农民增收原有的体制机制束缚,努力建立促进农民增收的长期稳定的机制。

第二,农民收入的增加需要政府强有力的支持。农业具有天生的弱质性,在现代产业间的竞争中并不具备优势,但农业的战略性又使得农业不可或缺。因此,要提高农民的收入水平,离不开政府的大力支持,政府是弥补市场不足最有效率的组织。从发达国家的经验看,即使是高度市场化的国家,政府在农民收入的支持中仍然起到举足轻重的作用。

第三,农民收入的增加需要提高农民组织化程度。无论是发达国家还是发展中国家,都注意农民组织化建设。按农民意愿建立起来的合作组织在农民的生产生活中发挥着重要作用,它是单个农户与市场间的桥梁,也是农民依法保护自己权益的有效组织保障。如何在市场经济中提高我国农民的组织化程度,对农民适应市场经济要求,保护自身的合法权益有重要意义。

第四,发展农业科学技术是提高农业现代化水平、增加农民收入的持续动力。加快农业科技进步,增强农业的自主创新能力,是提高农业综合生产能力、有效提升农业竞争力的必由之路,发达国家大力发展农业科学技术,并将迅速转化为生产力的做法在其农业发展和促进农民增收中发挥了重要作用。我市农业发展必须注重农业科技向现实生产力的转化，提高农业机械化和现代化水平，加快传统农业向精细化、高端化发展，有效地降低成本，促进农业循环经济的发展，增加农民收入。

第五，依靠法律手段保障农民增收。发达国家的农业立法大都具有层次多、形式灵活、范围广、内容详细等特点，农业立法在促进农业和农村发展、增加农民收入、保障农民的合法权益、维护农村社会稳定等方面发挥了重要作用。纵观我国，农业立法工作起步较晚，发展尚未完善，在立足国情的基础上，吸收借鉴国外的立法经验，有利于改进我国农业立法工作，进一步提高我国农业立法水平。

五、我市促进农民收入持续增长的对策建议

解决农民的收入问题是一个非常复杂的问题，是一项艰巨的、复杂的系统工程，既需要农民自身的努力，也需要政府的支持。在新形势下，我市促进农民收入持续增长一定要坚持以科学发展观为指导，认真贯彻中共中央有关文件精神，不断加大农业资金、政策支持力度，持续优化农业产业结构，加快农业产业化步伐，逐步提高农村工业化、城镇化水平，深化农村改革，实现我市农民收入持续快速增长。力争到 2015 年我市农民人均纯收入翻一番，达到 2 万元，年均增长 10%，城乡居民人均纯收入差距明显缩小，农民消费能力显著增强，农民生活水平明显提高。

（一）加大财政支农力度，构建农民增收保障机制

继续坚持“多予不取放活”、“工业反哺农业、城市支持农村”的原则，切实加大对“三农”的支持保护力度，不断完善面向“三农”的强农惠农政策体系，全面贯彻落实发展农业、繁荣农村、惠及农民的大政方针。

1. 建立财政支农资金稳定增长机制

合理、有效配置公共财政资源，遵循存量适度调整、增量重点倾斜的原则，切实贯彻财政农业投入增幅高于经常性收入增幅、财政支农资金增量高于上年、其中直接用于改善农村生产生活条件的资金高于上年的要求，认真落实新增教育、卫生、文化等事业性经费支出主要用于农村以及大幅度提高政府土地出让收益、耕地占用税新增收入用于农业的比例等相关政策，逐步建立财政支农资金稳定增长的长效机制，保证我市财政支农资金投入的稳定增长，并切实加强落实执行。采取措施努力拓展支农资金新的来源渠道，积极探索利用补助、贴息、保险、担保等方面手段建立投入激励机制，积极鼓励和引导社会各方面增加对农业农村的资金投入。

同时，要树立支农“项目整体规划、资金统筹使用”的理念，整合财政支农资金，创新财政支农机制，增强支农资金的整体合力，提高支农资金的使用效益和财政资金对农业的贡献率。要进一步加强支农资金的存量整合，对现有财政支农专项资金进行清理、归类和整合，集中资金支持农业发展的重点领域和关键环节，提高财政支农资金使用效益。逐步建立健全支农资金“增量整合”的新机制，科学划分财政支农预算科目，逐步将财政建设性资金纳入政府固定资产投资范畴统筹安排。进一步完善财政支农资金管理体制，

按照事权与财权相一致的原则，对资金管理部门的职权范围进行适当的划分，逐步转变支农资金多头分散管理、难以形成合力的局面。建立部门间合理分工、共同协商、相互制衡和有效监督的机制，对财政涉农资金实施有效监督。

2. 不断完善财政支农补贴政策

充分发挥国家粮食直补、良种和农机补贴、农资综合直补等惠农政策对促进农业增产和农民增收的积极作用，切实做好相关工作。一是落实好对种粮农民的直接补贴政策和最低收购价政策，持续增加种粮收益，确保农民得到实惠；二是加大农业生产资料增支综合直补力度，建立完善重要农资商品储备制度；三是大力支持良种推广工作，扩大良种补贴资金规模，调动农民发展农业生产积极性；四是加强农机具购置补贴工作力度，扩大实施范围，提高农业生产机械化水平；五是积极落实农业综合开发产业化经营项目财政补贴政策，推动农业产业化经营，提高农业综合生产能力和效益，优化农业和农村经济结构，为农民增加收入开辟一条切实可行、持续稳定的渠道。

在国家农业补贴政策基础上，进一步完善我市农业补贴结构。扩大我市农业补贴政策范围，在原有分项补贴基础上，建立和完善退耕还林、禁牧休牧生态补偿机制，农业灾害保险制度，农业和农村资源循环利用和环境保护补贴政策，农村小额贷款财政贴息政策等。对农业高新技术推广进行重点倾斜，采取多种形式扶持农业高科技的创新，设立农业新品种、高新技术产业风险基金，采取贴息的方式引导金融部门或企业投资农业高新技术，建立全球农业高新技术信息网，以股本投入方式为农业科技企业提供资本金支持，加大对龙头企业的直接科研资助。实施农民科技培训补助，每年安排一定的资金用于骨干农民的科技培训补助。在补贴方式上，既要考虑与产量挂钩，也应考虑与产量脱钩的补贴方式，还应选择某些对增效增收作用明显的生产环节进行补贴，如机耕、机收补贴，推广旱作农业节水灌溉技术补贴等，提高补贴效率。

3. 加大对农村基础设施建设、社会事业、扶贫开发等支持力度

把全市基础设施建设重点转到农村，大幅度增加投入，加强农村基础设施建设和生态环境建设，加快构建强化农业基础的长效机制，改善农业生产条件，提高农业综合生产能力。进一步加大对农业基础设施建设的投入，搞好农田渠系配套，提高耕地质量。提高农村公路投资在公路建设总投资中的比重，尽快实现向自然村延伸。加大农村饮水安全工程建设投入，改善农村生活供排水设施，尽快实现城乡供排水设施共建共享。加大农村电网改造和建设投入力度，优化电网结构，提高供电质量，实行城乡生活用电同价政策。加快实施农村电信工程，加强农村有线电视、宽带网络、通讯等基础设施建设。加强农村新型能源建设，增加农村沼气建设投入，支持农村发展太阳能、风能和小型水电等可再生能源。按照《农业法》的规定，逐步把农村各项社会事业全部纳入公共财政的支出范畴，全面提高财政对农村公共事业发展的保障水平。完善农村义务教育免费政策和经费保障机制，逐步实现农村中等职业教育全免费，扩大师范学费减免范围，实施农业院校农科专业学费减免政策。巩固和发展新型农村合作医疗制度，提高筹资标准和财政补助水

平。建立新型农村社会养老保险制度,完善农村最低生活保障制度,全面落实农村五保供养标准。以整村扶贫开发为重点,不断提高低收入农民的自我发展能力。

(二)切实转变农业发展方式,夯实农民增收基础

实现农民收入持续稳定增长最根本的途径就是加快农民来自农业收入的增长,为此我市应树立农业发展新理念,着力解决粗放式发展问题,切实转变农业发展方式,创新农业发展模式,加快现代农业发展步伐,全力构建新型农业经营体系、产业体系、科技支撑体系和基础保障体系,提高农业土地产出率、劳动生产率、资源利用率和市场竞争力,走具有中国特色、符合大连实际的农业现代化道路,促进农民增收致富。

1. 创新农业发展机制

从微观和宏观多个层面以及统筹城乡发展层次上创新农业发展机制,促进农业资源和生产要素市场化配置。要在稳定和完善家庭承包经营的基础上创新农业经营方式,发展多种形式的适度规模经营,工业化要向家庭经营注入现代生产要素,城镇化要为扩大家庭经营规模转移农村人口,市场化要为扩大家庭经营提供完善的社会化经济技术服务;要以高效生态现代农业为目标,积极促进农业增长由主要依靠自然资源和物质资源投入向主要依靠科技进步、劳动者素质提高和管理创新转变;促进农业从小而全粗放经营向规模化集约经营转变;促进农业资源从粗放开发利用向节约、集约、循环和永续利用转变;促进传统农业产业结构向以规模化种养业为基础,农产品精深加工和现代农产品物流业为支撑的现代农业产业结构转变,实现农业产业结构优化升级;探索集体经济的有效实现形式,大力发展农民专业合作组织,支持农业产业经营和龙头企业发展,从而提高农民的组织化程度,优化现代农业组织体系。

2. 实施科教兴农战略

在我市农业面临日益严峻的资源约束条件下,科技是实现农业发展方式转变的关键及强大动力。必须依赖农业科技的进步和创新,提高农业的产量、质量和效益,增强农业的国际竞争力,实现农业的可持续发展。一要大力加强农业技术的研究和开发。充分调动我市相关科研部门的积极性,发挥产学研协作优势,加强农产品深加工技术研究,延长农业生产链,提高农产品附加值。围绕发展"高产、优质、高效"农业的方向,在农作物育种技术及新品种选育、优质特色畜禽、水产品品种培育方面有所突破。同时,要探索研究节能、节水、节地、节肥、节药和循环利用的关键技术,促进农业可持续发展。二要促进农业技术的推广与普及。加大先进实用农业技术在我市农村的推广普及力度,重点抓好优良品种、节水灌溉、测土配方施肥、病虫害综合防治、作物栽培与管理等的推广。构建农科教、产学研一体化的新型多元化农技推广体系,强化农技推广服务的公益性职能,完善科技特派员、责任农技员制度,全面推进农业科技入户工程,扶植农业科技示范户,提高其辐射带动能力。建设农业科技服务平台,健全农业科技交易市场网络,加速科技成果的转化。

3. 推动农业产业结构优化升级

转变农业发展方式,提高农业的产业效益,就要向农业的广度和深度发展,按照"因

地制宜、适应市场、凸显特色、注重效益”的原则，不断加大农业产业结构调整和优化升级力度，在凸显特色中实现农业增效。一是以提高产品质量和经济效益为核心，以市场为导向，以科技为先导，充分发挥区域资源优势和区位优势，优化农业生产结构，形成具有区域特色的专业化生产和有比较优势的主导产业和优势产业；二是因地制宜拓展农业的多功能性，由简单的食品保障功能向多功能转变，开发集生产、生活、生态于一体的多功能农业，发展农业多元化经营，打造功能多样、资源节约、环境友好的可持续发展的现代农业；三是大力推进农作制度改革和生产模式创新，重点推广以科技创新为支撑的设施农业、循环农业、数字农业、休闲农业、有机农业等新型农业业态；四是延伸产业链条，积极发展农产品精深加工业和农业生产性服务业，引导社会资金投入到农产品加工业，加强农产品流通体系建设，积极培育和扶持农产品流通中介组织，加快建立农产品信息系统，在转化流通中实现产业增值。

4. 推进农业产业化经营

创新农业生产组织方式，积极推进农业产业化经营，通过市场牵龙头、龙头带基地、基地连农户和种养加、产供销、贸工农的一体化，有效吸纳先进生产要素，以工业化的理念和生产方式来拓展农业的发展空间，提高农业规模效益和综合经济效益，构筑农民增收的长效机制。一要加大扶持力度，精心培育一批以农产品加工与流通业为重点、具有较强实力、辐射面广、技术含量高、带动力强的农业产业化龙头企业；二要鼓励并支持工、农、企联合，发展龙头企业集团，实行跨行业、跨地区、跨所有制经营，充分发挥龙头企业集团的规模效应和带动示范作用；三要积极鼓励和引导龙头企业与基地和农户间建立合理的利益联结机制，通过合同化管理、建立风险基金、实行保护价格收购、按农户出售产品数量返还部分利润等方式，与基地和农民建立稳定的产销协作关系和合理的利益分配关系；四要积极探索农民用土地使用权、产品、技术、资金要素入股，采取股份制、股份合作制等形式，逐步与龙头企业结成风险共担、利益共享的共同体。

5. 实行农产品品牌化经营

通过农产品品牌化经营，降低农业企业的成本，促进农户增加优质农产品的生产和销售，实现农业企业利润最大化和农民增收，带动农业发展。一是积极推行农业标准化生产，加快完善农产品质量安全标准体系，建立农产品质量可追溯制度，加快农产品生产环境和产品质量的检验检测，保证上市农产品的质量安全，夯实农业品牌化经营基础；二是把创建农业标准化示范园区，建设科技示范场、无规定动植物疫病区等与发展品牌农业有机结合起来，实现品牌农业产业的规模化、集约化生产经营，营造品牌农业产业的集聚效应，充分发挥示范和辐射带动作用；三是大力推广和运用生物工程技术、先进种养技术、信息技术和贮藏加工技术，推进以提高农产品质量为核心的技术改造和技术创新，引导一批具有一定规模和实力的企业成立科技自主创新体系，提高名牌产品的科技含量和附加值；四是充分运用政府调控和市场竞争的手段对现有农产品品牌进行整合，切实解决“多、乱、杂、弱、小、散”的现状，构筑全市农产品品牌体系，提升品牌农产品市场竞争力；五是增强企业、农民专业合作组织、经纪人、农户等生产经营主体的商标意识，支持、鼓励农产品商标注册，特别要加强拥有自主知识产权和特色农产品的商标注册工作，防止商标的恶意抢注和侵权行为，同时加强农产品品牌保护和监管，维护品牌的质量、信誉和形象，保障农业品牌化工作健康发展。

（三）拓展农民就业创业空间，增加农民增收渠道

在推动农业持续发展增加农民收入的同时，我们也要深刻认识促进农民就业创业对提高农民收入的重要性和紧迫性，积极采取措施进一步破除制约农民就业创业的体制机制障碍，增加农民就业空间和创业机会，拓宽农民增收渠道，加快农民收入多元化。

1. 改善农民就业创业环境

针对我市农村劳动力数量多、就业创业愿望强烈、潜能巨大的现状，大力营造有利于农民就业创业的政策和制度环境。一要研究制定扶持农民就业创业的政策措施。把农民就业纳入全市就业总体规划，实行城乡劳动者平等就业制度，积极探索政府引导、市场配置、专业化培训、企业化运作、规范化经营、一体化服务的农村劳动力转移就业服务体系。同时结合我市农业优势产业、特色经济，确定鼓励农民创业的产业指导目录，设立专项基金和创业贷款，引导和鼓励农村各类人才成为创业主体，加快发展资源综合利用型、劳动密集型、农副产品加工型、贸易促进型等企业。二要加快农村体制改革步伐。推进农地承包经营权流转市场的规范化建设，加强农地流转服务，引导农地向适度规模经营集中。推进户籍改革和城乡社区建设，引导农村人口向城镇和新型农村社区集中。推进农村金融体制改革和创新，扩大农村金融准入政策试点范围和数量，解决农民创业资金短缺困难。三是完善农民工合法权益的保障机制。逐步消除户籍、教育、就业、身份等方面的制度性障碍，全面落实国家关于保障农民工合法权益的各项政策，使他们的劳动得到应有的尊重和合理回报。

2. 充分挖掘农业内部的增收潜力

一方面通过农业结构调整，挖掘农业内部的“容人之量”，广泛开发利用各类农业资源，大力发展不同于西方大田机械化作业的劳动力密集型的特种农业、都市农业、精细农业、特色农业，提高农产品质量，加快推进农业优质化生产、标准化管理、品牌化经营，增加农产品的品种，解决农村劳动力过剩及收入增长问题；另一方面延伸发展农业产业链，大力发展农产品精深加工业，加快农产品流通体系建设，使劳动力不再集中于农业的生产环节，向产前、产后环节转移，重点发展农资配送、农技推广、农业疫病防控、农产品市场营销、农业信息等，促进农民就业增收。

3. 大力发展农村二、三产业

努力拓展农村二、三产业就业空间，增加农民的非农收入。一要切实壮大县域经济以及乡镇集体经济，优化乡村产业发展布局，引导和推进农村工业、新兴产业向工业园区集中，向交通便利、基础条件好、有发展潜力的小城镇聚集，促使农民就近转入小城镇就业、创业，以农村工业化带动农民增收。二要加快发展农村服务业，加强农村社会化服务

体系建设，积极引导和支持农民发展各类专业合作经济组织，落实财政扶持、信贷服务等优惠政策，发展小额信贷，鼓励农民自主创业，增加财富积累，开创财产性收入等新的多元增收渠道。

4. 广辟农民外出务工经商的转移渠道

打造农民进城务工创业绿色通道，支持鼓励有经营能力的农民进城创业发展，对于进城务工农民，努力拓宽其就业创业渠道，积极为其提供就业指导和服务，着力提高农民进城务工渠道选择的组织化程度，加强劳动力市场的管理、整顿和规范职业中介行为。

(四)培育新型农民，提升农民增收能力

培育新型农民是增加农民收入的重要途径，是治本之策。温家宝总理曾明确指出，我国农村全面建设小康社会根本在于提高农民素质。我市应实施农村人力资源开发战略，依托产业发展多渠道、多层次、多形式地对农民广泛开展各种形式的农业技能培训和人文素质培训，使之成为“有文化、懂技术、会经营”的新型农民，成为高素质的人力资本，全面提升农民的自我发展能力，为推进农村产业结构调整、加快农业产业化进程、增加农民收入提供智力支持和人才保障。

1. 切实保障农村义务教育

农村教育是造就一代新型农民的重要支撑，要从战略和全局的高度将其置于整个教育发展的优先地位，作为整个农村社会事业发展的优先领域。农村教育是农民学科学、学技术，实现职业转化的必要的文化基础。我市应逐步将农村义务教育全面纳入公共财政保障范围，全面免除农村义务教育阶段学生的学杂费和书本费，对贫困家庭学生补助寄宿生生活费，确保农村适龄青少年全部接受九年义务教育，同时启动建立农村义务教育阶段中小学校舍维修改造长效机制。

2. 加强农村劳动力技能培训

要把农村劳动力培训工作作为一件大事、一项“民心工程”来抓，加强组织领导，加大投入力度，提高补贴标准，创新培训机制，扩大培训规模，增强培训效果。一要围绕现代农业建设，加强对从事农业生产农民的培训，建立健全农民科技教育培训体系，以现代适用技术、实用技术和专业技术培训为主要内容，结合发展现代农业和建设新农村的要求，加大现代信息技术、生物技术、清洁生产技术、环保技术等的培训力度，切实组织实施好绿色证书工程、青年农民科技培训工程、新型农民创业培植工程等各项新型农民培训工程，提高农民的科技素质，促进科学种田、科学养殖，切实把农业发展转入依靠科技进步和劳动者素质提高的轨道上来，促进农民学用致富。二要面向城乡劳动力市场需求，围绕农民转岗就业，大力实施农村劳动力转移就业培训“阳光工程”，扩大实施规模，加快建立政府扶助、面向市场、多元办学的培训机制，发展多种形式的农村职业教育和成人教育，增强农民转移就业的能力，提高农民收入水平。

3. 开展农民人文素质培训

农民是实现农业和农村现代化以及建设新农村的主体，不仅要有知识、有本领，懂科技、懂生产经营、识环保生态，还要知法律、有道德、善创业、富于创新、乐于接受新事物。因此要在对农民进行技能培训的基础上开展人文素质培训，教育农民遵纪守法、提高修养、崇尚科学、移风易俗，同时要积极引导农民革新观念，增强农民参与变革的能力，提高其社会适应素质，不断增加农民就业创业能力。

（五）扩大农业对外开放，提升农民增收能级

在经济全球化和贸易投资一体化深入发展、国际农产品贸易额持续增长、农业领域国际直接投资迅速增加的背景下，我市应大力拓展农业对外开放广度和深度，以扩大农产品出口和农业利用外资为重点，发展一批优势产业，培育一批农产品知名品牌，壮大一批外向型农业龙头企业，努力在农产品出口、农业利用外资、农业企业境外发展、农业科技国际交流与合作等方面实现新突破，带动全市农村经济持续快速发展，促进农民增收。

1. 促进农产品出口持续增长

着力构建开放型农业优势产业体系、产业化经营体系、科技支撑体系、农产品质量安全保障体系、多元化市场体系和农业对外开放政策支持体系，积极有效地利用国际市场，促进我市具有比较优势的劳动密集型产业发展。重点围绕畜牧、水产、水果、蔬菜、花卉五大优势产业，培育一批以国际市场为导向、区域特色鲜明、比较优势突出的农产品出口基地，大力发展农产品精深加工，形成具有深厚产业基础和较强竞争力的支柱出口产业。积极发展特色农产品、有机农产品和原产地标记注册农产品，努力形成新的出口增长点。培育出口农产品自主品牌体系，以产业集中度高、产品质量稳定、具有自主知识产权的农产品和绿色、有机农产品为重点，加快实施农产品名牌战略。积极承接海外制造业转移，大力发展农产品加工贸易，提升我市出口农产品档次。积极发展以出口企业为对象的农业技术、信息、物流、认证和咨询服务业，促进我市外向型农业产业集群的发展壮大。

2. 提高农业利用外资的规模和水平

从我市实际出发，根据国家《外商投资产业指导目录》，制定相关财政、税收方面的优惠政策，不断扩大我市农业利用外资领域，积极引导外商投资发展现代农业，逐步从农产品加工领域向农业综合开发领域延伸，从农业生产领域向农业社会化服务领域延伸，从农业产中环节向产前、产后环节延伸。注重提高农业利用外资质量，积极鼓励外商投资农业新技术开发与推广、新品种研究与繁育、农产品精深加工等技术含量高、社会效益大、环境友好型的农业项目。大力吸引国外大型农业集团和跨国公司投资，提升农业利用外资的规模和档次。赋予农业科技示范园区、农产品出口基地优惠政策，充分发挥其平台作用，引导外资集中布局，增强聚集和示范效应。增强农业科技引进成效，重点引进农业安全生产、标准化生产、病虫害综合防治等方面的关键技术以及在品质、抗病、抗逆等方面表现优异的品种或种质资源，加强国内外农业科技合作，积极争取国际农业科技组织重大科技项目的引进与合作，增强我市承接国外农业高新技术项目的能力，提高消化、吸收和再创新水平。

3. 推动农业"走出去"

按照"政府引导、企业决策、商业运作、政策支持"的原则，支持农业境外合作，积极引

导市内企业以输出技术和直接投资的方式，到海外发展种植、养殖业和农产品加工业。积极支持有实力的农产品出口企业到进口国设立贸易营销机构。加快培植适应国际劳务市场的外派劳务资源，建设外派劳务基地，培训“走出去”农民，扩大农村劳动力对外输出，多渠道转移农村劳动力。

（六）加快农村工业化、城市化步伐，增强农民增收后劲

农村工业化、城市化是促进农民增收的有效途径之一，是实现城乡一体化发展的必由之路。目前我市正处于快速推进工业化和城市化的关键时期。加快推进农村工业化和全域城市化，不仅大批农业剩余劳动力从土地上解放出来，获得稳定职业和收入，解决脱贫致富问题，而且留在土地上的农民也可以通过农业集约经营和规模经营，发展现代化农业，提高农业生产率，提升农业比较利益，同时还会带动农产品消费市场规模的扩大，改善农产品市场的供求格局，进一步提高农民收入。

1. 加速农村工业化进程

加速农村工业化进程是提高农民收入的重要推动力。在世界经济已开始向知识经济社会过渡的环境下，我市必须走新型工业化道路，将工业生产引入农村，加快农村工业化步伐，大力提高农村工业化水平，同步提高农业生产率，实现农业劳动力从农业部门向工业部门的转移，为农民施展才华和聪明才智搭建广阔舞台，支持农民从事工业等非农生产领域的经营活动，改变农村搞农业、城市搞工业的传统发展格局，促进农民收入持续增长。

2. 积极推进全域城市化

城市化，也称城镇化、都市化，是一个国家或地区的人口由农村向城市转移、农业为主的传统乡村社会向以工业和服务业为主的现代城市社会转变的历史过程，是城市文化和城市价值观念成为主体并不断向农村扩散的过程，是居民收入水平不断提高的过程。积极推进全域城市化，必将加快农业劳动力转移，减少农民人数，促进产业结构的调整和完善，刺激消费，推动农村地区交通、通讯、金融、房地产业、教育等事业的更快发展，大幅提高农民的收入水平。

3. 构建城乡一体化发展的制度体系

集中财力、分阶段早日建立城乡统一的义务教育、医疗卫生、养老保险等基本公共服务体系；逐步建立城乡统一的包括金融市场、劳动力市场、土地市场等在内的要素市场体系，清除生产要素流动壁垒，实现城乡资源优化配置，创造各类市场主体平等使用生产要素的环境；争取早日在全市范围内取消农业户口与非农户口的差别，保障公民迁徙和居住的自由，建立城乡统一的人口管理体系。最终，建立起无城乡差别、能够惠及全市所有居民的包括平等的就业机会、居住机会、教育机会、社会保障和医疗服务的综合型社会制度。

（编者注：本文中的“我市”均指“大连市”）

《促进我市农民收入持续增长对策研究》课题组成员

课题领导小组：

组　长：李　才　大连市政府发展研究中心　主任　教授

副组长：栾福军　大连市政府发展研究中心　副主任

课题组：

负责人：王　玲　大连市政府发展研究中心农村研究室　主任　副研究员

成　员：徐向峰　大连市政府发展研究中心农村研究室　副主任

刘文展　大连市政府发展研究中心农村研究室　副调研员

陈玉贵　大连市政府发展研究中心农村研究室　主任科员

大连民生发展评价指标体系研究

尹晓琴　王树坤

一、概说

(一)民生的内涵与特点

1.民生的内涵

民生,顾名思义则为民众的生活。民众则为国民的全体,包括各种类型的人群。民众生活,包括物质生活、精神生活及生活环境等。凡属于民众生活相关的一切,则都是民生的内涵。

翻开近5年的政府工作报告,与老百姓切身利益息息相关的住房、收入、就业、社会保障、教育、医疗等这些热词,已经成为了不断深化的民生概念的具体内涵。

2.民生的特点

民生的特点可以概括为宽泛性、地域性、动态性、与经济社会的相关性等四大主要特点。

民生的宽泛性。民众生活的实践是极为丰富的,包括衣、食、住、行等物质生活,又包括文化、体育等精神生活,也包括民众生活的环境。生活环境又包括自然环境、设施环境、文化社会环境和体育健康环境等等。民众生活实践的丰富性,决定了民生是一个宽泛的概念。凡属于民众生活相关的一切,则都是民生的内涵。

民生的地域性。民众作为人类的整体,其生活有共同的需求,即民生的共性,但不同国家和地区的国民,甚至一个国家的内部不同地区的居民,由于自然地理位置、发展历史的不同,民众生活需求也有很大的差异。因此决定了民生概念内涵又具有地域性。

民生的动态性。民众生活的内容与水平,在实践中是不断发展变化的。因此,也决定了民生概念的内涵是动态的,不同的社会发展阶段民生的内涵也不尽相同。

民生与经济社会的相关性。民众生活的不断改善与提高,是一切经济社会活动的出发点和归宿点。因为一切经济社会活动,归根到底要为社会全体成员创造一个清新、温馨的生活环境,保证人类的高质量生存与繁衍。

(二)民生发展的基本规律

民生发展运行有许多内在的规律,但其中基本规律我们大略总结出三个方面:

1. 民生的发展由低级到高级不断改善提高

回眸社会发展的历史,民众生活内容与水平随经济的发展而丰富提高,随经济发展的波动而波动,随经济危机而下降。但是总体上呈现由低级到高级不断改善提高的态势。到目前,民生发展历程大体经历了三个阶段:一是以取得基本生存物质条件为主的生存阶段;二是以改善生存物质条件与增加文化精神生活内容并重的发展阶段;三是在物质生活条件满足的基础上,转变为以精神生活为主的享乐阶段。

2. 经济发展水平决定民生发展水平

综观世界各国与地区民生发展的现状,可见民生发展水平伴随经济发展水平的差异,大体表现为生存、发展、享受三大类型区。第一种类型是生存型,通常指贫困国家和地区。按联合国规定,人均日消费不足1美元的国家或地区属这种类型。这些国家和地区的民众,仍然在为获取维持基本生存的物质条件而劳作,所追求的是"三有",即有饭吃,有衣穿,有房住。第二种类型是发展型,中国称其为小康型。其特点是民众追求由"三有"变为"三好",即由有饭吃转变为吃得好,讲究营养、质量;有衣穿由穿得暖转为穿得好,追求面料、款式个性;有房住转变为住得宽敞明亮,设施完备,环境优美舒适。此外,不断地对文化精神生活有更高的需求,如电视、电话、电影及文化娱乐、体育健身等。目前世界大多数国家和地区属此类型。第三种类型是享乐型,是物质生活条件随欲而得,其消费的主体是文化精神生活。通常指发达国家中的发达区域,也称富人区,或者是各国家和地区中的富裕群体。

从民生发展的实践中我们看到,不同国家和地区分属不同的类型,同一个国家不同的地区类型也不尽相同。同一国家和地区不同的历史发展阶段,所属类型也不相同。中国民生发展总体上看属发展型,但其中尚有不少地区属生存型。当然也有少部分群体属享乐型。2007年底,如果按联合国人均消费不足1美元为贫困标准来看中国的民生类型,中国目前尚有1.2亿人处于生存型状态。如果按国际"百万富翁"的标准,即除房产外拥有流动资产超过百万美元看,中国有百万富翁41.5万人。辽宁民生发展总体水平在全国居较前位,但也属发展型。尚有一些贫困山区和城市中部分失业群体处于生存型,当然也有极少数人群进入了享乐型。

3. 民生群体结构的发展演变

人类的最初,由于生产力极为低下,基本的生存条件则难以保证,所以民众的生活呈现低水平的均等化。后来随着生产力的提高,出现了剩余,民众的生活则呈金字塔形,即少部分人处于塔尖,生活水平高而内容丰富,而绝大多数民众仍处于维持生存的水平上。随着生产力水平的再提高,民生的群体结构又发展演变成橄榄型,即富裕、贫困则都为少数,中间阶层成为主体。随着生产力高度发达,民生发展的群体结构又将演变成新的更高的均衡型。

民生发展的群体结构呈现均等型——金字塔形——橄榄型——均衡型的演变。如图1:

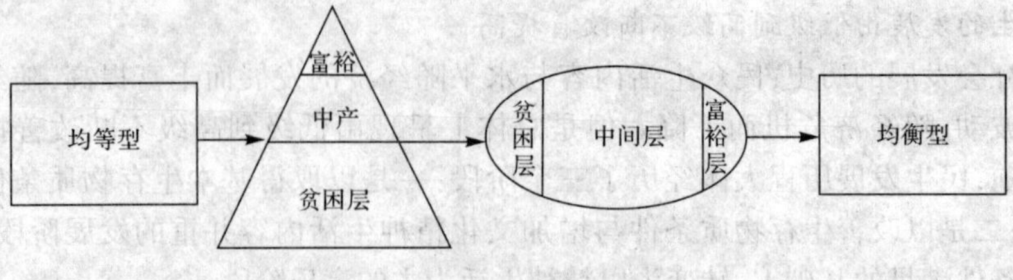

图1　民生发展的群体结构

(三)民生内涵的深化折射执政为民理念

住房、收入、就业、社会保障、教育、医疗,哪一样都与老百姓的切身利益息息相关。翻开2004年~2008年这5年的政府工作报告,这些民生热词内涵的不断深化,折射出政府执政为民的理念。

1. 逐步建设符合国情的高中低收入家庭的住房结构体系

2004年和2005年,十届全国人大二次会议、三次会议上的政府工作报告提出,要帮助特殊困难群众解决住房等实际困难。

2006年,中央又将“重点发展普通商品房和经济适用房”,“建立健全廉租房制度和住房租赁制度”写入了政府工作报告。

2007年,政府工作报告进一步提出“政府要特别关心和帮助解决低收入家庭住房问题”,“加大财税等政策支持,建立健全廉租房制度。改进和规范经济适用房制度”。同时提出“抑制房地产价格过快上涨,保持合理的价格水平”。

2008年,十一届全国人大一次会议上的政府工作报告提出“抓紧建立住房保障体系”,明确表示“重点发展面向中低收入家庭的住房”,并提出3项原则和4项措施。

住有所居,是老百姓最为关心的事情。针对房价快速上涨,一些老百姓买不起房的困难,这几年政府连续出台了调控政策,遏制房价上涨;同时针对不同的人群结构,正在逐步建立“低收入家庭:廉租房+经济适用房;中等收入家庭:限价房+经济租用房;高收入家庭:市场”的住房结构体系,这符合我国社会主义初级阶段的国情。

2. 百姓收入的话题越讲越细,政策越来越健全

2004年,政府工作报告提出“要努力增加城乡居民收入”。2005年,进一步提出“继续增加城乡居民收入,特别是中低收入者收入”。

此后,增加中低收入者收入的内容每年都出现在政府工作报告中。从2005年到2007年,“最低工资制度”“最低小时工资标准”“减轻中低收入者的税负”“建立并完善防止工资拖欠的法规和机制”“建立健全工资正常增长机制和支付机制”也先后写入了政府工作报告。

2008年,政府工作报告提出逐步提高居民收入在国民收入分配中的比重,提高劳动报酬在初次分配中的比重。

对比这5年来,从“收入”问题到“工资”问题,从“城乡居民”到“中低收入者”,政府工作报告对百姓收入的话题讲得越来越细,可以说是涵盖了每一户家庭、每个人、每一笔

收入来源,而且相关的政策越来越新,也越来越健全。

3. 把就业看做民生之本和政府的责任

2004 年,政府工作报告提出"积极的就业政策"。经过 2005 年、2006 年继续实行积极的就业政策之后,2007 年,政府工作报告提出"把扩大就业放在经济社会发展的突出位置"。

2008 年,政府工作报告指出,坚持实施积极的就业政策,落实以创业带动就业的方针。过去 5 年中央财政安排就业补助资金累计 666 亿元,5 年全国新增城镇就业 5100 万人,平均每年城镇新增就业 1000 多万人、农村劳动力转移就业 800 万人。

这些年政府工作报告中始终没有放松过就业,把就业看做民生之本,看做是政府的责任。

4. 朝着经济发展与社会保障并重方向前进

2004 年,政府工作报告提出"建立与我国国情相适应、与经济发展水平相适应的社会保障体系"。此后,从落实"两个确保"和"三条保障线",到完善城镇社会保障体系试点、探索建立农村居民最低生活保障制度,到社会保障体系不断完善,覆盖面进一步扩大,到在全国城乡建立最低生活保障制度,再到广覆盖、保基本、多层次、可持续,政府工作报告每次都提出新目标。

2008 年,政府工作报告指出,建立和完善覆盖城乡的社会保障体系,让人民生活后顾无忧,直接关系经济社会发展,是全面建设小康社会的一项重大任务。

织好一张社会保障网是构建和谐社会的重要基础。这 5 年的政府工作报告,深刻地体现了朝着经济发展与社会保障并重方向前进的变化,是我们国家致力于"解决群众最关心、最直接、最现实的问题"这一重要发展指向的生动体现。

5. 促进教育公平的措施越来越具体

5 年来,政府工作报告提出的促进教育公平的措施越来越具体。2004 年,政府工作报告提出"重点加强义务教育特别是农村教育",启动西部地区"两基"攻坚计划。2005 年,提出免除国家扶贫开发工作重点县农村义务教育阶段贫困家庭学生的书本费、杂费,并补助寄宿学生生活费。

2006 年,提出用两年时间全部免除农村义务教育阶段学生学杂费。2007 年,"在全国农村全部免除义务教育阶段的学杂费","使农村 1.5 亿中小学生的家庭普遍减轻经济负担","全面完成西部地区'两基'攻坚计划和农村中小学现代远程教育工程","让所有孩子都能上得起学,都能上好学"。

2008 年,政府工作报告提出"在全国城乡普遍实行免费义务教育"。

过去 5 年,从中央到地方,各级政府从基础教育阶段入手,从贫困边远地区入手,促进教育公平,取得显著成效,基本解决了全国儿童,尤其是农村儿童上学难的问题,让他们站在同一起跑线上。

6. 努力解决好广大群众关心的看病就医问题

2004 年,政府工作报告这样写道:"非典疫情蔓延,集中暴露出我国经济和社会发展不协调的问题。我们从政府工作的着力点和财政投入等方面,及时做出必要调整,推动社会事业加快发展。”

5 年来,公共卫生体系建设、新型农村合作医疗制度、医疗卫生体制改革成为政府工作报告中必不可少的内容。2006 年,政府工作报告进一步提出“逐步解决群众看病难、看病贵问题”,启动《农村卫生服务体系建设与发展规划》,大力发展城市社区卫生服务,深化医疗卫生体制改革。2007 年,提出“建设覆盖城乡居民的基本卫生保健制度”。“国务院已经组织力量抓紧制定深化医药卫生体制改革方案,努力解决好广大群众关心的看病就医问题”。2008 年,政府工作报告指出,推进城乡医疗服务体系建设,重点健全农村三级卫生服务网络建设和城市社区医疗卫生服务体系。

政府的心中一直装着百姓的就医看病问题。在报告行文中,我们一年比一年更加深切地读到了一种朴素的感情,这正是一种执政理念的转变。

7. 国家政策逐步加大对农民工的重视力度

2004 年,“农民工”一词首次高密度出现在政府工作报告中。2005 年到 2007 年,“农民工”先后在政府工作报告中被提到 2 次、4 次和 8 次。2008 年,政府工作报告进一步提出“抓紧制定适合农民工特点的养老保险办法”。

对待农民工,城市以前多是“经济上接纳,体制上排斥”,农民工缺乏相应的社会保障,合法权益也经常受到侵犯。随着国家政策逐步加大对农民工的重视力度,农民工的环境越来越好。

(四)建构评价指标体系,是推进民生发展的重要手段

建设社会主义和谐社会是一项系统工程,必须坚持以人为本,始终把最广大人民的根本利益作为一切工作的出发点和落脚点,“正确处理新形势下人民内部矛盾,认真解决人民群众最关心、最直接、最现实的利益问题”,把民生问题作为重中之重。具体来说,就是要把就业、教育、分配、社保、稳定等百姓最关心、最直接、最现实的利益问题抓紧抓好。

长期以来,在老百姓眼里,GDP 是各级党委、政府的“任期指标”,是许多干部看重的“政绩指标”。GDP 总量多少,增长幅度多大,通常是反映在领导同志的报告和讲话里。老百姓看不见、摸不着,总觉得与自身的富裕程度和生活质量无关,因而很少有人去关心。

要改变这种现状,最重要的是让 GDP“返璞归真”,让实实在在的民生数据“说话”,从而让看起来枯燥的数字,在老百姓眼里变得“鲜活”。民生评价指标,是更注重以群众的主观感受来衡量政府工作的效果,群众关注和参与的积极性自然就高。科学制定“民生评价指标体系”,并将此纳入领导考核指标体系,民生评价指标与干部考核挂钩,不仅有利于推动“招商型”官员向“民生型”官员转变,更有助改变政府的注意力和兴奋点,将民生作为日常工作的重点。民生问题解决得好,才会使整个社会实现和谐,这一理念已逐渐成为各级政府的共识。民生评价指标体系的建立,是转变政府职能的需要,是执政为民的最好诠释。科学合理地设计“民生评价指标”,比如:有多少单位的体育场所向社区

居民开放,政府每年为市民提供多少就业岗位,外来孕妇在医院分娩的比率有没有提高,安置多少下岗工人再就业等等。政府将民生指标体系逐步与全市各区、县考核指标挂钩,一定有助于推进民生健康快速地提高和发展。

二、有关民生发展指标体系主要研究成果简介

(一)国际上的生活质量评价指标体系(见表1)

表1　当前国际上与民生相关的指标与指标体系

组织或个人	指标名称	指标构成
世界银行	生活质量指标	人均私人消费增长、儿童营养不良状况、5岁以下儿童死亡率、平均出生时预期寿命、成人文盲率、城市人口比例、城市地区获得环卫设施的人口比例
联合国开发计划署	人文发展指数(HDI)	人均预期寿命、人均受教育程度(成人识字率、初等和中等及高等教育的总入学率)、实际人均国内生产总值
海外发展委员会(ODC)	物质生活指数(PQLI)	平均预期寿命、婴儿死亡率、成人识字率
美国社会健康协会	ASHA指数	(就业率×识字率×预期寿命指数×人均GNP增长率)/(人口出生率×婴儿死亡率)
RICHARD ESTES	社会进步指标	包括教育、健康、妇女地位、防御性支出、经济、人口、地理、民众参与、文化、福利等10类,45个分项指标
瑞　典	“生活水平”调查	包括健康和健康服务、就业和工作条件、经济资源、教育和技能、家庭和社会整合度、住房、生命和财产安全、娱乐和文化、政治资源等主要领域

资料来源:《浙江民生报告(一)》第5页,金汝斌、连晓鸣主编,光明日报出版社。

(二)中国全面建设小康社会统计监测评价指标体系(见表2)

该指标体系由国家统计局科学研究所发布。

表 2　　中国全面建设小康社会统计监测指标及其目标值

指标	监测指标	单位	基期值（2000 年）	目标值（2020 年）
一、经济发展	1. 人均 GDP	元/人	7086	≥ 28000
	2. 第三产业比重	%	33.4	>50
	3. 城镇人口比重	%	36.2	≥ 60
	4. 城镇失业率	%	3.1	3～6
二、社会和谐	5. 基尼系数	—	0.417	0.3～0.4
	6. 城乡居民收入差距	以农为 1	2.9	<2.8
	7. 地区经济发展差异系数	%	0.747	<60
	8. 基本保障社会覆盖率	%	18.4	≥ 80
	9. 高中阶段毕业生性别比	女生 =100	118	100: 100
三、生活质量	10. 人均可支配收入	元/人	3678	13000
	11. 恩格尔系数	—	0.456	<0.4
	12. 人均住房使用面积	平方米	18	≥ 27
	13. 千人拥有民用载客汽车数	辆	6.8	≥ 70
	14. 人均生活用电量	千瓦时	132.4	≥ 500
四、民主法制	15. 居民对实现自身民主权利满意度	%	—	≥ 80
	16. 社会安全指数	%	100	≥ 100
五、科教文卫	17. R&D 经费支出占 GDP 比重	%	1	≥ 2
	18. 平均受教育年限	年	7.79	≥10.5
	19. 百户居民拥有计算机台数	台	3.51	≥ 60
	20.5 岁以下儿童死亡率	‰	39.7	<20
	21. 平均预期寿命	岁	71.4	≥ 75
六、资源环境	22. 万元 GDP 综合能耗	吨标准煤	—	<0.84
	23. 万元 GDP 用水量	立方米	—	<200
	24. 常用耕地面积动态平衡人均	亩	—	1
	25. 环境质量指数	%	—	100

数据来源：《浙江民生报告(一)》第 6 页，金汝斌、连晓鸣主编，光明日报出版社。

（三）上海闵行区民生评价指标体系（见表3）

表3 上海闵行区民生指标体系（2008 年度）

类别	序号	具体指标	单位	2007 年实绩	2008 年目标	2010 年目标	责任部门	简要说明
一 人民生活水平	1	城镇居民家庭人均可支配收入	元	20154 元增长 10.2%	增幅 10%左右	年均增幅 10%左右	区统计局负责跟踪与统计分析，区发改委、区人事局负责做好指导服务工作	反映城镇居民收入增长情况（区"十一五"规划指标）
	2	农村居民家庭人均可支配收入	元	11379 元增长 10.8%	增幅 12%以上	年均增幅 10%左右	区统计局负责跟踪与统计分析，区国资委、区政研室、区农绿局负责研究落实对策措施	反映农民收入增长情况（区"十一五"规划指标）
	3	社会养老机构床位数	张	*5374	*6374	*8000 以上	区民政局	做好养老服务（区"十一五"规划指标，区政府 2008 年实事项目）
	4	居家养老服务人数	人	*5486	*7486	*10000	区民政局	扩大养老服务受益面（区政府 2008 年实事项目）
	5	市区两级文明创建达标率	%	85	87	90	区文明办	反映文明村和文明小区的创建达标情况（区"十一五"规划指标）
二 社会就业保障	6	新增本地劳动力就业岗位数	万个	3.7	*6.7	*12 左右	区劳动和社会保障局	增加居民就业（区政府 2008 年实事项目）

续表

类别	序号	具体指标	单位	2007年实绩	2008年目标	2010年目标	责任部门	简要说明
二 社会就业保障	7	劳动合同签订率	%	95	97	98	区劳动和社会保障局	保障就业人员合法权益
	8	＊＊基本社会保障覆盖率	%	97/65.6	实现农保区级统筹，基本社会保障覆盖率达到97.5/68	98/80	区劳动和社会保障局	提供基本社会保障，体现应保尽保
	9	促进困难群体就业			"双困人员"全部得到安置，"零就业家庭"动态为零	"双困人员"全部得到安置，"零就业家庭"动态为零	区劳动和社会保障局	解决困难群体就业问题（区政府2008年实事项目）
	10	促进就业培训		完成4万名本地劳动力技能培训、来沪从业人员职业技能和安全生产培训	累计完成12万名本地劳动力技能培训、来沪从业人员职业技能和安全生产培训	累计完成25万名本地劳动力技能培训、来沪从业人员职业技能和安全生产培训	区劳动和社会保障局、区安监局、区教育局	提高就业人员技能水平（区政府2008年实事项目）
三 社会公共服务	11	建立售后公房和动迁房物业管理保障机制			目前未建立物业管理的小区物业管理覆盖率达60%	目前未建立物业管理的小区物业管理覆盖率达90%	区房地局	完善物业管理服务
	12	完善廉租房保障体系			探索建立廉租住房租赁机制和保障体系	符合廉租住房政策的家庭基本进入廉租住房保障体系	区房地局	落实住房解困工作

续表

类别	序号	具体指标	单位	2007年实绩	2008年目标	2010年目标	责任部门	简要说明
三社会公共服务	13	老年教育普及率	%		参加老年学校学习的老年人数达到中低龄老年人总数的7%以上,参与多种形式老年社会教育的老年人数达到老年人总数的25%以上(户籍老年人)	参加老年学校学习的老年人数达到中低龄老年人总数的10%;参与多种形式老年社会教育的老年人数达到老年人总数的30%(户籍老年人)	区教育局	实施终身教育
	14	0~3岁儿童及其家长或看护人员受指导率	%	100	户籍人口受指导率达95%以上,常住流动人口参与率达85%以上	户籍人口受指导率达95%以上,常住流动人口参与率达90%	区计生委牵头落实,区教育局、区卫生局配合	提高儿童早期教育质量
	15	农村新型合作医疗保障水平(大病补偿)	%	60	60以上	60以上	区卫生局	减轻农民就医负担
	16	居民健康档案建档率	%	68.75	70	80	区卫生局	改善社区医疗服务(区政府2008年实事项目)
	17	流动人口入院分娩率	%	99.73	97	98	区卫生局	为来沪妇女提供生育安全服务

续表

类别	序号	具体指标	单位	2007 年实绩	2008 年目标	2010 年目标	责任部门	简要说明
三 社会公共服务	18	退休和困难妇女、60 岁以上农村居民及重残无业人员免费健康检查覆盖率	%	80	90	95	区妇儿办、区民政局、区残联、区卫生局 、区计生委	为困难群体提供健康服务(区政府 2008 年实事项目)
	19	＊＊＊社区“三个中心”达标率	%	97.2（91.7/100/100）	97.2（91.7/100/100）	100	区地区办、区卫生局、区民政局、区文广局	完善社区事务管理和卫生文化服务
	20	健身点覆盖率	%	小区健身点覆盖率达93.5%	小区健身点覆盖率达95%，建制完整的行政村健身点覆盖率达100%	小区健身点覆盖率达98%	区体育局	为城乡居民提供健身服务
	21	体育设施社会开放率	%		政府投资的体育设施向社会开放率达100%；凡符合开放条件的所有体育设施向社会开放	政府投资的体育设施向社会开放率达100%；凡符合开放条件的所有体育设施向社会开放	区体育局	提高体育设施利用率
	22	旧小区综合改造和旧住房综合整治面积	万米^2	160	＊360	＊500	区房地局	改善困难居民住房条件。包括“平改坡”改造工程(区“十一五”规划指标区政府 2008 年实事项目)

续表

类别	序号	具体指标	单位	2007 年实绩	2008 年目标	2010 年目标	责任部门	简要说明
三 社会公共服务	23	公共交通线路网密度	公里/平方公里	1.09	1.25	1.5	区建管局	改善群众出行条件(区“十一五”规划指标)
	24	农村等级公路通达率	%	90	100	100	区建管局	改善农村地区交通状况,实现行政村“村村通公路”
	25	实施无障碍设施建设	处		1600	＊3300	区建管局	改善为残疾人的服务
四 社会公共安全	26	＊＊＊＊万人发案率	起/万人	39.9	低于全市平均水平	逐步下降	区公安分局	加强平安建设
	27	＊＊＊＊八类案件发案率	%	8.0	控制上升势头	逐步下降	区公安分局	增强群众安全感
	28	＊＊＊＊入民宅盗窃案件发案率	%	23.2	控制上升势头	逐步下降	区公安分局	保障居住安全
	29	民生热线满意率	%	81.2	84	90	区信访办牵头落实,相关部门配合	解决群众实际困难
	30	信访案件办结率	%	89	91	95	区信访办	减少重复上访
	31	重点食品抽检平均合格率	%	91.9	92	95	区食药监局牵头落实,区农绿局、区质监局、区工商分局配合	做好食品安全工作

续表

类别	序号	具体指标	单位	2007 年实绩	2008 年目标	2010 年目标	责任部门	简要说明
五 生态文明建设	32	环境空气质量优良率	%	90	90 左右	逐步改善	区环保局	改善环境空气质量(区"十一五"规划指标)
	33	污水收集处理率	%	78	80	85	区水务局	减少污水排放,流经闵行区的水质不恶化(区"十一五"规划指标)
	34	生活垃圾无害化处理率	%	87	90 以上	98	区建管局	改善环境卫生状况(区"十一五"规划指标)
	35	人均公共绿地面积	米^2	15.8	16.5	18	区农绿局	促进生态文明建设(区"十一五"规划指标)
	36	居民饮用水管网改造	万米^2	*373	*523	*500 以上	区水务局	提高居民饮用水质量
	37	村宅河道整治率	%	82	85	95	区水务局	改善农村水环境,镇村级河道水质不断改善。(区政府 2008 年实事项目)
	38	实施基本农田保护区村庄改造		完成 4 个试点村庄改造工作	完成30%的村庄改造工作	基本完成基本农田保护区内的村庄改造	区政研室、区农绿局、区水务局	改善农民生产生活条件(区政府 2008 年实事项目)

续表

类别	序号	具体指标	单位	2007年实绩	2008年目标	2010年目标	责任部门	简要说明
五 生态文明建设	39	违法建筑整治面积	万米^2	112.8	*312.8	*1000	区城管大队	加强市容环境整治
	40	实施"城中村"和旧村宅改造	户		"城中村"和旧村宅改造动迁 2000 户左右	"城中村"和旧村宅改造累计动迁 5000 户左右	区房地局、区规划局	改善城乡居住环境

资料来源:上海闵行区政府研究室。

注:*标注数字为累计数。

**基本社会保障覆盖率:城镇社会保险、小城镇社会保险、农村社会养老保险、征地养老、外来从业人员综合保险覆盖率。

***社区"三个中心"达标率:指社区文化活动中心、社区卫生服务中心、社区事务受理服务中心的达标率。

****万人发案率:指刑案立案总数与当年全区实有人口(包括常住人口、来沪人口、境外人口、人户分离人口等)的万人比例。

八类案件发案率:指杀人、伤害、强奸、抢劫、爆炸、放火、绑架、劫持八类案件立案数占当年刑案立案总数的比例。

入民宅盗窃案件发案率:指入民宅盗窃类刑案数占当年刑案立案总数的比例。

(四)深圳净福利评价指标体系(见表4)

表4　　深圳净福利评价指标体系

指标名称	单位	代码	权数	备注	统计责任部门
深圳市民生净福利指数	%		100		市统计局
居民人均可支配收入增长率	%	1			市统计局
基尼系数		2			市统计局
主要农产品质量安全监测超标率	%	3		逆向指标	市农林渔业局
药品安全抽样合格率	%	4			市食品药品监督管理局
达到Ⅰ级和Ⅱ级空气质量天数	天	5			市环保局
主要饮用水源水质达标率	%	6			市环保局
交通事故死亡率	十万分之一	7		逆向指标	市公安局
城镇登记失业率	%	8		逆向指标	市劳动和社会保障局

续表

指标名称	单位	代码	权数	备注	统计责任部门
零就业家庭户数	户	9		逆向指标	市劳动和社会保障局
应届大中专毕业生就业比例	%	10			市人事局
社会保险综合参保率	%	11			市劳动和社会保障局
劳务工工伤保险参保率	%	12			市劳动和社会保障局
劳务工医疗保险参保率	%	13			市劳动和社会保障局
社会保障和就业支出占财政支出比例	%	14			市劳动保障局、财政局、民政局
社会捐赠款	万元	15			市民政局
财政性教科文卫体支出占财政支出比例	%	16			市财政局
财政性环保投资经费占财政支出比例	%	17			市财政局
财政性公共基础设施建设支出占财政支出比例	%	18			市财政局
人均受教育年限	年	19			市统计局、教育局
职工培训人均学时数	学时	20			市劳动和社会保障局

图表来源：深圳市委、市政府关于制定《深圳市民生净福利指标体系》的意见。

注：1.《指标体系》由市政府组织实施，每年考核一次。

2.《指标体系》的内容及具体指标由市统计局负责解释并依《中华人民共和国统计法》《深圳经济特区统计条例》进行统计和公布。

3.《指标体系》是动态发展的，将随着深圳经济社会发展适时调整，并在实践中不断探索、深化、完善。

(五)辽宁民生发展评价指标体系(见表5)

表5　　辽宁民生发展评价指标体系

总体层	系统层	状态层	变量层　要素层
民生发展总体水平	学有所教系统	入学率	学前三年毛入园率　小学毛入学率 初中毛入学率 高等教育毛入学率
		人均受教育年限	6岁以上文盲人口　小学教育程度人口 初中教育程度人口　高中教育程度人口
		人均教育经费	人均财政教育经费　人均学杂费 人均教育经费社会投入
	劳有所得系统	就业率	城镇登记失业率　失业保险覆盖率 农村剩余劳动力转移就业率
		收入水平	城镇居民可支配收入　农村居民纯收入 城镇居民收入最高最低比　城乡居民收入比 收入弹性　职工平均工资　最低工资标准
		消费水平	城市恩格尔系数　农村恩格尔系数　CPI
	病有所医系统	医疗保险覆盖率	城镇医疗保险覆盖率　新农合参合率 工伤保险覆盖率　生育保险覆盖率
		人均医疗经费支出	人均财政公共卫生支出　人均卫生总费用
		医疗设施水平	千人口卫生机构　千人口医疗机构床位 千人口职业医师　千人口卫生技术人员 千人口注册护士
		城乡医疗救助	城市医疗救助　农村医疗救助
		人口健康水平	人口平均预期寿命　婴儿死亡率 孕产妇死亡率
	老有所养系统	养老保险覆盖率	城镇基本养老保险覆盖率 农村养老保险覆盖率
		养老金水平	城镇人均养老金　城镇人均养老金增长率
		养老机构设施	百名老人养老院床位数
	住有所居系统	人均住房面积	城市人均住宅建筑面积　农村居民人均住房面积 低保户人均经济适用房面积
		住宅设施水平	城市燃气普及率　农村自来水饮用普及率 城市用水普及率
		住宅环境	建成区绿化覆盖率　人均公园绿地面积 生活垃圾无害处理率　工业废水排放达标率 二氧化硫去硫率　固体废物利用率
		公共基础设施	人均城镇社区服务设施　人均城市道路 面积万人拥有公共交通车辆
		公共安全	交通事故百万人死亡率　人口火灾发生率
	困有所帮系统	城乡最低生活保障	城镇最低生活保障年补差额　在乡老复员军人 定期定量补助　农村最低生活保障年补差额
		特殊群体救助标准	农村五保户供养标准　60年代精简职工补助标准 孤老残幼保障标准　流浪乞讨人员救助标准
		政府救助经费投入	社会福利院养员经费　儿童福利院养员经费 流浪乞讨救助单位工作经费　灾民倒房重建经费
	乐有所享系统	文化消费支出	城镇居民文化支出 农村居民文教娱乐及服务支出
		文化体育设施水平	移动电话普及率　固定电话普及率 广播综合人口覆盖率　电视综合人口覆盖率 每百人拥有博物馆　每万人乡镇文化站 每百万人公共图书馆藏书　人均体育场地面积 每百人拥有文化馆群众艺术馆

(六)大连中国北方科学发展示范城市评价指标体系(见表6)

表6　大连中国北方科学发展示范城市评价指标体系(含43项指标)

目标层	准则层	子准则层	指标层	单位	属性
中国北方科学发展示范城市指标体系	经济发展	发展水平	人均GDP	元	正指标
			财政一般预算收入与GDP之比	—	正指标
		运行质量	人均GDP增速与GDP增速之比	—	正指标
			现代服务业增加值占GDP比重	%	正指标
			城乡居民储蓄存款余额占GDP比重	%	正指标
			规模以上工业高新技术产品产值占规模以上工业总产值比重	%	正指标
		经济效益	规模以上工业企业总资产贡献率	—	正指标
			规模以上工业经济效益综合指数	—	正指标
		外向辐射能力	实际外资利用总额与GDP之比	—	正指标
			外贸依存度	—	区间指标
		城乡协调	城市化率	%	正指标
			城乡居民收入之比	—	逆指标
			农业科技贡献率	%	正指标
			三农支出占财政一般预算支出比重	%	正指标
		社会保障	城镇职工基本社会保险覆盖率	%	正指标
			新型农村合作医疗参合率	%	正指标
			农村养老保险覆盖率	%	正指标
		社会事业	全社会R&D投入占GDP比重	%	正指标
			万人专利授权量	件/万人	正指标
			人均受教育年限	年	正指标
			万人拥有医生数	人/万人	正指标
		社会安定	城镇登记失业率	%	逆指标
			社会安全指数	—	正指标

续表

目标层	准则层	子准则层	指标层	单位	属性
	人民生活	生活水平	恩格尔系数	—	区间指标
			城乡人均可支配收入增幅与人均 GDP 增幅之比	—	正指标
			农村居民人均消费支出	元	正指标
			在岗职工年平均工资	元/人	正指标
		生活质量	人口平均预期寿命	岁	正指标
			城市人均住房建筑面积	平方米	正指标
			万人拥有公交车数量	辆/万人	正指标
			噪声扰民投诉结案率	%	正指标
			食品药品安全指数	—	正指标
			城市主要饮用水源水质达标率	%	正指标
	生态文明	环境保护	森林覆盖率	%	区间指标
			空气质量优良天数比率	%	正指标
			城市人均公园绿地面积	平方米	正指标
			城市生活垃圾无害化处理率	%	正指标
			城市污水综合处理率	%	正指标
			环保投资指数	%	正指标
		资源集约利用	人均耕地保有量	公顷	区间指标
			工业固体废弃物综合利用率	%	正指标
			万元 GDP 能耗降低率	%	正指标
			万元 GDP 水耗降低率	%	正指标

资料来源:大连市政府发展研究中心战略室。

注:其中新增综合指数:

1. 城镇职工基本社会保险覆盖率是反映社会保障水平的重要指标,一般包括医疗保险、养老保险、失业保险、生育保险等分类险种的覆盖情况。

2. 社会安全指数是衡量一定时期内,社会安全的几个主要方面包括社会治安、交通安全、生活安全、生产安全等的总体变化情况。

3. 食品药品安全指数是反映日常饮食、用药等安全情况的指标,可通过所选主要食品和药品的合格情况进行衡量。

三、大连民生发展评价指标体系的构建

综合以上各类民生相关的评价指标体系，借鉴国内外有关研究成果的经验，结合大连的民生发展的实际，我们将大连民生发展总系统解析为“人民生活水平、社会就业保障、社会公共服务、社会公共安全和生态文明建设”五大支持系统，15 个子系统，64 个指标，系统地对指数进行了定量描述和无量纲化，构成了《大连民生发展评价指标体系》。

（一）评价指标体系设置的基本原则

由于民生内涵的广泛性，决定了评价其发展水平用一两个指标全面、科学地反映是不可能的，必须设立评价指标体系。为此，我们在权威数据可得性的基础上，结合大连民生发展的实际，研究制定了构建指标体系的基本思路、基本原则、基本框架和标准化处理方法，创新性地构建大连民生发展评价指标体系。

1. 科学性原则

首先评价指标体系的架构应是科学的，指标的选取必须有充足的科学依据。本报告指标体系包括了人民生活水平、社会就业保障、社会公共服务、社会公共安全以及生态文明建设五大支持系统，涉及老百姓的衣食住行用，力求更加贴近民众生活，并让老百姓能直观感受到。

2. 代表性原则

反映民生的指标很多，有的直接反映，有的是间接反映。但评价指数体系不宜庞大，指标不能过多。所以在指标的选择上要有代表性。我们选取的大多是直接反映民生的指标。

3. 可得性原则

指标体系的设立必须充分考虑指标数据是否能得到，否则指标体系再科学，如果指标数据得不到也难以量化。指标的选取不仅考虑大连的数据是否能得到，而且要考虑在同一时点其他的城市是否共同具有。

4. 可量化性原则

民生发展水平的评价必须是定量与定性相结合，但评价体系中的指标应能量化计算，使其更具说服力。

5. 稳定性与可变性相结合的原则

民生发展本身是动态的，不同阶段的内涵不同，代表民生的指标也不尽相同，基本指标应保持相对稳定，部分指标随内涵变化可做适当调整，但特别要注意指标的连续性。

（二）评价指标体系设置的基本思路

1. 描述性指标体系设置的基本思路

描述性指标体系，以基础指标为主，即原始的定量描述的基础数据。描述性指标体系及其作用，是在科学发展观指导下设置民生发展指标体系，既不能照搬照抄已有的经济、社会、人口、资源和环境等各项统计的指标，又不可能完全抛弃它们另行搜集统计数据，因此，必须在充分利用已有统计的基础上，根据具体情况进行发展和创新。因而建立

民生发展指标时,必然首先总结和回顾以往传统的统计指标体系,这是建立、形成民生发展指标体系的基础工作。描述性指标体系正是基于这样一种考虑而设置的。它按照一定的体系汇集了以往各项统计中能为我所用的各项指标,因而描述性指标体系设置的基本思路是:

(1)汇集描述可持续发展状况和趋势的基本数据,全面、翔实地反映民生发展的基本状态。

(2)协调、统一各项统计的基础,确定形成评价指标的基础数据,形成评价指标的基础。

(3)根据确定形成评价指标的基础数据,根据各个指标隶属的范围和说明的问题,描述性指标体系设置民生发展指标体系的框架。

2. 评价性指标体系设置的基本思路

评价性指标体系,以相对指标为主,即无量纲化了的指标。评价性指标体系的作用相对单一,主要是对民生发展的状况进行评价。但是评价指标体系的指标具有高度综合性和创新性,从而可以达到综合评价的目的,精辟地洞察和把握民生发展的状态、脉络和趋势。因而评价性指标体系设置的基本思路是:

(1)指标的选择。仅用从描述性指标生成的相对指标是不够的,必须从民生发展的新的要求和大连市情出发,全面考察各个子系统的相互关系,探索出一些创新指标、综合指标和系统指标。

(2)各个指标在民生发展中的重要程度是不同的,在进行评价时,必须赋予不同的权数。各指标的权数,可以通过专家咨询意见来确定,也可以用层次分析法等数学方法,但最好是两者配合。这样可以较全面地、客观而现实地反映大连民生发展的总体状况和特征,为大连民生发展的宏观管理和决策提供可靠的依据。

(3)民生发展评价需要一定标准。但其标准并不是一个绝对概念,而是一个相对的、不断发展着的概念。随着时间的变化和地域的不同,实际情况不同,标准也应做相应的变更。

3. 大连民生发展指标体系设置的基本思路

描述性指标体系侧重于描述、解释的功能,而评价指标体系侧重于评价、监测和预警的功能。这两部分相互依存而又相对独立,既有联系又有区别,是不可分割的统一体。

综上所述,合二为一,从而明晰整个大连民生发展指标体系设置的基本思路:

(1)描述性:反映民生发展的现状,是开展统计调查搜集统计数据的框架和依据。

(2)解释性:提供分析民生发展的状态和变化原因的逻辑线索。

(3)评价性:根据民生发展的判别标准,对实际发展情况做出评价。

(4)监测性:通过统计,对民生发展进行监测和干预,为政策和法规的制定提供必要的依据。

(5)预警性:为未来的民生发展提供预测和可行方案。

(三)指标体系的基本框架

民生问题涉及面广,内容丰富,按照党的十七大报告对民生内涵的阐述,我们在省内外进行大量的深入的调查研究的基础上,借鉴了西安、深圳、上海、浙江和辽宁等民生发展水平评价指标体系建设的经验,研究设计人民生活水平、社会就业保障、社会公共服务、社会公共安全、生态文明建设等五大支持系统,15 个子系统,64 个指标构成的民生发展指标体系。

1. 大连民生发展指标体系框架结构(见表 7)

表 7

总体	支持系统	子系统	指标
民生指标总体水平	人民生活水平	收入水平	城镇居民可支配收入、农村居民纯收入、收入弹性、城乡居民收入比、职工平均工资、最低工资标准、企业人均退休养老金
		消费水平	城镇居民人均消费支出、农村居民人均消费支出、城市恩格尔系数、农村恩格尔系数 CPI
		住房水平	城市人均住宅建筑面积、农村人均住房面积
	社会就业保障	劳动就业	城镇登记失业率、劳动合同签订率、零就业家庭动态户数、新增本地劳动力就业岗位
		社会保障	养老保险覆盖率、医疗保险覆盖率、失业保险覆盖率、新农和参合率、城镇居民最低生活保障金、农村人均最低生活保障金、每千名老人社会养老机构床位数
	社会公共服务	教育水平	学前三年入园率、高中阶段毛入学率、高等教育毛入学率、人均受教育年限、人均财政性教育经费、人均教育经费社会投入
		卫生医疗	婴儿死亡率、孕产妇死亡率、千人医疗机构床位、千人拥有执业医师、人均平均预期寿命、人均财政公共卫生经费支出、卫生医疗支出占财政支出比
		公共设施	城市燃气普及率、城市用水普及率、人均道路面积、万人公交车
		文化体育	万人公共图书馆藏书、万人拥有文化观群众艺术馆、固定电话普及率、移动电话普及率、广播综合人口覆盖率、电视综合人口覆盖率、人均体育场地面积
	社会公共安全	交通火灾	交通事故件数、交通事故百万人死亡率、人口火灾发生率、火灾人口死亡人数
		公共安全	公众安全感总体满意度、信访案件结办率
		食品安全	重点食品抽检平均合格率
	生态文明建设	空气质量	城市空气质量优良率
		城市绿化	人均绿地面积、建成区绿化覆盖率
		环境治理	生活垃圾无害处理率、生活污水处理率、工业废水排放达标率、工业二氧化硫去硫率、固体废物利用率

2. 大连民生发展指标内涵界定

(1)人民生活水平(14 个指标):

城镇居民人均可支配收入:指被调查的城镇居民家庭在支付个人所得税、财产税及其他经常性转移支出后所余下的实际收入。

农民人均纯收入:指农村常住居民家庭总收入中,扣除从事生产和非生产经营费用支出、缴纳税款和上交承包集体任务金额以后剩余的,可直接用于进行生产性、非生产性建设投资、生活消费和积蓄的那一部分收入。农村居民家庭纯收入包括从事生产性和非生产性的经营收入,取自在外人口寄回带回和国家财政救济、各种补贴等非经营性收入;既包括货币收入,又包括自产自用的实物收入。但不包括向银行、信用社和向亲友借款等属于借贷性的收入。

收入的(GDP)弹性 = 人均工资收入增长百分比/GDP 增长百分比,反映一个地区经济变动对人民收入水平的影响。

城乡居民收入比 = 城镇居民人均可支配收入 ÷ 农民人均纯收入,反映城乡协调发展的程度。

在岗职工平均工资:指企业、事业、机关单位的在岗职工在一定时期内平均每人所得的货币工资额。它表明一定时期职工工资收入的高低程度,是反映职工工资水平的主要指标。计算公式为:职工平均工资 = 报告期实际支付的全部职工工资总额 ÷ 报告期全部在岗职工平均人数。

最低工资标准:是指劳动者在法定工作时间或依法签订的劳动合同约定的工作时间内提供了正常劳动的前提下,用人单位依法应支付的最低劳动报酬。

企业人均退休养老金:指按照国家有关规定,企业退休人员人均领取的养老金数额,反映城镇基本养老水平。

城镇居民家庭人均消费支出:指被调查的城镇居民家庭人均用于日常生活的全部支出,包括购买商品支出和文化生活、服务等非商品性支出。不包括罚没、丢失款和缴纳的各种税款(如个人所得税、牌照税、房产税等),也不包括个体劳动者生产经营过程中发生的各项费用。

农村居民人均消费支出:指农村常住居民家庭用于日常生活的全部开支,是反映和研究农民家庭实际生活消费水平高低的重要指标。

城市恩格尔系数 = 城市家庭食品支出总额 ÷ 家庭消费支出总额 ×100%,反映城市生活水平高低及富裕程度的指标。

农村恩格尔系数 = 农村家庭食品支出总额 ÷ 家庭消费支出总额 ×100%,反映农村生活水平高低及富裕程度的指标。

CPI:即消费者物价指数。反映一定时期内城乡居民所购买的生活消费品价格和服务项目价格变动趋势和程度的相对数。是综合了城市居民消费价格指数和农民消费价格指数计算取得。利用居民消费价格指数,可以观察和分析消费品的零售价格和服务价格变动对城乡居民实际生活费支出的影响程度。

城市人均住宅建筑面积 = 城市居民住房建筑总面积 ÷ 城市年末总人口,反映城市居民居住水平和质量。

农村居民人均住房面积 = 农村居民住房建筑总面积 ÷ 农村年末总人口,反映农村居民居住水平和质量。

城镇登记失业率 = 城镇登记失业人数 ÷(城镇从业人数 + 城镇登记失业人数)× 100%。

(2)社会就业保障(11 个指标):

劳动合同签订率 = 已经签订劳动合同的雇员人数 ÷ 全部雇员人数 ×100%,反映依法构建和谐稳定劳动关系的重要指标。

零就业家庭动态户数:城镇"零就业家庭"是指本市非农业户籍家庭中,在法定劳动年龄内(在校学生、现役军人、内退人员、办理提前退休人员除外)有劳动能力的家庭成员,均进行了失业登记,且无一人就业的家庭。

新增就业及再就业人数:本年度地区新增就业以及再就业人员总和。

城镇基本养老保险覆盖率 = 本年养老保险已参保人数 ÷ 基本养老保险应参保人数 ×100%,反映社会保障的重要指标之一。

城镇基本医疗保险覆盖率: = 本年城镇医疗保险已参保人数 ÷ 基本城镇医疗保险应参保人数 ×100%,反映社会保障的重要指标之一。

失业保险覆盖率 = 本年失业保险已参保人数 ÷ 失业保险应参保人数 ×100%,反映社会保障的重要指标之一。

农村新型合作医疗参合率 = 农村合作医疗的人口 ÷ 农村总人口 ×100%,反映农村社会保障重要指标之一。

城镇居民人均最低生活保障金:按照国务院发布的《城市居民最低生活保障条例》,持有非农业户口的城市居民,凡共同生活的家庭成员人均收入低于当地城市居民最低生活保障标准的,均有权从当地人民政府获得基本生活物质帮助的权利。反映社会救助的指标之一。

农村人均最低生活保障金:凡共同生活的家庭成员人均收入低于当地农村居民最低生活保障标准的,均有权从当地人民政府获得基本生活物质帮助的权利。反映社会救助的指标之一。

每千名老人拥有养老机构床位数 = 地区养老机构床位数 ÷ 本地区 60 岁以上老龄人口数 ×1000,反映地区社会养老福利水平的重要指标之一。

(3)社会公共服务(24 个指标):

学前三年入园率 = 在园幼儿数 ÷ 学前三年幼儿人口总数 ×100%,反映学前教育普及情况的指标。

高中阶段毛入学率 = 升入高中阶段教育人数 ÷ 初中毕业生人数 ×100%,反映高中教育程度的指标之一。

高等教育毛入学率=某学年本地生源高等教育在学人数÷某年本地籍18~22岁人口数×100%,反映地区高等教育发展状况的指标之一。

人均受教育年限:反映的是地区人口受教育的总体水平。

人均财政性教育经费支出=地区财政性教育经费总支出÷基础教育人口数,反映地区财政对教育的重视程度。

教育支出占财政支出比=地区财政教育经费总支出÷地区年财政总支出×100%,反映地区财政对教育的重视程度。

人口平均预期寿命:是指假若当前的分年龄死亡率保持不变,同一时期出生的人预期能继续生存的平均年数,反映本地区人口健康水平的重要指标之一。

婴儿死亡率=某年内死亡的婴儿数÷相应的同地区活产数×1000‰,反映当地孕产妇工作状况及社会经济水平的重要指标。

孕产妇死亡率(十万分之):指一年内每10万名活产儿中孕产妇死亡数,反映当地孕产妇工作状况及社会经济水平的重要指标。

千人医疗机构床位=(医院床位+卫生院床位数)÷年末总人口。

千人拥有执业医师=年末总人口÷执业医师数。

人均财政公共卫生经费支出=地区财政公共卫生经费总支出÷年末总人口,反映地区财政对公共卫生的重视程度。

卫生医疗支出占财政支出比=地区财政公共卫生经费总支出÷地区年财政总支出×100%,反映地区财政对公共卫生的重视程度。

城市燃气普及率=城市用煤气的非农业人口数÷城市非农业人口数×100%,反映城市公共设施水平的重要指标之一。

城市用水普及率=城市用水的非农业人口数÷城市非农业人口数×100%,反映城市公共设施水平的重要指标之一。

人均道路面积=道路总面积÷年末总人口,反映道路交通设施水平的重要指标之一。

万人公交车数量=城市运营公交车总数量÷年末总人口×10000,反映城市交通运输水平的指标之一。

每万人公共图书馆藏书=地区公共图书馆藏书总量÷年末总人口×10000,反映城市公共文化设施水平的指标之一。

每百万人拥有文化馆群众艺术馆=地区文化群众艺术馆总数÷年末总人口×1000000,反映城市公共文化设施水平的指标之一。

固定电话普及率(户籍百人):即地区内每百人所拥有的固定电话数,固定电话用户指接入国家公众固定电话网,并按固定电话业务进行经营管理的电话用户。

移动电话普及率(户籍百人):即地区内每百人所拥有的移动电话数,移动电话用户指在移动电话营业部门登记,通过移动电话交换机进入移动电话网、占有移动电话号码的用户。

广播综合人口覆盖率:是指广播信号有效作用的范围及在该范围内能够有效接收广播信号的人口,反映广播设施水平的指标。

电视综合人口覆盖率:是指电视信号有效作用的范围及在该范围内能够有效接收广播信号的人口,反映电视设施水平的指标。

人均体育场地面积=体育场地总面积÷年末总人口,反映体育设施水平的重要指标之一。

(4)社会公共安全(7个指标):

交通事故件数:全年地区交通事故总数。

交通事故百万人死亡率=交通事故中死亡人数÷年末总人口×1000000,反映交通安全的重要指标。

火灾发生数:全年地区火灾发生总数。

火灾死亡人数:火灾中死亡人数。

公众安全感总体满意率:社会治安满意率简称公众安全感,是公众对社会治安状况的直接感受和综合反映,是一种直观考量公众对社会治安的承受性、认同性的综合性指标。

信访案件办结率=政府部分办结数÷全部信访案件数量×100%,反映政府对民意上达的重视程度和办事能力。

重点食品抽检平均合格率:主要指对水果、大米、婴幼儿配方乳粉、水产品、果汁饮料、蔬菜、鲜猪(牛、羊)肉、发酵性豆制品、膨化食品、葡萄酒10类重点食品进行的质量监测,是衡量食品安全的重要指标之一。

(5)生态文明建设(8个指标):

环境空气质量优良率=空气质量优良天数÷365×100%,反映地区空气质量情况。

建成区绿化覆盖率=建成区绿化覆盖面积÷建成区面积×100%,反映地区森林面积占有情况或森林资源丰富程度及实现绿化程度的指标。

人均公园绿地面积=公园绿地面积÷年末总人口,反映城市人居绿化水平和生态人文关怀。

环境污染治理本年完成投资总额:污染治理本年完成投资总额:指企事业单位本年在污染治理工程(或设施)建设中实际投入的资金总额。包括工业污染源治现投资、新建项目环保设施“三同时”投资两部分。

生活垃圾无害处理率=垃圾无害化处理量÷垃圾总量,反映城市环境保护水平和居民移居程度的指标之一。

城镇生活污水处理率=城镇生活污水处理量÷城镇污水排放量,反映城市环境保护水平的指标之一。

工业废水排放达标率=工业废水排放达标量÷工业废水排放量×100%,反映城市环境保护水平的指标之一。

工业二氧化硫去硫率:指燃料燃烧和生产工艺废气经过各种废气治理设施处理后,

去除的二氧化硫量,反映城市环境保护水平的指标之一。

固体废物利用率=工业固体废物综合利用量÷(工业固体废物产生量+综合利用往年贮存量)×100%,反映城市环境保护水平的指标之一。

3. 大连民生发展指标的标准化处理

考虑到选择的指标性质分类不同,比如属于时间性质的天数、年度,属于数量性质的个数,还有属于指数性质的百分比、千分比等。为消除差异,使这些指标之间具备可比性,对它们进行了标准化处理,即是通过数学变换来消除原始变量(指标)的量纲影响。

其公式如下:$y_i = \frac{x_i - \min x_i}{\max x_i - \min x_i}$

式中 y_i 为指标标准化后的数值,x_i 为指标标准化前的数值,$\min x_i$ 为该指标数列的最小值,$\max x_i$ 为该指标数列的最大值。经标准化处理后,各项指标演进成为最小值为0,最大值为1,其余指标介于0~1之间的数列。

在对民生发展指标的表述上,选择的5大系统指标中绝大多数是数值越大越好,但在城乡居民收入比、城镇登记失业率、婴儿死亡率等11项指标是数值越小越好(注:64项指标中,共计53项正指标,11项逆指标)。在标准化过程中对这11项逆指标的标准化公式进行了修正:

$$y_i = \frac{\min x_i - x_i}{\max x_i - \min x_i}$$

加权线性和法的基本公式为: $Y = \sum_{i=1}^{n} w_i y_i$

式中,Y 为被评价事物得到的综合评价值;w 为各评价指标的权数;y_i 为单个指标的评价值;n 为评价指标个数。

由于五大体系涉及的都是和民生发展问题密切相关领域,其所代表的民生含义都很重要,人为的划分权重,很难给出合理解释,因此这里我们赋予其等值均为20%的权重,即相当于 w_i 都取值为1,即不加权。因此,指数标准化以后的加总合成公式可以简化为:

$$Y = \sum_{i=1}^{n} y_i$$

由于我们选用的指标数量有限,同时又含有逆指标(53项正指标、11项逆指标),经过指数加总,理论上我们将得到一个最大值为53、最小值为-11的数列。为了避免出现负值,且更易于比较分析,将人民生活水平、社会就业保障、社会公共服务、社会公共安全、生态文明建设五大系统分别赋予等值基础分10分。

四、大连与部分城市民生发展比较分析

(一)大连民生发展位居全省首位

改革开放30年以来,尤其是"九五"末至"十一五"期间,民生问题一直为大连市委、市政府所重视。在历届市委、市政府的正确领导下,全市人民共同努力,我市城乡居民的

生活经历了某些发达国家几十年、几百年才发生的巨大而深刻的变化,民生状况极大改善,其发展走在全省前列,并奋起赶追发达副省级城市,成效为国人瞩目。

1. 民生发展总体水平简析

表8　　辽宁各市民生发展水平得分及排名

地区	民生发展总体水平		人民生活水平		社会就业保障		社会公共服务		社会公共安全		生态文明建设	
	总指数	排序	指数	排序	指数	排序	指数	排序	指数	排序	指数	排序
大连	92.68	1	19.01	1	17.34	1	27.54	1	13.93	1	14.86	1
沈阳	87.93	2	18.97	2	15.68	3	25.68	2	13.55	2	14.05	5
盘锦	84.56	3	17.58	4	16.39	2	23.38	3	12.93	4	14.28	3
鞍山	77.86	4	18.31	3	14.62	5	21.21	5	11.54	11	12.18	13
本溪	77.03	5	15.30	12	14.94	4	21.78	4	12.05	6	12.96	11
营口	76.13	6	16.41	6	13.60	9	19.95	6	12.29	5	13.88	7
辽阳	75.10	7	15.60	10	14.18	7	19.79	7	11.86	7	13.67	8
抚顺	74.06	8	16.56	5	14.28	6	18.60	9	11.56	9	13.06	10
丹东	73.83	9	14.61	14	13.90	8	18.72	8	13.11	3	13.49	9
锦州	73.58	10	16.23	8	13.08	11	18.48	10	11.68	8	14.11	4
葫芦岛	73.22	11	16.27	7	13.51	10	17.49	11	11.61	10	14.34	2
铁岭	69.44	12	15.76	9	12.72	12	15.71	14	11.34	12	13.91	6
阜新	66.78	13	14.86	13	12.63	13	15.94	12	11.21	13	12.14	14
朝阳	66.50	14	15.34	11	12.03	14	15.76	13	11.17	14	12.20	12

数据来源:依据《2008年辽宁省统计年鉴》测算得出。

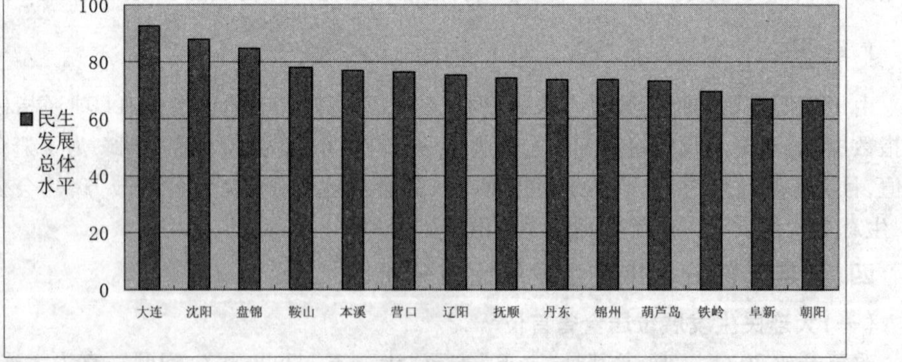

图2　辽宁各市民生发展总体水平比较

依据辽宁各市民生发展总体水平指数顺位差距，全省14个省辖市民生发展水平呈现4个层次。第一层级为大连，民生发展总指数为92.68，高于第二层级4.75个百分点；第二层级两个城市，沈阳87.93、盘锦84.56，高于第三层级6.7个百分点；第三层及由八个城市组成，分别是鞍山77.86、本溪77.03、营口76.13、辽阳75.10、抚顺74.06、丹东73.83、锦州73.58和葫芦岛73.22，高于第四层级3.78个百分点；第四层级为铁岭69.44、阜新66.78、朝阳66.50。

数据表明：大连民生发展总体水平位居全省之首，且“人民生活水平、社会就业保障、社会公共服务、社会公共安全和生态文明建设”五大支持系统，全方位领先，全部位居全省第一。

2.人民生活水平系统简析

近年来，大连经济社会发展突飞猛进，2002年~2008年大连人均地区生产总值始终位居全省第一，地方财政收入也一直位居全省各市之首。2008年大连地区生产总值3858亿元，增长16.5%；按常住平均人口计算，全市人均生产总值63198元，增长22.4%；完成地方财政一般预算收入339亿元，增长26.5%。

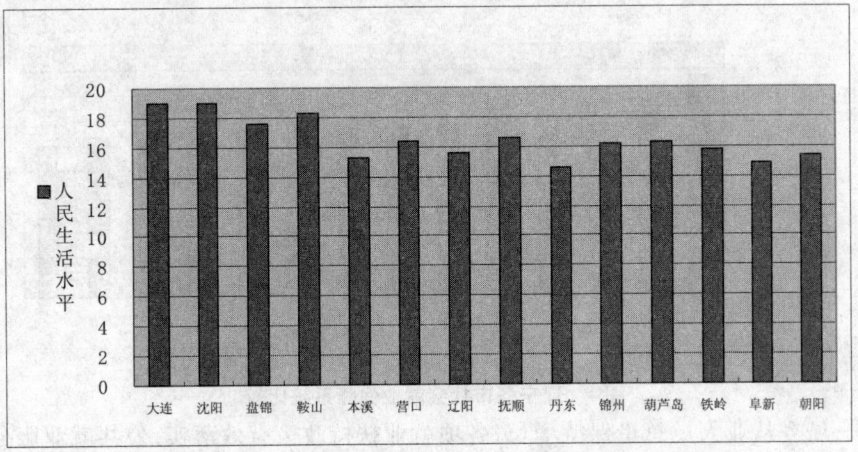

图3 辽宁各市人民生活水平系统比较

——居民家庭收入继续提高，理财意识不断提高，财产性收入显著增加。城市居民年人均可支配收入17500元，比上年增长15.8%；农村居民年人均纯收入9818元，比上年增长17.3%。随着老百姓投资意识、理财意识不断增强，投资渠道的逐步拓宽，除拥有银行存款外，居民拥有的股票、债券、基金等有价证券以及房屋、车辆、收藏品等各类资产正在逐步增多，居民家庭以利息、股息、红利及出租房屋收入为主的财产性收入实现了从无到有、从少到多大幅度的增长。

——居民消费支出快速增长，消费结构持续升级，生活品质稳步提高。在收入持续增长的同时，城乡居民的消费能力和消费水平也在不断提高，消费结构逐步优化，传统的温饱型消费模式逐步升级为生活质量型消费模式。2008 年大连城市年人均消费支出 14101 元，增长 16.2%。农村年人均生活消费支出 5770 元，增长 10.9%。城市居民家庭恩格尔系数 37.9%，农村居民家庭恩格尔系数 46.4%。

——城市居民住宅水平从拥挤窘迫到宽敞明亮，城镇住房保障制度建设加快推进。截至 2007 年末，市内四区人均建筑面积为 26.7 平方米，常住家庭户均建筑面积 75.3 平方米。2005 年～2007 年，大连市先后解决了 77380 户居民的住房困难问题。其中，安排经济适用住房 7.4 万套，廉租住房 3380 户。今后市内四区的新建住宅将重点倾斜于甘井子区，同时将继续加快推进城镇住房保障制度建设，进一步扩大廉租住房供给，规范和加强经济适用住房建设，在解决城镇低收入家庭住房困难的基础上，不断提高广大群众的居住水平。

3. 社会就业保障系统简析

多年来，大连在劳动就业、社会保障以及构建企业和谐劳动关系等方面进行了积极实践和有益探索，取得了较好的成效，不少做法在全省乃至全国都树立了典型。

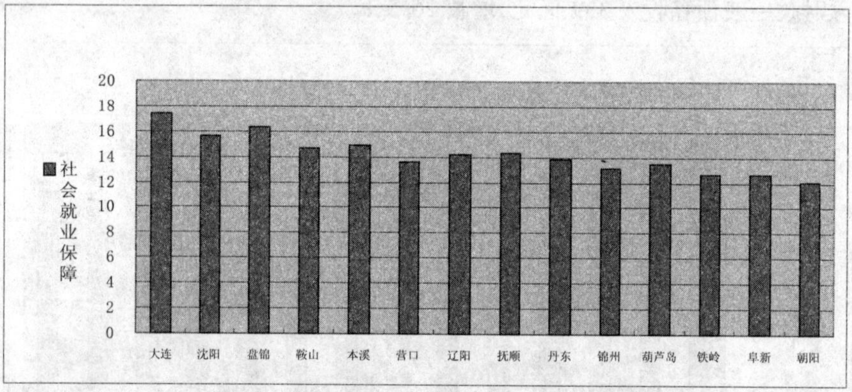

图 4　辽宁各市社会就业保障系统比较

——城乡从业人员总量保持增长，各项就业扶持政策有效落实，公共就业服务水平逐步提高。大连市委、市政府高度重视我市就业和再就业工作，千方百计为城镇下岗失业人员、新生劳动力和外地农民工创造就业机会。近年来，城乡从业人员总量继续保持增长态势，2007 年全市城乡从业人员 364.5 万人，比上年末增加 12.1 万人。居民就业观念不断转变，就业渠道不断拓宽，第三产业从业 178.7 万人，比去年增加 6.3 万人。2007 年，城镇登记失业率控制在 2.46%，比上年末下降 0.44 个百分点，实现城镇就业与再就业 16.1 万人，其中下岗失业人员就业 11.6 万人，创业就业 1.9 万人，大龄困难人员就业 9591 人，有就业愿望的零就业家庭人员全部实现就业。各项就业扶持政策有效落实，2007 年发放小额担保贷款 1.1 亿元，筹集再就业资金 6.2 亿元，使用再就业资金 6.3 亿元。为再就业人员减免税 2343 万元；为企业减免税 8913 万元；减免行政事业性费用 2166 万元；为 14.7 万“4050”人员发放社保补贴 3.5 亿元；扶持创业带头人 1885 人，带动就业 9061 人。公共就业服务水平逐步提升，各类职业介绍机构达 256 所，全年介绍成功 19.4 万人次就业。

——社会保障工作日益完善，财政转移支付金额不断增加，退休及低收入群体生活水平持续提高。我市社会保障制度早在 1985 年就开始建设，历经几个改革阶段。目前全市城镇基本养老保险扩面工作稳步推进，截至 2007 年末全市参保人数 139 万人，比上年末增长 3.1 %，征缴保险费 67.6 亿元，比上年末增长 22.9 %；城镇基本医疗保险取得新突破，参保人数 269.2 万人，比上年末增加 64.6 万人，保险费征缴收入 30.4 亿元，同比增长 29.4%；提高了失业保险金标准，平均每人每月提高 109.7 元；工伤保险定期待遇增长 7%；生育保险覆盖面逐步扩大；采暖费补贴社会化发放工作稳步推进。与此同时，市委、市政府也高度关注退休人员、低收入家庭和贫困家庭的生活状况，通过政府财政转移支付，不断促进其转移性收入的增长。企业退休人员养老金标准，由 889 元提高到 1029 元，增长 15.7%，企业职工最低工资标准，整体上浮 14.8%。在社会救助方面，提高了全市最低生活保障金额度，2007 年全市城乡低保对象总数达到 15.1 万人，全年累计发放城乡低保金 2.1 亿元。

4. 社会公共服务系统简析

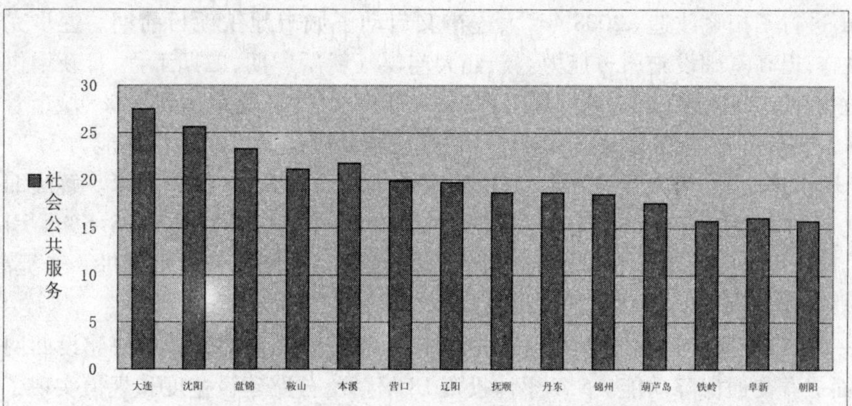

图 5 辽宁各市社会公共服务系统比较

——高水平高质量普及九年义务教育，大力发展高等教育和职业教育，全面推进教育现代化。2007 年，全市小学学龄人口净入学率为 99.7%，初中学龄人口净入学率为 99.8%，高中阶段教育毛入学率为 95%，城区全部通过了省级评估验收，达到省定“双高普九”标准。同时，完善了城市困难家庭、农民工子女就学制度和扶困助学体系，全市中小学共接收农民工子女 9.3 万人。加大城乡、区域间师资交流力度，新增教育经费重点向农村欠发达地区倾斜，使农村 26.9 万名中小学生和城区 1 万多名贫困学生享受到免费义务教育。大力发展高等教育，全力支持在我市高校的发展；立足地方经济服务振兴东北，积极发展职业教育，广泛开展各种形式的职业技术教育和培训，为城市经济建设的可持续发展,培养造就了大批高素质、实用型技术人才。

——加强公共医疗卫生服务,大力推行新型农村合作医疗,全面提高人民健康水平。着力加强配套软件建设,逐步形成覆盖全市、布局合理、功能完善的疾病预防控制体系、卫生监督体系、医疗急救体系、妇幼卫生保健体系和卫生信息体系。截至2007年年末,全市共拥有各类医疗机构2361个;编制床位数27259张,实有床位数26443张,每千人拥有医院床位4.36张;卫生工作人员4.2万人,每千人拥有医生2.38人;城市人均期望寿命79.86岁;全市孕产妇死亡率为11.77/10万,婴儿死亡率为4.92‰,顺利通过国家卫生城市复核,保持了国家卫生城市荣誉称号。同时,还把社区卫生服务纳入社区建设规划,形成以社区卫生服务中心为基础的新型城市卫生服务体系。强化了公立医院公共服务职能,降低医药费用水平,完善医疗救助制度,减轻群众的医疗费用负担。大力推行新型农村合作医疗,提前两年实现了国家提出的建立基本覆盖农村居民的新型农村合作医疗制度的目标。

——全面提升城市功能,加快城市公共设施建设。不断强化城市建设和管理工作,市政公用设施服务能力不断提高。完成投资1300亿元,实施了周水子国际机场扩建、火车站改扩建、旅顺—烟台火车轮渡、快轨三号线延伸段等工程项目。对主城区20多条道路、路街进行了拓宽改造。2008年,大连市又启动了城市地铁项目前期。逐步完善市政公用设施,提高基础设施服务能力。新建大连煤气新厂一期、二期工程,日新增供气能力70万立方米。2008年,全市现有煤气用户65万户,燃气普及率达到97%,城市管道煤气普及率为84%。共投资80亿元,加强了供热设施基础建设。新增供热能力3170万平方米。新增供热面积1922万平方米,市内四区供热总面积1.06亿平方米。解决旧城区无暖气设施30万平方米。城市集中供热率达到70%,住宅供热普及率98.5%。引英入连供水工程建成投入使用。农村饮水安全工作成效显著。城市管理水平进一步提高,进一步完善"三级管理、四级网络"的城市管理体制。

——城市交通和运输服务优化升级,城市功能总体得到提升。加快建设四网一环公路,全面提升交通保障功能。5年累计投资181亿元,公路建设速度和规模实现了历史性突破,公路交通状况发生显著变化。优先发展城市公共交通,提高城市服务水平。优化整合公交线路,依靠科技提高城市公共交通行业服务水平。加大了对公交车辆更新和智能化调度管理的投资力度。建成了公交枢纽站,保证了道路交通畅通。

——加快发展文化和体育事业,不断满足人民群众的精神文化需求。多年来,我市文化事业按照面向基层、服务群众的要求,加大对公益性文化设施建设投入,优先安排与人民群众利益密切相关的文化项目,降低文化消费门槛,加快建立覆盖全社会的公共文化服务体系,全面增强城市文化竞争力,提升城市软实力。"打造文化大连"系列活动连续开展,夏季达沃斯成功举办,大连国际服装节、大连烟花爆竹迎春会、大连国际啤酒节、大连樱花节等系列文化活动,不仅充满了现代文化朝气蓬勃的气息,极大地增加了市民的生活热情,提高了生活质量和文化品位,还推动了大连旅游业的发展。近年来,我市不断完善文化产业政策，鼓励社会资本进入文化产业，整合文化产业资源，培育一批规模大、效益好、产业带动作用强的文化企业和企业集团。另外，全民健身运动蓬勃发展，全年开展各类全民健身及体育竞赛活动300余次，参加活动人数超过300万人次，人民群众体质不断提高。

5. 社会公共安全系统简析

多年来，大连市委、市政府始终从群众最关心、最根本、最直接的民生问题入手，高度重视社会公共安全工作，始终将其作为一项亲民、爱民、安民的惠民工程，为全市人民营造安全稳定的生活环境。

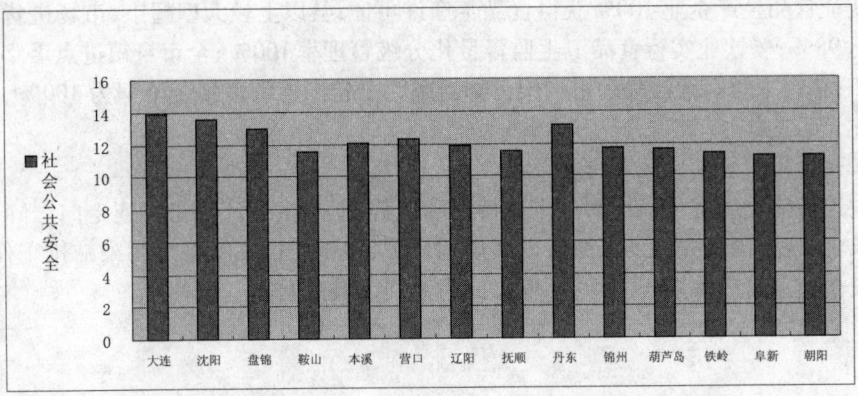

图6　辽宁各市社会公共安全系统比较

——完善社会治安防控体系建设。坚持推进社会治安综合治理，组织动员社会资源和力量加强安全防范。为此，从2006年起，在全市掀起新一轮社会治安防控体系建设，并列为2006年市政府为民办实事之一。到2007年，刑事案件同比下降4.36%，尤其是入室盗窃、“两抢”、诈骗、扒窃、盗窃汽车等事关老百姓切身利益的侵财性案件得到了有效遏制，盗窃案件下降7.52%。

——优化信访环境，了解民声民意。全面推进信访工作的规范化、制度化建设。健全信访工作组织架构。成立了信访工作领导小组，建立了“一把手”负责制，完善了联席会议制度，定期召开会议，研究信访形势，及时协调处理重大疑难信访案件。同时，不断加强信访基层基础建设，配强配齐工作力量，保障办公需要，推动基层信访工作有人干、能干了。完善领导接访活动。大连市进一步巩固、扩大和深化“大接访”活动，把每周三作为局长接访日长期坚持，设立专门的局长接访室，公开接访时间和联系方式，领导班子成员排班候访。几年来，市、县两级领导共接待群众1500人次，涉及信访问题1093起，全部按期结案，息访率达到了98%。

——加强消防建设，消除火灾安全隐患。加强消防队站建设。2006年起，在全市三分之一乡镇建设消防队站，将其消防功能辐射到邻近的乡镇，提升我市城乡整体抗御火灾的能力。火灾隐患排查整治取得显著成效。特别是2007年和2008年两年，在全市先后组织开展了近年来规模最大、力度最大、延续时间最长的火灾隐患排查整治攻坚战和消防安全保卫专项行动,对全市所有消防监督列管单位一个不漏地开展隐患排查整治,有效净化了全市的消防安全环境。

——率先启动"食品安全城市"建设。大连在全国率先启动"食品安全城市"建设。2007年年初,在全国率先提出创建"食品安全城市",并把这项工作作为惠民工程写进政府工作报告。当年,市政府为民办18件实事中,就有3项食品安全工作。目前,全市县级以上政府所在地城区的集贸市场、商场、超市100%建立了食品快速检测站。全市农产品药残检测总体合格率达97.25%;全市水产品渔药残留检测总体合格率为98%;全市28类应获证食品生产企业100%获得食品生产许可证;县以上较大型超市、市场进货索证索票率达98%;餐饮业实行食品卫生监督量化分级管理率100%;全市乡镇进点屠宰率达到97.4%;猪肉中瘦肉精污染和鸡肉中已烯雌酚污染检测连续多年合格率为100%,均在全国领先。

6. 生态文明建设系统简析

大连始终把生态环境作为城市的特色和优势,提出生态环境是大连走向国际城市的必要条件,在全国率先启动了城市发展规划环评,多举并措扎实推进污染减排工作,建立环境安全应急管理体系,优美的环境已成为大连市最亮丽的一张名片。

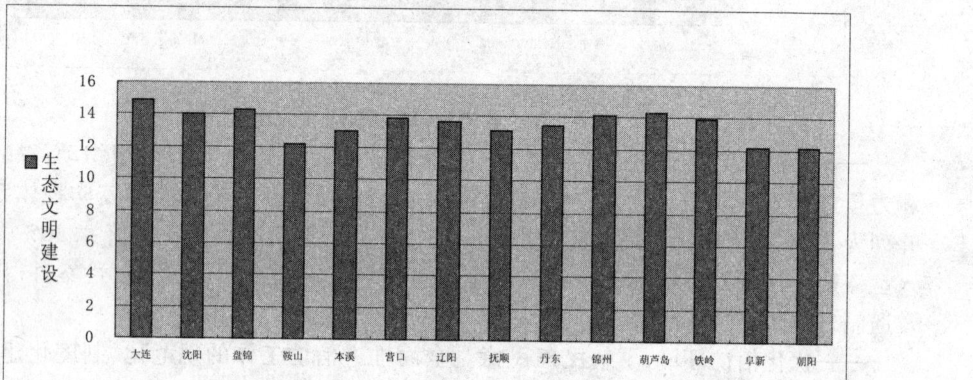

图7　辽宁各市生态文明建设系统比较

——重点解决群众反映强烈、污染严重、问题突出的环境问题。河道整治。至2007年,共对84条城市沟河进行河道整治、污水截流、河岸整修绿化,治理了河沟的水污染。污水、垃圾治理。截至2007年,共建成12座污水处理厂,设计日处理污水能力为67.3万吨,市区生活污水集中处理率由2000年的30.24%提高到2007年的81.08%。推进符合卫生填埋标准的垃圾场建设,截至2007年,大连市共有三座生活垃圾处理厂,生活垃圾无害化处理率由2000年的78.73%提高到93.29%。

——多措举并扎实推进污染减排工作。加速推动大化集团、大钢集团和大染集团等重点企业搬迁改造工作,确保减排重点工程按期完成。城市中心区不再新建工业企业。

腾出的大片土地植入了商贸、物流等新型产业，建起了广场、公园等公共设施和住宅，大大改善了中心区环境质量，城市面貌发生根本转变。与2000年相比，2007年大连市二氧化硫排放量削减1.64万吨、烟尘排放量削减3.37万吨、粉尘排放量削减0.23万吨，削减率分别为12.4%、39%、10.7%；废水中主要污染物的排放量也大幅度削减，其中化学需氧量排放量削减1.34万吨，削减率为19.3%。

——实施“蓝天碧海绿地”工程。从2000年开始，实施了以改善大气和海域环境质量为主要内容的“蓝天碧海绿地”工程，确定了31项环境治理工程。实施了以渤海和环渤海地区水环境保护和海洋资源保护为主要内容的“渤海碧海行动计划”，城市环境有了质的飞跃。同时，截至2007年，全市新增绿地面积880万平方米，达到10798万平方米，绿化覆盖率提高1.5个百分点，达到43.3%；公共绿地面积增加657万平方米，达到2781万平方米，人均公共绿地面积增长1.3平方米，达到11.1平方米；栽植树木累计达到520万株；新建公园12个，面积207万平方米。基本形成了绿地分布比较合理、植物配置比较科学、生态效益比较显著的城市绿地系统格局。

(二)七个副省级城市民生发展水平比较大连仍有差距

依据上述指数标准化处理的方法，在辽宁14个省辖市的比较中，我们不难发现，大连民生发展水平在辽宁省内是最高的也是最好的。接下来，我们在全国范围内又重点选取了6个副省级城市，将深圳、厦门、杭州、宁波、青岛以及沈阳，纳入到大连民生发展指标体系中，进行分析比较，力图对2007以来大连的民生发展水平，进行一个客观的评价，明确优势，找出差距，为我市今后的民生发展提供参考。

1. 民生发展总体水平比较

表9　七个副省级城市民生发展水平得分及排名

地区	民生发展总体水平		人民生活水平		社会就业保障		社会公共服务		社会公共安全		生态文明建设	
	总指数	排序	指数	排序	指数	排序	指数	排序	指数	排序	指数	排序
深圳	85.23	1	17.46	1	15.61	2	28.79	1	8.26	7	15.11	2
厦门	79.68	2	13.85	3	16.40	1	23.94	2	11.48	5	14.00	4
杭州	75.52	3	14.22	2	14.06	3	22.17	3	12.35	1	12.72	7
宁波	70.18	4	11.94	4	11.68	7	20.71	4	12.22	2	13.63	5
大连	69.78	5	10.62	5	13.20	5	19.71	5	11.57	4	14.93	3
青岛	69.42	6	10.26	6	13.01	6	19.35	6	11.86	3	14.68	1
沈阳	63.09	7	9.27	7	13.49	4	17.22	7	9.57	6	13.55	6

数据来源：依据《2008年中国统计年鉴》测算得出。

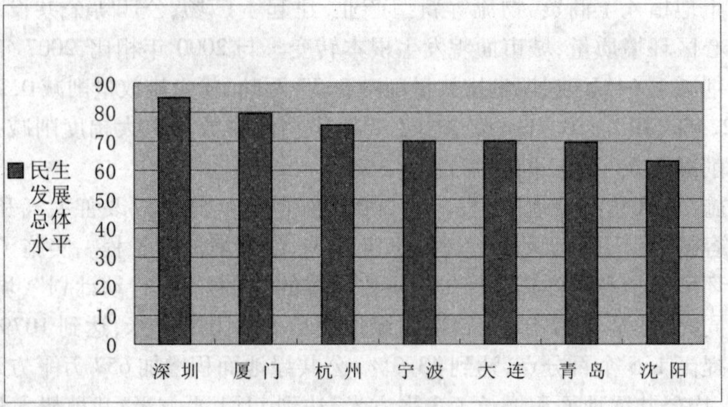

图8　七个副省级民生发展总体水平比较

数据表明:2007年大连与其他6个副省级城市民生发展水平得分及排名从高到低依次为:深圳(85.23)、厦门(79.68)、杭州(75.52)、宁波(70.18)、大连(69.78)、青岛(69.42)、沈阳(63.09)。

2007年,大连市民生发展指数为(69.78),在七个副省级城市中排名第五,虽高于青岛(69.42)、沈阳(63.09),但落后于深圳(85.23)、厦门(79.68)、杭州(75.52)、宁波(70.18)。特别是排名前三位的深圳、厦门和杭州,大连与其差距还是比较明显的。七个副省级城市民生总体水平分为三个层次:深圳、厦门、杭州三个城市处于第一层次;宁波、大连、青岛处于第二层,总得分十分接近;沈阳处于第三层次。上述7个城市民生发展状况均比较好,且高于其所在省份全省民生总指数。其中:大连和沈阳位列辽宁省民生发展总水平的第一和第二位。

2. 人民生活水平系统比较

表10　　七个副省级城市人民生活水平系统得分及排名

地区	人民生活水平		收入水平		消费水平		住房水平	
	指数	排序	指数	排序	指数	排序	指数	排序
深圳	17.46	1	5.40	1	1.95	1	0.10	7
厦门	13.85	3	1.74	5	0.47	2	1.64	1
杭州	14.22	2	3.11	3	-0.50	3	1.62	2
宁波	11.94	4	3.21	2	-2.02	7	0.76	3
大连	10.62	5	1.82	4	-1.64	5	0.43	5
青岛	10.26	6	1.20	6	-1.10	4	0.16	6
沈阳	9.27	7	0.04	7	-1.21	5	0.44	4

数据来源:依据《2008年中国统计年鉴》测算得出。

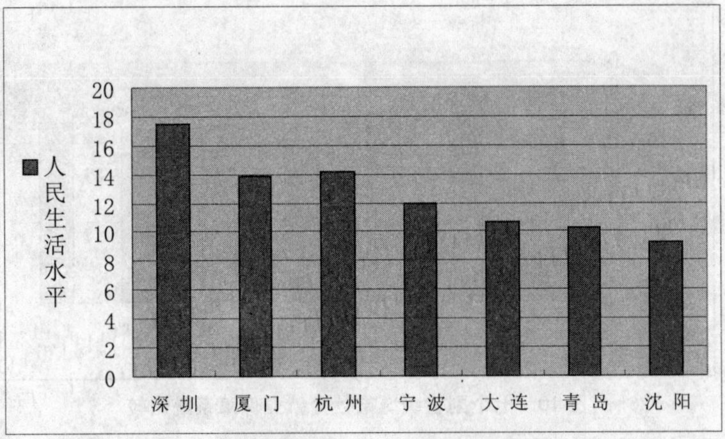

图9　七个副省级城市人民生活水平系统比较

大连市人民生活水平系统指数为(10.62),排名第五,虽高于青岛(10.26)和沈阳(9.27),但大大低于深圳(17.46)、厦门(13.85)、杭州(14.22)。特别是在收入水平方面,大连远低于深圳、杭州和宁波等城市;在住房水平上,我们远低于厦门、杭州、宁波,且略低于沈阳。

3. 社会就业保障系统比较

表11　　七个副省级城市社会就业保障系统得分及排名

地区	社会就业保障		劳动就业		社会保障	
	指数	排序	指数	排序	指数	排序
深圳	15.61	2	0.26	4	5.35	2
厦门	16.40	1	0.04	6	6.35	1
杭州	14.06	3	0.48	1	3.58	3
宁波	11.68	7	-0.53	7	2.20	7
大连	13.20	5	0.35	3	2.84	5
青岛	13.01	6	0.58	2	2.43	6
沈阳	13.49	4	0.16	5	3.32	4

数据来源:依据《2008年中国统计年鉴》测算得出。

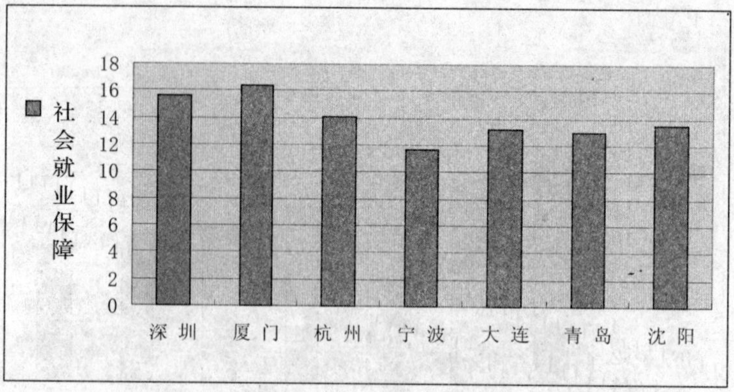

图10　七个副省级城市社会就业保障系统比较

数据表明：大连市社会就业保障指数为(13.20)，高于宁波(11.68)和青岛(13.01)，与沈阳(13.49)、杭州(14.06)基本上保持在一个平台上，但与深圳(15.61)、厦门(16.40)比较，差距较大。其中劳动就业工作排名第三，位于杭州、青岛之后；社会保障工作排名第五，位于厦门、深圳、杭州和沈阳之后。

4. 社会公共服务系统比较

表12　七个副省级城市社会公共服务系统得分及排名

地区	社会公共服务		教育水平		卫生医疗		公共设施		文化体育	
	指数	排序	指数	排序	指数	排序	指数	排序	指数	排序
深圳	28.79	1	3.24	3	6.97	1	2.59	5	6.00	1
厦门	23.94	2	3.57	1	2.45	4	3.49	1	4.43	2
杭州	22.17	3	3.50	2	4.01	2	2.03	7	2.63	6
宁波	20.71	4	1.97	6	2.54	3	3.30	2	2.90	4
大连	19.71	5	2.36	4	1.21	6	3.00	3	3.15	3
青岛	19.35	6	2.27	5	1.69	5	2.99	4	2.40	7
沈阳	17.22	7	1.56	7	0.42	7	2.44	6	2.78	5

数据来源：依据《2008年中国统计年鉴》测算得出。

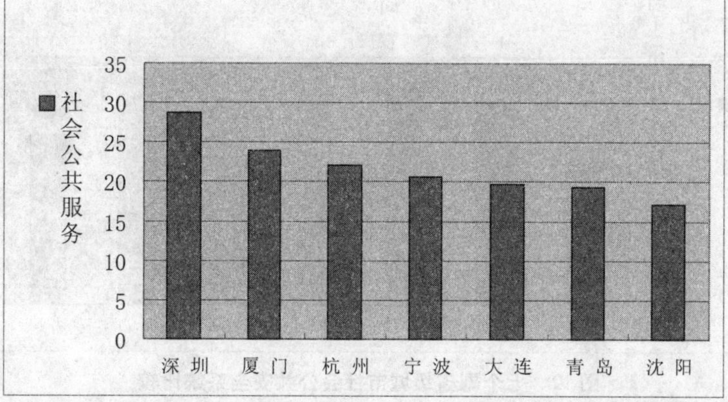

图 11 七个副省级城市社会公共服务系统比较

大连市社会公共服务指数为(19.71),排名第五,高于沈阳(17.22)和青岛(19.35),逼近宁波(20.71)与杭州(22.17),但与深圳(28.79)、厦门(23.94)比较,差距较大。其中:教育水平方面来看,各城市分值相差不大,大连排名第四;卫生排名第六,与深圳、杭州、宁波、厦门和青岛有一定差距;公共设施,各城市分值相差不大,大连排名第三;文化体育排名,大连第三,与深圳和厦门有一定差距。

5. 社会公共安全系统比较

表 13 七个副省级城市社会就业保障系统得分及排名

地区	社会公共安全		交通火灾		公共安全		食品安全	
	指数	排序	指数	排序	指数	排序	指数	排序
深圳	8.26	7	-3.27	7	1.03	6	1.54	6
厦门	11.48	5	-0.30	2	1.78	3	1.78	5
杭州	12.35	1	-0.65	5	2.00	1	3.00	1
宁波	12.22	2	-0.38	4	1.61	4	2.60	2
大连	11.57	4	-0.37	3	1.18	5	1.94	4
青岛	11.86	3	-0.27	1	1.81	2	2.13	3
沈阳	9.57	6	-1.66	7	1.00	7	1.23	7

数据来源:依据《2008 年中国统计年鉴》测算得出。

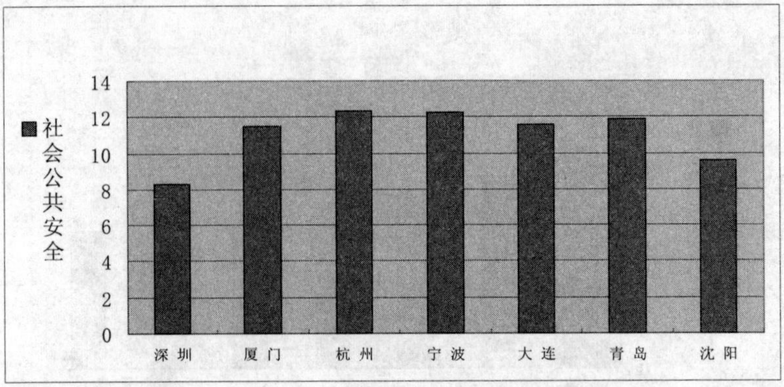

图 12　七个副省级城市社会公共安全系统比较

大连市社会公共安全指数为(11.57),远远超过沈阳(9.57)与深圳(8.26),基本持平青岛(11.86)和厦门(11.48),逼近宁波(12.22)与杭州(12.35),七城市中总排名第四。其中:交通火灾排名第四;公共安全各城市分值差距不大,大连排名第五,落后于杭州、青岛、厦门和宁波;食品安全各城市分值差距也不大,大连排名第四,落后于杭州、宁波和青岛。

6. 生态文明建设系统比较

表 14　　七个副省级城市生态文明系统排名及得分

地区	生态文明建设		空气质量		城市绿化		环境治理	
	指数	排序	指数	排序	指数	排序	指数	排序
深圳	15.11	2	0.97	2	1.40	1	2.74	3
厦门	14.00	4	1	1	0.94	4	2.06	6
杭州	12.72	7	0.09	6	0.82	6	1.82	7
宁波	13.63	5	0.43	5	0.09	7	3.11	2
大连	14.93	3	0.77	3	1.36	2	2.56	4
青岛	14.68	1	0.49	4	0.85	5	3.59	1
沈阳	13.55	6	0	7	1.19	3	2.36	5

数据来源:依据《2008 年中国统计年鉴》测算得出。

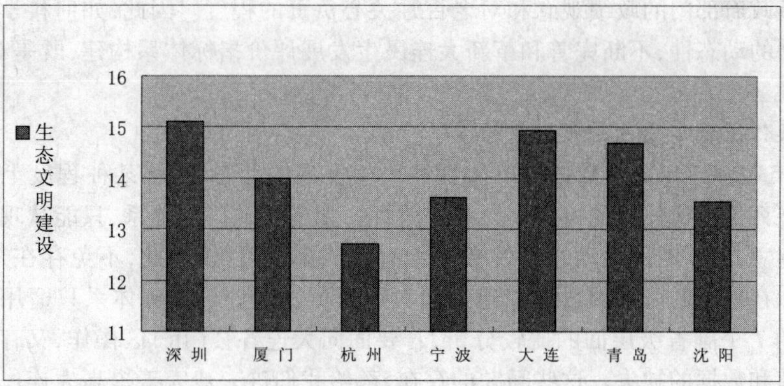

图13　七个副省级城市生态文明建设系统比较

大连市生态文明建设指数为(14.62),高于沈阳(13.55)、杭州(13.47)、宁波(13.63)和厦门(14.00),但低于深圳(15.11)和青岛(15.75),七城市中总排名第三。其中空气质量排名第三;城市绿化排名第二;环境治理排名第四。

总之,按照民生发展水平总指数中和评价的结果,大连市在辽宁省民生发展水平位居首位,而在七个副省级城市民生发展水平位居第五,这既说明大连的民生发展在有些领域继续保持全国全省领先的地位,有些领域缩小了与先进城市的差距,但同时也明晰地表明,有些领域与深圳、厦门、杭州、宁波、青岛五个副省级城市相比,我们还是有不小的差距,需要下大气力改善和提高。

五、大连民生发展评价指标体系构建中的问题思考与实施建议

(一)大连民生发展评价指标体系构建中的问题思考

1. 民生数据的获得缺乏畅通的渠道

虽说民生发展与经济发展同等重要的理念已明确提出,但要达到思想和行动的统一,却还是一个艰巨而长期的任务。在大连民生发展评价指标体系的研究构建中,我们发现,推动民生发展的新政策新举措新成果,如雨后春笋,目不暇接,也令人欣喜和振奋。但要科学地统计,却无从找到一个顺畅统一的统计渠道去得到科学权威的有效数据,这与经济发展全面权威的有效数据系统比较,的确有着天壤之别。如果对轰轰烈烈的民生发展只是从主观上去肯定,而无法从科学数据的统计、预测及比较中去客观地甄别良莠,就会影响民生发展及绩效考核的科学性。

2. 民生发展的动态性警示指标体系的可变要素

从近5年的政府工作报告中民生热词内涵的不断深化中,我们既看到了政府的执政理念,也同样体会到了民生发展的动态性。这种民生发展的动态性,也不断地对大连民生发展评价指标体系构建提出新的问题和新的挑战。

各地的民生发展评价指标体系构建的经验表明,民生发展的动态性取决于那个区域经济发展的态势,依赖于那个区域的老百姓最关心、最直接、最现实的利益问题,更决定

于那个区域政府部门的政绩观念和对老百姓关心负责的程度。因此，如何科学合理地针对民生发展的动态性，不断完善和革新大连民生发展评价指标体系构建，既是难题，也是可持续点。

3. 可操作性和实效性的瓶颈制约

2000 年～2007 年民生数据的可得性和民生发展的动态性，从某种程度上制约了大连民生发展评价指标体系的可操作性和实效性。如现有的研究体系，只能从现有的可得的数据中建立，而反映民生动态性的数据无有效的渠道可得，因此，不免存在片面性，欠缺及时性。在现有的可得的数据中建立的大连民生发展评价指标体系只适用于省级层面和选择的 7 个副省级层面的比较分析，若要面向大连各县(市)区操作，又存在相匹配的统计渠道和数据的缺失。这些问题的存在，都给我们进一步完善提高大连民生发展评价指标体系，进一步加强其操作性和实效性提出了严峻的课题。

(二)完善大连民生发展评价指标体系的几点建议

1. 与政府绩效考核结合

把大连民生发展评价指标体系的实施与政府绩效考核挂钩。在整个指标体系中，细分指标至相关责任部门，对于涉及多个部门工作职责的指标，则确定牵头部门与配合部门。要求与各民生指数项目相关的职能部门拿出具体措施推广施行。同时，将民生指标体系纳入对各职能部门的考核范围，纳入各级干部年度考核，来衡量各职能部门及干部工作业绩和为民办实事的效果，并与干部职位晋升等直接挂钩。过去的考核指标中 80% 是经济，现在要逐步转变，提升民生、公共安全、社会事业等内容比重(将占到40%)，并可能逐年提升。民生指标权重提高，不仅有利于推动“招商型”官员向“民生型”官员转变，更有助改变政府的注意力，将民生作为工作重点。

2. 构建畅通的统计渠道

准确地把握大连民生发展的程度和进程，需要大量的统计数据予以支持。建立大连民生发展指标体系，一方面，它需要以现有的各项统计制度和数据为基础，另一方面，大连民生发展指标并不是原有传统的经济、环境和社会等领域统计指标的简单照搬、相加和堆积，而是原有指标的有机综合、提炼、升华和一定程度上的创新。

考察以往的统计指标和数据，经济统计比较健全和完善；民生发展指标由于缺乏同度量因素等原因而未形成统一的、逻辑严密的体系；人民生活水平、社会就业保障、社会公共服务、社会公共服务、生态文明建设等与民生最关心、最直接、最迫切的数据统计则处于早期发展阶段，指标和综合方法都有待于进一步完善。

因此，如何充分利用现有统计资料，并使各项统计指标构成一个有序而严谨的体系，是我们正在研究的一个重要问题。而进一步把大连民生发展评价指标体系的实施作为改善和促进民生的一个系统工程来抓，还必须大胆改革，创新思路，齐抓共管，开辟和建立与民生发展相适应的畅通的统计渠道，以保证民生发展评价指标体系基础数据来源的权威性和合法性，以保证民生发展评价指标体系构建的客观性和科学性。

3. 稳步实施与科学调整相结合

民生指标并非一成不变，民生指标体系应该是以具体的、百姓可直观感受的指标为主体。在保证民生发展评价指标体系稳步实施的同时，指标体系每年将向公众及媒体公布，由群众评选最关心的若干项指标甚至另设议题。如把群众能够感受得到的“社区‘三个中心’达标率”、“小区健身点覆盖率”、“单位体育场所向社区开放率”等指标增加吸纳进体系。相关部门还将根据百姓的要求和政府的工作重点，及时调整和完善体系的内容。

4. 系统工程与长效机制相结合

社会建设与广大人民群众的切身利益紧密相连，必须摆在更加突出的位置，使经济发展成果更多地体现在改善民生上。我们必须从坚持中国特色社会主义发展方向和落实科学发展观本质要求的高度，把大连民生发展评价指标体系的实施，作为改善和促进民生的一个系统工程切实抓紧抓好，用实际行动推动社会主义和谐社会的建设。

发展不单是为了积累财富，而是要改善民生，增进人民的福祉，不断提高人民的生活质量和文化素质。从这个意义上说，改善民生就是最大的政绩。因此，要把大连民生发展评价指标体系的实施与政府绩效考核挂钩，建立定期评估指标体系等长效机制，有关部门每年将根据工作重点的转移以及指标发展情况，及时调整评估指标体系，确保评估公正透明。这就是树立和落实科学发展观，树立和践行科学的政绩观，就是切实纠正以GDP论英雄的倾向，真正做到“权为民所用、情为民所系、利为民所谋”。

《大连民生发展评价指标体系研究》课题组成员

课题领导小组：

组　长：李　才　大连市政府发展研究中心　主任　教授

副组长：李文语　大连市政府发展研究中心　副主任

课题组：

组　长：尹晓琴　大连市政府发展研究中心　正处级调研员　副研究员

成　员：王树坤　大连市政府发展研究中心　副主任科员　助理研究员

大连市产业结构高级化研究

杨大海　王盛兴　张永欣　张　娜

产业结构高级化是关系到区域产业优化升级和经济社会又好又快发展的重要课题。在当前国内外经济形势下,机遇与挑战并存。国际金融危机使大连市加快产业结构调整和优化升级的需求愈加迫切,而辽宁沿海经济带开发战略上升为国家战略也对大连市产业发展提出了更高的要求。中共大连市委十届七次全会也明确提出,建设现代产业集聚区,推进产业结构优化升级。如何抓住当前发展机遇,化危为机,加快大连市产业结构优化升级和高级化,促进现代产业体系形成,进而推动东北亚国际航运中心建设,更好地提升大连市在辽宁沿海经济带发展中的核心地位和龙头作用,是当前我市面临的紧迫任务。

一、产业结构高级化理论概述

(一)产业结构高级化的概念和内涵

1. 概念

产业结构高级化是一个动态的、相对的概念，它随着经济发展阶段的推移而作相应的变化，是经济发展进入更高一级历史阶段的重要标志，也是科技进步与技术创新达到一种新境界的反映。

一般来说,产业结构高级化是指产业结构在协调、优化的基础上，其素质和效益向更高层次的进化。这里所说的“更高层次”包括三个方面的含义,一是指产业的高附加值化和高技术化,即在产业中普遍应用高新技术,增加产品的附加值;二是产业高集约化,即产业组织合理化,有较高的规模经济效益;三是产业高加工度化,即加工深度高。

2. 内涵

产业结构高级化的内涵非常丰富,主要概括为以下几个方面。

(1)产业结构高级化的实质是产业结构由低层次向高层次发展演变的过程,即结构规模由小变大、结构水平由低到高、结构联系由松变紧。一国或地区产业结构只要在这三个方面发生了变动,就说明其产业结构发生了变动。

其中,结构规模由小变大是指产业部门数量增加,产业关联复杂化,其主要衡量指标是部门之间中间产品的交易规模,即中间产品的使用量。在部门之间相互购买的增加,以及制成品投放对初级品投入的替代等因素的影响,产业结构规模不断深化。

结构水平由低到高是指技术关联水平的提高，即以技术密集型为主体的产业关联取代以劳动密集型为主体的产业关联。这种产业之间的生产技术关联水平是通过中间产品的使用及其消耗程度来体现的。

结构联系由松变紧是指产业之间聚合程度提高，可以通过产业之间的耦合状态以及由此决定的系统整体性功能，即聚合质量进行衡量。

(2)产业结构高级化的内容主要包括产值结构高级化、资本结构高级化、技术结构高级化和劳动力结构高级化四个方面，彼此既相互联系又相互制约。

这四者之间的相互作用共同体现了产业结构变动的方向，是产业结构高级化的重要组成部分。其中，产值结构高级化实际上是产出结构高级化的价值表现，它是产业结构高级化的直接结果，是由资产结构、技术结构和就业结构的高级化所共同决定的；资产结构高级化是产业结构高级化的中心，它推动产出结构的高级化，并带动技术结构和就业结构的高级化；技术结构高级化是产业结构高级化的动力，是产出结构高级化过程的保证，也是联系资产结构与就业结构高级化的纽带；就业结构高级化则是产业结构高级化的基础，它能否适应资产结构与技术结构高级化的进程，关系到产出结构高级化能否不断实现。

3. 产业结构高级化具有五项主要特征，即高科技性、高服务化、高开放度、高信息化、竞争高级化。

产业结构的高科技性，不仅是指单个产业技术水平的提高，而且是指整个产业结构具有更高效能的促进资源转换的能力。具体表现在，结构系统中高需求收入弹性、高附加值产业比重增大，新兴产业具有的科技水平日益提高、产业间技术转移速度加快等。

产业结构的高服务化，主要表现为第三产业的比重不断提高，出现"经济服务化"趋势；同时，随着知识技术密集程度的提高，服务经济内部高度化不断加强。

产业结构的高开放度，是分工深化、市场不断拓展以至于国际化所带来的必然趋势，主要表现在市场需求的开放性、技术开放性、资源利用的开放性等不断提高。

产业结构的高信息化，主要是指产业结构的重心向经济效益和增长质量高的信息产业发展。具体体现为，在产业构成上，信息产业所占比重日益增大；信息资源成为经济增长的战略资源；新兴的信息技术在促进现代化信息产业高速发展的同时，向物质生产领域、劳务生产领域乃至整个经济领域和管理层渗透，改造着经济增长的技术基础；从事信息产业的人数剧增；经济增长越来越依靠信息和人的智力知识等投入。

产业结构的竞争高级化，意味着与产业结构变动相适应，竞争向"有效竞争"迈进，资源配置有效性和技术进步动力突破垄断限制，并能较好地实现产业生产组织的规模经济。一般表现为，随着规模经济的增强，竞争从分散的小规模竞争转化为集团间的集中性规模竞争；与产业结构"软化"趋势相适应，服务性竞争等"软竞争"的地位逐步上升等。

(二)产业结构高级化的动力机制及模式

1. 产业结构高级化的动力机制

产业结构高级化是在诸如需求变化、资源条件、经济政策等诸多影响因素的综合作用下最终形成的。作为产业结构高级化动力机制的行为主体,各种动力因素通过不同方式对加快产业结构的演化升级并实现高级化起到了至关重要的作用,是推动产业结构高级化的有力支撑和必备条件。

以下从产业结构高级化的主要动力因素入手,对产业结构高级化动力机制的行为主体及其运作机理进行阐释。

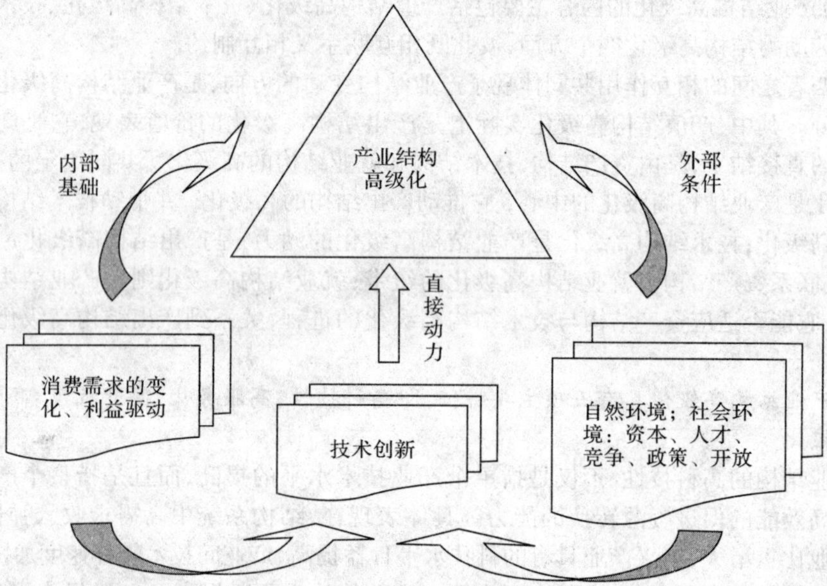

图1　产业结构高级化的动力机制示意图

(1)基础驱动

消费需求的变化和追求利润最大化的自身利益驱动这两者相互作用,构成了推动产业结构高级化的基础性动力因素,是一种自觉性、自发性的动力。

消费需求的变化。马斯洛的需求层次理论认为,人类的需求可以分为五类,即生理需求、安全需求、社会需求、尊重需求、自我实现的需求。马斯洛认为,这五个层次的需求依次构成了一个从低级向高级发展的阶梯,当一切需求都未满足时,最低需求社会更为突出;当一种需求得到满足之后,更高层次的需求就会占据主要地位,成为人的行为的激励因素。

需求层次理论为分析产业结构高级化的动力因素提供了一个有效的方法。在产业结构简单、生产力水平低下的地区,人们只能维持生理的需求,即对基本的食物、衣着、住房等生活资料的需求,与此相对应的产业结构处于低级水平。随着生产力的提高和生活条件的改善,人们的需求结构会不断变化,需求的层次会不断提高,与此相对应的产业结构就会发生改变。由此,由低级向高级变化的消费需求推动了产业结构的高级化。

利益驱动。利益驱动与消费需求的变化对产业结构调整升级的推动作用相辅相成,共同构成了对产业结构高级化的基础驱动力。由微观经济学理论可知,利润是收益与成本的差额。在市场经济条件下,企业经营的直接目标就是追求利润最大化,也就是使总收益与总成本的差额达到最大化,即边际收益等于边际成本。这种对利润最大化的追求既是作为"经济人"的逐利行为,同时也是企业的一种理性选择,使社会资源得到充分利用和最优化的配置。

企业以利润最大化为直接目标,而利润则来源于符合市场发展需要的产品。实践证明,那种不符合利润最大化目标原则、不被市场所接受的技术创新项目都是注定要失败的。正是基于自身利益驱动,为在竞争正中立于不败之地,企业才会为了更好地适应市场需求的变化而不断进行技术创新、改进生产经营方式等各种改造升级活动,从而推动了某个产业和整体产业结构的调整升级。

(2)技术驱动

由技术进步所引起的技术结构变动是产业结构高级化的最本质的影响因素,即技术驱动是产业结构高级化的根本动力和实现条件。

从技术角度看,一国或地区的产业结构表现为一定的生产技术结构。生产技术结构的进步与变化,会引起产业结构的相应变动。新工艺、新技术的出现会导致新的产业部门产生,而使原有陈旧技术和工艺衰退,尤其是与其他产业部门高度相关的崭新技术的出现则会引起一国或地区产业结构的重大变化。自 18 世纪以来,人类社会发展历史上分别以蒸汽机、内燃机和电动机、集成电路的发明为启动的三次产业革命,以实证经验充分展现了技术进步与创新对产业结构变动的深刻影响和对产业结构高级化的巨大推动作用。

具体来说,技术进步与创新对产业结构高级化的推动,主要表现在以下几个方面:

第一,技术进步与创新导致了劳动手段和劳动对象的改进。一方面,技术进步与创新通过生产工具等的改进,大大地改进了劳动的手段,使有关产业获得了很快的发展。另一方面,技术进步还通过劳动对象的改进来促进有关产业的发展。新材料的发明和使用对一些产业发展的影响,就是这方面最好的例子。如核技术的出现,对能源工业的发展起到了巨大的推动作用。

第二,技术进步与创新引起了生产方式和生产组织的变化。技术进步与创新要求产业的生产方式与之相适应,而生产方式的改变则促进了产业的发展。同样,技术进步与创新引起的生产组织变化,也促进了产业的发展。随着技术的进步与创新,精益生产体制越来越显示出其优越性,正逐步地取代大量生产体制,而与之相适应的生产组织形式,也以其更具效率的组织和管理促进着产业的发展。

第三,技术进步与创新开拓了新的市场和新的产业。技术的进步与创新可以创造新的市场需求,从而拉动产业的发展。如石油工业是一个古老的产业,但长期以来一直未能在产业结构中占据重要的地位。当技术的进步发明了石油的精炼技术后,挖掘了石油产品的市场需求,也创造了新的产业。集成电路的不断进步,更在电子工业的基础上,又培养出新一代的计算机工业。

(3)环境驱动

对产业结构高级化产生推动作用的环境因素包括自然环境和社会环境两方面。其中,自然环境对产业结构高级化的驱动作用,主要体现为一种压力性驱动。而社会环境对产业结构高级化的驱动,更多的是由于社会各方面的发展进步和不断完善所带来的动力性驱动。

自然环境对产业结构高级化的压力性驱动,主要源于自然资源相对于经济发展需求的供给有限性和自然环境承载力的有限性这两个方面。

自然环境为产业发展提供了基本的生产条件和对象,如土地、森林、草原、淡水、空气、矿藏等各类自然资源。同时,也是产业发展所产生的废气物的排放场所和自然净化场所。但是,随着生产的扩张,资源消耗增大,废弃物排放量不断增加,超出了自然环境所能承载的范围,各种环境资源短缺现象和环境污染问题逐步显现。在产业的发展对自然环境造成了巨大压力的同时,自然环境承载力和资源供给力的下降也反过来对产业发展造成了制约,要求产业结构进行相应的调整。在这种情况下,建立低耗能、低污染的集约型产业体系和高端化的产业结构成为产业发展的必然趋势,而自然环境的制约也为产业结构高级化提供了契机和动力。

社会环境对产业结构高级化的驱动主要体现为以下几个方面:

一是资本驱动。现代市场经济的发展过程表明，经济运行日益以证券为媒介。证券市场作为一种证券化的融资机制，与产业结构的演进具有密切的联动性，它不仅能拓宽融资渠道，而且能极大地推进产业结构高级化的进程。具体表现在,证券市场的融资直接性、方式多样性、产权清晰性等,可以克服资产转移中的各种障碍,保证要素的自由流动,为资产的转移创造充分的流动性,科学地引导资源的流向,推动产业结构的高级化。

二是人才驱动。劳动力作为产业活动的投入要素之一，在整个产业活动的过程中起着重要的作用。社会进步和教育事业的发展提高了劳动力的整体素质。在知识经济条件下，技术进步与创新为进一步提高劳动力素质创造了必要的硬件和软件,跨领域复合型人才和各类专业技术人才数量不断增加。劳动力素质的提高,为提高产业的整合效率,促进产业发展,实现产业结构高级化提供了必要条件。

三是竞争驱动。竞争是提供动力的源泉,推动着社会经济不断地从低级向高级发展,当然也包括推动产业结构的高级化。竞争对产业结构高级化的推动主要通过竞争的功能来体现,包括动力功能、定价功能、优化选择功能、创新功能等,其中动力功能是竞争最基本、最核心的功能。竞争功能的综合发挥使得产业内优胜劣汰,生产技术和组织机构等创新性不断加强,从而有效促进了产业结构的高级化。

四是政策驱动。产业政策和制度的本质是政府对经济生活的干预,对产业结构高级化的影响是全方位的。产业政策对于产业结构高级化的驱动，主要表现为产业结构政策和产业技术政策两个方面。一方面,政府以产业结构政策为手段,弥补市场失灵的不足,利用政府的干预力量来推动产业结构高级化，如通过产业结构政策，调整不合理的产业结构，纠正失衡的比例关系，正确选择主导产业，促进产业结构优化升级；促进生产要素从传统产业、衰退产业、长线产业合理流向新兴产业、幼稚产业、短线产业；发展引领未来经济的战略产业等。另一方面，政府通过制定产业技术政策，鼓励技术创新，促进新兴产业部门的产生，其影响通常直接波及其他相关产业，从而对产业结构产生重要的影响。

五是开放驱动。随着生产社会化的不断发展，各国和地区之间的经济交往活动越来越频繁，经济开放性不断扩大，对外贸易的开展和国际技术转移对产业结构高级化产生了较强的推动作用。一方面，通过进出口贸易的商品、劳务、资源等交换和流通，具有比较优势的产业得到有力推动；另一方面，商品、人才、先进技术的交流和引进增强了进口国的创新能力，缩短了创新时间，为产业结构高级化的实现提供了便利条件。

2. 产业结构高级化模式

各种技术、环境等外部动力因素与内部因素相结合，通过一定的作用机制，共同促使产业结构优化升级并实现高级化。这一推动产业结构高级化的过程便表现为产业结构高级化模式。产业结构高级化模式主要是以主导产业更替为牵引的技术创新推动模式。具体而言，主导产业的更替是产业结构高级化进程的内生变量，技术创新则是主导产业更替的动力之源。技术创新催生了新兴产业，引发了主导产业的更替，从而最终实现了产业结构的高级化。

产业结构高级化的技术创新推动模式的表现形式主要包括雁行形态发展、产品循环发展、同时开发发展、跳跃式发展。不同发展形式的技术创新的路径有所不同，但技术创新是贯穿这些发展形式的核心内容。

雁行形态发展方式。雁行形态发展方式实现产业结构高级化的途径是“进口——国内生产——出口”相继更替。这一方式注重通过外部技术或产业引进，催生内部新兴产业的产生和产业结构的高级化。

产品循环发展方式。产品循环发展方式以自身技术创新能力为基础，统筹利用地区外部和内部的技术创新资源和能力进行新产品开发和推广，并通过自身掌控的技术开发优先权优势，促使其他国家或地区进行更新产品的开发。这一方式具有一定的外部性，对于促进其他国家或地区的产业结构高级化有一定程度的积极作用。

自主创新式发展方式。自主创新式发展方式强调以国家或地区自身技术创新能力为主体，由内生因素所激发的技术进步、主导产业的更替，以至产业结构的调整与改变。这种方式有助于根据自身产业特点进行产品、技术开发，优化产业结构，加强自身技术基础的建立。

跳跃式发展方式。跳跃式的产业发展通过移植先进国家或地区的成熟技术，加速产业结构转换时间，在相对短的时期内实现产业结构高级化。跳跃式发展是相对较为经济、快捷的技术创新和产业结构高级化的方式，但也存在由于产业结构系统性不足，导致诸如产业结构断层、失衡等风险。

(三)产业结构演化规律分析

总体而言,产业结构的演化过程就是产业发展由低级到高级、由简单到复杂、由小规模到大规模、由刚性结构到柔性阶段的进程,这是产业结构演化和产业高级化运动的内在规律。产业结构的演化充分体现和贯穿了这一内在规律。

就产业结构本身而言,产业结构是一个产业间和产业内的各种要素组合而成的有机整体,由此产业结构的演化既包括三次产业间的结构变动,也包括产业内部不同要素的交替变更,以及相关因素的变化。

产业结构的演化规律具体分析如下。

1. 产业结构横向变动规律

横向产业结构是指在产业发展的某一阶段,产业结构所表现出来的静态特征,主要是指特定时期内三次产业间的结构情况。

产业结构的横向变动即为三次产业结构随时间变化所发生的变动,通常通过一、二、三次产业在产业结构中所占比重来衡量,从总体趋势上表现为第一、第二产业所占比重逐渐下降,第三产业所占比重逐渐提高。

三次产业结构的变动与工业化发展阶段联系紧密,在工业化发展的不同阶段,产业结构的演进表现为不同的规律。

在前工业化时期,第一产业占主导地位,第二产业有一定发展,第三产业占微小的比例;在工业化初期,第一产业产值占 GDP 的比重逐步缩小,其地位不断下降,第二产业有较大的发展,工业重心从轻工业主导型逐渐转向基础工业主导型,第二产业逐渐占主导地位,第三产业也有一定的发展,但在 GDP 中的比重还比较小;在工业化中期,第二产业的比重继续下降,第三产业快速发展,特别是信息产业增长加快,第三产业产值比重在 GDP 中占有支配地位;在后工业化阶段,产业知识化成为主要特征。

2. 产业结构纵向变动规律

纵向产业结构是指随产业发展推进,产业结构相关要素间的动态更替所形成的产业结构特点,表现为产业结构的动态特征。

产业结构的纵向变动主要包括体现动态结构特征的主导产业更替和产业内部结构变动,具体变动规律如下。

(1)主导产业的更替规律

主导产业的更替带动了产业结构的调整和转变,是产业结构高级化的重要前提,也是产业结构演化过程的关键组成部分。

主导产业的更替通常遵循如下规律:以农业为主导产业阶段——以轻纺织工业为主导产业阶段——以低度加工组装型重工业产业为主导产业阶段——传统型、技术要求不高的机械、钢铁、造船等低加工组装型重化工业产业为主导阶段——以高度加工组装型工业为主导产业的阶段——以第三产业为主导产业的阶段——以信息产业为主导产业的阶段。

(2)产业内部结构变动规律

在产业间整体结构发生变动的同时,产业内部结构也发生相应的变化,变动规律如下。

在第一产业内部,产业结构从技术水平低下的粗放型农业向技术要求较高的集约型农业,再向生物、环境、生化、生态等技术含量较高的绿色农业、生态农业发展,种植型农业向畜牧型农业,野外型农业向工厂型农业方向发展。

在第二产业内部,产业结构的演进朝着轻纺工业——基础型重化工业——加工型重化工业——高精深加工化——知识技术集约化方向发展。从资源结构变动情况来看,产业结构沿着劳动密集型产业——资本密集型产业——知识、包括技术密集型产业方向演进;从市场导向角度来看,产业结构朝着封闭型——进口替代型——出口导向型——市场全球化方向演进。

在第三产业内部,产业结构沿着传统型服务业——多元化服务业——现代型服务业——信息产业——知识产业的方向演进。服务业向独立化、自动化、标准化方向发展,并随着社会分工和服务需求的变化,可能逐步从一、二次产业中分离出来,不断产生新的服务行业,也可能再次与其他产业融合。

从上述产业结构的演变规律可以看出,无论是横向或纵向的产业结构变化,产业结构整体由传统型产业、劳动密集型产业、资本密集型产业、制造初级产品等向着新兴产业、技术密集型产业、知识密集型产业、制造中间产品、最终产品的方向演进。产业结构的技术、知识含量和产品附加值等不断提高,产业结构向高级化方向发展。

(四)国际产业结构高级化的现状及趋势

1.国际产业结构高级化现状

从产业构成状态来看,20 世纪 30 ~40 年代,西方发达国家的工业化达到顶峰,随后逐步进入结构调整和优化阶段。60 年代,美国的三次产业比为 4.3∶35.5∶60,日本为 9.7∶40.8∶49.5,德国为 5.7∶51.4∶42.3,法国为 8.4∶51∶40.6,英国为 3.4∶46.7∶50.3。90 年代,各个主要发达国家的产业结构呈现第三产业比重上升趋势,第一产业的比重大幅度减少,第二产业变化不大,第三产业大幅度增加,如美国第三产业比重达 71.3%,增加了近 10 个百分点,日本为 57%,德国为 61%,法国为 69%,英国为 65%,平均涨幅在 10% 左右。

进入 21 世纪以来,各国的三次产业比重持续呈现第一、二产业下降,第三产业上升的趋势。发达国家第三产业产值和就业的比重均在 60% ~70% 之间。制造业在国民经济中的比重继续下降,1990 年制造业占 GDP 的比重为 22%,2003 年下降到 18%。其中,美国制造业占 GDP 的比重从 1990 年的 19% 下降到 2003 年的 15%,日本从 27% 下降到 21%,欧盟从 24% 下降到 20%。

从产业结构发展的内外部整体情况来看,目前主要发达国家的产业结构高级化发展呈现出以下特点。

第一,服务业在经济活动中逐渐取得主导地位。至2007年6月,美国服务业连续51个月保持升势,服务业占美国全部经济活动的比重超过80%。欧洲和日本的服务业同样在经济中占据重要地位,2005年日本服务业增加值占全部GDP的比重上升到69.7%,欧洲服务业也大约占欧洲经济的70%。在各国服务业的发展中,以金融、保险、房地产和商业服务为主的现代服务业增长迅速,成为各国经济增长的主要推动力量和现代化的重要标志。其中,以顾客专业化、雇员知识化、手段高科技化、产出高增值性与高渗透性为特征的知识密集型服务业,是现代服务业中最具发展潜力与创新活力的部门,成为拉动就业和推动区域创新的重要力量。

第二,高新技术产业成为产业结构高级化的重要组成部分。20世纪80年代后期开始,发达国家集中发展微电子、生物技术、新材料、电信、电脑及软件等高新技术,在此基础上形成一大批成为国民经济增长主要动力的高新技术产业,并推动产业结构向高技术化方向发展。2002年,发达国家产业结构中高新技术产业占制造业的比重,欧盟为30%,日本为40%,美国为42.69%。同年,美国高新技术产业对经济增长的贡献率已达55%。

第三,传统产业内部高级化程度提高。发达国家通过国际产业转移等传导机制的作用,将发展的重点放在高附加值的生产链环节上,由产品环节竞争转向研发、管理、品牌营销、财务运营等增值环节竞争,推动了制造业内部产业结构高级化。同时,由于高技术产业的形成和发展,离不开传统产业在生产要素供应和市场需求上的支撑,由此也形成了高新技术产业与传统产业间相互渗透的密切关系。高新技术产业的发展壮大反过来对传统产业产生了极强的改造作用,促使了传统产业生产方式的变革和产品技术含量的提高,提升了传统产业的高级化程度,使传统产业重获发展的活力。

2. 国际产业高级化的发展趋势

由上述产业结构的演化规律,以及目前产业结构高级化所体现出的主要特征,综合分析其内在因素,可以看出国际产业高级化的发展趋势,即产业结构的“软化”、高服务化、开放化。

(1)产业结构“软化”。纵观国际产业结构高级化的发展历程,信息、知识、技术在推动产业结构高级化的过程中发挥着愈加举足轻重的作用,产业结构的软化趋势也将愈加显著。产业结构软化主要是指生产过程中体力劳动和物质资源的投入相对减少,而脑力劳动和科学技术的投入相对增长,工业时代以物质生产为关联的“硬件”产业结构向以技术、知识生产为关联的“软件”产业结构转变,也就是产业结构的软化趋势。产业结构的软化具体表现为两大方面,一是劳动密集和资本密集型产业逐渐被信息、知识和技术密集型的“软产业”所取代;二是整个社会生产过程对信息、技术、管理和知识等“软要素”的依赖程度加深,除了知识产业本身主要依赖知识要素外,传统产业通过信息化、知识化等“软要素”的渗透和改造,对自然资源的依赖程度也将大幅降低,同时生产效率将显著提升。

(2)产业结构高服务化。随着全球城市化进程的不断推进和生活水平的显著提高,国际产业结构的服务化水平也大幅提升,美国、日本等发达国家的实践经验已经充分证明了服务业的发展潜力。随着经济社会的进一步发展进步,生产和生活等不同层面的需求决定了服务业在产业结构中仍将占据主导地位。满足人们高层次生活需求的文化、教育、旅游、电信等生活性服务业,金融、保险、专业咨询、电子商务、新型物流等为生产提供高效能服务的生产性服务业都将得到飞速发展。其中,尤其是知识型服务业等具有更高专业性、针对性特点的现代服务业将成为产业结构高级化发展的重要方向。

(3)产业结构开放化。随着世界生产力的发展和分工合作的加强,一国产业结构受国际市场的影响日益加深,主要体现为在国际资本、信息和技术流动以及国际贸易、跨国投资等机制的共同作用下,新兴产业不断产生,产业更替加快,产业技术升级和创新能力增强,使产业结构得到调整与改善。与此同时,产业结构的形成和变动与国际形势的关系也愈加紧密。在国际经济一体化的进一步发展中,世界经济体间的联系将更加密切,产业结构的开放度也将继续深化,包括开放领域的扩大、技术交流和信息流通速度的加快,产业间的关联性和互动性的增强等。

二、大连市产业结构发展基本状况及评价

(一)大连市产业结构高级化的重要意义

党的十六大、十七大特别强调要"加快转变经济发展方式,推动产业结构优化升级",并将其作为关系国民经济全局紧迫而重大的战略任务。辽宁沿海经济带开发战略已于2009年7月1日上升为国家战略,在《辽宁沿海经济带发展规划》中也明确提出"推进产业结构优化升级,做大高技术产业,加快发展现代服务业和现代农业,利用信息技术改造提升传统优势产业,逐步形成以先进制造业为主的现代产业体系"。推动产业结构优化升级,加速产业结构高级化进程对大连应对全球金融危机影响,提升在辽宁沿海经济带中的核心地位和龙头作用有重大意义。

产业高级化一方面是指产业结构向高级形态转变的"化"的过程,另一方面是指社会经济总量实现以服务为主的"化"的结果。追求产业高级化是所有国家和地区的共同目标,但不同的国家和地区在产业高级化过程中采取的模式和路径却各有不同。从严格意义上来说,在地区产业分工比较专业的地方,对于一个市场结构、产业结构比较单一的城市或地区,很难用一二三次产业的比重来判断其产业高级化程度。对于全国或全国的大多数城市和地区来说,当前的主要任务是加速推进工业化;而对于那些具备条件的相对发达的城市和地区来说,则应该率先推进产业高级化。大连是口岸城市,是一个工业和第三产业都比较发达的城市。目前,大连已经具备了加速城市功能转型、推进产业结构升级、在全国率先实现产业高级化的可能性和迫切性。因此,推进大连产业结构高级化是大连市城市功能转型、产业结构升级的主旋律,是大连经济和社会发展的战略选择。

第一,产业结构高级化有利于大连市区域协调发展。产业结构高级化是产业结构合理化和高度化发展的过程,是实现产业结构与资源供给结构相适应的状态,意味着产业

与产业之间协调能力的加强和关联水平的提高。大连区域经济快速、协调、稳定发展，是提高经济增长质量和效益的重要战略目标。推进产业结构优化升级，不仅要求改善三次产业的比例关系，重要的是提高服务业增加值和比重，而且要求改善产业的内在素质，把增强自主创新能力作为中心环节，调整和优化产品结构和产业布局，提升整体技术水平和综合竞争力。通过产业结构优化升级，推动产业结构高级化进程，必将增强区域整体经济实力，促进区域经济实现协调发展。

第二，产业结构高级化有利于推动大连现代化进程。产业结构反映城市发展阶段，经过改革开放三十年的发展，随着知识经济的到来和文化产业的兴起，大连市的城市建设取得了举世瞩目的成就，已经步入新的发展阶段，正向现代化迈进。而产业结构是城市现代化的重要标志，城市总体布局、整体建设，特别是城市基础设施建设，城市景观设计市政设施安排，都要适应产业结构的需要。产业结构高级化有助于加快大连市现代化的步伐。

第三，产业结构高级化有利于完善大连城市功能。三次产业比重的不同和结构的差异，往往决定了城市的性质和发展前景。产业结构直接影响城市功能和作用，三次产业比重的不同，对周边区域及对东北区域的经济发展产生不同的影响。一般来说，第三产业的辐射力更为深远和影响力更大，尤其在工业化比较成熟或后工业化社会，第三产业往往具有更多的发展优势，充满更美好的发展前景。通过大力发展第三产业，推动大连市产业结构高级化进程，不断完善和提升大连市城市综合服务功能。

第四，产业结构高级化是实施辽宁沿海经济带开发战略的必然要求。辽宁沿海经济带开发开放纳入国家战略，这是对大连的又一次重大的历史机遇。在《辽宁沿海经济带发展规划》中，明确提出“进一步增强大连的综合实力，完善服务功能，提升其核心地位和龙头作用，带动区域加快发展，服务东北老工业基地振兴”。同时，大连被定位为“东北亚国际航运中心、东北亚国际物流中心、区域性金融中心、具有国际竞争力的现代产业聚集区”。无论是提升核心地位和龙头作用，还是要建设“三个中心一个基地”，都需要高端产业作为支撑。这就要求大连必须要优化产业结构，通过发展高新技术产业、现代服务业和先进装备制造业，促进产业结构高级化。借助沿海经济带开发战略上升为国家战略的契机，大连将乘势而上，进一步优化城市产业空间布局，加快推进产业结构向高级化转型，进一步转变经济发展方式，加速产业结构战略性调整，加快建设现代产业聚集区。通过充分发挥大连区域核心城市的引擎、辐射作用，引领和带动辽宁乃至整个东北地区实现新一轮大开放、大发展。

（二）大连市产业结构现状

1. 大连产业结构现状

首先，我们分析一下 1995 年～2008 年间大连市国内生产总值三次产业构成状况，如表 1 所示。

从表 1 可以看出，1998 年～2008 年十年间，大连第一产业产值的变动趋势是呈下降态势，第二产业的变动在1995年开始呈现下降趋势，但在“十一五”期间，第二产业比重又逐渐上升，这无疑是国家提出的振兴东北老工业基地的方针对东北、大连的许多重化工业项目支持发展的结果。与中国平均水平以及其他城市第三产业比重发展趋势相反，大连的第三产业比重十年来的变化不大，第三产业的产值比重与国内平均水平差别不大，表现为第三产业发展速度不快，产业结构高级化进程缓慢。

表1 **大连国内生产总值的三次产业构成** 单位：%

年份 产业	1995	1996	1997	1998	1999	2000	2001	2002	2003	2004	2005	2006	2007	2008
一产	10.0	10.7	11.3	10.7	10.3	9.5	9.0	8.4	8.9	7.8	8.6	8.1	7.9	7.5
二产	50.0	47.3	46.3	46.7	46.1	46.5	46.5	47.0	47.9	50.1	46.2	47.8	49.1	51.7
三产	40.0	42.0	42.4	42.6	43.6	44.0	44.5	44.6	43.2	42.1	45.2	44.1	43.0	40.8

资料来源：根据1995年~2008年大连市统计年鉴及统计公报整理。

表2 **2008年大连三次产业结构状况**

项　目	第一产业	第二产业	第三产业
地区生产总值	3858.2亿元		
各产业增加值	289.1亿元	1993.9亿元	1575.2亿元
各产业增加值占地区生产总值比重	7.5%	51.7%	40.8%
各产业对经济增长贡献率	3.6%	58.3%	38.1%

数据来源：2008年大连市国民经济和社会发展统计公报。

2008年，从大连三次产业构成比重来分析，三次产业增加值占地区生产总值比重为7.5:51.7:40.8；与发达国家和地区第三产业占GDP的比重一般在70%左右相比，大连的第三产业比重还明显偏低；第三产业对经济增长的贡献率也大大低于第二产业，还没有成为经济发展的主要推动力。这些说明大连以工业为主导的经济增长方式还没有实现根本转变，以服务经济为主导的结构尚未形成，产业结构仍需进一步优化。

2. 工业化进程所处阶段分析

工业化是任何国家和地区都不可逾越的阶段，工业化程度是评价国家、地区发达程度的一个标志。为加深对我市产业结构的了解，现根据国际综合评价理论体系来确定我市目前所处的工业化阶段。

国际综合评价理论体系：国际上衡量工业化程度的主要经济指标有人均生产总值、三次产业结构、就业结构、城市化率等（见表3）。

表 3　　工业化阶段基本划分标准

<table>
<tr><th colspan="2">工业化衡量指标</th><th>初级阶段</th><th>中级阶段</th><th>高级阶段</th></tr>
<tr><td colspan="2">人均经济总量
（人均 GDP，以 1970 年美元衡量）</td><td>280 ~ 560</td><td>560 ~ 1120</td><td>1120 ~ 2100</td></tr>
<tr><td colspan="2">产业结构
（三次产业比例）</td><td>二产比重超过一产</td><td>一产比重低于 20%，二产比重超过三产</td><td>一产比重低于 10%，二产比重达到最高水平</td></tr>
<tr><td colspan="2">就业结构
（农业劳动力占全社会从业人员比重）</td><td>50% 以上</td><td>30%</td><td>20% 以下</td></tr>
<tr><td rowspan="2">工业内部结构</td><td>制造业增加值占总商品增加值比重</td><td>20% ~40%</td><td>40% ~60%</td><td>60% 以上</td></tr>
<tr><td>机械工业增加值占制造业增加值比重</td><td>5%</td><td>20%</td><td>30%</td></tr>
<tr><td colspan="2">贸易结构
（机电产品出口额占总出口额比重）</td><td>1%</td><td>10%</td><td>30%</td></tr>
<tr><td colspan="2">城乡结构
（城镇人口占总人口比重，即城市化率）</td><td>20% 以下</td><td>50%</td><td>70% 以上</td></tr>
</table>

到 2008 年年底，我市上述几项相关指标的数值分别是：

●人均经济总量。2008 年大连市的人均 GDP 为 63198 元，参用美国 1970 年美元衡量，大约相当于 5567.7 美元。（2008 年，大连人均 GDP 为 9099 美元）

●产业结构。工业化进程的直接表现就是三次产业的升降变化，突出表现就是第一产业下降、第二产业上升。2008 年大连市三次产业构成为 7.5∶51.7∶40.8。

●就业结构。工业化进程中，劳动力也由第一产业向第二、第三产业转移，即第一产业就业人数减少，第二和第三产业就业人数增加。2007 年，大连市农业劳动力为 68.8 万人，占全市就业人数的 29%。

●工业内部结构。伴随着工业化进程的，是轻、重工业主导地位及内部结构的演变。2007 年，大连市的制造业实现增加值 1168.2 亿元，占总商品增加值（第一、第二产业增加值之和）的 65.5%；机械工业增加值为 477.5 亿元，占制造业增加值的 40.8%。

●贸易结构。一般来说，贸易结构的变化在相当程度上是由工业产品的结构调整决定的。2008 年，大连市机电产品出口额 113.8 亿美元，占全市出口总额的 47.74%。

●城乡结构。工业化与农业产业化、城市化紧密联系，特别是工业化与城市化高度相关，大量的农业人口向第二、第三产业转移，也就是人口由乡村向城镇转移。大连市城镇人口占全市总人口 59.6%，即城市化率为 59.6%。（就业结构、工业内部结构的数据为 2007 年。）

将以上指标数值与划分标准比较,"产业结构"、"就业结构"、"城乡结构"均处于工业化中级阶段,"人均经济总量"、"贸易结构"、"工业内部结构"达到工业化高级阶段。综合判断:一是大连市处于工业化中级阶段的后期;二是大连市已进入工业化进程加速状态,正向工业化高级阶段迈进。

3. 大连产业结构高级化的基础条件

大连是东北老工业基地振兴和对外开放的龙头,在进一步推动产业结构优化升级方面,已经具备了四个方面的基础条件:一是大连作为辽宁老工业基地的组成部分,本身具有雄厚的物质装备和技术力量,可以利用这些存量的资源要素吸引国内外资金技术,实现产品的升级换代;二是大连具有独特的区位优势,有天然的优良港口,是东北亚的重要航运中心,这对推动东北亚地区国际贸易向大连集中、增强大连吸引外资能力、促进大连产业结构优化升级具有重要促进作用;三是金融商贸等现代服务业快速发展,城市综合服务功能逐步完善,为产业结构优化升级提供了良好的基础条件;四是自主创新能力不断提高,科技创新平台建设加快,科技人才队伍不断壮大,为产业结构优化升级提供了必要的技术支撑。

(三)大连市产业结构高级化水平测度

为对大连市产业结构发展情况有更加全面的认识和定位,将大连市产业结构水平与北京、上海、广州等先进地区以及部分副省级城市的产业结构水平进行比较研究,得出大连市与其他城市相比的产业结构高级化水平。

1. 国内外产业结构高级化程度测度方法及评价

目前,国际上对于产业结构高级化程度的测量还没有比较通行的做法。通常认为西蒙库兹涅茨、钱纳里、赛尔奎因等人提出的工业化阶段划分标准、霍夫曼的工业化阶段学说、罗斯托的经济成长阶段学说等衡量工业化和经济发展程度的判别标准,对于产业结构高级化水平的测度具有重要的指导意义。

国内对产业结构高级化水平的判定基准也仍在探索之中。近年来,专家学者对产业结构高级化的测度方法主要包括建立一套指标体系,或选取代表性指标进行建模分析等。

在指标体系构建方面,如宋锦剑(2000)构建了产业结构高级化程度的指标体系,其指标选取包括三次产业结构比例、技术密集型和智力信息型产业比重、各产业部门技术构成等方面。黄茂兴、冯潮华(2007)则在产业结构优度评价体系中提出通过第三产业比重、霍夫曼系数、科技进步贡献率等典型指标反映产业结构高级化程度。

通过建立模型对产业结构高级化水平进行分析又分为将现有模型应用到产业结构分析领域和建立新模型等方式。现有模型的应用包括相似判别法、距离判别法、D函数等,其判别标准涉及产业产值、技术水平、劳动力结构、资产结构等方面。新模型的建立则通过选取代表性指标构建分析模型。如,周昌林和魏建良(2007)以劳动生产率和第三产业比重为判别基准建立产业结构高级化评价模型,并以上海、深圳、宁波为例进行了实证研究。

总体而言，国内外对于产业结构高级化程度的测度，在判别标准和方法运用上都尚在探索，未达成一致。国际上的工业化阶段标准和经济发展阶段标准侧重于从宏观的、国家的层面，对工业化和经济发展阶段进行一般规律性判别，与产业结构高级化的衡量角度和应用层面有所区别，因为在很多具体实践中经济增长和经济发展阶段水平并不必然导致产业结构的优化。国内通过建立一套指标体系对产业结构高级化程度进行判别的方法较为系统，但受现有统计数据、主观性等因素影响较大；其他主要通过建模进行衡量的方法，一般针对性较强，侧重于选取典型、代表性指标作为判别标准，对产业结构高级化水平进行量化衡量。尽管尚无定论，但目前国内外的研究成果对于产业结构高级化水平测度的进一步研究具有重要的参考借鉴价值。

2. 大连市产业结构高级化水平测度方法

通过对国内外产业结构高级化测度方法的综合分析，鉴于本项研究的特点和对于实证性的需要，我们选取以下方法对大连市产业结构高级化程度进行测度。这一方法在借鉴国内外现有研究成果的基础上，对测度模型进行了改进，采用三次产业增加值占 GDP 比重和劳动生产率两项核心因素对产业结构高级化水平进行测度，改进后的模型同时考虑了产业外部结构和内部结构的高级化影响因素，且减少了指标体系法等受主观因素影响较多等问题。

测度方法原理如下：

假设一个产业结构系统由 n 个产业部门组成，h_i 表示第 i 个产业部门的产业水平值，k_i 为第 i 个产业部门在整个产业结构系统产出中所占的比例，w_i 为依据第 i 个产业部门在产业结构重要性所确定的对应权数，则这个产业结构系统的产业结构水平 H 为：

$$H = \sum_{i=1}^{n} w_i k_i h_i, n = 1, 2, \cdots, n \qquad (1)$$

由于劳动生产率是产业水平的集中体现，采用劳动生产率作为产业水平值 h_i 的衡量指标，$h_i = p_i / l_i$，其中，p_i 为 i 产业的产值；l_i 为 i 产业的从业人员数，它是指从事一定社会劳动并取得劳动报酬或经营收入的人员，代表了该产业的劳动投入；p_i / l_i 为 i 产业的劳动生产率，则产业结构水平 H 为：

$$H = \sum_{i=1}^{n} w_i k_i \frac{p_i}{l_i}, n = 1, 2, \cdots, n \qquad (2)$$

由于实际中各个产业的劳动生产率存在巨大的差别，低劳动生产率产业的变化容易被高劳动生产率产业所掩盖。因此，对(2)式作了进一步修正，在不对其曲线变化趋势产生本质影响的前提下，对劳动生产率加以开方处理，以提高水平变化的敏感性，可得：

$$H = \sum_{i=1}^{n} w_i k_i \sqrt{p_i / l_i}, n = 1, 2, \cdots, n \qquad (3)$$

式中，$\sqrt{p_i / l_i}$ 称为第 i 产业水平系数，用 M_i 表示，产业水平系数越大，表示该产业水平越高。$k_i \sqrt{p_i / l_i}$ 称为第 i 产业对产业结构水平的贡献值，通过百分比换算可将各产业贡献值变为各产业对产业结构水平的贡献度,用 N_i 表示,N_i 值越大,说明该产业在产业结构水平形成中所发挥的作用越大,反之越小。

本课题选取三次产业作为产业部门,取 $n=1,2,3$,并根据发达国家的产业结构高级化比例和发展趋势将三产权重设定为 $w_1=0.1, w_2=0.2, w_3=0.7$,以体现产业外部结构优化程度。

3. 大连市产业结构高级化水平测度

选取2007年我国部分副省级城市和产业结构高级化先进地区相关经济发展数据(见表4),依据上述模型对各地产业结构高级化水平进行测度,得到分析结果(见表5)。

表4　　大连市产业结构高级化测度原始数据表

城市	K1	K2	K3	P1	P2	P3	L1	L2	L3
大连	7.9	49.1	43	247.6	1536.5	1346.9	72.4	113.4	178.7
北京	1.1	26.8	72.1	101.3	2479.3	6425.6	60.9	228.1	653.7
上海	0.8	46.6	52.6	101.84	5678.51	6408.5	53.71	342.758	512.62
广州	2.29	39.95	57.76	161.09	2816.89	4072.8	82.5	263.76	317.5
深圳	0.1	50.9	49	6.23	3444.74	3314.44	1.7	371.9	273.9
沈阳	5.4	47.2	47.4	166.5	1451.9	1455.5	78.9	90.7	147
长春	9.6	50.2	40.2	200	1049.3	839.7	129.1	83.3	117
哈尔滨	14.3	37	46.7	347.7	902.6	1186.6	157.8	125.5	168.7
济南	5.89	45.53	48.58	150.3	1163	1241	98.8	116.3	149.2
青岛	5.4	51.6	43	203.59	1953.55	1629.38	102.83	217.8	185.7
宁波	4.5	55	40.5	153.6	1888.7	1390.8	67.5	228.8	141.5
杭州	4.1	50.2	45.7	167.57	2059.15	1877.17	83.94	245.32	203.83
武汉	4.1	45.8	50.1	129.15	1440	1572.35	83.1	146.4	212.7
成都	7.1	45.2	47.7	235.5	1504	1584.9	179.34	210.26	297.53
西安	4.8	43.9	51.3	83.17	762.51	891.42	134.46	117.1	177.8

(注:K为三次产业占GDP比重;P为三次产业产值,单位:亿元;L为三次产业从业人员,单位:万人)

表5　各地产业结构高级化水平排序

城市	产业结构水平排名
北京	176.047
广州	171.242
上海	168.231
深圳	150.319
沈阳	142.959
济南	127.597
杭州	126.748
武汉	124.59
宁波	121.164
青岛	120.828
大连	120.244
长春	112.215
哈尔滨	108.666
西安	103.189
成都	102.055

从表5可以看出,大连市产业结构高级化水平排名在各城市中排在第11位,与北京、广州、上海、深圳等城市差距较大,与杭州、武汉、青岛、宁波等副省级城市相比,也有一定差距,并且在东北地区排名在沈阳之后。这主要是由于国家东北老工业基地振兴政策的实施,大连市的重工业比例所占较大,直接导致大连的产业结构不合理,高级化程度不高。

(四)大连市产业结构存在问题分析

虽然大连市产业结构不断进行调整、优化,但与先进地区相比,大连产业发展及布局依然存在着一些问题,主要表现在以下几个方面:

一是第三产业发展速度较慢。我市第三产业的比重从1998年的42.6%至2008年的40.3%,其中最高年份为2005年的45.2%,十年间第三产业的比重增长微乎其微。从第三产业增长速度来看,明显落后于第二产业增速。2008年第二产业增长速度为19.6%,第三产业增长速度为14.4%,三产增速落后二产增速5个百分点。从对经济增长贡献率来看,我市第三产业总量虽然在不断扩大,但对经济增长贡献率不高。第二产业和第三产业对经济增长的贡献率分别为58.3%和38.1%,第三产业对经济发展的拉动作用不强。从第三产业内部结构看,我市传统的房地产、餐饮等消费型服务业仍处于主导地位,金融、物流业等现代服务业刚刚兴起,智力型、技术型、生产型服务业发展不快。因此,需要进一步增加第三产业的比重,加快产业结构高级化进程。

二是产业结构不合理,重工业过重、轻工业过轻,与产业竞争能力提升不相适应。第三产业比重低,第二产业比重较高,产业结构不尽合理,产业高级化进程缓慢,与建设东北亚重要国际航运中心的目标不相适应。同时,各次产业内部结构也不尽合理。2007 年全市规模以上轻重工业比为 23.6∶76.4,重工业过重;在工业内部结构中传统工业比重高,新兴工业比重低;2007 年全市第三产业中信息传输、计算机服务和软件业、金融保险业以及科学研究、技术服务和地质勘查业占服务业的比重仅为 18.7%,现代服务业比重较低。

三是区域带动力较弱。大连的产业结构在整体上不断调整优化,尤其是外资的大量进入使第二产业技术升级的步伐加快,在造船、石化、大型装备制造以及现代商贸、现代物流、金融保险等领域已形成良好的发展基础。但大连具有的结构优势还远未转化为现实的竞争力,进而带来经济的跨越式发展,对周边地区的经济影响力未能充分体现,二元经济结构依然存在。

四是产业链发展不完整。石化产业"有头无尾"。石化业是大连工业经济的支柱,整个产业占规模工业的比重在 1/3 以上,在各产业门类中首屈一指。大连全市税收总额的半数来自大连石化和西太平洋石化两家。下游产业链不发达是大连石化业的主要问题,精细化工率仅 30%,低于全国平均水平,结构性矛盾突出。汽车产业"有尾无头"。目前我市已经形成了区域性汽车配套及零部件制造的产业集群,但是缺少整车的龙头带动。微电子产业中"有芯片无封装"。以英特尔等生产企业为基础的中、上游产业发展迅速;在下游封装、测试和整机应用产品部分,企业较少。

五是产业高加工度化相对较低。与国内外产业高级化程度较高的地区比较,我市劳动密集的制造业(造船、装备制造业)等高技术含量、高附加值工业产品比重过低;金属制品、有色金属、纤维、塑料、电气机械、运输设备、专业和科学仪器设备等行业在内的加工组装制造业占全市工业比重也较低;原材料产业集约化、高级化、系列化和高加工度程度都不高;总的说来,我市的制造业内部结构呈现出重工业化,产业高加工度化与先进地区相比尚有较大差距。

(五)基本评价

党的十六大以来,大连市委、市政府与全市人民不懈地努力,抓住对外开放的机遇,紧跟世界产业结构调整步伐,大力实施产业结构战略性调整,推动四大产业基地聚集发展,加快改造传统产业,鼓励和支持优势骨干企业研发具有自主知识产权的产品,实现由"大连制造"向"大连创造"的战略升级。通过自主创新、推进信息化和高新技术改造,装备制造业由加工装配向研发创造转变,不仅实现了量的增长,也实现了质的飞跃,为大连新型产业基地建设提供了强大支撑。在国家"十一五"提出的装备制造业 16 个重大攻关项目中,大连占了一半,与此同时,以电子信息、生物技术与现代医药、新能源为代表的高新技术产业已成为全市新的经济增长点,产值和增加值以年均30%以上的速度增长;而软件业销售收入已经连续10年以50%以上的速度递增。目前,大连在建设东北亚国际航运中心的目标下,正在向全球软件和服务外包新领军城市、亚洲重要的集成电路产业基地、具有国际竞争力的装备制造业基地和东北亚现代服务业聚集中心快步迈进。

近年来,大连市抢抓东北振兴和沿海开放双重机遇,全力以赴调整产业结构,形成一批有国际竞争力的世界级新型产业基地,大大增强了抗击金融海啸的能力,继续保持经济平稳较快发展,在辽宁全面振兴中起到龙头作用。2008年,全市实现地区生产总值3858亿元,同比增长16.5%;地方财政一般预算收入339亿元,同比增长26.5%;实际利用外资50亿美元,同比增长58.6%。完成工业增加值1398.5亿元,同比增长23.8%,增幅居全国15个副省级城市首位。大连作为港口城市和传统的工业城市,虽然目前产业替代速度在全国同类城市中相对较快,但其发展水平和结构布局与国际上和国内一些城市还有一定的差距。

辽宁沿海经济带开发战略上升为国家战略,必将给大连的快速发展带来新的机遇。只要抓住机遇,发挥优势,明确目标,全力以赴,科学发展,推进产业结构优化升级,大连市产业结构高级化一定会实现,大连经济发展方式也一定会实现根本转变。

三、国内外产业结构高级化主要做法和经验

(一)国外产业结构高级化的主要做法和经验

在实现产业结构高级化的过程中,世界各国依据自身国情和经济发展情况采取了不同策略和方式,尤其是美国、日本、韩国等先进国家为我们提供了不同时期的、具有代表性的产业结构高级化的实践经验。

1.以日韩为代表,后发国家的产业结构高级化

二战以后,以日韩为代表的后发国家,在产业结构高级化过程中采取了不同于欧美国家的产业结构优化和升级策略。日韩两国根据国际形势和自身实际,充分注重利用外部优势条件,加快自身技术升级和产业结构调整,在促进产业结构高级化进程中成效显著。

日韩产业结构高级化的主要做法和经验具体包括以下几个方面:

一是实施技术引进与自主创新相配合的产业技术升级战略。日韩根据产业发展和结构调整情况,在产业发展的不同阶段,分别采取不同策略,合理利用外因和内因两种技术推动因素,以尽可能低的成本和尽可能快的速度,建立健全自身产业技术体系,提升产业技术水平。

在产业结构升级初期,主要是从本国实际需要出发,通过单纯引进或产业移植等方式,引进和利用国外先进技术,并在消化吸收的基础上,对引进技术进行改进,促进本国技术体系的形成和发展,有效缩短产业优化升级进程。随着日韩两国产业技术的日趋进步,提升自主创新能力和构建自身技术创新体系成为日韩技术升级战略的重点。这一阶段,日韩两国确定了科技发展的国家战略地位,将科技发展与产业发展更紧密地结合起

来,以高科技带动产业结构的调整与升级。采取了一系列政策措施,激励和加强开展科技研发活动,提高自主创新能力。如加强基础研发经费投入,加大技术开发投资,在税收、金融等方面提供优惠政策,鼓励产业技术开发,分担企业技术开发风险等。

二是选择并扶持战略性的主导产业。日韩注重根据国际形势和国内不同发展阶段的特点调整主导产业,以配合产业结构长期发展战略的需要。同时,注重主导产业选择机制的健全和选择方法的科学性。

韩国在选择主导产业方面的主要特点是随着国内外环境和世界产业分工格局的变化,及时调整策略和选择主导产业,构筑能够吸收发达国家先进技术的高效率的产业结构体系,并积极采取产品差别化、生产当地化等战略,确保动态比较优势,促使各产业在与发达国家和发展中国家进行国际分工的过程中取得适合的分工形态、占据有利地位。

在主导产业的选择方法上,日本采取官产学三方互动的决策机制。在日本的决策部门中广泛存在着各种审议会制度、各种民间中介组织。如日本成立"产业合理化审议会",成员分别由政界、产业界、学术界以及劳工界(工会代表)组成。政府主导产业的选择首先通过审议会的充分讨论和认可,并通过各种民间中介组织为纽带,与企业进行密切的信息交流和利益协调,最终决定要重点发展的主导产业。同时,战略性主导产业的选取依据明确的标准:即收入弹性标准、生产力提高基准、技术进步比较标准。

三是注重产业政策的制定与落实。为促进本国产业结构的调整升级,日韩两国十分重视制定和运用各类产业政策,发挥政府对市场的引导和调控作用,对不同阶段的产业发展和结构调整进行导向,实现产业结构高级化。

在工业化初期,韩国主要采取了强有力的"政府主导型"产业政策,其中包括:通过政府直接干预金融活动而使金融业成为"政策金融",为重化工业部门的发展提供了大量的低息政策性资金;采取强有力干预,促进企业合并,扩大企业规模,以提高产业的集中度等。根据经济发展的不同阶段,日本政府采取了以尊重企业自主选择为原则、直接干预和间接诱导相结合,根据不同发展阶段制定适宜的产业政策,尤其是主导产业发展的政策,包括产业结构高级化政策、产业组织政策、产业技术政策等。

在产业政策的具体制定和落实上,日本政府充分发挥官产学结合的审议会制度,在对产业政策全面论证的基础上,制定和出台促进产业发展和高级化的相关政策。如"机械工业振兴临时措施法"、"振兴特定电子工业及特定机械工业临时措施法"等,对推动不同阶段战略性产业的发展起到了关键作用。为保证产业政策的切实落实,日本政府较多地运用了法律手段,如"振兴机械工业临时措施法"出台后,有关部门又制定和颁布了一系列法律以保证贯彻实施。

四是发挥企业在产业结构高级化进程中的带动作用。日韩政府将企业作为推动产业结构优化升级的重要载体和推动力量,通过支持企业发展,尤其是大企业和企业集团的发展,加快产业结构高级化的实现。

韩国在发挥企业作用上的思路主要是,通过分类引导,支持各类企业发展,因势利导,发挥其在产业结构高级化中的不同作用。如重视公营企业在基础产业和支柱产业的发展和升级过程中的重要作用;积极引导和支持民营企业做大做强,帮助大企业引进外资与先进技术,鼓励大企业和企业集团的国际化经营,支持大企业集团对中小企业的兼并等。

日本则主要注重利用大企业集团影响力大、波及面广等特点,利用其在行业领导和市场占有中的优势地位,大力开展技术研发和创新,并通过各种经济行为和活动将技术更新延伸到其他企业,带动更大范围的技术进步和产业结构高级化。同时,日本建立了强大的公共金融机构和政策性金融机构,对特定产业领域或特定产业地区的民间企业提供产期低息资本,对产业结构的调整升级进行导向。

2. 以美国为代表,知识经济背景下的产业结构高级化

在知识经济背景下,美国的产业结构高级化策略和措施则主要侧重于科技创新能力的培养与提高,信息技术等知识密集型产业的大力发展等方面,以加快产业结构向更高端水平的迈进。

美国产业结构高级化的主要做法和经验主要包括以下几个方面:

一是注重科技创新在产业结构高级化中的关键作用。科技创新是推动产业结构优化升级的重要力量和基础,因此美国始终将科技进步和技术创新作为实现产业结构高级化的制胜关键,注重研发和人才引进与培养,不断在开拓新的技术领域中提升自主创新能力和技术水平,以此带动产业内部和外部结构的高级化。

美国采取产学研结合且注重实效的研发体制。在研发投资的主体构成中,政府、大学和企业相辅相成,政府投资重点是加强基础研究,大学既从事基础研究又与企业合作开发新产品,企业投资占全国研究与开发投资的70%以上,是开发高新名优产品的主力军。研发投入力度大也是美国保持科技创新活力的重要手段之一。2000年,美国研究与开发投资超过2500亿美元,占美国GDP的近2.5%,相当于其他几个大国研究与开发投资的总和。

人才是科技创新的决定性因素。美国对人才的重视,一方面表现在教育投入上,据美国教育统计资料显示,2002年,美国教育投资共计7450亿美元,占GDP的比重为7.4%,在发达国家名列前茅。另一方面,则表现在美国对国际人才的大力引进上,迄今在美国的留学生达491万,大约占全球留学生总数的1/3。随着人才素质不断提高,美国科学家获得诺贝尔奖的人数和所占比例急剧增加。美国人口占世界人口总数不到5%,而近年来获得诺贝尔奖者却占全球获奖者的70%以上。

二是大力发展以信息和电子技术为主的高新技术产业。美国政府为发挥高新技术产业在提升产业结构高级化方面的作用,采取一系列措施扶植高新技术企业,支持高新技术产业的发展,并注重发挥高新技术产业对传统产业的渗透和改造作用。

为促进高新技术产业的发展,美国政府采取了出台激励性的政策法规,增加产业研发投入等一系列措施。2000年,美国在高技术产业投入的研究开发经费达2653亿美元,占世界研究开发经费总支出的41.7%。为扶植高技术企业的成长,通过税收优惠政策,政府购买等市场支持政策,信贷支持和关税保护政策,帮助高科技企业从事开发和创新,提高开拓市场能力。尤其是建立了一套与促进高新技术产业发展相配套的风险投资机制,为高新技术企业提供金融支持。美国的风险投资机制以风险投资基金或创业基金和股票市场为基础,兼以保障性的法律、财会、监管和税收系统,使高新技术与资本市场相互促进、相互推动,从而借助资本市场的流动性和期限转换建立了长期筹资机制。

在美国政府的大力扶持下,高新技术产业得到快速发展,尤其是信息网络化发展迅猛,信息产业成为带动整个国民经济增长的龙头产业。在此基础上,美国利用高新技术产业对传统产业的渗透加强之机,对企业进行大规模的改造和改组。运用信息技术革新企业的生产、销售等环节的管理模式,降低成本和加快产品开发,使经济活动处于良性循环之中,使汽车、钢铁等传统产业重新取得世界竞争力。

三是大力发展现代服务业,尤其是高技术服务业。美国通过出台政策法规,成立行业协会等方式,为现代服务业营造良好的发展环境。同时,通过加强技术保护等措施鼓励高技术服务业的发展,提升现代服务业的高级化水平。

为促进现代服务业的发展,美国先后制定相关法律法规,如"金融服务现代化法"、"电子信息自由法案"、"电子隐私条例法案"等,为金融、信息等现代服务业的发展提供法律保障。除了法律法规的硬性管理之外,美国通过组建行业协会的形式来加强和完善生产性服务业市场的管理,充分发挥行业协会在促进行业自律、规划行业发展等方面的作用。如美国物流业协会不仅协助政府做好物流规划、制定政策、规范市场竞争秩序,同时还开展物流研究,指导行业发展,举办交流活动,提供信息咨询服务和各种专业培训等。

在高技术服务业的发展方面,美国通过出台有利于人才引进的教育政策,在高科技领域给予企业更多的税收优惠,加强技术保护等一系列措施,促进高技术服务业和知识型服务业的发展,发挥政府的产业导向作用。如美国出台技术服务业方面的"偏袒专利权"政策,加强知识产权保护力度,为技术服务的发展提供保障。

四是在推动经济全球化的基础上加快产业转移。美国通过推动全球经济一体化为产业转移创造了条件,使产业转移成为美国加快实现产业结构高级化的重要手段和途径。

在经济全球化的背景下,美国大力开展产业转移,为其传统产业在国内的退出、裂变和重组争取了足够的外围空间,同时外部市场需求为其高新技术产业的蓬勃发展提供了支持,为国内产业布局的优化和产业结构的调整创造了条件。产业转移的自身发展也进一步推动了产业结构高级化,如产业转移的重点由以前的劳动密集型产品向电子、化学、运输工具以及机械等中间产品和零部件的生产活动转化,跨国公司非核心的跨国转移业务越来越多,反过来促使本国产业向更高端水平发展,产业结构更加优化。

纵观国外产业结构高级化历程,均体现了各国以遵循产业发展规律为前提,对于促进产业结构高级化的核心要素,如知识、科技等的充分重视和发展运用。同时也体现出各国在经济社会发展的特定时期和背景下，具有时代特点的、因地制宜的产业结构优化升级策略。国外产业结构高级化的经验为我们从较为宏观的角度，把握产业结构优化升级的方向提供了参考。

(二)国内先进地区产业结构高级化的主要做法和经验

我国改革开放以来，各地产业结构不断调整优化，取得了显著成效。尤其是北京、上海、广州等一些先进地区的产业结构高级化明显提升，第三产业增加值占 GDP 比重达到 50%以上，其中北京第三产业比重 2008 年为 73.2%，达到发达国家水平。在促进产业结构高级化的过程中，这些地区积累了诸多实践经验，其中不乏一些开拓性的做法和发展思路，值得我们学习和参考借鉴。

1. 注重发挥科技创新的基础性作用

科技进步是产业结构高级化的动因，各地在推动产业结构高级化的过程中，均十分重视采取各项政策措施激发科技创新活力，发挥科技进步对于产业结构优化升级推动作用。

广州市在鼓励科技创新、提升产业结构方面，一是大力发展高新技术产业，打造了以广州科学城为核心的电子信息产业、生物医药产业、新材料产业三大国家级高新技术产业基地，发挥高新技术产业对产业结构高级化的有效带动作用。二是提升企业科技创新的主体地位，探索建立以科技创新推动产业结构高级化的长效机制。通过政府向企业进行五大倾斜，激发企业科技创新的主动性和积极性，并为其创新活动提供多方条件支持，即扶持政策向企业倾斜、创新资源向企业倾斜、公共服务向企业倾斜、激励机制向企业倾斜、市场环境向企业倾斜，等等。

2. 推动高新技术产业与传统产业融合发展

高新技术产业与传统产业的产业融合是近年来产业结构高级化的重点，由此催生了现代农业、先进制造业和现代服务业的蓬勃发展。各地在促进高新技术产业与传统产业融合发展方面，进行了有益探索。

为促进高新技术产业与传统产业的融合发展，各地通过加强规划引导、支持关键技术研发等方式，促进高新技术对传统产业的渗透和带动，提升传统产业的技术水平和管理水平，提高产业竞争力。尤其是依托国家级两化融合试验区建设，南京市、上海市、重庆市、广州市、青岛市等地注重发挥龙头企业、重大项目、示范园区等在推动信息化和工业化融合发展中的示范带动作用，辅以公共服务平台支撑、信息基础设施能级提升、政府监管服务信息化、信息安全保障、两化融合专业人才培训、体制机制完善等方面的支持和保障，扩大两化融合应用领域，加快两化深度融合发展。

3. 以生产性服务业拉动现代服务业发展

现代服务业的大力发展是产业结构高级化的必然趋势。生产性服务业是现代服务业的核心，为加快建立以服务经济为主的产业结构，北京、上海等地将生产性服务业作为拉动现代服务业发展的主要抓手和提升产业结构的重要途径，通过突出重点行业，优化空间布局、错位协调发展、提供配套支持等方式鼓励和支持生产性服务业的发展。

早在2003年,上海市就将生产性服务业列入“上海工业方向导向及投资指南”鼓励类栏目,并在2004年形成“十一五”发展规划,确定了其重点发展领域。2008年,上海市又明确提出促进以总集成、总承包、科技研发服务、专业维修服务、节能环保服务等为核心的生产性服务业的发展,并出台“关于推进上海市生产性服务业功能区建设的指导意见”,对功能区进行产业划分和空间布局,根据发展特点,在中心城区、近郊区、远郊区分别发展不同功能的生产性服务业,引导生产性服务业向集聚化、专业化、高级化方向发展。

北京市产业结构的优化升级与大力发展生产性服务业,尤其是金融服务、信息服务、研发服务、商务服务等生产性服务业也是密切相关的。据统计,2007年,北京市生产性服务业增加值已经占整个服务业增加值的55%以上,金融业增加值占GDP比重为14%左右。在对生产性服务业的支持和促进方面,北京市通过加强一些生产性服务业园区的建设,如四大金融后台服务园区建设、文化创意产业园区建设等,引导生产性服务业实现合理分布,均衡发展。同时,在加强规划、土地供应、人才引进和培养方面提供相应的倾斜性政策和支持。

4.采取多渠道、多形式助推产业结构高级化

以产业结构高级化的总体思路为指导,各地在具体实践中,根据自身特点和发展实际,采用了包括发展产业集群、总部经济、产业创新等灵活多样的方式,为产业结构优化升级提供有利条件和环境。

近年来,鉴于总部经济在聚集知识性资源,产业前后向关联拉动,技术、信息、文化溢出效应等方面的特点,日益成为一些区域经济发展中的中心城市加快产业结构高级化的重要战略选择。南京市为发展总部经济,欲出台一系列“政策套餐”吸引企业总部的落户,如新引进企业总部在当地购房或租房,政府给予一定的补贴,企业自主研发新产品的经费列入财政科技方向经费,帮助解决企业中高科技人才子女入学等问题。同时,为突出南京市总部经济的特色,与北京、上海等国际性城市相区分,南京市将自身总部经济定位为区域性总部经济,实行错位发展。

产业集群也是各地近年来促进产业结构高级化的重要方式。通过发挥产业集群在资源优化配置、技术创新、产学研合作等方面的优势,提升产业自主创新能力,促进产业结构优化升级。如青岛市采用“大项目——产业链——产业集群——产业基地”的发展思路,以龙头企业和大项目为带动,延长和扩充产业链,构建了石化、造船、汽车、家电、电子、港口六大产业集群。目前,对产业集群发展的认识和理念也在不断深化,如园区化不等同于产业集群化,不应过分强调类似科技园区、工业园区等,而应依据本地特点构思产业集群的产业结构、建构中介服务体系、建立劳动力教育培训机构等。

另外,广州市借助开放性优势,把利用外资与产业结构调整相结合,引导外资投向基础产业、高科技产业和高级服务业,使利用外资成为服务于自身产业结构升级的重要手段。北京市大力鼓励以文化创意产业为代表的产业创新,以持续激发产业高级化潜力,

已经形成了龙头企业带动、产业关联发展、科技支撑发展、体制转型发展、公共平台支撑发展五种文化创意产业发展模式。

四、大连市产业结构高级化战略构想

产业结构优化升级，不断实现高级化，是国际产业发展的必然规律。前文分析指出，大连市产业结构处于工业化中后期阶段，正在向高级化迈进。但也指出，与北京、上海、深圳、广州等城市相比，大连市产业结构还不尽合理，距高级化尚有很大差距，还需要进一步加大产业结构调整力度，不断促进产业结构优化升级，实现产业结构的高级化。

（一）总体思路

在借鉴国内外产业结构高级化经验的基础上，结合大连市的实际，大连市产业结构高级化的总体思路是：以科学发展观为指导，遵循产业升级规律，抓住辽宁沿海经济带开发战略升级为国家战略的有利时机，积极应对全球金融危机的挑战，围绕大连建设东北亚国际航运中心、东北亚国际物流中心、区域性金融中心及具有国际竞争力的现代产业集聚区的发展目标，以提升产业综合竞争力为核心，以构建现代产业体系为重点，以科技进步为支撑，大力发展先进制造业、高新技术产业和现代服务业，改造提升传统产业，提高产业加工度化，培育新能源、电动汽车等绿色产业，走循环经济、低碳经济发展之路，促进产业结构优化升级，实现产业结构的合理化、高度化和协调化（见图2）。

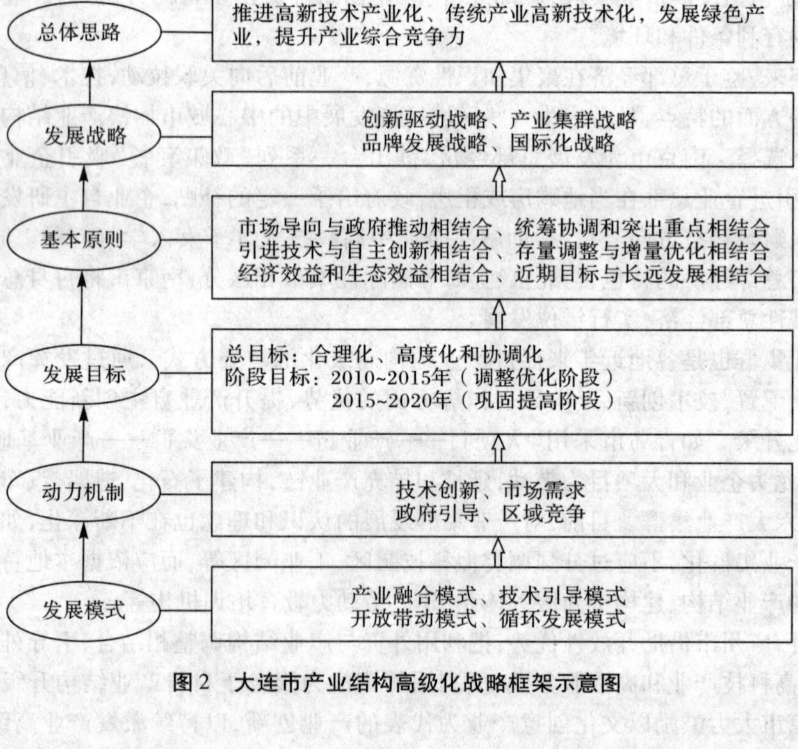

图2　大连市产业结构高级化战略框架示意图

(二)发展战略

促进大连市产业结构高级化,应实施以下发展战略。

1. 创新驱动战略。国际产业演化升级规律告诉我们,每一次大的新兴产业的出现和产业结构优化升级,都是技术进步、创新驱动的结果。世界几次大的产业革命,都始自新技术的发明和应用。大连市要推动产业结构优化升级,实现高级化,就必须实施创新驱动战略。创新驱动就是通过技术创新、体制机制创新、发展模式创新等,开发新技术、新发明、新工艺、新产品,实现新技术产业化和应用新技术改造提升传统产业,进而推动产业结构高级化进程。要发挥大连市现有企业、高等院校及科研机构的科研优势,加大科研开发投入力度,完善以企业为主体,以市场为导向,产学研相结合的技术创新体系,努力培育具有自主知识产权的核心技术、核心产品,推动产业结构优化升级,实现产业结构高级化。

2. 产业集群战略。要推动大连市产业结构优化升级,实现高级化,必须实施产业集群战略。从国际、国内发展实践来看,凡是竞争力强、引领产业发展方向的区域,都形成了若干大的产业集群。如美国的硅谷,日本的筑波等,形成了世界瞩目的高新技术产业集群,这些区域都是经济实力强、科技含量高、产品附加值大,引领世界产业发展方向的重点区域。大连市要实现产业结构高级化,就必须实施产业集群战略,结合自身优势,努力培育和形成几个大的竞争力强、技术水平高、附加值大、产业链较为完整的产业集群。特别是要围绕大连东北亚国际航运中心建设及东北地区核心城市建设目标,大力发展高端制造业、高新技术产业和现代服务业,抢占产业发展的制高点,形成先进装备制造业产业集群、电子信息产业集群、海洋新兴产业集群,以现代物流、金融、科技服务、旅游为主的现代服务业产业集群等。通过构筑若干产业集群,提升产业核心竞争力,优化提升产业结构,推动产业结构高级化。

3. 品牌发展战略。大连市产业结构优化升级,实现产业结构高级化,必须实施品牌发展战略。品牌发展战略就是通过培育核心技术,核心产业、核心产品,形成区域性甚至世界性知名品牌,再通过品牌拉动效应,提升区域产业竞争力,促进产业结构的优化升级。品牌就是竞争力,品牌就是生产力。大连市要实施品牌发展战略,大力培育拥有自主知识产权的全国乃至国际知名产品品牌,积极开发地理标志品牌,通过发挥品牌效应及示范作用,带动全市产业竞争力的提升,进而推动产业结构优化升级,实现产业结构高级化。在开发中国驰名商标及国际知名商标品牌的同时,要加大对品牌的利用、保护力度,拉长产业链条,开发系列产品,形成集群竞争优势。

4. 国际化战略。国际化是产业优化升级的必由之路,大连市要实现产业结构高级化,必须实施国际化战略。国际化是指在当今时代,一个国家或地区的经济发展必须纳入到世界经济大循环之中,闭关锁国只能自取灭亡。世界经济你中有我、我中有你的态势日趋明显和加强,如何参与世界经济竞争,推进国际化进程,提升自身综合竞争力是摆在各国各地区面前的重大课题。大连市是我国东北地区对外开放的龙头和窗口,国际化程度很高。在《辽宁沿海经济带发展规划》中，大连被定位为辽宁沿海经济带及东北地区的核心，要进一步加大开放力度，引领东北地区参与国际经济大循环，实现老工业基地全面振兴。为此，今后一个时期，大连市应继续实施国际化战略，应对国际金融危机挑战，积极参与国际分工与合作，在国际产业链条中找准大连的产业定位，并不断提升产业能级，推动产业结构高级化。要发挥大连区位优势，抓住新一轮国际产业转移有利时机，承接高端国际产业，拉长和延伸产业链条，促进产业结构优化，实现产业结构高级化。

（三）基本原则

推动大连市产业结构高级化，应坚持以下原则。

1. 坚持市场导向与政府推动相结合。产业优化升级和高级化实质上就是因技术进步致使主导产业不断演化更替的过程，是产业发展重点部门从第一产业向第二产业再向第三产业转移的过程。所以，产业结构高级化必须以市场为主导，遵循产业发展规律，让市场来合理配置各类生产要素及资源。与此同时，各级政府要通过制定相应的产业扶持政策，建立健全产业升级转型体制机制，引导和推动大连市产业结构升级。从国际产业优化升级规律来看，主导产业发展经历以下阶段：农业—轻纺工业—重化工业—电子信息工业—现代服务业。一般来说，一个国家或地区的产业优化升级并不断高级化都要遵循这一发展规律。目前，大连市正处于工业化中后期或向工业化高级阶段迈进时期，这一阶段应以电子信息工业、现代服务业为主导时期。围绕建设东北亚重要国际航运中心建设目标，以市场为导向，遵循产业升级规律，大连市今后产业发展重点应是电子信息产业、现代服务业等产业，并应用高新技术改造提升传统产业。随着技术的进步，产业发展呈现出三次产业融合的趋势，为此，应把握趋势，大力发展为生产提供服务的研发设计、现代物流、金融、信息服务等生产性服务业，以信息化带动工业化，促进三产和二产的融合，努力在大连形成三次产业相互融合、产业结构不断高级化的发展态势。发挥政府在产业结构升级中的统筹协调作用，强化产业政策引导，完善体制机制，推动产业结构实现高级化。

2. 坚持统筹协调和突出重点相结合。在推进三次产业及其内部产业结构优化升级的同时，要站在辽宁省、东北区、全国甚至全世界的角度，审视大连市所具有的资源、区位、产业等比较优势，通过发挥优势，努力打造具有大连特色，重点突出，符合大连自身定位的产业体系，进而实现产业结构高级化。从资源优势上看，与内陆城市相比，大连市最大的优势就是海洋资源丰富，港口交通便利，大连市是东北地区对外开放的龙头和窗口，是东北地区海上门户。因此，大连的产业选择就必须主打海洋牌，大力发展临海临港产业和新兴海洋产业，推进产业结构优化升级。海洋新兴产业，是21世纪最具发展前景的产业，向海洋要资源、向海洋要发展空间已成为沿海地区的共识，也成为时代发展潮流。要瞄准海洋产业发展前沿，加大科研开发及产业化力度，大力发展海洋生物制药、海洋旅游、海水综合利用等产业，积极发展潮汐能、波浪能、海流能等海洋新能源，增强大连市海洋产业综合竞争力。同时，要发挥现有产业优势，依托旅顺南路软件产业带大力发展软件及信息服务外包业；依托开发区英特尔集成电路产业基地，大力发展半导体集成电路产业，推动大连软、硬产业融合发展，实现产业结构高级化。

3. 坚持引进技术与自主创新相结合。大连市产业结构高级化必须依靠科技进步，这就需要在吸引国内外先进技术的同时，提升大连市自主创新能力，培育形成具有自主知识产权的核心技术。一方面要进一步扩大对外开放，引进国外先进技术、先进管理方法和先进生产理念，通过技术引进，来提高大连市产业技术化水平和增强产品国际竞争力。但是，核心技术和关键技术是引不来的，所以，另一方面，必须加强自主创新。要依托大连市现有科研优势，积极开展原始创新、集成创新和引进消化吸收再创新。要通过开放创新，提升自主创新能力，培育核心技术，形成具有自主知识产权的技术及产品，促进产业结构优化升级。企业是技术创新的主体，应加大企业研发投入力度，鼓励其开发新技术、新产品，抢占技术制高点，增强国际竞争力。同时，加速新技术产业化进程，并应用高新技术改造提升传统产业，优化产业结构，推动产业结构高级化。

4. 坚持存量调整与增量优化相结合。对于现有产业，也就是存量产业，必须加大产业结构调整力度。通过技术进步，加快提升传统特色产业，努力实现传统产业高新技术化。特别是对石化、造船、装备制造等传统优势产业，要加大结构调整力度，促进其升级转型。与此同时，大力发展高新技术产业，培育新兴产业，形成新的经济增长点。对于新上产业项目，也就是增量，一定要提高其科技含量，使之成为产业结构高级化的主导力量，通过增量优化带动存量调整。

5. 坚持经济效益和生态效益相结合。大连市产业结构高级化必须遵循科学发展原则，坚持经济、社会和生态三效益相结合。科学发展观就是以人为本、全面协调可持续的发展观，在进行产业结构调整升级、推动产业结构高级化时，必须坚持科学发展观。科学发展是产业结构实现高级化的前提和基础。大连是滨海旅游城市，也是生态宜居城市，这就要求大连在发展产业、追求经济效益的同时，应加大环境保护力度，兼顾社会效益和生态效益。在产业发展方面，必须选择那些科技含量高、耗能少、产品附加值高的绿色产业，努力在大连构建绿色经济体系，在我国沿海城市中率先建立现代产业体系，增强产业综合竞争力。同时，要通过走循环经济之路、新型工业化之路，形成资源和环境友好型产业结构。要注重三次产业协调发展，推动产业结构实现合理化和高级化。

6. 坚持近期目标与长远发展相结合。大连市产业升级转型，实现高级化，要立足当前，着眼长远，既要有现实可操作性，又要有前瞻性；既要有近期发展目标，又要有长远考虑。针对目前大连市工业化所处的阶段，针对辽宁沿海经济带开发战略对大连市的定位和要求，要拿出切实可行的措施和办法，提升全市自主创新能力，推动产业结构优化升级。同时，更要谋划长远，对全市产业未来发展走向有一个清晰的判断，在产业选择上要不能只顾眼前利益，要与未来产业发展定位相一致。

（四）发展目标

通过不断加大对产业结构的调整力度，提升自主创新能力，产业结构实现协调化、合理化、高度化，城市综合竞争力显著提升，经济发展方式实现根本转变，品质大连建设取得成效。具体分阶段目标如下：

1. 调整优化阶段（2010 年 ~2015 年）。这一时期是“十二五”时期，主要任务就是调结构。充分利用这次全球金融危机和我国实行“扩内需、调结构、保增长”政策的有利时机，抓住辽宁沿海经济带开发开放战略升级为国家战略的契机，大力发展新能源汽车、核电设备、光电子、风电装备、软件和电子信息、现代服务业等绿色产业，加大产业结构调整力度，推进产业结构高级化进程。力争到 2015 年，产业结构进一步优化，产业结构高级化取得重大进展。大连的核心地位和龙头作用进一步提升，三次产业结构比例为 5∶45∶50，城市综合竞争力明显增强。第三产业对经济增长的贡献率有所提升，由工业主导的结构向由服务业主导的结构转变。综合竞争力在副省级城市排名中争取进入到前 5 位。

2. 巩固提高阶段（2016 年 ~2020 年）。在“十二五”的基础上，利用“十三五”这五年，继续推动产业结构优化升级，大力发展高新技术产业、先进装备制造业和现代服务业，实现产业结构高级化，努力形成以服务业为主的产业结构体系。力争到 2020 年，产业结构明显优化，产业高级化进程加速，产业升级转型取得重大成效。大连核心地位及龙头作用显著提升，东北亚国际航运中心、东北亚国际物流中心、区域性金融中心基本建立，现代产业体系基本形成。三次产业结构比例为 3∶37∶60。现代服务业呈快速发展态势，对经济增长的贡献率明显提升，形成以服务业为主体的产业体系。城市综合竞争力显著提升，在副省级城市排名中争取进入到前 3 位。

（五）动力机制

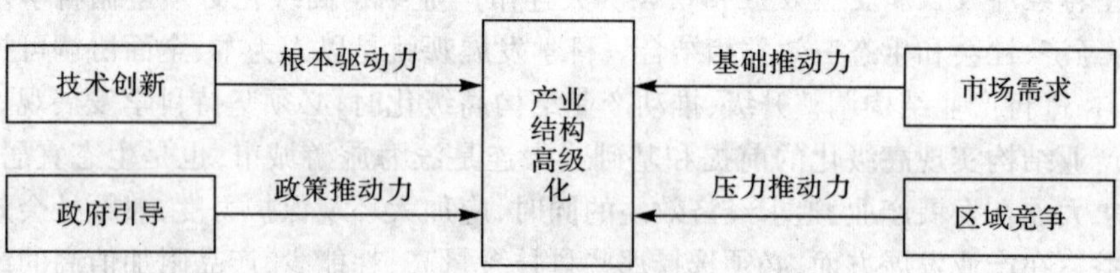

图 3　大连市产业结构高级化动力机制图

大连市产业结构高级化的动力机制如图 3 所示。技术创新是大连市产业结构高级化的标本驱动力，加快技术创新，形成具有自主知识产权的核心技术、核心产品是产业结构高级化的不二法则。市场需求是大连市产业结构高级化的基础推动力。围绕东北振兴、辽宁沿海经济带开发、大连东北亚国际航运中心建设，围绕改善民生等社会需求，开辟新市场，推出新产品，提升综合服务能力，推动大连市产业结构高级化。政府引导是大连市产业结构高级化的又一重要推动力。通过制定产业发展规划、产业发展目录及产业扶持政策，大力发展绿色产业、现代服务业，推动产业结构高级化。区域竞争也是大连市实现产业结构高级化的一个推动力。东北地区各城市之间、环渤海地区各城市之间相互竞争，相互合作，在竞争中不断优化产业结构，提升各自的综合实力。大连市作为东北地区对外开放的龙头和窗口，通过区域间的竞争与合作，大力发展高端产业，抢占产业发展制高点，实现产业结构高级化，发挥其辐射和带动作用，进而引领带动东北区域经济共同发展。

（六）升级模式

在借鉴国内外先进地区发展经验基础上，结合大连市实际，大连市产业结构高级化应采用如下模式。

1. 产业融合模式

产业融合模式，也称产业联动模式，是指三次产业之间相互融合，联动发展，特别是服务业与第一产业、第二产业相互融合，推动产业结构优化升级，实现产业结构高级化。大连市要抓住沿海开放和东北振兴的双重机遇，大力发展生产性服务业，现代服务业，以信息化带动工业化，以工业化促进信息化，推动三次产业融合、联动发展。大力发展物流、金融、信息服务、研发设计、创意产业等生产性服务业，提升产业层级，走质量增长之路，推动产业结构高级化。

2. 技术引领模式

技术引领模式是指通过培育和形成核心技术、关键技术，促进技术实现产业化并应用高新技术改造提升传统产业，不断优化产结构，推动产业结构实现高级化。大连市首先要充分利用现有科研优势，大力开展核心技术、关键技术的联合攻关，开发新技术、新工艺和新产品，并使其产业化，推动产业优化升级。再有，要加大国外先进技术的引进力度，在引进基础上，进行消化吸收再创新，形成具有自主知识产权的新技术。此外，鼓励科技企业技术创新，自主开发新技术、新工艺、新产品，同时，加强企业新技术的应用，推动企业实现产品升级换代，进而推动产业优化升级。通过技术引领，加速高新技术产业化和传统产业高新技术化，推动大连市产业结构实现高级化。

3. 开放带动模式

开放带动模式是指通过实行对内对外开放，承接国内外产业转移，加速与国际接轨，拉长和延伸产业链条，形成新型产业体系，推动产业结构高级化。大连产业的发展，要主打开放牌，做好、做足开放这篇大文章。要充分利用大连市的区位和地缘优势，借助沿海经济带开发开放上升为国家战略的有利时机及国际产业转移的时机，进一步扩大开放领域，提高利用外资质量，承接新一轮国际产业转移。在产业项目引进方面，要有所选择，选择科技含量高、附加值大、低能耗的高端制造业、IT 产业、新能源产业和现代服务业等项目发展。通过扩大开放，加大招商引资力度，引进高端产业，提升产业层级和国际竞争力，进而推动产业结构高级化。

4. 循环发展模式

循环发展模式是指通过发展循环经济，加强节能减排和生态环境保护，促进产业优化升级，实现产业结构高级化。大连市要通过建立循环型工业园区、循环型企业，大力推进清洁生产，促进节能减排，优化产业结构，推动产业结构高级化。力争在沿海经济带开发战略重点扶持的 14 个工业区、开发区设立循环经济园区，培育和引进循环型企业，发展循环经济，推动节能减排，增强综合竞争力。要围绕大连生态宜居城市建设目标，加大生态环境保护，凡是科技含量低、附加值低、耗能大、耗水大、污染大的产业项目，坚决不能发展。总之，通过实施循环发展模式，推动产业优化升级，进而实现产业结构高级化。

五、大连产业结构高级化的重点任务

以转变经济发展方式和推动产业结构升级为目标，以新技术、新兴产业、新产品为牵动，按照"高端带动、自主创新、重点突破、进退有序"的原则，稳定提升具有比较优势的支柱产业，大力培育发展空间较大的潜力产业，促进产业发展高端化、轻型化。发展现代农业，推动农业结构优化升级；发展先进装备制造业，强化和提升传统工业的新型化，推动工业结构优化升级，加强对经济发展的重要支撑作用；发展高新技术产业，进一步增强高技术产业对经济增长的带动作用；发展现代服务业，特别是生产性服务业，促进服务业全面快速发展，优化升级服务业结构，构建以高新技术产业为先导、先进装备制造业为主体、现代服务业为支撑的新型产业体系。

（一）发展现代农业，推动农业结构优化升级

围绕大连市全域都市化的发展目标，突出现有资源优势，大力发展现代农业、都市农业，不断推动农业结构优化升级，打造具有大连特色的"都市生态农业"，把大连建设成为现代都市生态农业基地。

1. 推动农业科技进步，强化科技对农业结构升级的引领作用。推动农业科技进步，是我市农业突破资源和市场的双重约束，实现结构高级化的必由之路。要加快科研创新体系建设，健全、完善农业科研推广体系，不断提高科研对农业生产的贡献率，把农业发展真正转移到依靠科技进步和提高劳动者素质的轨道上来。

加强农业科研创新体系建设。以品种培育、栽培技术创新集成、农业技术成果转化为主要内容，整合我市现有农业科研机构的科技资源，逐步建立布局合理、分工明确、运转高效的农业科研科技创新体系。以品种创新为重点，进一步加强良种繁育中心建设，打造一批区域性农业科研技术创新中心。

着力提高无公害、绿色和有机产品的比重，提高产品的科技附加值、文化附加值、加工附加值和绿色附加值，逐步形成多元化、协调、持续发展的产业结构和多样化、个性化、优质、安全的产品结构。重点发展适合我市资源特点与比较优势的种子农业、加工农业和休闲观光农业。

加大科技投入的力度，扶持农业基地建设。大力扶持农业产业化经营，对现实和潜在的具有比较优势的农产品，以培育龙头企业为重点，推动农业产业化经营。

2. 创新产业组织形式，大力推进农业产业化经营。要在稳定家庭承包经营基本制度的基础上，创新农业产业组织形式，积极发展农民合作经营组织，提高农业生产和农民的组织化程度，推进农业产业化经营。

大力推进农业产业化经营。着重规范订单农业，建立监督检查机制，提高订单的履约率，切实保障农民和龙头企业的利益；以产权制度改革为核心，有效整合资源，组建和

培育农产品加工龙头企业或集团，不断把企业做大做优做强。

加大农业服务体系建设。进一步规范农民专业合作社和农产品行业协会，积极培育农产品流通企业和经纪人，提高农业的集约化程度和农民组织化水平。要高度重视农产品加工、包装、储运业发展，培育连锁经营、电子商务、综合配送等新业态，完善产品售后服务，促使生产不断向产后延伸，提高农产品的附加值。

3. 全面提高农业劳动者素质，培育现代农业经营者。推进农业结构优化升级，最终要靠有文化、懂技术、会经营的新型农民。要加强对农民的培训，充分发挥农民在农业结构优化升级中的积极作用。加大对农村教育的投入，积极调动社会各方面力量，广泛开展各种形式的技术培训，着力提高农民整体科技文化素质和自我发展能力。

(二)发展先进装备制造业，推动工业结构优化升级

1. 推动工业结构升级转型，增强自主创新能力，走新型工业化道路。鼓励运用高技术和先进技术改造提升制造业，提高自主知识产权，自主品牌和高端产品比重。应用信息技术、先进制造技术、高新技术推动传统工业改造，以信息化促进工业结构高级化。加快推进产业升级，进一步做大做强装备制造、造船、机车、轴承等优势产业。

建设世界级的先进装备制造业基地、造船和海洋工程产业基地、大型石化产业基地和亚洲重要的超大规模集成电路产业基地，走新型工业化道路。

2. 加快推进企业技术进步，建立以企业为主体、市场为导向、产学研相结合的技术创新体系。引导企业引进适用生产技术、关键加工设备、先进管理经验，不断增强企业竞争能力，推进技术改造、技术创新和技术合作，努力掌握一批核心技术，拥有一批自主知识产权，使我市的自主创新能力和科技综合实力居于中国北方先进城市前列。

3. 大力发展循环经济，提高资源的综合利用水平，转换工业经济增长方式，不断提高产业综合发展效能。同时用高新技术改造和提升传统产业，提高工业的整体素质和国际竞争力水平，大力推进信息化，使工业化的发展与信息化相结合，二者相互促进，实现传统产业的新型化，从而推动经济的快速发展。

加快运用高新技术改造传统产业的步伐，促进产业核心技术的升级，大力推广应用信息技术、节能、节水、环保等技术，加快产业结构调整升级，淘汰一批能耗高、污染严重的技术和产品，开发高技术含量、高附加值的新产品。

4. 培育行业龙头企业，实施品牌策略。充分发挥现有龙头企业的行业带动作用，不断培育发展新的龙头企业，同时大力支持相配套的中小企业发展，从市场准入政策、融资等方面予以鼓励，促进产业集群的发展。强化研究开发、品牌培育，促进产业链向高端发展，由单纯加工制造向设计、研发、品牌、服务等内容延伸，争创一批省级以上名牌产品、著名商标和国家免检产品。充分发挥现有主导产业的优势，打造制造业品牌。

(三)大力发展高新技术产业

1. 构建高质高新产业结构，努力实现高端发展。推动产业链向高端转移，吸引一批科研院所落户大连，提高产业研发设计能力，提升制造环节技术水平。促进产业发展向

高质转化，不断追求产品高品质、高附加值和企业高效益。实现产业结构向高新转变，全力打造国家"软件产业基地"、"国家软件出口基地"、"软件产业国际化示范城市"、"中国服务外包基地城市"，不断提高高新技术产业比重，尽快形成以高新技术产业为引领的新型产业结构体系。

2. 培育重点高新技术产业群。围绕电子信息、先进制造、新材料、生物及新医药、新能源和节能环保五大产业，培育高新技术产业重点行业，发展一批高新技术产业群。以英特尔芯片制造为龙头，重点发展集成电路、半导体照明、应用电子、移动通信等电子信息产品，建设具有国际竞争力的电子信息产业基地。依托高新技术产业园区，重点发展基因工程制药、生物芯片、海洋生物医药、海洋环保技术及设备、功能保健食品等产业。以大连新材料产业国家高技术产业基地及中科院大连科技创新园为依托，重点发展膜、信息光电、纳米、金属复合、精细化工等高性能新材料和复合、循环高效、节能环保材料产业。积极应用网络化、数字化制造技术，推进信息技术与制造技术集成，重点发展汽车关键零部件和机电一体化产业。大力开发太阳能、风能、海洋能综合利用，发展新能源汽车，培育和形成绿色产业体系。

3. 加大高新技术产业投入力度，加强科技创新平台建设。进一步加大高新技术固定资产投入，加快各类创新平台和基地建设，为高新技术产业集群提供技术服务和技术辐射，促进高新技术成果产业化，不断提高支柱行业、骨干企业的自主创新能力和竞争力。

4. 拓展高新技术产业发展空间，扩大高新技术产业规模。围绕"中国第一、世界第一"发展目标，大力发展软件和信息服务外包产业。以大连高新技术产业园区为龙头，以旅顺南路软件产业带建设为载体，以各特色园区和特色产业基地为载体，以引进培育重大项目（企业）为拉动，以拓展发展空间、创新体制机制为保障，做大高新技术产业规模，提高产业水平和核心竞争力。加快在旅顺南路软件产业带建立国家软件和服务外包产业试验区。

（四）大力发展现代服务业

1. 加快发展现代服务业，优化服务业发展结构。要培育发展现代服务业，不断提升服务活动的经济效益和社会功能，增强大连服务业的综合竞争力。要扶持优势大型流通企业进一步上规模，上档次，支持企业发展连锁经营、物流配送、电子商务、现代物流等现代流通组织形式和营销方式，支持企业管理信息化。进一步加快发展信息业，金融、保险、证券、咨询服务等中介服务业。积极组织区域性合作论坛，举办具有产业和地方特色的常设性会展，培育地方会展品牌。

要面向物质产品和城乡居民生活，广泛深入地开拓服务领域，扩展服务业门类，改造拓展传统服务业，加快整合发展蔬菜水果、粮食批发市场，进一步促进房地产业的发展，积极培育汽车、建材、家具、钢材、五金机电、农副产品、休闲用品礼品等专业交易市场，努力提升服务业的技术知识含量和服务工作水平。培育发展体验式消费，鼓励支持企业以服务为中心，以商品为素材，使消费者在消费过程中能够产生愉悦的精神享受，以吸引消费者的注意力,影响并改变消费行为,逐步提升商品流通业的能级。

2. 重点发展生产性服务业,大力培育新型服务业。加快建设大连国际物流中心,支持发展重点物流园区;培育现代物流企业集团,发展第三方物流;加快电子口岸建设,完善物流信息平台,提高对腹地物流服务的能力和水平。积极推进金融创新,健全金融市场体系,推进大连区域性金融中心建设。提高增值电信业务、软件服务、计算机信息系统集成和互联网产业发展水平,加强信息化应用系统建设,建立综合性软件服务公共技术平台和公共信息应用平台,建设城市管理以及适应东北亚国际航运中心发展的信息化系统,建设具有国际竞争力的软件开发和服务外包产业基地。

3. 积极发展大连海洋旅游业。要着力抓好海上旅游和沿海陆域旅游的整合、自然景观和人文景观的整合、旅游功能和环境建设的整合,逐步形成大连海洋旅游新格局。发挥旅游资源优势,重点建设滨海度假酒店群、国际会议中心和生态型滨海景区等高端旅游设施,打造具有国际水准的大型旅游和市民休闲度假区,真正把大连海岸打造成"游海水、观海景、食海鲜、住海滨"的黄金旅游带。

4. 大力发展社区服务业。支持和推动社区服务业发展,建立政府扶持、市场化运作、产业化发展、社会化服务的现代社区服务发展机制,以满足居民家庭需求为目标,完善服务设施,健全服务网络,形成广覆盖、多层次、社会化的服务体制。顺应消费发展的精细化,积极发展个人服务业。鼓励发展针对老年人、儿童、残疾人等群体的专业化服务;大力发展面向居民家庭和个人的保洁、保姆等家政服务;加强新型社区建设,发展养老托幼、医疗保健、家庭教育等便民利民服务;按照城乡统筹的要求,加快农村生产生活服务体系建设,推进农村社区建设,构建公共服务网络设施。

六、大连市产业结构高级化的对策建议

(一)加强对大连产业结构高级化工作的领导

1. 提高认识,形成合力。实现经济结构调整,加快产业结构高级化是一个复杂的渐进过程,尤其在当前国际金融危机对世界各国经济都造成了严重影响,世界经济结构、产业结构正处在大调整、大升级之中的条件下,其首要的前提是树立科学发展理念,认真贯彻实施辽宁沿海经济带发展战略,积极扩大内需、保增长、调结构,加快转变发展方式,创新发展模式,提高发展质量。建立健全体现科学发展观和正确政绩观要求的经济社会发展综合评价体系和领导干部政绩考核评价体系,促使各级政府形成科学发展理念和正确发展方向。全市上下,尤其是各级领导干部要提高认识,着力解决不适应科学发展观要求的思想观念,解决工作中的突出问题与主要矛盾,改革创新,开拓进取,把经济结构调整,产业结构高级化作为大连全域现代化建设的重要内容来抓。

2. 加强组织领导和协调指导。推进和实现经济结构调整,加快产业结构高级化涉及经济、社会及生态资源等许多方面内容,是一项十分重要而又非常紧迫的任务。为了顺利开展工作,建议成立由市领导任组长、相关部门领导为成员的大连市产业结构高级化工作领导小组,主要负责制定产业结构优化升级发展规划和相关法规政策、重大决策,协

调解决推进工作中的重大问题等等，把经济结构调整、产业结构高级化纳入规范化、科学化、法制化的轨道。领导小组下设办公室，办公室设在市发展改革委，办公室主任由市发展改革委主任兼任。办公室负责具体工作及日常事务。要明确分工，划分任务，责任到位，狠抓落实。

建立由政府相关部门领导、知名专家学者等组成的联席会议制度，研究、协调和部署产业发展等重大问题，注重解决工作中发生的新情况、新问题，加强统筹协调，形成合力。政府各有关部门要根据明确的任务分工和工作要求，做到落实责任、措施到位，加强调查研究，尽快制定和完善各项配套政策措施，切实加强对大连产业结构高级化推进工作的指导和支持。各区市县要根据总体要求，结合实际抓紧制定具体工作方案，建立相应的工作制度和机制，切实抓好组织实施，大力推进经济结构调整，确保取得实效。

3. 成立大连产业结构高级化专家咨询委员会。聘请国内外经济、管理和法律等方面的相关专家作为成员，对我市经济社会发展战略、产业发展规划等重大决策进行论证和咨询，在社会资源配置、发展重点选择、重大项目评估等方面，为市委市政府提供决策咨询服务。

（二）制定产业升级转型发展规划

1. 统筹编制规划。要加快编制我市产业结构升级转型发展规划，合理确定大连产业的发展方向、重点任务、功能布局和形态结构，为产业结构高级化提供重要依据。高起点规划，高标准建设，高速度推进。结合主体功能区规划，制定实施区域各有侧重和差别化发展的产业政策，明确各区域、各园区产业发展定位，统筹项目布局，促进产业集聚、土地集约、效益提升，形成结构合理、优势明显、特色突出的现代产业格局。

2. 加强分类指导工作。坚持总体谋划与分类指导相结合。为了顺利推动产业结构高级化，必须在搞好总体规划的基础上，根据不同产业发展的具体情况和特点，确定相应的对策措施和发展指导计划，并实施分类指导。结合大连的实情和基础，立足长期发展需要，根据国家、省指导目录，抓紧修订大连《产业结构调整指导目录》，进一步明确当前和今后一个时期鼓励、限制和淘汰的产业（产品）、技术工艺、生产能力，使得政府对市场的信息引导更加明晰与具有可操作性，也使得政府对产业发展的干预进入法制化轨道，减少随意性，增强透明度和稳定性，使企业市场预期和投资行为更加合理化。在产业空间布局上，要重视考虑产业集群效应，促进产业的区域集聚，优化产业分工和链条，规划建设一批重大产业基地，加大培育支持力度，形成优势产业链。

（三）大力发展循环经济

1. 培育健康的生产方式和消费方式。发展循环经济，培育绿色产业，推进产业生态化，是实现大连市产业结构高级化的关键内容。要广泛开展节约资源宣传教育活动，在全社会形成节约资源、保护环境的良好风尚，倡导节约意识，培育健康的生产方式和消费方式。大力发展节水、节地、节能、低排放、高效益的产业，鼓励企业积极采用新工艺、新设备、新技术，加快淘汰资源消耗大、环境污染重、经济效益低的工艺设备，推进产业生态化。

发展循环经济，培育绿色产业已经成为世界越来越多国家克服金融危机、增强综合实力、抢占未来发展制高点的重要战略取向，成为新一轮国际竞争的焦点。我们要利用国际金融危机这样一个历史机遇，重视依靠科技发展新能源、新材料、生物制药、节能环保等新兴产业，形成一批新的经济增长点。与此同时，要发挥区位优势及现有产业优势，大力发展LED、光伏产业、软件和电子信息、现代服务业等绿色产业，率先建立现代产业体系，实现大连市产业结构高级化。

2. 建立推进产业生态化的长效机制。建立推进产业生态化的长效机制，是实现大连市产业结构高级化的重要保证。要抓紧制定实施《大连市循环经济促进条例》，建立产业准入、退出机制，严格实行环境、质量、能耗、水耗和污染物排放总量前置审核制度。进一步综合运用经济、法律和必要的行政手段加大对落后产品、生产能力、工艺的淘汰力度，突出抓好重点行业、主要产业节能降耗和环境保护工作。特别是一些在竞争领域而又缺乏竞争能力、不断大量消耗资源的国有企业，必须根据大连全域现代化和可持续发展的要求，加快改革改组步伐，实现有序的市场退出，建立落后产能退出的保障和补偿机制。着力推进重点区域污染治理，加大环境监测和执法力度，深入开展整治违法排污企业、保障群众健康的环保专项行动，加快研究完善促进环境保护和减少污染物排放的税费机制。

3. 推进循环经济重点工程建设。实施重点节能工程，组织实施循环经济试点，推进重点行业、重点领域、企业、产业园区和农村循环经济发展，提升产业生态化水平，这是推进大连市产业结构高级化的重要环节。要着力抓好大连经济技术开发区、长兴岛临港工业区、高新技术产业园区等重点区域的循环经济发展。鼓励其他产业园区按照循环经济的要求建设和改造，围绕核心资源发展相关产业，推进循环经济、产业生态化工作。积极推广工业生态技术，大力发展和使用清洁能源，最大限度减少废弃物排放和提高物质材料与能源的循环利用，力求尽可能接近零排放或闭路循环生产，提高生态经济效益。推进风能、太阳能、地热能、水电、沼气、生物质能利用以及可再生能源与建筑一体化的科研、开发和建设，鼓励生产和使用节能节水产品、节能环保型汽车，发展节能省地型建筑。

（四）建立健全政策支持体系

1. 完善产业导向政策。根据将修订实施的《大连产业结构调整指导目录》，加快推进我市经济结构调整，产业结构优化升级。制定并积极运用相应的产业扶持政策和经济手段，加强产业结构调整方向和重点的引导，在项目建设、税费征缴、信贷扶持等方面提供具体的优惠和倾斜；在新产品开发、品牌建设等方面要有相应的支持；鼓励企业向产业园区集中，研究制定企业跨区域发展的政策措施，加快培育发展新兴产业。制定鼓励发展技术和资金密集型产业政策，根据不同行业情况，适当提高建设项目在土地、环保、节能、技术、安全等方面的准入标准。

创新招商引资方式，提高产业招商水平，积极吸引跨国公司和世界500强企业投资现代产业体系的高端产业和新兴产业，把更高技术水平、更大增值含量的产业项目和产品落户我市。

2. 多渠道加大资金投入力度。加快完善财政政策，创新政府资金使用方式。整合各部门用于产业发展的专项资金，设立新兴产业培育发展专项资金，制定新兴产业培育发展专项资金使用办法，集中用于大企业培育、新兴产业发展、企业技术改造、区域创新体系建设等方面的扶持和奖励，重点支持关系我市产业全局的关键领域、战略性新兴产业的领头项目发展。

广辟融资渠道，积极吸引社会资金。目前，国内外一些投资者对在大连等地区建立专业基金、发展高端产业及企业有较高兴趣，我们要通过政府引导和营造良好环境，引导和带动社会民间资金投入大连新兴产业发展。积极推动国有企业和优势中小企业上市融资。稳步发展企业债券市场。

(五)加强人才的引进和培育

1. 加强人才培育。根据经济结构调整和产业结构高级化的需要，制定人才规划，特别要制定高新技术产业、现代装备制造业、现代服务业等急需的高级人才和紧缺人才的引进和培养规划。充分利用我市现有的科研院所资源，加快培养我市急需的多层次各类人才。积极支持高校、企业开展校企合作，采取定向、委托培养等形式为企业输送实用型、复合型的人才。也可以选派人员到国内先进城市、发达地区研修学习。还可以通过扩大交流与合作，积极培养未来发展需要的各类高级人才，优选一批人才到国外参加培训、学习，提高掌握和应用世界高端产业先进技术的能力，提升驾驭宏观经济的综合能力。总之，通过开展多层次，全方位的人才培育活动，加快培养和造就一支与经济结构调整、产业结构高级化相适应的高素质人才队伍。

2. 积极引进人才。根据我市确定的产业发展方向、目标和人才规划，制定相关政策，加大各类人才的引进力度，大力引进综合管理、科技研究、技术创新的领军人物，引进设计研发的顶级人才和各专业技术领域的核心人才。在当前国际金融危机条件下，要开动脑筋，多方工作，有针对性地吸引国内外各类人才，尤其是吸引近几年来我市出国留学人员回连创业。国内仍然主要面向长三角、珠三角地区，国外主要面向美国、德国、法国、英国、日本、韩国等，引进我市经济社会发展急需的各类人才。通过制定相应的人才引进安置政策、创造优良的工作环境，以人性化管理和优质服务留住人才、激励人才，发挥人才作用，不断为我市经济建设社会发展做贡献。对有贡献的优秀人才，掌握核心技术的拔尖人才、特殊人才，要打破常规，给予特殊待遇。

(六)加强国际交流与合作

1. 创新对外开放模式。进一步扩大对外开放，统筹利用好国内外两种资源、两个市场，加快完善开放型经济体系。注重创新对外开放模式，不断优化产业发展环境，广泛吸引国内外大型跨国公司和境外投资者来连投资发展。实行外商直接投资与重点企业域外直接融资并举，争取引进更多的重要发展资源，在更大的范围内进行生产要素的组合，提升产业技术水平和促进产业升级。鼓励外商投资生态型、环保型、资源集约型项目，严格限制高耗能、高污染、资源性外资项目,促进外商投资产业结构升级。

2. 转变对外贸易方式。开展全方位、宽领域、高层次的对外经济技术合作与交流,加快转变对外贸易方式。制定和完善鼓励企业加强对外合作和产品出口的相关政策,积极支持有实力的企业对外开展各类经济技术合作,积极引进我市急需的先进技术、关键设备项目,增加关键零部件元器件、重要能源资源和原材料进口,充分利用国外管理经验,培育具有国际竞争力的大连本土型跨国公司。鼓励有实力的企业到域外设厂建立项目,积极开展域外加工贸易业务。把开放型经济体系建设置于全球分工和竞争的框架内,把促进经济调整和产业结构高级化作为参与国际分工的重要目标,建立全球化营销网络,不断增加技术含量高、附加值大的产品出口,引导鼓励企业扩大出口规模,优化出口产品结构,在融入国际产业分工过程中提高大连经济综合竞争力。

(七)建立健全产业升级转型机制

1. 建立健全产业升级考评机制。全面构建现代产业体系形成引导机制,建立健全产业政策引导体系,引导新兴产业培育和传统产业升级。健全产业升级转型的经济评价体系。按照科学发展观、正确政绩观的要求,建立政府绩效评价体系,加强公共服务绩效管理,推进财政支出绩效评价工作。调整各级政府目标责任制考核办法,研究建立政府与部门等不同层面的产业升级转型考评制度,形成一整套符合科学发展观要求、有利于加快产业升级转型的经济评价体系。

2. 创新区域经济管理体制。为促进全市各级园区共同发展战略的实施,形成合作、多赢的区域整体发展格局,成立跨行政区的协商制度和机构。淡化行政级别落差,从大连全域的整体利益出发,谋求双赢的合作方式,实现城市功能的互补和产业空间的共享,实现区市县内部的分工协作。

3. 加快土地产权制度改革。运用市场准入标准、经济杠杆和供地政策,引导工业向开发区集中、人口向城镇集中、住宅向社区集中,最大限度地发挥土地的集聚效应。坚持"选商引资",引进科技含量高、附加值高、环境污染少、实现进口替代和改造提升传统产业的项目,以最小的土地消耗实现效益的最大化。制定鼓励提高现有建设用地利用效率的激励措施,积极引入市场竞争机制配置工业用地,并通过集中建造标准厂房为中小企业提供生产经营场所。建立市域、县域及经依法批准设立的开发区(园区)土地集约利用评价体系,全面实行土地集约利用考核制度。

4. 完善要素保障机制。引导促进各级政府优先安排现代服务业、高新技术产业、装备制造业、临港重化工业等重大项目用地指标,引导促进各类金融机构加大对重点项目和成长性中小企业的信贷支持,鼓励各类创业投资机构发展。大力推进优势企业上市,着力提升"大连板块"竞争实力,努力培育上市企业后备资源,加快推进大连资本市场发展步伐。积极探索建立环境保护长效市场机制。通过开展环评、建设环境自动监控平台、实施产业退出、建立生态补偿机制等措施。

(八)创造良好的产业发展环境

1. 建设服务型政府和效能政府。着力转变职能、理顺关系、优化结构、提高效能,形成权责一致、分工合理、决策科学、执行顺畅、监督有力的行政管理体制。完善公共服务体系,推行电子政务,强化社会管理和公共服务。通过体制创新,为产业发展创造良好的基础条件,为企业营造良好的政策环境、法治环境、市场环境、投资环境、信用环境和人才环境。

2. 发挥行业协会组织作用,加强服务体系建设。按照政府引导支持、行业自主发起、企业积极参与的原则,对那些条件成熟的行业、新兴优势产业等,尽快建立行业协会,不断扩大全市行业组织的覆盖面,健全行业组织体系。政府要积极支持行业组织发展,要尽快把政府不该管、不该办的事情移交给行业组织去协调管理,尽量多让行业组织承担行业管理的职能,参与政府有关行业发展和管理事务,提高行业组织的地位,充分发挥行业组织的作用。利用行业协会的优势,加强国际间的交流与合作,使行业协会真正成为大连产业企业走向世界的桥梁,连接世界的纽带。行业组织要加强自身建设,增强服务意识,在加强行业规划和管理,推动产业结构优化升级,保障经济社会全面、协调和可持续发展方面发挥桥梁纽带作用,为大连产业结构高级化创造良好的发展环境。

《大连市产业结构高级化研究》课题组成员

课题领导小组:

组　长:李　才　大连市政府发展研究中心　主任　教授

成　员:杨大海　大连市政府发展研究中心　处长　副研究员

课题组:

组　长:杨大海　大连市政府发展研究中心　处长　副研究员

成　员:王盛兴　大连市政府发展研究中心　调研员　副研究员

张永欣　大连市政府发展研究中心　副处长　助理研究员

张　娜　大连市政府发展研究中心　助理研究员

后金融危机时代大连开放型经济战略研究

王文清　刘国志　王金成　蒋晓冰

一、后危机时代的经济全球化的基本走势

(一)经济全球化是人类经济活动发展的必然趋势

自2008年下半年开始,受国际金融危机不断蔓延的严重影响,全球主要经济体经历第二次世界大战后的又一次冲击。在各国政府出台的一系列经济刺激政策的作用下,2009年二季度以来,尽管失业率依然走高,但全球经济信心逐步恢复,经济先行指标PMI(制造业采购经理人指数)得到回升,工业实际产出开始回暖,金融市场利差指标恢复正常,消费者信心震荡回升,经济增长预期上调,全球经济逐步渡过金融危机的恐慌而进入"后危机时代"。后危机时代经济全球化趋势不会发生根本变化,经济全球化仍是人类经济活动发展的必然趋势。

1. 世界经济进入缓慢复苏,但仍面临不确定性

多数专家认为,世界经济正趋于复苏,但这轮复苏有不同于以往的特点,可能是一种缓慢而曲折的复苏。世界已进入后危机时代,即未来5年左右,全球经济处于恢复和调整期,会保持中速增长。也有专家认为,这次危机是一场不同于往常的支付能力危机,特别是巨额"有毒资产"远没有处理完,世界经济金融可能发生新的起伏。还有专家认为,此次危机看似源于金融领域,但实体经济存在问题才是根本原因。"石油时代"结束以来,高技术产业进入平台期,新能源也没有重大的突破,以IT为标志的产业缺乏长期赚钱效应,投资人大量转向虚拟经济和金融创新,导致创新"失度"引发危机。

2. 世界贸易下降是暂时的

危机导致国际贸易的变化是一种周期性波动,受到很多短期因素影响,包括信心危机、信用收缩、贸易融资困难等等。这是一种跨界均衡,今天不好不等于明天不好,过早地得出世界贸易未来趋势不好的悲观判断可能缺乏依据,我们要抓住世界贸易复苏的有利机遇。

3. 从长期看,全球分工模式难以根本改变

发达国家的再制造业化困难重重,因为发达国家的传统产业存在成本控制问题,市场竞争首先是价格竞争,高成本导致这些产业必须转移。但美国及其他发达国家不会放弃在先进制造业的领先地位,而发展中国家的优势仍在传统产业的中低端领域,因此目

前国际分工格局不会有大的变化。从国际收支上看,美国巨额贸易逆差和负债消费模式确需调整,这也符合美国利益。同时要看到,虽然危机后美国的储蓄率上升、消费率下降,但美国靠消费拉动的增长方式是不可能根本改变的。如果改变这种模式将影响美国最具实力的金融集团的利益,该集团的最大利益仍在于经济全球化和资本的跨国流动。况且,美国新兴战略利益集团还没有成长起来。奥巴马提出的低碳、新能源等发展目标在其任期内不会有太大变化,这些新兴产业在国内和国际上都有对立面集团,实施阻力巨大。实际上,新能源技术也大都掌握在美国第二大利益集团——石油集团手上。因此,只要国际分工大格局不变,世界经济贸易的一些长期趋势也会持续。

4. 气候、环境领域的国际贸易冲突将加剧

美国应对气候变化的承诺不积极,但作为第一进口大国却提出对他国征收"碳关税"。未来 WTO 可能会将"碳关税"作为一项重要议题提出,美国将大力支持;欧洲内部则存在分歧;而新兴经济体会强烈反对。低碳技术和信息技术不同,受益对象主要是外部环境,使用者的成本反而 会增加,所以低碳经济如果没有政府或国际规则支持,很难自己获得消费者认同。美欧等发达经济体最有可能在低碳技术中取得突破,因此需要借助国际贸易规则来推行,以期在掌握技术制高点后获得超额经济利益。未来,多边贸易体制围绕这一领域的谈判和较量必将成为焦点。

5. 世界经济金融还面临一些不确定性

目前世界经济企稳回升主要是靠各国政府政策刺激的作用,随着经济的逐步好转,政府刺激政策正面临退出的可能性。对今后 5 年国际经济形势的准确判断非常重要,既要正视可能的不确定性风险和挑战,更要把握准未来的基本走势和机遇。国际货币体系仍然会是美元本位制和美元霸权,美元霸权也是其军事霸权的体现,如美国海军的实力是前二十国家总和的两倍,这种霸权优势在短期内不会改变。全球特别是欧洲等国都想摆脱美元霸权,针对美元霸权的斗争将更加尖锐,欧洲和中国等国家倡导的国际货币体系正在向多元化的趋势缓慢转变。全球政治经济格局大调整将存在新的不确定性。

(二)国际金融危机不会改变经济全球化总体趋势

国际金融危机改变了很多东西,但是有一点没有改变,就是天下大势,就是经济全球化的天下大势没有改变,而由于危机的发生和它的影响,它在若干方面给经济全球化的大势这样的发展进程提供了一些新的运动方式和运动的形式,这就一定会带来所谓后危机时代的挑战和机遇。

中国的经济、中国的市场、中国的企业与跨国公司的合作,是全球化带给双方共同的机遇,这样一个机遇在后危机时代不仅不会消失,也不可能消失,而且一定会进一步增大。最直接的一个原因就是,中国增长方式的转变和经济结构的调整是势在必行;尽管这样的任务提出了很多年,但是一直都没有取得真正实质性的进展。而中国要转变增长方式、调整经济结构,就一定需要更高水平的、深入的开放和国际经济技术贸易合作。所以这一点对于无论是中国公司还是外国的跨国公司、全球公司等来说,都可能意味着新

的重大的战略机遇。

二、外部危机不会改变我国对外开放的战略方向

(一)对外开放已成为世界各国普遍选择

当今的世界是开放的世界。20 世纪中叶以来,由于科学技术革命的突飞猛进,带动了整个世界和各国产业结构的巨大变动,极大地改变了世界面貌和人类生活状况,现代生产力的社会化、国际化程度更加提高,世界经济一体化的趋势更加明显,各个国家和地区之间的联系更加密切,世界各国之间的互相开放、互相依存程度更加增强。据此,邓小平在 1984 年就指出:"现在的世界是开放的世界"。互相开放,不仅是发展中国家的需要,也是世界发展的大趋势。从当代生产力发展水平来看,生产的社会化和国际化程度在近几十年中空前提高,国际分工有了长足发展,许多产品都是国际分工合作的产物;从科学技术的研究、运用和发展来看,国际合作成果与互惠步伐加快,动用世界范围的人力、财力和物力,通力合作,共同攻关,日益明显;从市场经济发展方向来看,开放化与一体化已经成为世界潮流,统一的国内市场已经发展成为世界市场;在当代,任何一个国家要发展,都必须扩大对外开放,加强国际交往。对外开放已成为世界各国普遍选择。

(二)开放型经济已经成为推动我国工业化现代化的综合引擎

开放型经济是与封闭型经济相对立的概念。在开放型经济中,要素、商品与服务可以较自由地跨国界流动,从而实现最优资源配置和最高经济效率。一般而言,一国经济发展水平越高,市场化程度越高,越接近于开放型经济。在经济全球化的趋势下,发展开放型经济已成为各国的主流选择。我们要抓住国际性产业转移的机遇,通过加强与跨国公司的合作,全面参与国际分工和竞争,实现技术与产业结构的升级。要减少因国内生产能力可满足国内需求而限制外资进入的领域,否则,在缺乏竞争压力的情况下,这些领域的技术进步将会放慢。

开放型经济的核心是全面学习和借鉴国际上成熟而完善的市场经济规则。随着我国加入世界贸易组织过渡期的结束,我国已经在对外经贸领域实现与国际规则的接轨,但国内市场还远未能与国际规则接轨。总体来看,发达经济体的经济环境比较自由,审批环节很少,但对企业必要的监管也很严格,企业违法、违约的成本很高。在中国,企业往往要面对复杂的行政审批环节,同时由于法治不够不健全,企业违法、违约的现象屡见不鲜。发达经济体的企业普遍具有"合约精神",交易行为需要签订正式的合同,一旦交易出现问题时以合同为准进行处理。但合同在中国交易中的地位远没有那么重要,履行合同出现问题时,会出现用非法律手段解决纠纷。

今后,在进一步完善市场经济体制和健全法制方面,我国都面临着艰巨的任务,所以我们必须学习和借鉴国际上成熟且完善的市场经济规则。一些具有普遍意义的规则,食品卫生与安全管理、假冒伪劣产品的稽查与防范、知识产权保护以及行业协会在行业自律等方面所发挥的重要作用,等等,甚至可以直接套用国外的先进经验和做法,以加快我国工业化和现代化的步伐。因此,产业结构调整、市场经济规则的制订和完善等都离不

开国际市场化程度的提高,开放型经济已经成为推动我国工业化现代化的综合引擎。

(三)必须坚持对外开放的基本国策

现代化大生产意味着生产规模的扩大和生产的高度专业化,形成了全球性的经济联系和世界市场。任何国家都不可能拥有所需要的所有资源,生产所需要的所有产品,消费自己所生产的全部产品。扩大对外开放,加强国际合作,则能扬长避短,在现代化的进程中取得最大效益。对于我们这样一个经济、技术比较落后的国家,通过对外开放,引进外国的资金、先进技术和管理经验,尽快缩短与发达国家之间的差距,以使我们在现代化建设中减少代价,少走弯路,就显得更加必要。对外开放可以发挥市场调节的基础性作用,用市场这双无形的手来配置资源。充分利用国际国内两个市场、两种资源,有利于推动我国经济社会发展、促进我国科技进步和创新、提高我国国际竞争力和影响。

各个国家对资源的占有、分配和利用等情况的差别,造成了比较优势的产生。而比较优势的差别直接导致了生产物品的专业化(即所谓"社会分工")和贸易的产生。这种专业化的结果是,当每个人都能够专门地从事自己最擅长的事情时,生产就会变得更加有效率,从而整个社会可创造物质财富总量与其整体经济福利便会有所增加。专业化所带来的总产量增量,就是贸易的好处。那么,贸易的进行,也就由此变得顺理成章。同时,更多可分享的总产量本身,同样促进着专业化决策的发展。

当今世界范围内的贸易往来、资金融通和技术转移的规模日益扩大,新技术革命正在世界范围内兴起,只有把自身经济发展同对外经济技术革命交往活动的扩展密切联系起来,才能立足于世界民族之林。对外开放是我国的一项长期的基本国策,我们也必须坚持对外开放的基本国策。

三、大连开放型经济基础和危机影响

经过30多年改革开放,特别是6年多振兴发展,大连已经形成了新的开放优势和雄厚的产业基础。截至2008年年末,我市利用外资项目累计已达16127家,累计实际使用外资331.4亿美元。已建成开业投产的外资企业4050家。外资来源由最初的以日本、中国香港为主扩展到了全球80多个国家和地区。

(一)大连具有良好的开放型经济基础

在当今的国际经济生活中,外国直接投资已被看成是经济增长的发动机,对经济发展意义重大。我市通过大力发展开放型经济,吸引进来的大批外资企业对全市经济持续、快速、健康发展起到明显的促进作用,现已成为拉动经济增长的重要牵引力量。

1.外资企业已成为拉动全市经济增长的主要力量

外资企业带来的大量资金,有效地缓解了长期制约大连经济发展的资金短缺问题,弥补了储蓄缺口和外汇缺口,而且在扩大就业、增加税收、引进示范先进技术和管理经验方面贡献巨大,对全市经济发展、现代化建设以及社会和谐做出了重要贡献。2008年,全市国税收入245.1亿元,其中涉外税收93.5亿元,占38.1%;全市地税收入255.4亿元,其中涉外税收39.7亿元,占15.5%。外资企业从业人员49.2万人,占全市从业人员(含个体)总数的21.7%。

2.形成了雄厚的产业基础

从20世纪80年代开始,我市借助对外开放先行优势,积极引进国外的资金、先进技术和管理经验,有力地推动产业结构升级和技术进步,提升了产品的国际竞争能力,提高了高新技术产业在GDP中的比重,不断增强我市的可持续发展能力。服务领域通过引进国外金融保险机构、物流公司、跨国商业连锁集团等,积极发展新型服务业态,拉动消费,带动全市第三产业迈向现代化。外资企业带来的先进和比较先进的技术一方面直接提高了我市相关产业的技术水平,另一方面其技术外溢效应还促进其他类型企业的技术进步,推动全市产业整体技术水平明显提高。2008年全市实现高新技术产业3130亿元,比上年增长30.3%,实现高新技术产业增加值802亿元,比上年增长33.2%,占第二产业增加值的40.2%,高新技术产品出口所占比重已超10%;机电产品出口额已占全市出口总额的半壁江山。

3.促进了管理体制与制度创新

为改善投资软环境,我市不断深化行政管理体制改革,推行阳光政务,减少审批事项,提高社会管理和公共服务的水平,打造高效政府。经过七轮改革,目前全市的行政审批事项已从2001年的1309项削减至127项,审批项目削减率达到90%,全国同类城市中处于较少水平。引入ISO9000质量管理体系,使政府行政效能大幅提高,企业与政府打交道时间年均仅14.6天,处于全国先进水平。外商云集的开发区、高新产业园区及保税区等经济功能区已成为全市行政管理体制机制创新的先行区,发挥着带动、示范和辐射作用。

4.提升了城市能级水平

(1)东北亚国际航运中心初具雏形

大连在国际航运中心重大基础设施项目建设中,积极借助外力,通过招商引资,引进了多家国际知名公司参与,迅速形成了以"一岛三湾"核心港区为主体的港口格局。大窑湾现已汇集了集装箱、原油码头、矿石码头、汽车码头等一大批大型专业化深水码头,使我市港口的功能结构实现了重大突破,枢纽港地位凸显。而沈大高速公路、烟大火车轮渡、哈大电气化铁路、大窑湾疏港路等一批基础设施项目的建设,为国际航运中心构建了高效便捷的现代化、立体化集疏运网络体系,使航运中心各项功能配套日趋完备。

(2)产业集聚效应渐显

随着招商引资的集聚效益、链式效应日趋明显,我市初步形成了大项目拉动投资增长的良好局面,产业集聚速度明显加快,产业集群优势开始显现。石化产业基地、船舶工业基地、现代装备制造业基地、电子信息及软件产业基地"四个基地"建设成效显著,产能开始集中释放,对经济拉动作用强劲。2008年"四个基地"实现工业增加值930.3亿元,占全部工业增加值的52.5%。大窑湾临港区域汽车配套产业初具规模,海洋工程、船用曲轴和风电设备等重型装备产业集群基本形成。渤海岸线STX造船、万邦修造船项目、中远造船项目全面启动。以集成电路为主的微电子产业发展取得重大突破,投资25亿美元的英特尔超大规模集成电路项目即将投产。

(3)城市知名度显著提高

20多年的对外招商引资活动,不仅吸引了大量外资进入我市,同时持续的宣传、推介大连,也使世界的目光聚焦大连,让大连这座百年城市蜚声海内外。首届中国夏季达沃斯年会和2009年第三届新领军者年会、亚太高官会议、WTO小型部长会议等大型国际活动纷纷选址大连,即是例证,同时又使大连的国际影响力进一步增强。今日的大连城市知名度、美誉度空前提升,国际性城市的目标指日可期。

5. 强化了大连东北龙头地位

(1)口岸和区位优势日益显现

我市积极借助对外开放先行优势,通过招商引资不断推进东北亚国际航运中心、东北亚国际物流中心和区域性金融中心建设,提升对东北地区的辐射作用,增强为其他沿海城市和内陆腹地服务能力。据海关统计,2008年大连地区内企业(含省公司)完成进出口总额470.41亿美元,占东北地区进出口总额的43.3%、辽宁省的64.9%;大连港口货物吞吐量达到2.46亿吨,其中外贸吞吐量0.86亿吨,集装箱吞吐量452.5万标箱。东北地区70%以上的海运货物和90%以上的外贸集装箱经由大连出口到世界各地。大连是中国北方金融业最集中的城市,拥有东北地区唯一一家外汇交易中心,外汇交易和结售汇总额占辽宁省的2/3,国际结算量占东北的50%以上。

(2)产业辐射、带动作用明显增强

我市从上世纪80年代开始通过招商引资与国外企业开展合资合作,推动产业结构升级和技术进步,提高了高新技术产业在GDP中的比重。通过发展高端产业,带动了东北地区的产业结构调整和优化及新兴产业基地的建设。特别是发展电子信息和软件产业及现代服务业,使我市产业竞争力和辐射力不断提升。目前,我市的信息产业总量占东北三省的50%强,占辽宁省的70%强;软件业销售收入占辽宁省的50%多。伴随英特尔芯片项目的落户,我市将成为我国重要的半导体集成电路产业制造基地,必将对全市乃至东北地区的产业结构产生深远影响。

(二)金融危机对大连的影响

随着金融危机的蔓延,我市开展外经贸工作的难度加大,不确定和不可预见的因素增多。分析消除国际金融危机的影响、保持我市开放型经济平稳较快发展的形势,可以概括为总体向好,缓慢回升,机遇增加,局部动荡,困难较多,十分复杂。

1. 利用外资出现新的制约因素

国际金融危机导致国际投资资金减少,投资商信心减弱,将使我市部分外资项目取消和延期,实际利用外资受阻。部分境外投资者为保所在国企业经营稳定,势必抽资和回流利润,将影响我市外商投资企业增资扩产能力。我市经济开放度高,对国际资本和市场的依赖程度深,受世界经济衰退的冲击大,在开放型经济发展方面面临的空前困难和挑战比内地城市更大。大连市的外国投资者主要分布在亚洲地区的日本、韩国、东南亚、中国香港及中国台湾等国家和地区。由于这些国家和地区受到金融动荡的打击和影响,必然要影响到对大连市的投资。

2. 在谈项目推进难度较大

金融危机使得投资者更为谨慎考虑投资项目。如新加坡万邦集团原计划2009年在保税区注册的物流项目、在高新园区注册的万邦凌水湾科技商务区项目,受金融危机影响而需要重新评估风险,延后启动。高新园区和长兴岛计划批准成立的LED研发制造项目和再生塑料项目中断、延迟了投资计划。这些项目合计注册外资额就约达10亿美元。目前大连市重点在谈的164个项目中,近半数进度受到不同程度影响。

3. 开拓国际市场难度加大

全球经济不景气导致全球贸易萎缩,美、欧、日、韩等我市主要出口市场表现低迷,新兴市场容量有限且竞争激烈,国际贸易保护主义抬头,人民币兑美元、欧元、英镑等升值较快且一些发展中国家货币贬值严重,将导致外贸竞争更加激烈、出口价格不断下降,外贸订单获取不易,我市外贸企业开拓国际市场将面临更多困难。

4. 资金压力和经营风险加大

外贸进出口疲软导致外贸企业库存难以及时消化,占用较多的流动资金;部分银行为防范风险出现惜贷现象,将导致出口企业融资更加困难;部分国家和地区交易和信用环境恶化,将导致出口企业信用风险和收汇风险加大;国内企业对大宗原材料进口需求下降,将导致进口代理违约、欺诈等事件增多,进口风险明显加大。我市部分外经贸企业特别是中小企业产业信心减弱,求稳怕亏。我市走出企业境内外融资渠道依然不畅,将导致境外项目资金运作更加困难。

四、我市开放型经济面临的机遇与挑战

近30年来,大连积极参与经济全球化,深入地参与了国际分工与合作,走上了开放式发展之路,日益广泛地参与到世界经济体系中,大连经济与世界经济的结合达到前所未有的紧密程度。随着大连对外依存度的不断提高,开放型经济发展所需要的市场、技术、资源、人才等要素,不仅与国内紧密相连,也与国际市场密不可分。全球贸易的走势、国际金融市场变化、资源能源的供求,都影响到大连开放型经济的平稳运行和安全保障。

(一)面临的机遇

从国际看,世界经济形势有所好转,但复苏进程缓慢曲折。为应对国际金融危机造成的严重经济衰退,世界各国采取了规模和力度空前的金融救援和经济刺激措施。在这些措施作用下,国际金融信心有所提升,发达国家金融体系系统功能有所恢复,股市出现反弹,房地产市场开始企稳,工业生产出现积极迹象。一些发展中国家内需继续扩张,工业生产加速增长,国际资本出现回流。国际贸易和跨国投资开始活跃,特别是新兴经济体内需扩大对国际贸易起到主要拉动作用。世界经济发展新趋势主要表现为以下几点:

1. 世界经济向服务经济转型

从全球看,全球经济正在向服务业为主导的服务型经济转变。与此同时,经济全球化也加快从制造业向服务业延伸,服务业全球化蓬勃兴起。在服务业全球化浪潮中,全球服务业 FDI 流量已占当年 FDI 总量的 2/3 以上;发达国家跨国公司加快向服务型企业转型,成为推动服务业全球化的主体;国际服务外包成为服务业全球化的最新标志,在促进世界贸易与投资以及世界经济融合方面将产生更大的推动作用。这一趋势变化为大连吸引外资发展现代服务业,大力发展服务外包,促进服务贸易增长创造了条件。

2. 全球跨国经营活动日益活跃

进入新世纪后,全球跨国经营活动更加活跃,世界对外直接投资出现新一轮增长势头,发达国家、发展中国家均出现较快增长。跨国并购成为跨国投资的主导方式。全球并购的政策环境总体上更加宽松,2006 年,跨国并购占全球 FDI 的比重已达 67%。在新一轮全球并购浪潮中,银行、保险、电信、传媒、电力及其他公用事业等服务业成为跨国并购的重要领域。全球跨国经营活动的日益活跃,必将为大连有选择地利用外资,加大企业"走出去"步伐提供更多更好的机会。

3. 开放式创新成为世界科技发展的主流模式

随着科学技术对经济增长和竞争力的影响显著增强,未来的产业竞争从根本上说是科技的竞争,特别是自主创新能力的竞争。为此,各国以及各大跨国公司将在高科技领域及相关产业展开更为激烈的争夺。鉴于当代科技发展所具有的综合化和体制化的特征,充分利用全球创新资源的、开放式的"集成创新"将成为科技发展的主流模式。这种创新模式将为大连拓展对外科技合作空间,加快科技进步创造有利条件。

从国内看,由于国家全面实施并不断完善应对国际金融危机冲击的一揽子计划和政策措施,有效制止了经济明显下滑的态势,经济实现了回升和较快发展,国内经济发展新趋势主要表现为以下几点:

1. 中国经济将继续保持稳定增长

2008 年,面对国际经济环境复杂变化和自然界严峻挑战,中国经济保持较快增长,金融业稳健运行,经济发展的基本态势没有改变。国际经济界继续看好中国经济,很多国际经济组织纷纷发表报告,认为中国会长期保持较好的发展势头。国内经济界主流意见也认为,中国经济未来具有巨大的增长潜力。

2. 开放型经济发展环境日益向好

随着我国金融体系改革加快推进,公共服务体系显著改善,贸易投资自由化、便利化程度进一步提高,开放型经济正面临日趋向好的体制政策条件。特别是近年,国务院先后批准下发了一系列重要文件,商务部和财政部设立了对外经济合作专项资金,初步建立起包括简化审批程序、提供资金支持、扩大进出口经营权范围、放宽行业准入限制,财税管理、外汇管理、外派人员审批和海外经营保险等多方面的政策措施体系,为开放型经济发展保驾护航。同时,国家相关政府部门还不断增强服务意识,外经贸管理工作日趋便利化和网络化，开放型经济发展所需的服务体系、宏观监管体系、协调机制正日臻完善。

3. 国家实施振兴东北老工业基地、辽宁沿海经济带战略

2003年10月，《中共中央、国务院关于实施东北地区等老工业基地振兴战略的若干意见》拉开了振兴东北老工业基地的序幕。为加快东北等老工业基地振兴步伐，2005年7月又出台了《国务院办公厅关于促进东北老工业基地进一步扩大对外开放的实施意见》，支持东北地区利用国际国内两个市场和两种资源，提高对外开放的质量和水平。2009年，《辽宁沿海经济带发展规划》上升为国家战略，对大连的振兴发展具有里程碑意义。我市统筹谋划，制定了贯彻落实的实施意见和专项规划。强力推进航运中心建设，着力提高开放水平，稳步实施新市区等重点领域改革，为加快区域核心城市建设描绘了宏伟蓝图。在辽宁省实施的沿海经济带建设中，大连的长兴岛临港工业区、花园口经济区作为重中之重，被给予了更多的关心和支持，举全省之力重点开发建设，从而为大连打造开放型经济发展新的增长点提供了契机。

4. 大连对外开放进入新阶段

大连经过30多年的改革开放特别是近几年的努力，我市外经贸工作打下了较为坚实的基础，我市已经成为国内外资本转移的热点地区。大连在东北地区对外开放中发挥着龙头和窗口作用。大连拥有国家级开发区2个和东北地区唯一的保税区，是东北地区吸引外资和对外贸易最集中的城市。中央提出建设东北亚重要的国际航运中心之后，大连强占了新的对外开放制高点，也为外经贸跨越发展带来了巨大发展需求，注入了新的动力。

(二)面对的挑战

1. 国际金融危机尚未完全消除

世界经济形势仍然面临着诸多变数，特别是国际金融危机导致世界经济增长模式调整变化的过程极其复杂。世界经济完全走出低谷可能需要相当长的一段时间，对复苏前景不可过于乐观。国际货币基金组织(IMF)发表的报告中进一步指出，许多发达国家现在都已濒临衰退边缘，美国经济衰退已逐渐成形，西欧增长也明显转弱，日本经济活动也快速降温，而新兴经济体也无法幸免于难，全球经济正逐步进入大幅萎缩的局面。在逐步下行的世界经济环境下，大连开放型经济发展面临的外部环境更加复杂，不确定不稳定因素明显增多，困难和挑战不断增加。

2. 中国经济回升向好的基础还不稳固

近年，我国根据自身经济发展的实际，实行宏观政策调控，同时对一些政策进行了调整，一定时间内对大连开放型经济发展产生一定影响。同时也应该看到，我国经济回升向好的基础还不稳定，面临的困难和矛盾依然很多；外部需求恢复艰难，出口形势依然严峻，全国出口恢复到2008年的规模还需要二至三年甚至更长时间；扩大内需效应减弱，经济增长内在动力不强，发展方式转变依然滞后，结构调整难度进一步加大；社会就业再

就业和物价上涨压力较大。

3. 金融危机对大连开放型经济的冲击开始显现

随着欧美等大市场萎缩,亚洲新兴市场也出现波动,大连对外贸易正面临前所未有的困难。金融危机已经影响到实体经济,国际市场需求大幅减少,已影响我市相关企业的生产经营和出口。我市外贸企业出口回款难度加大,对外贸企业特别是中小型外贸企业生产经营带来严重影响,一些中小型出口企业处境困难,经营难以为继。受金融危机影响,一些国际大公司普遍缩紧投资,致使大连一些在谈的重点项目或取消投资或延迟投资的现象已十分明显。

五、后危机时代我市开放型经济总体思路与战略重点

经过改革开放30多年的经济高速增长,我市经济总量即将跃上5000亿元关口,人均GDP即将超过10000美元,经济发展水平即将进入高收入国家和地区的行列。"十二五"乃至未来更长时期的发展中,我市面临的主要任务是全面贯彻落实科学发展观,加快推进大连经济和社会发展的转型升级。未来中国东部沿海发达地区和内陆中心城市的竞争,主要不是速度和规模的比拼,而是发展质量、发展水平和发展阶段的竞争。因此,我市发展开放型经济要顺应这一发展趋势,按照大连未来长远发展的根本要求,把开放型经济的工作重心转移到促进全市经济和社会发展的转型升级上。

(一)指导思想

大连发展开放型经济必须以科学发展观为指导,以战略思维和全球视野统筹国际国内两个大局,谋划好后危机时代的开放战略。在新的发展阶段,围绕大连建设东北亚重要国际城市总目标,紧紧抓住世界经济企稳回暖、东北老工业基地振兴和建设辽宁沿海经济带上升国家战略机遇,在科学发展观的引领下,进一步强化开放优势,坚持以开放促改革促发展,积极参与国际分工与合作,着力于利用外资结构的优化和质量的提高,着力于外贸增长方式的转变,着力于外经合作发展的新突破,在更大范围、更广领域和更深层次上参与国际经济技术合作和竞争,不断提高对外开放水平,增强城市国际竞争力和发展后劲。

(二)基本原则

坚持以科学发展观统领全市开放型经济发展全局,坚定不移地推进开放型经济发展战略,继续加强开放型经济对全市国民经济的支撑促进作用。后危机时代新的开放战略要与发展经济等战略相结合,重点把握以下原则:

1. 坚持比较优势的原则

比较优势是大连参与国际分工的基础。坚持比较优势是一个动态的发展过程,就是要不断地发现优势、用足优势、扩大优势;还要善于创造优势,努力化潜在的比较优势为现实的竞争优势,化今天的竞争劣势为明天的竞争优势,使大连在发展开放型经济中始终占据有利地位。大连发展开放型经济的比较优势包括现有的产业基础、优越的区位优势、便利的口岸交通条件和国家实施的沿海地区扩大开放和振兴老工业基地战略等等。

新的开放战略要与发展经济等战略相结合,更好地把握利用"两个市场、两种资源"这一长期指导思想的深刻内涵,更高程度上参与全球资源的优化配置,提升在国际分工的地位,形成新的竞争优势。这些都是大连进一步发展开放型经济过程中需要加以有效利用的条件。

2. 坚持重点突破的原则

因地制宜找准重点和突破口是大连发展开放型经济的关键。没有重点突破就没有整体推进,坚持重点突破,就是要抓住主要矛盾和矛盾的主要方面,这是解决大连发展开放型经济进程中矛盾和问题的有效途径。由于欧美矛盾凸显,目前成为我市经营亚洲的良机,通过向亚洲输出资本带动商品输出。新的开放战略的选择,要从经营亚洲战略入手走向世界强国。同时,当前和今后一个时期,我市必须着力突破制约开放型经济水平提升的关键环节,实现中心城区与区市县良性互动,加快发展北三市和重点工业园区,以制度创新为突破口,以工业化带动城市化,推进区域经济快速发展正确处理抓好全面和突出重点的关系,做到以点带面,以局部推动全局,最终实现全市开放型经济水平的全面提升。

3. 坚持开拓创新的原则

创新是大连改革开放的一面旗帜,也是推进大连开放型经济的鲜明特色和基本经验。大连深入发展开放型经济,要进一步弘扬和发展开拓创新的精神,并使之上升为指导发展实践的重要原则。要不断完善各个环节的创新,包括在政府的管理职能方面、制度方面、管理思想方面不断引进新思路、开拓新思维、学习借鉴国内外先进经验。正确处理宏观指导和微观促进的关系,正确处理近期发展和长期效应的关系,除却处理政府作用各市场机制的关系,正确处理优化服务和规范管理的关系,正确处理对外开放和对内开放的关系。新的开放战略要与改革相结合,过去30年靠开放推动改革,当前和未来一个时期应该力推改革,以改革促开放。在推进开放型经济的道路上,必须始终依靠创新的方法破解发展中的难题,始终依靠创新的思维赢得国际竞争中的优势。

4. 坚持统筹发展的原则

统筹发展是大连深入发展开放型经济的基本原则。在实践中,既要统筹三大产业的发展,又要统筹好区域的发展;既要统筹好利用外资与利用国内外先进技术和管理的关系,又要统筹好"引进来"与"走出去"的关系;既要统筹好经济增长与能源消耗、资源占用之间的关系,又要统筹好经济发展与环境保护的关系,千方百计占领低碳经济的制高点。切实把统筹发展贯穿于大连市发展开放型经济的全过程之中,实现全市经济发展与对外开放的互动并进。

(三)大连开放型经济转型的路径

大连开放型经济的转变及建立创新性的开放模式的基本点是:以科学发展观的新理念指导全市对外开放,发展开放型经济从弥补要素不足为主要目的转向以参与国际分工、获取竞争利益为主要目的;从充分发挥比较优势转向大力培育竞争优势,大力推进由技术引进、技术改造向原创型技术创新的升级；从资源要素驱动型经济转向自主创新驱动型经济；从全民化、大兵团方式转向专业化、日常化，由重视本市开放为主转向本市和区域开放并重。贸易增长方式的转变是新阶段大连开放型经济运行的基础，提高利用外资质量是新阶段大连开放型经济的核心，"走出去"扩大对外投资是新阶段大连开放型经济的重点。

按照立足大连，依托辽宁，服务东北，辐射环渤海，对接东北亚的总体要求，努力实现对外开放新格局。通过调整与战略转变，拓展开放型经济的深度与广度，构建对外开放新框架，提升对外开放的水平，实现大连从开放立市到开放强市的基本内涵。根据上述指导思想和大连对外开放面临的新任务，我市开放型经济工作要努力实现以下转变：

吸引外资方面，普惠形式的政策导向已不适应发展的新要求，要注重优惠政策的差别化，重点制定区域协调发展、研发、人才资源等方面的优惠政策，切实从主要依靠政策优惠向主要靠服务功能、产业环境和制度规范优势转变；由注重追求外资的规模和数量向更加注重提高质量和效应转变；以引进资金为主的发展路径，解决了大连发展过程中资金短缺的矛盾，但技术和人才引进没有得到足够重视，要由注重引进资金向更加注重引进先进技术、管理经验和高素质人才转变；由单纯注重引进项目向更加注重培植产业集群、促进调整优化产业结构、转变经济增长方式、提高自主创新能力转变；由注重制造业引资为主向更加注重制造业与现代服务业并重转变。今后一个时期，大连市继续围绕先进制造业、高新技术产业和现代服务业为重点开展招商，进一步拓宽利用外资领域，调整外商投资结构，加快建设符合新型工业化要求的、产业层次较高的国际制造业基地，构筑开放先导区、重点工业园区的整体优势，使大连成为中国北方开发开放的先导示范区。

在对外贸易方面，必须调整外贸的发展路径，加快推进增长模式由数量扩张型为主向质量效益为主的转变，增长动力由投资驱动型为主向创新驱动型为主转变，增长途径由资源消耗型为主向资源节约型为主转变，增长机制由政府推动型为主向市场导向型为主转变。要继续深化外贸体制改革，通过大力发展民营企业实现外贸增长的多元化，优化对外贸易结构，巩固与提升加工贸易，大力发展一般贸易，大力发展出口名牌商品，实现外贸出口由粗放型向集约型转变，由"外汇贸易"向"效益贸易"转变，在巩固传统市场基础上积极开拓新兴市场。

在外经合作方面，要立足发挥比较优势，坚持以市场为导向，以企业为主体，以经济效益为中心，以提高国际竞争力为目的，不断增强大连市在全球产业链中的资源配置能力、自主发展能力、开拓和占领国际市场的能力、吸纳境外资金技术能力，以及规避贸易壁垒风险能力，加快步伐，鼓励引导各种所有制企业主动参与国际合作与竞争，积极推进大连市对外经济合作快速发展，全面提升大连市对外开放水平。

(四)战略重点

面临世界经济格局大调整、产业大重组等新形势，我们必须在更好统筹国际国内两个大局的前提下，全面考虑后危机时代我市开发的战略选择。按照十七大要求最终建成比较成熟的开放型经济，实现商品、服务、要素和人员更加自由的流动，创造新的竞争优势，仍然是我们坚定不移的目标。

1. 以创新为突破口，积极推进产业升级

历史证明，危机往往伴随着产业的大重组、大洗牌。由于这次危机可能将伴随中期调整，因此全球实体经济去产能化和要素重组也将经历更长的周期。在此过程中，新技术新产业变革与传统产业改造并存，共同推动世界经济逐步复苏和走向繁荣，并带来新一轮国际产业结构布局调整和转移，企业并购大潮再起，全球范围内产业重组、资本流动、要素转移、技术合作、人才流动蓬勃向前。历史上很多国家抓住这种机遇实现了产业振兴，如大萧条期间的苏联通过吸纳外部技术、资金和人才逆势而上；同时很多产业、很多企业在大重组中实现了跨越式发展。由于我市在国际金融危机中受冲击较轻，需要创造新的竞争优势，全面提升我市国际竞争力。我市应在统筹考虑提升自身产业核心竞争力和参与国际协调和做的前提下，以企业和市场为主体，这里推动若干重点计划：一是积极支持具备实力的大连国合等企业开展核心能力型跨国并购，通过更大范围聚集全球优势生产要素，重塑企业核心能力，培育我市自身全球性跨国公司；二是大力加强国际经济金融合作，创造新的外部需求，拓展新的对外经贸合作空间；三是大力加强技术引进与跨国合作，充分整合利用全球科技和智力资源，引进中高端人才，全面提升我市技术水平和创新能力；四是适应国际产业转移新趋势，全面重塑产业供应链体系，拓展我市在东北地区的贸易中心功能，发展一大批具有高端供应链体系的龙头企业，提高国际产业转移的承接、组织和辐射能力；五是目前基于通过并购、战略合作、管理咨询等多样化方式全方位引进国际上先进的企业管理方法与理念，推动我市企业经营管理与国际接轨，通过借船出海等多种方式重塑我市企业管理现代化国际化体系；六是应加强引进技术的消化和吸收，改变以往的简单模仿、仅以低廉价格和微薄利润占领国际市场的方式，努力加强自主创新，提高出口产品的技术含量和附加值，更有效地参与国际竞争。

2. 以国际化为契机，延长拓展深化产业链

过去 30 年来，中国制造在开放的推动下，实现了跨越式发展，取得了巨大成功。从全球比较的视野看，中国制造处于低端，主要症结不在制造业本身，而是因为在全球整个产业链、创新链、价值链中处于不利位置。在现代整体产业链中，制造仅占一个环节，6 个环节都在其他交易服务领域，而我们的短腿恰恰就在其他处于产业链的研发设计、市场营销、物流供应链等 6 个环节。后危机时代我们有必要也有条件借助外力，寻求以开放推动整个产业链优化重组的突破口。一是进一步深化市场化改革，为产业链优化重组消除体制障碍。在新形势下的国际分工中，积极吸引国际大企业进入大连，打造国际产业链，分享全球经济发展所带来的利益；二是抓紧打破重要服务业的制度性垄断，引入竞争，加快专业化信息化现代化步伐；三是积极参与服务业全球化、扩大服务业开发，积极承接国际服务业转移与外包，以开放促进服务业改革发展和创新。四是大力发展生产性服务业，特别是研发设计和市场营销等高端服务业，实行鼓励性的产业政策，支持自主创

新,加快升级;五是积极引导企业提升生产性服务供应链管理水平,强化核心业务,全面发展外包业务和外包协作,提高交易效率。

3. 抓住国际服务业转移机遇,推动服务业跨越式发展

近十多年来,服务业务全球化蓬勃兴起,带动了服务业跨国投资、贸易离岸外包的迅速发展,实际上正在推动着一场新的产业组织革命,服务业与制造业既分工又融合的格局正深刻地改变着世界产业、技术和经营管理的发展模式,将给全球经济带来巨大影响。国际金融危机短期内对服务业跨国投资与贸易带来一定影响,但服务业全球化大趋势没有改变,跨国公司迫于竞争压力开展服务外包的意愿反而强化,上半年我市承接服务外包高速增长。可以预见,危机之后服务业全球化可能掀起新的高潮,服务业跨国转移和要素重组将成为新一轮国际产业转移的重点。当前扩大服务业开放的重点是:一是按照国家的要求和我市的总体部署,积极有序扩大服务业市场准入,引入竞争,以扩大开放推动服务业体制和管理的创新,全面优化服务业的行政和法律环境;二是要以承接服务业跨国转移和外包为突破口,带动我市的有比较优势的一些现代服务业部门的迅速振兴;三是引入国外服务业投资者,加快我市服务业的重组,引入国际上的先进技术、组织形式和经营管理方式,全面促进服务业技术进步和现代化;四是将我市有条件的金州新区、普湾新区等区域建成国际化生产性服务的集聚区,显著增强其产业组织、供应链管理、市场营销和国际接单能力,提升我市在东北亚地区生产网络和价值链中的位置,形成对辽宁沿海经济带及东北地区更大的引领作用与辐射效应;五是大力培育一批具有自主知识产权、自主品牌和高增值服务的外包龙头企业,实现服务外包与服务业发展升级的良性互动。

4. 积极参与国际绿色经济领域合作,在开放中获得"绿赢"

面对日益严峻的全球性能源、资源、气候和生态环境问题,发展绿色经济已成为危机条件下世界经济的亮点,并且有可能成为新一轮世界经济的引擎,蕴藏着巨大的发展潜力和经济价值。虽然我市已经具备一定的绿色产业基础,如在太阳能、风电和电动汽车等领域涌现了一些亮点,但总体上看我们与发达国家和地区比差距很大。虽然发展绿色经济是全人类可持续发展和生态健康的共同选择和普遍潮流,但其背后仍然有物质利益和国际竞争地位的较量。应当承认,我们同发达国家处于不同发展阶段,加速工业化对于资源能源和碳排放的需求量处于明显上升阶段,但在资金、技术投入等方面却相对乏力,问题的解决需要一个更长期的过程。为此,我市既要顺应潮流,调整发展战略和模式,也要大力加强国际合作,更好地利用全球要素、技术和人才,在激烈的国际竞争中获取"绿赢"。一是大力加强节能环保技术领域的国际合作,打造绿色资源要素集聚的平台,促进我市绿色产业和技术的快速成长,缩短与国际先进水平的差距;二是适应绿色革命新潮流,抓紧建立健全绿色经济领域的法律法规、标准税收、科技、金融政策和公共监管与服务体系,创新机制,让发展绿色经济成为全社会共同的选择;三是积极参与全球治理,以建设性姿态参与日、韩等多边活动,努力实现绿色经济领域的互利共赢。

(五)以国际市场为导向,优化出口商品结构和市场结构

在新一轮开放型经济发展中必须进一步全方位、多元化地拓展外贸市场,不断扩大市场范围。在贸易摩擦日益加剧的背景下,对外贸易发展要始终坚持以国际市场为导向,促进外贸进出口业务快速增长。一是优化出口商品结构,在保持传统制造业发展势头的同时,也要积极发展技术优势,通过提高自主创新能力、提高产品科技含量,从而提高出口商品结构的层次,使出口商品趋于多样化,既能向发达国家出口纺织品,也能向发展中国家和地区出口实用性强的资本密集和技术密集的产品直至高新技术产品。进一步扩大自主知识产权、自主品牌、深加工、高附加值、高技术含量的产品出口,通过提高出口结构的档次,减少对发达国家和地区出口产品市场的过分依赖,形成外贸市场的多元化以及市场结构的优化格局。二是优化向出口市场结构,树立贸易全球化观念,选择政局稳定、市场容量较大、具有深度开发潜力的国家为中心市场,巩固大连产品在日、韩和港澳台以及东南亚、美国、欧盟等传统市场的份额。加大政府组织企业参加国内外展会密度,重点开拓东欧、非洲和拉美等新兴市场。三是继续实行全市进出口协调联动机制,提高通关便利化水平。重点抓好50户出口企业和50种重点商品的出口,加大对出口企业的资金和金融支持。优选一批拥有自主知识产权和较强竞争力的企业进行重点培育,支持企业品牌进入商务部"重点支持和发展的名牌出口商品",发挥出口名牌示范效应;四是进一步提高出口企业出口信用保险保费补贴比例,大力提升出口企业市场风险防范能力。完善贸易摩擦应对工作机制,加强反倾销预警信息网络服务平台建设。

六、对策与措施

(一)探索开放型经济发展新路径

目前,大连开放型经济发展正步入转型升级的关键时期,要想在新一轮发展抢占制高点,必须要寻求新的发展动力和平台,探索新的发展路径。

1.确立全要素的理念,创新利用外资方式

在新的发展阶段,在注重引资规模的同时,更要注重"引智",将"引智"放在极其重要的地位,大力引进技术、管理和人才,大力引进研发机构,实现由引进资金为主向引进全要素转变。突破单一引资方式,鼓励外资企业通过并购进一步整合产业链,大力引进境外各类投资基金,鼓励市内企业境外上市和外资企业国内上市,加大间接利用外资力度。突破低成本引资优势,注重市场驱动型外资企业的引进,促使产业链向高端环节、研发和营销等高附加值环节延伸。突破以独资为主的合作方式,鼓励市内企业与外资合资合作,放大学习效应,扩大溢出效应。

2.推进开发区资源由区域内整合转向跨区域整合

大连开发区建设已经从过去的以吸引要素为主,发展到目前以吸引要素和功能创新并重阶段。下一阶段,开发区和重点工业园区的发展路径将步入以资源和功能整合为主的新阶段。应加快推进开发区与出口加工区、保税区和保税港区功能叠加、资源共享和优势再造,拓展各类特殊功能区向北三市和跨区域整合演进;进一步推进长兴岛临港工

业区、花园口经济区开发开放，与辽宁沿海经济带的联动发展；进一步加强与日本、韩国等周边国家和地区经贸联系，开展更多的技术、项目、人才合作，重点推进环渤海沿岸和环黄海沿岸工业园区的建设。

3. 外贸工作的着力点有出口向两端延伸

外贸出口创汇的历史使命已经完成，在新一轮发展中，必须调整外贸的发展路径，重点从产品出口环节向两头拓展，由单纯扩大出口转向自主知识产权、自主品牌和营销网络的建设上。大力培育自主知识产权和自主品牌，建设一批出口基地，引导地方特色产业转型升级，增强 产业核心竞争力和抗风险能力，增创开放型经济发展的新优势。

(二)全面提高驾驭开放型经济的能力

深入发展开放型经济，对大连的各级党委、政府全面提高执政能力和行政管理水平提出了新的更高的要求。面对复杂多变的国际政治经济形势，各级党政领导必须善于学习、善于思考，勤于实践、勤于总结，不断开阔眼界、开阔思路，努力掌握科学的思想方法和领导方法，切实增强提高科学判断国际形势和进行战略思维的水平。要时刻保持清醒头脑和树立忧患意识，防患于未然。要加强对世贸规则、国际惯例的深入研究，善于在国际政治、经济形势的发展变化中把握方向，用好发展机遇，创造发展条件，掌握发展全局。

要积极应对金融危机以及各种可能出现的风险和挑战，加强对国际经济风险的预测和监控，加快建立国际风险预警机制，建立健全应对国际贸易摩擦的工作机制，进一步增强规避国际经济风险的能力。明确政府在发展开放型经济上的目标定位。政府应当不断进行政策、管理职能的创新，使开放型经济能够切实在大连有序、有效地健康发展。

(三)强化开放型经济工作的推进体系

从大连市和有关城市的工作实践看，行政推动仍是当前发展开放型经济的主要动力，从某种程度上说，区域间发展开放型经济的差异主要表现在政府对发展开放型经济重视程度和服务水平上。发展开放型经济是一项政府主导、有关方面积极参与的综合工程，需要政府加强重视，加大指导、支持和协调力度。

1. 不断完善与加强开放型经济的领导

继续坚持市政府主要领导亲自抓开放型经济办法，把定期调度和不定期调度有机结合起来。强化一把手责任制，继续落实各地区、各部门一把手亲自抓，真正把发展开放型经济工作摆在重要的优先位置，做到认识到位、责任到位、措施到位。认真解决实施开放型经济的各种问题，对于重大项目和关乎到全市开放型经济发展、产业升级的外资项目，指定专人给予政策指导和全过程跟踪推进。

2. 完善开放型经济绩效评价体系

利用外资着重评价引进外资的技术层次、附加值、投资强度、产业关联度，减少能源消耗和环境影响，对引进高新技术企业、研发机构、服务业、农业利用外资等方面做出具体评估。对外贸易从规模总量、增长质量、竞争能力等方面，着重评价产品经济效益、国际市场份额以及品牌和自主知识产权产品所占比重等。对外投资着重评价境外非贸易性投资、企业海外上市以及跨国并购。实施并不断完善重点工业园区评价体系,注重全方位考察开发园区集约发展程度,在此基础上,逐步形成全市开放型经济评价体系。

3. 建立开放型、专业化和国际化的投资促进体系

建立与完善全市投资促进体系,将工作机制成熟化、规范化。各地区、各部门招商引资部门根据产业发展规划,每年在重点发展的产业上策划包装推出多个产业带动作用大、产业集聚能力强的投资机会、项目。要深入研究制定招商引资项目工作规程,组织编制项目包装工作指南,推进项目包装的规范化、专业化、科学化。继续完善开放型经济扶持政策体系,完善外经贸发展基金,加大对出口品牌建设、“走出去”、高新技术、机电产品出口、贸易摩擦应对等扶持力度。完善中小企业国际市场开拓资金项目的运作机制,加大扶持力度。

4. 建立投资促进的政策保障体系

借鉴国外发展产业及利用外资进行对接政策,依据本市产业特征和发展产业的现实条件,应构建与吸引国内外资本的政策保障体系,包括编制规划、技术创新、人才培养、产业集群、完善市场规则、体制与环境创新等,并针对大连市产业特色,具体到产业提出可操作的政策建议。加快全市涉外法规和政策体系建设,加强调研和吸取沿海先进地区经验,制定符合我市地方性经济发展需要、符合国际惯例市场经济规则的投资促进、收购兼并、风险投资、BOT、BT、租赁等配套法规和政策体系,规范各区市县、先导区和重点工业园区吸引投资的优惠政策和做法,提高政策的连续性和透明度。

(四)拓展开放型经济发展新空间

1. 放大沿海经济带开发开放效应

辽宁沿海经济带开发开放已经上升为国家战略,这是提升我市及辽宁开放型经济发展后劲和承载力的大好机遇,应充分利用这一契机,大力挖掘沿海地区优势,注重通过实施“以外带内”的发展策略,大力促进沿海与腹地良性互动,发挥沿海地区在利用国内国外两种资源和两个市场的独特优势,提高东北区域经济的外向度、国际化水平和国际竞争力,把沿海地区培育成辽宁乃至东北地区开放型经济发展的新增长极。

2. 提高区域协调发展水平

统筹区域协调发展,全面提高大连外经贸发展水平,重点发展先进制造业、现代服务业和服务外包产业,着力形成新的竞争优势和先发优势,把大连建成产业高地、人才高地,不断提升在国际分工与合作中的地位,进一步增强国际竞争力和辐射带动能力。加快大连北部地区开放步伐,有序引导外资北上,避免地区之间招商引资的过度竞争,在扩大大连北部地区利用外资规模的基础上,充分发挥其比较优势、后发优势和潜在优势,不断优化利用外资区域结构。

3. 加快推动企业“走出去”

抓住大连“走出去”条件逐步成熟的有利时机,引导本土企业抓住国际产业结构调整的机遇,通过境外投资进行海外战略布局,积极培育如“大连国合”等具有核心竞争力的

本土跨国企业。拓展境外投资合作的领域与方式。鼓励企业参与境外资源项目合作开发，支持精心海外并购、参股、合作等。提升对外经济技术合作层次。注重加强与自由贸易区和非洲地区的合作。我国已与巴基斯坦、智利、新西兰、新加坡、秘鲁等5个国家及东盟、亚太地区、港澳地区签订了自由贸易协定，设计15个国家和地区，市场规模巨大，合作前景广阔。充分利用自由贸易协定带来的贸易创造和贸易转移效应，扩大对自由贸易区伙伴的货物贸易规模。借助我国与非洲国家的传统友谊，在能源、资源、基础设施建设等方面家与非洲地区加强合作，鼓励和支持有实力的大连企业采取形式多样和合作方式与非洲国家共同开发和利用资源，进一步拓展合作领域，提升合作水平。

（五）构筑一批开放型经济平台

1. 构筑"筑巢引凤"的基础平台

促进产业集聚，提高全市产业的整体发展水平，积极扩容、改造和提升重点工业园区建设工程，大力整合一批规模小、档次低，布局分散的工业园区，抓住重点载体，积极引进技术、资金、管理经验、人才等资源要素。充分发挥国家级开放先导区的示范带头作用，坚持科学发展观，创新开发区发展模式，努力建设资源集约型、环境友好型的和谐开发区，增强探索创新意识，切实承担自主创新责任。在继续抓好各类开发区建设的同时，使大连开发区、高新技术园区、保税区、长兴岛临港工业区和花园口经济区再进一步优化升级成为新的开放平台。

2. 构筑"重点引进"的招商平台

一是要突出产业招商和机构招商，着眼于产业链建设，重点围绕石化、能源、汽车、修造船等临港产业体系，积极引进一批技术先进、配套能力强的项目，加快形成具有国家级水准的优势制造业基地；二是突出区域招商，对内寻求大企业和知名品牌落户大连，对外以欧、美、日、韩等为主攻点引进战略投资，同时积极开展与国内部分省市以及澳大利亚、巴西、印度等有资源地区合作；三是突出重点对象招商，把世界500强、中国500强及行业龙头企业和跨国公司总部等作为重点对象，坚持开展网络招商。要特别重视信息化和现代化先进技术和手段进行招商，形成多渠道、多层次、国际性的主题招商引资网络。

3. 构筑"和谐友好"的环境平台

积极营造公平有序的市场环境。充分发挥市场配置资源的基础性作用，促进优胜的生产要素及资源向有竞争力的企业集中，同时还要加强执法队伍的建设，促进企业有序地竞争，建立平等、公平、开放的竞争性市场环境。要积极营造和谐的舆论环境。继续加大国家开放型经济建设的宣传力度，最大限度地激发企业的主动性与积极性，使更多的企业享用国家对外开放的政策。同时，大力宣传大连改革开放30多年来所取得的工作成果、先进经验及今后的发展规划，推动全市市民改革开放新思潮，使改革开放思想深入人心，树立广大市民开放的责任观念。着力培养一批适应市场经济要求、运作规范的行业协会。加快构建投资咨询、技术服务、资产评估、产权交易、信用担保、会计审计、法律服务等中介服务体系。

4. 构筑“创新有效”的政策平台

进一步完善地方外经贸扶持政策,综合运用财政、金融、信息等手段,形成全方位的支持促进体系,根据市场规律及市场经济的发展程度,适当调整政策法规,研究制定符合国际惯例的行业扶持政策和中小企业扶持政策,并出台具有地方特色能推进大连开放型经济发展的法律规章体系。进一步深化政府行政审批制度改革,减少审批项目数量,缩减办事程序,优化项目质量,规范行政执法,加大电子政务步伐,完善网络服务平台,全面包装好招商项目,诚信服务,并结合不同时期情况,为企业拓展优质的服务项目。大力支持有条件的民营企业从国内外资本市场融资,鼓励跨国公司和国内大企业集团以独资、控股和并购等方式来大连投资。

(六)培养一批开放型经济主体

1. 在内资引进方面实现重点突破

牢固树立“大连以外都是外”的理念,重点引进珠三角和长三角地区的产业和资源,提高资源配置能力和对区域经济发展的服务能力,增强对重要资源的集聚和辐射功能,实现区域产业链的整合和延伸。重点围绕大公司、大集团、上市公司、著名品牌、行业性龙头企业为重点对象,重点引导内资进入工业生产中的研究开发、原料供给和设备制造等关联产业,特别是对大连主导产业与传统优势产业起产业链接、提升作用的项目。调整专业结构和导向,引进一批高新技术产业,引进一批能带动大连经济发展、提供劳动就业的重大项目,进一步提升大连开放型经济规模和水平。

2. 继续加大力度引进外资

围绕大连支柱产业和优势产业的开发建设,做好利用外资规划,集中资金、人才、技术等力量,吸引和发展一批具有明显带动作用的外商投资企业,重点吸引世界500强、行业龙头等国际银团、商业财团、跨国公司、大型投资企业。继续吸引外资改造机械、轻工、石化、钢铁等大连传统产业,鼓励外资投向出口型产业、城建环保、旅游等基础设施领域,争取外资在金融、保险、服务业等方面有新的突破。要积极探索外资以并购、参股、贷款等多种方式参与现有内资企业的改造,积极引导推进大连外资的并购步伐。进一步扩大开放范围,放宽投资领域,扩大服务贸易领域开放,优化外资投资产业结构、空间布局结构。针对服务业已成为外商投资的新热点,应鼓励引进国外服务业的现代化理念、先进治理经营经验、技术手段和现代市场运作方式,以改造共服务业的结构,提高服务业的水平。

企业在引进外资的过程中,要树立正确的引资理念,把利用外资同引进国外的先进技术和先进理念相结合。不要求数量,而要坚持质量,把项目的重点放在电子、机械、仪器仪表、工业设备、医药、建材等高科技、高产出、高投入、低污染、低消耗企业。根据大连的经济发展战略和发展规划,合理优化产业结构,以科学发展观为指导,突出利用外资的产业导向,注重引进国外的先进技术,通过不断地吸收和创新,提升企业自身的创新能力,打造更具竞争力的企业品牌。

(七)打造一批国际化产业基地

做大做强优势产业集群,依托辽宁沿海经济带、先导区和重点工业园区来引导产业在城市的布局与发展，打造一批国际化产业基地。

1. 先进制造业

重点建设世界级的先进装备制造业基地、船舶和海洋工程产业基地、大型石化产业基地和亚洲重要的超大规模的集成电路产业基地，培育建设大孤山石化、开发区电子信息、高新园区软件与服务外包、花园口经济区新材料、开发区及保税区汽车及零部件、瓦房店轴承、大连湾临海重大装备、长兴岛船舶及配套、登沙河精品钢材、旅顺交通运输转装备等现代产业集群。加快培育新兴产业，重点发展新能源及装备、海洋工程及高科技船舶、节能与新能源汽车、半导体及集成电路、生物制药及新材料、软件及服务外包等新兴产业，培育壮大绿色产业集群，抢占经济发展制高点。

2. 高新技术产业

充分发挥市场在高新技术产业中的导向作用，坚持以企业为主体，重点培育有发展潜力的关系技术企业，通过技术创新，积极开拓国内外市场。大力开展国际交流与合作，大力引进国内外先进技术和产品，在消化、吸收的同时，设立境外研发机构，调整战略，加强自主研发和自主创新，促进高新技术产业化。结合大连市市情，优化高新技术产业的产业结构，重点发展新材料、光电一体化产业、电子信息产业和生物技术产业。加强工业园区与高新技术产业的有机结合，依托市场和人力资源优势，鼓励并支持企业与高等院校共建高水平的技术研发机构，努力推进高新技术产业基地的升级，打造国际化高新技术产业基地，使大连率先成为国家科技创新型城市。

3. 现代服务业

大力发展第三产业，建立与辽宁沿海经济带发展体系、城市现代化相适应的现代服务业生产基地。这里推动以国际贸易为基础的现代服务贸易跨越式发展，以优先发展港口服务业、金融业、物流业、会展业、信息服务业等为重点，进行现代服务业的规划和布局，并逐步完善服务业运行机制，进一步提升市场化、专业化和国际化程度。在消费型服务业的基础上，以生产性服务业为支撑，以真实性服务业为重点，加快步伐，大力发展创新型服务业，建立为企业相配套的服务体系，努力提升现代服务业为主体的综合服务功能和持续发展能力。创新金融品种经营模式，进一步扩大金融服务业的对外开放，在证券、基金、期货等原有基础机构基础上，积极开拓房地产、电子等资产证券化。加快金融后台服务产业，发展民营中小银行，完善中小企业的融资服务体系，加强防范金融风险。扩大商贸服务业的对外开放领域，鼓励引导外商投资商贸服务业。重点推进与沿海经济带及周边城市的合资合作，重点建设一批商业物流业配送基地，发展物流配送连锁企业。增加科技投入，扶持和壮大一批有竞争力的技术服务企业，培育和发展技术服务和交易市场。增强服务业的核心服务功能，进一步提升服务业对经济发展产生的影响，为大连开放型经济做出更大贡献。

4. 拓展一批国际化多领域的合作交流项目

充分利用大连的资源和比较优势，积极拓展一批国际化多领域的合作交流项目，对国际经济交流和对外开放的新格局做出相应的调整。在港口国际合作的带动下,围绕大连建设东北亚国际航运中心的战略目标,以港口推进为主导,以国际贸易服务为切入点,加强与发达国家重点港口城市的交流与合作,以港口的相关物流体系为依托,重点开展仓储、装卸、中转、包装、运输、加工、配送、货代、拆装箱和信息等领域的合作。加大基础设施建设的力度,加快以大连港为核心的辽宁沿海组合港建设。改革创新港口的相应政策,强化港口的服务功能,积极探索在大连建立国际航运发展综合试验区。

加快建设东北亚国际物流中心,出台全面支持物流业发展的政策措施,完善促进物流业发展的政策法规体系。加快海港、空港和内陆干港等物流发展核心载体建设,推动东北亚煤炭交易中心建设,规划建设大窑湾保税港区、二十里堡国际物流城等综合物流园区,加快构建综合性物流网络体系。

加快建设区域性金融中心,重点支持大商所建设亚洲重要期货交易中心,推出东北地区具有优势、符合大连商品交易所功能定位的期货品种,不断扩大交易规模,完善市场功能。进一步扩大金融开放,进一步提升国际结算、外汇交易、航运运输、离岸金融市场功能。积极发展信贷市场、债券市场、保险市场和多层次资本市场,鼓励发展各类股权投资,搭建融资平台,全方位拓宽融资渠道。

加快文化领域的对外开放步伐。依托旅游业的发展,加大对外宣传促销工作力度,打造城市旅游品牌的同时,大力发展文化产业,推进文化体制改革,积极拓展对外文化领域和渠道,积极参与国内外各种展洽会,设计以文化为主导的招商引资项目,促进文化产品的出口。拓展大连国际服装节内涵,新增一批具有大连特色的文化内容,提高服装节的国际化、专业化水平,使大连成为中国北方文化走出去的重要基地。

积极完善教育管理体制和办学机制,制定对外教育交流与合作计划,进一步扩大办学自主权,推进办学模式改革,创新办学运行机制,探索高等教育办学新途径。加强与国外高等教育合作,引进更多的国外知名大学来大连合作办学,提升教育的国际化水平。

此外,包括能源建设、信息资源交流以及卫生、医疗等方面,都可以出现国际合作的新领域,而这些对于开拓未来发展的新机遇,促进贸易交流与合作,创建对外开放新格局,都起到积极的作用。

(八)丰富开放型经济发展新内涵

1. 大力引进战略性新兴产业

金融危机爆发后,美国积极推行“再工业化”,美欧大力倡导低碳经济,国际产业这两大变化的实质都是希望通过发展战略性新兴产业来占据非洲未来制造业的制高点。在新一轮发展中,要时刻关注国际产业发展的新动向,重点引进能源、新材料、新医药、环保、软件和服务外包、新传感网等新兴产业,通过大力引进战略性产业,打造开放型经济的新优势,保持大连在中国北方的领先优势。

2. 全力推进服务业发展

充分利用大连现代服务业的后发优势,加快发展为制造业配套的现代金融、现代物流、信息服务、商务服务、市场集群等生产性服务业,突出抓好软件、文化创意等发展潜力大的新兴服务业,大力发展总部经济,引进跨国公司区域性总部和地区营销中心。注重服务业集聚区建设和培育,形成服务业发展的集聚效应。抓好国家级服务外包示范城市、示范基地和软件园的建设,借助国际服务外包大会加强旅顺南路服务外包产业带的推介和宣传,进一步扩大大连服务外包的品牌效应。

3. 构筑人力资源新优势

大连正在向创新型经济转型升级,开放型经济在新一轮发展中,只有拥有更多的高素质人力资源,才能占领未来发展的制高点,赢得发展的主动权。要创新人才资源培养机制,积极开展境外培训、联合培训、基地培训和技能培训。拓宽人才资源引进渠道,依托研发机构引进高层次人才,依托各类创新基金引进创新型人才,依托重大项目引进人力资源。营造发挥人力资源作用的环境,努力构建适应服务业发展所需人才环境和商务环境,更加注重打造良好的生活和居住环境以及适应人才精神需求的文化环境。

(九)提升开放型经济抵御国际风险的能力

2008 年美国、印度、澳大利亚和欧盟针对我国多项产品采取了反倾销和反补贴的调查。最近美国刚刚启动了中国输美轮胎的特殊保障措施,很可能"鼓励"美欧和其他国家掀起一场针对中国的贸易保护主义运动。2008 年下半年以来,世界资源性产品价格剧烈波动也凸显了资源性产品供给的安全问题。在推进经济国际化的过程中,对于可能出现的各种风险,如国际经济波动的风险、金融汇率变化的风险、市场开放的风险、贸易摩擦的风险、资源能源供给的发行等,要有足够的警觉和防备,深入研究其形成机理和演化规律,建立健全适应我市开放型经济发展需要的风险防范机制,做到事前能预防、事发能控制、事后能调整,努力将风险造成的损失降到最低。特别是要加强金融监管,重视金融产品的安全性,提升金融创新能力,增强抵御国际金融风险的能力。

《后金融危机时代大连开放型经济战略研究》课题组成员

课题领导小组:

顾　问:戴玉林　大连市人民政府　副市长
组　长:李　才　大连市政府发展研究中心　主任　教授
　　　　刘德春　大连市对外贸易经济合作局　局长
副组长:李文语　大连市政府发展研究中心　副主任

课题组:

负责人:王文清　大连市政府发展研究中心开放研究室　主任　副研究员
　　　　刘国志　大连市对外贸易经济合作局办公室　主任
成　员:王金成　大连市政府发展研究中心　助理研究员
　　　　蒋晓冰　大连市对外贸易经济合作局办公室　主任科员

大连市科技企业孵化器发展规划纲要

(2008—2015)

张少颖　宋欣茹　赵　欣

一、国内外孵化器的发展趋势

(一)国外孵化器的发展趋势

科技企业孵化器是科技创新的公共服务平台。建设和发展孵化器，是推进科技成果转化和产业化、促进科技型中小企业成长的主要途径，对于提高自主创新能力、推动产业结构优化升级、促进就业和经济增长等都具有重要意义。

20世纪50年代，随着世界新技术产业革命逐渐兴起，美国发明了孵化器。70年代，孵化器传播到英国，并在欧洲各国迅速发展起来。80年代以后，以色列、中国、韩国、巴西等国也相继引进孵化器，从而使孵化器在世界各国形成了蓬勃发展态势。欧美发达国家的科技创新和高新技术产业发展始终走在世界前列，与孵化器发展密不可分。

综观欧美和亚洲主要国家孵化器的发展经验，可以看出国外孵化器的五大发展趋势：

一是政府大力支持。各国政府都把发展孵化器作为实施国家创新战略的重要举措，不断加大建设资金和孵化基金投入。以色列政府更是直接参与孵化器建设和管理，提供了全部建设资金和孵化基金。

二是实行企业化管理。各国孵化器普遍实行了公司制管理，按照市场规则运作，具有较强的自我发展能力。芬兰科学园按照股份公司组建和管理，拥有强大的资金实力。以色列孵化器依靠科学的内部管理，获得了很高的投资效益和孵化效率。

三是建立专家服务制。各国孵化器普遍建立了专家型管理团队，开展全方位专家服务，具有较强的孵化服务能力。英国孵化器开展全程专业顾问服务，极大地提高了孵化效率。

四是引进风险投资。各国孵化器都把引进风险投资作为主要融资渠道，利用风险投资培育了大批高科技上市公司。美国创业孵化集团开创了孵化器与风险投资紧密结合的运作模式；以色列在利用风险投资培育高科技上市公司方面取得了显著成就。

五是培育产业集群。各国都以建设专业孵化器为主，通过聚集和孵化产业链相关企业，培育了许多高科技产业集群。美国硅谷、英国牛津生物孵化器和韩国文化产业孵化器在这方面都取得了显著成就。

(二)我国孵化器的发展趋势

我国的孵化器发展起步于1987年,经过20多年发展,现在孵化器数量仅次于美国居世界第二。2007年,全国拥有孵化器614家,其中国家级孵化器197家,孵化场地面积2270万平方米;在孵企业4.5万家,从业人员80多万人,获批专利1万多项,技工贸总收入2621亿元;累计毕业企业2.3万家,其中有600多家收入超亿元的企业和60多家上市公司,成为我国高新技术产业的主力军。孵化器数量排在全国前5位的地区是北京、武汉、上海、天津、苏州。

国内先进地区孵化器的发展经验表明,我国的孵化器发展正在与国际发展趋势全面接轨:

一是平台专业化。各市都在加快建设和发展专业孵化器,完善孵化器体系,增强专业孵化功能。并把专业孵化器和产业化基地建设结合起来,培育高科技产业集群。武汉、上海、西安和苏州在这方面都取得了很大成就。

二是标准国际化。各市都在加快建设和发展国际孵化器,扩大国际交流与合作,增强国际孵化功能。上海建设了"一器六基地"的国际企业孵化器;武汉设立了国际孵化基金;苏州建设了国际研发中心;西安引进了APEC国际孵化器培训基地。

三是管理企业化。各市孵化器都在加快向企业化管理转型,开展市场化运作,提高自我发展能力。武汉和上海的孵化器普遍实行了公司制管理;天津成立天使投资公司,实现了财政资金的市场化运作;西安成立孵化器服务公司,逐步走上增值服务的道路。

四是服务专家化。各市孵化器都在积极推行创业导师制,建立专家型管理团队,提高孵化服务能力。西安在全国率先实行创业导师制,创业导师数量居全国第一,武汉、上海和天津在这方面也取得了很大成就。

五是融资市场化。各市孵化器都在努力拓宽融资渠道,发展风险投资和天使投资,完善信用担保体系,增强投融资功能。武汉、上海和苏州在发展风险投资方面取得了很大成就;天津和西安在发展天使投资、完善信用担保体系方面取得了很大成就。

六是政策规范化。各市政府都在不断加大政策支持,对孵化器实行减免税政策,加大建设资金和孵化基金投入,推动孵化器建设和发展。武汉、上海、苏州市政府对发展风险投资和担保贷款也给予了很多政策支持。

二、大连孵化器的发展现状

(一)孵化器的发展成绩

过去十几年来,大连科技企业孵化器发展取得了很大成绩。1991年建立第一家孵化器——大连市高新技术创业服务中心,2000年建立第一家民办孵化器——大连市民营科技企业创业中心。"十五"时期以来,孵化器建设不断加快。2008年,全市拥有孵化器23家,其中国家级孵化器7家、省级孵化器5家,孵化场地面积82.1万平方米;在孵企业1461家,从业人员7.7万人,获批专利800多项,技工贸总收入30亿元;累计毕业企业815家,其中上市企业1家。大连孵化器的发展成绩居全国前列,被科技部确定为"全国孵化器建设试点城市"之一。各个孵化器不断提升孵化功能,提高孵化效率,为全市科技创新和高新技术产业发展做出了积极贡献。

表1　　2008年大连孵化器基本情况表

孵化器	孵化场地面积(万平方米)	孵化基金总额(万元)	在孵企业数量(家)	在孵企业从业人员(人)	技工贸总收入(亿元)	累计毕业企业(家)
G大连市高新技术创业服务中心	11.5	2656	376	7962	15	174
G大连市民营科技企业创业中心	6.2	250	95	3500		118
G大连科技创业大厦	1.9	72	91	2010		42
G大连双D港创业孵化有限公司	2	480	51	690		13
G沙河口区天河科技创业中心	1.1	374	90	1465		88
G大连市理想光电技术孵化中心	1	110	50	749		20
G大连理工大学科技园	13.7	5200	85	1015		11
S旅顺民营科技企业创业中心	1.2	192	78	2413		20
S大连北方科技企业孵化基地	2	314	90	1700		32
S大连软件园股份有限公司	29.5	100	232	45000		160
S西岗区高科技发展中心	0.8	1350	54	443		32
S光洋国际工控技术转移中心	1.5	50	78	682		15
大连锦联大厦有限公司	1.7	595	14	3857		12
中山区科技企业服务中心	0.1	0	8	96		25
大连市科技创新大厦	1.1	0	10	470		16
大连集成电路设计产业基地	0.6	400	14	398		0
大连三科科技创业基地	1.4	44	6	52		1
大连市基因工程技术孵化器	0.8	0	0	0		1
大连翔大生物技术有限公司	0.1	0	3	69		1
大连海洋高新技术企业孵化中心	0.4	45	12	350		12
瓦房店市农业科技创业服务中心	0.2	0	12	3600		19
庄河市科技创业中心	3.1	100	12	580		3
大连市农业科技孵化中心	0.2	0	0	0		0
合　计	82.1	12332	1461	77101	30	815

1. 资料来源:大连市科技局。

2. 注:(1)国家级孵化器以G标志,省级孵化器以S标志。

(2)技工贸总收入中除大连市高新技术创业服务中心外,其他孵化器合计15亿元。

(二)孵化器建设的特点和经验

一是孵化器类型多样化。从投资主体看,有公办孵化器9家,民办孵化器13家,大学办孵化器1家。从服务对象看,有综合孵化器13家,专业孵化器10家。从载体形式看,除了23家实体孵化器外,政府有关部门正在建设区域性虚拟孵化器。公办孵化器的优秀代表是大连市高新技术创业服务中心,它是全市建立的第一家孵化器,也是最早获批的国家级孵化器,各项发展指标均居全市第一。

二是采取"官助民办"的建设模式。即政府以项目规划、优惠政策和少量资金进行引导,鼓励民营企业投资创办孵化器。目前民办孵化器已发展到13家,占全市孵化器的56.5%。大连市民营科技企业创业中心、沙河口区天河科技企业创业服务中心、大连市科技创业大厦、大连理想光电子技术创业孵化中心等4家民办孵化器,曾多次荣获全国、全省优秀民办孵化器称号,被科技部认定为国家级孵化器。

三是一次孵化与二次孵化相结合。一次孵化是帮助孵化企业实现科技成果转化;二次孵化是对已经毕业但尚未达到产业化的科技企业进行再次孵化,对于促进科技型中小企业快速成长、培育高科技产业集群都具有重要作用。目前,大连理想光电子技术创业孵化中心、高新区海外学子产业园、大连理工大学国家技术转移中心等二次孵化基地陆续建成投入使用,全市二次孵化基地面积已达30万平方米。

四是制定和完善政策法规。"十五"时期以来,大连市出台了一系列支持孵化器发展的政策法规。2005年,市科技局制定《大连市科技企业孵化器管理办法》,规范孵化器建设和发展。2006年出台《大连市人民政府关于提高自主创新能力的若干规定》,提出设立科技企业孵化器专项资金,重点支持各类综合孵化器、专业孵化器建设。市科技局近三年累计安排专项资金3350万元。并与大连开发银行合作设立每年5000万元的科技创业贷款,为科技型中小企业提供贷款;与上海浦发银行签署《关于合作开展扶持科技型中小企业贷款业务的框架协议》,设立总授信额度1亿元的科技企业小额贷款,重点解决孵化企业的资金需求。2009年,市科技局出台《大连市推进科技企业孵化器建设实施细则》,强化了各方面的政策支持。

(三)孵化器发展的制约因素

大连的孵化器发展虽然取得了很大成绩,但与国内先进地区相比,在孵化器数量、孵化基金总额、在孵企业、技工贸总收入等方面还存在着一定差距。

主要制约因素是:(1)专业孵化器建设滞后。大连的孵化器体系仍然以综合孵化器为主,现有的10家专业孵化器中,真正形成规模的只有4家。(2)管理体制缺乏活力。公办孵化器基本沿袭事业型体制,尚未向企业化管理转型,缺乏自我发展能力。民办孵化器的运行机制也不尽完善,缺乏股权投资、增值服务等市场化运作手段,难以实现营利性目标。(3)管理团队素质不高。各个孵化器缺乏人才培养和引进,尚未建立起创业导师队伍,难以提供高质量的孵化服务。(4)融资渠道狭窄。各类孵化器普遍缺乏投融资功能,孵化基金主要依靠各级政府投入,种子资金很少,风险投资匮乏,银行贷款缺乏相应的信用担保政策,很难为孵化企业所用。(5)政策不完善。与国内先进城市相比,政府对孵化器的建设资金和孵化基金投入缺乏力度,对发展风险投资、完善信用担保体系缺乏政策支持。

三、大连孵化器发展的总体思路

(一)孵化器发展面临的机遇和挑战

建设创新型城市是大连长期的战略任务,完成这一任务给科技企业孵化器发展开辟了广阔空间。科技型中小企业是科技创新的主要源泉,建设创新型城市必须促进科技型中小企业成长。而科技型中小企业成长在很大程度上离不开孵化器,孵化器是它们成长的加速器。只有加快建设和发展孵化器,促进科技型中小企业快速成长,才能加快建设创新型城市。

加快建设辽宁沿海经济带,要求大连充分发挥核心城市作用,加快发展先进制造业和高新技术产业,推动产业结构优化升级,从而给孵化器发展创造了新的机遇。孵化器是自主创新的公共服务平台,也是科技成果转化和产业化的助推器。只有加快建设和发展孵化器,促进新技术和新产品开发,推进科技成果转化和产业化,才能加快发展先进制造业和高新技术产业。

孵化器作为新技术革命和新经济时代的产物,需要随着时代发展不断创新发展模式,提升孵化功能。过去几十年来,国内外孵化器都经历了由低级阶段向高级阶段发展的过程,发展模式由政府主导逐渐转向市场化运作,孵化功能由“综合孵化 + 政府出资”逐渐转向“专业孵化 + 专家服务 + 风险投资”。大连的孵化器发展虽然取得了很大成绩,但总体上仍然处在事业型管理和综合孵化为主的传统发展阶段,与国内外孵化器的发展趋势相比存在着较大差距,这种状况难以适应建设创新型城市和建设辽宁沿海经济带的要求。因此,大连的孵化器发展应学习和借鉴国内外先进经验,不断创新发展模式,提升孵化功能,尽快与国内外孵化器的发展趋势接轨。

(二)孵化器发展的指导思想、原则和目标

大连孵化器发展的指导思想:以科学发展观为统领,以大连市中长期科技发展规划为指导,以培育科技型中小企业为宗旨,贯彻“支持创新、鼓励创业、优化环境、拓展功能”的总方针,不断创新发展模式,提升孵化功能,构建“平台专业化、标准国际化、管理企业化、服务专家化、融资市场化、政策规范化、布局网络化”的孵化器体系,形成可持续发展机制,打造具有国内外先进水平的孵化器产业,推进科技成果转化和产业化,促进科技型中小企业成长,为建设创新型城市和建设辽宁沿海经济带做出更大贡献。

大连孵化器发展的基本原则:(1)公益性服务的原则。孵化器发展要坚持为推进科技成果转化和产业化服务,为促进科技型中小企业成长服务,为培养创业企业家和创新人才服务。(2)政府引导、市场化运作的原则。政府要加大政策引导力度,鼓励各种民间投资主体参与孵化器建设。各类孵化器都应实行企业化管理,开展市场化运作,提高自我发展能力,形成可持续发展机制。(3)结构优化的原则。孵化器建设要立足于不断优

化服务平台结构，建设以专业孵化器为主的孵化器体系；不断优化管理服务人员结构，建立以创业导师为核心的专家型管理团队。(4)数量与质量并重的原则。孵化器发展要保持数量合理、规模适度，把重点放在提高服务质量上。(5)统筹规划、分类指导的原则。政府要科学制订孵化器发展规划，对不同地区、不同水平的孵化器发展进行分类指导，推进各地区孵化器协调发展，形成合理的网络布局。

大连孵化器的发展目标：(1)总体发展目标。抓住机遇、迎接挑战，加快建设和发展孵化器，力争经过5～10年的努力，基本建成服务平台完善、国际合作广泛、体制机制先进、孵化功能较强、孵化效率较高的孵化器体系，使之成为推进科技创新和高新技术产业发展的强大引擎，为建设创新型城市和建设辽宁沿海经济带做出较大贡献。(2)主要发展指标。

(三)孵化器发展的网络布局

表2　　2008年～2015年大连孵化器发展指标一览表

指标\年份		2008年	2015年
孵化器建设指标	孵化器数量(家)	23	>35
	孵化场地面积(万平方米)	82	150
孵化效率指标	在孵企业(家)	1461	>2500
	在孵企业从业人员(万人)	7.7	10
	技工贸总收入(亿元)	30	>80
	累计毕业企业(家)	815	>1300

目前，大连的孵化器发展基本形成了覆盖全市各区市县的网络布局，并形成了高新区孵化器集聚区。高新区拥有7家孵化器，在孵企业、毕业企业均占全市的50%以上；开发区拥有3家孵化器；市内四区分别拥有2家孵化器；旅顺口区、瓦房店市、普兰店市、庄河市、长海县分别拥有1家孵化器。

根据大连孵化器的发展目标，到2015年，全市孵化器总量达到35家以上，比2008年增加12家，其中新建专业孵化器9家、综合孵化器2家、国际孵化器1家。初步规划，在高新区建设电子信息、动漫孵化器和国际孵化器；在开发区建设先进制造、新能源孵化器；在市内三区建设创意孵化器、九龙高新技术创业服务中心；在旅顺口区建设中科院科技创新园(新能源、新材料孵化器)；在金州区建设绿色农业孵化器；在瓦房店市建设先进制造孵化器；在庄河市建设博科科技创业服务中心。

四、大连孵化器发展的主要任务与措施

(一)建设和发展专业孵化器

当前，专业孵化器已成为国内外孵化器发展的主要形式。大连应学习和借鉴国内外先进经验，加快建设和发展专业孵化器，构建以专业孵化器为主的孵化器体系，增强专业

孵化功能。

一是推进综合孵化器转型。一些规模较大、发展水平较高的综合孵化器应通过资源整合,逐步向专业孵化器转型。

二是新建专业孵化器。各个先导区和区市县应根据产业优势和发展规划,新建一批专业孵化器。

三是建设和完善公共技术服务平台。各级政府应加大建设资金投入,支持建设高水平的公共技术服务平台。各个专业孵化器也要大力推进产学研一体化,利用大学、科研院所和大企业的技术检测设备,扩展公共技术服务平台。

四是建设多级专业孵化器体系。建设集研发基地、成果转化基地、产业化基地为一体的多级专业孵化器体系,通过分阶段提供孵化服务,聚集和孵化产业链相关企业,培育高科技产业集群。

(二)促进孵化器的国际化发展

当前,我国一些先进地区都建设了高水平的国际孵化器,构建起国际孵化服务网络。大连应学习和借鉴国内先进经验,加快建设和发展国际孵化器,扩大国际交流与合作,增强国际孵化功能。

一是发展高新区国际孵化器。不断扩大同俄罗斯、亚洲各国、欧美各国孵化器的交流与合作,引进更多的国外研发机构、科技项目和新创企业,推进国际技术转移和成果转化,培育具有国际竞争力的科技企业。规划建设新的国际孵化器。

二是构建国际孵化服务网络。不断扩大同 NBIA 的交流与合作,建立 NBIA 中国(大连)培训基地,培训孵化器管理人员。不断扩大同 NBIA 其他国际会员单位的交流与合作,建立孵化服务资源共享系统,为孵化器和孵化企业发展服务。

三是开辟国际融资渠道。依托 NBIA 的国际服务平台,努力加强同美国、日本、以色列等国家金融界的交流与合作,引进国外风险投资公司、创业投资基金和其他投资机构,与大连的孵化器合作建立风险投资机制,培育境外上市的科技企业。

(三)推进孵化器的体制机制创新

当前,我国的孵化器发展正在进入体制转型期,一些先进地区的孵化器快步走上企业化管理的道路。大连的孵化器应学习和借鉴国内先进经验,加快向企业化管理转型,提高自我发展能力,形成可持续发展机制。

一是成立孵化器管理公司。公办孵化器应逐步从事业型体制向企业化管理转型,成立孵化器管理公司,加大孵化基金投入,开展股权投资、增值服务等市场化运作,提高营利能力和自我发展能力。民办孵化器也应成立孵化器管理公司或引进其营利模式。

二是建立健全内部管理制度。建立孵化项目筛选机制,严格筛选孵化项目,提高孵化项目的成功率。建立职工持股制度,调动各方面的积极性,提高投资效益和孵化效率。建立委托代理制,促使项目经理对孵化器高度负责,全力投入孵化项目管理。

三是实施政府采购制。为了约束孵化器履行公共服务职责,政府应与孵化器签订公共服务采购协议，由政府提供孵化基金，购买孵化器的公共服务。

（四）加强孵化器的管理团队建设

当前，世界发达国家的孵化器普遍建立了专家服务制，我国一些先进地区的孵化器也建立了创业导师制。大连的孵化器应学习和借鉴国内外先进经验，积极推行创业导师制，建立以创业导师为核心的专家型管理团队，提高孵化服务能力。

一是建立专家型管理团队。各个孵化器应加强人才培养和引进，选择一批高素质专业人才组成管理团队。建立创业导师队伍，选择一批优秀的孵化器管理人员、大学和科研院所的教授和研究员、大企业的高级管理人员和高级工程师、优秀的创业企业家等担任创业导师。

二是开展全方位专家服务。依靠专家型管理团队，为孵化企业提供全程专业顾问服务和个性化服务，开展大学生创业服务。引进各类中介服务机构，为孵化企业提供中介代理服务。

（五）拓宽孵化器的融资渠道

当前，世界发达国家的孵化器普遍建立了风险投资机制，我国一些先进地区的孵化器也引进了大量风险投资。大连的孵化器应学习和借鉴国内外先进经验，大力发展风险投资，推行“专业孵化 + 专家服务 + 风险投资”的孵化模式，增强投融资功能。

一是建立健全风险投资机制。政府提供创业投资引导资金，引进国内著名的风险投资机构作为战略投资者，设立高科技风险投资基金。在高新区注册成立风险投资管理公司，委托战略投资者组建专业化管理团队，负责基金的管理和运营，重点面向初创期和成长期的科技企业，开展创业投资和上市保荐服务。

二是开辟其他融资渠道。建立以风险投资为主、多渠道融资的投融资体系。发展天使投资，将政府对科技项目的无偿资助转变为股权投资，实现财政资金的市场化运作，提高投资效益和孵化效率。在高新区建立科技产权交易市场，为科技企业提供股权融资服务；建立“新三板”市场，为科技型中小企业开辟上市渠道。在各个孵化器推行孵化企业信用共同体管理模式，与担保机构和商业银行合作，建立“放大贷款、共担风险”的信用担保体系，扩大对孵化企业的贷款。

（六）优化孵化器的发展环境

当前，我国政府对孵化器建设和发展给予了很多政策支持，一些先进地区政府更是提供了强有力的政策支持。大连市应学习和借鉴国内先进经验，努力加大政策支持力度，营造良好的政策环境，推动孵化器建设和发展。

一是加大财政政策支持。全面落实国家规定的对孵化器在一定期限内免征各项税收的政策，适度延长政策期限。对孵化器建设实行土地优惠政策。增加市级专项资金，支持公共技术服务平台建设。按一定比例返还在孵企业和毕业企业的税收，用于建立孵化器种子资金。对新批准的国家级孵化器给予一定财政补助。设立创业投资引导资金，鼓励民营企业发展风险投资。鼓励创办风险投资公司，对符合条件的风险投资公司认定为高新技术企业,实行税收优惠政策和风险补偿政策。

二是完善信用担保体系。政府有关部门与担保机构和商业银行合作,建立"放大贷款、共担风险"的信用担保体系,为孵化企业提供贷款。建立小企业贷款风险补偿基金,对担保机构和商业银行给予一定补贴。

三是加强行业管理与服务。政府有关部门应加强组织领导,落实支持孵化器发展的各项政策,协调解决孵化器发展面临的重大问题。加强分类指导,健全统计制度和考核制度,促进孵化器建设和发展。发挥孵化器协会作用,建立健全行业自律管理机制,开展孵化器质量认证、人员培训、统计管理、考核表彰、国际交流与合作等服务,推动孵化器建设和发展。营造创业文化环境,表彰优秀的孵化器、创业企业和企业家,形成全民崇尚创新创业、支持创新创业、参与创新创业的社会环境。

《大连市科技企业孵化器发展规划纲要(2008—2015)》课题组成员

课题领导小组:

顾　问:夏德仁　中共大连市委书记

组　长:刘晓英　大连市科技局　局长

李　才　大连市政府发展研究中心　主任　教授

副组长:栾福军　大连市政府发展研究中心　副主任

姚春生　大连市科技局科技创业处　处长

课题组:

负责人:张少颖　大连市政府发展研究中心财贸研究室　主任　研究员

成　员:宋欣茹　大连市政府发展研究中心财贸研究室　研究人员

赵　欣　大连市政府发展研究中心财贸研究室　研究人员

李晓红　大连市科技局科技创业处　调研员

孔　迪　大连市科技局科技创业处　工作人员

大连市农业商品生产基地建设研究

刘文展　宋欣茹　隋晓晨　费云丽　宋成友

一、大连市农业生产发展现状

大连市作为辽宁省农业比较发达地区，经过多年的开发建设，在资源利用、农业生产技术、农业生产水平等方面都具有明显的优势。"十五"期间，大连市认真贯彻落实关于加强农业和农村工作的各项政策，坚持"多予、少取、放活"的方针，持续实施了一系列重大的支农惠农政策，为农业生产创造了良好的发展条件。

(一)农业资源环境条件

1. 自然环境

地质地貌条件和土壤生态环境：经过漫长的地质演化，造就了大连今天中部高、东西两翼低；北部高、南部低、南端翘起、北宽南窄的半岛地貌。大连的地质地貌和土壤生态环境适合于发展多种农业经营。

气候条件：大连市气候的主要特点是：气候温和、降水集中、空气湿润、季风明显。对于东北地区来说，大连的气候有春来早、冬延后的特点，有东北"小南方"之称，不仅适宜种植北方的粮食作物和蔬菜，而且适宜南方蔬菜品种的生产。大连市的热量、气温和水分，适宜苹果、桃、梨等温带水果生产，是中国北方主要的苹果生产基地。

2. 农业用地

大连市农业用地从地理分布上看：耕地主要集中于我市西北和东南坡的岗台地、沿海平原及北部山区的山间谷地和河流两岸；园地主要分布于哈大铁路线以西和金州区以南地区；林地主要分布在普兰店市、瓦房店市、庄河市交界的北部山区，沿山脊方向(西南—东北)延伸；牧草地零星分布在各区市县的山坡上。在大连市的农业用地(耕地、园地、林地、牧草地)中，耕地所占比重较大，其次是林地、园地、牧草地(附件四：图1)。

"十五"时期，大连市的耕地面积始终保持在25.3万公顷左右。2001年~2003年，随着大连城市化进程的加快、各类工业园区的建设及退耕还林等因素，耕地面积呈逐年下降趋势；从2004年开始，大连市采取了新开荒地、园地改为耕地等保护措施，耕地面积出现恢复性增长，2005年耕地面积比2001年增加了10.23%，比最低年份2003年增长了15.65%。大连市的耕地主要集中在庄河市、瓦房店市、普兰店市和金州区，占全市耕地面积的95%以上，而甘井子区、开发区、旅顺口区及长海县的耕地面积则逐年减少，到

2005 年不足全市耕地面积的 5%（附件一：表 1）。

3. 农业劳动力

大连市的农业劳动力资源主要分布在涉农区市县的各乡镇，农场的农业劳动力不足全市的 0.5%。在大连市 143 万农业劳动力资源中，劳动年龄内有 139 万人，占农业劳动力资源的 97% 左右。其中以农业从业人员所占比重为最大，约占农业劳动力资源的 50% 左右，其次为工业和建筑业。

“十五”期末，大连市的农业从业人员为 70.8 万人。随着大连城市化进程的加快、各类工业园区的建设及农村产业结构的调整等因素，从事农业生产的劳动力逐步向城镇和二、三产业转移，而相应的二、三产业的农村从业人员逐年上升。尽管在 2003 年出现波动，但农业从业人员总体呈现逐年递减趋势：2005 年全市农业从业人员比 2001 年减少了 4.16 万人，下降了 5.5%。从农村劳动力的分布上看，大连市的农村劳动力主要集中在庄河市、瓦房店市、普兰店市和金州区，约占全市农业劳动力资源的 85% 以上，而甘井子区、开发区、旅顺口区及长海县的农业劳动力到 2005 年不足全市农业劳动力资源的 15%（附件一：表 2）。

4. 区位优势及社会经济

大连市背靠东北广大腹地，紧邻大连港口群，海陆空交通方便，已经形成四通八达的立体交通运输网，对各类农副产品和农业生产资料的输入输出，对发展商品农业具有十分突出的区位优势。大连市的农业生产具有较高的生产技术和丰富的生产经验，农业商品化程度高，为加速农业现代化进程提供了经济技术保证。

（二）主要农产品及播种面积、产量、内部结构变化

1. 主要农产品

大连市的农业包括种植业、养殖业、畜牧业、水产业及林业等，农产品有粮食、蔬菜、水果、畜牧产品、水产品等，渔业、畜牧业、水果业、蔬菜和花卉业是大连农业的五大优势产业。大连市的农作物包括粮食作物及大豆、油料作物、棉花、药材、蔬菜、瓜类及其他作物，以粮食作物及蔬菜为主；水果主要有苹果、桃子、梨、樱桃及小浆果等；畜牧业主要有牛、猪、羊、家禽等饲养，畜牧产品有肉、蛋、奶等。

2. 播种面积、产量变化

（1）农作物总播种面积

“十五”时期，大连市的农作物总播种面积始终保持在 30 万公顷左右。2002 年～2003 年，随着大连城市化进程的加快及各类工业园区的开工建设，农作物总播种面积呈下降趋势；从 2004 年开始，大连市农作物总播种面积出现稳步增长，2005 年农作物总播种面积达到 32.3 万公顷，比 2001 年增加了 3.74%，比最低年份 2003 年增长了 13.62%。大连市的农作物总播种面积主要集中在庄河市、瓦房店市、普兰店市和金州区，占全市农作物总播种面积的 95% 左右，而甘井子区、开发区、旅顺口区及长海县的农作物总播种面积则逐年减少，到 2005 年约为全市农作物总播种面积的 5%（附件一：表 3）。

(2)粮食作物播种面积及产量

粮食是关系国计民生的重要战略物资。尽管从全国、东北三省和辽宁省来看,大连市并非粮食主产区,但"十五"时期,大连市以增加粮食产量为重点,把粮食生产作为农业宏观调控的重要任务,制订和出台了一系列支农的政策、措施,充分调动农民发展粮食生产的积极性。同时在粮价回升和气候较好等有利因素的共同作用下,促使粮食生产实现稳步增长。

为了增加粮食种植面积,大连市实行了严格的耕地保护制度。2005 年全市粮食作物播种面积为 27.7 万公顷,占农作物总播种面积的 85.8%,比 2001 年增加了 1.9 万公顷,增长了 7.1%;比最低年份 2003 年增长了近 20%。2005 年大连市粮食总产量 135.6 万吨,比 2001 年增加 14.2 万吨,增长了 23.4%;比最低年份 2002 年增长了近 55%(附件二:表4)。

(3)蔬菜播种面积及产量

蔬菜是我市农业的五大优势产业之一。近年来,随着农产品供求格局的改变,农业结构也以市场为导向重新进行了调整,除粮食种植面积大幅度增加外,其他作物种植面积均呈小幅度减少态势。尽管如此,我市采取了推广蔬菜品种选育技术、加强蔬菜保护地生产、加大设施农业建设及发展无公害蔬菜等措施,使蔬菜的集约化水平显著提高,确保了蔬菜产量的稳步增长,反季蔬菜占总产量的比重由"九五"时期的 50% 上升到 75% 以上。

"十五"期间,大连市的蔬菜播种面积呈小幅度下降趋势,但蔬菜产量却一直保持稳定增长。2005 年全市蔬菜播种面积为 3.6 万公顷,占农作物总播种面积的 11.3%,比 2001 年减少了 0.4 万公顷,下降了 10.3%。2005 年大连市蔬菜总产量 240.6 万吨,比 2001 年增加 31.6 万吨,增长了 15.1%(附件二:表5)。

(4)水果面积及产量

水果产业是我市农业的五大优势产业之一,大连市是中国北方主要的苹果生产基地。"十五"时期,大连市加快调整优化果业品种结构步伐,大力发展高附加值的水果品种。35.3 万亩老残果园全部得到改造,富士苹果、黄金桃、大樱桃、小浆果等高附加值水果的种植面积不断扩大,产量不断提高,促使水果业实现恢复性增长。通过强化增产提质等措施,我市水果重返俄罗斯、东南亚市场,并开始向欧洲高端市场挺进,年出口水果达 11 万吨。

"十五"期间,大连市的果园面积呈小幅度下降趋势,但水果产量却一直保持快速增长。2005 年全市果园面积为 6.9 万公顷,占农作物总播种面积的 21.46%,比 2001 年减少了 0.4 公顷,下降了 6%。2005 年大连市水果总产量 98.1 万吨,比 2001 年增加 33.4 万吨,增长了 51.7%。从果树株数和结果株数变化上看,大连市水果产业发展潜力巨大。2005 年果树株数和结果株数分别为 4675 万株和 2718 万株,比 2001 年增加了 661 万株和 671 万株,分别增长了 16.5% 和 32.8%。其中瓦房店市和普兰店市的果树株数与结果株数,到2005年分别占全市的64.2%和68.4%(附件二:表6)。

(5)畜牧业饲养量及产量

作为我市农业五大优势产业之一的畜牧业,在"十五"时期发生了历史性变化。无规定动物疫病区、示范区建设取得明显成效,动物疾病控制、动物防疫监督、动物疫情检测、动物防疫屏障、兽药残留控制、畜禽良种繁育六大体系基本形成,确保了人民群众的饮食安全,促进了畜牧业的健康快速发展。406个畜牧饲养小区和1万多个规模饲养场,促进了畜牧业的规模化、集约化、标准化生产。其中生猪饲养实现了由40%外购到自给有余并批量外销的根本性转变。

"十五"期间,大连市的畜禽出栏量和存栏量增长迅速:2005年,大牲畜的出栏量和存栏量分别为17.8万头和36.5万头,比2001年增加了9.5万头和5.9万头,增长了114.5%和19.3%;猪的出栏量和存栏量分别为326.3万头和249.7万头,比2001年增加了111.7万头和64.6万头,增长了52.1%和34.9%;羊的出栏量和存栏量分别为39.1万只和89.1万只,比2001年增加了29.2万只和60.8万只,增长了295%和214.8%;家禽的出栏量和存栏量分别为10130.81万只和3424.24万只,比2001年增加了5476.08万只和1254.4万只,增长了117.2%和57.8%(附件二:表7-1、7-2)。

"十五"期间,大连市的肉蛋奶产量呈快速增长态势,不仅满足了我市城乡居民的生活饮食需要,而且实现了批量外销(奶除外)。2005年,肉类产量达51.6万吨,比2001年增加了23.7万吨,增长了84.9%;蛋产量22.2万吨,比2001年增加了7.8万吨,增长54.2%;奶产量10.2万吨,比2001年增加了2.9万吨,增长了39.7%(附件二:表7-3)。

3.农业生产内部结构

自党的十一届三中全会至"十五"时期,大连市的农业结构发生了重大变化,长期以种植业为主,且种植业又以粮食为主的单一农业结构被彻底打破,一种开放型的,农、林、牧、副、渔全面发展的农业结构已经形成,正继续朝着优化合理的方向发展。

农业产业结构调整的过程,实质上是资源优化配置的过程。"十五"时期,我市继续实施《大连市农业现代化发展纲要》,各区市县结合本地实际,把提高经济效益、增加农民收入作为结构调整的方向,按照"人无我有"、"人有我优"、"人优我特"的发展思路,因地制宜地发挥资源、市场、技术等方面的比较优势,加快优势产业的发展,开发具有本地资源优势和市场竞争力的优质农产品。进一步做大做强五大优势产业,拓宽发展空间,扩大生产规模,大力推进优势产业基地群建设。经过五年的农业结构调整,农业综合生产能力大幅度提高。2005年,农业、林业、牧业、渔业的产业结构比例由2001年的31.4:0.7:20.4:47.5调整为23:1.2:25.8:41(2001年我市未单独统计服务业总产值,故产业结构比例未包括此项,2005年服务业总产值约占农业总产值的9%)(附件三:表8)。

二、大连市农产品生产区域分布

大连市的农业生产由于受气候、地貌、土壤等自然条件的制约,以及受社会经济条件的限制,形成了相对稳定的生产布局结构。除粮食作物在全区分布比较普遍外,其他各类作物及各业均形成较为集中分布地域。改革开放以来,大连市大力推进农业产业化发展,在市场引导和效益驱动下,各地的资源优势得到了充分发挥,粮食、蔬菜、水果、畜牧等主导产业分布的区域化格局已经形成。

(一)粮食

大连市的粮食生产在区域布局上主要表现为“八河一区”:“八河”即复州河、岚崮河、大沙河、碧流河、登沙河、庄河、英那河和湖里河8条河流域;“一区”即中部平原地区。粮食播种面积4000公顷以上的乡镇23个(附件五:表9-1),粮食产量2万吨以上的乡镇22个(附件五:表9-2)。这些区域的主要生产特点是围绕调整结构,优化品种,扩大复种,改造农田,主攻单产,增加总产,发展加工,提高效益来发展粮食产业化。从区市县分布上看,庄河市、瓦房店市、普兰店市和金州区的粮食播种面积占全市粮食作物播种面积的95%左右,粮食产量占全市粮食产量的95%左右。甘井子区、开发区、旅顺口区及长海县的粮食作物播种面积则逐年减少,到2005年不足全市粮食作物播种面积的5%,但粮食产量仍呈现稳定增长态势,到2005年约为全市粮食产量的5%(附件四:图2、图3)。

(二)蔬菜

大连市蔬菜生产在区域布局上主要表现为“两线三区”:“两线”即大庄高速公路沿线、瓦复公路沿线;“三区”即甘井子区、旅顺口区和金州区。蔬菜种植面积500公顷以上的乡镇20个(附件五:表10-1),蔬菜产量3万吨以上的乡镇18个(附件五:表10-2)。这些区域的主要生产特点是大力发展保护地生产,努力增加细菜、特菜、反季菜和出口菜产量。从区市县分布上看,庄河市、瓦房店市、普兰店市和金州区的蔬菜播种面积占全市蔬菜播种面积的85%左右,蔬菜产量占全市蔬菜产量的89%左右。而甘井子区、开发区、旅顺口区及长海县的蔬菜播种面积不足全市蔬菜播种面积的15%,蔬菜产量约为全市蔬菜产量的11%(附件四:图4、图5)。

(三)水果

大连市的水果生产在区域布局上主要表现为“两线一区”:“两线”即沈大高速公路沿线和大庄高速公路沿线;“一区”即北部山区。果园面积1000公顷以上的乡镇19个(附件五:表11-1),水果产量2万吨以上的乡镇18个(附件五:表11-2)。这些区域的主要生产特点是根据市场需求调整产品结构,强化管理,稳步发展,优化品种,提高品质,扩大加工,实现增值。从区市县分布上看,庄河市、瓦房店市、普兰店市和金州区的果园面积占全市果园面积的88%左右,水果产量占全市水果产量的92%左右。而甘井子区、开发区、旅顺口区及长海县的水果播种面积不足全市水果播种面积的12%,水果产量约为全市水果产量的8%(附件四:图6、图7)。

(四)畜牧

大连市的畜牧生产在区域布局上主要表现为“南北两区”,即南部郊区和北部山区。牛出栏量3000头以上的乡镇16个(附件五:表12-1),猪出栏量50000头以上的乡镇19个(附件五:表12-2),羊出栏量5000只以上的乡镇25个(附件五:表12-3),家禽出栏量200万只以上的乡镇17个(附件五:表12-4);牛存栏量5000头以上的乡镇16个(附件五:表12-5),猪存栏量30000头以上的乡镇22个(附件五:表12-6),羊存栏量10000只以上的乡镇26个(附件五:表12-7)。这些区域的主要生产特点是稳定发展蛋鸡和生猪生产,加速发展牛、羊等草食家禽,积极改良禽畜品种,推广胚胎移植及人工授精繁育技术,加强内部管理,发展加工企业,提高经济效益。从区市县分布上看,在庄河市、瓦房店市、普兰店市和金州区,大牲畜出栏量占全市的98%,猪出栏量占全市的94%,羊出栏量占全市的95%,家禽出栏量占全市的93%;大牲畜存栏量占全市的96%,猪存栏量占全市的94%,羊存栏量占全市的97%,家禽存栏量占全市的86%。肉、蛋、奶主产区主要集中庄河市、瓦房店市、普兰店市、金州区和旅顺口区,肉类产量占全市的97%,蛋产量占全市的98%,奶产量占全市的93%(附件四:图8~图14)。

三、大连市农业商品生产基地建设的特点

改革开放以来,大连市已建成各具优势、各具特色的农业商品生产基地,主要包括粮食、水果、蔬菜、畜牧、水产、花卉等。经过近20年的嬗变,我市农业商品生产基地走过了从弱到强、从小到大的历程,逐步跨入高产高效、优质优价的快车道,有力地带动了相邻地区农业的发展,引导了农业经营的发展方向。

(一)规模化建设不断加快

规模化建设是农业商品生产基地的主要特征之一,也是农业产业化的重要标志。我市在农业商品生产基地建设中,注重因地制宜、集中连片,形成了“四区七带”的农业区域化布局、专业化生产、规模化建设:南部郊区,主要建设果品、蔬菜、花卉等高附加值农产品生产基地;中部丘陵平原地区,主要建设优质粮食、畜牧业和蔬菜生产基地;北部山区,主要建设以资源型为主的林、果、畜牧业生产基地;沿海地区,主要建设海洋水产业生产基地。在黄海大道两侧形成种苗、种畜(禽)繁育推广带;在沈大高速公路两侧形成农产品精、深加工产业带;在旅顺北路形成高科技农业经济带;在旅顺南路形成旅游农业经济带;在北三市东西大通道形成林果绿化、旅游观光和加工工业带;以大连城区为中心,在全市海岸沿线、主要公路两侧、北部山区要建设绿色屏障和高标准绿化带、生态防护林带。

(二)农产品特色日益突出

近年来,我市立足地区资源比较优势,抓住新阶段农业结构战略性调整的机遇,从市场需求出发,大力发展特色农业。我市集中力量把五大优势产品培植成优势产业,并锲而不舍地抓优势产业的特色化,通过采取特色农产品品种选育、特色农产品标准化与管理、特色农产品技术创新与推广等措施,使特色农产品总量不断增加,质量不断提高,经济效益快速增长,对充分挖掘农业潜力、增加农民收入和带动地区经济发展起到了重要作用。

(三)品种结构调整逐步优化

我市在农业商品生产基地建设中,始终把基地建设和调整农产种品种结构结合起

来，大力推广应用近年来已筛选出的各类农作物优良品种，有针对性地引进培育和加快繁育一批符合区域特点与调整方向的优良品种，形成了良种良苗的育、繁、产、加、销一体化的发展格局，逐步使全市农业商品生产基地品种实现良种化。大力发展无公害农产品、绿色食品和有机食品，全面提升农产品质量安全水平，打造优势名牌，提高农业商品生产基地的农产品市场竞争力。

（四）良性化运作格局初步形成

我市在农业商品生产基地建设的过程中，积极创新思维，改进工作方法，导入市场机制，促使基地建设走上良性化运作轨道：在建设的主体上逐步由政府唱主角向农户唱主角转变；在建设的目标上逐步由政绩型向效益型转变，把市场、效益当做衡量基地成败的唯一标准；在基地建设的手段上，逐步由行政手段向经济手段转变，利用协会协调、经济杠杆、龙头带动、保险支持引导基地建设。

（五）带动作用明显增强

农业商品生产基地建设的不断深入，不仅促进了我市农业结构调整，优化了区域布局，而且推动了我市农村经济发展，带动了农民增收致富。同时，我市通过近几年的基地建设，增强了农民的市场意识，促进了科学技术的普及，还为龙头企业的做大做强以及专业市场的发育、增加新的就业岗位、确保社会稳定奠定了较好基础。

四、建设大连市农业商品生产基地的意义

大连市在实施农业产业化过程中，通过调整农村产业结构和布局，坚持以“围绕龙头建基地、突出特色建基地、连片开发建基地”为指导，有计划、有步骤地加强农业商品生产基地建设，对培育区域性支柱产业，全面推进农业产业化进程，加快我市农业农村发展实现两个根本性转变的步伐，促进我市农业农村可持续发展，实现农业增产、农民增收，最终使广大农民全面达到小康生活水平起到了重要的推动作用。

（一）农业商品生产基地是实现农业现代化的重要方式

农业现代化是建立在现代科学技术、现代工业技术装备、现代科学管理和社会化服务基础上的现代农业。农业商品生产基地建设采用先进农业技术，促进农业科技在基地的普及和推广，提高农产品生产基地的科技水平，依靠科技带动品种结构、品质结构调整。通过加强农业商品生产基地的农田水利建设，推广节水灌溉技术，强化储藏、保鲜、运输、供电、通讯等设施建设，保证了农业结构调整和优化的需要。而健全的市场网络是农业商品生产基地的必要组成部分，开辟了广阔农产品市场，创造良好的外部销售环境。加快农业商品生产基地建设，全面推进标准化生产，可将资源优势转化为现实的出口竞争优势，扩大出口、优化出口结构，对于进一步提高农产品的品质和市场竞争力，广泛参与国际农业竞争具有重要意义。由此可见，农业商品生产基地在农业生产技术、经济管理水平、优良品种推广、农产品商品率、农业经营规模以及经济、社会、生态三个效益方面都具有较高的水平，有力地推动了农业现代化的发展。

(二)农业商品生产基地是发展农业产业化的必然要求

农业产业化的实质,是着力解决在社会主义初级阶段和社会主义市场经济条件下农业小生产和社会化大生产的矛盾、解决农村联产承包责任制与社会主义市场经济体制相衔接的问题、解决增加农产品有效供给与农业比较利益间的矛盾、解决农户分散经营与提高规模效益的矛盾。大连市在农业发展中应运用工业化的思维,把农业商品生产基地建设作为整个农业产业化的"第一生产车间"来建,解决农民一家一户生产与规模化的矛盾,从根本上实现和提升农业产业化,推动农村经济全面、协调、可持续发展。同时,龙头企业的发展需要以一大片区域化布局、专业化生产的农业商品生产基地为依托。只有建设稳定的农业商品生产基地,统一品种、统一技术、统一管理,才能保证龙头企业按质量标准、产品规格、时间要求得到充足的农产品,才能真正提高农业产业化程度。农业商品生产基地可根据农业产业化的需要,合理确定主导产业,优化品种结构。大连市主导产业的培植在考虑市场需求和国家产业政策的同时,立足本地资源优势和基地建设,充分发挥地域特色,发展名特优产品,从而将区域优势转化为产业优势。

(三)农业商品生产基地是优化农业生产力的基础条件

农业商品生产基地的合理布局、集约化经营、适度规模经营及生产技术服务水平的提高,有利于进一步巩固现有传统产业,培育新的支柱产业,并且能在推广新品种、新技术,创造特色品牌以及相应产品的精细加工和包装等方面提供有力支持。不仅可以促进农业生产地域的合理分工,实现农村经济的商品化、社会化和现代化,而且可以进一步提高农业投资效果,形成新的生产力,促进农业持续、稳定、协调发展,同时也有利于协调工农业生产布局,改善城市供应,建立新型的城乡关系和协调工农业关系。因此,农业商品生产基地的建设,加速了现代生产要素向优势区域定向聚集,有利于用现代高新技术改造传统农业,加快形成新的农产品生产能力,对充分利用资源比较优势,引导农产品向最适宜地区集中,加快培育优势产区,促进农业区域化、专业化分工具有重要的战略意义,已成为深化农业结构战略性调整、加快形成科学合理的农业生产力布局的基础条件。

(四)农业商品生产基地是提高农民收入的重要渠道

目前农业增效慢、农民增收难的状况始终是农村亟待解决的关键问题。随着农业发展,农产品市场需求结构呈现多元化和优质化趋势。尤其是城乡居民收入的增长,人们对农产品的营养功能、保健功能和安全性等个性化特殊要求逐步增加,为解决农业增效和农民增收问题提供了良好的发展机遇。而农产品生产的现实状况却是规模化和集约化生产程度不高,多处于原料型和初加工型生产阶段,附加值低,直接影响了农业增效和农民增收。因此,充分发挥资源比较优势,推进农业商品生产基地建设,引导农产品尤其是优势农产品进一步向优势区域集聚,发展适度规模经营,可推动农业生产优化品种结构,加快培育区域特色农产品,提高农产品的附加值,增加农民效益,提高农民收入。同时也有利于吸引加工企业进入农产品产业化经营,带动加工、储藏、运输、营销等关联产业发展。这些产业大都为劳动密集型产业,有利于挖掘农业内部潜力,扩大农村就业,开拓农民增收渠道,形成农民收入新的增长点。

五、建设大连市农业商品生产基地的基本思路和依据

(一)指导思想

建设大连市农业商品生产基地的指导思想是:以邓小平理论、“三个代表”重要思想和党的“十七大”会议精神为指导,以科学发展观为统领,以农业增效、农民增收为目标,按照经济体制和经济增长方式“两个根本性转变”的要求,坚持“围绕龙头建基地、突出特色建基地、连片开发建基地”,把农业商品生产基地建设与农业产业化紧密结合起来,有计划、有步骤的加强农业商品生产基地建设,逐步形成合理的区域分布和专业化生产格局,为社会主义新农村建设奠定产业基础。

(二)基本原则

1. 布局区域化原则

发挥优势,突出特色,合理布局,相对集中,围绕农业主导产业,逐步形成与资源特点相适应的区域经济格局。

2. 经营集约化原则

基地的发展要与适度规模经营有机结合,经营集约化程度要高,产品批量要大,商品率要高。

3. 服务系列化原则

围绕农业商品生产基地建设,加强服务组织和服务设施建设,把龙头企业、经济技术部门以及乡村社区性服务组织结合起来,从技术、物资、资金、信息等方面,为农业商品生产基地提供有效服务。

六、大连市2020年主要农产品消费需求预测

(一)预测依据

1. 人口预测

目前,在《大连市人口发展研究》(市计生委)、《大连市未来产业与人口空间集聚基本态势研究》(市规划局)、《大连市人口、产业、城镇格局调整依据与对策研究》(发展研究中心)等各类人口问题研究中,凡涉及2020年人口数量均预测在730万~760万人之间,城市化率为75%左右,该数据已成为全市公认的、较为权威的2020年全市人口数量。因此本课题中2020年大连市常住人口预测也参照该数据,取其中间值745万人,按城市化率75%计算,城镇人口559万人,农村人口186万人。

大连是一个旅游城市,旅游人口呈逐年快速增长的态势,因此在预测主要农产品消费量时应充分考虑到这部分外来旅游人口的饮食需求。根据《大连市旅游发展总体规划(2006年~2020年)》(市旅游局),大连市2020年旅游人口为5185万人次,按通行惯例折合为城镇常住人口:5185万人次/365天≈14.2万人。

因此,在主要农产品消费需求预测时,城镇人口按573.2(559+14.2)万人计算,农村人口按186万人计算。

2. 主要农产品人均年消费量预测

根据《2005年大连市统计年鉴》中《500户居民家庭消费支出情况》提供的我市城镇居民2005年主要农产品的人均年消费量，作为大连市2020年城市居民主要农产品消费需求预测的基数。目前我市统计局未对农村居民主要消费量进行过统计，因此农村居民2005年主要农产品的人均年消费量采用大连市商委及农委的统计数字，作为大连市2020年农村居民主要农产品消费需求预测的基数。

根据2001年~2005年大连市主要农产品消费变化曲线，结合《中国农村经济形势分析与预测》和《21世纪中国农业发展战略》中提供的全国主要农产品消费量的预测数据及增长比例，并参照国内外同类地区的消费增长情况，确定到2020年大连市主要农产品人均消费量年均增长比例。

3. 预测方法

目前国内主要农产品消费量预测有三阶分差等多种数学模型，我们以这些数学模型为参照，将其加以简化，建立了一个我市2020年主要农产品消费量预测的简要数学模型：

$X = y \times (1 + r)n \times s/1000$

X:2020年主要农产品消费量(吨)

y:2005年主要农产品人均年消费量(公斤)

r:人均消费量年均增长比例(%)

n:15(年)

s:人口数量(人)

(二)2020年主要农产品消费量预测

1. 粮食

根据《2005年大连市统计年鉴》，2005年我市城镇居民粮食人均年消费量为71公斤，折算成原粮为81公斤，农村居民粮食人均年消费量为151公斤，折算成原粮为172公斤。从2001年~2005年大连市主要农产品消费变化曲线上看，“十五”时期人均粮食年消费量年均下降5.37%(见附件六:图15)，但国际上通常认为：当一个国家或地区的人均生产总值超过3000美元时，其粮食消费水平即保持相对平稳，而日本、韩国等与我国饮食结构相近的亚洲发达国家的人均粮食消费变化也印证了这一点。由此，2020年大连市城乡居民粮食消费总量为：

城镇居民:81×5732000÷1000=464292(吨)

农村居民:172×1860000÷1000=319920(吨)

总计:78.4万吨

2. 蔬菜

2005年我市城镇居民蔬菜人均年消费量为166公斤，农村居民蔬菜人均年消费量为108公斤。从2001年~2005年大连市主要农产品消费变化曲线上看，“十五”时期人均蔬菜消费量年均增长1.83%(见附件六:图15)，而日本、韩国的人均蔬菜消费年均增长

比例也不超过2%。由此,2020年大连市城乡居民蔬菜消费总量为:

城镇居民:166×(1+1.83%)×15×5732000÷1000=1248299(吨)

农村居民:108×(1+1.83%)×15×1860000÷1000=263537(吨)

总计:151.2万吨

3. 水果

2005年我市城镇居民水果人均年消费量为91公斤,农村居民水果人均年消费量约为城镇居民的1/3,为30公斤。从2001年~2005年大连市主要农产品消费变化曲线上看,"十五"时期人均水果消费量年均增长3.78%(见附件六:图15),而日本、韩国的人均水果消费年均增长比例约为3.6%。由此,2020年大连市城乡居民水果消费总量为:

城镇居民:91×(1+3.78%)×15×5732000÷1000=910574(吨)

农村居民:30×(1+3.78%)×15×1860000÷1000=97410(吨)

总计:100.8万吨

4. 肉类

2005年我市城镇居民肉类人均年消费量为35公斤,农村居民肉类人均年消费量约为城镇居民的1/2,为17.5公斤。从2001年~2005年大连市主要农产品消费变化曲线上看,"十五"时期人均肉类消费量年均增长7.37%(见附件六:图15),而日本、韩国的人均肉类消费年均增长比例约为7.5%。由此,2020年大连市城乡居民肉类消费总量为:

城镇居民:35×(1+7.37%)×15×5732000÷1000=583250(吨)

农村居民:17.5×(1+7.37%)×15×1860000÷1000=94631(吨)

总计:67.8万吨

5. 禽蛋

2005年我市城镇居民禽蛋人均年消费量为20公斤,农村居民禽蛋人均年消费量约为城镇居民的1/2,为10公斤。从2001年~2005年大连市主要农产品消费变化曲线上看,"十五"时期人均禽蛋消费量年均下降3.51%(见附件六:图15),但日本、韩国的人均禽蛋消费变化则保持相对平稳。由此,2020年大连市城乡居民禽蛋消费总量为:

城镇居民:20×5732000÷1000=114640(吨)

农村居民:10×1860000÷1000=18600(吨)

总计:13.3万吨

6. 鲜奶

2005年我市城镇居民鲜奶人均年消费量为36公斤,农村居民鲜奶人均年消费量约为城镇居民的1/10,为3.6公斤,从2001年~2005年大连市主要农产品消费变化曲线上看,"十五"时期人均鲜奶消费量年均增长2.45%(见附件六:图15),而日本、韩国的人均鲜奶消费年均增长约为7.5%,取其平均值5%作为大连市人均鲜奶消费量年均增长比例。由此,2020年大连市城乡居民鲜奶消费总量为:

城镇居民:36×(1+5%)×15×5732000÷1000=429212(吨)

农村居民:3.6×(1+5%)×15×1860000÷1000=13928(吨)

总计:44.3万吨

七、2020年大连市农业商品生产基地的区域分布规划

大连市目前的农业生产主要集中于北三市、金州区及旅顺口区的部分乡镇,而从各涉农区市县农发部门上报的各乡镇规划数据上看,大连市未来的农业生产仍将以北三市、金州区和旅顺口区为主,因此农业商品生产基地的选择也主要集中这些区市县。为了便于农业商品生产基地的选择具有可操作性,本次基地选择直接划分到乡镇。

(一)规划依据

1.大连市农业商品生产主产区现状及2020年农产品生产发展规划

分析大连市2005年农产品主产区的分布现状,结合各地农产品生产的技术水平、人力资源及发展潜力,并充分考虑我市特色农产品及特殊生产区域的生产状况,以此为基础,根据各乡镇2020年农产品生产发展规划的数据,确定我市农业商品生产基地的具体分布区域,实现农产品的规模化生产、产业化经营。

2.大连市各乡镇的自然资源条件

按照“因地制宜”的指导方针,综合考虑各乡镇当地农业生物资源情况、地形地貌特点、土壤理化性状、气候生态条件、水利资源状况、生产力水平等,做到宜粮则粮,宜菜则菜,宜果则果,宜牧则牧。

3.大连市各区市县的农业产业发展方向

我市各区市县根据本区域的农业生产特点和优势,分别制定了各自的农业产业发展方向,并对优势、特色农业产业进行了整体规划,因此在农业商品生产基地的选择上,要结合各区市县的农业产业发展方向和规划意见综合考虑。

4.大连市2020年城市化发展水平

根据《大连市城市总体规划》,2020年我市的城市化率可达75%,甘井子区、经济技术开发区将全部纳入城市化管理,因此不纳入农业商品生产基地选择区域。旅顺口区尽管未来也将全部纳入城市化管理,但其区内蔬菜和水果生产业已形成规模化生产经营,因此在农业商品生产基地的选择上仅划分蔬菜生产基地和水果生产基地。

5.大连市2020年的产业布局

随着我市工业企业的搬迁改造和工业园区建设的加快,到2020年,我市各乡镇将有一部分土地转变为建设用地,因此如已规划为工业园区的瓦房店市长兴岛、庄河市花园口等地不纳入农业商品生产基地选择区域。

6.大连市各乡镇2020年农产品生产规划数据

粮食生产基地:

由于粮食生产在我市分布较广,几乎遍布每个乡镇,因此将北三市粮食播种面积3万亩以上、金州区粮食播种面积2万亩以上的、且满足1~5项条件的乡镇,即选择为粮食

生产基地。

蔬菜生产基地：

各区市县蔬菜种植面积/涉菜乡镇个数

各区市县蔬菜产量/涉菜乡镇个数

蔬菜种植面积及产量同时大于平均值、且满足1~5项条件的乡镇，即选择为蔬菜生产基地。对于蔬菜保护地面积占蔬菜种植面积较大、且满足1~5项条件的乡镇，也选择为蔬菜生产基地。

水果生产基地：

各区市县果园面积/涉果乡镇个数

各区市县水果产量/涉果乡镇个数

果园面积及产量（按品种）同时大于平均值、且满足1~5项条件的乡镇，即选择为水果生产基地。

畜牧生产基地：

各区市县畜牧饲养量/涉牧乡镇个数

畜牧饲养量大于平均值、且满足1~5项条件的乡镇，即选择为畜牧生产基地。

（二）粮食

到2020年，全市粮食种植面积稳定300万亩，总产量稳定在12亿公斤。在生产布局上，北三市和金州区突出发展高效品种，着重提高单产和品质，集中抓好优质水稻、特种玉米、高油大豆和优质薯类的生产，做强做大名优品牌、形成粮食的规模化生产。其中在2004年被农业部列为全国441个重点优质粮食生产基地县之一的庄河市，要重点发展优质稻米，建设国家优质商品粮生产基地。（见图1）

区域：

1. 庄河市：青堆镇、黑岛镇、栗子房镇、城山镇、光明山镇、大郑镇、明阳镇、吴炉镇、鞍子山乡、太平岭乡、大营镇、塔岭镇、长岭镇；

2. 普兰店市：丰荣办事处、夹河庙镇、皮口镇、城子坦镇、双塔镇、墨盘乡、大谭镇、莲山镇、星台镇、大刘家镇、杨树房镇、安波镇、元台镇；

3. 瓦房店市：太阳办事处、九龙办事处、赵屯乡、西杨乡、驼山乡、复州城镇、三台乡、泡崖乡、炮台镇、杨家乡、老虎屯镇、阎店乡、永宁镇、土城乡、谢屯镇；

4. 金州区：登沙河街道、杏树屯街道、华家屯镇、亮甲店街道、三十里堡街道。

比重：预计2020年，我市粮食生产基地粮食播种面积可达271.2万亩，占全市粮食播种面积的84.12%；粮食产量可达119.7万吨，占全市粮食产量的85.93%。从数量上看，我市粮食生产基地的粮食产量可满足全市城乡居民粮食消费的需要，但是这部分粮食产量并非全部用作城乡居民消费，绝大部分用于饲料用粮、种子用粮、工业用粮及其他用粮，因此城市居民的粮食消费依旧需要调入解决。

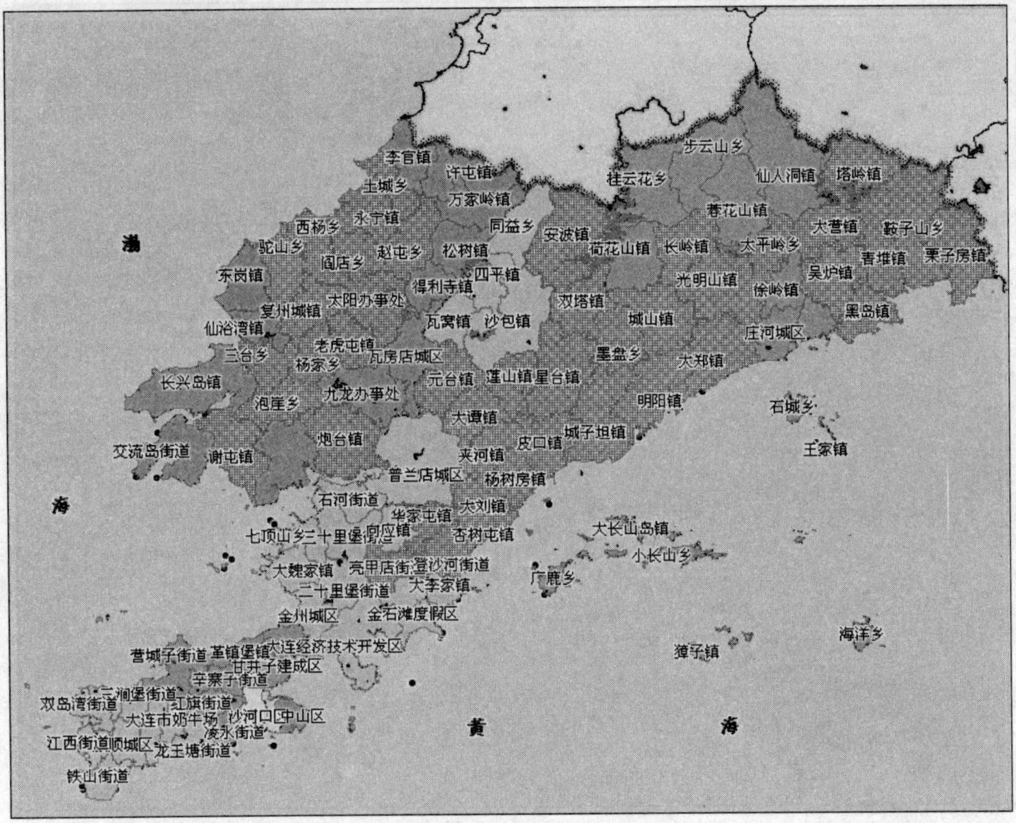

注：灰色部分为农业商品生产基地，以下均同。

图1　大连市粮食生产基地规划分布图

(三)蔬菜

到2020年，全市蔬菜面积达到71万亩，产量稳定300万吨。生产布局上，旅顺口区和金州区突出发展无公害、绿色食品蔬菜生产，保证城市蔬菜供应；普兰店、瓦房店、庄河围绕城八线、沈大、丹大沿线乡镇为重点，突出外向型和区域化种植的特点，形成瓦房店的黄瓜生产基地、普兰店西红柿生产基地、庄河的食用菌生产基地以及郊区绿色食品、特细菜等区域性设施农业反季节蔬菜生产格局。(见图2)

区域：

1. 瓦房店市：太阳办事处、岗店办事处、九龙办事处、东岗镇、永宁镇、复州城镇、炮台镇、杨家乡、谢屯镇、老虎屯镇、驼山乡、三台乡、泡崖乡、西杨乡；

2. 金州区：登沙河街道、杏树屯街道、华家屯镇、三十里堡街道、七顶山街道、大魏家街道、二十里堡街道；

3. 普兰店市：丰荣办事处、铁西办事处、皮口镇、城子坦镇、双塔镇、四平镇、乐甲乡、

图2　大连市蔬菜生产基地规划分布图

元台镇、星台镇、莲山镇、沙包镇、安波镇；

4. 庄河市：兴达街道、徐岭镇、青堆镇、黑岛镇、栗子房镇、城山镇、光明山镇、大郑镇、明阳镇、吴炉镇、鞍子山乡、兰店乡、大营镇、长岭镇、蓉花山镇；

5. 旅顺口区：铁山街道、三涧堡街道、长城街道。

比重：预计2020年，我市蔬菜生产基地蔬菜播种面积可达60.1万亩，占全市蔬菜播种面积的84.99%；蔬菜保护地面积可达37.1万亩，占全市蔬菜保护地面积的86.54%；蔬菜产量可达274.4万吨，占全市蔬菜产量的82.23%，约为全市城乡居民蔬菜消费量的182%，不仅可以满足我市城乡居民的蔬菜消费需要，结余量可达123.2万吨。

(四)水果

到2020年，我市果园面积稳定在200万亩，产量力争达到200万吨。重点发展四大水果生产基地：以北三市为主的苹果生产基地群、以南四区、瓦房店市和普兰店市的部分乡镇为主的樱桃生产基地群、以金州区为主的加工黄桃生产基地群、以庄河市为主的小浆果(蓝莓、树莓、草莓)生产基地群。同时，大力发展以旅顺口区双岛湾街道为主的洋梨生产和以瓦房店市李官镇为主的葡萄生产。

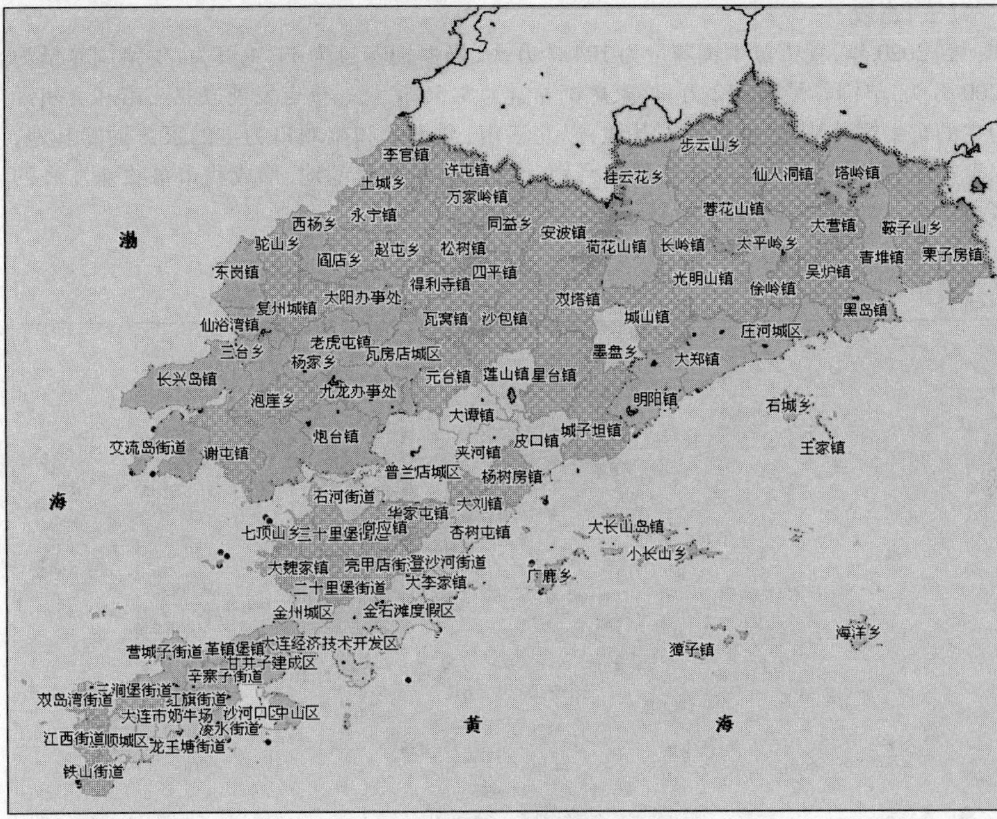

图3　大连市水果生产基地规划分布图

区域：

1. 瓦房店市：得利寺镇、万家岭镇、永宁镇、松树镇、李官镇、许屯镇、复州城镇、李店镇、谢屯镇、赵屯乡、土城乡、阎店乡、驼山乡、泡崖乡；

2. 普兰店市：城子坦镇、双塔镇、同益乡、安波镇、四平镇、沙包镇、乐甲乡、瓦窝镇、元台镇、星台镇、大刘家镇、大谭镇、杨树房镇；

3. 庄河市：徐岭镇、蓉花山镇、吴炉镇、步云山乡、大营镇、光明山镇、仙人洞镇、城山镇、栗子房镇、鞍子山乡、长岭镇；

4. 金州区：向应镇、三十里堡街道、二十里堡街道、大魏家街道、七顶山街道、亮甲店街道；

5. 旅顺口区：铁山街道、江西街道、双岛湾街道、三涧堡街道、长城街道、水师营街道。

比重：预计2020年，我市水果生产基地果园面积可达163.1万亩，占全市水果播种面积的77.23%；水果产量可达176.8万吨，占全市水果产量的81.09%，约为全市城乡居民水果消费量的175%，不仅可以满足我市城乡居民的水果消费需要，结余量可达76万吨。

（五）畜牧

到2020年，我市黄牛饲养量为104.7万头，奶牛饲养量为11.4万头，生猪饲养量为1200万头，羊饲养量为212万只，家禽饲养量为3.56亿只。重点发展以北三市和金州区为主的黄牛饲养基地、生猪饲养基地，以北三市、金州区和旅顺口为主的家禽饲养基地，以金州区、瓦房店市和普兰店市部分乡镇为主的奶牛饲养基地，形成我市畜牧业发展的区域优势，提供和满足人们生活所需的肉、蛋、奶。

区域：

黄牛：

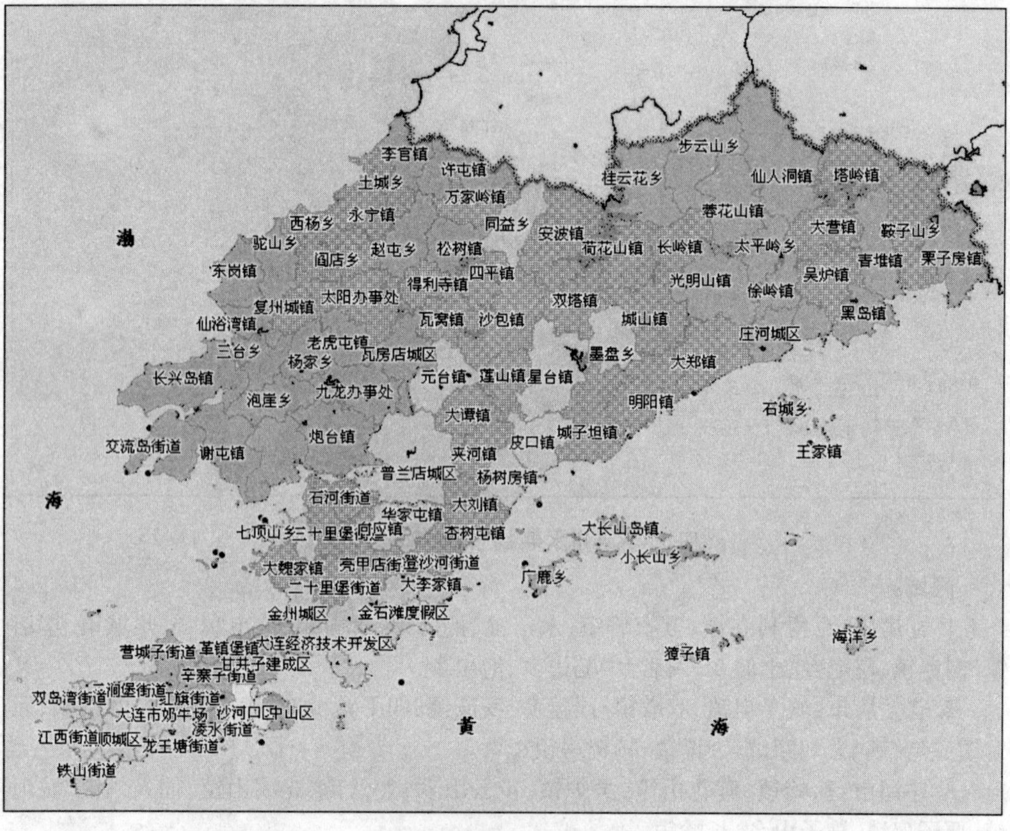

图4　大连市黄牛生产基地规划分布图

1. 普兰店市：铁西办事处、丰荣办事处、莲山镇、夹河庙镇、沙包镇、双塔镇、城子坦镇、大谭镇、瓦窝镇、四平镇、安波镇、大刘家镇；

2. 瓦房店市：得利寺镇、炮台镇、太阳办事处、土城乡、万家岭镇、西杨乡、阎店乡、永宁镇、复州城镇；

3. 庄河市：吴炉镇、鞍子山乡、大营镇、塔岭镇、长岭镇、荷花山镇、城山镇、大郑镇、明阳镇；

4. 金州区：登沙河街道、杏树屯街道、三十里堡街道、亮甲店街道、二十里堡街道、大魏家街道、石河街道。

比重：预计 2020 年，我市黄牛生产基地饲养量可达 80.5 万头，占全市黄牛饲养量的 76.87%。

奶牛：

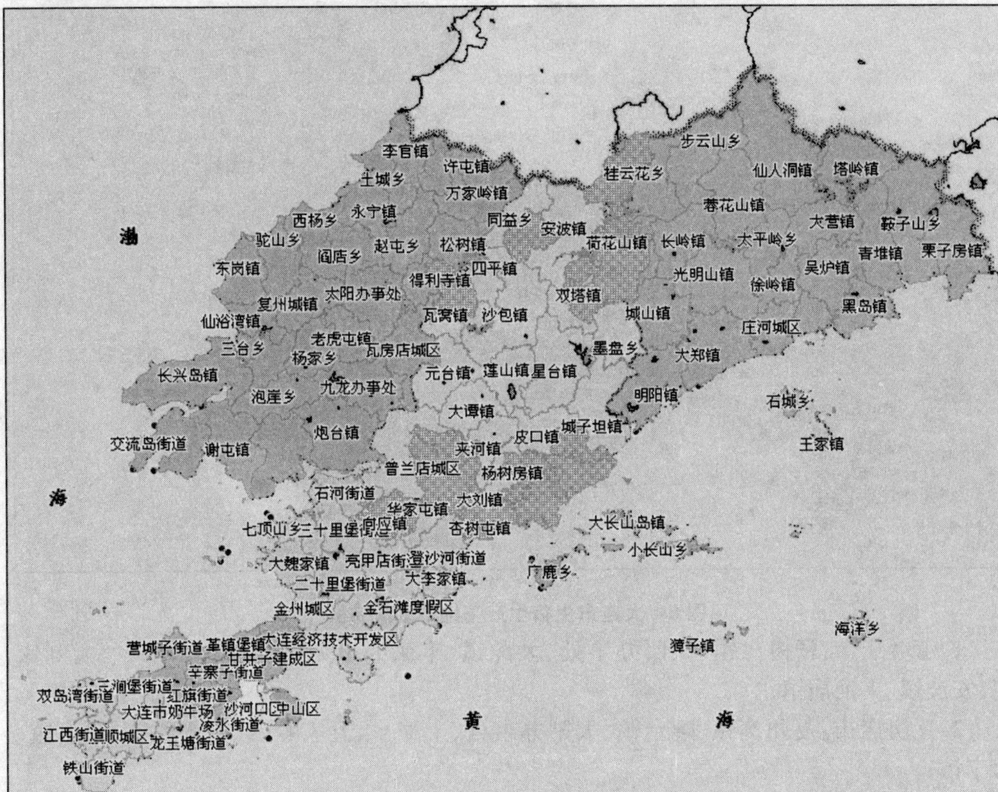

图 5　大连市奶牛生产基地规划分布图

1. 金州区：华家屯镇、登沙河街道、杏树屯街道、三十里堡街道、亮甲店街道、大魏家街道、石河街道、拥政街道；

2. 普兰店市：铁西办事处、沙包镇、同益乡、太平办事处、乐甲镇、大刘家镇；

3. 瓦房店市：得利寺镇、老虎屯镇。

比重：预计 2020 年，我市奶牛生产基地存栏量可达 10.6 万头，占全市奶牛存栏量的 92.57%。

生猪：

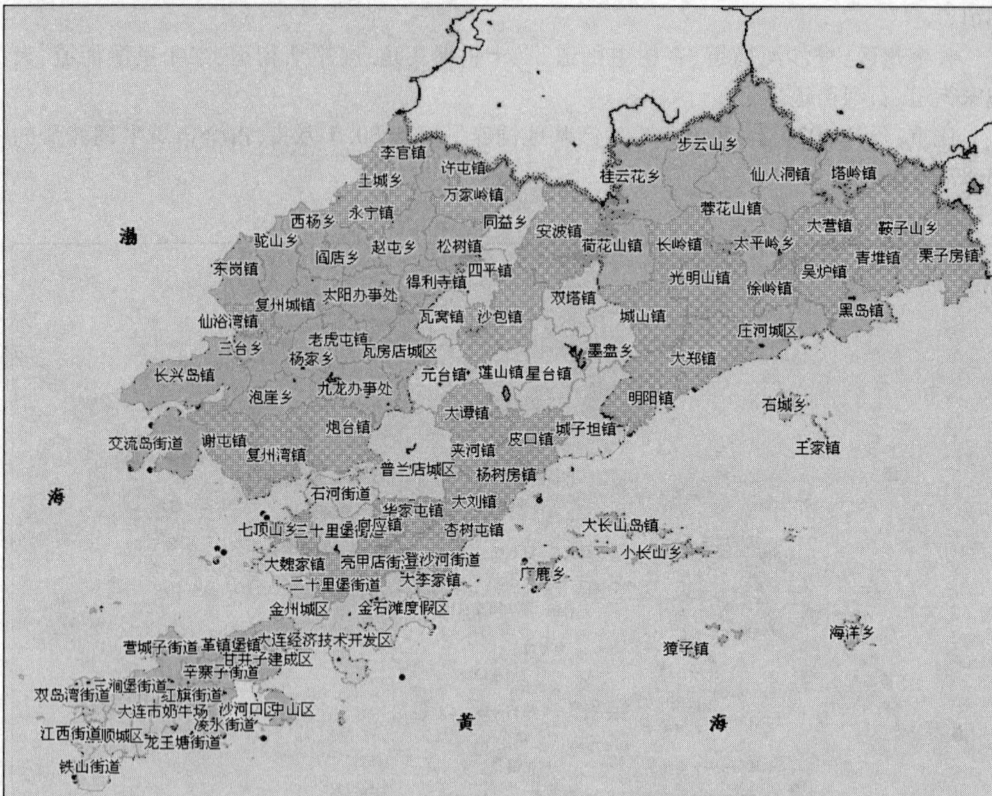

图6　大连市生猪生产基地规划分布图

1. 普兰店市：杨树房镇、铁西办事处、大谭镇、丰荣办事处、皮口镇、乐甲乡、大刘家镇、安波镇、夹河庙镇；

2. 瓦房店市：复州湾镇、炮台镇、太阳办事处、土城乡、万家岭镇、仙浴湾镇、谢屯镇、永宁镇；

3. 庄河市：徐岭镇、吴炉镇、青堆镇、鞍子山乡、栗子房镇、大营镇、长岭镇、城山镇、光明山镇、大郑镇、明阳镇；

4. 金州区：华家屯镇、七顶山街道、向应镇、登沙河街道、杏树屯街道、亮甲店街道、二十里堡街道。

比重：预计 2020 年，我市生猪生产基地饲养量可达 854.6 万头，占全市生猪饲养量的 71.21%。

羊：

1. 瓦房店市：东岗镇、太阳办事处、驼山乡、万家岭镇、交流岛乡；

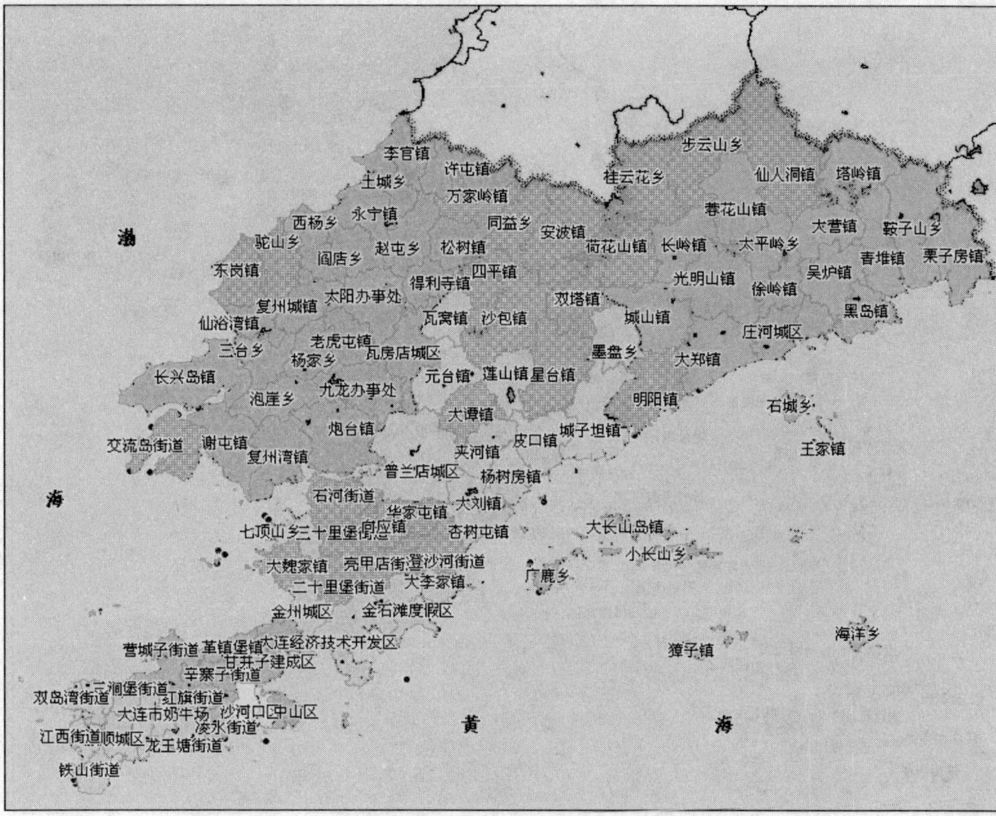

图7　大连市羊生产基地规划分布图

2. 普兰店市：沙包镇、双塔镇、大谭镇、同益乡、四平镇、安波镇、星台镇；

3. 庄河市：仙人洞镇、步云山乡、桂云花乡、长岭镇、荷花山镇、明阳镇；

4. 金州区：华家屯镇、向应镇、登沙河街道、大魏家街道、亮甲店街道、三十里堡街道、二十里堡街道、石河街道。

比重：预计 2020 年，我市羊生产基地饲养量可达 158.6 万只，占全市羊饲养量的 74.77%。

家禽：

1. 瓦房店市：得利寺镇、复州城镇、九龙办事处、炮台镇、泡崖乡、太阳办事处、土城乡、西杨乡、阎店乡、赵屯乡；

2. 庄河市：徐岭镇、吴炉镇、栗子房镇、大营镇、仙人洞镇、城山镇、光明山镇、大郑镇、明阳镇；

3. 普兰店市：铁西办事处、沙包镇、双塔镇、城子坦镇、皮口镇、乐甲乡、大刘家镇、安波镇、夹河庙镇；

图 8　大连市家禽生产基地规划分布图

4. 金州区：华家屯镇、向应镇、登沙河街道、杏树屯街道、亮甲店街道、三十里堡街道、二十里堡街道、大魏家街道。

比重：预计 2020 年，我市家禽生产基地饲养量可达 2.67 亿只，占全市家禽饲养量的 74.81%。

预计 2020 年，我市畜牧生产基地可提供肉类产量 113.1 万吨，其中牛肉产量 10.5 万吨，猪肉产量 51.3 万吨，羊肉产量 1.2 万吨，禽肉产量 50.1 万吨，占全市肉类产量的 73.31%，约为全市城乡居民肉类消费量的 167%，可以满足我市城乡居民的水果消费需要，结余量可达 45.3 万吨。可提供禽蛋产量 24.5 万吨，占全市禽蛋产量的 74%，约为全市城乡居民禽蛋消费量的 184%，可以满足我市城乡居民的禽蛋消费需要，结余量可达 11.2 万吨；可提供鲜奶产量 41.2 万吨，占全市鲜奶产量的 92.57%，可满足全市城乡居民鲜奶消费需求的 93%。

八、对策建议

(一)统筹规划,加强宏观管理

政府在推进农业商品生产基地建设中,其职能究竟如何定位,政府应扮演怎样一个角色,做些什么?概括而言,就是要统筹规划,加强宏观管理。具体来说就是规划、协调、保护和管理。

1. 制定建设规划

我市应根据国家及本省农业产业布局的要求,对农业商品生产基地的布局进行科学规划和安排。在具体规划中,要因地制宜,根据本地的气候、经济条件,传统产品优势及农民的接纳程度等综合因素来考虑农业商品生产基地的建设。要上下衔接,重点要与上级政府的规划相一致,否则既享受不到相关的政策优惠,也很难把产业做大做强。要根据农业生产周期性强,且具有自然和经济的双重风险等特点,进行科学论证。因此,在规划农业商品生产基地建设,必须遵循现代市场经济规律和农业产业化经营运行规律,尊重不同利益主体的利益要求,进行科学分析和论证,切忌不顾本地的客观实际,贪大求全,跟风追势,搞形象工程。

2. 加强部门协调

我市农业商品生产基地的建设,需要政府部门创造宽松的政策环境。因此,政府部门必须加强综合服务职能和协调职能,按照农业产业化的发展要求,弱化部门壁垒和管理职能,打破行业界限和条块分割,逐步走向管理一体化。同时,要敦促政府各部门之间密切配合,协调解决好农产品商品生产基地所涉及的项目审批、工商登记、土地征用、产品购销、交通运输等方面的问题,简化项目审批手续,形成简单、快捷、高效的工作程序。

3. 强化基地保护

农业商品生产基地保护要法制化。要制定相关法律法规,严格保护各类农业商品生产基地,一经确定为农业商品生产基地,应禁止一切工业项目侵占其农业用地。实施原产地保护制度,从法律、制度上对农产品原产地予以界定和保护。农业商品生产基地布局要在大连市国民经济和社会发展规划、城市总体规划、土地利用规划的框架内实施,执行严格的耕地保护制度,建立比较完善的农业生产资源保护制度,切实保护基本农田,确保基本农田总量不减少、用途不改变、质量不下降。强化和落实耕地保护责任制,切实控制农用地转为建设用地的规模,合理引导农村节约、集约用地,切实防止破坏耕作层的农业生产行为。净化基地环境,严格控制工业"三废"和城市生活垃圾对农业生态环境的污染。

4. 完善基础设施建设

要把加强农田水利设施建设作为农业商品生产基地建设的一件大事来抓。按照田地平整、土壤肥沃、路渠配套的要求,加快建设旱涝保收、高产稳产的高标准农田。加快大型灌区续建配套和节水改造,推行灌溉用水总量控制和定额管理,扩大大型泵站技术改造实施范围和规模。加大危险水库除险加固力度,加强中小河流治理,改善农村水环境。引导农民开展直接受益的农田水利工程建设,推广农民用水户参与灌溉管理的有效做法,提高基地建设标准,提高土地的利用率和产出率。积极发挥气象为农业生产和农民生活服务的作用,不断提高防灾、减灾能力。

(二)更新观念,建设品牌基地

农业商品生产基地建设要与时俱进,解放思想,扶植特色产业,把“建设品牌农业”提到一个全新的高度,作为一个系统工程,从产前、产中、产后服务抓起,从生产、加工、销售环节抓起,培育名牌产品,建设品牌基地,形成市场优势,靠其独具魅力创造丰厚利润。

1. 由片面追求产量向强化质量安全转变

农业商品生产基地建设要以“标准化生产、基地化经营”为基本内核,以完善质量标准体系、检验检测体系和认证认定体系为主要任务,以开发“无公害农产品、绿色食品、有机食品”为建设目标,按照国际农产品质量标准和规范来组织基地生产加工,确保农产品的质量安全。对已确定的农业商品生产基地要划定保护区予以保护,坚决防止重走先污染后治理的老路。要抓紧制定相关农产品的产地环境标准,加大农产品产地环境监测力度,从源头上抓好农产品质量安全关。严格农业投入品管理。按照《农药管理条例》《兽药管理条例》《饲料和饲料添加剂管理条例》等有关法规,加快农业投入品结构调整与优化,尽快建立健全农业投入品市场准入制度,重点解决化肥、农药、兽药、饲料添加剂等农业投入品对农业生态环境和农产品的污染。

2. 由偏重品种更换向注重品牌建设转变

农业商品生产基地建设要强化品牌意识,抓好品牌经营,立足本地优势资源与特色品种进行配置,把资金和人力投入到特色农产品的培育壮大上。要重点抓好有市场潜力的特色农产品的系列开发,提高产品附加值。发挥龙头企业在农产品品牌经营中的中坚作用,集中优势“兵力”,加大优质农产品的宣传推介力度;积极培养农产品产销专业组织,设立专销区、连锁配送和开办超市等,在消费群集中的地区逐步建立起“大小配套、上下沟通、左右呼应、内外衔接”的农产品销售网络;要强化品牌的统一规划和管理力度,真正把品牌经营的理念落实到产加销的各个具体环节中,提高精品名牌的市场占有率。

3. 由依赖最佳播期向紧盯最佳市场转变

农业商品生产基地建设要打破传统农业根据最佳播期进行结构调整的习惯,坚持以市场需求为第一导向,更多地依靠市场来抓好农业商品生产基地建设。要建立市场主导的运行机制,把龙头企业作为解决基地农户与大市场矛盾的有效载体,使龙头企业作为农业产业化的主体。要大力发展行业协会、合作社等农村中介组织,发挥种养大户、营销大户、经济能人的带动作用,引导农民参与市场流通。政府部门做好宏观调控,建立市场预测体系。农业商品生产基地建设要根据不断变化的市场趋势,选择最佳市场,以市定种,以市定产,既因地制宜,又因时制宜,最大限度地拓宽基地建设的时空领域。

4. 由依赖资源开发向依靠科技开发转变

要依法稳定农技推广队伍,在人员编制、财政投入上予以重点倾斜,千方百计盘活现有科技人才资源,充分调动科技人员的积极性和创造性。要从大中专院校引进智力资源,聘请农业科技方面的专家教授加强技术指导。要多途径、多方式、多层次地开展农业科技培训,提高广大农民的科技文化素质,加速普及常规技术,大力推广创新技术,积极示范现代技术,切实将资源开发转移到科技进步,提高劳动者素质轨道上来。

(三)稳定家庭联产承包责任制,加快农村土地流转

随着农业产业化的不断推进和农业商品生产基地建设的不断加快,土地流转不可避免,这是摆在农业商品生产基地建设中的一个至关重要的问题。

1. 坚持依法、有偿、自愿的原则,强化土地承包经营权的稳定性和农民的自我保护意识

要强化政府在维护农村土地政策的稳定性意识。土地家庭联产承包责任制是党的农村政策的基石,是农村稳定的法宝。在土地流转中,我们必须充分尊重农民的意愿,不搞强迫命令,不能为了连片,为了建设农业商品生产基地而强行收回农民的承包地,要根据农民的实际需要与愿望,积极示范、正确引导,要强化农民保护土地合法权的主体意识。对农民而言,土地的经营权是自己的,是受法律保护的,转让还是不转让,最终都应由农民自己定。同时,在土地流转中必须坚持有偿原则,合理确定土地流转的价格,实行土地有偿流转。

2. 因地制宜,选择灵活多样的土地流转方式

目前我市的土地流转已初步形成了土地出租、土地投资入股、土地有偿转包或转让及整体买断等几种模式。这些土地流转方式都是农民在实践中摸索出来的,非常具有推介价值。但在选择土地流转方式时,必须因地制宜,哪种方式能加快农村土地流转,有利于农村经济发展和社会稳定,就要选择哪种,不能搞一刀切。要在不断完善现有土地流转方式的基础上,大胆探索新的方式方法,如建立土地托管中心等,使我市土地流转更加灵活,更加多样化。积极开展农村集体非农建设用地使用权进入市场的试点。只要符合土地利用规划,应该在明晰产权、强化用途管理、严格控制总量的前提下,允许农村集体非农建设用地进入土地市场进行交易,实现集体土地与国有土地同样用途、同等价格、同等收益。

3. 加强对土地流转的有效监督和规范管理

要使土地流转顺利、健康、有序地运行,必须加强监管,规范土地流转中的政策和行为。凡是土地转包或租赁都要有转包或租赁合同,并且要做到合同的主体明确,内容全面,条款清楚,手续全面。有条件的地方,要进行合同公证,确保合同的合法性、有效性。一旦出现土地转包纠纷,承包合同管理机关要及时调解、仲裁和处理,需要法院判决的及时上诉法院,避免造成不必要的损失,避免土地转包的暗箱操作,确保土地流转规范有序。

(四)拓宽融资渠道,加强资金支持

在政府投入相对有限的情况下,坚持"谁投资、谁受益",引导鼓励多种经济成分参与农业商品生产基地建设,充分发挥公共财政资金"四两拨千斤"的引导作用,逐步建立多层次、全方位、多渠道的投资结构,努力形成政府引导、市场推进、多元投入、社会参与的

投融资机制。

1. 加大财政投入

各级政府要增加对农业商品生产基地建设的投入，把重点放在能够直接增加农民收入、明显改善农村生产生活条件的农业基础设施项目建设上，突出抓好人畜饮水、乡村道路、病险水库除险加固、贫困地区电力设施建设，突出抓好农田水利基本设施、先进耕作设施、市场信息网络建设等等。各级政府在向基地投入时，要坚持“政府主导、市场运作”原则，选择合适的投入方式：可以用入股的方式向基地投，获得的股金滚动用于基地建设；也可以用贴息的方式投，由基地向银行贷款，财政投入帮助贴息等等，以增强基地农户或业主对资金投入的责任感。要加强对财政投入的跟踪管理，即使确定了基地和项目，也不能一次拨付，必须根据规划进度分期拨付，凡是达不到要求的要终止拨付，以增强基地农户的紧迫感。要组织财政、审计等部门加强对政府投入的全程跟踪管理，确保所有环节不出问题。

2. 激活民间投入

目前，一些地区由于地理位置和经济发展水平的限制，政府财力有限，利用外部资源方面也不具优势，充分发挥民间投资的作用是加快农业商品生产基地建设的一个必然选择。要创造良好条件，充分利用工商资本转向的契机，吸引民间工商资本投入基地建设，为农业商品生产基地拓宽融资渠道。农民是农业商品生产基地建设的主体，农民的自我投入应是投入的主渠道之一。农民有自我投入的能力和基础，农民是最朴实的，也是最实在的，只要有钱赚就会自觉地干。因此，要加强农业商品生产基地的示范引导，通过示范来调动农民投入基地建设的积极性。

3. 搞好招商引资

要把招商引资工作的落脚点放在优化环境、提升形象上。没有优良的发展环境，不仅不能吸引新的外资，而且连现有的外商都会跑掉。在环境问题上，必须“先治内，后引外”，只有栽好梧桐树，才能引得凤凰栖。抓环境治理，要从领导抓起，从部门抓起，重点放在对典型案件的查处上，坚决落实各项优惠政策，整顿规范市场秩序，净化社会治安环境，用良好的面貌和社会风气营造对外开放的新形象，吸引外来资金投入到基地建设中来。

附件一:大连农业资源变化情况表

表 1　　大连市耕地面积变化情况表　　单位:公顷

	2001 年	2002 年	2003 年	2004 年	2005 年
大连市	264780	250437	234291	245398	270965
甘井子区	2474	2301	2068	1912	2025
旅顺口区	6749	6135	5216	5276	5226
金州区	26737	24615	23165	23883	23375
开发区	5992	4996	4878	4527	4442
瓦房店市	71147	67733	63053	67300	79719
普兰店市	64205	61565	58336	60827	70794
庄河市	85613	82226	76882	81016	84724
长海县	1863	866	693	657	660

表 2　　大连市农业从业人员变化情况表　　单位:人

	2001 年	2002 年	2003 年	2004 年	2005 年
大连市	749592	738166	744625	738697	708002
甘井子区	12737	12772	11945	11173	11144
旅顺口区	28445	29761	31880	27970	28561
金州区	71592	61560	60812	60958	59759
开发区	22545	22293	23708	20805	20186
瓦房店市	205763	202429	202672	206191	182442
普兰店市	202744	201934	204551	198089	191073
庄河市	183868	176566	185765	191956	188779
长海县	21897	30851	23292	21555	26058

表 3　　　　大连市农作物总播种面积变化情况表　　　　单位:公顷

	2001 年	2002 年	2003 年	2004 年	2005 年
大连市	311404	302087	284337	315238	323066
甘井子区	3502	3620	3286	2953	3062
旅顺口区	8786	8312	7773	8084	7791
金州区	36076	34504	28749	32400	31507
开发区	3562	2785	5185	5422	5427
瓦房店市	84337	82312	76870	90046	92255
普兰店市	73613	72829	70974	82473	84212
庄河市	99643	95964	90763	93162	98096
长海县	1885	1761	737	698	716

附件二:主要农产品变化情况表

表 4　　大连市粮食作物播种面积及产量变化情况表　　单位:公顷、吨

	2001 年		2002 年		2003 年		2004 年		2005 年	
	播种面积	总产量	播种面积	总产量	播种面积	总产量	播种面积	总产量	播种面积	总产量
大连市	258768	1213558	245353	874566	231295	998349	270451	1457761	277266	1355561
甘井子区	1368	1752	1258	3301	1008	3238	1051	4605	1214	5603
旅顺口区	5231	17453	5001	11642	4244	18778	4804	27514	4842	28322
金州区	25428	120758	22929	74126	18688	90259	24090	148404	23336	135119
开发区	2697	7992	2031	3288	4031	16770	4602	25027	4719	24661
瓦房店市	75215	350103	69929	191289	67001	267023	80463	428942	81664	400613
普兰店市	57305	300166	57041	218166	55147	237276	70772	370380	72415	343775
庄河市	89840	406193	85594	365244	80564	362305	84086	450272	88454	414558
长海县	1684	9141	1570	7510	612	2700	583	2617	622	2910

表 5　大连市蔬菜播种面积及产量变化情况表　单位:公顷、吨

	2001 年		2002 年		2003 年		2004 年		2005 年	
	播种面积	总产量	播种面积	总产量	播种面积	总产量	播种面积	总产量	播种面积	总产量
大连市	40556	2090052	41319	2118124	39857	2210361	35092	2293135	36375	2405990
甘井子区	2126	83698	2354	77193	2266	84051	1884	85162	1823	90562
旅顺口区	3340	153718	3032	128022	3033	136130	2604	145883	2571	143473
金州区	8097	512148	8291	464172	7101	458535	7016	484353	6738	485999
开发区	771	40162	1083	48443	914	51992	759	42421	633	36492
瓦房店市	7472	294896	7997	419526	8062	471910	6801	518559	7758	580643
普兰店市	11058	610794	10702	560814	10628	570828	8622	561906	8887	604730
庄河市	7494	388320	7672	414273	7728	432265	7292	450151	7872	460548
长海县	198	6316	188	5681	125	4650	114	4700	93	3543

表 6　　大连市水果面积及产量变化情况表　　单位:公顷、万株、吨

		大连市	甘井子区	旅顺口区	金州区	开发区	瓦房店市	普兰店市	庄河市	长海县
2001 年	面积	73712	4020	2617	10860	648	24351	17503	13630	83
	果树株数	4014	172	125	707	37	1306	1063	600	4
	结果株数	2047	129	90	255	30	684	583	273	3
	产量	647429	13838	18969	36233	4100	196013	195846	182145	285
2002 年	面积	70615	3558	2733	10058	779	23920	17737	11723	107
	果树株数	4150	169	143	687	68	1409	1144	523	7
	结果株数	2037	128	78	271	27	696	595	239	3
	产量	652331	14265	14544	36914	2802	230000	192195	161140	471
2003 年	面积	67958	2388	3343	9738	1945	24469	18195	7732	148
	果树株数	4373	131	217	643	180	1583	1226	385	8
	结果株数	2230	93	95	249	89	833	658	213	–
	产量	791698	19305	28811	52249	13217	263309	230670	183805	332
2004 年	面积	67109	2243	3740	9643	2171	25622	16591	6974	125
	果树株数	4502	123	261	677	209	1714	1142	368	8
	结果株数	2621	96	122	282	118	1034	742	222	5
	产量	928688	21195	30692	71130	18952	356210	245213	185008	288
2005 年	面积	69314	2113	3833	10211	2258	26819	17277	6675	128
	果树株数	4675	121	279	737	203	1801	1201	326	7
	结果株数	2718	101	136	288	111	1116	742	220	4
	产量	981242	20665	34684	71340	19237	386477	270495	178000	344

表 7－1　　大连市禽畜出栏量变化情况表　　单位:头、只、万只

		大连市	甘井子区	旅顺口区	金州区	开发区	瓦房店市	普兰店市	庄河市	长海县
2001 年	大牲畜	83271	123	2327	12792	380	20233	24961	22425	30
	猪	2146452	66769	55937	321497	15943	367887	835469	470280	12670
	羊	99426	2066	3288	23992	2156	48668	11938	7144	174
	家禽	4663.73	94.2	270	1166	9.6	1102.75	710.42	1308.55	2.21
	兔	3.01	0.22	0.12	1.62	–	1	0.03	–	0.02
2002 年	大牲畜	108105	107	1512	8666	1090	25877	41057	29800	66
	猪	2243060	84588	52358	295411	30501	342877	894240	530244	12841
	羊	134153	2262	4594	20232	3470	65891	23296	14184	224
	家禽	5598.02	142	379.27	1053.9	84	1137.65	868.52	1930.68	2
	兔	2.38	0.22	0.17	1.5	0.02	0.45	0.01	–	0.01
2003 年	大牲畜	129344	380	1627	12127	1848	30867	44040	38444	11
	猪	2694803	104000	61272	312076	32305	531725	990937	654481	8007
	羊	217944	3097	6172	23853	7554	103000	31385	42664	219
	家禽	6454.66	161	480	1363.36	105	1616.35	671.6	2056.25	1.1
	兔	22794	3501	3615	11820	546	2840	466	–	6

续表

		大连市	甘井子区	旅顺口区	金州区	开发区	瓦房店市	普兰店市	庄河市	长海县
2004 年	大牲畜	153995	376	1310	15972	2127	34512	57711	41961	26
	猪	2911613	59190	71276	380137	39392	496530	1117014	741390	6684
	羊	278139	4069	7465	26340	9137	133047	43561	54177	343
	家禽	8340.93	268	559	1469.2	143.56	2516.91	1338.38	2044.25	1.63
	兔	17301	6001	3282	2579	–	4900	524	–	15
2005 年	大牲畜	177830	422	1202	17341	2117	37226	84059	35441	22
	猪	3263030	53220	86750	445578	41212	507097	1356836	763332	9005
	羊	390987	3108	8600	28501	7038	193973	73971	75514	282
	家禽	10130.81	176	392	1803	164.12	3196.61	1761.06	2635.33	2.69
	兔	26492	1601	7624	2912	3140	8474	2712	–	29

表 7－2　　大连市禽畜存栏量变化情况表　　单位:头、只、万只

		大连市	甘井子区	旅顺口区	金州区	开发区	瓦房店市	普兰店市	庄河市	长海县
2001 年	大牲畜	306018	3605	9173	29276	2432	78016	86726	95141	1649
	猪	1850993	46644	33166	237412	18413	382854	643709	478636	10159
	羊	282681	2925	8957	27521	2964	173673	39479	26766	396
	家禽	2169.84	35.98	246	456	15.44	327.35	384.55	699.71	4.81
	兔	4.16	0.25	0.3	2.48	0.04	1	0.07	–	0.02
2002 年	大牲畜	329045	3445	8725	27463	4602	81771	103359	98085	1595
	猪	1897295	59584	31290	216673	27326	360577	693259	499058	9528
	羊	459287	4142	11198	27679	7595	296587	60886	50647	553
	家禽	2380.11	27.38	28327679	460.4	39.47	380.35	377.27	807.37	4.87
	兔	2.58	0.09	0.14	1.41	0.03	0.68	0.13	0.1	–
2003 年	大牲畜	345895	2450	8656	29438	4462	86484	104471	108886	1048
	猪	1956764	40201	38720	224168	28504	367214	745766	506448	5743
	羊	670262	5505	12451	30803	9451	405857	74748	130875	572
	家禽	2645.34	33.93	282	451.66	41.4	593.76	432.37	808.02	2.2
	兔	28446	18000	2324	5620	59	1554	871	–	18

续表

		大连市	甘井子区	旅顺口区	金州区	开发区	瓦房店市	普兰店市	庄河市	长海县
2004 年	大牲畜	362801	2277	8470	33580	3959	92613	113084	107874	944
	猪	2233142	45637	45047	252353	32589	408467	800400	642593	6056
	羊	900864	7354	13815	30119	9449	582032	91144	166416	535
	家禽	3331.75	29.6	365	573.58	47.96	765.5	639.5	907.1	3.51
	兔	23701	3700	5333	3221	-	2549	8897	-	1
2005 年	大牲畜	365115	2593	8880	35212	3215	89173	127053	98007	982
	猪	2496955	44971	49231	259583	37693	465725	986964	645245	7543
	羊	890928	6079	11003	28593	8494	557836	143862	134117	944
	家禽	3424.24	29.3	391	440.36	53.44	797.53	820.79	887.96	3.86
	兔	52288	4800	15662	2390	4914	14636	9863	-	23

表 7－3　　大连市肉、蛋、奶产量变化情况表　　单位：吨

		大连市	甘井子区	旅顺口区	金州区	开发区	瓦房店市	普兰店市	庄河市	长海县
2001 年	肉	279019	6106	9988	57410	1932	51792	81001	69500	1290
	蛋	144186	2343	28862	34757	1058	20259	18870	37769	268
	奶	72678	9129	21716	26661	1578	4400	8556	620	18
2002 年	肉	318804	9113	11460	51842	4834	51797	92590	95622	1546
	蛋	157716	1988	29983	31249	2671	28033	24425	39057	310
	奶	77672	9028	20912	27517	4277	3707	10755	1450	26
2003 年	肉	380586	12541	13931	58399	5457	78268	101120	110045	825
	蛋	180008	2238	34004	34924	2701	33242	30444	42241	214
	奶	90609	6410	23124	36354	2903	7747	12427	1619	25
2004 年	肉	453229	8273	16142	70697	6811	93206	135403	121887	810
	蛋	193599	1132	35937	36908	2570	28322	33419	55148	163
	奶	99201	5015	20886	42187	1943	13011	14204	1934	21
2005 年	肉	515514	7533	14475	85551	7422	102449	161257	135850	977
	蛋	222446	1186	40890	39373	3136	26397	46594	64509	361
	奶	102161	4948	22855	41107	2425	12261	15957	2588	20

附件三：农业生产内部结构变化情况表

表 8　　大连市农业总产值及增加值变化情况表　　单位：万元

		2001 年	2002 年	2003 年	2004 年	2005 年
总产值	合计	2024900	2167993	2535318	2959157	3428211
	农业	636693	575111	607789	737215	787878
	林业	14626	18192	29961	34913	39919
	牧业	412201	474626	573704	714693	885294
	渔业	961380	1100064	1224524	1371996	1407004
	服务业	—	—	99340	100340	308116
增加值	合计	1105284	1185021	1388067	1620684	1833326
	农业	391388	335399	3555552	442231	473804
	林业	8271	10271	16250	18119	20576
	牧业	132362	178230	219257	274400	337391
	渔业	573263	661121	726939	818230	787586
	服务业	—	—	70069	67704	213969

注：1. 上述表格资料来源：大连市统计局。

2. 三环集团包括在旅顺口区的农业劳动力内；度假区包括在开发区内；海洋渔业、水产局包括在长海县内。

附件四:大连市耕地、农产品生产区域分布图

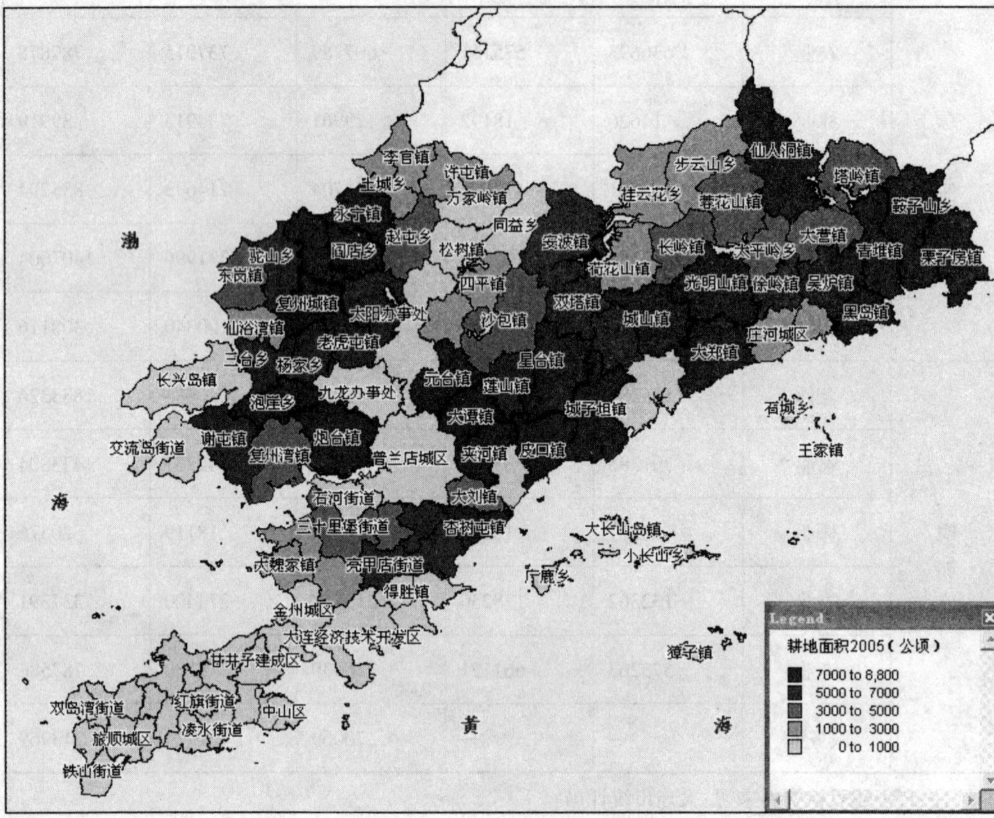

图1　大连市耕地面积现状分布图

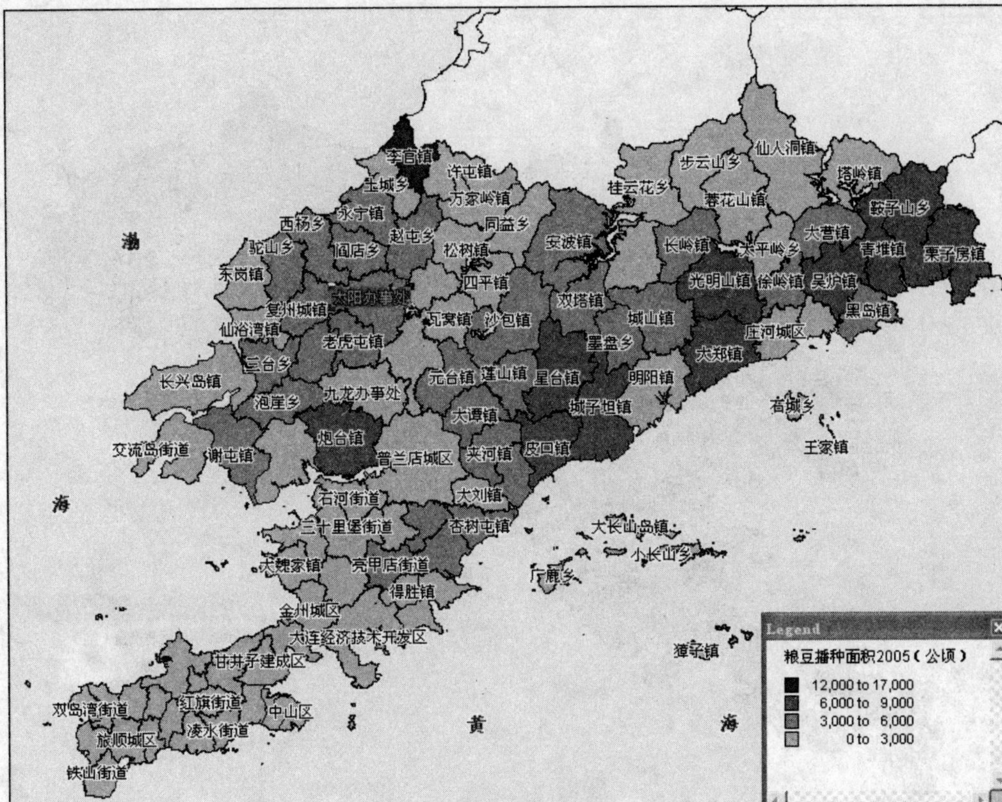

图2　大连市粮豆播种面积现状分布图

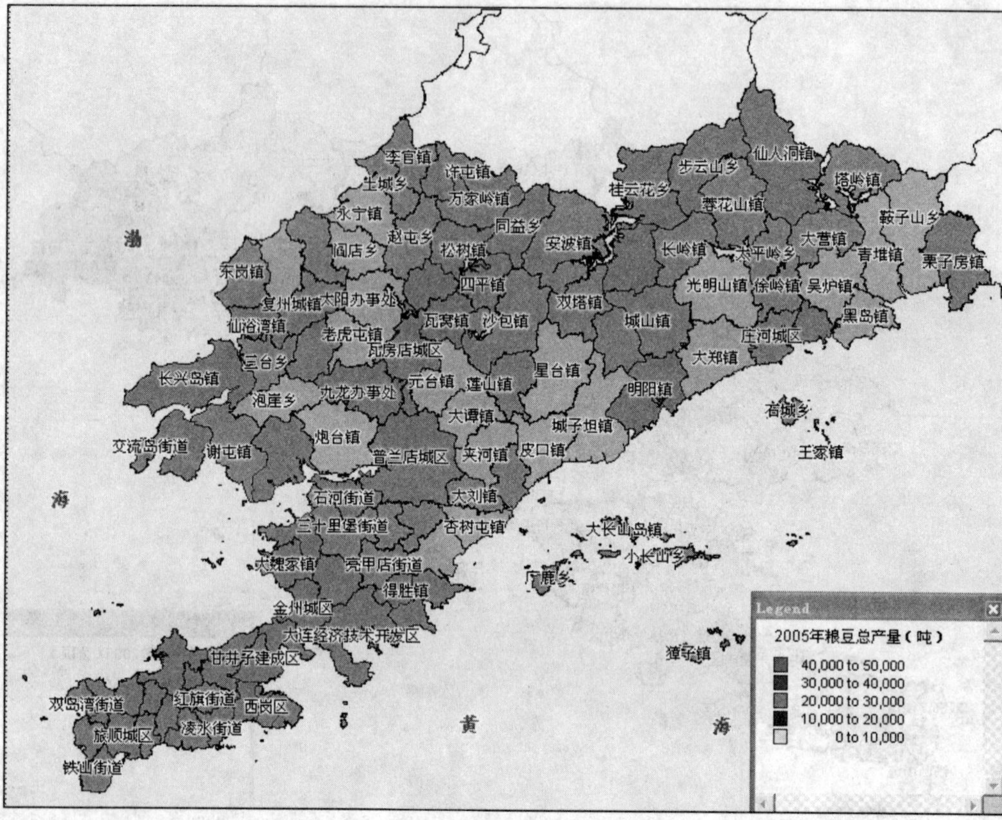

图3　大连市粮豆总产量现状分布图

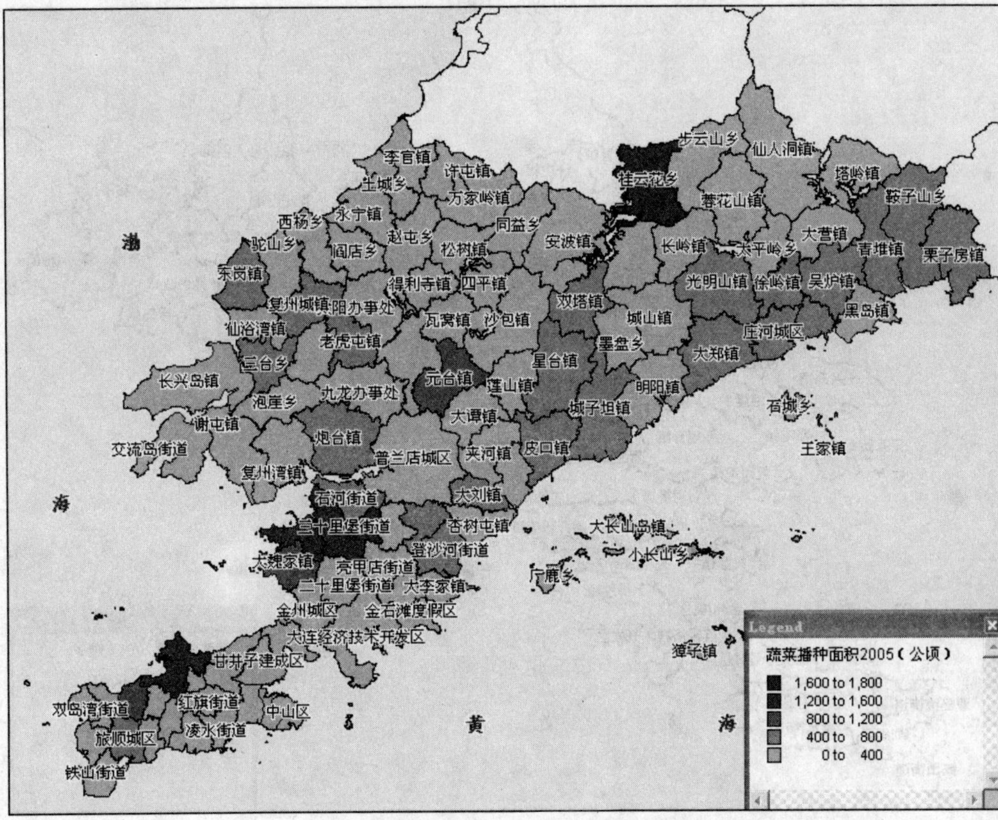

图4　大连市蔬菜播种面积现状分布图

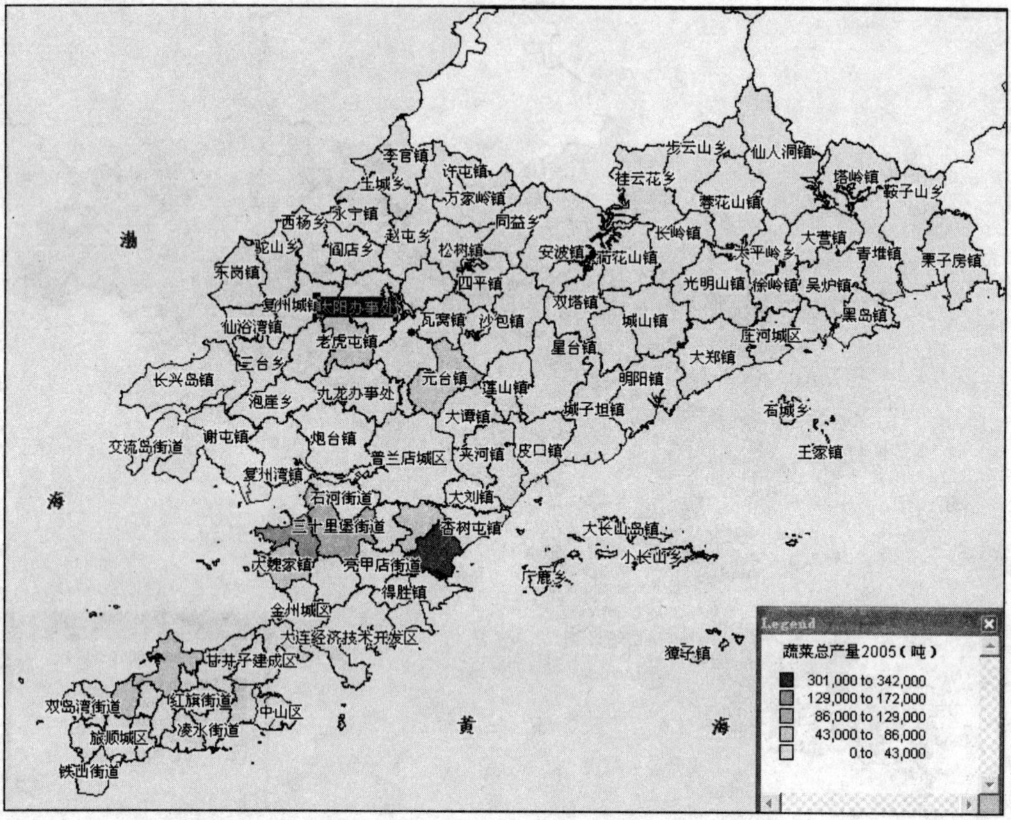

图5 大连市蔬菜总产量现状分布图

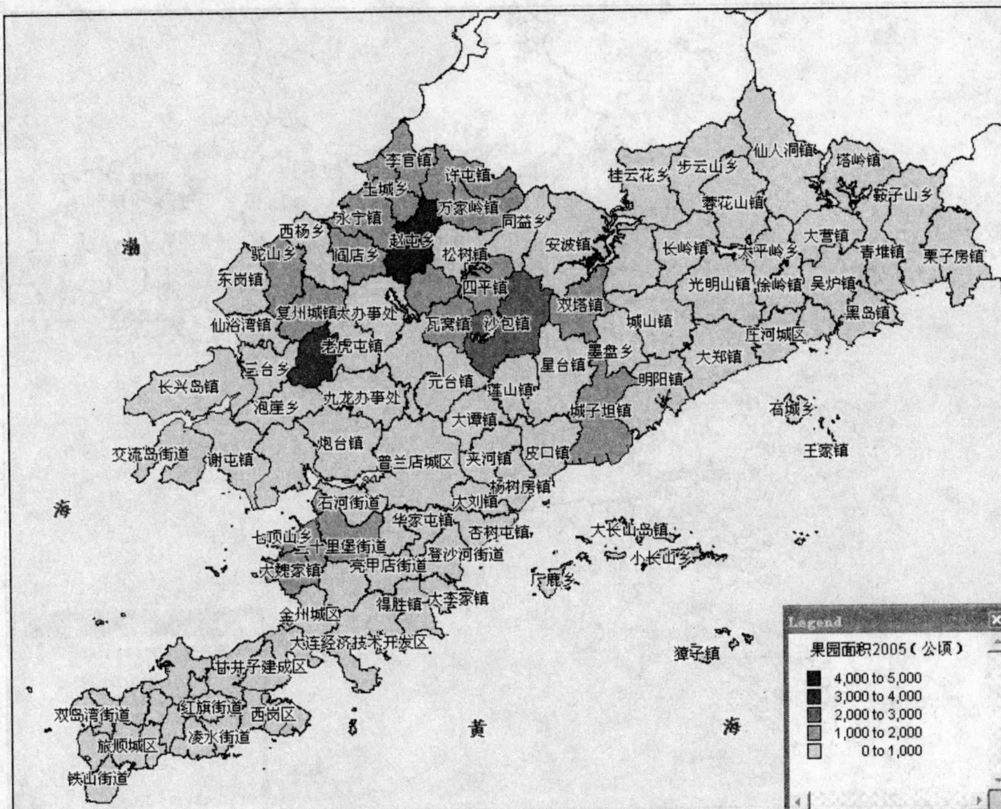

图6　大连市果园面积现状分布图

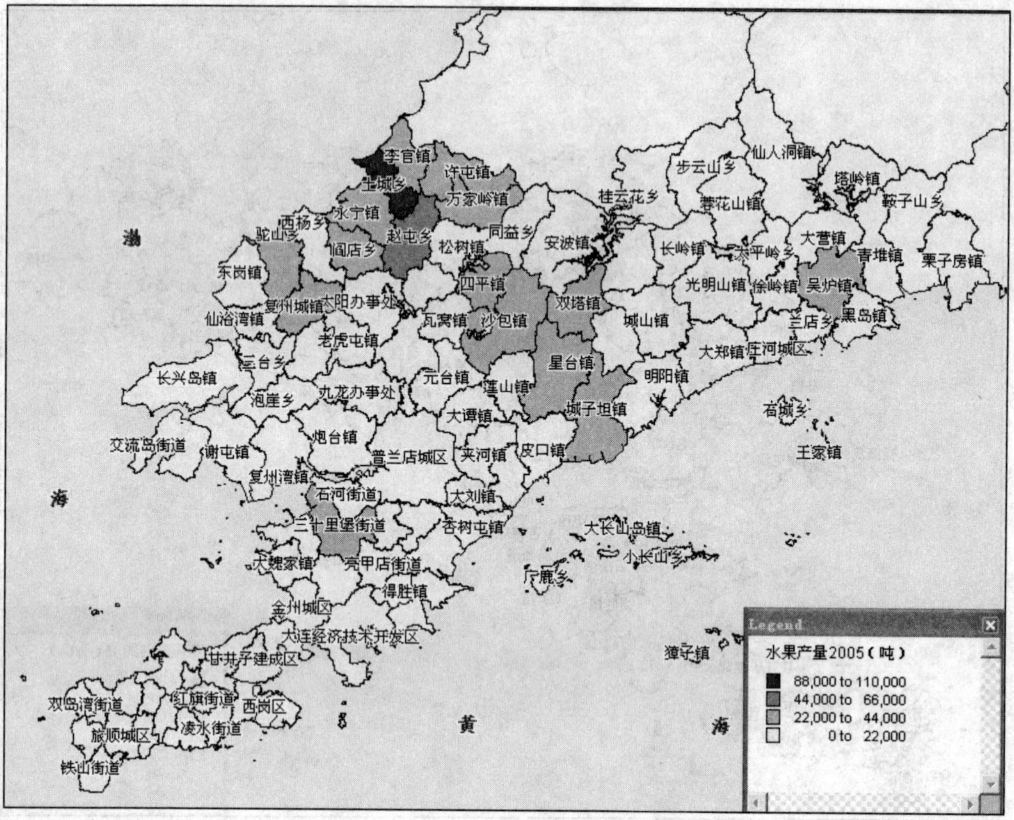

图7　大连市水果产量现状分布图

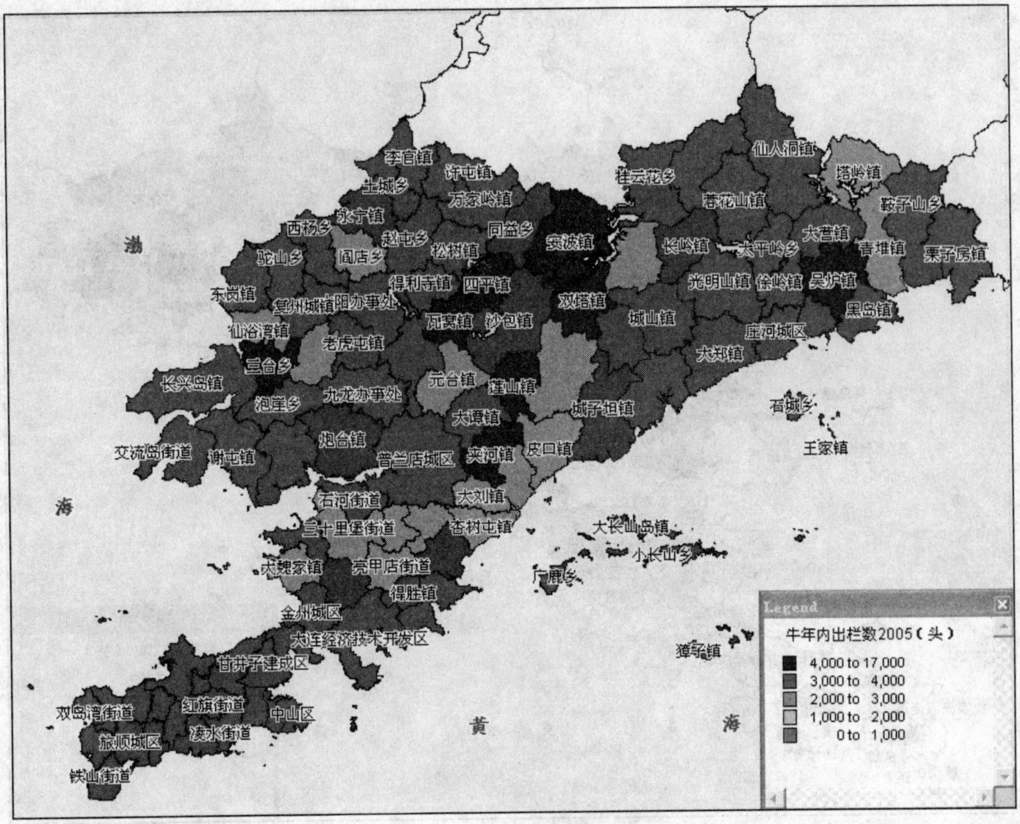

图 8　大连市牛年内出栏数现状分布图

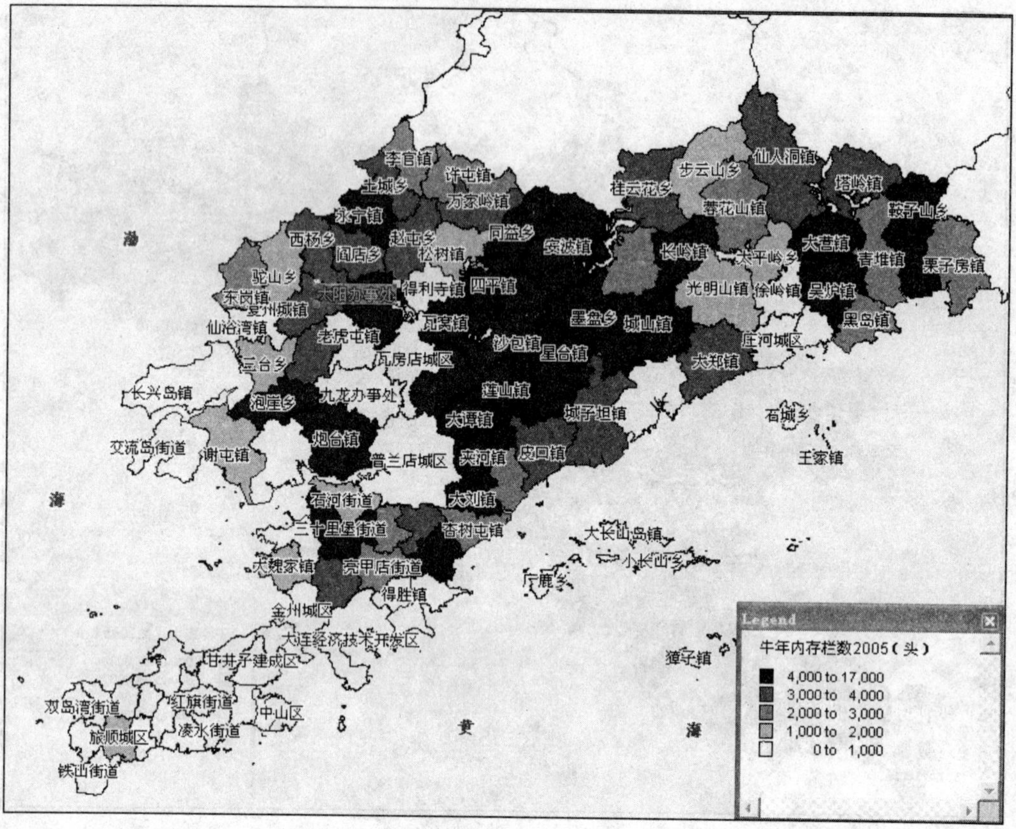

图9　大连市牛年内存栏数现状分布图

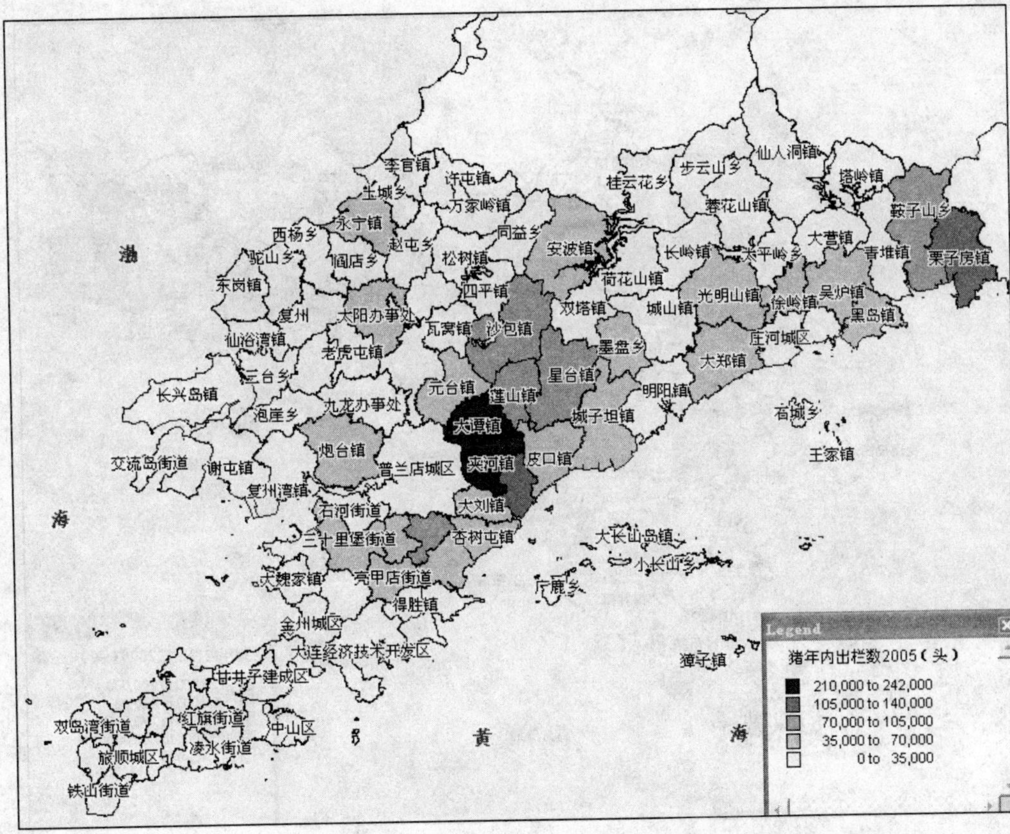

图 10　大连市猪年内出栏数现状分布图

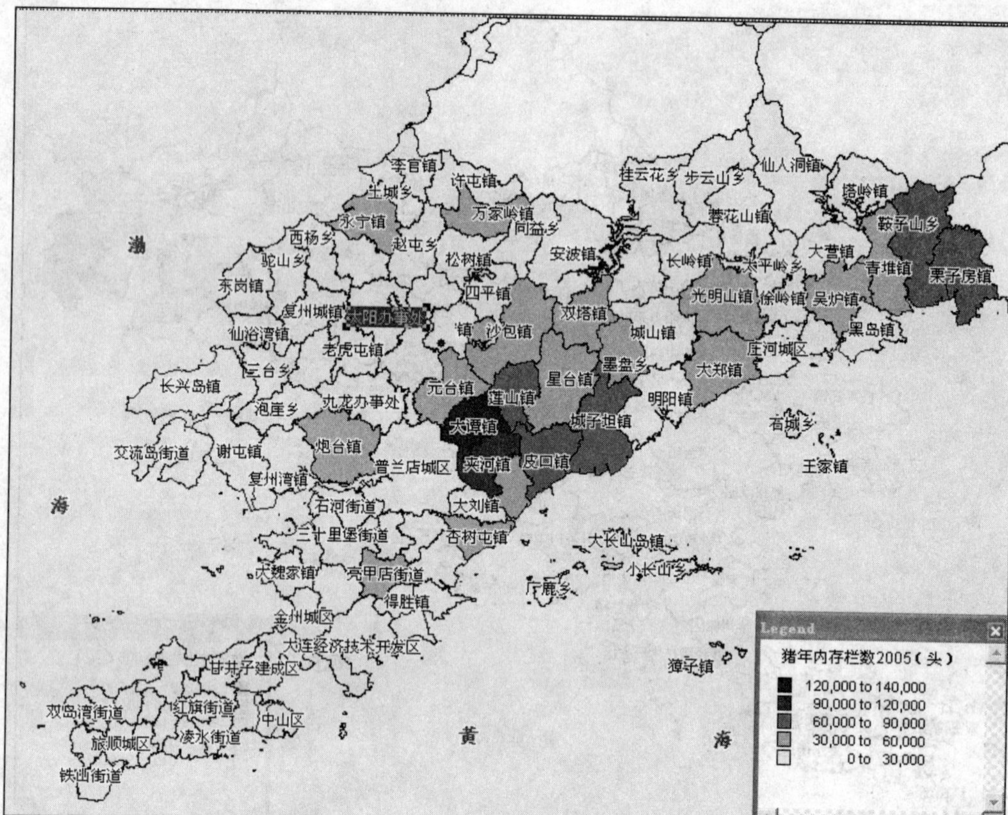

图 11　大连市猪年内存栏数现状分布图

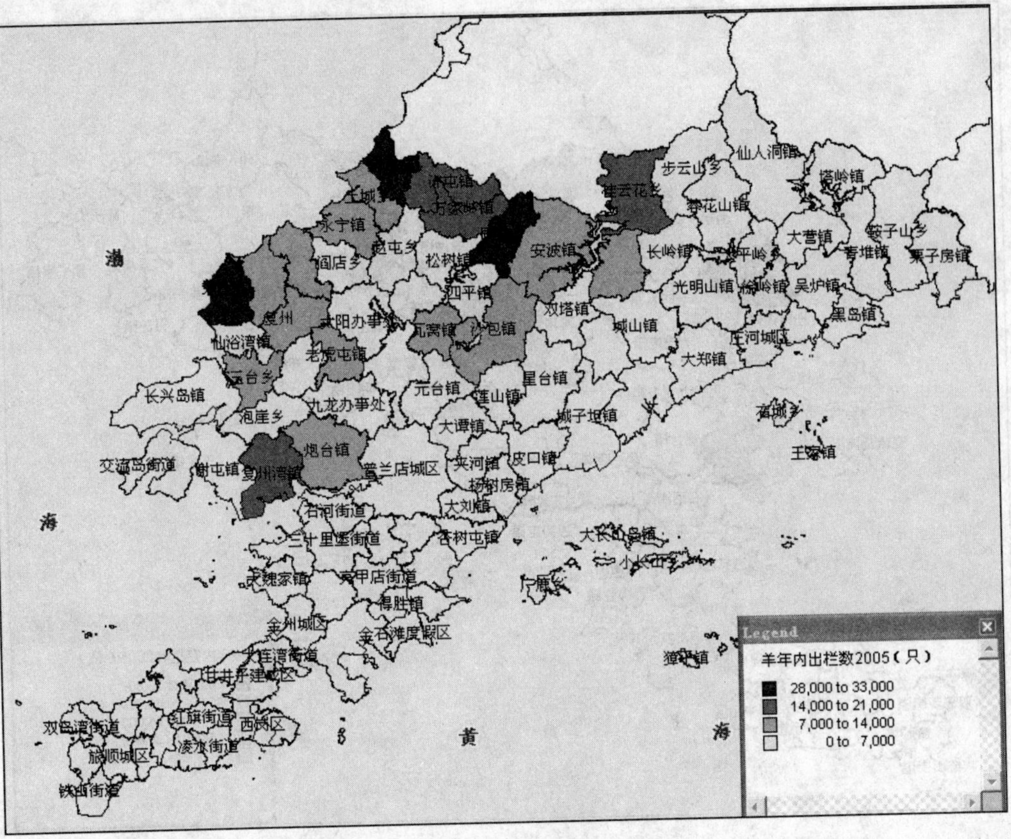

图 12　大连市羊年内出栏数现状分布图

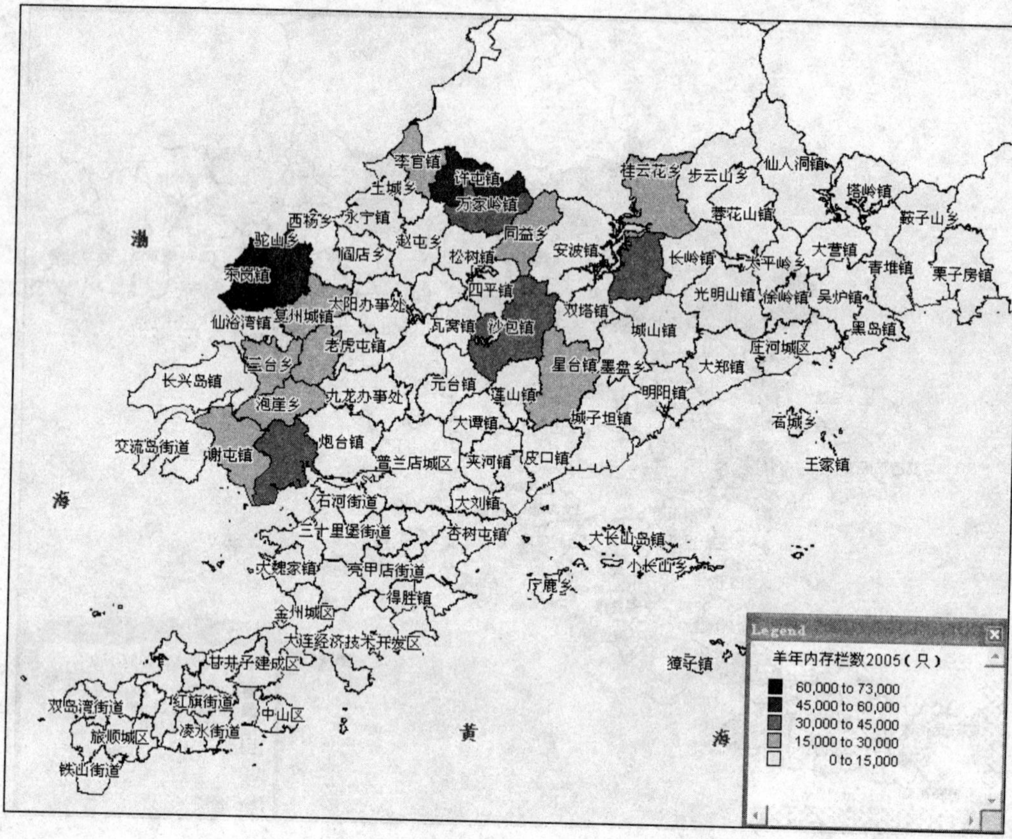

图 13　大连市羊年内存栏数现状分布图

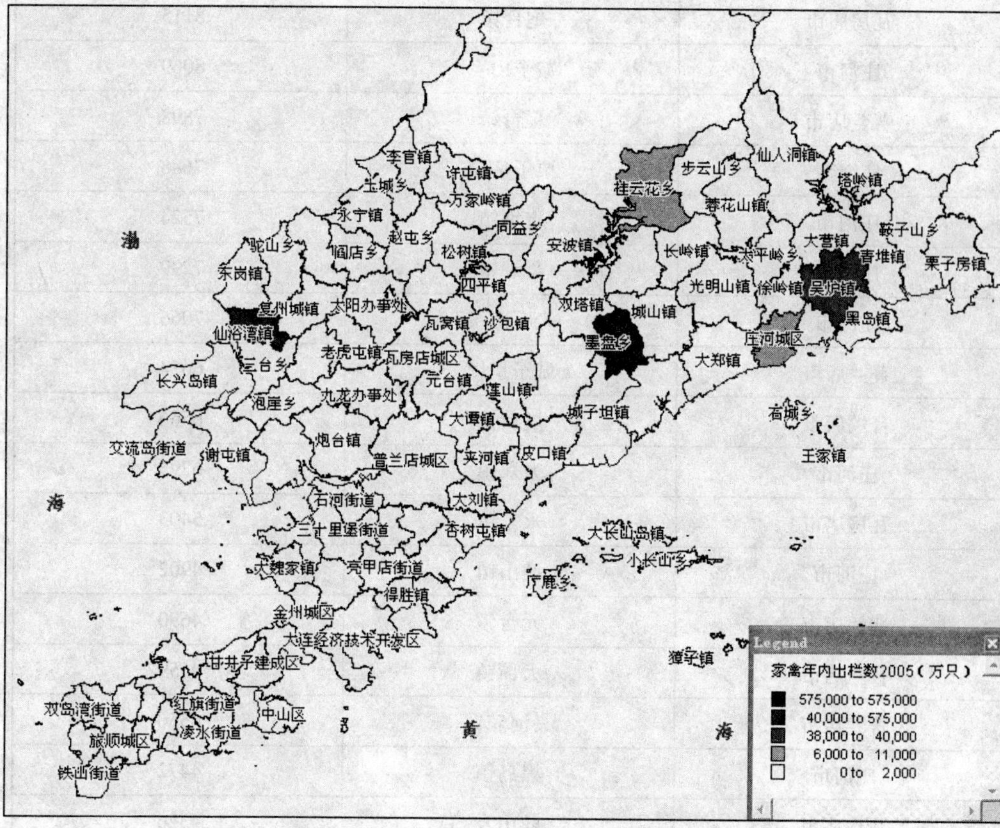

图 14　大连市家禽年内出栏数现状分布图

附件五:大连市农产品生产规模较大乡镇表

表 9-1　　粮食播种面积 4000 公顷以上的乡镇　　单位:公顷

所属区市县	乡　　镇	面　　积
瓦房店市	李官镇	17000
瓦房店市	炮台镇	8115
庄河市	鞍子山乡	8069
普兰店市	星台镇	7898
庄河市	栗子房镇	7688
庄河市	青堆镇	7524
庄河市	吴炉镇	7299
庄河市	光明山镇	7066
普兰店市	城子坦镇	6654
普兰店市	皮口镇	6566
庄河市	大郑镇	6295
瓦房店市	永宁镇	5403
庄河市	城山镇	4902
普兰店市	元台镇	4690
普兰店市	大谭镇	4559
普兰店市	夹河庙镇	4556
庄河市	黑岛镇	4472
瓦房店市	驼山乡	4326
瓦房店市	泡崖乡	4168
金州区	华家屯镇	4132
瓦房店市	西杨乡	4120
瓦房店市	阎店乡	4064
普兰店市	双塔镇	4024

表 9－2　　粮食产量 2 万吨以上的乡镇　　单位:吨

所属区市县	乡　　镇	面　　积
庄河市	栗子房镇	44994
庄河市	青堆镇	39335
庄河市	光明山镇	37167
庄河市	鞍子山乡	37135
瓦房店市	炮台镇	36437
普兰店市	皮口镇	35559
普兰店市	城子坦镇	35002
普兰店市	星台镇	33777
庄河市	大郑镇	29644
庄河市	吴炉镇	28570
普兰店市	夹河庙镇	27520
瓦房店市	永宁镇	24717
普兰店市	大谭镇	24273
瓦房店市	泡崖乡	23571
金州区	登沙河街道	23481
金州区	杏树屯镇	23460
瓦房店市	阎店乡	22020
瓦房店市	太阳街道	21560
瓦房店市	驼山乡	21500
庄河市	黑岛镇	21040
瓦房店市	老虎屯镇	20148
普兰店市	元台镇	20127

表 10－1　蔬菜播种面积 500 公顷以上的乡镇　单位:公顷

所属区市县	乡　镇	面　积
庄河市	桂云花乡	1781
金州区	三十里堡街道	1563
金州区	七顶山街道	1497
甘井子区	营城子街道	1396
金州区	大魏家镇	939
旅顺口区	三涧堡街道	911
普兰店市	元台镇	808
金州区	华家屯镇	748
金州区	石河街道	737
旅顺口区	旅顺城区	728
普兰店市	皮口镇	681
普兰店市	城子坦镇	600
庄河市	大郑镇	600
庄河市	栗子房镇	572
庄河市	吴炉镇	564
庄河市	光明山镇	557
普兰店市	星台镇	548
瓦房店市	复州城镇	526
庄河市	鞍子山乡	514
瓦房店市	炮台镇	507

表 10－2　　蔬菜产量 3 万吨以上的乡镇　　单位:吨

所属区市县	乡　　镇	面　　积
金州区	登沙河街道	342000
金州区	七顶山街道	134668
金州区	三十里堡街道	104000
旅顺口区	营城子街道	76442
金州区	大魏家镇	68414
普兰店市	元台镇	65248
旅顺口区	三涧堡街道	59643
瓦房店市	老虎屯镇	50000
金州区	华家屯镇	47655
庄河市	大郑镇	42000
普兰店市	皮口镇	39298
旅顺口区	旅顺城区	36982
普兰店市	星台镇	36963
瓦房店市	复州城镇	35473
庄河市	栗子房镇	34330
庄河市	鞍子山乡	32774
庄河市	吴炉镇	32632
普兰店市	城子坦镇	30000

表 11－1　　果园面积 1000 公顷以上的乡镇　　单位:公顷

所属区市县	乡　镇	面　积
瓦房店市	赵屯乡	4500
瓦房店市	杨家乡	3906
普兰店市	沙包镇	2834
瓦房店市	得利寺镇	1979
瓦房店市	永宁镇	1969
瓦房店市	土城乡	1965
普兰店市	四平镇	1917
瓦房店市	阎店乡	1750
金州区	三十里堡街道	1647
瓦房店市	万家岭镇	1565
瓦房店市	许屯镇	1526
普兰店市	瓦窝镇	1523
普兰店市	双塔镇	1384
瓦房店市	驼山乡	1376
普兰店市	城子坦镇	1229
金州区	七顶山乡	1207
瓦房店市	复州城镇	1157
金州区	大魏家镇	1155
瓦房店市	李官镇	1000

表 11－2　　水果产量 2 万吨以上的乡镇　　单位:吨

所属区市县	乡　镇	面　积
瓦房店市	土城乡	110000
瓦房店市	赵屯乡	51581
瓦房店市	许屯镇	40845
普兰店市	沙包镇	37951
普兰店市	城子坦镇	35008
瓦房店市	万家岭镇	31026
瓦房店市	驼山乡	28000
普兰店市	星台镇	27354
瓦房店市	李官镇	26000
瓦房店市	复州城镇	25957
瓦房店市	永宁镇	25000
瓦房店市	阎店乡	24972
普兰店市	双塔镇	24200
金州区	三十里堡街道	23730
庄河市	吴炉镇	23603
普兰店市	四平镇	22268
普兰店市	安波镇	21800
瓦房店市	得利寺镇	20000

表 12－1　　牛出栏量3000头以上的乡镇　　单位：头

所属区市县	乡　镇	出栏量
普兰店市	瓦窝镇	16517
普兰店市	安波镇	9135
瓦房店市	三台乡	9130
普兰店市	夹河庙镇	5850
庄河市	吴炉镇	5256
普兰店市	莲山镇	4986
普兰店市	双塔镇	4426
普兰店市	四平镇	4366
金州区	二十里堡街道	3916
普兰店市	沙包镇	3855
瓦房店市	炮台镇	3852
普兰店市	同益乡	3500
金州区	登沙河街道	3212
庄河市	长岭镇	3199
瓦房店市	永宁镇	3180
普兰店市	城子坦镇	16517

表 12－2　　猪出栏量 50000 头以上的乡镇　　单位:头

所属区市县	乡　镇	出栏量
普兰店市	夹河庙镇	241110
普兰店市	大谭镇	217241
普兰店市	杨树房镇	124665
庄河市	栗子房镇	107546
普兰店市	莲山镇	99596
金州区	华家屯镇	80880
庄河市	鞍子山乡	79735
普兰店市	星台镇	75280
普兰店市	沙包镇	73208
瓦房店市	炮台镇	67455
庄河市	大郑镇	64935
瓦房店市	永宁镇	62345
普兰店市	皮口镇	61598
庄河市	吴炉镇	61096
普兰店市	城子坦镇	58409
金州区	向应镇	54066
金州区	亮甲店街道	53977
庄河市	光明山镇	53694
金州区	登沙河街道	50275

表 12-3　　羊出栏量5000只以上的乡镇　　单位:只

所属区市县	乡　镇	出栏量
瓦房店市	东岗镇	32842
瓦房店市	李官镇	32511
普兰店市	同益乡	28000
庄河市	桂云花乡	18320
瓦房店市	万家岭镇	16688
瓦房店市	许屯镇	16373
瓦房店市	复州湾镇	15000
普兰店市	沙包镇	13570
瓦房店市	三台乡	13221
普兰店市	安波镇	12978
瓦房店市	永宁镇	10522
瓦房店市	驼山乡	9214
瓦房店市	复州城镇	9072
瓦房店市	老虎屯镇	8808
庄河市	荷花山镇	8123
瓦房店市	炮台镇	7925
普兰店市	瓦窝镇	7755
瓦房店市	西杨乡	7477
瓦房店市	土城乡	7174
瓦房店市	松树镇	6432
瓦房店市	得利寺镇	6352
瓦房店市	杨家乡	6276
瓦房店市	谢屯镇	5371
庄河市	大郑镇	5073
庄河市	步云山乡	5011

表 12－4　　家禽出栏量5000只以上的乡镇　　单位：万只

所属区市县	乡　镇	出栏量
普兰店市	墨盘乡	575000
瓦房店市	仙浴湾镇	40000
庄河市	吴炉镇	38020
庄河市	桂云花乡	10567
庄河市	庄河城区	6049
金州区	二十里堡街道	1786
瓦房店市	复州城镇	324
庄河市	大郑镇	317
瓦房店市	炮台镇	307
金州区	登沙河街道	290
普兰店市	夹河庙镇	284
普兰店市	城子坦镇	280
金州区	亮甲店街道	258
金州区	杏树屯镇	233
瓦房店市	东岗镇	230
金州区	大魏家镇	205
瓦房店市	太阳街道	200

表 12－5　　牛存栏量 5000 头以上的乡镇　　单位:头

所属区市县	乡　镇	出栏量
庄河市	长岭镇	16444
普兰店市	沙包镇	9575
普兰店市	大谭镇	9437
普兰店市	莲山镇	9133
普兰店市	星台镇	8617
普兰店市	瓦窝镇	7951
瓦房店市	泡崖乡	7630
普兰店市	安波镇	7251
庄河市	吴炉镇	6844
普兰店市	墨盘乡	6435
庄河市	城山镇	5882
普兰店市	夹河庙镇	5759
普兰店市	四平镇	5381
普兰店市	元台镇	5256
普兰店市	双塔镇	5215
瓦房店市	太阳街道	5000

表 12 - 6　　猪存栏量 30000 头以上的乡镇　　单位:头

所属区市县	乡　镇	出栏量
普兰店市	大谭镇	134516
普兰店市	夹河庙镇	115225
庄河市	栗子房镇	86200
普兰店市	莲山镇	74694
普兰店市	城子坦镇	69475
普兰店市	皮口镇	67215
庄河市	鞍子山乡	63883
普兰店市	杨树房镇	58381
庄河市	光明山镇	52848
普兰店市	元台镇	51717
普兰店市	星台镇	47510
普兰店市	沙包镇	47094
庄河市	大郑镇	46748
普兰店市	墨盘乡	46654
庄河市	吴炉镇	43737
庄河市	青堆镇	40240
普兰店市	双塔镇	39688
金州区	杏树屯镇	35620
瓦房店市	永宁镇	33639
金州区	亮甲店街道	30549
瓦房店市	炮台镇	30146
瓦房店市	万家岭镇	30000

表 12－7　　羊存栏量 10000 只以上的乡镇　　单位:只

所属区市县	乡　镇	出栏量
瓦房店市	东岗镇	72161
瓦房店市	驼山乡	59049
瓦房店市	许屯镇	46870
瓦房店市	万家岭镇	44338
普兰店市	沙包镇	38119
庄河市	荷花山镇	30938
瓦房店市	复州湾镇	30000
瓦房店市	复州城镇	29751
普兰店市	同益乡	27000
庄河市	桂云花乡	26238
瓦房店市	谢屯镇	24366
瓦房店市	三台乡	22572
普兰店市	星台镇	20210
瓦房店市	李官镇	20000
瓦房店市	泡崖乡	20000
瓦房店市	杨家乡	15400
普兰店市	安波镇	14723
瓦房店市	松树镇	14527
庄河市	仙人洞镇	14496
瓦房店市	西杨乡	14161
庄河市	步云山乡	14057
瓦房店市	土城乡	12149
瓦房店市	炮台镇	12058
瓦房店市	赵屯乡	11761
瓦房店市	仙浴湾镇	11000
普兰店市	瓦窝镇	10070

资料来源:大连市农委。

附件六："十五"时期主要农产品人均年消费量变化图

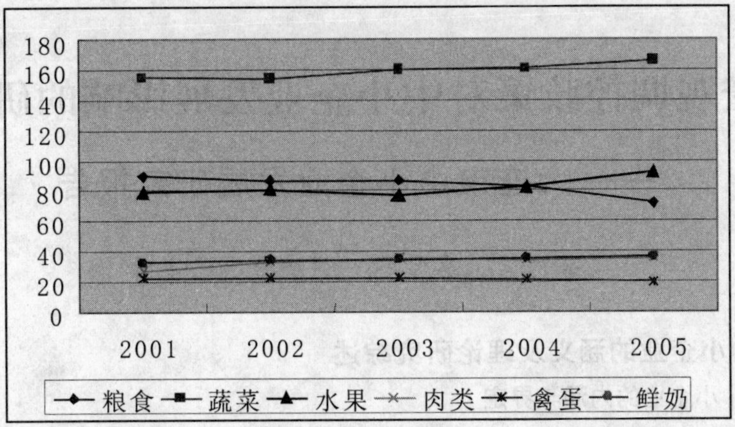

图 15 "十五"时期主要农产品人均年消费量变化图

《大连市农业商品生产基地建设研究》课题组成员

课题领导小组：

组　长：李　才　大连市政府发展研究中心　主任　教授
汤方栋　大连市农村经济委员会　主任
副组长：栾福军　大连市政府发展研究中心　副主任
王家贵　大连市农村经济委员会　副主任

课题组：

组　长：于连生　大连市政府发展研究中心农村研究室　主任
苑滋敏　大连市农村经济委员会　副主任
成　员：刘文展　大连市政府发展研究中心农村研究室　主任科员
宋欣茹　大连市政府发展研究中心　助理研究员
隋晓晨　大连市农村经济委员会果业处　处级调研员
费云丽　大连市农村经济委员会种植业处　副处长
宋成友　大连市农村经济委员会畜牧处　副处级调研员
杨立新　大连市农村经济委员会综合处　主任科员

执笔人：刘文展　宋欣茹　隋晓晨　费云丽　宋成友

宏观调控政策对中小企业发展影响的研究

——大连市中小企业发展研究报告

鲁　岩　秦学冬　刚晓丹　冯士森

一、中小企业的涵义及理论研究综述

（一）中小企业的内涵与界定

1. 中小企业的概念

●传统中小企业的概念。传统意义的中小企业是基于规模差异的相对概念。当它最初作为企业的初始形态广泛存在的时候，人们定义的只是企业，当大企业出现后才有了与之相对应的中小企业的概念。因此，传统中小企业的竞争力及市场地位往往以人员、资产为特征量。随着企业向技术密集型和知识密集型方向发展，知识、技术在企业生产经营要素中的主导作用越来越明显，从业人员、资本规模已不能完全决定和表达企业的竞争力和市场地位，单纯用规模大小来界定中小企业自然很难令人信服。

●当代中小企业的概念。从理论角度看，企业的大小应表示企业对经济生活的影响和作用的大小，这实质上是企业内在竞争力强弱的外在表现。当然，企业规模对其竞争力有一定影响，特别是在企业劳动密集和资本密集发展阶段，企业竞争力的强弱基本上取决于其从业人员数量和资本规模。在此阶段用从业人员数量和资本规模来表征企业的竞争力大小进而作为划分企业的标准是合理的。

我国在 2002 年通过的《中小企业促进法》指出，中小企业是指在中华人民共和国境内依法设立的有利于满足社会需要，增加就业，符合国家产业政策，生产经营规模属于中小型的各种所有制和各种形式的企业。这类企业不处于市场主导地位，带有典型的地方特色，与地方经济有着密切联系。

可见，无论是传统意义还是当代对中小企业的定义，都认为在市场经济中，中小企业的竞争力处于相对弱势。通常，它的从业人员数、资本额等硬件规模较小，同时存在着组织管理或技术创新、人力资源、信息等方面的缺陷，对宏观政策变化反应敏感，抗风险能力较弱。

2. 中小企业的界定

●国外中小企业的界定标准。国际上对中小企业的界定可以分为定性界定和定量界定两种。定性界定一般包含三项特征：较小的市场份额（如企业在所经营领域中不具

有垄断地位、不能进行资本市场融资等)、自主经营(如业主控制企业)及企业家具有独立所有权(如业主持有50%以上的股权)。定量界定一般包括三项指标:从业人数、资产额和销售额。国外多数国家界定中小企业均使用定量指标中的一个或几个指标,有的亦附加定性界定(见表1)。

表1　不同国家地区的中小企业界定标准

国家和地区	最新中小企业界定标准
美国	雇工人数不超过500人
欧盟	雇员人数在250人以下并且年产值不超过4000万埃居或者资产年度负债总额小于2700万埃居,并且不被大企业持有25%以上股权 其中:雇员少于50人,年产值小于700万埃居或者资产年度负债总额不超过500万埃居,并且有独立法人地位的企业为小企业
日本	制造业:从业人员300人以下或资本额3亿日元以下 批发业:从业人员100人以下或资本额1亿日元以下 零售业:从业人员50人以下或资本额5000万日元以下 服务业:从业人员100人以下或资本额5000万日元以下
韩国	制造业:从业人员300人以下或资本额5亿韩元以下 批发业:从业人员50人以下或资本额2亿韩元以下 建筑业:从业人员50人以下或资本额5亿韩元以下 服务业、商业:从业人员50人以下或资本额5000万韩元以下 零细企业:从业人数5人以下
印度	小企业:机械设备投资额200万卢比以下 零细企业:投资额20万卢比以下 协力企业:投资额250万卢比以下,且生产经营活动的50%以上是为其他企业进行零部件生产、组装、设备修理等活动
巴基斯坦	小企业:建筑业、机械设备投资额75万卢比以下
澳大利亚	制造业:雇用人数在100人以下 矿业、建设业:雇用人数20人以下 零售、批发、服务业:年周转资金在20万澳元以下

●我国中小企业的界定标准。根据2004年正式执行的《中小企业标准暂行规定》,我国对中小企业的划分做了详尽规定。新标准基本上是采取职工人数、销售额、资产总额的定量界定标准(见表2)。

表2　　中国对中小企业的界定

行业	指标	中型	小型
工业企业	从业人员(人)	300～2000	300以下
	销售额(万元)	3000～30000	3000以下
	资产总额(万元)	4000～40000	4000以下
建筑业企业	从业人员(人)	600～3000	600以下
	销售额(万元)	3000～30000	3000以下
	资产总额(万元)	4000～40000	4000以下
批发业企业	从业人员(人)	100～200	100以下
	销售额(万元)	3000～30000	3000以下
零售业企业	从业人员(人)	100～500	100以下
	销售额(万元)	1000～15000	1000以下
交通运输业	从业人员(人)	500～3000	500以下
	销售额(万元)	3000～30000	3000以下
邮政业	从业人员(人)	400～1000	400以下
	销售额(万元)	3000～30000	3000以下
住宿和餐饮业	从业人员(人)	400～800	400以下
	销售额(万元)	3000～15000	3000以下

(二)国内外经济学界对中小企业发展的理论研究

1.国外关于中小企业发展研究的主流学派

国外涉及中小企业相关理论的研究已非常成熟。本报告主要介绍其中三种主流学派:一是中小企业存在理论,二是中小企业发展理论,三是中小企业产业政策理论。

(1)中小企业存在理论

——不完全竞争理论。西方经济学认为,市场有四种结构:完全竞争、完全垄断、垄断竞争、寡头垄断。现实经济生活中大量存在的是垄断竞争即不完全竞争市场,其代表人物是英国经济学家罗宾逊夫人和张伯伦。罗宾逊夫人(J. Robinson)在《不完全竞争经济学》中指出,现实经济社会中,不完全竞争才是实际存在的经济形态。正因如此,才给中小企业提供了生存的空间。她认为只要中小企业能发挥自身优势,同样可以对市场价格产生影响,拥有竞争优势。她认为不同的企业参与竞争的条件不同,只要中小企业能发挥自身优势,同样可以对市场价格产生影响,拥有竞争优势。另一位剑桥学派的代表人物张伯伦(E. H. Chamberlin)也是不完全竞争理论的拥护者,他的观点是,企业的生产规模是有一定限度的,不可能无限制地扩大,中小企业正是由此而获得了生存空间,此外,张伯伦特别强调"产品差异"对中小企业存在的重要性,认为产品差别使中小企业也具有一定的垄断因素,得以与大企业共存。他还从规模小、对市场需求变化具有较强的适应性和灵活性等方面论证了中小企业存在的可能性和竞争力。

——最佳规模理论。这一理论由英国经济学家E. A. G. 罗宾逊(E. A. G. Robinson)

在1931年出版的《竞争产业的结构》中提出。他认为企业的大规模经济利益会被管理费用的增加及管理效率的降低所抵消，因此所谓最佳规模是指企业在现有技术条件下长期平均费用最低的规模，也是指利润率、利润额、附加价值额、人均附加价值生产率等为最高的规模。而这种规模未必是大规模，中小企业只要规模适度就能够存在和发展。日本末松玄六教授在《中小企业经营战略》(1971年)中也指出：企业能否生存、发展，与能否形成最佳经营规模有直接关系。由于行业不同，形成最佳规模的企业不只是大企业能够做到，中小企业也能做到。所以，中小企业只要能发挥自身优势，自然可以调整到最佳规模，获得规模经济，那么出现问题的可能性就较小，而生存和发展的余地就较大。

——新经济论。其主要观点是由美国未来学家托勒夫提出的，托勒夫认为随着经济的发展，生活水平的提高，人们越来越追求个性化的产品和专门的高级特殊服务，而相对于大企业，往往中小企业更能适应这种新的社会需求；其次随着知识经济时代的到来，技术创新对企业的生存和发展比以往变得更为重要，而中小企业尤其是高技术企业有着比大企业更富有创新的意识和内在动力。

另外，西方经济学家提出的经济进化理论、产业分工和协作理论等也对中小企业的存在、发展的必要性，以及在提高效率、规避风险方面的作用做了精辟阐述。

(2)中小企业的发展理论

——"中间技术"及"小巧工作单元"理论。英国学者舒马赫提倡运用中间技术，以小巧的工作单元及善用当地人力与资源的地区性工作场所等基础观念，为经济学带来全新的思考方向(见《小的是美好的》)。所谓中间技术，是指适宜当地发展需要、能促进充分就业的小型技术。所谓中间技术，是指适宜当地发展需要、能促进充分就业的小型技术。与以往的原始技术相比，生产效率高；与现代高级大型技术相比，所需投资少。处于初级技术与高级技术、原始技术与现代技术之间。他认为，二战后各国经济的复兴，科学技术的巨大成就以及现代工业的发展并没有完全解决给工业体系得以生存的各种问题，如资源的枯竭，因此必须采用高效率的小型技术。所谓小巧的工作单元即指灵活多变的中小企业。舒马赫鼓励企业不要追求大而全的生产模式，而是在考虑区域性差异基础上采取多元的生产方式，保证以最小的人力资源损耗换取最大产品产出。

——厂商规模无关论。这是华裔经济学家杨小凯为代表提出的新理论，杨小凯在《厂商规模无关论》中提出：如果分工是通过劳动市场在企业内发展的，则每个工厂就会雇用越来越多的人，生产力和厂商规模就会相应同步增加，但是如果分工是通过产品和服务市场在工厂之间发展的，则每个工厂就会越来越专业化，不同专业的工厂种类增加，单个工厂的规模缩小，而生产力上升。因此，随着市场化程度的不断提高，市场化分工的网络效应凸现，中小企业得到了迅猛地发展。

另外，英国经济学家巴罗(C. barrow)在《小型企业》中，对中小企业成长过程理论、企业组织形式以及经营方式的选择、多种融资手段的运用，营销策略、财务管理、人事管理等方面都进行了论述，提出了小型企业发展的对策。

(3)中小企业的产业政策理论

——雁行论。由日本学者赤松要提出。他认为,发展中国家在引进发达国家技术、设备的同时,既要学习模仿输入的生产技术,也要注重消化、创新,发展新的产业。这种由模仿到创新的追赶过程类似于群雁飞行,时常排列成"一"字形或"人"字形的形态,类似于群雁飞行,故称雁行论。雁行论是实施追赶性产业政策的基础,对产业结构的调整具有重要作用。这种作用的发挥主要通过发展中小企业来实现。中小企业规模较小,进入与退出成本相对较低,尤其在技术创新过程中,能及时适应需求变动而调整。可见,发展中小企业是发展中国家劳动密集型向技术密集型转变过程的"试金石"。

——幼稚产业保护理论。由美国的汉密尔顿(A. Hamilton, 1757~1804)和德国的李斯特(F. List, 1789~1846)最早提出。他们认为,一国应选择某些具有潜在比较优势和发展前途的幼稚产业,予以适当、暂时的关税保护,以此逐步增强其国际竞争力。本节主要借鉴该理论的"幼稚"含义。在市场环境下,中小企业极易成为大企业掠夺的对象,属弱势群体。保护扶植幼稚产业的政策主要有:财政扶植政策、金融扶植政策、技术扶植保护以及直接规制扶植保护。从中小企业的特点来看,这些扶植政策正是为中小企业量身定做的。在经济全球化的大潮下,政府采用倾斜性保护政策,扶持中小企业的发展,发挥民族产业优势,是我国富民强国的一条重要途径。

2. 国外学者对中小企业成长阶段的模型研究

各国学者对中小企业成长阶段提出了很多模型,主要包括:

(1)斯坦梅茨的四阶段模型

1969年,美国学者劳伦斯·斯坦梅茨(Lawrence L. Steinmetz)最早开始研究小企业的成长过程,他发现典型的小企业成长过程体现为一种S形状的曲线,并进一步可划分为四个阶段。

——直接控制阶段。在企业初创期,企业人员少,创业者往往是一个人的经营模式,没有面临实际的管理问题。这一阶段,企业的成长性好,投资回报率高,销售收入快速增加,从而导致人员大量增加。随着员工的增加,组织的膨胀,业主无法监督每个员工的工作,不得不面临授权的压力。业主如果能够掌握管理的基本工具,包括计划、组织、指挥、控制等,便能比较顺利地带领企业进入第二阶段。

——指挥管理者阶段。进入第二阶段的小企业的最明显特征是业主努力地向管理者转变。他们开始尝试授权,开始开发测量企业经营绩效的工具,开始筹划企业的成长和扩张,开始关注企业的财务问题,开始认识到必须做出规范的投资决策。

——间接控制阶段。企业开始分家,一些高层管理人员掌握经营一个小企业的经验后便可能离开企业独立创业,并成为竞争对手。企业的管理费用不断上升,投资回报率的增长速度开始减慢,企业成长的速度也在减慢。中层管理人员成为企业管理的重点,成为决定企业是否继续成长的关键因素。企业的一些产品开始丧失赢利的能力。

——部门化组织阶段。进入此阶段已经基本脱离了小企业的特点,而逐渐向大中型企业,更准确地说是规范化组织阶段迈进。

(2)葛雷纳的企业成长模型

美国哈佛大学教授拉瑞·葛雷纳(L. E. Greiner)的研究发现,企业的成长可分为五个不同的阶段,企业必须通过特定的组织结构、战略和行为的变化才能实现阶段的跨越,成长为大企业(见图1)。

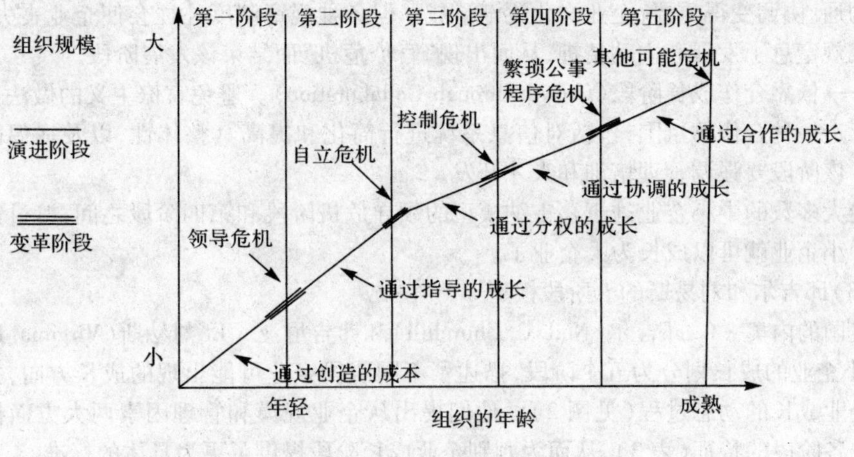

资料来源:L. E. Greiner, Harvard Business Review, July, August 1972

图1　中小企业成长五阶段

葛雷纳的研究表明,绝大多数企业从未学会如何成长,至少没有及时学会如何发展进入下一阶段。

——依靠创新成长阶段(Growth through Creativity)。一般是企业创立者有一个好的想法并付诸实践。正确的想法为企业成功带来机会,但相当多的新企业创立不久便告夭折。这一阶段,企业的创始人是一切的核心。随着企业的成长,企业创始人将会被过多的细小行政事务和具体经营问题所困扰,不能再有效地经营企业,出现了所谓"领导危机"。领导危机使企业举步维艰,抑或开始逐渐衰退,危机的出现标志着可能持续几年甚至几十年的第一发展阶段结束。

——依靠指导成长阶段(Growth through Direction)。一位强有力的领导人成为企业最核心竞争力。他必须能为企业的发展做出科学而果断的决策,制定出明确的方向和目标,将头脑中的想法正式化和形式化。这一阶段的成功取决于发现、留住关键人员并调动他们的积极性。但随着企业组织的进一步成长,一些下属对自己所从事的工作变得比"指导者"更为熟悉和了解,因此很自然地希望有更多的发言权,这些下属不是争权夺势就是失去热情离开企业,出现"自治危机"。说明自上而下的指导型管理已不能再适应企业的进一步发展,第二阶段结束。

——依靠授权成长阶段(Growth through Delegation)。为解决"自治危机",创业者就必须学会授权,但许多业主往往不愿意授权,他们认为别人做不到像自己做得那样好,或不善于授权。该阶段需要招募专业人才,并向其授予必要的权限。但一旦授权不当,部分下属可能会不服管制,出现"控制危机",于是第三阶段结束。

——依靠协调成长阶段(Growth through Coordination)。要解决控制危机,必须将权力下放阶段和管理阶段协调好。决策权仍然授予下面,但要系统地授权和加强规章制度建设。企业需要引入某种形式的战略计划,将从下而上,及从上至下的两种计划合为一体。沟通、协调变得重要,企业文化逐渐形成。但各种规章制度往往会使企业丧失机会。墨守成规窒息了发展和主动精神,从而出现"官僚危机"而结束该发展阶段。

——依靠合作成长阶段(Growth through Collaboration)。避免官僚主义的做法是在企业内营造一种合作的氛围,包括对信息系统进行简化和提高其整体性,以及提倡团队精神等。该阶段要强调管理培训和人才开发。

绝大多数的中小企业处于葛雷纳模型的领导危机阶段和第四阶段之间,渡过这五个阶段中小企业就可以成长为大企业了。

(3)邱吉尔和刘易斯的五阶段模型

美国的内奥·C. 邱吉尔(Neil. C. Churchill)和弗吉尼亚·L. 刘易斯(Virginia. L. Lewis)把小企业的成长划分为五个阶段,描述了不同阶段企业可能出现的成长方向,并描绘出小企业成长的动态过程(见图2)。他们提出从企业规模和管理因素两大方面描述企业成长各阶段的特征(表3),从而为判别企业成长阶段提供了更为具体的标准。

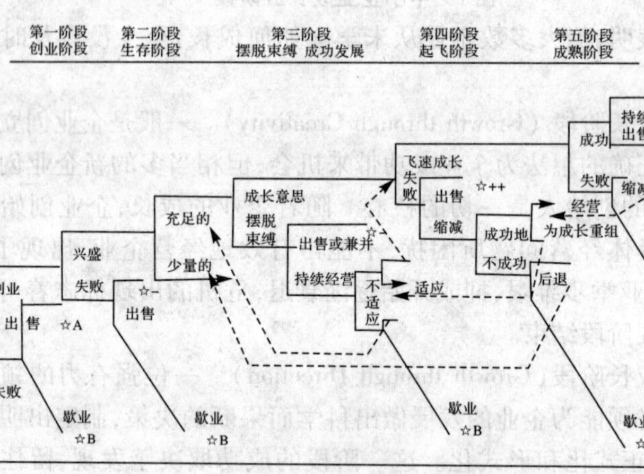

资料来源:Neil. C. Churchill, Virginia. L. Lewis, The Five Stages of Small Business Growth. Harvard Business, May—June, 1983.

图2 小企业的演进

表 3　　中小企业成长模式及个阶段比较

阶段	Ⅰ 创业阶段	Ⅱ 生存阶段	Ⅲ－D 摆脱束缚	Ⅲ－G 成功发展	Ⅳ 起飞阶段	Ⅴ 成熟阶段
基本描述	占有顾客至上	顾客基础稳定关心收支情况	企业规模扩展产品市场潜力获得行业平均或更高的利润	志在发展并积极准备	快速发展	维护战绩伺机而行
管理风格	直接控制指挥	监督性质的指挥	职能分工	职能分工	部门化管理	职能人员齐全
扩展	无	很少	基本的	明显的	完全的	渐进性扩展
战略	存在	生存下去	获取利润	积蓄资源实力	发展	投资回报
所有者与企业	所有者是企业的核心，控制并投入企业的全部经营业务		所有者参与企业大部分经营业务		所有者只参与企业的一小部分具体的经营业务	

(4)爱迪思的十阶段模型

美国学者伊查克·爱迪思(Ichak Adizes)博士通过对数百家企业的调查研究，提出了企业生命周期的系统性理论，出版了著名的《企业生命周期》一书(见表4)。爱迪思用P(Performance of the purse of the organization)和A(Administration)分别表示企业追求短期效益的执行功能和短期效率的行政功能；用E(Entreprenearing)和I(Integration)分别表示企业追求长期效益的创新能力和长期效率的整合能力。PAEI这四种功能在企业各阶段各自所呈现的大小不同，其不同组合决定了企业发展能力的强弱。如在婴儿期为PAEI，表示创新能力很强，而其他功能均很弱。故可根据不同组合推断出企业所处的阶段以及在每一阶段应采取的对策。

表 4　　中小企业生命周期中每个时期的特点

时期	特　点
孕育期	企业尚未诞生，仅仅是一种创业意图
婴儿期	行动导向，机会驱动。因此，缺乏规章制度和经营方针；表现不稳定，易受挫折；管理工作受危机左右；不存在授权，管理上唱的是独角戏；创业者成为企业生存的关键因素
学步期	企业已经克服了现金入不敷出的困难局面，销售节节上升，企业表现出快速成长的势头。但企业仍是机会优先，被动的销售导向，缺乏连续性和重点
青春期	企业脱离创业者的影响，并借助职权的授予、领导风格的改变和企业目标的替换而再生。“老人”与新来者之间、创业者与专业管理人员之间、创业者与公司之间、集体目标与个人目标之间的冲突是这一时期的主要问题

续表

时期	特　点
盛年期	企业的制度和组织结构能够充分发挥作用；事业的开拓与创造力的发挥已制度化；注重成果，企业能够满足顾客的需求；能够制订并贯彻落实计划；无论从销售还是赢利能力来讲，企业都能承受增长所带来的压力；企业分化出新的婴儿期企业，衍生出新的事业
稳定期	企业依然强健，但开始丧失灵活性。表现为对成长的期望值不高；不努力占领新市场和获取新技术；对构筑发展远景失去了兴趣；对人际关系的兴趣超过了对冒险创新的兴趣
贵族期	大量的资金投入到控制系统、福利措施和一般设备上；强调的是做事的方式，而不问所做的内容和原因；企业内部缺乏创新，企业把兼并其他企业作为获取新的产品和市场的手段，资金充裕，成为潜在的被兼并的对象
官僚化早期	强调谁造成了问题，而不去关注应该采取什么补救措施；冲突和内让层出不穷；注意力集中到内部的争斗，忘记了顾客
官僚期	制度繁多，行之无效；与世隔绝，只关心自己；没有把握变化的意识；顾客必须想好种种办法，绕过或打通层层关节才能与之有效的打交道

资料来源：伊查克·爱迪思著，企业生命周期，赵睿等译，1997，中国社会科学出版社，北京。

（5）弗莱姆兹的七阶段理论

厄威克·弗莱姆兹教授将一个企业的生命周期划分为七个阶段：新建阶段、扩张阶段、专业化阶段、巩固阶段、多元化阶段、一体化阶段以及衰落和复兴阶段（见表5）。他认为，所有的企业都要经历不同的发展阶段，这些阶段至少是部分地由公司的规模（通过其年收入衡量）决定的。

表5　　中小企业成长各阶段

阶段	名称	重要发展阶段	企业的一般规模（百万美元销售额计）
1	新建	市场和产品	少于1
2	扩张	资源和经营系统	1～10
3	专业化	管理系统	10～100
4	巩固	企业文化	100～500
5	多元化	新产品	500～1000
6	一体化	不同业务单位的一体化	600～1000
7	衰退和复苏	前面各阶段的复苏	不同

资料来源：[美]弗莱姆兹著，增长的痛苦，李剑峰译，1998，中国经济出版社，北京。

3. 国内学者对中小企业发展的研究

我国学者对中小企业存在和发展的理论探讨得并不太多，更多的是从政府政策的层面来分析我国中小企业发展中存在的问题和对策。

●吕国胜在《中小企业研究》一书中分析了我国中小企业在经营战略与投资策略、市场营销、技术创新以及信息化等方面存在的问题及应对政策。他认为，中小企业的发展应从专业化分工、发展外向型经济、进行产业结构升级等方面入手，政府在此过程中应进一步推进中小企业改革，解决产权不清、政企不分等根本性问题，从改善中小企业外部环境、解决其金融服务问题、加强财税支持力度、推动技术创新和信息化建设等方面来催生和促进中小企业的发展。

●卫东在《中小企业社会服务体系建设探索与实践》中围绕中小企业社会服务体系进行了从理论和实践的深刻阐述。他认为，建立和完善中小企业社会服务体系是推动中小企业发展的关键，也是政府转变职能的需要和必要条件，政府要为企业发展创造良好的宏观环境和政策环境，就要在指导、扶持、服务、监督上下功夫，为中小企业生存和发展提供多层次、多渠道、多形式、全方位的社会化服务体系。

●俞建国在《中国中小企业融资》报告中，从融资主体、融资方式、融资结构和企业制度等方面，系统阐述了中小企业融资的基本理论和政策背景，分析了当前中小企业融资面临的“企业贷款难，银行放款难”的“两难”现象。他认为，该现象的产生在于企业的资产信用即可供抵押担保的资产总量与银行可提供的资金总量之间存在巨大差额。解决问题的关键在于企业、金融机构和政府三者之间形成正常的经济关系，建立健全面向中小企业的金融体系和社会信用体系。

●林毅夫在《中小金融机构发展与中小企业融资》一文中分析了中小企业在我国现阶段经济发展中的重要性，指出劳动力相对丰富、资本相对稀缺，使得劳动密集型中小企业在很长一段时间里会是我国企业组织中最有活力的构成部分。但是现有的高度集中的金融体系天生不适合为中小企业服务，这就不可避免地造成中小企业的融资困难。文章最后的结论是，大力发展和完善中小金融机构是解决我国中小企业融资难问题的根本出路。

●关于中小企业的发展中的另一个重要问题——技术创新，万兴亚在《中小企业技术创新与政府政策》中认为，我国中小企业技术创新的障碍主要来自政策助力不足、宏观管理体制不顺和企业创新要素短缺等三方面，并从中小企业自身和政府扶持行为方面提出了促进和提高中小企业技术创新能力的基本对策。

(三)宏观调控政策理论概述

宏观调控是国家调控经济的基本内容，对包括中小企业在内的各类经济主体的影响最为直接，其最主要的是财政政策和货币政策。

1. 财政政策

财政政策通常是指政府根据宏观经济发展规律的要求，为达到一定的目标而制定的指导财政工作的基本方针、准则和措施。财政政策作为宏观调控的重要手段,主要具有四种功能:导向功能、协调功能、控制功能、稳定功能。

财政政策可用公式表示为:$AD = C + I + G + NX$

$$C = \overline{C} + cY_d = \overline{C} + c(Y - \overline{TA} + \overline{TR})$$
$$= \overline{C} + c(Y - tY + \overline{TR}) \quad \overline{C} > 0, 0 < c < 1$$
$$AD = \overline{C} + c(Y - tY + \overline{TR}) + \overline{I} + \overline{G} + \overline{NX}$$
$$= [\overline{C} + \overline{I} + \overline{G} + c\overline{TR} + \overline{NX}] + c(1 - t)Y$$
$$= \overline{A} + c(1 - t)Y$$

财政政策乘数:$\dfrac{\Delta Y}{\Delta G} = \gamma = \dfrac{hk_G}{h + kbk_G}$

均衡收入:$Y = AD = [\overline{C} + \overline{I} + \overline{G} + c\overline{TR} + \overline{NX}] + c(1 - t)Y$

$$= \overline{A} - c(1 - t)Y$$
$$Y_0 = \frac{1}{1 - c(1 - t)}\overline{A} = \frac{1}{1 - c(1 - t)}(\overline{C} + \overline{I} + \overline{G} + c\overline{TR} + \overline{NX})$$

财政政策一般由三要素组成。一是目标,即通过它的实施所要达到的目的,或产生的效果。它是财政政策的核心内容,并随着经济发展和社会政治状况的改变而不断选择和确定。二是主体,即财政政策的制定者和实施者。三是工具,主要包括税收、购买性支出、转移性支出、国债和预算等工具。

(1)税收

它是国家组织收入的基本手段,又是调节经济的重要杠杆。一方面可以有力地调节社会总需求和总供给,另一方面调节个人收入和财富,实现公平分配。税收调节总供求关系,主要通过自动稳定政策和相机选择政策发挥作用。税收收入的变化对经济的影响具有乘数效应,就是税收收入的变动,会引起国民收入更大的变化。这种变化可以用国民收入变动量与引起这种变动的税收变动量的比值来反映。

(2)预算

它主要是指中央预算,即国家的财政收入与财政支出年度计划预算,是通过年度收支计划的制订,在执行中的调整来实现调节功能。其调节功能主要体现在收支规模和差额上。从总规模上讲,既定的收支规模可以决定民间部门可支配收入的规模,可以决定政策的生产性投资规模和消费规模,可以影响经济运行中的货币流通量,从而对整个社会的总需求和总供给产生重大影响。从差额上看,有三种形态,即赤字预算、盈余预算、平衡预算,它们各具不同的调节功能。需求不足时,赤字预算可对总需求增长起巨大刺激作用;需求过度时,盈余预算可对需求起抵制作用;供求相适应时,平衡预算可以维持这种状态。平衡预算乘数:

$$\Delta BS = \Delta\overline{TA} - \Delta\overline{G} - \Delta\overline{TR} \overset{H:\ TR=0,\Delta\overline{TA}=\Delta\overline{G}}{=} 0$$

$$\Delta Y = -\frac{c}{1-c}\Delta\overline{TA} + \frac{1}{1-c}\Delta\overline{G}$$

$$= \Delta\overline{TA} = \Delta\overline{G}$$

(3)国债

它是一种国家利用信用方式筹集财政收入的形式。国债对经济的影响主要体现为两种效应:流动性效应和利息率效应。流动性效应,是指通过调整国债期限结构和发行对象,来改变国债的流动性程度,进而影响整个社会资金流动总量。一般说来,长期国债流动性低,而短期则高。国债由金融机构认购,会通过扩大信贷规模而增加货币供应量;对非金融机构发行,只会引起资金使用权的转移,不会引起货币量增加。利息率效应,是指通过调整国债的利率水平和供求状况,来影响金融市场的利率变化。从而对经济产生扩张和收缩作用。国债的利率水平是资本市场的基准利率。

(4)转移支出

这种做法是政府不直接到市场上去购买,而是把资金转移到社会保障和财政补贴等上面,由接受转移资金的企业和个人,去市场上购买商品和劳务。社会保障支付是将高收入阶层的一部分收入,转移给低收入阶层。它成为实现收入公平分配,反经济周期的重要政策工具。失业增加时,政府增加保障支出,进而扩大消费;反之亦然。财政补贴也是一种转移支付。它分为两大类:一类是生产性补贴,一类是消费性补贴。这两种补贴的政策效应各不相同。生产性补贴直接增加生产者的收入,从而提高生产的供给能力和投资能力;消费性补贴,则鼓励消费者增加消费。

(5)政府购买

它是国家利用财政资金购买商品和劳务的支出,从最终用途上看,可以分为政府消费和政府投资两大部分。政府消费是为了保证政府履行管理职能所花费的开支;政府投资是由国家利用来源于税收或国债的资金,对市场机制难以有效进行资源配置的基础设施项目建设和事关国计民生的一些投资项目进行地投资。政府购买支出的增减将引起国民收入倍数的增减。这个倍数,就是支出乘数。乘数大小,由边际消费倾向决定。购买支出是进行需求调控的有力手段。当经济收缩时,资源不能充分利用,政府扩大支出,进行大规模采购和建设公共工程,可以直接增加需求,并通过乘数作用连锁反应。在经济过度扩张时,政府减少支出,结果则相反。

2. 货币政策

货币政策,是指中央银行为实现一定的宏观经济目标所制定和实施的,有关货币供应和流通方面的方针和措施的总称。货币政策的调节对象是货币供应量即全社会的购买力、总需求。它的具体表现形式是流通中的现金,个人和企事业单位在银行的存款。货币政策的核心是,通过变动货币供应量,使货币的需求和供应之间保持一定的对应关系,进而调节社会总需求与总供给。

货币政策可用公式表示为：$Y = \frac{hk_G}{h + kbk_G}\overline{A} + \frac{bk_G}{h + kbk_G}\frac{\overline{M}}{\overline{P}}$

$$或\ Y = \gamma\overline{A} + \gamma\frac{b}{h}\frac{\overline{M}}{\overline{P}}$$

$$k_G = \frac{1}{1 - c(1 - t)}$$

$$\overline{A} = \overline{C} + c\,\overline{TR} + \overline{I} + \overline{G} + \overline{NX}$$

$$\gamma = \frac{hk_G}{h + kbk_G}$$

货币政策乘数：$\frac{\Delta Y}{\Delta\frac{\overline{M}}{\overline{P}}} = \frac{b}{h}\gamma = \frac{bk_G}{h + kbk_G}$

1995年颁布实施的我国《中国人民银行法》规定：中央银行货币政策的目标是稳定币值（即防止通货膨胀），并以此促进经济发展。货币政策目标通过运用货币政策工具来实现。我国现行的货币政策工具主要有利率、存款准备金率、再贴现、公开市场业务、中央银行再贷款等。

（1）利率

它是一定时期内利息额与存贷资金的比率。利率分为存款利率和贷款利率。存款有储蓄存款，企事业单位存款等；贷款有工商企业等的贷款，个人住房和消费贷款等。在经济收缩时，降低利率可以减少存款，增加贷款，形成货币流通量的扩张，进而扩大总需求。在经济扩张时，提高利率，则反之。在我国，利率日趋成为一个重要的金融调控手段。在改革开放以来的宏观调控中，利率水平和结构的调整都发挥了重要作用。利率的决定：$\frac{\overline{M}}{\overline{P}} = L = kY - hi \quad k > 0, h > 0$

（2）存款准备金率

是指商业银行保留准备金的比率。存款准备金，是商业银行在吸收存款后，不能全部贷出，必须按照法定比例保留准备金，以保证客户取款和资金清算的需要，并存入中央银行的资金。商业银行只要经营存款业务，就必须保留存款准备金。存款准备金制度的初始意义在于保证商业银行的支付和清算，之后才逐渐演变成为货币政策工具。中央银行通过调整存款准备金率，即按规定向中央银行存的准备金占其存款总额的比例，能够影响商业银行的信贷扩张能力，从而间接调控货币供应量。

这是基于商业银行具有创造派生存款的功能。经过多级派生，使得派生存款总量数倍于初始存款。中央银行变动存款准备金率，可以有效地调控派生存款的数量。因为存款准备金率的微小变动，都会影响派生存款的较大变动。经验表明这个变动的倍数是7～8倍。二者之间变动的方向是反比。因此，在经济收缩时，中央银行降低存款准备金率，商业银行就是减少存入中央银行的存款准备金，增加贷款的发放，再经过乘数作用，全社会货币流通量就会相应增加。在经济扩张时，则相反。

银行存款准备金：

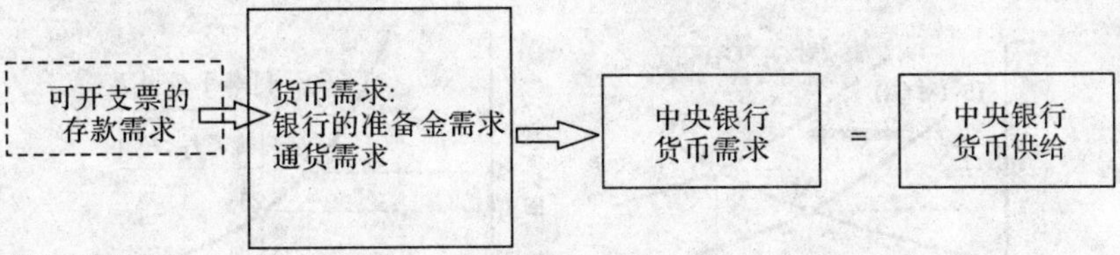

(3)再贴现率

它实际上是指商业银行向中央银行获取资金时支付的利息率。贴现是商业银行向企业提供资金的一种方式，再贴现是中央银行向商业银行提供资金的一种方式。二者都是以转让有效票据——银行承兑汇票为前提的。再贴现被不少国家广泛采用。中央银行可以通过变动再贴现率来调节货币供应量和利息率。在经济收缩时，中央银行降低再贴现率，包括放宽再贷款条件，一般会增加向中央银行的借款，进而直接增加贷款数量。而且通过银行派生存款的作用进一步增加市场上的货币供应量。

(4)公开市场业务

它是指中央银行在金融市场上买进或卖出政府债券的交易活动。这样做，目的不是为了盈利而是为了调节货币流通量。当中央银行认为需要放松银根时，便买进债券直接增加金融机构可用资金的数量；相反，当中央银行判断社会上资金过多时，便卖出债券，相应地收回一部分资金，减少货币流通量。

具体地说，在经济收缩时，中央银行买进债券，可以产生两种效应：一是个人和团体卖出债券后，将资金存入银行，并通过派生存款的作用增加货币供应量；二是中央银行买进债券时，会推动债券价格上升，银行利率相对下降，带来投资预期收益增加，投资规模扩大。在经济扩张时，中央银行则卖出债券。

由于公开市场业务每天都要做，与利率和存款准备金等相比，具有较大的灵活性，不会产生剧烈的影响和震动，可以作为一个经常性的微调性工具。而利率和存款准备金等不可能每天进行调整。因而不少国家都把它作为一种比较理想的间接调控工具。我国的公开市场业务近几年才起步。

(5)中央银行再贷款

指中央银行对金融机构发放的贷款。它是中央银行调控基础货币的一条重要渠道。在1996年底时，我国央行资金运用总量中，中央银行再贷款占55%。中央银行再贷款增加和利率下降，意味着银根将有所放松，会增加金融机构贷款的初始资金来源，直接影响金融机构信贷资金的供应能力。这部分货币进入流通后，由于货币乘数的作用，还会派生出更多的货币，从而扩大整个社会的信用规模。

3. 财政政策和货币政策的配合

在市场经济体制下，财政政策和货币政策都是国家调控的主要手段。但两者的功能不同，作用机理不同、调节的着力点不同，各有各的特点。因此，在进行调控的过程中，必须注意两种政策的配合使用，才能扬长避短，取得最佳的调控效果。

财政政策效应：

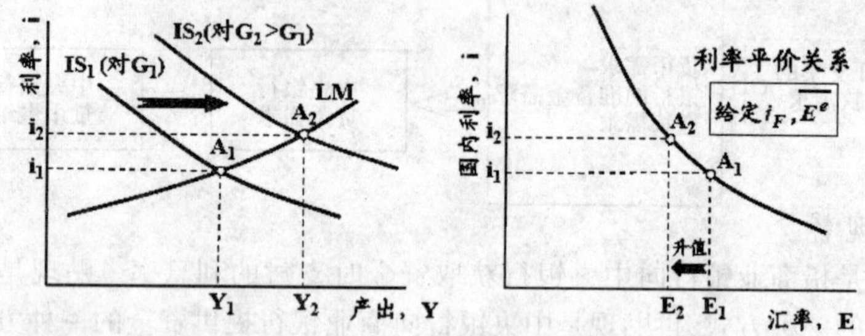

货币政策效应：

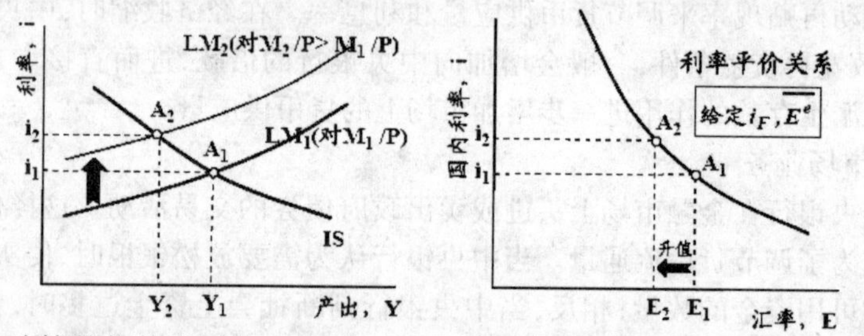

(1)财政政策的优势和局限

优势：一是财政支出政策直接作用于投资和消费，见效快，时滞短；二是弥补市场局限，对私人不愿投资（如公益事业）和不适合投资（如大部分自然垄断行业）领域，有效地配置资源；三是通过税收优惠和转移支付等手段，优化经济结构和地区结构；四是调节国民收入和财富分配，避免两极分化，实现社会公平；五是通过运用国家储备和财政补贴等措施，实现特殊情况下的特殊调控，保证社会政治和经济的稳定。

局限：一是对总需求的调节一般只是改变总量中的比例和分布，不会作用于总量本身；二是虽然对经济调节力度大，但容易对市场机制产生冲击力；三是对提高资金使用效率缺少刺激力，因为它的作用过程不是靠经济行为主体的竞争，也不是靠市场供应关系和市场机制；四是它的制定和实行需要经过一定的法律程序，不是那么容易实行，因为它既是一个经济决策过程，也是一个复杂的政治决策过程。

(2)货币政策的优势和局限

优势：一是对总需求的调节作用于总量本身；二是对抑制通货膨胀作用突出；三是对经济的调节作用平缓，不易引起激烈震动；四是与市场机制结合紧密，其操作是一种经济行为，有利于市场机制发挥作用；五是容易决策，一般是中央银行根据经济形势决定，灵活性较大。

局限:一是对经济调节的作用见效慢;二是主要是通过间接调节,对中介目标的调节;三是在结构调整方面难以直接发挥作用,因为货币政策是通过“货币量—利率—投资边际效益—资金转移”来实现,环节多,时间长,容易受到各种因素干扰;四是难以解决国民收入分配不公的问题;五是对于弥补市场缺陷显得无力。

(3)财政政策与货币政策的配合使用

两者配合使用,主要用于调节需求,一般有四种组合。

●“双松”政策。“松”的财政政策主要通过扩大支出规模来增加需求,“松”的货币政策主要通过降低利率和存款准备金率来扩大信贷规模,增加货币供应。需求严重不足时,生产能力和资源大量闲置的情况下,适用这种组合。但力度过大,也可能带来通货膨胀。

●“双紧”政策。“紧”的财政政策主要通过增加税收和减少政策支出等,限制投资与消费。“紧”的货币政策主要通过提高利率和存款准备金率,来增加储蓄,减少货币供给,抑制社会总需求。这种组合可以用来治理需求过度与通货膨胀。但力度过猛,也会造成经济停滞。

●“松”的财政政策和“紧”的货币政策。“松”的财政政策可以增加需求,促进经济增长。“紧”的货币政策可以避免过高的通货膨胀。但长期运用这种组合,会积累起大量的财政赤字。

●“紧”的财政政策和“松”的货币政策。这种政策组合的效应是在防止经济过热的同时,保持低度的经济增长。

除财政政策与货币政策以外,行政手段也是国家用于宏观调控的辅助措施。我国的经济发展过程充满了波动,有时还十分剧烈,并且形成了明显的周期。对此,要针对当时的具体情况,制定不同的调控目标,运用各种政策进行宏观调控,促进国民经济稳定、快速增长。

二、我国宏观调控政策的演变及对中小企业生存发展的影响

(一)我国宏观调控政策的变化阶段

我国宏观经济管理大致是从1978年以后开始的。1978年以前,我国实行单一的计划经济体制,行政和计划手段成为政府调控经济的主要手段。改革开放后,逐步形成的财政、货币政策开始在社会主义特色的市场经济体系建设中发挥着越来越重要的作用。按时间顺序排列,我国宏观经济出现的明显波动,主要包括以下几个时期:

表6　我国主要宏观经济政策波动变化简表

时　间		财政政策	货币政策
第一阶段	1978 年 ~ 1981 年	行政和计划手段对经济进行整顿	
	1985 年 ~ 1986 年	紧的	紧的
	1989 年 ~ 1990 年	紧缩	紧缩
第二阶段	1993 年 ~ 1997 年	适度从紧	适度从紧
	1998 年 ~ 2003 年	积极	稳健
	2004 年 ~ 2007 年	稳健	稳健
第三阶段	2008 年	稳健	从紧
	2009 年	扩张	适度宽松

1. 第一阶段

1978 年 ~ 1991 年有三次较大的波动。此阶段政府主要实行行政和计划手段调控经济，开始引入真正意义上的财政政策和货币政策。

1978 年 ~ 1981 年是第一次波动，各地出现宏观经济过热情况：经济增长率高达 11.7%，产品供不应求；投资出现过热，消费品价格上涨。1979 年，中央提出“调整、改革、整顿、提高”八字方针，这些宏观调控措施抑制了总需求与通货膨胀，使 1981 年经济增长率回落到正常水平。1985 年 ~ 1986 年是第二次波动，物价特别是商品零售价格上涨迅速，出现改革开放以来物价上涨的第二个高峰。1985 年中央实施货币政策与财政政策“双紧”式宏观调控：实施“紧”的政策，使 1986 年经济增长率下降到 8.8%，通货膨胀率下降到 6.2%。1989 年 ~ 1990 年是改革开放以来的第三次波动，1988 年投资率为 37.4%，经济增长率为 11.3%；进口增加，外贸赤字为 77.5 亿美元。1989 年，中央政府提出“治理经济环境，整顿经济秩序”，并采取强硬的宏观调控政策抑制总需求，执行紧缩信贷的方针和紧缩的财政政策，迅速抑制了增长和通货膨胀，实现经济“硬着陆”。1990 年经济增长率迅速下降到 3.8%，当年商品零售价格指数增长率急剧下降到 2.1%。

2. 第二阶段

1992 年 ~ 2007 年为第二阶段，这一时期也有三次比较大的经济波动，此时是市场经济体制初步建立阶段，政府的宏观经济管理由以直接的行政和计划手段为主，转向以经济、法律等间接手段为主，辅之必要的行政、投资等直接手段，财政、货币政策的作用越来越大。

1993 年和 1994 年，我国的通货膨胀率达到 13.2% 和 21.7%，形成物价上涨的第四个高峰。1994 年中央开始实行“双紧”政策：财政政策结合分税制改革；货币政策方面，严控信贷规模，大幅提高存贷款利率。经过三年的努力，1996 年终于成功实现经济“软着陆”，经济增长幅度回落到 9.6%，通货膨胀率降到 6.1%；1997 年“软着陆”成果得以巩固,实现了“高增长、低通胀”。1997 年下半年东南亚金融危机使我国的外贸出口受到很大的影响,同时国内遭遇百年不遇的特大洪涝灾害,经济面临振荡衰退、大幅下滑的危险。1998 年 ~2003 年我国实行积极的财政政策和稳健的货币政策,保证了我国经济在通货紧缩、经济景气度较低情况下的较高增长。2004 年年初,信贷规模增长偏快,消费价格指数高位运行,通货膨胀压力逐渐加大,经济继续保持快速增长;2006 年外需对我国经济增长的拉动作用逐渐加大。这一时期政府实施“双稳健”的财政货币政策,总体上既不盲目放松调控力度,也不轻易紧缩调控力度,保持宏观经济总量平衡。2007 年货币政策综合应用汇率、利率、存款准备金率、公开市场业务等手段,加强本外币政策的协调和银行体系流动性管理,在稳健中略显紧缩。“稳健”是 2007 年的主基调。

3. 第三阶段

为消除经济运行面临的风险和存在的不健康、不稳定因素,2007 年年底召开的中央经济工作会议确定了 2008 年的宏观调控任务:防止经济增长由偏快转为过热、防止价格由结构性上涨演变为明显通货膨胀。正是着眼于“双防”的目标,我国实施了稳健的财政政策和从紧的货币政策,中国物价水平从 2008 年 5 月开始呈现出涨幅走低的趋势,保证了经济的可持续发展和大局的稳定。2009 年,由于世界经济周期与中国经济周期、实体投资调整周期与金融资本调整周期、结构转型力量与周期性调整力量、房地产调整周期与制造业调整周期等多重因素的叠加,结构联动性和刚性的约束,中国宏观经济出现超预期深度下滑局面。针对我国经济面临的国内外形势比较严峻的局面,为了防止本轮经济出现过度调整,2009 年中央宏观调控政策取向由 2008 年以来的“偏紧型”向“中性偏松型”调整。

(二)宏观调控政策在我国中小企业发展中的应用

我国学者对中小企业存在和发展的研究主要依据 2001 年诺贝尔经济学奖获得者斯蒂格利茨的“政府干预理论”,重视宏观调控政策对企业发展的直接影响,强调通过政府及相关部门的适时干预,降低市场失灵形成的、中小企业自身无法克服的外部性,如信息不对称、企业信用等级低、交易成本高等。因此,“政府是否需要干预”在理论上已经不再是问题。问题的关键是,政府应该如何干预中小企业的发展。即政府应从哪些层面入手、采取哪些措施,推动社会主义市场经济体制下的中小企业蓬勃发展。基于支持中小企业发展的政策目标,我国已经出台了以税收减免、财政投入、金融信贷、鼓励创新等为主的系列优惠政策(见表 7),取得了显著成效。

表 7　　　　我国促进中小企业发展的主要政策

政策项目		相关政策文件	政策的主要内容及作用
税收减免政策	小企业所得税政策	《企业所得税若干政策问题的规定》财税〔1994〕9 号	对年应纳税所得额在 3 万元以下（含 3 万元）的企业，按 18% 的税率征收所得税；年应纳税所得额在 10 万元以下（含 10 万元）至 3 万元的企业，按 27% 的税率征收所得税
		《关于贯彻国务院有关完善小规模商业企业增值税政策的决定的通知》财税字〔1998〕113 号	年应税额在 180 万元以下的小规模商业企业，其增值税征收率由 6% 调减为 4%
		《关于企业所得税若干优惠政策的通知》财税〔1994〕1 号	对于中小型乡镇企业，可在应缴税款的基础上再减征 10%，用于补助其社会性开支费用
	高新技术企业税收政策	《关于企业所得税若干优惠政策的通知》财税〔1994〕1 号	国家级高新技术产业开发区内的企业，经认定为高新技术企业的，自投产年度起免征所得税 2 年，以后可按 15% 的税率征收所得税
财政支出政策		《关于科技型中小企业技术创新基金的暂行规定》国办发〔1999〕47 号	设立"科技型中小企业技术创新基金"，探索建立符合社会主义市场经济客观规律，支持中小企业技术创新的新型机制
		《中小企业国际市场开拓资金管理（试行）办法》财企〔2000〕467 号	鼓励中小企业参与国际市场竞争，促进中小企业开拓国际市场，缓解中小企业发展资金不足、使用分散、来源无保障的矛盾，促进中小企业的健康发展
金融信贷政策		《关于进一步改善中小企业金融服务的意见》《关于扩大对小企业贷款利率浮动幅度的通知》和《关于加强和改进对中小企业金融服务的指导意见》	分别从改进金融服务、调整信贷结构、为中小企业提供多样化的金融产品等方面，提出了一系列政策措施，改善中小企业的经营环境
		《关于建立中小企业信用担保体系试点的指导意见》国经贸中小企〔1999〕540 号	积极推进中小企业信用担保体系建设，为中小企业间接融资提供信用担保服务
		《关于中小企业信用担保机构、再担保机构免征营业税的通知》国税发〔2001〕37 号	对纳入全国试点范围的非营利性中小企业信用担保、再担保机构，其从事担保业务给予享受 3 年内免征营业税的优惠政策

续表

政策项目	相关政策文件	政策的主要内容及作用
金融信贷政策	《关于继续做好中小企业信用担保机构免征营业税有关问题的通知》	扩大了小企业信用担保机构免税政策的适用范围,促进中小企业信用担保机构的发展
	《中小企业融资担保机构风险管理暂行办法》财金〔2001〕77 号	对融资担保机构的组织形式、业务范围、运营原则、保费收取、责任准备金和保证金的提取等作了明确的规定,促进了中小企业担保工作积极稳妥地开展
技术创新政策	实施"技术创新工程"	鼓励产、学、研联合,建立国家技术转移中心和技术创新服务中心,加速科技成果、科技人才等向中小企业转移,推动中小企业开发、应用、推广新技术、新产品
	创立"科技型中小企业技术创新基金"	以拨款资助、贷款贴息和资本金投入等方式,扶持科技型中小企业的技术创新项目
综合性政策	《关于鼓励和促进中小企业发展的若干政策意见》国办发〔2000〕59 号	我国第一个促进中小企业发展的综合性政策文件,分别从推进结构调整、鼓励技术创新、加大财税政策扶持力度、积极拓宽融资渠道、加快建立信用担保体系、健全社会化服务体系、创造公平竞争的外部环境、加强组织领导等 8 个方面,提出了 25 条政策措施

(三)宏观经济形势变化对我国中小企业发展的影响

近两年来,全国中小企业继续保持较快增长,但发展势头开始放缓,主要表现在企业数量和注册资本两个指标上。从企业数量看,2000 年~2005 年全国登记的中小私营企业户数年均增长率为 19.6%;而 2006 年只比上年增长 15.8%,2007 年只增长 10.7%,2008 年上半年增速更是降至 3.45%。从注册资本看,2000 年~2005 年全国中小私营企业注册资本从 13308 亿元上升到 61331 亿元,年均增长率为 35.7%;而 2006 年仅比上年增长 24%,2007 年同比仅增长 23.5%。影响中小企业发展的因素主要来自两方面:一是 2008 年前后国内宏观经济调控政策的影响,二是 2009 年年初国际金融危机的影响。

1. 国内宏观经济调控政策的影响

(1)货币政策的影响

2007 年~2008 年,为缓解流动性过剩压力,我国实行从紧的货币政策。两年间央行连续 6 次加息,人民币 1 年期贷款基准利率已经上升到 7.47%,中小企业获得 1 年期贷款利率达到10%以上;12次提高存款准备金率,使得信贷规模总量减少,银行放贷更加谨慎,更多地投向国有大中型企业,致使中小企业不仅融资成本大大提高,而且贷款更难、贷款审核更加严格。一是银行信贷规模收缩。2008年浙江省工行、农行、中行、建行新增贷款由2007年的1487.27亿元缩减为1093.69亿元,减少四分之一。二是中小企业贷款结构矛盾突出。在中长期贷款中,技术改造贷款占比从2000年的16.09%下降到2007年的0.97%,下降了15.12个百分点。三是银行贷款利率上浮过大。银行对中小企业的贷款利率普遍上浮30%~40%,最高达80%,特别是银行为防范风险,采取存单质押,使中小企业在银行的综合融资费率达到11.65%。四是民间借贷风险隐患增多。由于银行信贷逐步收紧,民间融资空前活跃。温州民间借贷的短期月息已达9%以上,抽样调查的800家企业财务费用支出增长51.7%,利息支出增长51.2%。2008年1~4月浙江省规模以上中小企业财务费用增长40.55%,其中利息净支出增长45.18%。

(2)调减顺差的影响

为调整出口产品结构我国自2004年起就不断下调外贸部门的出口退税率,2007年7月实施的一轮调整,对象涉及2831项商品,约占海关税则中商品总数的37%,所涉及的商品范围及税率调整幅度都是历史上少有的。这种政策力度,使得贸易顺差的增速迅速下降,直接导致外向型中小企业的利润率进一步缩减。仅台州市就有80%以上的中小企业遭遇出口退税调整政策的影响,直接损失高达1.5亿美元。许多企业认为,调整加工贸易政策弊多利少,将已经降低或取消出口退税率的商品,列入加工贸易限制类或禁止类商品目录,并改变限制类商品加工贸易的银行进口保证金台账缴纳方式,增加了企业资金运营压力。

(3)人民币升值的影响

专门机构的测算结果表明,人民币实际汇率升值10%,中国出口将下降7%,若汇率升值幅度为20%,则中国出口将下降10.5%。2006年,人民币的月平均汇率从8.0688升至7.8238;2007年,国际清算银行公布,人民币实际有效汇率升值幅度达到5.13%;2008年,人民币新年新“高”的表现使外向型的中小企业特别是软件出口企业感受到了巨大压力。浙江省2008年1~4月对美出口80亿美元,因汇率波动少收入30亿元人民币。温州有家外贸企业,因人民币兑美元汇率破7,造成的利润损失就达140万元。人民币兑美元汇率一旦突破6.5,将有很大一部分出口生产企业会被压垮。现在许多企业不接单怕失掉客户,接了单怕导致亏损,处于两难境地。

(4)成本上升的影响

一是工业生产资料价格飙升,国家统计局数据显示,2008年1~4月,钢材、燃料、动力购进价格同比上涨12%,而工业品出厂价格仅上升5.3%,涨幅倒差从上一年底的2.9个百分点扩大到6.7个百分点。生产资料价格上涨将直接提高企业生产成本。同时,落实节能减排目标、调整资源税以及加大环境生态保护,都将提高企业生产成本。二是企业用工成本增加,新《劳动合同法》的实施,会使一些劳动密集型中小企业的用工成本、用工风险、用工难度等进一步加大。受此影响,不仅在东南沿海地区,就连江苏的宿迁、淮安等传统劳务输出地以及江西、安徽等中部省份,一线工人的月工资普遍上涨了200~400元不等,企业成本因此增加10%~15%,许多中小企业竞争力优势因此不复存在。新《企业所得税法》内外资企业两税合一的规定,也使劳动密集型的外资企业压力沉重,香港工业总会预计:珠三角数万港资工厂中,2009年将有10%停产,“比率可能是20年来最高的”。三是土地出让价成倍提高。温台地区工业用地每亩普遍在60~80万元,高的每亩达到200多万元。除此之外,土地使用税上调进一步加重了企业负担。如台州市中心一级土地从每平方米2元增加到了12元。一个占地100亩的企业,每年要多缴数十万的税收。

2. 国际金融危机的影响

2008年9月以来,始自美国的金融危机正沿着“次贷危机—金融危机—实体经济危机—社会危机”的顺序传导着。在我国,危机的影响则是直接发生在实体经济的层面,引发包括失业在内的种种社会问题。为应对国际金融危机,我国政府及时果断决定实施积极的财政政策和适度宽松的货币政策,迅速出台促进经济平稳较快发展的一揽子计划,着力调整内外需结构,把政策的着力点放在扩大国内需求特别是农村和中西部地区需求上。同时推出了4万亿经济刺激计划及“十大产业振兴规划”,使经济下滑趋势已初步得到遏制,经济总体形势向好。但是不容忽视的是,已经公布的刺激内需计划,大部分资金仍然是投向基础设施和建设周期长的大项目,中小企业难以成为直接的受益者。中小企业作为市场经济中的弱势群体,面对突如其来的宏观经济形势变化缺乏足够的预计和准备,在这一轮“严冬”中遭受的困境最为突出。同时,金融危机引发的世界经济放缓及外部需求降低,对于我国以外向型为主且劳动力密集的中小企业来说,更是严峻考验。中国社科院最新的调研报告显示,我国已经有40%的中小企业在此次金融危机中倒闭,40%的企业当前正在生死线上徘徊,只有20%的企业没有受到此次金融危机的影响。

金融危机影响中小企业发展及引起的连锁反应主要包括:一是大量小企业关停并转,直接导致产业链的断裂和增长源的衰退;二是中小企业经济效益不佳,企业裁员增多,难以为社会提供充足的就业岗位;三是中小企业自身盈利空间受到挤压,应尽社会责任的能力弱化,直接影响城乡居民收入水平的提高。

三、国内外扶持中小企业发展的成功经验

(一)发达国家扶持中小企业发展的成熟经验

在世界各国,数量众多的中小企业作为国家或地区经济持续稳定的重要因素(见图3),在发展经济、吸纳就业、促进创新、扩大出口和提供社会服务等方面,发挥着不可或缺的重要作用。客观地讲,中小企业的蓬勃发展与国家或地区政府的大力支持密不可分。这些行之有效的政策和措施,对我们制定本地区中小企业发展的相关政策,不无借鉴意义。

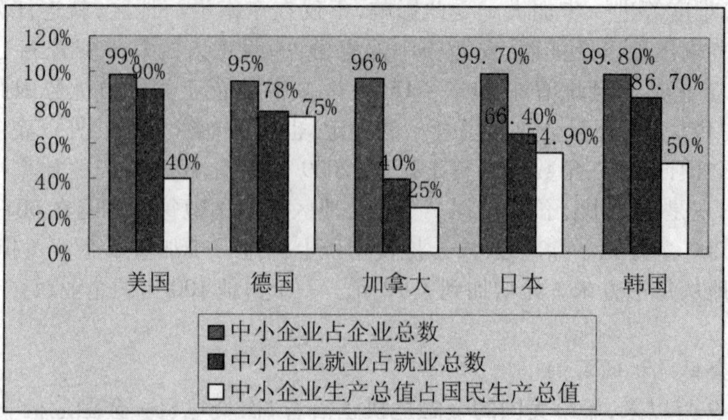

图3　各国中小企业在其经济总量中所占的比例

1. 美国政府对中小企业的扶持

(1)立法支持

早在1940年~1941年美国参众两院就设立了“小企业委员会”,美国国会又于1953年通过了《小企业法案》,奠定了扶持中小企业发展的政策基础;随后又制定了《机会均等法》《小企业投资法》《小企业经济政策法》《小企业技术创新法》等一系列反对市场垄断、维护小企业利益的法律法规,形成了相对完善的政策体系。根据有关法律,美国于1941年在商业部和司法部设立了管理小企业的机构;1942年又建立了“小军火工厂管理公司”;1951年设立了“小兵工厂管理局”;1953年成立了试验性的“小企业管理局”,延续至今。

(2)资金扶持

美国政府对小企业的融资支持主要体现在五个方面:一是直接贷款,国会授权后由小企业管理局直接拨付,但比重较小。二是担保贷款,即由小企业局向放贷机构担保,逾期不还,由小企业局负责归还欠款的90%。三是风险基金,即由政府或民间机构为科技型小企业创新活动提供具有高风险和高回报率的专项投资基金。四是市场融资,开辟了纳斯达克股票市场,专为小型科技企业提供直接融资的渠道。五是税收优惠,包括:减少对小企业投资的税收;降低所得税率;加速折旧;实行科技税收优惠以及企业科研经费增长额税收抵免等。

(3)技术创新

美国政府对小企业技术创新的支持主要通过实施专门的科技支持计划来实现。《小企业技术创新计划法》规定,凡研究与开发经费预算过亿美元的所有联邦机构,都要从超过部分提取最高为1.25%的法定比例用于资助“小企业创新计划”;《小企业技术转让计划》目的是加强小企业与非营利性研究机构、大学、科研组织建立合作关系。此外,美国政府还设立专项“小企业创业研究基金”,支持中小企业的技术创新活动。据统计,20世纪80年代以来,美国政府提供的研发经费占私人企业研发费用的1/3～1/2。美国政府还立法规定,凡用于科研和试验的费用,企业可作为日常生产费用,或从应税所得中一次性扣除,或在若干年内从全部所得中扣除。此举极大调动了企业增加科技投入的积极性,近三十年来美国主要企业用于研发的投资年均增加10%以上。

(4)管理帮助

一是人才培训。由政府出资、小企业管理局组织,对小企业融资、投资、管理、技术进步、对外贸易等进行咨询和训练;通过商会、高校和成年教育小组等向小企业提供相关培训,并配合发行各种出版物。二是管理咨询。小企业局组织万余名经验丰富的退休人员组成的经理服务公司和950个小企业发展中心,向小企业提供从创业准备、可行性计划到行政管理、商业理财等全套咨询服务。

2.德国政府对中小企业的扶持

(1)立法支持

德国政府对于中小企业的立法支持侧重于给中小企业创造良好的竞争环境。在维护市场秩序、保证合同自由方面,有《民法典》《商法典》;在确定经济制度方面,有《反限制竞争法》《标准化法》等;在减轻中小企业税收、经济、社会负担方面,有《关于提高中小企业效率的行动计划》等;对手工业联合会、自由职业者等也有专门的法律予以保护。

(2)融资担保

德国政府主要是通过各类金融机构,向中小企业提供融资渠道和融资服务。通常由联邦政府出资或与各州政府合股创办专门为中小企业提供资金或融资服务的政策性银行。德国政府为向中小企业提供贷款的银行提供利息补贴,幅度一般为2%～3%。政府还出资建立信用保证协会,为中小企业向银行贷款时提供信用担保。在税收政策方面,所得税法、增值税法、工商税法均对中小企业规定了优惠措施。

(3)技术创新

德国政府为促进中小企业技术创新和技术改造制定了《中小企业研究与技术政策总方案》等有关文件,并设立专项科技开发基金,扩大对中小企业科技开发的资助。联邦研究部建立的“示范中心”和“技术对口的访问和信息计划”,为中小企业提供最新的研究成果和研究动态,帮助企业进行技术发行、转让和引进。除加强产学研联合外,政府还特别重视各类行业协会的作用,为中小企业建立信息情报中心和咨询部门,并规定中小企业为技术创新进行咨询的费用由国家补贴40%。同时,凡中小企业为解决技术问题而委托研究的,由联邦研究技术部给予补助委托研究费的30%。

(4)人才培养

德国政府在各州设立跨行业培训中心,采取脱产、半脱产和业余培训等方式,为企业培养专门人才。政府制定了《职工技术培训法》,规定青年必须参加技术培训,企业有义务提供青年工人技术培训的岗位。对开设徒工培训的企业,政府给予资助。德国手工业和行业协会在政府的资助下,也采取多种形式对中小企业职工进行培训和考核。

(5)社会化服务

德国的中小企业社会化服务体系的架构是,以政府为龙头,半官方服务机构为骨架,各类商会、协会为桥梁,社会服务中介为依托,主要为中小企业在法律事务、评估、会计、审计、公证、招标、人才市场、人员培训、企业咨询等方面提供全面服务。

3. 日本政府对中小企业的扶持

(1)立法支持

日本政府针对经济发展的不同阶段,以法律形式实施对中小企业的政策引导和扶持。1963 年日本颁布了《中小企业基本法》,这是日本中小企业发展的纲领性法规,是现行中小企业政策和政府管理的总根据。1999 年政府又对《中小企业基本法》进行重大调整,随后以此法为基础陆续出台了 30 多部包括金融、技术创新、税收、公平竞争、行业调整、破产防范等在内的中小企业法律,形成了比较完善的中小企业政策法律体系。

(2)融资担保

日本中小企业的融资渠道基本依赖间接融资,而贷款又以政府出资为多。日本目前有 5 家专门为中小企业提供服务的金融机构,包括中小企业金融公库、国民金融公库、工商组合中央公库、中小企业信用保险公库和中小企业投资扶持株式会社。这些金融机构的职能包括:为在一般金融机构难以得到贷款的中小企业提供长期低息贷款;为中小企业申请贷款提供保险和担保;为新设立企业、经营困难的企业、金融机构不愿放贷的企业以及 20 人以下的小规模企业提供无抵押、无担保的小额贷款;通过发行贴现、带息和利息一次付清的金融债券,为中小企业团体提供便利的融资和稳定的资金支持等。此外,还有针对中小企业的各种税收优惠。

(3)鼓励创新

一是通过立法,保障中小企业技术创新。制定《中小企业现代化促进法》,对于从事技术开发的中小企业提供低息贷款,减免税金等;制定《中小企业技术开发促进临时措施法》,通过实行优惠的税收、融资、保险政策。二是重视科技人才的培养。政府投入大量精力,从学校教育和在职培训两方面为中小企业培养储备科技人才。此外,政府还建立了技术顾问制度,为提高中小企业产品的技术水平进行可行性研究和试验、提出具体建议。三是运用财政、金融、税收等经济优惠手段,推动中小企业技术创新。

(4)人才培养

日本政府从三个方面加强中小企业的人才培养工作:首先,建立了中小企业诊断指导制度,即在各地政府成立中小企业指导机构,应中小企业请求,由中小企业诊断师对企业经营管理现状进行诊断,帮助其发现问题,解决问题的制度;其次,政府出资创办中小企业大学,中小企业大学实行非学历教育,服务对象为中小企业经营管理者、各地政府机关的中小企业指导员、中小企业团体的成员及创业者等;再次,利用中小企业政策审议会、中小企业事业团、商工会、中小企业协会等社会力量为中小企业培养人才。

(5)其他措施

除中小企业厅外,日本还建立了大量的民间中小企业服务机构,包括全国中小企业团体中央会、各都道府的中小企业公会、事业合作社、联合会等。这些机构在政策咨询、技术开发等方面细致入微地为中小企业提供服务。此外这些社会团体还为中小企业承担出口的海外市场信息服务、业务指导。由政府、大企业或行业协会出资的各类经济团体也会组织各种展览会,帮助中小企业增加生产,扩大出口。

(二)国内部分城市扶持中小企业发展的有益尝试

1.宁波:以政策"组合拳"提振中小企业的发展信心

宁波是我国著名的纺织服装基地、家电生产基地、汽车零部件生产基地、文具生产基地、注塑机及模具等生产基地,也是开放度较高、经济外向度较大、临港产业较为发达的国际港口城市。宁波市中小型工业企业占规模以上工业企业总数的99.8%,工业总产值、利税、就业人员分别占规模以上工业企业的78.8%、95.6%和93.2%,已经成为支撑宁波经济持续平稳较快发展的强力"助推器"。当国内宏观经济政策调整与国际金融危机接踵而至,宁波的城市特点与产业结构决定着其承受冲击的时间最早、强度最大、影响范围最广。为保证中小企业的持续平衡较快发展,政府采取了一系列措施,以"快、重、准、实"的政策"组合拳",有效提振了中小企业的发展信心。

一是加强政策扶持。先后出台了保稳促调19条措施,扩大内需12条意见,金融保障18条措施,保增长扩内需调结构23条等政策,在产业提升、民生保障、社会事业等方面完善了政策体系。这些政策举措直接面向企业,发挥了引导、减负、保障、服务的政策效应,为全市经济稳定运行、民生保障改善发挥了重要作用。二是认真落实国家税收政策调整。从2009年起,全面落实国家增值税转型、企业技术开发费税收抵扣等政策,减轻中小企业税负30亿元左右;加大税收优惠支持力度,明确土地使用税在原有水平上统一按比例予以下调;对列入市级重点"低产田改造"计划的企业,其实际上缴税收地方留成额增长部分,由市县两级财政按50%的比例给予补助;对企业一个纳税年度内从事符合条件的技术转让所得不超过500万元的部分,免征企业所得税,超过500万元的部分,减半征收企业所得税。三是实行临时性企业社保政策。2008、2009年两年,对企业五大社会保险费缴纳比例实行临时性下浮(含外来务工人员)。用人单位基本养老保险费比例将下调8个百分点,同时还将继续对单位缴纳部分暂停征缴1个月企业社会保险费,预计仅此项政策2009年就可为全市企业减负3亿元。四是落实取消部分行政事业性收费和困难企业减负政策。将在2008年取消150项行政事业性收费项目的基础上,再清理取消一批行政事业性收费项目,预计共可为企业减负3亿多元。同时,继续为符合条件的困难企业给予减负。五是强化企业服务。2008年全市开展了"干部进企业、服务促发展"活动,市县镇三级4000多名机关干部走访对口服务企业1.1万家,累计答复企业问题6136件,解决3757件。建立了宁波中小企业公共服务咨询8718平台,直接为企业排忧解难,增强信心、渡过难关起到了重要的促进作用。六是狠抓突破创新。2008年宁波市开展“狠抓落实之年”和“创新突破之年”活动。市委市政府多次召开项目推进工作会议，组织开展“百个项目、百日攻坚”活动，不断完善项目推进机制，努力克服项目报批制约多、政策处理难度大、要素制约矛盾突出等困难，着力推进重大项目建设。同时把创新转型作为结构调整的战略性任务，加快发展高新技术产业，大力发展现代服务业，改造提升传统优势产业，限制淘汰落后产能，有效推进节能减排，进一步优化经济结构，提升区域创新能力。

2. 温州：“无为”到“有为”的嬗变

根据发展要素的来源，区域经济发展模式一般分为“外生式”和“内生式”两种。“内生式”模式指依靠本地“自发”力量形成创新发展的模式，温州的“草根”经济组织模式是其典型代表。温州以民营资本为主的中小企业的发展，有着自身的动力和内因，而政府的“无为”在客观上降低了中小企业产生和发展的风险，为之提供了重要的外部环境。改革开放之初，温州人均耕地面积仅 0.53 亩、人均 GDP 仅 238 元，属既无自然资源且国家投入又少的欠发达地区。此时，敢为人先、具有浓厚功利主义意识的温州人走在了政府前面：以农民为主体的工匠大军、商贩大军遍布全国各地；稍后，又活跃于本地，办起了家庭工厂、建立起了一种新型的企业——股份合作制企业、开辟了为数众多的专业市场……几乎在一夜之间，民间力量就使温州变了样。“温州模式”成为发展、发达的代名词。温州模式的主要特点就是无为而治，但这种“无为”决不意味政府无所事事。它包含多层意义：第一，顺应人意的“无为”。政府采取宽松放任的态度，对人民群众为追求生活富裕而进行的经济活动采取不干预、少干预的态度，坚持“放政、放手、放权、放胆、放限”，凡理论与实践发生矛盾时，坚持不争论先实践。第二，在压制私营经济环境下的“无为”。温州民营经济发展初期，许多做法都不符合当时对社会主义经济的理解，常引起“姓社姓资”的争论。从一定程度上说，温州政府的“无为”对中小企业的发展起到了缓冲和保护作用。第三，甘冒政治风险的“无为”。温州市委〔1986〕98 号文件曾提出要改革和发展多种所有制结构，明确承认和肯定私营经济的地位和作用；允许他们雇工经营；承认挂户经营的合法地位；保障私营经济的合法权益，体现了“谁投资、谁所有、谁收益”的原则；鼓励长期投资，引导中小企业扩大再生产等。这样的政策在今天看来也是十分进步的，从中也能想象出当时的温州市委市政府甘冒政治风险发展非公经济的决心。

2008 年上半年，温州中小企业关闭、停产占 8.2%；生产总值增幅首次低于全国均速，为 1991 年以来最低水平。这其中既有国际国内宏观经济形势变化的原因，又有自身的结构性、素质性问题；是温州模式发展中长期积累的结构性、素质性矛盾在宏观调控及金融危机背景下集中暴露的结果。这些问题单靠一个或几个企业，根本无法解决。此时温州政府在处理企业发展问题时，采取了更加积极的政策和策略。在坚持对私营经济活动不干预、少干预的“无为”的宏观管理原则下，更多采取了有利于私营经济发展的“有为”的政策和措施，主要体现为：一是政府要做企业想不到、办不到或者企业想得到而办不到的事情，对于资金、土地、人才等中小企业自身难以逾越的发展障碍，政府均予以政策支持，清除了民营企业在市场准入方面的障碍。二是政府认真履行公共职能，从优化发展环境入手，加强保护产权、保护市场秩序，完善相关的法律制度。三是政府注重优化经济结构，加快产业布局调整和产业层次提升，通过规划建设产业带，对产业带内原有的工业企业，逐步按照“退二进三”政策进行转型；对新迁入企业强调“退二提二”，即企业不再是将原有生产工艺、工产流程复制到产业带内，而是结合搬迁进行产业升级改造。四是政府全面开展“政企联动、攻坚克难”的企业服务年活动，要求“每一位干部都要下企业”，并据此梳理出4000多个企业发展的困难和问题，对其中128个重点问题进行挂牌督办。五是帮助中小企业解决融资难问题，政府出资奖励对中小企业增加贷款额的商业银行；同时出台了《温州市有限责任公司股权出质登记(试行)办法》，使企业可以运用“静态资产”(股权)获得质押贷款；鼓励大企业成立小额贷款公司，由资金雄厚的大企业帮助小企业渡难关，使小企业获得资金支持的同时，也能学习到大企业成功的经营管理经验。

3. 成都：八大模式破解中小企业融资难

2008年成都市中小企业在历经“5·12”大地震和国际金融危机等多重考验，继续保持快速健康发展的良好态势，全市中小企业实现增加值1089.8亿元，同比增长24.0%，高出全市GDP增幅11.9个百分点；占全市GDP比重达27.9%，同比提高1.5个百分点，对全市经济增长的贡献率达36.5%；工业增加值同比增长22.3%，高出全市工业增加值增幅2.4个百分点，占全市工业增加值比重达55.7%；中小企业人均年工资11933元，比上年增加2042元。中小企业的健康发展离不开政府的有效扶持，成都市政府将创新融资模式作为助推中小企业发展的重要突破口，建立起良性的中小企业融资服务长效机制。其具体措施为：一是国家开发银行“统贷统还”模式。即采用市中小企业担保公司、国家开发银行、区(市)县政府三方共同承担风险的方式，3~5户中小企业抱团，以助贷机构为贷款平台，单户贷款额不超过500万元，主要用于解决小企业的贷款难问题。二是软件企业“资金池”模式。充分利用地方金融资源，通过成都银行、高新区等三方合作，成立了5000万元的软件企业资金池，为轻资产重科技的软件企业增信，目前已累计为54户软件企业提供了近8000万元的贷款。三是“互联互保”模式。即由国家开发银行四川省分行与武侯区工业集中发展区管委会按照一定比例的风险分担，采用助贷机构推荐企业，信用促进会开展信用评议，园区内信用公示，几户企业互保方式，解决园区内的小企业融资需求。四是“紧急拆借”模式。设立5000万元的应急资金，经各区(市)县主管部门推荐，市中小企业局与市中小担、市小担联合审定，在接到企业申请后三个工作日内，受理以委托贷款方式办结资金拆借手续。五是高新技术企业“信用贷款”模式。成都市制订试点方案，对具有发展潜力的高新技术企业，在企业无任何抵押物的条件下，以企业信用为基础，由银行直接向企业放贷。目前两家银行已为首批企业发放了信用贷款1000万元。六是中小企业“信贷工厂”模式。成都市政府与中行四川省分行联手打造中小企业“信贷工厂”，在3年内为成都地区的中小企业提供300亿元的授信支持。七是市县

"联合担保"模式。目前,市内12个区(市)县担保机构与市中小企业担保、市小企业担保公司开展联保合作,在保余额达7.95亿元。八是"会员制"担保模式等。即采用行业协会、担保公司双会员制的形式,围绕企业的行业属性和地域属性,实现企业、协会、担保公司、银行、政府五方联动。

(三)国内外成功经验带给我们的启示

从国内外政府扶持中小企业发展的成功经验中我们能够看出,政府应在秉承市场经济原则与规律的前提下,协助中小企业发挥既有的优势,补充其规模、资源、技术、人力及市场上的局限;尽量降低准入门槛、消除限制,鼓励公平竞争,务求在尽量提供支持以及尽少做出干预两者间取得平衡。因此,政府对中小企业的支持,主要应该包括:一是提供有利营商的环境,政府一方面应将很多影响企业经营成本的公共收费尽量维持在低水平,使中小企业可以在优良的营商环境和最少的规管下,发挥潜能,形成竞争力和持续发展的能力。二是提供信息支援,解决中小型企业因自身局限难以及时获取信息的困难。三是协助企业融资要解决中小企业资金难的问题,为中小企业提供更通畅、更便捷的融资渠道。四是加强人力资源的开发、培养和引进。五是推动科技应用,对中小企业进行结构调整、技术或者品牌创新的,给予更多的支持。

1. 完善的政策法规体系是中小企业发展的基本保障

应该说,美国是市场经济发育最为完善的国家之一,美国的经济模式,即所谓消费者导向型市场经济模式,又称"自由主义的市场经济",主张"把市场力量解放出来"。但在中小企业发展的问题上,美国却罕见地强化了政府主导作用,制定出台了一系列完善的法规政策,力求在市场经济框架内保护和培育中小企业。与美国相比,我国的中小企业处在市场的下层,在资源和要素分配等方面处于弱势地位,这种不平等现象必须依赖政府的公共政策予以纠正。尽管改革开放后,人们对中小企业的关注度不断增强,相关政策也经历了从"放"到"扶"的转变,但政策法规体系的完整性及可操作性等方面仍存在不少差距。建立与完善中小企业管理的法律体系,确实保障中小企业的利益不受侵犯,是中小企业健康发展的重要基础。

2. 技术创新是中小企业发展的主要动力

德国政府从出台政策、设立基金、给予资金补贴、提供信息咨询等多个方面对中小企业技术研究和开发活动予以指导和支持,取得了良好效果。中小企业的持续成长与发展离不开技术创新的支撑。中小企业的技术创新不仅对企业自身的成长和竞争力的提高起决定作用,而且在促进经济发展和增长方式的转变中起重要作用。

表8　各国为扶持中小企业创新创业制定的法律及作用

类型	国家	时间	制定的法律	作用和目的
提供技术创新的融资	美国	1958	《小企业投资法》	
		1982	《小企业技术创新法》	出台支持中小企业技术研发的重要项目 SBIR 和 SBTIR
		1992	《加强小企业研究与发展法》	1994 年实施了 STTR,加快先进技术向中小企业的转移
	日本	1989	《中小企业经营革新支援法》	中小企业开发新产品、新技术,生产高附加值产品等,经都道府县知事批准,可获得低息贷款和领取补助金
	加拿大	1961	《小企业贷款法》	通过政府为小企业提供贷款担保,鼓励金融机构向小企业提供小额或高风险贷款
		1999	《中小企业融资法案》	构建中小企业政策性担保体系
	韩国	1961	《中小企业银行法》	专门为中小企业提供融资服务
支持研发活动	日本	1985	《促进中小企业技术开发临时措施法》	大力推行中小企业研究、开发新技术,提高他们自身的技术水平
	韩国	1972	《技术开发促进法》	规定了对工业技术创新的各种税收和金融鼓励措施
		1999	《科技创新特别法》	设立了国家科学技术委员会与地方科学技术振兴协会,加速新技术产品的产业化
支持创业	韩国	1986	《中小企业创业支援法案》	促进制造业等中小企业创立,设置创业支援基金

我国的中小企业由于受多重因素的制约,技术创新的能力及主动性均存在不小的差距。从宏观和微观两个角度来说,通过制度环境的不断完善、产业分工协作的不断深化、横向技术合作的不断加强,促进中小企业由技术模仿向技术创新转化,才能使中小企业在市场竞争中获得不竭动力。

3. 健全社会化服务体系是中小企业发展的必要条件

任何一项法规政策的效力都与措施手段的实施方式关系密切,这就强调了拥有健全执行体系的重要意义,这个体系必须能够将政策信息准确适时地传递到相应的社会层面。国外政府对中小企业的政策支持往往借助中介机构而得以发挥作用。中小企业的发展不仅需要政府金融、财政等方面的政策支持,也需要社会中介组织从教育培训、管理咨询、市场营销、技术开发和法律支援等方面提供中介支持。日本建立了大量的、遍布全国的中小企业服务机构，通过这些组织使中小企业了解和获得了连贯一致的政策支持。从某种角度上看，社会化服务体系的健全与政府的政策支持是同等重要的。相对于日本完善的社会服务体系，我国中小企业社会化服务体系的问题在于，政府资金投入的不足和相关的经验的匮乏，以及市场化服务机制的不完善，导致现阶段中小企业的服务需求得不到很好的满足。

4. 拓宽融资渠道是中小企业发展的关键因素

中小企业在市场经济下所处的弱势地位，决定着银行在向中小企业发放贷款时普遍存在“惜贷”现象，无论是发达国家还是发展中国家，“融资难”是中小企业发展的共同难题。成都市政府在创新融资模式、助推中小企业发展方面已经做出了可贵探索。从已有的经验看，在拓宽中小企业融资渠道方面需要做两方面工作：一是建立、健全中小企业信用担保体系。即围绕改善中小企业融资环境这一政策目标，建立以政策性担保为主体的担保体系，担保的对象应为成长型的、难以通过正常渠道获得融资的中小企业。这一体系的特点是主体多元、风险分散和风险可控，进而建立可持续的资金投入机制，保证担保体系的健康发展和担保能力的不断扩大。二是鼓励创业投资和风险投资对中小企业的关注和培育。创业投资和风险投资可以为融资困难的中小企业提供贷款和无担保或担保不充分的贷款，以促进中小企业的科技开发和创新能力通过资金投入获取高额利润以实现双赢。

四、国内中小企业(以大连为例)发展概况

(一)我国中小企业发展的基本情况

1. 我国中小企业的发展历程

(1)国民经济恢复时期与“一五”时期(1949 年～1957 年)

建国之初，通过没收官僚资本以及对以中小企业为主的个体手工业和资本主义工商业的社会主义改造，我国迅速建立了国民经济恢复和发展的物质基础，中小企业也得到长足发展。同时期，为改变我国企业规模结构不合理的状况，国家有计划地进行了重点工程建设，大中型企业数量明显增加。

(2)“二五”时期到十一届三中全会前(1958 年～1978 年)

“二五”计划时期，全国掀起大规模的农业合作化运动。在“全民大办工业”的口号中，各地一哄而上，中小企业急剧膨胀。但是，随着经济困难和国民经济调整，很多企业纷纷关停或退回生产队或转为手工业合作社。20 世纪整个 60 年代，中小企业基本处于停滞状态，经济效益下降、数量急剧锐减。1971 年，国务院专门召开农业机械化会议，提出要大办地方“五小”(即小钢铁、小机械、小化肥、小煤窑、小水泥)工业的构想，由此在全国范围内逐步形成了自给自足、结构雷同、“大而全”、“小而全”的封闭式国民经济体系。

(3)十一届三中全会到“十五大”期间(1978 年～1997 年)

党的十一届三中全会以后，改革开放成为经济活动的主流，一些地区的农民开始以

个人筹资或联户集资的形式兴办企业。至1983年末,这类小型企业超过万家,产值达30多亿元。1984年初,中央颁布《关于1984年农村工作的通知》,鼓励农民联合兴办各种企业。至此,我国的中小企业构成格局发生质变,由原来单一的公有制经济逐步转变为"公有制经济为主体,非公有制经济为补充"的局面。这一阶段我国中小企业政策呈现出"重大轻小"的特点。

(4)"十五大"以后(1997年至今)

1995年,党的十四届五中全会通过《中共中央关于制定国民经济和社会发展"九五"计划和2010年远景目标的建议》,提出"抓大放小"方针。同年11月,国家经贸委主管的政策指导性刊物《中国中小企业》创刊。1998年,国家经贸委成立了专门负责制定和指导落实中小企业改革与发展政策的中小企业司。1999年,九届人大二次会议通过《1998年国民经济和社会发展计划执行情况与1999年国民经济和社会发展计划草案报告》,强调加强对中小企业的扶持力度。2000年,国务院发布了《关于鼓励和促进中小企业的若干政策意见》,规定"坚持发展大企业大集团与扶持中小企业并举的方针",要"简化中小企业设立审批程序",减少创业成本,同时要"研究探索中小企业破产与清算的简易程序",特别"加大对中西部地区中小企业发展的扶持力度"。此外,中央政府还出台了一系列资金扶持政策:2001年财政部颁布《中小企业融资担保机构风险管理暂行办法》,用以规范和促进中小企业融资担保工作积极稳妥的开展;2003年,《中小企业促进法》正式实施,标志着中小企业发展正式纳入法制化轨道。

2. 中小企业已经成为我国经济发展的主要力量

改革开放三十年来,我国中小企业进入高速发展期。在过去的五年中,国民经济年均增长9.5%,而规模以上中小企业增加值年均增长达到28%,成为经济发展不可忽视的主力军。

(1)发展规模

据第一次全国经济普查(2004年),从中小企业的数量分布看,东部地区占全国的63.49%,中部占20.14%,西部占11.28%。以私营企业为例,2005年,东部、中部、西部地区私营企业户数分别为29万户、77万户、58万户,到了2008年,私营企业在东部12省市实有数为437.88万户,比上年底增长11.52%,占私营企业总数的66.60%;中部9省实有129.03万户,增长1.09%,占私营企业总户数的19.63%;西部10省市实有90.51万户,增长9.36%,占私营企业总户数的13.77%。

(2)产业构成

据国家工商总局统计,截至2008年末,中小企业总户数在第一、第二、第三产业分布比例分别为2.05%、30.82%和67.13%。从行业上看,中小企业在批发和零售业分布最多,占企业总户数的35.44%,其次为制造业和建筑业。中小企业的优势行业与地区的地理位置和经济优势有关,具有成本比较优势的纺织服装业、轻工业,其在发达地区的比例明显高于欠发达地区;中小企业的优势行业还与长期以来国家的产业布局和区域政策有关;此外,中小企业的优势行业与行业的技术含量有关,技术含量比较高的机械业、电子及仪表业在发达地区的比例明显高于其他较不发达地区。

(3)创新能力

科技型企业推动自主创新。科技型中小企业随着科技信息时代的发展而发展,与传统产业中的中小企业相比,科技型中小企业是以知识技术、人才密集型为核心,以追求创新为主体的企业类型。据统计,我国65%的发明专利是由中小企业获得的,80%的新产品是由中小企业创造的,在我国目前已有的53个国家高新区内,拥有自主知识产权的中小企业超过80%。科技型中小企业不仅是自主创新的主力军,还孕育了许多众所周知的大企业,例如联想、腾讯等知名企业。从目前情况看,经济发达地区中小企业的创新意识较强,研发部门的设置比例为32.1%,欠发达地区为25.9%;越是经济发达地区高技术产业所占比重越大,高科技产品所占的比例越高。

(二)大连中小企业的发展沿革

改革开放30年来,以体制变化为标志,大连市中小企业发展大致历经了三个阶段。

1.第一阶段(1978年~1991年)

这一阶段主要是社会主义计划经济体制内的制度改革。包括两个过程:一是从1978年至1983年的6年中,政府通过简政放权、扩权让利,扩大企业自主权,增强了企业生产经营的主动性、积极性;二是1984年党的十二届三中全会明确提出国有企业改革目标后,我市在企业层面全面实行厂长负责制、承包租赁制,使企业真正成为相对独立的经济实体,成为自主经营、自负盈亏的社会主义商品生产者和经营者。这一阶段实际上为后来中小企业的发展做好了准备与铺垫。

2.第二阶段(1992年~2002年)

这一阶段改革的主要内容是转换企业经营机制、实行股份制试点,开始了我市经济管理体制的重大创新和中小企业的快速发展。1993年党的十四届三中全会通过了《中共中央关于建立社会主义市场经济体制若干问题的决定》,提出建立"产权清晰、权责明确、政企分开、管理科学"的现代企业制度。以此为标志,国有企业改革由"放权让利"进入了"制度创新"的新阶段。1997年,党的十五大报告又提出:要着眼于搞好整个国有经济,抓好大的,放活小的,对国有企业实施战略性改组。这是国企改革实践的重大突破。在"抓大"上,我市通过国有资本的合理流动与重组,将经营性国有资产向优势大集团公司聚集;在"放小"上,则采取改组、兼并、租赁、联合、承包、出售和破产等多种形式,极大地促进了乡镇企业、区街企业、校办企业及大集体小集体等中小型企业的快速发展。同时期,新的民营企业、外资企业也获得了前所未有的大发展。

3.第三阶段(2002年至今)

这一阶段发展重点是建立现代企业制度、深化改革。自2002年,我市国有企业公司制股份化改革全面启动、整体推进、破难攻坚阶段。市委、市政府在中央实施东北老工业基地振兴战略的推动下,明确提出:服装、轻工、建材、纺织、建工等一般竞争性行业国有资本基本退出；交通、电子、机械等行业，国有资本有进有退。国有资本退出的行业，民营资本全面进入，股份制改造进入新的发展时期。至此，我市民营中小企业开始成为全市经济社会发展进步的重要力量。

（三）大连中小企业的发展现状

1. 主要经济指标

经过多年的培育发展，无论是在经济发展，还是在社会稳定方面，我市中小企业都发挥了重要作用。截至目前，大连市中小企业突破10万户，占全市企业总数的99%以上，其创造的增加值占全市GDP总量的57%，吸纳就业人数（不含农民工）占全市就业总数的75%。2008年大连市中小型企业实现增加值2200亿元，同比增长21.4%，占全市GDP比重为57%；实现营业收入7252亿元，增长23.5%；实缴税金205亿元，增长25.4%；固定资产投资1179亿元，增长37%；实际利用外资7.7亿美元，同比增长20.8%，引进内资288亿元，同比增长25%；出口创汇47亿美元，同比增长18.4%（见表9）。

表9　　2008年大连市中小企业主要发展指标

项目	增加值	营业收入	实缴税金	固定资产投资	利用外资	引进内资	出口创汇
数额	2200亿元	7252亿元	205亿元	1179亿元	7.7亿美元	288亿元	47亿美元
同比增长	21.4%	23.5%	25.4%	37%	20.8%	25%	18.4%

2. 产业分布

我市中小企业集中分布于八大产业领域，即装备制造、高新技术产业、软件信息、精细化工、服装、家具、农畜产品和水产品加工、房地产业等。中小企业占以上八大领域企业总数的85%。

（1）装备制造业。据统计，装备制造行业的中小企业约占全市中小企业总数的50%以上。在国家振兴东北等老工业基地建设中，中小企业围绕船舶、专用设备、通用设备、大型石化设备、核电设备电子电器设备等重大装备制造业配套以及机车、机床、风电、汽车零部件等产业领域实现了集群式发展。装备制造业成为我市中小企业发展延伸、拓展空间的重要领域。

（2）高新技术产业。中小企业在高新技术产业领域的快速集聚成长，是我市长期进行产业结构调整的结果。围绕节能环保、集成电路、光电技术等新兴高科技领域，中小企业显示了巨大的发展活力和创新潜力。目前，我市拥有自主创新能力的中小高新技术企业占全市总数的82.9%，以长城光电、九久光电等企业领军的绿色发光产业已成为城市经济发展新的增长点；水源热泵、电动汽车、太阳能等众多环保节能项目也使“大连制造”蜚声海内外。

（3）软件服务外包等现代服务业。软件服务外包，是我市近年来发展速度最快的产业之一，也是中小企业最为集中的领域之一，中小企业数占该产业企业总数的90%以上。

十多年来，我市软件产业从无到有，软件销售收入从 2 亿元人民币发展到 2008 年的 215 亿人民币，总量增长了 100 倍；软件出口从不足 1000 万美元，增长到 7.2 亿美元；软件企业的户数从 100 家左右增长到 800 多家；从业人员从 3000 人左右发展到 8 万多人，十年间产业规模增长率达到 69.5%。我市先后被国家授予"国家软件产业基地"、"国家软件出口基地"、"软件产业国际化示范城市"、"软件人才国际培训基地"、"国家软件版权保护示范城市"、"国家动画产业基地"和"国家动漫游戏产业振兴基地"等称号。此外，中小企业在现代物流、科技服务、融资担保、商务服务、商贸旅游等现代服务行业都发挥着主力军作用。

(4)精细化工产业。石化产业下游的精细化工产品具有技术含量高、发展潜力大、市场前景好等特点，近十多年来我市中小企业对精细化工业多有涉足。特别是在农药、油漆、橡胶、涂料、化工助剂等领域产生了一批有代表性的企业。如瑞泽农药、大连乳胶荣获了中国驰名商标称号；绿源新化学、凯飞化学等一批中小企业产品处于国内领先水平；大连源盛精细化工等企业通过海外并购，扩大了规模、完善产品结构。

(5)家具产业。家具产业是市场条件下以我市内生型中小企业集聚发展而形成的产业，发展速度快、规模也不断扩大。目前，我市共有生产型家具中小企业 1000 多家，年产值达 100 亿元以上。庄河市荣获"中国实木家具产业基地"称号，大连龙丰、大连华夏、金凌床具等知名品牌也已经成为国内外消费者的首选。

(6)服装产业。服装行业是我市历史悠久的传统优势产业，改革开放后特别是在参与国际市场竞争过程中，我市服装行业得以快速发展。服装企业实现了从"贴牌制造"向"创造自有品牌"的转型，涌现出了桑扶兰、思凡、富哥、亚瑟王、卡洛佳等一批知名地产服装品牌，为打造国际服装名城奠定了坚实基础。目前，我市中小型服装企业已突破 1800 家，年销售收入达到 113 亿元。

(7)农、畜产品和水产品加工业。我市具有发展农、畜产品和水产品加工的地缘优势。特别是水产品加工在日本和欧美市场一直拥有良好的声誉。目前，大连农、畜产品和水产品加工型中小企业超过 300 家。其中，天宝股份、善岛食品、大雪集团等一批中小企业已成长为农业产业化的龙头企业，也是带动县域经济发展的主力军。知名品牌主要有韩伟集团的"咯咯哒"牌鸡蛋、理想食品的"林家铺子"牌水果罐头、"础明猪肉"、"獐子岛扇贝"、"棒棰岛"牌海参等。

(8)建材及房地产业。经过二十余年的发展，房地产业已成为拉动我市 GDP 增长的主要产业之一，且影响力不断提高。万达集团居全国商业地产之首，亿达集团、新型集团、宏光好运来集团等企业是我市房地产骨干企业。在房地产业的拉动下，建筑、装饰装修等建材业领域的中小企业得以迅速发展，海川建设集团、三川建设集团、金广建设集团等一批建筑企业已经成长为具有相当规模及扩张能力的行业排头兵，实德塑钢、振邦氟涂料、金山水泥、中美亚新材料等一大批新型建材产品的品牌效应也已形成。

3. 发展特点

(1)工业制造和加工性企业是中小企业的主体。大连所在的东北板块在计划经济时期曾是国家重点投入的重工业基地,形成了计划体系下的包括地方国有、集体所有、区街所有、乡镇所有企业在内的相对稳定的产业联系。股份制改造后,上述企业成为我市中小企业的基础和骨干力量,也沿袭了其独有的特征,如,全市中小企业一半以上为装备制造类企业,其产品、技术、市场对国有大型企业具有很强的依附性;中间产品多,最终产品少,其经营过程受龙头企业影响较大;技术基础、设备基础及劳动力基础坚实,具有一定的市场竞争能力。

(2)中小企业的贡献作用越来越大。无论是在经济发展,还是在社会稳定方面,我市中小企业发挥的作用越来越明显。近三年来,中小企业接纳的就业和再就业人员年均超过10万人(次)。2008年在宏观经济政策调整的情况下,中小企业实缴税金占全市税收总额的40.9%,同比增加1个百分点;市属区(市)县财政收入的85%以上均由中小企业提供。同年,中小企业完成生产性固定资产投资1179亿元,占全社会固定资产投资47%;民营投资建设亿元以上项目连年过百,超5000万元项目266项。中小企业已经成为推动城市经济社会发展的生力军。

(3)中小企业的发展速度明显加快。从2006年到2008年年底,全市新办中小企业超过3万户;中小企业实现的增加值、营业收入、实缴税金和固定资产投资等各项经济指标都保持了25%以上增长速度。其中,电子信息产品制造业经过10年的培育积累,在近两年中进入快速发展的黄金期(见图4):规模以上企业由1998年的10户增加到110户;销售收入由1998年的35.64亿元增长到2007年520.24亿元,增长13.6倍;出口交货值由1998年的20.16亿元增长到2007年的376.53亿元,增长17.7倍;工业增加值由1998年6.21亿元增长到2007年的135.27亿元,增长20.8倍;实现利税总额由1998年的2.34亿元增长到2007年的38.12亿元,增长15.3倍;就业人数1998年的1.2万人,达到10.2万人,增加了9万人。2007年累计吸引外资到位总额15.31亿美元,比1998年1.06亿美元增长13.4倍;2007年完成基本建设投资6.72亿比1998年增长10.2倍。

(4)中小企业创新能力不断增强。我市中小企业开展创新活动的企业数量占总数的88.5%(见图5),主动创新的意识和理念日益深化。现有中小企业创建的市级企业技术中心15户,省级12户,中小企业对全市科技进步的贡献率达60%,对城市创新能力的带动作用不断增强。创新能力的增强为企业的品牌建设注入了活力,目前我市中小企业已拥有中国驰名商标9项、中国名牌8项,分别占全市的75%和40%。

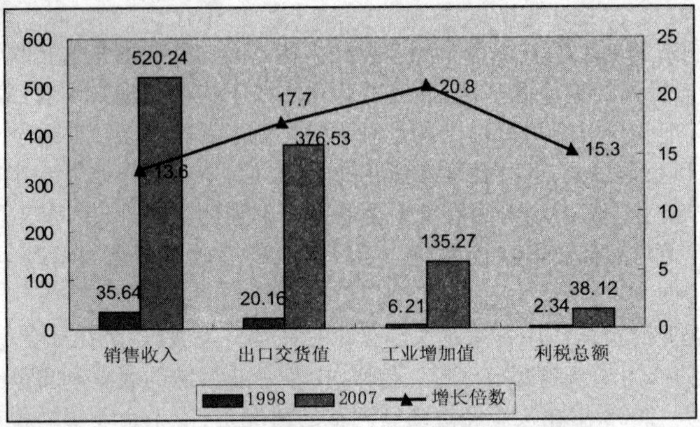

图4　1998 年与 2007 年电子信息制造业
中小企业增长情况对比(单位:亿元)

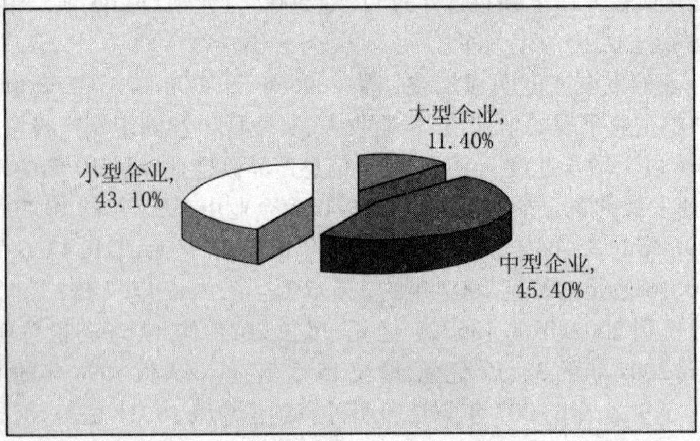

图5　开展创新活动的中小企业数量占企业总数的比重

(5)中小企业的外向度日益提高。2008 年,全市中小企业引进投资 323 亿元,我市中小企业对外开放步伐越来越快,力度越来越大。在我市中小集中分布的 8 大产业领域中,软件服务外包类企业、家具类企业、服装类企业、水产品加工类企业等均是以日韩及欧美市场为主,外向型程度较高。软件服务外包业同时也是外商集中投资的重点领域。目前,全市软件和服务外包类外资企业近 300 家,43 家世界 500 强企业在我市设立了软件开发和服务外包中心,大连已经成为名副其实的"世界办公室"。

(四)大连促进中小企业发展的政策措施

1. 将中小企业发展作为重要的地区经济战略

大连曾是国有资本相对集中的地区,这一特点在造就雄厚工业基础的同时,也促使企业、部门都力求拥有既有主业又有其配套产品及服务的封闭独立的组织结构,这种"大而全、小而全”的实体经济结构,直接体现为生产效率低、成本高、产品缺乏竞争力。大连市委、市政府以现代产业组织理论和专业化分工理论为指导,充分认识到中小企业经营的好坏直接影响经济社会的发展方向与发展速度,将中小企业发展作为重要的地区经济战略,大力实施“中小企业成长”工程,遴选了创业型、创新型、就业型、效益型、外向型、环保型、节能型等不同类型的百家中小企业,有针对性地施以重点培育与扶持,使中小企业迅速成长为保障城市经济持续增长的重要力量。

2. 制定完善的扶持政策

2005 年以来,市委市政府先后出台了《关于加快民营经济发展的若干意见》(大委发〔2005〕9 号)和《大连市实施〈中华人民共和国中小企业促进法〉办法》(政府令第 67 号)等一大批政策文件。2008 年国内宏观经济政策调整后,市政府针对中小企业发展中的困难和问题制定下发了《大连市支持中小企业稳定健康发展若干政策措施》,市发改委、劳动和社会保障局、财政局、科技局等市政府其他职能部门和各区(市)县、先导区围绕贯彻落实“两个文件”,共制定 60 多个相关配套文件,形成了相对完善的政策支持体系。这些政策对中小企业的健康发展已经发生并正在发生积极促进作用。2009 年,为减轻中小企业负担,市政府取消和停止收费项目 65 项;对经营困难的中小企业采取宽松政策,对暂时无力缴纳社会保险费的企业给予缓缴支持;对纳税有困难的中小企业,给予税收减免等优惠政策支持。

3. 加大财政支持力度,优化产业布局

我市对中小企业的专项投入逐年增加。自 2005 年起,市财政便设立了中小企业发展专项资金科目并制定了《大连市民营企业和中小企业发展专项资金管理暂行办法》,专项资金额度每年不低于 5000 万元,目前已累计投入 2 亿多元。专项资金的扶持重点包括:符合大连市“一个中心、四大基地、八大产业集群”发展方向的项目;采用高新技术、具有自主知识产权的项目;经济效益较好、具有中长期发展前景的项目等。同时,其他职能部门和各区(市)县也都设立了专项扶持资金,每年支持民营经济发展的资金总计已超过 10 亿元人民币。在加大财政投入的同时,还注重通过产业的优化布局,为中小企业开辟发展空间:在主城区实施“差异化发展战略”,建设一大批金融、科技、物流、商贸等特色大厦,打造宜于中小企业的“立体发展”格局;在县城实施“平面发展”,鼓励中小企业集聚发展,形成各类专业化的产业集群,已建成服装产业园、模具工业园、光电子产业园等特色鲜明的产业园区。

4. 建构公平对等的发展环境

为改善中小企业发展环境,我市先后出台 25 条意见措施,提出全面改善法制、政务、政策、服务、市场和舆论六大环境。先后清理收费项目 277 个,清理罚款项目 1355 个,表彰项目压减至 41 个,并在 100 家中小企业设立行政效能监察点,建立起中小企业维权的长效机制,组建中小企业投诉中心和仲裁中心,开通投诉和法律服务热线,为企业提供法律咨询、劳动纠纷调节等综合服务 5 万多人次。加大投诉案件处理和督办力度,已受理中小企业生产经营、拆迁补偿、行政处罚等各类投诉案件1000余件,结案率达90%以上。

5. 逐步健全中小企业服务体系建设

我市企业服务体系的日益完善。目前,全市已建立小企业创业基地13个,入驻创业小企业1031户,安置就业2.1万人;在技术服务上,政府出资建立了节能、服装、生物医药、食品、轴承、模具等13个中小企业公共技术服务平台;在信息服务上,政府为14个区市县、36个行业协会和工业园区提供网站硬件设施,为2000户中小企业建立网站,形成了以"中国中小企业大连网"为龙头、各区市县、先导区和行业协会网站为支撑、企业网站为基础的中小企业信息网络服务体系;在融资服务上,我市创建了覆盖全域的中小企业担保机构网络,设立一站式中小企业融资服务中心、2家村镇银行和6家小额贷款公司,为中小企业提供担保贷款累计达400亿元,金融银行发放中小企业贷款1700多亿元,帮助8家中小企业发行集合债5.15亿元。此外,市政府设立2000万元上市补助资金,推动中小企业上市,目前全市已有15家中小企业实现境内外上市。

(五)宏观经济环境影响大连中小企业发展的抽样调查

为了进一步了解近两年来国内宏观经济调控政策及国际金融危机对中小企业发展的影响,课题组专门对我市部分中小企业进行了抽样问卷调查。被调查企业154家,主要分布在中山、甘井子等六区域(见图6),其中装备制造类企业占21%,其他工业门类企业占42%,旅游餐饮类企业占16%,软件、交通、商贸等现代服务类企业占21%;民营企业111家,占被调查企业总数的72%;50家企业拥有自主创新能力,占被调查企业总数的32.5%。主要调查结果如下。

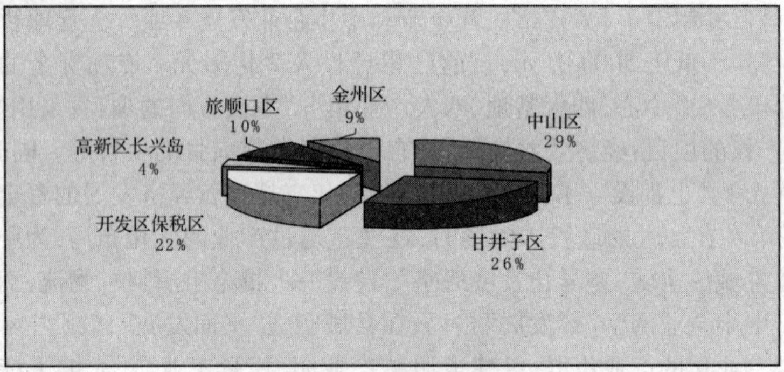

图6 问卷企业分布区域图

1. 企业发展状况

在被调查的154家企业中,销售收入在3000万元以下的小型企业占总数的85%,销售收入3000万元以上的中型企业占总数的15%,说明规模较小的民营资本是我市中小企业的主体;2008年,企业毛利润率在20%以上的占调查企业总数的12%,毛利润率在10%~20%之间的占32%,毛利润率在0~10%之间的占48%,毛利润率为负数的占8%(见图7),表明中小企业的盈利空间极其有限。

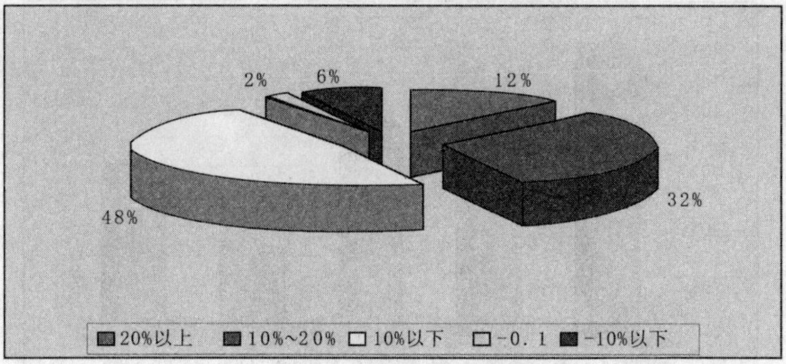

图7　2008 年我市中小企业毛利率情况

2. 企业发展面临的瓶颈

问卷结果表明，71%的企业存在资金不足的问题；20%的企业存在经营管理方面的问题；12%的企业面临技术不成熟的问题；15%的企业面临人才匮乏的问题；37%的企业存在市场开发方面的问题（见图8），表明资金与市场是中小企业发展中的主要瓶颈。

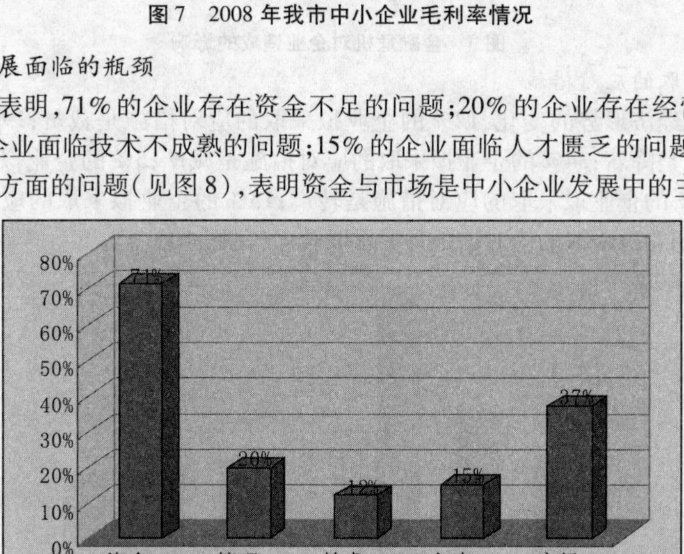

图8　中小企业面临的发展瓶颈

3. 本次金融危机对企业最大的影响

问卷结果表明，47%的企业认为本次金融危机造成的最大影响是订单减少；35%的企业认为最大影响还是资金短缺；35%的企业认为最大的影响是产品价格下滑；14%的企业认为最大的影响是生产成本上升；27%的企业认为最大的影响是市场销售量缩减（见图9），这说明资金与市场依旧是中小企业发展的两大难题。

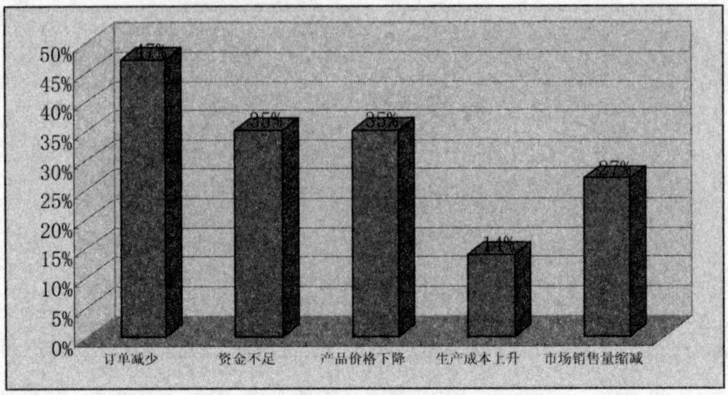

图9　金融危机对企业造成的影响

4. 企业采取的应对措施

面对宏观经济形势的变化，12% 的企业拟采取的应对措施是裁员；19% 的企业拟采取的应对措施是降薪；34% 的企业拟采取的应对措施是减产；5% 的企业拟采取的应对措施是歇业；12% 的企业拟采取的应对措施是转产；13% 的企业拟采取的应对措施是升级转型；10% 的企业拟采取的应对措施是寻求联合。（见图 10）

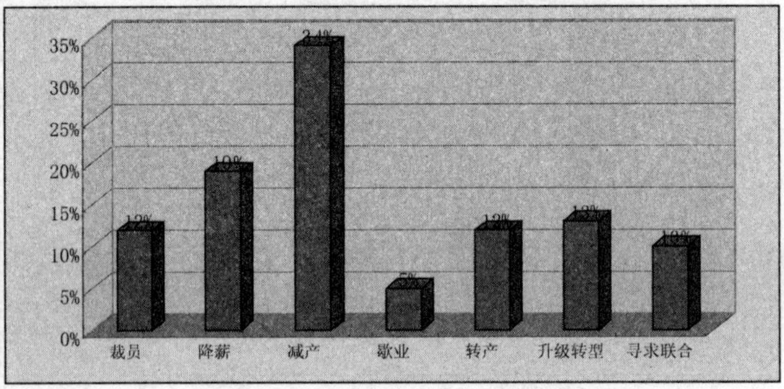

图 10　中小企业拟采取的应对措施

5. 对政策环境的评价

被调查企业对服务体系的评价包括四项指标，政府服务、政策落实、中介服务和银行信用环境；评价等级分为好、中、差三档，评价结果见图 11。企业对政府现行扶持政策作用的评价是，14% 的企业认为有很大帮助；41% 的企业有帮助；26% 的企业认为帮助不大；18% 的企业不清楚相关的扶持政策（见图 12），表明现行中小企业扶持政策的针对性和覆盖面仍需加强。

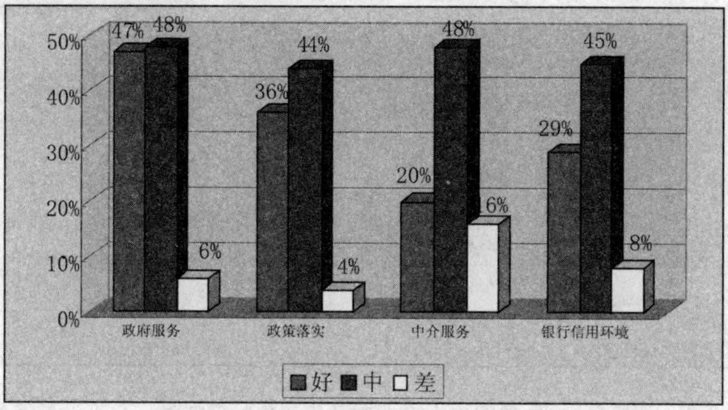

图 11　中小企业对现有服务体系的评价

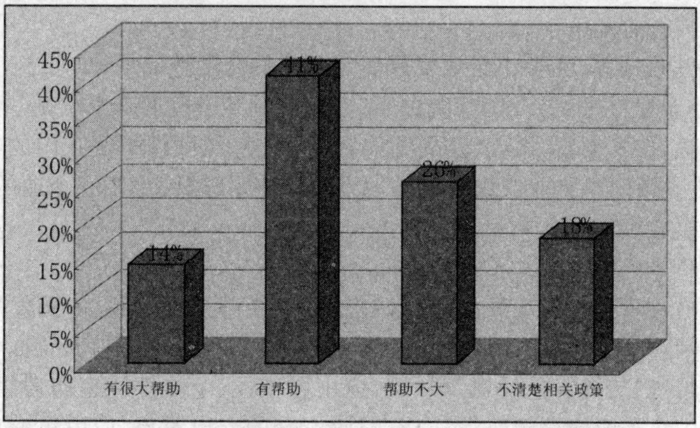

图 12　中小企业对政府现行扶持政策的评价

6. 对政府工作的期待

问卷结果显示,39% 的企业希望降低行政成本;42% 的企业希望拓宽融资渠道;63% 的企业希望减免税费;21% 的企业希望加强公共技术平台建设;11% 的企业希望加强自主知识产权保护;15% 的企业希望鼓励创业与创新意识;26% 的企业希望营造公平竞争的商业环境(见图 13),表明政府的扶持政策是中小企业提振信心、走出困境的关键因素之一。

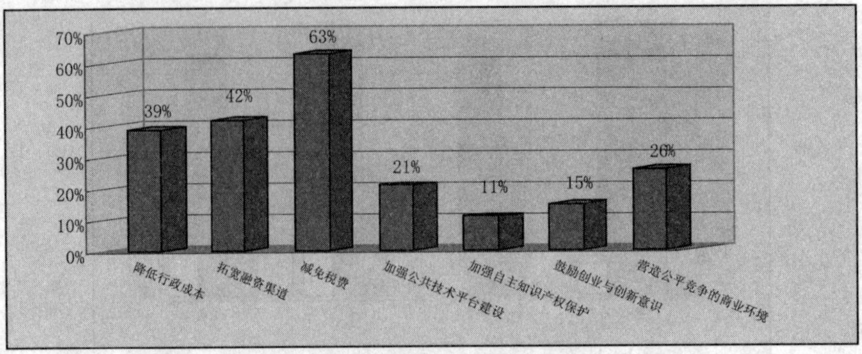

图13　中小企业对政府工作的期待

五、促进我市中小企业健康发展的对策和建议

——基于政府的视角

(一)健全法规政策,为中小企业发展奠定坚实的制度基础

围绕《中小企业促进法》及国务院关于"非公有制经济发展若干意见"等相关政策,建立健全包括金融、技术创新、税收、公平竞争、行业调整、风险保护等在内的中小企业法律法规,形成促进我市中小企业健康发展的地方政策体系,以确定中小企业的地位,维护中小企业的合法权益。

1. 建立有助于中小企业发展的财政投入政策

运用政府财政政策对宏观经济进行调控,促进经济社会健康、协调发展是公共财政的重要职能。针对中小企业的财政扶持政策,应由重视资金的支持安排向体制、机制、制度性建设方面转变;扶持资金的惠及领域,应由区域性、个体性优惠向普惠性方面转变,让符合条件的中小企业均得到政策扶持;财政资金的支出对象,应由单一项目或企业的支持,向社会公共服务体系建设方面转变,由此为中小企业创造公平、健康的生存环境。

2. 建立有助于中小企业发展的政府采购政策

在政府采购过程中给予中小企业优惠政策是一项国际惯例。我们可借鉴发达国家的政府采购政策和成功经验,在深入调研、完善制度的基础上,着力构建政府采购促进中小企业发展的运行机制,采取有效措施,努力实现政府采购的物有所值与中小企业发展壮大的共赢局面。具体做法包括:一是在政府采购定额量中划出一定比例给中小企业,也可在政府采购中规定,大企业须向中小企业分包一部分产品和零部件;二是在商品和服务无明显差异情况下,适度优先采购中小企业商品;三是将中小企业的商品质量、技术水平、履约状况及信用状况等作为认定招标资格的条件,以促进中小企业改进技术、改善管理、增强市场竞争力。

3. 建立有助于中小企业发展的税收政策

一是实行有利于中小企业增加自有资金的优惠政策,在放宽对中小企业纳税人认定标准的基础上,降低中小企业的所得税税率,降低企业税负;二是制定针对中小企业投资行为的税收优惠政策；三是制定针对中小企业促进科技事业发展的税收优惠政策；四是促进面向所有中小企业就业的税收优惠政策。

4. 建立有助于中小企业发展的产业政策

政府制定的产业政策要对中小企业有所倾斜，努力消除大企业的垄断地位，避免市场为少数大型企业垄断竞争所导致的大鱼吃小鱼、小鱼吃虾米的局面，通过界限明确、合作紧密的专业化分工，为大量的中小企业创造自由竞争的成长空间。现阶段，应将政府扩大内需的政策转化成中小企业的发展机遇，支持民营经济为主的中小企业进入社会事业、基础设施、市政公用特许经营、金融等新的产业领域和重大建设项目中来，使中小企业能够分享政府扩大内需的“千亿蛋糕”，把握更多的市场机会。

(二)积极推进投融资担保体系建设，破解中小企业融资难题

1. 形成具有地域特色的金融政策体系

政府运用经济手段增大对中小企业的投融资力度、拓宽融资渠道，是推动中小企业发展行之有效且至关重要的措施之一。我市应抓住建设地区性金融中心的难得机遇，争取建立区域性债券和产权交易市场方面的国家政策，形成以助推中小企业发展为内容的地方金融政策与法规体系，建立和完善面向海内外上市中小企业的优惠政策。

2. 建立健全适应中小企业发展的信贷制度

支持中小企业信用体系的建设。为使金融机构能够清楚地判断风险，对有关部门和中介机构开展中小企业信用登记、信用征集、信用评估、信用发布等活动，政府要给予必要的资助。首先是改革现行企业信用等级评定办法，目前我市各银行在对贷款企业信用等级评定时，经营规模一项所占的权重很高，这意味着最需要资金支持的中小企业获得贷款的几率很小。政府应该鼓励金融机构对不同企业采取不同的信用等级评定办法，加大企业发展能力和创新能力在评定体系中的权重，以减轻对中小企业的信用歧视。针对中小企业数量多，贷款额度少的特点，金融机构还应考虑对其实行小额贷款信用评分制，建立中小企业信用档案，定期进行信用审核，建立符合其特点的中小企业信用评定体系。其次是适当扩大贷款抵押率，抵押贷款是中小企业从银行等金融机构能够获得资金的最直接的途径。根据对我市中小企业的抽样调查，不能满足抵押要求和第三方担保要求是中小企业无法获得银行贷款的最常见原因。针对这一状况，政府应鼓励金融机构多采取一些富有弹性的措施，比如可考虑按照企业的信用状况、产品销售状况以及企业所处成长周期的不同，采取不同的贷款抵押率，对信用度高、市场前景看好的企业给予更多的资金支持，使扶持中小企业发展与防范和化解金融风险得以兼顾。

3. 规范和完善中小企业信用担保体系

政府应设立引导资金，参股信用担保机构，培植社会性的第三方信用担保法人经济主体。担保基金以财政投入为引导，企业投入为主体，吸引民间资本为补充，实行市场化运作，帮助中小企业多渠道获取生存发展所需的资金支持。制定鼓励区域性中小企业担保机构做大做强的奖励政策和税收政策，对担保机构新增的贷款担保余额可实行奖励；

对接受政府指导的中小企业信用担保机构，当其提取的风险准备金不足以弥补时，政府应制定相应的政策给予一定补偿。政府还必须采取切实措施，加强对中小企业信用担保的监督和管理，防范信用担保业务的发展可能引发的金融危机；同时，政府还应探索和出台对中小企业间联保、互保制度的支持方式。

4. 积极发展包括民营资本在内的中小金融机构

政府应高度重视中小金融机构的发展问题，首先要在政策上对国有银行和包括民营资本在内的中小金融机构一视同仁，减少对中小金融机构的行政干预，使它们能够依法自主经营。其次要加强对中小金融机构的引导，采取有效的政策措施，从资金来源、结算体系、存款保险体系、担保体系和再贷款方面，扶持中小金融机构的发展，并在发展中加强和改善对中小金融机构的监管和风险防范。最后要建立存款保险制度，提高中小金融机构抵御风险的能力。建立存款保险体系，可增强中小金融机构的社会信誉度，为中小企业融资提供新的途径。

(三)加大技术创新的政策扶持力度，提高中小企业创新能力

1. 加强对中小企业技术创新的宏观指导

在中小企业技术创新活动过程中，政府的宏观指导、政策推动以及组织服务等起着重要作用。具体措施包括形成鼓励中小企业创新活动的政策供给、产权制度改革及市场环境建设。在政策供给方面，政府应通过技术奖励、政策倾斜、政府公共资源配置等，为中小企业特别是“专、精、特、新”企业开展技术创新提供帮助，使中小企业技术创新的扶持政策在法律基础上走向综合性、系统化，以减少政府政策的多样性、人为性和波动性，保证支持中小企业技术创新政策的持续性、规范性和平稳性；在产权制度改革方面，应以中小企业产权制度改革为突破口，转变传统的资本观念，建立起技术入股制度、科技人员持股经营制度，使技术和科技成果真正成为生产力要素，并在参与企业经营和分配中获得应有的价值；在市场环境的营造方面，政府应转变职能，形成与市场互补的机制，遵照市场经济发展规律和国际通用的规则，尽快清理和修正已有的不利于中小企业健康发展的条款和规定，建立健全适应市场经济体制、符合中小企业特点的技术创新法律法规体系，为中小企业技术创新活动提供公平竞争的市场环境。

2. 建立适应中小企业创新活动的技术支撑体系

第一要采取政府引导、市场化运作、开放服务方式，以中小企业比较集中和具有产业集聚优势的工业园区为载体，重点建设一批公共技术支持平台，在园区和产业集群内建立技术创新服务中心，为中小企业技术创新提供设计、信息、研发、试验、检测、新技术推广、技术培训等全方位服务。第二是加快为中小企业服务的科技服务机构建设，在发挥已有技术推广网(站)等中介服务机构作用的同时，加快直属科技机构改革，使其相当的部分转变成社会性技术服务机构、地区性专业性的技术中心，成为支持中小企业技术创新的新兴力量。第三是制定高校和科研机构对中小企业的开放办法，引导中小企业与科研机构、各高校建立紧密的合作关系，为中小企业提供必要的技术开发设备及试验条件；

强化信息服务、产品开发、设计示范、培训服务等功能,搭建关键性技术和行业技术的支撑平台。第四是整合好各种研究资源,利用退休的技术人员力量,组成技术专家网络,为中小企业提供技术诊断、技术指导和技术交流;发挥在职科研人员的作用,鼓励科技人员在完成本职工作的前提下,在中小企业兼职从事研究开发和成果转化活动。第五是建立技术交易市场,降低中小企业转让技术成果的交易成本。

3. 为中小企业技术创新提供资金扶持

首先应重点解决中小企业技术创新中存在的资金困难问题,可根据中小企业技术项目的不同情况,采取无偿资助、贴息和资本金投入等不同的支持方式;可由政府出面也可由中小企业组成联合担保共同体建立中小企业担保基金,以此降低银行对中小企业贷款的管理成本和经营风险,减弱中小企业获得贷款的难度;也可以建立中小企业风险投资基金,对科技含量高、市场前景好的研发项目进行风险投资。其次鼓励和引导中小企业创业投资,调整创新基金使用范围,重点支持种子期、初创期的中小企业,支持技术开发初期的原始创新,加大竞争前技术开发活动的支持;改进对技术创新财政支持的绩效考评办法,处理好政府扶持资金安全性、规范性与有效性的关系,形成鼓励创新、宽容失败的良好氛围;允许企业对做出突出贡献的骨干实施激励政策,进一步提高企业以自主知识产权为核心的竞争力,实现经济增长方式的转变。最后政府应为中小企业技术创新提供税收优惠,可把中小企业的技术开发费用按实际发生额计入管理费用,不受比例限制;可为中小企业进行合理化的设备更新准予特别折旧,以降低从事技术创新活动中小企业的应税基数;还可对开发技术创新的中小企业实施降低税率的优惠方法。

(四)优化政策环境,健全人才公共服务平台

1. 健全中小企业人才公共服务平台

首先要健全公共信息服务平台,建立"大连市中小企业人才公共信息服务网",形成社会化、开放式的人才市场信息和公共政策信息的共享机制;进一步强化政府人才市场的服务功能,加快培育专业化人才中介,满足企业对各类高层次创新人才的需求;进一步加快规模型中小企业与全国著名高校协作组织建设,促进企业与高校人才的全面合作。其次是建立优势教育资源共享平台,加大扶持力度、加快资源整合,积极培育以大连理工大学、东北财经大学、大连交通大学等高校为骨干的高层次人才培养平台,为发展中的中小企业提供高层次、高素质的技能型和管理型人才;同时建立面向全社会的紧缺人才培训和专业技术人员继续教育平台以及"大连人才培训咨询服务网",开展人才培训的咨询、项目对接与推介服务。再次要完善创新创业人才学术交流平台,建立大连市国际科技信息服务网络,为各类创新创业人才及时了解掌握国内外高新技术发展动态、最新理论研究成果等提供服务。最后要加快构建公益性服务平台,探索新的人力资源共享、互利互惠、和谐高效的服务机制;大力培育发展专业化的民营人才中介服务机构,逐步形成分布合理、结构多元、特色鲜明的专业化、规模化、品牌化的人才中介服务机构,进一步提升我市中小企业人才的配置水平。

2. 强化中小企业人才培训

首先政府要将人才培养作为扶持中小企业发展的必要手段，从建立专项培训基金和加大职业教育力度两方面入手，依托政策、舆论、制度三项保障，形成与中小企业发展需求相契合的、完善的社会化教育培训服务体系。其次针对中小企业量大面广、人员素质参差不齐、专业人才普遍匮乏等共性问题，整合政府、中介机构企业等资源，建立多渠道、立体化的企业在职人员培训模式。在内容上，突出素质、资质和专业培训三大类型；在对象上，着重企业家、就业者和创业者三个层次；在方式上，实施境内与境外、课堂与实践、集中辅导与远程教育三种结合。最后要整合地区职业教育资源，调整地方高校、职校专业设置，促进校企合作，提高教育质量，促进职业技术教育的层次性发展，为本市中小企业当前和今后发展储备和提供大量的专业人才，使职业教育发展与地方经济发展相衔接。

3. 进一步完善吸引人才的政策机制

首先在政策层面上，进一步加大政策优惠力度，设立择优资助基金，并视财力情况逐步扩大资助范围。凡来连工作的高层次人才申办企业、从事科学研究、技术开发的，经审批均可予以一定的资金资助；同时，设立人才奖励基金，奖励在我市经济建设中的突出贡献者；鼓励企业采取人才股、技术股等多种方法吸引人才、留住人才；进一步完善人才流动的相关政策，减少人才过快流动所带来的风险。其次在体制层面上，进一步深化政府服务职能，理顺好政府职能部门、人事中介机构和中小企业用人单位的关系，建立和完善相应的人事申诉和人事仲裁制度；引入竞争机制，允许符合条件的人才中介机构进驻本市，优化与人才供求相关的事务管理；赋予企业更多、更宽松的人才引进权和自主使用权，使人才成为中小企业持续发展的源头活水。最后在操作层面上，应不断完善工作机制，提高相关工作人员在人事政策、办事程序、技术应用等方面的水平与效率；进一步扩大人才信息库的覆盖面和容量，并同企业进行信息联网与信息共享；不断改进人才测评技术，提高人才信息的可信度和准确性；加强人才资源的统计与分析，为人才政策与人才资源结构的调整提供决策依据。

(五) 整合资源，打造面向中小企业的社会化服务平台

1. 建立健全中小企业服务体系

建立健全中小企业服务体系，改善中小企业经营环境，是促进中小企业发展的重要条件，也是市场经济条件下政府支持中小企业发展的重要职责和有效实现方式。因此要加快形成以政府为主导，各类商会、协会为桥梁，社会服务中介为依托的中小企业社会化服务构架，政府应全面承担对全市中小企业发展进行指导、协调、服务的责任，并努力营造简化审批、降低门槛、鼓励创业等宽松的政策环境；行业协会及中介组织应为中小企业获得各类政策信息、科技创新、技术引进、国内外市场开拓、专利申报、资质评议、产品推介、权益保护、融资、招标等方面提供咨询、培训、评估服务。

2. 充分发挥协会等中介组织的作用

建立健全各类商会、行业协会等社会中介组织，充分发挥其服务于中小企业的作用。

一方面，政府应把行业统计、行业信息、行业质量论证、非强制性行业标准的制定与修订，行业资格审查及职称评审、市场准入资格的认证、许可证发放、行业内部矛盾的调节和仲裁等职能划归到商会、行业协会；另一方面，政府还应通过建立听证会等制度和建立相关咨询委员会，使行业协会组织与政府之间的对话渠道制度化，以便于政府及时了解行业动态及中小企业发展中的具体问题，从而完善政府的科学决策。

3. 以"一点双面四体"满足中小企业的服务需求

中小企业作为市场经济主体，其单个企业服务需求的变化不仅是内部变革的冲动，也与宏观经济环境、社会变迁及产业发展趋势等变量密切相关。社会化服务体系应从服务单个企业向提供企业间的服务资源共享和创新公共服务产品过渡，企业之间的服务已经呈现网络状的流动性，需要新的社会化服务体系满足变动中的服务需求。根据我市中小企业的具体状况，可以"一点双面四体"为支撑，即：以推动中小企业发展为出发点，延伸社会职能与经济职能两个基本面，以金融（组建非金融性互助担保机构、建立储备金制度、进行投融资服务等）、研发（建立研发体系、持续加大研发投入、注重科研长远发展规划等）、人才（职业培训、综合培训、专业培训、企业重组程序培训等）、市场（建立开拓国际市场平台，帮助中小企业境外参展、管理体系认证、产品认证和商标注册等）四项为突破口，满足中小企业在不同发展阶段的服务需求，切实增强中小企业的自身发展能力。

——基于企业的视角

（六）增强自主创新能力，实现成本优势向技术优势的转化

1. 管理体制的创新

中小企业在开办之初多是依靠家族资本金集聚发展，不可避免地带有明显的家族式管理的印迹，企业拥有者即是管理者，强调个人权威，离科学管理的标准差距甚远。因此，中小企业有必要进行自身管理体制的创新，一方面应对企业的具体管理方式进行改造，使企业管理模式更符合现代社会发展的要求，主动融入现代主流经济。另一方面要善于整合资源，以控股权换取发展权，特别是在宏观经济环境发展突变的情况下，应通过产权重组对资源进行合理配置，实现企业的战略转型和快速扩张。

2. 技术创新能力的提高

科技附加值低、同质化严重，只能依靠低成本、低价格求生存，这是中小企业抗风险能力差的主要原因。能够在宏观经济形势变化及金融危机等不确定因素条件下屹立不倒的企业，依靠的一定是领先的技术及对各种现成技术的强大的综合组织能力。中小企业的技术创新需要融资、知识产权保护、政府采购等政策环境的配合，更需要中小企业强大的内在动力。中小企业可关注并及时跟踪相关核心技术的发展趋势，利用自身的技术优势和对市场信息的准确把握，在学习的基础上进行二次创新，以较低的开发成本分享一定的市场份额；也可以通过与其他机构合作，共同推进技术创新，这也是加速科技成果产业化进程、提高创新有效性与效率的重要方式。

3. 注重品牌建设，创新发展思路

大多数中小企业在发展战略层面上仅停留在占有市场份额、获得盈利上，因而"来料

加工"成为中小企业主要发展模式之一。而当今世界经济则是建立在品牌之上,而非商品之上。我市高开放度的经济发展模式,决定着企业特别是中小企业必须对国际国内两个市场都具有自觉性和敏感度,必须创新发展战略,建立起属于自己的世界品牌。中小企业选择品牌战略,首先要练好内功,在产品研发、产品创新和质量改进上多下功夫,这是赢得市场的关键所在;其次可通过市场细分,在企业资源特点和目标市场之间找到契合点,在规模和资金有限的情况下,专注于自身具有优势的某一细分市场,取得局部市场的垄断权;最后是借助多个企业的整体力量和群体效应,形成"区域品牌"。

(七)以准确的产业定位为中小企业谋得发展空间

随着辽宁沿海经济带建设规划上升为国家战略,我市将加快三个中心一个集聚区的建设步伐以及全域城市化进程,这一形势为众多中小企业的发展提供了新的机遇。首先,加快航运中心、物流中心和金融中心建设,意味着城市功能的提升,也意味着第三产业必须提速发展。第三产业特别是现代服务业,正是中小企业可以发挥优势的领域。因此,中小企业应发挥机动灵活、反应敏锐、善于应变、效率较高等优势,抓住新一轮经济发展中的难得机遇,以准确的市场定位为自身谋得发展空间。其次,现代产业集聚区建设意味着我市将形成一批具有核心竞争力、规模超千亿的产业集群。中小企业应认清位置、甘当配角,与大型龙头企业形成合作配套关系,在大企业的边缘地带发挥自己的独特专长,争取在一些特定产品和技术上成为佼佼者,逐渐积累经营资源,为自身的壮大发展积累条件、创造时机。最后,经济全球化的发展趋势,带动全球范围的产业结构调整也在不断深入,特别是在"后金融危机时代",世界经济发展格局也将重新洗牌。中小企业应该拓宽视野,勇于实施"走出去"战略,充分利用国际国内两种资源,提高拓宽发展空间的能力。特别注意的是,中小企业之间要尽量避免恶性价格竞争,尤其是在对外贸易方面要团结合作,学会"用一个声音说话",提高议价能力,使企业发展更加有序。

(八)努力提高中小企业管理者的素质

中小企业管理者作为宝贵的资源,其素质对企业管理水平及综合竞争力都起到决定作用。经过多年发展,不仅中小企业在我市经济格局中占据了不可或缺的重要位置,也形成了一支熟悉市场经济规律、善于经营管理、勇于创新的企业家队伍。但是,随着市场竞争激烈程度的加剧,企业家必须进一步提高自身素质,积极应对挑战。第一要有做大事、创大业的气魄。做大做强企业,要靠基础、机遇、环境,但最重要的是要靠企业家自身的气魄与胆识。企业家应该克服"守摊"、"保本",小富即安的心态,增强加快发展的内在动力和强烈愿望,站在全省、全国甚至全球的大格局中审视自己,瞄准国际国内同行业"老大",拉高标杆,加快发展。第二要有抓机遇、抢市场的智慧。市场是企业生存的依赖条件,机遇则是企业做大做强的助推器。企业家们必须重视学习,勤于思考,不断丰富自己,进一步培养战略眼光,善于从世界经济发展的大趋势中来谋划企业的未来,从国际国内形势的相互联系中把握企业的发展方向,确定企业在市场和产业链中的经营地位和发展空间,科学制定企业发展的目标和战略。第三要有尊重知识、尊重人才的理念。市场竞争,本质上是人才的竞争。企业家必须树立人才是第一资源的观念,不断加大人才开发和投入力度,真正尊重人才、尊重知识、尊重创造;用事业留人、感情留人、待遇留人。要定期为各类人才提供培训学习、考察交流的机会,培养出数量充足,结构合理、素质较高、与企业发展相适应的专业技术人员和技工队伍。第四要有勇于创新的意识。创新是企业发展的源泉,是培育企业核心竞争力的根本途径。企业家必须高度重视技改投入,大力推进技术创新,加大研发的投入力度,完善以企业为主体的技术创新体系,抓好关键技术和新产品开发,着力打造品牌,努力形成自己的核心竞争力。第五要有遵纪守法、报效社会的责任感。企业是现代社会的经济细胞,注重企业与社会的和谐,重视企业的社会形象是企业家应该具备的基本素质,也是企业家个人价值的充分体现。一要依法经营,诚信为本,操守为重;二要坚持以人为本,建立和谐的人际关系和劳资双方关系;三要树立得之社会还之社会的思想,主动承担社会责任,积极投身公益事业,关心社会弱势群体,多为社会提供公共产品和服务,为城市和谐发展做出更大贡献。

《宏观调控政策对中小企业发展影响的研究》课题组成员

课题领导小组:

顾　问:曲晓飞　大连市人民政府　副市长
组　长:李　才　大连市政府发展研究中心　主任　教授
副组长:栾福军　大连市政府发展研究中心　副主任
　　　　田　涛　大连市发展和改革委员会　副主任
　　　　毕长泉　大连市经济和信息化委员会　副主任

课题组:

组　长:鲁　岩　大连市政府发展研究中心　处长　副研究员
　　　　孙德忠　大连市发展和改革委员会工业处　处长
　　　　刘向阳　大连市经济和信息化委员会中小企业处　处长
成　员:秦学冬　大连市政府发展研究中心　调研员　助理研究员
　　　　刚晓丹　大连市政府发展研究中心　副主任科员
　　　　冯士森　大连市政府发展研究中心　副主任科员
　　　　余　杰　大连市中小企业联合会　副会长
　　　　时丕森　大连市人大常委会　处长
　　　　张金丽　大连市统计局　处长
　　　　李雪芬　大连市统计局　处长

大连开放型经济中长期发展战略研究

王文清　刘国志　王　玲　王金成

一、开放型经济概述

(一)开放型经济内涵

改革开放三十年之际,世界经济发展联系日益密切,国内经济持续发展。面对国际经济与金融危机不断扩大,中国开放的意义与目标应该重新确立,以新的开放理念探索新的开放目标,用全球化发展战略指导开放,在开放中维护国家经济安全,抓住当前世界经济与金融秩序重建之机,再创共和国科学发展的新辉煌。

党的十七大报告指出"开放型经济进入新阶段",要"提高开放型经济水平",将中国以往对外开放的境界提到了新的高度。确立发展"内外联动、互利共赢、安全高效"的开放型经济体系,彰显了我国当前对外开放新战略定位。

开放型经济是与"封闭型经济"相对应的概念,它有着深刻的内涵与外延。开放型经济是指商品、服务和生产要素(资本、技术)能够比较自由地跨越边境流动,按照市场经济规律实现资源优化配置的一种经济模式。开放型经济既强调对外开放所包含的经济体制发展方向和过程,又强调把国内经济和整个国际经济联系在一起,充分参与国际分工,在经济全球化背景下,要求各国(地区)开放商品、服务及生产要素等市场,要求各国(地区)建立起开放型经济。为此,越来越多的国家和地区都实行对外开放政策,积极发展对外经济技术交流,力求通过实施开放型经济战略来发展本国或地区经济。

在三十年改革开放过程中,外向型经济与开放型经济的提法屡见不鲜。开放型经济与外向型经济具有完全不同的内涵,存在极大的差异。外向型经济通常以出口为导向,大多"两头在外",基本上是原料进口,产品经过加工后再出口的经营方式。开放型经济则是以降低关税壁垒和提高资本、人力资源、技术、商品和服务自由流动为核心。开放型经济既出口也进口,既引进外资也对外投资,既对外开放也对内开放,以"内外联动、互利共赢、安全高效"为要旨,是一种全球发展战略。

(二)开放型经济战略理论概述

"开放型经济"的具体发展战略是在对外贸易发展战略的基础上逐渐演变和发展而来的,指导我国开放型经济的发展主要基于李嘉图的比较优势理论、赫克歇尔—俄林的要素禀赋理论、钱纳里的"两缺口"理论及国际分工理论等。

比较优势理论认为：任何一个国家，即使它的相对经济水平再落后，依然具有某种“比较优势”。对于生产率先进的国家，相对优势更大的产业是其比较优势产业，而对于生产率落后的国家，即使它的每一个产业的生产率都低于先进的国家，但是相对劣势更小的产业还是具备其比较优势。在资本和劳动力等生产要素在国际间不能自由流动的情况下，按照比较优势的原则进行国际分工和国际贸易，各国分别专业化于自己的比较优势产业并出口比较优势产业的产品，进口自己比较劣势的产品，则各国都将从这种国际分工和国际贸易中获益。

要素禀赋理论则从各国在生产要素（土地、资本、劳动力）丰裕程度上的差异来解释各国之间比较优势的不同，它认为一个国家在生产要素上的相对丰裕程度决定了其比较优势所在，进而提出：一个国家应当专业化生产和出口密集使用相对丰裕要素的产品，而进口密集使用其相对稀缺要素的产品。

“两缺口”理论认为：由于发展中国家通常都存在经济结构急需调整、升级和优化的问题，而这个过程通常需要巨额的投资，发展中国家的低人均收入决定了其储蓄的低水平，从而投资的需要超过储蓄水平，形成储蓄缺口，同时发展中国家在向工业化过渡的过程中，用于设备、技术进口的外汇需要也很大，发展中国家的创汇能力比较小的情况下又很容易形成外汇缺口，因此在“两缺口”存在的情况下发展中国家如果引进外资则可同时解决两个缺口。此理论奠定了发展中国家利用外资的理论基础，也成为我国外向型经济发展战略的主要指导理论。

国际分工理论认为对外贸易、对外直接投资是一国企业进入国际市场并参与国际分工的两种最重要的方式。最早发生的国际分工是两国间商品贸易，企业通过在国内组织各种生产要素、生产产品或组织其他企业生产产品进行出口以参与国际分工，进口国企业也以同样方式进行商品的交换与贸易。

随着国际经济不断深化，国际分工模式也在不断演进。由国际间商品贸易、国际服务贸易，发展到国际直接投资，伴随国际分工进一步向深度和广度拓展，它使各国在经济上更加深入地相互依赖和紧密联系在一起，每一个国家都不能离开国际分工而孤立存在。国际分工理论要求一国参与对外开放国际分工，必须随着国际分工格局的变化调整自己在分工格局中的地位，不断使分工走向深层次和精细化。

国际分工涉及国家与国家之间的分工及产业与产业之间的分工。目前的国际分工的特点：一是服务贸易的迅猛发展推动了服务业国际分工的发展，出现了商品生产国际分工和服务业分工相互结合和渗透的趋势；二是由传统部门间分工深入到部门内部，形成了产品零部件层次上和生产工艺层次上的分工。究其根由是跨国公司深化发展所致，是跨国公司企业内部分工的全球化。

（三）中国开放型经济发展

1. 开放型经济发展演进

第一阶段为改革开放初始阶段，时间是1983年～1992年，主要标志是打开国门。20

世纪80年代,我国根据沿海地区地缘与环境优势,实行特殊的开放形式。实施外向型发展战略,开放地区限于经济特区、经济技术开发区、沿海开放城市,是以地域开放为重点,引进外资,扩大对外经济技术交流与合作,对外开放取得了丰硕成果。

第二阶段为市场化阶段,时间是1993年~2002年,主要标志是建立社会主义市场经济体制。对外贸易和利用外资大幅度增长,国家外汇储备显著增加,有力地支持了我国经济体制改革和经济社会的发展,增强了我国的综合国力和国际竞争力。

第三阶段,是中国加入WTO,我国逐步全面与世界接轨,直接面对世界经济发展机遇与挑战、风险。我国由有限范围和领域内的对外开放,转变为全方位的对外开放;由以试点为特征的政策主导下开放,转变为法律框架下可预见开放;由单方面的自我开放,转变为与世贸组织成员之间的自由开放。目前,我国对外开放已经渡过了初步发展阶段,正走向进一步发展和完善的新阶段。

改革开放以来,中国经济的飞速发展有着显著的特点,以区域经济发展为引擎带动全国经济发展。以珠三角经济区、长三角经济区、环渤海经济区发展不断推进改革进程。20世纪80年代,“深圳特区”引领珠三角经济快速腾飞;90年代,“浦东新区”引领长三角迅速崛起;进入21世纪,“滨海新区”正成为环渤海区域发展的强力引擎。

三大经济区作为三大经济发展引擎强力带动全国经济快速增长,究其增长源泉与动力又各有不同:

长三角经济区以投资拉动经济增长。长三角地区由于其拥有的良好的基础设施、发达的科技教育和日趋完善的政策环境,成为国内外投资者关注的“热土”,特别是跨国资本正大举向长三角地区转移。民资主导是长三角的发展动力,这里较早诞生以集体和私营经济为主体的“苏南模式”和“温州模式”,近些年经过规范的股份制改造,在中国地区经济中继续保持旺盛的活力。

珠三角经济区以出口拉动经济增长。改革开放以来,珠三角地区凭借其毗邻港澳、靠近东南亚的地缘优势和华侨之乡的人缘优势,以“三来一补”、“大进大出”的加工贸易起步,并大量吸引境外投资,迅速成为中国经济国际化或外向化程度最高的地区。外资推动是珠三角的发展动力。“珠三角模式”区别于其他发展模式的最大特征,在于它几十年来一直保持着吸引外资的绝对领先地位。

环渤海经济区是内需拉动经济增长。环渤海经济区有厚实的发展基础,依托其广阔的腹地和区内市场以及便捷的交通条件,已发展成为中国规模较大、较为发达和成熟的现代物流中心和消费市场区之一。与其他经济区域不同,国资主导着环渤海区域的发展。这一经济区多属中国的老工业基地,传统计划体制的惯性影响较大,尽管近些年所有制结构调整加快,但国有经济比重仍相对较高。

2. 现实引导开放策略调整

激励型的开放政策已激化国内发展模式的矛盾。过去三十年开放历程基本性质是以政策激励为主导。激励政策促进了外资的流入,刺激了企业走向世界参与国际竞争。

但是在获得巨大发展成就同时,在积极抓住国际产业时机的战略下,一批“两高一低”外资项目进入境内。政策激励的开放模式有积极的一面,但也隐含着国民利益的损失。受激励的经济主体和地区有更大空间降低个别成本,吸收更多资源,而这些是在提高社会成本的基础上实现的。

粗放型开放方式引起与外部世界的摩擦和对环境的破坏。与政策激励相联系的是粗放开放模式。各地出现大量没有税收、没有技术甚至不创造就业的外资项目,GDP 主导的发展理念加剧了粗放性,导致中国发展道路与世界的摩擦,增加与东南亚国家的引资竞争,招致一些发达国家对我国的反倾销。

因此,国家开放战略在动力机制上,需要从特殊政策型向规范制度型转变。迄今为止,政策优惠已成为各地发展与开放的最主要手段,通过各种形式的减税让利,给以企业市场准入方面的特别许可等政策安排作为促进开放的基本动力。随着开放水平的提高,政策激励之路已不可持续,必然代之以规范制度。

3. 立足科学发展的开放之路

中国开放型经济发展需要吸收国际经济学和跨国公司投资理论的成果,又需要与中国改革开放的实践相结合。由于我国经济发展存在不稳定、不平衡、不协调、不可持续的结构性问题,经济发展态势复杂。所以必须在吸收经典国际贸易理论、发展经济学等经济理论基础上,基于本土特征来发展适合自己的开放之路。张幼文先生提出的全球化经济学则对我国开放型经济作出了归纳与探索。基于要素自由流动的经济全球化理论认为要素的自由流动改变了国家的要素禀赋特征,从而改变了国家产业发展特征。在经济全球化下国家战略的重点是改变要素结构,对落后国家来说是通过培育的方式获得自己的稀缺高级要素,从而改变在全球化中的分工地位与利益分配。

2008 年美国爆发的金融危机恰恰证明在世界经济一体化发展中,维护自身经济安全的必要性。十七大报告中提出发展“内外联动、互利共赢、安全高效”的开放型经济体系是科学发展的具体体现。旨在形成一个以内外联动为路径,以互利共赢为依归,以安全高效为准绳的开放格局,促使国家实现真正意义上的创新,参与国际经济与金融秩序的重建,进而引领世界经济向有利于我国的方向发展。

二、开放型经济先行者战略举措

(一)国外发展开放型经济借鉴

1. 保障国家经济安全

美国现行的外国投资审批制度是根据 1950 年国防生产法中的“艾克森—弗罗里奥规定”(The Exon—Florio Provision),于 1988 年设立的美国外国投资委员会(CFIUS),并由其具体体现的。该委员会的职能是监督与评估外国投资并购美国企业,视其对美国国家安全的影响程度,授权进行相关调查,并视情况上报总统就阻止外资并购做出最后决定。CFIUS 是一个横跨 13 个部门的机构。办公机构设在财政部,财政部作为主席单位负责总牵头,共有下列 12 个部门参加:财政部、国务院、国防部、商务部、贸易谈判代表处、司法部、国土安全部以及总统国家安全事务助理、总统经济政策助理、经济顾问委员会主席、科学技术办公室主任、管理及预算办公室主任等。

外国投资委员会设置的初衷是为了保障国家安全。该委员会设立后对外资企业并购敏感行业的美国公司的威慑作用不可低估。同时美国本土的相关企业对外资并购的抵制,也在一定程度上起到了维护国家安全的作用。如果他们发觉某项外资并购影响了自身的市场地位和优势,他们会凭借敏感的嗅觉、从自身利益考虑,通过媒体造势、国会游说等方式,以国家安全、垄断等借口阻止收购,以最终达到对自己有利的结果。

2. 坚持国家主导

韩国在开放型经济发展中始终坚持国家主导战略。开放型经济是一个动态的发展过程,容易导致社会不稳定,因此需要发挥国家政府的主导作用,才能保证开放型经济发展目标的实现。韩国之所以坚持国家主导战略是基于以下三点:一是经济发展本身蕴含着不稳定。根据西蒙·库兹涅茨的理论,经济发展水平与分配不均之间存在着 U 形曲线:当经济水平很低的国家向中等经济水平发展时,经济不平等最初是增大的,而经济不平等的扩大,就意味着存在潜在的社会不稳定因素。为了维护稳定的社会环境,经济发展初期阶段必须要有一个强权政府。二是东北亚国家市场体系发育滞后。国内所需的自然资源、人力、资金有限。因此,不可能像欧美那样以民间企业为主体自发实现工业化,而必须走国家—银行—大企业为主体的新型工业化道路。通过国家这只"看得见的手"来对资金、资源作倾斜的分配,以加速国家现代化目标的实现。

在开放型经济发展过程中,韩国重视向社会提供公共服务,这是国家主导型市场经济的优势之一。公共服务主要包括:一是建立适应于市场经济的法律制度;二是承担重大基础设施部门的建设和经营;三是承办和组织教育,职工培训以及高投入和高风险的科技研究与发展;四是建立和健全社会保障制度等等。但这种社会保障制度明显区别于西方国家,没有像西欧那种"从摇篮到坟墓"几乎全部由国家财政承担并渗透到社会生活各个领域的社会保障制度。而韩国实施的是半福利型的社会保障制度。由于没有建立成为政府沉重负担的全包式的社会福利制度,才使经济得以轻装前进。

3. 坚持传统与现代化结合

韩国从 1962 年到 1980 年间,从一个历经战乱、满目疮痍的贫国,一跃成为亚洲"四小龙"之首,关键在于他们把根深蒂固的儒家传统与从欧美学习来的现代文明成功地结合在一起。韩国在政治和经济上全面接受现代文明的同时,并没有否定自己的民族文化传统,相反却在文化层面上完整地保存了本民族的精神文化传统。在国人中始终倡导共同道德,仍是儒家文化所信奉的"孝悌、忠信、礼义、廉耻"。在我国热播的大批电视连续剧,充分体现了这些传统文化思想,深受观众喜爱。同时,事实证明,传统文化价值和道德规范,有助于维系整个社会的和谐和团结,振奋民族精神,推进民族复兴。韩国的经验告诉我们,传统文化与现代化并不矛盾,把传统文化中的有益因素与现代化变革中的要求结合起来,应是一个民族实现现代化的最好选择。

4. 贸易立国的经济发展战略

二战后日本政府实施了"贸易立国"的经济发展战略。其目标是通过积极引进欧美先进技术,建立出口主导型产业结构,增强国防竞争能力,为日本经济的发展奠定牢固的基础。在引进技术方面,1955 年~1970 年,日本动用 60 亿美元,引进了 13000 项先进技术,技术开发费耗资 2000 亿美元。到 1980 年,引进甲种技术共 24995 件。通过技术引进,消除了日本与先进国家大技术方面的差距。在利用外资方面,1950 年~1970 年,日本引进外资 126 亿美元,相当每年投资总额的 5%,集中投向基础设施和新兴工业项目,建立出口主导型产业结构。1970 年日本完成了现代工业化过程。出口总额由 1955 年的 20 亿美元,增加到 1972 年的 89.71 亿美元。从 1950 年起,国民生产总值每年以 10.9% 的速度递增,到 1961 年,国民生产总值位居资本主义世界的第二位,成为名副其实的经济大国。战后日本用了不到 20 年的时间,走完了欧美半个世纪甚至 1 个世纪的发展历程,关键在于日本成功地实行了对外开放,实施了一条正确的开放型经济发展战略。

5. 战略利益优先

美国是《北美贸易自由协定》的主导者,尽管其在区内的贸易逆差持续增长,在某些劳动密集型行业中受到墨西哥进口产品的冲击,但是却获得了战略利益。

首先,实现了新的贸易理念。在北美贸易协定中,克林顿政府在国内环境和劳工利益集团的敦促下,坚持通过两个附加协议,在一个区域贸易协定中"捆绑"了与经济运行相关的环境与劳动两个重要因素。通过"北美自由贸易协定",创建出一种国际化的程序来约束其成员的国内环境立法,通过"北美自由贸易协定"以一种所谓论坛形式,鼓励其成员实施现有的保护劳工法,并持续地促进各成员国内劳动条件的改善。

其次,启动了北美区域经济一体化过程。在北美三个主要国家中,美国和加拿大经济体制具有相同的性质,墨西哥与美加有很大差异。为了影响墨西哥国内社会经济制度的发展进程,其中也包括其政治体制的调整,把墨西哥纳入到一种区域贸易安排协定框架中,有益于实现这一目标。

最后,通过北美自由贸易协定,开放美墨之间贸易与投资往来,美国国内资本向墨西哥转移,充分利用墨西哥劳动力资产的成本优势,缩小双方在经济发展及就业机会方面的差距,缓解来自墨西哥非法移民的压力,有助于缓解由此给美国社会带来的各种潜在的社会问题和安全隐患。

(二)国内发展开放型经济主要经验

1. 依托区位优势

上海位于中国东部海岸线的中点,黄浦江把长江三角洲地区的内河网络与长江和东海连接在一起。与区位相适应的,通过生产在其周边的布局,使上海同时具有经济、金融和航运中心城市的功能。市场经济条件下的贸易和生产布局造就作为中心城市的上海,吸引国外投资资金涌入,尤其是大的跨国公司进入,带来了研发中心、地区总部的进入,使上海成为全球跨国公司投资最多的地区。

2. 转化政策资源为经济资源

广东开放是国家政策形成了“政策高地”,在短时间内大规模地吸引了国内资源向特区集聚。而后,国外资源开始向此区域集聚。经过20世纪90年代的发展,广东基本上摆脱了对优惠政策的依赖,初步形成了内外资源集聚的良性循环。

3. 政府管理卓有成效

“广东模式”在经济转型中,政府职能转变卓有成效,服务理念深入人心。形成了市场经济运作为主,小政府的运作模式,政府从直接参与经济发展退位至间接参与,着力提供服务与加强保障。

4. 善抓先机

在国际化发展之路,江苏抢抓机遇,不断探索与创新。江苏于20世纪80年代抓住了率先发展乡镇企业的机遇,获得了改革的先发优势;90年代抓住了浦东开发辐射的机遇,大量吸引外资;20世纪初又抓住了国际产业转移的契机,率先在长三角建立国际制造业基地。

5. 注重“走出去”

浙江是中国民营经济的先行者。改革开放初期,浙江率先开展以市场为导向的改革,发展了私营经济,赢得了先发优势。到20世纪90年代,当苏粤政府将招商引资为政府主要工作时,浙江大部分地区已完成资本原始积累,实施“走出去”战略,建立在村镇为基础的社会化生产,几乎遍及全球的分销网络,增强了产品的国际竞争力。

6. 政府强力指导和规划

上海政府以发展现代大工业和管理特大型城市的能力的深厚积淀,改革开放后在国际交往中对世界先进技术和先进管理思想的引入和借鉴,以及政府与学术界在决策过程中形成的紧密的联系与合作,正是这些因素的结合,使得政府在上海的改革、开放和发展中发挥了强有力的指导和规划功能。

7. 适度放权

为突破浦东发展中面临的制约,上海下放原属市级政府部门的事权,赋予浦东更大的自主发展权、自主改革权和自主创新权。依据“东事东办、特事特办”的原则,凡是属于上海本市权限的,原则上都要下放给浦东新区政府,浦东自己可以定的事情,上海市各有关部门都要尽可能让浦东自己去做。改革后,规划、土地管理、投资项目审批、自主创新、人口管理、价格、文化市场管理等一系列事权都将下放到浦东。这些事权的下放将加快转变政府职能,创新管理方式,提高行政效能。

(三)对大连的启示

1. 产业的战略选择

大连是一个风景优美、环境宜人、区位优势明显的海滨城市,所以产业发展应依循环境保护、资源利用与经济发展相互依存与促进演进路径。经过多年发展,大连产业已具备产业调整的条件,依托雄厚的制造业基础,确立以“服务经济”引领的产业格局正当其时。大力发展物流、研发、营销、金融、人才、技术等生产性服务业，引领制造业与生产性服务业融合互动，逐步形成立足大连，服务东北亚的发展态势。

2. 改变优惠政策引资思路

各地政府均对引进外资都非常重视，竞相提供优惠政策，给外资以超国民待遇。同时，对本土企业保护和重视不足，在招商引资过程中，产生了对内资企业的“政策挤出效应”。为了吸引外资，各地政府滥用引资优惠政策，人为地降低了外资企业的生产成本，使得本土企业处于不公平的竞争地位，对于壮大民族产业非常不利。应该改变以优惠政策吸引资金的路子，过渡到以产业环境、生态环境、人文环境、行政环境等吸引境内外优秀企业来连投资创业。

3. 公共服务支撑

建立一个开放型经济体系，需要政府提供更好的公共服务。转变政府职能从经济建设型转变为公共服务型，政府职能定位于为居民、企业提供各种公共服务。政府要从直接参与经济活动转向间接参与，加强经济发展规划的执行力，规范各级政府的行为，为企业、居民提供高质量的公共服务。

4. 审慎实施企业“走出去”战略

历经多年快速发展，本市一些企业已经具备对外投资的条件，当前人民币升值，美国及欧洲经济处于金融危机，经济持续衰退，“走出去”面临难得机遇。企业对外直接投资时，必须先进行可行性调查，了解各方面信息。选择重点投资区域，要考虑东道国的投资环境、市场开放度、市场进入难易度、投资回报率等。还应注意到当今国际政治、经济、军事、外交处于巨大变革中，警惕“走出去”的风险，抓住机遇，审慎实施。

5. 投资于未来

大连是国家发展软件和服务外包的重要基地，发展迅速。2007 年国际数据公司(IDC)最新全球交付指数指标体系的评估结果显示，大连不仅在中国城市中排名第一，同时成功跻身全球离岸交付城市的前五强。但是我们应该清醒地看到，无论信息技术外包(ITO)还是商务流程外包(BPO)，均非真正意义上的创新。大连提出创建“中国北方科学发展示范城”的发展目标，若想达成目标，大连应该从现在开始持续地投资和专注于技术创新，才能在未来竞争中获得资源的配置能力，实现真正意义的创新。

6. 维护经济与国防安全

大连是国家重要的装备制造基地之一。船舶制造、机车制造、数控机床等装备制造业是国家经济安全和国防安全的重要组成部分，许多产业承载着装备共和国的重任。当前跨国投资强劲，并购已成为跨国公司进入中国的最快捷方式。跨国并购从资本层面完成企业所有权的转移，警惕跨国公司对一些重要产业的并购。在 2008 年 8 月公布的机构设置计划中，国家表示将建立一个“部际联席会议”制度，以调查外国公司在华收购是否有碍国家安全。大连应加强跨国公司对本地企业的并购的关注与监管，积极维护国家经济与国防安全。

三、大连开放型经济发展现状及效应分析

改革开放以来,大连市不断开拓创新对外开放思路,着力提高对外开放经济水平,积极创建开放型经济体系,全市开放型经济连续迈上新台阶。

(一)大连开放型经济发展历程

1. 对外贸易

1984年,国家先后决定将大连列为进一步对外开放的十四个沿海开放城市之一、赋予大连对外贸易自营权和省级对外经济贸易管理权限。从此,大连对外贸易经营体制实现了由货源收购、调拨向自营进出口的重大转变。

大连对外贸易发展的主要特点:

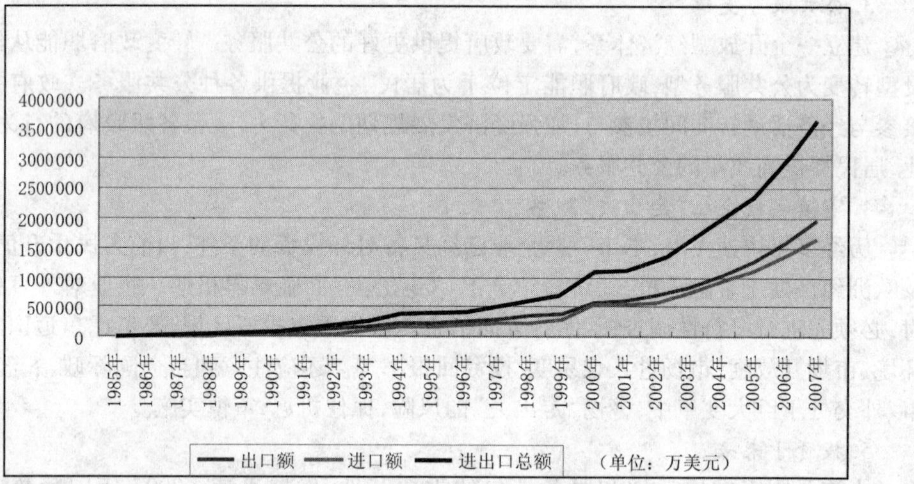

资料来源:大连市对外经济贸易合作局。

图1 大连市自营进出口贸易变化情况

(1)对外贸易持续增长。1985年~2007年,大连市进出口贸易保持了年均30%的快速增长。进入21世纪后,大连市进出口贸易增长呈现加速增长之势。2000年自营出口首次跃过50亿美元大关,2004年突破100亿美元大关,2007年已达197亿美元,逼近200亿美元大关。2007年大连市进出口总额已达363亿美元,全市经济的外贸依存度已经达到81.9%。

(2)对外贸易市场分布日趋广泛。目前,大连市已与全球200多个国家和地区开展了贸易往来,产品行销世界170多个国家和地区,并形成了以日本、东盟、中东、欧盟、韩国、美国、中国香港等主要贸易伙伴为主体的多元化市场格局。

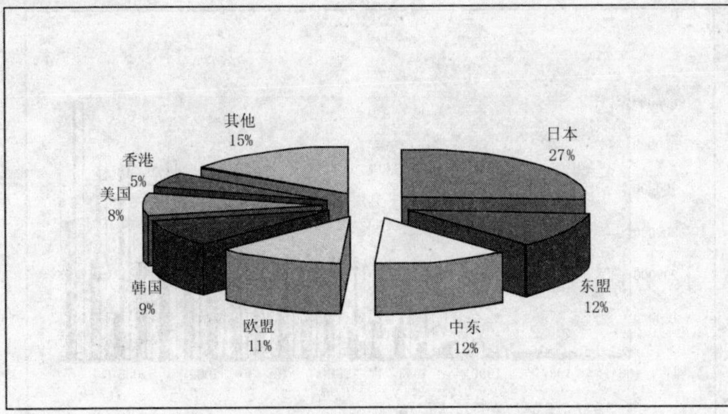

资料来源:大连市对外经济贸易合作局。

图2　2007年大连市外贸进口市场分布情况

(3)对外贸易商品结构不断优化。大连市开展自营进出口初期,主要出口商品只有9大类,全部为资源型和劳动密集型产品。现在,大连市出口商品已经发展到21大类、2700多种。出口值在1000万美元以上的大宗商品达128种,5000万美元以上的74种,1亿美元以上的44种。2007年大连市工业制品出口额已占全市出口比重的75.1%,农产品占12.9%。其中机电产品占全市出口比重达到47.94%,高新技术产品占18.5%,产品技术含量明显提高。

(4)加工贸易发展迅速。随着在连外资企业越来越多,加工贸易作为特定历史条件下发展起来的贸易方式,发展速度十分惊人,1995年加工贸易即在大连市外贸出口中占据了大半壁江山,达到59%,2002年加工贸易所占比重攀升到68%,2003年为67.6%,目前基本保持在65%左右。2007年加工贸易占大连市外贸进出口比重为51.2%。

(5)对外贸易经营主体日益多元。到目前,全市从事对外贸易的民营企业已达6500多家,国有集体企业1000多家,有进出口业绩的外商投资企业3000多家,中央、省直及外地在连设立的进出口企业200多家,形成了多元化的对外贸易经营队伍。2007年全市出口总额的18.4%由国有企业完成、64.5%由外商投资企业完成、1.6%由集体企业完成、13.7%由私营企业完成、1.8%为其他企业完成。

2.利用外资

大连市利用外商直接投资工作先后经历了探索起步、全面突破、快速发展以及注重质量等多个发展阶段,成效显著。大连已经成为外商投资的热土,利用外资已经成为大连经济发展的重要驱动力。

大连市利用外资的主要特点如下:

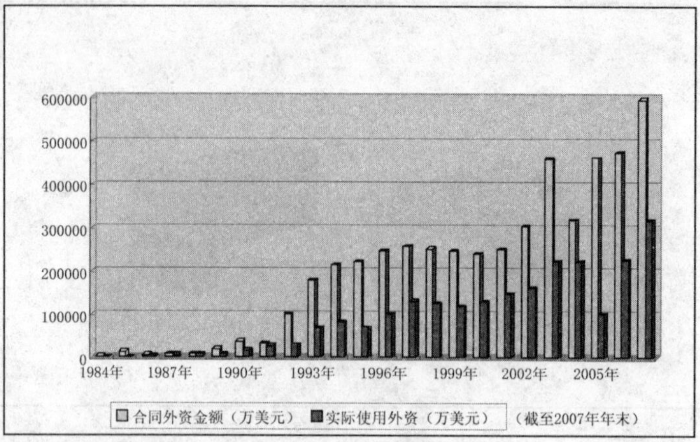

资料来源：根据大连市对外经济贸易合作局资料整理、制作。

注：2005 年外资统计口径调整，合同额外资额被注册外资额取代。

图 3　大连市利用外资情况

（1）利用外资规模不断扩大。截至 2007 年年末，全市累计批准外商投资企业 12261 家，注册外资金额 464.6 亿美元，实际使用外资 254.1 亿美元，已有 4050 家外商投资企业开业投产。2008 年 1～7 月，全市又新批外商投资企业 317 家，注册外资 37.07 亿美元，实际利用外资 28.34 亿美元，比 2007 年同期增加 10.8 亿美元，同比增长 61.75%。

（2）外商直接投资领域逐步扩展。进入 21 世纪后，随着国家振兴东北老工业基地，建设东北亚重要的国际航运中心，全市先进制造业领域和现代服务业领域利用外资突飞猛进。2008 年上半年，全市新批服务业投资项目 146 个，注册外资额 14.55 亿美元，实际使用外资 16.63 亿美元，占全市实际使用外资的比重达 64.86%，首超第二产业，成为外商投资大连的主要领域。

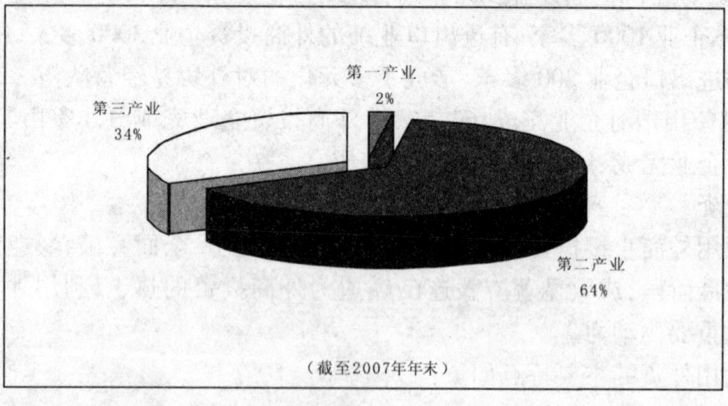

资料来源：根据大连市外经贸局资料整理、制作。

图 4　大连市实际利用外资情况

(3)外资项目质量日趋提高。截至2008年上半年,全市已累计批准1000万美元以上外资项目逾1500个,88家财富500强企业来连投资兴办了189个项目,已有10家外商投资企业在连设立了地区总部和投资性公司,有18家外资研发中心落户大连,28个外资金融机构在连运营。佳能办公设备项目、西太平洋炼油项目、东芝电视机项目、莱茵海岸旅游度假项目、英特尔芯片项目、世茂嘉年华现代服务业项目等一大批外资项目引起世界关注。

(4)外资来源日益多元化。外资来源已经由最初的以日本、中国香港为主扩展到了全球80多个国家和地区。按地域划分,外商直接投资企业主要来源于亚洲。截至2007年末,来自亚洲地区的直接投资项目数已达9694家,实际使用外资181.9亿美元,占全市外资比重分别高达76.6%和71.6%。按国别和地区划分,主要以日本、中国香港、美国、韩国和欧盟为主。截至2007年末,全市共有日本企业3711家,香港企业2477家,美国企业1510家,韩国企业2242家,欧洲企业631家,实际在连投资分别为80.6亿美元、58.6亿美元、26.4亿美元、24.6亿美元和18.3亿美元。

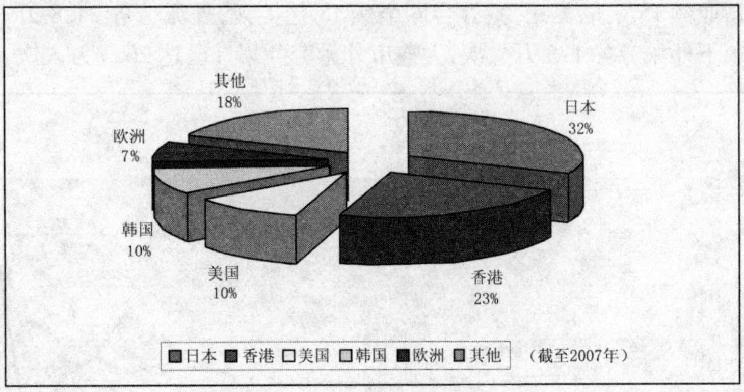

资料来源:根据大连市对外经济贸易合作局资料整理、制作。

图5 大连市实际使用外资情况

(5)利用外资方式日渐多元化。随着我国加入世贸组织,形势发生了明显变化,一方面我国与国际接轨取消了很多限制,另一方面外资坚定了对华投资的信心,所以独资经营成为外商进入大连的主要方式。在2007年全市新批外商投资企业中,采用独资经营方式的占到70%。不仅如此,大连市利用外资方式还开始突破传统的“三资”模式,购并、股权投资、境外上市等利用外资方式已经出现,呈现出多渠道、多方式使用外资的新局面。

(6)承接外资项目载体渐趋增加。改革开放以来,国家先后批准大连建立了大连经济技术开发区、大连高新技术产业园区、大连金石滩国家旅游度假区、大连出口加工区和大连保税区等国家级对外开放先导区,占据了目前国家对外开放的政策高地。此外,大连还有辽宁“五点一线”沿海经济带建设中的重要“两点”——大连长兴岛临港工业区和大连花园口经济区,并有大连经济技术开发区核心产业区、大连保税区主功能区、大连旅顺南路软件产业带、旅顺经济开发区、大连湾临海装备制造业聚集区及配套园区、大连金渤海岸现代服务业发展区、大连海湾工业区、松木岛化工区等八个“五点一线”沿海经济带重点支持区域。大连载体建设成效显著,全域开放格局已基本形成,各载体集聚和带动作用日益增强。

3. 对外经济合作

截至2007年年末,大连市累计签订对外工程承包和劳务合作合同10330项,合同金额32.7亿美元,营业额26.7亿美元,外派劳务26.3万人次;现有境外投资企业174个(含代表处32个),协议投资总额31620.17万美元,其中中方投资额为27857.93万美元。

大连市对外劳务合作主要特点:

(1)对外经济合作规模逐步扩大。大连市对外劳务合作跨入新世纪后,继续保持良好的发展势头。2007年大连市签订的对外劳务合作合同金额为16749万美元,营业额12397万美元,外派劳务25318人次,年末在外人数31012人。截至2007年末,大连市对外劳务合作累计完成营业额15.3亿美元,签订合同金额18亿美元,外派劳务24.8万人次。加上对外承包工程项下外派劳务1.5万人次,大连市外派劳务累计已达26.3万人次。

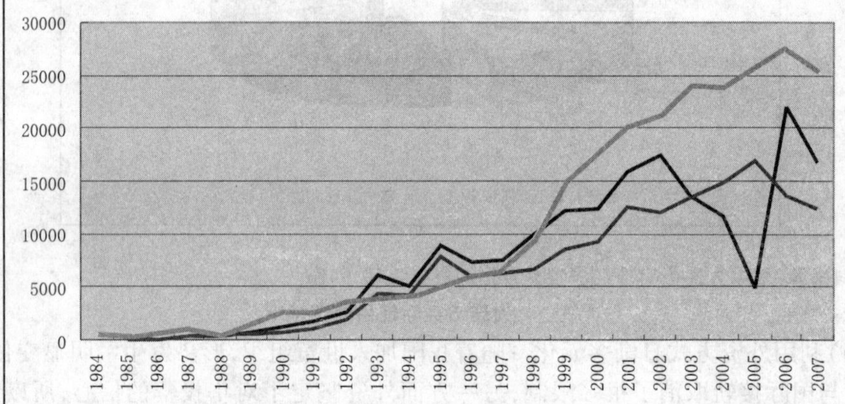

资料来源:大连市对外经济贸易合作局。

注:表中外派劳务人次仅为对外劳务合作数,不含对外承包工程带动的外派劳务人次。

图6 大连市对外劳务合作变化情况

(2)对外劳务市场日趋多元化。在开展对外劳务合作初期,业务主要集中于中国香港、俄罗斯、日本等国家和地区,1984年开始扩展到美国、比利时、马耳他、利比亚等十几个国家和地区,后又逐步扩大到新加坡、印度尼西亚、泰国、韩国等国,目前已经覆盖以色列、科威特、英国、瑞典、西班牙、厄瓜多尔、新西兰、斐济等,现已与全球40多个国家和地区开展劳务合作。其中,日本一直是大连市对外劳务合作的重要市场,2001 年 ~2007 年累计向日本派出研修生达 64862 人,平均占同期外派劳务人数的 40%,是大连市外派劳务最多的国家。

(3)对外劳务合作领域日渐拓展。从 20 世纪 90 年代开始,逐步扩展到计算机软件开发、建筑设计、工程管理等高技术领域,随之外派人员中智力型劳务人员渐趋增多,专业技术人员的比例开始上升,管理人员也有所增加。如今,对外劳务合作已经涉及制造业、建筑业、农牧副渔业、交通运输业、科教文卫体和社会福利业、餐饮业等众多领域,并初步形成了对外劳务合作支柱行业,外派海员(渔工)、外派赴日研修生、服务外包等劳务品牌优势渐显。2007 年全市外派赴日研修生 1.2 万人次,占外派劳务总数的 47.4%;外派海员(渔工)9310 人次,占总数的 36.8%。

(4)经营队伍日益壮大。20 世纪 90 年代末,大连市获得国家外派劳务中介机构的外派劳务资格,对外劳务合作渠道进一步拓宽。目前,大连市经商务部批准具有对外经济合作经营权的企业达 50 家,其中对外劳务合作企业 34 家,对外承包工程企业 20 家,两权均有的企业 4 家,大连市对外劳务合作进入了规范经营的发展时期。

大连市对外承包工程主要特点:

(1)对外承包工程规模日渐扩大。大连对外承包工程业务起步较晚,进入新世纪后,对外承包工程业务发展迅速,新签合同额和完成营业额不断创出新高, 外派劳务人数持续增加。截至 2007 年年末,全市对外承包工程累计完成营业额 11.23 亿美元,签订合同金额达 14.99亿美元,先后派出施工、工程技术和管理人员 15090 人次。

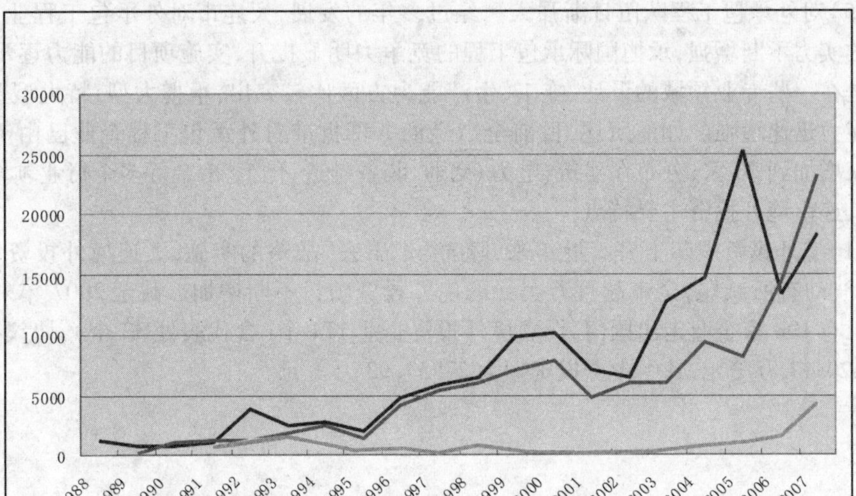

资料来源:大连市对外经济贸易合作局。

图 7 大连市对工程承包变化情况

(2)对外承包工程市场稳步扩展。20世纪80年代，大连市对外承包工程市场主要为苏联远东地区、中国香港、缅甸、阿联酋、刚果、巴布亚新几内亚等国家和地区，90年代先后开辟了日本、马来西亚、新加坡、斐济、以色列、所罗门群岛、加蓬、尼日尔、苏里南、巴勒斯坦、沙特阿拉伯、赤道几内亚、安提瓜和巴布达等市场。近年来，大连重工·起重集团有限公司等又进入了印度、韩国、叙利亚、澳大利亚等市场。目前，大连市对外承包工程市场已达全球23个国家和地区，基本形成了以亚洲和非洲地区为主的多元化市场格局。

(3)对外承包工程领域不断拓展。大连进入国际承包工程市场之初，业务领域主要集中在普通房建、交通运输等基础建设方面，以土木工程等劳动密集型建筑项目为主，20世纪90年代开始逐步拓展到机械、冶金、石化、电力等资金技术密集领域。近年来，大连机车车辆厂承担了坦、赞内燃机车项目，大连电力建设公司承建了安提瓜和巴布达输变电项目，大连重工·起重集团有限公司相继中标了韩国光阳港岸边集装箱起重机设备项目、叙利亚港口岸桥设备项目、曼谷港口岸桥设备合同、印度VISAG钢厂工程合同及俄罗斯MMK公司桥吊项目合同，对外承包工程领域明显扩展。

(4)对外承包工程方式渐趋多样。开展对外承包工程初期，大连企业主要以施工总承包、施工分包的方式承揽工程项目，且以承揽现汇项目为主。现在，大连企业已经可以通过参与国际招标，利用援外项目，采取EPC、BOT等方式承揽工程项目，且可以根据工程项目情况提供融资服务或带资承包。尤其值得一提的是，如今的大连企业不仅可以独立承揽工程项目，而且还有能力与外国企业结成联合体，开展合作。如大连重工·起重集团有限公司与德国西马克公司合作中标澳大利亚成套轧钢设备项目，总合同800万欧元。

(5)对外承包工程队伍日渐强大。经过多年的发展，大连市对外承包工程业务经营主体的实力不断增强，承揽国际承包工程的竞争力明显提升，实施项目的能力逐步提高。特别是在一些专业领域的设计、施工、生产能力方面比较突出，承揽大型、特大型EPC项目的能力迅速增强。如前所述，目前全市经商务部批准对外承包工程企业已由1984年的1家增加到20家，分布在建筑、电力、交通、装备制造、化工、冶金等多个行业领域。

大连市境外投资主要特点：

(1)境外投资震荡上升。近年来，随着“走出去”战略的实施，大连境外投资增势明显，且波动有所减弱，全市超百万美元的境外投资项目不断增加。截至2007年末，全市累计已有108家企业走出国门，设立境外投资企业174个(含代表处32个)，协议投资总额31620.17万美元，其中中方投资额为27857.93万美元。

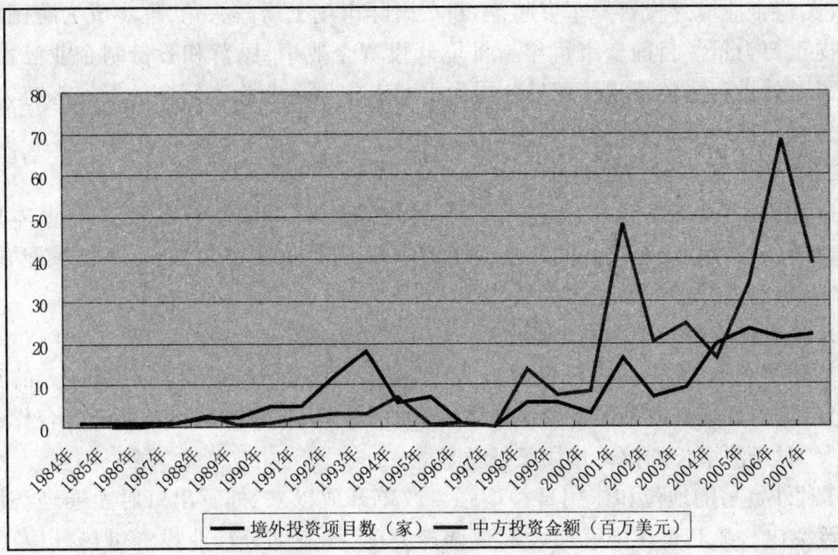

资料来源:大连市对外经济贸易合作局。

图 8　大连市境外投资情况(含办事处)

(2)投资分布较为广泛。目前大连市已在全球 35 个国家和地区开展境外投资,遍布亚洲、非洲、欧洲、美洲和大洋洲,且生产型企业多集中于东南亚、非洲、南美洲的发展中国家和地区,贸易型企业、研发中心等多向欧洲、美国、日本、新加坡、中国香港等发达国家和地区发展。总体看,亚洲为大连境外投资的最大目的地,主要集中于香港、日本及东南亚地区,非洲次之。从投资地区的发展程度看,大连市企业对发展中国家和地区的投资多于对发达国家和地区的投资。

(3)境外投资领域不断扩展。实施“走出去”战略初期,大连市境外投资主要集中在远洋捕捞、农业以及进出口贸易相关领域(如贸易公司、办事处)。其中,远洋渔业项目自 1986 年开始先后在摩洛哥、几内亚、喀麦隆、科特迪瓦、加蓬、厄立特里亚以及阿根廷等国家建立境外渔业企业,累计派出远洋捕捞渔船 160 余艘。至 90 年代末,大连市境外投资企业已广泛分布于三次产业之中,但主要从事农业种养植业、远洋运输业、海洋捕捞业、加工业、建筑业及商务服务业等行业,近年开始涉足软件开发等高技术以及研发领域。

(4)境外投资方式日趋多样。大连市企业境外投资主要采取独资、合资、合作等方式。其中,独资方式为主,合资方式次之,合作方式较少。出资方式也由最初的现汇投资逐步发展到以现汇、设备和技术等多种形式。近年来,随着全球跨国购并浪潮迭起,大连的一些大型企业也开始采用跨国购并、参股、重组等方式对外投资,使企业直接进入国际市场,构建起全球化网络和国际化运营体系。

(5)境外投资主体日益多元。最初,赴境外投资的大连企业主要是国有专业贸易公司。此后,国有大型生产企业和集体所有制企业开始加盟。近年来,随着民营经济的发展壮大,民营企业境外投资异军突起,不断在国际市场上崭露头角,逐步成为跨国经营领域的一支重要力量。目前全市每年新批境外投资企业中,民营和股份制企业已占大半,且出现了对外投资主体逐步从贸易公司为主向大中型企业为主转变的发展态势,境外投资主体多元化格局基本形成。

(二)大连开放型经济效应分析

经过近30年的不懈努力,大连经济与世界经济体系的联系日益紧密,已基本构建起内外联动、互利共赢、安全高效的开放型经济体系,开始在更深层次、更宽领域配置资源、组织市场,全面提升经济国际化水平。

1. 开放型经济带动了全市经济发展

改革开放以来,投资和出口已经成为大连经济高速增长的支撑点和强大的经济引擎。而且,随着大连开放型经济的快速发展,利用外资、对外贸易和对外经济合作的规模不断扩大,对经济增长的拉动作用正日益显著。

(1)对外贸易的地位和作用日益增强。改革开放以来,外贸出口对大连经济增长的贡献日益突出。尤其是在国家加大宏观调控力度、控制部分行业投资过热,以及消费增长相对较慢的情况下,出口的快速增长拉动经济增长的作用显得愈发重要。1985年~2007年,大连市进出口贸易保持了年均30%的快速增长,大大高于全市地区生产总值增速。2007年大连市进出口总额已达363亿美元,全市经济的外贸依存度已经达到80%,其中出口依存度已由改革开放初期的微不足道上升到2007年的40%多,外需对大连经济发展做出了重要贡献。

(2)外商投资企业的贡献度不断加大。改革开放后,外资大规模流入,有效地缓解了长期制约大连经济发展的资金短缺问题,弥补了储蓄缺口和外汇缺口,成为全市固定资产投资的重要组成部分,最直接地促进了经济增长。30年来,外商投资企业对大连经济持续、快速、健康发展的促进作用明显,在扩大就业、增加税收、先进技术和管理经验引进方面的贡献巨大,对全市经济发展和现代化建设功不可没。2007年,全市外商投资企业实现总产值(营业额)2159亿元,实际出口127亿美元,占全市自营出口总额的64.5%,上缴税金76.6亿元,吸纳从业人员45.8万人,人均劳动报酬2.24万元。尤其是外资工业企业已成为拉动全市工业经济增长的主要力量。2007年,全市规模以上外资工业企业单位数1297家,占全市规模以上工业企业单位总数的36.3%;规模以上外资工业企业完成工业总产值1692亿元,所占比重为40.5%;规模以上外资工业企业对全市工业增加值增长的贡献率为41.5%;规模以上外资工业企业共吸纳从业人员349777人,占全市规模以上工业企业从业人员总数的45.3%;规模以上外资工业企业完成出口交货值占全部规模以上工业企业的59.1%。

(3)对外经济技术合作的带动作用日益显现。随着大连对外经济合作的不断深化和"走出去"战略步伐的加快,大批劳务人员通过对外劳务合作途径"走出去",不仅改善了劳务人员的家庭经济状况,而且在一定程度上缓解地方国内就业压力,经济效益和社会效益明显。对外承包工程对经济增长的促进作用则更加显著。由于其在相当程度上带动了相关投资、技术、产品(如建材、机电产品及成套设备等)的出口及劳务人员的输出,因此权威部门研究认为,对外承包工程行业对国民经济增长的拉动力达1:4左右。不仅如此,我市对外经济合作的龙头企业——大连国际合作(集团)股份有限公司还先后带动大连一建、大连二建、渤海建筑、华南建筑、鞍山三冶等建筑工程队伍走出国门,创造了良好的经济和社会效益。作为"走出去"战略重要组成部分的境外投资,则使企业得以充分利用国内外两种资源、两个市场,同时规避国际贸易壁垒,谋求更大发展,为增加地方财税收入、带动进出口贸易发展、扩大就业渠道等做出积极贡献。

2. 开放型经济促进了全市经济结构调整

(1)升级优化了产业结构。从20世纪80年代开始,大连借助对外开放先行优势,先后抓住劳动密集型等产业、资本密集型产业以及IT为代表的高新技术产业生产制造环节大规模转移机遇,推动大连产业结构升级和技术进步,振兴了轻纺产业,实现了机电产业的迅速发展,提高了高新技术产业在GDP中的比重。服务领域通过引进国外金融保险机构、物流公司、跨国商业连锁集团等,积极发展新型服务业态,拉动消费,带动全市第三产业迈向现代化。2007年大连市三次产业构成比例已调整为7.9:49.1:43.0。当前,大连正积极抢抓全球服务业转移机遇,全力促进本市现代服务业发展。

(2)改善了固定资产投资结构。随着大连利用外资规模持续扩大,外商投资企业固定资产投资额不断增加,在全市固定资产投资总额中所占比重日趋提高,对推动大连经济发展的贡献逐步增强。2007年全市完成全社会固定资产1930.8亿元,比上年增长31.4%,其中外商投资企业完成298.4亿元,所占比重已升至15.5%,外商投资已经成为全市固定资产投资的重要组成部分,对经济发展的支撑作用越来越大。

(3)提升了产业整体技术水平。大连在引进消化吸收再创新中大力提高产业整体技术水平。特别是外商投资企业对大连产业技术升级起到了积极的推动作用。大连市现代农业的发展、机电产业的腾飞、服务外包产业的崛起都离不开外商投资企业的贡献。作为国家软件和信息服务外包产业的重要基地,2007年软件与信息服务业销售收入达215亿元人民币,同比增长48%;2007年实现高新技术产业增加值575亿元,同比增长36.9%,占第二产业增加值的37.4%;机电产品出口金额已经占到全市出口总额的半壁江山;高新技术产品出口所占比重也达近20%。

3. 开放型经济推动了全市体制机制的改革创新

(1)促进了政府行政管理体制的改革创新。开放型经济的不断发展,客观上要求政府不断深化行政管理体制改革,推行阳光政务,减少审批事项,提高社会管理和公共服务的水平,更多地运用经济手段和法律手段进行宏观调控,打造高效政府,改善投资软环境。经过七轮改革,目前全市的行政审批事项已从2001年的1309项削减至127项,审批项目削减率达到90%,全国同类城市中处于较少水平。引入ISO9000质量管理体系,使政府行政效能大幅提高,企业每年与政府打交道时间年均14.6天,处于全国先进水平。

一个崭新的服务型政府形象已经呈现在企业和市民面前，为全市经济快速持续健康发展创造了优良的政务环境。

(2)推进了重点领域的改革与发展。作为国家首批综合改革试点城市，大连率先在公共服务领域引进外资，组建合资或民营公交公司、合资港口经营公司，加快了公共基础领域的体制改革步伐；通过合资合作推动国有大中企业改组、改造、改制，基本完成国有大中型企业改革任务；较早在污水净化、环保产品生产领域引进外资和民间资本，激活环保市场，加大环境保护力度；制定一系列优惠政策，鼓励个体私营经济在扩大开放中实现创新发展。

(3)加快了现代企业制度的建立。大量外资企业的进入，带来了较为完善的企业制度及与之相适应的先进的管理模式、组织方式，使大连企业得以在学习和模仿中不断改进自身的生产作业方法、组织形式、管理模式、营销策略，完善产权制度和公司治理结构，加快建立现代企业制度，提高自身的管理水平和组织能力，提升企业整体素质。

4. 开放型经济提升了城市能级

(1)东北亚国际航运中心初具雏形。2003 年中央 11 号文件明确了大连东北亚重要的国际航运中心的定位。大连以此为契机，投入巨资建设航运中心重大基础设施项目，核心港区新增泊位 33 个，新增港口吞吐能力 1.1 亿吨，相当于再造一个大连港。大窑湾港汇集了集装箱、原油码头、矿石码头、汽车码头等一大批大型专业化深水码头，使大连港口的功能结构实现了重大突破，枢纽港地位凸显。沈大高速公路、烟大火车轮渡、丹大高速公路、土羊高速公路、哈大电气化铁路、哈大铁路客运专线、大窑湾疏港路等一批基础设施项目建设，为东北亚重要的国际航运中心构建了高效便捷的现代化、立体化集疏运网络体系，吸引物流、港航、地产、加工制造等行业重量级投资商纷至沓来。

(2)产业集聚效应渐显。从产业发展空间上看，大连已完成了各功能区域产业布局规划，产业集聚速度加快，初步形成了大项目拉动投资增长的良好局面。石化产业基地、船舶工业基地、现代装备制造业基地、电子信息及软件产业基地建设成效显著，产能开始集中释放，对经济拉动作用强劲。“两区一带”建设快速启动，先进制造业聚集效应初步形成。大窑湾临港区域汽车配套产业初具规模，海洋工程、船用曲轴和风电设备等重型装备产业集群基本形成。渤海岸线 STX 造船、万邦修造船项目、中远造船项目全面启动。以集成电路为主的微电子产业发展取得重大突破，投资 25 亿美元的英特尔超大规模集成电路项目已开工建设。

(3)城市知名度显著提高。30 年的改革开放，不仅使大连人的眼界、意识、精神风貌、文明程度以及生活方式发生了巨大变化，也使大连这座百年城市蜚声海内外，国际影响力大幅提升。荣膺首批全国文明城市及中国最佳旅游城市，成功举办世界最大的非官方会议——首届中国夏季达沃斯年会，多次举办亚太高官会议、WTO 小型部长会议等大型国际活动，深得国内外人士好评的每年一度的大连国际服装节、赏槐会等，都为提高城市美誉度立下卓著功勋。大连先后被评为我国最富活力城市、市民最满意城市、综合经济实力最强城市之一等,使大连更加声名远扬。今日的大连正朝着国际性城市的目标大踏步迈进。

5. 开放型经济使大连成为名副其实的东北振兴龙头

30 年的改革开放,大连不仅自身成为开放度最高、竞争力较强的一个区域,而且对东北地区的经济辐射和服务能力明显增强。

(1)口岸和区位优势日益显现。大连依靠其在东北地区独特的区位优势和不冻良港的口岸优势,不仅肩负着引领和带动辽宁省及东北地区实现振兴的重任,而且成为东北地区进入国际经济大循环的重要桥梁和纽带。据海关统计,2007 年东北三省进出口总额 870.8 亿美元,其中大连地区为 388.4 亿美元,占东北地区进出口总额的 44.6%、辽宁省的 65.3%。大连港成为东北地区重要的出海口和物流集散地。2007 年大连港口货物吞吐量为 2.2 亿吨,集装箱吞吐量为 381.3 万标箱,占辽宁省沿海港口的 2/3 左右。东北地区 70% 以上的海运货物和 90% 以上的外贸集装箱经由大连出口到世界各地。大连是中国北方金融业最集中的城市,拥有东北地区唯一一家外汇交易中心,外汇交易和结售汇总额占辽宁省的 2/3,国际结算量占东北的 50% 以上。

(2)产业辐射、带动作用明显增强。大连从 20 世纪 80 年代开始借助对外开放先行优势,推动产业结构升级和技术进步,提高了高新技术产业在 GDP 中的比重。通过发展高端产业,大连带动了东北地区的产业结构调整和优化及新兴产业基地的建设。特别是发展电子信息和软件产业及现代服务业,使大连产业竞争力和辐射力不断提升。目前,大连的信息产业总量占东北三省的 50% 强,占辽宁省的 70% 强;软件业销售收入占辽宁省的 50% 多。伴随英特尔芯片项目的落户,大连将成为我国重要的半导体集成电路产业制造基地,必将对全市乃至东北地区的产业结构产生深远影响。

(三)大连开放型经济存在主要问题

尽管大连开放型经济发展已经取得了令世人瞩目的成就,但也存在诸多问题,与时代赋予我们的要求相比,与国内其他先进城市相比,与自身禀赋相比,仍有相当差距。主要表现在以下几方面:

1. 对外贸易增长方式亟须转变

一是大连市对外贸易多元化程度较低。对外贸易市场过于集中于亚洲国家和地区。2007 年大连与亚洲国家的贸易额达到 245.4 亿美元,占全市对外贸易总额的 67.6%。外商投资企业进出口额占全市的 2/3,内资企业进出口占比则较小、国际化程度较低。二是对外贸易缺少自有渠道和自主品牌。三是与货物贸易相关的服务贸易发展相对滞后,与先进省市和地区相比缺乏竞争力。

2. 利用外资的质量水平仍待提高

一是外商投资产业结构不平衡。目前大连外商投资企业主要集中在以制造业为主的第二产业,服务业次之,农业最少,外资与全市主导产业发展有待进一步融合。二是外资来源过于集中。目前我市外资绝大多数来源于亚洲国家和地区,来自欧美等世界主要直接投资国家和地区的投资有待于进一步增加。三是利用外资方式有待多样。虽然跨国公司在华投资正逐渐向多渠道、多方式转变,但目前大连利用外资方式仍以传统的“三资”模式为主,国际上通行的其他有效的国际投资和产业转移方式罕见。四是高质量外资项目较少。尽管引进外资使大连经济运行质量有所提高,但从总体上看,技术含量高、辐射带动作用强的大企业、高科技项目相对比较少,对优化全市产业结构、转变经济发展方式的作用有待进一步增强。

3. 对外经济技术合作的带动力和影响力尚待增强

对外劳务合作方面,一是外派劳务增速较慢,2007 年仅比上年增长 7.8%;二是劳务输出地域过于集中,基本为亚洲国家和地区;三是智力型劳务外派比重过低,且人才储备严重不足,普通劳务一统天下,外派劳务结构亟待升级;四是经营秩序有待强化,经营过程中低价竞争、互抢客户、境外纠纷、劳务人员合法利益受侵犯等现象时有发生。对外承包工程方面,一是承包工程市场尚待多元化, 目前大连企业在亚洲和非洲地区的一些国家拥有较为明显的比较优势, 但欧美市场仍然难以开拓;二是承包工程领域亟须拓展,目前大连企业对外工程承包主要集中于建筑、交通运输和电力等基础设施建设领域,而制造加工、环保、电子通讯等行业相对薄弱,尤其在科技、资本密集度高的领域中竞争能力较弱;三是经营主体实力仍需增强,目前大连对外工程承包企业同发展中国家的承包商相比,具备一定的优势,但同欧美大型国际承包商相比差距仍相当明显。境外投资方面,总体上大连的政策导向仍然是“重引进、轻输出”,结果导致一是一些企业对实施“走出去”战略的重要性缺乏认识,安于现状,缺少对外投资的动力和能力,在实践中主动性和积极性欠缺;二是境外投资规模总体偏小,跨国发展势单力薄,一些企业未形成发展优势,国际化经营水平较低,且企业间缺乏横向联合,抗风险能力较弱;三是熟悉国际经营技能、国际风险管理、跨国文化管理、国际市场营销以及世界法律体系等多方面知识的高素质综合型人才严重短缺;四是政府缺乏境外投资发展规划,保障体系不够完善,信息服务和风险规避机制相对滞后,政策支持力度有待于进一步加大。

4. 开放型经济承载区域间的统筹发展水平需提升

一是各类承载区域各自为政,尚未形成规模效应。虽然大连各类开发区、工业园区数量多,分布广,遍布大连全域,但在各自利益的驱动下,多采取因地制宜的封闭式开发模式,独自制定发展规划,在招商引资、基础设施配套等方面大多单打独斗,极少同其他园区、周边区域互动,资源共享,难以形成高效、复合的产业集群,无法建立高效合作的现代产业体系。二是各承载区域发展定位雷同,未能差异化发展。目前,各承载区域十分重视发展生产性产业,普遍将装备制造、精细化工、机械加工和食品加工作为产业发展重点,招商引资主要以吸引加工制造类企业为主,而忽视服务型产业,这势必导致引资竞争,今后还将引发产品竞争,同时造成“服务短腿”现象。

5. 开放型经济辐射牵动能力仍需强化

虽然多年来大连在促进东北地区对外开放和改革振兴中做出了突出贡献,但与上海对长江三角洲、深圳对珠江三角洲的影响和牵动作用相比,差距还相当明显,对东北地区的经济贡献度、示范及带动效应需进一步加强。同时,大连东北亚重要国际航运中心的地位和作用仍需强化,集装箱吞吐量、中转量、远洋航运干线及支线数等皆有待大幅提升,对腹地与国际市场要素的集散能力需要进一步增强。

四、大连开放型经济发展面临的机遇与挑战

近30年来,大连积极参与经济全球化,深入地参与了国际分工与合作,走上了开放式发展之路,日益广泛地参与到世界经济体系中,大连经济与世界经济的结合达到前所未有的紧密程度。随着大连对外依存度的不断提高,开放型经济发展所需要的市场、技术、资源、人才等要素,不仅与国内紧密相连,也与国际市场密不可分。全球贸易的走势、国际金融市场变化、资源能源的供求,都影响到大连开放型经济的平稳运行和安全保障。

(一)大连市开放型经济发展面临的机遇

1.世界经济发展呈现新趋势

进入新世纪后,世界经济迎来了自从20世纪70年代以来最强劲的增长。2001年~2006年世界货物贸易从6.2万亿美元增至12.1万亿美元,年均增长速度是同期世界GDP增长率的3倍,世界平均出口依存度从24%提高到30.6%;全球金融和资本市场更加开放,资本跨国流动规模不断扩大;技术创新日新月异,吸收和扩散速度加快,特别是通讯网络技术的突破孕育了全球生产服务网络。世界经济发展的新趋势为大连开放性经济发展带来了新机遇。

世界经济发展新趋势主要表现为以下几点:

(1)世界经济向服务经济转型。继发达国家从20世纪60年代逐步向服务经济转型以后,进入新世纪以来一些发展中国家也开始了向服务经济的转型。从全球看,1990年全球服务业增加值占全球GDP的比重首次突破60%,2004年进一步升至68%,标志着全球经济正在向服务业为主导的服务型经济转变。与此同时,经济全球化也加快从制造业向服务业延伸,服务业全球化蓬勃兴起。在服务业全球化浪潮中,服务双向贸易和投资快速增长,服务业跨国转移成为新一轮国际产业转移的主导,全球服务业FDI流量已占当年FDI总量的2/3以上;发达国家跨国公司加快向服务型企业转型,成为推动服务业全球化的主体;国际服务外包成为服务业全球化的最新标志,世界银行报告将其称为“服务业全球外包”,预计未来国际服务外包的行业范围将会进一步扩大,方式更加多样,在促进世界贸易与投资以及世界经济融合方面将产生更大的推动作用。这一趋势变化为大连吸引外资发展现代服务业,大力发展服务外包,促进服务贸易增长创造了条件。

(2)世界范围内产业融合趋势增强。进入21世纪,高技术产业的发展以及信息技术在传统领域的推广应用使各产业之间的技术趋同性提高,产业之间的边界日趋模糊,三次产业之间特别是制造业与服务业之间的技术和市场重叠化程度显著增强。一方面,全球产业结构加速分化,高新技术的渗透使核心技术趋同、无缝化新兴产业群不断涌现;另一方面,产业技术的融合化一定程度上改变了单一知识及其技术的产业划分标准,致使

“产业融合”开始逐步取代“产业分立”成为产业演进的重要方式,全球产业结构在不断融合、新旧更替的过程中,产生强大的后发效应以及更多的学习机会。在这一趋势下,发达国家与发展中国家产业结构之间的互动性逐步加强,世界各国产业结构的关联度和开放效应大大提高,逐步形成世界产业结构的大系统,各国产业结构作为一个开放系统,在与其他国家产业结构的互动中变迁。全球产业结构的互动无疑将增加大连融入世界产业结构调整体系中的机会。

(3)国际分工向新型分工模式演进。随着全球生产组织方式的变革以及贸易、投资自由化趋势的增强,以商品贸易和比较优势为基础的传统国际分工格局迅速向产业间分工、产业内产品分工和要素分工并存的新型国际分工模式演进,形成动态、多层次、网络化的国际分工体系。在这种新型体系下,国际分工的边界将由不同产业转向同一产业或产品价值链不同增值环节,国际分工的接点由产品转变为要素,由以国家为主体转向以企业特别是占据行业领导地位的大跨国公司为主体。在未来的国际分工体系中,跨国公司作为全球生产和交换的“组织者”的作用将更加突出。在经济全球化使资本和技术的流动性大大提高的情况下,大连将有机会通过资本、技术和人员的双向流动,在一定程度上改变要素禀赋结构,逐步改善在国际分工格局的地位,获得更多的分工利益。

(4)全球跨国经营活动日益活跃。进入新世纪后,全球跨国经营活动更加活跃,世界对外直接投资出现新一轮增长势头,发达国家、发展中国家均出现较快增长。跨国并购成为跨国投资的主导方式。全球并购的政策环境总体上更加宽松,2006 年,跨国并购占全球 FDI 的比重已达 67%。在新一轮全球并购浪潮中,银行、保险、电信、传媒、电力及其他公用事业等服务业成为跨国并购的重要领域。此外,能源资源领域的跨国投资也重趋活跃,占全球 FDI 的比重不断上升,成为新的增长点。全球跨国经营活动的日益活跃,必将为大连有选择地利用外资,加大企业“走出去”步伐提供更多更好的机会。

(5)开放式创新成为世界科技发展的主流模式。随着科学技术对经济增长和竞争力的影响显著增强,未来的产业竞争从根本上说是科技的竞争,特别是自主创新能力的竞争。世界各国已经认识到,只有掌握产业发展的最先进技术和产业技术创新的方向,才能在该产业的国际竞争中占据更有利的竞争地位,才是改善本国经济安全形势最有效的手段。为此,各国以及各大跨国公司将在高科技领域及相关产业展开更为激烈的争夺。鉴于当代科技发展所具有的综合化和体制化的特征,科技研发中的“闭门造车”不仅将直接影响研发的整体效率,甚至会严重偏离世界科技创新的方向和轨道,而充分利用全球创新资源的、开放式的“集成创新”将成为科技发展的主流模式。这种创新模式将为大连拓展对外科技合作空间,加快科技进步创造有利条件。

2. 中国经济继续又好又快发展

(1)中国经济将继续保持稳定增长。改革开放 30 年来,中国经济保持了持续稳定、高速发展,经济规模迅速扩大,财政收入大幅增加,外汇储备快速增长,综合国力和产业国际竞争力明显提升。2008 年,面对国际经济环境复杂变化和自然界严峻挑战,中国经济保持较快增长，金融业稳健运行，经济发展的基本态势没有改变。胡锦涛主席在第七届亚欧首脑会议开幕式上的致辞中向全世界庄严承诺："中国将根据国内外经济形势变化，加强宏观调控的预见性、针对性、有效性，及时调整政策，着力扩大国内需求特别是消费需求，保持经济稳定、金融稳定、资本市场稳定，继续推动经济社会又好又快发展。"国际经济界继续看好中国经济，很多国际经济组织纷纷发表报告，认为中国会长期保持较好的发展势头。国内经济界主流意见也认为，中国经济未来具有巨大的增长潜力。

（2）开放型经济发展环境日益向好。改革开放以来，我国坚持市场化改革取向，大力深化和扩大与各国的经贸往来，积极完善涉外经济体制和法规政策，努力推动对外关系全面发展。随着我国金融体系改革加快推进，公共服务体系显著改善，贸易投资自由化便利化程度进一步提高，开放型经济正面临日趋向好的体制政策条件。特别是近年，国务院先后批准下发了一系列重要文件，商务部和财政部设立了对外经济合作专项资金，初步建立起包括简化审批程序、提供资金支持、扩大进出口经营权范围、放宽行业准入限制，财税管理、外汇管理、外派人员审批和海外经营保险等多方面的政策措施体系，为开放型经济发展保驾护航。而国家积极推进多边合作，召开"中国—东盟峰会"，建立上海合作组织，举办中非合作论坛，与多国签署自由贸易协定，加快与有关国家和地区建立双边投资保护协定关系，支持在国外建立境外经济贸易区等一系列行动，更是为开放型经济发展营造出良好的国际环境，搭建了很好的平台。同时，国家相关政府部门还不断增强服务意识，外经贸管理工作日趋便利化和网络化，开放型经济发展所需的服务体系、宏观监管体系、协调机制正日臻完善。

3. 国家实施振兴东北老工业基地战略

2003 年 10 月，《中共中央、国务院关于实施东北地区等老工业基地振兴战略的若干意见》（中发〔2003〕11 号）拉开了振兴东北老工业基地的序幕。为加快东北等老工业基地振兴步伐，2005 年 7 月又出台了《国务院办公厅关于促进东北老工业基地进一步扩大对外开放的实施意见》（国办发〔2005〕36 号），支持东北地区利用国际国内两个市场和两种资源，提高对外开放的质量和水平。大连作为东北老工业城市以及东北地区对外开放的窗口城市，战略地位举足轻重，被定位为东北亚重要国际航运中心，为大连加快发展先进制造业和现代服务业提供了广阔空间，为大连早日由沿海开放城市向区域性经济中心城市转型奠定了基础，也为大连进一步提升开放辐射服务功能、更好发挥龙头作用创造了条件。不仅如此，在辽宁省实施的"五点一线"沿海经济带建设中，大连的长兴岛临港工业区、花园口经济区作为重中之重，被给予了更多的关心和支持，举全省之力重点开发建设，从而为大连打造开放型经济发展新的增长点提供了契机。

4. 大连对外开放进入新阶段

当前，大连的对外开放正步入商品和要素全面双向流动的历史新阶段。大连企业全球配置资源的能力正在增强，商品流动与要素流动、货物贸易与服务贸易、出口与进口、吸收外资与对外投资、本地化与国际化等各方面均衡协调发展的要求更加突出。这一方面对大连开放型经济提出了新的要求,另一方面也为其发展注入了新的动力。目前,全市正在积极推动经济结构调整和增长方式转变,加快传统贸易企业转型升级;加大招商选资力度,全面提升利用外资质量;加强对外经济技术合作,加快"走出去"步伐;同时积极扩大对外交往,促进对外经贸关系多元化,全方位开展对外经贸活动。大连开放型经济的发展前景将无限广阔。

(二)大连开放型经济发展面对的挑战

1. 世界经济开始减速

世界经济在持续快速增长后,2007 年增速放缓。进入 2008 年,世界经济失衡加剧,不确定性增多,美国等发达国家的"次级贷危机"已引发全球金融危机,全球正遭遇美元贬值、美国经济衰退、粮食和能源原材料价格剧烈波动以及金融市场动荡,严重影响了世界经济稳定增长的条件和环境,经济减速已不可避免,2008 年世界经济增幅将明显低于预期,世界经济极有可能自此陷入萧条。世界银行公布的《2008 全球经济展望》认为,受美国等发达国家经济增长降温的影响,预计 2008 年世界经济增长率将降至 3.3%,已持续稳定发展 15 年的世界贸易也将放缓至 7.4%。国际货币基金组织(IMF)在 2008 年 10 月发表的报告中进一步指出,许多发达国家现在都已濒临衰退边缘,美国经济衰退已逐渐成形,西欧增长也明显转弱,日本经济活动也快速降温,而新兴经济体也无法幸免于难,正快速走弱,全球经济正逐步进入大幅萎缩的局面。IMF 预估,2009 年全球经济增长率有 25% 掉至 3% 以下水平,进入全球衰退。在逐步下行的世界经济环境下,大连开放型经济发展面临的外部环境更加复杂,不确定、不稳定因素明显增多,困难和挑战不断增加。

2. 新地区主义、经济爱国主义抬头

虽然全球化已成为世界经济发展的客观趋势,但由于全球化自身的矛盾,反对全球化的声音和势力始终遍布世界各地、各个阶层。新地区主义正是与全球化并行而兴起和发展起来的。随着区域合作组织的建立和双边自由贸易协定(FTA)的推进,区域一体化将向更高层次、更广的范围发展,地区主义的力量也将随之在世界范围内逐渐高涨,对区域合作话语权的争夺将成为国际竞争的新内容。区域化和全球化既相互促动,又相互制约。新地区主义所奉行的"地区至上"理念与全球利益最大化的目标有一定出入,将对多边国际协调机制及其有效性带来更大的挑战。

不仅如此,在国际竞争中还出现国家利己主义倾向。面对日益加剧的国际竞争,发达国家和一些新兴发展中大国的"本位意识"复苏,积极推行"经济爱国主义",采用明显的双重标准,运用国家力量保护关系到本国经济命脉的大企业,维护国家产业安全。从美国众议院 2007 年 2 月 28 日全票通过《2007 年涉及国家安全的外资改革和增加透明度法案》,到俄罗斯重重设防保护本国战略性公司,不少国家相继出台了一个又一个限制性外资政策。这一系列变化将在相当程度上影响大连开放型经济发展进程。

3. 发展中国家在世界经济体系中依然处于劣势地位

尽管世界经济的多极化趋势不断增强,但由于发达国家拥有的高技术、高素质人力资本等要素仍具相对稀缺性,因而在国际分工体系中,发达国家凭借着先进技术、完善的创新体系、更具竞争力的国际化企业等优势依然掌握着主动权,美国作为全球经济增长引擎的地位依然无人替代。而对于发展中国家来说,仍将主要以劳动力要素参与国际分工,其所获得的分工利益也仍然主要集中在劳动要素的报酬方面,发展中国家在国际分工中的劣势地位仍将导致其对外来资本、技术和制度安排产生一定的依赖性。因此,在相当长的一段时间内,大连开放型经济发展仍将受到发达国家多方面的制约。

4. 中国相关政策调整的影响逐渐显露

近年来,我国根据自身经济发展的实际,实行宏观政策调控,同时对一些政策进行了调整。其中,汇率政策、利率政策、企业所得税政策、出口退税政策、加工贸易政策、产业政策、土地政策、劳工政策、环保政策以及开发区政策的陆续调整,一定时间内对大连开放型经济发展产生一定影响。特别是多项政策调整的叠加效应,使原有的开放型经济格局面临一定冲击,企业受到两税合一、出口退税下调、人民币升值、新《劳动法》的执行、原材料价格上涨、电力紧张等一系列因素的影响,经济效益出现下滑。目前,大连开放型经济地位日益重要,一旦一些外贸企业、外资企业及外经企业经营难以为继,势必对全市经济造成冲击,应引起高度关注。

5. 全球金融危机对大连开放型经济的冲击开始显现

(1)对外贸易形势严峻。随着欧美等大市场萎缩,亚洲新兴市场也出现波动,作为拉动大连经济"三驾马车"之一的对外贸易正面临前所未有的困难。主要表现为:一是订单减少。金融危机已经影响到实体经济,国际市场需求大幅减少,已影响我市相关企业的生产经营和出口。占比达13%的我市最大出口商品——成品油,因国际市场成品油价格大幅回落,出口增量锐减;占比8%的我市第二大出口商品——船舶,也因国际航运市场低迷面临订单困难,已签合同可能遭遇船东弃船或推迟船舶交期的风险。二是出口坏账增加。金融危机已导致国外企业流动性资金减少,影响支付能力,我市外贸企业出口回款难度加大,对外贸企业特别是中小型外贸企业生产经营带来严重影响,一些中小型出口企业处境困难,经营难以为继。2008年前三季度,大连自营进出口完成344.7亿美元,同比增长29.1%。其中,出口179.2亿美元,同比增长20.5%;进口165.5亿美元,同比增长39.9%。金融危机传导似乎不很明显。但是,全市累计贸易顺差仅为13.7亿美元,同比下降57.2%,净减少18.3亿美元 。

(2)外商投资出现减缓迹象。受金融危机影响,一些国际大公司财务状况恶化,普遍缩紧投资,致使大连一些在谈的重点项目或取消投资或延迟投资的现象已十分明显。目前,现代服务业和先进制造业项目都已遭受波及,其中房地产业等现代服务业项目受到影响最大,个别已获得商务部备案项目的进资期限也被推迟,在谈项目进展放缓甚至停滞,此外大连企业赴海外上市融资计划也被迫推迟,制造业等实体经济所受冲击正逐步显现。

(3)对外经济技术合作受到潜在影响。虽然目前大连对外劳务合作尚未受到明显冲击,但随着主要外派劳务市场——日本等国陷入经济停滞甚至衰退,劳务需求必将逐渐下降,劳务输出减速将难以避免。对外承包工程已受到国际金融市场汇率剧烈波动的影响。由于大连企业对外承包工程业务结算货币以美元为主,日益加大的汇率损失风险已经对对外承包工程产生较大影响,人民币升值导致的劳务费缩水已引发多起劳务纠纷。金融危机带来的恐慌情绪已使大连企业对外投资热情大减,观望情绪浓烈。2008 年 7 ~ 9 月份新批对外投资企业仅为 3 家,境外机构 11 家,企业投资总额尚不足 200 万美元。本有意开展境外投资的电瓷、沈宏、川源、热力、无线电基地等企业开始犹豫,“走出去”创业热情严重受挫,投资意愿明显减弱,信心指数大幅下降。而汇率市场变幻莫测,更使企业难以把握对外投资时机,增大了投资难度。

五、大连开放型经济的中长期发展战略

(一)指导思想

在新的发展阶段,围绕大连建设东北亚重要国际城市总目标,紧紧抓住东北老工业基地振兴和建设辽宁沿海经济带双重机遇,在科学发展观的引领下,进一步强化开放优势,千方百计化解金融危机带来的不利影响,坚持以开放促改革促发展,积极参与国际分工与合作,着力于利用外资结构的优化和质量的提高,着力于外贸增长方式的转变,着力于外经合作发展的新突破,在更大范围、更广领域和更深层次上参与国际经济技术合作和竞争,不断提高对外开放水平,增强城市国际竞争力和发展后劲。

(二)基本原则

坚持以科学发展观统领全市开放型经济发展全局,坚定不移地推进开放型经济发展战略,继续加强开放型经济对全市国民经济的支撑促进作用,重点把握以下原则:

1. 坚持比较优势的原则

比较优势是大连参与国际分工的基础。坚持比较优势是一个动态的发展过程,就是要不断地发现优势、用足优势、扩大优势;还要善于创造优势,努力化潜在的比较优势为现实的竞争优势,化今天的竞争劣势为明天的竞争优势,使大连在发展开放型经济中始终占据有利地位。大连发展开放型经济的比较优势包括现有的产业基础、优越的区位优势、便利的口岸交通条件和国家实施的沿海地区扩大开放和振兴老工业基地战略等等。这些都是大连进一步发展开放型经济过程中需要加以有效利用的条件。

2. 坚持重点突破的原则

因地制宜找准重点和突破口是大连发展开放型经济的关键。没有重点突破就没有整体推进,坚持重点突破,就是要抓住主要矛盾和矛盾的主要方面,这是解决大连发展开放型经济进程中矛盾和问题的有效途径。当前和今后一个时期,大连必须着力突破制约开放型经济水平提升的关键环节,实现中心城区与区市县良性互动,加快发展北三市和重点工业园区,以工业化带动城市化,推进区域经济快速发展,做到以点带面,以局部推动全局,最终实现全市开放型经济水平的全面提升。

3. 坚持开拓创新的原则

创新是大连改革开放的一面旗帜,也是推进大连开放型经济的鲜明特色和基本经验。大连深入发展开放型经济,要进一步弘扬和发展开拓创新的精神,并使之上升为指导发展实践的重要原则。要不断完善各个环节的创新,包括在政府的管理职能方面、制度方面、管理思想方面不断引进新思路、开拓新思维、学习借鉴国内外先进经验。在推进开放型经济的道路上,必须始终依靠创新的方法破解发展中的难题,始终依靠创新的思维赢得国际竞争中的优势。

4. 坚持统筹发展的原则

统筹发展是大连深入发展开放型经济的基本原则。在实践中,既要统筹三大产业的发展,又要统筹好区域的发展;既要统筹好利用外资与利用国内外先进技术和管理的关系,又要统筹好"引进来"与"走出去"的关系;既要统筹好经济增长与能源消耗、资源占用之间的关系,又要统筹好经济发展与环境保护的关系。切实把统筹发展贯穿于大连市发展开放型经济的全过程之中,实现全市经济发展与对外开放的互动并进。

(三)战略目标

在当代国际投资贸易一体化竞争发展的格局中,大连市合理有效健康的开放型经济运行方向应是:确保外资引进和外贸发展形成若干良性互动效应,力求实现内外资源的优化配置、促进产业技术的不断进步和产业要素生产率的不断提高,保证新一轮开放型经济发展是高质量、高效益、可持续的,这应该是大连进一步提高利用外资质量、提升开放型经济水平的中长期宏观战略目标。

在现有基础上,大连发展开放型经济中期的主要目标是:在开放型经济的两个主要领域——外贸出口和利用外资,继续保持东北地区领先地位,进一步提高外贸和外资对全市经济结构优化和产业升级的推动作用,加速形成国际制造业集聚区的基本框架,包括主导产业、基础设施和空间布局。

在此基础上,大连开放型经济未来15年(长期)的主要目标是:大力提高大连国际制造业在全球制造业中的地位,实现先进制造业、高新技术产业、现代服务业利用外资新突破,建立起国际制造业基地,建立起与之相应的服务业支撑体系,对外直接投资达到较大规模和较高水平。将大连建设成为生产、贸易、资本高度国际化的新产品研发基地、现代服务业创新基地、吸引外资与对外投资的示范城市。

(四)大连开放型经济创新发展的路径

大连开放型经济的转变及建立创新性的开放模式的基本点是:以科学发展观的新理念指导全市对外开放,发展开放型经济从弥补要素不足为主要目的转向以参与国际分工、获取竞争利益为主要目的;从充分发挥比较优势转向大力培育竞争优势,大力推进由技术引进、技术改造向原创型技术创新的升级;从资源要素驱动型经济转向自主创新驱动型经济;从全民化、大兵团方式转向专业化、日常化,由重视本市开放为主转向本市和区域开放并重。贸易增长方式的转变是新阶段大连开放型经济运行的基础,提高利用外资质量是新阶段大连开放型经济的核心,“走出去”扩大对外投资是新阶段大连开放型经济的重点。

吸引外资方面,要切实从主要依靠政策优惠向主要靠服务功能、产业环境和制度规范优势转变;由注重追求外资的规模和数量向更加注重提高质量和水平转变;由注重引进资金向更加注重引进先进技术、管理经验和高素质人才转变;由单纯注重引进项目向更加注重培植产业集群、促进调整优化产业结构、转变经济增长方式、提高自主创新能力转变;由注重制造业引资为主向更加注重制造业与现代服务业并重转变。今后一个时期,大连市继续围绕先进制造业、高新技术产业和现代服务业为重点开展招商,进一步拓宽利用外资领域,调整外商投资结构,加快建设符合新型工业化要求的、产业层次较高的国际制造业基地,构筑开放先导区、重点工业园区的整体优势,使大连成为中国北方开发开放的先导示范区。

在对外贸易方面,加快推进增长模式由数量扩张型为主向质量效益为主的转变,增长动力由投资驱动型为主向创新驱动型为主转变,增长途径由资源消耗型为主向资源节约型为主转变,增长机制由政府推动型为主向市场导向型为主转变。要继续深化外贸体制改革,通过大力发展民营企业实现外贸增长的多元化,优化对外贸易结构,巩固与提升加工贸易,大力发展一般贸易,大力发展出口名牌商品,实现外贸出口由粗放型向集约型转变,由“外汇贸易”向“效益贸易”转变,在巩固传统市场基础上积极开拓新兴市场。

在外经合作方面,要立足发挥比较优势,坚持以市场为导向,以企业为主体,以经济效益为中心,以提高国际竞争力为目的,不断增强大连市在全球产业链中的资源配置能力、自主发展能力、开拓和占领国际市场的能力、吸纳境外资金技术能力,以及规避贸易壁垒风险能力,加快步伐,鼓励引导各种所有制企业主动参与国际合作与竞争,积极推进大连市对外经济合作快速发展,全面提升大连市对外开放水平。

(五)大连开放型经济中长期发展的战略选择

1.“四外”组合联动战略

根据当今世界经济贸易发展趋势,我市发展开放型经济的内涵将更加丰富。作为开放型经济的重要组成部分,模糊外贸、外资、外经、外智(简称“四外”)的边界,实现你中有我,我中有你,尤为重要。从“四外”的相互关联程度看,出口引导投资,投资又带动了出口;引进外资,不仅形成出口增量,而且优化了出口结构;对外工程承包,既包含技术出口,又包含商品出口和劳务出口。从大连发展开放型经济实践看,任何单一的业务形式,将难以开拓新市场,实现大发展。因此,大连要努力构筑“四外”组合发展、联动发展、互补发展的新局面。在组合中寻找新机遇,在联动中开拓新市场,在互补中形成新优势。

2. 条块结合共增战略

长期以来,大连发展开放型经济,主要依靠市政府推动,靠“条”维持其增长。随着大连北三市及重点工业园区开发以及基础设施建设的日益完善,随着辽宁省政府“五点一线”沿海经济带开放战略的深入实施,区市县以及重点工业园区将成为大连开放型经济发展的主战场和新增长点。因此,大连发展开放型经济一手抓"条",一手抓"块",以"条"促"块",以"块"补"条",条块结合,实现条块共同增长,协调发展。

3. 适度规模下的外资优化战略

利用外资是大连市经济高速增长的重要原因和基本条件,是开放型经济的重要组成部分,应当长期坚持。在开放初期,致力于以开放政策引导经济走上发展道路的时候,能否大量引进外资反映了开放政策是否有效实施,这时,外资的数量及其增长是开放政策成功的标志。应当承认,一个城市和地区推行粗放型的开放战略,在发展的起步阶段追求吸引外资数量是不可避免的,但是,随着经济走上发展的轨道,开放经济基本形成,发展模式的转变是十分必要也是完全可能的。大连市利用外资在经历了从"追外商"到"迎外商"再到"挑外商"三个过程后,需要深入探索吸引外资模式转型的路径。

坚持适度规模下的外资优化战略,就是要求转变吸引外资以数量规模为导向,坚持效益优先,坚持规模与质量并重的引进外资方针,发挥外资的资源配置中的重要作用,带动全市经济发展和产业水平的提高,把吸收外资与全市产业结构调整、技术进步、区域协调发展相结合,在更高层次上发挥外资对大连经济与社会发展的积极作用。全市实际使用外资要确保在适度规模的前提下,实现外商直接投资结构的优化,促进外商直接投资的来源结构、方式结构、区域结构、产业结构都实现优化配置。

从中长期看,大连市吸引外资的战略升级要与国家开放战略的阶段性相一致,根据这个原则,至少应当考虑的主要有:

(1)以产业政策为主导外资引进。随着外资外贸目标的实现和国内外条件的根本变化,提高经济效益,用好国内资本,实现产业升级等经济战略,已经成为我市对外开放的新目标。在发展阶段上,运用稀缺的政策优惠等政府资源在减弱,开放型经济发展重心从扶持性优惠政策体系向功能性、体制性框架转变。外资政策要服从于产业政策,而不是服从于数量增长。

(2)以有利于自主创新为原则用好外资。新阶段上要在开放条件下实现自主科技进步,不是仅已引进更多技术含量高的外资项目或更多外商研发机构作为外资质量或技术进步的标志。要通过多种形式的引进,实现技术的集成和消化吸收再创新,推动原始创新。要克服重引进轻消化吸收的现象,促进外商转让关键技术与核心技术,将更高技术水平的加工制造环节转移到大连。要推动大连企业积极主动学习吸收外资企业带来的先进技术,鼓励外商投资企业与我市企业之间的有机联系,加快内外企业合作创新步伐。在技术溢出层面上,要高度重视产业技术群的培育,进一步完善技术开发成长的市场机制,为外资企业和本地企业创造平等的竞争环境,促进外资企业向本地企业的技术转移。

(3)以有利于引进各类优势资源为重点引进外资。现在"引进来",既有资本的意思,也包括人才、技术、先进设备、经营管理方式等发展资源。要转变以往的重点引进制造业与加工贸易项目,更要重视利用国际智力和各类优势资源。要通过引进国际人力资源引进国外先进的科学思想、先进技术、成功的管理经验和其他人类社会创造的一切先进的文明成果。通过引进国际智力可以提升我市相关产业的技术水平，并带动固定资产投资的增加、产业结构的调整和升级。

4. 适度增长的外贸增效战略

多年来，从中央政府制定的出口退税政策、地方政府的大量出口鼓励措施，到较低的人民币汇率，都集中到对出口的数量指标追求。但是在今天经济全球化高度发展的情况下，由于出口主体已经多元化，贸易方式也已经多样化，出口规模的扩大不再是一个地区贸易竞争力提高和贸易利益增强的准确体现了。

外贸增效战略要求全市在保持外贸适度增长的基础上，促进大连进出口平衡的发展格局，努力提高国际竞争力与外贸综合效益。外贸增效战略的核心不是控制外贸总量，而是转变外贸方式的结构，即扩大一般贸易的比重，尤其是在国内产业链长、使用国内要素多的一般贸易；降低加工贸易的比重，促进加工贸易的转型与升级。在增长模式上，加快实现从扩大规模型增长向质量效益型增长的转变；在竞争方式上，要从出口劳动密集型产品为主，向出口技术密集型产品为主转变，努力扩大高技术含量、高附加值、高档次产品出口；要从依靠成本竞争逐步向成本技术、营销等多层次综合竞争优势转变；在促进方式上，要改变“重出口轻进口、重设备轻技术”的观念，加快从扩大出口的鼓励型政策向有促有限的调控引导型政策转变。要围绕全市外贸发展目标，进一步加大调控力度，增强对进出口贸易的自主能力。要进一步提高大连对外服务贸易的规模，提高服务业参与国际市场分工与竞争的能力。

5. 与“引进来”并重的跨国经营战略

大连市作为中国北方开放度最高的城市之一，“走出去”的条件虽然不能与北京、上海等国际大都市相比，但也存在着比较优势，我们迫切需要站在一个新的战略高度上，开阔视野，创新思路，在“引进来”的同时，加快实施“走出去”战略，才能增创城市发展新优势。

跨国经营是“走出去”战略对全市外经工作的总要求。要围绕以开放型经济促进全市经济发展为目标，推动全市国有与民营企业，通过对外投资深度开拓国际市场，通过新建、收购、兼并、置换、重组、联合与境外上市等多种手段，建立海外生产基地与营销网络。要将资源开发作为全市投资的战略重点，建立起稳定、多元、安全的境外资源供应基地。要进一步优化经营主体结构，逐步形成一批有较强竞争力的大型承包工程企业，拓展对外承包的合作方式与领域。积极鼓励劳务人员、技术人员和管理人员到境外就业。

6. 扶持集团带动战略

在经营主体多元化的基础上，大连要全力扶持一定数量的容贸、工、商、技、银为一体的大型跨国企业集团。这些大型跨国企业集团，要以发展开放型经济为主导，以实业为基础，以科技为后盾，以金融为支撑，实现资产多元化、功能综合化和经营国际化。使这些大型跨国企业集团，对外能与国际跨国公司相抗衡，对内能带动大连的大批中小企业群，带动大连的一大批新兴产业群，带动大连经济外向度的提高。

六、大连开放型经济中长期发展的重点任务

(一)进一步提高利用外资质量

在增长方式转变中,提高利用外资质量是基础。今后一个时期,大连市将大力引进符合产业发展方向、附加值高、产业链长、带动作用强的先进制造业、高新技术产业、现代服务业重大项目,要逐步淘汰耗能大、污染重、技术含量低的产业。

1. 加大吸引跨国公司战略性投资的力度

紧紧抓住跨国公司全球战略性调整的机遇,鼓励跨国公司在大连设立地区总部,以及研发中心、营运中心、技术服务中心、采购中心、物流中心、培训中心、财务中心和配套基地等,大力发展总部经济。继续把利用跨国公司投资与跨国公司合作作为利用外资的重点,在"大项目"、"高科技"、"名牌产品"、"出资多"等方面下功夫。进一步促进与跨国公司开展全方位合作,按照"核心企业—产业链—产业集群—制造基地"的发展思路,围绕重点大项目,促进产业集群和产业配套,利用产业集群下的资源共享和规模效应,增强产业集群的竞争力。顺应国际投资主流趋势和跨国公司并购特点,引导并购外资重点投向现代服务业等领域。

2. 积极扩大服务业对外开放

抓住新一轮服务业跨国转移的重大机遇,采取综合配套措施,积极承接体现国际服务业发展趋势的现代服务业、与制造业密切相关的生产性服务业、以信息和生物技术为代表的知识性服务业、能够推动大连对外服务贸易发展的外向服务业,使外资服务业在行业分布、投资规模、持股比例等方面与大连国民经济需要以及其他产业的发展相协调。为此,大连加快发展的重点行业和领域是:金融保险业、港航物流业、信息服务业、科技服务业、文化创意产业、商务服务会展业、旅游业和现代商贸业。

服务外包是当前国际产业转移的新趋势,是利用外资的新领域、新方式。大连拥有发展服务外包的良好条件,要增强机遇意识,提高认识,积极承接国际离岸服务外包。要尽快制定和不断完善相关的政策措施和指导意见,加大对大连服务外包企业的扶持力度,推动服务外包企业做大做强;要充分发挥大连"国家服务外包基地城市"的平台作用和龙头带动作用,建立服务外包承接体系,打造服务外包园区;要抓好人才引进与培养工作,将服务外包急需的各类人才列入招才引智重点;要积极开展服务外包招商促进活动,建立服务外包公共服务平台,进一步拓展大连服务外包发展空间。

3. 推进外资区域布局合理

优化外资的区域配置结构应处理好全市区域间的关系问题,抓住产业转移机会,有的放矢吸收外资,通过加强对利用外资的分类指导,促进各区域发展相协调,形成互为依托,互为补充的特色产业集群和集聚发展效应。要充分尊重市场选择和大连市产业整体规划布局,合理、动态地调整产业布局,做好产业链的配套与衔接。充分利用我市鼓励发展特色产业的政策,围绕各区域的核心项目,发挥各自比较优势,积极引导与其配套的上中下游产业的集聚,形成错位竞争的特色产业。

中心区域也就是老城区,主要包括市内四区,其基础设施完善,要素市场发达,传统

服务业基础好，未来一个时期要在现有的基础上，继续扩大对商业、信息咨询、中介服务机构、旅游等服务贸易领域和房地产开发、基础设施建设领域的招商引资，大力吸引外资进入金融、物流、文化、会展、商贸等现代服务业领域。依托软件园的现有基础，通过吸引有实力的外资，培育软件技术、产品研发和设计能力，推动软件出口。

大连开发区应抓住英特尔芯片项目落地和相关配套项目的跟进，重点发展电子信息和汽车整车及零部件产业。大连保税港区要按照“三步走”的目标，积极探索开放型经济先行先试工作。长兴岛临港工业区要在辽宁沿海开放中发挥引领作用，加快构建世界级船舶和海洋工程及配套产业基地。花园经济区应积极探索建立国家级出口加工区，成为辽宁“五点一线”的重要装备制造业基地。旅顺口区和长海县积极创造条件，争取国家批准全域开放。

4. 进一步创新利用外资方式

根据产业结构调整和企业发展需要，积极鼓励支持外资以并购、参股、再投资等多种形式，参与国有企业的改组改造，进一步盘活国有资产。积极支持外资通过特许经营、股权转让等方式进行基础设施建设和经营，积极推进有条件的国有企业和民营企业在境外上市。大力推动企业以中外合资合作产业基金、国际风险投资基金等方式引进外资。同时，以实施提升日韩、突破欧美、拓展港澳台和东南亚的引资战略为重点，以世界500强企业为对象，做好以产业为主题、企业为主体、政府为主导的“招商选资”工作。大力开展产业招商、主题招商、专业招商、委托招商、中介招商、以商招商、网上招商、人文招商等针对性强和符合惯例的招商方式，提高大连招商引资的实效。

（二）加快转变外贸增长方式

在经济增长方式转变中，外贸增效战略是核心，品牌带动则是大连市实现外贸增效的具体举措。

1. 优化加工贸易

以优化加工贸易转型升级为中心，大力优化产业结构，全面提高加工贸易的国际竞争力。优化加工贸易首先要从源头上引导外商投资，逐步提升加工贸易企业的层次，加大扶持内资加工企业的力度，提升加工贸易企业的配套能力。优化加工贸易还需要把握国际资本和产业转移的新动态，结合大连市经济结构和产业布局的调整，建立以电子信息产业为代表的高新技术产业群，扶持以汽车及关键零部件为代表的制造业主导产业群，用先进技术改造升级传统产业群。积极推进加工贸易转型升级，延伸加工贸易企业的产业价值链，提高加工贸易的经济效益。引导加工贸易企业向开发区和重点工业园区集中，提高产业配套能力，提升整个加工贸易的竞争力。大力发展现代加工贸易，积极承接国外制造业特别是附加值高的中高端制造环节和研发机构的转移，着力提高传统加工贸易产品档次和附加值，引导加工贸易向研发、销售和售后服务等环节延伸，逐步实现由代加工到代设计再到自创品牌的转变。

2. 强化一般贸易

以提高本地企业的国际竞争力为重点，提高本地企业开拓市场能力为先导，加快全市一般贸易增长方式的转变。要发挥内资企业在全市一般贸易发展中的重要作用，充分调动外资企业发展一般贸易的积极性，大力提高品牌产品和自主知识产权产品在一般贸易出口中的比重，引导一般贸易企业通过技术创新提高产品附加值。要积极吸引国内外大企业的地区总部、采购中心以及出口导向型的企业落户大连，鼓励本地企业借助跨国公司进入国际营销渠道，促进大连市一般贸易的增长。

3. 发展服务贸易

鼓励外资发展现代物流、商务信息、金融保险等服务业；鼓励外资发展环保、新材料、新能源等新兴产业，创造新的市场需求，带动相关服务业发展；鼓励跨国公司来我市设立研发中心、采购中心、培训中心和地区总部；抓住服务外包加快发展的重要机遇，创新条件，采取综合配套措施，承接新一轮国际服务业转移，提升服务业吸收外资总体水平，提高服务业吸收外资比重。重点发展生产性服务业，加快现代物流、信息咨询、中介和研发等生产性服务业的发展，提高金融、技术、电子、电子商务、广告咨询、营销和管理等生产性服务供给的水平和质量，降低企业营运成本，提升综合服务水平和技术水平。

4. 实施出口品牌战略

制定和实施出口品牌战略，培育和扶持出口品牌发展，是大连提高对外贸易发展质量和水平，加快转变外贸增长方式的必然选择，也是优化出口商品结构的有效途径。要建立健全实施出口品牌战略的组织管理体系和服务体系，完善品牌研发、设计、生产、推介、保护、发展、出口的政策法规体系，创新实施品牌战略的工作机制，在巩固和发展现有品牌的基础上，积极引导和鼓励企业培育、开发与维护新的自主出口品牌，重点推动并支持已经拥有一定国内知名度的品牌为出口名牌，并参与境外商标注册及各类质量、环保与社会责任认证认可，提高国际市场的认同度。企业是培育、生产和发展品牌的重要主体，应树立强烈的品牌战略意识，认真实施出口品牌战略，在提高产品质量的同时，注重有自主知识产权的品牌建设、宣传、经营和保护，树立自己的品牌形象，争取成为知名出口品牌。

5. 适度扩大进口

增加进口尤其是资源型产品的进口，可以增加大连供给，缓解资源短缺的矛盾，多样化进口可以满足多层次的需求，提高人们的物质文化生活水平。进口先进的技术和设备，可以对大连企业产生技术溢出效应，加快企业技术进步，直接带动全市经济发展。进口的增加不仅可以带动出口的增加，而且缓解人民币升值的压力。进口增加，会减少贸易顺差，从而缓解或减少贸易摩擦。因此，在新形势下加快转变外贸增长方式中，我们应该充分认识进口的作用，积极扩大进口。要扩大先进技术、关键设备及零部件和国内短缺的能源、原材料进口，促进资源进口多元化。

(三)实施跨国经营战略

1. 加快发展境外直接投资

支持我市企业通过新建、兼并、股权置换等方式开展境外投资，鼓励机械电子、化工建材、纺织服装、轻工食品、种植养殖、水产品加工等行业的优势产业“走出去”，建立生产基地、营销网络和售后服务中心,寻找和拓展更有利的发展空间。要引导、支持企业以先进技术和管理优势,推动电子信息、生物技术产业、新材料产业、新能源产业等新兴产业“走出去”。鼓励企业在境外设立研发中心和研发型投资企业,充分利用境外科技、智力资源,提高企业创新能力、技术水平和产品档次。积极鼓励商贸业、房地产、金融等服务行业企业大胆“走出去”,积极开拓国际市场。

2. 大力开拓国际承包工程市场

鼓励资金、管理、技术、人才实力强,具有市场竞争力和抗风险能力的实力型企业,积极申报国际承包工程经营权。组织多种所有制形式的经济实体共同参与国际承包工程,探索利用股份合作、项目合作等方式,实现优势互补。鼓励对外工程承包企业充分利用自身比较优势,主动与有实力的国内外著名承包商组成联合体,共同投标承包境外大中型工程项目。鼓励通过新设、收购、控股等方式,在境外投资设立工程承包企业,获取当地各类投标承包资质,为在更多国家和地区争取更多的总承包项目取得“通行证”。

3. 积极推进境外资源开发

鼓励企业在石油、天然气、煤炭、铁矿、铜矿、氧化铝、黄金、天然橡胶、木材等能源和短缺资源领域开展对外经济技术合作,鼓励制造业企业将高耗能生产环节向境外能源资源供给充足地区转移。境外资源开发应重点围绕资源丰富、政局相对稳定、与我国关系友好的国家和地区,主要包括东盟、俄罗斯、中亚、伊朗等周边国家和地区,中东地区,尼日利亚、委内瑞拉、巴西等非洲、拉美国家以及澳大利亚、加拿大等发达资源国。充分利用国家多双边经贸合作机制和各类援外资金,鼓励企业通过“以援助换资源”、“以工程换资源”等多种方式开展合作开发。

4. 大力承揽援外工程项目

积极争取承建国家援外项目,将援外与企业“走出去”、援外与境外资源开发、援外与对外工程承包有机结合。支持有条件的企业积极申报援外经营权,力争援外队伍不断扩大。鼓励已获权企业积极参与招投标,尽快实现在新体制下我市企业承接援外项目零的突破。

5. 进一步规范和提高对外劳务合作水平

加快外派劳务结构调整,重点推进计算机应用人员、护士、文秘、技师、研修生、海员、厨师等高素质劳务输出。加强经营公司与出口信用保险等保险机构的沟通与联系,积极投保“外派劳务合作经营公司海外风险保障保险”和“外派劳务人员海外风险保障保险”,切实防范和化解境外雇主破产、违约风险,境外政治风险,恐怖活动和巨灾风险以及外派劳务人员违约风险,稳定企业经营。

(四)加快转型升级,提高重点工业园区发展水平

发展园区经济是我市的一大优势,在全市发展开放型经济的进程中占有举足轻重的位置。目前,大连的重点工业园区已经进入快速成长期。我市先后成立的重点工业园区,在体制机制上居先进水平,在招商引资上有良好的现象,在引进项目上具有广阔的承载空间。

1. 编制园区发展规划

要认真组织编制和实施园区中长期建设发展规划，组织国内外高水平的规划设计单位，在更高层次上谋划园区的建设和发展。采取“超前投入、滚动开发、配套跟进”的开发建设思路与策略，采取多种途径，筹措多方资金，推进园区内沿海废弃盐滩与滩涂、主干路桥的拓展和区域路网的完善，实现成片、连片开发，营造承接大项目的平台和载体。按照“产业集聚、企业集群、主业突出、特色鲜明”的要求，科学选择和确定产业发展方向，推进园区产业优化整合，构筑特色产业。鼓励工业项目、关联企业、配套项目向园区集中，加快形成规模效益和竞争优势，把重点工业园区建设成为大连对外开放的主阵地，成为先进制造业和高素质人才的集聚区。

2. 坚持产业集聚和集约开发

按照“集中、集群、集约”的原则，明确产业发展方向，促进产业结构进一步向特色化、专业化方向发展。逐步提高“招商选资”门槛，以引进产业关联度大的龙头项目为重点，突出以产业链、高技术、低能耗为主体的先进制造业。各园区从自身实际出发，集约利用土地资源，对工业项目的投资强度、产出密度、税收等多方面制定相关的用地标准，努力提高土地利用率。

3. 坚持管理体制运行机制创新

重点工业园区要坚持“小政府、大社会、大服务”行政管理体制的改革取向，大力推进体制机制创新。要树立科学规范的管理秩序和法制化环境，提高行政和公共服务水平，变审批经济为服务经济，进一步增强管委会机构办事的透明度，简化程序，量化责任，优化服务，提高水平。加快推进管委会内部运行机制创新，科学设置内部机构，实施“几块牌子一套人马”的组织机构。在涉及部门审批、用地平衡、拆迁安置、劳动组织等方面，提供优质服务，逐步建立起统一、高效、精干、廉洁的管理体系。

七、大连开放型经济中长期发展的主要举措

深入发展开放型经济是大连市加快富民强市、实现率先振兴的重大举措，必须长期坚持，不懈推进。同时，随着经济环境的发展变化，需要不断赋予开放型经济发展新的内涵，不断探索开放型经济发展的新的举措，努力走出具有大连特色的开放型经济发展之路。

（一）树立发展开放型经济的新理念

在新的历史条件下，必须牢固树立和落实全面、协调、可持续的科学发展观，坚持用科学发展观统揽开放型经济的实践。一要树立更加开放的观念，坚定不移的扩大对外开放，力求外部机遇为我所用，充分利用两个市场、两种资源，不断提高参与国际竞争和国际合作的能力。二要树立全面发展观念，不能单纯追求利用外资的数量和规模增长，而是要努力实现“四外”齐上。三要树立协调发展观念，通过发展开放型经济，促进城乡经济、区域经济协调发展。四要树立可持续发展观念，在推进开放型经济发展过程中，切实转变增长方式，避免浪费资源、污染环境、破坏生态，实现经济效益和社会效益相统一，促进人与自然和谐发展。

（二）全面提高驾驭开放型经济的能力

深入发展开放型经济，对大连的各级党委、政府全面提高执政能力和行政管理水平提出了新的更高的要求。面对复杂多变的国际政治经济形势，各级党政领导必须善于学习、善于思考，勤于实践、勤于总结，不断开阔眼界、开阔思路，努力掌握科学的思想方法和领导方法，切实增强提高科学判断国际形势和进行战略思维的水平。要时刻保持清醒头脑和树立忧患意识，越是在形势好的时候，越是要多作逆向思维，防患于未然。要加强对世贸规则、国际惯例的深入研究，善于在国际政治、经济形势的发展变化中把握方向，用好发展机遇，创造发展条件，掌握发展全局。

要积极应对各种可能出现的风险和挑战，加强对国际经济风险的预测和监控，加快建立国际风险预警机制，建立健全应对国际贸易摩擦的工作机制，进一步增强规避国际经济风险的能力。明确政府在发展开放型经济上的目标定位。政府应当不断进行政策、管理职能的创新，使开放型经济能够切实在大连有序、有效地健康发展。

（三）抢抓国际生产分工体系调整新机遇

当前要深入分析国际资本和产业转移的新趋势、新特点，适时调整招商引资的工作重心，以掌握工作的主动权，取得更大的先发效应。要根据美、日、欧对外投资意向逐步增强的新情况，重点研究其企业、产业的状况，从生产成本、市场定位到投资需求、研发能力等，全面系统地评价分析，有针对性地宣传我们的比较优势和发展环境，积极创造更为有利的条件，争取新一轮产业向大连转移。要根据跨国公司投资的新特点，大力引进产业关联度高、辐射力大、带动性强、产业链长的龙头型、基地型项目，鼓励企业有条件的与之配套协作，不断完善产业集聚、企业集群，深化集群的本地网络和根植性。

要根据外商直接投资越来越多地采取并购的新方式，抓紧制定出台相关的政策意见和操作方法，大力发展中介服务机构，建立健全企业产权交易市场，尽快设立跨国并购审查登记制度，推动大连企业与跨国公司进行资产重组。要根据外资进入服务贸易领域的新趋势，加快服务业利用外资步伐，大力引进跨国物流服务企业，切实提高现代服务业发展水平。

（四）强化开放型经济工作的推进体系

从大连市和有关城市的工作实践看，行政推动仍是当前发展开放型经济的主要动力，从某种程度上说，区域间发展开放型经济的差异主要表现在政府对发展开放型经济重视程度和服务水平上。发展开放型经济是一项政府主导、有关方面积极参与的综合工程，需要政府加强重视，加大指导、支持和协调力度。

1. 不断完善与加强开放型经济的领导

继续坚持市政府主要领导亲自抓开放型经济办法，把定期调度和不定期调度有机结合起来。强化一把手责任制，继续落实各地区、各部门一把手亲自抓，真正把发展开放型经济工作摆在重要的优先位置，做到认识到位、责任到位、措施到位。认真解决实施开放型经济的各种问题，对于重大项目和关乎全市开放型经济发展、产业升级的外资项目，指定专人给予政策指导和全过程跟踪推进。

2. 完善开放型经济绩效评价体系

利用外资着重评价引进外资的技术层次、附加值、投资强度、产业关联度,减少能源消耗和环境影响,对引进高新技术企业、研发机构、服务业、农业利用外资等方面做出具体评估。对外贸易从规模总量、增长质量、竞争能力等方面,着重评价产品经济效益、国际市场份额以及品牌和自主知识产权产品所占比重等。对外投资着重评价境外非贸易性投资、企业海外上市以及跨国并购。实施并不断完善重点工业园区评价体系,注重全方位考察开发园区集约发展程度,在此基础上,逐步形成全市开放型经济评价体系。

3. 建立开放型、专业化和国际化的投资促进体系

建立与完善全市投资促进体系,将工作机制成熟化、规范化。各地区、各部门招商引资根据产业发展规划,每年在重点发展的产业上策划包装推出多个产业带动作用大、产业集聚能力强的投资机会、项目。要深入研究制定招商引资项目工作规程,组织编制项目包装工作指南,推进项目包装的规范化、专业化、科学化。继续完善开放型经济扶持政策体系,完善外经贸发展基金,加大对出口品牌建设、"走出去"、高新技术、机电产品出口、贸易摩擦应对等扶持力度。完善中小企业国际市场开拓资金项目的运作机制,加大扶持力度。

4. 建立投资促进的政策保障体系

借鉴国外发展产业及利用外资进行对接政策,依据本市产业特征和发展产业的现实条件,应构建与吸引国内外资本的政策保障体系,包括编制规划、技术创新、人才培养、产业集群、完善市场规则、体制与环境创新等,并针对大连市产业特色,具体到产业提出可操作的政策建议。加快全市涉外法规和政策体系建设,加强调研和吸取沿海先进地区经验,制定符合我市地方性经济发展需要、符合国际惯例市场经济规则的投资促进、收购兼并、风险投资、BOT、BT、租赁等配套法规和政策体系,规范各区市县、先导区和重点工业园区吸引投资的优惠政策和做法,提高政策的连续性和透明度。

(五)进一步优化投资环境

环境是生产力,环境是竞争力。在开放型经济的竞争中,投资环境起着根本性、长远性的作用。开放型经济的程度越高,投资者对投资环境提出的要求也越高。面对激烈的国际和区域竞争,必须不断优化和改善投资环境,力争在更高层次上实现软硬环境的和谐统一。在硬环境建设上,要强化更大范围的资源整合与有效配置,创造国内一流的水平;在软环境建设上,要强化构建信息化支撑的现代公共服务平台,创造全新的管理服务理念和网络化、信息化服务新方式。从以前依靠政策、土地优惠向完善市场建设、完善市场规范转变,打造以规则为基础的投资环境。

进一步优化政府服务。切实加强依法行政和服务型政府建设,大力推进电子政务、网上办公,简化行政审批程序,优化"一站式"、"一次告知限时办结"等有效工作制度,提高政府部门服务发展的工作效率和政策透明度,为企业提供优质、高效、公开、透明、低成本、可预见的服务,提高外国投资者的自由和便利程度,增强海外投资者在大连投资的信心。加大外商知识产权保护力度,规范涉及外商投资企业的收费和检查行为,确保外商

投资企业在经济活动的自主权和平等地位。积极推行电子政务,实现联网管理、资源共享,力争为各类企业提供"零距离"、"零投诉"服务。各服务业行业管理部门应加强对本领域利用外资工作的研究,以放宽和取消限制为重点,积极制定鼓励外资进入、提高服务业发展层次的政策意见和工作措施,并加强与国家和省有关部门的联系,畅通服务业项目审批渠道。继续推进社会诚信体系、人才"高地"、商务"盆地"、"大通关"工程等的建设,切实把大连建成称心、安全、有回报的投资热土。

(六)打造发展开放型经济的人才高地

培养造就一大批适应开放型经济发展要求的新型人才队伍,是深入实施开放型经济发展的当务之急。要加快制定大连开放型经济发展的人才培养与引进规划,尽快形成各类高层次人才加快集聚的良好局面。一是多种渠道培养人才。积极调整高等院校学科专业设置,在更大范围内合理配置教学资源,加快培养国际经贸、法律、职业服务等方面人才。二是广开门路吸纳人才。充分利用当前国内经济快速发展、国际产业、国际资本加快转移的有利时机,加强与国外专家组织、友好城市、大学、人才交流中介机构的广泛联系,加大引进国外智力度。大力吸引日本、韩国等国家和地区的专业技术人才到大连创业、从业,参与大连开放型经济及科技、文化、教育与服务业等领域建设,积极引导留学人员携带专利、技术、发明成果归国创业。加大中高级人才的引进工作,特别是熟悉世贸规则、通晓国际惯例、擅长国际交往的金融、保险、贸易、中介等人才。建立健全中高级人才的招聘、使用、留住政策措施,吸引外地高素质高学历人才参与大连的发展。三是提高待遇留住人才。重视解决好大连高层次人才的待遇问题,通过实行个人所得税减免、生活安置、社会保障配套政策等措施,使人才引得进,留得住。

《大连开放型经济中长期发展战略研究》课题组成员

课题领导小组:

顾　问:戴玉林　大连市人民政府　副市长

组　长:李　才　大连市政府发展研究中心　主任　教授

　　　　刘德春　大连市对外贸易经济合作局　局长

副组长:李文语　大连市政府发展研究中心　副主任

　　　　王丽英　大连市对外贸易经济合作局　副局长

课题组:

负责人:王文清　大连市政府发展研究中心开放研究室　主任　副研究员

成　员:刘国志　大连市对外贸易经济合作局规法处　副处长(正处级)

　　　　王　玲　大连市政府发展研究中心开放研究室　副主任　副研究员

　　　　王金成　大连市政府发展研究中心开放研究室　助理研究员

金融危机对大连农业的影响和对策研究

王　玲　徐向峰　刘文展

一、我市农业发展现状及总体评价

我市作为辽宁省农业比较发达地区,经过多年的开发建设,在农业资源利用、农业生产技术、农业生产水平等方面已具有明显的优势,为农业发展创造了良好条件。

(一)农业资源环境条件

1. 自然环境

地质地貌条件和土壤生态环境:漫长的地质演化,造就了今日大连中部高、东西两翼低、北部高、南部低、南端翘起、北宽南窄的半岛地貌。这一地质地貌和土壤生态环境使我市非常适于发展多种农业经营,尤其是海水养殖条件得天独厚。我市不仅有1906公里绵长而曲折的海岸,还拥有类型多样的海滩,比例协调,功能多样。沿海海底坡度平缓。大连海域的营养体饵料丰富,水体营养盐含量和浮游生物量较高。海况条件适于海洋生物栖息繁殖,海洋初级生产力属中上等水平,既是洄游性鱼虾年中索饵洄游和产卵洄游的必经通道,也是定栖性鱼虾贝藻气息生长的良好场所。

气候条件:我市气候温和、降水集中、空气湿润、季风明显。对于东北地区来说,我市气候有春来早、冬延后的特点,素有东北"小南方"之称,不仅适宜种植北方的粮食作物和蔬菜,而且适宜南方蔬菜品种的生产。我市的热量、气温和水分,适宜苹果、桃、梨等温带水果生产,是中国北方主要的苹果生产基地。

2. 农业用地

农业用地地理分布:我市的耕地主要集中于西北和东南坡的岗台地、沿海平原及北部山区的山间谷地和河流两岸;园地主要分布于哈大铁路线以西和金州区以南地区;林地主要分布在普兰店市、瓦房店市、庄河市交界的北部山区,沿山脊方向(西南—东北)延伸;牧草地零星分布在各区市县的山坡上。农业用地(耕地、园地、林地、牧草地)中,耕地所占比重较大,其次是林地、园地、牧草地。海水养殖集中在沿海岸线和广阔的滩涂,水深40米以内的浅海面积有787万余亩,淡水养殖则集中在大型水库。近年来,我市耕地面积基本保持在27万公顷左右,其中庄河市、瓦房店市、普兰店市和金州区占全市耕地面积的95%以上,而甘井子区、开发区、旅顺口区及长海县的耕地面积不足全市耕地面积的5%,且呈逐年减少之势。

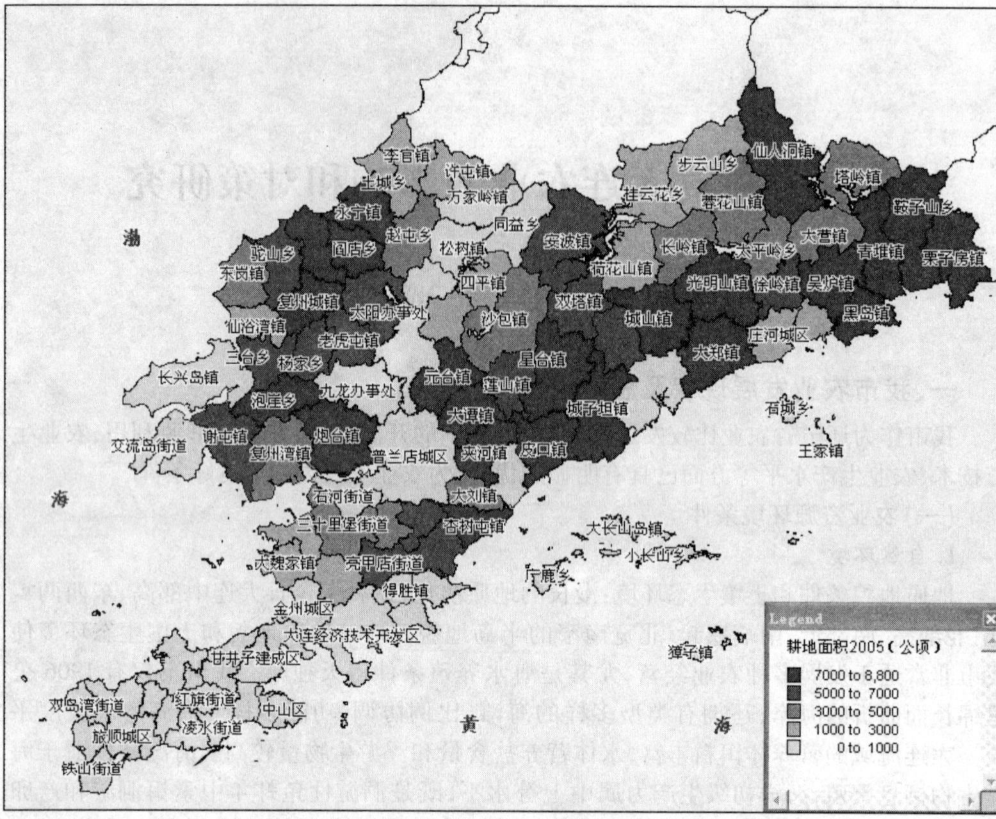

图1　大连耕地面积分布图

3. *农业劳动力*

2008年，全市农业劳动力为159.9万人，其中法定劳动年龄内劳动力144.9万人，占农业劳动力资源的91%左右。农业从业人员67.2万人，占农业劳动力资源的42%，比重最大，其次为工业和建筑业及服务业。

我市农业从业人员正呈现逐渐减少之势。随着大连城市化进程的加快、各类工业园区的建设及农村产业结构的调整等因素，从事农业生产的劳动力逐步向城镇和二、三产业转移，使得农业从业人员不断减少，二、三产业的农村从业人员逐年上升。2008年我市农业从业人员较2006年减少近3.6万人。

我市农业劳动力资源主要分布在涉农区市县的各乡镇。主要集中在庄河市、瓦房店市、普兰店市和金州区，约占全市农业劳动力资源的91%，而甘井子区、开发区、旅顺口区及长海县的农业劳动力约为全市农业劳动力资源的9%。

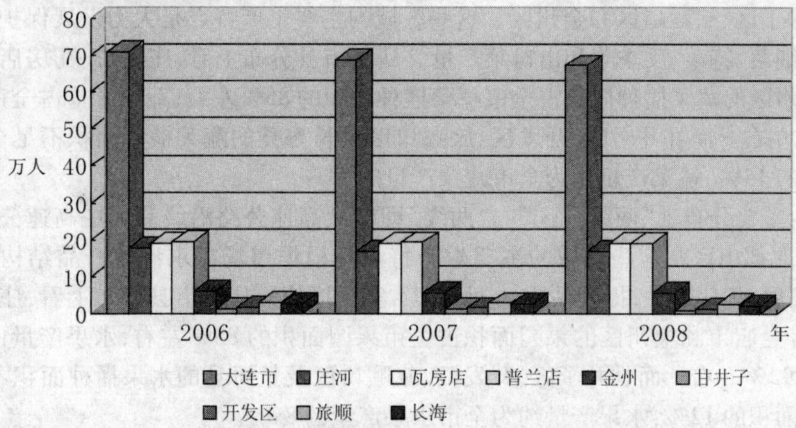

图2　我市农业从业人员变化情况

(二)农产品生产区域分布

受气候、地貌、土壤等自然条件的制约以及社会经济条件的限制,我市农业生产形成了相对稳定的生产布局结构。除粮食作物在全区分布比较普遍外,其他各类作物及各业均形成较为集中分布地域。近年来,在我市大力推进农业产业化以及市场引导、效益驱动之下,各地的资源优势得到了充分发挥,粮食、蔬菜、水果、畜牧等主导产业分布的区域化格局已经形成。

1. 主要农产品

我市农业包括种植业、养殖业、畜牧业、水产业及林业等,农产品有粮食、蔬菜、水果、畜牧产品、水产品等,水产业、畜牧业、水果业、蔬菜和花卉业已发展成为我市农业优势产业。我市农作物包括粮食作物及大豆、油料作物、棉花、药材、蔬菜、瓜类及其他作物,以粮食作物及蔬菜为主;水果主要有苹果、桃子、梨、樱桃及小浆果等;畜牧业主要有牛、猪、羊、家禽等饲养,畜牧产品有肉、蛋、奶等;水产品主要有海洋生物 3 大类 209 科 414 种,鱼、虾、贝、藻等种类繁多,资源量大,特别是海珍品在国内外享有盛誉。

2. 区域分布

粮食:主要分布于“八河一区”。“八河”即复州河、岚崮河、大沙河、碧流河、登沙河、庄河、英那河和湖里河 8 条河流域;“一区”即中部平原地区。这些区域的主要生产特点是围绕调整结构,优化品种,扩大复种,改造农田,主攻单产,增加总产,发展加工,提高效益来发展粮食产业化。从区市县分布上看,庄河市、瓦房店市、普兰店市和金州区的粮食播种面积占全市粮食作物播种面积的95%左右,粮食产量占全市粮食产量的95%左右。甘井子区、开发区、旅顺口区及长海县的粮食作物播种面积则逐年减少,不足全市粮食作物播种面积的5%,但粮食产量仍呈现稳定增长态势,约为全市粮食产量的5%。

蔬菜:主要分布于“两线三区”。“两线”即大庄高速公路沿线、瓦复公路沿线;“三区”即甘井子区、旅顺口区和金州区。这些区域的主要生产特点是大力发展保护地生产，努力增加细菜、特菜、反季菜和出口菜产量。从区市县分布上看，庄河市、瓦房店市、普兰店市和金州区的蔬菜播种面积占全市蔬菜播种面积的85%左右，蔬菜产量占全市蔬菜产量的89%左右。而甘井子区、开发区、旅顺口区及长海县的蔬菜播种面积不足全市蔬菜播种面积的15%，蔬菜产量约为全市蔬菜产量的11%。

水果：主要分布于“两线一区”。“两线”即沈大高速公路沿线和大庄高速公路沿线；“一区”即北部山区。这些区域的主要生产特点是根据市场需求调整产品结构，强化管理，稳步发展，优化品种，提高品质，扩大加工，实现增值。从区市县分布上看，庄河市、瓦房店市、普兰店市和金州区的果园面积占全市果园面积的88%左右，水果产量占全市水果产量的92%左右。而甘井子区、开发区、旅顺口区及长海县的水果播种面积不足全市水果播种面积的12%，水果产量约为全市水果产量的8%。

畜牧：主要分布于“南北两区”，即南部郊区和北部山区。这些区域的主要生产特点是稳定发展蛋鸡和生猪生产，加速发展牛、羊等草食家禽，积极改良禽畜品种，推广胚胎移植及人工授精繁育技术，加强内部管理，发展加工企业，提高经济效益。从区市县分布上看，在庄河市、瓦房店市、普兰店市和金州区，大牲畜出栏量占全市的98%，猪出栏量占全市的94%，羊出栏量占全市的95%，家禽出栏量占全市的93%；大牲畜存栏量占全市的96%，猪存栏量占全市的94%，羊存栏量占全市的97%，家禽存栏量占全市的86%。肉、蛋、奶主产区主要集中庄河市、瓦房店市、普兰店市、金州区和旅顺口区，肉类产量占全市的97%，蛋产量占全市的98%，奶产量占全市的93%。

水产品：大连市的水产品主要以海洋捕捞和海水养殖为主。海水养殖集中在沿海岸线和广阔的滩涂，淡水养殖则集中在大型水库。这些区域的主要生产特点是以海水养殖业为重点，着力抓好产业布局和品种结构调整，优势精品增产增效明显。在确定实施6个“百万工程”的同时，大力培植新的增长点，把开发杂色蛤、美洲帘蛤、赤贝（魁蚶）增养殖作为“十一五”期间渔业结构和布局调整的主攻方向，大力实施近海渔场改造和资源增殖，在鱼礁区放流人工牙鲆鱼苗和中国对虾仔虾。同时以高新技术推广和科技创新成果转化为支撑，推进水产品精深加工业发展。从区市县分布上看，长海县、庄河市、瓦房店市、旅顺口区、金州区的水产品总产量年均20万吨以上，约占全市水产品产量的70%左右。

（三）农业发展现状及主要特点

2008年，全市实现农业增加值289.1亿元，增长8.1%；全年完成现价农业总产值520.4亿元，比上年增长17%其中，农业产值133.3亿元，林业产值4.6亿元，牧业产值154.5亿元，渔业产值183.2亿元，农林牧渔服务业产值44.9亿元，分别增长14.1%、13.2%、24.5%、16.3%和5.8%。水产、畜牧、蔬菜、水果和花卉五大优势产业产值占农林牧渔业及服务业总产值的比重达81.7%。

1.主要农产品生产稳步增长

2008年,我市农作物总播种面积为34万公顷,比2005年增加了3.8%。农作物播种主要集中在庄河市、瓦房店市、普兰店市和金州区,占全市农作物总播种面积的95.7%,而甘井子区、开发区、旅顺口区及长海县的农作物总播种面积则逐年减少,约为全市农作物总播种面积的4.3%。

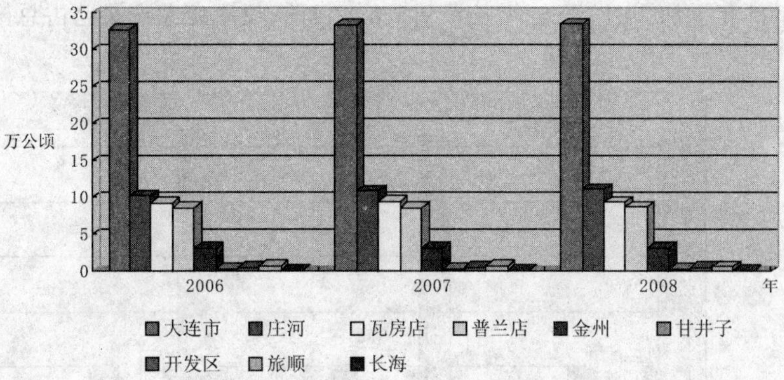

图3　我市农作物总播种面积变化情况

(1)粮食作物播种面积及产量。尽管从全国、东北三省来看,我市并非粮食主产区,但考虑到粮食是关系国计民生的重要战略物资,因此"十一五"期间,我市以增加粮食产量为重点,制订并出台了一系列支农的政策、措施,调动农民发展粮食生产的积极性,加之粮价回升和气候较好等有利因素,近年我市粮食生产实现了稳步增长。为确保粮食种植面积,我市实行了严格的耕地保护制度。2008年全市粮食作物播种面积为28.4万公顷,占农作物总播种面积的85%,比2005年增加了0.6万公顷,增长2.3%。2008年全市粮食总产量161.4万吨,比2005年增加25.8万吨,增长19.1%。

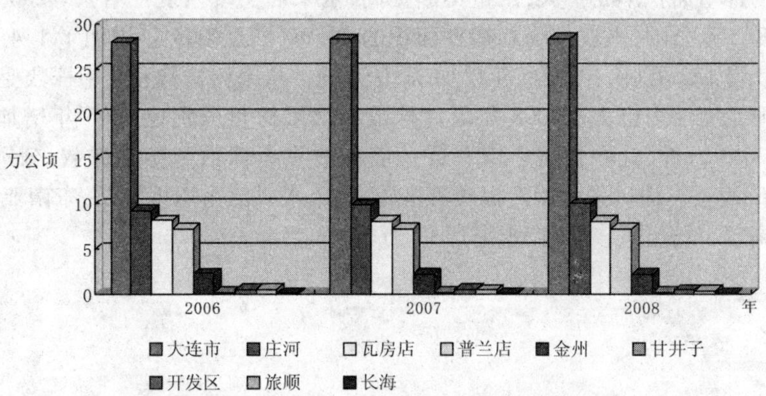

图4　我市粮食作物播种面积变化情况

(2)蔬菜种植面积及产量。蔬菜是我市农业生产优势产业。近年来,我市蔬菜种植面积呈小幅度增长趋势,蔬菜产量也因我市积极采取推广蔬菜品种选育技术、加强蔬菜保护地生产、加大设施农业建设及发展无公害蔬菜等措施使蔬菜生产集约化水平显著提高,一直保持稳定增长。2008 年全市蔬菜种植面积为 3.9 万公顷,占农作物总播种面积的 11.8%,比 2005 年增加了 0.3 万公顷,增长了 8.3%。2008 年大连市蔬菜总产量264.4 万吨,比 2005 年增加 23.8 万吨,增长了 9.9%。目前,反季蔬菜产量已占总产量的 75% 以上。

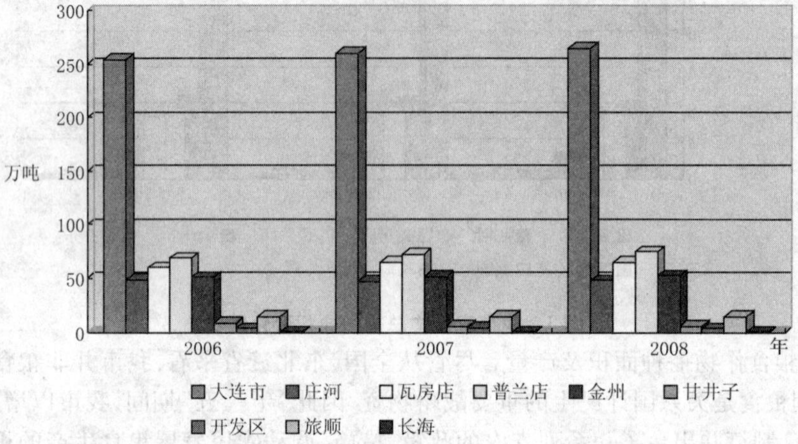

图 5 我市蔬菜产量变化情况

(3)水果种植面积及产量。水果产业是我市农业生产的重要优势产业,是中国北方主要的苹果生产基地。近年来,我市加快调整优化果业品种结构,大力发展高附加值的水果品种。35.3 万亩老残果园全部得到改造,富士苹果、黄金桃、大樱桃、小浆果等高附加值水果的种植面积不断扩大,产量不断提高,水果业实现恢复性增长。2008 年全市果园面积为 8.3 万公顷,占农作物总播种面积的 24.9%,比 2005 年增加了 1.4 万公顷;全市水果总产量 132 万吨,比 2005 年增加 33.9 万吨。从果树株数和结果株数变化上看,我市水果产业发展潜力巨大。2008 年果树株数和结果株数分别比 2005 年增加了 1669.8 万株和 1170.3 万株,其中瓦房店市和普兰店市的果树株数与结果株数,分别占全市的 58.1% 和 67.7%。通过强化增产提质等措施,我市水果已重返俄罗斯、东南亚市场,并开始向欧洲高端市场挺进,年出口水果达 11 万吨。

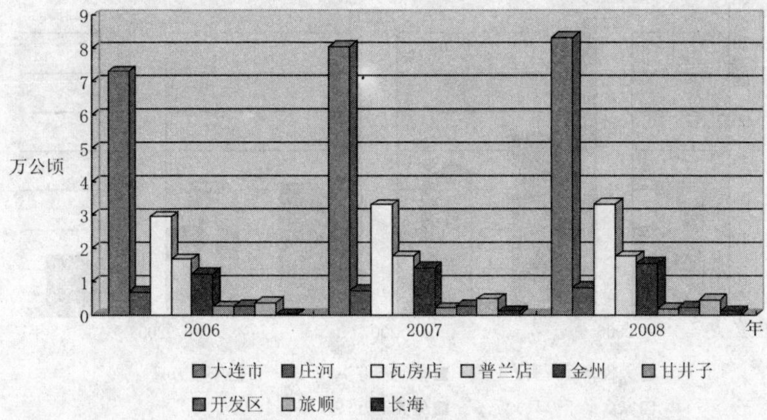

图6　我市水果种植面积变化情况

(4)畜牧业饲养量及产量。作为我市农业生产优势产业的畜牧业近年来发生了历史性变化。全市现已建成400多个畜牧饲养小区和1万多个规模饲养场,畜牧业基本实现了规模化、集约化、标准化生产。其中生猪饲养实现了由40%外购到自给有余并批量外销的根本性转变。2008年,我市大牲畜出栏量为22.7万头,比2005年增加了4.9万头,存栏量为32万头,比2005年减少了4.5万头;生猪出栏量为331.7万头,比2005年增加了5.4万头,存栏量为207.3万头,比2005年减少了42.4万头;羊的出栏量为53.6万只,比2005年增加了14.5万,存栏量为75万只,比2005年减少了14万只;家禽出栏量为10592万只,比2005年增加了462万只,存栏量为4052万只,比2005年增加了628万只;兔的出栏量为1.5万只,比2005年减少了1.2万只,存栏量为1.3万只,比2005年减少了3.9万只。

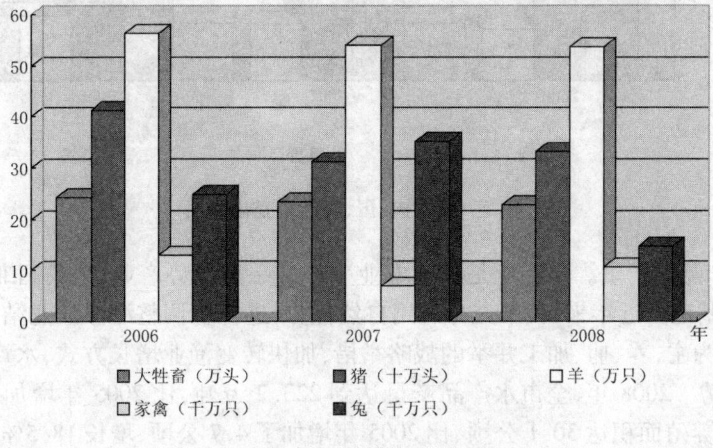

图7　我市禽畜出栏量变化情况

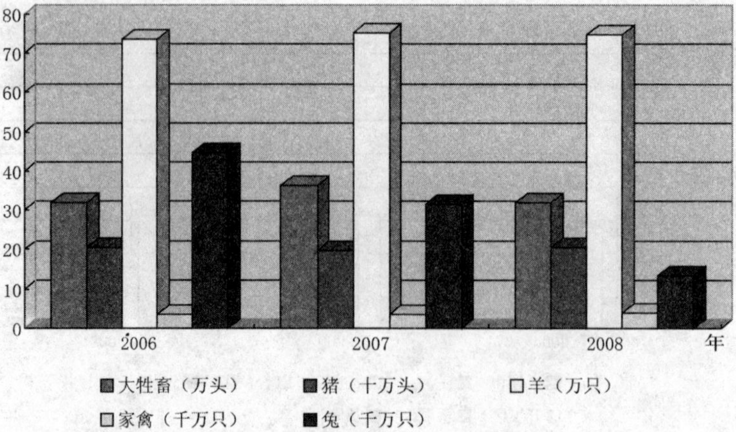

图 8　我市禽畜存栏量变化情况

近年来，我市肉蛋奶产量呈平稳增长态势，不仅满足了我市城乡居民的生活饮食需要，而且实现了批量外销（奶除外）。2008 年，肉类产量达 52.7 万吨，比 2005 年增加了 1.1 万吨；蛋产量 24.2 万吨，比 2005 年增加了 2 万吨；奶产量 15.1 万吨，比 2005 年增加了4.9万吨。

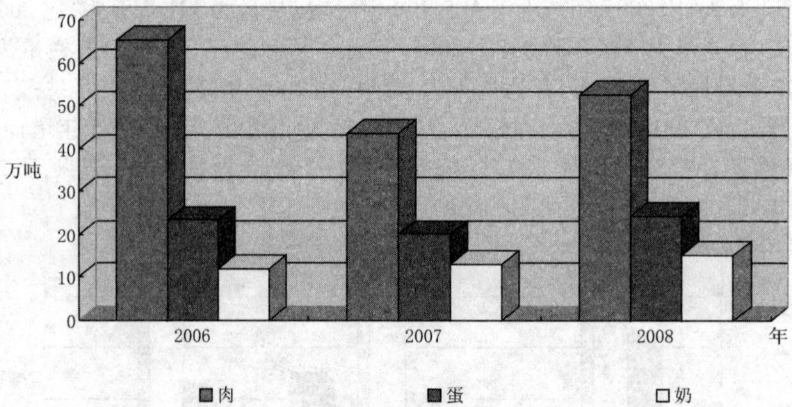

图 9　我市肉、蛋、奶产量变化情况

（5）水产品总产量。水产业是我市农业生产又一大优势产业，是我国北方重要的海洋渔业生产基地。近年来，我市充分利用自然优势，进一步调整海洋渔业结构和布局，实施以养（增）为主，养、捕、加工并举的战略举措，加快转变渔业增长方式，水产品总产量呈平稳增长态势。2008 年，全市水产品产量达到 223.2 万吨，比 2005 年增加了 3.2 万吨，增长 1.5%；养殖面积达 30.1 公顷，比 2005 年增加了 4.7 公顷，增长 18.5%。

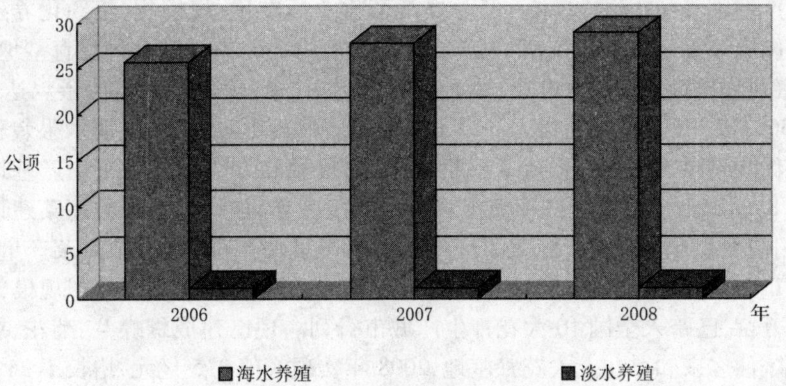

图 10　我市水产养殖面积变化情况

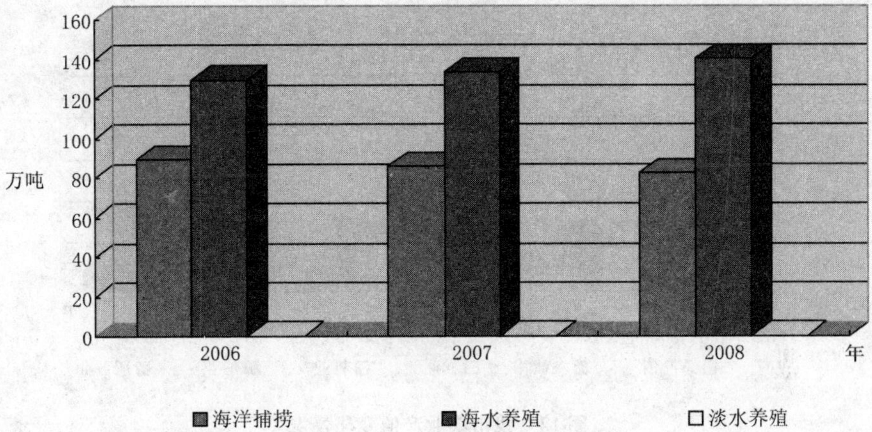

图 11　我市水产养殖产量变化情况

2. 农业产业结构不断优化

党的十一届三中全会至今，我市农业结构发生了重大变化。长期以种植业为主，且种植业又以粮食为主的单一农业结构被彻底打破，一种开放型且农、林、牧、副、渔全面发展的农业结构已经形成，并正朝着优化合理的方向发展。

农业产业结构调整的过程，实质上是资源优化配置的过程。近年来，我市立足本地资源，注重发挥区域优势，不断调整优化农业结构，以国际国内两个市场为导向，在稳定粮食总产量的前提下，积极做大做强水产、畜牧、水果、蔬菜、花卉五大优势特色产业。全力推进渔业“六个百万工程”建设，大幅度提高优势品种养殖面积和产量。全市发展滩涂贝类增养殖面积 105 万亩、海参底播增殖和港池养殖 109 万亩、虾夷扇贝底播增殖 110 万亩、魁蚶底播增殖 101 万亩、陆地工厂化养殖 115 万平方米、水产品精深加工量 105 万吨，新发展水产健康养殖小区 79 家。努力提高畜牧业标准化、规模化、集约化养殖水平,重点实施了国家级无规定动物疫病示范区、标准化规模饲养小区和良种繁育基地三大项目建设,共兴建规模饲养小区 750 个,良种繁育基地 30 个,规模化饲养肉蛋鸡达到 95% 以上、生猪 50% 以上、牛羊 30% 以上。以水果提质增效为中心,加大优质水果栽种面积,创建标准化优质果园 50 万亩,形成了一批苹果、大樱桃和专用加工水果生产基地,优质水果率达到 85% 以上。蔬菜生产积极推进耕作制度改革,加快推进设施蔬菜建设,新发展蔬菜、食用菌面积 68 万亩,设施蔬菜产量已占总产量的 87%,反季节蔬菜产量占蔬菜总产量的比重由"九五"时期的 50% 上升到 75% 以上。不断扩大花卉生产规模,花卉面积达到 8.1 万亩,已跨入全国 10 大花卉生产城市行列。现已建成蝴蝶兰、菊花、东方百合、兰花、红掌、仙客来和草花七大花卉基地,2008 年实现产值 3.5 亿元,增长了 25%。

经过不断调整发展,农业综合生产能力大幅度提高。2008 年,农业、林业、牧业、渔业及服务业的产业结构比例由 2005 年的 25.8∶1.1∶18.4∶43∶11.7 调整为 28.5∶0.8∶20.6∶40.2∶10。

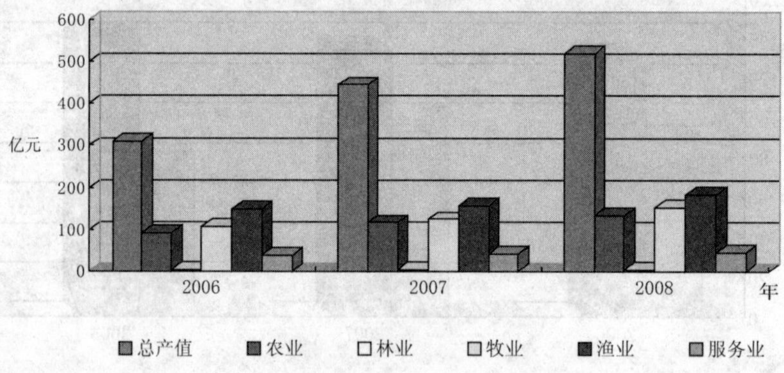

图 12　我市农业产值变化情况

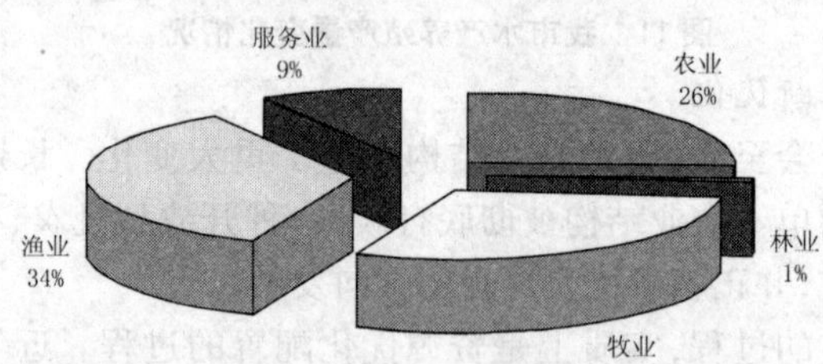

图 13　2008 年我市农业生产五大优势产业产值比例

3. 农业产业化程度持续提升

近年来,我市按照"扶优、扶大、扶强"的原则,大力扶持发展农业龙头企业和农民专业合作组织,积极推进农业产业化经营,不断提高农民组织化程度,加速农业增长方式的转变。完善"公司+合作经济组织+基地+农户"的利益联结机制,构建农业产业化经营体系。目前,全市规模以上农业龙头企业达到595家,其中国家级龙头企业达到14家,位居全国15个副省级城市前列;省级龙头企业达到65家,占全省总数的四分之一。农产品加工能力和储藏能力分别达到679万吨和93.5万吨,分别占农产品总产量的77.7%和10.6%。农民专业合作组织现已发展到828家,农民经纪人大户发展到1090户,带动全市80多万农户进入农业产业化链条,90%的农田有稳定的订单,有效地带动了农产品销售和农民增收致富,农民人均纯收入中1/3以上来自于农业产业化经营。农业产业化基地建设稳步推进,规划启动了普兰店市兴唐线特色农业产业带和庄河市蓝莓、板栗基地建设。同时,围绕优势特色产业,大力扶持"一村一品"专业村和标准化示范区建设,扶持发展"一村一品"专业村141个,建设标准化示范区213个。新增省级现代农业示范基地6家,总数达到56家。

4. 农业科技支撑作用日益增强

我市始终把推进科技进步放在重要位置上,不断提高农业科技含量。近年来,全市持续实施绿色证书工程、万名农民上网工程,大力开展农村劳动力技能培训,每年培训农民50万人次,全面提高了农村劳动力整体素质。以科技之冬和科技之春为载体,扎实开展春耕生产服务大集等助农活动,组织农业专家深入田间地头搞好技术服务。大力引进推广新品种、新技术,从国内外引进种猪、奶牛、山羊、水果、蔬菜、花卉等优良新品种和先进技术,到2008年共引进国内外优良品种2242个,全市农业优良品种率提高到95%以上,推广农业新技术、新设备百余项,农业科技推广率达到60%以上。抓好重大农业实用技术的推广应用,重点推广了测土配方施肥、赤眼蜂防虫、种子磁化、声波助长、水果套袋、畜牧良繁技术、节水灌溉、海参健康养殖等"十大"农业增产增效技术,直接增加农民收入15亿元。完善农业技术推广体系,建立"三员"进村制度(以行政村为单位,每个村都设立1名农民技术员、1名动物防疫员、1名林业护林员)。加强农业信息化建设,"农信直通"应用系统开通并试运行,新建村级信息示范点100个,村信息服务点覆盖率达到85%。"121"现代化农业科技园区建设迈出新步伐,到2008年年底,市、县、乡三级园区已达136个,面积100万亩,占全市耕地面积的1/4。

5. 农产品质量安全体系日趋健全

我市始终高度注重加强农产品质量安全体系建设,现已建成市、县、乡三级农产品质量安全检测网络,并在东北率先实行了农产品的产地准出和市场准入制度。同时,作为农业部首批农产品质量安全监管试点城市之一,我市在农产品质量安全条码追溯,尤其是蔬菜质量安全追溯方面进行了有益探索,并于2007年3月开通了"大连市农产品质量安全可追溯查询系统"。2008年,农业部3次定点监测结果,我市蔬菜药残检测合格率达到97%。全市创建标准化示范区213个、农产品出口基地53个。认定无公害农产品产地323处,认证无公害农产品428个、绿色食品224个、有机农产品58个。建成市级农产品质量安全监测中心和8个县级农产品质量安全检测站,在重点产区建立了70多个农产品质量安全检测点。率先在东北地区实行了市场准入制度,入市农产品检测合格率已达到95%以上。在工商部门注册的农产品品牌419个,其中中国名牌产品2个、中国名牌农产品7个、省名牌产品36个、市名牌产品29个,获中国驰名商标3个、中国地理标志产品2个。现代农业标准体系的建立健全,不仅保证了市民的食品安全,同时提高了大连农产品在国内外市场上的竞争能力。

6. 外向型农业快速发展

我市农业生产已由自给自足向对外开放转变。通过扩大农业对外开放,我市大力发展外向型农业,不断提高农产品的国际竞争力。目前,我市农业外资企业已发展到1500多家,获国际质量标准认证企业181个,具有直接进出口权的农产品生产加工企业500多家,其中出口额超过百万美元企业200多家,农产品出口到140多个国家和地区。2008年,我市农产品出口贸易额达到21.5亿美元,比上年增长20%;全市农业实际利用外资达到1亿美元,增长11%。通过引进国外的资金和先进技术,提高了我市农业现代化装备水平和管理水平,加速了促进我市农业结构的调整和优化,有效地提高了农产品的质量,大大提升了农产品国际竞争力,扩大了农产品出口,实现了较好的经济效益。

7. 农业发展的保障机制日臻完善

我市不断加大政策扶持力度,逐步制定完善强农惠农政策。仅近几年就先后出台了20多个含金量高、可操作性强的政策性文件,2008年又修订完善了29个支农政策性文件,内容从扶持优势产业到发展设施农业,从改善生态环境到农田水利建设,从加强扶贫开发到提高农民生活,从农业产业化到农业信息化,涵盖了全市农业、林业、渔业、水利及民生建设各个方面,形成了较为全面的支农惠农政策体系框架。市财政支持"三农"资金以年均30%以上的速度递增,均高于同期市级财政收入增长水平。2008年市本级支农资金达到12.13亿元,比上年增长23.9%。发放粮食综合直补、良种补贴和农机购置补贴资金达31069万元,比上年增长45.3%。强农惠农政策的落实,为促进我市农业发展构建了有力的政策保障机制。

8. 农业基础设施建设逐步加强

近年来,我市按照建设生态文明的要求积极发展循环农业、生态农业、节约型农业,加强了以水源工程、节水灌溉和水土流失综合治理为主要内容的农田水利建设。到2008年,建设农村畜饮水工程970项,解决了70万人饮水安全问题,农村实现由解决饮水困难向饮水安全转变;建设集雨工程133项,总集雨面积180平方公里;新建各类水源工程4774项,年蓄调能力7231万立方米;建成农业园区节水灌溉自动化控制工程43个,增加灌溉面积72.3万亩,灌溉用水利用率达85%以上。我市成为全省唯一连续18年获得省"大禹杯"奖城市。大力实施退耕还林、绿色屏障、绿色通道、封山育林、生态林建设等林业五大生态绿化工程,累计完成造林面积270.5万亩,植树6.03亿株,森林覆盖率由2000年的38.1%提高到48.7%,有6个区市县进入全国"造林绿化百佳县"行列。扎实推进农村能源建设,共兴建"四位一体"和"一池三改"户用沼气工程2.2万户,建设大型综合利用沼气工程135处、生物质气化工程5处。农业机械化水平不断提高,新增联合收割机、拖拉机等大中型农业机械2416台,农机总动力达到315.2万千瓦,增长2.6%,全市农业机械化耕种收综合水平达到55%。农村路网建设加快,新建和扩建旅顺北路、大庄公路西段、海皮路三期、西部永青路以及庄河港、长兴岛港等一批农村交通干线和对外港口项目,全面开工建设大连滨海公路,2008年新建农村公路351公里,解决了3307个自然村出行难问题。基本实现了"村村通油路"的规划目标,初步形成便捷、快速的农村交通网络体系。

(四)农业发展存在的主要问题

我市正处于由传统农业向现代农业转变的过程,面临着许多困难和矛盾:

1.发展现代农业的投入大与农业比较效益低的矛盾

农业大县、工业小县、财政穷县是我市农业地区的基本特点。农业县区既要保人员工资,又要解决一些必需的社会发展问题,无力增加对发展现代农业的投入。农业生产资料价格上涨导致农业生产成本加大,同时受农产品价格不稳定的影响,农业比较效益下降,难以吸引资金投向农业;社会上的资金多数投入二、三产业,这是制约现代农业发展的根本原因。

2.发展现代农业与规模化不足的矛盾

我市农户土地规模小,农业生产还是以一家一户传统小农式经营为主,规模小、效益低。农民经营分散、组织化程度低、抵御自然和市场风险的能力较弱,支柱产业和主导产品未能形成规模效应,与现代农业规模化、集约化的要求仍有一定差距。

3.发展现代农业与产业化程度不高的矛盾

农村龙头企业大多数是通过乡镇企业和个体私营企业改制发展起来的,生产经营方式落后,管理水平较低,技术创新能力、市场开拓能力差,利用资本市场进行扩张的能力较弱,大部分企业仅能应用常规技术进行农产品的初级加工,科技含量和产品附加值均不高。农民合作经济组织仍处于初级阶段,还存在着规模偏小、组织化程度不高、运作不规范等问题,使其很难在企业和农户之间很好地发挥桥梁和纽带作用,许多专业协会保留着官办性质,企业参与度低,功能单一,缺乏必要的调控手段。产业化实体运行不规范,龙头企业、专业合作社与农民的利益联结机制不够完善,带动农民进入市场能力还不强等等,都严重影响着农业产业化进程。

4.发展现代农业与社会化服务体系不健全的矛盾

由于体制原因,县乡农技推广机构"线断、网破、人散"的局面普遍存在,农业技术推广部门的技术人员部分流失,技术人员存在着非农业化、专业化,且严重缺乏推广经费;现有的技术人员推广手段和推广方法落后,在推广农业技术上,只限于举办一些季节性技术培训,发放一些技术资料,无法开展新技术推广、指导服务工作,根本不能适用当前农业发展的需要,公益性服务职能被弱化,先进适用技术得不到推广普及,科技成果转化渠道不畅。农民经纪人组织发展缓慢,农民与市场缺乏桥梁与纽带,难以形成多环节的利益共同体。

5. 发展现代农业与目前农民素质较低的矛盾

目前,农村劳动力就业结构发生了重大变化,突出表现为农村青壮年劳动力外出打工不断增多,从事农业生产的绝大多数是老人、妇女和未成年人,农业劳动力的素质状况远不适应发展现代农业的需要。农民的科技意识淡薄,对新品种、新技术了解得不多,应用积极性不高。产品标准意识、品牌意识和科技含量有待进一步提高。还有不少企业和农户存在重数量轻质量的现象,缺乏走向国际、国内市场的竞争力。自动化、机械化、智能化、环境调控等现代高新技术滞后,难以适应现代农业的要求。

6. 发展现代农业与目前农业基础设施薄弱的矛盾

农业基础设施薄弱,抵御自然灾害能力较差。设施农业比重偏小,建设标准不高;水利工程配套不足,高产稳产田数量相对较少,农业基础设施抵御突发性、强灾害能力还不强。

二、金融危机对农业影响分析

席卷全球的金融危机在对全球经济造成严重冲击的同时,也不可避免地对世界农业产生较大影响。

一般而言,金融危机对农业的影响有一定的滞后性。因为当今世界金融财富体系表现为一个金字塔:在金字塔的底层是实物生产及其产品;其上是商品及真实服务与贸易;再往上是复杂的债务工具(包括股票、通货、商品期货等);最后,在金字塔的顶层是衍生期货以及其他虚拟资本(实物期权和外汇交易等)。金融风暴的影响从金字塔的顶部开始,慢慢往下渗透,农业在金字塔的最底层,从顶端传递到农业需要一个过程。当然,理论上讲,当危机过去,经济开始复苏,农业的恢复也可能尚需一段时间。

此次国际金融危机爆发后,全球资金融通链条断裂、流动性短缺和信贷紧缩导致国际金融危机迅速蔓延至实体经济领域,进而导致包括我国在内的世界主要经济体经济增速明显放缓。当前,金融危机已开始直接冲击农业,对世界农业、中国农业以及大连农业都造成了不可忽视的严重影响。

(一)对世界农业的影响

金融危机对世界农业的影响具体表现在世界农业生产、农产品消费以及农产品贸易三方面。

1. 对农业生产的影响

第一,受金融危机影响,世界一些重要粮食生产国如美国、巴西、阿根廷以及东南亚国家等出现信贷紧缩。粮食生产者在获得生产所需的资金和贷款方面面临困难,直接影响下一年度世界粮食作物的种植面积和产量。

第二,对市场悲观的预期导致粮食期货价格不断下跌,2008 年年底以及 2009 年年初国际期货市场上的大豆、玉米以及小麦等价格大幅下跌,有的甚至连续跌停。这一势态极大地打击了投资者的信心,对农业生产造成不利影响。

第三,各国的实体经济在此次金融危机中受到较大打击,各国经济增速放缓,有的甚至陷入衰退,直接导致各国财政收入减少,致使农业投资力度降低。同时,各国为了尽早地从经济衰退的泥潭中走出来,不约而同地采取了大规模救市行为,占用了大量资金,这也在一定程度上挤占了对农业的投资,进而影响农业生产的发展。

2. 对农产品消费的影响

农产品的消费需求主要包括食物需求、饲料需求和工业需求。在这三种需求中,食物和饲料需求刚性较强,波动较小,工业需求弹性较强,波动较大。以谷物为例,世界口粮和饲料的消费增长相对缓慢,2008 年 ~2009 年年度全球粮食需求和饲料需求仅分别比 2007 年 ~2008 年年度增长 1.3% 和 2.0%,而工业消费增长了 11.8%。但金融危机背景下,粮食和饲料需求刚性发生了改变。这主要是因为金融危机使世界经济陷入衰退,失业人口大幅增加,居民收入大幅下降,食物需求和饲料需求都大幅下降,全球粮食需求出现大幅波动。据统计,在严峻经济形势和粮食危机的双重作用下,2008 年全球饥民人数增加了约 1 亿,2009 年全世界面临饥饿威胁的人口总数预计将达到 10.2 亿;工业需求弹性大,增加和减少的速度快,波动比较剧烈。金融危机爆发后世界各国的农产品深加工企业都遭受重创,导致农产品工业消费需求急剧萎缩。世界农产品消费量随着食物需求、饲料需求和工业需求的同步下降而大幅下降。

3. 对农产品贸易的影响

首先,金融危机直接导致农产品国际贸易量的大幅下降。一方面,金融危机导致各国消费者消费能力降低,农产品国际贸易量随之减少;另一方面,对于未来消费市场的信息不足和悲观预期,导致经销商为降低经营风险大幅降低库存,导致农产品国际贸易量下降。以谷物为例,根据美国农业部 2008 年 11 月份发布的《全球农产品供求预测》,2008 年 ~2009 年谷物的总出口为 2.64 亿吨,比上年减少 500 万吨。

其次,金融危机导致贸易保护主义抬头。在金融危机条件下,面对国际市场刚性需求的下降,各国政府普遍将经济复苏寄希望于本国消费市场的提振,希望通过本国消费消化掉国际贸易下降造成的过剩产能。为此,一些国家加强了贸易保护,对进口的农产品设置各种新型贸易壁垒。据商务部调查,我国 90% 的农业及食品出口企业受国外技术性贸易壁垒影响,每年损失约 90 亿美元。国外实施的技术性贸易壁垒已成为制约我国农产品出口的最大障碍。

(二)对中国农业的影响

伴随着金融危机从国际向国内、从虚拟经济向实体经济、从外向型产业向其他产业的传导,我国农业受到的冲击也不断加深,已从市场流通领域向生产加工领域、从出口农产品向整个农产品蔓延。

值得注意的是,此次国际金融危机对我国农业和农村经济产生的影响是在一个全新背景下发生的,即我国与世界、我国农业与世界农业联系越来越紧密的全球化背景,农业与国民经济联系越来越紧密的市场化背景,农村与城市联系越来越紧密的统筹城乡背景,以及区域间联系越来越紧密的分工协作背景。在这样的背景下,全球金融危机对我国农业的影响主要表现在以下几方面：

1. 农产品出口受阻

在国际金融危机持续蔓延、世界经济增长明显减速、我国经济增长放缓等因素作用下，我国农产品出口明显受阻。2008年我国农产品出口金额为405亿美元，比上年增长9.8%，增速回落8.2个百分点。2008年我国农业实际出口数量降幅超过20%，其中11月、12月降幅超过30%。2008年农产品一般贸易出口310.6亿美元，增长11%，而加工贸易出口77亿美元，仅增长1.9%，较上年回落11.6个百分点，成为重灾区。2009年1至4月，我国农产品出口累计金额116.2亿美元，同比下降9.3%。全国许多省份的农产品出口出现了“量价齐跌”的局面。

2. 农产品价格全面下行

2008年9月份后，我国多数农产品价格由前期持续上涨转为掉头下行。2009年上半年价格下行压力进一步加大。2009年2月的稻谷、玉米价格分别比2008年9月份下降了5.1%和11.5%，鲜活农产品价格在春节后出现连续三周下跌，猪肉价格较2008年2月最高时下降了21.1%。

3. 乡镇企业和农产品加工企业生产经营窘困

国际金融危机爆发以后，许多中小乡镇企业和农产品加工企业面临生产经营困难，出现资金短缺，订单减少，开工不足，效益下滑。东部沿海地区外向型乡镇企业受到的影响最为明显。尤其是面向欧美市场的乡镇企业，订单的金额和出口交货值的增长幅度，均从2008年下半年开始急剧下滑。2008年全国的乡镇企业的出口交货值为34900亿元，比上年增长11.4%，增速回落了7.46个百分点。

4. 农民外出务工形势严峻

国际金融危机对我国实体经济造成巨大冲击，大量以劳动密集型为主的加工贸易企业倒闭，导致以此为主要就业目标的农民工成为金融危机中受冲击最早、规模最大的群体，直接影响到已成为农民收入重要来源的工资性收入。据统计，2008年年末中国1.32亿农民工有2000万人因金融危机失业返乡。

三、金融危机对我市农业的影响及启示

（一）基本判断

全球金融危机对我市农业的影响可以概括为：总体平稳，局部重灾，“危”、“机”并存，利弊互现。

总体平稳——我市农业发展总体上较为稳定，农民收入稳步增长；

局部重灾——我市出口型农产品的生产、销售受金融危机影响明显，成为金融危机的重灾区；

危、机并存——此次金融危机在给我市农业带来较为明显的不利影响的同时，国家连续出台的强农惠农政策也为我市化解危机、破解三农难题、调整农业结构提供了难得机遇；

利弊互现——虽然金融危机对我市农业造成了一些冲击,甚至使一些涉农企业难以为继,但这也促使我们从全球化和全域城市化视觉重新审视我市农业发展方向,认清农业发展中的深层矛盾与和突出问题,更好地发挥比较优势,推动我市农业又好又快发展。

(二)不利影响

金融危机对我市农业造成的不利影响主要表现在以下几方面:

1. 农产品出口量价齐跌

金融危机爆发以来我市出口农产品价格不断下降,出口总量急速下滑。2008 年下半年我市水果、蔬菜出口同比下降近 40%,花卉出口下降近 50%。2009 年上半年虽略有回升,但同比降幅明显。农产品出口价格持续下降。2008 年下半年以来,海参、海带出口价格下降近 20%,生猪、鸡肉价格同比下降 40%,其他水海产品、畜产品、水果等价格也出现不同程度下降。

2. 农产品加工企业经营困难

我市农产品加工出口企业数量较多、规模较大,从业人员为数较多。金融危机爆发以来,受到国际出口风险高和国内用工成本高的内外夹击,许多企业出现订单大幅下降、库存大量积压、效益直线下滑的状况,导致 2009 年年初我市 90% 的农产品加工企业处于停工状态,十余万从业人员失业。以我市几个大型的农产品出口加工企业为例,普兰店市海丰食品 2009 年上半年出口同比下降 90%,订单大幅下降,库存大量积压,货款拖欠款问题严重,资金链一度濒临断裂;龙城食品有限公司的肉鸡出口量在高峰期每月能超过 80 个货柜,2009 年上半年滑落到每月只有 10 个货柜左右;大连辉煌世纪农业开发有限公司往年出口 4 万吨左右,2008 年签订订单 5 万吨,但实际出口不到 1 万吨,2009 年上半年同比又下降 60%,而且出口价格也呈下降趋势;迪利食品、华联食品、大成食品、理想食品等我市出口型农产品加工龙头企业,2009 年上半年出口同比分别下降 70%、65%、75%、30%。由于农产品出口难、货款回笼慢,农产品加工企业普遍资金紧张,而企业抵押物评估值低,有的资产甚至不能抵押,众多农产品出口企业面临前所未有的融资难题。

3. 农民增收难度加大

受金融危机影响,2009 年上半年我市农民工资性收入和生产经营性收入增幅同比大幅下降。导致我市农民增收难度加大的主要原因有以下几个方面:一是大量农民工失业。受金融危机影响,很多出口加工型企业生产经营出现困难,不得不大幅裁员,导致大量农民工失业。尤其是从事建筑、装修等房屋建设方面工作的农民工不仅遭遇失业,而且因 2008 年下半年房地产行业进入低迷状态,销售冷清,资金紧缺,导致工资难以兑现。二是农产品出口萎缩导致部分农产品需求减少、价格走低。随着农产品加工企业经营出现困难,企业为了转嫁风险,大幅降低收购价格,使农民生产经营性收入大幅下降。以草莓为例,2009 年原料草莓价格比 2008 年降低了 37.5%。尽管如此,农民仍很难接到企业的订单,严重挫伤了农民的生产积极性,农产品加工业的产业链条面临断裂危险。三是财产性收入主要取决于农民出租土地和房屋的使用权,随着农产品价格的走低,这部分收入也随之下降。

4. 土地流转政策难以有效实施

土地流转政策能否有效实施,关键在于农村剩余劳动力能否顺利转移。目前,大连市农村剩余劳动力转移人数已占到总农村劳动力人数的51.5%,而且转移出去的劳动力近40%从事制造业。因此,制造业因金融危机出现不景气、部分中小企业倒闭破产势必要影响到农村剩余劳动力的转移,进而影响到土地流转政策的有效实施,影响我市农业产业化、规模化、集约化进程。

5. 农村社会和谐稳定受到影响

在金融危机的冲击下,大量中小企业的倒闭将使大批农民工返乡并滞留在农村。由于这些常年在外打工的农民早已习惯了城镇的工作和生活,已不适应农业生产和农村生活,而且对于那些已经将土地承包出去的农民工及其家庭来说,即使希望回乡种田,也因承包期未到而无地可种,无法从事农业生产,结果多数返乡并滞留在农村的农民工无所事事,成为闲置人员,长此以往势必危及农村社会的和谐稳定。

(三)有利因素

金融危机在给我市农业发展带来诸多困难和严峻挑战的同时,也给我们带来了一些有利因素,提供了一定的发展机遇,主要表现在:

1. 国家惠农政策强力出台

为应对国际金融危机,中央于2008年年底及时启动了4万亿元扩大内需的投资计划。在投资计划中,直接用于农村民生工程和农村基础设施3700亿元,有关农业及农业相关产业合计约占8000亿人民币。特别是增加各类农业补贴和提高粮食最低收购价格政策,极大地保护和调动了农民生产积极性。不仅如此,2009年9月中国社会科学院人口与劳动经济研究所发布《人口与劳动绿皮书(2009)》称,根据测算,4万亿投资计划将可拉动9239万人就业。其中,农业就业数量最多,为3805万人;建筑业为1674万人;制造业为1176万人。

2. 非农产业资本向农业转移趋势显现

农业作为国民经济中的基础性产业,相对于第二、三产业而言,遭受世界性金融危机影响的时间较晚,受到的冲击程度相对较小,这使农业在经济危机时期成了资本的天然避风港。因此,在金融危机背景下相对保持生机的农业,必将成为投资的一个新热点。可以预见,工商资本向农业趋势将指日可待。

3. 农业产业结构调整机遇呈现

在此次金融危机中,虽然我市农产品出口遭受较大影响,但是内销产品却保持了平稳较快增长。我市可以借此认真总结金融危机爆发以来的经验教训,积极调整营销策略和种养结构,推进农业标准化、规模化、高效化建设,提高农产品的安全质量水平,进一步增强我市农产品竞争力,扩大优势农产品市场占有率,努力化"危"为"机"。

4. 生产要素价格下降

2009年上半年,煤、电、油等原材料价格呈下降走势,国产尿素、进口尿素等生产资料价格分别环比下降 9.46% 和 7.1%，饲料价格同比下降 7%，这对降低农业生产成本，促进农民生产投入，稳定农业生产具有积极意义。同时，用工成本有所降低，而出口退税、增值税转型改革等政策，更是直接减轻了企业负担，为企业渡过难关提供了基本保障。

5. 信贷资金对农业生产支持力度加大

农业银行和农业发展银行积极提供信贷资金支持春耕生产、农业产业化龙头企业以及农业基础设施建设。2009 年以来，农业银行把支持农田水利基本建设和农村基础设施建设作为扶持重点，贷款 2407 亿元扶持春耕抗旱、农村饮水安全、灌区节水改造、清洁能源产业发展、河道综合治理等项目。

（四）优势产业影响情况分析

花卉、水产、畜牧、蔬菜、水果是我市农业发展的五大优势产业，在此次金融危机中皆遭受到不同程度的影响。

1. 花卉业

受金融危机影响，我市花卉出口严重受阻。往年冬季是我市花卉销售旺季，但从 2008 年 9 月中旬开始，国际花卉市场出现量价齐跌现象，全市很多出口型花卉企业处于出口滞销状态。据统计，2008 年第三季度以来，全市花卉出口订单数量下降了 30% ~50%，花卉出口价格下滑。由于出口无利可图，一些花卉生产企业开始转而开拓国内市场。大连菊兰园花卉有限公司是全国最大的蝴蝶兰生产基地，产品 60% 出口日本、奥地利等国，主打白色蝴蝶兰。金融危机爆发后，对日白色蝴蝶兰出口全军覆没，企业被迫转向国内市场，但由于受传统风俗习惯的影响，白色蝴蝶兰国内市场举步维艰，价格大幅下挫。

2. 水产业

金融危机爆发以来，我市水产品加工出口遭受严重冲击，出口量价大幅下降。2009 年 1、2 月份全市水产品出口额下降近 20%，3 至 6 月份虽略有回升，但同比依然处于负增长中。水产企业产品出口量较上年同期明显下降，全年订单大幅度减少。同时货款回笼困难，致使大部分企业呈半停产或停产状态。水产品价格也出现大幅下滑。海参价格出现自 2002 年后的首次下降，平均降幅达 25%，海带价格也平均下降近 20%，除冻鱼片外的其他海产品价格皆出现不同程度的下降。

3. 畜牧业

受金融危机蔓延传递、畜产品安全事件发生、消费预期需求不旺、动物疫情不断发生等诸多因素影响，畜牧业发展形势严峻。此次金融危机正值主要畜产品从生产周期的低谷期恢复到上升期，畜禽生产量和价格逼近此轮上升通道的顶峰。金融危机的爆发，直接影响社会就业和工资收入，居民对畜产品的购买力下降，畜产品需求减少，供需矛盾加剧，导致畜产品价格下滑和生产效益的降低。据统计，2009 年上半年牛奶价格同比下降 45%，猪肉价格同比下降 21%。畜禽养殖效益除牛羊比较稳定以外，生猪 100 元/头左右，奶牛 3000 元/头左右，鸡蛋 0.5 元/千克，肉鸡、蛋鸭、肉鸭分别为 1 元/只、5 元/只和 1 元/只左右，同比皆有较大幅度下降，部分规模小、管理差的饲养企业及没有订单的散养户甚至出现亏损。

4. 蔬菜业

金融危机对我市蔬菜产业发展影响不大。一是2009年我市蔬菜播种面积基本与2008年持平,设施农业面积稳步增长;二是蔬菜经济效益显著提升。我市鲜食蔬菜以国内销售为主(占总产量的95%以上),金融危机爆发以后,我国城乡居民虽然压缩了部分消费,但对于日常生活必需的新鲜蔬菜消费影响不大,目前许多蔬菜品种的价格均高于2008年同期,部分蔬菜品种低于2008年,主要是因为正常市场供求调节问题,与金融危机关系不大。

5. 水果业

我市水果生产总体上比较平稳,尤其是鲜食果品出现购销两旺的态势。受金融危机影响较大的是水果加工,尤其是榨汁苹果和部分罐头制品原料果品。榨汁苹果为例,榨汁苹果由2008年1.5元/公斤下降到0.24元/公斤。由于金融危机的影响,我市果品经纪人为了规避风险,不敢放开收购贮藏。据不完全统计,2008年年底全市水果贮藏量仅6.18万吨,不到可贮量的19.1%。

(五)今后影响预测

国际金融危机爆发已经一年有余。在金融危机爆发后,各国政府积极应对,经过不懈努力,全球经济已经有触底反弹的迹象。我国经济更是显现出强劲的反弹势头。国务院总理温家宝在2009年9月召开的大连夏季达沃斯论坛开幕式上宣布:"我们遏制住了经济增速下滑趋势,上半年国内生产总值(GDP)增速达到7.1%。"

但是,我们也应看到,我国的经济增长主要依靠政府投资(目前我国经济投资拉动已超过80%),困扰我国经济增长的出口和消费问题在短时间内依然难以解决。如果2010年外部经济环境没有得到大的改善,随着投资拉动的力量消耗殆尽,我国经济很有可能重新陷入困境,即所谓的"M"形经济发展曲线。因此我们认为,目前我国经济曙光乍现但根基并不稳固。

基于上述判断,预计今后一段时间受我市农业将呈现如下发展趋势:

1. 农产品进出口贸易"喜忧参半"

"忧"的是我市农产品出口的外部环境将更加严峻。第一,国际贸易环境将进一步恶化。在世界经济缓慢复苏的条件下,各国都会把出口作为拉动经济的主要力量,并尽可能地减小进口对本国经济的冲击。最近发生的"中美轮胎特保案"即是例证。可以预见,金融危机之下的农产品国际贸易形势将非常严峻,欧盟、日本等主要贸易伙伴很可能会对中国出口农产品加倍设限,备受安全问题困扰的中国农产品将更难获得国际社会认可。第二,今后一段时期人民币升值压力将会不断增大。人民币升值将会导致利润空间缩小,长期出口订单难以签订,这对我市农产品出口加工企业将形成巨大压力。第三,随着美国、欧盟失业率居高不下,储蓄率的不断提高,人均可支配收入将不断下降,消费者的消费能力以及消费习惯将发生改变,影响我市农产品出口。

“喜”的是我市农产品出口将逐步复苏。尽管形势依然严峻,但我们也应看到前一段时期出口的下降有很大一部分原因是由于金融危机造成经销商的资金运转困难和对市场预期的不确定性导致的。随着经济的逐步复苏以及金融危机的逐步缓解,经销商的信心将逐步恢复,再加上农产品需求的刚性较强,我市农产品出口将逐步恢复。

2. 我市农产加工业“因祸得福”

金融危机爆发以来,我市国内国际两个市场并重且具有知名品牌的企业经受住了考验,但大批贴牌出口的中小型企业受到重创,有的甚至遭到淘汰。这场由金融危机引发的优胜劣汰考验,从短期看冲击了我市农产品加工业以及农业产业化经营,但从长期看将使一批具有核心竞争力的农产品加工龙头企业脱颖而出,做大做强。

3. 我市优势特色农业地位将进一步增强

在此次金融危机中,我市五大优势产业发挥了中流砥柱的作用。加之近年来我市乡村旅游业发展迅速,成为保持我市农业稳定发展、农民持续增收另一只重要力量。在这种背景下,可以预见在未来一段时期内,我市五大优势产业以及包括乡村旅游业在内的农业服务业领域将得到进一步的重视和发展。

(六)几点启示

分析总结金融危机爆发以来我市农业经历各种情况,可以带给我们很多启示。

启示一:必须提高农产品加工龙头企业抗风险能力

到2008年,我市已有农产品加工龙头企业595个,产值达509.8亿元,带动农民81.3万人,极大促进了我市农业产业化发展和农民持续增收。然而,金融危机爆发后,我市外向型农产品加工龙头企业抗风险能力差的弱点凸显,一些龙头企业甚至到了破产倒闭边缘,农业产业链条濒临断裂,农民生产经营性收入急剧下降。金融危机使我们认识到,农产品加工龙头企业抗风险能力的强弱,已经直接关系到我市农业产业化发展能否顺利进行以及我市农民收入能否持续、稳定增长。因此,今后我们必须给予农产品加工龙头企业更多的保障和支持,为农业龙头企业的发展壮大提供更多的资金支持;积极改善农产品加工企业的融资环境,加大对龙头企业的融资支持,放宽融资政策,拓宽融资渠道,破解企业发展瓶颈;积极引导农产品加工企业“两条腿”走路,开拓国内、国外两个市场,尤其要开拓新的国外市场,降低经营风险;支持企业走品牌化发展道路,加强品牌建设,增强企业竞争力,提高企业抗风险能力。

启示二:必须坚持发展精品农业、特色农业、乡村旅游业

金融危机爆发后,我市地产鲜食水果、蔬菜等农产品呈现出购销两旺的态势,保证了我市农业平稳较快发展。这一方面得益于近年我市以“五大优势产业”为基础大力发展精品农业和特色农业,农产品的品种、产量、质量显著提升,满足了消费者多样性的消费需求,激发了消费潜力,农产品竞争力显著增强,另一方面我市乡村旅游业的快速发展也促使农业生产经营效益明显提升。2008年我市乡村旅游业共接待海内外游客370万人次,农(渔)家乐营业收入2.9亿元,带动1.8万人直接就业,4.1万人间接就业。而且,乡

村旅游还通过果蔬采摘、垂钓捕捞等农业生产体验活动销售农产品,提高了农产品的销售价格,提升了农业生产效益。目前,精品农业、特色农业、乡村旅游业已经成为我市农业对抗国际金融危机的最有力武器。今后我市应继续坚持发展特色农业、精品农业和乡村旅游业,进一步提升我市农产品竞争力,使我市农业生产抗风险能力迈上一个新台阶。

启示三:必须加快农村社会保障体制建设

土地是农业生产中最为重要的资源要素,也是农民最重要的生产资料,具有多方面的功能,其中最主要的两个功能就是生产功能和保障功能。金融危机爆发后我市大量农民工失业,返乡务农,土地起到了保障我市农民的基本生存需要和维护农村社会稳定起到了“稳定器”和“减震器”的重要作用,土地的保障功能凸显。但土地保障功能是以迟滞土地流转,降低土地资源配置效率为代价的。可以说,土地保障功能越强,土地资源配置效率提高越慢。解决这一问题最有效方法就是加快全域城市化,建立城乡统一的社会保障机制,降低土地的保障功能,使农民没有后顾之忧的流转土地、进城务工、生活。当然,实现建立城乡统一的社会保障制度是一个长期过程,需要统筹考虑,但发展方向是正确。我们应该从实际出发,一方面正视土地的保障功能作为一种过渡性制度安排将长期存在的事实,完善农村土地制度,强化承包权、放活经营权,另一方面通过制度创新在农村土地的保障功能与生产功能之间找到最佳结合点,实现有限土地资源在既定的制度框架下的最优配置。同时,积极采取措施逐步消除城乡二元结构,加快建立城乡统一的社会保障制度,逐步弱化土地的保障功能,促进土地流转,实现土地资源的高效配置。

四、今后大连农业发展思路与重点任务

当前,辽宁沿海经济带发展规划已上升为国家战略,我市再次迎来发展新机遇。刚刚结束的市委十届七次全会再次强调,要顺应城乡二元结构加速转换的趋势,发挥工业化和城市化的双轮驱动作用,扩大城市规模,使全域城市化成为拉动新时期发展的新引擎。面对不断加速的全域城市化趋势,今后大连的农业、农村、农民向何处去已成为一个无法回避、必须解答的历史难题。当前的国际金融危机对于大连农业更是一次严峻的考验,迫使政府、企业、农民直接面对与思考,尽快明确发展思路。

课题组研究认为,对于大连而言,农业作为三次产业的重要组成部分、国民经济的基础性战略产业、社会稳定的基石,不仅有必要存在,而且应该得到重视和加强,要与二、三产业协调发展,成为全市国民经济社会重要的支柱产业和具有较强竞争力的优势经济部门。

(一)总体思路

以邓小平理论和“三个代表”重要思想为指导,深入贯彻落实科学发展观,抓住辽宁沿海经济带发展规划上升为国家战略的有利契机,从全域城市化视野科学谋划大连农业发展。以服务城市、保护生态和增加农民收入为宗旨,以市场需求为导向,以现代物质装备和科学技术为支撑,以现代产业体系和经营形式为载体,以现代新型农民为主体,大力发展融生产、生活、生态、示范等多种功能于一体的现代化大农业系统,全面提升农业综合生产能力、社会服务能力和生态保障能力,推动大连农业迈上新台阶,促进城乡统筹发展。

（二）发展定位

根据我市的农业自然资源禀赋条件、经济社会发展水平、城市发展总体规划以及农业发展新形势，结合全球农业发展趋势，遵循“高产、优质、高效、生态、安全”的要求，课题组研究认为，当前发展以绿色消费需求为导向，以提高市场竞争力和可持续发展能力为核心，具有高投入、高产出、高效益与可持续发展特性，集约化经营与生态化生产有机耦合，功能多样的都市型现代农业已经成为现阶段大连经济社会发展的客观要求，是大连农业发展的必然选择。

都市型现代农业发展类型很多，大连都市型现代农业发展应具体定位如下：

高科技农业——高科技农业是未来世界农业发展的希望所在，只有充分汲取科技发展的最新成果，都市型现代农业才能不断扩展发展空间。

品牌农业——在现代市场经济条件下，品牌已成为产业发展的先决条件，农业产业亦是如此。只有形成品牌农业优势，都市型现代农业才能获得不断发展。

安全农业——大力发展安全农业，构建从田头到餐桌的食品安全链条，是保证城乡消费者生命安全的需要，更是对都市型现代农业的客观要求。

观光休闲农业——都市型现代农业的重要形式，经济社会发展到一定阶段对农业发展提出的客观要求，我市现阶段农业发展的必然选择。

生态农业——生态农业对我市生态环境维护具有不可替代的作用，是建设生态宜居城市的重要基础。只有实现农业发展与资源开发、环境保护的有机统一，才能实现可持续发展。

高效农业——扭转传统农业相对于二、三产业弱质低效的劣势，优化组合农业生产要素，实现经济、社会、生态综合效益最佳化。

信息化农业——从根本上改变农业的分散性、地域性、可控性差等行业弱势特征，充分吸收当代信息技术的成就发展信息化农业，建设农业综合信息服务平台。

（三）发展目标

总体目标：

加快传统乡村农业、城郊农业向都市型现代农业的转变，实现大连农业产业特色化、功能多样化、布局区域化、设施现代化、技术密集化、农民高素质化、生产标准化、经营产业化、产品安全化、市场多元化、收益高效化、资源节约化、景观田园化、环境友好化。

具体目标：

力争到2015年，初步建立都市型现代农业产业体系。全市农业总产值超过1000亿元；农民人均纯收入翻一番，达到2万元；科技进步贡献率70%以上；农机总动力接近400万千瓦；农业机械化综合作业率65%以上；耕地有效灌溉率达98%；单位耕地创造农业产值15000元/亩以上；主要农副产品加工率达到80%；休闲观光农业收入超10亿元；森林覆盖率达50%。

（四）区域布局

根据大连城市总体发展规划及不同地域的农业资源状况，我市都市型现代农业可实行4大农业发展圈布局,错位发展,各有侧重。

——都市农业发展圈。位于老城区周边,包括甘井子区、高新园区等,主要以改善生态、优化环境、服务城市、美化城市为主,重点发展都市景观农业、农业主题公园、湿地公园、森林公园、会展农业等。

——近郊农业发展圈。位于城市主城区区域,包括旅顺口区、金州区等,主要以服务城市的生产、生态和生活功能为主,兼顾示范辐射功能。重点发展绿色蔬菜、高档苗木花卉、特色水果、休闲观光农业和农产品加工与流通等产业,使之成为都市型现代农业发展的示范先导区。

——远郊农业发展圈。位于北三市,主要以生产和生态功能为重点,兼顾生活休闲功能。重点发展特色化、规模化、专业化、标准化的名特水产、优质畜禽、优质粮油、特色水果、绿色蔬菜、珍稀食用菌、经济林果、观光休闲农业。

——海岛渔业发展圈。位于长海县,主要以生产、生态及生活休闲功能为主。重点建设长山群岛海洋生态经济区,发展海岛旅游业和现代渔业,打造中国首个集会议、休闲、运动、养生、游乐、观光等功能于一体的国际级群岛休闲度假胜地和享誉国内外的现代化渔业生产、加工基地。

(五)重点任务

全力构建新型农业经营体系、产业体系、科技支撑体系和基础保障体系,提高农业土地产出率、劳动生产率、资源利用率和市场竞争力,走符合大连实际的都市型现代农业发展道路。

1.构建都市型现代农业生产体系

按照“因地制宜、适应市场、凸显特色、注重效益”的原则,促进传统农业生产向规模化科学种养业转变,建立完善都市型现代农业生产体系。

——优化农业生产结构,大力发展优势特色产业。充分发挥区域资源优势和区位优势,优化农业生产结构,调整农、林、牧、渔比例关系,突出发展在我市具有区域特色和比较优势的水产、畜牧、蔬菜、水果和花卉等五大优势产业,构建都市型现代渔业产业体系、都市型现代畜牧业产业体系、都市型现代蔬菜业产业体系、都市型现代水果业产业体系及都市型现代花卉业产业体系,推进集约化、规模化和生态化种养殖模式,形成多元化生产格局。

——调整农产品结构,大力发展名优特品种。以市场需求为导向、科技创新为手段、质量效益为目标、龙头企业为主体、优势产业基地为基础,动态调整优势产业生产经营品种,大力引进、选育和推广市场前景好、经济效益高的名优特品种,持续培养“人无我有、人有我优、人优我特”的市场“亮点”,争创“中国名牌”、“地理标志保护”产品和“中国驰名商标”,构建我市农产品品牌体系,推进农产品品牌化经营,增强农产品竞争优势。

——拓展农业功能,发展新型农业业态。因地制宜拓展农业的多功能性,由简单的食品供给保障功能向食品保障、原料供给、就业致富、生态保育、文化传承和休闲观光等多功能转变,开发集生产、生活、生态于一体的多功能农业,发展农业多元化经营。在全市涉农区市县探索发展都市型研发农业、都市型物流农业、都市型休闲农业、都市型生态农业等业态,培育新的主导产业和优势产业,夯实具有不同都市特色的产业基础。

2. 构建都市型现代农业科技支撑体系

充分发挥科技对都市型现代农业的引领和支撑作用,大力实施科教兴农强农战略,提高农业的产量、质量和效益,增强国际竞争力,实现我市农业可持续发展。

——加强农业技术的研究与开发。依托在连科研院校,建设面向农村、农业的重点试验室、工程技术研究中心和产学研技术创新联盟等研究开发平台,围绕发展"高产、优质、高效"农业的方向,在农作物育种技术及新品种选育、优质特色畜禽、水产品品种培育方面有所突破。同时,加强农产品深加工技术研究,延长农业生产链,提高农产品附加值。鼓励探索研究节能、节水、节地、节肥、节药和循环利用的关键技术,促进我市农业可持续发展。

——加大农业技术的推广与普及。加大先进实用农业技术在我市农村的推广普及力度,重点抓好优良品种、节水灌溉、测土配方施肥、病虫害综合防治、作物栽培与管理、贮藏加工技术等的推广和运用。构建农科教、产学研一体化的新型多元化农技推广体系,强化农技推广服务的公益性职能,完善科技特派员、责任农技员制度,全面推进农业科技入户工程,扶植农业科技示范户,提高其辐射带动能力。建设农业科技服务平台,健全农业科技交易市场网络,加速科技成果的转化。

3. 构建都市型现代农业经营体系

加强农业社会化分工协作,推进农业产业化经营,构建完善以市场为导向,以加工企业为依托,以基地(农场)或农户为基础,有机联结农业再生产各环节,实现贸工农一体化的都市型现代农业经营体系。

——精心培育一批以农产品加工与流通业为重点、具有较强实力、辐射面广、技术含量高、带动力强的农业产业化龙头企业。鼓励有条件的龙头企业组建集团,实行跨行业、跨地区、跨所有制经营,充分发挥龙头企业集团的规模效应和带动示范作用。

——大力发展农业产业化经营组织,鼓励多层次、多形式地发展农民专业合作社和农产品行业协会,提高农业产业化、农户组织化水平,增强农业产业的市场竞争力。鼓励合作组织根据不同区域的资源优势,实行跨区域联合经营和生产要素大跨度优化组合,并逐步形成生产、加工、销售相联结的行业一体化合作组织。

——鼓励和引导龙头企业与基地和农户间建立合理的利益联结机制,通过合同化管理、股份合作、建立风险基金、实行保护价格收购、按农户出售产品数量返还部分利润等方式,与基地和农民建立稳定的产销协作关系和合理的利益分配关系。

4. 构建农产品质量安全保障体系

——强化农产品标准化生产,以无公害农产品、有机食品、绿色食品标准生产技术为突破口,建立农产品质量可追溯制度,全面推行农产品质量安全产地准出制度、市场准入制度和例行监测制度,建立健全产品认定认证体系、农业标准化体系、农产品生产环境和产品质量检测检验体系和法律法规体系,力争使全市90%以上的主要农产品实现标准化生产。

——加强标准化生产示范基地建设,积极创建国家级农业标准化示范园区,建设农产品出口标准示范基地、科技示范场、无规定动植物疫病区,建成规模化、标准化设施农业生产基地,大力推进农产品标准化生产,确保农产品质量安全,实现农业产业的规模化、集约化生产经营,营造农业产业的集聚效应,充分发挥示范和辐射带动作用。

5. 培育新型农民

实施农村人力资源开发战略,着力提高农村劳动者素质,使其实现从经验型向知识型、从单干型向组织型、从身份型向职业型、从被动型向主动型转变,成为"有文化、懂技术、会经营"的新型农民,为我市农业发展提供智力支持和人才保障。

——切实保障农村教育。从战略和全局高度将农村义务教育置于农村社会事业发展的优先领域,逐步将其全面纳入公共财政保障范围,全面实施农村义务教育免费政策。逐步实现农村中等职业教育全免费,扩大师范院校学费减免范围,同时加大对我市农业院校农科专业学生的助学力度,实行学费减免政策。

——加强农村劳动力技能培训。加强对从事农业生产农民的培训,建立健全农民科技教育培训体系,以现代适用技术、实用技术和专业技术培训为主要内容,结合发展现代农业和建设新农村的要求,加大现代信息技术、生物技术、清洁生产技术、环保技术等的培训力度,切实组织实施好绿色证书工程、青年农民科技培训工程、新型农民创业培植工程等各项新型农民培训工程。面向城乡劳动力市场需求,围绕农民转岗就业,大力实施农村劳动力转移就业培训"阳光工程",扩大实施规模,加快建立政府扶助、面向市场、多元办学的培训机制,发展多种形式的农村职业教育和成人教育,增强农民转移就业的能力。

——开展农民人文素质培训。教育农民遵纪守法、提高修养、崇尚科学、移风易俗,积极引导农民革新观念,增强农民参与变革的能力,提高其社会适应素质,不断增加农民就业创业能力。

6. 加强农业基础设施建设

把全市基础设施建设重点转到农村,加强农村基础设施建设和生态环境建设,加快构建强化农业基础的长效机制,改善农业生产条件,提高农业综合生产能力。

——进一步搞好农田渠系配套,提高耕地质量。

——提高农村公路投资在公路建设总投资中的比重,尽快延伸到所有自然村。

——加大农村饮水安全工程建设投入,改善农村生活供排水设施,早日实现城乡供排水设施共建共享。

——加大农村电网改造和建设投入力度,优化电网结构,提高供电质量,实行城乡生产生活用电同网同价政策。

——加快实施农村电信工程,加强农村有线电视、宽带网络、通讯等基础设施建设。

——加强农村新型能源建设,增加农村沼气建设投入,支持农村发展太阳能、风能和小型水电等可再生能源。

五、保障措施

(一)提高认识,更新观念

1. 重视发展都市型现代农业

发展都市型现代农业,是我市经济社会发展到现阶段的必然产物,也是经济社会进一步发展的必然选择,更是构建和谐大连的必然要求,具有重要的战略意义。同时,发展都市型现代农业还具有重要的现实意义,是我市推进社会主义新农村建设的重要内容,提高农业综合生产能力的基本途径,促进农民持续增收的迫切需要,提升农业竞争力的根本出路,持续推进工业化、城镇化的重要条件,因此应高度重视,切实加强领导。要抓紧时间高标准编制具有鲜明特色的《大连都市型现代农业发展规划》,明确都市型现代农业产业导向和重点任务,完善农业经营体制、农业资源保护、增加农业劳动者收入、保障农业劳动者权益等方面的政策和法规。各有关部门要密切配合,齐心协力,共同推动我市都市型现代农业的发展。

2. 创新农业发展理念

树立农业发展新理念,着力解决粗放式发展问题,切实转变农业发展方式,加快现代农业发展步伐。一要强化农业人本化理念,把以人为本这一科学发展观的核心贯穿于现代农业发展的全过程,以保障农产品有效供给和增加农民收入为根本出发点,把调动农民积极性作为农业发展根本动力,努力提高农民科技文化素质,使现代农业真正成为能让农民致富的产业和体面的职业。二要强化农业高效化理念,农业并不是弱质产业,也不是公共品部门,而是一个完全可以自生的经济部门,因此应该把农业作为一个正常的产业进行投入,把农民作为理性的生产者给予激励,通过构建现代农业产业体系,大力提高土地产出率、劳动生产率,使其成为具有较强市场竞争力的优势部门。三要强化农业工业化的理念,科学借鉴现代工业发展的理念,以工业化的理念和生产方式来拓展农业的发展空间,吸纳先进生产要素,推进农业经营的专业化、规模化、企业化和生产的标准化、清洁化、机械化,提高农业规模效益和综合经济效益。四要强化农业生态化理念,积极引导农业走环境友好型、资源节约型发展轨道,优化农业的生态环境,实现资源循环利用和农业可持续发展。

3. 创新农业发展机制

从微观和宏观多个层面以及统筹城乡发展层次上创新农业发展模式,着力形成城市化与新农村建设“双轮驱动”的新机制,以新型工业化和全域城市化来进一步促进农业资源和生产要素市场化配置。积极促进农业增长由主要依靠自然资源和物质资源投入向主要依靠科技进步、劳动者素质提高和管理创新转变,促进农业从小而全粗放经营向规模化集约经营转变,促进农业资源从粗放开发利用向节约、集约、循环和永续利用转变,促进传统农业产业结构向以规模化种养业为基础、农产品精深加工和现代农产品物流业为支撑的现代农业产业结构转变,构建具有高土地产出率、劳动生产率和市场竞争力的现代农业产业体系。

(二)加强财政支持,奠定发展基础

1. 建立财政支农资金稳定增长机制

运用财政手段支持农业发展,大力实施支农惠农强农政策。遵循存量适度调整、增量重点倾斜的原则,切实贯彻财政农业投入增幅高于经常性收入增幅、财政支农资金增量高于上年、其中直接用于改善农村生产生活条件的资金高于上年的要求,认真落实新增教育、卫生、文化等事业性经费支出主要用于农村以及大幅度提高政府土地出让收益、耕地占用税新增收入用于农业的比例等相关政策,逐步建立财政支农资金稳定增长的长效机制,保证我市财政支农资金投入的法定增长,并切实加强落实执行。采取措施努力拓展支农资金新的来源渠道,积极探索利用补助、贴息、保险、担保等方面手段建立投入激励机制,积极鼓励和引导社会各方面增加对农业农村的资金投入。

2. 完善财政支农补贴政策

在国家已出台的粮食直补、良种和农机补贴、农资综合直补等农业补贴政策基础上,进一步扩大我市农业补贴政策范围。在原有分项补贴基础上,建立和完善退耕还林、禁牧休牧生态补偿机制,农业灾害保险制度,农业和农村资源循环利用和环境保护补贴政策,农村小额贷款财政贴息政策等。对农业高新技术推广进行重点倾斜,采取多种形式扶持农业高科技的创新,设立农业新品种、高新技术产业风险基金,采取贴息的方式引导金融部门或企业投资农业高新技术,建立全球农业高新技术信息网,以股本投入方式为农业科技企业提供资本金支持,加大对龙头企业的直接科研资助。大幅增加农业产业化专项资金,探索财政资金支持农业产业化发展的新模式,完善农产品加工业发展税收支持政策,扩大农产品初加工税收优惠适用范围,增加对龙头企业的信贷投放规模,并给予利率优惠。实施农民科技培训补助,每年安排一定的资金用于骨干农民的科技培训补助。在实行与产量挂钩的补贴方式基础上,逐步选择对生产环节进行补贴,如机耕、机收补贴,推广旱作农业节水灌溉技术补贴等,提高补贴效率。

(三)扩大农业开放,提升发展水平

1. 促进农产品出口贸易持续增长

着力构建开放型农业优势产业体系和农业对外开放政策支持体系,积极有效地利用国际市场,促进我市具有比较优势的劳动密集型产业发展。重点围绕畜牧、水产、水果、蔬菜、花卉五大优势产业,培育一批以国际市场为导向、区域特色鲜明、比较优势突出的农产品出口基地,壮大一批外向型农业龙头企业,大力发展农产品精深加工,形成具有深厚产业基础和较强竞争力的支柱出口产业。积极发展特色农产品、有机农产品和原产地标记注册农产品,努力形成新的出口增长点。培育出口农产品自主品牌体系,以产业集中度高、产品质量稳定、具有自主知识产权的农产品和绿色、有机农产品为重点,加快实施农产品名牌战略。积极承接海外制造业转移,大力发展农产品加工贸易,提升我市出口农产品档次。积极发展以出口企业为对象的农业技术、信息、物流、认证和咨询服务业,促进我市外向型农业产业集群的发展壮大。切实落实国家出口退税政策,简化办事程序,积极协助出口企业做好出口退税工作。

2. 提高农业利用外资的规模和水平

从我市实际出发，根据国家《外商投资产业指导目录》，制定相关财政、税收方面的优惠政策，不断扩大我市农业利用外资领域，积极引导外商投资发展现代农业，逐步从农产品加工领域向农业综合开发领域延伸，从农业生产领域向农业社会化服务领域延伸，从农业产中环节向产前、产后环节延伸。注重提高农业利用外资质量，积极鼓励外商投资农业新技术开发与推广、新品种研究与繁育、农产品精深加工等技术含量高、社会效益大、环境友好型的农业项目。大力吸引国外大型农业集团和跨国公司投资，提升农业利用外资的规模和档次。赋予农业科技示范园区、农产品出口基地优惠政策，充分发挥其平台作用，引导外资集中布局，增强聚集和示范效应。增强农业科技引进成效，重点引进农业安全生产、标准化生产、病虫害综合防治等方面的关键技术以及在品质、抗病、抗逆等方面表现优异的品种或种质资源，加强国内外农业科技合作，积极争取国际农业科技组织重大科技项目的引进与合作，增强我市承接国外农业高新技术项目的能力，提高消化、吸收和再创新水平。

3. 推动农业"走出去"

按照"政府引导、企业决策、商业运作、政策支持"的原则，支持农业境外合作，积极引导市内企业以输出技术和直接投资的方式，到海外发展种植、养殖业和农产品加工业。积极支持有实力的农产品出口企业到进口国设立贸易营销机构。加快培植适应国际劳务市场的外派劳务资源，建设外派劳务基地，培训"走出去"农民，扩大农村劳动力对外输出，多渠道转移农村劳动力。

(四)推动农村体制改革，加快发展步伐

1. 加快农村土地制度改革

应对现代农业发展引发的农地规模经营需求以及辽宁沿海经济带开发建设和全域城市化带来的土地征用量不断增加的形势，深化农村土地制度改革，建立健全土地流转机制，完善征地补偿机制。按照依法、自愿、有偿原则，积极稳妥推行土地承包经营权流转，规范化建设农地承包经营权流转市场，加强农地流转服务，鼓励农民自愿转让农地承包权，引导农地向适度规模经营集中。

2. 推进农村金融体制改革

充分发挥农村合作金融在现代农业发展中的作用，积极鼓励各级金融机构加大对农业的信贷支持力度。逐步扩大农村金融准入政策试点范围和数量，引导鼓励发展小额信贷和微型金融服务，缓解农民创业资金短缺困难。完善农村金融机制，探索建立政府扶持、多方参与、市场运作的农村信贷担保机制，扩大农村有效担保物范围，逐步解决农民贷款难的问题。进一步完善政策性农业保险办法，加大推广力度，扩大试点范围，加强防灾防损工作。加快建立农业再保险和财政支持的巨灾风险分散机制，鼓励发展互助合作保险和商业保险业务。探索建立农村信贷与农业保险相结合的银保互动机制。

3. 深化农产品流通体制改革

培育一批有强大的市场经营能力的贸易流通型龙头企业和农产品物流基地，建立农产品专业批发市场、拍卖市场、期货市场多层次市场有机结合，实物交易与电子商务相结合的农产品市场体系和物流体系，加快发展连锁经营、直销配送、电子商务、拍卖交易等现代流通业。结合农村实际情况，探索多种形式的“农改超”和“农加超”，走农贸市场超市化之路，增加农村超市、百货商店和便利店。提高本地农产品在全市超市、便利店、专卖店等新型零售业态中的经营比重。

（五）加快城乡统筹，促进协调发展

要根据统筹城乡发展的根本要求，加大体制创新力度，加快构建城乡统筹发展的制度体系，破除旧体制下失衡、矛盾的城乡关系，建立新型的、符合城乡统筹发展观的城乡关系，使其成为地区经济社会发展的助推器。要坚持平等、开放、互补、协调的原则，在坚持城乡平等地位的基础上，通过城乡开放互通，互补互促机制的作用，协调好城乡产业关系、城乡资源流动和配置关系、城乡居民权利义务关系、城乡社会事业发展关系，努力缩小城乡差距、农民与市民的差距，实现城乡共同进步。要重点改革现存的不利于城乡统筹发展的户籍制度、公共品供给制度等，保证农民能平等地拥有财产、教育、就业、社会保障和个人发展等方面的权利，保证农村能及时地拥有基础设施建设、公共品投入等方面的发展。争取早日在全市范围内取消农业户口与非农户口的差别，保障公民迁徙和居住的自由，建立城乡统一的人口管理体系，集中财力、分阶段早日建立城乡统一的义务教育、医疗卫生、养老保险等基本公共服务体系，最终建立起无城乡差别、能够惠及全市所有居民的包括平等的就业机会、居住机会、教育机会、社会保障和医疗服务的综合型社会制度，全面推进我市都市型现代农业发展。

《金融危机对大连农业的影响和对策研究》课题组成员

课题领导小组：

李　才　大连市政府发展研究中心　主任　教授
赵立成　中共大连市委党校副校长　研究员
赵永勃　大连市发展和改革委员会振兴办　副主任
栾福军　大连市政府发展研究中心　副主任

课题组：

负 责 人：王　玲　大连市政府发展研究中心农村研究室　主任　副研究员
主要成员：石传堂　大连市发展和改革委员会农经处　处长
黄黎光　大连市农村经济委员会县域经济处　处长
刘　颖　大连市发展和改革委员会农经处　副处长
徐向峰　大连市政府发展研究中心工业研究室　副主任
刘文展　大连市政府发展研究中心农村研究室　副调研员
杨立新　大连市农村经济委员会县域经济处　副调研员

大连发展战略研究

（下）

李　才　主编

大连出版社

图书在版编目(CIP)数据

大连发展战略研究/李才主编. —大连:大连出版社,2010.11

ISBN 978-7-5505-0010-5

Ⅰ.①大… Ⅱ.①李… Ⅲ.①地区经济—经济发展战略—研究报告—大连市—2008~2010 Ⅳ.①F127.313

中国版本图书馆 CIP 数据核字(2010)第 227182 号

出 版 人:刘明辉
策划编辑:卢 锋
责任编辑:杨 琳 于孝锋 李 萤
封面设计:张 金
责任校对:金 琦 张莉莉
责任印制:史凌玲

出版发行者:大连出版社
地址:大连市西岗区长白街 12 号
邮编:116011
电话:0411-83620674/83620941
传真:0411-83610391
http://www.dl-press.com
E-mail:cds@dl.gov.cn
印 刷 者:大连美跃彩色印刷有限公司
经 销 者:各地新华书店

幅面尺寸:170 mm×240 mm
印 张:60.75
字 数:1248 千字
出版时间:2010 年 12 月第 1 版
印刷时间:2010 年 12 月第 1 次印刷
印 数:1~2000 册
书 号:ISBN 978-7-5505-0010-5
定 价:120.00 元(上、下册)

目　录

大连外商投资企业经济效应实证研究

王文清　王金成

一、大连吸引外资的历史演进

1984 年 4 月，国家发展和改革委员会（时为国家计划委员会）批准大连等 14 个沿海城市实行进一步对外开放，并赋予一系列优惠政策。自 1985 年起实行计划单列并赋予大连市省级经济管理权限。借此东风，大连首家合资企业成立（大连外轮供应公司同香港远达公司合资兴办的大连联达船舶供应有限公司），就此开始了大连利用外资的进程。回顾我市利用外资的历史演变历程，大体可以分为五个阶段，各阶段皆呈现出明显的时代特征。

第一阶段：1979 年～1983 年，吸引外资的酝酿准备阶段。

党的十一届三中全会后，我市开始将对外开放工作纳入日程，积极开展各项准备工作。根据全市对外开放需要，经精心酝酿研究，向国家提出对大连实行计划单列、允许兴办经济技术开发区、下拨 1 亿美元专项额度用于引进国外先进技术和设备改造国有企业等要求，拉开了大连对外开放的序幕，为后来的对外招商引资工作打下了坚实的基础。这一时期，市领导多次率团出访考察学习国外先进技术和管理经验，市政府有关部门先后赴当时全国对外开放的最前沿广东考察学习。我市还先后与日本北九州市、韩国舞鹤市结为友好城市，并于 1982 年成功举办了建国以来第一次国际经济展览会——日本北九州市经济展览会。1983 年，我市先后举办了有史以来第一次境外招商会和大连国际经济技术合作洽谈会，拉开了全市对外招商引资序幕。

第二阶段：1984 年～1987 年，吸引引资的探索起步阶段。

1984 年 4 月，国家决定对大连等 14 个沿海城市实行进一步对外开放的政策，并于同年批准设立了全国第一家国家级开发区——大连经济技术开发区，使大连吸引外商直接投资工作出现重大转折。我市特组建了经济技术发展公司负责对外招商工作，前来洽谈投资的外商逐渐增多。1984 年批准成立了第一家中外合资企业——大连联达船舶供应公司（中港合资），1987 年又批准设立了第一家外商独资企业——万宝至马达大连有限公司（日本独资）。但是由于当时法律法规体系尚不完善，城市基础设施相对滞后，观念意识比较陈旧，以及整体经济环境的影响，这一时期批准的外商投资企业只有 127 家，合同外资 3.1 亿美元，实际利用外资不足 1 亿美元，且以中小型项目居多，主要来自香港、澳门地区以及日本,投资重点为宾馆酒店等房地产建设领域。此外,这一时期我市还开始尝试利用外国政府贷款。1985 年～1996 年共利用外国政府贷款项目 40 个,金额 4.33 亿美元,来自日本、德国等 12 个国家,用于我市企业改造升级、环保建设及通讯设施建设等。

第三阶段:1988 年～1992 年,吸引外资的初步发展阶段。

这一时期,各区市县相继成立招商机构,市政府和有关部门先后在日本、美国、中国香港等国家和地区设立了境外办事处和招商代表,同时城市基础设施也得到大幅提升,投资环境逐步完善,大连开始引起外商的关注。这一时期,我市吸引外资工作由政府唱主角,主要采取外引内联的形式吸引投资,取得了突破性进展。先后引进外商投资企业 1472 家,合同外资 20 亿美元,实际使用外资 8.9 亿美元,各项指标都以几倍、十几倍的速度增长。港澳企业投资势头不减,日本企业投资显著增加,欧美企业投资开始增长,外商直接投资项目由市内扩展到县区,国有大中型企业以“嫁接”的方式与外资开展合资、合作,大中型生产性项目明显增多,投资领域不断扩大,并有两家外资银行分行相继开业。不过,这一时期外商投资总体规模较小,产业层次较低,加工贸易、劳动密集型生产性项目占主导地位。

第四阶段:1993 年～2000 年,吸引外资的快速发展阶段。

1992 年邓小平南巡讲话发表后,我市进一步加大吸引外资工作力度,将其作为加快全市经济发展的重要战略,不断调整和完善吸引外资的思路和方式,加大改善投资“软环境”的力度。市政府适时制定了关于吸引外资的指导意见,强调要重视发挥企业、各类行业协会、商会等中介机构在吸引外资中的主体功能,要建立完善符合市场经济运行规律的境内与境外招商互动、统一管理、运作高效的对外招商体系。

这一时期,我市大力实施请进来与走出去并举的对外招商措施,大大提升了吸引外资成效。首先加强请进来招商,从完善投资环境入手,创新工作机制吸引外商来连洽谈投资合作事宜。一是加强投资的软硬环境建设。二是广泛动员全市各方面力量参与对外招商引资,千军万马齐上阵,形成人人关心招商引资的热烈氛围。三是有组织、有领导、有目的地举办多层次文化、经济、体育、文艺等各类活动促进对外招商,定期举办大连出口商品交易会、大连国际服装节、大连赏槐会、大连马拉松国际邀请赛等节庆展会及赛事活动。1980 年～2000 年,全市共接待来自世界 120 多个国家和地区的客商 82 万人次,洽谈成交了大批外资项目。其次是开始大规模走出去招商。从 1993 年起我市开始了大型及综合性境外招商引资活动,后逐年加强。1993 年～2000 年 5 月,我市先后在日本、韩国、美国、新加坡、澳大利亚、意大利等 24 个国家和地区共举办招商引资活动 31 次。据其中 15 次招商活动记载,共有 2500 人次参与,签订引资项目 1028 项,合同外资金额52.74 亿美元,为同期引资总额的 33%,并达成引资意向协议 533 项,合同外资金额 33.29 亿美元。此外,我市还组织企业参加国内其他省市举办的如广交会、乌洽会、哈洽会、厦门出口商品交易会、深圳高新技术洽谈会等有关活动,全方位构建招商引资平台,吸引外国客商来连投资。1993 年至 2000 年,全市累计批准外商投资企业 7433 家,合同资金 185.33 亿美元,实际利用外资 82.4 亿美元。

总体看，这一时期我市主要采取的是数量扩张型引资战略，外资主要集中于劳动密集型加工贸易领域，资金技术密集型项目开始增加，来自日本、韩国、欧美等国家的资金稳步增加。对外招商活动以大规模组团招商为主，上门走访招商、以商招商、中介招商、人文招商等招商形式有所增加，初步呈现出以政府为主导、企业积极参与、中介机构作为补充的对外招商运行机制。

第五阶段：2001 年至今，吸引外资的全面发展阶段。

随着 2001 年底我国正式加入世界贸易组织，我市吸引外资也进入了崭新的发展阶段。这一时期，我市确立了加快由注重吸引外资的数量向注重质量转变，由注重引进工业项目向工业、农业和现代服务业项目全面引进转变，由注重会展活动招商向专业化招商转变；由注重依靠政策招商向注重优化环境招商转变，吸引外资由招商引资向招商选资转变的战略思想，对外招商体制机制不断创新完善。一是明确产业导向，坚持以发展先进制造业为方向，大力开展产业招商、主题招商，重点引进科技含量高、土地需求小、牵动作用大的基地型项目，按照“核心企业—产业链—产业集群—制造基地”的发展思路，围绕大项目开展招商，提高产业配套能力，打造特色产业集群。二是加强专业招商，重点突出外商内招。在讲求实效的原则下，集中力量在主要外资来源国开展少量的综合性招商活动，以扩大影响。重点鼓励企业自行组团加强专业性和行业性招商，以小分队形式出击，与外商定向性地广泛接触。充分利用现代的技术，通过互联网开展网上招商。三是强化开放先导区、重点工业园区招商。开放先导区、重点工业园区是我市招商引资的重点区域，这些区域成立了管委会领导下招商局或投资促进中心，并努力将其打造成为专业化、市场化的招商引资机构，积极构建以政府为主导、专业招商为主力、企业招商为主体的招商引资新机制。四是建立重大外资项目联席会议制度。成立了以市领导为组长的对外开放领导小组，实行重大外资项目三级调度制度，定期召开外资项目调度会，为项目顺利推进搭建支持平台。五是全面推行以提高利用外资质量为重点的利用外资综合考评体系。

在这一阶段中，先进制造业、高新技术产业和现代服务业等产业项目成为利用外资新的增长点。一批重大外资项目先后落户大连，德国大众、帝森克虏伯，美国英特尔、普洛斯，英国电信等世界 500 强企业纷纷投资大连。其中尤以 2007 年批准的总投资 25 亿美元的英特尔芯片项目为大连改革开放引进外资以来之最。加之 2007 年、2009 年两届夏季达沃斯——新领军者年会的举办，大连成为外资关注的焦点，成为外商投资的热土，利用外资已经成为大连经济发展的重要驱动力。

二、大连利用 FDI 的特点

在经济全球化背景下，引进外国直接投资（Foreign Direct Investment，FDI）已成为促进东道国经济发展的重要因素。跨国公司对外直接投资（FDI）是海外对华投资的主要形式，FDI 对各个地区经济的长期发展起了重要作用。经过二十多年的对外开放，FDI 也已经成为促进大连经济发展的重要力量。

(一)利用 FDI 规模不断扩大

自 1984 年大连开始吸引外资以来,一开始由于对中国制度以及改革开放的不了解,大部分外资持谨慎态度,对大连投资比较少。而随着对中国体制、法律和环境的了解以及大连经济的发展,越来越多的外商开始来大连投资,始终处于逐年上升势头。由于国家统计口径的调整,加之 SARS 的影响,一些跨国公司改变过去投资策略,所以外商直接投资 2005 年有所下降。实际上 2005 年若以原口径计算为 30.04 亿美元,较之 2004 年仍然有 17% 的增长速度。其后大连吸收外资步入快速增长期,到 2008 年年底实际利用外资已经达到 50.07 亿美元,几乎是 2005 年吸引外资的 5 倍。(见表 1)

表 1　　2001 年 ~ 2008 年大连实际利用外资情况　　单位:亿美元、个

年　份	实际利用外商直接投资额	利用外商直接投资项目
2001	14.77	723
2002	16.31	832
2003	22.11	879
2004	22.03	963
2005	10.02	1058
2006	22.45	854
2007	31.63	680
2008	50.07	507

资料来源:大连统计年鉴 2002 年 ~ 2009 年。

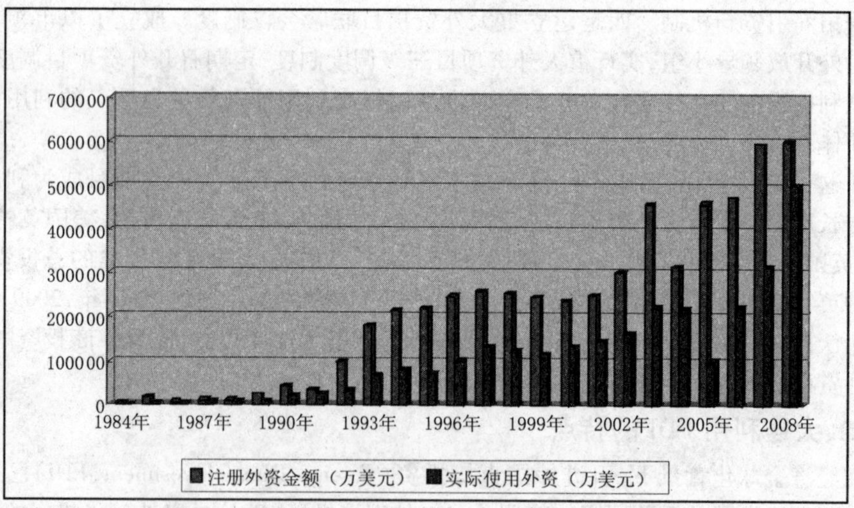

资料来源:根据大连市外经贸局资料整理、制作。

图 1　大连市利用外资变化情况

2008年年末,全市新批准外商投资企业507家,注册外资金额60.22亿美元,实际使用外资50.07亿美元,同比增长58.3%。目前,全市累计实际使用外资331.4亿美元,注册外资金额545.6亿美元。拥有外商投资企业13168家,已建成开业投产的外商投资企业4050家。

(二)独资成为外方投资的主要方式

改革开放以来,外商投资一直以中外合资企业、中外合作企业和外商独资企业的三种形式在大连投资。对外开放初期,外资合资企业经营一直是大连利用外资最多的方式。到了2001年,随着外商对我国及本市情况的进一步了解以及对技术进行控制的要求,外商独资企业投资达到7.04亿美元,首次超过外商合资企业的6.67亿美元。到2002年,外商独资企业投资达到8.82亿美元,超过外商投资合资企业及合作企业的总额。自那时起,外商独资企业一直在快速发展壮大,成为外商投资大连的最主要方式。2008年实际利用外商投资额50.07亿美元,其中外商独资企业投资额达到40.13亿美元,占投资总额的80.2%,而外商独资企业有利于外商对技术进行控制,防止技术外溢,不利于大连本土技术水平的提高。虽然跨国并购逐渐成为国际资本投资的主要形式,但是由于相应的法律法规尚不完善,一直发展比较缓慢。外商独资经营愈来愈成为我市吸引外商投资的主要形式,其利用外资所占比重持续上升。

表2　2001年~2008年不同形式外商投资企业实际利用外资的比重变化

单位:万美元、%

企业类型		合资	合作	独资	股份	总计
2001	金额	66720	8303	70377	—	145400
	比重	45.89	5.71	48.4	—	
2002	金额	64357	7702	88178	72	160309
	比重	40.2	4.8	55	0.04	
2003	金额	75708	18198	126980	240	221126
	比重	34.24	8.23	57.42	0.1	
2004	金额	53688	25402	141238	—	220328(41461)
	比重	24.37	11.53	64.1	—	
2005	金额	35588	4369	60196	—	100153
	比重	35.53	4.36	60.1	—	
2006	金额	64435	9384	150658	—	224477
	比重	28.7	4.18	67.12	—	
2007	金额	107936	5585	202464	291	316276
	比重	34.13	1.77	90.19	0.09	
2008	金额	83530	2623	401310	13215	500678
	比重	16.68	0.52	80.15	2.64	

(三)投资产业由制造业向制造业与服务业并重转变

第二产业中的制造业一直大连利用FDI最多的行业,2007年大连吸引FDI项目中第二产业315个,其中制造业项目306个,2008年第二产业199个,其中制造业项目189个。主要分布在化学原料及化学制品制造业、通用设备制造业、专用设备制造业、交通运输设备制造业、通信设备、计算机及电子设备业等领域。

2004年《世界投资报告》以"转向服务业"为副标题,总结了20世纪90年代以来国际直接投资逐渐向服务业转移的新趋势,引起我国学者和各级政府的注意。我市利用外资中服务业比重也不断上升,2007年大连利用FDI中服务业引进外资渐渐逼近第二产业,到2008年服务业与第二产业吸引外资更为接近,形成了第二产业与服务业并重的引资格局。

表3　2001年~2008年大连三次产业中的外商投资流入结构

	2001	2002	2003	2004	2005	2006	2007	2008
FDI流入实际金额	145400	160309	221126	41461	100153	224477	316276	500678
增长速度	—	10.25	37.94	—	141.56	124.13	40.89	58.30
第一产业金额	2085	4897	6607	339	372	1062	2808	3290
增长速度	—	134.87	34.92	—	9.73	185.48	164.41	17.17
占比重	1.43	3.05	2.99	0.82	0.37	0.47	0.89	0.66
第二产业	97034	109046	145510	34372	69445	131849	165320	258950
增长速度	—	12.38	33.44	—	102.04	89.86	25.39	56.64
占比重	66.74	68.02	65.80	82.90	69.34	58.74	52.27	51.72
第三产业	46281	46366	69009	6750	30336	91566	148148	238438
增长速度	—	0.18	48.84	—	349.42	201.84	61.79	60.95
占比重	31.83	28.92	31.21	16.28	30.29	40.79	46.84	47.62

(四)资金来源以日本、韩国、美国、中国香港等国家和地区为主

大连吸引外商投资来源不断多元化。外商投资来源地已经由最初的以日本、中国香港为主扩展到全球80多个国家和地区。但是亚洲仍然是外商直接投资企业主要来源地。截至2007年年末,来自亚洲地区的外商直接投资项目已达9694家,实际使用外资181.9亿美元,占全市外资比重分别高达76.6%和71.6%。按照国别和地区划分,主要以日本、韩国、美国及中国香港为主。截至2007年年末,全市共有日本企业3711家,中国香港企业2477家,美国企业1510家,韩国企业2242家,欧洲企业631家,实际在连投资分别为80.6亿美元、58.6亿美元、26.4亿美元和18.3亿美元。

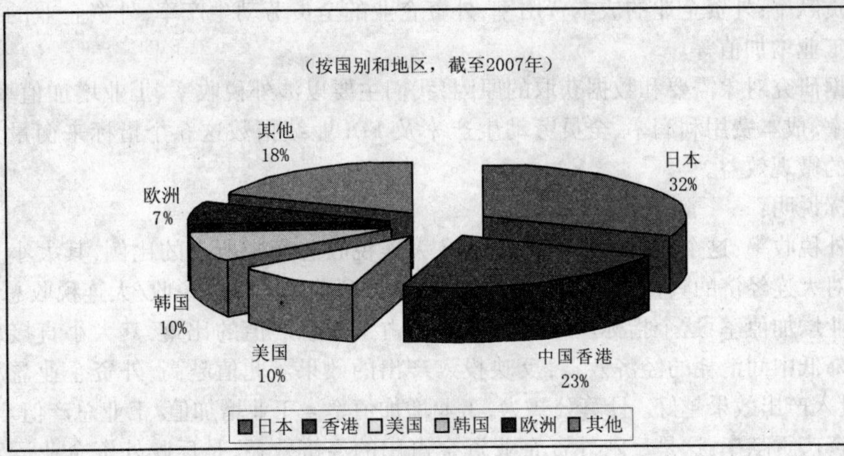

资料来源：根据大连市外经贸局资料整理、制作。

图2　大连市实际使用外资情况

(五)外资项目质量日趋提高

截至2008年年末，全市累计批准1000万美元以上外资项目1600多个，财富500强企业在连投资兴建189个项目。已有10余家外商投资企业在连设立地区总部和投资性公司，有20余家外资研发机构落户大连，20余家外资金融机构在连运营。先进制造业特别是造船、汽车零部件、装备制造、电子信息等产业引资水平进一步提升。经过三年多的努力，总投资25亿美元的英特尔芯片制造项目，成功落户大连。日立、三洋、丰田、东芝、松下、大众、蒂森克虏伯、三菱电机、林德等财富500强和万邦、道依茨、苏尔寿、塞迈、利勃海尔、阿尔卑斯等大公司都已经在大连投资合作。英特尔项目和国家级半导体技术学院等相关配套项目也陆续跟进，促进了大连产业结构优化，提高了产业层次和项目水平。

三、大连外商投资企业经济效应基本评价

(一)评价标准和指标体系的确定

改革开放以来，大连市利用外资成效显著，外商投资企业得到长足发展。但是，外资在大连经济发展中的作用是随大连自身发展阶段的变化而变化的。外资的评价不能仅仅从数量上来衡量，外资数量本身不是经济发展的成就指标。这是因为，外资不仅只是资金，而是包含着资金、技术、经营管理、产品品牌等，外资所具有的这些优势是否会促进大连经济的发展，是由外资的效益来决定的。效益是反映各种生产要素投入产出效率的指标，我们必须确立关于外商投资企业经济效益的评价标准和指标体系。这主要包括：利用外资中合资企业的比重；每百万美元外资带动国内投资的数量；外资企业对国内生产配套需求占其全部总值的比重；未来若干年外资企业预税收额的折现值；外资企业创造国内就业的结构和水平；外资企业的技术溢出效应；高新技术产业外资企业中的中资比重；研发机构的合资比重及中方投入的资金数；外资企业的工业增加值率；外资企业的

总资产贡献率;外资企业的成本费用率;外资企业的全员劳动生产率;外资企业的百元资产实现工业增加值等。

根据研究对象需要和数据获取的原因,我们主要以涉外税收率、工业增加值率、总资产贡献率、成本费用利润率、全员劳动生产率及 FDI 业绩指数这 6 个指标来衡量大连利用外资的微观效益。

指标说明:

涉外税收率:这个指标反映涉外税收在大连税收总额中所占的比例,其大小直接反映外资对大连经济的具体贡献。计算公式为,涉外税收率 = 涉外税收/大连税收总额。

工业增加值率:这个指标反映工业增加值占工业总产值的比重,其大小直接反映外资企业降低中间消耗的经济效益,反映投入产出的效果。此值越高,外资企业盈利水平越高,投入产出效果越好。计算公式为,工业增加值率 = 工业增加值/工业总产值。

总资产贡献率:这是反映外资企业资金占用的经济效益,是反映外资企业运营全部资产获取收益能力的指标。计算公式为,总资产贡献率 =(利润总额 + 税金总额 + 利息支出)/平均资产总额。

成本费用利润率:这个指标是指实现利润与成本费用之比,反映外资企业投入产出的经济效益指标,也同时反映外资企业降低成本的指标。计算公式为,成本费用利润率 = 利润总额/成本费用总额。

全员劳动生产率:这是外资企业平均每个员工在单位时间内创造的生产最终成果,反映外资企业的生产效率和劳动投入的经济效益,用于衡量企业员工创造价值的能力。计算公式为,全员劳动生产率 = 工业增加值/全部从业人员平均人数。

FDI 业绩指数出自联合国贸发会议(UNCTAD)《2002 年世界投资报告》。此报告中首次提出引进 FDI 业绩指数和潜力指数两个指标,其中 FDI 业绩指数用来衡量和评价各国引进 FDI 的绩效。将 UNCTAD 提出的这个指数加以适当修正,可以改造为适用于大连的引进 FDI 业绩指数,可以科学评价大连引进 FDI 的业绩情况。

吸收 FDI 的业绩指数,是指在一定时期内,该地区 FDI 流入量占全国 FDI 流入量的比例除以该地区 GDP 占全国 GDP 总量的比例。计算公式为,FDI 业绩指数 =(某市 FDI 流入量/全国 FDI 流入量)/(某市 GDP/全国 GDP)。

(二)经济效应评价结论

外商投资企业所缴纳的税收,是真实体现外资对本土的贡献所在主要指标之一。从表 4 可以看到,自 2001 年以来,我市整体税收不断上涨,外资企业税收也持续上涨,并且大多年份增幅远超大连整体税收。2007 年以后,外商投资企业效益持续稳定增长,对大连财政收入的贡献不断增大。这说明大连外资企业的盈利水平相对来说是比较高的,投入产出的效果比较好。

表 4　　2001 年 ~ 2008 年大连涉外税收情况

	税收情况	税收增幅	涉外企业税收	涉外企业税收增幅	涉外企业税收占全市比重
2001	168.2	—	42.86	—	25.48
2002	179.9	6.96	35.03	-18.27	19.47
2003	200.7	11.56	31.1	-11.22	15.49
2004	221.36	10.29	43.74	40.64	18.36
2005	257.59	16.37	52.42	19.84	20.35
2006	310.3	20.46	52.49	0.13	16.92
2007	410.4	32.2	76.63	45.98	16.67
2008	500.6	21.92	104.35	36.17	20.84

资料来源:大连统计年鉴 2002 年 ~ 2009 年。

表 5　　2004 年 ~ 2008 年大连外商投资企业 5 项指标对比

	工业增加值率	总资产贡献率	成本费用利润率	全员劳动生产率	百元资产实现工业增加值
2004	26.75	9.73	6.34	109021	30.15
2005	25.96	8.84	4.51	111310	34.09
2006	29.85	8.65	4.48	133302	37.92
2007	29.91	9.36	6.08	144680	35.83
2008	24.59	3.23	1.18	151706	30.36

资料来源:大连统计年鉴 2005 年 ~ 2009 年。

从 2004 年 ~ 2008 年这段区间看来,由于 2008 年受到金融危机的影响,指标有较大变化。其余年份可以看出,工业增加值率这个指标基本上呈现稳定增长且不断增加,反映了大连外资工业企业的盈利水平较高,具有较好的投入产出比。这几年中,总资产贡献率基本上在 9% 左右波动,自 2005 年以来处于小幅增加状态。说明外资收益能力略有增加。从成本费用利润率来看,外资基本上处于略有下降,说明外资企业成本相对来说略有上升,但 2007 年的成本相对有所下降,变化趋势还有待于进一步观察。从表 5 中可以看到,全员劳动生产率处于持续增加的稳步上升中,反映了人均创造价值处于不断上升中。百元资产实现工业增加值呈现先不断增加后略有下降趋势,说明外资企业靠固定资产投入来取得的经济效益已走过峰值，部分地反映了大连产业体系的投资驱动期渐过，逐步向创新驱动过渡的态势。

从上面分析可以看出，大连利用外资的效益基本上处于稳步增长状态，说明经过近些年的发展，大连利用外资上了一个大台阶，促进了大连地区经济的持续、快速发展。目前，大连已经具备自主发展的能力和基础，从投资驱动向创新驱动转移，外资在促进全市经济发展中发挥了重要作用，大连在利用外资方面取得了不小的进步。

四、大连市外商投资企业经济效应分析

(一)外商投资企业的贡献度不断加大

改革开放后，外资大规模流入，有效地缓解了长期制约大连经济发展的资金短缺问题，弥补了储蓄缺口和外汇缺口，最直接地促进了经济增长。30 年来，外商投资企业对大连经济持续、快速、健康发展的促进作用明显，在扩大就业、增加税收、先进技术和管理经验引进方面的贡献巨大，对全市经济发展和现代化建设功不可没。2008 年，全市外商投资企业实现总产值(营业额)2159 亿元，实际出口 127 亿美元，占全市自营出口总额的 64.5%，上缴税金 76.6 亿元，吸纳从业人员 45.8 万人，人均劳动报酬 2.24 万元。

1. 外商投资已成为我市固定资产投资的重要组成部分

随着大连利用外资规模持续扩大，外资企业固定资产投资额不断增加，在全市固定资产投资总额中所占比重日趋提高，对推动大连经济发展的贡献逐步增强。改善了固定资产投资结构。2001 年全市共完成全社会固定资产投资总额 305.1 亿元，其中外资企业完成 24 亿元，所占比重为 7.9%；2008 年全市完成全社会固定资产投资总额 2513.4 亿元，其中外资企业完成 337.54 亿元，所占比重已升至 13.4%，金额已超过 2001 年全市固定资产投资总额。可见，外商投资已经成为全市固定资产投资的重要组成部分，对经济发展的支撑作用越来越大。

2. 外资企业早已成为我市对外贸易的主力军

改革开放以来，我市进出口贸易保持了年均 30% 的持续快速增长，2008 年全市自营进出口总额达 449 亿美元，全市经济增长的外贸依存度已经达到 81%。而在我市对外贸易中，外资企业早已发挥着主力军作用。目前我市有进出口业绩的外资企业 3000 多家，2008 年实现进出口总额 282.77 亿美元，占全市进出口总额的 63%，其中全年出口 147 亿美元，占全市出口总额的 61.7%。

3. 外资工业企业已成为拉动全市工业经济增长的主要力量

2008 年，第二产业对经济增长的贡献率达到 58.3%，这其中，外资工业企业功不可没。2008 年，全市规模以上外资工业企业单位数为 1509 家，占全市规模以上工业企业单位总数的 28.9%；完成工业总产值 2270.5 亿元，占全部规模以上工业企业的 39%；共吸纳从业人员 368083 人，占全市规模以上工业企业的 45.1%；完成出口交货值 1106.5 亿元，占全部规模以上工业企业的 65.4%。

(二)对产业结构的优化升级作用

1. 促进了产业结构调整升级

从20世纪80年代开始，大连借助对外开放先行优势，先后抓住劳动密集型产业、资本密集型产业以及IT为代表的高新技术产业生产制造环节大规模转移机遇，推动大连产业结构升级和技术进步，振兴了轻纺产业，实现了机电产业的迅速发展，提高了高新技术产业在GDP中的比重，不断增强了我市的可持续发展能力。服务领域通过引进国外金融保险机构、物流公司、跨国商业连锁集团等，积极发展新型服务业态，拉动消费，带动全市第三产业迈向现代化。2008年大连市三次产业构成比例已调整为7.5:51.7:40.8，对经济增长的贡献率分别为3.6%、58.3%和38.1%。当前，我市正积极抢抓全球服务业转移机遇，不断加大招商引资力度，积极吸引外资投资于现代服务业领域。

2. 提升了产业整体技术水平

大连在引进消化吸收再创新中大力提高产业整体技术水平。特别是外商投资企业对大连产业技术升级起到了积极的推动作用。大连市现代农业的发展、机电产业的腾飞、服务外包产业的崛起皆离不开外商投资企业的贡献。作为国家软件和信息服务外包产业的重要基地，2007年软件与信息服务业销售收入达215亿元人民币，同比增长48%。2008年实现高新技术产业3130亿元，比上年增长30.3%，实现高新技术产业增加值802亿元，比上年增长33.2%，占第二产业增加值的40.2%，高新技术产品出口所占比重已超10%；机电产品出口额已占全市出口总额的半壁江山。外资企业带来的先进和比较先进的技术一方面直接提高了我市相关产业的技术水平，另一方面其技术外溢效应还促进其他类型企业的技术进步，推动了全市产业整体技术水平明显提高，与发达国家的差距逐步缩小。今日的大连，以水产、畜牧、蔬菜、水果和花卉五大优势特色产业为代表的高附加值现代农业产值占农业总产值的比重已超过80%。

(三)对全市改革创新的推动作用

开放型经济的不断发展，客观上要求政府不断深化行政管理体制改革，推行阳光政务，减少审批事项，提高社会管理和公共服务的水平，更多地运用经济手段和法律手段进行宏观调控，打造高效政府，改善投资软环境。

1. 推动了行政管理体制的改革创新

为改善投资软环境，我市不断深化行政管理体制改革，推行阳光政务，减少审批事项，提高社会管理和公共服务的水平，打造高效政府。经过七轮改革，目前全市的行政审批事项已从2001年的1309项削减至127项，审批项目削减率达到90%，在全国同类城市中处于较少水平。引入ISO9000质量管理体系，使政府行政效能大幅提高，企业与政府打交道时间年均仅14.6天，处于全国先进水平。外商云集的开发区、高新产业园区及保税区等经济功能区已成为全市行政管理体制机制创新的先行区，发挥着带动、示范和辐射作用。一个崭新的服务型政府形象已经展现在企业和市民面前，优良的政务环境正在形成。

2. 推进了重点领域的改革与发展

作为科技经济体制综合配套改革试点城市，大连率先在公共服务领域引进外资，组建合资或民营公交公司、合资港口经营公司，加快了公共基础领域的体制改革步伐。通过引进外资企业开展合资合作，推动国有大中企业改组、改造、改制，基本完成了国有大中型企业改革任务。较早在污水净化、环保产品生产领域引进外资和民间资本，激活了环保市场，加大了环境保护力度；制定一系列优惠政策，吸引了国际知名跨国公司来我市发展高新技术产业，特别是机电产业和软件信息产业。

3. 加快了现代企业制度的建立

大量外资企业的进入，带来了较为完善的企业制度及与之相适应的先进管理模式、组织方式，使我市企业得以在学习和模仿中不断改进自身的生产作业方法、组织形式、管理模式、营销策略，完善产权制度和公司治理结构，加快建立现代企业制度，提高自身的管理水平和组织能力，提升企业整体素质。

(四)对城市能级水平的提升作用

1. 东北亚国际航运中心初具雏形

2003 年中央 11 号文件明确了大连东北亚重要的国际航运中心的定位。大连以此为契机，投入巨资建设航运中心重大基础设施项目，核心港区新增泊位 33 个，新增港口吞吐能力 1.1 亿吨，相当于再造一个大连港。大窑湾港汇集了集装箱、原油码头、矿石码头、汽车码头等一大批大型专业化深水码头，使大连港口的功能结构实现了重大突破，枢纽港地位凸显。沈大高速公路、烟大火车轮渡、丹大高速公路、土羊高速公路、哈大电气化铁路、哈大铁路客运专线、大窑湾疏港路等一批基础设施项目建设，为东北亚重要的国际航运中心构建了高效便捷的现代化、立体化集疏运网络体系，吸引物流、港航、地产、加工制造等行业重量级投资商纷至沓来。

2. 产业集聚效应渐显

从产业发展空间上看，大连已完成了各功能区域产业布局规划，产业集聚速度加快，初步形成了大项目拉动投资增长的良好局面。石化产业基地、船舶工业基地、现代装备制造业基地、电子信息及软件产业基地建设成效显著，产能开始集中释放，对经济拉动作用强劲。“两区一带”建设快速启动，先进制造业聚集效应初步形成。大窑湾临港区域汽车配套产业初具规模，海洋工程、船用曲轴和风电设备等重型装备产业集群基本形成。渤海岸线 STX 造船、万邦修造船项目、中远造船项目全面启动。以集成电路为主的微电子产业发展取得重大突破，投资 25 亿美元的英特尔超大规模集成电路项目已开工建设。

3. 城市知名度显著提高

20 多年的改革开放，不仅使大连人的眼界、意识、精神风貌、文明程度以及生活方式发生了巨大变化，也使大连这座百年城市蜚声海内外，国际影响力大幅提升。荣膺首批全国文明城市、中国最佳旅游城市及国际花园城市，成功举办两届世界最大的非官方会议——中国夏季达沃斯年会，多次举办亚太高官会议、WTO 小型部长会议等大型国际活动,深得国内外人士好评的每年一度的大连国际服装节、赏槐会等,都为提高城市美誉度立下卓著功勋。先后被评为我国最富活力城市、市民最满意城市、综合经济实力最强城市之一等,更使大连声名远扬。今日的大连正朝着国际性城市的目标大踏步迈进。

(五)对大连东北龙头地位的强化作用

1. 口岸和区位优势日益显现

我市积极借助对外开放先行优势,通过招商引资不断推进东北亚国际航运中心、东北亚国际物流中心和区域性金融中心建设,提升对东北地区的辐射作用,增强为其他沿海城市和内陆腹地服务能力,肩负起引领和带动东北地区实现振兴的重任,成为东北地区进入国际经济大循环的重要桥梁和纽带。据海关统计,2008 年东北三省进出口总额 1086.7 亿美元,其中大连地区内企业(含省公司)完成进出口总额 470.41 亿美元,占东北地区进出口总额的 43.3%、辽宁省的 64.9%。大连港成为东北地区重要的出海口和物流集散地。2008 年大连沿海港口货物吞吐量达到 2.46 亿吨,其中外贸吞吐量 0.86 亿吨,集装箱吞吐量 452.5 万标箱。东北地区 70% 以上的海运货物和 90% 以上的外贸集装箱经由大连出口到世界各地。大连是中国北方金融业最集中的城市,拥有东北地区唯一一家外汇交易中心,外汇交易和结售汇总额占辽宁省的 2/3,国际结算量占东北的 50% 以上。

2. 产业辐射、带动作用明显增强

我市从 20 世纪 80 年代开始通过招商引资与国外企业开展合资合作,推动产业结构升级和技术进步,提高了高新技术产业在 GDP 中的比重。通过发展高端产业,带动了东北地区的产业结构调整和优化及新兴产业基地的建设。特别是发展电子信息和软件产业及现代服务业,使我市产业竞争力和辐射力不断提升。目前,我市的信息产业总量占东北三省的 50% 强,占辽宁省的 70% 强;软件业销售收入占辽宁省的 50% 多。伴随英特尔芯片项目的落户,我市将成为我国重要的半导体集成电路产业制造基地,必将对全市乃至东北地区的产业结构产生深远影响。

五、影响大连外商投资企业经济效应的因素分析

根据上述分析,我们可以看出,大连利用外资的效果从纵向来看,取得的效益较为令人满意,但与深圳、宁波、青岛等城市横向比较可以看出,在全员劳动生产率等方面还是有着较大差距。影响大连利用外资效益的因素主要有以下几个方面的问题。

(一)对外资企业效益问题重视不够

对地方政府来说,有着发展本地区经济的重要任务,而政府工作绩效仍然以经济总量和增长速度为主要指标,受传统 GDP 观念的影响,大连市的各级政府把利用外资的规模作为经济增长的重要尺度,过分追求引进外资的数量。对地方政府来说,还一项重要任务就是解决本地区大量人员的就业问题。在许多情况下,外资尤其是低水平的劳动密集型外资项目创造了就业,给当地政府解决了大量的人员就业问题。因此,这就大大强化了某些地区利用外资的迫切性,特别是大大强化了利用劳动密集型外资产业(低层次

产业)的积极性,从而使某些地区过于重视利用外资的数量规模与项目个数,而对引进外资的效益问题有所忽视。另外,有些外资企业不仅获得了国家统一的减免税优惠期,而且在地方又获得了追加的优惠期。但即使这样,有些外资企业仍然通过转移价格等各种方法造成不盈利甚至亏损,使得大连的涉外税收有所减少。传统的政绩考核方式使得人们极为关心利用外资的数量规模与项目个数,而对利用外资的质量则重视不够,这成为影响大连利用外资效益的一个原因。

(二)技术含量高的项目不多

外商直接投资在大连主要投资于传统制造业,即使在电子信息产业等高新技术产业领域,也大部分为技术含量较低、附加值较低的加工组装环节,缺少核心技术。而外商投资企业特别是跨国公司为了保持技术垄断优势,不愿意向相关产业"外溢"技术,国内企业无法接触核心技术,更无法通过"干中学"对先进技术进行模仿、创新,进而实现技术赶超的战略目标,即使有一些具有独立知识产权的中、高技术产品,也大都属于低端产品,在质量、性能、外观设计等方面无法与发达国家相提并论,对中方来说,仅增加了一定的税收,解决了部分劳动力就业。

(三)外资投向过分集中于第二产业

虽然大连利用外资规模连年增加,但外资投向主要集中于第二产业,而第一和第三产业利用的外资较少,大连第二产业利用外资的比重一直在60%以上,第二产业比重过高,服务业发展相对滞后。另外,目前国际资本由第二产业向第三产业转移的趋势比较明显,而受第二产业尤其是工业快速增长的影响,大连服务业 GDP 的比重却略有下降。因此,外资投向过分集中于大连第二产业,而同时服务业基础相对薄弱,市场化程度不够高,承接和利用外资的能力还不强,这成为影响大连外资效益的一个原因。外商一般投资于资金少、见效快、周期短的行业,第二产业特别是制造业一直是大连利用外资最多的行业;而基础较大的第一产业由于需要的投资较大,回收周期比较长,利用外资一直比较少;而附加值较高的第三产业虽然发展比较迅速,但是利用外资的总额仍然比较少,其中,传统服务业、房地产业是吸收外资最多的行业,约占第三次产业的70%左右,而银行、保险、商业、外贸、信息、科研服务、通讯等其他行业,却由于体制、政策障碍刚刚开始,吸收外资数额很有限。

(四)外资来源地相对过于集中

近几年来,外资来源已由最初的以日本、中国香港为主扩展到了全球80 多个国家和地区。按地域划分,大连的外商直接投资主要来源于亚洲。据统计显示,截至2007 年年底,来自亚洲地区的直接投资项目数已达9694 家,占全市外资比重高达76.6%。按国别和地区划分,主要以日本、美国、韩国和欧盟为主。大连的外资日趋集中,其中亚洲国家或地区居多,利用外资的国别比较单一。外商投资来源主要集中于少数国家和地区,这种状况制约了大连利用外资层次多样化和规模的扩大化,造成外资的波动性和不确定性,这成为影响大连利用外资效益的一个原因。

六、提高大连外商投资企业经济效应的总体思路

经过改革开放30多年的经济高速增长，我市经济总量即将跃上5000亿元关口，人均GDP即将超过10000美元，经济发展水平即将进入高收入国家和地区的行列。"十二五"乃至未来更长时期的发展中，我市面临的主要任务是全面贯彻落实科学发展观，加快推进大连经济和社会发展的转型升级。未来中国东部沿海发达地区和内陆中心城市的竞争，主要不是速度和规模的比拼，而是发展质量、发展水平和发展阶段的竞争。因此，我市吸引外资工作要顺应这一发展趋势，按照大连未来长远发展的根本要求，把吸引外资的工作重心转移到促进全市经济和社会发展的转型升级上。

(一)指导思想

大连吸引外资工作必须以科学发展观为指导，以服务于大连市科学发展、创建中国北方科学发展示范城市为宗旨，紧紧抓住辽宁沿海经济带开发开放上升国家战略机遇，坚持把吸引外资作为发展开放型经济的第一推动力，遵循和探索国际投资的基本规律、中国对外招商引资的基本规律和大连市引进外资的基本规律，创新对外招商引资的管理体制和运行机制，进一步提高吸引外资的质量与水平，提高外资企业的经济效应，使吸引外资工作与市场经济体制相适应，与推动经济发展方式转变相适应，与大连市经济又好又快发展和实现转型升级相适应。

(二)战略转变

根据上述指导思想，吸引外资与提高外资企业经济效应要努力实现五个转变：

1.加快实现由吸引外资主要促进经济增长向主要促进经济转型升级转变

在吸引外资中，要十分注重引资速度、引资规模和经济效应，充分利用外资促进经济快速发展的同时，把吸引外资的目标和重点切实转型到保护资源环境、转变发展方式，促进大连经济转型升级上来。

2.加快由过去的无选择吸引外资向按照城市功能定位和产业结构优化目标进行吸引外资转变

克服以往在吸引外资中存在的不挑不拣、多多益善、剜进筐里就是菜的习惯，要按照科学发展观和大连转型升级的总体要求进行有选择地招商，提高外资质量、优化外资结构，发挥外资的改造提升和促进作用。

3.加快由过去的以优惠政策吸引外商为主向主要营造良好的产业成长环境和企业发展环境转变

以往吸引外商更多的是靠土地、税收等优惠政策，今后要在提供必要的优惠政策的同时，重点放在个性化的产业成长环境和企业发展的综合环境建设上，逐步实现主要依靠产业环境招商。

4.加快由以安商富商为主向以安商富商和惠民富市并重转变

过去我们偏重于如何为外商提供良好的环境，对外资企业实行特殊待遇，强调和保证让外资企业赚取更多的利润。今后要在为外资企业提供良好公平的投资环境的同时，

同等关注财政收入和职工收入，进一步提高外资企业对财政收入的贡献率，变引进外商扩大就业为引进外商富裕市民。

5. 加快由引进外资与培育内资有所脱节向充分利用外资带动内资企业发展转变

在引进外资中要保证为内资企业发展提供同样的发展空间和发展机会，要引导外资企业带动内资企业的发展，提高内资企业的技术创新能力、适应国际惯例和应变市场的能力，带领内资企业走向国际市场。

（三）功能定位

依据如上指导思想和战略转变的要求，确定大连市吸引外资与提高外资企业经济效应的功能定位。

1. 区域服务功能定位

东北亚地区重要的国际投融资中心。与大连东北亚重要的国际航运中心、物流中心和区域金融中心相配套、相协调，逐步把大连建设成东北亚地区的重要国际投融资中心城市。

东北地区吸引外资综合服务中心。服务东北老工业基地振兴战略和辽宁沿海经济带开发开放战略，加速把大连建设成为东北地区吸引外资提供综合服务的窗口和平台。

2. 经济发展功能定位

今后吸引外资对大连市经济发展的主要功能作用是：提高外资经济效应，提高经济增长质量，优化产业结构，提升城市功能，加快富市惠民，促进大连转型升级。

七、提高大连外商投资企业经济效应的对策

随着大连利用外资的进一步发展，利用外资方式更加多元化，作为我国东部沿海尤其是东北地区重要城市，利用外资的效益更加重要，在一定程度上可以说，对外资的有效利用程度将是决定大连市经济能否持续、快速、健康发展的重要标志。在今后的利用外资过程中，我们要大力实施国际化战略，坚持扩大规模与提高质量并举，切实提高大连利用外资的效益。为此，我们应重点解决以下几个问题：

（一）进一步增强吸引外资的能力

1. 建立科学的利用外资考核评价体系

结合全面落实科学发展观和建设和谐社会的要求，我市应建立体现外资质量和贡献度的指标，建立科学的利用外资综合考核评价体系。科学评估外资效益并不能简单地以利于外资的数量规模和项目个数作为经济发展的指标，要把利用外资的“数量导向”转变为“质量导向”，把利于外资的“经济导向”转变为“经济社会综合发展导向”。具体到大连，建议不规定引进外资的具体增长指标，着重考核招商引资带来的能耗、土地资源消耗、技术含量、对内资的拉动效果，以及对环境的影响等。要把利用外资与大连产业发展有机结合起来，与大连正在实施的一系列重大战略措施结合起来，引导外资重点投向高新技术产业、装备制造业和现代服务业，鼓励外资企业加强原材料、零部件本地化配套。继续吸收外资发展加工贸易，促进加工贸易转型升级。积极争取跨国公司在大连设立战

略投资项目、研发机构和地区总部，建立生产制造基地、物流配送基地，促使外商转让关键和核心技术，吸引跨国公司转移更高技术水平的加工制造环节，更好地发挥外商投资企业的技术溢出效应。

建立科学的利用外资综合考核评价体系，要着重评价引进外资的技术层次、附加值、投资强度、产业关联度，减少能源消耗和环境影响，对引进高新技术企业、研发机构、服务业、农业利用外资等方面做出具体评估。对外贸易从规模总量、增长质量、竞争能力等方面，着重评价产品经济效益、国际市场份额以及品牌和自主知识产权产品所占比重等。加大监管力度，严禁将有毒有害物和垃圾转移到大连，对招商项目进行经济、社会与环境三方面评析，将招商引资重点放在引进资源节约型、科技创新型、生态环保型项目上。实施并不断完善重点工业园区评价体系，注重全方位考察开发园区集约发展程度，在此基础上，逐步形成全市开放型经济评价体系。

2. 政府主体招商引资体制亟待改善

招商引资工作关系到区市县领导业绩，在实际工作中县域招商模式仍然是政府唱主角。以政府为主导的招商模式在利用外资初期确实发挥了积极作用，但随着国际产业转移向高端发展趋势，随着国内工业化进程加快以及专业化分工协作更趋细致，随着优惠政策的内外资逐步统一，土地出让、税收优惠以及行政公共资源处置权利设限等，使政府作为招商引资主体，显然很难适应全球经济一体化背景下，招商引资市场化、专业化趋势要求，这一问题在县域市区相对更为突出。因此，各级政府要树立正确的利用外资政绩观，正确处理好地方政府利益与全局利益，切实调整和转变政府经济管理职能，尤其是当前经济全球化给大连利用外资战略带来的新机遇和挑战。实现政府从微观参与转向宏观管理，从插手包办转向营造投资环境、做好产业规划、搭建服务平台上来。建议今后在党政干部参与引进资金项目过程中，一律不得向党政干部发放任何形式的招商引资奖金等物质性奖励，以防止官员在引进资金中的盲目性。因此，大连利用外资的重点要围绕转变经济发展方式为中心展开，采用更加能体现国民福利提高的新指标（如外资企业的税收、就业率、人均可支配收入等）来进行评价。

3. 进一步创新利用外资方式

实现招商引资方式转变和创新的关键是建立政府主导推进、中介机构和企业为主体、多方及参与的全方位立体化招商引资体系。同时，主要通过市场化运作，提高专业化、特色化、集约化招商水平。当前，我市要根据产业结构调整和企业发展需要，积极鼓励支持外资以并购、参股、再投资等多种方式，参与国有企业的改组改造，进一步盘活国有资产。积极支持外资并购民营企业，提高大连民营经济总体水平和国际竞争力。鼓励外资通过特许经营、股权转让等方式进行基础设施建设和经营，积极推行有条件的国有企业和民营企业在境外上市。大力推动企业合资合作产业基金、国际风险投资基金等方式引进外资。抓紧制定出台相关的政策意见和操作方法，大力发展中介服务机构，建立健全企业产权交易市场，尽快设立跨国并购审查登记制度，推动大连企业与跨国公司进行资产重组。同时,以世界500强企业和行业内知名企业为对象,做好以产业为主题、企业为主体、政府为主导的招商选资工作。大力开展创业招商、主题招商、专业招商、委托招商、中介招商、以商招商、网上招商、人文招商等针对性强和符合惯例的招商方式,提高大连招商引资实效。

4. 加大吸引跨国公司战略性投资力度

紧紧抓住跨国公司全球战略性调整的机遇,鼓励跨国公司在大连设立地区总部,以及研发中心、营运中心、技术服务中心、采购中心、物流中心、培训中心、财务中心和配套基地等,大力发展总部经济。进一步增强全市大企业吸收跨国公司投资的紧迫感,促进大企业与跨国公司开展全方位合作,推动大企业与跨国公司建立战略联盟关系。同时,适应跨国公司投资项目产业链长、产业关联性较强的特点,积极制定鼓励中小企业与跨国公司的配套服务政策,力争使更多的大连企业和配套产品进入跨国公司特别是世界500强企业全球生产和营销网络。

(二)引导外商投资的产业导向

1. 加大新兴产业利用外资的力度

在新形势下,大连应以更加积极的姿态去主动适应国际市场的需要,加快大连产业结构调整的步伐,在利用外资先进的技术和管理方法嫁接改造传统产业优化升级和产品的更新换代的基础上,使外资的投向结构进一步优化,把利用外资同提升全市产业结构、技术水平等更好地结合起来。坚持高标准、高起点招商选资,积极引导外资更多地投向高新技术、装备制造业、现代服务业,更多地引进高端产业、终端产品、环保型项目,严格控制低水平、高耗能、高污染项目。鼓励外资参与国有企业改组改造,推动国企与世界先进技术、管理经营模式加快对接。在大连批准设立风力发电、生物能源、城市污水处理、海水淡化和新型环保项目的基础上,要努力使先进制造业和新能源、新材料、节能环保产业成为外商投资热点。

2. 以产业集聚承接大规模国际资本转移

按照市委、市政府的部署,以开放先导区和重点工业园区为载体,认真贯彻落实辽宁沿海经济带开发开放战略,进一步促进与跨国公司开展全方位合作,按照"核心企业—产业链—产业集群—制造基地"的发展思路,围绕重点大项目,促进产业集群和产业配套,利用产业集群下的资源共享和规模效应,增强产业集群的竞争力。当前要深入分析国际资本和产业转移的新趋势、新特点,适时调整招商引资的工作重心,以掌握工作的主动权,取得更大的先发效应。要根据美、日、欧对外投资意向逐步增强的新情况,重点研究其企业、产业的状况,从生产成本、市场定位到投资需求、研发能力等,全面系统地评价分析,有针对性地宣传我们的比较优势和发展环境,积极创造更为有利的条件,争取新一轮产业向大连转移。要根据跨国公司投资的新特点,大力引进产业关联度高、辐射力大、带动性强、产业链长的龙头型、基地型项目,鼓励企业有条件的企业与之配套协作,不断完善产业集聚、企业集群,深化集群的本地网络和根植性。

3. 着力推进现代服务业发展与对外开放

抓住新一轮服务业跨国转移的重大机遇，采取综合配套措施，积极承接体现国际服务业发展趋势的现代服务业、与制造业密切相关的生产性服务业、以信息和生物技术为代表的知识性服务业、能够推动大连对外服务贸易发展的外向服务业，使外资服务业在行业分布、投资规模、持股比例等方面与大连国民经济需要以及其他产业的发展相协调。为此，大连加快发展的重点行业和领域是：金融保险业、港航物流业、信息服务业、科技服务业、文化创意产业、商务服务业、会展业、旅游业和现代商贸业。

服务外包是当前国际产业转移的新趋势，是利用外资的新领域、新方式。大连拥有发展服务外包的良好条件，要增强机遇意识，提高认识，积极承接国际离岸服务外包。要尽快制定和不断完善相关的政策措施和指导意见，加大对大连服务外包企业的扶持力度，推动服务外包企业做大做强；要充分发挥大连"国家服务外包基地城市"的平台作用和龙头带动作用，建立服务外包承接体系，选择一批具有服务外包发展基础和增长潜力的区域打造服务外包示范园，大力培育一批具有自主知识产权、自主品牌和高增值服务能力的服务外包企业。以主动承接日本、韩国、美国、欧洲等国家和地区著名跨国公司的离岸外包为重点，大力吸引与承接全球外包。进一步完善服务外包的扶持政策，在放宽市场准入、专项资金投融资、国内外包市场开拓、技术创新、知识产权保护等方面给予大力扶持。要抓好人才引进与培养工作，将服务外包急需的各类人才列入招才引智重点；要积极开展服务外包招商促进活动，建立服务外包公共服务平台，进一步拓展大连服务外包发展空间。

(三)引导外商投资的区域投向

优化外资的区域配置结构应处理好全市区域间的关系问题，抓住产业转移机会，有的放矢吸收外资，通过加强对利用外资的分类指导，促进各区域发展相协调，形成互为依托，互为补充的特色产业集群和集聚发展效应。要充分尊重市场选择和大连市产业整体规划布局，合理、动态地调整产业布局，做好产业链的配套与衔接。充分利用我市鼓励发展特色产业的政策，围绕各区域的核心项目，发挥各自比较优势，积极引导与其配套的上中下游产业的集聚，形成错位竞争的特色产业。

1. 提高主城区引资质量

中心区域也就是主城区，主要包括市内四区，其基础设施完善，要素市场发达，传统服务业基础好，未来一个时期要在现有的基础上，继续扩大对商业、信息咨询、中介服务机构、旅游等服务贸易领域和房地产开发、基础设施建设领域的招商引资，大力吸引外资进入金融、物流、文化、会展、商贸等现代服务业领域。依托软件园的现有基础，通过吸引有实力的外资，培育软件技术、产品研发和设计能力，推动软件出口。

2. 提高开放先导区引资水平

根据全市经济发展特别是扩大对外开放，提高开放型经济水平的总体要求，新时期经济园区建设必须深入贯彻落实科学发展观，以增强国际竞争力为出发点，加快转变发展方式。主要是:从以扩大招商引资规模为主向注重提高质量效益转变;从发展制造业为主向发展先进制造业和现代服务业并重转变;从主要依靠政策优势向依靠体制优势、制度保障和良好服务转变;从发挥精干高效体制优势向全面推进综合配套改革转变。努力把开放先导区建设成为高新技术产业、现代服务业和高素质人才的集聚区,成为改革开放、科技创新、发展循环经济的先行区,成为全市科学发展、和谐发展、率先发展的示范区。进一步提升国家级开发区发展水平,努力将其建成促进大连经济发展和扩大开放的重要载体,特别是成为具有国际竞争力的现金制造业基地、高新技术产业创新基地和现代服务业基地。全面提升重点工业园区发展水平,努力将其建设成为先进产业的集聚区、科技创新的先导区、体制创新的示范区和现代化的新城区。大连开发区应抓住英特尔芯片项目落地和相关配套项目的跟进,重点发展电子信息和汽车整车及零部件产业。大连保税港区要按照"三步走"的目标,积极探索开放型经济先行先试工作。加快保税区、出口加工区等特殊功能区建设步伐,使之充分发挥在扩大开放中的示范、窗口、辐射、带动作用。

3.加大重点工业园区的引资能力

2009年7月经国务院批准,辽宁沿海经济带开发开放上升为国家战略,给大连带来了千载难逢的发展机遇。确定大连要发展成为现代产业的集聚区,集聚更多的生产要素,国家级开放先导区是重要的载体。发展园区经济是我市的一大优势,在全市发展开放型经济的进程中占有举足轻重的位置。目前,大连重点工业园区已经进入快速成长期,在体制机制上居先进水平,在招商引资上有良好的现象,在引进项目上具有广阔的承载空间。

要认真组织编制和实施重点工业园区中长期建设发展规划,组织国内外高水平的规划设计单位,在更高层次上谋划园区的建设和发展。采取"超前投入、滚动开发、配套跟进"的开发建设思路与策略,采取多种途径,筹措多方资金,推进园区内沿海废弃盐滩与滩涂、骨干路桥的拓展和区域路网的完善,实现成片、连片开发,营造承接大项目的平台和载体。按照"产业集聚、企业集群、主业突出、特色鲜明"的要求,科学选择和确定产业发展方向,推进重点工业园区产业优化整合,构筑特色产业。鼓励工业项目、关联企业、配套项目向园区集中,加快形成规模效益和竞争优势,把重点工业园区建设成为大连对外开放的主阵地,成为先进制造业和高素质人才的集聚区。按照"集中、集群、集约"的原则,明确产业发展方向,促进产业结构进一步向特色化、专业化方向发展。逐步提高"招商选资"门槛,以引进产业关联度大的龙头项目为重点,突出以产业链、高技术、低能耗为主体的先进制造业。各园区从自身实际出发,集约利用土地资源,对工业项目的投资强度、产出密度、税收等多方面制定相关的用地标准,努力提高土地利用率。长兴岛临港工业区要在辽宁沿海开放中发挥引领作用,加快构建世界级船舶和海洋工程及配套产业基地。花园经济区应积极探索建立国家级新材料产业基地。旅顺口区和长海县积极创造条件,争取国家批准全域开放。

（四）进一步完善外资来源结构

随着大连利用外资规模上的扩大，外资来源结构对大连经济可持续发展的影响也越来越大。目前，大连外资来源主要集中在日本、中国香港、美国、欧盟和韩国，其中，亚洲国家（地区）居多，利用外资的国别比较单一。这种相对集中的外资来源结构，极易增加外资风险，造成外资效益的波动性和不确定性，不利于进一步提高大连利用外资的质量。今后，应遵循"重点突破、巩固发展、深度开发、积极开拓"的原则，多元化、多层次、多渠道地积极开拓新兴市场，深度开发传统市场，加大吸引欧盟等对外直接投资大国在大连的投资力度，避免引资区域的单一化，有效地规避某个地区金融危机和经济波动的风险传递。形成布局合理、重点突出、层次分明的多元化市场结构，改变目前大连利用外资高度集中于少数几个国家和地区的状况，从而更好地降低潜在的风险。

（五）努力营造具有竞争力的外商投资环境

环境是生产力，环境是竞争力。在开放型经济的竞争中，投资环境起着根本性、长远性的作用。开放型经济的程度越高，投资者对投资环境提出的要求也越高。面对激烈的国际和区域竞争，必须不断优化和改善投资环境，力争在更高层次上实现软硬环境的和谐统一。改善投资环境，"硬件"是基础，在硬环境的建设应有长远眼光，做好全面发展规划，有步骤地加以实施，要尽可能地集中人力、物力和财力加快通讯、供电、供水等基础设施的基础产业的建设，在交通基础建设方面，全面加强公路、铁路、机场和港口建设，进一步完善路网布局，提高等级标准，增强服务功能，尽快消除基础产业的瓶颈制约，强化更大范围的资源整合与有效配置，创造国内一流的水平；在继续加强硬环境建设的同时，努力创造适于外商产业和发展的软环境，从思想观念、行为方式、法律规范和政府行为等方面加快与国际惯例接轨，加强对外宣传，树立大连对外开放的良好形象。要强化构建信息化支撑的现代公共服务平台，创造全新的管理服务理念和网络化、信息化服务新方式。从以前依靠政策、土地优惠向完善市场建设、完善市场规范转变，打造以规则为基础的投资环境。

进一步优化政府服务。切实加强依法行政和服务型政府建设，大力推进电子政务、网上办公，简化行政审批程序，优化"一站式"、"一次告知限时办结"等有效工作制度，提高政府部门服务发展的工作效率和政策透明度，为企业提供优质、高效、公开、透明、低成本、可预见的服务，提高外国投资者的自由和便利程度，增强海外投资者在大连投资的信心。家大外商知识产权保护力度，规范涉及外商投资企业的收费和检查行为，确保外商投资企业在经济活动的自主权和平等地位。积极推行电子政务，实现联网管理、资源共享，力争为各类企业提供"零距离"、"零投诉"服务。各服务业行业管理部门应加强对本领域利用外资工作的研究，以放宽和取消限制为重点，积极制定鼓励外资进入、提高服务业发展层次的政策意见和工作措施，并加强与国家和省有关部门的联系，畅通服务业项目审批渠道。继续推进社会诚信体系、人才"高地"、商务"盆地"、"大通关"工程等的建设，切实把大连建成称心、安全、有回报的投资热土。

《大连外商投资企业经济效应实证研究》课题组成员

课题领导小组：

顾　问：戴玉林　大连市人民政府　副市长

组　长：李　才　大连市政府发展研究中心　主任　教授

　　　　刘德春　大连市对外贸易经济合作局　局长

副组长：李文语　大连市政府发展研究中心　副主任

课题组：

负责人：王文清　大连市政府发展研究中心开放研究室　主任

　　　　刘国志　大连市对外贸易经济合作局办公室　主任

成　员：陈培志　大连市对外贸易经济合作局外资管理处　副处长

　　　　王金成　大连市政府发展研究中心开放研究室　助理研究员

建设创新型城市中提高大连市政府科技管理效能的对策研究

杨大海　王盛兴　张永欣　张　娜

政府科技管理效能在创新型城市建设中扮演着重要的角色,是优化科技创新环境,提升自主创新能力的重要依托。许多创新型国家之所以在科技创新方面取得骄人成绩,不能不归功于较高的科技管理效能。科技管理效能的高低,在一定程度上决定着创新型城市建设的进展及成败。大连市在《大连市关于提高自主创新能力加快推进创新型城市建设的意见》《大连市科学和技术发展"十一五"规划》中提出了建设创新型城市的发展目标,这为政府科技管理带来新的挑战,如何加快科技管理体制改革,提升科技管理效能是摆在大连市政府面前的一项重要任务。

一、创新型城市建设与政府科技管理效能的关系

(一)创新型城市建设概述

1. 创新型城市定义

创新是一个民族进步的灵魂,是国家兴旺发达的不竭动力。在《中共中央国务院关于实施科技规划纲要增强自主创新能力的决定》《国家中长期科学和技术发展规划纲要(2006年~2020年)》中明确提出,我国要建设创新型国家,经过15年努力,到2020年使我国进入创新型国家行列。一般来说,要进入创新型国家行列,应满足以下几个条件,即:科技进步贡献率在70%以上;研发投入占GDP的比例一般在2%以上;对外技术依存度指标一般在30%以下;此外,所获得的三方专利(美国、欧洲和日本授权的专利)数占世界数量的绝大多数。对我国来说,建设创新型城市的核心就是把增强自主创新能力作为调整产业结构、转变增长方式的中心环节,建设资源节约型、环境友好型社会,推动国民经济又好又快发展。

我国提出建设创新型国家的战略后,各省、市,各地区纷纷出台意见、规划和政策明确提出提高自主创新能力,建设创新型省份、创新型城市的目标。那么,什么是创新型城市?到目前为止,创新型城市还没有一个统一的定义,不同的研究人员从不同角度各有侧重,但在其包含的基本内容上还是大同小异的。一般来说,创新型城市是指主要依靠科技、知识、人力、文化、体制等创新要素驱动发展的城市,对其他区域具有高端辐射与引领作用。创新型城市不仅仅是科技创新,而是科技、产业、制度、体制、机制、文化等的全

面创新。在我国，建设创新型城市的核心就是提高城市的自主创新能力。

2. 创新型城市要素构成

一般来说，创新型城市有以下四个驱动要素构成（见图1），即：

（1）创新资源——创新活动的基础。包括人才、信息、知识、经费等。

（2）创新机构——创新活动的行为主体。包括企业、大学、研究机构、中介机构、政府等。

（3）创新机制——保证创新体系有效运转。包括激励、竞争、评价和监督机制等。

（4）创新环境——维系和促进创新的保障。包括创新政策、法律法规、文化、政府科技管理效能等软环境；信息网络、科研设施设备等硬环境；以及参与国际竞争与合作的外部环境。

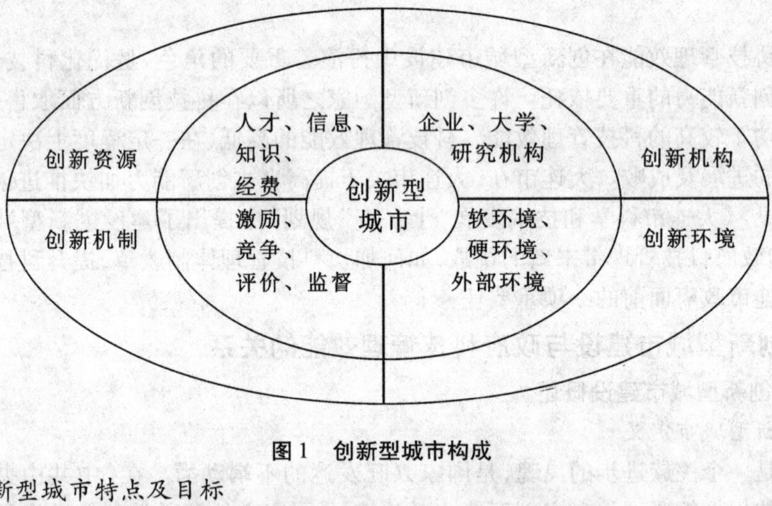

图1　创新型城市构成

3. 创新型城市特点及目标

创新型城市一般有以下几个特点：即创新性、系统性、内生性、可持续性、集聚性和开放性。创新型城市的目标在于实现三个根本转变：第一，实现从城市的传统发展观向科学发展观的根本转变；第二，实现城市经济增长方式由要素和投资驱动向创新驱动的根本转变；第三，实现从不平衡发展向和谐、协调发展的转变。

4. 创新型城市指标体系

一般来说，一个城市是不是创新型城市，主要从以下几个方面的指标来进行衡量：

（1）创新能力：科技资源、人才、企业、科研机构、科技贡献率等；

（2）创新投入：全社会 R&D 投入、企业投入、政府科技投入等；

（3）创新产出：专利、高新技术产品产值、生产总值等；

（4）创新体制：科研管理体制、激励机制、评估机制等；

（5）创新环境：文化、人文、政策、政府效能、外部环境等。

具体来说，要想成为创新型城市，至少应满足以下几个条件，即：城市技术对外依存度低于30%；技术进步对经济增长贡献率超过70%以上，发明专利申请量占全部专利申请量超过70%以上,企业专利申请量占全社会申请量超过70%以上;社会研发投入占国内生产总值的比重超过3%以上,企业研发投入占销售收入超过4%以上;建立健全以企业为主体,以市场为导向,产学研结合的自主创新体系,政府科技管理效能高,创新环境良好等。

总之,政府在建设创新城市中扮演着重要角色,创新型城市建设成败关键就在于政府是否建立起运营高效的科技管理体制。

(二)政府科技管理效能概述

1. 定义

(1)政府科技管理

什么是科技管理?美国国家研究委员会(NRC)在1987年的报告中将科技管理定义为:科技管理是一个包含了科技能力的规划、发展和执行,并且用来规划和完成组织营运以及策略目标的跨科别领域。科技管理的目的在于鼓励创新,促进经济成长和增进全人类的利益。短期的科技管理包含品质改善程序、高效率的制程设计等,长期的科技管理内容则包含了整体性、策略性的科技预测与规划。

什么是政府科技管理?政府科技管理属于公共管理的范畴,是以政府为核心的科技主管部门整合科技资源,对社会科技发展、科技创新进行有效治理的一套制度、体制和机制的安排。实现政府科技管理的主要手段是制定实施政策、法规、规划、标准和进行监督等。政府科技管理部门的职能除了科技奖励、科技保密、科技统计、与科技相关的知识产权的保护工作、科技经费管理等归口性和支撑性工作以外,其更重要的职能是:进一步理顺政府和科研院所、企业、事业单位的关系,确立企业创新主体的地位;重点研究和制定科技发展战略,组织编制各类科技发展规划、计划;从行政手段、直接管理为主向以经济政策、法律法规和间接管理为主转变,成为制度的供给者和政策、规划的制订者;从管理政府科研机构、科研项目和科研设施为主向促进全社会公民科学素养的提高,增强科技竞争力及科技对经济、社会发展的支撑作用转变。

(2)政府科技管理效能

什么是效能?效能主要指办事的效率和工作的能力。效能是衡量工作结果的尺度,效率、效果、效益是衡量效能的依据。效能建设的根本目的是运用各种科学管理的手段、制度和载体,调动工作人员的积极性、主动性和创造性,不断提高工作人员的办事效率和工作能力,提高为人民服务的质量,保证党和政府的方针政策得以贯彻落实。

什么是政府科技管理效能?所谓政府科技管理效能就是指政府从事科技管理的效率和能力,提高政府科技管理效能是科技事业健康发展的前提和保障。政府科技管理效能建设是管理科学的重要组成部分,是一种高层次的管理形式和载体,是以效能为基本目标,以实现优质高效为目的,把管理的诸要素有机结合在一起依法履行职责的管理活动。科技主管部门及其工作人员是效能的体现者,是效能的主体;科研工作者是科技管理效能建设的受益者,是客体。政府科技管理效能建设的主体行为是一种以管理为手段，以服务为宗旨，以满意为目的的行政行为。因此，效能建设的着力点是要强化对主体行为的约束，更好地服务客体，寓服务于管理之中；同时让客体能有效地监督主体，以获得满意的服务。要建立多维监督制约机制，将科技管理的全过程置于社会全方位的监督之下，坚持依法行政，提高科技管理效能，建立良好的科技发展行政环境。

2. 内涵

科技管理作为政府的一项重要职能，是指政府或政府职能部门，对辖区范围内的科学研究及技术开发等活动进行的宏观管理。包括确定并贯彻科技发展方针和战略、出台并执行科技政策和法规、实行科技体制改革，以及科技经费的筹集和分配、人力物力及信息资源的配置等。

政府科技管理效能就是政府根据科技活动的特点，通过对科技活动自身规律及其外界环境的发展变化的不断认识，通过对科技管理体系的完善以及重建，实现对全社会科学技术活动的有效调节与控制，促进科技创新与科技进步的效率和能力。加强政府科技管理效能建设的核心就是要保障科技资源的充分、有效利用，提高科研水平和效率。

随着全球科技的迅猛发展，科技研发的深度和广度不断拓展，许多新兴学科不断出现，学科交叉、融合、渗透的现象越来越普遍，一些重大、原始性的科技创新表现为群体突破的态势，对科学研究和技术开发所依托的科学仪器设备、科学文献数据等科技资源提出了更高的要求。加强政府科技管理效能建设就是要在政府科技管理的目标、组织、领导和控制等各方面，形成全新的管理理念，探索独特的管理方法，通过深化科技管理体制改革，制定实施政策、法规、规划、标准和进行监督等手段，优化科技资源配置，发挥各类科技资源的最大效率，调动科研人员积极性，促进科学技术创新与发展。

3. 构成

一般来说，政府科技管理主要包含以下几个内容（见图2），即：制定科技发展战略、制定科技发展政策、整合科技资源、指导管理科研机构、科技计划项目管理、财政科技经费监管、科技项目绩效评估、科技奖励、科技统计、知识产权保护、建立专家咨询制度、营造科技创新环境等。而政府科技管理效能就是政府在上述几个方面所表现出来的效率和能力。

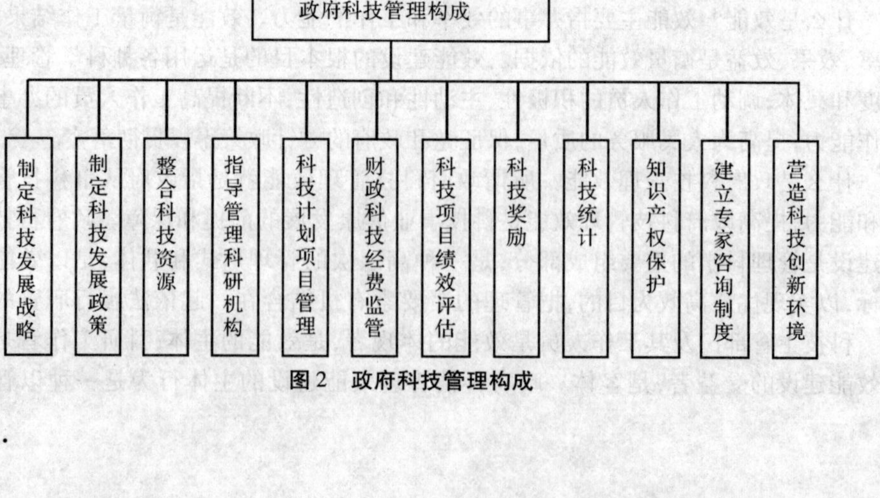

图2　政府科技管理构成

4. 特点

政府科技管理效能的实质,就是对全社会的科学技术活动进行有效调节与控制所表现出来的效率和能力。政府科技管理是对科学技术这样一种人类特殊的知识生产和社会活动的管理,因此,具有与其他管理所不同的特点,主要表现在以下几个方面:

第一,科技活动具有较大的灵活性,即不确定性。由于科技活动更多的是以探索性、创造性为主的脑力劳动,工作过程中出现的问题往往难以预料,因此其工作计划或方案常常需要不断地修改变化。

第二,对科技活动的产出很难给出准确的评价和测量。科技活动成果的影响和作用,往往很难通过定量的方法测定;同时由于其对相关事物的影响常常是个漫长而且多变的过程,很难进行完全的评价。

第三,科技活动本身是一个不断发展变化的系统。随着科技的发展,新学科不断涌现,科技活动自身及其与外界的联系和交互影响也在不断加深和变化。科技活动各学科的发展也不是孤立的,而是一个相互渗透、影响、交叉和促进的过程。

(三)政府科技管理在创新型城市建设中的重要作用分析

前面我们分析了什么是创新型城市,什么是政府科技管理,不难看出,创新城市目标的实现离不开政府科技管理效能建设,提高政府科技管理效能是建设创新型城市的主要内容、重要环节及基本保障。

1. 强化政府科技管理是建设创新型城市的重要环节

无论是在《国家中长期科学和技术发展规划纲要(2006 年 ~2020 年)》中,还是在各城市提高自主创新能力建设创新型城市实施意见及科学和技术发展"十一五"规划中,都明确提出推进科技管理体制改革,转变政府职能,提高科技管理效能,都强调提高政府科技管理效能是建设创新型国家和创新型城市的重要环节。前文在分析创新型城市驱动要素构成时,也明确指出政府科技管理是创新型城市建设的重要组成部分。建设创新型城市就是要发挥政府在科技创新中的引导和调控作用,促进科技资源的合理配置,把地区的人力、财力、物力等创新要素有效地集中起来,形成一个局部优化的科技创新与产业化环境。政府的科技投入作为一种先导和战略性投入,对于吸引、集成各方资源,推进传统产业升级和高新技术产业发展,加快创新型城市都具有非常重要的作用。所以,深化科技管理体制改革,提高政府科技管理效能,是建设创新型城市必不可少的重要环节。

2. 提高政府科技管理效能是建设创新型城市的根本保障

没有高效的政府科技管理,就谈不上创新型城市建设,高效的政府科技管理是创新型城市建设的基石和根本保障。技术创新不仅是一种技术经济现象,而且是一种制度现象。任何技术创新都是在特定的制度环境中进行的活动,技术创新的成败是包括制度因素在内的多重因素综合作用的结果,在很大程度上依赖于一定的制度安排。在公共行政领域,行政体制改革、科技管理体制的创新和公共科技财政配置方式的创新对转变政府的职能、提高公共行政能力和公共科技资源配置效率具有决定性的作用。创新型城市不仅仅是技术创新,还包括观念创新、制度创新、管理创新、体制机制创新等,是城市的全面创新。政府及其他公共机构的服务和管理,需要从管理思想与服务理念、管理组织结构、管理与服务方式等领域进行创造革新,使之不断适应城市创新发展的时代要求,确保创新型城市建设的顺利进行。一般来说,针对科技管理体制现状,应通过以下几个方面对地方政府科技管理进行创新,提高管理效能,进而促进城市自主创新能力提升,为创新型城市建设提供重要保障。一是进一步加强政府对科技工作的领导,充分发挥科教兴市领导小组的作用,加强和完善政府领导及管理科技工作的网络体系;二是不断提升政策法规环境、市场环境、服务环境等重点领域,大力完善科技创新的地方立法,依法推进科技进步;三是进一步整合集聚科技创新资源,拓展对各种创新资源的配置能力,集中使用于自主创新能力的培育和自主创新产品及技术的开发、推广,集中使用于事关全局的重大关键技术的攻关,集中使用于区域创新体系和公共创新服务平台的建设,以推进科技、经济和社会各个领域的创新;四是将有关创新的要素指标列入各级政府领导的考核内容,建立起合力为创新出力的强大服务体系,做好创新活动必需的公共物品的供给,营造有利于创新创业的和谐社会环境,为建设创新型城市提供保障。

(四)创新型城市建设对提高政府科技管理效能提出新要求

建设创新型城市,对政府科技管理提出了更高、更新的要求。建立适合社会主义市场经济及创新型城市要求的新型政府科技管理体制,是城市地方政府提高科技管理效能,加速创新型城市建设的重要举措。创新型城市要求地方政府科技管理也要不断创新,要把科技行政管理的重心从直接管理项目、资金转移到加强规划引导、制度建设、政策调控和公共服务上来,转移到组织重大共性关键技术的研发和推广上来,转移到科技进步的各项基础设施建设上来,转移到提供优良的创新服务环境上来,转移到调动科技创新大军的积极性和创造性上来。创新型城市建设对完善政府科技管理体制,提高政府科技管理效能提出了新的要求,具体来说主要是实现如下几个转变:

1.在管理层次上,由以微观管理为主向宏观管理为主转变

城市地方政府科技管理是《中华人民共和国宪法》赋予地方政府的重要职责。对这种重要职责的诠释,有两个基本点:一是地方科技管理职能部门是地方政府的重要组成部分,它代表地方政府行使对地方科技进行管理的职责;二是地方科技管理职能部门具有统筹地方科技工作全局的职能,应具有在地方科技工作这一特定层次上的综合性和权威性。但是,在过去,地方科委作为地方政府的科技管理职能部门,代表地方政府行使对地方科技进行管理的职责,却不能统筹地方科技工作全局,实际上降低了管理层次,而偏重于微观管理和直接管理,乃至于被称之"项目科委"。在市场经济运行机制下,特别是在建设创新型城市目标要求下,必须强化《中华人民共和国宪法》赋予地方政府对地方科技进行管理的重要职责,真正赋予地方科技管理职能部门统筹地方科技工作全局的职能,实现对地方科技整体发展的宏观管理。

2.在管理内容上,由以专业管理为主向综合管理为主转变

要实现地方科技管理职能部门对地方科技工作全局的统筹,在管理内容上只能是综合管理。这就要求地方科技管理职能部门切实具有综合管理职责,参与地方科技资源的宏观调配,参与对地方科技进步影响最大、与经济建设和社会发展联系最紧密的科技活动(技术引进、技术改造、重点工程建设等)的管理,从根本上改变过去地方科技多头管理、条块分割以及科技资源浪费的状况,通过对地方科技工作的综合管理使科技资源纳入宏观控制轨道,取得综合效益,进而推动创新型城市建设。

3. 在管理方式上,从以直接管理为主向间接管理为主转变

地方科技管理部门在国家整个科技管理体系中的特定层次,使其直接面对地方科技活动,这在以后很长时期依然如此。过去,地方科技管理主要是直接管理、具体管理,未能充分体现"管理就是服务"的职能。在社会主义市场经济运行机制下,要建设创新型城市,市场机制和宏观管理都是地方科技进步不可缺少的手段,它们是不能截然分开的。这种宏观管理以间接管理为主,充分体现服务职能,能更有效、更充分地运用市场机制,为科技发展创造更有利的环境。要从机构上,制度上、方法上、政策法规指导上为企业服务,为科技机构服务,为科技人员服务,致力于建设"服务型科技管理"、"效能型政府"。要彻底改变政府掌控大部分科技资源,并对其实行行政性分配,直接参与重点科技项目和注重抓具体的科技项目,使企业、高校与科研机构围绕政府手中的科技资源与项目打转,以争取项目经费与资助的局面。在激活微观创新力的基础上,政府主要转向政策导向、信息服务和战略性领域的前期投资,为创新者提供宽松的创新环境。通过构建各种公共平台,如公共实验室、技术转移机构等技术平台,检索、交流、评估、咨询等信息平台,生产力服务中心、科技创业服务中心、经营管理、财务金融等服务平台,以及人才交流、经纪人队伍等人才平台,为科技创新活动和促进知识网络联系服务。

4. 在管理手段上,从以行政管理为主向法制管理为主转变

社会主义市场经济是法制经济,市场经济条件下的科技运行必须纳入法制轨道。在过去,高度集中往往体现于领导意志,地方科技发展(尤其是科技资源的投入和配置)在很大程度上取决于领导的偏好和重视程度。在这种背景下,地方科技管理职能部门的工作主要以行政管理手段来推动,其管理职责和权限缺乏规范,地方政府对地方科技发展的重要职责也缺乏法律约束。在社会主义市场经济运行机制下,特别是在建设创新型国家和创新型城市目标指引下,国家及地方的科技法规体系将不断完善,地方科技管理职能部门将充分运用法制管理手段,充分发挥对地方科技发展的保障职能,督促国家及地方科技法规的落实,真正做到依法行政。

5. 在管理模式上,由单一部门管理向多部门综合协调管理转变

建设创新型城市是一项系统工程,尽管说科技局或科委是地方政府科技事业发展的主管部门,但建设创新型城市并不是单一科技主管部门的事情,是要经过各相关部门通力配合,协调共建才能实现的。由此,政府科技管理要由科技主管部门如科技局或科委单一部门管理,向由涉及科技的各部门综合协调管理转变。这就要求各部门之间特别是科技、财政、工商、税务、综合经济部门等建立协调机制,通力配合,优化科技资源配置,发

挥科技资源最大效能，推动科技创新，促进创新型城市建设。各部门、单位之间要切实发挥相互支撑作用，增强大局意识、协作意识，相互配合，齐心协力，同舟共济。只有各部门、各单位团结一致、务实创新、扎实工作、拼搏进取，才能够实现建设创新型城市的奋斗目标。

二、国内外提高科技管理效能的主要做法及经验借鉴

21 世纪是创新经济的时代，新技术、新产品及其产业化发展的周期大大缩短，科技进步推动经济增长的作用大大增加，加快了全球经济一体化的进程。任何一个国家想在日趋激烈的综合国力竞争中赢得主动，就必须加大科技发展力度，积极构建国家创新体系，抢占高科技产业化发展的制高点。提高科技管理效能已经成为当今世界经济发展的动力和各国日益关注的战略重点。在这方面，国外的做法和经验对我国具有重要的借鉴意义，值得认真研究。

(一)国外科技管理体制现状及提高政府科技管理效能的经验借鉴

1. 国外科技管理体制的现状及特点

(1)美国科技管理体制的现状及特点

美国的科技管理体制属多元分散型，在科技管理体制上，联邦政府没有设立专门的机构负责全国科学技术活动的组织、协调与规划，而是由行政、立法、司法三个系统不同程度地参与国家科学技术政策的制定和科技工作的管理，其中行政系统涉入程度最大。

美国宏观科技体制主要包括总统班子(白宫科技管理机构)、国会(参众两院)和各联邦部门。各联邦部门大都有涉及科技的管理机构，其中最重要的部门有国防部、卫生部、能源部、国家航空航天局、商务部、农业部、运输部、环保局、国家科学基金会，等等。

总的看来，美国科技管理体现三个特点。一是美国宏观科技政策和有关科技管理体制，与其产业政策是密不可分的。在美国，产业界既是研究开发活动的最大投入者，也是最重要的承担者和成果占有者。2000 年，产业界 R&D 实际投入约为 1760 亿美元，占全美 R&D 实际投入的三分之二。相应地，美国政府通过企业税收、技术标准制订、宏观调控等政策，就可以极大影响科技投入和产出的方向。二是美国是实行三权分立制度的国家，立法和司法系统在宏观科技管理体制中扮演极为重要的角色。从宏观角度看，国会比行政部门更能决定政策的走向。行政部门掌握财政杠杆，直接具体执行各种科技计划和项目，制定科技预算，向国会提出立法建议，并且是各种法案的具体执行者。国会则负责最终审批预算，并且通过立法决定有关知识产权、税收、监管等等的基本政策框架。司法部门负责最终法律条文解释。三是科技行政部门拥有庞大的管理队伍和详尽的管理细则，基层岗位流动性较低。主要是由于前面两条原因，美国科技行政部门的自主性是受到很大制约的，主要精力放在细化各种管理细则、跟踪保障其实施方面上。和美国这种管理体制相适应，美国基层行政岗位流动性很低。因为美国行政管理制度详细，专业化程度很高，一个岗位上的人员熟悉、掌握有关技能，需要一定时期的积累。保持岗位稳定性，有利于提高整体工作效率。

(2)英国科技管理体制的现状及特点

英国的科技管理体制相对松散,大致可分为两个系统,即议会附设的科技管理、咨询机构和政府科技管理机构。

——议会附设的科技管理、咨询机构。主要包括议会与科学委员会、议会科技办公室、选择委员会等。他们的职能是对政府的科技预算、政府科技政策的制定及其执行、政府职能部门的科技管理等情况提供咨询、监督;同时对与科技相关的提案为两院议员提供交换意见的场所。

——政府科技管理机构。英国政府科技管理的最高权力机关是内阁。内阁中,政府宏观科技管理是由贸工大臣(即内阁科技大臣)负责;贸工大臣下设负责科技的国务部长或次官,辅佐贸工大臣具体负责政府的科技管理。现归属贸工部的科学与技术办公室,为政府宏观科技管理部门;政府各部负责各自所辖领域的科技管理;同时通过科学与技术办公室对政府的总体科技管理负责。

总体来看,英国科技管理特点体现在三个方面。一是改善市场环境。包括宏观稳步发展、微观活跃的经济环境建设;构建激励个人及组织参与知识生产和创新活动的制度框架,形成激励和制约机制;增强公众对科学的信任度;改进知识产权管理,使国家、欧盟以及国际体系有利于创新和竞争;完善国家度量系统,使其适应贸易、工业、创新和公共政策的需求;支持产品、服务以及质量管理技术标准的发展;通畅政府部门获取新研究成果的渠道,提高政府规则制定行为对个人、商业和经济等产生的和可能产生的影响的敏感程度;建立市场公平、开放的竞争机制。二是夯实科技基础条件平台。主要包括加大对科学基地的投入,尤其是科研基础设施的投入;资助科学、工程和技术的基础研究,推动知识进步,服务于英国的长远利益,为未来科技提供充分的发展选择;通过吸收更多的科学工作者到科学和工程基地接受培训或工作,扩大人才库,提高技能和增强专业能力;建设知识转移能力,使科学和工程基地对经济发展和生活质量提高的贡献率最大化。三是推进创新、提升企业研发能力。为企业提供科研合作和科研开发的便利条件;鼓励企业采用国内外的技术和企业成功惯例;支持新技术的开发,为未来成长行业奠定基础。

(3)日本科技管理体制的现状及特点

日本政府在宏观科技管理方面成立了两个机构:一是在内阁府下设“日本综合科学技术会议”;二是原主管教育、文化、体育的文部省与主管科技的科学技术厅合并,新成立文部科学省。

——“日本综合科学技术会议”相当于中国的科技领导小组,以抓宏观政策为工作重点,研究和决策科技发展的大方针,决定国家的重大研究领域。它负责制订综合性的科技政策,并可以对各省厅全面进行协调。该会议在总理直接领导下工作,是总理领导全国科技的参谋机构,也是日本科技政策的策划、拟订、调查、审议、推进机关,有利于打破各省厅的条条体制,使国家的综合战略及重要科技政策得到切实的贯彻。同时又是建立在政府、行政部门与学术界、产业界之间的一条纽带。此外,根据综合科学技术会议的决定，设立一些专门调查会，向综合科学技术会议提出和建议各领域的研究战略和方针等，这对日本开展科学研究也产生重要的影响。

——新成立的文部科学省。除教育的职责外，有关科技的职责是：根据政府确定的科技综合战略和方针，制定各省厅统一实施的科技政策，制定和推进、调整研究开发计划，确保学术和科学技术研究的协调和综合性，培养和确保具有独创性的研究人员，搞好研究的环境条件，推进尖端的技术开发。

此外，政府的经济产业省、农林水产省、厚生劳动省（医药卫生和劳动）、总务省（信息通信）、国土交通省（建设和交通）、环境省，还有防卫厅等分别管理本系统的研究开发工作。为了加强这些省厅之间的横向联系，建立了一个有关省厅的联络会制度，联络会主要是交流各省厅的长期规划、制定研究开发重点、研究计划的进展情况。

在文部科学省下又设立了一些"科学技术学术审议会"，作为文部大臣的咨询机构。这些审议会的职责是根据文部大臣的要求，就综合性振兴科学技术的重要事项和振兴学术的重要事项，提出各种政策性的意见和建议。

总体来看，日本科技管理体现了三个方面特点。一是提高国家和各级地方政府对基础研究的重视程度。日本政府正在逐年增加主要面向大学的科学研究补助金的金额。目前这一竞争性经费与日本大学中经常性研究经费的比例差不多达到了1:1，从而有力地推进了基础研究与国家目标的结合。二是推进大学与企业之间的合作。20 世纪 90 年代之后，日本大学与企业间的协作出现了新的动向，亦即日本的产学联合所谋求的目标超越了以往对基础研究所提出的那种"需求对应型"的要求，而进入到了一种追求所谓"种子主导型"的阶段。在这一阶段，基础研究尤其是大学基础研究，将不仅应达到既成产业的发展所提出的要求，还必须为新产业的出现提供"种子"。而新科技政策也正是从这一角度入手，开始促进大学和企业之间在研究上的交流与合作。三是培育风险事业。日本新科技政策所提倡的政府与大学协助推进风险事业，被认为是一条使企业摆脱困境的重要途径。

(4)印度科技管理体制的现状及特点

印度中央政府在科技发展战略或政策、计划的制订中起举足轻重的作用，政府采取民主的、双向交流的方式制定国家科技计划。宏观的中长期科技战略决策分别由内阁科学顾问委员会、国家计划委员会和科技部做出。

印度在科技管理方面进行了改革创新，归纳起来，主要包括以下四点：一是推动政府科技管理体制创新。积极推行由科学家和技术专家来执掌印度中央政府各个以科学为基础的部；中央政府各部所有主要的社会经济部局都要有高级科学顾问机构；中央政府永远保留一个由工业界领导人、知名科学家和技术专家、各科学部的代表组成的最高科技顾问机构；建立一种机制对各级科技体系的学术和管理结构及程序进行持续的评审，以确保改革取得成效。二是推动研究开发体制创新。促进与经济和社会有重大关系的领域的研究和技术创新，将农业、水利、卫生、教育、工业、能源、通信和运输等领域置于最优先的地位。同时,信息技术、生物技术、材料科学和技术等起杠杆作用的关键技术也享有特别重要的地位。赋予各个科技部门、大专院校、科研机构充分的自主权,同时简化行政审批手续以提高科研项目的运作效率。三是推动科技人力资源管理体制创新。启动新的创新计划来吸引和培养年轻的研究人才,政府和其他部门积极为他们提供良好的就业机会,同时鼓励科学家和技术专家在产业、学术机构和研究实验室之间流动以提高科技的质量水平。与科技相关的政府部门要从其预算中提取一定的比例来资助学术和研究机构,使研究人员可以改变研究领域和开拓跨学科领域。此外,还建立新的机制促进有印度血统的科技精英归国,为印度科技发展做出贡献。四是推动支撑研究开发工作的相关部门的体制创新。印度要创造一个全面的国家创新体系,这个体系不仅包括科学和技术方面,还包括法律、金融及其他相关方面。

2. 国外提高科技管理效能的主要做法及经验借鉴

(1)国外提高科技管理效能的主要做法

综合分析,国外提高科技管理效能的主要做法主要有以下几点:

一是科技管理和科技政策的重心发生转移。提高综合竞争力,加强国家创新体系建设已经成为科技政策和科技管理的重心。如美国政府制定了一系列政策和法规,促进科技与经济的结合。20 世纪 90 年代,乔治·布什政府公布了《美国的技术政策》,作为美国联邦政府级制定的第一项全面技术政策,首次把加强和支持工业研究开发纳入国家技术政策,从而结束了美国政府不干预企业研发的历史,反映了美国试图使科技政策与产业政策和创新政策相互融合的政策思想。可以说,科技政策重心的转变是美国以高技术为代表的新经济的繁荣的重要基础。

二是政府科技宏观管理和协调职能得到加强。美国政府加大了与企业共同开发通用和关键技术的投资强度,同时加强了国家实验室同私营企业的合作。为了适应经济发展的需要,韩国对其国家科技管理和研发体系进行了改革与调整,进一步提高了科技部的地位和权限,通过修订《政府组织法》和《科学技术框架法》,把科技部长升格为副总理级。进一步强化了科技部的宏观决策、计划和调控职能。

三是重视高层咨询机构对科技管理的作用。自 20 世纪 90 年代以来,一些国家相继设立为国家最高决策层服务的科技政策咨询机构。虽然这些机构并不承担具体的管理职能,但对于国家科技政策的制定和走向有着重要的影响。2001 年 9 月,美国总统乔治·W. 布什命令成立总统科学技术顾问委员会。韩国总统科学技术咨询委员会于 1991 年 5 月成立,发挥着与美国科学技术顾问委员会类似的作用。

四是科技评估成为科技管理的重要手段。美国是科技评估活动制度化最早的国家,拥有立法保障的、制度化的、经常性的科技评估体系。日本进入 20 世纪 90 年代后,在以往技术评价体系的基础上,建立了开放型研究评价体制,增加了科技评估的公开性和透明性,使科技评估发展到一个新的阶段。

(2)对我国的启迪与经验借鉴

国外政府在管理科技方面的许多做法与成功经验,给了我们许多启迪和借鉴之处。

一是必须全面推进国家创新体系建设。改革开放以来,我国科技体制改革取得重大成就,但仍存在若干影响创新的障碍,表现在宏观决策与管理体制不顺、调控不力;创新主体能力不强,主要是企业研发能力比较薄弱;创新环境和条件存在很多制约因素等。我国应系统地思考整个国家的创新活动,回答科技和经济结合的问题,将国家创新体系建设列入中长期发展规划。国家创新体制建设,必须从体制改革、机制完善、能力建设、环境优化等方面采取一系列配套措施。

二是必须把提高自主创新能力作为国家战略。我们必须把提高自主创新能力作为国家战略,贯彻到现代化建设的各个方面,贯彻到各个产业、行业和地区,大幅度提高国家竞争力。自主创新绝不意味着反对引进技术,但要坚决杜绝再发生引进、落后、再引进、再落后的状况。自主创新是新的历史条件下我国科技发展的指导思想,对于我国未来科技和经济社会发展具有极其重要的战略意义。

三是企业应成为技术创新主体。随着社会主义市场经济的发展,愈来愈多的企业越来越有研发的愿望和实力。目前在国际上展现国家综合实力的常常是企业,将企业作为技术创新的主体,具有战略意义。我们必须以建立企业为主体、产学研结合的技术创新体系为突破口,全面推进中国特色国家创新体系建设,大幅度提高国家自主创新能力。

四是科技投入应形成稳定的增长机制。现今,我国科技研发投入强度已位居发展中国家前列,但仍缺乏明晰的科技投入战略,科技投入总量不足,投入结构不尽合理,投入规模没有形成稳定增长机制。建设创新型国家,除了利用国际资源、制度创新和技术创新外,科技投入必须有较大幅度的增加。应确立政府引导、社会投入的新方略,并在政府直接投入部分体现加大力度、适当超前、重点支持的方针,提高全社会的科技投入水平。此外政府还应该通过税收措施、宏观调控政策等影响科技投入的方向,利用政策杠杆支持重点领域的发展。

五是构建科技发展的良好政策制度环境。科技事业的发展是一个复杂的系统性工程。其发展不仅需要相关的科技资源投入及其优化配置,需要有效的科技运行及管理机制,同时也需要相关政策的配套,离不开一定的发展环境。这些都是保障科技事业发展的必要条件。我们在进一步推进科技体制改革和创新的同时,必须加快构建有利于科技发展的良好政策制度环境。

六是加快培养造就一批具有世界前沿水平的高级专家。目前我国科技人力资源总量已突破3000万人,研发人员总数突破100万人,分别居世界第一位和第二位。但我国科技人才的创新能力和人才质量仍有待提升,急需高水平技术人才,特别是我国尚缺乏世界级的科学家。在158个国际一级科学组织及其所属的1566个主要二级组织中,我国参与领导层的科学家仅占总数的2.26%。科技要跨越,人才必须跨越。科研机构要使人才国际化,也要有国际化人才。

七是扩大多种形式的国际和地区科技合作与交流。随着科技全球化加快,科技竞争日益成为国家间竞争的焦点。与此同时,全球化环境、现代信息技术的广泛应用和国际大科学工程的深入开展,有利于我国在更大范围、更深层次上学习先进科技成就,分享研究开发资源和管理经验。我们必须充分利用对外开放的有利条件,扩大多种形式的国际和地区科技合作与交流。

（二）我国各城市提高政府科技管理效能的经验借鉴

1. 我国政府科技管理体制的历史沿革

我国科技体制的建立始于建国初期,从体制上来说具有明显的行政管理特点。改革开放后,伴随着经济体制改革,我国科技体制改革也全面展开,逐步建立起适应市场经济发展的科技组织管理体制和运行机制,极大地推动了我国科学事业的发展。从总体上看,我国科技体制改革主要分为三个阶段:

一是科技体制改革的正式起步阶段。十一届三中全会之后,中国进入了改革开放的历史新时期,也真正迎来了科学的春天。1985 年年初,中国科技体制改革进入到有领导、有组织的全面实施阶段,《中共中央关于科学技术体制改革的决定》的出台,标志着我国科技体制改革的正式起步。科技体制改革遵循“经济建设必须依靠科学技术,科学技术工作必须面向经济建设”的基本方针,改革的目的是解决科技和经济相结合的问题,解放和发展社会生产力。这一阶段科技体制改革的核心是科技运行机制,重点是科技拨款制度、开拓技术市场、强化企业技术开发与吸收能力、促进科技与经济结合、改革科技人员管理体制等。

二是科技体制改革的全面展开阶段。20 世纪 90 年代初期,我国经济体制改革取得了初步的成效,国民经济持续发展,国家实力显著增强,在此基础上,中央提出要进一步深化改革,扩大开放。科技体制改革作为经济体制改革的配套工程,成为实现国家改革和发展目标的重要组成部分。对此,中央提出要深化科技体制改革,合理配置科技资源,优化科技运行机制,进一步解放和发展科技第一生产力,推动经济建设转到依靠科学技术进步和提高劳动者素质的轨道上来。这一时期科技体制改革主要以结构调整为重点,推动科技与经济的密切结合。1995 年 5 月召开的全国科学技术大会上,时任中共中央总书记的江泽民正式提出“科教兴国”战略。这是继 1956 年号召“向科学进军”、1978 年全国科学大会之后,中国科技事业发展进程中第三个重要里程碑。

三是科技体制改革的不断推进阶段。20 世纪 90 年代末期,我国科技体制改革进入到以加强科技创新、促进科技产业化发展为核心的新阶段。1998 年,国务院发布了《关于加强技术创新,发展高科技,实现产业化的决定》,通过推进高新技术产业开发区的建设,加速高技术成果商品化、产业化、国际化进程。国家还提出了建设国家创新体系的发展目标。通过建立国家创新体系,促进全社会科技资源高效配置和综合集成,增强国家的整体创新能力。1999 年 8 月,中国政府召开全国技术创新大会,提出要努力在科技进步与创新上取得突破性进展。2006 年,胡锦涛同志在全国科技大会上提出,坚持走中国特色自主创新道路,为建设创新型国家而努力奋斗。目前,中国正全面实施新世纪第一个中长期科学和技术发展规划纲要(2006 年 ~ 2020 年),为全面建设小康社会提供强有力的支撑。

经过二十年的发展,我国科技体制改革取得了一定的成效,初步打破了我国科技领域原有高度集中的计划管理体制,使市场机制在科技资源配置和科技运行中的作用得到增强。但也应看到,科技体制的改革仍滞后于经济体制的改革,滞后于科学技术的发展要求,还存在着许多与科技发展不相适应的地方。国家层次上的创新体系尚没有设立,一个能有效解决技术经济相结合的运行机制还没有建立;符合市场经济体系要求的创新政策体系还没有形成;企业的技术创新机制还没有建立起来,企业还没有真正成为技术创新的主体。

在社会主义市场经济条件下应该形成什么样的中国政府科技管理模式?我们正在探索着一条适合于中国发展的道路。总体认为,首先必须是以改革开放条件下的市场经济为基础,要有利于改革开放,有利于社会主义市场经济体制建立。其次,必须以中国国情为出发点,能使中国实现经济社会发展跨越的高效的科技管理体系,要符合我国经济社会发展各个阶段对科技事业发展的不同要求。再次,必须能够适应全球经济一体化时代发展的需要。最后,必须以提高企业的技术创新能力和企业的国际竞争力为目标。

2. 我国各城市提高科技管理效能的主要做法及经验借鉴

近年来,我国许多城市将建设创新型城市、提高政府科技管理效能作为重点,采取各项措施,形成了许多好的做法与经验。我们着重调研了深圳、长沙、上海等地的成功做法与经验,现综合如下。

(1)主要做法

一是强化领导,推进政府科技管理体制改革。为了加强对科技工作的领导,这些城市都成立了市领导任组长的科技工作领导小组,并聘请专家学者任科技领导小组顾问。做到责任落实、任务落实、工作措施到位,加快了政府科技管理体制改革步伐。如深圳市在市委、市政府支持领导下,加大科技管理体制改革力度,推进科技管理机制的创新,实现科技研发资金管理的转变。针对科技投入和资金管理,提出"加大政府对自主创新的投入"、"改革科技管理体制"和"改革政府创新资金配置方式",对原有的科技研发资金管理模式进行改革探索。具体做法是强化了政府科技研发资金的综合计划功能,形成针对不同创新活动的系列计划;公务员逐步退出政府科技资源的分配环节,成为资源配置规则的制定者、资源配置过程的监督者和评估者;引入市场主体参与政府科技资源的配置,发挥市场主体在资源配置过程中的基础作用;构建与创新链相匹配的自主创新资金链。

二是统筹规划,构建有利于科技事业发展的宏观环境。各城市都制定了加快科技事业发展规划,提出了具体措施,并投入资金予以扶持。如长沙市在认真做好前期工作,搞好调查研究的基础上,编制了科技"十一五"发展规划,统筹科技事业的发展,并编制年度科技工作计划,积极组织落实。所提出的目标、重点任务、相关措施可行,实践效果就很好。规划中提出以往长沙市科技投入不足的问题,近几年来就重点加以解决。长沙市政府科技“三项”费用投入,逐年增加,由2000年1000万元增加到2007年的2亿元。上海市在“中长期科学和技术发展规划纲要”中,确立了以“知识竞争力”为标杆的区域创新体系建设目标,提出“以应用为导向的自主创新”的竞争策略,着眼“健康、生态、精品、数字上海”建设提出的重大需求,凝练出以“引领工程”为核心的上海中长期技术创新和科学研究任务,依托战略产品的研发、关键技术的攻关和优先主题的布局,为上海“四个中心”的建设提供科技支撑与保障。

三是制定政策,创造良好的科技发展环境。为了加快科技事业的发展,这些城市都制定服务于规划的相关政策,鼓励扶持科技事业发展,创造并优化科技事业发展的良好环境。如投融资政策、产业技术政策、人才引进和培养政策等,为科技事业持续发展提供了重要前提条件。如长沙48所有一集成电路科研项目成果,由于隶属国家科研机构,长沙市政府未投资金支持,后来北京市政府投入200万元,该项目与科研人员都离开长沙进了北京。此事触动了长沙市政府,一定要打破地域隶属关系,不求所有,但求所在,留住人才、留住项目,为科技发展创造良好的环境,立即制定相应政策,决定筹资1000万元,设立技术项目发展扶持专款,具体由市科技局负责落实。前不久,市科技局经过认真研究筛选确定,对一专家(院士)治疗高血压个体化用药研究成果予以支持,现已进入临床试验1000例。现在,在长沙市只要有利于科技事业发展他们就大胆尝试。

四是转变职能,提高政府科技管理与服务水平。各城市都将提高政府科技管理效能作为建设创新型城市建设,加快政府行政管理体制改革的一项重要举措,以此提高政府科技管理与服务水平,进而推动科技事业的发展。近年来,上海市全面推进科技项目社会公开招标制,取消内部委托制,实行由首席专家负责的联合团队攻关。健全科技评价专家库,规范专家遴选程序,建立科技评价意见反馈机制和科技评价监督及申诉机制。长沙市政府转变职能,积极推进科技计划管理创新。长沙市科技局2007年尝试按照顶层设计的思路,科学制定科技计划指南,坚持受理、评审、立项、监督四分离和绩效问责的原则,认真执行《长沙市科技发展专项经费及项目管理暂行办法》和计划项目专家评审制度、集体研究制度、项目公示制度、项目跟踪问效制度,提高科技项目的管理水平,建立科技项目绩效评估体系,增强科技投入产出效益。他们加强对科技项目后期的管理工作,以利于修正前期工作的失误,弥补不足。对重大项目中试项目设立项目负责人制。项目负责人对负责的项目进行跟踪管理,终身负责。规定在项目实施过程中及时完整上报《长沙市科技计划项目实施情况调查表》,如不及时上报,其承担单位和项目负责人在以后五年内市级科技计划不予立项;同时也不推荐申报上级各项科技计划。

五是加大科技投入,构筑多元投入机制。形成以政府投入为引导、企业投入为主体、社会投入为补充的多元化科技投入体系。如长沙市委、市政府2007年《关于积极促进产学研合作 加快科技成果产业化的暂行规定》提出,市政府在原有科技发展专项经费用于科技成果转化的比例不低于60%的基础上,新增设额度为1亿元/年的科技成果转化专项资金支持科技成果转化。在"推进创新型城市建设的意见"中提出,政府设立创新型城市建设专项资金,采取直接投入、补贴、贷款贴息等多种方式,发挥财政资金对企业自主创新的激励引导作用。近年来,深圳市全社会研发投入稳定增长,已经形成了多元化投融资体系。2007年全社会用于高新技术产品研究、开发的经费225亿元,比上年增长18%,占全市GDP的3.34%。政府全口径科技投入继续保持在30亿元左右,其中市级科技三项费用连续三年保持在5.5亿元。

六是提高管理队伍素质,夯实政府科技管理的基础。提高政府科技管理效能,其中的关键之一是提高管理队伍素质,不断完善人员队伍结构,提升管理能力与质量水平。这一点,长沙市科技局的同志体会颇深。近几年长沙市政府在加快培养科技管理人才、提高管理效能方面做了一些尝试,如挂职锻炼、人员单向交流或双向交流,逐步完善领导层的专业知识结构,形成专家管理层结构,不断提升科技管理的能力水平。长沙市科技局在院校聘任了局长助理;在中国社会科学院聘请博士挂职副局长(任期两年)。

七是加强科技人才的培育,积极引进先进科技人才。科技人才是科技事业发展的最重要因素。科技人才关系到城市的未来发展。上海市委组织部、市人事局共同下发《关于加强上海领军人才队伍建设的指导意见》。上海科技界选拔领军人才33人,占上海首批选拔的市级领军人才总数的33%。新增设资助企业优秀工程技术人才的青年科技启明星B类计划和优秀学科带头人B类计划,年内分别资助企业科技人员40人和19人。实施各类创新人才培育和培训计划,培训集成电路设计、多媒体、软件质量、纳米材料测试等新兴产业紧缺人才3016人。为了解决本市没有著名的高等院校和高水平的研究机构和人才培训基地问题,保持科技创新的优势和科技事业可持续发展,2007年,深圳市政府明确提出筹建深圳科技大学,现正加快推进。8年前,深圳市在高新技术产业园区设立了虚拟大学,国内外40多所大学加盟,已经培养博士1000多人。同时深圳市积极引进科技人才,"不求所有,但求所用",不拘一格降人才。2008年1月,深圳市政府宣布从2008年起两年内实施"深圳市人才驿站——双百计划",即在科技研发基金中安排1亿元,选拔100名领军科技人才,提供每人每年100万元科研资助。

(2)经验借鉴

这些城市建设创新型城市、提高政府科技管理效能的做法与经验,非常值得我市学习借鉴。

第一,加强领导,是提高科技管理效能的有力保证。提高政府科技管理效能,需要上下达成共识,全社会共同努力。各市的经验告诉我们,强化对科技事业发展的领导,非常重要。市委、市政府应从大连建设创新型城市战略高度认识提高政府科技管理效能的重要性,将其提到重要议事日程,并采取切实措施。科技管理问题涉及经济社会各个方面,提高科技管理效能不仅需要各级部门领导提高认识,而且亟须全社会提高认识,采取积极有效措施,形成推进科技事业发展的合力。

第二,落实规划,是提高科技管理效能的基本前提。"十一五"规划以及年度科技计划,是指导科技事业发展的大纲,必须认真遵循。各市采取了有效措施,实实在在按照规划要求,落实任务重点,取得了突出成绩。我市应借鉴他们的经验,认真抓好规划贯彻落实工作。根据"十一五"规划及年度计划要求,落实任务,落实责任,落实措施办法,扎扎实实推进科技事业发展,突出科技在我市国民经济与社会发展中的重要作用,不断提高科技管理效能与水平。

第三,制定政策,是提高科技管理效能的必要条件。加快大连科技事业发展,需要制定鼓励科技产业发展的政策,创造科技事业发展的良好环境。参照其他城市的做法,根据我市实际发展情况,建议精心组织和编制大连市科技事业发展指南,提出鼓励发展的方向,引导和鼓励重点产业的发展;进一步完善科技事业发展的政策,建立健全大连市科技政策体系,包括投融资政策、财税优惠政策、人才政策、产业引导政策、高新技术产业政策等,创新政策措施,不断优化科技事业发展的环境。

第四,加大投入,是提高科技管理效能的重要基础。科技投入是科技进步的基础,是科技事业发展的基本条件和保证。要切实把科技投入作为最重要的公共战略性投资,逐步建立起政府投入为引导、企业投入为主体、社会投入跟进的多元化、市场化科技投融资体系,确保全社会研究开发投入占全市国内生产总值的比例逐年提高,使科技投入水平与我市建设创新型城市的要求相适应。还应广开融资渠道,吸引更多的社会资金,建立风险投资资金、科技成果转化基金、科技创新基金、科技企业担保基金,形成多元投融资体系。

第五,培育和吸引人才,是提高科技管理效能的重要举措。科技事业发展离不开科技人才的支撑。我市应借鉴这些城市的做法,加快科技人才的培育和引进,进一步完善科技人才培养模式和体系,建立一支高效的科技管理队伍和一支创新能力强的科技人才队伍,强化科技事业发展的支撑力。一方面应充分发挥高校及科研院所的资源优势,积极培育科技人才,充分发挥科技人才的作用。另一方面要不拘一格、加大力度吸引国内外各类科技人才,为他们创造良好的发展环境。建议进一步完善我市引进培育人才的政策及奖励办法。

三、大连市科技管理效能的现状分析与评价

(一)大连市科技管理体制历史沿革

作为我国政府管理体制的重要组成部分,大连市科技管理体制和我国科技管理体制一样,都与我国政治、经济管理体制的发展变化存在一定的相似性,以改革开放为分水岭,大致经历了以下三个阶段:

1. 计划指令阶段。改革开放之前,适应计划经济体制的需要,大连市科技管理体制也是以政府计划指令指标为主导,对科技计划和任务实行逐级下达和落实,具有较强的安排性和约束性。在当时经济落后、科技资源相对贫乏的情况下,这种科技资源统一调配,科技活动集中管理和计划调节的管理方式对满足经济和社会发展需要,推动生产力

进步起到了积极作用。但随着经济发展和生产力水平的提高，这一计划性较强的管理体制显现出与科技事业发展的不协调，不利于科技与经济的密切结合，也不利于从根本上激发创新活力。

2. 改革探索阶段。改革开放后，尤其是随着1985年中共中央《关于科技体制改革的决定》的颁布，大连市对科技管理体制改革进行了积极探索，围绕着组织结构、运用机制、开拓技术市场、实行项目招标、促进横向联合，以及向农村转移科技等方面全面展开。随着科技管理体制改革的推进，逐步将市场机制引入科技工作的运行与管理，在改善科技与生产相结合的运行机制、组织结构、人事制度等诸多方面，都较之改革开放前有了长足发展，提高了大连市政府科技管理水平，促进了全市科技进步和经济发展。但科技体制改革是一项复杂、长期且难度很大的系统工程，这一时期的科技管理体制改革只是取得了阶段性成果，科技管理中很多深层次问题还没有根本解决。

3. 开放创新阶段。进入20世纪90年代后期，以政府行政管理体制改革和国家科教兴国战略为契机，大连市科技管理迈入新的发展阶段。在市政府科技工作领导小组的指导下，以科技局为主的科技管理职能部门对全市包括工业、农业、高新技术在内的科技创新活动统一规划、全面组织，在不断完善科技管理政策体制、建立健全科技管理程序和制度规范的基础上，大力推进“科教兴市”、“科教强市”战略的贯彻落实，带动了高新技术产业蓬勃发展，科技实力明显增强。这一时期的科技管理体制对推动大连市科技创新，加快现代化国际性城市建设进程起到了重要作用。

目前，建设创新型城市这一战略目标的提出又对大连市科技管理提出了更高要求。创新科技管理内容、方式和手段、激发科技创新活力将是这一阶段大连市科技管理体制改革的方向和重要任务。

（二）大连市科技管理效能现状

大连市委、市政府十分重视发挥科技管理工作对科技创新和科技发展的推动作用。近年来，大连市科技管理以提高管理效能、增强全市科技创新能力为目标，不断加大科技投入，调整科技计划结构，改进管理机制，大力整合科技资源，在科技战略制定、科技政策完善、科技计划项目实施、科技服务环境建设、知识产权保护等方面都有一定突破和显著改进，为大连市下一步的科技发展和技术创新奠定了基础。

1. 科技战略规划制定

为了准确把握大连未来科学和技术发展面临的机遇与挑战，为下一步科技管理工作的开展明确目标、提供指导和思路，大连市自2004年起组织相关领域专家对关系全市科技发展的若干重大问题进行了深入、系统的研究，最终形成18个专题研究报告，内容包括科技发展总体战略以及自主创新能力建设、知识产权、科技国际化、高新技术产业、光电子产业、生物技术与医药产业、新材料产业、改造和提升传统工业、装备制造业、现代农业、海洋资源综合利用、现代服务业、经济可持续发展和社会事业、科技孵化、科技中介服务、科技人才、科技政策体系等领域的科技发展战略研究。在此基础上，相继编制出《大连市科学和技术发展“十一五”规划》以及《大连市装备制造业科技发展“十一五”规划》《大连市光电子产业科技发展“十一五”规划》《大连市新材料产业科技发展“十一五”规划》《大连市生物技术与医药产业科技发展“十一五”规划》《大连市现代农业科技发展“十一五”规划》《大连市海洋科技发展“十一五”规划》《大连市科技孵化产业发展“十一五”规划》《大连市知识产权发展“十一五”规划》等8个专项规划。这些规划成为指导大连市“十一五”及今后科技事业发展的纲领性文件。

2. 科技政策体系建设

为保证科技管理工作规范有序开展，大连市制定并出台了一系列规章制度和政策法规。在科技计划项目、科技经费使用、知识产权保护、科技奖励、创新环境建设等方面分别制定了相应的管理和激励等政策措施，形成了较为完善的一套科技管理政策体系。一是制定和出台科技计划项目和资金投入的管理办法，进一步规范科技计划管理程序，为计划管理提供了政策依据和可行性指导。二是出台知识产权管理办法，加强知识产权保护力度，同时出台了鼓励企业培养专利代理人进行奖励性补助的政策文件，提高知识产权保护的专业性。三是修订和出台科技奖励办法和奖励评选实施细则，规范科技奖励程序。四是制定和下发鼓励自主创新的政策措施，推进科技中介和孵化器等创新服务机构建设。修订和出台的政策法规包括：《大连市科技计划项目管理暂行办法（试行）》《大连市科技项目招投标管理办法》，《大连市应用技术研究与开发资金管理暂行办法》《大连市专利资助经费管理办法》，《大连市人民政府关于全面加强知识产权工作的意见》《大连市知识产权试点示范工作管理办法》，《大连市科学技术奖励办法》《大连市专利奖评奖办法》《大连市科学技术功勋奖评选实施细则》《大连市民营科技企业创新奖奖励办法》《关于大连市对科普基地、科普活动等实行税收优惠政策的认定办法》，《大连市人民政府关于提高自主创新能力的若干规定》，《大连市促进科技中介服务发展条例》等等。

3. 科技计划项目管理

科技计划管理是科技管理的重要内容，是落实科技发展中长期规划目标的关键。近年来，大连市在计划项目的申报、评审、论证评估、决策程序等方面进行了诸多改进，增强了科技计划管理的科学性和规范性。自2005年开始，大连市全面推行计划项目网上申报、网上受理和网上评审，以缩短立项时间，提高行政效率。在项目评审方面，引入专家评审制度，设立了目前已达1000人的专门的科技专家库，从中随机抽取参加评审的专家，充分发挥科技专家的咨询作用。同时，组织专家或委托有资质的科技中介机构，对通过初审的项目进行论证评估，采取网上评审、函审和会议评审等多种方式，重点对项目的技术创新性、可行性、风险、效益和市场前景等进行评估，并按要求出具书面评估意见，以提高项目评审的科学性和规范性。在立项决策方面，试行科技局业务处室初审推荐和专家评审推荐并行的决策新模式，其中任何一方提出反对意见均不能立项，从而保证立项决策的公正、公平。探索建立立项决策、执行和监督相互促进的新机制，如将科技计划项目的申报和立项等信息及时通过媒体向社会公示，提高科技管理工作的透明度，发挥社会舆论监督作用。2007 年,大连市共实施各类科技计划项目 620 项,其中国家级 169 项、省级 134 项、市级 317 项。有 65 项科技成果获国家、省级科技奖励,其中国家级 6 项、省级 59 项。

4. 财政资金投入与监管

2003 年~2007 年,大连市科技计划创新投入力度逐年加大,市本级财政累计投入研发经费 124142 万元,投入市本级应用技术研究与开发资金 46957 万元,是上一个 5 年的 2.71 倍,单个项目支持强度 34.7 万元,同比增长 78 个百分点(见图 3)。我市在加大科技经费投入规模的同时,集中有限资金、突出重点目标,围绕全市科技工作重点任务,进一步优化了科技计划的重点支持方向和项目经费比例结构,保证项目经费安排向具有全局性和牵动性的重点项目倾斜。2003 年以来,累计向重大科技专项项目投入研发经费 2.8 亿元,占市本级研发经费总额的 60% 以上。在光电子、新材料、装备制造业、生物科技和医药、海珍品和特色果蔬等方面重点支持和实施了一批具有示范引领作用的重大科技项目,攻克了一批具有国际水平的核心技术,培育了一批自主知识品牌项目和重点高新技术企业。为保证经费使用效益,经费监管日益严密,一是在立项评审的基础上,按照项目的分类建立起全市的科技项目库,不断扩大项目库建设,并逐步实现三年滚动计划,避免重复投入。二是实行预算审批制度,在拨付方式上进行改进,由一次性全额拨付改为分期拨付、以奖代补等。三是加强项目经费使用的动态监管,对评审通过的项目抽取部门项目进行现场考察,对于重点科技项目经费和专项资金使用进行跟踪检查或审计调查。四是探索推行绩效评价制度,加强对项目经费使用效益的后续管理。

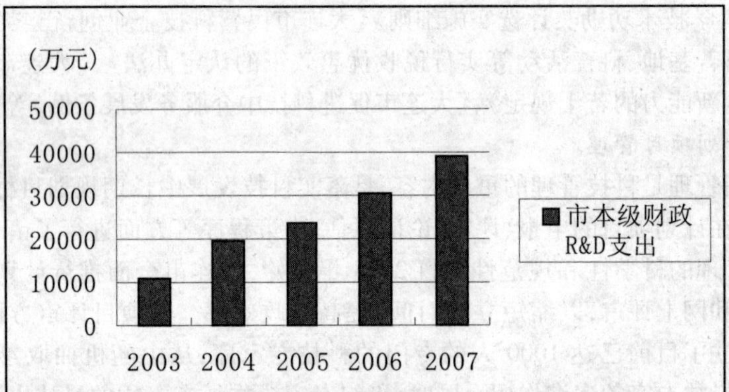

图 3　市本级研发经费投入

5. 科技资源整合

大连市依托市内科研院所较多、产业基础雄厚的资源优势,在体制机制建设和资金支持方面积极探索,采取实施科技合作项目、组建工程研究中心、建立产学研合作平台等多种形式,为资金、技术、设备、人才、信息等科技资源的流通整合搭建桥梁、提供平台。

2003年以来，我市共实施以企业为承担主体、产学研合作的科技项目500余项，每年拿出研发经费的50%支持中小科技企业与高校院所开展研发合作。在优势产业领域联合企业和科研院所组建工程研究中心，拟将进一步建设工程实验室，以建立先进的产业技术研发试验设施，形成高水平、结构合理的创新团队，加快科研成果本地产业化。2003年以来，我市共投入4100万元支持建立以企业为主体的研发中心和公共技术平台，共组建市级以上工程（技术）研究中心61家。大连市还建立了以院校为依托、政府资金为引导、企业投资为主体的大连理工大学、中科院大连化物所、大连海事大学和大连交通大学四大“产学研”合作平台，促使企业和科研院所之间形成了紧密的战略合作关系，取到了显著效果。2007年，四个产学研平台共开展产学研合作重点项目18项，推进了企业重大共性、关键技术、配套技术的攻关和推广应用，开发出一大批具有国内外先进水平产品，有效提升了企业技术竞争力。产学研合作的大力开展在充分发挥科研院所作用，整合技术设备、科研人才等资源，引导高校、科研院所的科研项目向应用技术和企业需求倾斜，促进科研成果在生产上的应用和转化等方面起到了重要推动作用。

6. 知识产权保护

大连市围绕国家知识产权工作试点城市建设，全方位、多角度实施了知识产权战略（见图4）。为鼓励专利申请，增强全民知识产权保护意识，我市累计为9000件单位和个人申请专利提供了资助，并在全市中小学生中开展“科技之星”评选活动，鼓励和资助青少年申请专利。选取中科院大连化物所、大连理工大学、大连重工·起重集团和瓦轴集团等10家单位开展了专利申请示范试点工作，对全市知识产权示范试点单位、重点孵化器等进行知识产权保护、专利制度建立、专利申请技巧及运用专利维权的专业知识培训，举办知识产权培训班20期，培训人员近千人。建立商品流通领域工作机制，形成了假冒专利、冒充专利的监督和检查工作网络，会同市工商局、市版权局、市公安局联合不定期地在市内主要商场进行联合执法，促进了假冒、冒充专利查处工作的全面开展。2003年~2007年，连续成功举办5届中国国际专利技术及产品交易会，对吸引和促进国内外专利技术在我市实现转化和产业化发挥着日益突出的作用，等等。在一系列知识产权保护工作的开展下，知识产权管理成效凸显，2003年~2007年全市专利申请和授权量分别达到28839件和8552件，是上一个5年的5.2倍和2.7倍，在全国副省级城市中处于领先水平（见图5）。2007年6月，大连市荣获“国家知识产权示范城市创建市”称号。知识产权示范单位大连化物所被国家知识产权局列为第一批企业专利工作交换站。2006年，首次发布了《大连知识产权保护状况白皮书》，全面翔实地介绍了我市在专利、商标、软件知识产权、海关、司法保护等方面开展的工作及取得的成效。

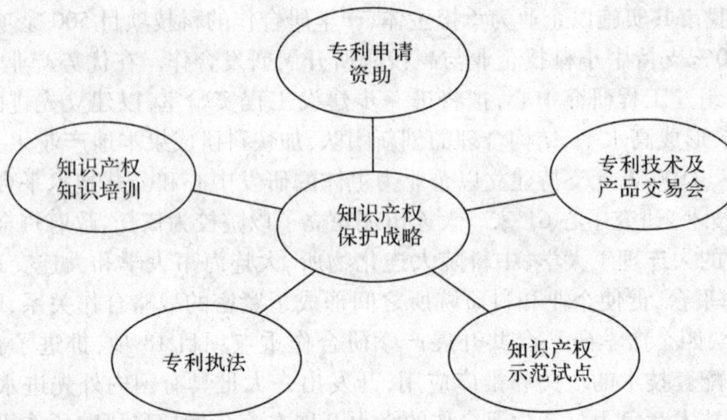

图4　知识产权战略图

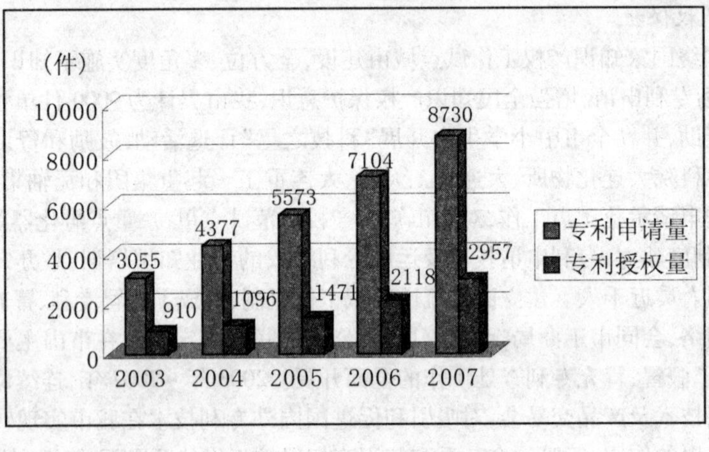

图5　2003年~2007年专利申请及授权量

7. 创新服务环境建设

为促进科技创新活动开展，提供必要的服务支撑，大连市在扶持科技企业孵化器，促进科技中介机构发展，建设多元化投融资体系等方面开展了诸多工作，对打造良好的科技创新服务环境起到了重要推动作用。自2003年大连市被科技部确定为10个“全国科技企业孵化器体系建设试点城市”之一以来，在推动科技企业孵化器发展方面做出了诸多努力，包括为企业孵化器建设和发展提供资金支持，举办科技企业孵化器国际论坛，加强了“二次孵化”基地建设，等等。截至2007年，全市共有科技企业孵化器30家，孵化总面积160万平方米，在孵企业1332家，从业人员50000人。同时，企业孵化器的孵化能力和服务水平都迈入更高阶段，科技孵化从企业孵化向产业孵化扩展，科技孵化的特色化和专业化趋势也更加明显，尤其是大连天河科技创业服务中心和双D港创业孵化有限公司荣获科技孵化器行业国内最高殊荣，被认定为“国家高新技术创业服务中心”。为促进中介服务机构建设，大连市于2006年出台了国内第一部促进科技中介服务发展的地方性法规《大连市促进科技中介服务发展条例》。近几年来，重点支持了“大连市中小企业科技服务中心建设”、“大连市技术市场服务体系及中介机构建设”等项目，支持一批科技咨询机构为科技型中小企业的发展提供服务。在中介服务机构的推动下，我市科技成果交易稳步上升，2007年各类技术合同交易额为33.1亿元，比上年增长19.9％（见图6）。大连市注重发挥政府资金的引导放大作用，积极探索无偿资助、贷款贴息、风险投资、跟进投资等多种投入方式，构建多元化的科技投融资体系。2006年，我市首次设立科技型中小企业技术创新基金，成立了以民营企业为投融资主体的大连市科技创业投资有限公司，与国家开发银行大连市分行共同搭建融资平台，共有180家企业获得资金支持1.5亿元，在解决科技型中小企业融资难问题上取得了一定效果。

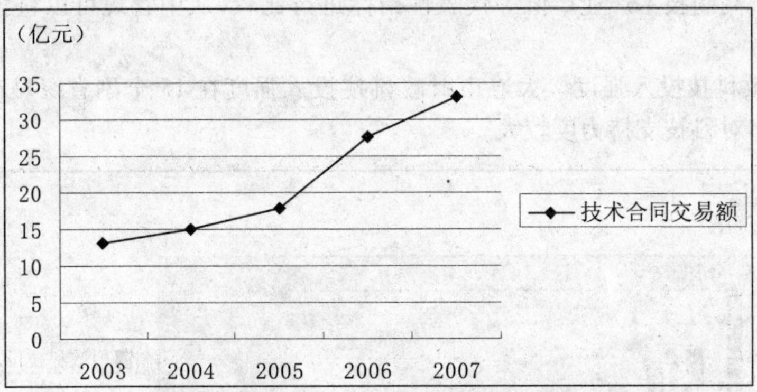

图6　2003年~2007年技术合同交易额

（三）大连市科技管理效能的基本评价

1. *自身发展*

大连市近几年在加大科技投入，改进管理方式和程序，完善科技政策法规等方面都做出诸多努力，并取得了良好成效，推动了自身科技管理效能的提高。从总体来看，主要体现出以下几个特点：

（1）由重项目管理向重全局管理渗透。尽管从总体看来，大连市仍然较为偏重计划项目的实施管理，科技服务仍显不足，但对科技管理等同于计划项目管理的传统管理误区已进行了一定突破，全局管理意识有所增强，在科技资源整合、科技企业孵化器建设、知识产权保护、探索多元融资体系等方面开展了诸多工作，尤其是在企业孵化器建设和知识产权保护方面成效突出。

（2）由重经费分配向重效益管理倾斜。近年来，大连市提高了对财政资金使用效益的重视，通过优化经费投入结构、严格和完善经费管理程序与制度等措施，增加了对单位效益高的重大项目的科技投入，并加强了对经费使用的绩效评估和重点项目的跟踪监督,提高了资金利用率和产出效益,是对科技经费管理停留在不同项目承担者间的平衡与分配的传统方式的改进和深化。

(3)由重行政审批向重科学管理转变。大连市科技管理在提高管理科学性和规范性上进行了一系列改进,包括推行项目管理网上办公,引入专家立项审批制度,制定科技计划、科技经费、科技奖励、知识产权保护等各环节的科技管理办法和相关制度法规等,增强了科技管理的科学性、专业化和规范性,弱化了行政权力和人为因素对科技管理的主导作用,为切实提高行政管理效率奠定了基础。

2. 与其他城市比较

但也应该看到,大连市科技创新的整体效能尚未达到创新型城市要求,活跃的社会创新氛围还没有形成。与其他城市相比,大连市科技管理在科技研发支持力度、科技产出效果等方面还存在一定差距。选取财政科技投入强度、全社会 R&D 经费投入强度、授权专利强度、高新技术产业产值等代表性指标进行比较,从中管窥可以科技管理效能的高低。

(1)财政科技投入强度。大连市财政科技投入强度在 15 个副省级城市中居于第 4 位,财政支出对科技支持力度较大。

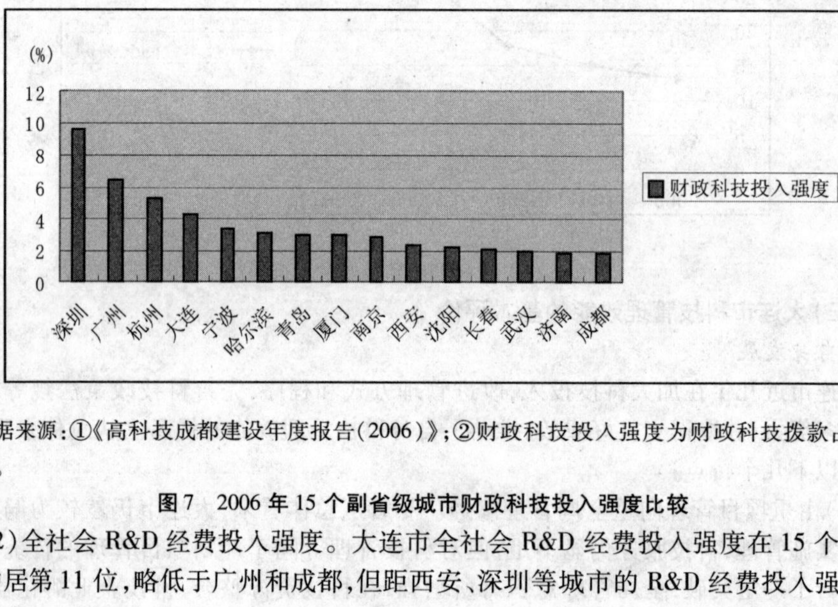

数据来源:①《高科技成都建设年度报告(2006)》;②财政科技投入强度为财政科技拨款占财政支出比重。

图 7　2006 年 15 个副省级城市财政科技投入强度比较

(2)全社会 R&D 经费投入强度。大连市全社会 R&D 经费投入强度在 15 个副省级城市中居第 11 位,略低于广州和成都,但距西安、深圳等城市的 R&D 经费投入强度还有一定距离。

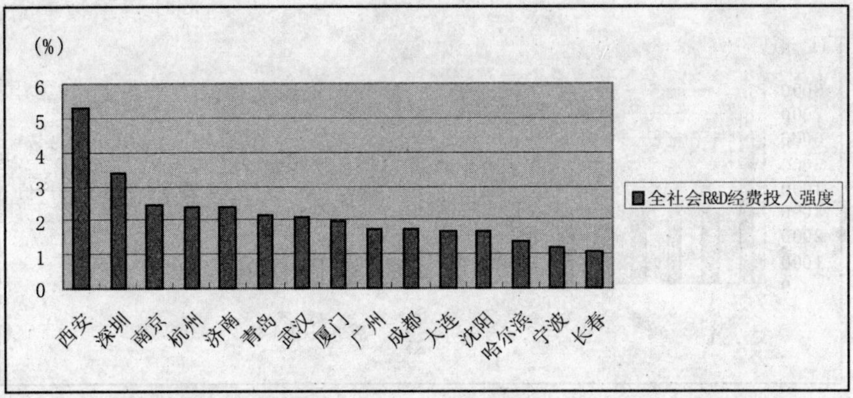

注:①数据来源于各地《2006 年经济和社会发展公报》;②部分源于网络查询;③研发经费投入强度为全社会 R&D 经费支出占当年 GDP 的比重。

图 8　2006 年部分副省级城市全社会 R&D 经费投入强度比较

(3)授权专利强度。在 15 个副省级城市中,2007 年大连市授权专利强度位于第 10 位,高于东北地区其他三个副省级城市(沈阳、哈尔滨和长春),仅次于南京和武汉,但与深圳、宁波、厦门等城市相比还有较大差距。

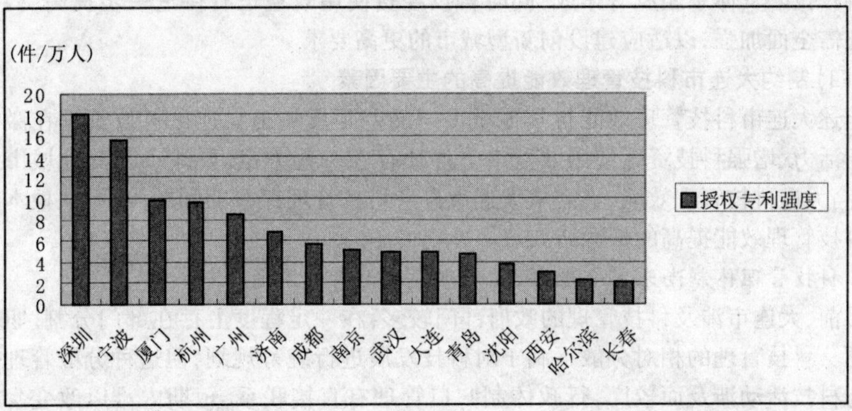

注:①数据为据各地《2007 年经济和社会发展公报》测算所得;②授权专利强度为每万人口授权专利数(件/万人)。

图 9　2007 年 15 个副省级城市授权专利强度比较

(4)高新技术产业产值。在 15 个副省级城市中,大连市高新技术产业产值居于第 5 位。

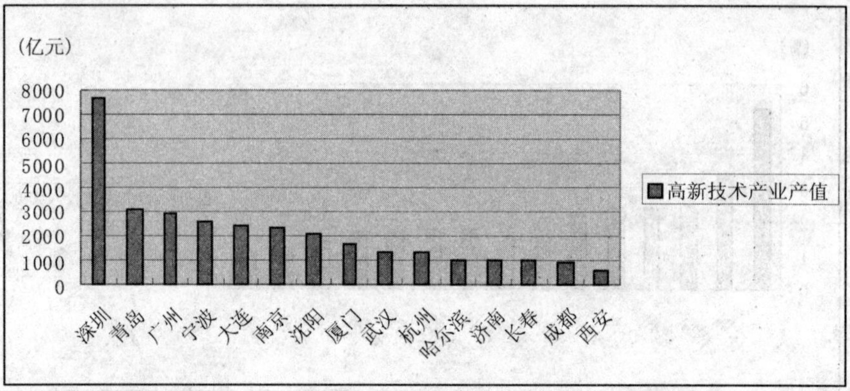

数据来源:①各地《2007 年经济和社会发展公报》;②各地《2008 年政府工作报告》;③部分源于网络查询。

图 10　2007 年 15 个副省级城市高新技术产业产值比较

总体来看,大连市财政科技投入水平较高,近年来在高新技术产业发展、知识产权保护力度等方面都取得了显著成效,但在激发全社会的科技创新积极性、主动性方面与先进城市相比还存在一定程度的差距,全社会科技资源尚未得到充分调动和整合利用,多元化科技投融资体系还没有形成,同时科技经费使用效益也有待进一步提高,科技创新能力还需全面加强,以适应建设创新型城市的更高要求。

(四)制约大连市科技管理效能提高的主要因素

上述大连市科技管理效能与其他城市间的差距反映出大连市科技管理在激发全社会创新活力、增强科技资金使用效益等方面还存在一些不足,要缩小与其他城市间的差距,提高大连科技管理效能,还需从大连市自身科技管理存在的问题入手,从根本上明确制约科技管理效能提高的根源所在。

1. 科技管理体制尚未完全理顺,管理部门缺乏有效沟通

目前,大连市涉及科技管理的政府部门较多,在一定程度上存在部门分割、职能交叉的问题。科技管理的相对分散不利于对科技发展进行统筹规划,但这种分散管理体制的存在与科技活动涉及面较广,行政体制归口管理有直接联系,短期内难以改变。与此同时,由于管理部门间协调机制的缺乏,各职能部门在明确目标、统筹资源、协同合作等方面的协调沟通也较少。这就造成一方面使各种信息、资源和经验在自身的系统内封闭流动,难以实现共享和交流;另一方面,可能造成各类平台设施的类似或重复建设,既不利于资源集约化利用甚至造成资源浪费,又加重了管理和维护负担。

2. 政府职能转变不到位,科技服务有待加强

大连市科技工作重点更多集中于对计划项目实施和经费分配的管理,科技服务相对较少,与政府管理职能向"服务型政府"转变的要求还存在一定差距。在公共服务平台建设方面,与北京、上海等城市存在很大差距,全市的公共信息平台、研发平台、技术服务平

台、技术检测认证平台等建设不足,如资料查询、检索或专业技术检测认证都需到北京、上海等城市,创新成本较高。大连市中介机构数量虽然较多,但整体质量水平并不是很高,且各类机构发展不平衡,有些机构业务发展不起来,名存实亡。目前科技中介服务占全市服务业的比重还比较小,在某些市场活动中,中介机构和经纪人的作用尚不突出。

3. 高效管理人才队伍尚未建立,决策咨询体系尚不完善

作为科技管理政策措施的实施者,高效的科技管理人才队伍是实现科技管理目标,提高科技管理效能的关键因素。科学技术的日新月异对管理人员的管理水平和业务素质等都提出了更高的要求。大连市科技管理人员在科技知识储备、知识结构、前瞻性思维、服务意识等方面与发达城市的管理人员还存在一定差距,需进一步提升。科技管理人才队伍建设除提高行政管理人员素质之外,还应将专家队伍纳入其中,充分发挥专家在专业知识、科学预见方面的优势。大连市虽然在科技规划制定、立项决策方面都已通过建立专家库,引入专家审批制度等方式在一定程度上发挥了专家咨询的作用。但决策咨询体系还不完善,还没有组建专门的科技决策咨询委员会,对大连市科技发展进行统一的、跟踪式的长期研究,为科技决策提供专业咨询建议。

4. 资源整合机制缺乏,科技资源整合力度不够

大连拥有较多的高校、科研机构等优势资源,也有相当的企业具有研发能力,但由于缺乏有效的资源整合运作机制,缺乏促使科研单位与企业间进行知识、人才等交互流动、协调合作的桥梁,众多优势科研资源和经济资源没有得到充分整合,产学研合作还局限在较少的企业和科研院所之间。2002 年 ~ 2006 年间,与高校、科研院所合作开展产品创新的企业只占企业总数的 3.1% 和 2.6%,与高校、科研院所开展工艺创新合作的企业只有 3.9% 和 2.2%。由此导致了一方面研发与市场脱节、科研成果难以转化,另一方面企业整体创新动力不足、产品创新度不高的两种窘境。

5. 科技工作执行力不足,政策制度落实不到位

大连市科技管理在完善制度建设,改进工作方式上做出了很多努力,但是有些制度落实不够彻底,工作方式的改进效果不够明显。如计划项目的立项审批制度虽进行了改进,但人为干预因素仍然存在;信息化管理在具体工作开展中尚未完全发挥作用,项目申报和评审管理还没有完全实现网上办公,项目审批时间仍然较长。

究其原因,制约大连市科技管理效能提高的根源还在于管理理念、管理体制、机制上的不足和改进不到位,限制了科技要素最大限度地发挥作用。政府对科技的重视程度较高,但科技服务意识的相对不足带来了行动上服务设施建设与创新活动需求间的不同步,制约了创新活动在全社会范围的广泛开展。科技管理部门间的协同机制、科技资源整合机制等缺乏使得科技管理规划和目标的实现途径、科技资源整合渠道不够畅通等。种种因素限制了大连市科技管理作用的充分发挥和管理效能的提高。在进一步提高科技管理效能、推进创新型城市建设的过程中,应突破局限,从根本上转变管理理念、优化管理模式、改进管理方式,推动形成政府、企业、高校、科研机构、中介社会组织等各个科

技相关机构之间的合力，全面提升科技管理效能。

总之，大连市科技管理有创新也有局限，有改进也有差距。政府科技管理的总体方向和发展趋势符合科技管理的演变规律，但管理思路不够清晰，实现途径不够明确，由此导致科技资源没有被充分发掘和有效利用，制约了科技管理效能的进一步提高。

四、大连市提高科技管理效能的模式及评价指标体系构建

纵观国内外科技管理演进的过程，尤其是思考上海、深圳等科技发达城市在我国市场经济体制变革中科技管理体制机制的变化，可以看出，各地管理模式是与本地区经济体制特点和战略发展要求相适应的，适应程度越高管理效能也越高。从全局来看，大连目前的科技管理已经体现出一定的发展轨迹，符合当前大连市场经济不断完善和政府科技管理模式转变的内在要求，也顺应大连科技发展的长远趋势，但是局部环节还不完善，未形成系统性的发展思路和管理体系。现在的任务就是要理顺目前大连科技管理的思路，完善科技管理的理念、内容、方式和手段、机制等，发扬优势，改进不足，探索形成符合大连实际发展需要的、与创新城市建设要求相一致的、具备大连特色的科技管理模式。

（一）指导思想与基本原则

1. 指导思想

在借鉴国内外先进经验的基础上，结合大连市实际，提高大连市政府科技管理效能的指导思想是：以三个代表重要思想为基础，牢固树立并切实贯彻以人为本、全面协调可持续的科学发展观，紧紧围绕提升大连市自主创新能力，促进科技全面发展的目标，按照我市建设服务型政府、效能政府和创新型城市的要求，在科技管理过程中，继续解放思想、转变政府科技管理理念，深化科技管理体制机制改革，逐步探索适应科技创新要求和发展趋势的现代管理模式；强化市场在资源配置中的基础作用，发挥政府宏观管理的引导、协调、激励作用，以及促进科技资源集聚整合和科技服务支撑作用，优化科技创新环境，进一步提升我市政府科技管理效能，加速区域创新体系建设，促进科技与经济社会协调发展。

2. 基本原则

大连市提高科技管理效能应遵循以下几条原则：

（1）市场主导与政府引导相结合原则

大连市科技管理在计划制定、科技投入、产业发展和创新环境建设等各个方面都要遵循市场发展规律，以市场需求为指导，充分发挥市场在资源配置中的基础作用。与此同时，要注重政府在科技发展和技术创新中的宏观引导和调控作用，从经济社会发展的全局角度出发，把握科技发展的长远趋势和方向，引导企业成为创新主体，支持和鼓励社会力量和资源进入科技领域，保证我市科技健康有序发展。

（2）以人为本与服务支撑相配合原则

科技进步的核心要素是创新，而人是科技创新最根本的生产要素。大连市科技管理要体现以人为本的原则，从人才发展的自身需求入手激发人的积极性和创造力。同时大

力打造科技服务环境,为科技人才提供良好的研发条件和创新环境。只有人才的内部需求与外部支撑同时具备才能最大限度地发挥人的创造潜力。

(3)资源集约化配置与开放式整合相结合原则

依据经济学原理,任何资源都具有稀缺性,科技资源也是如此。大连市科技管理在资源配置和整合上要体现集约化与开放式原则。集约化原则要求政府从全局角度统筹科技资源配置,提高资源利用率。开放式原则要求资源整合突破部门、行业、区域等限制,形成开放的资源整合系统,扩大资源整合幅度。

(4)科技管理与经济社会管理相协调原则

大连市科技管理应遵循并利用科技与经济社会间相互促进的关系,促进政府科技管理部门、宏观调控部门和专业行政管理部门之间的协调,解决科技游离于经济、社会发展的边缘化倾向,使科技活动及其管理较好地与经济、社会发展的全局性要求和中心任务密切结合起来,保证科技研究方向以及合理利用科技成果,提高综合创新的经济效益和社会效益。

(二)探索形成符合大连特色的科技管理模式

管理模式是指通过管理理念、管理内容、管理方式和手段、管理机制等所体现并形成的一整套管理系统。科技管理模式即是由科技政策、法规、措施、手段和科技体制等所融会而成的,对科技活动、行为主体进行引导和规范的一套科技管理体系。科技管理模式具有阶段性特点,依据经济社会和科技发展的不同阶段和特点而体现为不同的管理模式。大连市科技管理正处于向市场化管理模式转变的阶段,由于市场发育尚不完善、自主创新的内生性动力不足等,这一阶段的科技管理具有政府管理内容多、过渡性强等特点。与此相适应,大连市科技管理应在现有基础上,着重发挥政府在科技服务、资源整合利用、市场规范和保障等方面的引导和支撑作用,探索形成包括科技管理理念、内容、手段、机制等在内的一套较为完备的、有助于实现管理目标的科技管理模式(见图11)。

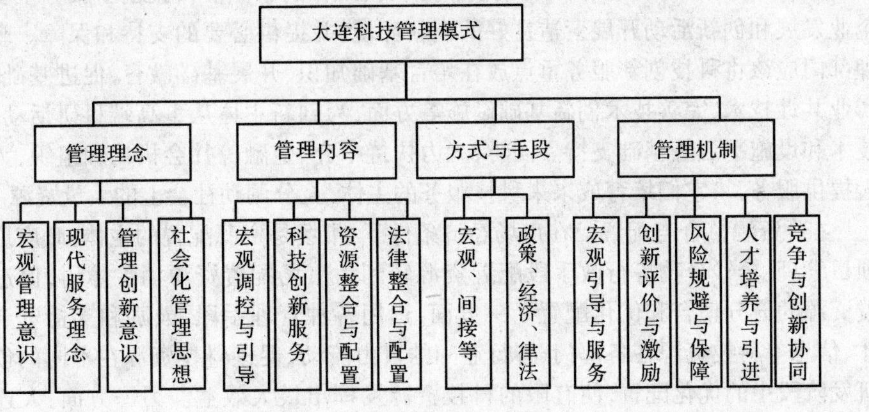

图11　大连科技管理模式图

1. 树立科学的科技管理理念

大连市科技管理首先应增强全局观念,加强科技宏观管理意识。在市场经济体制下,科技活动主要是在市场机制的作用下进行,政府应减少对微观科技活动的干预。应将更多的目光投向全局性、战略性、前瞻性较强的领域,统筹规划科技发展的中长期目标和发展策略,把握科技发展的方向。其次,树立新型的现代服务理念。一方面适应建设服务型政府的政府职能转变要求,在科技管理过程中应弱化行政权力对科技资源和活动的支配意识,突出强调政府在建设科技创新环境,提供公共服务中的服务意识,将工作重点放在提高服务质量,增强服务能力,满足服务要求上;另一方面将管理的目标融于服务中实现,并在服务的过程中实现有效管理。第三,增强创新意识。在管理工作中敢于突破常规,超越局限,根据市场和经济社会形势的变化适时调整管理策略和方式手段,促进科技进步。第四,树立社会化管理思想。在现代政府管理的演进中,社会组织和机构参与政府管理,分担政府管理的一部分职能已经成为一种趋势。我市政府科技管理应解放思想,有意识地推动社会化管理的发展。

2. 明确和规范科技管理主要内容

明确和规范科技管理内容是转变政府科技管理职能,形成科学的管理模式的关键。结合大连市科技发展的现实情况,顺应我市科技管理改进的趋势,应着重从以下几个方面继续加强和完善科技管理内容:

(1)加强宏观调控与引导。政府是科技宏观管理的主体,应根据宏观经济和社会的发展要求和变化趋势,把握科技发展方向,确定科技发展重点,制定科技发展的中长期规划,优化科技计划的规模、结构,引导创新主体和社会资源积极参与科技创新,构建结构合理、功能齐备的科技创新环境,保证科技创新和技术进步符合经济社会利益,健康有序的发展。

(2)科技创新服务。推动科技创新是科技工作的重点。科技创新服务主要是为创新企业发展和创新活动开展营造良好的创新环境,并提供必要的支持和保障。政府科技管理部门应该将科技创新服务重点放在培育基础知识、开展基础教育、促进基础研究、发展产业共性技术、完善技术创新基础设施等方面,为创新主体从事高端科研活动提供智力、技术和设施平台等基础支持。同时,大力扶持中介、金融等社会机构和组织,为其发展壮大提供服务,将它们培育成未来科技服务的主体,充分调动社会上的大量资源。

(3)资源整合与配置。在市场经济条件下,市场是资源配置的主体,政府应从简单的项目管理、分钱分物等行政手段配置资源转到为市场配置资源消除障碍,促进全社会科技资源的充分整合和优化配置。一方面,运用各种管理手段,鼓励和支持资金、技术、人才、信息等科技资源在各部门、各行业间的自由流动,促进科技资源在不同的创新主体和研发阶段中的优化配置,使有限的科技资源发挥出最大效益。另一方面,大连市应继续增强与国内外其他省市间的横向联系,突破市内原有资源的有限性和知识、学科或技术行业等的局限,有效引进和利用外部创新资源,在更大范围内整合科技资源。

(4)市场规范和法律保障。政府科技管理需要理顺政府、中介、企业、科研院所等科技创新的相关主体之间的关系,明确各个主体相互作用和运作的机制,规范各个主体的行为,保障各个主体的利益,满足其需求。一方面由政府来界定科技创新的相关制度安排,规范市场竞争及交易的规则与程序,完善科技创新的相关立法并加大执法力度,通过反对企业垄断鼓励合理竞争使市场成为公平竞争的场所;另一方面,政府促进科技创新的举措和行为必须符合法律程序,包括政府调控的主体资格认定,调控的范围、层次、方式、秩序、力度等方面都应该有明确的法律、法规和政策规定。在此基础上,政府依法行政,依法调整市场运行,从而把政府干预企业创新活动的全过程纳入法制的轨道上来。

3. 创新和丰富科技管理的方式和手段

科技管理方式和手段的创新是科学有效地实现管理目标的工具。大连市在科技管理方式的改革创新上进行了不断地探索,取得不少成功的经验。在今后的科技管理中,应进一步突出和确立宏观、间接的管理方式,强化政策、经济和法律手段的运用,并探索新的方法和工具,继续丰富科技管理方式和手段。

(1)管理方式

强化宏观管理淡化微观管理。科技管理应更多关注科技发展中长远、战略的问题,在管理过程中,更多地运用政策、规划等手段对科技宏观发展进行引导和把握,继续注重组织和实施战略性、前瞻性的重大项目,逐渐从微观层面的项目管理中退出来。

增加间接管理减少直接管理。政府科技管理方式应该减少对于科技发展和创新活动的直接干预,大力扶持并规范中介机构等社会组织的发展,推动中介服务的组织网络化、功能社会化、服务产业化,最终实现社会化的间接管理方式。

实施动态管理避免被动管理。政府部门应对科技发展的过程进行跟踪,及时掌握和评估科技发展的状态,对于发展中的方向偏差、机制建设等问题通过政策导向、计划和规范等手段进行主动管理和动态管理。

加强综合协调改变单一管理。在科技管理的科技政策制定与落实,科技法规制定与实施等管理工作中,科技管理部门要主动协调相关的工商、财税等部门,综合考虑协同管理,形成科技管理的合力,既有利于实施落实又有利于科技与经济社会的协调发展。

(2)管理手段

在科技管理过程中,进一步淡化行政手段,充分发挥政策手段,税收、信贷等经济手段以及地方性法规等法律手段在科技管理中的作用。同时,在灵活、综合运用经济、政策和法律手段的基础上,探索采用新的管理手段提高科技管理效能。如加强政府采购体制的创新,对科技成果采取收购制;通过综合运用适当注入资本金、财政贴息、风险补偿和政策优惠等手段扶持和鼓励科技中介发展,等等。

4. 建立健全科技管理机制

科技管理机制是实现科技管理职能的重要保障和路径选择,目前的科技管理的机制建设处于比较初级的阶段,科技管理的机制建设要以遵循市场导向和科技发展的规律为原则，以科技资源条件为基础，以促进科技创新体系建设和创新能力发展为出发点，以提高科技管理效能为目标，充分借鉴和吸收发达国家和先进省市的做法，大胆创新，稳步推进，积极实施。

(1)资源配置的竞争机制

总体而言，科技管理的主要内容就是促进科技资源的有效利用，而竞争是保证科技资源有效利用的重要机制之一。因此，要特别注重发挥竞争机制在促进全社会学习与创新中的推动作用，通过强化竞争机制来强有力地驱动创新、创新后改进以及创新扩散。这就要求我们进一步打破垄断，发挥竞争在资源配置中的重要作用，形成良好的竞争性环境，优化全社会科技资源配置。

(2)宏观引导与服务机制

对科技发展进行前瞻性和宏观性的引导，并为此提供相应的服务是科技管理的主要内容之一。大连科技管理应建立引导与服务机制，加强科技创新的宏观指导与前瞻性引导，特别是将关键技术选择和技术前瞻纳入到研发管理范围之内。每隔一段时间要进行一次中期和长期技术预测，首先确立战略目标，然后根据战略目标来确定需优先发展的关键技术，从而确定新的科技政策。同时，全面完善科技创新服务机制，包括建立完备的信息与咨询服务体系、提供充足的公共技术服务平台等，为科技创新提供系统服务。

(3)创新评价与激励机制

评价与激励是科技管理的重要杠杆，科学的评价制度与符合利益偏好的激励，会给予科技创新活动巨大的推动力。大连市科技宏观管理要建立起与原始性创新相适应的评价制度和符合科学和技术发展规律的激励机制。建立有利于鼓励具有原始性创新、风险大的研究项目，高度关注创新性强的小项目、边缘项目以及学科交叉项目的评判标准及评价体系。大胆探索和试行包括技术创新成果参与分配、技术作价入股、科技人员持股经营、对技术开发成果进行奖励等知识资本化的激励机制，保证技术创新者、企业经营者、风险投资者取得与其贡献相称的高额报酬，以鼓励各行为主体在科技创新体系中发挥各自的作用。

(4)人才培养与引进机制

科技创新的核心灵魂是以人为本，推动科技创新必须把人的创新潜力充分发挥出来，特别是解放高端智力要素。因此，大连在科技人才培养上，要在全社会形成一种尊重知识、重视人才、爱护人才、支持人才的社会风尚，形成有效吸纳人才、凝聚人才、发挥人才作用的机制。政府科技经费的支出科目设计要体现尊重知识、尊重人才的原则，充分调动科技人员的创造性和积极性。通过各种有效途径，充分吸纳优秀创新人才积极创业，积极有效地实施人才引进战略。

(5)风险规避与保障机制

科技创新主体传统的融资渠道已不能满足科技开发、成果转化对资金的需求，寻求新的融资途径将是科研机构面临的一个重大问题。大连科技管理要针对科技资金运行的较大风险和较高的投资失败率，建立科技风险补偿基金及其运作体制、科技项目的贷款保险机制等，并为较成熟的科技企业建立配套的柜台交易市场进行融资和股权转让，尽可能保障投资者的利益，为规避投资风险、促进多元投融资体系的形成提供可行渠道。

(6)创新协同与援助机制

创新协同与援助机制是促进科技资源整合并产生合力作用的有效手段。随着时代进步和科技发展，创新源趋向于多元化，不仅来自于科研机构与企业，而且来自于整个创新体系的各个环节和元素。因此，借鉴美国的“集成创新”和日本的“种子主导型”经验，大连的科技管理可以在巩固发展产学研结合的基础上，建立创新协同与援助机制，强调不同创新领域、不同创新环节之间的耦合，鼓励企业之间的合作研究开发和联合竞争，探索建立官、产、学、研、资、介六位一体的创新联盟，形成系统集成创新模式。

(三)科技管理效能评价指标体系与评价模型构建

为了更全面、更科学和更准确地对科技管理效能进行评价，特提出构建科技管理效能评价指标体系的初步思路和方法，为大连市今后对科技管理效能进行量化评价提供参考。

1. 指标设置的原则与依据

(1)指标设置的原则

科技管理效能评价指标体系的构建力图全面、系统、规范地反映科技管理效能整体情况，并使指标具有一定的引导、比较等功能，形成较为科学的科技管理效能评价指标体系。因此，指标设置遵循以下五大原则：

系统性原则。科技管理效能是多项管理工作效能的综合体现。因此，应保证指标选取的范围具有一定的广泛性，以便全面、系统地对科技管理效能进行衡量。

代表性原则。考虑到指标体系测算的合理限度，在保证全面反映科技管理效能的同时，应注重指标选取的典型性和代表性。

操作性原则。可操作性关系到指标能否最终得到应用，是指标设置的一项重要原则。遵循这一原则，指标选取应充分考虑指标数据获得和计算的难易程度，具体指标应通俗易懂，便于理解和推广。

导向性原则。科技管理效能指标的设置不仅是对科技管理效能的简单评价，还应对科技管理工作的进一步开展和管理效能的提高起到一定的引领和导向作用，即指标应在整体上反映出科技管理发展的战略要求和趋势。

可比性原则。科技管理效能指标设置应综合考虑其他城市的科技统计指标选取特点，使指标具有一定的通用性，便于在不同年份和不同城市间进行效能纵横比较。

(2)指标设置的依据

科技管理效能评价指标的设置按指标层级的代表意义和功能不同分别依据不同的设置标准，即科技管理的职能内容与科技管理的效能体现。

政府科技管理主要表现为政府对一个地区的科技发展进行宏观把握，并对科技活动主体进行激励，提升地区创新能力，以及对市场中的科技活动主体行为、各项活动和资源流配置等进行引导和规范。其职能主要包括制定科技发展规划，组织实施科技计划，创造培育良好的科技创新环境，维护科技市场秩序等等。科技管理职能的履行情况是衡量科技管理工作和效能高低的落脚点。

具体到每一项科技管理职能履行情况的评价，则需要从各项职能履行过程中所体现的效能入手进行衡量。政府科技管理效能是科技管理的工作效率和工作能力的统一，是政府运用其能力、能量，履行其职责，最终实现科技管理目标所达成的效率、效果和效益的综合体现。据此，主要从科技管理各个职能环节的实施效率、取得的效果和产生的效益三方面来衡量科技管理效能。

2. 指标体系的构建

(1)指标的基本构成

科技计划管理指数：科技计划管理是科技管理的重要内容之一。科技计划的实施关系到科技战略规划和重点任务能否顺利实现。选取组织实施各类科技计划项目、省级以上计划项目所占比重、计划立项效率、项目验收合格率以及计划项目对规划的覆盖率5项指标来反映科技计划项目结构、计划组织实施的效率以及项目实施效果情况。(见表1)

表1　科技计划管理指数指标

准则层	指标层	单位
科技计划管理	1.1 组织实施各类科技计划项目	项
	1.2 省级以上计划项目所占比重	%
	1.3 计划立项效率 *	—
	1.4 项目验收合格率	%
	1.5 计划项目对规划的覆盖率	%

注：①计划立项效率是对包括立项审批时间、立项程序便捷度等的综合衡量；②计划项目对规划的覆盖率是指实际组织实施的计划项目占规划预定实施的计划项目的比重。

科技投入管理指数：科技投入是科技创新和发展的资金动力。科技投入管理主要包括财政经费投入管理和引导拉动社会资金投入管理两方面。选取地方财政科技经费支出、科技经费支出占地方财政支出比重、重大项目R&D投入占市本级R&D投入比重、试验R&D投入占市本级R&D比重、全社会R&D支出占GDP比重5项指标综合反映科技投入的规模和投入结构的合理性，以及拉动社会资金投入的效果。(见表2)

表 2　科技投入管理指数指标

准则层	指标层	单位
科技投入管理	2.1 地方财政科技经费支出	亿元
	2.2 科技经费支出占地方财政支出比重	%
	2.3 重大项目 R&D 投入占市本级 R&D 投入比重	%
	2.4 试验 R&D 投入占市本级 R&D 比重	%
	2.5 全社会 R&D 支出占 GDP 比重	%

科技人才引进与培养指数:这里的科技人才主要包括科技管理人才和技术研发人才,是实施管理和进行创新的核心要素,影响着科技管理的落实效果。选取科技管理人员培训率、具有科技专业背景的管理人员比重、全市引进科技人才总数、中青年项目带头人比重、科技创新人才研究资助比率5项指标来反映科技人才引进和培养的各项政策措施的实施效果。(见表3)

表 3　科技人才引进与培养指数指标

准则层	指标层	单位
科技人才引进与培养	3.1 科技管理人员培训率	%
	3.2 具有科技专业背景的管理人员比重	%
	3.3 全市引进科技人才总数	名
	3.4 中青年项目带头人比重	%
	3.5 科技创新人才研究资助比率	%

注:①科技管理人员培训率包括有组织的和个人自发接受培训的管理人员占所有管理人员比重;②具有科技专业背景的管理人员是指所学专业为科技相关专业的管理人员;③科技创新人才研究资助比率是指通过申请项目或享受某种人才引进待遇等途径而获得研究资助的科技人才占全部创新人才比重。

科技服务环境建设指数:科技服务环境是培育科技创新主体,推动科技创新活动开展的重要保障,也是科技管理实现促进科技创新目标的重要基础。选取科技孵化水平、民营孵化器占孵化器比重、拥有市级以上企业技术中心数量、拥有科技中介机构数量、科技中介机构发展水平、投融资机构占中介机构比重、公共技术服务平台的需求满足情况、信息网络服务水平8项指标来反映科技服务环境建设的局部结构和总体效果。(见表4)

表4　　科技服务环境建设指数指标

准则层	指标层	单位
科技服务环境建设	4.1 科技孵化水平 *	—
	4.2 民营孵化器占孵化器比重	%
	4.3 拥有市级以上企业技术中心	家
	4.4 拥有科技中介机构	家
	4.5 科技中介机构发展水平 *	—
	4.6 投融资机构占中介机构比重	%
	4.7 公共技术服务平台的需求满足情况 *	—
	4.8 信息网络服务水平 *	—

注:①科技孵化水平包括科技孵化规模、层次等综合情况;②科技中介机构发展水平包括中介服务质量、各类中介结构合理度等;③公共技术服务平台的需求满足情况包括公共技术平台的数量、共享性、使用便利性等;④信息网络服务水平包括信息网络对企业等科技活动主体的覆盖率、信息提供及时性、管理机构与科技活动主体间的互动情况等。

知识产权保护指数:知识产权保护是尊重智力劳动,保障创新者利益,推进科技管理法制化建设的必备环节。选取专利申请量、授权专利强度、企业专利申请占专利申请量比重、发明专利申请占专利申请量比重、知识产权保护力度、专利侵权案件结案率6个指标来反映知识产权保护在专利推广、结构优化和专利执法等方面的成效。(见表5)

表5　　知识产权保护指数指标

准则层	指标层	单位
知识产权保护	5.1 专利申请量	件
	5.2 授权专利强度	件/万人
	5.3 企业专利申请占专利申请量比重	%
	5.4 发明专利申请占专利申请量比重	%
	5.5 知识产权保护力度 *	—
	5.6 专利侵权案件结案率	%

注:知识产权保护力度是对知识产权保护水平的综合衡量,包括知识产权保护宣传、示范试点建立、专利执法等。

科技管理产出指数:这里的科技管理产出是指各项科技管理内容相互作用后综合产生的效能,是对科技管理经济、社会影响的较为直接的反映。选取获省级以上科技奖励、科技成果转化率、高新技术产业增加值占GDP比重、技术合同交易额、科技对经济贡献率5项指标来对科技管理产出情况进行衡量。(见表6)

表 6　　科技管理产出指数指标

准则层	指标层	单位
科技管理产出	6.1 获省级以上科技奖励	项
	6.2 科技成果转化率	%
	6.3 高新技术产业增加值占 GDP 比重	%
	6.4 技术合同交易额	亿元
	6.5 科技对经济贡献率	%

(2)权重的确定

权重的确定实质就是衡量各项指标和各领域层对其目标层的贡献程度大小,指标权重的合理与否直接影响评价结果的科学性和准确性。采取德尔菲法(Delphi),请专家对各因子的重要程度(相对重要程度)进行判别,对各因素进行多轮次的专家打分,得出个因素的分值,形成判断矩阵。权重值与因素对科技管理效能的高低成正比,数值在 0 ~ 1 之间,各选定因素的权重值之和等于 1。

权重的确定可以分为以下步骤:

步骤一:组成评价的专家组。包括认识部门的人员、评价专家以及相关的其他人员。根据不同的评价对象和目的,专家构成可以不同。

步骤二:制定评价因子判断表,见下表。

I_{ij}	F_1	F_2	……	F_n
F_1				
F_2				
……				
F_n				

步骤三:专家填写权值因子判断表。

步骤四:对各位专家所填权值因子判断表进行统计,依次计算每一行评价指标得分值 D_{ir}(公式 1),评价指标平均分值 P_i(公式 2)和评价指标权重 W_i(公式 3)。

$$D_{ir} = \sum_{\substack{i=1 \\ j=1}}^{n} a_{ij} \qquad (1)$$

其中 n 为评价指标的项数;a_{ij} 表示评价指标 i 与评价指标 j 相比时的指标得分值;r 为专家序号

$$P_i = \sum_{r=1}^{L} \frac{D_{ir}}{L} \qquad (2)$$

其中 L 为专家人数

$$W_i = \frac{P_i}{\sum_{i=1}^{n} P_i} \qquad \cdots\cdots (3)$$

应用上述方法,可确定准则层各项权重 W_i 和指标层各项权重 W_{ij}。

(3)指标体系的构建

根据以上分层次的分析,得到科技计划管理指数、科技投入管理指数、科技服务环境建设指数、知识产权保护指数、科技人才引进与培养指数、科技管理产出指数六个构成要素的新型的、较为科学的科技管理效能评价指标体系。(见表7)

表7　　　　科技管理效能评价指标体系

准则层(C_i)	权重(W_i)	指　标　层(C_{ij})	单位	权重(W_{ij})
科技计划管理	0.15	1.1 组织实施各类科技计划项目	项	0.158
		1.2 省级以上计划项目所占比重	%	0.184
		1.3 计划立项效率 *	—	0.222
		1.4 项目验收合格率	%	0.236
		1.5 计划项目对规划的覆盖率	%	0.200
科技投入管理	0.17	2.1 地方财政科技经费支出	亿元	0.137
		2.2 科技经费支出占地方财政支出比重	%	0.235
		2.3 重大项目 R&D 投入占市本级 R&D 投入比重	%	0.250
		2.4 试验 R&D 投入占市本级 R&D 比重	%	0.176
		2.5 全社会 R&D 支出占 GDP 比重	%	0.202
科技人才引进与培养	0.20	3.1 科技管理人员培训率	%	0.212
		3.2 具有科技专业背景的管理人员比重	%	0.184
		3.3 全市引进科技人才总数	名	0.175
		3.4 中青年项目带头人比重	%	0.273
		3.5 科技创新人才研究资助比率	%	0.156
科技服务环境建设	0.14	4.1 科技孵化水平 *	—	0.144
		4.2 民营孵化器占孵化器比重	%	0.096
		4.3 拥有市级以上企业技术中心	家	0.102
		4.4 拥有科技中介机构	家	0.128

续表

准则层(C_i)	权重(W_i)	指　标　层(C_{ij})	单位	权重(W_{ij})
科技服务环境建设	0.14	4.5 科技中介机构发展水平 *	—	0.137
		4.6 投融资机构占中介机构比重	%	0.114
		4.7 公共技术服务平台的需求满足情况 *	—	0.205
		4.8 信息网络服务水平 *	—	0.074
知识产权保护	0.12	5.1 专利申请量	件	0.156
		5.2 授权专利强度	件/万人	0.301
		5.3 企业专利申请占专利申请量比重	%	0.212
		5.4 发明专利申请占专利申请量比重	%	0.111
		5.5 知识产权保护力度 *	—	0.124
		5.6 专利侵权案件结案率	%	0.096
科技管理产出	0.22	6.1 获省级以上科技奖励	项	0.163
		6.2 科技成果转化率	%	0.227
		6.3 高新技术产业增加值占 GDP 比重	%	0.194
		6.4 技术合同交易额	亿元	0.174
		6.5 科技对经济贡献率	%	0.242

注:用 * 标注的指标为定性指标。

(4)指标标准值的确定

指标标准值是绩效评价指标的标尺或准绳,既要符合大连市科技管理效能现阶段的实际情况,又要体现进一步提高科技管理效能的目标要求。采用 Delphi 法在综合分析其他相关城市科技管理效能水平的基础上,参考走在创新型城市建设前列的城市科技管理各项指标水平,结合大连市建设创新型城市的发展目标,同时考虑各地提高科技管理效能的动态变化趋势,确定大连市未来 5 ~ 10 年科技管理效能评价标准的理想值。另外,以与大连具有可比性的副省级城市作为参考,确定大连市科技管理效能评价标准的起码值。(见表 8)

表 8　　科技管理效能评价指标的标准值

准则层	指标层	单位	理想值	起码值
科技计划管理	1.1 组织实施各类科技计划项目	项	1000	200
	1.2 省级以上计划项目所占比重	%	55	10
	1.3 计划立项效率 *	—	—	—
	1.4 项目验收合格率	%	100	80
	1.5 计划项目对规划的覆盖率	%	100	80
科技投入管理	2.1 地方财政科技经费支出	亿元	20	3
	2.2 科技经费支出占地方财政支出比重	%	5.5	1.82
	2.3 重大项目 R&D 投入占市本级 R&D 投入比重	%	70	30
	2.4 试验 R&D 投入占市本级 R&D 比重	%	70	10
	2.5 全社会 R&D 支出占 GDP 比重	%	3	1.5
科技人才引进与培养	3.1 科技管理人员培训率	%	80	20
	3.2 具有科技专业背景的管理人员比重	%	70	10
	3.3 全市引进科技人才总数	名	4000	500
	3.4 中青年项目带头人比重	%	80	10
	3.5 科技创新人才研究资助比率	%	40	5
科技服务环境建设	4.1 科技孵化水平 *	—	—	—
	4.2 民营孵化器占孵化器比重	%	90	20
	4.3 拥有市级以上企业技术中心	家	100	20
	4.4 拥有科技中介机构	家	4000	300
	4.5 科技中介机构发展水平 *	—	—	—
	4.6 投融资机构占中介机构比重	%	20	5
	4.7 公共技术服务平台的需求满足情况 *	—	—	—
	4.8 信息网络服务水平 *	—	—	—

续表

准则层	指 标 层	单位	理想值	起码值
知识产权保护	5.1 专利申请量	件	15000	3000
	5.2 授权专利强度	件/万人	6	2
	5.3 企业专利申请占专利申请量比重	%	50	10
	5.4 发明专利申请占专利申请量比重	%	35	5
	5.5 知识产权保护力度 *	—	—	—
	5.6 专利侵权案件结案率	%	100	60
科技管理产出	6.1 获省级以上科技奖励	项	100	20
	6.2 科技成果转化率	%	40	10
	6.3 高新技术产业增加值占 GDP 比重	%	25	5
	6.4 技术合同交易额	亿元	50	5
	6.5 科技对经济贡献率	%	70	20

注:定性指标评价值另行确定。

(5)指标数据的标准化

对于定量指标,采用线性内插法确定其指标值。设某定量指标 C_{ij} 的指标数值为 Y_{ij},其相应的起码值和理想值分别为 a 和 b。因效能评价指标体系中的指标为效益型指标(越大越好),依据公式计算得出定量指标 C_{ij} 的评估值 X_{ij}(公式1)。

$$X_{ij} = \frac{(Y_{ij} - a)}{(b - a)} \quad \cdots\cdots (1)$$

对于定性指标,其外延的不确定性和模糊性决定了传统的数理统计方法已不再适用,采用模糊理论的方法具有更大的实际意义。具体为,确定评语集 $V = \{V_1, V_2, V_3, V_4, V_5\}$ = {优,良,一般,较差,差},由专家评价小组(一般由8~12名专家组成)按设定的评语集对某定性指标 C_{ij} 评议,得单因素评价向量 $R_{ij} = \{r_{ij1}, r_{ij2}, \cdots r_{ijk}, \cdots, r_{ij5}\}$($r_{ijk} = m_{ijk}/n$),其中,$r_{ijk}$ 为指标 C_{ij} 对评语 V_k 的隶属程度;m_{ijk} 为指标 C_{ij} 对评语 V_k 的隶属频数;n 为专家组中专家人数。

设定函数集{9,7,5,3,1}与评语集{优,良,一般,较差,差}相对应,据 $Y_{ij} = 9r_{ij1} + 7r_{ij2} + \cdots r_{ij5}$ 求得指标 C_{ij} 的初始评估值 Y_{ij}。为使指标值具可公度性,进一步运用线性内插法原理对 Y_{ij} 进行归一化处理,计算得出定性指标 C_{ij} 的评估值 X_{ij}(公式2)。

$$X_{ij} = \frac{(Y_{ij} - 1)}{(9 - 1)} \quad \cdots\cdots (2)$$

(6) 计算综合得分

设效能评价的综合评价值用 X 表示(百分制),X_k($k=1,2,\cdots,6$) 为第 k 个准则的评价值,则

$$X_1=\sum_{j=1}^{5}X_{1j}W_{1j},X_2=\sum_{j=1}^{5}X_{2j}W_{2j},\cdots\cdots,X_6=\sum_{j=1}^{5}X_{6j}W_{6j};$$

$$X=\sum_{i=1}^{6}W_iX_i\times 100$$

在定量评价的基础上,可以对管理效能进行定性评价分等。分等标准为:$X\geqslant 90$ 的管理效能优秀,$70\leqslant X<90$ 的管理效能良好,$50\leqslant X<70$ 的管理效能一般,$30\leqslant X<50$ 的管理效能较差,$0<X\leqslant 30$ 的管理效能差 。

表 9　　大连市科技管理效能评价得分

	分项得分		综合得分
大连市科技管理效能评　价	科技计划管理	0.7846	0.6281
	科技投入管理	0.6421	
	科技人才培养与引进	0.6197	
	科技服务环境建设	0.5087	
	知识产权保护	0.6522	
	科技管理产出	0.5808	

经过初步测算,当前大连市科技管理效能综合得分为 62.81(见表 9),居于一般水平,相对于提高科技管理效能的 5~10 年期的目标还有一段距离。今后,大连市应在科技管理各环节上继续开拓创新,发扬计划管理、知识产权管理等方面的优势,提高科技服务水平,加大科技人才培养和引进力度,增强科技投入产出效益,从而有效提高科技管理效能。

3. 评价指标体系的运用与检验

评价指标体系的构建目的重在运用,以发挥对实践的检验和指导作用。针对大连市科技管理效能评价指标体系的应用,提出如下建议:

(1)由于现阶段对政府科技管理效能的评价尚处于开创探索阶段,没有现成的评价体系和标准可供借鉴,同时考虑到科技管理随时间推移而不断完善发展,对科技管理效能的评价应是一个动态变化过程。建议在推行科技管理效能评价之前,确定一个试运行期,对评价体系和标准进行调整完善,并在正式运行之后根据大连市科技管理效能变化的实际情况和不同发展阶段的需要对评价体系和标准进行定期纠偏。

(2)关于科技管理效能的评价,建议科技管理主管部门与科技管理领域的专家学者等组成专家评估组,对科技管理效能各项指标进行追踪,定期测算科技管理效能的分项和综合得分值。

(3)建议科技管理部门会同统计局,通过网络或统计年鉴,每年系统地发布一次科技管理效能各项指标的进展情况,以及科技管理效能评价结果。

总之,一套科学的评价指标体系的运用对于检验实践成果,进而指导实践活动更好地开展具有重要的现实意义。大连市科技管理效能评价指标体系的运用有助于较为全面系统、简洁直观地了解大连市科技管理的进展情况,掌握科技管理效能改进的阶段性特点和动态,有效检验科技管理机制模式等管理创新对提高科技管理效能的作用,为加快提高科技管理效能,建设创新型城市提供技术支持。

五、提高大连市科技管理效能的对策建议

要提高政府科技管理效能,究其根本,就是要解决体制、机制和人的问题,体制顺了,机制活了,人的素质提高了,管理效能自然而然就顺畅地体现出来。在借鉴国内外科技管理先进经验基础上,结合大连科技管理的实际情况,特别是针对目前存在问题,提出以下几点提高大连市科技管理效能的对策和建议。

(一)深化政府科技管理体制改革,充分发挥政府宏观推进职能

我市科技管理体制主要包括科技计划管理体制、科技资源配置体制、科技组织的结构和布局体系、科技市场管理体制等。科技计划管理体制改革主要是政府科技部门通过各种方式规划和调度科技资源力量的创新。包括科技规划的编制和政府可支配的科技资源的配置方式。科技宏观计划管理体制主要包括科技(顶层管理问题)组织、计划、分配、法规、评估等。大连市现有科技管理体制依然存在着这样或那样的问题,必须进一步加以改革,以适应创新型城市建设的需要。

1.完善科技资源配置体制。大连市应建立健全科技计划协调机制,改变科技资源配置分散重复的局面,实现高等院校和科研机构的结合、企业和科研院所的结合、国家科技资源和地方力量的结合、国际科技资源与国内科技资源的结合。加强基于共享机制的大连市科技基础条件平台建设,推动应用基础研究的更好发展,并争取面向社会和企业免费开放。

2.坚持科技管理以人为本。广大科技人员是科技管理最核心的资源,我市一切科技管理活动都应围绕如何激励科技人员展开的,而政府科技管理的其他资源(如资金、技术、设备、精神奖励等)也应围绕如何服务于此而展开,即牢固树立以人为本的科技管理理念。研究制定有关政策,进一步提高科普人员的地位,吸引更多的人才投身到科技事业中。实行"三个不限"(不限项目申报数量、申报时间和申报单位);有效解决论资排辈和非共识项目被埋没的问题。

3.建立和健全科技专家决策咨询机制。为确保大连市重大科技发展、重大科技事项建设等事关长远和战略性发展决策问题能够科学、合理并具有可操作性,要建立和健全科技专家决策咨询机制,实现决策科学化和民主化。同时,通过建立专家决策咨询机制,加强科技预见,推进政府科技管理效能的提高。首先建立畅通沟通渠道。一是组建大连市市长科技决策咨询委员会(或市长科技专家顾问组),建立市长与科技专家的直接沟通

机制;二是发挥政府科技专家顾问团作用,完善各委办局与专家学者的联络机制;三是发挥群众性学术团体的作用,用好现有的专家联络机制;四是面向社会各界,探索公众参与政府科技决策的机制。其次搭建政府科技决策支持平台。整合大连市全市信息资源,建立市政府的科技决策支持平台,通过这个平台,主要实现以下几项功能:一是决策者特别是市领导可以便捷快速地获取各决策研究机构和专家研究成果;二是研究机构和专家可以了解决策者的决策需求,并获得比较全面的基础资料和研究数据支持;三是决策者与专家之间可直接针对某一方面问题进行互动式交流;四是决策者可利用建立的模型,进行模拟仿真、预测预警以及对一些政策进行实验。五是研究机构、专家之间也可以通过网络平台直接进行相互交流。

4. 改革和完善科技计划管理体系。首先,加强对大连市科技项目的跟踪管理与服务,追踪问效,强化绩效考评,建立责任追究制度,实现科技计划项目的全过程闭环管理。对每一个立项项目,都要确定后期管理责任人,明确任务,落实责任,做到谁推荐、谁管理、谁负责,项目推荐得是否准确,项目执行得好坏,要作为对责任人考核的重要依据。对计划项目承担单位,也要逐步建立起诚信机制,项目执行好的,继续给予倾斜;执行不好的,就要严格限制。逐步建立项目评审专家、中介机构的信誉档案,根据专家和中介机构的信誉情况,决定其在计划项目评审中所承担的工作。其次,实现大连市科技计划管理全过程的信息化管理。建立起一整套科技计划管理系统,包括科技项目数据库、科技评估咨询专家数据库、科研机构及企业资料数据库,具备科技计划项目从立项、评估评审、结题全过程网络管理功能,并建立科技论坛、科技合作需求征集和发布等具备交互性、实时性的新功能。通过科技计划管理系统这个平台,建立科技主管部门与项目承担单位、科技人员之间、科技管理者之间互相交流信息、沟通思路的重要渠道。

5. 继续调整完善政府科技机构设置。要按照精简、统一、效能的原则和决策、执行、监督相协调的要求,对我市科技部门的权职进行优化,建立科学、合理的政府科技运行机制。消除科技管理部门权职不清、职权交叉的弊端。减少科技管理层级,降低管理成本,提高科技管理人员工作效能。

(二)强化政府科技资金引导作用,提高财政科技资金使用效能

1. 加强科技项目资金监管,促进管理效能提高。为促进科技项目资金使用规范、合理,进一步提高财政科技资金效能,我市应建立健全年度市级科技计划项目财政专项资金监管制度,并且设计一套考核体系,重点是监管科技资金的到位使用情况,最大限度地发挥科技资金的引导作用,不断提高科技资金使用和管理的效能。考核项目包括科技项目实施进展及完成情况、项目资金是否及时全额到位、资金使用是否符合研发资金管理办法并与项目课题任务书一致、是否有截留挤占或挪用情况、是否建立辅助账和账务处理是否规范、报账凭证及票据等是否真实有效等方面。对个别科技项目存在项目资金到位不及时、承担单位没有单独建科技项目资金辅助账等问题,则按照制定的监管制度,依法处理。可进行停拨款项、收回资金、给予处罚或不再支持等不同程度的处罚。要逐步

形成财政审计部门的专业监督、科技计划主管部门委托的第三方监督和项目组织部门及承担单位的日常监督相结合的监督管理机制。完善科技计划项目概预算评审评估、资金划拨节点审查拨付制度和重点项目验收的资金使用审计制度。以此为契机,探索建立大连市科技计划课题监督检查的长效管理机制,使科技资金真正起到为我市科技发展和技术创新支撑引领的作用。

2. 建立我市科技项目绩效评价体系,提高政府资金的管理效能和使用效益。建议由我市科技、财政、审计、统计等部门共同制定大连市“科技专项资金项目绩效评价体系”,进一步加强我市科技专项资金项目经费监督管理,提高资金使用效益。要转换财经监督的思路,把过去侧重于对财政资金量上的监督转换到注重量与质的并举监督上来,切实通过促进开展财政资金绩效评价工作,把考评结果作为安排科技项目的重要依据,从而促进更加科学合理地用好财政资金,提高理财质量和水平,保障公共财政的投入能够实现预期的目标。科技绩效指标体系主要包括绩效考评原则、内容、组织实施、结果应用以及科技专项资金项目绩效考评方案、指标体系和绩效考评报告等方面内容,最终确定各项指标的权重和分值。项目绩效考评结果将作为项目验收、项目评奖及今后项目承担单位是否再进行财政奖金支持的重要依据。

(三)大力打造创新平台,培育良好的科技创新环境

1. 加强科技创新服务平台建设。提高大连市政府科技管理效能,必须强化科技服务环境建设,为自主创新提供高效、便捷、完善的综合服务。要把建立中介服务体系作为我市科技管理效能建设的一项重要措施来抓,尽快建立起背靠政府,面向企业,依托大专院校、科研院所,服务全市的技术支持、技术推广、技术贸易、信息服务、评估咨询、孵化器等中介服务网络,建立起企业与科研机构高等院校之间的桥梁和纽带,促进科技与经济的结合。建立中介服务机构的管理网络和公共信息网络,实现中介机构信息沟通、资源共享,逐步实现科技创新中介服务的社会化、网络化和信息化。一是组织和引导专业技术力量发展科技中介机构。这是提升科技中介机构服务水平的重要工作。二是结合科技、教育体制改革,推动一批科研机构整建制转为科技中介机构。另外,还可以组织有条件的科研单位、高等院校立足于技术条件和人才优势,兴办各类科技中介机构。要充分发掘社会资源,引导政府部门所属政策调研、软科学研究事业单位转变运行机制,在为政府决策服务的同时,向社会开展科技咨询、评估活动。

2. 进一步培育和完善技术市场。根据我市科技发展特点及其市场需求,优选一批综合服务能力较强的科研机构进行试点,建立科技信息服务网、科技培训服务网、大型精密仪器共用协作网、试验农作物共享网等服务网络。市政府设立网上技术市场专项资金和科技融资配套资金,引导和支持网上技术市场健康发展。进一步完善我市农业科技推广服务体系。农业技术推广服务机构要转变服务方式,不断提高服务功能。积极发展农业中介服务机构与农户紧密结合的新型农业技术推广模式,提高农业产业化经营水平,引导广大农户及时调整农业结构,及时运用新技术,根据市场需求组织生产。

3. 加强创新文化环境建设。一是树立我市全民科技创新意识。在全社会上上下下形成科技创新意识，从市政府领导开始创新，到各级政府工作人员，以及全社会百姓都要树立科技创新意识，积极投身到科技创新中来，成为科技创新的倡导者、实践者和传播者。加强科学普及和学习，不断提升全民的科技素质，培育科学精神。提倡和宣传尊重知识、尊重人才的社会氛围，全市要形成热爱科学的社会风气，并形成百花齐放、百家争鸣、追求真理、实事求是的学术教养和规范等。二是科技创新文化建设必须树立以人为本的理念。科技资源与创新人才实现有效结合是我市科技创新能力提高的根本动因。新时期科技工作的重点就是树立以人为本，以人为中心的思想，全力创造一个有利于留住人才，有利于尖子人才成长的环境。以人为本的企业创新文化就是把尊重人，关心人、激励人，培育人作为办好企业的根本。企业将职工视为与自己对等的独立主体，尊重其价值理念，把工作的着眼点放在提高人的素质，挖掘人的潜能，调动人的积极性，培育团队精神上，以增强企业凝聚力，确保实现职工发展与企业发展的“双赢”。

（四）加强科技管理人才队伍建设，提高政府公务员服务意识和办事效率

1. 强化对科技管理人员的培训，提高其综合素质和业务水平。在加强我市科技管理人员法制教育的过程中，把学习法律知识作为一项重要制度固定下来，坚持集中培训学习与分散自学相结合，业务法律知识考试与正常法律知识测试相结合的制度。在科技管理人员学习过程中，既学习有关行政法律、法规，同时学习国家有关公务员一系列规章制度，努力在我市建立起一支高素质的科技管理人员队伍，使依法行政工作通过国家公务员的日常行为予以体现。不断加强科技管理人员专业知识的培训，提高其业务水平。建立科技管理人员定期培训制度，促进科技管理人员综合素质的提高，强化服务意识和提高服务水平。不定期选拔政府科技管理人员到我市国有企业挂职锻炼，增强政府科技管理人员的服务意识，提高办事效率，进而推进科技管理效能的提高。

2. 实施政府科技管理服务承诺制，提高科技管理人员服务效率和质量。政府科技管理社会服务承诺制是通过公开承诺和社会监督，形成对科技管理部门的外部压力，进而将它转变为内部动力，实现科技管理服务水平和质量的持续改善。大连市应建立和实施政府科技管理服务承诺制，在科技服务内容；科技服务标准；科技服务程序和时限；投诉、监察与责任等方面做出承诺。通过建立和实施科技管理服务承诺制，提高科技管理人员的管理水平，确保科技管理实现规范化。

3. 健全政府科技内部管理规范。建立健全大连市各项科技管理制度，包括首问责任制、否定报备制、一次性告知制、限时办结制等，促进科技管理规范化、科学化。强化监督机制，严肃行政纪律。尤其是使科技责任意识成为科技管理人员的自觉要求，使科技管理人员树立“公共意识”，提高科技公共管理的责任感。政府科技管理行为不规范不仅造成腐败现象的产生，而且人为地降低了行政效率，因此必须进一步加强科技管理和服务的政务公开，提高科技政策的透明度，减少暗箱操作，一切按规矩、按程序办事，减少政策执行中的人为阻力。

(五)扩大国内外科技交流与合作,加大资源整合幅度和创新集成力度

我市要坚持"引进来、走出去"的科技管理思路,加强国内国际交流与合作,吸纳国内外优秀科技资源为我所用。可以通过引进国际科技项目管理理念和模式,推动我市科技管理和科技运营机制与国际管理接轨;还可以通过人才走出去、项目走出去和基地走出去,鼓励和引导具有竞争优势的科技资源走出去参与国际竞争和参加国际科技项目购并及合作。通过交流与合作,提升我市科技管理能力和水平,进而提高科技管理效能。

1. 引进国内外先进科技管理模式。创新招商方式,加强大连市与国内国际科技的交流和合作,引进国内外先进管理模式。探讨并使用科技外商代理式招商、科技合作伙伴代理招商、国外飞地式技术研发合作等模式;建立固定、制度化的科技合作平台和通道等,加强国际科技交流与合作。充分利用我市"专交会"、"软交会"等大型国际展会,通过互联网、电视、广播、报刊等媒体等方式,推动国内外企业交流和合作;充分利用展会、学术交流、海外培训、联合研发多种形式,积极参与和组织重大科技合作计划,推进海外科技园、中外联合研究室、科研中心等建设;对列入大连市重点的国际科技合作项目,政府将在财力上给予支持;对于以中方为主的科技合作项目,政府按投资规模给予一次性10% ~20%的资助,对外资在我市设立的科技研发机构,享受我市高新技术企业待遇。在巩固与日本、韩国等国际交流合作的基础上,开发欧美、俄罗斯市场,广泛开展双边和多边合作。

2. 整合我市优势科技资源,出击国内外科技市场。充分调动我市国际科技资源,为科技企业、科技人才和科技项目国际化发展搭建起平台。开展不同形式和方式的科技合作,不断扩大和加强与使馆、国外有关政府部门、大专院校、科研机构和科技企业的联系,使国际科技合作领域不断扩大,层次不断提高。合作方式可以越来越多,可以有双边的,多边的,有民间的,也可以政府间的,单项的,综合的。通过引导具有竞争优势的科技型企业走出去参与国际竞争和参加国际科技项目的购并;通过鼓励我市科技管理人才走出去到国内外的学习和锻炼;通过我市科技项目走出去参与不同市场的合作和竞争,最终建立一套适合我市科技发展"引进来,走出去"运行机制,促进我市科技管理提升一个新的层次。

(六)建立健全科技风险控制系统,提高科技项目风险防范和监控能力

要提高我市政府科技管理效能,就要建立健全科技风险控制系统,增强科技项目风险防范和监控能力。应从风险预防和建立完善的基本信息沟通渠道及风险资金保障入手,然后逐步扩展,最终建立起一套适应我市科技动态发展的风险监管体系。

1. 完善大连市科技风险投资资金组织管理机构。市政府成立大连市科技风险投资管理有限责任公司,待有关条件成熟后,改组为股份有限公司,并向上市公司发展;公司设立董事会、监事会和精简干练的行政管理机构,并视情况设立股东代表大会。同时,市政府成立大连市风险投资管理领导小组,主要研究和解决建立我市风险投资机制等带全局性和战略性的问题;根据全市经济发展的战略需要,确定资金宏观投向。科技风险投

资公司成立运作后，应尽快制定相关办法，建立资本扩充机制，鼓励和吸收企业与其他社会资本入股；入股资金达到一定额度的，可进入公司董事会。为确保资金使用效益，定期将资金使用情况向市科技领导小组报告。

2. 提高政府科技管理和控制现代科技风险的能力。科技风险类型多样、专业性强、涉及各个行业和领域，且风险转化为危机后，带来的经济社会影响较大，所以，应该建立一个统一的危机应对机制，以提高危机处理的水平和效率，同时，要努力使这一危机应对机制成为整合我市社会各部门力量的统一行动体。建立科技咨询机制、中介机构的立项评估、中期评估、后期评估、招投标等机制，即建立"科技评估制度"。首先要建立一套财政支出项目评估的指标体系，一旦确定了项目，就应该载明该项目投入数额、渠道来源和应达到的经济、社会和环境效益，并将这些指标作为辅助核查项目列入年度总预算中，反馈监控贯穿于财政资金使用的全过程。在管理决策咨询机制建设中，重点是完善立项评估和验收体系，抓好计划项目和成果验收的管理，即抓好"两头"：立项审查和成果验收。完善项目的立项和评审办法，对项目的先进性、可行性和实用性等进行调查和论证，把风险降到最低程度，不断提高政府科技管理效能及科技风险防范能力。

（七）加强科技法规建设，积极推进科技管理依法行政

1. 大力加强我市科技法规工作。根据《科技进步法》，制定适合我市科技发展的地方性法规。市人大及其常委会适时将大连市科技发展的指导思想、基本方针和科技发展战略以法规、规章形式加以确认，以增强法律的规范性、可操作性、可诉性、明确规定相关法律责任及制裁措施，建立健全完备的法规体系，积极为我市科技引起的重大社会问题提供法律解决方案。规范政府的行政管理行为。加快推行执法责任制、评议考核制，提高依法行政水平。

2. 通过科技政策法制化，探索经济政策与科技政策协调一致的长效机制。科技政策的法制化就是科技政策的出台不能再以决定、规定、通知的形式出现，要形成正式的法律法规，使企业、科研机构、政府各部门在执行起来真正有法可依，明确阻碍科技创新的责任。应当努力提高科技政策刚性化。通过地方立法程序，将稳定的科技政策法制化，强化科技激励、扶植政策的刚性。我市出台的科技政策在执行落实方面是否真正能起到作用，关键一步在于科技政策的执行是否顺利，其他相关部门是否配合。因此，科技主管部门必须转变政策出台方式，必须提高科技政策的刚性化，将重要的科技政策法制化、程序化，采取地方立法的方式建立地方性条例，使各有关企业、各行政部门有法可依，这样才可以避免各企业、各部门各取所需，扭曲政策的现象，才可以将科技政策，特别是科技政策中的扶持政策落实下去。

3. 加大科技创新政策的落实力度。政策法规的关键在落实。为确保我市科技政策落实到位，我市科技主管部门、财政、国税、地税、金融、工商等相关部门要通力合作，相互配合，把各项政策落到实处。对涉及多部门、综合性的政策，加强协调，全力推动各项政策的全面实施。具体政策要落实到政府各部门和责任人，并把政策落实与我市行政效能

年建设结合起来，如果出现政策不兑现、互相推诿、扯皮现象，事情出在哪个部门、哪个人身上，就要对这个部门、责任人进行处罚，并限期改正。如果两次还不能落实到位，就要对这个部门亮红牌，年底不能评为先进；对部门负责人进行警告，对直接责任人进行调离岗位或开除处分。

4. 深入实施知识产权战略，加强对知识产权的管理和保护。加强对知识产权保护工作的指导与服务，为科技服务创造良好环境。强化计划项目申报的检索查新，有效避免重复立项，并把专利的获得作为科技项目能否立项的重要标准。加强专利管理机构建设，强化知识产权法律宣传和人才培训工作，引导企业、科研机构、高等院校建立和完善知识产权管理制度。进一步增强全社会的知识产权保护意识和法制观念，重视保护研究开发过程中及时取得的专利等知识产权的合法权益。

《建设创新型城市中提高大连市政府科技管理效能的对策研究》课题组成员

课题领导小组：

组　长：李　才　大连市政府发展研究中心　主任　教授

成　员：杨大海　大连市政府发展研究中心　处长　副研究员

课题组：

组　长：杨大海　大连市政府发展研究中心　处长　副研究员

成　员：王盛兴　大连市政府发展研究中心　调研员　副研究员

张永欣　大连市政府发展研究中心　主任科员　助理研究员

张　娜　大连市政府发展研究中心　见习研究员

邹　晶　大连市科学技术局　副处长

大连市节能与新能源汽车推广模式研究报告

鲁　岩　秦学冬　祁永梅　冯士森

一、总论

21 世纪以来,随着国民经济快速发展、人民收入水平日益提高,我国汽车产业发展速度异常迅猛,已经成为产销两旺的汽车大国。2007 年我国汽车内外销总量接近 900 万辆,以约 850 万辆的内销规模成为仅次于美国的全球第二大市场,同时也是全球增量规模最大和速度最快的市场。2008 年我国汽车销量达到 938.05 万辆,比上一年度增长 6.7%,与全球金融风暴下的其他国家汽车行业相比,我国依然是表现最好的市场之一。2009 年生产汽车 1379.10 万辆,同比增加 48.3%;销售汽车 1364.48 万辆,同比增长 46.2%,产销量已居世界第一。

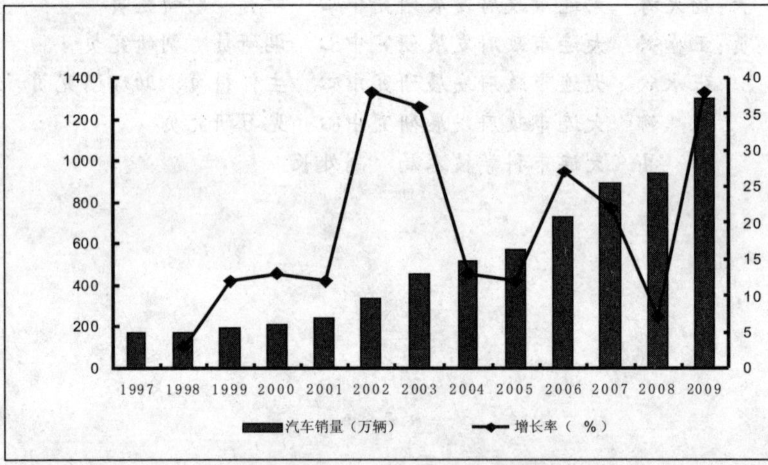

图 1　我国汽车历年销量及增长率示意图

国家信息中心预测,我国乘用车市场的高速增长态势将至少再持续 15 年,需求年均增长率大致相当于 GDP 增长率的 1.5 倍左右。考虑到我国人口基数大的特点,如果国内市场未来 10 年保持 15% 的年度复合增长率,则届时年均汽车销量将接近 4000 万辆,比目前增加 3000 万辆,增幅占到全球目前汽车年销量 7000 万辆的 43%;汽车保有量接近 2 亿辆,较目前增加 1.5 亿辆,增幅约占目前全球汽车保有量的 20%。这一方面表明我国汽车行业具有广阔的市场空间,另一方面则说明能源供应与环境污染问题也极有可能由此变得愈发严重。持续增长的汽车消费需求、日益严峻的能源压力和环保压力,要求我国汽车产业必须走节能化道路,发展节能和新能源汽车是我国汽车行业实现可持续发展的核心内容。

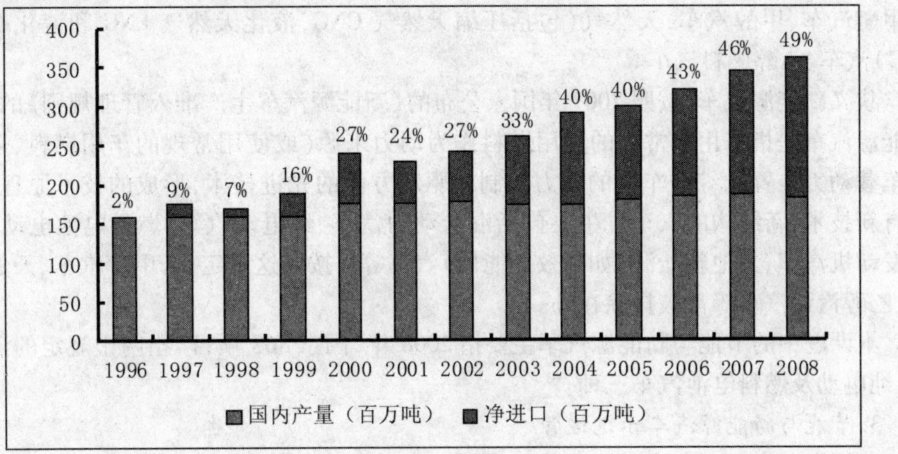

图 2　我国原油进口依存度持续增加

节能与新能源汽车在发展初期需要有稳定的技术保障与明确的政策支持,更要辅以兼顾多元需求的商业化推广模式。开展大连节能与新能源汽车示范推广模式研究,就是充分利用节能与新能源汽车在国内 13 城市试点运营的机遇,找寻解决高科技产品市场推广初期规模与成本之间矛盾的方法,探索符合我国汽车消费需求的市场运作机制,实现市场牵动下的从研发的产业化向产业化研发的过渡,实现良性的政府与企业间的互动、技术与市场间的互动。

(一) 主要概念

1. 新能源

新能源(new energy sources)是指传统能源之外的各种能源形式,是相对于煤炭、石油、天然气这类传统能源而言的。联合国开发计划署(UNDP)把新能源分为三大类:一是大中型水电;二是可再生能源,包括小水电、太阳能、风能、现代生物质能、地热能、海洋能;三是穿透生物质能。相对于传统能源,新能源多为可再生清洁能源,具有污染少、储量大的特点,对于解决当今世界严重的环境污染问题和资源(特别是化石能源)枯竭问题具有重要意义。同时,由于很多新能源分布均匀,对于解决由能源引发的战争也有着重要意义。

2. 新能源汽车

新能源汽车是相对于传统燃料汽车而言的,由于新能源汽车发展较晚,目前没有被统一认可的定义。按照定义范围的大小,可以分为广义新能源汽车和狭义新能源汽车两种。

广义新能源汽车，又称代用燃料汽车，是指使用了除汽油和柴油等石油能源以外的动力来源的汽车，既包括全部使用非石油燃料的汽车，也包括部分使用非石油燃料的汽车。这种定义涵盖了目前的新型动力汽车，主要可以分为混合动力电动汽车（HEV）、纯电动汽车（BEV）、燃料电池电动汽车（FCHV 或 FCV，又称燃料电池汽车）、氢燃料汽车、二甲醚汽车、甲醇汽车、天然气（包括压缩天然气 CNG，液化天然气 LNG 和液化石油气 LPG）汽车、乙醇燃料汽车等。

狭义新能源汽车，按照2007年国家公布的《新能源汽车生产准入管理规则》的定义，新能源汽车是指采用非常规的车用燃料作为动力来源（或使用常规的车用燃料、采用新型车载动力装置），综合车辆的动力控制和驱动方面的先进技术，形成的技术原理先进、具有新技术、新结构的汽车。主要包括混合动力汽车、纯电动汽车、燃料电池电动汽车\氢发动机汽车、其他新能源（如高效储能器）汽车等。按照这个定义，甲醇汽车、天然气汽车、乙醇汽油汽车等都被排除在外。

本课题中的节能与新能源汽车主要指2008年“国家863项目”指南中规定的混合动力、纯电动及燃料电池汽车三种。

3. 节能与新能源汽车示范运营

我国在“九五”时期便将电动汽车项目列为国家重大科研专项，科技部在“十五”期间投资9.5亿元，组织实施国家863计划电动汽车重大专项和国家科技攻关计划“清洁汽车关键技术研究与示范应用”专项，目前基本形成“三纵三横”（燃料电池汽车、混合动力汽车、纯电动车三种整车技术为“三纵”，多能源动力总成系统、驱动电机、动力电池三种关键技术为“三横”）的研发布局，开发出一批节能与新能源汽车的产品，实现了小批量的整车生产能力。在此基础上，我国在“十一五”时期投资11亿元启动国家863计划节能与新能源汽车重大示范运营项目。该项目与科技部“十城千辆”工程并行实施，即连续3年在10个以上有条件的大中城市开展千辆级混合动力汽车、纯电动汽车和燃料电池汽车及能源供应基础设施的大规模示范。到2010年示范车辆达到1万辆，2012年示范车辆总数超过3万辆，其中大中型混合动力车辆5000辆，混合动力出租车2万辆，其他电动汽车5000辆。

示范项目与“十城千辆”工程的实施，将大力提升中国汽车企业自主创新能力，赶超国际节能与新能源汽车产业化进程，建立适合中国节能与新能源汽车发展的商业模式，启动节能与新能源汽车规模市场，同时发挥节能与新能源汽车节能环保优势，实现明显的节能减排效果。目前全国已有上海、重庆、深圳（深港澳区域）、武汉、大连、湖南（长株潭区域）等13个城市和地区率先开展了节能与新能源汽车的大规模示范运营。

（二）节能与新能源汽车兴起的主要动因

1. 能源瓶颈与环境恶化的倒逼压力

——能源瓶颈问题

20世纪，世界能源利用的主旋律是煤炭与石油，石油与天然气后来居上。到20世纪末，形成了石油、煤炭、天然气三足鼎立的局面。在目前的世界能源消费结构中，石油占40%、煤炭占27%、天然气占23%、核能占7%、水能占3%。预测到2020年将是天然气占29%、石油占27%、煤炭占24%、核能占8%、水能占8%、其他能占4%。目前探明石油储量为1855亿吨，可用40多年；探明天然气储量为155万亿 m^3，可用60年以上；煤炭资源可用220年。

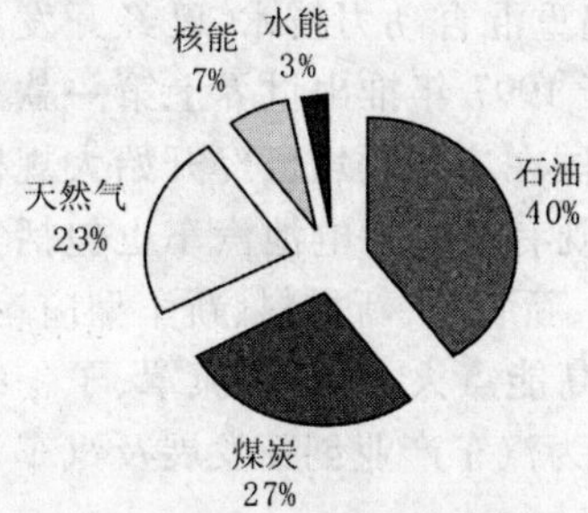

图3　目前世界能源消费结构

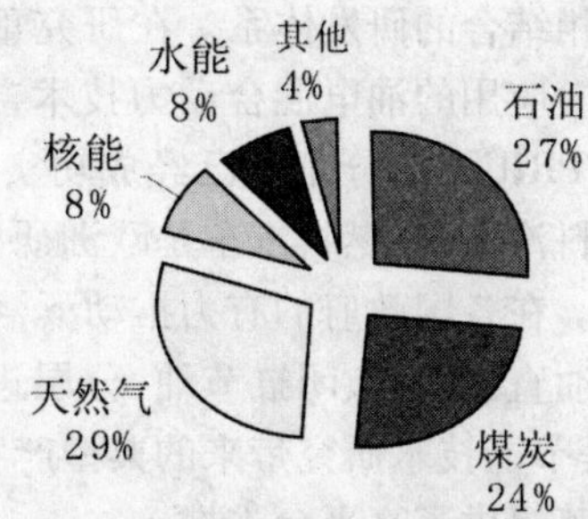

图4　2020年世界能源消费结构预测

据美国能源情报署(EIA)预计，2025年全球石油需求量将达每天1.21亿桶。不过，20年内近50%的需求增长是无法满足的。首先，没有那么多的石油。过去10年中全球年消耗240亿桶石油，但每年新发现的石油平均不足100亿桶。其次，即便有这么多石油，成本也使人望而却步。《2005年世界能源展望》估计，将石油提供给消费者，需投资17万亿美元，比美国国内生产总值高出50%。再次，不存在这样的基础设施：能够交付这么多石油而又不会导致价格飙升失控。事实上，全球已无闲置的开采和炼油产能。美国前总统克林顿称，35至50年后，全球可开采石油可能枯竭，爆发各种资源战的风险由此上升。美国前能源部长博德曼指出，当今世界没有其他更引人注目的关切能超过需要一个安全、可以承受、清洁的能源供应的了。

——环境压力

在全球经济规模空前扩大、人们更多享受物质文明成果的同时，环境状况呈现出持续恶化的态势。

●森林作为地球上最大、最复杂的生态系统，其面积仅在20世纪90年代就减少了2.4%；地球上每年约有5万个物种因环境恶化而消失；“厄尔尼诺”和“拉尼娜”等异常气候及雪灾、冻害、海啸等在各地频频发生；全球一半的河流水量大幅减少或被严重污染……

●据世界卫生组织估计，全球每年有300万人因空气污染而死亡，约占全球死亡人数的5%；由于生态环境破坏造成了新型重大疾病的全球流行，“非典”、“埃博拉”、“禽流感”、疯牛病、H1N1流感等病毒在世界范围内传播……

●近年来由于二氧化碳的过度排放导致全球温室效应愈演愈烈。据联合国政府间气候变化协调委员会(IPCC)提供的数据：20世纪下半叶，全球平均气温升高了0.6摄氏度，而在1995年至2000年的5年中竟上升了0.15摄氏度。该组织预测，21世纪，全球表面温度将上升1.4摄氏度至5.8摄氏度。联合国气候委员会预计，本世纪海洋会升高18厘米至59

厘米,未来几个世纪还会持续上升。气温每上升1摄氏度,粮食产量将减少10%……

2.汽车节能技术不断创新的内驱动力

从世界工业发展史上看,电动汽车比内燃机汽车还早两年诞生。20世纪70年代后,世界各国对电动汽车的关注度逐渐提高。美国、欧洲和日本是新能源汽车技术和产业化探索的领先者,在技术研发领域,美国、欧洲和日本都不同程度地采用了政府、企业和研究机构相结合的研发体系。在研究重点方面,日本偏重混合动力技术,已经开发出了可以大规模应用的油电混合动力技术,日本丰田公司于1997年推出世界上第一款混合动力汽车PRIUS,部分车型已经成功实现了商业化;美国在应用领域已经开始大规模推广乙醇燃料汽车;氢燃料汽车是欧洲研发的重点,其中既有氢燃料电池汽车也包括氢内燃机汽车。在各国政府的有力推动下,各种节能新技术、新装置、新材料、新车型应运而生,诸如汽油直接喷射、闭缸节油、分层进气、稀燃技术、高能点火、汽车导流罩、子午线轮胎等,都是节能技术研究带来的典型产物。这些新技术为汽车产业创新发展及汽车消费市场的变革提供了高平台支撑。

3.各国政府鼓励导向所形成的政策合力

目前,各国政府对于大力发展节能与新能源汽车,加快提高清洁能源利用率,形成可持续的能源供应结构,已经有了充分共识,并积极采取行动,为节能与新能源汽车的兴起提供了制度和政策保障。

美国总统奥巴马当选后在制定经济刺激计划时将新能源的应用作为重要支柱,而发展节能与新能源汽车正是美国"绿色新政"的主要内容。奥巴马提出了汽车行业节能性产品的再造与替代开发计划,即用10年时间和约1500亿美元资金来发展无污染的混合性机动车,目标是到2015年美国的混合动力汽车销量达到100万辆。

日本政府除了加大对节能与新能源汽车研发的资金投入外,对清洁柴油、电动、天然气等清洁能源乘用车减免1%的购置税,对于报废旧车换购新车的,给予1.2%的购置税减免,并给予与同级别传统车差价1/2的优惠补贴。

法国总统萨科齐在2008年的巴黎国际车展上宣布,政府将投入4亿欧元,用于研发清洁能源汽车,同时还将采取举措,鼓励汽车行业逐步向节能环保的方向发展,并面向消费者出台了购买小排量车及二氧化碳排放量在60克/公里以下的"超级环保车"的补贴政策。不久前法国工业部部长宣布国家将公开招标分批采购5万辆电动汽车,提供给政府部门及大型国有企业。

我国财政部、科技部也于2009年2月联合发文,明确了对各类节能与新能源乘用车和轻型商用车的补贴办法。

二、节能与新能源汽车推广运营的模式分析

通过对节能与新能源汽车兴起的动因分析,我们可以看出节能与新能源汽车是新能源革命的重点,也是涉及产业规模最大、对生产生活影响最大、市场容量最大、公众最为关注的领域,因而也成为各大汽车生产国和汽车厂商之间资本竞争、技术竞争、市场竞争

最为激烈的领域。在此背景下，节能与新能源汽车的推广运营也正方兴未艾。如何突破传统、以汽车制造的技术创新带动汽车消费市场的变革，研究出适用于我国节能与新能源汽车运行的推广模式，成为摆在我们面前的重要命题。

(一)节能与新能源汽车推广运行的常用模式

所谓模式(Pattern)，即解决某一类问题的方法论，是事物之间隐藏的规律关系，是事物的标准形式，其基本功能就是起指导和示范作用。节能与新能源汽车的推广受技术研发水平、产业发展层级、文化环境及消费理念的直接影响。由于世界各国在上述领域存在着巨大差异，因而在推动节能与新能源汽车市场运行时必然会采取不同的运行模式。从世界范围看，在节能与新能源汽车进入消费市场的10年中，推动其运行的支持力量多种多样，其中包括政府、公共机构、研发机构、制造厂商等，项目资金来源也不尽相同。根据推广运行过程中主导参与者的性质，已有的节能与新能源汽车推广运行模式可概括为3类：即政府主导型、研制企业主导型和运营企业主导型。

1.政府主导型模式

政府主导型模式的突出特点是各国中央政府和地方政府通过“直接投资、政府所有”的方式，推动节能与新能源汽车的推广运行项目的建设、实施和发展。其中政府做为项目推进主体，整合制造企业、研发机构、各种社会力量共同参与。政府主导型模式又可细分为政府直接主导型与政府间接主导型。

●政府直接主导型模式。其特点是政府财政拨款或举债投资，并指定某个职能部门或某几个部门直接负责参与节能与新能源汽车商业化运行的组织和运营。最具代表性的是瑞士，瑞士政府是支持瑞士电动汽车发展的重要力量，联邦能源部则代表瑞士政府制定电动汽车的发展规划、支持政策和负责电动汽车市场运行的组织实施。

为鼓励企业加大对节能与新能源汽车的研制力度并扩大投资渠道，即使是采用该模式，政府也鼓励企业界、科研院所、民间基金或其他机构积极参与。

●政府间接主导型模式。其特点是由政府财政拨款或举债投资，委托专业公司实施节能与新能源汽车市场运行建设与运营管理的具体操作。政府间接主导型模式的本质是专业公司为政府提供建设与运营管理的专业化服务并由此得到报酬，提高政府资金的使用效率和项目运行质量。即政府虽然对节能与新能源汽车运行提供资金，但是并不参与管理运营，也就是说，政府可以是项目运行的所有者，但并不是具体运营者。政府为了保证其所提供的资金能够起到作用，通常是对运行过程进行检查或监督。政府检查或监督的形式包括，审核商业化运行项目的执行情况和发展计划，或受委托企业定期向政府设立的拨款机构提交运营报告，或政府派代表参加受委托企业的理事会。美国的部分电动汽车计划采用的即是这种模式。

2.研制企业主导型模式

所谓研制企业指的是研究开发或制造节能与新能源汽车整车、零部件的企业，既可以是生产企业，也可以是研究部门。随着政府财政能力越来越难以支撑节能与新能源汽车商业化运行的发展，节能与新能源汽车商业化运行迫切地需要企业、私有资本的参与，同时也需要各种资本对节能与新能源汽车的基础设施(如充电站)进行投资建设。另一方面,政府的优惠政策以及节能与新能源汽车的未来发展前景,也使越来越多的节能与新能源汽车研发制造企业(含零部件研制企业)愿意出资进行新能源汽车的推广运行,以宣传企业形象、积累运行数据、提升产品质量、培育消费市场。

研制企业主导型模式的特点是节能与新能源汽车推广运行的交通线路作为公共财产仍归政府所有,但负责运行的运营企业是由汽车研制企业委托或组建的。由于电动汽车市场运行的特殊性质,在该模式下,仍需政府部门在其中发挥重要作用,如对运行线路、鼓励政策、财政补贴等方面实行特殊优惠政策。根据研制企业对运行项目组织管理方式的不同,研制企业主导型模式又可分为研制企业直接主导型、委托运营型和一体化运营型三类。

●研制企业直接主导型。其特点是一家或多家节能与新能源汽车研制企业,共同负责节能与新能源汽车运行项目的组织、运营及基础设施建设等。通常情况下,组织项目运营的企业包括整车制造企业、电池制造企业等,使用的示范运营车辆即为自身的研制产品。

●研制企业委托主导型。其特点是由节能与新能源汽车的研制企业提出运行要求和规范,委托第三方企业进行新能源汽车的市场运行。由于汽车运行线路的专营问题,研制企业通常委托运行区域当地的公交公司进行,运营公司通常并不负责充电站等基础设施的建设。研制企业本身一般会派出技术人员对运行过程进行技术指导和服务。

目前,正在欧洲进行的燃料电池公交车试运营就采用了这一模式。以试运营区域的德国斯图加特市为例,根据欧盟计划,在欧洲的10个城市中试运行30辆奔驰公司生产的Citar燃料电池公交车,该车燃料电池组由加拿大Ballard提供,斯图加特目前有3辆在44号路线上运营。委托公交公司SSB指派有经验的驾驶员承担全部试车工作,试运营阶段由专门小组负责技术保障,奔驰公司和Ballard各派1名技术人员,承担每日出车前的技术检查和指导。

●一体化运营型。一体化运营型模式与研制企业委托主导型模式的区别在于,负责项目运营的公司还承担相关的基础设施建设。

3. 运营企业主导型模式

运营企业主导型模式是指以专门的运营公司为主体,全面承担节能与新能源汽车的运行及基础设施建设等。公司遵循市场规则,按照市场化原则实施商业化运行,公司的投资渠道采取多元化投资的形式,尽量吸引社会资金。公司的盈利主要包括以下几部分:运营车辆的票价收入、运营数据和运营成果或产品的收入、对外进行节能与新能源汽车维修及相关培训的收入等。

运营企业主导型模式遵循收益分享风险共担、制定最低收费和服务水准、建立评估系统等原则,其目的是在保护公众利益的同时,保证投资者获得有吸引力的财务收益。以此方式进行的节能与新能源汽车运营是真正意义上的商业化运行,直接缓减了政府财政的投资压力。对于运营企业,政府是通过间接方式来发挥作用的,主要体现在政策和财政两方面,即建立运营企业成长的良性环境;根据政策法规确立节能与新能源汽车市场化发展支持计划，在资金上对项目运营企业给予帮助，或者减免企业税收等。

(二)三种商业化运行模式的优劣分析

1.政府主导型模式的优势与问题

节能与新能源汽车的研发制造及推广运行的初期，囿于研制成本的高企与传统的消费观念，存在着经济效益与社会效益的悬殊差异，使得以赢利为目的的研制企业与运营企业均难以承受。此时，只能由政府主导、组织节能与新能源汽车运营项目，投入相应的财政资金，促进新能源汽车市场运行的实施和发展，最终促进新能源汽车产业的发展。政府主导型的优势表现在，一是政府可通过经济、行政等多种手段，有效整合各种资源和力量，在短时间内推动示范运营项目的实施；二是政府在主导运营项目的同时，大多会辅以具有倾向性的产业扶持政策，在研发生产与市场之间形成良性的互动机制；三是政府投资可以起到示范作用，带动包括民资在内的各种资本进入节能与新能源汽车领域。

在市场经济体制下，政府在经济和社会发展中的中心地位不是作为增长的直接提供者，而应是作为合作者、催化剂和促进者而体现出来的。因而，政府主导型模式不可避免地存在以下问题，一是随着商业化运行规模和区域的扩大，投资需求呈递增趋势，使得政府财政能力难以支撑，政府的融资压力难以缓减；二是没有市场竞争，往往会导致效率低下，运行效果不明显；三是由于是政府投资，收益也归于政府，不利于运行成果的快速市场化。

2.研制企业主导型模式的优势与问题

研制企业主导型模式的优势，一是由研制企业投入资金，组织节能与新能源汽车运营，拓宽了投资渠道，减轻了政府的财政压力；二是节能与新能源汽车研制企业的技术人员可以深入运营第一线，取得车辆运营的第一手资料和数据，对新能源汽车的技术改进、提升有重要作用；三是研制企业的技术人员还可以帮助运营企业进行车辆维护、维修技术，减少运营企业因此所造成的损失。

研制企业主导型模式存在的问题，一是节能与新能源汽车的推广运行带有资金密集性特征，而且仅从经济效益看，项目投资回收期长，投资者必须有在亏损的情况下偿还贷款利息的心理准备；二是节能与新能源汽车的推广运营大多选择公交等公共领域进行，企业投资者为追求赢利，在票价、线路走向等敏感问题上与政府不可避免地会发生冲突，难以保证公共交通作为公共福利事业的本质；三是企业在单一运行区域的固定资产投资在运行期满后不能持续发挥最大效益，如企业需要在多个区域示范运行，所需成本过大。

3.运营企业主导型模式的优势与问题

运营企业主导型模式的优势在于，一是拓宽了投资渠道，吸引多方力量参与节能与新能源汽车推广运行这一意义深远的项目；二是由专门的运营企业承担节能与新能源汽车的推广运行，完全按照市场规则经营企业，可以充分激发成本控制，提高运行效率，提升运行效益；三是运营企业可以客观评价运营车辆，探索节能与新能源汽车市场运营的合理模式。

运营企业主导型模式存在的问题，节能与新能源汽车推广运行投资大，对技术和政策的依赖性强，资金投入风险也较大。

(三)三种模式适用条件的比较分析

汽车工业发端至今共历经了三次变革。第一次是美国福特汽车公司1914年组装了第一条汽车装配流水线,大大提高了汽车生产能力;第二次是20世纪60年代末,日本企业通过材料、工艺等创新和产业管理的进步生产出物美价廉的汽车产品;节能与新能源汽车则被誉为汽车产业的第三次变革。前两次变革所带来的生产成本与销售成本的降低,直接刺激了终端市场,使汽车由奢侈品迅速变身为日用品,也使汽车产业成为工业化时代最具意义的象征。而节能与新能源汽车的出现,则与能源与环境的倒逼压力不无关系,从现阶段看,其社会效益远远大于经济效益。正因如此,政府在节能与新能源汽车市场化运营的初期自然要担负起更大的责任。政府主导型模式适用于节能与新能源汽车运行的初始阶段,这一阶段新能源汽车的推广运营的规模与范围较小,主要是通过“点”的示范带动“面”的扩展,以政府支持、财政投入鼓励企业、引领市场。

研制企业主导型模式适用前提是有政府的支持,同时承担运营项目的企业必须具有雄厚的实力,其生产的新能源汽车产品急需提高质量和性能,并在运行区域有长远的发展规划。

运行企业主导型模式对运营地区的整体环境有一定的要求,适用于公共交通系统比较发达,客流量充裕,市场环境和市场机制良好,融资渠道较畅通的城市和地区。

三、我国节能与新能源汽车示范运营的模式选择

(一)我国节能与新能源汽车示范运营项目的启动

1. 节能与新能源汽车示范运营的时机

汽车作为现代社会的主要交通工具,其高速增长的态势和巨大的产能决定着汽车产业既是能源的消耗大户,也是污染的排放大户。但简单地减少汽车的生产量和使用量,因噎废食的做法是不科学的。目前最为有效的应对办法就是发展节能与新能源汽车。我国汽车产业在过去十年中取得了举世瞩目的显著成就,已经成为全球汽车产业链中不可或缺的重要组成部分。在这种规模化、大发展的同时,我们与世界同步感受到能源与环境所带来的巨大的双重压力。为此,科技部在“九五”、“十五”科技计划中超前设置了新能源汽车的研发课题,在混合动力汽车、氢燃料汽车、纯电动汽车等方面突破了一系列关键核心技术,取得了相关的具有自主知识产权的科研成果。同一时期,科技部在北京、武汉、天津、株洲、威海、杭州等地貌地形、地理位置和气候条件各不相同的六城市,进行了以使用状况技术数据、运营成本数据采集为主的电动汽车试验性运营。这些都为节能与新能源汽车的拓展运营积累了宝贵经验。2009年1月财政部与科技部联合下文,在全国范围内选定了13座城市进行节能与新能源汽车的大规模示范运营,中央财政拨出专项资金,专门用于节能与新能源汽车的示范推广,在中央层面开始了政府主导型模式在我国新能源汽车商业化运营过程中的首次实践。

2. 以政府主导模式实施新能源汽车运营项目的理论依据

●外部性的矫正。外部性的存在导致了市场的失灵,市场机制本身不能自动实现资

源的有效配置，需要采用某种方法对市场机制的运行加以“矫正”。一般认为，需要政府运用“有形之手”采取各种政策措施实现上述“矫正”。而设计政策工具的指导思想是：用某种方法使外部效应影响“内部化”。

从节能与环保的角度看，传统燃油汽车产生的是负的外部性效益，节能与新能源汽车在一定程度上能够消除上述意义中的外部负效应，可以视为经济学中的“准内部化”过程。政府作为节能与新能源汽车商业化运营主导性的推动力量，既可以使传统燃油汽车转化给社会的成本重新回到相关经济行为主体上，又可以带动相关经济主体以产品升级、转型减少或消除外部性影响。

●政府干预的合理性。政府干预的合理理由在于，它消除一种外部性所需的管理成本，不仅要小于私人之间的交易成本，还要小于干预后所获得的社会效益。

节能与新能源汽车市场化的最大障碍是购买成本过高。政府干预其市场的主要目的就是要降低消费者购买时所承担的过高私人成本。更为准确的扶持力度应当是政府对新能源汽车使用者的补贴，不应大于外部社会成本降低的部分扣除政府的相关管理成本。

3. 政府主导模式在我国新能源汽车运营项目中的应用

经过“九五”以来的技术攻关，我国节能与新能源汽车技术逐步走向成熟，自主开发的各类新能源汽车已小规模进入市场进行示范运行。在2008年北京奥运会上，国内一汽、东风、上海大众、长安、奇瑞、中通、北汽福田和京华客车等企业自主研发的纯电动客车、混合动力轿车、燃料电池客车和纯电动场地车等，以“零故障”“低排放”示范运营，成为人类奥运史上种类最多、技术最先进、规模最大的绿色环保服务车队。这些车辆均属国家863计划支持研发的自主创新产品，在产品性能、可靠性和安全性等方面均具有良好基础，向世界展示了我国推动节能减排、实现“科技奥运、绿色奥运”的决心和能力，成为全面实施“十城千辆”工程的前奏。

为进一步推动新能源汽车的产业化进程，解决高科技产品市场推广初期规模和成本之间的矛盾，在更大范围推广应用新能源汽车，推动相关企业及早进行产品转型和产品应用，经863计划节能与新能源汽车重大项目总体专家组建议，科技部和财政部共同启动了“十城千辆”节能与新能源汽车示范应用工程。决定在3年内，每年发展10个城市，每个城市在公交、出租、公务、市政、邮政等领域推出1000辆新能源汽车开展示范运行，力争使全国新能源汽车的运营规模到2012年占到汽车市场份额的10%，同时还将实现当年减少传统汽柴油用量超过7.8亿升，减少二氧化碳排放近230万吨。

2009年1月，财政部、科技部共同下发《关于开展节能与新能源汽车示范推广试点工作通知》，将北京、上海、重庆、长春、大连、杭州、济南、武汉、深圳、合肥、长沙、昆明、南昌等13个城市确定为首批开展节能与新能源汽车示范推广的试点城市，要求试点城市率先在公共服务领域推广使用节能与新能源汽车。同时国家投入数百亿元，向新能源汽车的推广使用给予税收及财政补贴，并鼓励各地结合各自发展实际出台各种形式的扶持政策，切实做好节能与新能源汽车产品技术的考核改进，通过研发推动与市场拉动的双重作用，加快产品系列化、标准化进程，以引导我国汽车消费理念、消费结构、产品结构的调整。

(二)政府主导模式的政策支撑体系

我国政府对于节能与新能源汽车潜在的社会效益、环境效益、经济效益有着充分的认识;对于节能与新能源汽车作为未来汽车产业发展方向这一规律有着准确地把握。政府通过制定和出台相关政策法规,对新能源汽车的生产企业、关联产业、研究机构等予以激励和扶持,成为我国节能与新能源汽车初期运营的主导力量。

1.产业发展政策

●2004年6月国家出台的《汽车产业政策》中明确提出,将节约资源、保护环境、提高车辆安全性作为汽车产品技术发展的重点,将开发、推广新能源汽车作为缓和能源供应矛盾的重要战略措施。同年发布的《节能中长期专项规划》指出,要"发展混合动力汽车,在城市公交客车、出租车等推广燃气汽车,加快醇类燃料推广和煤炭液化工程实施进度,发展替代燃料",同时要"研究鼓励混合动力汽车、纯电动汽车的生产和消费政策"。

●2005年国家推出的《产业结构调整目录》和2006年年底《国家发改委关于汽车工业结构调整意见的通知》中,都有关于优化汽车产业结构,促进发展清洁汽车、电动汽车的政策措施。

●2007年以来,新能源汽车产业相关政策鼓励力度不断增大,可操作性不断增强,围绕产业扶持与市场推动制定了包括准入管理、政策补贴、研发投入、示范运营在内的相关措施。2007年11月1日,《新能源汽车生产准入管理规则》正式实施;12月2日,国家能源办正式公布《能源法》(征求意见稿);12月18日,新能源汽车进入国家发改委鼓励产业目录。

●2009年年3月我国为应对席卷全球的金融危机,提出"十大"产业振兴规划,其中《汽车产业调整和振兴规划》中的发展热点即新能源汽车。其中,"逐步实现国产电动汽车产销规模"堪称是对新能源汽车产业化的最大支持。中央财政将在3年内投入100亿元专项资金,发展新能源汽车及车用电池组等关键技术;总体形成国内50万辆电动、油电混合动力等新能源汽车产能;推动纯电动汽车、充电式混合动力汽车及其关键零部件的产业化,掌握新能源汽车的专用发动机和动力模块的优化设计技术、规模生产工艺和成本控制技术。建立动力模块生产体系,形成10亿安时(Ah)车用高性能单体动力电池生产能力,发展普通型混合动力汽车和新燃料汽车专用部件;建立电动汽车快速充电网络,加快停车场等公共场所公用充电设施建设;新能源汽车销量占乘用车销售总量的5%左右;主要乘用车生产企业应具有通过认证的新能源汽车产品。

2.技术研发政策

●2001年,国家启动"电动汽车重大科技专项"。此专项中国家总投资近10亿元人民币,地方和企业配套资金合计约24亿元人民币。参与该专项的200多家企业、高校和科研院所的2000多名技术骨干,从整车和关键零部件多个角度展开研发,为我国新能源汽车产业的进一步发展奠定了较为完善的技术体系。如燃料电池汽车已经成功开发出性能样机,燃料电池轿车累计运行4000km,燃料电池客车累计运行8000km;混合动力汽车正在武汉等地公交线路上试验,运行超过14万km;纯电动轿车和纯电动客车已通过国家有关认证试验。

●2006 年出台的《国家中长期科学和技术发展规划纲要》规定，在交通运输行业要“重点研究开发混合动力汽车、替代燃料汽车和燃料电池汽车整车设计、集成和制造技术”以及“新能源汽车实验测试及基础设施技术”，“燃料电池发电及车用动力系统集成技术”是重点专项中的前沿技术。

3. 市场推广政策

●2007 年我国《能源发展“十一五”规划》提出，要做好石油能源节约和替代工作，实施清洁汽车行动计划，发展混合动力汽车，在城市公交车、出租车等行业，推广燃气、电动汽车。

●2009 年 1 月，财政部、科技部发布了《关于开展节能与新能源汽车示范推广试点工作的通知》，决定在北京、上海、重庆、长春、大连、杭州等 13 个城市开展节能与新能源汽车示范推广试点工作。鼓励试点城市率先在公交、出租、公务、环卫和邮政等公共服务领域推广使用节能与新能源汽车。同时，中央财政重点对试点城市购置混合动力汽车、纯电动汽车和燃料电池等节能与新能源汽车给予一次性补贴，补贴标准主要依据节能与新能源汽车与同类传统汽车的基础差价，并适当考虑规模效应、技术进步等因素确定的。

●2009 年 6 月，工信部发布《新能源汽车生产企业及产品准入管理规则》，除铅酸电池外，镍氢电池的混合动力乘用车归属于成熟期，即可视同传统汽车进行产业化推广、销售，其他类型的节能与新能源汽车则归属于发展期或者起步期。

4. 其他相关政策

●排放标准。2004 年 7 月 1 日，我国实施了相当于欧Ⅱ的排放标准；2005 年 12 月，北京提前实施了相当于欧Ⅲ的排放标准，这意味着机动车污染物的排放限值降低约 30%。目前，国内已全面实施国Ⅲ标准，这意味着全国生产和销售的新车都要符合上述排放标准。

●燃油税。2007 年 6 月，国务院同意发改委会同有关部门制定的《节能减排综合性工作方案》。根据《节能减排综合性工作方案》，我国将制定和完善鼓励节能减排的税收政策，适时出台燃油税。2008 年 12 月，国家发改委、财政部、交通运输部和税务总局联合发布公告，就《成品油价税费改革方案（征求意见稿）》向社会公开征求意见。2009 年 1 月 1 日，我国《成品油价税费改革方案》正式实施。

●财政补贴。2009 年 1 月，国家两部委在联合发布《开展节能与新能源汽车示范推广试点工作的通知》的同时，制定了《节能与新能源汽车示范推广财政补助资金管理暂行办法》，首次按照节油率指标明确了各类型节能与新能源汽车的具体补贴标准。其中包括：乘用车和轻型商用车中，混合动力汽车按照节油率分为五档补贴标准，最高每辆车补贴 5 万元；纯电动汽车每辆可补贴 6 万元；燃料电池汽车每辆补贴 25 万元。十米以上城市公交客车中，混合动力汽车最高补贴 42 万元/辆；纯电动汽车补贴标准为 50 万元/辆；燃料电池汽车的补贴标准最高为 60 万元/辆（见下表 1、2）。

表 1　　公共服务用乘用车和轻型商用车示范推广补助标准　　单位:万元

节能与新能源汽车类型	节油率	最大电功率比			
		BSG 车型	10% ~20%	20% ~30%	30% ~100%
混合动力汽车	5% ~10%	0.4	—	—	—
	10% ~20%		2.8	3.2	—
	20% ~30%	—	3.2	3.6	4.2
	30% ~40%	—	—	4.2	4.5
	40% 以上	—	—	—	5.0
纯电动汽车	100%	—	—	—	6.0
燃料电池汽车	100%	—	—	—	25.0

表 2　　十米以上城市公交客车示范推广补助标准　　单位:万元

节能与新能源汽车类型	节油率	使用铅酸电池的混合动力系统	使用镍氢电池、锂离子电池/超级电容器的混合动力系统	
			最大电功率比 20% ~50%	最大电功率比 50% 以上
混合动力汽车	10% ~20%	5	20	—
	20% ~30%	7	25	30
	30% ~40%	8	30	36
	40% 以上	—	35	42
纯电动汽车	100%	—	—	50
燃料电池汽车	100%	—	—	60

注:最大电功率比 30% 以上混合动力汽车补助标准均含 plug - in。

(三)节能与新能源汽车示范运营对市场消费的影响

在国家频繁出台对节能和新能源汽车技术开发、示范和推广的系列支持政策之后,节能与新能源汽车已由概念或展会上的展品驶入了寻常百姓生活中。为了进一步了解示范运营对市场消费的影响,课题组特别选用了新浪汽车频道与新华信国际信息咨询(北京)有限公司在网络中进行的问卷调查,对其问卷结果进行了深入分析。

1. 节能与新能源汽车的市场认知度大大提高

调查结果显示,63.6%的被访者表示对新能源车“有一些了解”;14.9%的被访者表示“非常了解”;18.7%的被访者表示“听说过,但不了解”(见图5),表明节能与新能源车在消费者中已形成相当高的认知度。

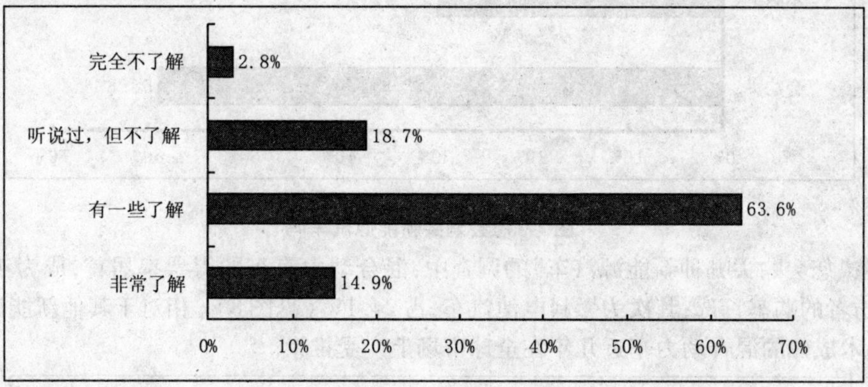

图5 您了解新能源汽车吗

在延伸问题“您所知道的在售新能源车有哪些”中,有高达78.2%的被访者选择了丰田普锐斯,54.1%的消费者选择了本田思域,别克新能源车和雷克萨斯的得票率也较高。在自主品牌中,奇瑞新能源轿车、长安杰勋HEV、一汽新能源轿车、比亚迪汽车也已得到部分消费者的认可(见图6)。

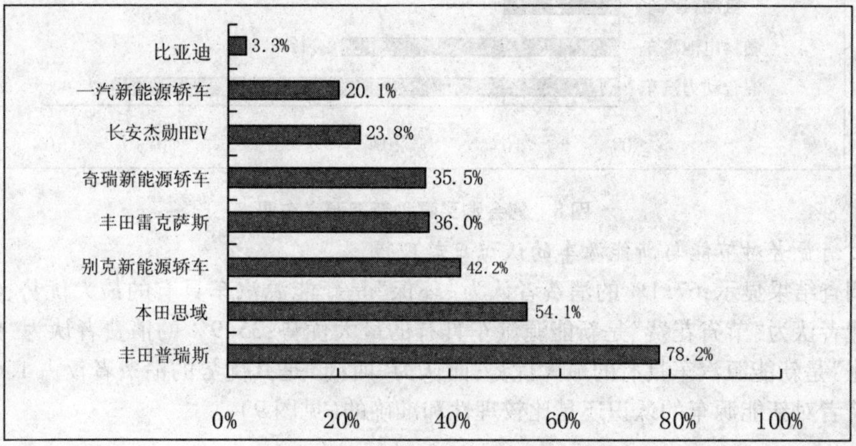

图6 目前您所知道的在售新能源汽车有哪些

2. 混合动力车成为节能汽车消费者的首选

调查结果显示,有58.8%的被访者表示“会购买”节能与新能源汽车;有29.9%的被访者表示“不确定”;但仍有11.2%的被访者明确表示不会购买(见图7)。

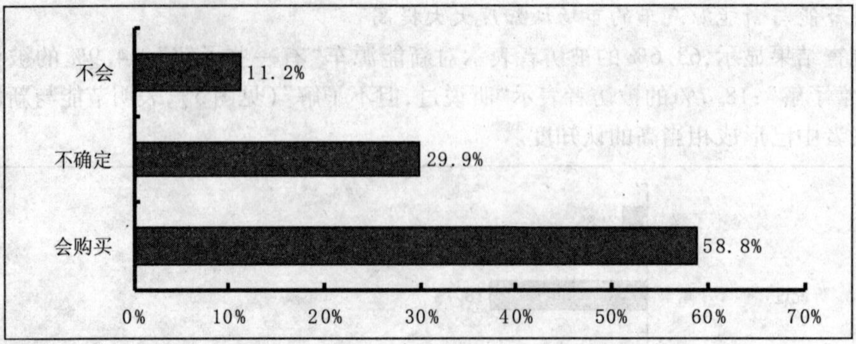

图7　您会购买新能源汽车吗

在“您会购买哪种新能源汽车”的调查中，混合动力汽车的得票率居首，成为43.9%的被访者的购车首选；其次为燃料电池汽车，占24.1%（见图8）。相对于其他新能源车来说，技术成熟的混合动力车近几年在全球市场上广受推崇。

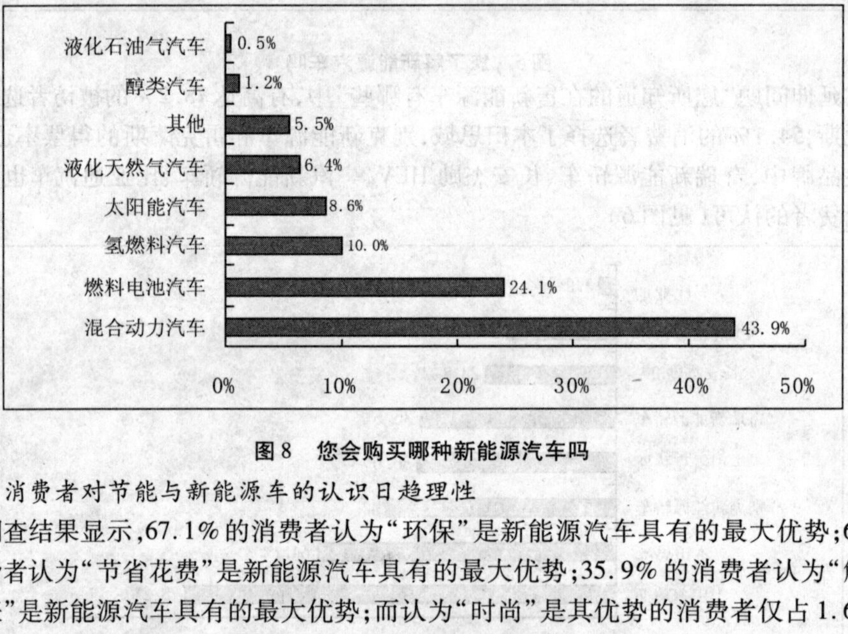

图8　您会购买哪种新能源汽车吗

3.消费者对节能与新能源车的认识日趋理性

调查结果显示，67.1%的消费者认为“环保”是新能源汽车具有的最大优势；67.1%的消费者认为“节省花费”是新能源汽车具有的最大优势；35.9%的消费者认为“解决能源紧张”是新能源汽车具有的最大优势；而认为“时尚”是其优势的消费者仅占1.6%，可见消费者对新能源车的认识还是比较理性和准确的（见图9）。

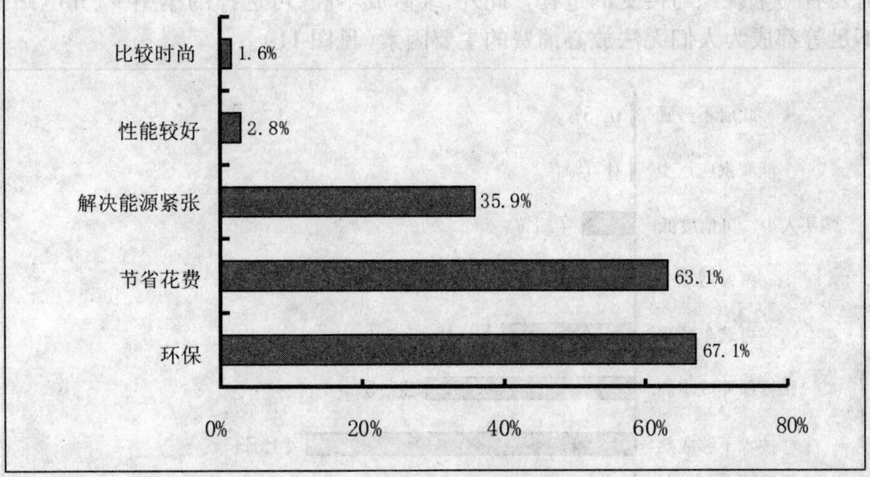

图9 您认为新能源汽车具有哪些优势

另外,在“选择自主品牌还是合资品牌新能源车”的调查中,近半数消费者选择了“谁性能好买谁”,不再看重车型背景出身,可见消费者的购车观念日趋成熟(见图10)。

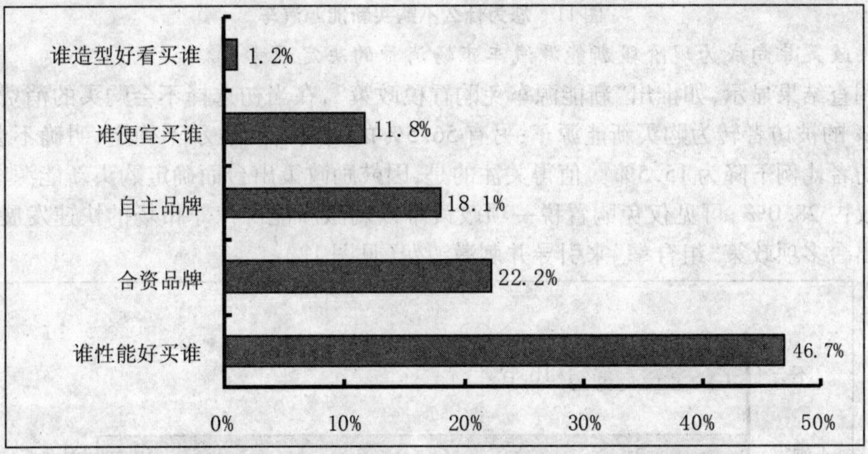

图10 在自主品牌和合资品牌新能源汽车之间您选择哪个

4.购车成本过高成为影响消费的制约因素

通过对不会购买新能源汽车人群的进一步调查发现,“购车费用高”成为了其不购买新能源车的主要原因,有高达七成的消费者认为车价过高阻碍了他们购买新能源汽车。就目前市场上技术最为成熟的混合动力轿车来说,虽然节油率达到20%左右,但造价比同等车型高出三分之一。认为新能源车“技术不够成熟”而不考虑购买的被访者占44.5%。相对于技术成熟稳定的普通汽油车而言,新能源汽车尚属于新生事物,消费者对此需要有一个认识与接受的过程。此外,维修成本高、可选择的车型少、充电站等基础设施不足等都成为人们无法放心消费的主要因素(见图 11)。

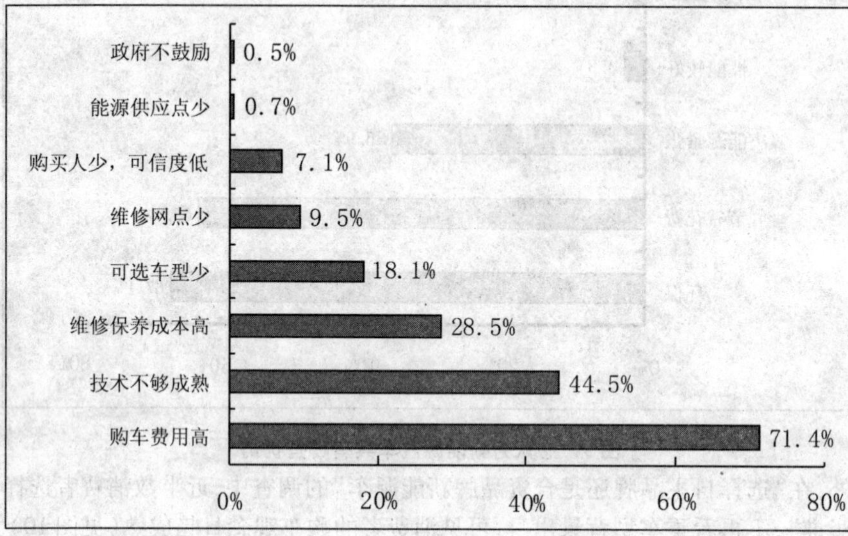

图 11　您为什么不购买新能源汽车

5. 政策导向成为现阶段新能源汽车市场消费的决定因素

调查结果显示,如推出"新能源车免购置税政策",在当初选择不会购买的消费者中,有 28% 的被访者转为购买新能源车;另有 56.5% 的消费者则表示不确定;明确不会购买的受访者比例下降为 15.5%。值得关注的是,因鼓励政策出台而确定购买新能源车的被访者仅占 28.0%,可见仅免购置税一项政策难以刺激新能源汽车市场的快速发展,国家需要出台多项政策"组合拳"来引导并刺激消费(见图 12)。

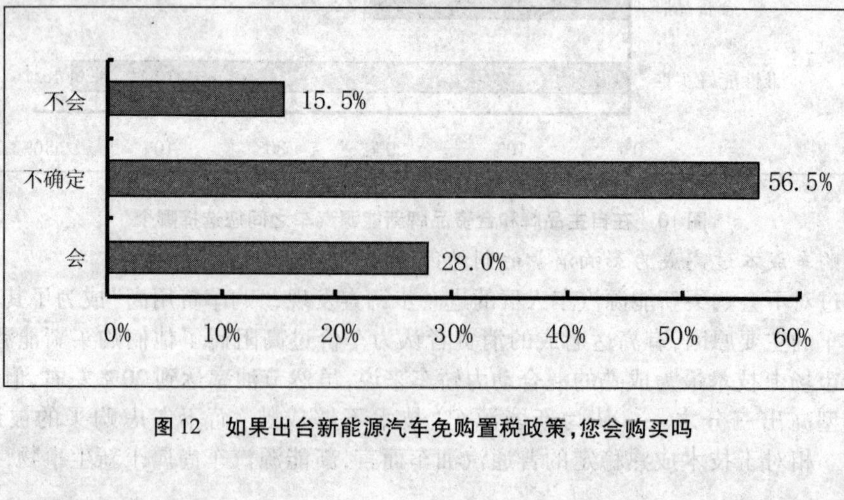

图 12　如果出台新能源汽车免购置税政策,您会购买吗

在延伸问题"您认为目前制约新能源车发展原因"中,对于消费者和厂家鼓励政策不足成为两大主要原因,分别占 27.8% 和 24.8%;制造技术不成熟占 20.3%;配套服务不完善占 16.2%(见图 13)。表明政府尽快出台针对消费者和厂商的鼓励政策、生产企业开发出技术成熟且更低价格的新能源汽车,是促进新能源汽车发展的基本保证。

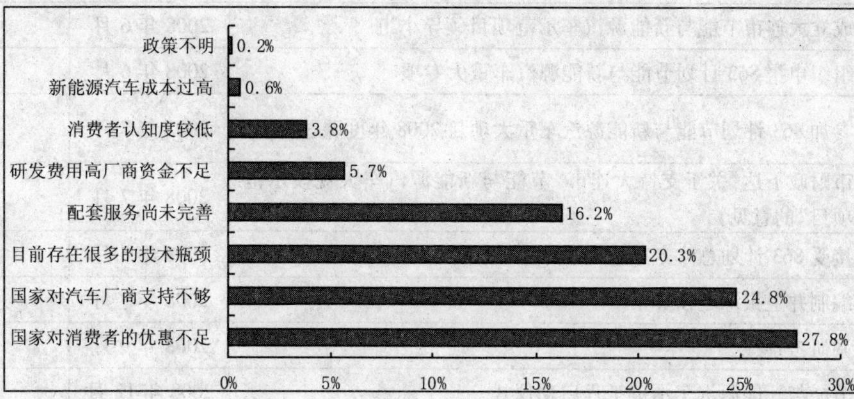

图 13　您认为目前制约新能源汽车发展的原因是什么

四、大连节能与新能源汽车示范运营模式初探

节能与新能源汽车的示范运营是关系到我国经济发展方式的转变及国家能源安全的崭新课题。决定节能与新能源汽车发展速度与水平的主要因素包括,技术可行性、经济可行性和市场可行性等。大连等 13 座节能与新能源汽车示范推广试点城市,所要承担的正是在汽车行业快速多变的复杂环境中,寻求和探索出既能够满足上述因素要求,又具有特殊成长性与机动性的良性的运营模式。试点运营城市必须在深入实践的基础上,总结研究其发展基础、发展设计、发展方式、发展成就及发展趋势,并由此提炼出经验模式,为提高自主创新能力、解决高科技产品市场化初期规模与成本之矛盾等提供有益借鉴;为加快产业结构调整、推动产品结构优化升级做出务实尝试。

(一)大连节能与新能源汽车示范运营取得阶段性成果

大连市自 2007 年组成专家组申请国家"863"节能与新能源汽车重大科技项目至今,历经筹备申报、启动示范运营、带动产业发展等阶段(见表 3),已取得诸多阶段性成果。

表 3　　大连市节能与新能源汽车示范项目大事记

序号	事　件	时　间	备　注
1	项目组组织相关研究单位和企业到国内外进行节能与新能源汽车调研	2007 年 7 月	
3	邀请国内外专家召开“大连市电动汽车”座谈会	2007 年 12 月	
4	成立大连市节能与新能源汽车示范项目领导小组	2008 年 6 月	
5	组织申报 863 计划节能与新能源汽车重大专项	2008 年 6 月	
6	参加 863 计划节能与新能源汽车重大项目 2008 年度课题答辩	2008 年 7 月	
7	市财政下达《关于支持大连市“节能与新能源汽车大规模示范项目”的意见》	2008 年 7 月	
8	接受 863 计划总体专家组现场考察	2008 年 8 月	
9	编制并上报课题预算书	2008 年 9 月	
10	调研考察	2008 年 9 月	
11	节能与新能源汽车示范工程启动仪式	2008 年 12 月	
12	国家四部委举行节能与新能源汽车示范推广试点启动仪式并向示范城市授牌	2009 年 2 月	
13	市示范项目领导小组第一次会议	2009 年 2 月	
14	编制并上报国家财政部、科技部《大连市节能与新能源汽车示范推广试点实施方案》	2009 年 4 月	
15	市示范项目领导小组第二次会议	2009 年 5 月	
16	领导小组召开充电站建设布局办公会议	2009 年 5 月	
17	四部委召开实施方案论证会	2009 年 6 月	
18	一汽大客节能与新能源汽车基地开工仪式	2009 年 6 月	
19	科技部召开达沃斯论坛用车协调会	2009 年 7 月	
20	对子项目承担单位工作方案进行论证	2009 年 7 月	
21	天津清源纯电动汽车项目签约仪式	2009 年 7 月	
22	达沃斯示范工程新闻发布会	2009 年 9 月	
23	达沃斯示范工程交车仪式	2009 年 9 月	
24	万钢部长视察我市“十城千辆”工程	2009 年 9 月	
25	奇瑞整车项目落户大连	2009 年 9 月	
26	野马易威纯电动汽车、动力总成项目签约	2009 年 10 月	
27	项目组调研考察	2009 年 10 月	

1. 筹备申报顺利完成

2007年7月,我市成立了由官产学研机构共同组成的"国家高技术研究发展计划"(863计划)课题组。课题组的组成人员对国内外节能与新能源汽车的技术研发、生产制造及市场运营进行了深入细致的调查研究;同时邀请王秉刚、张晓宇、赵航、欧阳明高等国内知名专家召开座谈会,为大连申报"节能与新能源汽车重大专项"提出建设性意见;市里随即成立了由市长亲自挂帅的"大连市节能与新能源示范项目领导小组",在领导小组的统一指挥下,课题组结合大连的实际情况精心编制了"节能与新能源汽车大规模示范运行"的项目申报方案。由于领导重视、措施到位,课题组顺利通过了翌年7月举行的"863计划节能与新能源汽车重大项目"的课题答辩,成为此次确立的6个项目承担城市之一。

2. 示范运营项目全面启动

2008年12月,大连召开了"节能与新能源汽车示范工程启动仪式",时任大连市市长夏德仁到会讲话,科技部部长万钢发来贺词,12辆曾服务于北京奥运会的混合动力客车正式在大连15路公交线路上示范运营,侧重于公共领域的节能与新能源汽车"33511"示范工程全面展开。2009年9月,以夏季达沃斯年会为契机,配合"绿色发展"的年会主题,我市将节能与新能源汽车指定为会议服务用车。这一方案得到科技部、财政部、工信部的高度重视,把大连达沃斯年会的示范提升到与北京奥运会示范、上海世博会示范的同等高度,成为国家三大节能与新能源汽车示范工程之一。此次会议共选用了257台节能与新能源汽车,集中展示了我国节能与新能源汽车领域的创新成果,也表明大连的示范运营工作迈上新台阶。

3. 相关产业集聚发展

2009年6月,中国一汽大客节能与新能源汽车基地建设在大连正式开工,当年形成3000台的产能;7月,天津清源纯电动汽车项目落户大连,设计纯电动微型车的生产、组装能力达到2万台/年;9月,奇瑞汽车股份有限公司大连公司成立,标志着大连正式拥有了自己的整车项目,一期设计产能30万台乘用车/年,这一项目带动零部件配套企业300余家;10月,野马易威纯电动汽车、动力总成项目签约,此项目由四川汽车工业集团与大连本土企业合资建设,共投资3.5亿元,产能为5000台/年及5万套动力总成/年。

(二)大连节能与新能源汽车示范运营模式

经过近两年的努力,大连节能与新能源汽车的示范运营已按计划全面展开,相关基础设施的规划和建设已有序进行,节能与新能源汽车制造产业也实现了整车生产"零"的突破,市民对节能与新能源产品的认知度及消费热情不断提升……在我国节能与新能源汽车商业化运营的初期,大连正在积累和形成一种本土化特征鲜明、富有操作性与多元兼容的示范运营模式(以下简称"大连模式")。

1."大连模式"背后的政府力量

在入选节能与新能源汽车示范的13座城市中,有的拥有执行业牛耳的汽车龙头企业(如重庆、长春等),有的是新能源技术研发机构的集中地(如上海等),有的因政治、经济、地理或气候条件特殊具有新能源技术应用的必要性(如北京和地处高原的昆明等)。大连的优势是"具有与新能源汽车节能减排属性最相匹配的城市之一",这与上述产业基础或研发基调雄厚的几个城市相比,差距不可谓不大。但是,在节能与新能源汽车示范运营开始至今的一年中,大连在项目推进、辐射效应及产业发展等方面均取得不俗业绩,其中最主要的因素之一是市委、市政府的高度重视与大力支持。2007 年组成不久的大连市"国家高技术研究发展计划"(863 计划)课题组为了更好地了解国内外节能与新能源汽车的发展状况,制定出符合大连发展实际的课题申报方案,特地邀请国家有关专家来连召开研讨会,我市领导对此高度重视,当时的夏德仁市长自始至终出席会议,认真听取了专家意见,并对项目申报工作提出了指导意见。2008 年项目成功申报后,夏市长又要求市财政研究出台相关的支持政策,同时还亲自担任"大连市节能与新能源汽车示范项目领导小组"组长,形成了多部门协同配合、齐抓共管的良好局面。2009 年国家出台《节能与新能源汽车示范推广财政补助资金管理暂行办法》,随即夏德仁市长代表 13 座试点城市在全国"节能与新能源汽车示范推广工作会议"上发言。会后,夏市长两次召开专门会议,研究和部署大连节能与能源汽车的示范运营工作,明确要求大连市的示范推广工作要走在全国的前列。市长助理、市"节能与新能源汽车示范项目领导小组 "副组长刘岩带队多次考察了一汽集团、北汽集团、安凯汽车等国内知名企业及北京等城市的充电站、加氢站的建设运营情况。

应该说,新技术的发展与形成相应的新市场,是一个交替互涨的过程。节能与新能源汽车技术的初期成熟会形成相应的应用市场,而驱动这个市场,需要政府力量的参与。节能与新能源汽车的示范运营之所以首先选择在公共领域展开,一方面是为了使更多的受众群体能够认知、理解、接受这项新技术,另一方面是需要政府借助行政手段及经济政策及时推动,在较短时间内实现节能与新能源汽车应用规模的扩大。政府力量的植入是示范项目顺利进行的必要保障,也是"大连模式"的重要前提。

2. 多元化的运营主体

前文我们曾经介绍过,节能与新能源汽车推广运营的已有模式主要有三种,即政府主导型、研制企业主导型和运营企业主导型,也有与其对应的运营主体。而大连的示范运营主体并不拘泥于某一单个机构。在开展示范项目之初,大连市政府适时成立"节能与新能源汽车示范项目领导小组 ",全面统筹项目推进工作,市财政局推出了《关于支持大连市"节能与新能源汽车大规模示范项目"的意见》,配合国家相关部门发布的《节能与新能源汽车示范推广财政补助资金管理暂行办法》,为项目快速启动注入了活力。此时,政府作为示范项目的运营主体之一发挥了应有的作用。随着示范项目的全面展开,大连交运集团、公交集团等运营企业敏锐地意识到节能与新能源汽车发展所蕴含的潜力和商机。在短短的几个月中,大连交运集团便投资建设了项目运营载体——大连新能源汽车应用中心,目前建成的一期工程包括,综合大楼、纯电动汽车充电站及 4S 维修中心计

5000平方米，二期工程将达到1.7万平方米；大连公交集团下辖的15路、23路、24路公交线正在运营的节能与新能源汽车也已达到62辆，至2010年末，示范车辆还将增至162辆。与此同时，500辆节能与新能源出租车的定额也成为市内多家出租车公司竞相争夺的热点。此外，由大连供电公司投资建立四座充电站的计划也在实施之中；市邮政、环卫、旅游等部门也在积极谋划本部门新能源汽车示范工作；融产学研为一体的大连新源动力公司正在联合日本岩谷产业株式会社筹建以工业副气转化为原料的加氢站，以降低燃料电池汽车的运营成本。可见，由运营企业、能源供应公司、生产企业共同参与的多主体运营的示范模式正在悄然形成。

3. 多元化的运营方式

在运营方式上，大连采取了“点面结合+点面交叉”等多元复合的推动措施。2009年年初，财政部和科技部联合发出的《关于开展节能与新能源汽车示范推广工作试点工作的通知》中，要求13个试点城市率先在公交、出租、公务、环卫和邮政等公共服务领域推广使用节能与新能源汽车。据此大连制定了“33511”的示范运营方案，使公交线路、旅游景点成为节能与新能源汽车示范运营的主要领域；政府机关的公务车与出租车中的新能源汽车也占有一定比例，表明示范项目在整个城市全面展开。与此同时，大连依托国际性城市特有的影响力，不断放大和增强节能与新能源汽车的示范运营效果。2009年9月，在包括全球成长型公司的CEO或董事级别高管、会员企业的首席执行官、各国政要和全球青年领袖在内的1500余名代表来连参加的夏季达沃斯年会上，集中了国内最新研发成果的10台纯电动豪华旅游大巴（HFF6127K46EV）、5台纯电动中巴（HFF6700BEV）、100台混合动力出租车（SQR7160A217/B）、10台纯电动微型轿车（SQR7000ELS18）、70台混合动力公务车、62台混合动力公交车（CA6126SH8）成为会议指定用车。257台节能与新能源汽车的集中展示成为夏季达沃斯年会上最为突出的亮点，绿色达沃斯与北京绿色奥运一样，在全国性节能与新能源汽车示范推广中的意义可圈可点。夏季达沃斯会议这一热点事件与公共服务领域中节能与新能源汽车推广运营“点面结合”，使大连的项目示范取得了事半功倍的效果。

此外，大连新能源汽车应用中心一期二期的建设使用，将成为节能与新能源汽车发展的重要节点，与公共服务领域中节能与新能源汽车的推广使用“点面交叉”，为现阶段的示范运营与未来更大范围的商业化运营实现耦合提供了有效载体；大连供电公司结合项目示范和国家电网的要求，以及大连市国家智能电网示范城市的契机，将逐年增加充电站点的规划建设，使得充电站等重要基础设施建设与新能源汽车的产业化及市场化运营同步发展，为项目示范及市场化运营提供了重要支点，与公共服务领域中节能与新能源汽车的推广使用“点面交叉”，一方面表明项目示范与供电公司的运营策略形成了相互影响、良性整合的态势，另一方面也将对大连市整个城市交通和消费观念产生重要而深远的影响。

4. 多元化的投资主体

与单一投资主体相比，多元投资主体更容易发挥其市场、人才、技术等方面的优势，更利于效益最大化。资金支持对节能与新能源汽车示范运营推动作用之重要是不言而喻的。大连与其他试点城市一样,中央与地方政府在示范项目的最初启动时期投入了大量的补贴资金,与此同时,市示范项目领导小组围绕建立节能与新能源汽车服务体系,形成相关商业化环境,支持激励相关产业发展等方面做了大量卓有成效的工作,吸引各类社会资本渗入到示范项目运营之中来。在示范运营开始至今的一年中,大连交运集团投资2620万元购置了100多辆新能源汽车为达沃斯论坛服务,投资818万元用于新能源汽车配套基础设施,建设了3个便捷式充电站与21个充电设置接口等;大连公交集团也自筹资金,投入近5000万元购置近百台节能与新能源公交客车进行示范运营;大连供电公司也将按照国家电网的要求,投入2000万元用于充电站建设。随着野马易威纯电动汽车、动力总成项目获得银行贷款5000万元,金融机构也成为节能与新能源汽车发展的重要助力。投资主体的增多直接拓宽了示范项目的融资渠道,使项目运营时期的资金紧张状况得到了有效缓解,减轻了政府财政压力,增强了项目运营的原动力。

(三)"大连模式"应用效果显著

国家在13座试点城市开展节能与新能源汽车示范推广试点工作,是依据"着力突破制约产业转型升级的重要关键技术,精心培育一批战略性产业"战略决策精神,以财政政策鼓励为手段,通过在公交、出租、公务、环卫和邮政等公共服务领域率先推广使用节能与新能源汽车,为扩大汽车消费,加快汽车产业结构调整,推动节能与新能源汽车产业化作出尝试和探索。大连在为期一年的示范运营中已经取得了显著成效。

1. 节能减排效果显著

经测算,第一阶段参加示范的1200辆节能与新能源汽车上路运行,与所对应车型的现有单耗相比,可节约/替代汽油1800吨、柴油3400吨;CO_2减排15220吨、烟尘减排75吨、SO_2减排130吨、NOx减排120吨,交通污染排放以及成品油消耗显著减少。

2. 引导消费观念转变

经估算,第一阶段示范的节能与新能源汽车将运送周转乘客8000万人次,其间车身内外饰、车载视听设备以及宣传资料,会将新的汽车消费认知传播给乘车旅客及来连旅游者,再由他们将绿色汽车消费观念传播开来,使改变传统消费观念的宣传效果得以几何状增长。

3. 刺激消费的市场环境悄然形成

目前我市已建成汽车充电站3座、充电桩21个,集成自主创新成果的节能与新能源汽车展示中心1个;2010年还将再建5座充电站,其中一座为快换型,基于供应商销售网络的节能与新能源汽车的4S店3个,基于运营商修配站的保养点3个,以及3个车辆能源补给站。上述基础设施及后续配套站点的建设为节能与新能源汽车消费者解除了后顾之忧。同时,为转变观念、引导绿色消费,我市正在制定实施一系列扶持、引导、鼓励和限制、惩罚性政策,如纯电动汽车用电优惠政策、节能与新能源汽车节能减排相关鼓励政策等,在国内率先形成适宜于节能与新能源汽车商业化的市场环境。

4. 拉动相关产业快速发展

随着示范项目的展开，奇瑞、曙光两个整车项目落户大连，与我市原有的汽车零部件体系相结合，从整车、关键零部件到研发能力等产业链条较为完备的汽车制造业正在成为大连新的支柱产业。另外，由天津清源汽车公司与大连创新零部件及乾豪投资有限公司共同投资建设的纯电动汽车企业——蓬迪汽车也已落户大连保税区。为整车配套的关键零部件企业也得到升级发展，大连电机集团有限公司先后为上海海马、柳州五菱、郑州日产、一汽集团、北京宝骑等汽车制造企业的节能与新能源汽车的研发提供电驱动系统 80 余套，同时为威海广泰研发牵引飞机用的大型纯电动车牵引车提供方案。大连天元电机股份有限公司开发制造的YSF146－4FB 11KW 与 YPQ220M－6 55KW 节能与新能源汽车用发电机，为深圳五洲龙汽车有限公司油电混合动力绿色环保客车配套使用；开发制造的 YPQ250L－4M 55KW 和 YQF225M－4M 45KW 纯电动大巴用电机，为天津清源电动车有限公司配套使用。大连新源动力股份有限公司作为国内拥有最先进燃料电池的生产技术与生产水平的企业，年内生产的 60 辆燃料电池轿车与 30 辆燃料电池客车发动机也全部投入市场。大连新阳高科技发展有限公司经过联合攻关和设备改造，已经能生产出锂离子电池最主要的磷酸铁锂正极材料，并实现年产 300 吨的产业化能力，2010 年 8 月将再完成 2 条生产线，年末产能将提高至 500 吨。大连天熙创展集团引进了世界最先进的金属锂真空冶炼技术，目前正在打造磷酸铁锂电池相关的核心技术团队，将建立完整的电池及电池组生产线。

5. 带动研发水平整体提升

项目示范的启动也为我市相关的技术研发提供了难得机遇：大连理工大学正在整合已有资源建设节能与新能源汽车动力控制与整车技术研发重点实验室；大连交通大学已开始筹建新能源电池研发与检测技术重点实验室；一汽启明大连海通公司正在建设多能源动力总成控制系统、车身总线控制系统实验室，上述三个实验室已被列为辽宁省重点实验室建设计划。另外，中国汽车技术研究中心决定在大连设立分中心；新源动力股份有限公司的电池及氢源技术国家工程研究中心已通过国家发改委验收；中科院大连化物所正在建设洁净能源国家实验室。

（四）深化“大连模式”的主要建议

1. 以优化的政策与技术支撑项目示范

综观国内外节能与新能源汽车的初期运营，几乎无一不是依靠公共政策的积极推动。政府应该科学实施区域公共政策选择和制度创新，通过激励性政策、引导性政策、保护性政策、协调性政策的制定与实施，为节能与新能源汽车示范运营营造良好的政策氛围。目前我们应在认真总结项目示范阶段性成果的基础上，重新审视和定位政府在示范项目不同阶段的不同作用，逐渐完成政府主体作用向主导作用的转变，着力形成完善的政策支持体系，从宏观上为项目示范创造制度上的适宜条件。同时还应注意到，技术成熟度低是现阶段节能与新能源汽车不具备价格优势的根源，也是节能与新能源汽车无法在短时间内市场化、产业化的主要瓶颈。因此,必须注重增加相关的科技研发投入,加快重点实验室、工程中心等研发平台的建设,提高研发水平,同时为企业培养高级技术人才;积极扩展以大连化物所与新源动力为代表的产学研一体化合作的发展空间,加快具有自主产权的研发成果的产业化进程和产业链的形成,促进官产学研用的有机结合和新兴产业联盟的形成。通过项目示范使技术研发与市场需求紧密结合,以科技带动市场化和工业化,从而以更低的成本获得更高的效益。

2. 以项目示范推动产业升级

我国自"九五"时期起,便启动节能与新能源汽车重大科研专项,重点研发电动汽车和代用燃料汽车整车技术、动力系统技术、关键零部件技术和系统集成技术,初步建立了节能与新能源自主研发体系;在此基础上,"十一五"时期实施了"十城千辆"的大规模示范运营,与此相配合,政府研究出台了鼓励发展节能与新能源汽车和加快淘汰高油耗车辆的财政税收政策、产业政策;制定鼓励节能与新能源汽车消费的政策措施,引导公众树立节能型汽车消费理念等。这些工作为传统汽车制造产业升级发展注入了动力。尽管我国节能与新能源汽车有了一定的技术积累,但是竞争地位十分脆弱。目前当务之急应是借助项目示范尽快催生国内市场,有效地从消费层面激发对节能与新能源汽车的需求,通过示范不断发现技术问题和解决问题,从根本上解决节能与新能源汽车产业的瓶颈问题,推动其快速发展。我市应抓住机遇,围绕一汽大客、奇瑞、蓬迪等整车企业,依托电动机及控制系统、关键零部件及燃料电池的核心技术,以集群式发展的模式推动节能与新能源汽车整车生产、零部件协作、产业商务与技术服务为主体的节能与新能源汽车制造与运用综合体系的形成,不断提升在连相关企业的研发和生产实力,实现与东北地区其他汽车工业基地的错位发展,将节能与新能源汽车制造及汽车零部件生产培育成为大连的新兴主导产业。

3. 以产业化促进市场化

目前,节能与新能源汽车产业发展面临着如何加速市场化的步伐、进一步开拓和扩大应用规模等一系列问题,其总体发展还比较缓慢,标准化、商品化、产业化方面仍十分薄弱。与发达国家相比,我国由于在资金投入与研发水平上存在差距,使许多科研成果不具备向产业化、市场化过渡的能力;此外节能与新能源汽车涉及领域和学科十分广泛,很多跨学科技术难题在当前行业背景下难以解决,导致标准衔接不够,阻碍产业化、商品化发展。大连作为节能与新能源汽车示范推广试点城市应以项目示范为契机,带动项目聚集到产业升级,形成集研发、生产、运营为一体的完整配套的产业体系,形成整体产业标准的完善和提升。而整体产业标准在行业内的广泛认同和应用,必将促进市场化进程,形成节能与新能源汽车产业化与市场化的共赢,从而真正意义上实现以产业化推动市场化的战略目的。大连应在以项目示范带动动产业发展的同时,加快节能与新能源汽车运营由单一公共领域向私用等全方位的延展,探索研究符合城市消费心理的鼓励政策及推广措施,帮助企业更准确地把握市场信息,以针对性较强的产品创新提高市场应用比率。要特别鼓励在连的汽车生产厂家，在企业资源特点和目标市场之间找到契合点，使大连汽车销售市场中新能源汽车的份额不断增多。

4. 以市场化反哺技术创新

技术创新与推广对更好地实现商品市场化的支持是不言而喻的。将技术创新与市场紧密结合，并在市场推动下，让技术创新不断转化成产业，这是现代产业发展的精髓所在。从整体上看，我们的技术创新活动与市场的联系还不紧密，存在着各种各样的“隔离带”。技术创新是一个从新创意的产生，到产品设计、试制、生产、营销和市场化的过程，也是知识的创造、传播和应用的过程。而创意的产生又往往来源于应用中出现的技术问题。在这个过程中，都要与企业及其客户、供应商、信息源建立紧密联系；其始于市场，又终于市场。只有市场需要才是技术创新的根本动力，也只有植根于市场，技术创新才能结出丰盛的果实。因此，技术创新能力的提升与产品市场份额的增多，是节能与新能源汽车产业腾飞的双翼。我市节能与新能源汽车的发展，一方面要通过建立以企业为主体、市场为导向、产学研相结合的技术创新体系，借此衍生出核心技术和核心产品，最终以核心产品的市场化转化为持久的竞争优势。大连化物所、大连天元电机等研发机构和生产企业在技术研发方面都有着雄厚的基础，应该通过多渠道投入使其研究成果在较短时间内实现产业化和市场化，以此提高我市节能与新能源汽车产业的核心竞争能力。另一方面要以核心产品、核心能力和竞争优势开展多元化的市场扩张，以市场化扩张实现对技术创新的反哺。技术创新本身就是一个高风险、高投入的工作，需要政府创造良好的政策环境，需要加大重大技术创新项目的支持力度，需要引导和扶植风险投资为其吸引初始资金，需要发展和完善技术产权交易市场，更需要以产品市场化水平的不断提高，满足技术研发、创新所需的资金和能力需求，为技术创新提供活水之源。

五、结语

发展节能与新能源汽车需要有正确的政策环境、技术路线、产业化战略和推广运营模式。大连节能与新能源汽车的示范运营的发端得益于政府主导作用的有效发挥，随着示范项目的逐步推进，政府的作用逐渐让位于市场，形成了由运营、生产、研发及能源(电力)供应等多经济主体充当主角、多领域参与支持的良好态势，由此形成了大连节能与新能源汽车示范运营的初步模式，这些充分体现了我市推动节能与新能源战略发展的雄心、设计方案的精心、实施过程的同心。我们认为，大连多元兼容的运营模式在应用上具有一定的独特性和创新性，并取得了显著成效。既为大连经济社会可持续发展提供了可选择的路径和发展动力，也为全国范围内节能与新能源汽车的全面应用提供了有益借鉴与参考。

附件一:

13 试点城市示范运营的进展概况

(一)北京市节能与新能源汽车的示范运营

自2001年,北京市已经开发了包括纯电动汽车、混合动力电动汽车、燃料电池电动汽车在内的多种节能与新能源汽车车型,并具备多年电动汽车开发技术和应用示范的基础。在2008年北京奥运会上,由我国自主研发的节能与新能源汽车组成的服务车队,执行公务近970车次,累计载客441.7万人次,运行近371.4万公里,积累了宝贵的运营经验。

2009年被确定为试点城市后,北京相关部门将专项目标确定为:一是通过大规模商业化示范,考核和改进产品技术,突破产业化瓶颈环节,大力提升北京市汽车企业自主创新能力,赶超国际节能与新能源汽车产业化进程。二是建立适合北京市的节能与新能源汽车发展的商业模式,消除市场化制约因素,启动节能与新能源汽车规模市场。三是带动产业规模化,发挥节能与新能源汽车节能环保优势,实现显著的节能减排效果。按照北京市的电动汽车发展规划,北京将建设大规模的电动汽车示范应用工程。

具体运营方案是:纯电动客车100辆,主要在121公交线、金融街和奥运中心区运行;混合动力客车870辆,已启动60辆混合动力客车在全国范围的招标工作;电动环卫车30辆,主要在西城区管辖区域内运行。

(二)上海市节能与新能源汽车的示范运营

上海市早在"十五"时期就开始承担863节能与新能源汽车重大项目,建立了一批节能与新能源汽车研发平台,开展了大量节能与新能源汽车示范活动。在混合动力汽车方面,上汽集团自主开发的混合动力客车已在公交703路上试验运行。在纯电动汽车方面,上汽集团与上海奥威等合作研制的超级电容公交车已在公交11路上扩大示范运营,车辆已达到17辆,累计运行已超过110万公里,另外还有20辆计划在公交26路上使用。上海瑞华、上海万象、市电力公司等合作的10辆电池电容混合电动公交车,已在公交825路、604路、20路等线路上开展示范运营,累计运营已超过20万公里,三方又完成了10辆纯电动工程车、2辆纯电动环卫车等专用车的研制,在电力系统、环卫系统内率先示范应用。在燃料电池汽车方面,在2008年4月底,基于上海大众领驭平台的燃料电池轿车作为我国首款燃料电池轿车进入国家汽车产品公告,20辆领驭燃料电池轿车为2008北京奥运会提供交通服务,运行总里程7.6万多公里。在基础设施建设方面,上海已形成钢铁、化工工业副产氢气的供应链,并上海国际汽车城建成1座固定加氢站和2座移动式加氢站。

在确定为试点城市以后,上海锁定的目标是:到2012年,上海新能源汽车规模将要达到900亿元人民币的目标,其中整车产值达到200亿元左右,新能源汽车零部件产值达到100亿元。同年,混合动力汽车弱混、中混、强混全系列将实现产业化,充电式混合动力轿车、纯电动轿车批量上市;纯电动商用车形成公交客车、中型客车、环卫车、工程车等产品细分序列等。

具体措施包括:建立并完善集研发、制造、检测、试验、示范运行为一体的嘉定新能源汽车及关键零部件产业基地;金桥、临港基地,以及金山区域重点发展成为新能源乘用车产业基地;闵行、松江、浦东新区等区域则重点发展成为新能源商用车产业基地。

(三)重庆市节能与新能源汽车的示范运营

"十五"和"十一五"期间,重庆市在国家"863"、国家科技攻关计划及"十一五"重庆市节能与环保汽车科技重大专项等计划的大力支持下,突破了混合动力汽车的整车发动机系统、混合动力系统等部分核心关键技术,技术水平已处于国内领先,油电混合动力汽车的产业化能力基本建立。长安汽车股份公司在2005年年底启动了混合动力汽车的产业化工作,2008年长安杰勋混合动力汽车成功下线,并提供22辆作为奥运示范运行服务用车。目前长安汽车股份公司将具有完全自主知识产权的油电中度混合动力汽车技术匹配到其他车型上,除油电中度混合技术外,还研发气电混合、弱混、强混合纯电动等系列新能源汽车,并且规划了谱系齐全的新能源汽车开发计划。

目前重庆市95%以上的公交车和出租车都采用CNG汽车,CNG汽车保有量位居全国第二,新能源汽车示范应用的基础良好。

作为试点城市,重庆市的运营目标是:到2011年,将示范推广1100辆长安新能源汽车,其中700辆长安志翔气电弱混出租车,300辆长安杰勋和长安志翔油电中度混合动力公务用车,100辆油电混合动力私家车。

保障措施包括:1. 由长安汽车领衔的重庆市节能与新能源汽车产业联盟于2009年6月正式成立,该联盟整合了30多家汽车整车、零部件企业及科研院所,致力于打造中西部最大的新能源汽车研发、制造、示范运行基地。重庆市政府将拨付10亿元财政资金,为进入基地的企业提供资本金补助,并在土地、税收、物流配送、新能源汽车示范运行方面给予一系列政策支持;2. 对个人用户进行购车补贴:购车环节弱混享受国家4000元的补贴,油电中混享受国家3.6万元的补贴,每车免除三年路桥费共计6900元。

(四)长春市节能与新能源汽车的示范运营

坐落在长春的中国第一汽车集团,是我国汽车行业首个进入世界500强的企业。2001年开始,一汽集团承担了国家863研发项目,现已完成具有完全自有知识产权的解放牌混合动力客车样车和红旗牌混合动力轿车样车开发,混合动力客车在一汽客车公司大连客车厂下线,具备了小批量生产能力,样车已投放大连、北京奥运会示范运行。一汽集团正致力于进一步加快混合动力客车和轿车的产业化进程。目前,长春市已经规划建设100平方公里、以一汽为龙头的汽车产业开发区,围绕整车、汽车零部件、汽车服务贸易三个方面全力打造国际汽车城。

长春市节能与新能源汽车推广应用的目标是:2009年~2012年,示范推广电动车辆1000辆,其中公交车700辆,政府采购用车300辆(包括政府用车、环卫车和邮政用车等)。混合动力公交车采用一汽集团开发的混合动力客车产品,混合动力轿车面向国内汽车生产企业招标,环卫和邮政用车面向国内特种车生产企业招标。

年度实施计划是:2009 年,新增电动公交车 100 辆,安排在长春火车站至长春市政府之间的 306 路公交线上;政府采购电动车 30 辆。2010 年,新增电动公交车 100 辆,安排在长春火车站至红旗街之间的 62 路公交线路上;政府采购电动车 50 辆。2011 年新增电动公交车 200 辆,2012 年新增电动公交车 300 辆,新增车辆安排在其他公交线路上;两年政府采购电动车分别为 100 辆和 120 辆。

表 1　长春市节能与新能源汽车推广应用的目标

年度	新增电动公交车	新增政府采购电动车	示范电动车累计总量	备注
2009 年	100 辆	30 辆	130 辆	
2010 年	100 辆	50 辆	280 辆	
2011 年	200 辆	100 辆	580 辆	
2012 年	300 辆	120 辆	1000 辆	

(五)大连市节能与新能源汽车的示范运营

大连作为节能与新能源汽车示范运营试点城市的总体目标是:到 2012 年,大连市保持超过 1000 辆集成国内自主创新成果的电动汽车示范运行规模,建立相关服务体系,形成节能与新能源汽车的商业化环境,支持激励相关产业发展,逐步形成具备 2 万辆代用燃料汽车、电动汽车的整车和核心零部件配套能力。从公交线、旅游点、市政工程用车开始,逐步扩展到其他乘用车辆(含出租车、公务车及私家车)及校园、大型居住区、企业内部用车,进行不同种类新能源汽车的运行示范及相应的基础设施建设,并配套出台本地科技与产业扶持政策。

大连节能与新能源汽车示范推广目标是:打造"33511 工程"。即,三条公交线路;三个旅游景点;500 辆出租车;100 辆新能源公务车;100 辆 Plug - in 型旅游租赁轿车。产业发展目标是:在 3 年内建成 2 家市级以上重点实验室,培育 2 家国家级研发机构,建设 2 家整车整装厂,形成百家相关企业集聚、2 万辆新能源汽车整车及零部件产业规模,成为我国北方节能与新能源汽车产业基地与创新基地。

(六)杭州市节能与新能源汽车的示范运营

杭州已拥有 4 条运营线路使用节能与新能源汽车,浙江省电力公司在杭也有 2 条示范线。目前共计投入新能源车辆 65 台,包含混合动力、双能源电车、纯电动汽车等车型。现已建成 6 座充电站,示范充电柱 2 个。杭州市还将以机制和体制创新并重,政策引导和市场化运作互补,坚持总体规划、分步实施、平稳推进、逐步推广的方针,形成点、线、面相结合,运营网路布局合理,基础设施共享,资源优化配置,经济、社会、环境、效益相统一的发展格局。逐步建成以杭州市区为主,相关县(市)为辅;以风景名胜区旅游交通为主,工程领域应用为辅;以城市公交为主,城郊及小区巴士为辅,从市中心向周边辐射的运行网路和3000辆以上电动公交客车、政府公务用车、出租用车、邮政、环卫、电力等系统专用车为主的示范规模。

（七）济南市节能与新能源汽车的示范运营

济南市节能与新能源汽车的示范运营分两个阶段。2009年～2012年为第一阶段，重点是深入开展新能源汽车示范推广模式研究，明确组织体系与协调机制；研究制定济南市电动汽车发展中长期规划；研究制定电动汽车鼓励政策和规章制度，创建有利于电动汽车商业化推广的政策法规环境；建设符合要求的纯电动汽车能量加注系统；深入开展示范运营中车辆和基础设施运行数据的采集、统计分析和评价；开发电动汽车示范运行管理信息化平台；进行节能与新能源汽车科普宣传。

表2　2009年～2012年济南节能与新能源汽车（电动汽车）发展初步规划目标

年度投入车辆		2009年	2010年	2011年	2012年	合计	备注
公共交通	BRT线	60	40	40	40	180	混动
	公交专线车	200	50	50	50	350	纯电、混动
	公交干线车	100	50	50	50	250	纯电、混动
	出租车	100	50	50	50	250	纯电、混动
	小计	460	190	190	190	1030	
社会车辆	全运会用车	100	—	—		100	纯电、混动
	园博会		60	—	—	60	纯电
	机关通勤车			50	50	100	纯电、混动
	电力系统车		10	20	20	50	纯电、混动
	旅游景区	20	30	30	30	110	纯电
社会车辆	高校通勤车	20	10	20	20	70	纯电、混动
	邮政、环卫车		20	20	20	60	纯电
	其他		10	10	10	30	混动
	小计	140	140	150	150	580	
	合计（辆）	600	330	340	340	1610	
充电站数量（处）		3	2	2	2	9	
混合动力/纯电动比例		60/40	55/45	50/50	40/60		

2012年～2015年为第二阶段，重点是在前期示范推广的基础上，进一步扩大节能与新能源汽车示范推广应用范围。其中，公共交通部分再计划投入城市公交车5000辆，出租车10000辆；纯电动汽车车型计划占60%以上；社会车辆部分扩大普及面，争取电动乘

用车全面进入商业化应用阶段。同时,计划在全省范围内,建设绿色环保充电站300处。

根据预测,到2012年示范运营结束时,机动车尾气污染物排放总量较2008年可减少30%以上。预计将节约常规燃油1.3万吨,减排二氧化碳3.5万吨,同时,将直接降低有害物质排放,减少一氧化碳排放108吨,减少碳氢化合物排放18吨,减少氮氧化物排放120吨,减少颗粒物排放量2.5吨。

(八)武汉市节能与新能源汽车的示范运营

武汉市是国家863电动汽车成果产业化基地,具有电动汽车科研、试验、产品制造、维修保养等方面的综合实力,并拥有健全的电动汽车产业体系。截至2009年1月底,武汉市拥有各类电动汽车353辆,其中混合动力公交车50辆。共减少CO_2排放3588.723吨,节约用油132.91万升,投入电动汽车的规模、营运里程、载客人数在全国示范城市保持了领先地位。

到2011年,武汉节能与新能源汽车示范运营的工作目标是,全面实施并完成"51465"工程。即:在原有3条示范线路的基础上,进一步扩大范围,增加线路,使混合动力公交车示范运营线路达到5条;在武汉经济技术开发区内打造一个国际性电动汽车示范样板区,使开发区成为武汉市电动汽车发展的名片,在全球范围内扩大武汉市电动汽车影响;在原有50台混合动力大巴的基础上,到2010年扩充至400台;结合东风混合动力轿车的产业化进程,在出租、公务、市政等领域内大规模推广混合动力轿车,争取在2011年底达到600台运营规模;力争在2011年底,使在武汉地区行驶的纯电动汽车总数达到500辆。

保障措施包括,对武汉市生产的新能源汽车免征车辆路桥通行费;对于一次性购买新能源轿车超过3辆的企业和单位给予节能减排奖励等。

(九)深圳市节能与新能源汽车的示范运营

2005年,深圳市承担了国家863计划新能源汽车试验课题,开通了第一条由五洲龙公司生产的混合动力大巴公交示范线,首批投入7辆混合动力客车,3年多累计运行里程达284万公里。2007年,承担了"深圳市典型城市工况下电动汽车示范运行技术考核研究"等2个国家863计划课题。2008年,承担了国家863计划《深港澳电动汽车运行试验与技术考核》等2个课题。目前市内已开辟三条新能源汽车公交线路,共有101辆混合动力公交车、20辆电动公务车投入运行。

深圳节能与新能源汽车的示范运营分为三个阶段,第一阶段2008年~2010年:在深港澳三地建立五个电动汽车示范运行圈,在深圳市东部、特区内和西部三个示范圈建设3个混合动力客车示范车队。到2010年,投放各类电动汽车1000辆,力争完成2000辆。建设能量加注站22个(充电站、LNG站等),并开发电动汽车示范运行管理信息化平台。第二阶段2011年~2012年:投放各类节能与新能源汽车1万辆。公交车辆中节能与新能源汽车的比例达到50%以上。建设能量加注站80个(充电站、LNG站等),在全市形成布局合理、快速便捷、标准统一的公共能量加注网络。第三阶段2013年~2015年:投放各类节能与新能源汽车5万辆。公交车辆全面采用节能与新能源汽车。节能与新能源汽车的应用,能量加注站网络的建设延伸至珠三角地区。

保障措施包括,政府每年从市财政安排2.5亿元,连续五年共12.5亿元支持新能源汽车研发,并从2008年开始连续五年市财政对公交公司采购新能源汽车给予每台15万元的财政补贴;计划出台针对私人购买新能源汽车的补贴政策。

(十)合肥市节能与新能源汽车的示范运营

合肥在3年内的示范推广工作计划是:2009年新增(改装)客(专用)车50辆,用于公交1号线、12号线及市政、环卫、邮政用车的示范运营;新增(改装)轿车100辆,用作公务用车及出租车。2010年新增(改装)客(专用)车150辆,用于公交801号线、114号线、9号线及市政、环卫、邮政用车的示范运营;新增(改装)轿车300辆,用作公务用车及出租车。2011年新增(改装)客(专用)车200辆,用于公交202号线、116号线、10号线、8号线及市政、环卫、邮政用车的示范运营;新增(改装)轿车600辆,用作公务用车及出租车。

保障措施包括:采取产业倾斜和区域倾斜,根据地区的资源、人文、地理优势等实际条件对电动汽车产业进行合理布局,实现区域政策和产业政策的有机结合,促进电动汽车产业发展;采取对购买电动汽车的消费者给予减免消费税或者完全放弃其他税费征收等政策,刺激消费者购买,购买本市生产的电动汽车全额免征养路费和车辆通行费;简化电动车辆的牌照、行驶证、驾驶证等证件手续;对于电动汽车的驾驶可以参照自动挡车型的Z照,降低考试难度。

(十一)长沙(株潭)节能与新能源汽车的示范运营

长沙具有新能源汽车示范运营的良好基础。2008年,长沙南车时代电动汽车公司研制的10台串联和10台并联混合动力公交车投入商业运营,无故障运行里程超过5万公里,总运营里程超过50万公里。长沙新能源汽车的示范运营与充电站等基础设施建设同步进行,实施内容可见附表。

长沙节能与新能源汽车示范运营的总体目标是,到2012年,产业发展实现百亿目标,即:混合动力轿车形成年产1万辆的生产能力,混合动力城市客车形成年产3000辆的生产能力,产业链规模突破100亿元,为电动汽车产业进入快速成长期奠定基础;示范推广实现万台目标,即:推广城市混合动力公交车3000辆,混合动力出租车6000辆,公务、环卫、邮政等领域1000辆,在国家节能与新能源汽车示范推广试点工程中发挥重要作用。

保障措施包括,长株潭地区用户购买使用电动汽车以及建设基础设施等可享受一系列优惠政策,如免征城市桥梁车辆通行费年票、电价优惠政策、土地优惠政策等。

表 3　　2009 年～2015 年长沙(株潭)充电维护站建设年度计划　　单位:座

	2009 年	2010 年	2011 年	2012 年	2013 年	2014 年	2015 年	合计
长沙	–	20	10	13	60	65	70	238
株洲	–	10	5	7	20	30	30	102
湘潭	–	8	5	6	20	20	20	79
合计	–	38	20	26	100	115	120	419

(十二)昆明市节能与新能源汽车的示范运营

昆明节能与新能源汽车示范运营的主要目标是,从 2009 年至 2011 年重点实施节能与新能源汽车推广工程,力争在三年内实现 1000 辆以上混合动力汽车的应用规模。即:2009 年启动建立总规模不少于 200 辆的混合动力示范车队;到 2011 年昆明使用混合动力公交示范运营线路 5 条,混合动力公交客车示范规模达 500 台(其中示范跟踪车辆 50 辆);混合动力出租车 300 辆;公务、环卫和邮政等领域使用油电混合动力车辆 200 辆以上的计划目标;建立节能与新能源汽车充电站10 个。

保障措施包括,对公交、出租、公务、环卫、邮政等领域的车辆,根据车型及技术方案的不同,认真核算现用车辆和混合动力车辆运营成本,对推广示范中进行运行数据采集和统计分析工作、运营成本增加或导致驾驶员收入减少等由财政给予一定补贴。

(十三)南昌市节能与新能源汽车的示范运营

至 2012 年,形成 1050 辆节能与新能源汽车的商业化运营的示范规模。一是在城市公交领域示范推广应用节能与新能源公共交通车 300 辆。车型主要为油电混合动力和纯电动公交客车。计划在城市主要道路的 4 条公交线路、红谷滩新开的 3 条公交线路以及城运会专线等公交线路上投放。其中,2009 年、2010 年、2011 年、2012 年分别投放节能与新能源汽车 50 辆、80 辆、100 辆、70 辆。二是全运会期间投放新能源场地车 50 辆。车型主要为纯电动汽车,2010 年完成采购工作,2011 年全面运行。三是节能与新能源出租车 600 辆。以油电混合动力汽车为主,配以少量纯电动汽车。根据出租车更新和扩容的需要,在 2009 年、2010 年、2011 年、2012 年分别投放节能与新能源汽车 100 辆、160 辆、170 辆、170 辆。四是政府投资采购新能源公务车 100 辆。车型主要为油电混合动力汽车。使用财政性资金新购公务车辆拿出 50% 的比例,购买油电混合动力轿车,每年分别投放 25 辆。

保障措施:将研究出台《节能与新能源汽车示范推广应用补助办法》和《关于政府采购节能与新能源汽车的管理办法》等地方优惠政策。

附件二：

国外节能与新能源汽车的发展状况

(一)世界各国节能与新能源汽车的发展概况

1. 各国对节能与新能源汽车的鼓励政策

现阶段节能与新能源汽车的开发成本较高、规模化生产的程度较低,因而其制造成本、销售成本普遍高于传统汽车。为推动节能与新能源汽车产业的发展及市场竞争力的提高,各国纷纷出台相应的扶持政策。这些政策包括:经济扶持,即由政府投入鼓励技术开发;政策性倾斜,鼓励节能与新能源汽车的生产和应用;法规强制,即对传统燃油汽车的生产、销售、使用和排放实行限制等。

——美国

●政府直接投入。布什政府于 2002 年提出了发展燃料电池汽车的协作计划,由美国能源部与美国汽车研究理事会共同投资开发可用于市场化推广的氢燃料电池汽车技术及氢能供应的配套设施技术。奥巴马政府提交的 2010 年政府财政预算报告中,承诺未来 10 年内将拨款 1500 亿美元,用于支持包括新能源汽车技术在内的新能源技术的发展。

美国政府还直接投入资金促进新能源汽车相关产业链的发展。例如,美国政府 2007 年拨款 3.85 亿美元用于推动从非传统资源如木屑、柑橘果皮中生产乙醇这种工艺的发展,力图使以废弃物为原料的乙醇在五年内替代目前全国 30% 的汽车燃料。美国政府还为新能源技术研发提供资金支持,仅 2004 年就通过补助、奖励、合作协议等方式为新能源技术研发提供了 5.06 亿美元的资金支持。此外,美国还出台了对新能源汽车的政府采购最低限额政策。

●税收减免。美国政府制定了一系列差别化的税收政策,对新能源汽车的生产、销售、基础设施建设等方面给予较大幅度的税收减免。《2005 年美国新能源法案》规定,对新购买的替代燃料汽车(非改装)的消费者给予超过同类型燃油车购买成本部分 50% 的减税,减税金额在 2500 美元至 3.2 万美元之间。为激励企业生产代用燃料,政府还对代用燃料生产企业实行税收减免,减免幅度视生产规模、时间及各地实际情况而定。《美国国家能源政策法案》规定对代用燃料基础设施建设实行减税政策,例如对天然气加气站建设的减税的额度为加气设备成本的 30%,对于大型加气站最多可以给予 3 万美元的减税,对家用小型加气设备最多给予 1000 美元的减税。

●法律保障。1990 年美国通过的《空气清洁法案》,提出降低汽车燃料废气排放的规定。1992 年美国制定了《美国国家能源政策法案》,确立了到 2000 年用非石油代用燃料来替换 10% 的石油燃料,到 2010 年替代 30% 石油燃料的目标。2005 年新修订的《美国国家能源政策法案》把重点放在鼓励企业使用可再生能源和清洁能源上,并以法律形式确立减税等奖励性措施,刺激企业及个人更多地使用节能、清洁能源产品。2007 年美国国会相继通过《能源促进和投资法案》和《可再生燃料、消费者保护和能源效率法案》。

据此,美国政府将向石油企业征收 285 亿美元以鼓励清洁和可替代能源技术的研发,并增加了对混合动力汽车和生物燃料生产的激励措施。

——日本

●政府政策导向明确。日本经济产业省和资源能源厅于 2006 年 5 月制定了"新国家能源战略",提出的主要目标是到 2030 年石油依赖度由当时的 50% 降低到 40%,将交通部门的石油依赖度降低到 80%。在新能源汽车发展方面,日本环境省、产业经济省和国土交通省在 2001 年制定了"低公害车开发普及行动计划"和"氢能与燃料电池实证示范规划",目的是推动燃料电池车的发展。

●税收、补贴的鼓励机制。日本环境省、国土交通省等部门对率先引入燃料电池汽车、二甲醚车、氢燃料汽车等低公害汽车的地方公共部门给予补贴。2001 年修改的税制降低了低公害汽车车税,而对环境负荷较大的汽车实施增税。具体做法是汽车税(微型车除外)以税制中立为前提,对低公害汽车、低排放低燃耗车的税收最大可减少 50%;对首次注册后超过 11 年的柴油车及超过 13 年的汽油车增税 10%。2005 年,日本政府出台"绿色采购法",电动汽车、混合动力汽车、燃料电池汽车等新能源汽车,被列入政府优先采购范围。

——欧盟

欧盟作为欧洲国家的联合体,无法直接对各国制定具体详细的政策,而是更多对欧盟内国家提出共同目标、指导意见和发展方向,同时在具体的产业领域对欧盟内国家进行支持。

●对新能源汽车及替代燃料发展的指导意见。欧盟从 1991 年起开始调整能源政策,强调节约能源和使用可再生能源,先后于 1993 年和 1998 年出台能源计划,1995 年发表了《欧盟能源政策绿皮书》。1997 年公布了《欧盟未来能源:可再生能源白皮书》,确定了欧盟在能源结构中增加可再生能源比例的行动纲领。2001 年,欧盟出台"发展可再生能源指令",提出了到 2010 年将可再生能源在欧盟内部总能耗中的份额从 1998 年的 6% 提高到 12% 的目标。特别是生物能源,提出 2010 年提升到 8.5%,比 1998 年增加 2.5 倍,将生物燃料中汽车燃料使用率提高到5.75%。

欧盟委员会于 2007 年 1 月公布了"新欧洲能源政策",目标是到 2020 年,将温室效应气体排放量降至至少低于 1990 年的 20%,将能源消耗中可再生能源的比例提高到 20%。该政策的核心是"加快向低碳能源转换"、"能源效率化"、"能源市场自由化",为此欧盟将今后 7 年能源领域的研究开发预算从每年 5.47 亿欧元增加到 8.86 亿欧元。

●新能源汽车发展的战略方向和重点。生物燃料和氢燃料汽车是欧盟新能源汽车的发展重点,生物燃料汽车产业拥有相对成熟的技术和基础设施,是欧盟在短期内发展的重点;而氢燃料汽车特别是氢燃料电池汽车作为真正清洁高效的新能源汽车则是欧盟在中长期发展的重点。

2004 年欧盟发表报告,将作为战略性研究主题的氢能与燃料电池技术划分为氢能生产、氢能储藏和配给、定置型用、交通输送用、便携终端用等五大领域,探讨了有关氢能与燃料电池汽车和加氢站使用等方面的安全技术标准。2007 年欧盟委员会通过了有关发展氢燃料汽车的立法建议,欧盟和私有企业将各出资 4.7 亿欧元在今后 6 年的时间内发展氢燃料汽车。欧盟委员会希望尽快将氢燃料汽车列入欧盟的批准车型,以便于生产和销售,并计划在 2010 年到 2020 年间达到商业起飞阶段。

●对新能源汽车研发和推广项目的支持。欧盟委员会联合企业和成员国共同投入,推动新能源汽车的研究开发和推广项目。以氢燃料汽车示范项目为例,欧盟委员会联合了包括汽车公司、能源公司、应用公司、物流公司在内的 17 个企业和 4 个研究所,在欧盟内多个国家进行了氢燃料汽车示范项目。

●欧盟汽车尾气排放标准。欧盟从 1992 年开始实施欧Ⅰ汽车尾气排放标准,1996 年起开始实施欧Ⅱ标准,2000 年起开始实施欧Ⅲ排放限制,2005 年起开始实施欧Ⅳ。欧盟要求各成员国修改有关立法,以税收政策惩罚尾气超标的汽车。2006 年,制定了更加严格的"欧Ⅴ"排放标准,目标是使柴油乘用车颗粒物排放量比目前欧Ⅳ指令减少 80%,氮氧化物减少 20%,汽油乘用车氮氧化物和碳氢化合物排放量各减少 25%。

(二)世界各国发展节能与新能源汽车的技术方向

据不完全统计,截至 2008 年 5 月底,全球投入新能源研发的汽车公司已达 20 多家,已研发面市的车型近 70 多款。各大汽车生产厂家根据各国政策导向、本地区传统和技术成熟度的不同,普遍采用多项技术兼顾、某项技术有所侧重的发展策略,已建立和形成了相当的细分优势,分别走出了以美国、日本和欧洲为代表的三条技术路线(见表 4)。

表 4　美日欧发展新能源汽车的技术路线

国家(地区)	技术主攻路线	技术兼顾路线
美国	重点发展氢动力车,走燃料电池的高科技路线	重点发展燃料电池技术,同时也培育出了最大的混合动力汽车市场
日本	现实主义路线,大力开发最商业化的汽电混合动力车	加大了燃料电池技术的研发强度
欧盟	对新型柴油机的研究积累深厚,主攻新型柴油动力车	立足先进柴油技术,同时又是世界上最大的生物柴油生产地区,计划到 2010 年将机动车所用的生物柴油比例从 2005 年的 1% 提高到 5.75%

(三)国外节能与新能源汽车市场发展现状及趋势预测

1. 节能与新能源汽车市场化进程已经启动

近 10 年来,节能与新能源汽车总体的市场销售规模不断增大,但不同类型的新能源汽车的市场化程度各不相同,技术成熟度与销售价格是决定其市场化程度的两个重要因素(见表5)。

表5　各类节能与新能源汽车的市场化现状

新能源汽车类型	市场发展阶段
混合动力汽车	丰田、本田为代表,技术最为成熟,已经在北美、日本和欧洲成功实现了商业化。2008年美国市场混合动力汽车销量为34万辆,已有20个城市在试用混合动力公共汽车。欧洲市场相对冷淡,但欧洲各大汽车厂商并未放弃混合动力汽车的市场开发。日本国内拥有的混合动力车已超过7万辆,预计在2010年将达到210万辆
纯电动汽车	技术基本成熟,但由于成本高、续驶里程短、难以运营等原因,市场适用范围有限。2000年全球纯电动汽车约为1万辆,其中日本投入运营1000多辆,美国商业化运营6000辆,欧盟主要城市基本上都有试运行的电动公交车
燃料电池汽车	技术和应用条件尚不成熟,国外正处于研制开发和小批量生产阶段,距离低成本、规模化生产尚有差距,有可能在2020年后进入商业化普及阶段
代用燃料汽车	汽车替代燃料主要有天然气、液化石油气、乙醇、甲醇、二甲醚、生物柴油、煤制油等。代用燃料汽车已占有一定市场份额,在资源丰富地区会有较快发展。巴西2006年有1150万辆车使用乙醇汽油;美国2004年E10和E85车辆分别为1500万辆和500万辆

2. 混合动力型节能汽车的市场占有率将进一步提升

从美国2000年~2007年销售数据可以看出,混合动力汽车(HEV)的销售量复合增长率达到惊人的58.4%,其市场处于高速增长期(见附图1)。混合动力型节能汽车由于技术相对成熟,其市场占有率在今后一段时期内将会有大幅提升。

日本丰田公司生产的混合动力轿车,1997年~2007年的市场累计销售量也达到118.8万辆,其中普锐斯(PRIUS)汽车10年间的累计销售量达到85.1万辆,到2008年累计销售量突破百万辆,计划到2010年达到年销售100万辆的目标。

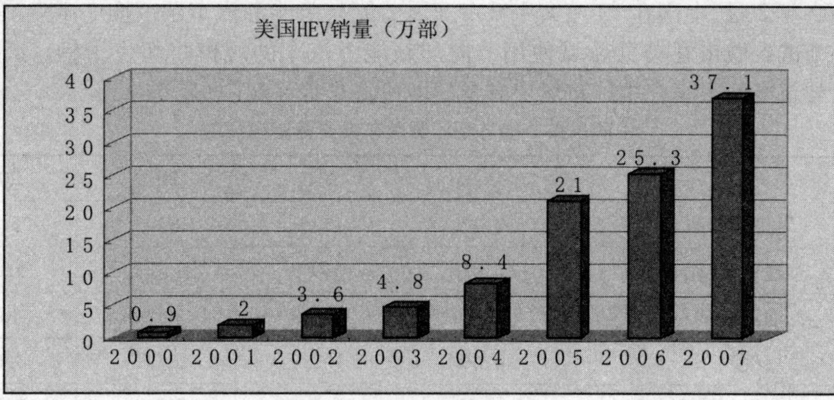

图 1　2000 年～2007 年美国混合动力汽车(HEV)的销售数据

3. 日本、美国和中国三足鼎立的市场格局将日趋明晰

从现有的产业基础、发展战略及市场潜力看，未来 10 年的节能与新能源汽车市场中，中国更有可能凭借庞大的消费群而超越欧盟，与日本、美国形成三足鼎立的格局。

目前，国际市场上节能与新能源汽车销售大户首推日本，只有日本的丰田和本田两家公司生产的混合动力汽车实现了产销批量化。丰田公司三种混合动力主力车型已连续 10 年占据全球同类产品销售前三甲（如图 2）。日本政府已作出规划，预计在 2020 年之前，日本所售新车的 50% 将成为节能与新能源汽车。

绿色汽车作为美国现行的经济刺激计划中的重点，已开始实施汽车行业节能性产品的再造与替代开发计划，即 10 年中投入约 1500 亿美元资金，用以发展无污染的混合性机动车，并为购买节能型汽车的消费者提供单车高达 7000 美元的抵税额度。目标是到 2015 年美国的混合动力汽车销量达到 100 万辆。

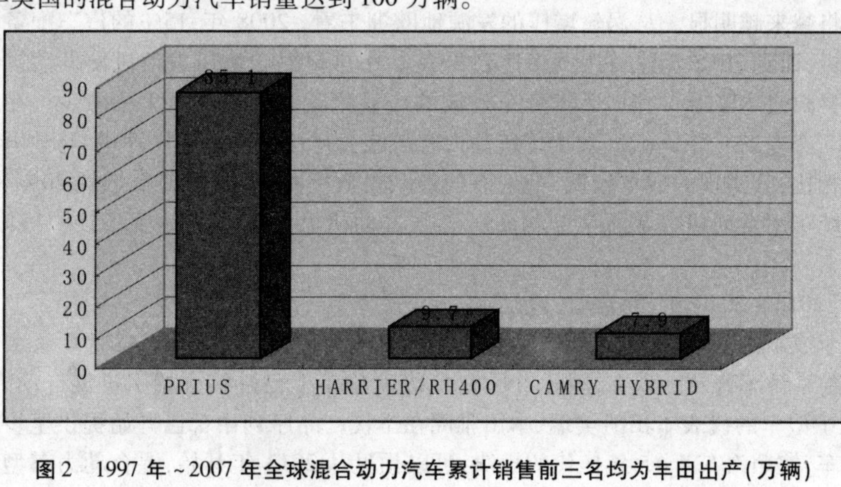

图 2　1997 年～2007 年全球混合动力汽车累计销售前三名均为丰田出产(万辆)

2009年2月,中国在13座大中城市开展节能与新能源汽车示范推广试点工作。两年内,每个试点城市在公共领域使用节能与新能源汽车的规模将超过千辆。以此为契机,节能与新能源汽车在中国市场保有量的增速将非常可观(见表6)。

表6　中国未来节能与新能源汽车保有量增幅预测

	2005	2010	2020	2030
先进柴油车	0.2%	4.0%	19.0%	25.0%
柴油混合动力	0.0%	0.0%	1.0%	5.0%
汽油混合动力	0.0%	1.0%	9.0%	15%
燃气汽车	0.6%	1.2%	2.0%	3.0%
生物燃料汽车	0.6%	1.5%	2.0%	7.0%
氢+燃料电池汽车	0.0%	0.0%	0.5%	8.0%
其他类型替代燃料汽车	0.2%	0.4%	1.0%	1.0%
普通汽油车和先进汽油车	98.4%	91.9%	65.5%	36%

4. 节能与新能源汽车市场普及的时序预测

根据罗兰·贝格公司预测,新能源汽车将沿着混合动力、纯电动车的路径来发展,以实现动力总成的完全电动化。上述过程将历时20年,即从2010~2030年。但根据量产汽车换代及新技术市场化的规律来看,真正意义上的普及还需要更长的时间。

(1)2010~2030年:传统动力的改进使用

从传统动力方面,除了缸内直喷发动机技术,从全球趋势来看,正在普及涡轮增压技术。2011年开始,主要装配的排量将集中在1.2~1.6L,而此前,主要是1.7~2.2L,小型化趋势将越来越明显。从涡轮增压的发源地欧洲来看,2008年,15%的汽车配备涡轮增压发动机,而到2015年这一比例将达到33%。小排量涡轮增压发动机使发动机小型化带来的材料成本降低;同时,还将汽车排放的二氧化碳和一氧化氮大幅减少。在此之后(约2015年左右),下一代高效率传统动力有可能会是均质压燃类发动机,与油电混合动力系统相比,其实现的成本较低,与现有的发动机效率相比,其可降低燃耗20%~25%。但就传统车用发动机发展而言,均质压燃类发动机已经基本上达到了技术极限,再难突破。

(2)2013~2040年:混合动力普及

由于成本的制约,决定了混合动力的普及将是自上而下的,即从高端C级豪华车向A级紧凑型轿车普及。现在,国际市场上C级豪华车上已陆续开始引进混合动力系统,而B级中型车的代表丰田凯美瑞、本田雅阁在本代产品序列中都已开始提供至少一款混合动力车,按照汽车4~5年换代的规律,可以预见从2013年开始,混合动力车型将大量出现在B级车款上,但还未能在B级车上替换大部分传统动力车型。到2025年,混合动力车型将开始在 A 级车上普及。

届时,使用在混合动力车上的电池和电机将得到很大的发展,其成本、容量、充电效率都会有很大的提高。同时太阳能电池板的效率也预计会得到大幅提高,成本大幅降低,可以成为车用电池充电的有益补充。

(3)2028 年:纯电动汽车开始普及

纯电动汽车得到普及需要满足以下几个条件:一是电池、电机总成的成本大大降低。二是电池充电时间大大减少,即在充电站充电能够缩减到 5 分钟,与加油时间相同;或者电池能够在 110 V/220 V 的民用电源充电,并缩减到 30 分钟;或者全球标准化的电池组可在充电站方便更换。三是太阳能电池板效率大大提高,可随时为电动车电池组充电,甚至在电动车启动时也可以为不同的电池组充电。

预计,从 2028 年起,纯电动汽车开始最先尝试进入 B 级车或者 A + 级车序列。因为,与传统动力车相比,纯电动汽车的操控感觉还是有些不同,汽车厂商还需相当长的时间来发展纯电动汽车的操控以满足那些喜欢传统动力操控感的高端消费者,而高端消费者对汽车的要求往往是很难妥协的。A、B 级车的车重相对 C 级车而言要轻得多,相应的驱动电机功率也可低一些,电池容量也可低一些,这样成本就不会很高。而 A、B 级车的消费者更容易对纯电动汽车的操控性产生妥协。因此,最先进入市场的纯电动车很可能是 A 级车或 B 级车。

附件三:

我国节能与新能源汽车行业的发展状况

(一)节能与新能源汽车产品及产业发展概况

1. 产品目录已经出台

截至目前,国家发改委先后公布了七批节能与新能源汽车示范推广应用工程推荐车型目录。主要包括比亚迪汽车有限公司、安徽安凯汽车股份有限公司、东风汽车公司、奇瑞汽车股份有限公司、南京汽车集团有限公司等30余家企业近50个品牌70多款(见表7~表13)。其中,纯电动类29个品牌45款,分别占总数的61.7%和61.6%;混合动力类18个品牌28款,分别占总数的38.3%和38.4%。在纯电动类中,客车9个品牌14款,轿车5个品牌7款,工程车、运输车、垃圾服务车、作业车、扫路洒水车等15个品牌;在混合动力类中,城市客车11个品牌20款,轿车7个品牌8款。

表7　节能与新能源汽车示范推广应用工程推荐车型目录(第一批)

序号	企业名称	目录(序号)	商标	产品名称	产品型号
1	南京汽车集团有限公司	44	依维柯牌	依维柯电动服务车	NJ5056XFWO
2	安徽江淮汽车股份有限公司	56	江淮牌	纯电动电力工程车	AF5040XGCEVR
3	湖南江南汽车制造有限公司	84	众泰牌	电动轻型客车	JNJ6400EVL
4	比亚迪汽车有限公司	108	比亚迪牌	混合动力桥车	QCJ7100ADM
5	江西江铃汽车集团改装有限公司	(十四)15	江铃牌	纯电动服务车	JX5041XSV - L1

表8　节能与新能源汽车示范推广应用工程推荐车型目录(第二批)

序号	企业名称	目录(序号)	商标	产品名称	产品型号
1	安徽安凯汽车股份有限公司	55	安凯牌	HFF6110G03EV	电动城市客车
2	安徽安凯汽车股份有限公司	55	安凯牌	HFF6112GK50	电动城市客车
3	安徽安凯汽车股份有限公司	55	安凯牌	HFF6120G03EV	电动城市客车
4	安徽安凯汽车股份有限公司	55	安凯牌	HFF6700BEV	纯电动客车
5	安徽安凯汽车股份有限公司	55	安凯牌	HFF6127K46EV	电动客车

续表

序号	企业名称	目录(序号)	商标	产品名称	产品型号
6	安徽安凯汽车股份有限公司	55	安凯牌	HFF5120XFW	服务车
7	郑州日产汽车有限公司	72	东风牌	ZN6461W1C	纯电动乘用车
8	郑州日产汽车有限公司	72	东风牌	ZN6493H2C	纯电动乘用车
9	奇瑞汽车股份有限公司	119	瑞麒牌	SQR7000ELS18	纯电动轿车
10	奇瑞汽车股份有限公司	119	奇瑞牌	SQR7000EAS11	纯电动轿车
11	奇瑞汽车股份有限公司	119	奇瑞牌	SQR7160A217/B	混合动力轿车
12	奇瑞汽车股份有限公司	119	奇瑞牌	SQR7130A217/A	混合动力轿车
13	中通客车控股股份有限公司	125	中通牌	LCK6121HEV	混合动力城市客车
14	中通客车控股股份有限公司	125	中通博发牌	LCK6128EV	纯电动客车
15	北华林特装车有限公司	(一)31	华林牌	HLT5074ZYSEV	纯电动压缩式垃圾车
16	北华林特装车有限公司	(一)31	华林牌	HLT5162GSSEV	纯电动洒水车
17	北天路通科技有限责任公司	(一)44	天路牌	BTL5071TSLEV	纯电动吸尘车
18	天津清源电动车辆有限责任公司	(二)22	清源牌	QY5020GKC－08BEVA	纯电动高空作业车
19	长沙中联重工科技发展股份有限公司	(十八)20	中联牌	ZLJ5071TSL	纯电动扫路车

表 9　　节能与新能源汽车示范推广应用工程推荐车型目录(第三批)

序号	企业名称	目录（序号）	商标	产品名称	产品型号
1	东风汽车公司	3	东风牌	混合动力电动城市客车	EQ6110HEV
2	安徽安凯汽车股份有限公司	55	安凯牌	电动城市客车	HFF6850GK60
3	重庆长安汽车股份有限公司	96	长安牌	混合动力客车	SC6442H
4	重庆长安汽车股份有限公司	96	长安牌	混合动力轿车	SC7152
5	厦门金龙旅行车有限公司	124	金旅牌	混合动力电动城市客车	XML6125JHEV93C
6	湖南南车时代电动汽车股份有限公司	（十八）23	南车时代牌	混合动力城市客车	TEG6101PHEV
7	深圳市五洲龙汽车有限公司	（十九）47	五洲龙牌	混合动力城市客车	FDG6112HEVG

表 10　　节能与新能源汽车示范推广应用工程推荐车型目录(第四批)

序号	企业名称	目录(序号)	商标	产品名称	产品型号
1	东风汽车公司	3	东风牌	纯电动城市客车	EQ6102HBEVA
2	丹东黄海汽车有限责任公司	29	黄海牌	混合动力城市客车	DD6129HES11
3	哈飞汽车股份有限公司	39	哈飞牌	纯电动轿车	HFJ7001EV
4	上海申沃客车有限公司	42	申沃牌	纯电动城市客车	SWB6121EV
5	上海申沃客车有限公司	42	申沃牌	纯电动城市客车	SWB6121EV1
6	上海申沃客车有限公司	42	申沃牌	纯电动城市客车	SWB6121EV2

表 11　　节能与新能源汽车示范推广应用工程推荐车型目录(第五批)

序号	企业名称	目录(序号)	商标	产品名称	产品型号
1	北汽福田汽车股份有限公司	9	福田牌	混合动力城市客车	BJ6123C7C4D
2	丹东黄海汽车有限责任公司	29	黄海牌	混合动力城市客车	DD6118HES21
3	上海申沃客车有限公司	42	申沃牌	纯电动城市客车	SWB6121SC
4	江苏常隆客车有限公司	(十)17	马可牌	纯电动城市客车	YS6120DG
5	湖南南车时代电动汽车股份有限公司	(十八)23	南车时代牌	混合动力城市客车	TEG6128SHEV
6	湖南南车时代电动汽车股份有限公司	(十八)23	南车时代牌	混合动力城市客车	TEG6127PHEV
7	湖南南车时代电动汽车股份有限公司	(十八)23	南车时代牌	混合动力城市客车	TEG6102PHEV
8	深圳市五洲龙汽车有限公司	(十九)47	五洲龙牌	混合动力城市客车	FDG6111HEVG2
9	深圳市五洲龙汽车有限公司	(十九)47	五洲龙牌	混合动力城市客车	FDG6111HEVG1
10	柳州五菱专用汽车制造有限公司	(二十)09	五菱牌	纯电动仓栅式运输车	LQG5020CSAC06

表 12　　节能与新能源汽车示范推广应用工程推荐车型目录(第六批)

序号	企业名称	目录(序号)	商标	产品名称	产品型号
1	东风汽车公司	3	风神牌	混合动力轿车	DFM7161B1A
2	东风汽车公司	3	风神牌	混合动力轿车	DFM7161B1B
3	上海通用汽车有限公司	6	别克(BUICK)牌	混合动力轿车	SGM7240HAT
4	北汽福田汽车股份有限公司	9	福田牌	纯电动城市客车	BJ6123C6B4D
5	北汽福田汽车股份有限公司	9	福田牌	纯电动城市客车	BJ6123C6B4D－1

续表

序号	企业名称	目录(序号)	商标	产品名称	产品型号
6	一汽客车大连客车厂	28	解放牌	混合动力城市客车	CA6126SH8
7	上海申沃客车有限公司	42	申沃牌	混合动力城市客车	SWB6127HE2
8	郑州日产汽车有限公司	72	东风牌	纯电动工程车	ZN5031XGCW1C
9	郑州日产汽车有限公司	72	东风牌	纯电动工程车	ZN5033XGCH2C
10	一汽海马汽车有限公司	88	海马牌	纯电动轿车	HMC7000EVM0
11	重庆长安汽车股份有限公司	96	长安牌	混合动力轿车	SC7155A4
12	重庆长安汽车股份有限公司	96	长安牌	轿车	SC7163H1
13	比亚迪汽车有限公司	108	比亚迪牌	纯电动轿车	QCJ7006BEV
14	比亚迪汽车有限公司	108	比亚迪牌	纯电动轿车	QCJ7006BEVF
15	厦门金龙联合汽车工业有限公司	123	金龙牌	纯电动客车	XMQ6126YE
16	厦门金龙联合汽车工业有限公司	123	金龙牌	混合动力城市客车	XMQ6127GH1
17	天津清源电动车辆有限责任公司	(二)22	清源牌	纯电动服务车	QY5020XFWBEVEC
18	天津清源电动车辆有限责任公司	(二)22	清源牌	纯电动邮政车	QY5020XYZBEVEC
19	柳州五菱专用汽车制造有限公司	(二十)09	五菱牌	纯电动仓栅式运输车	LQG5010CSAC06

表 13　节能与新能源汽车示范推广应用工程推荐车型目录(第七批)

序号	企业名称	目录(序号)	商标	产品名称	产品型号
1	郑州宇通客车股份有限公司	71	宇通牌	混合动力电动城市客车	ZK6126MGQA9
2	湖南江南汽车制造有限公司	84	众泰牌	纯电动轻型客车	JNJ6400EVL1
3	湖南江南汽车制造有限公司	84	众泰牌	纯电动轻型客车	JNJ6400EVL2
4	湖南江南汽车制造有限公司	84	众泰牌	纯电动轻型客车	JNJ6401EVL
5	湖南江南汽车制造有限公司	84	众泰牌	纯电动轻型客车	JNJ6401EVL1
6	厦门金龙旅行车有限公司	124	金旅牌	混合动力电动城市客车	XML6125JHEV13C
7	厦门金龙旅行车有限公司	124	金旅牌	混合动力电动城市客车	XML6125JHEV98C
8	天津清源电动车辆有限责任公司	(二)22	清源牌	纯电动厢式运输车	QY5020XXYBEVYC
9	浙江康迪车业有限公司	(十一)27	康迪牌	纯电动厢式运输车	KD5012XXYBEV

2. 产业走向联盟

节能与新能源汽车产业化过程涉及技术、市场、政策等多种风险,而且风险和受益在产业链中分布不均,显然不利于调动所有参与者的积极性,也不利于避免研发投入的盲目重复。因此,建立合理风险共担和利益共享机制的产业联盟走向前台。2009 年 3 月 13 日,国内第一个新能源汽车产业联盟——北京新能源汽车产业联盟正式成立。联盟由北汽控股公司、北京公交集团、北京理工大学等单位共同发起,整合了北京新能源领域的优势资源。目前已有美国伊顿公司、中信国安盟固利公司、ZF 传动技术有限公司等 50 余家企业以及清华大学、复旦大学、同济大学等多家院校成为联盟理事单位。联盟本着共创市场、共享资源、共同发展的宗旨,通过整合新能源汽车产业链上的研发、设计、制造、零部件供应和终端用户等资源,加强产、学、研、用的有效衔接,以便推动核心技术突破、缩短技术培育周期、共同承担技术研发风险,切实降低新能源的研发成本、共享技术成果,有助于打造北京乃至中国新能源技术的规模化产业配套体系,提升汽车行业在新能源领域的国际竞争力。随后,重庆、广东、上海、天津、深圳等地也纷纷建立类似联盟和基地,湖北、安徽等地也表示都有可能以本地汽车企业(比亚迪、东风、奇瑞)为主体,建立新能源汽车联盟和产业基地。

（二）节能与新能源汽车技术研发成果

1. 纯电动汽车

承担大客车项目的是北方车辆厂和北京理工大学，将在尼奥普兰底盘上改装电机驱动大型纯电动客车；承担纯电动轿车研发的是上海奇瑞和上海交通大学，另一团队是天津清源汽车公司和中国汽车工业研究中心。天津清源汽车公司作为中国汽车工业研究中心的科研成果产业化基地，它与汽车工业研究中心保持了极其密切的"产研"关系。同时天津清源公司作为独立企业已形成年产 2 万辆纯电动汽车的生产规模，且产品全部外销美国，其技术全部为自主创新成果。此外上海市还开发了另一纯电动汽车——超级电容汽车，超级电容汽车可以实现短时间充放电功能，但是需要固定距离内有可充电电源。

2. 混合动力汽车

目前，混合动力汽车被公认为可以最快实现产业化的新能源汽车。一汽集团研制开发解放牌混合动力城市客车已经批量生产，该款客车有纯电动驱动、发动机单独驱动、联合驱动、电机启动发动机以及滑行再生制动 5 种基本工作模式。东风汽车公司 1996 年推出混合动力汽车样车，并成立了"官产学研"高度结合的新型股份公司——"东风电动车辆股份有限公司"，它由东风汽车公司、湖北省高科技发展促进中心、武汉经发投资有限公司及武汉华中科技大学产业集团有限公司等组成，与武汉电动汽车示范运营有限公司进行合作，实现生产示范一条龙服务（见图 3、4）。公司研制的 4 款混合电动公交车已经获得国家公告。

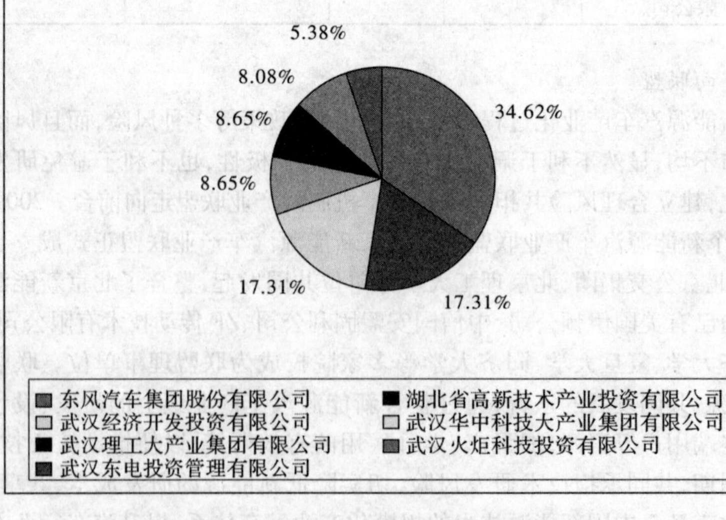

图 3　东风电动车辆公司的组成机构

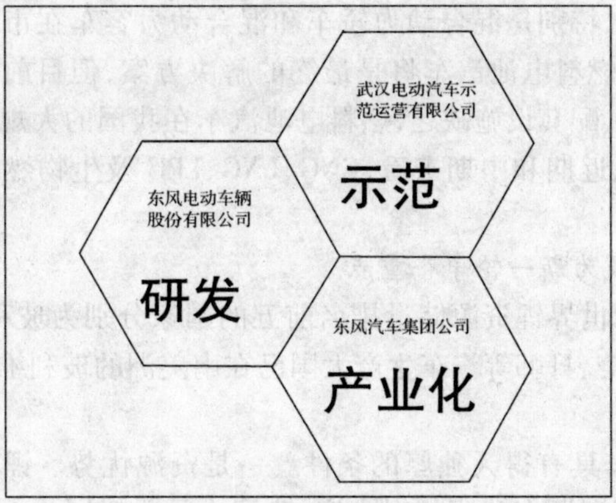

图4　东风电动车辆公司的产业化体系

上海市新能源汽车的规划重点也包括混合动力汽车。上海通用完成了30辆君越混合动力轿车样车，节油率在15%左右，并进入国家公告，已在2008年下半年小批量上市；上汽集团生产的荣威牌混合动力轿车预计节油率可达20%，将在2010年达到产业化。上汽集团结合“863”计划研制出混合动力客车样车，目前在第二轮设计实验开发中。

3. 燃料电池汽车

燃料电池客车由清华大学和北京客车总厂合作研究。而上海则承担了燃料电池轿车的研发任务，上汽集团、同济大学等单位在“863”项目基础上正合作开发新一代动力系统的上海荣威、上海大众领驭燃料电池汽车。目前，工程化水平明显改善，关键零部件防水、防尘和电磁兼容性都通过了检测，百公里加速由19秒缩短到15秒，最高时速从120公里提高到150公里，续驶里程从230公里提高到300公里，安全性、可靠性、耐久性得到了进一步提高。在客车方面，上海神力和神龙合作实验的燃料电池大巴也在进行技术改进和道路考核。

(三)我国节能与新能源汽车的发展趋势

1. 多种技术共存的市场结构

与发达国家成熟稳定的汽车市场相比，我国的汽车消费市场不仅规模大、增长快，而且地区差异大、需求层次多，加上各种节能与新能源汽车技术在价格、商业化程度以及性能上的差异性较大，因此我国未来的节能与新能源汽车市场将呈技术多元化的局面，先进柴油车、混合动力汽车包括各种替代燃料汽车都会占有一定的市场份额。

2. 各类新能源汽车的发展顺序各不相同

近期内先进柴油车技术比较成熟、价格明显低于混合动力汽车和燃料电池汽车，如果能理顺相关的政策法规并提高柴油品质，先进柴油车在中国将会有快速的发展。从中期来看，混合动力汽车技术将更加成熟，市场规模的扩大以及国产化程度的提高会降低混合动力汽车的价格；我国大中城市交通拥堵现象普遍，混合动力汽车的节油性更为明显,因此混合动力汽车、特别是混合动力轿车和混合动力客车在市场中走势渐强也是一种必然。从长远来看,燃料电池汽车将是最终的解决方案,但目前燃料电池价格过于昂贵、技术尚未完全成熟、配套设施缺乏,燃料电池汽车在我国的大规模商业应用可能会在2020年以后。另外,从近期和中期来看,CNG、LNG、LPG及生物燃料等替代燃料汽车也会有所发展。

3.锂电池资源将成为新一轮争夺重点

2008年数据显示,世界锂资源储量排名前五的国家分别为玻利维亚、智利、中国、巴西和美国。2009年欧美、日韩等汽车生产大国已在南美洲的玻利维亚展开对锂电池资源的争夺。

我国发展锂电汽车具有得天独厚的条件。一是资源优势。锂离子动力电池的主要原材料锂、锰、铁、钒等资源在我国相对丰富,我国也是永磁同步电机中永磁材料——稀土资源的大国,为锂电汽车提供了材料保证。二是技术优势。我国的小功率锂离子电池早已经产业化,形成了上下游结合的完整产业链,电池产品超过世界市场的三分之一,锂离子动力电池技术已经达到国际先进水平,产业化条件基本成熟。锂离子电池本身的特点,以及新能源汽车快速发展的现状,决定着锂离子电池在未来动力能源市场中占据重要地位。因此,对锂电池资源的争夺将愈加激烈。

(四)节能与新能源汽车对经济发展的影响

1.促进我国能源结构转型

当前世界面临三大问题,一是能源紧缺,二是二氧化碳过度排放,三是空气污染。而上述三个问题的产生与传统的用能结构有着直接关系。我国30%以上的石油被汽车消耗,这些数字还会伴随着汽车产业的快速增长而上升。我国已经成为世界最大的二氧化碳排放国之一,不仅对环境造成巨大污染,也承受了国际上的压力。对此我国已制定了大力发展风电、核能等新兴能源战略,推进能源战略转型。胡锦涛主席2009年9月在联合国气候变化峰会开幕式上发表了《携手应对气候变化挑战》的重要讲话,向国际社会郑重承诺:一是加强节能、提高能效工作,争取到2020年单位国内生产总值二氧化碳排放比2005年有显著下降。二是大力发展可再生能源和核能,争取到2020年非化石能源占一次能源消费比重达到15%左右。三是大力增加森林碳汇,争取到2020年森林面积比2005年增加4000万公顷,森林蓄积量比2005年增加13亿立方米。四是大力发展绿色经济,积极发展低碳经济和循环经济,研发和推广气候友好技术。节能和新能源汽车产业的发展不仅促进我国能源战略转型,更是落实我国向国际社会承诺的技术途径,同时也是我国实施经济可持续发展战略的必然选择。

2.带动相关产业联动发展

节能和新能源汽车将带动一大批相关产业联动发展,并成为地方新的经济增长点和提供新的就业机会。汽车产业涉及钢铁、电子、化工、玻璃、橡胶等150多个行业,是传统产业技术的集大成者。由于新能源汽车动力系统技术变革,将催生一个全新的产业。从产业链条看，新能源汽车产业链大致包括上游有色金属原材料，中游车载动力电池材料供应商和电池生产商，下游整车厂商3大环节。其中，围绕中游锂电池原料、高性能车载动力电池、控制系统，关键材料等核心部分将诞生一批新兴企业，并将形成一批新的零部件产业集群。正是基于这样的带动作用，我国许多地方政府都在积极配合国家战略，部署、推进当地新能源汽车产业发展，以期提升地方经济社会发展水平和质量，提供更多的就业机会。

3. 加快了汽车制造产业的技术升级

节能和新能源汽车将加快我国汽车产业战略转型，实现技术升级。我国出台《汽车产业调整和振兴规划》的重要目的之一，就是优化汽车产业结构，促进汽车产业健康、稳定和可持续发展。经过改革开放30年的努力，特别是过去10多年国家汽车生产和消费政策的调整，我国汽车产业呈现快速增长，产销规模在1998～2008年的10年间保持了20%以上的年均增幅。预计到2020年我国汽车产销仍将保持10%左右的年均增幅。但是，由于外资主导的汽车企业对我国形成了实际的技术壁垒，国际跨国公司一直是我国轿车和主要功能部件、关键零部件的技术来源，同时我国汽车企业在研发投入、技术积累、人才准备、产业经验、配套零部件等方面的力量不足，因而在短期内沿传统燃油动力汽车的技术路线赶上发达国家具有很大难度。值得欣慰的是，我国在新能源汽车领域布局较早，已经形成了完整的研究开发格局，特别在电动汽车的关键技术上已经进入世界先进行列，具备了率先启动产业化的条件，拥有了技术升级、实施战略转型的机会。我国目前拥有大小几十家专业从事车用动力电池开发与生产的企业，成为世界最大的车用动力电池供应国。特别是深圳比亚迪、深圳雷天、天津力神等专业电池生产厂家，在电池方面已积累了大量的产业经验，开发出安全、稳定、容量大、寿命长的动力电池，并实现了规模化生产。雷天公司的锂电池已对欧美批量出口，天津力神的动力电池也已装在国产电动汽车上向美国出口，而比亚迪开发出的锂铁电池在技术和成本上已经领先于日本和美国的公司。

《大连市节能与新能源汽车推广模式研究报告》课题组成员

课题领导小组：

组　长：刘　岩　大连市经济和信息化委员会　主任

　　　　李　才　大连市政府发展研究中心　主任　教授

副组长：刘一丁　大连市经济和信息化委员会　副主任

　　　　栾福军　大连市政府发展研究中心　副主任

　　　　任瑞铭　大连交通大学　副校长

成　员：李维宾　大连市经济和信息化委员会　处长

　　　　明平文　大连新源动力股份有限公司　总经理

马春燕　大连市节能技术服务中心　副主任

鲁　岩　大连市政府发展研究中心　处长

课题组:

组　长:鲁　岩　大连市政府发展研究中心　处长　副研究员

副组长:周雅夫　大连理工大学　教授

成　员:秦学冬　大连市政府发展研究中心　处级调研员　助理研究员

祁永梅　大连市社会科学院　副研究员

冯士森　大连市政府发展研究中心　副主任科员　助理研究员

连　静　大连理工大学

余树洲　大连理工大学

扬光亮　大连理工大学

刘彦博　大连理工大学

马　腾　大连理工大学

曹殿庭　大连理工大学

潘姝月　大连理工大学

姜昱汐　大连交通大学

曹淑豪　大连交通大学

大连市农村贫困(低收入)人口问题研究

——农村扶贫开发回顾与总结

于连生　陈玉贵　宋欣茹　刘文展

导言

减少贫困乃至消灭贫困,是当今人类社会面临的重大挑战。我国不仅是世界上人口最多的发展中国家,在相当长的一段时间里,也是农村贫困人口最多的国家。党和政府在致力于经济社会全面发展的进程中高度重视农村贫困问题,始终把解决贫困人口的温饱问题作为工作的重中之重。经过全社会的共同努力,已取得了举世瞩目的成就。但是,要从根本上解决农村贫困人口、贫困地区的贫困现象,是一项长期的历史任务。因此,在党的十七大报告中胡锦涛总书记再次强调"要加大贫困地区发展扶持力度,提高扶贫开发水平,继续把农村扶贫开发推向一个新的阶段"。

按照党中央、国务院的统一部署,从20世纪70年代,我市开始实施了以解决农村贫困人口温饱问题为主要目标的农村扶贫开发。经过30多年的不懈努力,我市扶贫开发工作取得了明显的成效。进入21世纪,我市农村经济社会已发生了明显变化,扶贫工作的扶贫对象、扶贫内容、扶贫方式等也需要实施新的战略调整。如何按照科学发展观的要求,从全面建设小康社会全局出发,以构建和谐社会为目标,进一步提高低收入乡镇(村)农民收入水平,缩小城乡之间、区域之间的经济、社会发展差距,已成为农村扶贫开发工作需要解决的全新课题。

因此,我们设立本课题,其研究的重点是农村贫困人口和低收入村,通过回顾和总结我市农村扶贫开发的实践,充分借鉴国际扶贫开发的理念和思路,对我市今后的扶贫开发工作提出新的思路与建议。

一、国际贫困标准与中国农村贫困标准

(一)国际贫困人口标准

早在1976年,世界经济合作与发展组织(OECD),在对其成员国的一次大规模调查后提出了一个国际贫困人口标准,即以一个国家或地区社会中位收入或平均收入的50%作为这个国家和地区的贫困标准。但是,由于其收入50%的这个确定值是经济合作与发展组织以其成员国(都是西方发达国家)的社会救助标准为基础计算出来的,它能否作为

国际贫困标准,尤其是能否符合发展中国家的情况,其准确性、操作性一直受到质疑。

1990 年,世界银行为了比较各国的贫困状况,对各国的国家贫困标准进行了研究,发现在 34 个有贫困标准的发展中国家和转型国家中,按 1985 年购买力平价将各国货币表示的贫困标准换算成美元,贫困标准从每年 200 多美元到 3500 美元不等,而且贫困标准与各国居民收入水平成高度正相关关系。其中 12 个最贫困国家的国家贫困标准集中于 275~370 美元之间。世界银行即在这一年的世界报告中采用了 370 美元作为国际通用的贫困标准衡量各国的贫困状况。按照 1985 年购买力平价计算的每年 370 美元的贫困线很快被简化为"1 美元 1 天"的贫困标准,并被普遍认可。

1994 年,世界银行对贫困标准重新进行了研究,按 1993 年的购买力平价测算,世界 10 个最贫困国家的平均贫困线约为 1.08 美元/天。同时又发现,按 1993 年购买力平价水平 1.08 美元/天标准测算的世界贫困人口与 1985 年按购买力平价水平 1 美元/天标准测算的世界贫困人口均为 13 亿人口左右。尽管 20 多年过去了,世界银行当年测算的贫困标准,因物价水平和消费结构的变动,实际贫困值已不是 1 美元/天,但至今 1 美元/天仍被认可为贫困标准。在 2000 年,1 美元/天的贫困标准被联合国千年发展目标采用,因而更加深入人心。1 美元/天的贫困标准之所以被广泛采用,其一是简单明了,容易操作,其二是该标准测算的基础是最穷国家的贫困线,比较符合人们对贫困生活水平的理解。

世界银行采用国际贫困标准的目的主要是对世界贫困状况进行比较,可以为国际扶贫资源的投向提供参考依据。其基本的测算方法是:确定最低食品需求并计算满足这种需要的食品支出,在此基础上计算非食品支出。但这种测算方法也存在着实际操作中的问题,如确定最低食物需求时,是按维持生存的热量摄入量计算,还是按几种主要营养来计算?在计算食物支出时,是按实际消费结构,还是按平价消费结构计算?在计算非食品消费是按一揽子货品确定,还是根据效用理论直接计算支出?同时,按世界银行确定的国际贫困标准,在测算各国的状况时,需要使用适当的汇率换算机制,直接市场或官方汇率难以准确反映消费品真正价格。因此,世界银行也认为,由于购买力平价是为国民核算而设,也许不能衡量贫困人口的消费品的真正价格。特别是对于中国这样的大国,由于城乡和地区间的价格消费相差甚远,即使使用购买力平价,国际贫困标准也难以换算成切合各地实际情况的、以本国货币表示的贫困标准。

(二)我国农村贫困人口及贫困地区标准

我国现行的国家农村贫困人口标准实际上有两条:一条被称作农村贫困标准,即现当于绝对贫困线;另一条被称作农村低收入人口标准,即相当于相对贫困线。我国国家贫困人口标准,最初是 1986 年由国家统计局农调总队在对 6.7 万户农村居民家庭消费支出调查的基础上计算得出的,即以 1985 年农村人均纯收入 206 元作为农村贫困人口的标准。此后根据物价指数的变动逐年调整,到 2000 年这个标准相当于 625 元,2005 年相当于 683 元,这是一个能够维持基本生存的最低费用的标准。

表1　2000年~2005年中国与国际贫困人口标准比较　单位:元

	2000年	2001年	2002年	2003年	2004年	2005年
中国农村贫困标准	625	630	607	637	668	683
中国农村低收入标准	865	872	869	882	904	944
国际贫困标准	876	882	873	884	918	935

注:1. 用人民币表示的贫困标准是按照1美元1天用世界银行1993年购买力平价换算后,再用我国居民消费价格指数更新。

2. 资料来源:王萍萍《中国贫困标准与国际标准之比较》。

1997年,我国政府采用世界银行推荐的基本方法,又一次详细测算农村贫困人口标准。其计算方法:一是确定最低营养需求。根据专家建议,我国采取每人每月2100大卡热量作为最低营养需求。二是计算最低的食物消费支出。利用农村住户调查数据,根据30%最低收入农户实际消费结构和消费清单,计算出能获得最大营养需求的食物支出。三是计算非食物支出。采用计量方法找到维持生存和正常活动,如衣着等最低非食物支出(约60%)与非食物支出(约40%)相加得出贫困人口标准。1998年,国家统计局开始测算农村低收入人口标准,并从2000年起向社会公布。由于20世纪中国农村贫困面很大,主要目标是解决农村贫困人口温饱问题,而且国家扶贫资源有限,当时确定的农村贫困标准略低于世行1990年采用的赤贫标准,这一标准是比较符合我国农村实际的,而农村低收入标准与国际贫困标准比较接近。

随着我国经济发展水平的提高,以及导致农村贫困的原因正在发生变化,近几年来关于我国农村贫困人口的标准应与国际接轨的呼声很高。在国务院发展研究中心等部门撰写的《中国发展报告2007》中认为,中国原有的、以维持生存为基本出发点的农村贫困线,已不足以反映农村居民在发展自身能力方面的需要,建议国家有关部门应研究包括医疗、教育等基本需要在内的贫困线概念,尽快与国际标准接轨。

我国于1986年第一次确定了国家重点扶持的贫困县标准:即1985年年人均纯收入低于150元的县和人均纯收入低于200元的少数民族自治县;对民主革命时期作出过重大贡献,在海内外有较大影响的老区县,放宽到人均纯收入300元。此后,随着经济发展,特别是地区经济的不断改善,对贫困县的标准也及时作了调整。在1994年制定《国家八七扶贫攻坚计划》时,重新调整了国家贫困县标准:凡是1992年人均纯收入低于400元的县,全部纳入国家贫困县的扶持范围,人均纯收入高于700元的原贫困县一律退出国家扶持范围。(根据当时的典型测算,凡是人均纯收入超过700元的县,90%以上的贫困人口基本解决了温饱问题)。根据这个标准列入《国家八五扶贫攻坚计划》的国家重点扶持的贫困县共有592个,分布在27个省、自治区、直辖市。其中较多的省有云南73个、陕西50个、贵州48个、四川43个、甘肃41个。

二、我国农村扶贫战略和成果

(一)我国农村扶贫战略的制定和实施

新中国成立后,我国政府十分重视解决农村贫困问题。特别是改革开放以来,制定了在全国范围内解决农村贫困人口温饱问题的长期战略,有组织、有计划地实施大规模扶贫开发。1986 年初,中共中央、国务院下发了《关于帮助贫困地区尽快改变面貌的通知》,把农村扶贫工作提到了重要议事日程。1994 年 3 月,又制定了《国家八七扶贫攻坚计划》,提出要集中人力、物力、财力,动员全社会力量,力争用七年左右的时间,到 2000 年底基本解决农村贫困人口问题。这是新中国历史上第一个有明确目标、明确对象、明确措施和明确期限的扶贫开发行动纲领。进入新世纪,我国政府根据中国全面进入建设小康社会的新阶段和农村依然存在贫困问题的基本国情,制定了新的扶贫战略,于 2001 年制定并颁布实施了《中国农村扶贫开发纲要(2001~2010 年)》,明确提出要继续积极巩固农村贫困人口温饱问题、促进贫困地区全面发展、为达到小康水平创造条件的奋斗目标,标志着我国的扶贫开发工作进入一个新的阶段。基于对本国国情的把握,特别是对贫困地区和贫困人口实际情况的认识,我国已把扶贫开发的目标和任务放在主要解决农村贫困人口温饱上,采取了一系列行之有效的政策措施。

1. 确立开发式扶贫方针。主要包括 5 个方面:倡导和鼓励自力更生、艰苦奋斗的精神,克服"等、靠、要"的思想;国家安排必要的财政资金,鼓励、支持贫困地区开展农田、水利、公路等基础设施建设,创造发展生产的物质条件;国家安排优惠的扶贫专项贴息贷款和制定优惠政策,重点帮助贫困地区、贫困农户以市场为导向,发展种植业、养殖业以及相应的加工业项目,促进增产增收;开展农业先进实用技术培训,提高贫困农户的科技文化素质,增加自我发展能力;扶贫开发与水土保持、环境保护、生态建设相结合,实施可持续发展战略,增加贫困地区、贫困农户的发展后劲。

2. 确立扶贫开发的战略重点。为了集中使用扶贫资金,有效地扶持贫困人口,制定了集中扶持国家贫困县的一系列政策措施,重点解决贫困县群众温饱。通过对贫困县的集中有效扶持,带动全国农村贫困问题的解决。与此同时,根据全国农村贫困人口的绝大多数集中在西部地区的现状,将工作的重点向西部倾斜,推动东部省市与西部省份在政府、民间、企业等层次上的大跨度横向联合和扶贫协作,以便通过东部地区较发达的经济优势带动西部地区的扶贫开发。

3. 加大扶贫开发资金投入力度。我国政府的专项扶持资金分为三类:财政扶贫资金、以工代赈扶贫资金和信贷扶贫资金。各项资金扶持的重点是:财政扶贫资金主要用于修田造地、解决人畜饮水困难和科技培训、推广农业实用技术。以工代赈资金主要用于建设基本农田、兴修小型水利和修建乡村道路。扶贫贷款主要用于有助于增加贫困户当年收入的种养业项目。

4. 制定扶贫开发的优惠政策。包括帮助贫困户解决温饱和支持贫困地区经济开发两个层次:一是帮助贫困户发展优惠政策。对所有尚未解决温饱问题的贫困户,免除粮食定购任务;根据扶贫开发的特点和需要,适当延长贫困贷款的期限,放宽抵押和担保的条件;对所有尚未解决温饱的贫困户,按照农业税条例的有关规定,减免农业税和农业特产税。二是支持贫困地区开发。逐步加大对贫困地区的转移支付力度,有关省、自治区已逐步建立和完善二级转移支付制度,为贫困地区提供更大的财政支持;对贫困地县新办企业和发达地区到贫困地区兴办的企业,在三年内免征所得税;根据"谁受益、谁负担"的原则,适当提高库区建设基金和库区维护基金,专项用于解决水库移民的温饱问题。

5. 落实扶贫工作责任制。我国的扶贫开发实行分级管理、以省市为主的行政领导扶贫工作责任制。1986 年成立国务院贫困地区经济开发领导小组(1993 年更名为国务院扶贫开发领导小组),专门负责组织、领导、协调、监督、检查。一些省、市、县也都成立了相应的组织结构,保证了扶贫工作的健康发展。

(二)我国农村扶贫的成果

根据《中国农村扶贫开发白皮书》提供的数据,经过 20 多年的不懈努力,我国基本实现了到 20 世纪末解决农村贫困人口温饱问题的战略目标。

1. 全国农村贫困人口数量继续下降,农民收入稳步提高。全国农村没有解决温饱的贫困人口由 2001 年的 2927 万人减少到 2005 年的 2365 万人,减少了 562 万;低收入的贫困人口从 6102 万减少到 4067 万,特别是 2004 年和 2005 年,贫困人口和低收入人口都有较大幅度的下降。重点县农民人均纯收入由 1277 元增加到 1723 元,年均递增幅度略高于全国平均水平。

2. 贫困地区的生产生活有了较大的改善。国家重点贫困县修建基本农田 2176 万亩,贫困县的粮食亩产从 209.2 公斤增加到 239 公斤(同期全国粮食亩产从 284 公斤增加到 308 公斤);共解决 2772 万人、2392 万头大牲畜的饮水困难;新建公路及简易公路 26 万公里,使重点县公路总里程达到 58.9 万公里,比 2001 年增长了 13.98%。到 2005 年,重点县中通公路、通电、通广播电视的自然村分别为 79%、95.8% 和 87.6%。

3. 贫困地区的各项社会事业有了长足的进步。2005 年重点县行政村中,73% 有了卫生室,74.6% 有了合格卫生员,71.2% 有了合格接生员,比 2001 年分别提高了 53.3、8.2 和 20.8 个百分点,是增长幅度最大的阶段。重点县农村劳动力中,初中及以上文化程度的劳动力比例由 2001 年的 41.3% 增加到 52.2%,文盲、半文盲由 16.1% 下降到 12.7%。

三、我市农村扶贫工作的回顾

多年来,大连市委、市政府始终把解决农村贫困群体的生产和生活问题作为农村工作的一项重要内容。特别是党的十一届三中全会以后,随着农村经济体制改革的逐步深化和农村经济社会的不断发展,我市农村扶贫工作开始由以社会救济为主向以政策措施为主转变,并由此拉开了全市范围内有组织、有计划的大规模扶贫开发的序幕。

(一)在民政等主管部门主导下,由农村社会救济向农村扶贫开发转变(1978 年 ~ 1985 年)

长期以来,对农村贫困户的社会救济工作一直是民政部门的主要职责。从当时情况看,民政部门面临巨大压力。1978 年,全市农民人均纯收入为 212 元,但人均年收入 50 元以下的生产队达 1011 个,约占全市生产队总数的 59.1%,其中一些贫困户的生活还停留在解放初期的水平。1979 年,根据国家和民政会议工作精神,我市民政部门下发了《关于开展规划扶贫试点工作的通知》,要求在"党委的统一领导下,依靠群众、依靠集体,取得各有关部门支持,对困难户特别是严重困难户,从生产上、生活上采取有组织有计划扶持措施,并制定扶贫规划。"通知特别强调,"这是农村社会救济工作的新发展",并制订了吸收贫困户参加副业生产、扶持贫困户搞好家庭副业、帮助贫困户修建房屋、对贫困户欠款实行减免缓等 10 项措施。尽管这些措施带有浓厚的计划经济和人民公社体制的色彩,但在当时对扶贫还是起到了一定的作用。在当年召开的全市农村工作会议上,我市提出:"庄河、复县、新金县明年要全部摘掉人均年收入 50 元以下的贫困村的帽子,1983 年做到没有人均年收入 70 元以下的低收队,1985 年做到没有年收入 100 元以下的低收队;金县、长海县、甘井子区、旅顺口区 1980 年前做到没有人均年收入 70 元以下的低收队,1983 年前做到没有人均年收入 100 元以下低收入队。"

根据中央〔1983〕1 号文件精神和国家经委、民政部等九部委《关于认真做好扶助农村贫困户工作的通知》要求,市农办、民政局等部门起草了《关于贯彻落实中央、省扶贫工作通知的情况和意见的报告》,并以大连市人民政府大政发〔1983〕102 号文件下发。《报告》在总结前一阶段工作的基础上,提出今后扶贫工作的安排,并分别对财税、农村金融、商业、供销、粮食、农业、畜牧、教育、外贸、卫生、计划生育、物资及社队企业等部门提出具体的扶贫要求。值得注意的是,在这之前,对于农村贫困户,既没有质的标准,也没有量的标准。这个报告第一次提出我市农村严重贫困户标准:达不到"完全靠自己劳动,能稳定地维持基本生活、有衣穿、有饭吃、房子能住"的即为严重贫困户,反之,达到这个标准就意味着脱贫。尽管这个标准没有量化,但对农村贫困户已有一个基本概念。

到 1983 年底,全市已普遍实行家庭联产承包责任制,彻底改变了吃"大锅饭"的平均主义分配方式,极大地调动了农民生产积极性,促进了农村生产力的发展,当年农民人均纯收入达 468.40 元,比 1978 年增长 1.2 倍,使许多农村贫困户迅速脱贫。1985 年,根据对农村 480 户的抽样调查,按当时的划分标准,人均纯收入在 200 元以下的"贫困户"占调查户的 4.4%;人均纯收入 200 元~500 元、500 元~1000 元的"温饱户"和"宽裕户"占调查户的 75.8%;人均纯收入 1000 元以上的"小康户"占调查户的 19.8%。实践证明,从调整生产关系入手,改变传统的生产经营体制,是增加农民收入、摆脱贫困面貌的根本途径。但是,家庭联产承包责任制并不会自然而然地解决农村特殊群体的贫困问题,随着农村家庭联产承包责任制巩固和完善,农村贫困也出现了许多新变化、新特点,也预示着计划经济体制下形成的扶贫政策措施面临重大调整。

(二)以帮助贫困乡镇尽快脱贫为主线,采取一系列政策措施加大扶贫力度(1986 年~1990 年)

1986 年 3 月,大连市委、市政府下发了《关于帮助贫困乡镇尽快脱贫致富的通知》

(大委发〔1986〕6号),这是我市以市委、市政府名义联合下发的第一个关于农村扶贫方面的文件,标志着我市农村扶贫工作有计划、有步骤地全面启动。该文件根据《中共中央、国务院关于帮助贫困地区尽快改变面貌的通知》精神,结合我市实际情况,确定将18个乡镇作为扶贫工作的重点,提出"争取在二、三年内使所有的贫困乡镇全部脱贫"的目标,后来又把时间由"二、三年内"调整为五年内。这18个乡镇的土地面积占我市农村土地面积的19%,农村人口约40万人,占全市农村人口9%。他们大多数分布在北部山区,部分位于西北沿海。由于"自然条件、历史基础和工作上的差异"贫困状况比较突出。根据有关统计资料,1985年这18个乡镇农民人均纯收入只有185元,与全市农民人均纯收入相差382元,仅为三分之一左右。其中农民人均纯收入最低的只有81元,与全市农民人均纯收入相差486元,仅为七分之一左右,收入差距十分明显。因此,以这18个乡镇作为重点,加大扶贫开发的力度,对我市从整体上改变农村贫困落后的面貌具有突破性的意义。

在市委、市政府下发的通知中,除每年安排专项资金"用于扶持贫困乡镇发展工业和开发性生产"外,又制定了减免农业税、农业特产税等12条贫困优惠政策。该通知还特别强调:"扶贫工作是全党、全社会的任务,城乡各行各业、各个部门、各企事业单位,要通力合作,共同搞好。"提出了把城市支援农村"对口帮"活动作为扶贫工作的一项重要措施,逐一落实到城市具体部门和企业。采取"对口帮"措施,以促进贫困乡镇的经济发展在全国还是首例。城乡"对口帮"不仅为贫困乡镇提供了资金和物质,更重要的是根据贫困资源特点和优势,扶持其发展工业、农业及基础建设项目,增强了当地的"造血"机能。与此同时,城市"对口帮"企业还积极采取从贫困乡镇招收农民合同工、轮换工、季节工以及直接招收贫困户子女进厂务工等形式,增加贫困乡镇农民收入。我市的这种做法得到了中央和省委、省政府的充分肯定。

经过三年的努力,到1988年我市18个贫困乡镇农民人均纯收入已达426元,贫困户由4万多户下降到不足1万户。在1989年4月召开的全市扶贫工作会议上,我市主要领导认为"我市贫困乡镇脱贫,解决大多数群众温饱问题的目标已经实现。"他同时也指出:"现在所取得的成绩仅仅是初步的,水平还是比较低的……收入也还是不稳定的,我们要把这个问题作为一个长期任务对待。"按照1986年国家确定的农村贫困人口标准(即使按照每年物价变动指数调整后的标准),到1989年我市18个贫困乡镇农民人均纯收入已大大超过206元的标准。所以,当时省委主要领导到我市考察贫困乡镇后曾戏言:"你们这里的许多贫困户是辽西的富裕中农。"在这个问题上,大连市委、市政府还是十分清醒地认识到:"贫困乡毕竟是一个相对的标准,在一个地区来比较还是贫困的。我们不能拿'老、少、边、穷'地区来衡量我们的标准。"我市当时还没有明确的农村贫困乡镇、贫困户的量化标准,但这18个贫困乡镇人均纯收入426元与全市农民人均纯收入相差一半还多的现实,已经成为扶贫的相对标准。

这次扶贫工作会议主要是总结前三年的扶贫经验,提出今后工作要求。针对扶贫工作存在的倾向，会议强调，今后的扶贫工作“要处理好当前脱贫与长远致富的关系”、“要处理好农民的致富与农民乡村集体经济的关系”、“要注意抓好科技扶贫智力开发”、“帮助办好教育”。到1990年，18个乡镇农村人均纯收入已达536元，比1985年增长2.5倍，贫困户脱贫率达95%以上，市委、市政府正式宣布我市18个贫困乡镇全面实行5年脱贫的奋斗目标。

（三）在解决大多数贫困人口（贫困乡镇）温饱的基础上，全面转入以致富为目标的新阶段（1990年~2000年）

在我市18个贫困乡镇全面实现五年脱贫目标后，市委、市政府又及时对全市扶贫工作作出调整。1991年初，市委、市政府提出：“从今年开始，今后五年的扶贫工作要在前五年以解决多数群众温饱的基础上，转入后五年以致富为目标的全面经济开发新阶段。”指导思想是“坚持以经济开发为中心，以壮大村级集体经济为重点，依靠自力更生，艰苦奋斗和对口帮扶，大力发展农业和多种经营，实现‘两个稳定’，即稳定已经解决的温饱问题，建立稳定的经济收入来源，使多数农户过上比较富裕的生活，并为‘九五’奔向小康打好坚实的基础。”在当年召开的全市扶贫工作总结表彰会议上提出：到1995年，农村贫困户人均纯收入要达到800元，力争突破1000元。在这次会议上对扶贫工作除了提出人均收入的指标外，还增加了改善生产、生活条件的指标，提出要着力发展农村“科技、教育、医疗卫生、公路交通、通讯广播事业；普及九年义务教育，抓好成年人教育，扫除文盲、半文盲；改善医疗卫生条件，乡镇卫生院努力达到医护人员和设备齐全、村村建起卫生所，实现乡村两级医疗卫生网络化；村村通上乡级公路，户户通上电，广播、通讯条件明显改变。”这些指标的提出，与世界银行《1990年世界发展报告》中所指出的，研究贫困问题还要考虑营养状况、健康状况、医疗卫生和受教育机会等社会福利文化的内容，在思想上和时间上，有着惊人的相似和巧合。可以说，当时我市在对农村扶贫的认识和理解上还是相当超前的。

随着农村产业结构的变化，扶贫开发力度的加大，农民人均纯收入的提高，从1997年初开始，我市将人均纯收入低于1000元的行政村作为扶贫的标准。该年底，我市农民人均纯收入已突破3000元，低收入户的比重逐渐减少，中、高收入户的比率逐年增加，农民生活状况明显改善。从农民人均纯收入分组情况来看，虽然大多数农民已摆脱绝对贫困，但还存在一定数量的相对贫困人口（根据人均纯收入水平差距判断）。相对贫困人口的分布呈现明显地缘性特征，多集中在庄河、普兰店、瓦房店市等北部山区。针对这种情况，市委召开常委会，决定在继续稳定和完善原有扶贫政策的基础上，逐步将扶贫开发的重点转移到“北三市”农民人均纯收入低于1000元的贫困村。

在随后几年里，我市相继采取了一系列有针对性的扶贫开发措施。针对农村特殊困难群体，着手制定农村最低生活保障方案，到2000我市开始逐步实行农村最低生活保障制度；针对开发难度大的北部山区的贫困户，逐步实行异地搬迁扶贫；针对脱贫无望的村屯和孤村散户，按照“富联穷”的原则，对现有乡镇村行政区划进行适度调整，重点发展中心村。

到2000年底,我市农民年人均收入已达到3042元。农村小康户明显增加。市统计局按照国家“小康户”标准(农民人均纯收入2000元以上)进行抽样调查推算,全市“小康户”为63.3万户,占农村总户数的63.3%;人口192.6万人,占农村人口总数的69.8%。在“小康户”增加的同时,农村贫困户的状况依然不容忽视。按我市制定的农村贫困户标准,抽样调查推算显示,全市农村贫困户为8.4万户,占农户总数9.14%,贫困人口为30万人,占农村人口总数10.8%。其中,“南三区”农村贫困户1.3万户,3.8万人;“北三市”农村贫困户6.9万户,25.8万人。如果按国家农村贫困标准,全市农村贫困户为3.2万户,占农户总数3.53%,贫困人口为11.1万人,占农村人口总数的4%。其中,“南三区”为0.5万户,1.7万人;“北三市”为2.6万户,9.3万人。同时,“北三市”与“南三区”农民收入差距依然较大,“北三市”农民人均纯收入为3042元,“南三区”农民人均纯收入为5150元,两者相差2108元。

(四)以实现区域协调发展、共同富裕为目标,努力开创扶贫开发的新局面(2001年至今)

进入新世纪,针对我市农村贫困(低收入)人口的分布特点,市委、市政府按照全面建设小康社会的要求,注重将推动区域协调发展与加快扶贫开发结合起来,全面部署扶贫开发工作。明确提出:“要以北三市(瓦房店市、普兰店市、庄河市)贫困人口为重点,以改善生产、生态、生产条件和增加农民收入为核心,加大扶贫力度。要加速缩小城乡差别,努力实现区域协调发展,共同富裕的目标。”2001年2月,市政府制定了《关于加快北三市发展的若干政策和措施》,这是我市针对北三市经济社会发展现状制定的第一个专项文件,反响十分强烈。为加快北三市工业化、城市化和农业产业化进程,市政府在资金投入、产业调整、吸引人才和发展科技教育等方面都制定了具体的政策和措施。特别是在资金投入方面做出重大调整:一是调整北三市的财政体制。“从2001年起,取消北三市财政的体制上解,适当增加定额补助”。二是加大财政转移支付和专项资金支持力度。十五期间,“市每年安排5亿元资金,用于北三市的基础设施及生态环境、产业结构调整、小城镇建设和科技教育发展”。

区(市)县之间发展不平衡的矛盾,在乡镇之间也比较突出,部分乡镇发展仍然相对滞后。2004年5月,市政府下发了《关于加快低收入乡镇发展促进农民增收的意见》(大政发〔2004〕57号),对桂云花乡、光明山镇等16个农民收入较低的乡镇实施重点帮扶,并制订了10项具体政策措施。后来,又把实施重点帮扶的乡镇扩大到23个(大政办发〔2005〕72号),并延伸到低收入行政村。

表2　　2004年~2005年全市23个低收入乡镇农民人均收入情况统计表

	2004年			2005年			
	农业总人口(人)	农民纯收入总额(万元)	农民人均收入(元)	农民纯收入总额(万元)	农民人均收入(元)	比去年增加(元)	比去年增长(%)
合计	654827	213484	3260	260942	3985	725	22
庄河市	228642	69230	3027	86801	3796	769	25
桂云花乡	19587	5876	3000	6493	3315	315	10
光明山镇	53477	18102	3385	23299	4357	972	28
荷花山乡	11730	4002	3412	4723	4027	615	18
步云山乡	18868	4847	2569	6250	3313	744	29
城山镇	33666	10739	3190	13652	4055	865	27
长岭镇	27130	7038	2594	9023	3326	732	28
蓉花山镇	31800	8004	2517	11085	3486	969	38
仙人洞镇	32384	10622	3280	12276	3791	511	15
普兰店市	235287	77558	3296	86060	3658	361	11
同益乡	22761	5201	2285	5708	2508	223	10
沙包镇	50786	12849	2530	14524	2860	330	13
磨盘镇	23227	6388	2942	7488	3224	282	10
安波镇	40032	12990	3245	15044	3758	513	16
瓦窝镇	21060	7042	3344	7714	3663	319	10
星台镇	53420	24439	4575	26597	4979	404	9
四平镇	24001	8204	3418	8985	3744	326	10
瓦房店市	190898	66696	3494	88081	4614	1120	32
赵屯乡	33061	11307	3420	16603	5022	1602	47
三台乡	22814	8026	3518	11418	5005	1487	42
李官乡	21111	7298	3457	10357	4906	1449	42
松树镇	25663	9305	3626	11233	4377	751	21
万家岭镇	25284	9009	3563	10963	4336	773	22
土城乡	21304	7303	3428	10153	4766	1303	39
杨家乡	23027	7868	3417	9452	4105	688	20
泡崖乡	18634	6580	3531	7902	4241	710	20

资料来源:大连市农委。

2002 年,市扶贫领导小组确定把农村人均纯收入低于 1500 元的行政村列为重点扶持对象(此标准为 1999 年~2002 年的平均收入),到 2005 年又将低收入乡镇所辖的行政村和金州区 14 个行政村列入低收入行政村,总数增加到 327 个,到 2006 年重点扶持的低收入村减少到 317 个(见附表 1:2006 年全市低收入村基本情况表)。

为了实现区域经济协调发展,市委、市政府在实施以城带乡、以工促农,推进农村工业化、城镇化的同时,按照城乡一体化的要求,着力解决城乡居民在教育、卫生、社会保障体制等方面的差别,从制度和体制层面上,让包括农村贫困及低收入群体在内的农村居民也能享有改革发展带来的成果。我市从 2004 年 1 月 1 日起免征农业税,取消农业特产税,同时取消农业税和农业特产税附加,大大减轻了农民的经济负担。从 2004 年开始实施新型农村合作医疗制度,到 2005 年参加农村新型合作医疗农业人口已达 108 万人,这对解决农村贫困及低收入群体没钱看病或因病返贫的问题起到了重要作用。

经过试点总结,2005 年我市正式公布了《大连市农村居民最低生活保障办法》,将家庭年人均收入低于当地农村最低生活保障标准的农村居民,全部纳入最低生活保障范围。农村低保平均水平由试点初期的 920 元/人提高到 1650 元/人,2007 年又调整为 1950 元/人,居全省首位。低保人数 2001 年为 1.4 万人,到 2005 年增加到 4.5 万人,并实现动态管理下的应保尽保,建立了农村困难居民最低生活保障与农民人均收入同步增长机制。

四、我市农村扶贫开发工作简要评述

(一)坚持从我市农村经济发展实际出发,以相对收入差距作为不同时期扶贫开发的标准

我市农村经济和农民收入水平就整体而言,一直高于全国和全省平均水平。

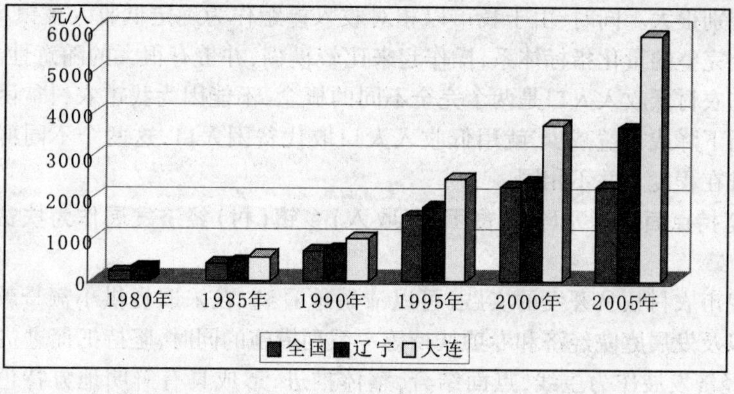

资料来源:《辽宁奋斗四十年》《大连市社会经济发展通鉴(1978—1998)》。

图 1　大连市农民人均纯收入与全国和全省比照图

这决不等于说我市不存在农村贫困人口。根据市统计局农调队抽样调查推算，按国家制定的农村贫困户标准(2000 年为625 元)，2000 年全市农村贫困户为3.2 万户，占农村总户数的3.53%；贫困人口为11.1 万人，占农村人口总数的4%。2005 年，全市全面实行农村最低生活保障制度，将这部分农村低收入特殊群体逐步纳入最低生活保障范围，当年保障人口达47775 人，保障面为1.7%。保障标准北三市为1500 元/年·人，南三区为1800 元/年·人，分别高于国家农村贫困人口标准817 元和1117 元，也分别高于国家农村低收入人口标准682 元和928 元。这部分农村特殊群体尽管从人口数量上和比重都是比较小的，但确是农村存在的重大现实问题。因此，我市的扶贫工作坚持从本地农村实际出发，不是简单照搬国家标准，而是始终将相对收入差距作为不同时期扶贫工作的基本方向。从1978 年人均纯收入低于50 元的行政村，1997 年人均纯收入低于1000 元的行政村，到2002 年人均纯收入低于1500 元的行政村，都是根据不同时期全市农民人均纯收入的变化作出的相应调整。我市不同时期的扶贫标准，不仅高于国家制定的农村贫困人口标准，也高于国家制定的农村低收入人口标准，同时也高于通行的国际贫困标准。因此，从2004 年以后，我市在市委、市政府正式文件中，更多地使用“低收入村”、“低收入镇”的概念，这客观地反映我市扶贫工作的现实，也使扶贫工作更有针对性和实效性。

农村贫困人口的存在是一个动态的、相对的、长期的社会现象，但对不同阶段的扶贫工作必须有一个科学化、定量化的界定标准。从市委、市政府制定的一系列农村扶贫工作的文献资料中，还没有看到一份关于我市农村贫困人口标准的定量化文件。因此，市政府相关部门在公布我市农村贫困人口状况时，由于标准不同，统计方法不同，农村贫困人口数据差别很大。同时，由于我市以相对收入差距作为确定低收入乡镇(村)的标准，也没有一个完整的量化指标体系，操作起来比较模糊，并带有很大的随意性。另外，农村贫困人口和农村低收入人口是两个完全不同的概念，不能因为我市农村贫困人口的绝对数量的不断下降或日益减少，就用低收入人口取代贫困人口，这两个不同群体需要解决的现实困难在程度上并不相同。

(二)坚持点面结合，以促进贫困(低收入)乡镇(村)经济发展作为扶贫开发的战略重点

纵观我市农村扶贫开发的实践，可以清楚地看到，在采取提供小额贷款、减免税费、异地搬迁以及发展庭院经济和专项扶持等一系列措施的同时，坚持把促进贫困(低收入)乡镇(村)经济发展作为主线，点面结合，整体推进，形成具有鲜明地方特色的扶贫开发战略。

早在20 世纪70 年代末，我市就制订了以村为单位脱贫的工作目标。到80 年代中期，又制订了帮助18 个贫困乡镇尽快脱贫的工作目标。在这18 个乡镇全部实现脱贫目标后，又把工作重点转向低收入乡镇。2004 年出台了《关于加快低收入乡镇发展促进农民增收的意见》，并将部分低收入村也纳入重点帮扶对象。

从扶持贫困乡镇(村)尽快脱贫到加快低收入乡镇(村)经济发展,以及加快北三市区域发展的政策和措施实施,都是围绕区域发展这条主线展开的,视野也更加开阔。这不仅充分反映出我市农村经济的深刻变化,也表明我市农村扶贫开发已跃上新的台阶。

目前,在全市确定的23个低收入乡镇中,2005年农民人均纯收入3985元,农民人均纯收入最高的乡镇5022元,最低的乡镇2508元,高低相差2514元,近1倍多。两者人均纯收入相差这么大的是否都应该列为低收入乡镇?另外,2005年全市农民人均纯收入5903元,而在23个低收入乡镇中,有的已接近或超过15000元,是否还应该称谓低收入乡镇?这些问题很值得研究。由于我市对低收入乡镇没有界定的标准,再加上列为低收入乡镇有一定的资金扶持和政策优惠,为争取更多的经济利益,大家都争着往里挤,该从低收入乡镇"毕业"的也不愿意"毕业",这就使低收入乡镇占全部乡镇总数的比重过大,不利于重点扶持。类似这样的问题在列入全市低收入村中更为突出。2006年全市农民人均纯收入6984元,而在这些低收入村中,不少农民人均纯收入达到6000、7000、8000元,甚至达到9000元以上的也列入其中,这哪里是低收入村,简直是高收入村。2006年全市共有317个行政村列为低收入村,占全市行政村总数32.4%,这样大面积地将一些名不副实的村列为低收入村,就失去了扶持低收入村发展的实质意义。

(三)坚持开展城市支援农村"对口帮"活动,逐步形成城乡互动的扶贫开发格局

我市是一个老工业城市,城市化水平比较高,城市经济实力比较强,这是开展城市支援农村"对口帮"的重要社会经济基础。我市从1986年在全国率先开展城市"对口帮"活动时就提出,要通过城市"对口帮",积极构建城乡一体化的发展格局。市政府还对在"对口帮"中成绩突出的单位和企业予以表彰。到现在,参与"对口帮"的市直单位和企业已由最初的几十家发展到现在的几百家,扶持力度不断加大,扶贫的内容和领域也在不断拓宽,每年投入的资金和物资由过去700多万发展到现在的1500万元左右。实行城市"对口帮"不仅为贫困(低收入)乡镇和村注入了大量的财力和物力,更在信息、技术、项目及劳动力培训和转移方面发挥出城市经济的带动力和影响力,形成城乡互动的扶贫开发局面。

但是,我们也应该看到,在确定城市支援农村"对口帮"单位或企业的过程中,由于没有一个明确的目标,缺乏必要的政策支持体系与有效的协调沟通及监督机制,特别是随着农村帮扶乡镇和村的范围不断扩大,往往容易出现"拉郎配"的现象。近些年来,由于对口帮扶政策的缺失,以及城市帮扶单位和企业的体制调整和经营变化,有的城市企业已力不从心,"对口帮"的意识也在逐渐淡化,个别单位和企业甚至把"对口帮"看做是额外负担。

五、我市农村贫困(低收入)人口的主要分布特点及制约其发展的内在因素

(一)主要分布特点

本课题在研究我市农村贫困(低收入)人口分布时,不考虑由于特殊原因形成的零散贫困(低收入)人口,而是以行政村为地理单元,分析相对集中的农村贫困(低收入)人口。

研究的依据是以市农委提供的2006年全市低收入村调查统计资料为样本，并以当年农村居民人均生活费支出（2006年为4281元/人，占2006年农民人均收入的61.3%）这一抽样调查数据作为衡量标准，农村居民人均生活费支出低于这一标准即认定为低收入村。经测算，2006年我市共有49个低收入村，占低收入村样本总数的15%；人口173962人，占低收入村样本总人口的18.3%；土地面积1171.4平方公里，农民人均纯收入3855元。从总体观察，我市低收入村的分布主要有两个突出特点：

表3　2006年大连市低收入村调查表

序号	低收入村编码	低收入村	图上量算土地面积（km^2）	人口（人）	农民所得（万元）	农民人均纯收入（元）
1	dl－zh－19－03	温泉村	20.3	3330	1258	3780
2	dl－zh－19－01	步云山村	95.4	4020	1555	3870
3	dl－zh－09－03	富贵村	22.8	3630	1395	3843
4	dl－zh－09－07	石佛村	17.3	1607	619	3851
5	dl－zh－20－04	头道岭村	29.7	3426	1304	3806
6	dl－zh－20－01	桂云花村	16.9	1566	598	3818
7	dl－zh－19－02	谦太村	33	5750	2208	3840
8	dl－zh－09－05	长岭村	28.4	4268	1647	3859
9	dl－zh－09－04	大华村	13.4	3120	1204	3859
10	dl－zh－20－03	三道岭村	39.4	3900	1501	3848
11	dl－zh－19－05	崔店村	52.6	3510	1326	3780
12	dl－zh－09－01	双盛村	23	4230	1632	3858
13	dl－zh－19－04	长巨村	11.4	2230	819	3676
14	dl－zh－09－02	广大村	25.8	5469	2111	3859
15	dl－zh－20－05	横道河村	62.9	6300	2394	3800
16	dl－zh－09－06	洪昌村	22.8	4950	1921	3880
17	dl－zh－20－02	岭东村	65.7	3846	1473	3830
18	da－pld－15－01	石岭村	14.5	2430	1034	4256
19	da－pld－15－07	荒地村	10	1932	822	4255
20	da－pld－15－08	墨盘村	9.4	1653	704	4260
21	da－pld－15－03	于店村	5.5	2464	1050	4259
22	da－pld－15－04	中山村	11.6	2260	963	4261
23	dl－pld－07－02	顾家村	14.7	3044	1264	4152

续表

序号	低收入村编码	低收入村	图上量算土地面积(km^2)	人口(人)	农民所得(万元)	农民人均纯收入(元)
24	dl－pld－07－03	长岭村	12.1	3305	1368	4139
25	dl－pld－08－03	庙岭村	22.5	2729	942	3457
26	dl－pld－08－02	沙河村	11.7	3001	1029	3429
27	dl－pld－08－05	刘大村	12.8	4149	1588	3827
28	dl－pld－08－07	奎兴村	11.9	4906	1903	3880
29	dl－pld－08－06	大盛村	14	3067	1215	3960
30	dl－pld－08－11	隋沟村	16.1	1923	756	3929
31	dl－pld－08－10	沙包村	28.7	5688	2197	3863
32	dl－pld－08－01	娇沟村	23.2	3420	1354	3960
33	dl－pld－16－01	和平村	32.5	2700	938	3474
34	dl－pld－16－04	西韭村	16.6	4300	1544	3590
35	dl－pld－16－05	蒿房村	18.6	4400	1584	3600
36	dl－pld－16－02	庆阳村	34.7	2300	843	3665
37	dl－pld－16－03	张家村	31	3000	1074	3579
38	dl－pld－07－01	天城村	15	3893	1649	4236
39	da－pld－15－06	王山头村	20.9	3924	1670	4256
40	da－pld－15－02	腾屯村	17.6	2856	1216	4258
41	da－pld－15－05	河沿村	18.9	3233	1377	4259
42	dl－pld－02－01	金山村	26.2	8828	3753	4251
43	dl－pld－08－08	吕店村	27.8	3790	1455	3839
44	dl－pld－08－09	孙炉村	18.2	3048	1171	3842
45	dl－pld－08－04	对峰村	24.8	4908	1684	3433
46	dl－pld－09－01	瓦窝村	14.5	3264	1377	4218
47	dl－wfd－11－01	莲花山村	18.7	2650	397	1500
48	dl－wfd－24－01	二龙山村	14.8	3105	1242	4000
49	dl－wfd－14－01	九龙村	21.1	2640	1049	3974
合计			1171.4	173962		3855

资料来源:大连市农委。

1. 低收入村占全市行政村总数的比重低

按照我们确定的评价标准测算，我市低收入村占全市行政村总数的比重不到5%，但分布却很广泛，北三市都有一定数量的低收入村。同时，在这些低收入村（包括非低收入村）中，还存在着一定比重的贫困人口。

由于自然条件、生产水平及家庭变故等多种因素的影响，农村贫困人口的存在，是不可避免的社会现象。在我市，农村贫困人口绝对量虽然很小，但其贫困程度却不容忽视。这种状况不仅北三市存在，南三区也存在；不仅低收入乡镇存在，高收入的乡镇也存在。

2. 低收入村分布相对集中

从分布图（见图2）上看，我市低收入村分布主要集中在行政区的北部和中北部，即庄河市的北部、普兰店市的中北部以及瓦房店市的南部和中部个别乡镇。这些地区主要集中北部山区及水库上游地区，属于水源保护地。北部山区受自然条件的限制，经济发展水平相对滞后。水库的建设也使库区的土地大量淹没，耕地面积减少，现有土地又多为坡耕地，生产能力较低。另外，处于水源保护和涵养的需要，在这些地区发展第二产业也受到很大限制。少数分布在西部的低收入村，受土地瘠薄、降水量少等自然条件的限制，也使其经济发展受到很大影响。对于分布在水源保护地周围的孤屯散户，要严格按照水域功能进行保护的要求，通过生态移民、生产移民、生活移民等方式进行移地搬迁。

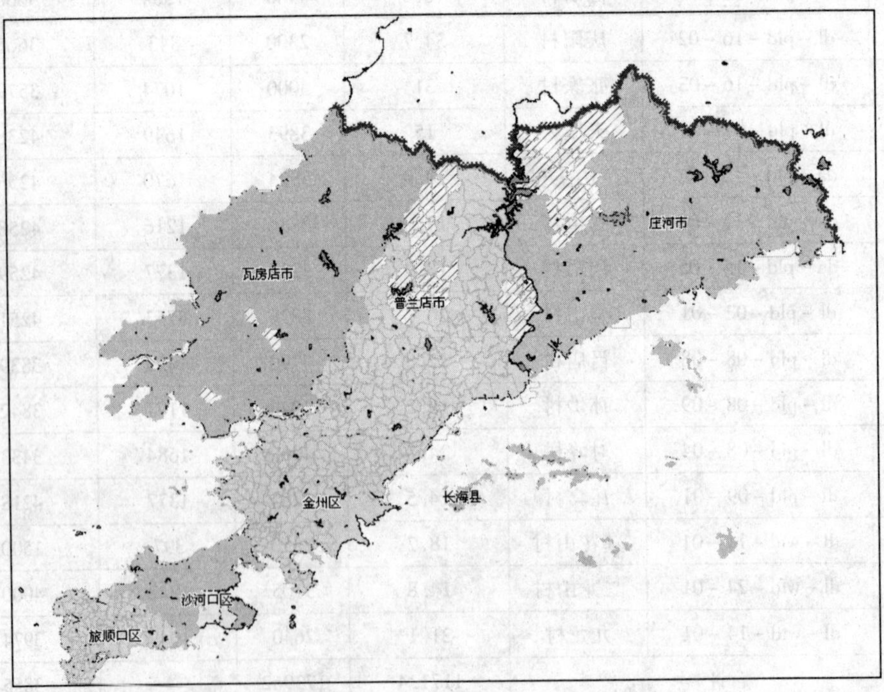

图2　大连市低收入村图

(二)制约其发展的内在主要因素

农村贫困(低收入)是一个社会问题和发展问题,原因是多方面的。根据我们调查和掌握的情况分析,这些贫困(低收入)村经济社会发展之所以落后,除了自然环境等因素影响外,自身还存在着很多原因,主要表现在四个方面:

1. 基础条件较差,抵御灾害和防范风险的能力弱

基础设施、自然条件与资源条件的好与差,是制约和影响农村经济和社会发展的重要因素。我市贫困人口和低收入村相对集中在自然条件较差的北三市。由于历史原因,这里基础设施薄弱、社会事业发展滞后、生态环境脆弱、抵御自然灾害能力弱。尽管目前绝大部分贫困户解决了温饱,一些低收入村平均收入从整体上有所提升,但脱贫标准不高,加之生产、生活条件没有从根本上得到改善,期盼"风调雨顺"、"靠天"吃饭的现状仍然是当地农民一种无奈的选择,因而收入很不稳定,因灾致贫、返贫现象突出。

2. 经济结构单一,非农经济发展缓慢

农业经济只有向规模经济发展才能从根本上解决农民增收的问题,种粮效益比较低下是我国农村的鲜明特征,人均耕地少的国情更使得农民靠种地来致富路子越走越窄。而我市大多数贫困人口和低收入村的经济结构恰恰以农业为主,非农产业增长缓慢,而农业又主要以传统的大田种植粮食作物为主,加之人均耕地少,种粮收益低,农民增收十分艰难。如步云山乡长巨村人均耕地只有1.3亩,全村80%的农户都以种植玉米为主。据测算,每亩纯收益(不算劳动力投入)仅为250元左右。单一的种植结构,粗放的经营模式,必然导致经济增长乏力,生活水平难以从根本上提高。

3. 村级经济实力薄弱,村组织的影响力和带动能力有限

村经济实力强弱往往决定和影响着一个村的收入水平。我市这些低收入村普遍存在的共性问题不仅是农民收入低而且村经济实力薄弱,负债村占有相当的比例。如普兰店市莲山镇9个行政村全部负债,最多的达40多万元;步云山乡5个行政村,平均负债100多万元。个别村干部的工资尽管不高但也拖欠多年至今仍无力兑现,如此窘迫的村级经济何谈其基层组织的影响力和带动力,带领农民共同脱贫致富就自然是心有余而力不足。

4. 农民素质偏低,自我发展能力不足

21世纪农业已不是传统意义上的农业,现代农业要靠新一代有知识、有文化,有市场意识的农民来实现。而现实是这些低收入村中有知识、有文化的青壮劳动力大量流失,大都进城打工,而留下来的多为"3860"人口,文化素质、劳动素质普遍较低,有的甚至是文盲半文盲。据调查,同益乡80%以上适龄劳动力外出打工,家里务农以妇女和老人为主,主要从事传统农业,对新知识、新技术不知不懂、不学不用,很难实现脱贫致富。即使留在农村的青壮劳动力大部分无一技之长,不了解新知识、新技术。部分低收入农户习惯于"等、靠、要",习惯于跟着别人干、想着少流汗、只图混饱饭,小农思想较为浓厚。

六、我市农村扶贫开发面临的新形势和主要任务

从世界范围看,贫困的演变一般要经过极端贫困、一般贫困和相对贫困三个阶段。

从我市的农村实际情况分析，正处在第二阶段或第二阶段向第三阶段过渡的阶段。新形势下有许多不确定因素，既有机遇也有挑战。

(一)我市农村扶贫开发的有利条件

1.扶贫开发工作外部环境越来越好。扶贫工作仍是党和国家在农村的重要工作。党的十六届六中全会《中共中央关于构建社会主义和谐社会若干重大问题的决定》也明确提出："加大扶贫力度，完善扶贫机制，加快改善贫困农民生产生活条件。"胡锦涛总书记在党的十七大报告中指出："统筹城乡发展，推进社会主义新农村建设。提高扶贫开发水平。""扶贫开发是建设中国特色社会主义事业的一项历史任务，也是构建社会主义和谐社会的一项重要内容。"在此基础上，中央提出扶贫开发不仅要增加贫困人口收入，减少贫困人口数量，还要通过扶贫开发，缓解社会发展差距逐步扩大的趋势，为构建社会和谐做出贡献。2006年中央财政新增的扶贫开发资金全部用于了建立农村贫困人口最低生活保障，标志着开发式扶贫与建立农村贫困人口最低生活保障制度并存的阶段已经到来。2007年胡锦涛在视察宁夏时指出："在全国范围建立农村最低生活保障制度，并不意味着扶贫开发就不需要搞了"。同年，回良玉在贵州考察农村和扶贫工作时强调："在全国建立农村低保制度后，扶贫开发工作不能削弱还要加强"。这一系列方针政策充分表明党和国家对扶贫工作的高度重视，也为我们做好扶贫开发工作营造了良好的外部环境。

2.扶贫开发已有一个良好的基础。经过20多年的努力，我市农村贫困人口已基本解决了温饱问题，农民的生活水平有了明显的提高，生产条件已经有了较大幅度的改善，抵御自然灾害的能力明显增强，具备了一定的发展能力。特别是在过去扶贫开发的实践中，所创造和积累的经验和探索出的一些行之有效的做法，都有助于使今后的扶贫开发工作迈上新台阶。

3.经济的持续增长将会加快扶贫开发的进程。实践证明，经济增长是解决贫困的关键。贫困地区脱贫致富，归根结底还是要依靠发展产业来支撑，经济的稳步增长将扩大劳动力需求，有利于贫困地区劳动力就业，从而改善和提高人民的生活水平。同时，随着我市综合实力的不断增强，具备了向低收入地区进一步提高投入的条件和能力。

(二)我市扶贫开发面临新的挑战

1.有所降低的扶贫热情和松劲情绪，在一定程度上影响扶贫工作效果。随着近几年扶贫工作的不断深入开展，一大批贫困群众的温饱问题基本得到解决，南三区低收入农户整体生活水平全面提高，大部分贫困地区基础设施建设得到加强。在成绩面前，一些部门、一些干部对扶贫开发工作的长期性、艰巨性和紧迫性的认识不足，扶贫开发的工作环境气氛没有以前浓厚，扶贫开发的力度有所减弱，扶贫投入有所下降。一些地方扶贫措施的创造性、针对性和实效性也不够强，缺乏扶贫开发的新思路、新办法。

2.扶贫资源整合的力度还有待于进一步提升。在扶贫资金的安排上，来自于多个渠道的资金由各部门自行安排，存在着切块分散使用的情况，市扶贫开发领导小组协调比较困难。财政扶持资金仍显不足，投入分散、建设成效不太理想，制约着产业扶贫工作的开展。部分对口帮扶部门对帮扶乡村指导不够,帮扶重点不够突出。贫困标准的制定和扶持的对象数量的确定还值得认真研究等等。

3. 扶贫工作已由“面”转向“点”,但难度增大。目前我市农村贫困(低收入)户,由于收入产业单一,收入低,仍然不能走出在低水平徘徊的局面(收入以农业为主—波动性大的特征,造成农户的收入不稳定)。再加上他们所在地区交通不便,信息闭塞,生态环境脆弱,自然灾害频繁,以及劳动者的商品意识和科学文化素质较低,增收比较困难,这种状况在短时期内难以根本解决,扶贫任务的艰巨与扶贫投入力度的矛盾将进一步加大。同时,因灾因病及其他原因返贫人口数量较大,增加了扶贫工作的难度。

七、新时期我市扶贫开发的总体思路

(一)指导思想

以邓小平理论和“三个代表”重要思想为指导,认真贯彻落实党的“十七大”精神,以社会主义新农村建设为目标,坚持以人为本的扶贫开发理念,扬长避短,趋利避害,辨证看贫困,转型求发展,顺应自然规律、科学规律和市场规律,把调整产业结构、发展优特产业、提高人口素质等作为提高农民收入的主要措施。尽快构筑区域经济协调发展的框架,壮大县域,努力开创我市扶贫开发工作新局面。

(二)基本原则

1. 坚持政府主导与自力更生、全社会参与相结合。贫困地区要在政府的支持、帮助、引导下,克服“等、靠、要”思想,充分发挥贫困地区广大干部群众自力更生、艰苦奋斗精神,自强不息,不等不靠,苦干实干,努力改变贫困面貌;要引导全社会共同参与贫困地区的扶贫开发。

2. 坚持重点突破与综合开发、全面发展相结合。把扶贫开发纳入全市国民经济和社会发展规划,以低收入村为切入点,在坚持整体推进的同时,突出重点区域、重点村屯,做到扶持一个村、脱贫一个村,全面改善贫困地区生产生活条件,促进贫困地区经济社会的协调发展和全面进步。

3. 坚持扶贫开发与人力资源开发相结合。加强贫困地区劳动力就业技能培训、科技培训,全面提高贫困地区劳动力素质,促进贫困地区劳动力转移,使扶贫开发真正转变到依靠科技进步和提高劳动者素质的轨道上来。

4. 坚持产业扶贫与区域经济发展相结合。加大产业扶贫与区域经济发展紧密结合的工作力度,结合当地自然资源优势,帮助贫困地区培育起市场前景好、真正能带动贫困群众增收的支柱产业,推动贫困地区经济发展,促进区域产业结构调整,实现贫困地区农民增收、农业增效、农村发展。

八、新时期扶贫开发工作的主要措施与建议

(一)提高认识,进一步加强对扶贫开发工作的领导

从根本上改变贫困地区的社会经济落后状况,缩小与发达地区之间的差距是一个长期的历史任务。扶贫开发不仅仅是单纯的经济工作,也是政治性、政策性、群众性很强的

工作，既是党和政府的责任，也是全社会的共同义务。因此，建议各级政府和有关部门：

1. 充分认识扶贫开发工作的艰巨性。要进一步贯彻落实党中央、国务院关于扶贫开发工作的指导方针、工作重点和政策措施，特别要按照《中国农村扶贫开发纲要》的要求，从统筹城乡经济社会协调发展、全面建设小康社会、构建和谐社会的高度，充分认识新时期扶贫开发工作的长期性、重要性、紧迫性和艰巨性。

2. 加强扶贫开发工作的组织和领导。市扶贫办作为市扶贫开发工作领导小组的常设机构，要真正发挥领导、组织、协调扶贫开发的作用。要健全扶贫机构建设，充实力量，强化职能，加强调查研究，根据我市不同时期的农村发展状况，制定切实可行的扶贫规划，指导全市的扶贫开发工作。北三市脱贫开发任务比较重的地区，也要相应的加强领导与组织力量。

3. 继续实行扶贫开发工作党政"一把手"负责制。党政主要领导特别是北三市的党政主要领导，要加大工作力度，保证以贫困户为基础，以低收入村为单元的全市扶贫规划的实施，认真把扶贫开发的政策措施真正落实到村、落实到户。要把扶贫开发工作的成效作为考核各级党政负责人政绩的重要依据。

4. 制定"对口帮"的相关鼓励政策。"对口帮"作为我市扶贫开发中倡导的一种行之有效的措施，发挥了重要作用。要根据当前经济社会发展的新变化、新特点，借鉴慈善事业的经验，适时制定相关的鼓励政策，不断创新"对口帮"的新形式、新做法，使之长效化、制度化。

（二）科学制定我市农村贫困人口及低收入乡镇标准，突出扶贫开发的重点

针对我市农村贫困人口、低收入乡镇（村）标准模糊的问题，充分借鉴国际、国家的有关标准，制定一套科学的界定标准。要借鉴国际、国家对农村贫困人口的计算方法，结合本地农民收入水平，制定出切合我市实际的农村贫困人口标准，并实行动态监测。逐步创造条件，使农村贫困人口的标准与农村最低生活保障标准统一起来，扩大最低生活保障的覆盖面。同时，从我市社会经济发展实际出发，研究制定本地区低收入乡镇（村）的界定标准，避免随意性。对那些符合条件的低收入乡镇（村）要集中力量，重点突破。

（三）整合资源，增加投入，提高扶贫开发的综合效益。

加大扶贫资金投入力度是加快扶贫开发进程的基本条件，要随着本级财政收入的增加而提高对扶贫开发工作的资金投入。

1. 优化投资环境。鼓励、引导、支持民间资本、非公有经济等多层次、多渠道投入扶贫开发。在扶贫资金使用上要突出重点，对来自多个渠道的扶贫资金加强统一调配，协调使用，强化各级扶贫开发办的协调功能，合力攻坚，解决好资金使用分散的问题，提高资金的使用效益。

2. 切实加强对扶贫资金的监督和管理。坚持把扶贫资金使用情况作为政务、村务公开的一项内容，推行财政扶贫资金回补报账制度、项目责任人制度和项目公示、公告和审计制度；建立扶贫统计监测制度和网络，工程项目要实行招标制度；要逐步建立上级监

督、监察审计监督、部门监督、群众监督和社会舆论监督防线,严禁占用、挪用扶贫专项资金。

3. 制定项目支出的绩效考评办法和项目验收办法。要做好项目后续管理的制度建设,逐步建立分级管理、各有侧重的效益评价体系。

4. 建立经济和物价增长与农村保障水平联动调整的增长机制。农村最低生活保障应实现应保尽保、消灭“死角”,并足额发放到位。深化和完善农村新型合作医疗制度。要采取措施逐步降低农村贫困(低收入)人口医疗保险个人负担,提高大病统筹的补助标准,切实解决因病返贫的状况。新型农村合作医疗制度覆盖率要达到100%,农户参保率要达到90%以上。

(四)创新扶贫方式,巩固和提高低收入人口生活水平

新时期扶贫开发的首要问题已不再是解决生存和温饱,而是要不断创新扶贫方式,实现巩固、发展和提高。在这方面我市已积累了许多成功经验,如异地搬迁、合并孤屯散户、对口帮扶,等等。在现阶段,还要继续加大扶贫创新的力度。

1. 变“输血式”扶贫为“造血式”扶贫。对一部分农村贫困和低收入群体,在坚持“输血式”扶贫的同时,要针对不同情况适时转为“造血式”扶贫,一方面应支持农村低收入人口自主创业的发展,并为农村人口从事第二、三产业提供经济、政治、社会方面平等的机会,降低进入竞争市场的准入条件,为其提供融资渠道和金融服务。特别是积极发展小额信贷,以增强其自身致富的能力。另一方面,政府应想方设法为贫困劳动者提供就业岗位,通过加强农民工培训,提供就业指导、就业信息服务以提高农民工的劳动技能,完善自身的“造血”功能。

2. 变“资金救济”为“科技指导”。新时期的扶贫开发必须把工作重点从“资金救济”转移到“科技指导”上来。要高度重视科技扶贫开发,加大对贫困和低收入农民的技术培训和农业科技知识普及力度。要通过农业科技指导体系,形成网络,及时传授种、养殖技术,为农民提供科学指导,发展现代“三优”农业。要勇于向旧观念、旧思想和“靠天吃饭”的陋习挑战,打破过去小农经济的束缚,用科学的理念、科学的思维、科学的技术、科学的管理来武装现代农业。

3. 变“一时扶贫”为“常抓不懈”。农村扶贫工作是一项长期而艰巨的任务。目前,我市仍有相当一部分低收入人口收入很不稳定,存在着相对的不确定性。还有一部分人表面上已脱贫,但却处于贫困的边缘,随时都有返贫和致贫的可能。再者,虽然一部分人已经解决了温饱,但还需要一个相当长的巩固和发展期。因此,扶贫工作在思想和行动上坚持“常抓不懈”,必须有长期规划和阶段目标、明确的政策和措施,并一步一个脚印地加以推进。

附表：

2006 年全市低收入村人均收入情况统计表

序号	单　　位	总人口数（人）	农民所得总额(万元)	农民人均纯收入(元)
	全市合计	949999	509293	5361
	庄 河 市	381014	199664	5240
1	桂云花乡：桂云花村	1566	598	3818
2	岭东村	3846	1473	3830
3	三道岭村	3900	1501	3848
4	头道岭村	3426	1304	3806
5	横道河村	6300	2394	3800
6	步云山乡：步云山村	4020	1555	3870
7	谦太村	5750	2208	3840
8	温泉村	3330	1258	3780
9	长巨村	2230	819	3676
10	崔店村	3510	1326	3780
11	城山镇：菜园村	3250	1488	4578
12	吉庆村	5375	2473	4600
13	中和村	7567	3480	4598
14	城山村	4144	1906	4599
15	古城村	5864	2698	4601
16	衡利村	4299	1969	4580
17	胜利村	3751	1725	4598
18	光明山镇：北关村	3290	1805	5487
19	赵家村	3458	1754	5073
20	乔屯村	6380	3633	5694
21	光明山村	3010	1475	4900
22	松树村	4934	2816	5707
23	前杨村	4306	2159	5019
24	小营村	5469	2969	5428

续表

序号	单　位	总人口数（人）	农民所得总额(万元)	农民人均纯收入(元)
25	冯屯村	3090	1558	5045
26	吕沟村	2979	1486	4989
27	小河沿村	3660	1908	5213
28	金钱沟村	4644	2615	5630
29	财主房村	3902	1951	5000
30	佟岭村	3638	1643	4518
31	荷花山镇：芙蓉村	2291	1157	5050
32	河东村	2389	1213	5077
33	万亿村	1266	674	5323
34	同巨村	2474	1177	4757
35	吉顺村	1056	539	5104
36	郭家村	2274	1122	4934
37	塔岭镇：东瓜川村	2468	1377	5581
38	棒槌沟村	2654	1481	5580
39	吴山嘴村	2274	1265	5562
40	福宁村	1861	1016	5459
41	宝巨村	2901	1537	5299
42	限子村	3386	1889	5580
43	朝阳寺村	1560	868	5566
44	来宝沟村	1620	939	5800
45	石岭村	3088	1754	5680
46	太平岭乡：歇马村	2445	1081	4421
47	土城村	4126	1815	4398
48	太平岭村	4960	2167	4369
49	大赵村	2497	1113	4457
50	鞍子山乡：高房村	4584	2848	6212
51	黄柏树村	5010	3253	6493
52	朱营村	3835	2431	6339

续表

序号	单　　位	总人口数（人）	农民所得总额(万元)	农民人均纯收入(元)
53	花园村	5310	3399	6401
54	金山村	3366	2520	7554
55	蓉花山镇:福阳村	4658	2329	5000
56	德兴村	4190	2308	5510
57	前发村	4690	2016	4300
58	双岭村	3894	1806	4639
59	东义村	4783	2432	5084
60	明阳镇：大兴城村	4935	3227	6539
61	明阳村	2680	1763	6578
62	兰店镇：石山村	3510	2152	6131
63	解放村	2087	1281	6138
64	长岭镇：双盛村	4230	1632	3858
65	广大村	5469	2111	3859
66	富贵村	3630	1395	3843
67	大华村	3120	1204	3859
68	长岭村	4268	1647	3859
69	洪昌村	4950	1921	3880
70	石佛村	1507	619	3851
71	仙人洞镇：马道口村	3600	1728	4800
72	天门山村	4700	1625	4800
73	二道河村	34388	1674	4799
74	木孟山村	2582	1242	4810
75	仙人洞村	3487	1674	4800
76	英那河村	2015	969	4808
77	冰峪村	4356	2090	4798
78	三架山村	2758	1324	4800
79	李洞村	1700	816	4800
80	夹皮沟村	2840	1363	4799

续表

序号	单　位	总人口数(人)	农民所得总额(万元)	农民人均纯收入(元)
81	小峪村	1854	889	4795
82	大营镇：八家村	2594	1373	5293
83	孙屯村	3309	1768	5343
84	红丰村	2564	1359	5300
85	四家村	3322	1762	5304
86	青堆镇：新华村	1940	1358	7000
87	胡沟村	2810	1746	6213
88	元宝房村	2719	1904	7002
89	吴炉镇：榆树房村	2784	1481	5319
90	三尖泡村	1927	1021	5298
91	龙母村	3202	1696	5296
92	徐营村	1980	1002	5060
93	殿义村	2198	1169	5318
94	曹葳村	2593	1388	5352
95	桥上村	2651	1402	5288
96	和平村	2598	1352	5204
97	平山村	3056	1509	5265
98	栗子房镇：张炉村	3601	2506	6959
99	栗子房村	3663	2559	6988
100	砬腰村	3538	2465	6967
101	大潭村	3450	2411	6988
102	大十间村	3240	2257	6966
103	四家村	3018	2095	6944
104	黑岛镇：黄岭村	2028	1257	6198
105	冷家村	2298	1685	7332
106	蔡家村	3208	2128	6633
107	于粉房村	3300	2375	7197
108	大郑镇：高阳村	3286	2027	6168

续表

序号	单　位	总人口数（人）	农民所得总额（万元）	农民人均纯收入（元）
109	姜窑村	3611	2235	6189
110	仲屯村	3297	1917	5814
111	东房身村	2103	1277	6072
112	宋派村	4674	2748	5879
113	翁店村	3198	1966	6147
	普兰店市	310117	188870	6090
1	沙包镇：娇沟村	3420	1354	3960
2	刘大村	4147	1588	3827
3	大盛村	3067	1215	3960
4	奎兴村	4906	1903	3880
5	吕店村	3790	1455	3839
6	孙炉村	3048	1171	3842
7	沙包村	5688	2197	3863
8	隋沟村	1923	756	3929
9	同益乡：和平村	2709	938	3474
10	庆阳村	2300	843	3665
11	张家村	3000	1074	3579
12	西韭村	4300	1544	3590
13	蒿房村	4400	1584	3600
14	墨盘乡：石岭村	2430	1034	4256
15	腾屯村	2856	1216	4258
16	于屯村	2464	1050	54259
17	中山村	2260	963	4261
18	河沿村	3233	1377	4256
19	王山头村	3924	1670	4256
20	荒地村	1932	822	4255
21	墨盘村	1653	704	4260
22	安波镇：金鸡村	4550	2207	4850

续表

序号	单　位	总人口数(人)	农民所得总额(万元)	农民人均纯收入(元)
23	杨屯村	2858	1386	4850
24	安波社区	5077	2462	4849
25	俭汤社区	6769	3283	4850
26	转山村	4009	1944	4849
27	太阳村	4559	2231	4894
28	郑屯村	3413	1653	4843
29	得胜村	2568	1245	4848
30	米屯村	2869	1391	4448
31	七道房村	3296	1599	4851
32	夹河镇：塔寺村	2235	1338	5990
33	乐甲乡：沙河村	2990	1439	4812
34	乐甲村	7447	3616	4855
35	庙岭村	2725	1325	4862
36	对丰村	4908	2382	4853
37	鲁凤村	2788	1355	4860
38	瓦窝镇：王家村	3150	1677	5324
39	曲店村	2596	1266	4877
40	田屯村	1579	711	4503
41	卢屯村	2848	1266	4445
42	赵口村	3104	1356	4369
43	瓦窝村	3264	1377	4218
44	陈店村	3647	1606	4404
45	星台镇：杜家村	4380	2169	5408
46	徐大屯村	3490	1962	5621
47	葡萄沟村	3026	3422	11968
48	董岚村	3220	1741	5406
49	张屯村	5111	3136	6136
50	徐大房村	3403	1708	5606

续表

序号	单　位	总人口数（人）	农民所得总额（万元）	农民人均纯收入（元）
51	福兴村	4700	2670	5724
52	韩屯村	3425	1858	5424
53	初店村	2760	1546	5607
54	郭店村	3315	1794	5401
55	四平镇：天城村	3893	1649	4236
56	顾家村	3044	1264	4152
57	长岭村	3305	1368	4139
58	雨林村	3994	1757	4399
59	莲山镇：邹店村	3125	1526	4883
60	榆树房村	2238	1074	4888
61	于店村	2210	1077	4873
62	安家村	3036	1470	4875
63	水门村	4200	2101	5002
64	高家村	2518	1230	4885
65	大刘家镇：小山村	3483	2148	6105
66	大刘家村	2117	1308	6179
67	麦家村	1720	1068	6198
68	元台镇：大王村	5769	3558	6167
69	双塔镇：唐屯村	2128	1177	5535
70	福全村	2238	1208	5402
71	双塔村	7123	3814	5355
72	彭屯村	1770	948	5356
73	一塔村	6231	3326	5339
74	栗寺村	1800	964	5356
75	珍珠河村	2670	1430	5356
76	永宁村	4427	2371	5356
77	城子坦镇：金山村	8828	3753	4251
78	金场村	6691	3980	5948

续表

序号	单　　位	总人口数(人)	农民所得总额(万元)	农民人均纯收入(元)
79	丰荣办事处：北台村	4000	3609	9021
80	马沟村	2672	2359	8827
81	大谭镇：徐庄村	2270	1266	5577
82	赵屯村	3539	2164	6116
83	大邹村	3334	1807	5420
84	联合村	2270	1314	5788
85	大谭村	3859	2073	5372
86	双山村	5350	2961	5535
87	下沟村	3708	1709	4609
88	孙店村	3620	1955	5400
	瓦房店市	255579	168127	6578
1	赵屯乡：赵屯村	3866	2010	5200
2	梅山村	1590	815	5130
3	河洼村	3234	1943	5010
4	洪屯村	1286	773	5016
5	曲屯村	1552	933	5016
6	郑屯村	4046	2427	5600
7	靳沟村	1360	697	5130
8	田屯村	2021	1216	5018
9	三台乡：孙家村	1530	887	5800
10	娘娘宫村	2200	1254	5700
11	三台村	1860	1041	5600
12	西兰旗村	1798	1012	5630
13	东兰旗村	2080	1223	5880
14	红旗村	1570	907	5780
15	夹河心村	2754	1591	5780
16	青山村	3318	1858	5600
17	石砬村	2790	1590	5700

续表

序号	单　位	总人口数（人）	农民所得总额（万元）	农民人均纯收入（元）
18	海岛村	2546	1451	5700
19	李官镇：李官村	2275	1362	5990
20	榆树房村	2376	1419	5974
21	南沟村	1200	584	4869
22	曲沟村	1109	615	5550
23	孤家子村	927	522	5631
24	东阳台村	1677	1170	6976
25	杏树村	2541	1460	5747
26	矿洞山村	3077	1793	5830
27	龙王庙村	1065	641	5021
28	松树镇：松树村	2212	3775	4608
29	东半拉山村	2354	1182	5023
30	十字街村	1351	631	4673
31	朝阳村	1828	865	4735
32	宋屯村	1560	741	4754
33	高屯村	1325	657	4962
34	刘店村	2624	1199	4572
35	台子村	2204	1037	4708
36	沙家村	1624	757	4666
37	连屯村	886	417	4712
38	万家岭镇：万家岭村	3764	1847	4907
39	帽山村	1577	770	4882
40	唐屯村	2400	1176	4900
41	小寺庙村	1114	543	4878
42	邢屯村	1759	860	4890
43	团结村	1780	869	4882
44	盖店村	1896	929	4900
45	太平村	2954	1441	4880

续表

序号	单　位	总人口数（人）	农民所得总额(万元)	农民人均纯收入(元)
46	马屯村	2237	1075	4805
47	郝家沟村	1501	728	4852
48	土城乡:王葳村	2410	1502	5235
49	富大村	1950	1177	5640
50	北营村	2703	1692	5260
51	土城村	3921	2404	5133
52	李大村	1786	1109	5210
53	李小村	2783	1775	5379
54	温家村	2305	1369	5936
55	冯沟村	1700	1019	5999
56	石染房村	1742	1164	5682
57	泡崖乡:阎屯村	1932	929	4812
58	五间房村	910	437	4809
59	长山村	2871	1425	4965
60	王屯村	3419	1564	4581
61	圈外村	1432	700	4890
62	张店村	1156	551	4773
63	许屯镇:英歌岭村	2109	1054	5000
64	腰屯村	3404	1770	5200
65	许屯村	1325	673	5084
66	洪屯村	1390	681	4900
67	靴子沟村	2174	1065	4900
68	小房村	3172	1522	4800
69	杨家乡:杨家村	1122	598	5333
70	台前村	1973	901	4569
71	双沙村	2892	1256	4346
72	单家村	3105	1242	4000
73	老平顶村	2684	1248	4660

续表

序号	单　位	总人口数（人）	农民所得总额（万元）	农民人均纯收入（元）
74	东岗镇：梁西村	2231	1353	6063
75	太阳办事处：榆树房村	5508	3448	5261
76	那屯村	4166	2659	5383
77	张屯村	2032	1252	5051
78	罗沟村	2680	1606	5693
79	王店村	3730	2071	5553
80	阎店乡：阎店村	5220	2767	5300
81	杨店村	3500	1864	5327
82	驼山乡：泡子村	2280	1231	5400
83	泉水村	2509	1279	5100
84	平山村	1800	918	5100
85	龙河村	3320	1726	5200
86	仙浴湾镇：大逄村	1885	906	4810
87	宁家村	2570	1241	4830
88	西杨乡：三墩台村	2113	1201	5687
89	李店镇：九龙村	2640	1049	3974
90	永宁镇：李沟村	2556	1676	5561
91	交流岛乡：大山村	1843	1080	5860
92	复州湾镇：郭屯村	2406	1478	5145
93	谢屯镇：莲花山村	2650	397	1500
94	得利寺镇：西李屯村	1400	737	5264
95	崔屯村	3530	1928	5463
96	小屯村	2593	1263	4973
97	炮台镇：桥东村	1110	1002	9027
98	小刘村	1210	996	9231
99	干河村	2696	2423	8988
100	锦屏村	726	580	7999
101	广文村	1295	1094	8447

续表

序号	单　位	总人口数（人）	农民所得总额(万元)	农民人均纯收入(元)
102	崔屯村	2105	1832	8703
	金州区	26951	19920	7391
1	杏树屯镇：姚家村	1560	967	6199
2	潘家村	2420	1561	6450
3	勇家村	1874	1274	6798
4	骆驼石村	1735	1236	7124
5	台子村	1412	915	6480
6	杏林村	2138	1360	6361
7	牌坊村	2280	1409	6180
8	石家村	1795	1099	6123
9	华家屯镇：转角房村	3193	1947	6099
10	牟家村	2163	1278	5908
11	于家村	1293	776	6002
12	华东村	1357	788	5807
13	李家沟村	1904	1107	5814
14	大张村	1750	1009	5766

资料来源：大连市农委。

《大连市农村贫困(低收入)人口问题研究》课题组成员

组　长：于连生　大连市政府发展研究中心农村研究室　主任
成　员：陈玉贵　大连市政府发展研究中心农村研究室　主任科员
　　　　刘文展　大连市政府发展研究中心农村研究室　主任科员
　　　　宋欣茹　大连市政府发展研究中心　助理研究员
　　　　任世英　大连市农村经济委员会扶贫办　处级调研员
　　　　于全生　大连市农村经济委员会扶贫办　副主任
执笔人：于连生　陈玉贵　宋欣茹　刘文展

大连市科技创新基地空间布局战略研究

杨大海　王盛兴　张永欣　张　娜

科技创新基地是集成创新能力、夯实科技创新基础、提高科技创新效率和效益的重要载体，在增强地区科技创新能力、完善科技创新体系、加快创新型城市建设中具有重要作用。科技创新基地的空间布局则关系到科技创新基地能否最有效地集聚创新要素，快速掌握市场信息和研发需求，并及时做出响应等关键问题。在当前国内外经济形势变化的大背景下，在大连市经济社会发展向更高阶段推进的要求下，科技创新能力在推动经济社会发展中的重要性愈加明显。为更好地适应大连市经济社会发展的需要，有效发挥科技创新基地在提高城市科技创新能力、完善科技创新体系、加快推动大连市实现科学发展新跨越，我们开展"大连市科技创新基地空间布局战略研究"的课题研究。通过开展深入研究，旨在把握大连市科技创新基地空间布局的现状，明确其与当前产业布局和长远经济社会发展需要之间的关系，发现所存在的问题和制约因素，并提出更符合进一步发展要求的大连市科技创新基地建设和空间布局的指导思想、原则、目标、战略重点、布局结构以及相关对策建议，进而加快大连市创新型城市建设步伐，推动大连市实现科学发展新跨越。

一、科技创新基地概述

创新是一个民族进步的灵魂，是一个国家兴旺发达的不竭动力。加快建设科技创新基地，无论是从当前国际国内大环境，从实现可持续发展的要求来看，还是从我国的国情来看，都显得十分重要而紧迫。

科技创新基地是经济社会发展到一定阶段的产物，科技创新基地在经济社会发展的不同阶段都发挥着十分重要的作用。建设科技创新基地，是增强区域自主创新能力、建设创新型国家的必然选择。

（一）科技创新基地的内涵及其作用

目前，关于科技创新基地的理论含义尚无定论，在这里，我们试图从理论上理清科技创新基地的概念、内涵、类型、特点等，以解决对科技创新基地建设布局从认识到理论上的一些问题，为建设发展科技创新基地提供理论依据和指导。

1. 科技创新基地的概念

科技创新基地中的"科技创新"概念，是一个外延较宽的概念，它不仅局限于传统经济活动领域的创新或者产业创新,还包括社会生活、精神文化、体制机制等广泛内容的有机体系。科技创新主要指知识创新、技术创新和创新人才培养,是原创性科学研究和技术创新的总称。原创性科学研究是提出新观点(包括新概念、新思想、新理论等)、新方法、新发现和新假设的科学研究活动,并涵盖开辟新的研究领域、以新的视角来重新认识已知事物等。技术创新是指生产技术的创新,即开发新技术,或者将已有的技术进行应用创新。原创性的科学研究与技术创新结合在一起,使人类知识系统不断丰富和完善,认识能力不断提高,产品不断更新。

总体来说,我们认为,科技创新基地的概念可以理解为是重大科技创新活动的组织形式,进行系统集成创新的重要平台,是依托交通条件、科技人才、产业发展等综合优势,通过政府引导和市场主导作用的共同推动,集聚融合科技、人才、高端产业及物流、信息流、资金流的具有最强综合实力和最具科技辐射力与带动力的空间地域综合体,一般由若干不同特色类型的科技研发机构和高科技企业群体等组成。

2. 科技创新基地的内涵

科技创新基地这一概念的内涵,主要包括三层意思。

一是科技创新基地是以自主创新为价值取向的科技创新发展模式。科技创新基地要求以深化科技体制机制改革、激发科技创造力推动自主创新,充分发挥科技、智力资源在创新基地中的主要作用,进一步发挥好高新技术产业在推动自主创新方面的龙头作用,使科技创新基地成为城市经济和社会发展的重要支撑。

二是科技创新基地是科技创新要素、环节、成分优化组合与生态化配置的最佳形式。科技创新基地要求遵循人类创新活动的规律,使各种科技创新要素、环节、成分合理匹配、有效协调,形成有序运行、良性互动的创新生态系统,使创新活力充分迸发,大力提升科技创新势能。

三是科技创新基地追求科技创新的集成效应。科技创新基地追求科技创新的集成效应、系统效应、整体效应,而不满足于城市经济社会发展如科技、产业、文化等某一方面的单一突破与创新。因此,科技创新基地以构筑城市创新链、培育创新网、营造创新集成效应为主力点,强调合理整合各种创新资源,形成聚合效应,以产生远远高于单一方面创新的社会效益和城市综合竞争力,大力提升和推进整个城市的科技创新能力与水平。应该说,科技创新基地的建设是一项社会系统工程,它将会促成城市经济社会的整体转型与全方位变革。

3. 科技创新基地的类型

目前,在我国文献上尚未见到有关学者对科技创新基地进行类型划分。通过分析研究我们认识到,在现代经济条件下,科技创新基地的建设和发展主要受到政府和市场两种力量的制约。进一步分析研究,我们认为,科技创新基地的类型按不同划分方法可分为多种类型,按建设主导模式划分,依据创新资源的配置,从政府与市场的不同组合上看,可以把科技创新基地分为政府主导型科技创新基地、市场主导型科技创新基地和政府与市场共推型科技创新基地。按科技创新基地业务领域划分为专业性科技创新基地和综合性科技创新基地。按科技创新基地类属层次划分国家级科技创新基地、省部级科技创新基地、市级科技创新基地等。通常情况，按建设主导模式划分的科技创新基地都涉及并包括了按科技创新基地业务领域划分和按科技创新基地类属层次划分的科技创新基地的内容。因此，此处我们着重研究按建设主导模式划分的科技创新基地。（见图示1～3）

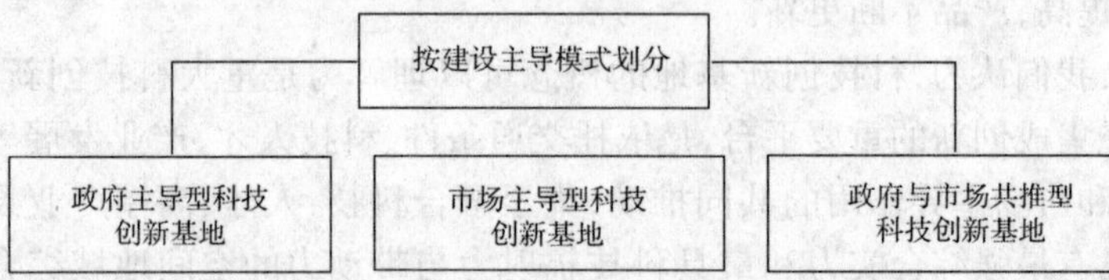

图1　科技创新基地分类 I

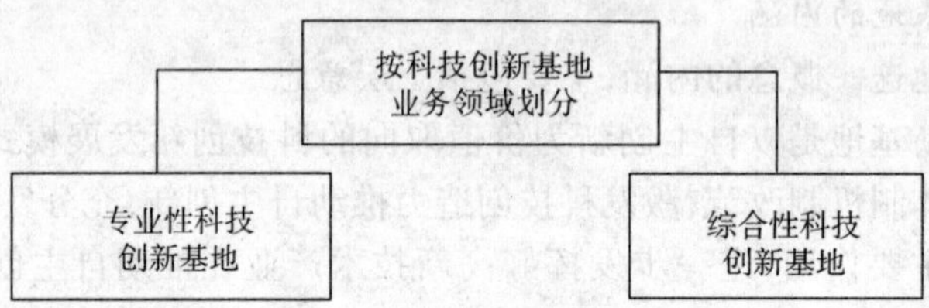

图2　科技创新基地分类 II

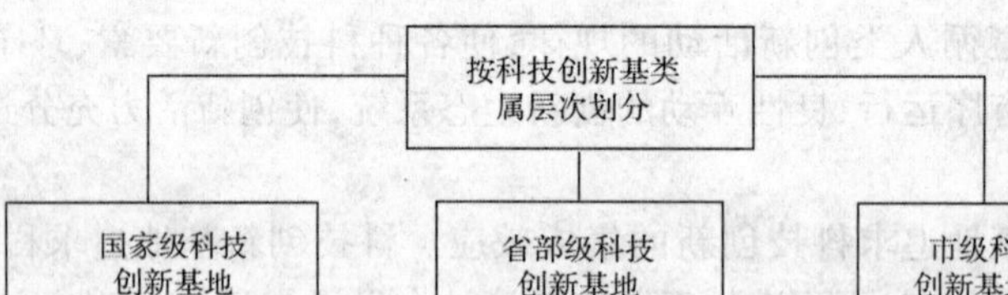

图3　科技创新基地分类 III

（1）政府主导型科技创新基地

政府主导型科技创新基地，创新资源配置主要由政府推动，政府制定明确的科技创新基地发展战略与规划，制定和颁布促进科技创新基地建设的政策措施，不断加大基础设施投资，推动国际、国内的创新资源要素向其集中，营造有利于创新的环境。政府主导型科技创新基地建设主要依靠自上而下的力量，发展中国家一般采用此模式。

（2）市场主导型科技创新基地

市场主导型科技创新基地，创新资源配置主要由市场推动，在市场配置资源的前提下，围绕营造科技创新基地发展的创新环境间接引导创新要素和产业要素向科技创新基地集中，创新主体在各自的利益需求和市场竞争压力下，积极寻求技术上的突破和科技创新,自发地形成产业创新集群和有利于创新的环境。市场主导型科技创新基地建设主要依靠自下而上的力量,发达工业化国家一般采用此模式。

(3)政府与市场共推型科技创新基地

政府与市场共推型科技创新基地,创新资源配置主要由政府与市场共同推动,即科技创新基地建设同时吸收政府与市场两种力量。科技创新基地建设与发展不仅需要充分利用市场机制推动创新要素向基地集聚与流动,还需要利用政府的推动力促进公共基础设施建设,特别是增加对基地科技竞争力的基础投入。

从社会实践看,西方发达的市场经济国家越来越重视科技创新战略规划的制定,以引导科技创新的发展方向,说明政府导向的科技发展因素在增加;同时,政府导向比较强的发展中国家则越来越重视市场导向的因素,以克服政府主导的弊端。因此,长远意义的科技创新基地建设和发展将逐渐趋向政府与市场共推型科技创新基地模式,采取自上而下和自下而上的有机结合。

深入研究,我们认识到,科技创新基地是由科技创新活动主体与科技创新环境组成的有机统一体,通常具备两个基本要素,即科技创新活动主体与科技创新环境。当然,此处探讨的是在比较理想状态下基地科技创新系统的构成要素,在实际的基地科技创新系统中,其构成要素可能并不完整。

一是科技创新活动的主体。它包括科技人才创新主体,企业、科研院所、中介机构、政府等机构创新主体,及以官产学研联盟等形式存在的创新群主体,其中企业是最重要的科技创新活动主体。

二是科技创新环境。科技创新环境包括科学技术因素、经济因素、社会文化因素和政治法律因素,可以概括为科技创新硬环境和科技创新软环境。科技创新硬环境,主要是指科技创新基地的资源条件,它是科技创新活动的基础,包括基础设施、信息网络、技术、知识、资金、人才、环境、区位等。科技创新软环境,主要是指保障科技创新体系有效运转,维系和促进创新氛围、文化理念、体制机制,以及政策法规等。(见图4)

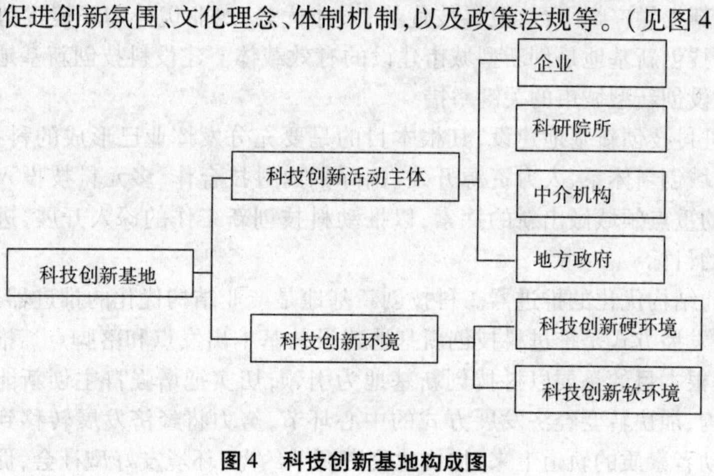

图4 科技创新基地构成图

4. 科技创新基地的特点

科技创新基地作为创新系统，具有整体有效性、协同统一性、动态性和开放性等特点：

一是整体有效性。科技创新基地不仅各构成要素要具有活力，而且作为整体也必须具有活力。整体有效性体现了科技创新基地各要素的有机结合。

二是协同统一性。科技创新基地各构成要素必须进行有效的相互联系和合作，在整体上相互协同。基地创新能力的关键就是创新的系统化，相互协调，相互映衬。

三是动态性。科技创新基地并不是静止的，而是随着经济和社会的进步也在不断发展和完善。科技创新基地建设不是一次性、一时性或间断式的创新，而是动态的持续性创新。

四是开放性。科技创新基地是一个开放的复杂系统，与其环境有着密切的联系和交流。科技创新基地作为一个系统，应把环境与系统结合考虑。

当然，科技创新基地还具有独立性和多样性等特征。科技创新基地都相对独立，科技创新基地之间存在着界面分割。而且，它们之间总有差异，存在着多种多样的科技创新基地。

5. 科技创新基地的作用

科技创新基地集聚创新要素、培养创新人才、转化创新成果，提高自主创新能力，在推进创新型城市建设，转变经济发展方式，调整经济结构，推动区域经济科学发展等方面发挥重要的支撑带动作用。

一是创新型城市建设的有效载体。创新型城市是具有自主创新能力和永续发展能力的城市。建设创新型城市，就是要把科技创新作为经济社会发展的首要推动力量，把提高自主创新能力作为调整经济结构、转变发展方式、提高城市综合竞争力的中心环节，依靠科技创新实现经济社会持续协调发展。推进创新型城市建设，必须加强创新载体建设，为科技创新提供广阔平台，把科技优势、人才优势、产业优势和环境优势在高平台上整合提升，科技创新基地是创新型城市建设的有效载体。建设科技创新基地是增强自主创新能力、建设创新型城市的关键举措。

加快推进科技创新基地建设，其根本目的是要充分发挥业已形成的科技、产业和人才优势，在区域创新体系、人力资源开发、国际国内科技合作、多元科技投入等事关创新型城市建设的重点领域做出新的探索，以推动科技创新工作的深入开展，进而实现建设创新型城市的目标。

二是产业结构优化的推进器。科技创新基地是产业结构优化的推进器，优化产业结构、转变经济发展方式是推进科技创新基地建设的基本出发点和落脚点。推进科技创新基地建设，其根本目的是要以科技创新基地为引领，切实把增强自主创新能力作为调整优化产业结构、加快转变经济发展方式的中心环节，努力将经济发展转移到依靠科技进步和提高劳动者素质的轨道上来，加快建设资源节约型、环境友好型社会，促进经济社会与人口、资源、环境的协调发展。

当前,我国经济社会发展进入了新的重要的战略转型期,我们既面临着加快发展的良好机遇,又存在着资源约束加剧、环境负荷加重等瓶颈制约。推进科技创新基地建设,将加快转变经济发展方式,带动产业优化升级,实现以创新驱动发展、以创新引领发展,不断提升综合竞争能力,进一步增强科技创新对经济社会发展的引领和支撑作用。

三是推动区域经济科学发展的引擎。当今,科技创新已成为区域经济获取竞争优势的决定因素,不断增强区域科技创新能力,从根本上提高其综合竞争力,已成为促进区域经济科学发展的关键。建设科技创新基地,有利于优化、整合区域内的创新资源,提高区域的创新能力,形成区域的创新合力,有助于发挥科技创新在区域经济发展中的引擎作用,推动区域经济科学发展,带动区域经济发展到更高、更新的水平。

全面加快科技创新基地建设,将形成科技创新、产业集聚和创新环境之间的良性互动,促进产学研结合,学科互补,充分释放科技创新的能量,加速科技成果的本地转化,提高自主创新能力,增强区域核心竞争力,使科技创新基地成为引领和推动区域经济科学发展的重要引擎。

(二)加快科技创新基地建设及实现合理布局的重要意义

加快科技创新基地建设是深入实施"科教兴国"战略、建设创新型国家、推动科技经济一体化发展的一项重大举措,对于合理配置科技资源,促进经济结构调整、发展方式转变,实现科学发展新跨越都具有十分重要的意义。

1. 有助于科技资源合理配置,发挥科技资源最大效能

建设科技创新基地,有助于科技资源合理配置,有助于引进国内外一流科研院所和企业,有利于集聚国际国内创新人才、管理人才和现代服务业人才,有利于集中构建一批高水平的研发机构、孵化机构、转化机构,有利于引导国内外产业投资和各类创新企业的集聚,也有利于创新体制机制、提升自主创新能力,营造良好的发展氛围,发挥科技资源最大效能。建设科技创新基地,加强具有竞争优势的先进生产能力建设,发挥科技资源最大效能,成为提高我市综合竞争能力,形成发展新优势的必然选择。

2. 有助于科工贸相结合,推动科技经济一体化发展

建设科技创新基地是实施自主创新国家战略在科工贸相结合工作中的具体实践,是促进科技经济结合的有益探索。目前,科技对经济发展尚未形成全面有效的支撑,经济发展对科技创新的需求拉动作用尚不够突出,迫切需要在经济和科技之间建立一条更加快捷有效的通道。加快科技创新基地建设,确立企业在技术创新中的主体地位,发挥市场配置科技资源的基础性作用,把创新要素集聚到对经济发展的支撑上来,将为促进科技与经济结合创造一种新的模式。

科技创新基地建设,有助于科工贸相结合,推动科技经济一体化发展,将增强企业依靠科技创新实现发展的动力,推进产学研结合,提高企业自主创新能力和行业竞争力,推动经济结构调整、产业优化升级,促进经济发展方式转变。

3. 有助于提升自主创新能力，加速创新型城市建设步伐

加快建设科技创新基地，是建设创新型城市的重要任务。《国家中长期科学和技术发展规划纲要》明确提出，要把建立以企业为主体、市场为导向、产学研相结合的技术创新体系，作为国家创新体系建设的突破口。科技创新基地建设着眼于提高企业自主创新能力，加快科技成果的广泛应用和产业化，将成为建设创新型城市的重要支柱。

大连市委、市政府高度重视科技创新工作，2006 年以来，先后出台并实施了《中共大连市委、大连市人民政府关于提高自主创新能力加快推进创新型城市建设的意见》和《大连市人民政府关于提高自主创新能力的若干规定》，提出经过 10～15 年的努力，使我市建设成为自主创新优势明显、产业国际竞争力较强、经济社会与环境和谐发展、国内领先、国际知名的创新型城市。建设科技创新基地，将有利于加快建立以企业为主体、市场为导向、产学研相结合的技术创新体系，加快拥有自主知识产权和自主品牌的企业发展壮大，加快培育一批专业化发展能力和示范带动作用强的产业集群，提升自主创新能力，从而加快创新型城市建设步伐。

4. 有助于区域经济协调发展，推进大连全域城市化进程

加快建设科技创新基地，有助于区域经济协调发展，推进大连全域城市化进程。当前，大连正处于经济调整、转型升级，推动全域科学发展的关键时期，需要我们在提高发展质量水平和解决瓶颈制约两个方面有新的突破。要围绕我市总体发展战略，全力推进科技创新基地建设，充分发挥科技创新支撑发展、引领未来的重要作用，加快科技创新和科技进步，始终坚持自主创新不动摇，促进区域经济社会协调发展，推进大连全域城市化进程。

加快建设科技创新基地，将促进我市全面提升区域创新能力和核心竞争力，依靠科技创新实现调结构、上水平、促发展、惠民生，优化空间布局、优化产业结构、优化发展环境，推动我市经济社会走上创新驱动、全面协调可持续的科学发展之路。这是大连立足辽宁、服务东北、面向东北亚，站在新的发展起点上的必然选择，是时代赋予我们的重要历史使命。

二、国内外科技创新基地空间布局的经验借鉴

（一）国内外科技创新基地空间布局的主要经验与做法

1. 国外主要经验与做法

国外在推动科技创新基地布局以及基地建设，有着比较成功的经验。发达国家以重要科技基地和创新基地为核心，或者以大学城为核心形成区域创新体系布局已经成为一种成功的模式，有效地带动了一些城市和地区的科技创新建设。例如，20 世纪末美国以斯坦福大学为核心创办了世界上第一个科技工业园区，美国的硅谷、波士顿 128 号公路，日本的筑波科学城、硅岛，英国的剑桥科学园，韩国的大德研究园地，前苏联的西伯利亚科学城，法国的索菲亚·安蒂波利斯科学城，加拿大的北硅谷，新加坡的肯特岗科技园等大大小小 900 多个，这些以大学和研发基地为核心的科技创新体系特点都是以大学、科

技研究中心、商业和金融界为一体的科技创新链条。

(1)日本筑波科学城

20世纪60年代初,出于振兴日本科学技术,实现"技术立国",以及缓解东京都市圈生态和社会发展压力的考虑,日本政府于1963年做出了在距离东京市中心约60公里处的筑波建设一个国家级科学城的决议。筑波科学城开创了日本近现代"新城建设"的先河。距东京成田国际机场约40公里,由茨城县筑波町、大穗町、丰里町、谷田部町、樱村町和茎崎町6村町组成,总面积2.84万公顷。现有人口约20万,其中国家技术研究人员1.3万余人,博士数千人,集聚了日本大约30%的国家研究机构及40%的研究人员,其研究活动大致分为教育、建筑工程、科学和工程、生物以及通用研究,是日本最大的科学研究中心。

日本政府投入大量资金用于筑波科学城的开发建设,主要用于会场建设、环境整治和基础设施建设,其目的是提高筑波科学城的国际知名度,形成具有综合完善的城市功能的科学新城,并带动周边地区的发展。筑波科学城区域包括两个部分:研究学院地区和周边开发地区,研究学院地区包括国家研究与教育机构区、都市商务区、住宅区、公园等功能区。周边开发区主要用于设立私人研究机构。

研究学院区根据用途分为城市中心区、居住区、研究和教育设施区三个区域。主要有中心大厦、购物中心、汽车终点站、泊车大厦等建筑及其他用于文化活动、公共管理、商业和研究交流目的的设施。中心标志性建筑有筑波中心大楼、筑波会展中心、筑波公共图书馆、筑波文化中心、筑波艺术博物馆等。筑波会展中心是筑波最新的、具有划时代意义的宏伟建筑,它拥有一个能容纳1258人的主会议厅,并配备了一套多语种同声传译视听系统。

轨道交通、高速公路等交通网络建设。筑波科学城选址在距东京成田国际机场约40公里处。筑波的道路系统构成类似梯子形的网络,由3条南北走向的国家级高速公路和6条东西向的干道组成。"筑波快线"新铁路直接连接筑波和东京。围绕首都东京的城间快速道在筑波设有2个立交匝道,同筑波城市西南部分的道路连接在一起。

大学园区建设。日本政府在筑波科学城内建立筑波大学,并以之为中心,培育大学与产业之间、科学城内各研究机构之间的相互合作和有机联系,从而使筑波成为一个综合的研究都市,筑波大学为各个研究机构输送了大量优秀后备人才。

(2)美国硅谷

硅谷位于美国西海岸北加州的狭长地带,总面积约3800平方公里,核心地带南北长48公里,宽16公里,面积约800平方公里,其中北加州第一大城市圣何塞是硅谷的中心。从旧金山的湾区中半岛沿着加州101号高速公路往南至圣何塞,被称为"硅谷大道",在它的两侧有着上千家高科技公司。

硅谷是一个开放的区域,它不是指一个固定的区域或行政单元,而是一个以高新技术产业集群为发动机的不断扩张的创新区域,是一种开放式的创新系统。它的开放首先体现在是领先的研究型大学与本地企业之间的开放融合;其次,体现在拥有的多元文化和包容氛围上。硅谷拥有大量的海外移民,他们中的很多人成为硅谷创新的主体,作为硅谷创新主体的企业来源是世界性的,硅谷以其包容开放的文化氛围吸引来自世界各地的人才、技术、资本、企业聚集,发挥各自的创新使命。

硅谷共包括15个城市。分为四个地理区域:西部山脚的5座城市,是硅谷最富裕的技术专家和公司经理居住的地方,是受教育程度最高的白人聚居区;硅谷北部的5个城市,是工业区,硅谷几乎所有的电子公司都聚集在此;中部和东部谷地3个发展较早的城市,被称为"卧室社区",主要是教育程度不高的非技术人员和少数民族移民;南部谷地是新开发的,是硅谷最贫穷的人居住的地方,主要是农业地区,跟电子区只有边缘的联系。从硅谷的地理布局可以看出,高科技发展导致了阶级结构的两极分化。

(3)英国剑桥科学园

1970年,剑桥大学创办了英国第一个科学园——剑桥科学园。剑桥科学园是作为房地产开发的形式而建的,科学园主要是为了加强大学与工业界的关系,而不是赢利。科学工业区主要有两类:一是以研究为主的科学工业园区,除剑桥大学科学园和赫利奥特瓦大学科学园外,比较著名的还有艾斯顿科学园和沃里克大学科学园;二是以生产制造业为主的科学工业园区,如已成为英国和欧洲电子工业基地的苏格兰硅谷和兼具研究、开发、生产活动的M4号高速公路走廊。

剑桥科学园主要以科学培育为主。协助新成立的、高技术中小企业的发展;促进大学知识或技术转移到园区内的企业;鼓励大学学院的发展并刺激创新产品或创新过程的发展。剑桥科学园是地方经济发展的催化剂,极大地促进经济增长,使各种科技观念进入快速发展轨道的增长因子。

基于科学园创办人、地理分布和创办特点,英国剑桥科学园的发展划分成四个阶段:开创时期的科学园,其中科学园完全是由大学建立和拥有的;第一发展时期,其中科学园是在当地的地方政府支持下或直接参与下创建起来的;进一步发展时期,其中私营机构开始对创建科学园产生兴趣;21世纪的更好发展时期,其中大多数科学园是由私营企业、大学和(或)政府联合创办。

英国的剑桥科学工业园区,不论其规模大小,一般具有这样一些特点:大学与企业之间自发的横向联系非常密切;教学、科研和生产紧密结合,缩短了科研成果的转化过程;知识信息和市场紧密结合,加速了科研成果的转移。

世界科技创新园区建设的经验与做法,概括起来主要有:

优势主导。这种模式常见于发达国家,利用一个地区具有的专业优势为主导来谋求发展。如美国1~270高技术走廊所依托的是几个联邦政府研究机构及生物和信息技术,犹他大学研究园即"仿生谷"依托的是犹他大学的一流医学研究优势。此外,德国不伦瑞克生物科学园等都属此类发展模式。

优势导入。这种模式源于该地区优势不突出,科技、工业技术基础薄弱,或原有传统产业失去优势,面临困境,需要不断创新,创造条件谋取未来的优势。如法国索菲亚·安蒂波利斯科学城原是一个旅游胜地,原有的科技、工业技术基础几乎是空白,只有一所大学,但通过优势导入成为发展高技术的地区;日本九州硅岛原是煤矿面临困境,后来发展高技术形成创新优势。

优势综合发展模式。这种模式是综合利用本地区的多种优势(资源、科技、产业、学科、人才、环境等)来谋求发展。如法国法兰西岛科学城,美国费城科学、128 号公路,英国的 M4 号公路走廊,日本一些技术城均属此种发展模式。

2. 国内主要经验与做法

(1)广州

广州科技创新基地位于广州科学城,由广州开发区管委会投资建设,是整合广州开发区社会科技创新服务资源的重要载体。广州科技创新基地主要吸引国内外具有先进科技水平的项目进行研发、中试及产业化,是集研发、技术成果交易与产品展示等多功能为一体的综合性孵化器,是归国留学人员创业及国家 863 计划、科技攻关项目成果的转化基地,也是优秀科技企业及企业家的培训基地。目前,广州科技创新基地已成为留学人员广州创业园的核心园区。

广州科技创新基地建筑面积 8.1 万平方米,由电子信息、生物医药、新材料三个专业孵化器和综合服务大楼、国际会议厅组成,优先引入跨国公司区域总部、国家重点实验室、工程与技术研发中心和有产业化前景的发明专利技术实施型企业。综合服务大楼内设有公共服务区和风险投资促进区,引入优秀社会中介服务机构,为企业提供财务代理、会计、审计、法律事务、专利申报、管理咨询等各方面的贴身服务;引入风险投资公司、技术产权交易所、科技担保公司、资产评估公司、银行等一系列与企业资本运作相关的机构,为项目和投资方提供多层次的投融资对接服务。

(2)天津

建设了有利于中小企业创新发展和加快科技成果转化的科技服务体系。加大体制和机制创新力度,围绕新兴产业和区域特色产业,引导区县、行业、大学、科研院所等资源整合,启动新建 20 个国家级、市级企业孵化器和生产力促进中心,其中围绕软件、生物技术等建设 10 个左右的专业企业孵化器,建设完善民航科技、港口服务等 10 个左右区域特色产业孵化器或生产力促进中心。促进大学科技园、留学生创业园发展,形成贴近产业、特色突出、区域布局的科技服务体系,带动区域协调发展。建设科学研究与高等教育有机结合的知识创新体系。建设好绿色化学化工实验室,启动新建 5 个国家重点实验室,新建一批新兴交叉学科实验室。整合国内外科技资源,面向水资源、新材料和创新药物等应用基础研究与前沿技术领域,建设具有重要影响的跨学科研究中心,带动重点学科建设和新兴学科发展。

建设了有利于科技资源共享的科技基础条件平台。完善大型科学仪器设备协作共用网,加强京津冀及环渤海地区科技资源合作。建设工业微生物菌种、动物和植物种质资源等自然科技资源共享平台,建设科技、专利和标准等科技文献资源共享平台以及成果转化公共服务平台。扩大科技合作与开放,广泛利用国内外科技资源。

加强与科学技术部、中国科学院、中国工程院、国家民航总局的合作,加强京津冀的科技互动，加强与军事医学科学院等国内知名科研机构与高等院校的合作与交流，吸引国内科技资源聚集天津，特别是滨海新区。支持天津市科学家和科研机构参与国内外或区域大科学工程，组织实施大型国际合作专项计划项目和政府间国际科技合作项目。鼓励跨国公司或国内大型企业集团在津设立研发机构，或与天津市研究机构、企业建立技术战略联盟。

(3)上海

上海以统筹规划、多方共建科技创新基地和公共服务体系，有效地促进科技创新资源的优化配置、综合集成、开放共享，推进创新环境的优化、创新实力的提升，成为上海科技创新基地建设的标志性成果。

中科院与上海市“院市合作”建设中国科学院上海浦东科技园，形成了新技术创新基地、医药与生物技术创新基地、交叉前沿科学研究创新基地和致力于高水平人才培养的教育基地等四大创新基地的布局。最先启动的新技术创新基地，包括新技术基地、新药创制技术保障条件建设项目和国家蛋白质科学研究上海设施等，总投资 13 亿元。其中新技术基地将在信息技术、能源与环境技术、新材料和空间技术、生物医药等领域，开展前瞻性高技术研究和综合集成研发，提升重大关键技术的系统创新与集成能力，解决区域经济和社会发展重大需求。

上海科技创新基地重点建立一批服务于科技开发和成果交易的公共科技机构。以重点实验室、工程技术中心、大科学装置等为主体的创新基地，是上海市科技自主创新的基础平台和重要依托。1984 年，国家组织实施重点实验室建设，复旦大学遗传工程实验室和中科院分子生物学实验室进入第一批名单。1990 年起，上海选择与国际接轨的优势学科和技术领域建设市重点实验室。1994 年，开始探索建立“开放、流动、竞争、协作”的新型科研机制，重点建设生命科学、信息、新材料三个科学研究中心。此后，又建设一批专业性研究中心，还建设同步辐射光源工程等大科学工程。截至 2007 年底，上海市已建成和正在筹建的国家重点实验室 31 家，市级重点实验室 67 家，其他省部级重点实验室 52 家，数量居全国第二位。这些重点创新基地产生一批国际一流研究成果，如上海人类基因组研究中心自 1998 年成立以来先后承担国家及省部级重大科研项目 93 项。

(二)对大连的启示

纵观三城市科技基地发展的经验，政府是构建创新环境的主体，而创新的执行要依靠各种社会力量的合力。我们应吸取这些城市创新科技创新基地发展方面的先进经验，为大连市科技创新基地今后发展奠定坚实的基础。我们经过分析研究，有如下几点启示。

1. 加强领导，形成科技创新基地发展的合力

科技创新基地环境的建设，需要各方面的共同努力。广州、天津、上海三市的经验告诉我们，强化对科技事业发展的领导，至为重要。市委、市政府应从大连市国民经济发展战略高度认识科技事业发展问题，把它摆上重要议事日程。科技创新基地的发展不仅需要各级部门领导提高认识，而且需要全社会提高认识，采取积极有效措施，形成科技创新发展的合力。

2. 制定适合大连科技创新基地的政策，重点抓好落实

加快大连科技创新基地的发展，需要制定鼓励科技创新基地的政策，创造科技产业发展的良好环境。参照这三市的做法，根据大连实际发展情况，建议尽快梳理我市现有相关科技发展的政策规定，并抓紧制定适合我市科技创新基地的相关政策。同时需要制定出台相应政策，主要包括：大连市中介组织发展促进政策；大连市企业技术创新促进政策；大连市民营科技发展促进政策；大连市促进产学研合作创新政策；大连市科技人才培养与开发政策；大连市促进人才流动的办法；大连市风险投资优惠政策等，形成支持科技创新的政策平台。

3. 切实加强大连科技创新基地平台建设

必须重视科技创新基地基础平台的建设，并且加快推进基础平台建设。如自然科技资源、仪器设备、科技文献资源、检验检测机构、科学数据库等科技资源共享服务平台的建设。还如服务于软件自主创新和产业工程化的共性软件技术的应用平台建设，其中有嵌入式软件开发服务平台、构件库和软件质量工程化平台和数字内容处理与服务平台等。

4. 依托大学及科研院所辅助科技创新基地建设

吸引大连以及东北高等院校、科研院所的创业中心到科技创新基地来，促进创新成果转化。运用专利许可、技术转让、技术入股等各种方式大力推进科技成果转化和高新技术产业化。发挥大学和科研院所在服务社会、促进科技进步、推动经济和社会发展中的作用。政府通过拿出配套资金扶持大学与科研院所的科技项目，同时扶持基地的一些服务性的中介机构建立包括投资融资、产权交易、法律咨询、信息发布、人力资源培训等在内的综合服务平台。进一步推进和扩大高校科技企业进入科技基地的试点工作，加快高校科技成果转化和产业化步伐，为科技创新基地创造支撑条件。

三、大连市科技创新基地空间布局现状分析

(一)大连市产业发展现状及趋势

1. 发展现状

近年来，大连市产业规模和发展水平不断提升，尤其是“十一五”期间，以“产业立市”的发展战略为推动，大连市产业发展水平、产业效益和产业布局等都取得了进一步提升和完善。

“十一五”期间，大连市产业发展呈现出以下特点：

一是产业规模持续扩大，发展质量和效益水平进一步提升。“十一五”期间，大连市GDP由2006年2569.7亿元增长至2009年的4410亿元，年均增长19%，高于“十五”期间14.1%的年均增长率，呈现快速增长态势。三次产业增加值占GDP比重由“十五”期末的8.6∶46.2∶45.2调整到2008年的7.5∶51.7∶40.8，第二、三产业对经济增长的贡献率由“十五”期末的92.1%提高到2008年的96.4%，规模以上工业经济效益综合指数由“十五”期末的150.63提升为2007年的166.2。

二是产业内部结构优化，产业发展的科技支撑显著增强。“十一五”期间，大连市主

导产业仍是以装备制造、石化产业等为主,但与此同时高新技术产业持续快速发展,推动了产业优化升级和高级化水平的提升。大连市高新技术产业产值由“十五”末的1320亿元增长到2008年的3130亿元,年均增长33.4%,高于“十五”期间28.8%的年均增长率。与此同时,以绿色产业为代表的新能源、新材料等新兴产业正在快速发展,科技对经济发展的支撑作用愈加明显。

三是产业布局不断调整和完善。“十一五”期间,以振兴东北老工业基地为推动,大连市相继实施了“两区一带”、“一岛十区”等工业产业布局调整,形成了产业发展由南部主城区向北部县域地区逐步渗透的产业发展新格局。其中,以主城区为依托,形成了以现代服务业为主的产业集聚区,包括商业、商务、软件信息、旅游等重点产业;以“两区一带”为依托,形成了以装备制造业、石化为主的产业集聚区;以“一岛十区”为依托,形成了以装备制造、精细化工、新材料等高新技术产业及食品加工和纺织服装等产业为主的重点带动性区域产业布局。

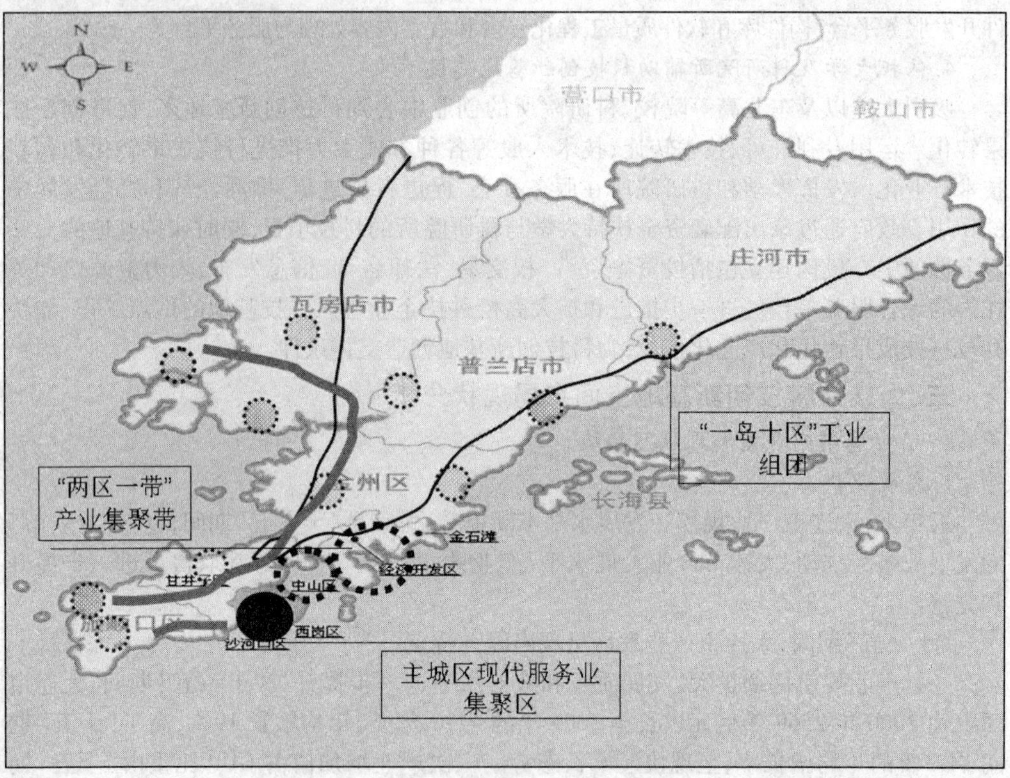

图5 大连市产业布局示意图

同时也应该看到,“十一五”期间大连市产业发展仍存在一定的痼疾和制约:

一是产业结构需进一步调整优化。大连市三次产业仍是“二三一”产业结构,第三产业发展不足,说明服务业发展与工业发展不相适应,一定程度上也阻碍了工业发展水平的有效提高，同时轻重工业比例不合理，重工业比重过大。

二是产业高级化水平有待提高。尽管近年来大连市产业高级化水平有所提升，高新技术产业、节能环保的绿色产业都在快速发展，但就整个产业体系而言，新兴产业的经济支撑能力仍然不足，低能耗、低污染、高效益的现代产业体系尚未建立。

三是南北协调发展尚待加强。长期以来，大连市产业发展水平呈现南高北低、东高西低的态势，产业布局结构不尽合理，导致西部和北部区域产业结构尚待优化，但发展动力不足，而东部和南部区域产业发展则面临空间资源制约。虽然“十一五”期间，以“一岛十区”等产业战略为带动，产业布局得到一定改善，但南北失调的现状尚未改变。

2. 发展趋势

“十二五”时期，在大连市多年产业发展基础上，在产业优化发展的内在驱动下，尤其是借助辽宁沿海经济带发展战略、大连全域城市化发展战略等省市发展战略实施的重要机遇，大连市产业发展将呈现以下发展趋势。

(1)在全域城市化战略全面启动的推动下，产业布局的全域趋势将进一步凸显。全域城市化的重点之一就是加快经济发展要素和各类资源的由南向北配置，将为北部地区的产业结构优化和调整提供有利条件，各类高新技术产业和新兴产业将加快发展，全域协调发展的产业格局将在“一岛十区”等发展基础上深化加强。

(2)产业发展方式将加快转型。随着当前产业核心竞争力正由资源依赖型加快向创新驱动型转变，以软件产业为引领，新材料、新能源等高新技术产业将加快发展；为打造辽宁沿海经济带核心城市，加快建设“三个中心，一个集聚区”，扩充优化城市功能，金融、物流、航运等现代服务业发展也将明显加快。在产业结构优化的需求驱动下，大连产业发展对技术创新的需求将进一步增强，产业发展方式将加快由资源消耗向资源集约转变。

(3)区域产业功能性分工将逐步明显。随着产业全域化发展的趋势愈加明显，在由资源禀赋和发展基础等决定的区域产业竞争力差异化和追求产业发展效益的内外因联合推动下，区域产业错位竞争、协调发展的分工发展态势将逐渐明显。

(二)大连市科技创新基地空间布局现状

大连市科技资源雄厚，创新基地建设及布局取得了一定的成绩。大连现拥有24所普通高等院校、32家独立科研机构、40万名各类专业技术人员、25个国家级重点实验室和工程技术研究中心，形成了布局合理、集群发展、产学研相结合的区域创新体系。长期以来，大连市以科技创新作为城市发展的根本驱动力，经过多年努力和发展，科技创新能力逐步增强，并建立了以集成创新为特征，集科技研发、孵化和产业化为一体的科技创新基地。目前，大连市科技创新基地的空间布局重点主要集中于以主城区为主的南部地区。

依托高新技术产业园区，以多个特色园区为载体，形成了以软件与信息、生物技术、集成电路等产业领域为主的科技创新基地。其中，以海外学子创业园为中心，形成了高级科技人才创业孵化的核心区；以七贤岭产业化基地为中心，形成了科技产业研发中心和创业孵化基地;以软件园和旅顺南路软件产业带为中心,形成了以动漫、服务外包为重点领域的软件产业集中发展区等等。

依托开发区双D港,形成了生命技术和数字技术的产业孵化和创新基地。2008年,原高新园区双D港整建制划归开发区。双D港以大连机床集团、大显集团、珍奥集团等龙头企业为带动,聚集了辽宁中医药大学、中国海洋大学院士工作站等科研院所和工程技术中心,形成了集研发与产业化生产为一体的科技创新基地。

依托中科院大连科技创新园,形成了以清洁能源、新材料、装备制造、生物工程、海洋资源等产业领域为主的科技创新基地。其中,以高新园区孵化园为中心,形成了以中科院所属院所的研发、中试、孵化项目及国家工程中心建设为主的科技研发和孵化区;以旅顺产业化园为中心,形成了以国防技术及新材料研发、新能源及可再生能源示范、医用新材料工程技术研究等为主的产业化区;以长海海洋生态园为中心,形成了以海洋生态、海洋资源与能源、海产养殖等研发示范为主的海洋产业特色创新区。

依托金州国家农业科技园,形成了以现代工程技术、生物技术和信息技术为支撑,以水果、蔬菜、花卉、奶业等农产品新品种研发与农产品加工为主要内容,涉及农业科研、繁种、生产、贮藏、贸易产业化等经营环节的现代农业科技创新基地。

依托瓦轴工业园区,形成了以瓦轴集团为龙头,集聚了国外大型轴承企业和承担国家重大技术专项的国内大型企业的轴承产业创新基地,产业内容涉及大型转盘轴承、特大型精密轴承和精密轴承等领域。

依托普兰店互感器产业园,形成了以第一互感器集团、第二互感器集团等企业为龙头,以各类高压和中低压互感器的科技创新、新产品研发、市场网络建设等为重点的互感器产业创新基地。

依托旅顺海珍品产业基地,主要包括双岛湾养殖基地、太平洋海珍品示范基地等重点园区,以太平洋、韩伟等企业龙头为带动,形成了以新产品开发、养殖与销售等为一体的旅顺海珍品创新基地。

表1　现有主要科技创新基地布局及产业定位

<table>
<tr><th>现有主要科技创新基地</th><th colspan="2">布局</th><th>产业定位</th></tr>
<tr><td>软件园</td><td colspan="2">高新园区</td><td>软件与服务外包</td></tr>
<tr><td>旅顺南路软件产业带</td><td colspan="2">旅顺南路</td><td>软件、动漫</td></tr>
<tr><td>七贤岭产业化基地</td><td colspan="2">七贤岭</td><td>软件、动漫,及半导体照明等高新技术产业</td></tr>
<tr><td rowspan="3">中科院大连科技创新园</td><td>孵化园</td><td>高新园区</td><td>新能源、新材料研发</td></tr>
<tr><td>产业化园</td><td>旅顺盐锅</td><td>新能源、新材料等</td></tr>
<tr><td>海洋生态园</td><td>长海</td><td>海洋生物工程</td></tr>
<tr><td>双D港</td><td colspan="2">开发区大窑湾与小窑湾沿岸</td><td>生物制药、数控机床</td></tr>
</table>

续表

现有主要科技创新基地	布局	产业定位
金州国家农业科技园	金州登沙河	现代农业
瓦轴工业园区	瓦房店	重大装备精密轴承、特大型轴承等高新技术产品
普兰店互感器产业园	普兰店太平工业园区	互感器
旅顺海珍品产业基地	旅顺	海珍品

图 6　大连科技创新基地空间布局现状示意图

（三）大连市优化科技创新基地空间布局的主要做法

经过多年发展，大连已形成了以高新园区软件园、七贤岭产业化基地、旅顺南路软件产业带等区域为载体，以软件产业为主的科技创新基地发展格局，发挥了良好的创新集聚与辐射作用，大力推动了大连市软件产业的蓬勃快速发展。

“十一五”期间，大连市以提升整体科技创新能力为导向，在多年科技创新基地发展的基础上，为加强技术创新对产业发展的支撑促进作用，进一步加强了创新基地的规划布局和开发建设，并进行了一定的布局思路创新。

1. 积极实施院地合作，提升布局科学合理性

大连市积极开展与中科院等具有影响力的国家级科研机构的院地合作。2006 年 6

月，大连市与中科院共同合作兴建的中科院大连科技创新园在旅顺口区盐锅正式开工建设，按照"一次规划、分步实施"的方式，以不同功能定位，分别在旅顺、高新园区、长海等不同区域推进建设实体园区。目前建设正在积极推进中，计划建成以新能源、新材料、生物工程等产业领域为主的国家级创新基地。

在中科院大连科技创新园的布局上，依据功能定位采取多区位的分园布局方案，充分体现了尊重市场和产业创新需要的创新基地弹性布局理念。

2. 注重依托行业龙头企业，夯实布局产业基础

大连市注重以具有国际、国内影响力的龙头企业为依托，开展科技创新基地空间布局，如分别依托瓦轴集团和普兰店第一、第二互感集团，吸引集聚国内外优势企业，进一步激发了科技创新活力，提升了集群创新能力，推动形成了以轴承和互感器产业为主的优势产业科技创新基地。

大连市以龙头企业为带动布局科技创新基地的做法，有效提升了科技创新效率，增强了产业创新能力，充分发挥了科技对产业发展的引领和支撑作用。

3. 加强推进主城区创新基地规划建设，强化功能性布局

目前，大连市正积极规划在甘井子区和西岗区布局科技创新基地，分别打造大连生态科技创新城和大连都市科技园。其中大连生态科技创新城将定位于打造成以生产性现代科技服务业的集聚为主线，高起点规划、高标准建设、高技术引领的东北亚的产品研发创造地、高端科技服务集中地、创新人才汇聚地和科技成果集散地；大连都市科技园将定位于集聚与都市建设和发展相适应的信息服务企业、创新型和研发型科技企业以及科技孵化器平台的高端服务集聚区。

通过规划建设生态科技创新城和都市科技园，大连科技创新基地系统构成进一步丰富，功能趋向多元并具有一定前瞻性，同时对产业创新薄弱区域产生辐射带动作用，为满足大连产业创新需要奠定了基础。

(四)大连市科技创新基地空间布局评价

1. 主要贡献

近年来，大连市科技创新基地布局在适应产业发展需要，推动产业升级、营造良好的科技创新环境、提升城市区域创新能力等方面做出了积极贡献。

首先，科技创新基地布局与产业发展格局相适应。科技创新是产业升级的原动力。"十一五"期间，大连产业发展重心仍集中于市南区域，与此相适应，以软件园、七贤岭产业基地、旅顺南路软件产业带、中科院大连科技创新基地等为载体的科技创新基地布局也主要位于市南区域，为产业优化升级提供了重要技术支持。

其次，以重点创新园区为布局载体，有效推进了区域产业优化升级。创新基地布局基于不同区域功能定位和产业发展特点，以科技创新为引领，对区域产业发展起到了促进作用。如依据主城区在高新技术产业、现代服务业等产业领域的发展特点，推动形成

了软件园、旅顺南路软件产业带等创新基地，加快了软件与信息服务外包、动漫产业等特色产业发展；依托开发区先行先试的特点，推动形成了双D港生命工程、数字技术等产业领域为主的创新基地，加强了新兴产业的发展；依据金州在农业上的发展基础，建立了国家级农业科技园，为金州现代农业、都市农业发展奠定了基础。

再次，以创新基地布局为依托，加强了区域创新资源集聚。创新基地是集聚创新资源的有效载体，而其布局合理性对于资源要素集聚效应具有重要影响。大连科技创新基地通过对布局地点的环境选择，提高了资源集聚有效性。如软件产业创新基地依托高新园区有利的政策和地理环境，吸引了包括500强企业及国际知名软件公司的诸多研发中心落户；中科院大连科技创新园则依据不同功能园区发展需要，分别在临近旅顺大学城、大连高新园区和长海县建立了三个分园，提升了对创新要素的集聚和利用效能。

总体而言，近年来大连市科技创新基地布局在适应大连产业发展特点，引领产业创新，满足产业发展需要等方面起到了关键作用，符合产业发展实际和创新型城市建设需要。

2. 存在问题

结合大连市城市和产业未来发展趋势和需要，尤其是面临“十二五”战略转型关键时期，目前科技创新基地布局也存在一定的制约和不足。

一是当前科技创新基地布局与大连产业布局趋势和发展需要尚未紧密结合。由于长期以来大连市产业发展重心主要集中于开发区以南的市南区域，当前大连科技创新基地主要布局于大连市主城区、旅顺等区域。但“十一五”以来，随着“一岛十区”、“两区一带”等产业发展战略的实施与推进，产业发展呈现北移趋势，而集中于市南区域的创新基地布局则表现出一定的滞后性。与此相对应，北部地区产业发展的科技支撑力度不足，产业创新能力的提升和创新环境的营造与产业优化升级的需要不相适应。

二是科技创新基地布局尚不能有效满足大连城市发展战略需要。在建设辽宁沿海经济带核心城市、全面推进大连全域城市化等一系列城市发展战略的实施背景下，“十二五”将是大连突破发展瓶颈、实现科学发展的战略机遇期，同样也将是转变现有经济发展模式、提升城市发展质量和层级的战略转型关键时期。“十二五”时期，大连城市发展定位和产业功能定位等战略内容的实现都需要强有力的科技支撑和创新动力，而作为科技创新的重要载体，当前科技创新基地布局过于集中导致了产业定位多元性不足，与产业发展趋势和需要结合度不够，创新资源难以充分集聚和创新辐射范围局限等问题，在全局性、功能性及服务于区域发展战略等方面尚不能切实满足大连城市发展的进一步需要。

四、大连市科技创新基地空间布局战略构想

“十二五”时期及今后一段时期是大连市落实辽宁沿海经济带发展战略，加速推进全域城市化进程，实现科学发展新跨越的关键时期；也是提升核心地位和龙头作用，建设核心城市的黄金机遇期。无论是推进全域城市化，还是提升核心地位和龙头作用，都离不开科技的强力支撑，都必须要加快创新基地建设，在全域空间范围内实现创新基地的合

理布局。为提升我市自主创新能力，加快创新型城市、核心城市建设步伐，强化科技对经济社会发展的支撑作用，特对“十二五”时期及今后一段时期我市科技创新基地建设与空间布局提出如下战略构想。

（一）指导思想

以科学发展观为指导，抓住进一步实施东北振兴战略及辽宁沿海经济带开发战略升级为国家战略的有利时机，按照建设“三个中心、一个聚集区”目标要求，紧密围绕创新型城市及核心城市建设，以市场需求为导向，加强政府宏观调控，以重点创新科技园区建设为依托，以有效整合全市科技资源为重点，以提升全市科技创新能力为核心，以产学研合作为有效途径，深入实施国际化战略、知识产权战略和人才战略，走综合化和专业化相结合道路，加速在全域范围内科学谋划和建设各类创新基地，实现创新基地在全域空间范围内的优化配置和合理布局，进而提升全市整体科技竞争力，助推全市实现科学发展新跨越。

（二）基本原则

1. 与城市定位相适应原则。在《辽宁沿海经济带发展规划》中，大连市被定位为“三个中心、一个聚集区”，即东北亚国际航运中心、东北亚国际物流中心、区域性金融中心、具有国际竞争力的现代产业聚集区。大连市“十二五”及今后一段时期科技创新基地建设与布局，就要与“三个中心、一个聚集区”的城市定位相适应，紧密围绕国际航运中心、国际物流中心、区域性金融中心强化科技创新能力建设，围绕构筑现代产业体系，强化科技创新支撑。通过与城市定位相吻合，来确定科技创新基地建设的重点、目标、分类及空间分布。

2. 与产业布局相适应原则。经济社会发展需要产业支撑，产业发展以科技为先导。大连市科技创新基地建设与布局必须与产业发展与分布相适应，做到科技创新与产业发展一体化。凡是形成产业集群的地方，就要形成创新集群，进而形成创新基地。只有创新要素与产业发展紧密结合，才能更有利于科技进步及产业优化升级。为此，要对现有产业发展及分布情况进行摸底和分析，依据产业发展重点，布局相应的科技创新基地，形成科技与产业互相作用，相互促进，一体化发展的良性循环。

3. 与全域城市化战略相适应原则。大连提出实施全域城市化战略，全域城市化成为拉动区域增长的重要引擎。全域城市化就是通过工业化、城市化双轮驱动，在我市全域范围内实现城市化，缓解城乡二元结构矛盾，推动城乡一体化进程，实现区域经济协调发展。全域城市化离不开科技支撑，科技创新是全域城市化的驱动力。为此，围绕“四大城市组团”建设，必须在全域范围内谋划科技创新基地布局，促进全域范围内科技资源的有效整合，为加速全域城市化进程，实现科学发展新跨越提供强有力的科技支撑。要因地制宜，在全域范围内形成专业化、综合化相结合、运转高效的具有较强国际竞争力的创新集群，并形成结构合理、功能各异、相互配套、相互协作的创新基地空间分布格局。

4. 突出区域优势原则。从大的区域空间来看，特别是从东北经济区来看，大连的最大优势就是海洋资源优势。要充分发挥这一优势，合理开发和利用海洋资源，增强可持续发展的动力和能力。这就要求，"十二五"及今后一段时期，大连市要加大海洋科技开发建设力度，建设海洋资源开发科技创新基地，抢占海洋领域科技创新的制高点。特别是在海洋生物工程、海洋药物、海洋空间资源开发利用方面形成创新优势，使大连成为国内外闻名的海洋科技创新基地。从区域内部来看，大连的南部、北部、东部、西部各有不同，也各具优势，因此，要发挥各自优势，扬长避短，加强专业化的具有国际竞争力的科技创新基地建设。宜工则工，宜农则农、宜商则商，形成分工各异，功能完备的创新基地群。

5. 产学研相结合原则。创新基地建设和布局，必须坚持产学研相结合原则，推动产学研一体化，使科技创新基地成为产学研结合的有效载体。实施产学研相结合，有利于有效整合各类科技创新资源，发挥资源的最大利用效率，进而推动科技研发及产业化进程。要充分发挥企业的市场及产业化优势、高校和科研机构的科研优势，调动企业、高校、科研机构的积极性，通过实施产学研联盟，共建科技创新基地。通过制定相关扶持政策，积极吸纳国内外知名的研发机构和科研院所到大连市来创建科技创新基地；同时，推动大连市有实力的企业同国内外知名科研机构开展合作，共建科研实力强、产业化水平高具有国际竞争力的科技创新基地。

6. 适当超前原则。科技要先行，要充分发挥科技的引领作用，推动产业结构优化及实现合理布局，进而为城市经济发展和社会建设提供强力支撑。为此，在进行科技创新基地建设和布局时，要有超前眼光，有前瞻性。大连目前正在致力于发展新能源、新能源汽车、海洋生物工程、新材料等新兴产业，这就要求科技创新必须走在前面，必须适当超前建设和布局一批新兴产业领域的科技创新基地。创新基地布局，要与交通沿线相结合，大体上沿黄海沿岸、渤海沿岸的高速公路、高速铁路呈现"V"字形分布格局。

（三）战略目标

通过努力，争取利用 5～10 年时间，在大连市建立起综合化和专业化相结合，国家级、省级和市级多层次相配套，具有较强国际竞争力的科技创新基地群，成为大连市创新型城市的强力支撑。在空间布局上，形成沿黄海沿岸、渤海沿岸分工合理、配套健全、科研能力强、产业化水平高、各具特色的"V"字形分布格局。力争到 2015 年，创建国家级科技创新基地 10 家；省级科技创新基地 30 家；全市科技创新基地建设规模不断扩大，科技创新能力明显增强。到 2020 年，争取创建国家级科技创新基地 20 家，省级科技创新基地 60 家，全市科技创新基地建设形成较大规模，功能日益完备，科技创新能力显著增强，全市综合科技竞争力在副省级城市中排名前列，创新型城市建设目标基本实现。

（四）功能设计

科技创新基地是自主创新的主要载体，在加强创新基地建设的同时，要不断完善其功能，使之在科技创新过程中发挥更大的作用。在建设创新型城市过程中，作为创新主要载体的科技创新基地须具备以下功能。

1. 研发功能。科技创新基地的首要功能就是研发功能,通过研究和开发,形成发明、专利、新技术、新工艺等科研成果,成为科技成果及知识产权生成中心。

2. 中试功能。中间试验是科研成果向现实生产力转化的关键环节。科技创新基地要提供中间试验设备及实验室,具备科研成果中间试验功能。

3. 产业化功能。科技创新基地,也是产业化基地。创新基地应具备必要的厂房、生产设备、检验、检测设备等产业化条件,科研成果能够在科技创新基地实现产业化,落地生花。科技创新基地是推动科研成果转化的重要载体。

4. 孵化功能。科技创新基地应具备项目、新产品、企业孵化功能,通过提供技术咨询、信息帮助、市场指导等服务,在创新基地培育新项目、新产品及新企业,使之成长壮大。

5. 融资功能。科技创新基地应具备投融资功能,通过搭建投融资平台,吸引风险投资、社会资金等为科技创新提供资金支持。融资功能是科技创新基地的重要功能之一。

6. 信息分析功能。科技创新基地也是信息形成和发布中心,具备信息生成、集散、分析、发布、传递等功能。

7. 人才培训功能。科技创新基地也是人才培育基地,是人才成长的摇篮。科技创新基地必须具备人才培育功能,通过开展研发、设计、中试、产业化、信息处理等业务,开展国内外交流与合作,对科技创新型人才进行培养。

8. 市场拓展功能。在新的形势下,科技创新基地还应具备市场拓展功能,能够发现市场、抢占市场并拓展市场。通过科技创新,形成新技术、新产品,引领市场需求,创造和拓展新的市场空间。

(五)发展模式

在借鉴国内外先进地区经验基础上,结合大连市实际,为进一步提升大连市整体科技创新能力,今后主要采取以下模式来推动科技创新基地建设并实现合理布局。

1. 院地合作模式

这一科技创新基地建设发展模式,在大连市已进行了尝试,旅顺中科院创新园就采用的是这种模式。这一模式有助于发挥双方各自优势,即发挥了中科院科研优势,又发挥了地方资源、区位、产业等优势,调动双方积极性,实现互利共赢。今后,还要进一步加强同中国科学院、中国工程院的联系与合作,围绕大连区位及资源优势,争取在大连开发建设海洋生物、节能环保及新材料等专业化科技创新基地。加强同中科院光电子研究所的合作,争取在大连共建光电子科技创新基地,推动大连市光电子产业快速集聚和发展。要借助中科院大连化物所位于大连的区位优势,积极加强同化物所的合作,在连共建精细化工科技创新基地。

2. 校企合作模式

积极推进大连市高等学校特别是大连理工大学、大连水产学院、大连工业大学等高校与我市各类企业开展深度合作,共同发挥各自科研、产业化优势,通过校企联盟,创新校企合作科技创新基地。目前,我市在这方面已经开展了尝试,并且取得了较好的成果。今后,还要进一步加强和深化校企合作。与此同时,我市企业还要加强同域外知名大学之间的合作,在连共建专业化的科技创新基地,实现互利共赢。

3. 国际合作模式

积极引进国际上知名的大型企业集团或公司,在我市拿出一个区域,让其整体来开发运作,建设具有国际特色的、国际一流的科技创新基地。也就是说,通过引进国际知名大公司,由这家公司负责科技创新基地建设、招商、运营及管理,市政府在土地利用、税收、人才引进等方面制定相应扶持政策,给予大力支持。可借鉴苏州等地经验,吸引新加坡、爱尔兰等国家的大型龙头企业到大连来整体开发建设科技创新基地。

4. 政府主导模式

这一模式主要是由政府出资兴建科技创新基地,这种模式最大的特色就是充分发挥政府的优势,有利于集中力量办大事。政府出资成立开发建设公司,负责科技创新基地的建设;并设立管理委员会作为政府派出机构,负责科技创新基地的招商、运营和管理,这类科技创新基地属于政府主导型科技创新基地。目前,我市正在建设的大连生态科技创新城,就属于这一类型。今后,为推进全市科技创新基地建设步伐及实现合理布局,各级政府应加大投入,尝试建设政府主导型的科技创新基地。

(六)战略重点

1. 加快重点创新园区建设。当务之急,是要加快大连生态科技创新城、旅顺科技创新园、大连都市科技创新园等重点科技创新园区建设。要进一步明确各重点科技创新园区的功能定位、发展目标、主要任务,通过制定发展规划及相关推进措施,加快推进科技创新园区建设步伐,使之成为大连市科技创新基地的重要组成部分。大连生态科技创新城要定位在高端服务业上;旅顺科技创新园将以清洁能源、新材料、装备制造、生物工程、海洋资源为主要发展领域;大连都市科技创新园定位在城市高端科技服务业上。要强化重点园区基础设施建设及综合服务功能建设,创建一流发展环境。通过制定特殊扶持政策,积极吸引国内外著名科研机构、研发中心、技术工程中心、高端人才等科技创新要素进驻园区,尽快形成科技创新集聚发展态势。

2. 推进科技资源有效整合。通过加强科技创新基地建设和实现合理布局,有力地推动大连市科技资源有效整合,发挥科技资源的最大效能。首先要构建和完善物质与信息保障系统。完成全市科技基础条件资源的普查和挖掘,以及重点优势、特色科技基础条件资源的遴选和确认;对现有大型科学仪器、设备、设施、科学数据、科技文献、自然科技资源等进行整合、重组和优化,充分利用国家资源和国际资源,加快实现地方资源的信息化、网络化,实现与国家资源和国际资源的快捷交换和高效互动。再有要建立以共享为核心的制度体系。根据国家关于科技资源共享的有关规定,加快制定一系列地方性、法规、规章和标准，明确各相关主体的责任、权利和义务，解决科技资源存量和增量的产权问题。建立全市科技资源共享机制和共享平台，促进科技资源有效利用。建立完善的激励机制和评估监测机制，推进管理方式创新，创造公共资源公平使用的法制环境。

3. 进一步提升科技创新能力。加强科技创新基地建设，推进全市科技创新基地实现合理布局。在强化创新基地建设和布局的同时，要不断完善各项功能，进一步提升其科技创新能力，使之成为科技创新的前沿阵地和高新技术产业发源地，抢占世界科技的制高点。通过制定扶持政策，加大对科技创新基地建设的投入，搭建公共科技创新平台，积极引进和培育各类创新型人才，实施科技攻坚计划等举措，加大科技创新力度，特别是加大源头创新，提升原创能力，进而不断提升全市整体科技竞争力。提升科技创新基地投融资功能，广泛吸纳风险投资、社会资金注入，搭建中小企业科技创新融资平台，为中小企业科技创新提供资金支持。鼓励科技创新基地企业上市，增强持续发展能力。积极开展产学研合作，在全市建立起以市场为导向，以企业为主体，产学研相结合的技术创新体系。特别是围绕着大连市有特色的产业如先进装备制造业、新能源产业、海洋生物工程产业、海产品深加工产业、软件开发等产业，在全市建立一批专业化的科技创新基地，努力形成在世界范围领先的创新能力。

4. 建立健全科技创新基地合理布局机制。要努力在全市范围内建立健全科技创新基地合理布局机制，充分发挥科技主管部门的宏观调控和指导作用，推动全市科技创新基地实现合理布局。要建立规划机制，制定全市科技创新基地建设与布局规划，明确科技创新基地建设的重点、空间布局及相关措施。建立专家咨询机制，对全市科技创新基地建设与布局、科技创新能力提升等重大问题进行咨询，提出合理化建议，确保科技创新基地建设与布局更加科学和合理。建立考核评价机制，定期对科技创新基地建设、布局及运行情况进行跟踪分析，做出科学的评价。对在考核过程中发现的问题，及时加以纠正并提出整改措施。建立激励机制，对各部门、各县市区在建设科技创新基地及实现合理布局过程中有重大贡献、成绩突出的给予表扬和奖励，积极引导和鼓励各部门及各县市区加强科技创新基地建设。

五、大连市未来科技创新基地空间布局

(一)总体布局

为适应大连市产业升级及其布局调整的需要，结合大连全域城市化战略和城市功能定位的发展需要，按照“三区联动、阶段性协调发展”的总体布局主线，对大连市“十二五”及今后一段时期科技创新基地进行总体空间布局，即核心区、重点发展区、拓展区。

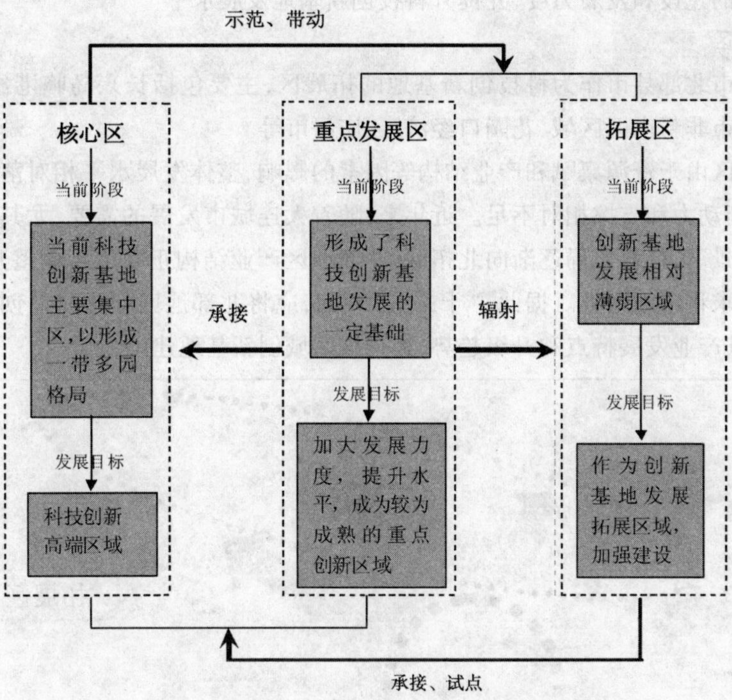

图7　大连科技创新基地三区联动及阶段性发展示意图

1. 核心区

以大连市南部地区作为科技创新基地核心区，包括中山区、西岗区、沙河口区、甘井子区和旅顺口区。

长期以来，作为大连发展主城区，市南地区科技和产业资源密集度较大，科技发展水平较高，具有各项科技创新优势，形成了以高新园区、旅顺南路软件产业带、中科院大连科技创新园等为依托的多个科技创新基地，是大连科技创新基地的重要支撑和发展核心。在今后发展中，将按照市南地区产业升级需要，以进一步提升科技创新基地的创新能力和水平作为发展重点，使其成为大连科技创新高端区域。

2. 重点发展区

“十二五”时期，新市区建设将是大连城市发展战略的重点，也必将是强化科技创新能力的重要区域。以大连新市区作为科技创新基地的重点发展区，包括列入新市区规划的金州区、经济技术开发区、保税区、普兰店城区部分及瓦房店炮台镇和复州湾镇。

目前，该区域主要以开发区为主形成了光电子、集成电路等高新技术产业科技创新基地，及以金州国家农业科技创新园为主的现代农业科技创新基地。“十二五”期间，将依据新市区的功能定位、产业发展重点及升级需要，以开发区为主要带动，加大区域内科技创新基地的建设和发展力度，并提升科技创新基地发展水平。

3. 拓展区

以大连市北部县市作为科技创新基地的拓展区，主要包括长兴岛临港经济区、瓦房店和普兰店市非新市区区域、花园口经济区、庄河市等。

北部地区由于资源禀赋和产业结构等因素的影响，整体发展水平相对落后于南部地区，科技创新动力和支撑相对不足。近年来，随着大连城市发展的需要，尤其是在全域城市化战略背景下，产业布局逐渐向北拓展，北部地区产业结构正在逐步调整升级，相应的科技创新需求将不断增强。据此，"十二五"期间，应将北部地区作为科技创新基地的拓展区，依据其产业发展特点和升级趋势，加强该区域创新基地建设。

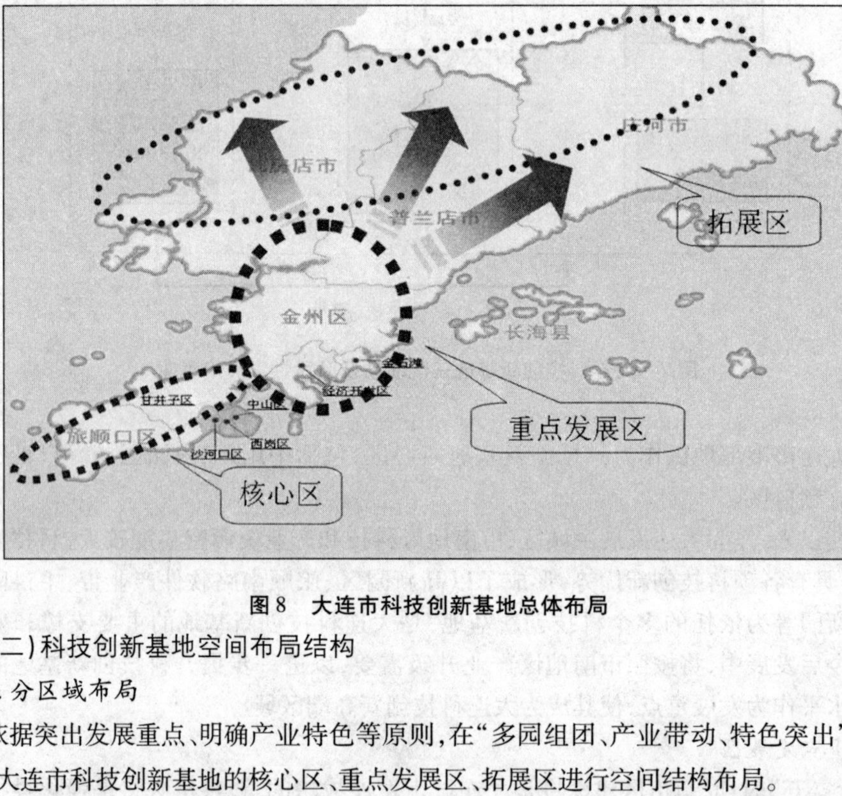

图 8　大连市科技创新基地总体布局

(二)科技创新基地空间布局结构

1. 分区域布局

依据突出发展重点、明确产业特色等原则，在"多园组团、产业带动、特色突出"的基础上，对大连市科技创新基地的核心区、重点发展区、拓展区进行空间结构布局。

(1)核心区

——以"一城"、"两园"为重点的核心区布局

以"一城"、"两园"为重点，结合现有和在建的多个创新园区，进行科技创新基地空间布局，建立以软件、生物医药、数字制造、集成电路，及金融、物流、文化创意等产业为主的科技创新基地发展核心区。

“一城”是指大连生态科技创新城。位于大连市西北部,东与大连主城区相邻,南与大连西郊国家森林公园相接,西北两面临海,规划面积65平方公里。大连生态科技创新城将围绕“科技、创新、生态”的主题,以绿色化、高端化为方向,建设一座以生产性现代科技服务业为核心的、城市综合功能齐全的现代型生态科技创新城。目前,生态科技创新城的整体规划已聘请世界著名设计机构进行设计,科技城先导区(15.26平方公里)的控制性详细规划已经完成,到2015年,生态科技创新城将建设成为各类专业技术人员占人口总量比重达到25%,森林覆盖率达到60%,万元GDP能耗、主要污染物排放处于国内领先水平,科技领先、文化时尚、社会祥和、生态优美的现代化国际新城。

依托大连生态科技创新城,以科技、产业、居住、休闲、文化、生态为理念,大力引进国内外著名企业研发中心、设计公司、重点科研院所和大学研发机构、各类新技术新产品开发中心、科技成果转化和中介服务机构等,重点发展技术研发、工业设计、创意产业、成果转化、动漫产业、教育培训、生物技术、科技服务、科技中介、金融服务、商务服务等相关的生产性高端服务产业,建立集产品研发创造地、高端科技服务集中地、创新人才汇聚地和科技成果集散地于一体的生产性现代服务业为主的科技创新基地。

“两园”分别是指中科院大连科技创新园和大连都市科技园。其中,中科院大连科技创新园由大连(旅顺)科技创新园、高新园区孵化园、长海海洋生态园等部分组成。依托中科院科技创新园,建立以清洁能源、新材料、装备制造、生物工程、海洋资源等产业领域为主的科技创新基地。大连都市科技园,位于长春路与长白街交汇处,规划建设占地3.6万平方米,集聚与都市建设和发展相适应的信息服务企业、创新型和研发型科技企业以及科技孵化器平台,建设以科技服务业为主的科技创新基地。

同时,以高新园区的软件园、七贤岭产业化基地及旅顺南路软件产业带等为基础,进一步提升以软件、电子信息等产业为主,集研发、创业和产业化于一体的科技创新基地的创新水平;以旅顺海珍品产业基地为依托,充分激发太平洋、韩伟等龙头企业创新带动作用,积聚海珍品研发机构和各类创新资源,加强旅顺海珍品创新基地建设;依托现有重点产业园区,探索建设支持服务于产业的科技创新基地,如以旅顺羊头洼综合物流园区为载体,加强研发、人才、孵化、服务等创新资源集聚,建设物流产业示范创新基地,提升物流业创新能力。(见图9)

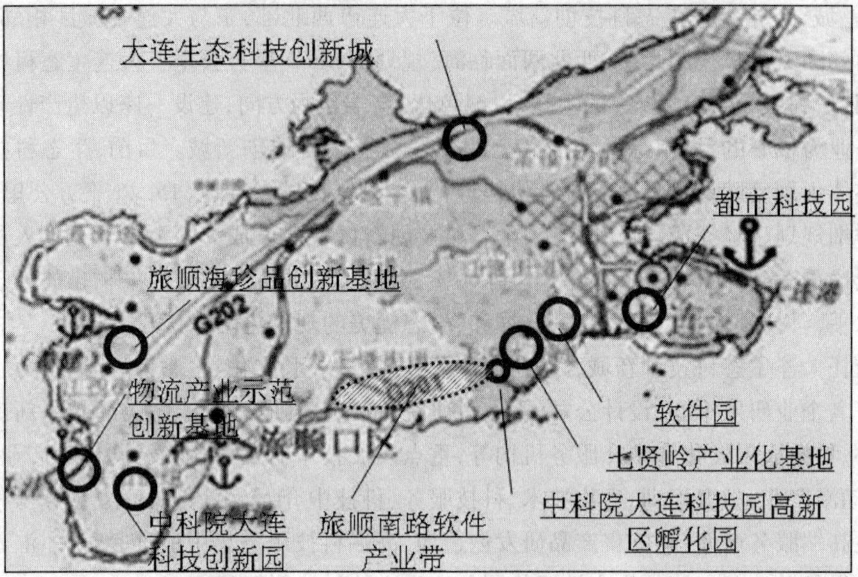

图9　大连科技创新基地核心区空间布局示意图

(2)重点发展区

——依托新市区“三组团”的重点发展区布局

依据由金州新区、保税区、普兰店湾新区组成的新市区“三组团”的产业定位和发展重点,进行以先进制造、电子信息、精细化工、现代农业等产业为主的科技创新基地重点发展区布局。

依托金州新区,结合金州区和开发区的发展优势,依据建设新市区的发展要求和产业定位,加强建设以数控机床、电子信息、生物医药、现代农业等产业为主的科技创新基地。其中包括,以金州国家农业科技创新园为载体,加强建设现代农业科技创新基地;依托双D港的生物医药、集成电路等产业的创新和发展基础,加强建设以生物技术、电子信息技术为主的创新基地;依托开发区在LED、集成电路等高新技术产业上的发展优势,以现有LED、IT产业园为基础,加强创新引导,推动形成开发区高新技术产业创新基地;依托开发区成为科技部批准的我国唯一的国家级数控机床高新技术产业基地的发展机遇,以光洋科技、科德数控和大连机床集团等为首的优质企业为带动,大力建设开发区高档数控机床及基础装备创新基地。

依托保税区位于二十里堡的汽车物流城建设,以奇瑞、曙光、鹏迪等龙头企业项目为带动,大力加强设计、研发及检验检测等环节的发展,形成以汽车发动机及变速箱等汽车零配件为主要领域,包括汽车整车和新能源汽车在内的,集研发、制造、销售于一体的汽车产业创新基地。

依托普兰店湾新区，以海湾工业区为载体，依据其在机械装备制造、船舶辅机配件、汽车零部件产业、现代食品加工等产业上的发展基础和承接产业转移的发展趋势，结合新市区建设需要，大力集聚产业创新资源，提升创新能力，逐步推动形成以先进制造业、高新技术产业为主，现代服务业聚集的科技创新基地；以太平工业区互感器产业园为载体，进一步加强创新资源集聚，提升产业创新能力，完善科技创新环境，加强建设普兰店互感器产业创新基地；以三十里堡临港工业区为载体，推动形成以船舶制造配套等产业为主的先进制造创新基地。

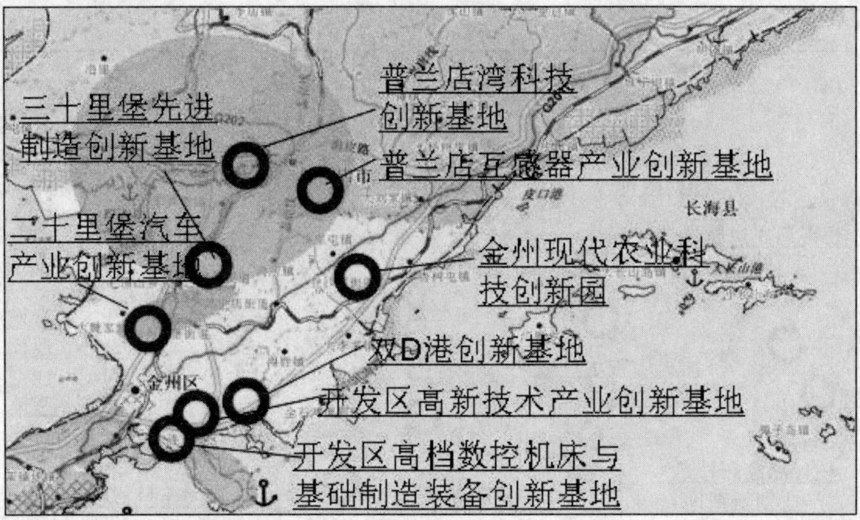

图10　大连科技创新基地重点发展区空间布局示意图

（3）拓展区

——以“两极”为带动的拓展区布局

依据拓展区现有产业优势基础和产业升级需要，结合其在大连未来城市发展战略和科技创新战略中的重要作用，对创新基地拓展区进行“十二五”时期以“两极”为重点带动的初步布局，为其未来进一步发展奠定基础。

“两极”是指长兴岛经济技术开发区和花园口经济技术开发区。依托长兴岛国家级经济技术开发区，建立以高新技术产业及船舶制造、航运技术等产业为主的科技创新基地；依托花园口经济技术开发区，建立以新材料等产业为主的科技创新基地。

同时，在瓦房店、普兰店和庄河，建立传统优势产业和新兴产业领域相结合的创新基地，提升北部地区产业创新能力。依托瓦房店在轴承产业上的突出优势，以瓦轴工业园为载体，进一步加强创新资源集聚，加强建设轴承产业创新基地；依托瓦房店九久光电园，发挥其半导体照明应用产品制造及大功率芯片制造上的现有优势，加强建立以半导体照明产业为主的光电子创新基地；依托瓦房店现有畜禽加工、水果等农业优势，以全国首家县级农业博士工作站、鑫龙省级现代农业示范基地等资源载体为重点，加强农业科技创新，引导形成农业科技创新基地；依托普兰店兴唐线新经济产业带，加强建设以园区农业、休闲农业、设施农业、循环农业、特色农业等为主的现代农业创新基地；依托普兰店皮杨经济区，推动形成以水产品精深加工、服装加工、机械制造等产业领域为主，集研发、生产等为一体的创新基地；依托庄河青堆湾工业区、临港工业区、循环经济区等产业集群载体，建立以生态农业、农产品精深加工、先进装备制造、新型建材、海洋医药等产业为主的创新基地。

图 11　大连科技创新基地拓展区空间布局示意图

2. 分产业布局

依据大连市“十二五”及今后一段时期的重点产业发展需要和区域功能性分工，依托各工业园区和现有创新基地，对不同产业类型的科技创新基地进行空间布局。

表 2　基于产业目标的科技创新基地选择标准

科技创新基地的产业目标		代表符号
产业升级	现代产业体系	●
	三个中心	◆
特色优势产业		▲

表 3　　依据产业分类的科技创新基地

<table>
<tr><th colspan="2">产业基础</th><th>基于产业目标的基地选择标准</th><th>依据产业分类的科技创新基地</th></tr>
<tr><td>农业</td><td>现代农业</td><td>●</td><td rowspan="8">现代农业科技创新基地
软件与电子信息业科技创新基地
先进装备制造业科技创新基地
战略性新兴产业科技创新基地
现代服务业科技创新基地</td></tr>
<tr><td rowspan="3">工业</td><td>先进装备制造业</td><td>●◆▲</td></tr>
<tr><td>电子信息制造业</td><td>●</td></tr>
<tr><td>战略性新兴产业</td><td>●</td></tr>
<tr><td rowspan="3">服务业</td><td>软件业</td><td>●▲</td></tr>
<tr><td>金融、物流等生产性服务业</td><td>●◆</td></tr>
<tr><td>科技服务业</td><td>●</td></tr>
</table>

（1）现代农业创新基地

以农产品精深加工、生态农业、设施农业、特色农业、海洋农业等产业领域为主的现代农业创新基地，以重点发展区和拓展区为主进行布局，包括金州国家农业科技创新园、中科院大连科技创新园海洋生态园、旅顺海珍品创新基地、皮杨农产品加工创新基地、青堆湾现代农业创新基地、普兰店兴唐线现代农业创新基地及庄河北部生态农业创新基地等。

图 12　大连现代农业科技创新基地空间布局示意图

（2）软件与电子信息业创新基地

以软件、集成电路、LED 等产业领域为主的软件与电子信息业创新基地，以核心区和重点发展区为主进行布局，主要包括高新园区软件园、七贤岭产业化基地、旅顺南路软件产业带、双 D 港创新基地（集成电路）、开发区高新技术产业创新基地（LED、集成电路），及瓦房店光电子产业创新基地等。

图 13　大连软件与电子信息业科技创新基地空间布局示意图

（3）先进装备制造业创新基地

以船舶制造、数控机床、轴承、互感器、汽车等产业领域为主的先进制造业创新基地，以重点发展区和拓展区为主进行布局，主要包括开发区高档数控机床与基础制造装备创新基地、保税区二十里堡汽车创新基地、瓦房店轴承产业创新基地，以及以船舶制造、航运技术、配套产业等为主的长兴岛、海湾工业区、太平工业区、三十里堡、庄河临港工业区等先进制造创新基地。

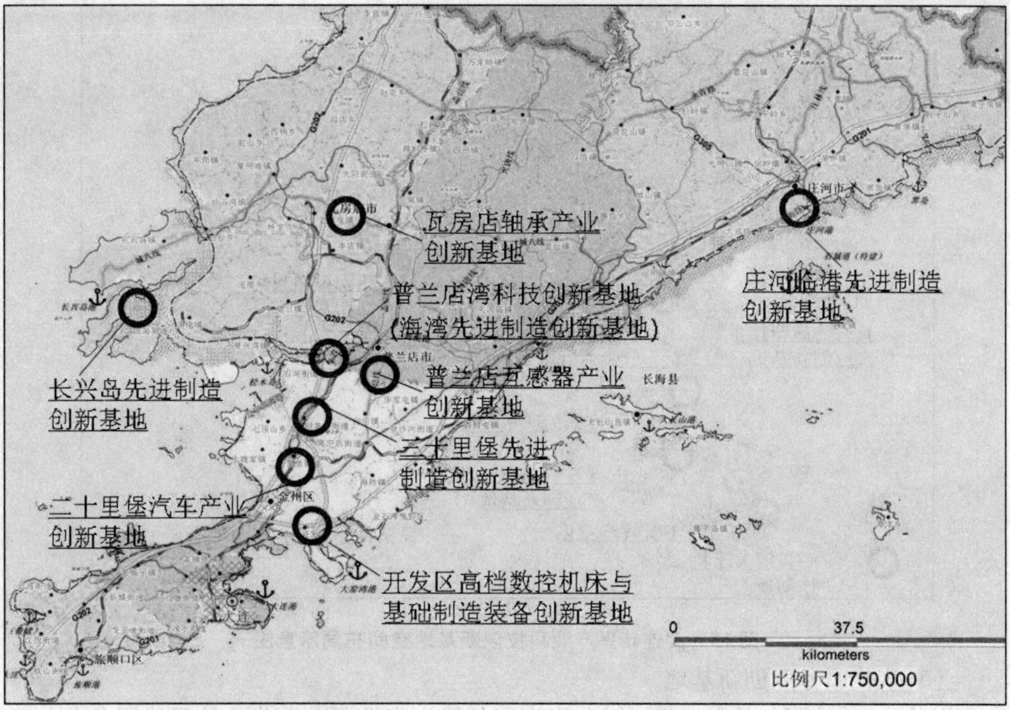

图 14　大连先进装备制造业科技创新基地空间布局示意图

(4)战略性新兴产业创新基地

以新材料、新能源、生物工程等产业领域为主的新兴产业创新基地，以核心区和重点发展区为主进行布局，并向拓展区扩展，包括中科院大连科技创新园、七贤岭产业化基地、开发区高新技术产业创新基地(LED)、双D港创新基地、二十里堡新能源汽车创新基地、花园口新材料创新基地、瓦房店光电子创新基地、庄河临港创新基地(光伏)，以及推动形成长兴岛高新技术创新基地、普兰店湾高新技术科技创新基地等。

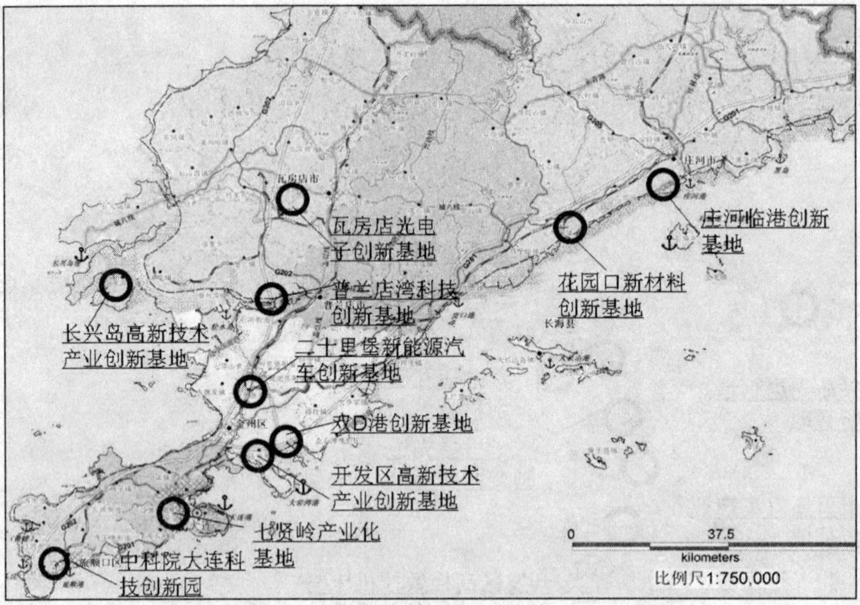

图 15　大连新兴产业科技创新基地空间布局示意图

(5)现代服务业创新基地

以物流、软件服务外包、科技培训、咨询服务等生产性服务业为主的现代服务业创新基地主要以核心区为主进行布局,为现代服务业发展提供示范引导,包括大连生态科技创新城、软件园、都市科技园、羊头洼物流产业示范创新基地等。

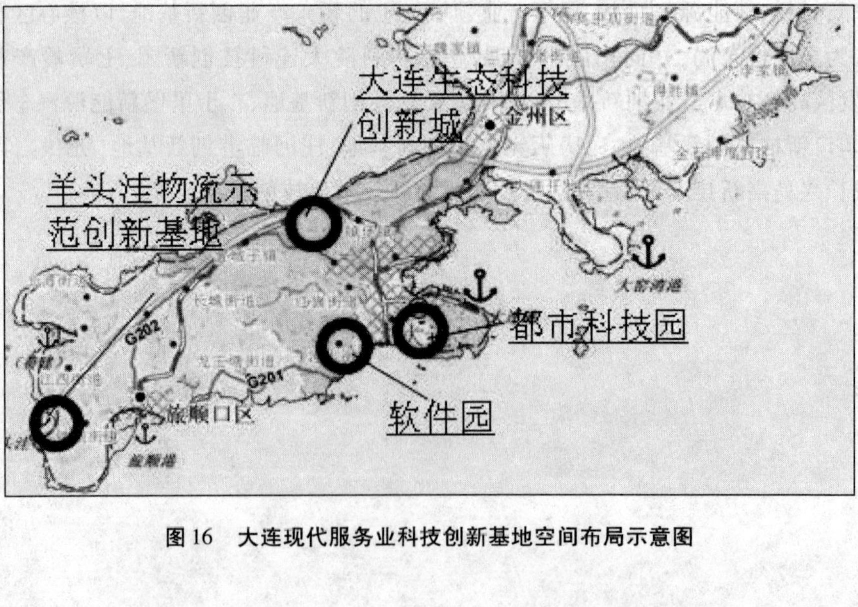

图 16　大连现代服务业科技创新基地空间布局示意图

六、推进大连市科技创新基地建设及实现合理布局的对策建议

(一)制定大连市科技创新基地空间布局规划

建议成立大连市科技创新基地建设领导小组,组长由主管科技工作的副市长担任,市科技局、市规划局、市发改委、市经委、市服务业委、市农委等市直相关部门和各先导区管委会、县市区政府为成员单位。领导小组主要职能是统筹全市科技创新基地的发展,制定科技创新基地发展规划及扶持政策,明确科技基地发展布局,协调解决各种矛盾和问题,推动全市科技创新基地快速发展。领导小组下设办公室,挂靠在市科技局,负责具体日常事务。当务之急,就是在领导小组指导下,由大连市科技局牵头,组织相关部门和专家成立规划编制组,高起点、高水平编制《大连市科技创新基地空间布局规划(2011—2020)》。要在对世界及我国科技创新基地发展现状及趋势进行分析的基础上,对我市科技创新基地市场发展空间进行预测,并结合大连科技基地发展的实际情况,明确大连市科技创新基地建设的思路、定位、目标、重点任务、空间布局及保证措施。高起点、高标准规划建设一批科技创新基地和配套服务设施。

领导小组各成员单位特别是各职能部门应通力配合,特事特办,采用一站式办公方式,简化报批报建手续,加速科技创新基地建设进程。与此同时,政府要讲求诚信,做出承诺要及时兑现。此外,在推进大连市科技创新基地布局建设过程中,必须按照规划布局来实施组织管理工作,各部门必须按照全市的整体规划要求来安排科技创新基地的发展,协调全市科技创新基地的空间布局问题。要树立全市一盘棋观念,彻底解决各行政区之间缺少统一联系、各自为政、互不配合、缺少大局观念,甚至相互掣肘等问题,努力形成大连市科技创新基地发展的整体优势,共同促进全市科技创新的发展。

(二)制定科技创新基地建设的扶持政策

在落实国家相关科技产业政策的同时,借鉴国内外科技创新基地发展的经验,结合大连市实际,制定大连市科技创新基地发展专项扶持政策,在资金扶持、土地使用、税收、人才、立项审批等方面给予优惠和便利。

1. 制定科技创新基地土地使用优惠政策。涉及科技创新的研发与产业的新建项目,鼓励引导其向大连科技创新基地集聚。可根据投资者的设计要求,建设高标准工业厂房,低价供投资者租用,并在三年内免收租金,对于引进省级以上的研发与实验室项目免收生产建设性费用,由政府财政支出。

2. 科技型生产企业税收优惠政策。纳入我市的科技企业享受扩大增值税抵扣范围等优惠政策;允许新购进机器设备增值税税金予以抵扣。提高固定资产折旧率和缩短无形资产摊销期限、扩大科技企业研发经费加计扣除优惠政策适用范围。对大连科技创新基地内,符合科技创新基地布局的企业和项目,在重大产业化项目资金、技改贷款贴息资金及税收政策等方面比照给予东北老工业基地政策重点支持,提供贷款贴息、融资担保、税收优惠等综合配套政策。

3. 通过制定相应优惠政策，为科技人才创业和创新创造良好的环境。作为科技创新主体的企业，要吸取股权奖励、股份期权等长期有效激励和约束人才的成功经验，形成有利于稳定科技人才成长的环境。用人单位引进高级人才的住房货币补贴、安家费、科研启动经费等费用，可依法列入成本核算。海外优秀人才来连工作的医疗保险、配偶就业、未成年子女就学等问题优先予以妥善解决。鼓励和支持各类优秀人才创办企业、专利和技术入股，提供购房、入户、子女入学等方面的便利。积极引导企业博士后科研工作站设站单位加大高层次人才引进培养力度，促进建站数量和质量同步提高；建立博士后联谊制度，加强工作站与流动站的联系与合作，促进产学研一体化，切实增强企业的自主创新能力和市场竞争力。选择推荐经济实力强、科研基础好的企业建立博士后科研基地，招收项目博士后，引导企业依靠人才优势和科技优势，提升核心竞争力。

（三）建立健全配套服务体系

1. 加强科技创新服务平台建设，营造良好的科技创新基地环境。要把建立中介服务体系作为科技创新基地建设的一项重要措施来抓。尽快建立起背靠政府，面向企业，依托大专院校、科研院所，服务全市的技术支持、技术推广、技术贸易、信息服务、评估咨询、孵化器等中介服务机构，建立起企业与科研机构高等院校之间的桥梁和纽带，促进科技与经济的结合。建立中介服务机构的管理网络和公共信息网络，实现中介机构信息沟通、资源共享，逐步实现科技创新中介服务的社会化、网络化和信息化。一是组织和引导专业技术力量发展科技中介机构。这是提升科技中介机构服务水平的重要工作。二是结合科技、教育体制改革，推动一批科研机构整建制转为科技中介机构。另外，还可以组织有条件的科研单位、高等院校立足于技术条件和人才优势，兴办各类科技中介机构。要充分发掘社会资源，引导政府部门所属科学研究事业单位转变运行机制，在为政府决策服务的同时，再向社会开展科技咨询、评估活动。

2. 提升科技中介服务能力和水平。科技中介自身要不断提高服务质量和水平，在科技创新基地中发挥桥梁、纽带的作用，推动科技成果的形成和产业化。大力培养骨干科技中介，并充分发挥其示范带动作用。市科技主管部门要结合科技创新基地平台建设，支持重点科技中介机构的发展。通过建立稳定的投入渠道，选择具有优势的生产力促进中心、科技企业孵化器、技术交易机构等，加大培育力度。要在共同开发技术平台建设，服务设备购置、从业人员培训等方面加大支持力度，促进中介机构打造精品服务项目，提升服务质量和水平。要以建立组织网络化、功能社会化、服务产业化的科技中介服务体系为目标，完善政策与法律法规体系，为科技中介服务健康发展提供制度保障。同时，要引导科技中介服务机构向专业化、规模化和规范化方向发展。

3. 大力促进科技创新基地的产学研合作。加强科技创新基地与高等院校、科研院所的全面合作，鼓励与高校院所共同研发科技项目、进行成果转化和开展人才培训等。对于科技创新基地产学研合作项目，市财政给予项目研发经费资助。支持科技创新基地以科技型龙头企业为主体，以高校院所为依托，以行业协会组织为支撑，建立各类产业技术联盟,联合开展行业关键技术攻关,对于新建技术联盟市财政给予启动经费支持。鼓励科技创新基地建立各类产业合作网络,支持开展行业技术应用、人才培养、投融资市场开拓等方面的交流与合作。

(四)加大对科技创新基地建设的投入

1. 进一步加大政府对科技创新基地的投入。政府可通过财政拨款、土地转换、税费免征等形式加大对科技创新基地的投入,特别是加大对重要科研单位、重大科技项目、国家级试验室、研究开发中心等重点工程建设的投入。以政府投入为种子资金,吸引更多的社会资金,建立风险投资资金、科技成果转化基金、科技创新基金、科技企业担保基金。政府各项科技创新资金不便于直接向企业投资,应当通过组建科技投融资公司这个平台作为投资主体,先行投资。待项目成熟或企业盈利后,再通过项目包装、以股权转让等方式收回投资。科技投融资公司作为融资主体,代表政府管理科技创新资金和科技资产,运用资本运作盘活存量资产,通过开发性金融机构贷款的引导作用吸引各种社会资金进入融资平台,统一进行科技基地创新项目投资。

2. 加大对科技创新基地企业的投入。企业是科技创新基地的主体,也是科技投入的主体。通过政策引导,加大对科技创新基地的企业进行科技创新投入。对于中小科技企业而言,更要加大消化吸收的投入力度。市政府应采取相应鼓励措施,对企业科技投入达到一定规模的,在税收方面给予一定的优惠,同时,对通过加大科技创新基地的投入,形成自有知识产权产品的企业给予一定的奖励,其产品在政府采购时优先考虑。

3. 促进科技创新基地"银企对接",争取银行贷款。银企对接工作由行业主管部门和协会承担。具体办法是:科技创新基地企业报贷款项目和计划,行业主管部门组织专家进行前景和投资风险等评估、论证,形成项目报告书,提供给各大银行。然后再把银行和企业的领导请到一个桌上当面洽谈,以此促进银行向科技创新基地的企业放贷。

(五)加强科技创新基地规范化管理

1. 建立科技成果推广应用体系,推动科技成果产业化。为了推动科技创新基地的科技成果转化推广应用,有必要建立较为完善的、高效的科技成果转化应用推广体系。通过建立相应的机制,把成果转化所涉及的各个环节、各有关部门、单位有机联接起来。特别是要建立起科研机构与生产企业之间的有效联接机制。这就要求建立科技创新基地的科技成果转化平台,而这一平台则主要包括以下三个方面内容:一是要建立成果转化市场;二是建立健全相关中介组织;三是由科研机构、院校与企业共同建立院企联盟,形成利益共同体,推动科技成果快速有效转化。

2. 创新科技创新基地的科技评价体系。科技管理部门指导科技基地研究者申请专利,鼓励获专利权的单位对获得职务发明专利的研究者先给少量物质奖励,专利投入应用后获专利权的单位从所得收益中按比例给予发明人提成。以著作、电脑软件为形式的科研项目可用发行量的大小作为其成果的评价依据,成果评价方式向版权管理靠拢,以版权费作为智力劳动的主要报酬。软科学项目由委托或采纳项目结论的收益部门根据项目产生的社会效益给予评价。对政府资金资助的项目或企业评审，包括授予高新技术企业、高新技术产品和项目称号的评审，应重点考核其研发能力、研发队伍、企业领导人的创新素质、项目的前沿性、项目的产业化前景、项目的或企业的盈利能力、人均产出率等指标。

3. 实行跟踪管理和全程服务，建立管理与服务的双轨运行机制。对科技创新基地的项目进行“立项管理”后，科技相关部门立即开始所有环节一整套的管理与服务措施。科技管理部门对获得科技基地扶持的项目或企业建立定期联系、走访制度，了解项目进展情况、企业发展情况、检查扶持资金使用情况及项目实施过程中存在问题等，及时进行跟踪管理和服务。同时建立相应的档案，实现对政策实施的全过程监控和服务。跟踪管理的主要内容有：经费落实及使用情况；合同计划进度完成情况；项目达到的技术、经济、质量指标及人才培养与队伍建设情况；项目实施取得的成果、知识产权保护及存在的主要问题和解决措施等。项目实施期间，应按要求建立项目档案和资金专用账户，实行专项管理，专款专用。

(六)加强科技创新基地国内外交流与合作

1. 加强国际科技交流与合作。鼓励支持科技创新基地的企业扩大高新技术及其产品的出口，在境外设立独立研究开发机构和产业化基地。加快建立符合国际惯例的国际科技商务平台，为海外科技商务机构和技术转移机构提供服务支持。重点加强与韩日及港澳台等科技研究与服务机构的合作，积极拓展与俄罗斯的科技交流与合作。借助新一轮国际产业转移的有利时机，大力吸引国际上知名的科研机构、研发中心到大连来，推进大连科技创新基地建设步伐，提升大连市综合科技创新能力。

2. 广泛开展国内科技合作。把目光瞄准国内著名高等院校、科研院所和高科技企业，以优惠政策、优质服务把重大项目、关键技术吸引到大连科技创新基地来。加强与国家有关部门的合作，吸引国家“863”和“973”等重大项目到科技创新基地落户。密切与东南沿海地区的科技合作与交流，充分发挥大连丰富的科技资源优势，实现优势互补与共同发展。积极参与东北三省区域科技资源共享，合作组建科技组群、联合科技创新、科技人才培养等科技行动。

(七)强化科技创新基地人才的引进和培育

首先，加大科技创新基地科技人才的培育力度，特别是积极培养领军式专业技术人才。着重加强对有团队组织能力、有良好学术风格、德才兼备人才的培养，特别是加强对我市科技创新基地战略性重点产业领域和关键技术领域领军式人才的培养。加快培养一批具有自主创新能力、具有战略眼光、适应科技创新需要的高层次领军式人才。有计划、有重点地培养和选拔各行业、各学科带头人才，加快年轻高新技术人才的培养，使其尽快走上关键岗位。

其次，面向国内外，积极吸引高层次人才来我市科技创新基地创业和发展。加强与国外专家组织、友好城市、大学、人才交流中介机构的广泛联系，加大在国家引智项目立项力度,争取更多国家引智资金支持,协助集成电路、软件、生物、环保、高附加值农业等重点产业领域内的单位引进外国专家,解决其技术和管理难题。鼓励智力引进与项目引进相结合,促进科技人才向大连科技创新基地集聚,使科技创新基地成为科技人才集聚的乐园。

(八)加强科技创新基地文化建设,营造良好创新发展氛围

1. 形成大连特有的科技创新文化。加强科技创新基地建设的同时,要在全市特别是创新基地形成鼓励创新、宽容失败、尊重劳动、尊重知识、尊重人才、尊重创造的创新文化氛围。争取做到"一流人才、一流业绩、一流报酬"。对于创新项目失败的人员,我们给予一定的物质和精神鼓励。科技创新需要敢冒风险的创造精神,讲究标新立异,尊重个性独立和个性选择。因此,培养大连特有的科技创新文化,就应尊重个性独立,提倡自强、自立、自尊,就应允许失败,努力营造宽松、自由、兼收并蓄、鼓励个性发展和创造的硅谷式的文化氛围。

2. 创新科技文化必须树立以人为本的理念。科技资源与创新人才实现有效结合是我市科技创新能力提高的根本动因。第一,人才具有不可替代性,特别是科技创新型尖子人才在科技创新基地中发挥不可替代的作用。第二,珍惜难得的人才。人才问题具有空前的紧迫性,新时期科技工作的重点就是树立以人为本、以人为中心的思想,全力创造一个有利于留住人才、有利于尖子人才成长的环境。科技创新文化就是把尊重人、关心人、激励人、培育人作为科技创新文化氛围的根本。

《大连市科技创新基地空间布局战略研究》课题组成员

课题领导小组:

组　长:李　才　大连市政府发展研究中心　主任　教授

成　员:杨大海　大连市政府发展研究中心　处长　副研究员

课题组:

组　长:杨大海　大连市政府发展研究中心　处长　副研究员

成　员:王盛兴　大连市政府发展研究中心　调研员　副研究员

张永欣　大连市政府发展研究中心　副处长　助理研究员

张　娜　大连市政府发展研究中心　助理研究员

优化大连市工业资产运营与管理的对策研究

鲁　岩　秦学冬　刚晓丹　冯士森

一、概述

(一)国有投资公司的概念和特征

1. 国有投资公司的概念

国有投资公司是指经国家批准或授权,由国家单独出资设立,以持股方式从事国有资产经营活动的公司法人;此类公司并不直接从事商品或服务的具体经营活动,而是通过持有所投资公司的股权,控制和影响所投资公司战略发展方向和公司营运决策,获得股权经营活动收益。国资委研究中心主任王忠明认为:“国有投资公司的主营业务是股权经营,而不是某一产业的产品或服务,不追求某一个产业的做强做大,而是追求企业或项目的资本经营组合,主要盈利模式是股权的增值收益。”随着国家产业政策、国有经济布局、结构调整要求的变化,国有投资公司持有的股权可能会适时地进行调整,即阶段性持股:选择前景看好符合国有经济发展方向的行业,尊重产业发展规律和企业生命周期,及时地进,适时地退,实现资本收益的最大化。

2. 国有投资公司的特征

(1)国有投资公司是连接政府、政府的国有资产管理部门与国有企业的纽带,是连接所有权与经营权的桥梁,它与国有资产管理部门的关系是国有资产所有者的第二级委托代理关系。政府国有资产管理机构作为委托者,通过与国有投资公司签订国有资产所有权委托代理协议书和国有资产保值增值责任书,将政府所管理的国有资产所有权委托给国有投资公司代理。作为代理者,国有投资公司以受委托国有资产为对象,从事资本经营活动。国有投资公司一般不设股东会,董事由政府委派任命。

(2)国有投资公司对授权范围内的国有资产依法自主经营,对国家承担国有资产保值增值的责任,并接受国家的监督考核。国有投资公司经营国有资产具体表现在:①对国有资产进行存量调整和增量投资,考核子公司国有资产的安全、保值、增值情况;②向子公司分解资产责任,选派国有资产代表和经营者,并对其经营业绩进行考核、奖惩,监督国有资产的运营;③作为国有资产出资者的代表获取资产收益,并拥有对国有资产的处置权。

(3)国有投资公司从资产价值角度对国有资产进行管理,即从资产管理转化至资本管理,而不涉及资产的具体经营和实物形态,从而把国有资产的管理与国有企业的经营管理从两个不同的层次分开。国有投资公司充分关注国有资本的流动性和增值性,以资本回报为目标和业绩衡量指标。从管理内容和方法的角度看,国有投资公司的业务主要是产权经营与管理,通常是进行超之于企业管理之上的战略管理,超脱于一般公司供产销人财物管理上的资本运营管理。

(二)国有投资公司的产生背景和发展现状

1. 产生背景

1988 年,国务院颁布《关于投资管理体制的近期改革方案》,系统地提出了投资体制改革的基本任务和一系列推进改革的措施。这些措施包括:对重大的长期的建设投资实行分层次管理,加强地方的重点建设责任;国家颁布产业政策,建立以产业政策为核心的投资宏观调控体系;成立国家专业投资公司,用经济办法对经营性投资进行管理等。同年,国务院成立国有资产管理局,把国有资产的产权管理职能从政府行政管理职能和一般经济管理职能中分离出来。

1993 年党的十四届三中全会确立了对国有资产实行国家统一所有、政府分级监管、企业自主经营的体制。首次提出政资分开的概念,着力实现政府的社会经济管理职能和国有资产所有者职能分开。这一时期国有投资公司在观念、发展战略和经营方式等方面开始发生重大改革,投资公司在社会主义市场经济中的"身份"得以确立。1999 年党的十五届四中全会提出,要按照国家所有、分级管理、授权经营、分工监管的原则,逐步建立国有资产管理、监督、运营体系和机制,建立和健全严格的责任制度。

2002 年党的十六大在国有资产管理体制方面取得了实质性突破,明确指出:继续调整国有经济的布局和结构,改革国有资产管理体制,是深化经济体制改革的重大任务。2003 年 3 月国务院国资委成立,到 2004 年年末,全国 31 个省(直辖市)国资委全部组建完毕,从组织机构上实现了政府的公共管理职能与出资人职能的分离。至此,"国有资产管理机构—国有资产营运公司—国有实体企业"三层次构成的新的国有资产管理体制基本完成。

2. 发展现状

来自中国投资协会的统计表明,2004 年全国各省、自治区、直辖市以及各部门成立的国有投资控股公司约有 250 家,地市级政府成立的投资控股公司约有 150 家。据不完全统计,加入中国投资协会的 79 家国有投资公司投资项目总数已达 9000 余个,直接和间接控制着 1800 多个参股、控股公司。截至 2004 年年底,部分公司核销不良资产后,七十多家会员单位总资产仍达到 7134 亿元,净资产 3135 亿元,利润 150 亿元,所投资企业的建设规模已超过 1 万亿元。

国有投资公司投资领域主要集中在火电、水电、煤炭等能源领域,港口、公路、桥梁等基础设施领域以及高新技术产业化领域。并从最初的能源交通等基础设施发展到包括农业、工业、服务业三大产业的多个行业,经营范围不断扩展,资产规模逐年增长。以占国有资本总量最大的工业企业为例,从2000年到2006年国有及国有控股工业企业资产规模逐年扩大,2006年年底国有及国有控股工业企业资产规模达到了135153.35亿元,比2000年84014.94亿元增长了60.9%。

表1　　全国国有及国有控股工业企业资产规模与单位数及比重

年份	资产规模(亿元)	比重(%)	企业单位数(个)	比重(%)
2000	84014.94	66.6	53489	32.8
2001	87901.54	64.9	46767	27.3
2002	89094.60	60.9	41125	22.7
2003	94519.79	56	34280	17.5
2004	101593.74	52	31750	14.5
2005	117629.61	48.1	27477	10.1
2006	135153.35	46.4	24961	8.3

注:"比重"为国有及国有控股工业企业资产(或单位数)占全部国有及规模以上非国有工业企业资产(或单位数)的比重。

资料来源:2001年~2007年《中国统计年鉴》。

通过有效的资本运营及国有经济的战略性调整,国有资本逐渐从竞争性领域退出,并不断进入公益性、基础性、高新技术性、支柱性领域,国有经济布局与结构进一步改善。国有及国有控股工业企业资产总量逐年增加的同时,其占全部国有及规模以上非国有工业企业资产的比重正在逐年下降,从2000年的66.6%下降到2006年的46.4%。国有工业企业的数量及比重也逐年减少,集中度进一步提高。

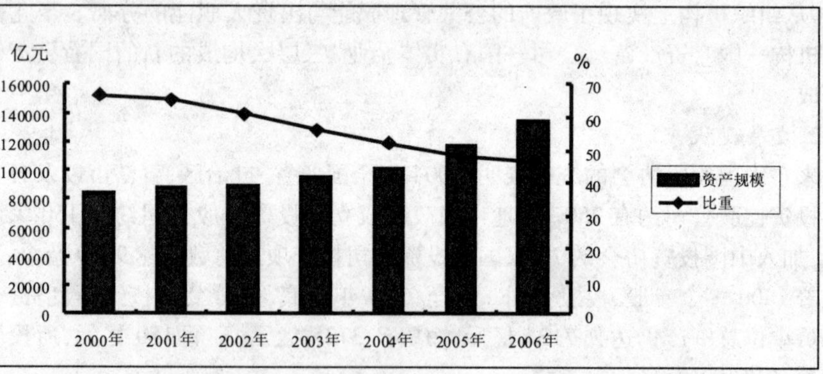

图1　全国国有及国有控股工业企业资产规模及比重变化情况

2006年国有及国有控股工业企业实现主营业务收入101404.62亿元,实现利润总额为8485.46亿元,分别为2000年的主营业务收入和利润总额的2.4倍和3.5倍。国有工业企业资产运营状况呈现出良性发展态势。

表2　全国国有及国有控股工业企业主要经营指标

年份	主营业务收入(亿元)	比重(%)	利润总额(亿元)	比重(%)
2000	42203.12	50.2	2408.33	54.8
2001	44443.52	47.4	2388.56	50.5
2002	47844.21	43.7	2632.94	45.5
2003	58027.15	40.5	3836.20	46
2004	71451.93	38	5311.88	46.8
2005	85574.18	34.4	6519.75	44
2006	101404.62	32.3	8485.46	43.5

注:"比重"为国有及国有控股工业企业主营业务收入(或利润总额)占全部国有及规模以上非国有工业企业主营业务收入(或利润总额)的比重。

资料来源:2001年~2007年《中国统计年鉴》。

(三)国有投资公司的职能及作用

1.国有投资公司的职能

(1)国有投资公司是政府投资主体

伴随着国家投融资体制改革而产生的国有投资公司承担着国有资产保值增值的职责,并且解决了以往国有企业所有者主体缺位问题。作为政府授权的国有资产出资代表人,国有投资公司具体行使国有资产的管理权,无论是存量资产的调整还是增量资本的投入,都按照国有经济的发展方向、国家的产业政策,发挥投资导向作用。根据党的十六大精神,国有投资公司要重点向国家要求国有经济发挥主导作用的行业,如基础性、资源性和高新技术产业等方向投资。

(2)国有投资公司是市场竞争主体

按照新型投融资体制的要求,政府的投资决策必须体现科学化和民主化,决策方式和管理方式必须做到"政企分开",同时强化项目法人对投资收益和市场风险的决策责任。因而,在市场经济体制日益完善、政府职能日益转变、国有资产管理体制改革和投融资体制改革日益深化的大背景下,国有投资公司作为市场竞争主体的定位逐渐明晰。国有投资公司是市场主体,就必须遵循市场运作规律,"自主经营、自负盈亏",效益最大化应是其追求的目标。

2.国有投资公司的作用

(1)有助于实现政企分开

我国企业改革、国有资产管理体制改革的一个重要内容就是通过政资分离解决政企分开的体制问题。按照政资分开的原则,构造专司国有资产管理的政府机构和专司国有资产经营的国有投资公司。政府不再作为所有者直接管理国有企业,在政府与国有企业之间通过国有投资公司这种特殊的企业组织发挥政企"隔离带"的作用。国有投资公司作为经营国有资产的特殊企业法人,不具有行政管理职能和行业管理职能,它同下属企业的关系不是行政隶属关系,而是资产关系,这就为政企分开打下了基础。

(2)有助于落实国有资产经营责任

通过对国有投资公司的授权,明确其国有资产的投资主体、产权代表的地位,有利于解决国有企业财产产权虚置的问题。国有资产经营责任不明确、不具体是造成企业行为不规范、经济效益不高、国有资产流失的重要原因。建立国有投资公司,使国有资产经营责任落到实处,既有利于国家所有权的充分行使与实现,也有利于国有资产保值增值责任的落实。

(3)有助于国有资产的优化配置

我国国有资产的产业结构、地区结构、组织结构不尽合理,国有资产存量调整、资产重组已成为一项非常急迫的任务。国有投资公司通过国有资产的经营、产权运作,促进国有资产的流动、调整,实现国有资产的优化配置。主要手段包括:一是增量、存量调整,国有投资公司是一个跨地区、跨行业、跨所有制的经济组织,它可以在更大范围内和更广阔的区域内组织国有资产的流动和配置。二是主导产业的选择,适时地进入对国民经济起重要作用、具有发展潜力的新兴产业,保持国有经济对国民经济持续性的主导作用。三是国有经济的退出,通过国有投资公司的资本运作,实现国有经济在一些完全竞争性领域和非关键性行业的有效退出,避免国有资产出现流失。

(4)有助于提高国有经济的控制力

国有经济调整的最终目的是增强国有经济对整个国民经济的控制力和影响力,实现国有经济对整个国民经济的主导作用。这要求国有经济在调整中能够充分运用杠杆效应,用国有少量资本实现对社会大量资本的控制、带动和影响。国有投资公司的资本投向代表了政府的产业政策导向,这必然引起社会投资的跟随。国有投资公司通过控股参股等方式来进行资本经营,从而能够以少量资本控制、带动和引导大量社会资本投向,使国有经济的控制力得到进一步增强。

二、国内外国有资产营运与管理的经验

切实加强国有资产监管、保障国有企业持续健康发展,是世界各国面临的共同课题。发达国家与国内部分地区在实践中形成的许多成熟经验,对完善我市国有资产管理体制,推进全市国有资产管理持续发展具有十分积极的启示与借鉴意义。

(一)发达国家的发展经验及启示

1. 日本的发展经验

日本国有企业分为三类:直营事业、特殊法人事业和第三部门,国有资产主要分布在铁路、邮政电信、基础设施等公共事业以及金融、烟草、盐业等行业企业中。日本对国有资产的管理主要是一种集权式的战略模式。主要体现为:①成立专门机构对国有资产进行管理。包括执行机关(由大藏省和政府主管部门组成)、咨询机关(由国有资产中央与

地方两级审议会组成)、监察机关。②对国有资产公司进行直接管理。政府主管部门决定企业的人事任命,国企工作人员受国家公务员法的约束。国企虽有独立核算的财务会计制度,但在财务处置上受政府的严格控制和监督。③制定专门的法律制度保护国有资产。立法规定国企的经营范围、义务和责任,规定各管理机关的职权及权利行使方式。

2. 英国的发展经验

英国国有资产主要分布在三类企业中:政府直接管理的国有企业、具有独立法人地位的国有企业、公私合营的国有股份公司。国有企业的分布范围以公共事业、基础设施等领域为主,还广泛进入制造业等竞争性行业。英国对国有资产管理在战略上体现为:①采取董事会领导下的经理负责制。董事会是连接政府和国有企业的桥梁,通过董事会贯彻执行政府的政策意图,又使企业享有一定的经营自主权。②政府对国有企业的管理包括:任命董事会成员;规定国企的财务处置权限;要求企业完成政府主管部门制定的盈利、扭亏等财务指标。③规定英国议会是国有资产的最高管理机构。议会立法规定国企的职责、机构及其权利义务;议会授权委托有关部门具体管理国有资产。④政府各主管部门负责国有资产的具体管理,如财政部负责确定对国企的资助额、审批各主管部门投资报告、监督财政拨款的执行情况等。

3. 新加坡的发展经验

新加坡模式也可称为"淡马锡"模式。创建于1974年的淡马锡控股有限公司,负责持有并管理新加坡政府在各大企业的投资。目前,淡马锡控股拥有21家企业,其经营范围包括银行与金融服务业、电信与传媒业、运输与物流业、能源与公用事业、基础设施等。淡马锡控股企业中有7家上市企业,其市值占新加坡证券交易所股票总市值的18%。淡马锡公司接受新加坡财政部监管,公司内设董事会,董事长由财政部提名、总统任命;董事由政府官员、国际或国内知名公司的高管人员担任。淡马锡公司对所属控股企业的管理包括:淡马锡运用股东权利,设定所属控股公司的发展战略与方针,但不参与日常运营决策;检查所属控股公司的商业价值与发展潜能,通过精简或整合的形式,提高股东的投资回报。

4. 发达国家国有资产管理经验给我们的启示

(1)国有资产投资领域相对集中。公共事业、基础设施以及影响国家经济安全的命脉产业都是国有资本集中进入的领域。在这种共性表现下,不同的国有资产发挥着不同的作用,整体的国有资产布局实现了社会目标和盈利目标的统一。

(2)成立专门的国有资产管理机构及具体经营组织。上述各国都设有管理和经营国有资产的机构与组织。国有资产经营组织的建立有利于保障国有资产的合理使用和保值增值,使国有企业的运营更符合现代市场经济的要求。

(3)国有资产的管理机构相对独立。由于行政部门分布广泛,内部机构复杂,如不设独立的国有资产管理机构极易造成决策的分散、利益分配的不和谐及效率低下。尽管各国国资管理部门的设置各有不同,但都相对独立。

(4)国有资产经营组织一般采用股份制运作。股份制作为企业的组织运作方式已被证明是适合市场经济发展要求的。国企是现代市场主体之一,应当采用股份制方式运作。成立股份公司后,国企便可纳入公司法的管理,既维护了国家法律的统一性,也有利于依法遏制国有资产的非法流失。

(二)国内部分地区的发展经验及启示

1. 中央企业战略重组与国资运营的经验

中央企业是国有资本的精锐力量。从2006年的统计资料看,绝大多数中央企业实现了主营业务收入与利润的同步增长。但是,按照国民经济行业分类,159家中企的行业分布面积达到90.5%,表现出行业涉及领域过宽,集中度较低,缺少结构性力量的分布特征,以致形成企业分散竞争、经营规模偏小的低水平格局。这种状况引起了中央政府的高度重视,有关部门提出将国有资本向具有较强竞争力的大公司、大企业集团集中,最终形成30至50家具有自主知识产权和知名品牌、具有国际竞争力的大企业集团。据此,国务院国资委积极采取促进央企的主辅业分离、组建国有资产投资公司等手段推进中央企业的战略重组与结构调整。中国诚通控股集团有限公司和国家开发投资公司便是此次改革首批试点的"探路者"。事实上,这两个公司分别代表着国有资产管理与经营的两种典型模式,即专门从事困难国有企业和不良资产处置的经营公司与通过资本输出和管理提升企业价值、提高投资效益的经营公司。

(1)中国诚通控股集团有限公司。诚通公司是国有独资、国家授权经营、战略型投资控股公司,主要任务是根据国有经济布局和结构调整以及央企重组的总体需要,对央企的非主业资产、不良资产及所属经营不善的六类资产(整体上市后的存续资产;主辅分离、清产核资剥离的资产;破产关闭企业资产;学校、医院等公共职能资产;经营不善、非国家控制且非行业前3名的企业;中央债转股企业)进行市场化、专业化运作与处置,运用托管、无偿划转、收购、资产置换等多种方法接收剥离移交的央企资产,最大限度地提高中央企业收益率,实现国有资产收益的最大化。目前公司的主营业务包括:资产经营管理、现代物流、综合贸易。在资产经营管理方面,先后完成了普天集团8户企业改制重组以及寰岛集团、中国唱片总公司的托管工作;在物流产业方面,公司拥有较强实力,列全国物流、仓储、运输、配送服务业第2名,集团还拥有全国最大、分布最广仓储一体化网络;在综合贸易方面,集团拥有贸易市场20家,年交易额200亿元。诚通集团与百余家成员企业建立了以产权为纽带的母子公司体制,其中三家子公司已成功上市。

(2)国家开发投资公司。国家开发投资公司是国有独资的政策性投资机构,主要任务是根据国家经济发展战略、产业政策和区域规划的要求,对基础性、资源性产业和高科技产业项目进行控股、参股投资,其业务基础是国家划转的投资项目资产,业务范围包括承担少数不宜由国家控股公司和中央企业集团参股控股的政策性项目;扶持老少边穷地区经济发展的重大项目;原由6个国家专业投资公司经营,目前难以转移到其他单位经营的中外合资或参股的项目。国家开发投资公司承担以上项目,主要起政策导向作用,不参与项目的具体经营管理工作。项目建成后,按市场经济的原则和运行办法,国家开发投资公司的股权可转移给国家授权的有关经营单位。目前,国家开发投资公司已经建立了成熟的电力板块和煤炭板块,还将进军化肥产业,以形成基础性、资源性和关系国计民生的核心实业,并在时机成熟时推向资本市场;与此同时,还通过投资、置换等方式成功涉足了交通(港口)、汽车零配件、电子与医药等行业。

2. 地方国有资本管理与运营的经验——以上海为例

(1)上海国资体系改革的起步阶段。在国有资产战略性大调整的背景下,上海市在1999年和2002年分别成立了上海国有资产经营有限公司、上海盛融投资有限公司和上海大盛资产有限公司。至2003年,上海国企改革重组已初见成效,通过整合形成了百联、锦江国际、电气、农工商、电科所、国际港务、仪电等几大企业集团,涉及资产近3000亿元;通过整建制放小属区、整体转让退出、股权激励改制等方式放开搞活中小企业,使国有独资中小企业数在三年内下降了25.4%;十五时期累计处置国有不良资产债务450亿元。上述三家国资运营公司在上海市国资体系改制过程中都承担了重要角色,在业务划分上,三者各有不同:上海国有资产经营公司侧重控制一些大型项目,如金融资产等;上海盛融和大盛侧重于非金融性资产以及对不良资产的处置。

(2)上海国资体系改革的升级阶段。2007年,在国有资本运营与管理初见成效的基础上,为了进一步深化国资国企改革,理顺国资监管体制,提高国有资本的控制力与集中度,进而提升国有企业的竞争力,加快推进上海国际金融中心和现代化大都市建设的步伐,同时解决前一阶段几家国资管理公司功能重叠和资源浪费问题,上海提出了国有资产重组的新方案,即上海盛融与上海大盛合并组成以综合投资为主的上海国盛集团有限公司;上海国有资产经营公司并入上海国际,组成以金融投资为主的上海国际集团有限公司。其中原上海国有资产经营公司的产业类资产划拨到上海国盛集团公司;金融类资产划归到上海国际集团公司。至此,上海国有资产整合的思路已经异常清晰:大投资公司的股权整合和大集团思路的产业整合。目前上海经营性国有资产为5000亿,在“十一五”期间上述资产的资本证券化率要达到30%。这一目标配合两大国资运营平台的搭建,已经把上海国有资产在相关领域可进可退、增值放大的模式呈现出来。

3. 国内部分地区国资管理经验给我们的启示

(1)政府重视,措施得当。从上述经验中我们能够看出,中央与地方政府都将国有资产投资公司视为国资运营的重要载体,发挥了国有资产投资公司在提高国有经济运营效率、调整和优化国有经济结构中的重要作用。同时,政府还根据国有资产投资运营公司在不同发展阶段的不同作用与功能,出台相应的政策措施支持其整合资源、发展壮大。

(2)职能清晰,定位准确。从上述经验中我们能够看出,中国诚通控股集团有限公司和国家开发投资公司,搭建起央企国有资产重组及资本经营带动国有经济效益提高的两大平台;上海国际集团有限公司与上海国盛集团有限公司则搭建起金融类与产业类两大国有资产运作平台。职能范围与战略定位的清晰准确,既为国有资产投资公司提供了充分的发展空间,又避免了功能交叉造成的资源浪费。

(3)体制顺畅,机制灵活。上述经验中列举的公司均为政府出资、授权成立的国有资产投资公司,主要是直隶于政府或由国资委监管,体制顺畅,避免了行政权力的过度涉及;同时采取股份制的灵活形式,扩展了融资渠道,扩大了国资的支配范围。

三、大连市工业企业资产运营与管理的现状

(一)大连市工业发展投资公司的发展状况

1.公司的历史沿革

1988年5月17日,大连市工业发展投资公司(以下简称"工投公司")经市政府批准成立。公司最初定性为企业化管理的副局级事业单位,负责全市工业企业技术改造项目的投资和委托贷款。

1995年工投公司从大连市财政局接手运营技改基金,此项基金设立于1991年,由市财政局每年提留5000万元,专门用于支持辽宁老工业基地改造项目。

2002年政府机构改革后,按市有关领导的指示,工投公司与建材控股公司在重组的基础上成立了大连市工业资产经营公司,一个机构、两块牌子。大连市工业资产经营公司的主要职责是:依据市政府授权,负责市属国有企业的资产运营和资本运营。

2003年后,大连市国资委成立,很多特大型国有企业都交与国资委管理并监督,工投公司将工作重点放在了中小企业及不良资产的市场化运营与处置(见"大委发〔2003〕8号文件"),但对于某些大企业,如机床、重工、大水等大型国有企业仍有延续投资。

2.公司的发展概况

近二十年来,工投公司作为我市最早运用市场化手段运营与管理国有资产专业公司,对经济体制改革、企业改制背景下国有资产管理的方式进行了有效的尝试。工投公司先后通过贷款投入、股权管理、债务管理、企业托管等专业化手段、市场化方式,为最大程度地避免国有资产流失、提高企业资产收益、实现国有资产增值做出了应有的贡献,同时也积累了丰富的经验,培养造就了一批专业人才。

在国资委成立之前,工投公司全面承担了原八大工业管理局撤销后遗留的近百个所属企业的管理职能,做了大量的整合、处置、改制、托管等工作。其中包括,建立规范的公司治理结构,向大机床、大电机、大水泥、坤达铸铁管公司等10多个控股、参股企业派出董事(监事),有效地解决了改制中的瓶颈问题;直接参与了30家企业的改制、重组和破产工作;接管了22家企业剥离的国有资产和保留的国有股权,并通过市场化运作,确保了国有资产的保值增值。此外,工投公司充分发挥产业导向与投融资功能,在工业企业搬迁改造、做强做大过程中,起到了举足轻重的推动作用,先后为辽宁特钢集团、大显集团、染化集团、瓦轴集团、大冷股份、大连叉车厂等64个企业、10多个行业的170多个项目提供了适时的资金投入,有效履行了支持技术改造、综合运营国有资产的基本职能。

目前,工投公司总资产达到11.28亿元,管理经营总量达到亿元以上。公司内部机构设置为三部一室,即投资发展部、资产运营部、财务审计部和公司办公室。人员素质

高,20名业务人员均为大专以上学历,其中硕士学历学位5人,高级职称5人,既有工程技术人员,又有资产管理和财务管理专业人员,且一半以上人员的年龄在45岁以下。拥有高学历高职称优势的同时,工作人员还具有政府行政管理部门和特大型国有企业经理层的多年实际管理和操作经验。

(二)大连市工业发展投资公司运营与管理的主要业务

1. 贷款管理

(1)大钢棒线材轧机项目。在大连钢厂因资金缺口造成项目停建的关键时刻,工投公司为其贷款6500万元,保证了市政府提出的"七一"试车的重点项目实施计划按期完成,启动了总投资八亿多元的技术升级项目。企业从此走上了良性循环发展的轨道,股票上市融资计划也得以顺利实施。

(2)大显彩枪金属零件项目。1996年,工投公司为大连显像管厂贷款2400万元,使之形成120万套/年彩枪金属零件生产能力,并被国家正式列为我国唯一的彩件生产基地,成为名副其实的中华第一枪,奠定了大显集团化发展的坚实基础。

(3)大连叉车厂"双加"技改项目。"九五"时期,工投公司为大连叉车厂贷款500万元,解决了该厂已被国家批准的"双加"技改项目因银行资金未按期到位造成项目停建的问题,保证了项目实施进度。填补国内空白的42吨大型集装箱叉车项目按期竣工投产,发挥效益。

(4)大连油脂化学厂、大连染料厂、大麻三家企业搬迁改造。1996年市政府提出了对大连油脂化学厂和大连染料厂进行搬迁改造。为配合和支持市政府的决策,工投公司分别为两厂投入技改基金1800万元和11950万元,解决了企业搬迁改造过程中资金短缺的问题,从而使企业搬迁改造工作得以顺利进行。通过搬迁改造,大连染料厂的产品得以更新换代,并置换出土地100多万平方米,用于综合开发。同时期,工投公司为大麻贷款2120万元,缓解了企业在卖地款无法及时到位、企业搬迁急需资金填平补齐进行技术改造的燃眉之急。

(5)汽车音响生产线项目。1995年~1996年,工投公司先后贷款1500万元给辽宁无线电二厂,支持该厂的汽车音响生产线项目。2007年这个项目产值已达19.06亿元,创利润1.4亿元。

2. 资产管理及破产企业托管

(1)大连铸造厂。2004年,工投公司将破产企业大连铸造厂的欠付小债权人和职工共计1000万元的债务清偿问题解决后,又通过协调、仲裁及法律途径解决了债权人不清楚,工人劳动合同处理不当、下属公司注销等许多遗留问题。

(2)大连童装厂和第六服装厂。童装和六服进入破产程序后,为维护近千名在职和离退职工的稳定,破产资产一直用于自救,无法变现,也无法偿付拖欠职工10年之久的各项费用。2004年,工投公司将其欠款项上报,协调政府相关部门解决了两厂多年积累的问题,保障了职工权益,维护了社会稳定。

(3)大连油泵厂。2007年,政府将大连油泵厂改制剥离的不良资产划拨给工投公司,公司将这批不良资产进行了及时的落实、接收、变现,避免了国有资产的流失。

(4)机床集团防空洞管理。白云山防空洞项目是作为大连机床集团的非主业资产剥离到工投公司的。移交手续签订后,公司加强了项目的日常管理工作,协调机床集团将洞内20年的制冷设备拆除并做好拆除前的安全防范措施,跟踪限期拆除现场危房,重新签订了租赁合同、委托管理合同等。目前,该项目每年已有15万元的经营收益。

(5)盐田管理。2004年8月,旅顺盐厂改制后原有的盐田土地产权划归工投公司。工投公司积极调研我省和其他地方盐田租赁管理的经验,组织实施盐田的测绘和置界,杜绝不合理减少盐田面积的做法,核实已签订的合同,合理规范地管理现有盐田。在盐场遭受罕见风暴潮袭击之际,有关人员及时赶到现场,了解灾情,配合企业申报政府受灾补助,督促企业修复损坏的防水堤和其他盐田设施,保护盐田及盐田周围财产及人身安全。

3. 股权及债务管理

(1)股权管理。2004年大连机床进行股份制改革,将股份划分为四种类型,即管理股、战略股、华信股、国有股,其中的国有股归入工投公司,约占全部股份的20%。工投公司在配合机床出具工商注册等相关手续的同时,向机床集团派出董事,定期审阅该公司财务报表,及时了解企业生产经营动态,并为企业的生产经营出谋献策。工投公司采用类似于大机床这种管理方式的持股企业还有:辽东医药、坤达铸铁、大水泥等。

(2)债权管理。碧海集团改制前向经委借资200万元,用于发放职工工资,碧海改制时此笔债务没能核减净资产(因其净资产为负数)。但是2005年10月经委将此债权划转至工投公司,工投公司依据政府文件精神,与碧海集团重新签订了借款协议,规定了还款期限,2008年将收回最后一笔资金。类似于此类处理方式的债权公司还有:化工供销公司、轻工二供、盛道集团、振邦集团和大玻集团等。

(三)大连市工业发展投资公司的规模与效益

1. 资产总额滚动增长

工投公司规模不断壮大,资产总额逐年增加,尤其是在最近五年的发展中,公司资产总额从2003年的5.26亿元发展到2007年的11.28亿元,资产总额增长了114.4%,年均增长21%。

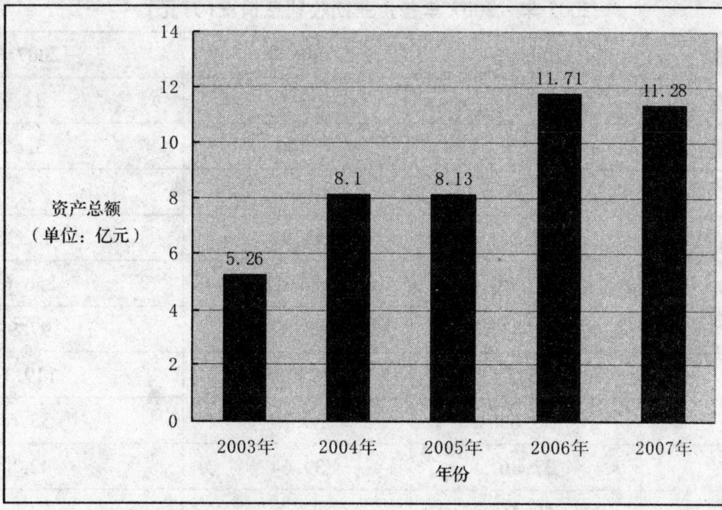

图2 2003年~2007年大连市工业发展投资公司资产总额情况表

2. 资产收益逐年放大

工投公司初始资金来源为每年财政提留的5000万技改周转金，目前公司管理经营的资产规模总量达到13亿元以上，截至2004年12月31日公司共接管和提留资金4.79亿元，回收贷款本金8.8亿元，利息1.04亿元。

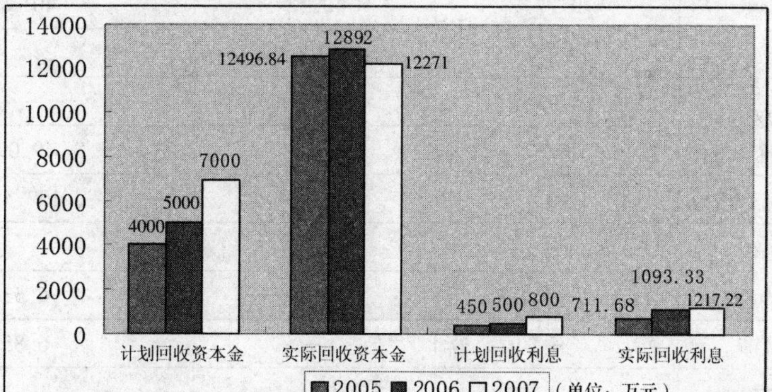

图3 2005年~2007年大连市工业发展投资公司资金回收情况

如图3所示，工投公司从2005年至2007年，实际回收资本金与实际回收利息均超额完成计划目标，尤其是利息的回收呈现逐年递增趋势，从2005年的711.68万元增加到2007年的1217.22万元，完全实现了原专项改造基金设立的初衷，即资金的滚动发展和逐年放大的效应。

表3　　2005年~2007年各企业回收利息情况(万元)

企业名称	2005年	2006年	2007年
东正橡胶	23.9	23.9	23.9
加美地毯	3.74	3.44	3.67
金二水	9.39	—	—
水产养殖	15.21	15.92	17.22
辽无二	103.91	184.82	256.67
坤达	84.43	88.87	97.92
液压件	45.2	123.25	119.17
电瓷	30.69	30.79	33.66
重工	37.46	39.64	42.84
大显	68.46	—	—
大叉	27.81	27.9	30.28
新大高阀门	11.53	10.78	11.58
大水泥	13.02	24.4	23.26
颠峰橡胶	5.58	13.56	52.69
大锻	9.77	40.32	40.32
大机床	120	207.68	244.8
直属库	4.78	—	—
亚明汽车	46.8	46.8	49.09
东特钢	50	136.4	152.78
大起	—	72.54	—
大连宾馆	—	2.32	6.53
斯马特服饰	—	—	6.85
国利建材	—	—	4
实际回收利息总计	711.68	1093.33	1217.22

3. 经济效益和社会效益显著

工投公司以积极贯彻落实国家产业政策为指导思想,重点扶植了一批技术含量较高的产业项目和在运营中遇到资金困难但有一定发展潜力的国有企业,通过自身投资方向的确定,有效带动了社会资本的投入,在资金放大方面起到了四两拨千斤的作用。工投公司直接参与了30家企业的改制、重组和破产工作,有效地安置了企业职工逾千人,先后为市内 170 多个工业项目提供了适时的资金投入。工投公司在自身发展的同时,为我市国有工业企业发展和社会就业做出了贡献,经济效益和社会效益显著。

(四)与国内部分国有投资公司的比较分析

1. 发展指标的比较

近年来,根据国有经济战略布局及产业发展方向,国有资产投资公司在发挥调整经济结构、推动企业改制、促进国有资本流动等积极作用的同时,自身实力也得到了显著壮大。中国投资协会国投委的统计数字表明,截至 2006 年年底,81 家会员单位总资产规模达到 11117 亿元,其中总资产超过 1000 亿元的 2 家;500 亿~1000 亿元的 3 家;100 亿~500 亿元的 24 家;50 亿~100 亿元的 11 家;10 亿~50 亿元的 24 家。同年,全行业利润总额为 285 亿元;全行业净资产收益率达到 7.6%。本章节选取了与大连工投公司业务雷同的中国诚通控股集团公司、上海大盛资产有限公司、与大连同在东北经济板块的哈尔滨投资集团有限责任公司为比较对象,从资产规模、主营业务、融资方式等几方面,与大连工投公司作一比较。由于各投资公司发展模式不同,因此这里仅仅进行了模糊的定性比较,旨在发现先进公司的优势,供我们分析借鉴。

从表 4 中我们能够看出,我市国有资产运营管理的市场化运作起步时间最早,但是资产规模、参与的项目规模、主营业务、控股公司、融资渠道等与其他地区相比,存在着较大差距。

表 4 大连市工业发展投资公司与其他国有投资公司情况比较表

	中国诚通控股集团有限公司	上海大盛资产有限公司	哈尔滨投资集团有限责任公司	大连市工业发展投资公司
成立时间(年)	1992	2002	2003	1988
总资产(亿元)	200	134.79	201.58	11.28
净资产(亿元)	71.14	111.78	10.09	
主营业务	1. 国有资产经营管理 2. 现代物流 3. 综合贸易	1. 国有股权管理及战略性投资 2. 国企资产和债务重组 3. 科教兴市专项管理 4. 科技创新投资	热电等能源产业	国有资产经营管理

续表

	中国诚通控股集团有限公司	上海大盛资产有限公司	哈尔滨投资集团有限责任公司	大连市工业发展投资公司
参与项目	1. 国有资产经营管理：普天集团8户企业改制重组、寰岛集团、中国唱片总公司的托管工作 2. 现代物流：拥有全国最大、分布最广仓储一体化网络 3. 综合贸易：贸易市场20家，年交易额200亿元	1. 投资企业：参与成立了上海国际港务集团、上海地产（集团）有限公司；是上海光明（集团）有限公司的第二大股东 2. 科教兴市：2004年起，每年拨付10亿资金用于支持上海市科教兴市重大产业化攻关项目 3. 基础设施：拥有复兴路隧道和外环隧道两条越江隧道 4. 房地产：上海新亚丽景大厦、上海新世纪酒店管理有限公司等多处房地产	1. 热电：哈热五期扩建项目、太平集中供热工程、开发区和哈发热力公司热网新建工程、低温核供热项目前期工作 2. 土地开发项目：呼兰河南区土地开发项目	1. 资金贷款投入：大显、大连叉车厂、大连油脂厂、燃料厂等 2. 国有企业破产、不良资产处理：大连铸造厂、大连童装厂、大连水泵厂、白云山防空洞等 3. 股权债务管理：机床、坤达铸铁、辽东医药等
控股公司	1. 百余家成员企业 2. 上市公司：中储发展股份有限公司、佛山华新包装股份有限公司、中国诚通发展有限公司	控股上海蔬菜（集团）有限公司、上海家化（集团）有限公司、上海盛瀚投资有限公司、上海农工商集团公司、上海产权集团公司、上海外环隧道建设发展有限公司、上海地产集团有限公司、上海环境投资公司	岁宝热电公司	无
融资渠道	1. 央企非主业资产及不良资产的划拨 2. 国家物流资源的划拨 3. 企业上市融资	1. 发行债券 2. 盘活存量融资 3. 引进外资投入 4. 企业上市融资	1. 银行信贷融资 2. 企业上市融资 3. 境外融资	1. 财政投入 2. 企业贷款利息

2. 形成差距的原因分析

（1）业务范围不明晰。工投公司成立的初衷和基本定位是，政府国有资产管理机构授权的、以国有资产为专门管理运作对象的经营公司。但从实际情况看，工投公司的成立早于市国资委，对大连市内国有资产的运营与管理也随之展开。国资委成立后，亦组建了直属的国有资产经营公司，并将大部分大型国有企业的业务划归于此，这就与工投公司的业务范围产生了部分交叉与重叠，也将工投公司主要投资领域局限于中小企业层面，运营模式局限于工业不良资产的管理及困难企业的扶持。此时，大连地区国有资产管理经验最丰富、国有资产运营人才最集中的工投公司，没能得到政府授权工业资产以外的国有资产的运营权，因而难以将业务拓宽到更广泛的领域，仅止于现有业务的经营与维持。

（2）投融资渠道单一。国有投资公司的职责在于严格遵守"政府引导、社会参与、市场运作"的原则，努力盘活各种国有资产，形成国有企业资产多元化投融资格局，这种多元化的投融资格局的形成以及功效的发挥需要投资公司本身资本的增加、实力的增强。工投公司成立虽早，但发展却难以尽如人意。目前，企业贷款的利息仍是其主要的利润来源，诸如发行债券、盘活存量资产、引入外资、企业上市等先进的融资、吸资方法并未得到广泛应用，融资功能单薄，大大束缚了公司的发展速度，使我市国资运营体系的整体水平与其他城市的距离不断拉大。

（3）体制与机制相对滞后。工投公司是典型的公共事业体制，这种体制与生俱来的不计效益、不求回报的公益性与国有资产市场化管理和经营的理念相悖，直接削弱了工投公司可持续发展的能力。工投公司投资运营涉及的企业60多家，但至今没有一家子公司，明显落后于国内同行业的发展水平，这与体制与机制的相对滞后不无关系。

（4）政府的支持力度不足。国有资产投资公司担负着调整经济结构、发展主导产业、吸引战略投资等重大职责。若要完成上述职责，离不开政府的大力支持。没有政府的授权委托，公司的运营业务范围就无法拓展；没有政府的存量资产划拨，公司的发展就丧失了可持续性；没有政府创设出相应的融资环境，公司作为投融资主体的作用就无从谈起。从大连的实际情况看，政府扶持国有投资公司发展的力度与办法明显落后于其他城市与地区。

四、大连市工业发展投资公司的发展思路

（一）优化大连工业资本运营与管理的重要意义

1. 推动我市国有资产管理体制改革进一步深化

近十几年来，我国加大了国有资产管理体制的改革力度，通过克服政企不分、政资不分等痼疾，对建立产权明晰、权责明确的新型国有资产管理体系进行了有效尝试，建立了由政府专职机构（国资委等）、国有资产运营公司、国有（独资、参控股）企业三个层次组成的新的国资监管体系。国有资产管理体制改革是一个不断深入、创新发展的过程。过去十几年中，全国多个城市的国有资产运营公司已经经历了有效盘活资产、推进企业改制，疏通国有资本"退"出渠道；整合孵化新的竞争优势、明晰主业，进而做大做强，拓宽国有资本"进"入渠道等发展过程。大连市工业发展投资公司成立于1988年，说明我市国有资产管理体制改革起步较早，但发展却相对滞后。因此，应该认真学习吸收先进地区的先进经验，不断创新发展思路与发展模式，推动我市国有资产管理体制改革深入进行。

2. 推动老工业基地率先振兴

大连是东北老工业基地的龙头，肩负着率先振兴的历史使命。完成这一使命的主要路径是，建立现代企业制度，发展混合所有制经济，实现股权和投资主体多元化，为企业增强活力、形成竞争力提供条件和动力。大连所属的东北地区曾是国家集中投资的"新中国工业摇篮"，为建国以后社会主义建设和国民经济体系的建立做出了重要贡献，也积

累了大工业生产的丰富经验。改革开放以后，国内经济总体环境发生了深刻变化，国有企业分布集中、国有经济比重高且涉及领域过广这一区域特征的弊端也逐渐显露出来：国企包袱沉重、冗员过多、机制不活、效益低下等等。从计划经济转换至市场经济，必须跨越各种体制性与结构性障碍。大连工业发展投资公司成立至今，在企业改制、企业托管、企业技术及搬迁改造、不良资产处置等方面做了大量工作，取得了一定成绩，但与此同时，由于体制机制上的不配套、不完善，国有资产运营与管理方面依然存在着一些深层次问题和结构性矛盾，制约了市场功能的有效发挥。因此，我们应该认真分析市场经济条件下国有资产管理方法的变化趋势，找出规律，巧妙应对，从而推动城市经济结构与产业结构的优化升级，推动老工业基地的率先振兴。

3. 推动大连市工业发展投资公司的快速发展

工投公司是我市成立最早的国有资产管理和运营机构，主要职责是依据市政府授权，负责市属国有企业的资产运营和资本运作。从国内先进城市的成熟经验看，国有资产运营公司发展到一定规模后，纷纷以产权为连接纽带，与参、控股企业建立起母子公司的管理结构，形成集团化的管理体系。工投公司虽然在近几年中有了较快发展，但囿于投资环境与发展模式的滞后，经济体量与投资效益增长幅度不大。因此，我们应该认真思考自身的不足与差距，不断创新发展思路与发展模式，提高投资效益，推动工业投资公司的快速发展。

(二)大连市工业发展投资公司发展的总体思路

1. 指导思想

工投公司发展的指导思想是：以“完善机制、优化功能、扩大资本、提升实力”为功能目标，以资本输出与管理输出为主要手段，以投资方向科学化、投资理念专业化为依托，提高国有资本配置和运营效率，确保国有资产保值增值，为大连率先实现老工业基地全面振兴做出更大的贡献。

2. 基本思路

●围绕城市可持续发展的核心任务，充分发挥国有投资公司在整合资源、盘活存量资产方面的重要作用，成为优化资源配置、放大国有资本投资效益的管理中心；

●围绕市委市政府深化投融资体制改革的战略措施，充分发挥国有投资公司在促进国有资本流动、吸引战略投资者方面的重要作用，成为城市新兴支柱产业的投资中心；

●围绕大连国资体系结构性调整的具体要求，充分发挥国有投资公司在推进企业改制、托管困难企业、处置不良资产等方面的重要作用，成为上市国企辅业资产的转化中心、退出企业的缓冲中心。

3. 发展目标

●发展总目标是，通过国有资产管理在形态(由实物资产形态转为价值属性的资本形态)、行业(从一般竞争性领域转向基础性、公益性、导向性、资源性领域)、方式(由管理企业转向管理股权)上的转变，探索和实践在市场经济条件下，如何实现国有资本的宏观调控、投资导向、保值增值与规模放大。

●阶段性目标是,未来2~3年内通过有效盘活、处置国有资产,全面解决原国有企业改制中的历史遗留问题,为政府及国有资产监督机构排忧解难。未来5年将与资本市场、产权市场对接,实现资产、资本的快速流动,形成竞争优势,同时要跨越行业与部门的限制,扩大国有资产管理与资本运营的范围(包括非经营性国有资产的管理),将公司打造成为国有独资、直隶于市政府的国资综合运营投资集团公司,以确保经营性国有资产管理体系以外的国有资产的有效管理和保值增值。未来10年,工投公司将努力实现资产规模突破100亿,经济效益大幅度提高的良好业态,成为在东北地区最具实力、影响力、凝聚力的一流国有投资控股公司。

五、大连市工业投资公司发展的基本对策

(一)强化自身建设,夯实发展基础

1.强化自身建设的必要性

自身建设主要指在管理、经营、投资、人才、社会资源等各方面建立起良好的基础,形成一系列符合城市经济发展一般规律和公司自身发展特点的管理制度和管理体系。强化自身建设,夯实发展基础是工业投资公司规范运营、防范投资风险的重要措施;也是巩固根基,实现健康可持续发展的支撑和保证。

2.主要措施

第一,要准确地自我定位、搭建建设平台。目前,工投公司应明确定位为政府授权,对国有企业的不良资产和非主业资产进行市场化、专业化运作的平台或行为主体;主要功能是运用托管、无偿划转、收购、资产置换等多种方式,接收已剥离、移交的需要调整的国有资产,按照市场原则和有关规定对其进行经营处置,最大限度地增加国有企业的收益率,实现国有资产收益的最大化。在准确定位的基础上,公司应该把自然资源、项目资源、技术资源、人力资源、社会资源等真正转化为公司可利用的资源,搭建起专业整合并具有溢出效应的国资运作平台。

第二,要提高专业化管理水平。工投公司有别于一般的产业运营公司,特殊的行业性质要求公司必须在提高专业化管理上下足功夫。(1)组织构架管理。工投公司现有的投融资及运营项目涉及的企业有60多家,同时这些企业的行业跨度和业务差异也很大,应该采用复合型的分类管理模式,并逐步向集团化管理转型。(2)投资风险管理。通过产权管理和资本经营获利,是工投公司保证国有资产增值的主要渠道,因此公司应建立科学系统的投资决策流程来加强资本管理,通过投资项目的选择、评估、决策、实施四个阶段的风险控制规范投融资行为。(3)人才资源管理。工投公司的业务囊括了金融证券、债务债权、项目投资、资质论证、破产清算、技术转让等多个领域,急而投资专家、职业经理人式的复合型高端人才,这是事关公司发展的全局性、战略性问题。应该在锻炼一批、培养一批、吸纳一批的基础上,形成梯次有序的人才队伍,为公司的未来发展做好人才储备。

第三,要转换内部机制。通过体制转型和内部控制机制的完善,使公司可持续发展能力和盈利能力得以快速提高。(1)公司在保证国有控股和政策性投资双重职能的基础上,逐步进行体制转型,建立企业化的运作模式,建立法人治理结构,并形成相应的激励与约束机制。(2)加强内控环境建设,实行内部审计制度,建立健全风险评估和监测体系,以权责统一和严密有效的监控防线,保证公司规范运营、健康发展。

(二)拓宽和完善融资渠道

1. 完善融资渠道的必要性

国有资产投资经营公司的健康发展与其融资功能关系密切,可以说,公司的发展离不开资金的持续投入与支持。商业银行的信贷支持,投资银行的集资、融资功能,对公司的发展尤为重要。目前,工投公司所面临的重要任务与严峻挑战就是融资渠道的拓宽与融资功能的提升,即强化筹融资功能,推进产业资本和金融资本的融合,加强和金融机构合作,积极向金融证券业渗透,吸纳国际资本,尽快形成多渠道、多结构、多主体的融资格局。

2. 主要措施

第一,要进一步明确工投公司作为市财政划拨的技改周转金法定受体的地位,保证技改周转金的投入规模不得减少,明晰技改周转金贷款债权人主体关系,确保技改周转金的有效使用与运作。

第二,要选择愿意承担风险、能为公司分析潜在的财务问题、为公司提供良好服务,并且专业化程度高、有丰富贷款经验的银行建立良好的战略合作伙伴关系。同时,要及时关注银行信贷政策的调整、市场形势的变化,结合自身的发展需求,形成银行对公司的个性化优惠合作细则,以节约融资成本与费用。另外,还要依靠市政府的支持,营造良好的政策环境,鼓励吸纳其他投资机构和民间资本的加入。

第三,把直接融资与间接融资结合起来,帮助公司投资参股或控股的优势企业通过股票上市的融资方法,壮大企业规模;还可以通过跨国投资经营(指合资、跨国并购、海外上市等)的方式,引进战略投资者,实现投资主体多元化。公司发展到一定规模,具有稳定的资本市场融资能力和银行信用贷款筹资功能的基础上,可适时拓展债券渠道融资,为公司增强市场竞争力提供有力的资金保障。

(三)培育和打造主营业务

1. 培育主业的必要性

国有资本投入从一般竞争性领域向基础性、公益性、导向性、资源性领域的转变,意味着国有资本运营公司必须按照"有所为有所不为"、"有进有退"、"有保有压"的原则,科学谋划未来的发展格局。工投公司目前参股、控股的企业60多家,涉及10多个行业,投资特点是"多、小、散",带动全局的主营业务尚未形成。对原有资产进行有效整合,以城市产业发展规划为参照培育和打造主营业务,加速收缩非主业资产,提高资源集中度,是工业投资公司形成核心竞争力乃至整体实力的关键步骤。

2. 主要措施

第一,公司应将已投资参股、控股的企业分成四类,分别施以不同的运营策略。(1)

对于具有一定规模、市场占有率较高且支撑区域经济发展的优势企业,宜实施组合式的资本经营方式,加大投入力度,培育成为主营业务;(2)对于规模小、资本少,但具有市场发展远景的企业,应采取参股联合、引入外资嫁接改造、二级市场产权转让等方式,增强企业实力,实现规模扩张;(3)对于资产状况不良、生产经营困难的劣势企业,应通过发现价值,重组出售、产业整合孵化等方式帮助其摆脱困境,并使国有资产适时有序地退出;(4)对于扭亏无望、严重资不抵债的企业,则采取出售、破产重组、折细变现等方式,尽量降低国有资产的损失。

第二,应在研究国家宏观产业政策、分析城市经济发展趋势、思考公司自身优势劣势及发展潜力的基础上,将高端制造业、高新技术及环保产业、社会公益性产业作为主营业务。对已有投资或参股的机床、电机、叉车等制造类企业,要以产权为纽带,与之成为利益共同体,使其在短时间内做大做强;高新技术及环保产业顺应经济发展趋势,是城市定向发展的重点产业,也是市场中最有创造活力、最有盈利潜力的产业,公司应该积极涉足其中,逐步注入资金,逐步提高其在公司资产结构中的比例;城市基础设施、科教文卫等公益性、公共服务产业,既是国有资产的"集中地",也承担着提高人民生活质量、促进社会和谐的重任,理应成为国有资本管理与运营的重点领域。

第三,形成主营业务后,公司应以主业为核心,推进资源的优化组合,减少国有资产和国有经济亏损源,提高国有经济集中度和规模效益,相应降低国有经济比重,实现国有经济的合理布局。

(四)建立集团化、综合型的发展模式

1.创新发展模式的必要性

创新发展模式对各个经济主体的重要性是不言而喻的。我国国有资产的管理运营模式与发达国家相比,无论是内部的组织与管理、资本运营战略与技术、资本市场的参与度,还是外部的法律因素、政治因素、经济及社会环境等都存在着一定差距。但是,通过几年的实践,国内许多国资运营公司在集团化管理方面积累了一些成熟经验,即以母公司体现控股公司管理、子公司体现专业化管理、投资企业体现市场化运作的职能定位,以战略统筹管理、理念促进管理、文化提升管理、制度完善管理,带动控股、参股企业纳入一体化管理的轨道。大连现有的国有资产投资运营公司从发展规模上看,还没有一家公司能够通过集团化管理体现出对国有经济结构及产业布局的调节作用;从业务范围上看,大量非经营性国有资产、资源性国有资产、国防资产尚游离在各自行政主管部门或社会群团组织之间,未能纳入国有资产管理体系中,随着今后机构的变化随时有流失的可能。有鉴于此,工投公司应该从创新发展理念、拓宽业务范围入手,建立集团化、综合型的发展模式,使之在创新中不断发展壮大。

2.主要措施

第一,要以健全的制度和有效的执行力作为实施综合型、集团化战略目标的保障。包括制定《决策管理委员会工作条例》《财务管理制度》《参控股企业管理办法》《集团公

司内部审计制度》《投资项目管理办法》《控股、参股企业法律案件管理办法》等一系列管理制度，以完善母子公司基本框架下的制度建设。同时，通过规范制定管理目标，明晰管理流程，精炼过程中的环节，明确核心内容入手，加强执行系统的建设；通过加强团队精神建设，注重团队执行力的培养和中层管理人员执行力的提升。

第二，以加强财务监控为主，逐步构建集团母子公司财务管理体系。重点工作包括：(1)明确财务权力，即明确集团公司作为政府授权经营主体，对所属全资子公司和控股公司的财务权力是出资者的权利，亦资本的权利；(2)强化预算管理，包括年度预算审定、预算实施跟踪和预算制度制定三个环节；(3)规范管理程序，在母子公司财务管理程序框架内实行报告程序、备案程序、预先审议程序以及授权批准程序；(4)发挥管理职能，集团公司对子公司及控股公司财务管理职能要充分发挥体现监控管理前提下的协调服务功能。

第三，综合利用监督约束手段，健全风险防范管理机制。(1)通过集团下派董事、监事和高级管理人员，提高集团对国有资本运营的监控力。(2)财务监控，主要体现在预算管理、参与决策流程提出独立意见、建立财务预警体系等方面。(3)法律保障，一是按照国家有关规定，推行总法律顾问制度；二是将法律管理纳入业务流程，提高法律工作参与经营管理活动的力度；三是加强日常工作中的法制建设，实行专业化、契约化服务。(4)审计监督，从规范审计的标准、内容、制度入手，建立投资控股公司的内部审计监督体系，强化例行审计、专项审计、离任审计，并自觉地接受外部审计，以保证公司健康发展和员工队伍的廉洁。

第四，逐步接管国有资产管理体系之外的非经营性资产，与其实际占有人或使用者建立法律关系，杜绝国有资产归属模糊情况发生，确保非经营性国有资产的保值增值。在拓宽管理与运营范围的同时，提高公司对综合资产的运营功能，逐步转型为市政府直属的国有独资的综合资产管理经营公司。

六、促进大连市工业投资公司健康、快速发展的若干建议

国资运营投资公司是在我国国有资产管理体制改革中应运而生的，是政府的投资主体，也是政府对宏观经济进行有效调控的"双手"。当前，国企改革正处在攻坚阶段，与之相适应的监管制度仍处于探索提高和不断深化完善的过程中，一些碰撞在所难免。此时，政府的支持对国资投资运营公司就显得更为重要。我国从国家层面至地方政府都对投资公司的发展给予了巨大支持。大连在这方面相对落后，其表现一是国有资产管理中的委托代理机制未能得到强化，国有资本运营公司的代理人与委托人的身份未能得到充分发挥；二是政府未能完全实现明确的角色转换，作为所有权主体直接作用于企业或项目的现象时有发生，国有资产管理运营权利没有充分下放给国有资本运营公司。这一状况直接影响了大连市工业投资发展公司及类似国有投资公司的发展规模与效益。为此，我们提出下列建议：

(一)政府要整合资源，构筑国资分布新格局

大连市的国有资产管理体制改革起步较早，1988 年前后就成立了大连市建设投资公

司和大连市工业发展投资公司两家国有资产投资公司,随后还成立了城市建设投资公司、商业资产经营公司、融达投资有限责任公司等。这些公司都曾在城市国资体系改制过程中发挥过重要作用,也都在不同程度上存在着定位模糊、范围交叉、业务重叠而导致的规模或效益的"小、弱、散"问题。因此,建议政府按照分工明确、架构合理、体制顺畅的原则,通过分步完善、合并同类项的整合方式,兼顾城市的自然禀赋特点及潜在的市场需求,对现有的国资体系进行综合、立体的重新分配和整合,可将实力相对较强的大连市工业发展投资公司、融达投资公司、建设投资公司作为龙头,形成综合运营、金融管理与产业投资三方联动、优势互补、功效叠加的国资体系新架构,在扩充各公司资本实力、提升规模效益的基础上,将目前仍然散见于其他行政部门或社团组织的非经营性国有资产也一并纳入国资监管体系,全域性地加强国有资产的控制力度。

(二)政府要支持国有资本运营公司成为经营主体

不受遏制的行政权力对国有资产的管理与运营极易造成决策分散及效益低下。因此,政府应顺应市场经济的发展规律,在项目经营上实现所有权与经营权的主动分离,出台适当的配套政策,将国有资产投资运营公司培育成市场竞争主体和项目经营主体。第一,政府要将原来各行政部门分散行使的国有资本运营职能集中划转到国有资本运营公司,使国有投资公司应有的社会资源、自然资源、项目资源落实到位。第二,政府应将上市国企的非上市资产、非主业资产、不良资产等通过托管、无偿划转、收购、资产置换等方式移交到国有资产运营平台上,由国有投资公司按照市场原则和相关规定,进行持股经营或清理处置,形成国有投资公司发展的项目储备和利润实现的"蓄水池"。第三,对政府投资建设的基础性、公益性项目,逐步直至全面推行"代建制",实现国有投资项目中政府、国有投资公司、施工单位等的角色分离。第四,政府应该精心打造良好的制度环境与市场环境,使国有资产管理体系三个层级的权力边界明晰、治理结构健全。同时要培育成熟的生产要素市场(包括经理人市场、劳动力市场和资本产权交易市场),为公司发展提供良好的市场环境。

(三)政府要支持国有资本运营公司成为投资主体

国有资产投资公司作为政府投资主体的地位是由其性质、任务决定的(前文已有论述)。确定国有资产投资公司的投资主体地位,对于深入投资体制改革、规范政府投资行为,解决经济社会发展中的体制性、机制性、结构性矛盾,提高经济运行质量和效益具有决定性作用。在具体工作中,政府有关部门应该突破计划经济体制下形成的思想羁绊,实现投资主体由单一到多元、投资管理由直接到间接的转变。对于政府财政投入为主的基础建设项目、公益性项目以及对导向性产业的扶持性资金等,都应委托国有投资公司进行运作,待项目建成或企业壮大后,再由国有投资公司以转贷、转股等市场化手段进行资金回收和再投入,突出国有资本的导向性及带动性,实现国有资本的放大效应。

(四)政府要支持国有资本运营公司成为融资主体

国有资产投资公司是国家投融资体制改革的产物,具有运用各种新型融资手段,拓展融资渠道,扩大资金来源,缓解经济发展资金短缺的功能。这种功能的发挥需要以国有资产的增量配置为基础,并与国有资产的存量调整相配合。因此,政府应及时为国有投资公司融资功能的发挥提供适当的"引擎"。首先,政府应该将包括城建、水务、热电、公用等巨额存量的优质资产划拨到国有资本运营公司的平台上,鼓励国有资本运营公司运用灵活的融资手段,通过流动、裂变、组合、配置将其转化为可以增值的活性资本。其次,政府应将重大基础建设项目与导向性产业扶持项目的政府融资转换到国有资本运营公司这一融资平台上,将国有投资公司培育成为自我积累与多方融资相结合,财政、银行支持与面向资本市场融资相结合,国内资金与吸引外资相结合的市场融资主体。第三,政府应以少收或不收国有资本运营利润的方式支持国有投资公司滚动发展,带动国有投资公司资本实力的增强和融资功能的提升。

《优化大连市工业资产运营与管理的对策研究》课题组成员

课题领导小组:

组　长:李　才　大连市政府发展研究中心　主任　教授
　　　　胡志民　大连市政府发展研究中心　党组书记
　　　　王国成　大连市工业发展投资公司　总经理
副组长:栾福军　大连市政府发展研究中心　副主任
　　　　杨迎建　大连市工业发展投资公司　副总经理

课题组:

负责人:鲁　岩　大连市政府发展研究中心工业研究室　副主任　副研究员
成　员:秦学冬　大连市政府发展研究中心工业研究室　助理调研员
　　　　助理研究员
　　　　刚晓丹　大连市政府发展研究中心工业研究室　硕士
　　　　冯士森　大连市政府发展研究中心工业研究室　硕士
　　　　关　晶　大连市工业发展投资公司资产运营部　部长
总　撰:鲁　岩
撰　稿:鲁　岩　秦学冬　刚晓丹　冯士森
信　息:关　晶

大连市创建中国北方科学发展示范城市评价指标体系研究

杨大海　王盛兴　张永欣　张　娜

2008年5月11～12日，中央组织部部长李源潮同志到大连视察并发表重要讲话，明确提出大连要建设成为中国北方科学发展示范城市，并指出大连在建设现代化的人居城市；改造城市环境，保护城市生态；发展现代服务业、科技服务业和国际服务业；推进城乡统筹发展等四个方面已经走在其他城市前列。李源潮部长的讲话既是对大连市实现经济社会又好又快发展的肯定，同时又是对大连市未来发展提出了更高的要求和殷切的期望。市委十届五次全会也明确提出把大连建设成为中国北方科学发展示范城市的目标。如何衡量科学发展示范城市建设水平，必须要建立一套评价指标体系。按照《中共大连市委办公厅、大连市人民政府办公厅关于印发"大连市创建中国北方科学发展示范城市研究工作方案"的通知》（大委办传〔2008〕41号）文件精神要求，为大连创建中国北方科学发展示范城市提供考评依据，我们开展"大连市创建中国北方科学发展示范城市评价指标体系研究"的课题研究。

一、构建科学发展示范城市评价指标体系的背景与意义

（一）科学发展观的提出

党的十六届三中全会首次提出了"坚持以人为本，树立全面协调可持续的科学发展观"，党的十六届四中全会明确提出了"坚持以人为本、全面协调可持续的科学发展观"，党的十六届五中全会进一步提出"要坚定不移地以科学发展观统领经济社会发展全局"。党的十七大中明确提出，在新的发展阶段继续全面建设小康社会，必须深入贯彻落实科学发展观。科学发展观既是重大的理论问题，又是重大的实践问题。科学发展观就是坚持以人为本，树立全面、协调、可持续的发展观，促进经济社会和人的全面发展。科学发展观的第一要义是发展，核心是以人为本，基本要求是全面协调可持续，根本方法是统筹兼顾。

（二）科学发展示范城市的定义与内涵

科学发展示范城市，就是全面贯彻落实科学发展观，率先实现科学发展的城市，形象地说就是要实现经济发达、社会和谐、生态文明，体制健全、统筹协调、人民幸福的城市。科学发展示范城市的内涵，一般来说就是坚持以科学发展观为统领，把科学发展理念贯

穿于经济、社会、政治、文化,以及生态发展全过程,建立起支撑科学发展的体制机制,探索出实现科学发展的新路径,为其他地区和城市全面落实科学发展观、实现科学发展提供一个有借鉴意义的现实范例。

就一般而言,科学发展示范城市应该在体制机制、经济、社会、文化和生态建设等五个方面做出表率,但是就有些地区和城市而言,结合本地区特点,可能在某一方面或某几个方面比较突出,能够起到率先示范的作用,我们认为这些城市也可以称之为科学发展示范城市。

(三)构建科学发展示范城市评价指标体系的意义

大连市在市委十届五次全会上明确提出创建中国北方科学发展示范城市的目标,这是深入落实科学发展观的重要举措。构建一套反映大连市科学发展示范城市建设的评价指标体系是建设中国北方科学发展示范城市的必然要求,也是实践科学发展观的重要体现,对推动大连科学发展、加快科学发展示范城市建设步伐意义重大。

首先,构建科学发展示范城市评价指标体系,对大连中国北方科学发展示范城市的创建起到评价作用。建立科学发展示范城市是落实科学发展观的具体体现,科学发展示范城市的建设,需要用一系列的指标来进行评价和衡量,这就迫切要求构建一套符合科学发展观要求的适合大连发展特点的科学发展示范城市建设评价指标体系。指标体系实质上就是一把尺子,用这把尺子来衡量和测度科学发展示范城市的创建情况。通过构建指标体系,运用一系列量化的指标,来对科学发展示范城市创建成果进行检验和评价,进而明确大连科学发展示范城市建设进程如何,取得哪些成绩,哪些方面还需改进等。如果没有一套指标体系,科学发展示范城市创建情况就无法衡量,单靠定性的描述没有说服力。所以说,构建一套指标体系非常有意义,它是科学发展示范城市创建成果评价和检验的标尺。

其次,构建科学发展示范城市评价指标体系,对科学发展示范城市的创建起到规范作用。通过构建科学发展示范城市指标体系,对大连市科学发展进行规范,特别是通过制定一些约束性的指标,规范地方政府、企业行为,推动经济、社会、生态三者协调发展。通过建立科学发展示范城市指标体系可以转变片面的经济考核模式,增加和完善社会性指标,尤其是人的属性指标、环境资源类指标,社会发展与经济发展并重,全面发展,全面规范。从单纯追求发展速度,转变到速度与效率兼顾,注重环境资源的合理、充分利用,增强经济与社会的可持续性发展能力上来。通过建立科学发展示范城市指标体系,使大连科学发展能够有规可依,有章可循,使科学发展观真正落到实处,进而确保大连科学发展示范城市沿着正确方向加速建设。

此外,构建科学发展示范城市评价指标体系,对大连中国北方科学发展示范城市的创建起到指导作用。通过构建科学发展示范城市评价指标体系,可以弥补现有考核指标的不足和缺陷,引导我们走上科学发展的道路。现有的考核指标,多侧重于经济发展,而忽视社会建设、生态环境保护等,所以,必须构建一套完整的科学发展示范城市指标体系。通过构建指标体系,引导我们在经济建设、社会建设、政治建设、文化建设和生态文明建设等各个方面都要走上科学发展的轨道,进而指导科学发展示范城市的创建工作。通过将构建科学发展示范城市的各项工作任务细化,将构建科学发展示范城市的战略变成人们"看得见、摸得着"的具体数据,使各个部门的工作具有目标性、可考核性,从而有助于落实科学发展观,加快建设资源节约型、环境友好型城市,进而从总体上加速大连创建科学发展示范城市的进程。

二、大连市构建北方科学发展示范城市评价指标体系的指导思想和基本要求

(一)外地构建科学发展评价指标体系情况

自党的十七大明确提出"深入贯彻落实科学发展观"的要求后,全国各地都在认真加以落实,推动区域科学发展。2008 年年初,党中央开展了深入学习实践科学发展观活动,并先期在河北省唐山市、邯郸市和鹿泉市、霸州市,广东省惠州市、东莞市和佛山市南海区、清新县,甘肃省平凉市、临夏回族自治州和华亭县、永昌县等地区进行试点。2008 年 9 月,在先期试点取得成功经验的基础上,学习实践科学发展观活动分期分批在全国范围内展开。目前,广东省提出争当实践科学发展排头兵的目标,珠海、唐山、昆明等城市也提出建设科学发展示范市(区)的目标,并进行了较深入的探索和尝试。

全面落实科学发展观,需要一套为之保驾护航的评价指标体系。但是,到目前为止,全国还没有一套各地区适用的标准的科学发展考评指标体系。各地区按照中央的要求,结合各地实际,纷纷提出适应各地特点的科学发展评价指标体系。在出台《中共广东省委、广东省人民政府关于争当实践科学发展观排头兵的决定》之后,广东省在全国率先研制出科学发展评价体系及考核办法。广东对全省各市进行分类考核,将 21 个地级以上市划分为四个区域:都市发展区、优化发展区、重点发展区和生态发展区;在指标体系设计方面,根据不同区域,从经济发展、社会发展、人民生活和生态环境四个指标组进行设计,每个区域评价指标 31 ~ 34 个不等,不同区域考核重点有所不同。但可以看出,经济发展指标在四个发展区域中,都只占 30% 左右的权重,这充分体现了全面协调可持续的科学发展观的要求。

珠海市已于2008 年 6 月 20 日出台《中共珠海市委、珠海市人民政府关于建设生态文明新特区、争当科学发展示范市的决定》,提出以新一轮思想大解放为动力,坚持经济发展与环境保护双赢,经济发展与改善民生共进,建设经济发达、生态良好、社会公平,既有魅力又有实力的城市,成为科学发展的示范市。并出台《珠海市处级党政领导班子和领导干部落实科学发展观评价指标体系及考核评价试行办法》,也是分地区从经济发展、社会发展、人民生活、生态环境等四个方面进行考核指标体系的设计,不同区域各项指标考核重点各有侧重。

唐山市制定出台了《中共唐山市委关于加快科学发展示范区建设的决定》,明确了建设科学发展示范区的目标,即经济繁荣、社会和谐、生态优美、体制健全、人民幸福。与此同时,还制定了《唐山市科学发展指标体系》,并于 2008 年 6 月 26 日开始试行。《指标体

系》包括科学发展指数、人民群众幸福指数两部分,其中发展指数有经济建设、社会建设、生态文明建设、文化建设、政治建设5个一级指标,50个二级指标;人民群众幸福指数共计25个指标。

昆明市制定出台了《关于深入实践科学发展观的实施意见》,并出台了《关于建立科学发展考核评价体系的意见》。科学发展考核评价体系考核对象主要为县(市)区,考核内容主要是经济社会发展,重点是评价发展过程是否科学,着力解决“怎样发展”的问题。考核指标体系分为经济发展、科技创新、社会进步、生态文明、民生改善5大类30项指标和1项公众评价指标。

综上分析,各地区在科学发展评价指标体系设计方面,虽然具体指标有所不同,但从大的方面来讲,从科学发展观要求来讲,指标体系的设计大都是围绕经济发展、社会发展、人民生活、生态环境、文化建设、政治建设等方面来展开的。具体到各地区,由于各自优势、特点不同,评价指标也各有侧重。但是有些指标还是有共性的,如反映经济发展的指标有人均GDP、GDP发展速度、财政收入占GDP比重、服务业占GDP比重、高技术制造业增加值占工业增加值的比重等指标;反映社会发展的指标有社会事业和公共服务支出占财政一般预算支出的比重、社会安全指数、民主法制指数、每万人口医师数、每万人公交车辆拥有量等指标;反映人民生活的指标有城镇失业率、城镇居民恩格尔系数、基本社会保险覆盖率、食品和药品安全指数、城乡居民收入比等指标;反映生态环境建设的指标有森林覆盖率、人均耕地面积、城市人均公园绿地面积、城镇生活污水处理率、城镇生活垃圾无害化处理率、万元工业增加值能耗降低率、城市环境空气质量优良天数、主要污染物总量减排完成率等指标。这些地区科学发展指标体系的构建思想、具体指标的选取、评价指标体系的应用等对大连市构建中国北方科学发展示范城市评价指标体系有一定的指导和借鉴意义。

(二)大连市构建北方科学发展示范城市评价指标体系的指导思想

改革开放以来,大连市紧抓历史机遇,在经济社会各个领域取得了有目共睹的成绩,城市科学发展水平也跃上新的层次和高度。作为东北地区振兴和对外开放的龙头,围绕进一步建设东北亚重要国际城市的发展目标,大连市的区位优势和发展特点决定了其在实践科学发展观中的重要作用。

大连市在实践科学发展观的新的发展机遇中,提出创建中国北方科学发展示范城市,是立足自身优势和特点,并对可能制约城市进一步发展的因素进行了全面、深入、前瞻性统筹考虑的结果。大连市创建科学发展示范城市,一方面旨在继续巩固和发扬现有的科学发展优势,切实贯彻以人为本、全面协调可持续的科学发展观,实现经济社会的和谐发展。另一方面旨在探索科学发展新路径,注重发展质量和效益,兼顾发展规模和速度,突破传统落后的发展思维和瓶颈制约,实现城市更高层次和水平的科学发展。通过努力,将大连建设成为经济繁荣、社会和谐、生活幸福、文化繁荣、生态文明、体制机制完善的高水平的科学发展城市,为率先带动东北地区以科学发展观为指导的全面振兴,为推进中国北方其他城市更高水平的科学发展,提供可资借鉴的实践经验和现实范例。

大连市科学发展示范城市评价指标体系,作为大连市创建科学发展示范城市的重要监测和评价体系,应在构建中紧密结合科学发展示范城市的实质和内涵,充分体现科学发展观重要思想。据此,大连市构建中国北方科学发展示范城市指标体系的指导思想是:以党的十七大精神为指导,深入贯彻落实科学发展观,紧紧围绕创建中国北方科学发展示范城市的目标,遵循科学发展规律,运用科学辩证方法,按照科学发展的基本要求,从经济发展、社会建设、人民生活、生态环境建设等多个方面全面衡量科学发展水平。同时,指标体系的构建要体现科学性和合理性,遵循指标设置的综合性、层次性及可操作性等重要原则,综合运用预期性指标、约束性指标等多种类型指标对科学发展进行客观、深入的反映。

(三)大连市构建北方科学发展示范城市评价指标体系的基本要求

构建北方科学发展示范城市评价指标体系要符合以下几点要求:

1. 既要体现科学发展,同时又要体现示范性。中国北方科学发展示范城市评价指标体系的构建,首先要体现科学发展,指标的选取都要围绕科学发展来展开,同时,也要体现示范性。如 GDP、财政收入、进出口总额等经济指标,都不采用绝对值,而是采用人均指标或是财政收入占 GDP 比重、进出口总额占 GDP 比重等比率指标,更加体现科学发展。此外,大连建设北方科学发展示范城市,要对北方其他城市有一定的示范和借鉴作用,所以,指标体系设计要求会更高,指标值的选取要有更高标准,使之确实起到示范作用。

2. 突出大连特色。中国北方科学发展示范城市评价指标体系的设计,要依托大连现有优势和未来发展潜力,突出和体现大连特色。如大连的开放优势、大连现有产业优势、科技人才优势、环境优势等,都应该在指标体系设计中有所体现。

3. 体现以人为本。中国北方科学发展示范城市评价指标体系的设计,要紧密围绕民生问题,切实体现发展依靠人民,发展为了人民,发展成果为人民所共享。在指标选取方面,要关注市民的幸福指数和福利指数,要体现社会民主法制化程度,要对市民住房、医疗、教育、社会保障等方面的有所体现,切实实现以人为本。

4. 体现全面、协调、可持续的原则。中国北方科学发展示范城市评价指标体系的设计,首先要体现全面原则。在指标选取上,对经济发展、社会建设、文化发展、政治建设、生态文明建设等方面都要有所体现。再有,要体现协调原则,科学发展不是单纯追求经济指标,特别是 GDP 的增长,更要关注社会、生态环境等方面的指标,注重经济、社会、生态三方面的协调。另外,要体现可持续原则,指标设计要着眼于长远发展,体现节能减排,体现环境保护,体现未来发展潜力,体现为后代子孙谋福利。

5. 体现统筹兼顾。中国北方科学发展示范城市评价指标体系的设计,要体现统筹兼顾的原则。在指标选取上,要有反映城乡一体化、人与自然和谐相处、区域协调发展、国际国内协调发展等的内容。特别是促进城乡统筹,实现城乡一体化、城乡等值化服务方面在指标体系设计中要有所反映。

三、大连中国北方科学发展示范城市评价指标体系的构建

(一)构建评价指标体系的依据与原则

总体而言,各城市正处于构建科学发展指标体系的探索阶段,指标体系的建立没有统一标准。在参照联合国、世界银行等国际权威机构关于科学发展的高频指标,并汇总我国有关小康社会、和谐社会、现代化等指标体系基础上,借鉴外地科学发展评价指标体系,按照以人为本,全面协调可持续的科学发展观理论要求,紧密结合大连市实际来进行中国北方科学发展示范城市评价指标体系的构建。

大连市科学发展示范城市评价指标体系的构建主要从科学发展示范城市的内涵入手进行指标设置。科学发展示范城市是建立在科学发展基础上的示范,是城市在更高水平上科学发展的体现,因此指标体系的设置应注重体现科学发展要求。科学发展的本质是坚持以人为本和全面、协调、可持续的发展观。因此,科学发展指标体系设置一方面,应从经济、社会、人民生活、环境保护等角度进行城市整体科学发展的全面衡量,据此进行指标体系准则层设置。另一方面,应注重人的发展与经济发展、社会进步、生态和谐之间协调、可持续发展,讲求发展速度、质量、效益三者的均衡协调,据此进行具体指标设置。

科学发展示范城市评价指标体系的构建应遵循以下原则:

一是科学性与客观性相结合原则。科学发展示范城市评价指标体系的设置首先要建立在科学的基础上,将科学发展观的实质、内涵和要求内化于指标选取和体系设计的全过程,力求科学真实地反映经济社会各方面全面、协调、可持续发展情况。同时,指标的选取应科学合理,既避免指标过多过细、相互重叠,又要防止指标过于粗略,影响对经济社会发展的客观反映。

二是评价性与导向性相结合原则。科学发展示范城市评价指标体系除了注重指标的评价功能之外,还要求对科学发展示范城市的建设重点具有一定的导向作用。通过权重设置等方式提高对某些关键性指标的重视程度,引导在推进科学发展示范城市的具体工作实践中加强管理和发展力度,从而保证科学发展示范城市建设目标的实现。

三是系统性与层次性相结合原则。科学发展示范城市评价指标体系是一个系统性的整体。系统性要求指标选取能全面真实地反映城市发展的各个方面,注重指标之间的相互关联,不应有游离于系统之外的孤立指标。同时,应根据反映不同发展侧面的指标之间的相对独立性,将指标划归为不同的子系统,体现指标体系设置的层次性,从而形成一个反映科学发展示范城市建设水平的有机体系。

四是可比性、可获得性与可靠性相结合原则。指标选取应尽可能选择较为通用的定量指标,一方面可以与不同时期和不同城市的统计数据之间保持口径的统一,便于对结果进行纵向横向比较;另一方面可以保证指标数据的可获得性和来源的可靠性,便于进行分析计算,提高指标体系的可操作性,并增强指标体系计算结果的权威性。

(二)评价指标体系的构建

科学发展示范城市评价指标体系的构建主要分两个步骤进行,即指标的初选和筛选。

1. 指标初选

(1)初选样本

按照科学发展观全面、协调、可持续发展原则,通过全面考察现有的指标,并参考各类指标体系,如和谐社会指标体系、可持续发展指标体系、现代化指标体系、区域协调发展指标体系、科学发展指标体系等等,收集了部分指标。同时,运用频度统计法对目前有关城市科学发展的报告和论文进行了频度统计,包括各个城市的统计年鉴、经济社会发展和环境状况等统计公报、各类统计资料汇编,以及有关经济社会发展的各类指标体系学术论文等等,内容涉及经济发展规模、社会和谐、区域协调、生态环境、可持续发展等诸多方面。具体指标如下:

经济指标:

GDP 总量、人均 GDP、地均 GDP、GDP 增速、第三产业增加值、全部工业增加值、规模以上工业增加值发展速度、规模以上工业经济效益综合指数、规模以上工业企业总资产贡献率、地方财政一般预算收入与 GDP 之比、固定资产投资额、固定资产投资发展速度、固定资产投资额与 GDP 之比、人均 GDP 增速与 GDP 增速之比、现代服务业增加值占第三产业增加值的比重、服务业增加值占 GDP 比重、规模以上工业高新技术产品产值占规模以上工业总产值比重、储蓄存款余额、居民储蓄存款余额与 GDP 比重、地方财政收入、人均地方财政收入、人均税收收入、税收收入发展速度、人均社会消费品总额、城镇居民人均可支配收入、农民人均纯收入、城镇和农村居民收入增速、进出口总额、外贸依存度、实际外资利用率、出口额与 GDP 之比。

社会指标:

城市化率、符合政策生育率、基尼系数、城乡居民人均收入之比、农业科技贡献率、农业机械化综合水平、各类专业技术人员数、普通高校学校数、普通高等学校在校学生数、公共图书馆藏书量、万人拥有受高等教育人数、高中毕业生升学率、人均教育经费投入、人均受教育年限、全社会研发投入占 GDP 比重、万人专利授权量、财政科技投入占财政一般预算支出的比重、财政科技投入占 GDP 比重、万人拥有医院卫生床位数、万人医生人数、文化事业费占财政支出比重、全市人均拥有公共文化服务设施面积、文化产业增加值占 GDP 比重、文化产业从业人员占从业总人口比重、社会保险参保人数、城市居民医疗保险参保率、新型农村合作医疗参合率、基本养老保险参保人数、失业保险参保人数、工伤保险参保人数、生育保险参保人数、基本社会保险覆盖率、民主法制建设指数、社会安全指数、万人刑事案件发案率、交通事故数量。

居民基本生活指标:

城镇登记失业率、居民消费价格总指数、城市居民家庭恩格尔系数、农村居民家庭恩格尔系数、人口平均预期寿命、城市居民人均食品支出、城乡居民人均收入增幅与人均GDP增幅之比、居民消费价格总指数、城市居民人均消费支出、农村居民年人均消费性支出、在岗职工平均工资、城市人均住房建筑面积、城乡住房困难户比重、城市主要饮用水源水质达标率、食品药品安全指数、万人拥有公交车数量、城市交通噪声达标率、每万人互联网用户数。

生态指标：

森林覆盖率、植物栽培数、园林绿地面积、城市人均公园绿地面积、建成区绿化覆盖率、污染源治理本年投资总额、城市环境基础设施建设完成投资额、空气质量优良天数、城市生活垃圾无害化处理率、城市生活垃圾无害化处理率、城市污水综合处理率、主要污染物综合排放降低率、烟尘排放量、二氧化硫排放量、化学耗氧量排放总量、环保投资指数、城市清洁能源使用率、工业固体废弃物综合利用率、耕地保有量、土地复垦率、水土流失治理率、万元GDP能耗降低率、万元GDP水耗降低率、全面供水总量、全年生活用水量、全年生活用电量。

(2)初选过程及其结果

对初选样本进行定性分析和初步筛选，步骤如下。

第一，通过直观评估，剔除反映面过窄的单一指标，如植物栽培数、高中毕业生升学率等。

第二，剔除目前可获得性、可对比性差的指标。一些综合指标如民主法制指数、社会安全指数、食品药品安全指数、主要污染物综合排放降低率、全市人均拥有公共文化服务设施面积、城市清洁能源使用率等，通过综合大量指标信息达到了用少量指标全面、系统反映某一方面整体情况的目的，但鉴于目前这些指标存在诸如设置方式缺乏统一性标准、各地区统计口径不一，或者缺乏确切统计数据，多为达标范围等现实因素的制约，暂不将这些指标列入筛选样本范围。如文化产业增加值占GDP比重、文化产业从业人员占从业总人口比重等文化指标由于目前大连缺乏统计，故也不列入筛选样本。

第三，鉴于对科学发展进行衡量的科学性考虑，尽可能采用相对数指标，增加一定的制约因素，避免过于追求绝对量而对问题产生片面认识。如用地方财政一般预算收入与GDP之比替代财政一般预算收入总额，用储蓄存款余额占GDP比重替代储蓄存款余额等等。

第四，对意义相近指标进行比较，保留更能体现客观性和科学性的指标。如基尼系数是国内外衡量贫富差距的重要指标，但鉴于目前地区统计上存在的城乡“二元统计”问题，城乡相互独立的基尼系数与城乡收入差距相比，城乡收入差距更能从整体上反映一个地区的贫富差距情况。

通过综合运用上述指标选取方法得到筛选样本指标，如下：

经济指标：科学发展的第一要义是发展。经济发展是推动城市各领域发展的基础动力和物质保障。

具体指标如下：

人均地区 GDP(X1) = 地区 GDP ÷ 全市年末总人口，反映地区富裕程度，通常被用来划分经济发展阶段及发展水平。此指标选取避免单纯考虑地区 GDP 的片面性，将人均概念纳入对经济发展的考虑，体现发展是第一要义和以人为本的科学发展要求。

地均 GDP(X2) = 地区 GDP ÷ 全市土地总面积，反映单位土地面积产生的经济效益，是经济运行效率的体现。

规模以上工业增加值发展速度(X3) = (本期工业增加值 - 上期工业增加值) ÷ 上期工业增加值 × 100%，反映工业发展速度。

固定资产投资额与 GDP 之比(X4) = 全社会固定资产投资总额 ÷ 地区 GDP，反映地区经济发展规模和固定资产投资对经济增长的拉动作用。

固定资产投资发展速度(X5) = (本期固定资产投资额 - 上期固定资产投资额) ÷ 上期固定资产投资额 × 100%，反映固定资产投资发展速度。

规模以上工业经济效益综合指数(X6) = Σ(某项指标报告期数值 ÷ 该项指标全国标准值 × 该项指标权数) ÷ 总权数，是综合衡量工业经济效益各个方面在数量上总体水平的一种特殊相对数，是反映工业经济运行质量的总量指标。

地方一般预算财政收入与 GDP 之比(X7) = 地方一般预算财政总收入 ÷ 地区 GDP，反映经济发展所产生的效益。

人均 GDP 增速与 GDP 增速之比(X8) = 人均 GDP 增速 ÷ GDP 增速，反映将人口因素考虑在内的经济增长水平。

规模以上工业高新技术产品产值占规模以上工业产值比重(X9) = 规模以上工业高新技术产品产值 ÷ 规模以上工业产值 × 100%，此指标反映技术进步对经济发展的驱动情况。

服务业增加值占地区生产总值比重(X10) = 第三产业增加值 ÷ 地区 GDP × 100%，此指标反映产业结构，是经济结构优化水平的体现。

人均社会消费品零售总额(X11) = 全社会消费品零售总额 ÷ 全市年末总人口，反映消费对经济发展的拉动作用，体现经济运行质量。

规模以上工业企业总资产贡献率(X12) = (利润总额 + 税金总额 + 利息支出) ÷ 平均资产总额 × 12 ÷ 累计月数 × 100%，反映企业全部资产的获利能力，是评价和考核企业盈利能力的核心指标。

居民储蓄存款余额占 GDP 比重(X13) = 居民储蓄存款余额 ÷ GDP × 100%，反映居民经济实力与地区经济增长潜在拉动力。

城镇居民人均可支配收入(X14) = 家庭总收入 - 交纳个人所得税 - 个人交纳社会保障支出 - 记账补贴，从城镇居民收入水平角度反映经济发展水平。

农民人均纯收入(X15) = 家庭总收入 - 从事生产和非生产经营费用支出 - 缴纳税款 - 上交承包集体任务金额，从农民收入水平角度反映经济发展水平。

外贸出口依存度(X16)=进出口总额÷地区GDP×100%,此指标衡量经济发展的外向度,同时也是经济增长对外部环境依赖度的体现,反映经济增长方式的合理化。

实际利用外资额与地区GDP之比(X17)=实际利用外资额÷地区GDP,反映城市经济的开放度水平。

出口额与GDP之比(X18)=出口额÷地区GDP×100%,反映一个地区经济发展对出口的依赖程度和经济外向水平。

社会指标:社会发展是科学发展的重要内容之一,是体现科学发展以人为本、协调发展、统筹兼顾等要求的关键。

具体指标如下:

城市化率(X19)=年末城镇人口÷年末总人口×100%,是衡量城市化发展程度的数量指标。

城乡居民人均收入之比(X20)=城镇居民人均可支配收入÷农村居民人均纯收入,反映城乡协调发展程度。

农业科技贡献率(X21)=农业科技进步率÷农业总产值增长率×100%,反映农业科技发展水平和农业技术进步水平。

农业机械化综合水平(X22)=农业生产中使用机器设备作业的数量÷总作业量×100%,反映农业技术进步和现代化水平。

万人拥有各类专业技术人员数(X23)=全市拥有各类专业技术人员数÷地区总人口,反映地区拥有科技人才情况。

万人拥有普通高等学校数(X24)=普通高等学校÷地区总人口,反映地区高等教育水平。

万人拥有普通高等学校在校学生数(X25)=普通高校在校生总数÷全市年末总人口,反映一个地区的人才培养情况和一定的高等教育实力。

人均拥有公共图书馆藏书量(X26)=公共图书馆藏书总量÷全市总人口,反映文化公共设施服务水平。

人均教育经费投入(X27)=教育事业费支出÷全市年末总人口,反映财政对教育事业的投入水平和重视程度。

财政科技投入与GDP之比(X28)=财政科技支出÷地区GDP,反映财政科技投入强度。

万人专利授权量(X29)=年专利授权总量÷全市年末总人口,反映科技创新能力。

万人医生人数(X30)=全市拥有医生总数÷全市年末总人口,反映地区医疗服务水平。

万人拥有医院卫生床位数(X31)=全市医院卫生院床位总数÷地区总人口,反映医疗卫生服务设施满足医疗需求的情况。

新型农村合作医疗参合率(X32)=新型农村合作医疗参加的人数÷当地户籍人口×100%,反映农村医疗保障水平。

三农支出占财政一般预算支出比重(X33)=三农支出÷财政一般预算支出×100%,反映财政支出对三农的投入力度和重视程度。

全社会研发投入占GDP比重(X34) =全社会R&D投入÷地区GDP×100%,反映全社会科技投入强度。

财政科技支出占财政一般预算支出比重(X35)=财政科技支出÷财政一般预算支出×100%,反映财政支出的科技支持力度。

万车交通事故死亡率(X36)=全年交通事故死亡人数÷机动车拥有量×100%,反映地区道路交通安全水平。

全市养老保险参保人数(X37),反映地区养老保障水平。

全市医疗参保人数(X38),反映地区医疗保障水平。

全市参加失业保险职工人数(X39),反映地区失业保障水平。

人民生活指标:

失业率(X40)=年末城镇登记失业人数÷(年末城镇从业人员总数+年末城镇登记失业人数)×100%,反映人民就业水平。

消费价格指数(X41),是度量消费商品及服务项目价格水平随着时间而变动的相对数,反映居民家庭购买的消费品及服务价格水平的变动情况。

恩格尔系数(X42)=(城镇居民恩格尔系数+农村居民恩格尔系数)÷2,反映地区居民生活水平。

城乡居民人均收入增幅与人均GDP增幅之比(X43)=[(城市居民可支配收入增幅+农村居民人均纯收入增幅)÷2]÷人均GDP,反映人民共享经济发展成果的水平。

城市居民人均消费支出(X44)=城市居民消费支出总额÷城市居民总人口,反映城市居民消费能力和生活水平。

农村居民人均消费支出(X45)=农村居民消费支出总额÷农村居民总人口,反映农村居民消费能力和生活水平。

在岗职工平均工资(X46)=在岗职工工资总额÷在岗职工人员总数,反映职工平均收入水平。

城市人均住房建筑面积(X47)=城市居民住房建筑面积÷全市年末总人口,反映居民生活居住水平和质量。

万人公交车辆拥有量(X48)=全市拥有公交车总量÷全市年末总人口,反映居民日常出行的交通便利水平。

城市交通噪声达标率(X49)=(达标值-交通干线噪声平均值)÷达标值×100%(当噪声平均值达标值时,达标率为0),反映城市交通噪声对居民生活的影响程度。

每万人互联网用户数(X50)=全市互联网用户总数÷全市总人口,反映居民生活水平。

城市主要饮用水源水质达标率(X51)=城市达标的主要饮用水源供水量之和÷城市饮用水源供水总量×100%,反映居民饮水安全水平。

生态指标：生态文明是人与自然和谐共处、经济与生态和谐发展的文明体现，是资源节约、环境友好等可持续发展理念与改进生产生活方式、转变增长方式等行为活动的高度统一。

具体指标如下：

环保投资指数（X52）= 城市环保投资量 ÷ 地区 GDP × 100%，体现了一个城市对环境保护的重视程度。

空气质量优良天数比率（X53）= 空气质量优良天数 ÷ 365 × 100%，反映地区空气质量情况。

森林覆盖率（X54）=（有林地面积 + 灌木林地面积 + 四旁树占地面积）÷ 土地总面积 × 100%，是反映地区森林面积占有情况或森林资源丰富程度及实现绿化程度的指标。

城市人均公园绿地面积（X55）= 公园绿地总面积 ÷ 年末总人口，反映城市人居绿化水平和生态人文关怀情况。

建成区绿化覆盖率（X56）= 建成区绿化覆盖面积 ÷ 建成区面积 × 100%，是城市市区绿化水平的直接指标。

城市生活垃圾无害化处理率（X57）= 垃圾无害化处理量 ÷ 垃圾总量 × 100%，反映城市环境保护水平和居民宜居程度的指标之一。

城市污水综合处理率（X58）= 城镇生活污水处理量 ÷ 城镇生活污水排放总量 × 100%，反映城市环境保护水平的指标之一。

工业固体废弃物综合利用率（X59）= 工业固体废弃物利用率 ÷ 工业固体废弃物总量 × 100%，反映工业对资源重复利用和资源节约水平。

人均耕地保有量（X60）= 耕地总面积 ÷ 年末总人口，反映地区耕地资源存量情况，是土地资源集约化利用的体现。

人均生活电力消耗量（X61）= 全年生活用电总量 ÷ 年末总人口，反映日常生活的电力资源利用情况，是资源节约程度的体现之一。

人均生活用水消耗量（X62）= 全年生活用水总量 ÷ 年末总人口，反映日常生活的水资源利用情况，是资源节约程度的体现之一。

万元 GDP 能耗降低率（X63）=（上年万元 GDP 能耗量 − 本年万元 GDP 能耗量）÷ 上年万元 GDP 能耗量 × 100%。反映经济发展的资源集约化利用程度。

注：人均指标一般用常住人口进行计算，缺乏常住人口统计数据时，可用户籍人口代替。

2. 指标筛选

由于在针对每个方面进行初选指标选取时，没有着重考虑各指标间的独立性，指标之间可能有较高的信息重复，会加大这类信息在测量和评价中的分量，导致评价结果的偏差，因此通过指标筛选，剔除那些相关性高、信息重复大的指标，对指标体系进行进一步优化。

（1）筛选方法

运用偏相关系数法对初选指标进行筛选。偏相关系数法是在多个变量中，当其他变量保持不变的情况下，测定任意两个变量之间的相关程度。偏相关系数取值是介于 -1 和 +1 之间，和简单相关系数一样，也是用其数值的大小来判断相关的密切程度。

偏相关系数的计算过程：

求简单相关系数 $$r_{ij}=\frac{\sum_{k=1}^{n}(X_{ki}-\overline{X}_i)(X_{kj}-\overline{X}_j)}{\sqrt{\sum_{k=1}^{n}(X_{ki}-\overline{X}_i)^2\sum_{k=1}^{n}(X_{kj}-\overline{X}_j)^2}}(i,j=1,2,\cdots p) \qquad (1)$$

构建相关系数矩阵 $$\triangle=\begin{bmatrix} r_{11} & r_{12} & \cdots & r_{1p} \\ r_{21} & r_{22} & \cdots & r_{2p} \\ \cdots & \cdots & \cdots & \cdots \\ r_{p1} & r_{p2} & \cdots & r_{pp} \end{bmatrix} \quad (i,j=1,2,\cdots p) \qquad (2)$$

求偏相关系数 $$r_{ij1,2,\cdots,p}=\frac{-\triangle_{ij}}{\sqrt{\triangle_{ii}\cdot\triangle_{jj}}} \qquad (3)$$

上式中，$r_{ij1,2,\cdots,p}$ 表示在 p 在个指标变量中，固定了其他变量后，指标 X_i 和指标 X_j 之间的相关性，也称为（$p-2$）阶相关系数，$\triangle_{ij}$，$\triangle_{ii}$，$\triangle_{jj}$ 分别是相关系数矩阵中的代数余子式，显然都是对称矩阵。

两指标之间的偏相关系数计算出来后，还应进行显著性检验。检验的原假设 H0 为：相关系数 r=0；备择假设 H1 为：相关系数 r≠0。如果在给定的显著性水平 α 下不能拒绝原假设，则可以认为有（1-α）% 把握说两个变量之间不存在相关性，也就是说两指标之间信息重复少；如果在给定的显著性水平 α 下拒绝原假设，接受备择假设即两个变量之间存在线性相关，这说明两个指标有较高的信息重复，需要剔除其中的一个。

（2）筛选过程与结论

根据研究目的，从全国经济社会发展的先进城市和与大连具有一定可比性的副省级城市中，选取了 12 个主要城市 2007 年的原始指标数据作为指标筛选样本。

表 1　　2007 年 12 个主要城市原始指标数据

城市 \ 指标	X1	X2	X3	X4	X5	X6	X7	X8	X9
北京	58204	0.569942	24.04	0.42408	17.6	211	0.159584	0.75188	28
上海	66367	1.892629	17.8	0.37151	13.6	219.4	0.164607	0.825175	25.6
天津	46122	0.420997	18.2	0.47598	29.13	264.98	0.107694	0.756579	28
长春	28131	0.101551	26.2	0.64624	42.1	239.8	0.044663	1.062147	36.8
沈阳	43499	0.236818	49.66	0.7684	31.92	228.49	0.075084	0.951754	42.1
哈尔滨	24768	0.045918	22.3	0.42293	27.3	172.7	0.054169	1.177778	16.6

续表

指标 城市	X1	X2	X3	X4	X5	X6	X7	X8	X9
济南	39261	0.313417	16.16	0.44939	13.27	268	0.061261	0.917722	36.1
青岛	45399	0.355408	24.5	0.53083	35.3	209.67	0.077269	0.9125	46.25
宁波	50474	0.349939	16.4	0.46507	6.31	216.78	0.095779	1.114094	33.7
南京	44852	0.497569	19.8	0.57038	15.8	247.53	0.100821	0.738854	40.8
西安	21399	0.174489	35.08	0.81362	34.57	171.64	0.064023	0.891156	37.7
大连	51624	0.249006	24.74	0.61667	31.39	179.36	0.085596	0.965517	43.1
	X10	X11	X12	X13	X14	X15	X16	X17	X18
北京	71.4	0.00594	7.3	0.97436	21989	9559	0.206237	0.001188	0.052
上海	51.9	0.007158	11.9	0.72455	23623	10222	0.235727	0.001556	0.12
天津	40.3	0.011811	15	0.6135	16357	8752	0.142479	0.00241	0.076
长春	40.2	0.016076	15.1	0.57544	12811	4780	0.033222	0.003215	0.007
沈阳	47.4	0.016211	10.11	0.64017	14607	6806	0.019747	0.003684	0.011
哈尔滨	51.6	0.008196	8.7	0.63243	12772	5069	0.012311	0.001999	0.006
济南	54.92	0.008183	16.54	0.49426	18005	6300	0.024262	0.002046	0.013
青岛	43	0.012345	13.8	0.4495	17856	7477	0.120691	0.002743	0.075
宁波	40.5	0.011483	11.25	0.53202	22332	10051	0.164483	0.002871	0.111
南京	48.4	0.011785	16.65	0.59573	20317	8020	0.110534	0.002946	0.063
西安	51.3	0.01586	10.23	1.13258	12662	4399	0.03039	0.003776	0.02
大连	43	0.014341	6.19	0.58547	15109	8369	0.123603	0.003118	0.069
	X19	X20	X21	X22	X23	X24	X25	X26	X27
北京	85	2.300345	64	65	973	0.05083	347.7648	1.343539	1611
上海	84.4	2.310996	60	67	418.08	0.03229	260.9795	3.365931	1525
天津	60	1.868944	56.2	69	374.71	0.04036	332.8251	0.092377	986.7
长春	48	2.680126	52	52	175.9	0.03486	443.7592	0.381552	435.7
沈阳	64.2	2.146121	62	67.5	681.04	0.04227	447.3091	1.259791	682.7
哈尔滨	48.2	2.519629	67	77	364.19	0.03747	389.8116	0.619607	456.8
济南	52	2.857937	52	—	56.317	0.04871	704.2618	1.199696	737.6
青岛	55	2.388124	58	78	935	0.02981	315.8573	0.442248	717
宁波	38.6	2.221868	56	67	667.15	0.02176	182.8861	0.48702	594

续表

城市 \ 指标	X19	X20	X21	X22	X23	X24	X25	X26	X27
南京	86.5	2.533292	60	73.6	906.65	0.05531	823.0136	1.638608	614.1
西安	54.9	2.878381	48	50	502.93	0.05779	674.6213	0.468731	309.8
大连	58	1.805353	60	—	980	0.03454	361.8421	0.876151	546.2
	X28	X29	X30	X31	X32	X33	X34	X35	X36
北京	0.8	9.185548	336.736	49.0863	88.9	7.9	5.6	4.7	3.78
上海	0.9	13.18622	26.2648	40.599	90	17.7	2.6	5.2	5.3
天津	0.5	5.008072	23.5229	35.6126	89.2	4	2.2	2.8	6.5
长春	0.1	2.233543	21.0082	36.2689	86.16	3.2	1.6	1	8.1
沈阳	0.3	4.012398	27.7543	47.3655	95.85	4.6	2	2.7	10
哈尔滨	0.21	2.31112	18.2297	37.4722	94.1	5.2	1.38	2.2	7.2
济南	0.1	6.269406	22.7336	38.551	91	6.9	2	1.4	4
青岛	0.1	4.286549	17.9737	33.6867	98	5.6	2	1	4.19
宁波	0.5	12.82814	22.3611	29.9028	96.6	6.6	1.5	4.4	9
南京	0.1	5.096452	21.1858	28.4514	98.4	4.8	2.62	1	8
西安	0.14	3.045007	20.7889	40.4532	90.8	5.3	1.4	1.6	11
大连	0.13	4.863487	23.222	44.704	94.7	8.5	2	1.14	4.49
	X37	X38	X39	X40	X41	X42	X43	X44	X45
北京	671.7	783	535.3	1.84	102.4	32.15	1.2395	15330	6828
上海	793.8	749.8	491.5	4.3	103.2	36.15	1.069915	17255	8845
天津	344.8	382.5	221.5	3.6	104.2	37.1	1.073913	12029	4118
长春	132.5	234.4	71.7	4	103.7	37.25	0.613208	10217	2933
沈阳	160.6	249.2	123.5	3.35	104.5	36.7	1.025806	11256	3847
哈尔滨	116.5	136	186.5	3.2	104.1	38.8	0.765957	9294	2889
济南	114.5	100.1	69.8	3.58	103.9	34.5	1.115172	12390	3790
青岛	155.1	208.2	116.5	2.73	104.5	37.1	1.05137	13376	4736
宁波	197	151.8	95.8	3.16	103.9	38.55	0.82259	14009	8062
南京	167.1	192.1	149.3	3.26	103.7	36.35	1.279741	13278	6180
西安	102.2	167.6	124.1	4.3	104.7	37.375	1.205725	10098	3381
大连	139.1	236	96.4	2.46	104	39	0.981548	12135	5204

续表

指标 城市	X46	X47	X48	X49	X50	X51	X52	X53	X54
北京	46507	20.3	15.9893	69.9	3276.8	95	0.527406	67.6	51
上海	37716	32.2	12.0987	71.9	7863.3	90	3.050731	88.76712	22
天津	34938	27.09	7.80918	67.7	2282.1	100	2.88	83.56164	37.5
长春	24190	26.88	5.07843	74	1960.7	100	1.97	93.15068	36.5
沈阳	27371	27.01	7.17949	75	1421.7	100	0.460711	88.49315	40
哈尔滨	22104	18.85	4.76504	67.8	1078.7	96.7	1.402471	83.83562	44
济南	26654	21	6.61872	69.6	1367.3	95	2.32	85.20548	26.6
青岛	27083	23.7	5.96834	68.2	1638.5	96	1.72456	91.23288	34
宁波	32936	24.9	6.79122	68.4	2289.6	99	0.652667	90.13699	44
南京	35908	32.21	10.8736	68.6	1395.6	100	3.044275	83.56164	23
西安	25012	23.63	7.63674	70	772.66	98	0.069886	80.54795	42
大连	28230	26.7	7.86842	80	1567.1	100	0.610249	92.60274	41.5
	X55	X56	X57	X58	X59	X60	X61	X62	X63
北京	12.6	43	97	70	92	0.01422	0.088498	54.25028	5
上海	17.31	37.6	95	75	95	0.01109	0.095466	220.9003	4.6
天津	7	37.5	90	80	99	0.03623	0.043379	49.43562	4.9
长春	27.62	39.44	85	80	98	0.15008	0.032346	38.56585	5
沈阳	11.63	41.65	80	75	95	0.09615	0.048226	20.3716	4.4
哈尔滨	6.65	30.62	85	60	70	0.18548	0.034709	16.10123	4.1
济南	9.2	39.8	85	75	93	0.05013	0.050041	32.93494	4
青岛	12.19	37.8	100	80	98	0.04926	0.049623	15.1362	4.5
宁波	8.31	37	99	79	90	0.03045	0.062133	39.62311	4
南京	12.99	45.92	90	80	90	0.03276	0.060095	230.6338	4
西安	7.61	39.71	82	78	87.43	0.03145	0.035206	18.36216	4.2
大连	11.1	43.3	93.3	87	95.57	0.06146	0.054353	64.64973	4.6

数据来源:各市 2007 年统计年鉴、统计公报、环境状况公报,《直辖市、副省级市、省会城市、经济特区和沿海开放城市 2007 年统计资料汇编》、中国统计年鉴 2008、各城市政府财政预算执行情况报告、相关部门的"事业发展公报"等等。

筛选过程分两步进行：

第一步，运用偏相关系数法对指标进行筛选之前，通过主成分分析对指标进行初步相关性判断，并对指标进行科学分类。鉴于经济社会各方面发展的相对独立性，运用SPSS软件对12个城市在经济、社会、生活、生态四个方面的样本数据分别进行主成分分析，提取互不相关的主成分因子，得出经济、社会、生活、生态四个准则层的分类指标。

第二步，鉴于主成分分析的原理主要是基于简单相关系数对相关性指标的抽取和综合，而对每个主成分因子的构成指标之间的信息重复性判断不足，无法对信息重叠指标进行有效筛选。同时，由于数据间的相互影响，有时也可能导致相关性判断错误，产生伪相关。因此，根据主成分的分析结果，运用偏相关系数分析法对主成分因子指标进行两两相关性分析，得出各领域的偏相关系数矩阵，对指标相关程度进行判别，并进行伪相关检验，剔除信息重复较多的指标，达到筛选指标的目的。

具体分析如下：

——经济指标筛选

将经济指标依次表示为V1～V18，分别是人均GDP(V1)，地均GDP(V2)，规模以上工业增加值发展速度(V3)、固定资产投资额与GDP之比(V4)、固定资产投资发展速度(V5)、规模以上工业经济效益综合指数(V6)、财政一般预算收入与GDP之比(V7)、人均GDP增速与GDP增速之比(V8)、规模以上工业新规模以上工业总产值(V9)、服务业增加值占GDP比重(V10)、人均社会品消费总额(V11)、规模以上工业企业总资产贡献率(V12)、城乡居民储蓄存款余额占GDP比重(V13)、城镇居民人均可支配收入(V14)、农民人均纯收入(V15)、外贸依存度(V16)、实际外资利用总额与GDP之比(V17)、出口额与GDP之比(V18)。

运用SPSS软件进行运算，得到主成分分析矩阵(见表2、表3)。通过分析可得，第一主成分在指标V1、V2、V14、V15、V16、V18上的载荷较大，综合体现了经济发展水平；第二主成分在V3、V4、V5、V9、V11、V17上的载荷较大，主要表现了经济驱动因素；第三主成分在V6、V7、V12上载荷较大，体现了经济效益；第四主成分在V8、V10、V13上载荷较大，可看做经济质量因素。

表2　　　　总方差解释矩阵

Total Variance Explained

Component	Initial Eigenvalues			Extraction Sums of Squared Loadings			Rotation Sums of Squared Loadings		
	Total	% of Variance	Cumulative %	Total	% of Variance	Cumulative %	Total	% of Variance	Cumulative %
1	8.551	47.508	47.508	8.551	47.508	47.508	6.526	36.253	36.253
2	2.873	15.959	63.467	2.873	15.959	63.467	4.388	24.379	60.632
3	2.498	13.876	77.343	2.498	13.876	77.343	2.350	13.055	73.687

续表

Component	Initial Eigenvalues			Extraction Sums of Squared Loadings			Rotation Sums of Squared Loadings		
	Total	% of Variance	Cumulative %	Total	% of Variance	Cumulative %	Total	% of Variance	Cumulative %
4	1.659	9.215	86.558	1.659	9.215	86.558	2.317	12.871	86.558
5	0.758	4.211	90.769						
6	0.596	3.308	94.077						
7	0.485	2.693	96.770						
8	0.347	1.930	98.700						
9	0.124	0.690	99.390						
10	0.089	0.496	99.887						
11	0.020	0.113	100.000						
12	5.116×10^{-16}	2.842×10^{-15}	100.000						
13	2.044×10^{-16}	1.135×10^{-15}	100.000						
14	1.399×10^{-16}	7.775×10^{-16}	100.000						
15	-4.534×10^{-17}	-2.519×10^{-16}	100.000						
16	-8.62×10^{-17}	-4.789×10^{-16}	100.000						
17	-2.828×10^{-16}	-1.571×10^{-15}	100.000						
18	-4.279×10^{-16}	-2.377×10^{-15}	100.000						

Extraction Method: Principal Component Analysis.

表 3　因子载荷矩阵

Rotated Component Matrix[a]

	Component			
	1	2	3	4
V1	0.937	−0.141	0.053	0.053
V2	0.738	−0.253	0.085	0.201
V3	−0.321	0.677	−0.276	0.350
V4	−0.403	0.876	−0.116	0.174
V5	−0.529	0.552	−0.165	0.006
V6	0.121	−0.071	0.926	−0.064
V7	−0.039	−0.277	0.753	0.411
V8	−0.491	−0.126	−0.475	−0.624

续表

	Component			
	1	2	3	4
V9	0.067	0.809	0.251	-0.126
V10	0.054	-0.470	-0.117	0.806
V11	-0.324	0.901	-0.044	-0.219
V12	-0.107	-0.002	0.923	-0.213
V13	-0.033	0.076	-0.396	0.810
V14	0.844	-0.360	0.207	0.068
V15	0.948	-0.193	0.019	-0.067
V16	0.936	-0.225	-0.066	0.078
V17	-0.340	0.871	-0.050	-0.232
V18	0.921	-0.084	-0.032	-0.275

Extraction Method：Principal Component Analysis.

Rotation Method：Varimax with Kaiser Normalization.

a. Rotation converged in 6 iterations.

基于上述分析，将第一主成分指标、第二主成分指标、第三主成分指标、第四主成分指标分别导入 SPSS 数据编辑器，计算每个指标与其他所有指标的偏相关系数，得到如下的偏相关系数矩阵。（见表 4、表 5、表 6、表 7）

表 4　　　　经济发展水平指标偏相关系数（Partial Correlation）矩阵

	V1	V2	V14	V15	V16	V18
V1	1	0.654 (0.048)	-0.531 (0.220)	0.845 (0.008)	-0.269 (0.560)	0.462 (0.297)
V2		1	-0.610 (0.146)	-0.688 (0.059)	0.277 (0.507)	0.801 (0.031)
V14			1	0.458 (0.254)	-0.037 (0.931)	0.865 (0.012)
V15				1	0.441 (0.322)	-0.484 (0.271)
V16					1	0.291 (0.484)
V18						1

由上表可以看出，在显著性水平取值为 0.05，偏相关系数取值为 0.70 时，可以认为 V1 分别与 V2 和 V15 两个指标线性相关，而 V2 分别与 V1、V15 和 V18 三个指标线性相

关,V18 与 V2 和 V14 两个指标线性相关,V15 与 V1、V2 线性相关。通过比较 V1、V2、V14、V15、V18 的相关系数之和,得到 V2、V15、V18 的相关系数之和较大。因此,可以认为 V2、V15、V18 这三个指标反映的经济发展水平信息可以由其他的指标得到充分的反映,在指标体系中可以将其剔除。于是筛选后的经济发展水平的指标为 V1、V14、V16。

表 5 经济增长驱动指标偏相关系数(Partial Correlation)矩阵

	V3	V4	V5	V9	V11	V17
V3	1	0.715 (0.046)	0.052 (0.903)	-0.135 (0.750)	-0.034 (0.936)	-0.174 (0.680)
V4		1	0.231 (0.582)	0.182 (0.667)	-0.075 (0.859)	0.456 (0.256)
V5			1	-0.213 (0.612)	0.746 (0.033)	-0.667 (0.071)
V9				1	0.191 (0.651)	-0.063 (0.882)
V11					1	0.872 (0.005)
V17						1

由上表,取显著性水平 0.05,偏相关系数界值 0.70,则 V3 与 V4 线性相关,V11 与 V5、V17 线性相关,通过比较相关系数之和说明 V4、V11 的信息与其他指标有较大的重复,所以剔除 V4、V11。于是筛选后经济发展驱动因素可以由 V3、V5、V9、V17 表达。

表 6 经济运行质量指标偏相关系数(Partial Correlation)矩阵

	V8	V10	V13
V8	1	-0.235 (0.487)	-0.137 (0.688)
V10		1	0.531 (0.093)
V13			1

由上表可知,取显著性水平 0.05,偏相关系数界值 0.70,没有矩阵元素达到偏相关系数界值,可以认为没有两个指标之间相关,因此三个指标都保留。

表 7　　经济效益指标偏相关系数(Partial Correlation)矩阵

	V6	V7	V12
V6	1	0.441 (0.175)	0.482 (0.100)
V7		1	-0.472 (0.143)
V12			1

由上表可知,取显著性水平0.05,偏相关系数界值0.70,没有矩阵元素达到偏相关系数界值,可以认为没有两个指标之间相关,因此三个指标都保留。

得到了筛选后的13项经济发展指标如下:

表 8　　筛选后的经济指标

	分类	指　标
经济发展	发展水平	人均 GDP
		城镇居民人均可支配收入
		外贸依存度
	增长驱动	规模以上工业增加值发展速度
		固定资产投资发展速度
		规模以上工业高新技术产品产值占规模以上工业总产值比重
		实际外资利用总额与 GDP 之比
	运行质量	人均 GDP 增速与 GDP 增速之比
		服务业增加值占 GDP 比重
		城乡居民储蓄存款余额占 GDP 比重
	经济效益	规模以上工业经济效益综合指数
		规模以上工业企业总资产贡献率
		财政一般预算收入与 GDP 之比

——社会指标筛选将社会指标依次表示为V1~V21,分别是城市化率(V1)、城乡居民人均收入之比(V2)、农业科技贡献率(V3)、农业机械化综合水平(V4)、万人拥有各类专业技术人员数(V5)、万人拥有普通高校学校数(V6)、万人拥有普通高等学校在校学生数(V7)、人均拥有公共图书馆藏书量(V8)、人均教育经费投入(V9)、财政科技投入与GDP之比(V10)、万人专利授权量(V11)、万人医生人数(V12)、万人拥有医院卫生床位数(V13)、新型农村合作医疗参合率(V14)、三农支出/财政一般预算(V15)、全社会研发投入占GDP比重(V16)、财政科技支出占一般预算支出比重(V17)、万车交通事故死亡率(V18)、全市养老保险参加人数(V19)、全市医疗参保人数(V20)、全市参加失业保险

职工人数(V21)。

运用SPSS软件进行运算,得到主成分分析矩阵(见表9、表10)。对主成分矩阵进行分析,从因子载荷来看,第一主成分在V5~V13、V16、V17上的载荷较明显,可看做是对科教资源与投入和文化卫生事业情况的反映;第二主成分在V14、V17、V19、V20、V21上的载荷较高,主要反映了医疗改革和社会保障方面的情况;由于V17在两个主成分都有较为明显的载荷,考虑到归类的需要,将V17归为第一主成分中;第三主成分在V1、V2、V3、V4和V15载荷较大,体现了城市化进程和城乡差距的情况;第四主成分只在V11上的载荷较大,鉴于其主要反映科技创新方面地情况,可以将其归入第一主成分;第五主成分只有V18有较大的载荷,反映了社会安全方面的情况,因为它比较独立反映这方面的情况,单独归为一类。

表9

总方差解释矩阵

Total Variance Explained

Component	Initial Eigenvalues			Extraction Sums of Squared Loadings			Rotation Sums of Squared Loadings		
	Total	% of Variance	Cumulative %	Total	% of Variance	Cumulative %	Total	% of Variance	Cumulative %
1	10.250	48.808	48.808	10.250	48.808	48.808	5.678	27.037	27.037
2	3.418	16.276	65.084	3.418	16.276	65.084	5.328	25.373	52.411
3	2.729	12.995	78.079	2.729	12.995	78.079	3.902	18.580	70.991
4	1.821	8.671	86.750	1.821	8.671	86.750	2.541	12.101	83.092
5	1.171	5.574	92.324	1.171	5.574	92.324	1.939	9.232	92.324
6	0.807	3.841	96.165						
7	0.608	2.894	99.058						
8	0.198	0.942	100.000						
9	5.081×10^{-16}	2.42×10^{-15}	100.000						
10	3.789×10^{-16}	1.804×10^{-15}	100.000						
11	2.492×10^{-16}	1.187×10^{-15}	100.000						
12	6.541×10^{-17}	3.115×10^{-16}	100.000						
13	1.77×10^{-17}	8.43×10^{-17}	100.000						
14	-2.712×10^{-17}	-1.292×10^{-16}	100.000						
15	-5.788×10^{-17}	-2.756×10^{-16}	100.000						
16	-1.72×10^{-16}	-8.188×10^{-16}	100.000						
17	-2.245×10^{-16}	-1.069×10^{-15}	100.000						
18	-3.188×10^{-16}	-1.518×10^{-15}	100.000						
19	-4.149×10^{-16}	-1.976×10^{-15}	100.000						
20	-5.888×10^{-16}	-2.804×10^{-15}	100.000						
21	-1.022×10^{-15}	-4.865×10^{-15}	100.000						

Extraction Method: Principal Component Analysis.

表 10　　　　因子载荷矩阵

Rotated Component Matrix[a]

	Component				
	1	2	3	4	5
V1	0.458	-0.398	0.665	0.264	0.245
V2	-0.198	0.005	-0.617	-0.492	-0.084
V3	0.257	0.080	0.881	0.145	0.099
V4	-0.126	0.141	0.943	0.118	0.204
V5	0.896	0.101	0.349	0.202	-0.147
V6	-0.846	-0.053	0.354	-0.091	0.245
V7	-0.941	-0.089	-0.172	-0.085	0.228
V8	0.946	0.057	-0.064	0.172	0.083
V9	0.676	0.617	0.308	0.205	0.042
V10	0.879	0.267	-0.023	0.161	0.310
V11	0.630	0.080	-0.051	0.657	0.379
V12	0.717	0.078	-0.026	-0.059	-0.107
V13	0.923	0.037	0.055	0.032	0.285
V14	-0.547	0.692	-0.080	-0.049	0.432
V15	0.083	0.283	0.937	-0.014	-0.057
V16	0.726	0.512	0.071	0.361	0.195
V17	0.594	0.602	0.506	0.091	0.061
V18	0.180	-0.422	-0.228	-0.406	-0.654
V19	0.577	0.744	0.310	0.079	-0.043
V20	0.644	0.726	0.209	0.043	-0.071
V21	0.655	0.698	0.154	0.177	-0.0013

Extraction Method：Principal Component Analysis.

Rotation Method：Varimax with Kaiser Normalization.

a. Rotation converged in 8 iterations.

基于上述分析，将第一主成分指标、第二主成分指标、第三主成分指标分别导入 SPSS 数据编辑器，计算每个指标与其他所有指标的偏相关系数，得到如下的偏相关系数矩阵。（见表 11、表 12、表 13）

表 11　　社会事业指标偏相关系数(Partial Correlation)矩阵

	V5	V6	V7	V8	V9	V10	V11	V12	V13	V16	V17
V5	1	0.970 (0.157)	-0.979 (0.131)	0.932 (0.228)	-0.955 (0.152)	0.979 (0.129)	0.909 (0.274)	-0.870 (0.328)	-0.967 (0.164)	0.796 (0.413)	-0.939 (0.224)
V6		1	0.998 (0.041)	-0.960 (0.181)	0.907 (0.276)	-0.943 (0.215)	-0.924 (0.249)	0.921 (0.254)	0.940 (0.223)	-0.801 (0.409)	0.963 (0.173)
V7			1	0.965 (0.168)	-0.923 (0.252)	0.956 (0.189)	0.920 (0.256)	-0.919 (0.258)	-0.949 (0.204)	0.805 (0.404)	-0.964 (0.171)
V8				1	0.891 (0.300)	-0.894 (0.296)	-0.858 (0.344)	0.937 (0.228)	0.872 (0.326)	-0.767 (0.473)	0.919 (0.259)
V9					1	0.966 (0.166)	0.870 (0.328)	-0.789 (0.421)	-0.946 (0.211)	0.695 (0.511)	-0.836 (0.370)
V10						1	-0.872 (0.326)	0.822 (0.386)	0.995 (0.063)	-0.829 (0.378)	0.925 (0.248)
V11							1	0.780 (0.431)	0.865 (0.335)	-0.612 (0.581)	0.850 (0.353)
V12								1	-0.804 (0.406)	0.744 (0.466)	-0.893 (0.297)
V13									1	0.845 (0.359)	-0.928 (0.243)
V16										1	0.916 (0.262)
V17											1

由上表可知,以显著性水平界值0.3 和偏相关系数0.9 为界值,剔除相关个数较多的V5,V6,V7,V8,V10,V13,V17。实际上,V5,V6,V7,V8,V10 的信息反映的是科教资源和投入的情况,它们由 V9,V11 就可以得到基本充分的反映,同时 V13 反映的医疗条件信息也可以由 V12 得到充分的反映。也就是说,通过偏相关分析可以将社会发展指标体系中第一主成分中的指标筛选为 V9,V11,V12,V16 四个指标。

表 12　　社会保障指标偏相关系数(Partial Correlation)矩阵

	V14	V19	V20	V21
V14	1	0.082 (0.833)	-0.333 (0.382)	0.184 (0.636)
V19		1	0.661 (0.053)	0.259 (0.502)
V20			1	0.416 (0.265)
V21				1

由上表可以看出,第二个主成分中的各个指标之间基本没有线性相关关系,因此指标均保留。

表 13　　城乡协调指标偏相关系数(Partial Correlation)矩阵

	V1	V2	V3	V4	V15
V1	1	0.023 (0.965)	0.233 (0.658)	-0.057 (0.914)	0.450 (0.371)
V2		1	0.124 (0.814)	-0.412 (417)	-0.086 (0.871)
V3			1	0.796 (0.058)	0.075 (0.887)
V4				1	0.086 (0.872)
V15					1

由上表可知,以显著性水平界值0.1和偏相关系数0.8为界值,则可以判定V3与V4线性相关,再比较两者的相关系数之和,V4比较大,也就是说V4所反映的信息更多的与其他指标重复,因此可以将V4剔除。实际上,从定性分析的角度也可以看出,农业科技贡献率所反映的内容与农业综合机械化水平有一定的重复而且它是一个比农业综合机械化水平内涵更丰富的指标,因此保留它是合理的。

第四个主成分的一个指标保留,于是得到经筛选后的13项社会发展指标为:

表 14　　筛选后的社会指标

	分　类	指　标
社会进步	城乡协调	城市化率
		城乡居民收入之比
		农业科技贡献率
		三农支出占财政一般预算支出比重
	社会保障	新型农村合作医疗参合率
		全市养老保险人数
		全市医疗保险参保人数
		全市失业保险参保人数
	社会事业	人均受教育经费
		万人专利授权量
		万人拥有医生数
		全社会R&D投入占GDP比重
	社会安全	万车交通事故发生率

——生活指标筛选

将生活指标依次表示为 V1～V12，分别是失业率（V1）、消费价格指数（V2）、恩格尔系数（V3）、城乡居民人均收入增幅与人均 GDP 增幅之比（V4）、城市居民人均消费支出（V5）、农村居民人均消费性支出（V6）、在岗职工平均工资（V7）、城市人均住房建筑面积（V8）、万人拥有公交车数量（V9）、城市交通噪声达标率（V10）、每万人互联网用户数（V11）、城市主要饮用水源水质达标率（V12）。

运用 SPSS 软件进行运算，得到以下主成分分析矩阵（见表 15、表 16）。由分析可得，第一主成分在指标 V1、V2、V3、V4、V7 上有较高载荷，从就业、物价水平、消费结构、收入等方面反映了居民生活总体水平；第二主成分在指标 V5、V6、V11 上的载荷较大，着重体现了居民消费水平；第三主成分在 V9、V10、V12 上有较大载荷，从影响居民生活的几个方面反映了居民基本生活质量；V8 在第二、三主成分上载荷相近，结合实际情况考虑，将 V8 归入第三主成分。

表 15　总方差解释矩阵

Total Variance Explained

Component	Initial Eigenvalues			Extraction Sums of Squared Loadings			Rotation Sums of Squared Loadings		
	Total	% of Variance	Cumulative %	Total	% of Variance	Cumulative %	Total	% of Variance	Cumulative %
1	5.882	49.019	49.019	5.882	49.019	49.019	3.957	32.974	32.974
2	2.062	17.184	66.203	2.062	17.184	66.203	3.831	31.922	64.897
3	1.328	11.068	77.271	1.328	11.068	77.271	1.485	12.374	77.271
4	1.151	9.591	86.862						
5	0.713	5.946	92.807						
6	0.499	4.156	96.963						
7	0.157	1.309	98.272						
8	0.104	0.864	99.136						
9	0.083	0.694	99.830						
10	0.020	0.163	99.993						
11	0.001	0.007	100.000						
12	3.214×10^{-16}	2.678×10^{-15}	100.000						

Extraction Method: Principal Component Analysis.

表 16　　因子载荷矩阵

Rotated Component Matrix[a]

	Component		
	1	2	3
V1	0.855	-0.213	0.105
V2	0.718	0.443	-0.092
V3	0.802	0.117	-0.354
V4	0.570	0.158	-0.108
V5	0.478	0.820	-0.096
V6	0.365	0.815	0.046
V7	0.783	0.532	-0.007
V8	-0.210	0.678	0.540
V9	0.005	0.494	0.825
V10	-0.018	0.020	0.786
V11	0.115	0.929	-0.130
V12	-0.166	-0.602	0.625

Extraction Method：Principal Component Analysis.

Rotation Method：Varimax with Kaiser Normalization.

a. Rotation converged in 5 iterations.

遵循指标体系构建的系统性和层次性原则，鉴于第一和第二主成分在现实意义上可共同反映生活水平，将第一、第二主成分的指标进行综合。分别将综合后的指标和第三主成分指标导入 SPSS 数据编辑器，计算每个指标与其他所有指标的偏相关系数，得到如下的偏相关系数矩阵。（见表 17、表 18）

表 17　　总体生活水平指标偏相关系数(Partial Correlation)矩阵

	V1	V2	V3	V4	V5	V6	V7	V11
V1	1	0.520 (0.291)	-0.500 (0.313)	-0.090 (0.866)	-0.640 (0.171)	0.502 (0.310)	-0.269 (0.606)	0.807 (0.052)
V2		1	0.757 (0.082)	0.504 (0.307)	0.550 (0.258)	-0.530 (0.279)	-0.272 (0.602)	0.553 (0.255)
V3			1	-0.367 (0.475)	-0.737 (0.095)	0.808 (0.052)	-0.183 (0.729)	0.546 (0.263)
V4				1	0.065 (0.902)	0.036 (0.946)	0.487 (0.328)	-0.151 (0.775)
V5					1	0.890 (0.018)	-0.166 (0.754)	0.792 (0.060)
V6						1	0.340 (0.509)	-0.555 (0.253)
V7							1	0.173 (0.743)
V11								1

对表中数据进行分析可得，以显著性水平界值 0.1 和偏相关系数 0.7 为界值，V5 与 V3、V6、V11 多个指标的偏相关系数较高，V1 与 V11 之间，V3 与 V2、V5、V6 之间也存在较高相关性，应进行筛选。分别考虑这些指标与其他所有指标的偏相关系数之和，得到 V3、V5、V11 与其他指标的相关系数之和较大，说明 V3、V5、V11 与其他指标反映的信息存在较大重叠，故剔除 V3、V5、V11。

表 18　　基本生活质量指标偏相关系数（Partial Correlation）矩阵

	V8	V9	V10	V12
V8	1	0.265 (0.460)	0.252 (0.482)	-0.134 (0.713)
V9		1	0.007 (0.985)	-0.444 (0.199)
V10			1	0.187 (0.606)
V12				1

由上表看出，指标间不存在显著相关性，可从不同角度对基本生活质量进行反映，均予以保留。

得到筛选后的 9 项生活指标如下：

表 19　　筛选后的生活指标

	分　类	指　标
人民生活	生活水平	城镇登记失业率
		消费价格总指数
		城乡人均可支配收入增幅与人均 GDP 增幅之比
		农村居民人均消费支出
		在岗职工平均工资
	生活质量	城市人均住房建筑面积
		万人拥有公交车数量
		城市交通噪声达标率
		城市主要饮用水源水质达标率

——生态指标筛选

将生态指标依次表示为 V1 ~ V12，分别是环保投资占 GDP 比重（V1）、空气质量优良天数比重（V2）、森林覆盖率（V3）、城市人均公园绿地面积（V4）、建成区绿化覆盖率（V5）、城市生活垃圾无害化处理率（V6）、城市污水综合处理率（V7）、工业固体废弃物综合利用率（V8）、人均耕地保有量（V9）、人均生活电力消耗量（V10）、人均生活用水消耗量（V11）、万元 GDP 能耗降低率（V12）。

运用 SPSS 软件进行运算，得到以下主成分分析矩阵（见表 20、表 21）。由分析可以看出，指标在各项主成分的载荷分布较为分散，这在一定程度上反映了指标间独立性较强的特点，单项指标代表的信息较多，说明指标选取的有效性较大。从因子载荷来看，第一主成分在 V8、V9、V10、V11 上的载荷较明显，可看做是对资源集约化利用情况的综合反映；第二主成分在 V3、V5 上的载荷较高，主要反映了城市环境优化在空气、环境人文关怀方面的情况；第三主成分在 V1、V2、V12 上的载荷较大，体现了环保投入力度和一定的治理效果；第五主成分在 V4、V6、V7 上的载荷较大，反映了城市环境治理力度。第四主成分在各指标上的载荷不显著。

表 20　　总方差解释矩阵

Total Variance Explained

Component	Initial Eigenvalues			Extraction Sums of Squared Loadings			Rotation Sums of Squared Loadings		
	Total	% of Variance	Cumulative %	Total	% of Variance	Cumulative %	Total	% of Variance	Cumulative %
1	4.033	33.605	33.605	4.033	33.605	33.605	2.426	20.218	20.218
2	2.298	19.152	52.757	2.298	19.152	52.757	2.348	19.565	39.783
3	1.797	14.973	67.730	1.797	14.973	67.730	2.173	18.106	57.889
4	1.326	11.054	78.783	1.326	11.054	78.783	1.889	15.743	73.632
5	1.098	9.149	87.932	1.098	9.149	87.932	1.716	14.300	87.932
6	0.597	4.972	92.904						
7	0.389	3.242	96.147						
8	0.234	1.951	98.097						
9	0.167	1.395	99.492						
10	0.057	0.471	99.963						
11	0.004	0.037	100.000						
12	2.659×10^{-17}	2.216×10^{-16}	100.000						

Extraction Method: Principal Component Analysis.

表 21　　因子载荷矩阵

Component Matrix[a]

	Component				
	1	2	3	4	5
V1	0.421	0.421	−0.622	−0.386	0.012
V2	−0.484	−0.461	0.691	−0.018	0.136
V3	0.380	0.622	0.313	−0.407	−0.046
V4	0.669	−0.144	0.243	0.232	−0.568
V5	0.109	0.742	−0.072	0.425	0.420

续表

	Component				
	1	2	3	4	5
V6	0.494	−0.410	−0.038	−0.107	0.700
V7	0.056	0.251	0.271	0.557	0.701
V8	0.805	0.232	0.361	0.137	0.077
V9	−0.706	0.565	0.137	−0.202	0.003
V10	−0.654	0.573	0.244	0.128	−0.140
V11	−0.770	0.063	0.148	0.277	0.213
V12	0.338	0.120	0.681	−0.551	0.120

Extraction Method：Principal Component Analysis.

a. 5 components extracted.

在构建指标体系时，为遵循指标构建的系统性原则，按主成分反映的实际意义对主成分因子进行适当综合。第一主成分主要反映了资源节约利用情况；第二、三、五主成分从环保投入、环保治理效果等方面综合体现了环境保护信息。另外，从数据分析结果看，V12 与 V1 相关性较强，反映了环保投入对万元 GDP 能耗降低的作用，但从指标现实意义来看，万元 GDP 能耗降低率主要代表了资源集约化利用的信息，将其归入资源集约利用方面更符合指标体系构建的引导性原则。

按照综合后的主成分指标分别进行偏相关分析。（见表 22、表 23）

表 22　环境保护指标偏相关系数(Partial Correlation)矩阵

	V1	V2	V3	V4	V5	V6	V7
V1	1	−0.275 (0.070)	−0.352 (0.438)	−0.495 (0.259)	−0.464 (0.294)	0.162 (0.729)	0.269 (0.559)
V2		1	0.280 (0.543)	−0.543 (0.208)	−0.557 (0.194)	0.126 (0.789)	0.314 (0.493)
V3			1	−0.460 (0.299)	0.476 (0.281)	0.026 (0.957)	−0.311 (0.498)
V4				1	−0.800 (0.031)	−0.178 (0.702)	−0.311 (0.498)
V5					1	−0.185 (0.691)	0.179 (0.839)
V6						1	0.334 (0.465)
V7							1

从数据分析结构看，以显著性水平界值 0.05 和偏相关系数 0.8 为界值，多数指标之间的偏相关性并不显著，仅 V4 与 V5 之间存在显著相关性。通过对指标 V4、V5 与其他指标之间的偏相关性进行综合分析，发现 V5 与其他所有指标的相关系数之和高于 V4，也就是说 V5 所反映的信息与其他指标所反映信息的重复性较高，故剔除 V5。

表 23　　资源集约利用指标偏相关系数（Partial Correlation）矩阵

	V8	V9	V10	V11	V12
V8	1	-0.641 (0.063)	-0.405 (0.280)	-0.171 (0.659)	-0.678 (0.045)
V9		1	-0.652 (0.057)	0.114 (0.771)	0.514 (0.157)
V10			1	0.541 (0.133)	0.485 (0.186)
V11				1	-0.285 (0.457)
V12					1

各指标间相关性均不显著。从涉及面角度看，V10 与其他所有指标的相关系数之和较高，说明其反映的信息可被其他指标替代，由此剔除 V10。得到筛选后的 10 项生态指标如下：

表 24　　筛选后的生态指标

分类		指标
生态文明	环境保护	森林覆盖率
		空气质量优良天数
		城市人均公园绿地面积
		城市生活垃圾无害化处理率
		城市污水综合处理率
		环保投资指数
	资源集约利用	人均耕地保有量
		工业固体废弃物综合利用率
		人均生活用水消耗量
		万元 GDP 能耗降低率

由上述分析得到筛选后的 45 项指标，评价指标体系如下表所示：

表 25　　大连中国北方科学发展示范城市评价指标体系

目标层	准则层	子准则层	指标层	单位	属性
中国北方科学发展示范城市指标体系	经济发展	发展水平	人均 GDP	元	正指标
			城镇居民人均可支配收入	元	正指标
			外贸依存度	—	区间指标
		增长驱动	规模以上工业增加值发展速度	%	区间指标
			固定资产投资发展速度	%	区间指标
			规模以上工业高新技术产品产值占规模以上工业总产值比重	%	正指标
			实际外资利用总额与 GDP 之比	—	正指标
		运行质量	人均 GDP 增速与 GDP 增速之比	—	正指标
			服务业增加值占 GDP 比重	%	正指标
			城乡居民储蓄存款余额占 GDP 比重	%	正指标
		经济效益	规模以上工业经济效益综合指数	—	正指标
			规模以上工业企业总资产贡献率	—	正指标
			财政一般预算收入与 GDP 之比	—	正指标
	社会进步	城乡协调	城市化率	%	正指标
			城乡居民收入之比	—	逆指标
			农业科技贡献率	%	正指标
			三农支出占财政一般预算支出比重	%	正指标
		社会保障	新型农村合作医疗参合率	%	正指标
			全市养老保险参保人数	万人	正指标
			全市医疗保险参保人数	万人	正指标
			全市失业保险参保人数	万人	正指标
		社会事业	人均受教育经费支出	元/人	正指标
			万人专利授权量	件/万人	正指标
			万人拥有医生数	人/万人	正指标
			全社会 R&D 投入占 GDP 比重	%	正指标
		社会安全	万车交通事故死亡率	人/万车	逆指标
	人民生活	生活水平	城镇登记失业率	%	逆指标
			消费价格总指数	—	区间指标
			城乡人均可支配收入增幅与人均 GDP 增幅之比	—	正指标
			农村居民人均消费支出	元	正指标
			在岗职工年平均工资	元/人	正指标
		生活质量	城市人均住房建筑面积	平方米	正指标
			万人拥有公交车数量	辆/万人	正指标
			城市交通噪声达标率	%	正指标
			城市主要饮用水源水质达标率	%	正指标
	生态文明	环境保护	森林覆盖率	%	区间指标
			空气质量优良天数比率	%	正指标
			城市人均公园绿地面积	平方米	正指标
			城市生活垃圾无害化处理率	%	正指标
			城市污水综合处理率	%	正指标
			环保投资指数	%	正指标
		资源集约利用	人均耕地保有量	公顷	区间指标
			工业固体废弃物综合利用率	%	正指标
			人均生活用水消耗量	立方米/年	区间指标
			万元 GDP 能耗降低率	%	正指标

四、大连市科学发展示范城市评价指标体系的应用与检验

(一)指标体系评价模型的建立

1. 指标体系权重的确定

本文主要运用层次分析法确定各项准则层和指标的权重。层次分析法的基本原理是将研究对象分解为不同的组成因素,按各因素之间的隶属关系,把它们排成从高到低的若干层次,建立递阶层次结构。对同层的各元素进行两两比较,就每一层次的相对重要性予以定量表示,并利用数学方法确定出每一层次各项因素的权值。具体步骤如下:

步骤1:建立递阶层次结构。把复杂问题中的各种因素通过划分相互联系的有序层次使之条理化、层次化,建立层次分析的结构模型。本文的递阶层次结构即为所建指标体系的层级。

步骤2:构造两两判断矩阵。进行指标间的两两比较,得出同一层次上各个指标的相对重要性,构建判断矩阵,矩阵中的元素 a_{ij} 反映针对上一个层次 B,元素 A_i 相对于 A_j 的重要程度,一般采用1~9级标度法(见表26)。

$$A=\begin{bmatrix} a_{11} & a_{12} & \cdots & a_{1n} \\ a_{21} & a_{22} & \cdots & a_{2n} \\ \cdots & \cdots & \cdots & \cdots \\ a_{n1} & a_{n2} & \cdots & a_{nn} \end{bmatrix}$$

表26　　判断矩阵1~9标度法

标　度	含　义
1	表示两因素相比,具有同等重要性
3	表示两因素相比,一个因素比另一个因素稍微重要
5	表示两因素相比,一个因素比另一个因素明显重要
7	表示两因素相比,一个因素比另一个因素强烈重要
9	表示两因素相比,一个因素比另一个因素极端重要
2、4、6、8	上述两相邻判断的中值

步骤3:单准则排序。对于判断矩阵,计算满足 $AW=\lambda_{max}W$ 的特征根 λ_{max} 和特征向量 W。W 为对应于 λ_{max} 的归一化特征向量,即为同一层次中各因素对于上一层某个目标相对重要性排序权值。

步骤4:一致性检验。为了保证AHP法得到的结论基本合理,必须把判断矩阵的偏差限制在一定范围内,就要进行一致性检验。一般用CI和CR两个指标进行判定。

步骤5:层次总排序及一致性检验。计算同一层次所有因素对整个总目标相对重要性的排序权值,称层次总排序。它是下一层次各个因素的权值和上一层次因素的组合权值,得到最下层因素相对于整个总目标的相对重要性。

步骤 6:得出权重结论。由多个专家打分后,得到各自的层次总排序计算结果。将其综合,得到评价指标体系各指标的最终权重 $\omega=(\omega_1,\omega_2,\cdots,\omega_m)$。其中,$m$ 为最底层指标的个数,ω_j 为第 j 个指标的综合权重,计算公式为:

$$\omega_j=\frac{\sum_{i=1}^{s}\omega_{ij}\lambda_i}{\sum_{i=1}^{s}\lambda_i},(j=1,2,\cdots,m)$$

式中 s 三为专家人数;λ_i 为第位 i 专家的权重;ω_{ij} 为第位专家对第 j 个指标的权重。

经计算得大连市科学发展示范城市指标体系各准则层和指标层权重,将经济发展、社会进步、人民生活、生态文明四个准则层权重分别表示为 A、B、C、D,其子准则层和各项指标权重分别为 A1 ~ A4,A11 ~ A43;B1 ~ B4,B11 ~ B41;C1 ~ C2,C11 ~ C24;D1 ~ D2,D11 ~ D24,如表 27 所示。

表 27　　　　指标权重(1)

A			B			C			D		
0.226			0.255			0.280			0.239		
A1	A2	A3	A4	B1	B2	B3	B4	C1	C2	D1	D2
0.0637	0.0624	0.0520	0.0479	0.0724	0.0852	0.0730	0.0245	0.1221	0.1579	0.1260	0.1129

指标权重(2)

A11	0.081216	B11	0.064468	C11	0.068888	D11	0.075888
A12	0.085728	B12	0.091732	C12	0.106384	D12	0.092752
A13	0.115056	B13	0.061628	C13	0.068452	D13	0.083266
A21	0.037812	B14	0.066172	C14	0.0981	D14	0.065348
A22	0.040296	B21	0.100534	C15	0.094176	D15	0.071672
A23	0.115304	B22	0.068804	C21	0.159612	D16	0.085374
A24	0.072588	B23	0.081496	C22	0.122952	D21	0.143792
A31	0.04577	B24	0.083166	C23	0.148896	D22	0.11825
A32	0.140732	B31	0.056628	C24	0.13254	D23	0.105489
A33	0.061268	B32	0.089232			D24	0.158169
A41	0.129496	B33	0.056342				
A42	0.042298	B34	0.080938				
A43	0.032436	B41	0.09886				

2. 基于理想点法思想的综合评价模型

理想点法是一种多目标决策方法,其中心思想是定义一种模,即维欧氏空间中的一个点，在这种模的意义下，找到一个尽量接近理想点的点，使理想点评价函数最小和理想点评价函数 S_2 最大，并构造出理想点贴近度函数 T，通过函数 S_2、S_2 和 T 来评价科学发展的程度和差异。

其基本步骤如下：

步骤1：建立评价矩阵。假设评价问题有 n 个指标，即 $F(X) = [f_1(x), f_2(x)\cdots, f_n(x)]^T$，相应权重为 $\omega_1, \omega_2, \cdots, \omega_n$，有 m 个城市（或纵向年份）$P_1, P_2, \cdots, P_m$，城市（或某一年份）P_i 在指标 $f_1(x)$ 下取值为 x_{ij}，显然共有 $n \times m$ 个指标值，写成矩阵形式，得到指标矩阵 D。

$$D = \begin{bmatrix} x_{11} & x_{12} & \cdots & x_{1n} \\ x_{21} & x_{22} & \cdots & x_{2n} \\ \cdots & \cdots & \cdots & \cdots \\ x_{n1} & x_{n2} & \cdots & x_{nn} \end{bmatrix}, W = (\omega_1, \omega_2, \cdots, \omega_n)$$

课题中指标的原始数据和权重在前面的章节已经获得。

步骤2：指标标准化处理。指标体系中的定量指标分为正指标、逆指标和适中指标。正指标具有越大越好的效益指标性质，逆指标具有越小越好的成本性指标性质，适中指标的取值在一定的区间为最佳。

指标体系的各个指标度量单位即量纲各有不同，为了进行科学发展的综合评价在对指标进行分类的基础上，需要对各个指标值进行标准化处理，也称为无量纲化。在处理上，通用的方法是将指标都映射到[0,1]中的一个数值。

若为 x_i 正指标，设该指标的下限值为 x_{imin}，上限值为 x_{imax}，指标统计测量值为 x_{ij}，x'_{ij}为指标的标准化值。则

$$x'_{ij} = \frac{x_{ij} - x_{imin}}{x_{imax} - x_{imin}}$$

若 x_i 逆指标，设该指标的下限值为 x_{imin}，上限值为 x_{imax}，标统计测量值为 x_{ij}，x'_{ij}为指标的标准化值。则

$$x'_{ij} = \frac{x_{imax} - x_{ij}}{x_{imax} - x_{imin}}$$

若 x_i 为适中型的指标，设该指标的理想值为 $[x_{i0min}, x_{i0max}]$，指标的统计测量值为 x_{ij}，x'_{ij}为指标的标准化值。则

$$x'_{ij} = \begin{cases} \dfrac{x_{ij}}{x_{i0min}}, x_{ij} < x_{i0min} \\ \dfrac{x_{i0man}}{x_{ij}}, x_{ij} > x_{i0max} \\ 1, x_{i0min} \leqslant x_{ij} \leqslant x_{i0max} \end{cases}$$

步骤3：构造加权标准化矩阵

$$D=\begin{bmatrix} p_{11} & p_{12} & \cdots & p_{1n} \\ p_{21} & p_{22} & \cdots & p_{2n} \\ \cdots & \cdots & \cdots & \cdots \\ p_{m1} & p_{m2} & \cdots & p_{mn} \end{bmatrix}, p_{ij}=x'_{ij}\cdot\omega_j$$

步骤4:确定理想点和反理想点

加权标准化矩阵可以表示为 m 个 n 维空间的点,正理想点是指所有维分量都取到最大值的点,假设用 p^+ 表示。在这里 $p^+=(p_1,p_2,\cdots,p_n)=(\omega_1,\omega_2,\cdots\omega_n)$;负理想点是指所有维分量都取到最小值的点,假设用 p^- 表示。在这里 $p^-=(p_1,p_2,\cdots,p_n)=(0,0,\cdots,0)$。这样的两个点在评价对象中一般是不存在的,因此正负理想点通常是虚拟的点。

步骤5:计算理想点评价函数。以两个理想点为参照,计算每个方案与它们的差异程度,用规格化加权矩阵中的每个点到正负理想点的"距离"表示。假设第个方案到正理想点的距离用 S_{1i} 表示,到负理想点的距离有 S_{2i} 表示,则有

$$S_{1i}=\sqrt{\sum_{j=1}^{n}(p_{ij}-p_j^+)^2}\quad(i=1,2,\cdots,m)$$

$$S_{2i}=\sqrt{\sum_{j=1}^{n}(p_{ij}-p_j^-)^2}\quad(i=1,2,\cdots,m)$$

显然,S_{1i} 越小、S_{2i} 越大的城市科学发展的效果越好。

步骤6:计算理想点的贴近度。设 T_i 表示第 i 个城市(或纵向年份中的第 i 年)的理想贴近度,公式为:

$$T_i=\frac{S_{2i}}{S_{2i}+S_{1i}}\quad(i=1,2,\cdots,m)$$

步骤7:根据贴近度的大小排序。在多个城市科学发展的横向比较中,贴近度大的城市科学发展的程度排在前面,因此,可以根据贴近度的大小排序,比较分析各个城市的科学发展程度。(或在对某个城市科学发展情况的多个年份的纵向比较中,贴近度越大表示测量年份与理想目标值的距离越小,科学发展的进展情况越好。)

(二)北方城市科学发展比较分析

应用筛选后的指标体系和前面获得的权重,运用基于理想点思想的评价模型和方法,对大连、沈阳、长春、哈尔滨、北京、天津、济南、青岛、西安等9个北方主要城市的科学发展进行了综合评价。

各个城市的综合评价得分和分部得分如下表所示。

表28　　总得分

排名	城市	总得分
1	北京	0.657865
2	大连	0.589958
3	天津	0.537542

续表

排名	城市	总得分
4	沈阳	0.496281
5	青岛	0.487248
6	长春	0.413361
7	济南	0.406969
8	西安	0.285446
9	哈尔滨	0.280326

表 29　　分类指标得分

经济发展		社会发展		人民生活		生态文明	
位次、城市	得分	位次、城市	得分	位次、城市	得分	位次、城市	得分
1 北京	0.655273	1 北京	0.82709	1 北京	0.631823	1 大连	0.704676
2 青岛	0.560157	2 大连	0.577072	2 大连	0.592718	2 青岛	0.694137
3 济南	0.55406	3 天津	0.542999	3 沈阳	0.459177	3 天津	0.687389
4 天津	0.521882	4 沈阳	0.475772	4 天津	0.424144	4 长春	0.661082
5 大连	0.521036	5 青岛	0.437043	5 长春	0.371601	5 沈阳	0.557267
6 沈阳	0.513578	6 济南	0.344065	6 青岛	0.304552	6 北京	0.512811
7 长春	0.424222	7 哈尔滨	0.319113	7 西安	0.302615	7 济南	0.484707
8 西安	0.330215	8 长春	0.225096	8 济南	0.276378	8 哈尔滨	0.368332
9 哈尔滨	0.29319	9 西安	0.156344	9 哈尔滨	0.164255	9 西安	0.364952

表 30　　分项指标得分(1)

指标／城市	经济发展				社会进步			
	发展水平	增长驱动	经济质量	经济效益	城乡协调	社会事业	社会保障	社会安全
北京	0.2392901	0.1214501	0.166282	0.128252	0.2140128	0.280097	0.2346	0.096
天津	0.1405857	0.1571671	0.04889	0.17524	0.1587521	0.17799	0.138918	0.059834
长春	0.0240925	0.1961499	0.083684	0.120296	0.0485225	0.084016	0.046312	0.03856
沈阳	0.058952	0.228526	0.101151	0.124949	0.1655177	0.147269	0.138449	0.013296
哈尔滨	0.006945	0.1008578	0.145706	0.039682	0.1226492	0.071577	0.069139	0.050526
济南	0.0802036	0.1637542	0.14702	0.163083	0.0578672	0.15162	0.044579	0.093075

续表

城市＼指标	经济发展				社会进步			
	发展水平	增长驱动	经济质量	经济效益	城乡协调	社会事业	社会保障	社会安全
青岛	0.1397834	0.2399137	0.092903	0.087557	0.1182019	0.113317	0.107262	0.090548
西安	0.0093104	0.2147216	0.069508	0.036676	0.0407992	0.059493	0.052108	0.010016
大连	0.1310408	0.2423533	0.086236	0.061406	0.1937881	0.125571	0.134575	0.08656

分项指标得分(2)

城市＼指标	人民生活		生态文明	
	生活水平	生活质量	环境保护	资源集约
北京	0.3986457	0.233177	0.2128201	0.299991
天津	0.1598145	0.264329	0.317101	0.370288
长春	0.0634299	0.308171	0.238871	0.422211
沈阳	0.1143325	0.344845	0.2478609	0.309406
哈尔滨	0.074243	0.090012	0.2087897	0.159542
济南	0.141116	0.135262	0.2469734	0.237734
青岛	0.147851	0.156701	0.3706907	0.323447
西安	0.0801768	0.222438	0.2074635	0.157489
大连	0.183503	0.409215	0.3407178	0.363959

由上表可得,大连市在北方城市中的总体科学发展水平较高。从分类得分看,大连市经济发展指数排名第五,除北京、天津外,在7个副省级城市中位于青岛、济南之后,优于东北其他三个城市。从分项得分中可以找到原因,大连在外资、工业发展、高新技术产业等方面具有较强优势,但经济效益如工业企业总资产贡献率、工业总体效益,以及服务业增加值占GDP比重方面落后于青岛、济南等城市。大连市社会发展指数排名第二,主要优势体现在城乡协调发展水平较高,如城乡人均收入之比在北方城市中协调优势明显,科技进步水平、社会安全程度等也较高。但同时也存在一定不足,如教育投入等社会事业建设和社会保障等方面尚需加强。大连市人民生活指数排名第二,生活水平和生活质量的各项指标在副省级城市中的态势良好,但是从单项指标来看,居民人均收入增幅慢于人均GDP增幅,且与济南、青岛、天津等城市相比还有一定差距。大连市生态文明指数在9个北方城市中排名第一,环境保护和资源集约利用总体水平较高,但就单项指标而言,环保投资占GDP比重与其他城市相比相对较低,环境保护潜力有待进一步挖掘。

(三)2012年大连市科学发展目标值确定

前面建立了指标体系,并通过验证符合城市科学发展的现状。城市科学发展指标体系的应用主要是针对提出的指标体系，在城市发展过程中加强对各个指标的监测和评价，及时掌握城市科学发展中的动态和趋势，对发展水平和进程做出科学合理的评价，并对发展过程中与发展规划和理想期望等理想值的差异进行比较和分析，找到制约发展的关键因素和症结，加强发展指导的针对性。

在对科学发展示范城市建设的阶段性成果进行监测时，需要确定指标的目标值，用以度量该指标与规划和期望值的差距。在对多个城市进行横向比较的时候，可以将该指标的最大值作为理想值，而在对大连进行纵向比较和分析时，需要确定每个指标的目标值。

1. 预测方法

目标值的确定采用定量与定性分析相结合的方式。其中，对适合定量分析的指标主要采用趋势预测法。在趋势预测中，又存在着两种方式，一是按照目前发展速度确定今后十年的发展水平，即工作状态下的趋势预测；二是根据“十一五”国民经济与社会发展规划、特别是2010年的工作目标要求确定每年发展进度，即理想状态下的进度预测。

鉴于指标性质不同，对指标值进行了分类预测：

①对属于经济类并且主要受市场调节的指标，即预期性指标，在指标数据可获条件下，本文用时间序列模型、非线性回归模型（SPSS15软件中的自回归模型和模型）对主要经济指标进行定量预测，外推到2012年，并根据科学发展要求进行适当修正；②对主要受政府调控影响的指标，包括经济类、公共服务类、民生类、环保类指标，借鉴政府工作要求与目标、“十一五”规划目标及其他指标体系目标值，采取定量与定性分析相结合。其中，适合定量分析的指标，采取理想状态下的进度预测方法进行确定；适合定性分析的指标，综合考虑各项政府调控因素和科学发展要求择优确定指标的目标值。

指标的分类情况如下表所示：

表31　　指标预测分类

采用定量分析预测的指标	采用定性分析预测的指标
人均GDP（P1）、城镇居民人均可支配收入（P2）、外贸依存度（P3）、规模以上工业高新技术产品产值占规模以上工业总产值比重（P4）、实际外资利用总额与GDP之比（P5）、人均GDP增速与GDP增速之比（P6）、服务业增加值占GDP比重（P7）、城乡居民储蓄存款余额占GDP比重（P8）、财政一般预算收入与GDP之比（P9）、人均受教育经费支出（P10）、万人专利授权量（P11）、农村居民人均消费支出（P12）、在岗职工年平均工资（P13）、万人拥有公交车数量（P14）	城市化率、农业科技贡献率、三农支出占财政一般预算支出比重、新型农村合作医疗参合率、养老保险参保人数、医疗保险参保人数、失业保险参保人数、城乡居民收入之比、规模以上工业增加值发展速度、固定资产投资发展速度、人均受教育经费支出、万人专利授权量、万人拥有医生数、城市人均住房建筑面积、全社会R&D投入占GDP比重、万车交通事故死亡率、城镇登记失业率、消费价格总指数、城乡人均可支配收入增幅与人均GDP增幅之比、城市人均住房建筑面积、城市交通噪声达标率、城市主要饮用水源水质达标率、森林覆盖率、空气质量优良天数比率、城市人均公园绿地面积、城市生活垃圾无害化处理率、城市污水综合处理率、环保投资占GDP比重、人均耕地保有量、工业固体废弃物综合利用率、人均生活用水消耗量

2. 分类预测

下面分别对两类指标的2012年目标值进行预测。我们搜集了1998年~2007年过去10年间(部分指标值不全)的指标数据,各个指标的10年数据如下表所示:

表32　　1998年~2007年大连市主要科学发展指标数据

指标＼年份	1998	1999	2000	2001	2002	2003	2004	2005	2006	2007
P1	17046	18393	20141	22278	24580	29153	34932	38032	44904	54151
P2		6274	6861	7418	8200	9101	10378	11994	13350	15109
P3	50.693	57.525	76.097	75.294	76.447	87.708	87.457	98.504	99.315	93.088
P4							40.138	39.410	38.487	43.101
P5	0.1261	0.1089	0.0991	0.0942	0.0944	0.11209	0.0929	0.11548	0.0701	0.0759
P6		0.9501	0.8842	0.9445	0.7491	1.1544	0.9830	0.9252	0.9271	0.9413
P7		43.6	44	44.5	44.6	43.2	42.1	45.2	44.1	43
P8		0.7534	0.7000	0.6790	0.6791	0.8025	0.7409	0.7747	0.7265	0.6170
P9	0.0697	0.0707	0.0699	0.0770	0.0702	0.0677	0.0597	0.0704	0.0763	0.0856
P10		145	153	174	213	246	298	367	444	575
P11				1.2	1.3	1.6	2	2.6	3.7	5.1
P12		2258	2418	2500	2747	3043	3444	3756	4282	5204
P13		10390	11901	13493	15525	17561	19719	21859	24200	28230
P14		12	12.4	13	13.8	14.3	13	15.2	16	12

数据来源:大连市1998~2007年历年统计年鉴、统计公报、部门公报等。

应用时间序列分析模型对上述各个指标进行预测分为四步:

(1)识别指标时间序列的特征,主要观察和分析指标是否具有随机性、平稳性、周期性和趋势性等特征,主要通过对指标时间序列的数学期望和方差以及相关函数等判断。

(2)根据指标的时间序列特征,选择合适的时间序列预测模型。如果指标的发展变化比较平坦,增长(或者下降)趋势不是很明显,并且与以往的远期状况联系不大,可以应用平滑预测法的相关模型;如果指标的时间序列存在某种长期趋势,其发展过程不存在突变,而是渐变过程,可以应用趋势外推预测法的相关模型;如果指标的发展变化存在着比较复杂的过程,可以应用Box-Jenkins的相关模型(RA模型、MA模型、ARMA模型)。

(3)对已经建立的预测模型,利用最大似然估计和最小二乘方法等对预测方程的参数进行估计,从而得到具体的预测方程。

(4)将预测期数代入到预测方程,计算预测值并对其结果进行必要的修正。修正主要依据该指标的值域(即取值范围)和实际的相符情况。

依据上述方法和步骤,对于人均GDP指标,首先对其时间序列特征进行识别,通过SPSS软件的对大连人均GDP历史数据的散点图(如下图)可知,该指标时间序列不具有随机性、周期性、平稳性等特征,而是具有明显的上升趋势性特征。

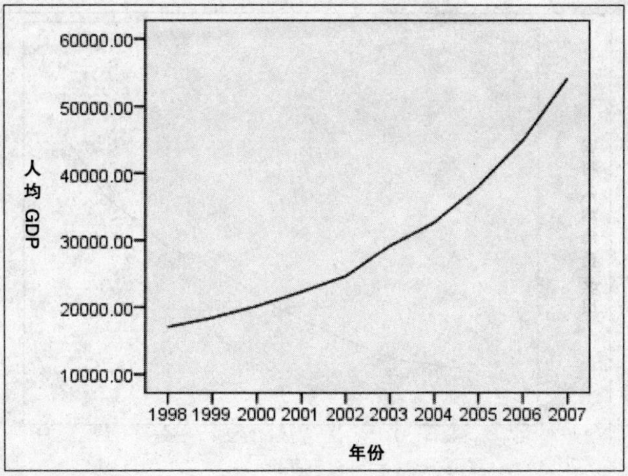

同时,鉴于其上升趋势具有一定的抛物曲线形状,故选择趋势预测模型中的二次抛物曲线模型进行拟合。

设为 y_t 人均 GDP 数量,t 代表年份的期数。因为时间序列项数 $n=9$ 为奇数,采取坐标平移法,取 2003 年为基准年,期数号 t 为 0,设二次抛物曲线

$$y_t = a + bt + ct^2$$

将历史数据代入到上述方程,求解方程参数:

$$b = \frac{\sum ty_t}{\sum t^2} = 4281.10$$

$$a = \frac{\sum y_t}{n} - \frac{\sum t^2}{n} \cdot \frac{n\sum t^2 y_t - \sum t^2 \sum y_t}{n\sum t^4 - (\sum t^2)^2} = 28346.17$$

$$c = \frac{n\sum t^2 y_t - \sum t^2 \sum y_t}{n\sum t^4 - (\sum t^2)^2} = 485.6091$$

因此,得到指标的预测方程为

$$y_t = 28346.17 + 4281.10t + 485.6091t^2$$

预测值为 2012 年,$t=9$,$\hat{y}(2012) = 106210$。

这样得到的预测结果是在假设该指标的发展将延续前一阶段发展趋势的前提下的,考虑到国内外的经济高速增长期基本结束和国内经济增长放缓的影响,实际上,过去五年的高速增长在将来五年得到可持续是比较困难的,可以适当降低其预测值作为目标值,降低预测值的 10% 左右,最终确定人均 GDP 目标为 95000 元。

对于农村消费性支出指标,首先对其时间序列特征进行识别,通过 SPSS 软件的对大连农村消费性支出指标历史数据的散点图(如下图)可知,该指标时间序列不具有随机性,周期性平稳性等特征,而是具有明显的上升趋势性特征。

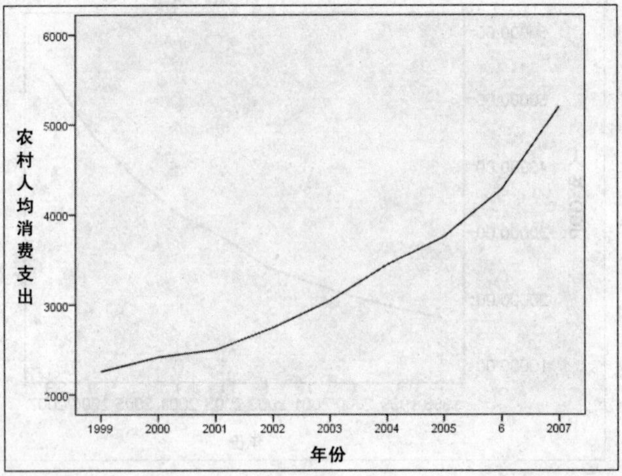

同时,鉴于其上升趋势具有明显的直线形状,因此考虑使用线性趋势模型进行拟合,即

$$\hat{y} = a + bt$$

且以2003年为基准年,序号$t = 0$,则1999年~2007年9年的期数序号t分别为-4,-3,…,3,4,于是有

$$s = \frac{\sum y_t}{n} = \frac{29652}{9} = 3294.667$$

$$b = \frac{\sum t y_t}{\sum t^2} = \frac{20585}{60} = 340.0833$$

于是得到预测模型为

$\hat{y}_t = 3294.667 + 340.0833t$

预测结果为2012年,$t = 9$,$\hat{y}(2012) = 6382.417$(元)。

依据上述方法我们得到了各指标的预测值和目标值(见表33)。限于篇幅原因这里不一一列举每个指标的预测详细过程,具体结果如下表所示:

表33　　2012年定量预测指标目标值(1)

指标	预测模型	预测值	修正依据	目标值
人均*GDP*	$y_t = 28346.17 + 4281.10t + 485.6091t^2$	106210	周期性	95000
城镇居民人均可支配收入	$\hat{y}_t = 9845 + 1313.75t$	21680	横向比较	25000
外贸依存度	$\hat{y}_t = 83.49246 + 2.875t$	108.74	—	108
规模以上工业高新技术产品产值占规模以上工业总产值比重	$\hat{y}_t = 40.28452 + 0.99t$	48.20452	—	48

续表

指标	预测模型	预测值	修正依据	目标值
实际外资利用总额与 *GDP* 之比	$\hat{y}_t = 9854 + 1313.75t$	0.0495	—	0.0495
人均 *GDP* 增速与 *GDP* 增速之比	$y_t = \frac{\sum_{i=1}^{9} y_{t-i}}{9}$	0.938	横向比较	1.2
服务业增加值占 *GDP* 比重	$y_t = \frac{\sum_{i=1}^{9} y_{t-i}}{9}$	43.8	横向比较，政策引导	54
城乡居民储蓄存款余额与 *GDP* 比重	$y_t = \frac{\sum_{i=1}^{9} y_{t-i}}{9}$	0.70	—	0.7
财政一般预算收入与 *GDP* 之比	$\hat{y}_t = 0.07745 + 0.00758t$	0.12293	—	0.12293
人均受教育经费支出	$\hat{y}_t = 386 + 63.1t$	827.7	政策调控，横向比较	1200
万人专利授权量	$\hat{y}_t = 3.8 + 1.25t$	6.3	—	6.3
农村居民人均消费支出	$\hat{y}_t = 3294.667 + 340.0833t$	6382.417	—	6382.417
在岗职工年平均工资	$\hat{y}_t = 3.532 - 0.804t$	37475.01	—	37475
万人拥有公交车数量	$\hat{y}_t = 13.9 + 0.536t$	18.2	—	18.2

以上是通过定量分析对部分指标目标值进行的预测和修正，但并不是所有的指标都适合这种定量分析方法。如，某些受政府宏观调控和政策引导影响较强的可控性指标，其自身变化受多种复杂因素综合影响，无法单纯按照数学模型推测出合理取值。这类指标多数为社会、生态、人民生活类指标。另外还有一类指标，如失业率、消费价格指数、规模以上工业增加值发展速度、固定资产投资发展速度等，存在一定的公认合理区间标准，或者说按照现实发展情况和科学发展要求，不可能或不应该持续降低或增长，这类指标若按照历史数据进行趋势预测是不科学的。对于这些指标目标值的确定主要参考大连市政府各类规划和政策，如《大连市经济和社会发展"十一五"规划》等，有些指标同时参考其他同类城市相关数据、国际性经验数据和标准，以及今后一段时期内国内外经济形势变化的影响，等等。由此得出综合考虑各种因素后的目标值，如下表所示。

表 34　　2012 年定性预测指标目标值(2)

预测指标	目标值	预测指标	目标值
城市化率	75% ~80%	工业固体废弃物综合利用率	96%
全社会研发投入占 GDP 比重	3%	环保投资指数	2.5
新型农村合作医疗参合率	100%	人均耕地保有量	0.056 ~ 0.06 公顷

续表

预测指标	目标值	预测指标	目标值
城镇登记失业率	3%以内	规模以上工业增加值发展速度	[20,30]
消费价格总指数	[107,110]	固定资产投资发展速度	[20,30]
城乡人均可支配收入增幅与人均 GDP 增幅之比	1.2	农业科技贡献率	75%
城市人均住房建筑面积	30 平方米	三农支出占财政一般预算支出比重	10%
城市交通噪声达标率	100%	城乡居民人均收入之比	1.6
万车交通事故死亡率	4%以内	万人医生数	25
城市主要饮用水源水质达标率	100%	人均生活用水消耗量	75
空气质量优良天数比率	95%	养老保险参保人数	216
森林覆盖率	46%	城镇居民医疗保险参保人数	520
城市人均公园绿地面积	15 平方米	失业保险参保人数	122
城市生活垃圾无害化处理率	100%	规模以上工业经济效益综合指数	280
城市污水综合处理率	92%	规模以上工业企业总资产贡献率	15
万元 GDP 能耗降低率	5%		

(四)评价指标体系应用建议

指标体系构建的目的重在运用,以发挥对实践的检验和指导作用。针对大连市科学发展示范城市评价指标体系的应用,提出如下建议:

1. 建议加快指标体系的推广和应用

①关于科学发展示范城市的评价,建议各相关职能部门与经济、社会、政治、文化、生态等科学发展领域的专家学者等组成专家评估组,对大连市科学发展和示范重点的各项指标进行追踪,定期测算各领域科学发展的分项和综合得分值。

②建议科学发展示范城市领导小组办公室会同统计局,通过科学发展示范城市专题网站或报纸、电视等传媒方式,定期系统地发布一次大连市建设科学发展示范城市各项指标的实际发展情况,以及指标体系评价结果。

③考虑到建设科学发展示范城市是一个长期的过程,相应地对示范城市的评价也应是一个随实际情况发展而动态变化的过程。因此,建议在推行科学发展示范城市指标体系之前,确定一个试运行期,对评价体系和标准进行调整完善,并在正式运行之后根据大连市建设科学发展示范城市的不同阶段的需要和发展目标的调整等对评价体系和标准进行定期修正。

2. 建议加强统计工作,对现有的统计指标进行不断充实和完善

统计数据对于指标体系评价工作具有重要意义。统计数据的可获得性是指标体系

设置的重要原则和考虑因素之一。随着经济社会的发展进步，为适应实际情况的变化和满足评价工作的需要，统计指标也在相应的改进和完善，建议在今后的统计工作中科学地设计并逐步增加部分统计指标。

①适当增加部分涵盖面广、概括性强的合成指数。主要包括社会安全指数、民主法制指数、食品药品安全指数、环境质量指数等综合性指数，能够综合反映大连市经济社会发展情况。

社会安全指数是对社会安全状况的较为全面的衡量，包括经济生产、社会治安等方面的安全情况。建议统计局会同政法委、安全委、公安局等相关部门对社会安全指数进行科学编制和统计。

食品药品安全指数是关系民生和社会发展的重要指标，涉及日常生活所需食品药品的诸多安全生产和销售环节。建议统计局会同食品药品监督管理局等相关部门对食品药品安全指数进行科学编制和统计。

民主法治指数是反映地区政治民主和法治进步情况的重要指标，涉及政务公开、民主选举、司法程序、群众信访等民主法制建设的多个层面。建议统计局会同信访办、法制办、司法局等相关部门对民主法治指数进行科学编制和统计。

环境质量指数是对生态环境保护和治理结果的综合反映，包括空气质量、水质、环境噪声、污染物排放达标等情况。建议统计局会同环保局等相关部门对环境质量指数进行科学编制和统计。

②适当增加一些调查性指标。包括人民生活幸福指数，群众对政府工作、文化服务等各方面满意度等指标，可以从对象主观感受角度直接反映各领域的发展情况。

人民生活幸福指数是衡量民众幸福感受具体程度的主观指标，反映人民主观生活质量的幸福程度，以及社会的全面进步与和谐发展。建议统计局会同有关部门对幸福指数进行调查指标的科学设置，定期进行幸福指数的调查统计。

③将目前大连市尚未列入统计范围的一些指标逐步纳入统计范畴。包括全市人均拥有公共文化服务设施面积、文化产业增加值等等。

全市人均拥有公共文化服务设施面积反映了公共文化服务基础设施建设对群众文化需求的满足程度，是体现公共文化服务水平的指标之一。其中，公共文化服务设施主要是指博物馆、公共图书馆、影剧院、体育馆、文化宫(馆)、文化广场等。

文化产业增加值是指在一定时期内文化产业单位向社会提供产品或服务而增加的价值总和，是从文化产业产出角度反映地区文化繁荣和发展水平的重要指标。其中，文化产业是指出版业、报刊业、电影业、广播电视业、音像业、印刷复制业、广告业、游戏业、旅游业、演艺业、网络传播业等产业。上述两项指标建议统计局会同文化局等相关部门进行调查统计。

总之，一套科学的指标体系的运用对于检验实践成果，进而指导实践活动更好地开展具有重要的现实意义。大连市科学发展示范城市指标体系的应用有助于较为全面系统、简洁直观地了解大连市建设科学发展示范城市的进展情况，掌握示范城市建设的阶段性特点和动态，为推进大连科学发展示范城市建设更加规范有序地开展提供参考。

五、结论与建议

本研究在综合分析大连建设北方科学发展示范城市相关问题的基础上，按照建设北方科学发展示范城市的总体要求，立足对大连市情、发展阶段的基本判断，综合分析发展机遇和发展潜力，借鉴已有相关研究成果，构建了较为科学全面的北方科学发展示范城市评价指标体系。但在构建北方科学发展示范城市评价指标体系的过程中，也遇到一些问题，如：一些与现实问题契合度高、具有积极引导意义的指标由于没有法定的数据来源而无法纳入；一些指标数据的获得，需要开展经常的制度化的社会调查，而目前在这方面还基本处于空白，缺乏历史比较数据。这对北方科学发展示范城市指标体系评价结果的综合性和客观性带来了一定的不利影响。而且，评价指标体系是建立在现实条件下，运用有限的数据信息对科学发展示范城市建设状况的一个系统概括，其结果或多或少与实际状况存在一定差距。

考核指标体系的科学性与合理性，一方面离不开成熟的考核评价理论与方法的指导，而目前对于科学发展示范城市指标体系尚未有成熟的理论方法指导，需要深入开展关于科学发展示范城市考核指标体系的价值标准、优化数量界限和系统管理模式等方面的理论研究，如反映经济运行质量指标中的经济发展拉动力指标即投资、出口、消费三者在地区生产总值中各占多大比重为宜，反复研究始终未有得出一个优化数量界限，只好有待于进一步深入研究了。另一方面，准确、全面的指标数据的可获得性也是基本条件。为此，在数据获取技术手段上有必要加强高科技技术手段的支撑作用，最大程度减少由于人工统计以及层层上报可能带来的统计数据误差。在统计制度方面也需要国家和地方政府建立起规范化的公众调查制度和国家相关统计体系动态更新机制，以促进社会公众的参与，并及时纳入具有重要现实引导意义的指标。在这些方面还有待在实践中不断探索和改进。

建立科学发展指标体系仅仅是迈出了建设科学发展示范城市的重要一步，今后的任务依然非常艰巨而繁杂。需要清醒地看到，指标体系需要在建设科学发展城市的实践中检验，使其不断完善，臻于科学，易于实践。同时要认真研究前面已分析的经指标体系检验的大连科学发展的现实及与北方同类城市比较的状况，采取有针对性的措施，发扬优势，弥补不足，走出一条具有北方城市特色的科学发展的道路。鉴于这些情况，我们提出如下建议：

（一）积极稳妥推进北方科学发展示范城市指标考核体制改革

建立健全北方科学发展示范城市评价指标体系，是建设北方科学发展示范城市的重要内容，将从根本上变革过去的发展理念，改变以往的考核办法和考核指标体系，建立起一整套符合科学发展理念适应科学发展需要的考评指标体系。设立科学发展示范城市指标体系，将为科学发展示范城市建设提供考核评价依据，为形成建设科学发展示范城市的长效机制提供基本前提。我们应将形成的北方科学发展示范城市考核指标体系,通过大连市政府网站公众发布,广泛征求社会各界人士意见,反复修改完善后,通过法定程序公布实施。

在建立健全科学发展示范城市评价指标体系的同时,我们还要抓紧制定科学发展示范城市指标考核评价办法,健全完善科学发展示范城市指标考核推进工作的监督体系,把贯彻落实科学发展观的目标和要求尽可能转化为可考核的标准,将科学发展示范城市建设指标体系的评估考核内容纳入政府工作目标,将贯彻落实科学发展观的责任尽可能分解到各级,落实到个人,激励引导各级领导干部牢固树立和落实科学发展观和正确政绩观,促进领导班子和领导干部努力创造起经得起实践、历史和人民群众检验的政绩,全面落实科学发展城市建设中的各项任务,确保科学发展示范城市建设目标的顺利实现。

(二)切实加强对科学发展示范城市评价指标体系建设工作的领导

各级政府和部门要充分认识科学发展示范城市评价指标体系建设对科学发展示范城市建设的重要作用,切实加强组织领导,形成强有力的组织保证。建议成立由市主要领导为组长、分管领导为副组长的、各相关部门和县市区主要领导为成员的建设科学发展示范城市考核指标体系推进工作领导小组,负责组织、领导、协调及重大事项的决策,协调解决推进工作中的重大问题,确保科学发展示范城市考核指标体系推进工作的顺利展开。领导小组下设办公室,办公室设在市发展和改革委。

各级党委、政府在科学发展示范城市考核指标体系推进工作中要发挥主导作用,加强统筹协调,制定政策措施,保证各项工作落到实处。领导小组要定期研究科学发展示范城市考核指标体系推进工作中遇到的新情况、新问题,及时提出指导性工作意见。各单位主要领导要负总责、亲自抓,把责任要求落实到各级领导、落实到各级职能部门。

(三)认真做好舆论宣传工作

科学发展示范城市考核指标体系建设是一项长期的战略任务,是一项涉及经济、社会、政治、文化、人民生活及生态资源等诸多方面的宏大系统工程,将可能改变我们的生产方式、生活消费方式,将引领我们的国家走向一个全新的发展阶段。要充分利用报纸杂志、广播电视等新闻媒体,全面地宣传报道建设科学发展示范城市的重要意义、建立健全科学发展示范城市考核指标体系的重要作用,定期向社会发布科学发展示范城市指标考核的相关信息,及时推广建设科学发展示范城市的好的做法、先进经验,适时纠正推进工作中偏离科学发展要求的问题,焕发起社会各界、全体人民建设科学发展示范城市的热情,极大的调动起积极性、创造性,为科学发展示范城市建设营造良好的舆论环境和社会氛围。

(四)建立健全科学决策咨询体系

建设适应北方科学发展示范城市要求的考核指标体系,必须充分发挥专家智囊团作用。一是建立大连市科学发展顾问委员会。建议将现有的大连市咨询委员会整合,建立大连市科学发展顾问委员会。组织各类专门人才有针对性地解决关系大连市发展的全局性、战略性、专业性的重大问题。二是成立大连发展研究院。建议依托现有政府研究机构,整合我市现有的研究资源,组建大连发展研究院。可以一套人马,保持现有机构牌子。新组建的大连发展研究院定格为副市级。研究院近期应着重围绕建设北方科学发展示范城市及考核指标体系建设问题开展研究。三是建立大连科学发展高层论坛。设立科学发展高层论坛,定期举办活动,邀请国内外学者、专家讲学、献计献策。经常性地举办一些交流学习活动,沟通交流国内外科学发展的经验做法、相关考核评价办法与指标体系建设,探讨科学发展的新思路。

(五)夯实北方科学发展示范城市建设的基础

前面分析表明,大连市已初步形成了建设科学发展示范城市的基础。多项指标在北方同类城市中位居前列,但也还存在着许多不足之处亟待完善。必须加快经济社会发展,夯实北方科学发展示范城市建设的基础。

一是大力发展现代服务业及生产性服务业,极大提高服务业在地区生产总值中的比重。必须迅速改变大连市目前三次产业结构不尽科学合理,服务业占地区生产总值比重偏低的状况,加快发展现代服务业。调查研究中专家断言,现代服务业是大连市的未来。服务业发展的质量水平直接关系到大连市未来发展,影响着大连市科学发展示范城市建设。要重点发展现代物流业、金融保险业、科技服务业、商贸会展旅游业及为先进装备制造业提供服务的研发、设计、创意、中试、咨询等生产性服务业。

二是大力发展高新技术产业,进一步提高经济质量和效益水平。继续鼓励企业自主创新,加快企业技术进步,不断提高技术水平和核心竞争力,提升包括软件信息服务业在内的高新技术产业发展水平和发展质量,保持并增强高新技术产业发展优势。深入发展和完善市场机制和利益引导机制等,不断增强企业的获利能力、发展能力,以及应对经营风险和加快再生产循环等能力,逐步建立健全现代企业制度。依靠科技进步和企业经营管理体制机制的不断完善,全面提高经济运行质量和综合效益水平。

三是坚定不移推进民主法治建设。创建多形式、多层次、多渠道的广大人民群众有序参与社会政治活动的良好环境,发展社会主义民主政治,维护和发展人民的社会政治权利,坚定不移推进民主法治建设。推进社会主义民主政治制度化、规范化、程序化,健全民主制度,丰富民主形式,保障人民群众享有广泛的民主权利。积极发展基层民主,健全基层自治组织和民主管理制度,保证人民群众依法直接行使民主权利。逐步扩大基层党组织领导班子直选范围,积极推进基层党组织领导班子公推直选试点。开展厅局级领导干部公推直选试点。规范城市社区居委会直选,完善农村村民自治组织建设,推进企业民主管理。强化基层组织的政务公开,提高办事透明度和办事效率,培育社会信任。

四是加强能源资源节约和生态环境保护,增强可持续发展能力。广泛开展节约资源宣传教育活动,在全社会形成节约资源、保护环境的良好风尚,提高全民自觉节约资源、保护环境的意识,树立节约型的消费观念和消费模式,使节约资源、发展循环经济、建设节约型社会成为全体公民的自觉行动。适当加大环保投资,推进节能减排,发展循环经济,保护生态环境,是建设北方科学发展示范城市考评指标体系考核的一项重要内容。产业的选择培育发展,必须坚持做到,对于科技含量低、资源消耗大、环境污染重、不利于可持续发展的产业一票否决,不予立项。

通过上述对大连市创建北方科学发展示范城市评价指标体系的研究,以客观性、应用性为重要原则,采用科学的方法、合理的分析,得到一套目前能够切实衡量大连市科学发展情况,并对大连市创建科学发展示范城市起到指导意义的指标体系。但也应当看到,鉴于一些指标当前的可获得性、可比性等方面存在一定局限性,经过反复斟酌,这套指标舍弃了一些目前操作性较差的指标。如前面建议里所提到的,考虑到今后随着科学发展示范城市建设的深入,统计工作将会进一步完善,对评价指标体系的要求也必将发生相应变化。为适应创建科学发展示范城市不同阶段的要求,在专家反复论证的基础上,课题组对指标体系进行了一些调整和修订,以满足将来的需要。

附表：

修订后的大连中国北方科学发展示范城市评价指标体系(含43项指标)

目标层	准则层	子准则层	指标层	单位	属性
中国北方科学发展示范城市指标体系	经济发展	发展水平	人均 GDP	元	正指标
			财政一般预算收入与 GDP 之比	—	正指标
		运行质量	人均 GDP 增速与 GDP 增速之比	—	正指标
			现代服务业增加值占 GDP 比重	%	正指标
			城乡居民储蓄存款余额占 GDP 比重	%	正指标
			规模以上工业高新技术产品产值占规模以上工业总产值比重	%	正指标
		经济效益	规模以上工业企业总资产贡献率	—	正指标
			规模以上工业经济效益综合指数	—	正指标
		外向辐射能力	实际外资利用总额与 GDP 之比	—	正指标
			外贸依存度	—	区间指标
	社会进步	城乡协调	城市化率	%	正指标
			城乡居民收入之比	—	逆指标
			农业科技贡献率	%	正指标
			三农支出占财政一般预算支出比重	%	正指标
		社会保障	城镇职工基本社会保险覆盖率	%	正指标
			新型农村合作医疗参合率	%	正指标
			农村养老保险覆盖率	%	正指标
		社会事业	全社会 R&D 投入占 GDP 比重	%	正指标
			万人专利授权量	件/万人	正指标
			人均受教育年限	年	正指标
			万人拥有医生数	人/万人	正指标
		社会安定	城镇登记失业率	%	逆指标
			社会安全指数	—	正指标
	人民生活	生活水平	恩格尔系数	—	区间指标
			城乡人均可支配收入增幅与人均 GDP 增幅之比	—	正指标
			农村居民人均消费支出	元	正指标
			在岗职工年平均工资	元/人	正指标
		生活质量	人口平均预期寿命	岁	正指标
			城市人均住房建筑面积	平方米	正指标
			万人拥有公交车数量	辆/万人	正指标
			噪声扰民投诉结案率	%	正指标
			食品药品安全指数	—	正指标
			城市主要饮用水源水质达标率	%	正指标
	生态文明	环境保护	森林覆盖率	%	区间指标
			空气质量优良天数比率	%	正指标
			城市人均公园绿地面积	平方米	正指标
			城市生活垃圾无害化处理率	%	正指标
			城市污水综合处理率	%	正指标
			环保投资指数	%	正指标
		资源集约利用	人均耕地保有量	公顷	区间指标
			工业固体废弃物综合利用率	%	正指标
			万元 GDP 能耗降低率	%	正指标
			万元 GDP 水耗降低率	%	正指标

其中新增综合指数：

1. 城镇职工基本社会保险覆盖率是反映社会保障水平的重要指标，一般包括医疗保险、养老保险、失业保险、生育保险等分类险种的覆盖情况。

2. 社会安全指数是衡量一定时期内，社会安全的几个主要方面包括社会治安、交通安全、生活安全、生产安全等的总体变化情况。

3. 食品药品安全指数是反映日常饮食、用药等安全情况的指标，可通过所选主要食品和药品的合格情况进行衡量。

《大连市创建中国北方科学发展示范城市评价指标体系研究》课题组成员

课题领导小组：

组　长：李　才　大连市政府发展研究中心　主任　教授

成　员：杨大海　大连市政府发展研究中心　处长　副研究员

课题组：

组　长：杨大海　大连市政府发展研究中心　处长　副研究员

成　员：王盛兴　大连市政府发展研究中心　调研员

张永欣　大连市政府发展研究中心　主任科员　助理研究员

张　娜　大连市政府发展研究中心　实习研究员

大连高新区科技资本市场的发展现状及对策

张少颖　宋欣茹　赵　欣

一、科技资本市场发展综述

(一)科技资本市场的构成和特点

科技资本市场包括风险投资市场、创业板市场、新三板市场、科技产权交易市场等，信贷市场是对资本市场的重要补充，它们都是科技投融资的主要渠道，对于促进中小科技企业成长和高新技术产业发展具有重要作用。

1. 风险投资市场

风险投资又称为创业投资，指的是风险投资家或风险投资机构向新创建的、具有高成长性的科技企业的投资。根据美国风险投资协会的定义，风险投资是由职业金融家投入到新兴的、迅速发展的、具有巨大竞争潜力的企业中的一种权益资本。所谓新兴企业主要指的是具有自主知识产权的中小科技企业，风险投资是科技成果转化和产业化的必要条件，对于促进中小科技企业成长具有重要作用。

风险投资的主要特点：(1)委托理财方式。大多数出资人不直接参与风险投资运作，而是设立风险投资基金，委托风险投资家或风险投资机构管理基金运营，形成出资人和管理者风险共担、利益共享的运作机制。(2)股权投资方式。风险投资家不谋求控股，通常占科技企业30%的股权，并参与企业的经营管理。(3)高风险、高回报。新创建的科技企业具有高成长性，也具有很高的失败风险。风险投资家在承担高风险的同时，帮助科技企业实现科技成果转化和产业化，企业创业成功后便会获得高回报。(4)适时退出机制。风险投资家不追求长期持股，投资期限一般在3~5年，当科技企业创业成功进入高成长阶段，便会帮助企业完成上市或并购，进而撤出投资获得资本增值收益。

2. 创业板市场

创业板市场是专门为进入高成长阶段的科技企业公开发行股票并上市设立的证券市场，也为风险投资提供了便利的退出渠道，对于推动科技企业上市和风险投资发展具有重要作用。

创业板市场又称为二板市场，上市标准低于主板市场。例如：上市公司经营范围限于高新技术产业和新兴产业；公司经营时间较短，资产规模较小，有最低盈利和高增长的要求；公司发行股份较少，市盈率较高，投资风险较大等。中小板市场虽然也属于二板市场,但上市标准接近主板市场,高于创业板市场,是我国证券市场的一种特殊形式。

中国证监会《首次公开发行股票并在创业板上市管理暂行办法》规定,发行人申请首次公开发行股票应符合下列条件:(1)发行人是依法设立且持续经营三年以上的股份有限公司。(2)最近两年连续盈利,净利润累计不少于1000万元,且持续增长;或者最近一年盈利,净利润不少于500万元,营业收入不少于5000万元,最近两年营业收入增长率不低于30%。(3)最近一期末净资产不少于2000万元,发行后股本总额不少于3000万元。(4)发行人主要经营一种业务,募集资金只能用于发展主营业务。《暂行办法》还提出对发行人公司治理参照主板上市公司从严要求,并进一步完善了保荐人制度、信息披露制度和退市制度,旨在规范股市运作,防范和降低投资风险。

我国创业板市场于2009年7月拉开序幕。全国已有500多家上板资源企业在排队,这些企业的质量整体水平远超过《暂行办法》中对财务指标的要求。截至9月10日,创业板正式受理149家企业申请。从企业性质看,民营企业占80%以上;从行业分布看,主要集中在电子信息、生物医药、先进制造、新材料、现代服务、节能环保、新能源、文化交易传媒、现代农业等领域;从区域分布看,北京和珠三角、长三角地区的企业占60%以上。首批通过初审的94家企业中,有38家企业近三年曾获得46项风险投资和私募股权投资,其中深圳创新投、达晨创业投资、深港产学研、招商科技等本土创业投资占32项,外资和其他创业投资占14项。9月25日至10月17日,首批获准上市的28家公司完成了股票发行,平均市盈率56.6倍,最高市盈率82.2倍,大大高于主板市场20~30倍的市盈率水平。合计募集资金154.52亿元,超额募集83.74亿元,募集最多的神州泰岳超额10亿元,相当于公司8年的净利润。10月23日,创业板举行开板仪式;10月30日,28家公司上市挂牌交易。

3. 新三板市场

三板市场的正式名称是非上市公司代办股份转让系统,有“旧三板”与“新三板”之分。“旧三板”于2001年7月在深交所正式开办,是由原STAQ、NET系统平移的挂牌公司与深沪退市公司组成的交易系统。“新三板”于2006年1月在中关村科技园区正式启动试点,特指园区内非上市公司进入代办股份转让系统挂牌试点,由于挂牌公司均为高科技企业,不同于“旧三板”的挂牌公司和退市公司,故称为“新三板”。新三板市场由中国证券业协会管理,主要功能是为不具备创业板上市条件的科技企业提供股权交易平台,并为风险投资开辟退出渠道,试点运行以来在扩大科技企业股权融资、完善企业治理结构、培育优秀企业上市等方面都起到了良好作用。

当前,在国家建设多层次资本市场的整体规划背景下,新三板市场日益受到高度重视。我国资本市场未来的发展模式,就是要构建主板市场—中小板、创业板市场—新三板市场的金字塔结构,并在不同层次的资本市场之间搭建转板通道,建立转板机制。新三板市场是我国多层次资本市场的重要组成部分,未来将建成统一监管下的全国性场外交易市场,成为创业板市场的“孵化器”和“蓄水池”,主板市场的后备基地。2009年,中国证券业协会和科技部决定将新三板试点扩大到部分国家级高新区,使之在创新科技金融体系、促进中小科技企业成长、培育优秀企业上市等方面发挥更大作用。

新三板市场的运行规则:(1)推荐挂牌。公司申请进入代办系统挂牌,委托主办报价券商向证券业协会推荐。被推荐公司须具备以下条件:设立且持续经营满3年;经市政府批准取得试点资格;主营业务突出;公司治理结构健全,运作规范等。主办报价券商对公司做尽职调查并出具推荐报告报协会备案。(2)股份登记。备案确认后公司挂牌并办理股份登记,公司股东挂牌前所持股份分三批进入代办系统报价转让,每批进入数量均为股份的三分之一,进入时间分别为挂牌之日、挂牌期满一年和满两年。(3)代办股份转让。投资者转让公司股份,委托报价券商办理。报价券商为投资者开立股份账户和结算账户。投资者每笔委托的股份数量为3万股以上,报价券商按接受委托的时间先后顺序向报价系统申报。投资者达成转让意向后,委托报价券商办理成交确认,再发送到证券登记结算机构和结算银行,办理资金交收和股份过户。(4)信息披露。挂牌公司应真实和及时披露报价说明书、年度报告、财务报告等信息,主办报价券商应指导、督促挂牌公司规范履行信息披露义务。

新三板市场在挂牌申报程序、集中交易系统,发布交易信息、交易程序等方面,与创业板市场相同。不同之处是:非上市公司;股东不超过200人;股份拆细交易,每次交易不超过3万股;只允许机构投资者交易;挂牌公司不能发布公告和广告。

4.科技产权交易市场

产权交易市场是为非上市企业设立的产权登记、托管和交易的场所。科技产权交易市场是专门为非上市科技企业设立的产权交易平台,对于推进科技企业并购重组和股权融资具有重要作用。

产权交易市场的主要特点:(1)市场扩展功能。规范的产权交易市场都设有电子报价交易系统,可以通过网络交易平台扩大市场空间和交易规模,充分满足科技企业的融资需求。(2)公开信息制度。产权交易市场能为交易双方提供所有与交易相关的信息,促成双方在信息对称的条件下洽谈和完成交易。(3)公平定价机制。产权交易市场通过公开信息可以减少询价、议价成本,通过竞价机制可以形成公平的交易价格,使买卖双方做出合理的价格预期,减少交易费用,促成交易签约。(4)规范交易制度。产权交易市场有规范的交易程序和交易规则,杜绝暗箱操作和非法操作,形成公开透明、公平竞争的交易环境。(5)灵活交易制度。产权交易市场的交易活动不局限于场内,对交易项目的考察、洽谈等可以在场外进行。交易形式可以多样化,如股权交易、并购重组、拍卖、承包、租赁等。支付方式也可以多样化,如现金支付、分期付款、资产抵押、证券抵押、承担债务等。(6)中介服务功能。产权交易市场实行交易委托代理制,简化了交易手续,缩短了交易过程,提高了交易效率。

(二)国外科技资本市场的发展经验

美国是科技资本市场最发达的国家。美国的科技创新和高新技术产业发展长期领先世界，与科技资本市场的作用密不可分。

首先，美国的风险投资高度发达。美国是风险投资的发源地。20世纪60年代以来，随着科技进步不断加快和高新技术产业逐渐兴起，美国的风险投资蓬勃发展，90年代中期风险投资公司发展到700多家，年投资额超过400亿美元。进入21世纪，美国虽然经历了互联网泡沫危机，但2006年以来，风险投资额回升到每年250亿美元左右。硅谷是世界最大的IT企业孵化器，也是全球最大的风险投资集聚区。40多年来，美国依靠风险投资培育了数以万计的高科技企业，并造就出微软、英特尔、苹果、惠普、甲骨文、思科等一大批高科技巨人公司。

其次，美国的证券市场高度发达。1971年建立的全美证券商协会自动报价系统即纳斯达克（Nasdaq）是全球首家二板市场，素有“高科技企业摇篮”之称。它对上市实行双轨制，分为全国市场和小型资本市场，后者注重公司的潜能和未来，上市条件相对宽松，几乎成为高科技企业IPO的专业平台，也为风险投资提供了便利的撤出渠道。它是全球第一家电子交易市场，在世界55个国家和地区设有20多万台计算机终端，与所有证券交易所联网，构成了高效快捷的全球交易网络。它还拥有代表世界最大证券公司的500多个做市商，对上市公司实行多个做市商制度，从而有力地推进了IPO扩容，保证了市场的稳定运行。纳斯达克运行30多年来，为促进美国的高新技术产业和风险投资发展做出了巨大贡献。目前，纳斯达克的高科技板块占美国股市80%以上，上市公司数量和交易额均超过纽交所居世界第一，美国科技企业70%的融资来自纳斯达克等资本市场，微软、英特尔、苹果、惠普等高科技巨人公司都是风险投资与纳斯达克结合的产物。纳斯达克还成为世界各国科技企业境外上市的首选市场，拥有近千家非美国上市公司，包括新浪、搜狐、腾讯、百度、分众传媒等30多家中国公司，被誉为高科技企业国际融资的圣地。

此外，全美证券商协会还设有柜台交易市场（OIC）和电子公告板交易系统（OTCBB），供不能满足纳斯达克上市条件的股票进行场外交易。OTCBB类似于三板市场，对申请挂牌没有最低财务要求，挂牌公司数量庞大，交易日益活跃。三大证券市场的退市公司可以在OTCBB继续交易，OTCBB的公司如果具备条件也可以申请在三大证券市场上市。这种多层次资本市场体系适应了不同企业的融资需求，体现了美国资本市场的多样性、灵活性和高效率。

20世纪90年代以来，在纳斯达克的示范带动下，世界主要国家和地区相继建立了二板市场。例如：加拿大CDNX市场，英国AIM市场，法国LNM市场，欧洲证券商协会自动报价系统（EASDQ），日本OTC市场，香港创业板市场，韩国KOSDAQ市场等。目前，这些市场都形成了一定规模，在促进科技企业成长和高新技术产业发展方面发挥着积极作用。

（三）我国科技资本市场的发展经验

1. 北京中关村科技园区的经验

中关村科技园区深入开展投融资体制改革，加强科技资本市场建设，开辟多元化投融资渠道，促使资本要素向高成长的科技企业流动，有效地满足了企业融资需求，促进了中小科技企业成长和高新技术产业发展。主要做法如下：

（1）发展创业投资。2000 年在全国率先开展促进创业投资发展试点。借鉴以色列经验设立创业投资引导资金，资金总额由 5000 万元增加到 5 亿元，采取“创投加孵化”、“跟进投资”、“创投母基金”等方式，吸引了 5～10 倍的民间创业投资资金投入园区企业，形成了投资放大效应。实行风险补偿政策，对符合条件的创业投资公司按投资额的 10% 补偿，最多 300 万元。目前已形成国内最活跃的创业投资市场，拥有境内外创业投资机构 80 多家，创业投资基金总额上百亿元。

（2）发展天使投资。鼓励有创业成功经验的个人投资者向种子期、初创期企业进行天使投资。

（3）提供贷款担保服务。加强企业信用体系建设，成立中关村企业信用促进会，开展全国信用体系建设试点工作，改善了企业信用环境。成立中关村科技担保公司，为企业提供贷款担保，建立软件企业、集成电路设计企业和留学人员创业企业贷款担保绿色通道，累计为 3700 家企业提供贷款担保 265 亿元。

（4）开展信用贷款试点。实施以企业信用为基础的贷款解决方案，与银行合作开展信用贷款试点，向科技企业提供无抵押、无担保的贷款；与保险公司和银行合作开展信用保险贷款，由保险公司为企业应收账款提供保险和担保，银行发放贷款；实施“瞪羚计划”贷款，对 300 多家优秀企业实行 20%～40% 贴息、代付 50% 保险费等政策，从而有效地解决了中小科技企业融资难问题。

（5）开展代办股份转让试点。2006 年经国务院批准，在全国率先开展代办股份转让试点，旨在拓宽投融资渠道，培育科技企业上市。代办系统共有挂牌企业 55 家，累计融资近 4 亿元，培育了 1 家中小板上市企业，还有 31 家企业达到中小板、创业板财务标准，6 家企业通过初审。几年来代办系统运行稳定，作用日益明显，为下一步扩大试点范围和建设全国性场外交易市场积累了经验。

（6）推动企业改制上市。成立改制上市办，制定了改制上市鼓励政策，企业改制资助 20 万元，进入代办系统资助 50 万元，上市资助 200 万元。实施“中关村海外融资行动计划”，推动企业境外上市融资。目前境内外上市公司超过 120 家，直接融资近千亿元。

（7）推进企业并购重组。鼓励企业开展并购重组，帮助联想集团等一批优势企业通过并购重组迅速做大做强。

（8）发展科技产权交易。依托北京产权交易所，建立科技产权交易平台。北京产权交易所不断创新交易制度，丰富交易品种，开展产权交易增值服务，探索建立做市商制度，为发展科技产权交易做出了积极贡献。

（9）发行信托计划和债券。组织发行了 4 期企业信托计划，融资 1.95 亿元，并成功发行企业集合债券 3.05 亿元，进一步拓宽了直接融资渠道。

(10)成立中关村科技银行。借鉴美国硅谷银行的模式,成立中关村科技银行。美国硅谷银行是一家独特的商业银行,主要向那些获得风险投资的企业提供贷款,促使其快速成长,同时也保证自己的坏账率最低(目前只有0.5%)。银行在硅谷特有的投资环境下运营,有众多高成长的科技企业可供选择,还有众多的风险投资家作为特别合作伙伴。中关村基本具备了这样的投资环境,成立科技银行将会进一步提升融资服务功能,加大对中小科技企业的金融支持。银行将实行股份制形式,吸引风险投资机构加盟,采取投贷结合的方式为科技企业服务,同时开展跨区域的信贷业务。

成立中关村科技银行,将以中关村科技创业金融服务集团为基础组建。中科金集团是在重组其他创业投资和担保机构后成立的,经营上以创业投资业务为核心,实行"投担联动"、"投贷联动",其下属的小额贷款公司严格遵守只贷不存原则和利率上限约束,优先服务于获得集团创业投资机构和社会创业投资机构支持的科技企业,被认为在业务和发展方向上最接近美国硅谷银行。

2. 上海张江高科技园区的经验

上海张江高科技园区不断加强科技资本市场建设,为科技企业提供全方位投融资服务,有效地满足了企业融资需求,促进了中小科技企业成长和高新技术产业发展。主要做法如下:

(1)建立风险投资市场。建设张江创业投资广场,提供完善的商务服务设施和房租补贴、税收优惠等政策,引进了43家国内外知名的风险投资公司和5家投资机构,管理基金总额超过170亿美元,对园区企业投资超过10亿元。与深交所开展全面合作,引进了一批法律、会计、资产评估、技术评估、知识产权、技术转让、证券、行业协会等中介服务机构,为风险投资提供配套服务。设立多种形式的风险投资基金,包括:数字产业基金2亿元,生物医药产业基金2亿元,文化创意产业基金1.2亿元,医疗器械产业基金1000万元,科技成果转化基金1000万元等。

(2)建设资本与项目对接平台。依托创业投资广场,与有关协会和企业共同组建张江投融资俱乐部,为科技企业和金融机构提供交流场所。以张江创业论坛为载体,举办"创业投资峰会"、"创业投资头脑风暴"、"IT精品项目路演和项目对接"、"创业融资训练营"等活动,有效地促进了资本和项目对接。

(3)提供贷款担保服务。组织科技企业设立互保基金或互助型担保公司,改善企业信用环境;依托张江中小企业贷款担保中心,向企业提供委托贷款和贷款担保;依托张江火炬创业园管理公司,推行投贷结合的运营模式;与交通银行上海分行和上海市住房置业担保公司合作,打造"张江企业易贷通",累计为科技企业提供贷款担保几十亿元。下一步还要整合各类投融资服务平台,开展科技银行试点。

(4)推动科技企业上市。开展"海外企业上市之路"专题培训,参与新区推进上市政策讨论,进一步提高了科技企业上市发展的信心。制定了上市推进政策,企业上市补贴100万元。争取近两年推出3~4家上市公司,使上市公司总数达到30家。

(5)建立科技产权交易市场。建立中小企业股权交易市场,为科技企业提供股权交易服务,也为风险投资提供退出渠道。引进上海联交所"准三版市场",争取近两年推出15家挂牌企业,逐步向创业板转板。

3.深圳高新区的经验

深圳高新区不断加强科技资本市场建设,逐步构建了多层次资本市场体系。主要做法如下:

(1)建立风险投资市场。建设深圳创业投资服务广场,引进风险投资基金、私募股权基金、政府科技基金、券商投行部、产权交易所、新三板市场及法律、会计、资产评估、技术评估、知识产权、技术转让、行业协会等中介服务机构,打造为科技企业研发、创业、成长到上市提供全程投融资服务的资本市场服务链。目前已引进各类投资机构、中介服务机构和场外成员单位40多家,初步形成了多层次资本市场体系。

(2)推进新三板试点。成立新三板试点的工作机构和工作联盟,与深交所、香港联交所建立战略合作伙伴关系。培训科技企业600余家,审查筛选120家申请企业,确定20家首批推荐挂牌企业,与主办券商签署了战略合作协议。制订和完善相关政策法规,争取尽快推出新三板试点。

4.苏州高新区的经验

苏州高新区不断加强科技资本市场建设,逐步建立了以风险投资为主导的多元化投融资体系。主要做法如下:

(1)设立创业投资基金。2001年成立苏高新风险投资公司,注册资本1亿元,坚持规范运作,投资13个项目,培育了3家上市公司。2008年整合其他创业投资和担保机构,成立苏高新创业投资集团,注册资本6亿元。集团发起设立多种创业投资基金,募集资金总额40亿元;针对初创期、成长期和成熟期企业设立专业化产业基金,重点围绕自主知识产权成果转化和产业化开展投资经营,推动科技企业上市。目前已有6家企业在境内外上市。

(2)完善投融资政策。制定了鼓励发展风险投资的政策:设立风险投资机构并在区内投资,给予50万元补贴;国内外有重大影响的风险投资机构在区内投资,给予100万元补贴;风险投资机构租房开展经营活动,给予50%的租金补贴,不超过三年;到2015年,风险投资机构对地方财政贡献额的50%用于对其奖励,不超过三年。目前已吸引市内外9家风险投资机构入驻。

制定了鼓励发展贷款担保的政策:担保机构除了享受上述各项补贴外,在区内提供贷款担保,按担保额的1%~2%给予风险补贴,最多不超过150万元;科技项目获得担保贷款,给予30%~50%贴息,最多不超过50万元,软件与集成电路设计企业、软件服务外包企业将获得最高限额的贴息。

(3)发展科技产权交易。设立上海联交所分支机构,引导科技企业进行股权交易,开展资本运作。

(4)开展金融创新试点。在全国率先开展科技保险试点,企业缴纳科技保险费850万元,可转移风险超过24亿元。申请开展新三板试点和科技银行试点。

二、大连高新区科技资本市场的发展现状

大连高新区成立以来,不断加强科技资本市场建设,逐步建立了多元化投融资体系,风险投资初具规模,贷款担保形成一定规模,企业上市实现突破,科技产权交易逐渐推进,投融资政策不断完善,从而促进了中小科技企业成长和高新技术产业发展。

(一)风险投资初具规模

1.风险投资机构

高新区现有4家独立注册的风险投资机构:大连海融高新创业投资管理有限公司,辽宁东软创业投资有限公司,大连华信信托投资有限公司,海斯特创业投资公司。

(1)大连海融高新创业投资管理有限公司。管理公司成立于2008年2月,注册资本100万元,国家开发银行、大连海创创业投资集团有限公司各出资50%,管理基金总额1亿元。管理公司成立以来,主要投资了6个项目,投资总额7600万元。

从出资人情况看,大连海创创业投资集团有限公司成立于2006年10月,注册资本6.5亿元,属高新区管委会下属企业,具体业务委托大连高新技术担保投资有限公司管理和运营。投资集团的功能定位:一是作为高新区的投融资主体,通过与国家政策性银行和商业银行合作,满足海创企业的融资需求,支持中小科技企业发展。二是作为孵化器建设主体,通过提供办公场所和公共技术服务平台,促进科技成果转化和产业化,提高海创企业的创业成功率。三是作为开发建设主体,通过建设配套基础设施,改善创业和投资环境,吸引海外学子、科技人才和企业前来创业。四是作为国有资产运营主体,通过企业化、市场化运营方式,实现国有资产保值增值。

(2)其他风险投资机构。辽宁东软创业投资有限公司是东软集团控股子公司,注册资本2亿元。公司依托东软集团的技术、管理和营销平台,通过为所投资企业提供全方位服务,实现投资增值目标。

大连华信投资有限公司是一家民营投资机构,注册资本2亿元。经营业务主要集中在股权投资、项目投资、投资咨询等领域。

海斯特创业投资公司也是一家民营投资机构,成立时间较短,注册资本较小。

目前,这三家投资公司在区内的投资项目很少,基本没有开展起风险投资业务。

2.风险投资项目

大连海融高新创业投资管理有限公司成立以来,主要投资了6个项目,投资总额7600万元。其中,软件和信息项目4个,投资额5100万元;新材料项目1个,投资额1500万元;节能和环保项目1个,投资额1000万元。(见表1)

表 1　　管理公司投资项目一览表

类别	企业名称	注册资本（万元）	经营范围	投资形式	投资额（万元）	完成时间
创业投资	百易软件	771.26	软件外包	股权投资	200	2008.8
	欧科膜	1900	膜分离产品技术	股权投资	1500	2009.8
	易世达	4400	环保、节能、新能源技术	股权投资	1000	2009.9
种子基金	宇光股份	10000	计算机网络技术	股权投资	3000	2008.10
	易贸科技	3000	计算机网络和软件开发	股权投资	900	2009.3
	第一注意力	3300	娱乐互动软件技术	股权投资	1000	2009.6

资料来源：大连高新区金融办。

从项目企业情况看，百易软件的资产规模小一些，处在成长期；其他 5 家企业的资产规模都较大，基本进入成熟期。其中，易世达已提出创业板上市申请；欧科膜正在进行企业改制，基本符合创业板上市标准。管理公司计划到 2009 年年末，再投资 1 ~ 2 个项目，项目企业都准备在创业板上市。

（二）贷款担保形成一定规模

大连高新技术担保投资有限公司成立于 2006 年 1 月，注册资本 1.5 亿元，属高新区管委会下属企业。经营范围包括信用担保、再担保、担保配套业务、工程担保、创业投资、金融市场投资、委托贷款、受托管理政府及企业各类基金等。2006 年以来，担保公司为各类企业提供贷款担保 16 亿元，其中为科技企业提供贷款担保 91 笔 8.8 亿元，担保放大倍数 4.72 倍。

担保公司的主要做法：一是充分利用资本市场和信贷市场的资金供给，从政府资金、创业投资、商业贷款等多条渠道入手，帮助科技企业扩大融资和提高投资效率。二是不断创新反担保措施。根据中小科技企业优质抵押物不足的情况，在传统的土地、房屋等不动产抵押之外，采用了股权质押、无形资产质押、应收账款质押、仓单质押等反担保措施。如大连锦达数据技术公司、大连恒为电子有限公司等企业，就是通过股权质押措施，较快地获得了流动资金贷款，解决了企业燃眉之急。高新区还制定了相应的担保政策，为科技企业提供担保费补贴和贷款贴息，进一步降低了企业融资成本。三是密切关注创业板、新三板市场的政策走向，开展拟上市企业遴选和改制辅导工作，推动科技企业在创业板、新三板上市和挂牌。

（三）企业上市实现突破

1. 已上市的科技企业

过去多年来，大连高新区没有一家科技企业上市，2008 年实现了这方面的突破，一年内有 3 家企业在境内外上市和挂牌。（见表 2）

表 2　　高新区已上市企业情况表

企业名称	上市类型	上市日期
华锐重工铸钢股份有限公司(002204)	中小板市场上市	2008 年 1 月 16 日
北港信息产业发展有限公司(NPCA. OB)	OTCBB 挂牌交易	2008 年 1 月 16 日
金港安迪生物制品有限公司(CHHB. OB)	OTCBB 挂牌交易	2008 年 8 月 6 日

资料来源:大连高新区金融办。

华锐重工铸钢股份有限公司在中小板市场上市,注册资本 1.6 亿元,公开发行股票 5400 万股,募集资金 5.6 亿元。该公司是大连重工集团控股企业,主要生产大型风电和水电配套设备,于 2007 年改制为股份有限公司,此次上市募集资金主要投向大型锻件制造、大型水电铸钢件制造能力扩容改造等项目。

北港信息产业发展有限公司、金港安迪生物制品有限公司都是高科技企业,获准在美国 OTCBB 挂牌交易。OTCBB 虽是场外交易市场,但也是通向纳斯达克的重要台阶,两家企业进入这里挂牌,标志着向纳斯达克上市迈出了重要一步。

2. 申请上市的科技企业

创业板市场开板,给中小科技企业上市创造了便利条件。创业板正式受理的 149 家申请企业中,包括大连高新区的泰德煤网股份有限公司,也是大连唯一的入围企业,目前正在受理过程中。该公司是煤炭网络交易平台,占有较大的国内市场份额,经济效益良好,上市后将会向大型电子商务公司发展。

另外,还有 4 家企业提出创业板上市申请:易世达新能源发展股份有限公司、三垒机器股份有限公司、奥托股份有限公司、三达奥克化学股份有限公司。这些企业的主要财务指标均达到创业板上市标准,正在努力解决项目用地问题,争取 2010 年年初向证监会报送申请材料。(见表 3)

表 3　　高新区申请上市企业情况表

企业名称	所属行业	成立时间	注册资本（万元）	总资产（万元）	净资产（万元）	两年净利润（万元）
泰德煤网	煤炭网络交易	2003.11	7698	78681	36063	25413
易世达	节能环保	2005.12	3300	31785		3394 (2008)
三垒机器	塑机装备制造	2003.8	7500	22768		8787
奥托股份	客车焊装设备制造	1990.10	5300	21287	9972	4532
三达奥克化学	化学制剂制造	2000.6	4800	7678		2428

资料来源:大连高新区金融办。

注:总资产和净资产为 2008 年数据,两年净利润为 2007 年~2008 年累计数据。

同时,高新区还在积极创造条件,申请开展新三板试点,争取2010年上半年推出10家挂牌企业。

(四)科技产权交易逐渐推进

大连产权交易所成立于1995年,属于市国资委控股企业。2005年经辽宁省国资委批准,成为省级产权交易机构。经营范围:各类企事业单位产权转让、拍卖、招投标业务;典当业务;相关咨询、企划等配套服务;代办招商、租赁、托管经营业务。主要功能:提供合法的产权交易场所;办理产权交易登记,发布交易信息,实行公开挂牌交易;与全国重点产权交易所联网,互相挂牌交易;实施公平交易规则,确保国有资产保值增值及其他资产所有者权益不受侵害;主持交易双方签订合同,办理资金结算和资产交割,出具产权交易证明。

从运营情况看,大连产权交易所成立后在很长一段时间内,主要为国有企业提供产权交易服务。"十五"以来,逐步面向科技企业和其他民营企业,开展技术产权交易。2006年专门举办了"中小科技企业股权交易市场研讨会",研究探讨产权交易机构如何进一步推动创业投资和区域经济发展,如何解决中小企业融资难等问题,旨在贯彻落实"科教兴市"战略,拓展创业投资进退通道和发展多层次资本市场,推动科技成果转化为生产力,增强企业自主创新能力,促进科技创新和高新技术产业发展。目前,对高新区的服务主要是股权抵押担保托管。大连高新技术担保投资有限公司要求受保企业除了提供抵押资产外,还必须抵押股权,并在产权交易所托管,现有担保托管项目约150个。

(五)投融资政策不断完善

2007年以来,大连高新区和市政府围绕发展创业投资和企业改制上市,制定了一系列鼓励政策。

《大连高新区创业投资管理办法》规定:设立大连海融高新创业投资基金作为创业投资引导基金,首期由国家开发银行、大连高新区管委会共同出资设立,双方各占50%。基金公司对创业投资企业的跟进投资比例为10%~30%。设立创业投资风险补贴资金,补贴额度为创业投资企业实际投资额的10%,单笔最高补贴300万元。中介服务机构为园区企业提供融资服务,补贴额度为实际融资额的2%,单笔最高补贴50万元。

《大连高新区企业改制上市费用补贴资金管理办法》规定:企业改制补贴20万元;企业在境内外首发上市,补贴100万元;企业境外非首发上市并融资1000万美元以上,补贴100万元。

《大连高新区改制上市企业土地使用管理办法》规定:对拟改制上市企业,在规范重组过程中,涉及办理房产证、土地证、产权交易证、土地房屋测绘等各项地方性收费一律免收。对上市企业募集资金投资计划项目用地,优先立项审批和安排用地指标。

大连市财政局、金融办《企业上市补贴专项资金管理暂行办法》规定:对企业上市改制费用给予补贴,一般不超过20万元;对企业上市申报费用给予补贴,一般不超过100万元;企业成功上市后,一次性补助100万元。境外非首发上市并融资1000万美元以上,补贴100万元。

(六)科技资本市场发展的比较分析

1.风险投资发展落后

大连高新区与中关村、张江、深圳、苏州等高新区相比,风险投资发展落后许多。一是风险投资起步较晚,大连高新区大约落后别人5~10年。二是风险资本很少。中关村、张江的风险投资基金都超过百亿元,苏州高新区的风险投资基金也高达40亿元,而大连高新区只有1亿元风险投资基金。从整个地区看,北京的风险投资机构占全国18.4%,风险资本占40%;深圳的风险投资机构占全国13.2%,风险资本占26%;上海的风险投资机构占全国20.4%,风险资本占17%;苏州的风险投资基金总额超过100亿元,占江苏省一半以上。大连除了高新区外没有几家风险投资机构,风险资本和投资额更是微不足道。三是风险投资运作不尽规范。风险投资主要是向初创期、成长期的科技企业投资,而不是向成熟期的科技企业投资。在这方面,大连高新区的投资方向还存在着一些偏差,需要进一步调整。

2.贷款担保能力不强

中关村、张江和苏州高新区的担保公司注册资本4亿~5亿元,累计贷款担保几十亿至上百亿元。大连高新区的担保公司注册资本1.5亿元,真正用于担保业务的资金只有1亿元,贷款担保能力非常有限,制约了担保业务的扩大,累计贷款担保不到十亿元。

根据对大连高新区在孵企业的抽样调查,2008年,在孵企业的外部融资总额中,政府资金约占80%,孵化器种子资金约占10%,风险投资约占8%,银行贷款微乎其微。目前80%的在孵企业面临资金不足,32%的企业计划吸引风险投资,只有5%的企业引进了少量风险投资;14%的企业计划利用贷款担保,只有3%的企业得到了少量担保贷款。可见,高新区的风险投资和担保贷款远不能满足在孵企业的融资需求。

3.上市企业较少

大连高新区只有3家上市和挂牌企业,不但远远落后于中关村、张江和深圳高新区,还落后于广州、珠海、杭州、南京、苏州、西安、武汉等许多高新区。大连只有1家企业入围创业板,落后于国内许多地区。大连高新区由于报名企业不多,申请新三板试点的工作也落在沈阳、鞍山、大庆等东北内地城市后面。

大连高新区的上市企业较少,主要有三个原因。一是缺乏风险投资的支持,中小科技企业成长较慢,具备条件的企业不多。二是缺乏良好的创业文化氛围,相当一部分企业存在着“小富即安”心理,固守家族体制不思进取,竞争意识和资本运作意识淡薄,难以融入现代市场经济大潮,不想上市或不愿上市。三是证券业中介服务机构发展落后,改制上市辅导工作滞后,缺少相关信息的传播和服务途径,使得一些想上市的企业不知怎样操作,缺乏必要的前期准备。

4.科技产权交易落后

大连产权交易所对科技产权交易仍处于探索阶段,局限于技术转让而缺乏股权交易。尚未与高新区建立实质性的合作关系,设立专门的科技产权交易平台。这种状况落后于国内许多地区，与中小科技企业的发展要求不相适应。

5. 金融改革和创新滞后

在金融改革和创新方面，大连高新区存在着较大差距。从投融资体制改革看，中关村、苏州高新区通过整合其他创业投资机构和担保机构，分别成立了中科金集团和苏高新创业投资集团，建立了统一高效的投融资服务平台。大连高新区的投融资服务平台仍处于多家经营和交叉经营状况，产权关系复杂，关联交易较多，经营成本较高。从市场体系建设看，张江和深圳高新区建设了创业投资广场，引进了众多国内外知名的风险投资机构和中介服务机构，形成了风险投资集聚区和资本市场服务链。大连高新区还没有引进一家国内外知名的风险投资机构，远没有形成风险投资市场。从金融创新试点看，中关村等四个高新区分别开展了信用贷款、信用保险、科技保险和科技银行试点，大连高新区则需要在许多方面积极努力，才能达到试点条件。从投融资政策看，高新区也存在着一定差距。例如：对风险投资缺乏支持力度；对贷款担保缺乏支持力度；对优秀企业融资缺乏重点支持；对新三板挂牌企业缺乏政策支持等。

三、大连高新区发展科技资本市场的对策

(一)发展科技资本市场的总体思路

1. 发展科技资本市场的重要意义

建设和发展科技资本市场，对于推进高新区可持续发展具有重要意义。大连高新区成立以来，经济社会发展取得了显著成绩。基础设施不断完善，自主创新能力逐步增强，科技人才队伍日益壮大，管理体制不断创新，国际化程度逐渐提高，高新技术产业快速发展，软件和服务外包产业领先全国。高新区的经济社会发展走在全市前列，较好地发挥了科技先导区的示范带动作用，为大连建设创新型城市和建设辽宁沿海经济带做出了重要贡献。

当前，高新区发展还存在着一些制约因素，其中科技资本市场不完善是主要瓶颈之一。过去多年来，中关村、张江、深圳等国内先进高新区由于科技资本市场较完善，中小科技企业快速成长，培育出一大批上市公司，带动了高新技术产业持续快速发展。大连高新区由于科技资本市场不完善，中小科技企业成长较慢，上市公司很少，在一定程度上制约了高新技术产业发展。

因此，高新区必须加快建设和发展科技资本市场。大力发展风险投资，不断拓宽信贷融资渠道，加快建立以风险投资为主导的多元化投融资体系；积极推动科技企业上市，建立健全科技产权交易市场，加快构建以促进上市为目标的多层次资本市场体系。只有这样做，才能促进中小科技企业快速成长，培育更多的上市公司，带动高新技术产业持续快速发展。也只有这样做，才能推进高新区可持续发展，向东北地区重要的科技创新基地、国内外一流的科技先导区迈进，为大连建设创新型城市、建设辽宁沿海经济带和振兴东北老工业基地做出更大贡献。

2. 发展科技资本市场的指导思想

高新区建设和发展科技资本市场,要以科学发展观为统领,以大连建设创新型城市总体规划为指导,以培育具有自主知识产权的中小科技企业为宗旨,大力发展风险投资,不断拓宽信贷融资渠道,积极推动科技企业上市,建立健全科技产权交易市场,进一步改善政策环境,加快建立以风险投资为主导的多元化投融资体系,构建以促进上市为目标的多层次资本市场体系,促进中小科技企业成长和高新技术产业发展,推进高新区可持续发展,为大连建设创新型城市和建设辽宁沿海经济带做出更大贡献。

3. 科技资本市场的发展目标

高新区要力争经过 3 ~5 年的努力,基本打造出为科技企业研发、创业、成长到上市提供全程投融资服务的资本市场服务链,构建起服务平台完善、市场结构合理、融资功能较强、投资效率较高的科技资本市场体系,使之成为促进中小科技企业成长和高新技术产业发展的强大引擎,为大连建设创新型城市和建设辽宁沿海经济带做出较大贡献。

到"十二五"期末,高新区要建立统一高效的投融资服务平台,引进一批国内外知名的风险投资机构和中介服务机构,风险投资基金总额达到 20 亿元,担保基金总额达到 10 亿元,使中小科技企业的融资需求得到充分满足。科技企业上市进入全国先进行列,创业板上市企业超过 10 家,新三板挂牌企业超过 30 家,培育出一批具有较强国际竞争力的境外上市公司;科技产权交易市场覆盖高新区,挂牌企业超过 80%,股权交易更加活跃便利。

(二)大力发展风险投资

1. 理顺风险投资发展思路

长期以来,高新区和大连市的风险投资所以发展不起来,主要有以下几个原因:

(1)工作思路有偏差。在发展高新技术产业方面,大连注重基础设施建设,注重引进外资企业和海归人才,注重创新基金投入,政府每年要花很多钱,给予大力支持;但却不重视发展风险投资,政府投入很少,缺乏引导和鼓励政策。殊不知,发展高新技术产业关键在于培育中小科技企业,而中小科技企业成长主要靠风险投资扶持。

(2)官投官办。政府成立风险投资公司,拿几千万资金,派一些人投几个项目,每年考核经营,又不许承担风险。这种官办公司体制很难搞风险投资。风险投资完全是市场化运作,肯定会有失败风险,但只要项目成功率达到 5% ~10%,就能获得较高回报,不承担高风险也不可能有高回报。风险投资要有一定规模,投资十几个或几十个项目,分散投资风险,资金太少搞不了风险投资。风险投资要有高素质的专业人才管理和运营,政府人员不具备这种素质。风险投资要有 3 ~5 年周期,使投资进入和退出形成良性循环,不适合每年考核经营。总之,官办公司缺乏市场化的运行机制,资金规模较小,人员素质不高,运作效率较低,不适合搞风险投资。大连过去成立了一些官办公司搞风险投资,最终都因负债累累难以为继,就是很好的例证。

(3)政策环境较差。政府对有意合作的风险投资机构置之不理,你办公司你出资,我不参与;你的风险你承担,我也不给政策。这种孤家寡人的态度使许多境内外风险投资机构望而却步,远离大连。事实上,在任何风险投资蓬勃发展的国家和地区,政府都给予了大力支持,或者与风险投资机构合作设立"创投母基金",或者采取"跟进投资"、税收减免、风险补偿等政策。大连缺乏这些政策支持,当然也不会引进多少风险投资。

(4)企业素质不高。高新区有一些科技企业虽曾得到过风险投资扶持并确立上市目标,但并没有按照投资人的要求改制创新,而是固守家族体制,经营四面出击,从而导致经营每况愈下,远离上市目标。像这样的企业在大连还有不少,体制僵化使它们丧失了许多利用风险投资的机会,阻碍了企业的成长壮大。

因此,高新区应充分借鉴历史经验,进一步理顺风险投资发展思路。着眼于培育中小科技企业,把发展风险投资摆在十分重要的位置上;加快改革官办公司体制,建立政府引导、市场化运作的风险投资机构;努力改善政策环境,吸引境内外风险投资机构;积极推动科技企业改制创新,为利用风险投资创造条件。

2. 建立公司型风险投资基金

公司型风险投资基金是政府引导、市场化运作的风险投资组织形式,其最大特征是建立"私募基金 + 专家理财"的风险投资运行机制。1998 年,深圳创新投公司借鉴美国风险投资机构普遍采取的有限合伙制形式,创办了公司型风险投资基金。它由政府授权的投资主体发起设立,注册资本 10 亿元,其中财政出资 5 亿元,以私募方式向企业招股 5 亿元。公司组织架构分为风险投资基金、基金管理公司和基金托管公司,构成出资者、经营者和托管人的分工合作与制衡机制。这种组织形式具有集合投资、专家理财的特点,可以最大限度地分散投资风险,实现投资高效运作。大连高新区建立公司型风险投资基金的操作思路如下:

(1)设立风险投资基金。风险投资基金可以大连海融创业投资基金为基础,基金规模增加到3 亿 ~5 亿元,这是因为:①国内外的风险投资基金最小规模为3 亿 ~5 亿元;②业内人士普遍认为,以至少 3 亿元的基金开展组合投资,才能适度分散投资风险,确保投资收益大于投资损失。从出资人看,高新区应着力引进国内外著名的风险投资机构作为战略投资者,共同发起设立风险投资基金。高新区(市政府)提供创业投资引导基金,出资 1 亿元;战略投资者出资 1 亿元;其余资金以私募方式招股,招股对象主要是上市公司、热衷于发展高科技的民营企业和其他投资机构,也可以吸引境外风险投资机构投资入股。风险投资基金的治理结构由股东会和理事会组成。

(2)成立基金管理公司。委托战略投资者与大连海融创业投资管理公司合作成立基金管理公司,组建专家型管理团队,负责开展投资经营,努力实现"投资决策科学化、投资风险最小化、投资效益最大化"目标。管理公司将立足高新区面向国内外,不断开展基金募集,扩大基金规模。设立种子基金、创业基金、成长基金等多种形式的专业化投资基金,为不同发展阶段的科技企业提供投融资服务,推进科技成果转化和产业化,促进中小科技企业成长。通过上市撤出、挂牌撤出和并购撤出方式,实现投资进入和退出的良性循环。随着投资规模不断扩大和投资效益不断提高,择机在境内外上市,尽快发展成为风险投资领军企业,向国内外高科技领域进军。

(3)成立基金托管公司。基金托管公司的主要职责是依照托管协议保管和使用基金,保证基金的安全运行和保值增值。基金理事会可以委托某一具备托管人条件的商业银行,组建基金托管公司。

(详见附件:大连高新区建立公司型风险投资基金框架方案)

3. 建设创业投资广场

学习、借鉴张江和深圳高新区的经验,建设创业投资广场。在高新区规划建设创业投资广场,提供现代化的商务服务设施,实行房租补贴、税收减免、风险补偿等政策,积极引进风险投资基金、私募股权基金、产业投资基金、科技创新基金、券商投行部等投资机构,引进产权交易所、新三板市场等科技产权交易平台,引进法律、会计、资产评估、技术评估、知识产权、技术转让、行业协会等中介服务机构,重点引进一批国内外知名的风险投资机构和中介服务机构,打造风险投资集聚区和资本市场服务链。

4. 鼓励民间发展风险投资

民间资本是资本市场的主体,发展风险投资必须引导更多的民间资本进入风险投资领域。风险投资又是一种高风险的投资形式,对投资者的专业技能要求很高,非专业机构很难进入这个领域。因此,高新区应进一步加大政策支持,营造良好的投资环境,鼓励各种民间投资主体向中小科技企业进行风险投资。

5. 发展天使投资

天使投资也是风险投资的一种形式,对于促进种子期的科技企业成长具有重要作用。高新区应依托大连创业服务中心成立天使投资公司,推进孵化器体制转型,增强投融资功能。公司的宗旨是,将政府对科技项目的无偿资助转变为股权投资,实现财政资金的市场化运作,提高投资效益和孵化效率。公司设立不低于1000万元的种子基金,资金来源主要是各级政府的科技创新基金。种子基金将以股权投资为主,重点向种子期、初创期的孵化企业进行投资,促使其快速成长,并在企业进入高成长阶段后,通过管理层回购、出售股份等渠道实现投资退出。

(三)不断拓宽信贷融资渠道

1. 完善信用担保体系

成立高新区企业信用促进会,加强企业征信体系建设,推行企业信用共同体管理模式,组织企业设立互保基金或互助型担保公司,提高企业信用等级。高新区不断加大担保资金投入,到2015年每年增加20%,同时实施担保风险补偿政策,提高贷款担保能力。担保公司与商业银行密切合作,建立“放大贷款、共担风险”的信用担保体系,放大贷款比例不低于1:5,同时开辟重点科技企业贷款担保绿色通道,扩大贷款担保规模。成立科技小额贷款公司,专门为中小科技企业提供融资服务。

2. 开展金融创新试点

争取中央和地方金融管理部门的支持,开展金融创新试点。高新区与商业银行合作开展信用贷款试点,向信用等级较高的科技企业提供无抵押、无担保的贷款;与保险公司和商业银行合作开展信用保险、科技保险贷款试点,盘活企业应收账款,扩大保险贷款规模。实施优秀企业贷款支持计划,信用贷款、保险贷款重点支持优秀企业发展,高新区对优秀企业实行贴息、补贴保险费等政策。

(四)加快构建多层次资本市场

1. 推动科技企业上市

第一,积极推动科技企业在创业板上市。目前已提出上市申请的易世达新能源发展股份有限公司、三垒机器股份有限公司、奥托股份有限公司和三达奥克化学股份有限公司,主要财务指标均达到创业板上市标准,并完成了企业改制。高新区应抓紧解决这些企业的项目用地等遗留问题,尽快向证监会报送申请材料。

大连海融高新创业投资管理有限公司投资的几个项目企业,如欧科膜、宇光股份、易贸科技、第一注意力等企业,主要财务指标也会很快达到创业板上市标准,有的企业正在进行改制。高新区应帮助这些企业尽快完成项目建设,提高财务指标水平,策划和落实改制上市方案,争取第三批向证监会报送申请材料。

第二,逐步推动科技企业在境外上市。一些规模较大的软件和服务外包企业,如华信、海辉等企业,软件外包出口多年位居国内前三名,在国内外同行业具有一定知名度,加上大连在全球软件和服务外包领域享有较高声誉,非常有利于这些企业在境外上市。华信虽曾申请在中小板上市未获通过,但如果向纳斯达克和其他境外创业板提出上市申请,很可能获得通过。高新区应帮助这些企业坚定上市信心,逐步克服上市障碍,策划和落实境外上市方案,争取两年内实现上市目标。

第三,努力培育上市后备企业。还有不少科技企业正在进入高成长阶段,经营者创新意识较强,企业规模不大但业绩优良,发展前景广阔,未来具有创业板上市的可能性。对于这些企业,高新区应建立档案进行重点培育,引导资本要素向企业流动,促使企业快速成长达到上市条件。

有一些高成长的科技企业由于不了解上市规则,认为上市高不可攀,存在着畏难情绪,不敢向前迈步;或者害怕上市前的严格财务审核和上市后的全透明运作,患得患失,不愿进行改制。对于这些企业,高新区应做好上市辅导工作,使企业克服各种思想障碍,端正对上市的认识,提高改制上市的积极性。

2. 开展新三板试点

中国证券业协会和科技部决定将新三板试点扩大到部分国家级高新区,给国家级高新区的科技资本市场建设注入了强大动力,也为中小科技企业搭建起场外交易—转板上市的便利通道。目前,上海、深圳、苏州、沈阳、鞍山、大庆等许多高新区都已提出新三板试点申请,还有不少地区的高新区正在准备申请材料,而国家级高新区的试点比例只占30%。因此,大连高新区应增强紧迫感和竞争意识,积极创造条件,抓紧提出新三板试点申请。

国家对新三板试点的基本要求是，推荐 8 ~ 10 家挂牌企业。被推荐企业虽然总体上达不到创业板上市条件，但某些方面已达到或接近上市标准。例如：持续经营 3 年以上；主营业务突出；公司治理结构健全，运作规范等。主要差距是财务指标达不到上市标准。企业在新三板挂牌后，经过一段时间努力使各方面达到上市标准，就可以申请向创业板转板。

大连高新区应按照上述要求，积极培育和推荐挂牌企业，为开展新三板试点创造条件。日前召开的高新区企业上市工作会议提出，要通过广泛调研，积极挖掘符合新三板挂牌条件的企业，鼓励其挂牌交易，争取 2010 年上半年推出 10 家挂牌企业。可以有两种选择：一是在创业板上市后备企业包括第三批拟申报企业中，先推出一批企业在新三板挂牌；二是在全市范围内选择一批符合新三板挂牌条件的企业，办理转移注册手续，从而确保高新区尽快开展新三板试点。

3. 建立健全科技产权交易市场

科技产权交易市场是多层次资本市场的最底层结构，主要功能是为那些不具备上市和挂牌条件的科技企业提供产权交易平台。建立科技产权交易市场具有非常重要的意义，关系到 80% 的中小科技企业能否通过并购重组和股权融资获得快速发展。建立科技产权交易市场也不是一件新事难事，目前全国许多地区都设有这种交易平台，有的城市将其升格为“准三板市场”，或者与中心城市联网，形成区域性交易平台。

大连高新区应学习和借鉴全国各地的经验，着眼于为广大“草根企业”提供产权交易服务，尽快建立健全科技产权交易市场。可以与大连产权交易所建立战略合作关系，专门设立科技产权交易平台，为高新区和全市的科技企业提供挂牌交易服务。也可以在高新区单独设立中小企业股权交易市场，为区内企业提供挂牌交易服务。

(五) 进一步改善政策环境

1. 深化投融资体制改革

学习、借鉴中关村和苏州高新区的经验，建立统一高效的投融资服务平台。依托大连高新技术担保投资有限公司，整合高新区下属的各类投资机构和担保机构，同时争取整合在高新区注册的市属各类投资机构和担保机构，建立统一的大连高新区科技金融服务集团，下设天使投资、风险投资、信用担保、小额贷款等分公司。按照现代企业制度，实行政企分开，理顺产权关系，建立健全公司治理结构，完善激励和约束机制，杜绝多家经营、交叉经营、关联交易等不规范行为，降低经营成本，提高经济效益。在此基础上进一步努力，争取开展科技银行试点。

2. 加大对投融资的政策支持

近几年来，国内许多先进高新区都围绕加强科技资本市场建设，促进中小科技企业成长，制定了一系列引导和鼓励政策。大连高新区应学习和借鉴这方面经验，进一步加大对投融资的政策支持。

（1）鼓励引进风险投资机构。对境内外风险投资机构在高新区注册经营，给予50万元补贴；对国内外有重大影响的风险投资机构在高新区注册经营，给予100万元补贴；风险投资机构租房用于开展经营活动，给予50%的租金补贴，不超过三年；到2015年止，风险投资机构对地方财政贡献额的50%用于对其奖励，不超过三年。允许风险投资机构以全部资本对外投资；风险投资机构对中小科技企业投资额占净资产50%以上的，可认定为高新技术企业，享受税收优惠政策；风险投资机构对中小科技企业投资持股满2年以上的，可按其投资额的70%抵扣应纳税所得额；允许风险投资机构按总收入的10%提取风险准备金。

（2）鼓励引进担保机构。对市内外担保机构在高新区注册经营，给予50万元补贴；对国内外有重大影响的担保机构在高新区注册经营，给予100万元补贴；担保机构租房用于开展经营活动，给予50%的租金补贴，不超过三年。

（3）争取市政府的政策支持。允许高新区对担保公司实行营业税和所得税留成部分先征后返政策，并按累计担保额的1%给予风险补贴；对创业投资公司实行税收留成部分先征后返政策，并按投资额的10%给予风险补贴；对小额贷款公司给予一次性开业补贴，实行税收留成部分先征后返政策，并按累计贷款额的2%给予风险准备金补贴。

（4）加大对优秀企业的支持。对高成长的优秀企业获得担保贷款，给予30%～50%贴息；获得保险贷款，给予50%保险费补贴。

（5）加大对企业上市的支持。保荐券商保荐的高新区企业取得《中国证监会行政许可申请受理通知书》后，对保荐券商给予50万元补贴。主办券商推荐的高新区企业取得《中国证券业协会挂牌报价文件备案确认函》后，对挂牌企业视同企业上市，补贴100万元；对主办券商给予50万元补贴。对于企业上市和挂牌过程中因增资扩股、资产重组等原因所补缴的税费，属于地方财政留成部分，采取先征后返的方式，降低企业上市和挂牌成本。

（6）组织发行企业信托计划和集合债券，不断拓宽直接融资渠道。

附件：

大连高新区建立公司型风险投资基金框架方案

公司型风险投资基金是政府引导、市场化运作的风险投资组织形式，其最大特征是建立"私募基金+专家理财"的风险投资运行机制。1998年，深圳创新投公司借鉴美国风险投资机构普遍采取的有限合伙制形式，创办了公司型风险投资基金。它由政府授权的投资主体发起设立，注册资本10亿元，其中财政出资5亿元，以私募方式向企业招股5亿元。公司组织架构分为风险投资基金、基金管理公司和基金托管公司，构成出资者、经营者和托管人的分工合作与制衡机制。这种组织形式具有集合投资、专家理财的特点，可以最大限度地分散投资风险，实现投资高效运作。大连高新区建立公司型风险投资基金的操作思路如下：

一、设立风险投资基金

风险投资基金可以大连海融创业投资基金为基础，基金规模增加到3亿~5亿元，这是因为：①国内外的风险投资基金最小规模为3亿~5亿元；②业内人士普遍认为，以至少3亿元的基金开展组合投资，才能适度分散投资风险，确保投资收益大于投资损失。

从出资人看，高新区应着力引进国内外著名的风险投资机构作为战略投资者，共同发起设立风险投资基金。高新区（市政府）提供创业投资引导基金，出资1亿元；战略投资者出资1亿元；其余资金以私募方式招股，招股对象主要是上市公司、热衷于发展高科技的民营企业和其他投资机构，也可以吸引境外风险投资机构投资入股。引进战略投资者的最佳方案是选择深圳创新投公司。该公司是我国最大的风险投资机构，管理基金总额超过40亿元，已同北京、上海、苏州等许多地区合作，投资了100多个项目，投资总额超过10亿元，培育了30多家上市公司，并向创业板输送了一批受理企业，经营业绩居国内同行业之首。引进这样的战略投资者，不仅会给高新区的风险投资发展注入强大动力，也会带动大连的风险投资形成蓬勃发展态势。

风险投资基金的治理结构由股东会和理事会组成。股东会由全体股东组成，是公司的最高权力机构。理事会由股东会选举的不少于5人的股东理事组成，负责制定投资运行规则，审查投资委员会的投资决策建议，并做出投资决策。

二、成立基金管理公司

基金管理公司是理事会的委托经营机构，主要职责是依照委托代理协议开展投资经营，保证基金的高效运作。理事会委托战略投资者与大连海融创业投资管理公司合作成立基金管理公司，组建专家型管理团队，负责开展投资经营，努力实现"投资决策科学化、投资风险最小化、投资效益最大化"目标。

基金管理公司由投资委员会、总经理、投资业务部和其他职能部门组成。投资委员会由理事会聘任的不少于5人（包括总经理）的有关专家组成，负责对投资项目建议进行审查，并向理事会提出投资决策建议。总经理由理事会聘任的专家型人才担任，负责向投资委员会提出投资项目建议，组织实施理事会的投资决策。投资业务部和其他职能部门由各类专业人才组成，负责从项目推介、审慎调查、投资监管到变现回收的具体业务操作。考虑到建立专家型管理团队是保证风险投资高效运作的关键，而大连又相对缺乏这方面人才，基金管理公司应面向全国公开招聘各类专业人才，还可以从境外引进风险投资家人才。

基金管理公司的经营策略：立足高新区面向国内外，不断开展基金募集，扩大基金规模。设立种子基金、创业基金、成长基金等多种形式的专业化投资基金，为不同发展阶段的科技企业提供投融资服务，推进科技成果转化和产业化，促进中小科技企业成长。通过上市撤出、挂牌撤出和并购撤出方式，实现投资进入和退出的良性循环。随着投资规模不断扩大和投资效益不断提高，择机在境内外上市，尽快发展成为风险投资领军企业，向国内外高科技领域进军。

三、成立基金托管公司

基金托管公司是风险投资基金闲置资金的托管机构，主要职责是依照托管协议保管和使用资金，保证资金的安全运行和保值增值。基金托管公司通常隶属于某一具备托管人条件的商业银行，由基金理事会委托该银行组建。

四、制定投资运行规则

投资运行规则包括投资政策、投资运作程序和变现政策等，由基金理事会制定，基金管理公司执行。

投资政策的要点：1. 公司主要投资于大连市鼓励发展的四大高新技术产业，即软件和信息服务、集成电路设计、生物医药、节能环保；2. 公司对投资项目的地域选择优先考虑本地区，但不限于本地区；3. 对处在创业阶段蕴含较大失败风险的项目，公司将采取参股投资方式，并适度分散投资；4. 对进入高成长阶段展示良好发展前景的项目，公司将采取控股投资方式，并适当集中投资；5. 公司将把一定比例的资金用于购买国债或其他保值性投资；6. 公司还将采取与其他投资主体共同运作的组合投资方式。

投资运作程序：投资业务部推荐项目→总经理对项目进行初审→基金管理公司进行项目审慎调查及谈判→总经理提出投资项目建议→投资委员会对投资项目进行责任审查并提出决策建议→理事会对投资项目做出决策→基金管理公司与项目公司签约，并按照项目合同组织投资经营。

变现政策的要点见开辟风险投资撤出渠道。

五、建立激励和约束机制

为确保投资高效运作，基金理事会将按照“利益兼容”原则，实施两项重要的制度安排：一是对投资委员会实行决策建议责任制，即根据决策建议成功率的大小，确定对投资委员会成员的取舍和报酬；二是对基金管理公司实行投资经营责任制，即根据投资经营收益率的高低，确定基金管理公司缴纳风险抵押金的额度和参与利润分配的比例。从而形成有利于实现“三化”目标（投资决策科学化、投资风险最小化、投资收益最大化）的激励和约束机制。

六、开辟风险投资撤出渠道

风险投撤出是保证风险投资成功运行的关键环节,也是实现风险投资良性循环的必要条件。风险投资只有运行到一定阶段时通过资本市场撤出,实现投资的变现回收并获得较高的投资回报,才能弥补投资失败的风险,并为新一轮投资创造资本条件。因此,高新区建立公司型风险投资基金,应努力开辟风险投资撤出渠道,解决投资的变现回收问题。

风险投资撤出通常采取公开上市撤出和并购撤出两种方式。公开上市撤出即通过"二板市场"上市撤出,由于投资回报率较高,也是风险投资的最佳撤出方式。但是,由于"二板市场"上市条件相对严格且费用较高,多数风险投资只能采取并购撤出方式,即通过场外交易兼并或出售撤出,前者是由一家大公司兼并风险投资项目,后者是由数家大公司或更多的出资者购买风险投资项目。与公开上市撤出相比,并购撤出更为便利且费用较低,不过投资回报率也较低。

成功的风险投资项目,第一应利用创业板市场上市撤出。我国创业板市场开板,为风险投资提供了便利的撤出渠道。但创业板刚刚运营,许多方面还不完善,加之排队上板的企业太多(已有300多家企业),要在创业板上市至少需要排队等待5.6年甚至更长时间。考虑到经济和文化上的联系以及市场成熟度,选择香港创业板也充分可行。该市场原则上面向中国内地、香港及百慕大、开曼群岛注册的公司,主要还是旨在吸引中国内地优秀的中小科技企业上市,进而改善香港股市的结构,增强香港经济的抗风险能力。该市场已运行10多年,市场成熟度较高,融资功能也较强。该市场的上市条件是:企业主营业务突出并有两年的活跃营业纪录,无最低盈利要求;资产市值不低于4610万港元;最低公众持股量市值为3000万港元,占已发行股本不低于20%;公众股东人数不少于100人。这些条件比我国创业板更宽松,非常适合国内的中小科技企业上市,也为风险投资提供了便利的撤出渠道。目前,广东、上海、北京、西安等省市已有几十家科技企业在该市场上市。大连高新区也应积极与香港创业板建立密切联系,争取尽快推出一批风险投资项目在这里上市。另外,非常优秀的风险投资项目还可以争取在纳斯达克上市。

第二,借助国内证券市场,为风险投资开辟变现撤出的渠道。国内证券市场门槛较高,并不适合中小科技企业上市,但如果以多种方式灵活运作,也可以使之为风险投资变现服务。在这方面,大连高新区可以学习和借鉴深圳创新投的经验,采取以下三种变现方式:一是推动风险投资项目在沪、深股市上市,当然这样的项目不会很多。二是争取基金管理公司直接上市,这也需要付出长期努力。三是安排基金管理公司"买壳上市",通过资产重组实现投资的良性循环。具体构想是:1.基金管理公司购买上市公司的股份并拥有控股权;2.基金管理公司将投资项目出售给上市公司,从而实现该项目投资的变现回收;3.上市公司经营该项目并取得良好业绩,使净资产收益率达到或超过10%时,再进行配股融资,从而为收购基金管理公司的新项目准备资金。这种变现方式具有充分的可行性,但由于构思复杂,须精心策划和操作。

第三,建立场外交易市场,为风险投资开辟并购撤出的渠道。上市撤出即使在美国也只能为30%的风险投资项目所用,因而建立场外交易市场对于多数风险投资的撤出具有重要意义。我国的场外交易市场有新三板市场、产权交易市场两种形式。新三板正在向全国性的场外交易市场过渡,国家决定扩大新三板试点,为风险投资开辟了并购撤出的渠道。大连高新区应抓住机遇争取尽快开展新三板试点,推动风险投资项目在新三板挂牌,为风险投资并购撤出创造条件。同时,还可以利用产权交易市场,为高新区设立科技产权交易平台,推动风险投资项目的并购重组和股份转让。

《大连高新区科技资本市场的发展现状及对策》课题组成员

课题领导小组:

组　长:栾庆伟　大连高新区管委会　主任
　　　李　才　大连市政府发展研究中心　主任　教授
副组长:王政安　大连高新区战略研究室　主任
　　　王振亚　大连高新区管委会　顾问
　　　王召华　大连高新区金融办　主任

课题组:

负责人:张少颖　大连市政府发展研究中心财贸研究室　主任　研究员
成　员:宋欣茹　大连市政府发展研究中心财贸研究室　研究人员
　　　赵　欣　大连市政府发展研究中心财贸研究室　研究人员
　　　李宏彪　大连高新区金融办改制上市负责人

大连经济技术开发区建立现代产业体系的对策研究

鲁 岩　秦学冬　冯士森　荆 敏

一、大连开发区建立现代产业体系的重大意义

现代产业体系是党的十七大提出的概念，其核心应该是一个新型工业、现代服务业和现代农业互相融合、协调发展的系统，是我国转变发展方式、实现科学发展、构建资源节约环境友好型社会的产业载体。2009 年 9 月出台的《国务院关于进一步实施东北地区等老工业基地振兴战略的若干意见》中，也将“优化经济结构，建立现代产业体系”确定为今后一个时期东北地区发展建设的战略重心。

大连开发区在建成至今的 25 年中，各项经济指标均保持年均 30% 以上的高位增长，地区生产总值占全市的 22%，工业总产值占全市的 1/3，外贸出口额占全市的 40%、全省的 25%。大连开发区依托良好的产业发展基础、高开放的管理体制、资金密集及外商企业集中等特有优势，尽快形成产业结构高级化、产业发展集聚化、产业竞争力高端化的现代产业体系，既是自身积累升级的规模性趋势，也将对东北老工业基地振兴建设具有重要意义。

(一)建立现代产业体系是产业升级、转变增长方式的必然要求

在经济一体化的背景下，产业调整和产业转移成为产业升级全球化的重要契机。这种调整和转移既反映数量的扩张，表现为产业资源大规模跨国配置；又反映质量的飞跃，表现为高新技术产业的不断崛起和传统产业的大规模更新改造。这使得以高技术为核心的产业竞争更加激烈，并通过国与国的经济交流与合作而迅速深化，导致产业升级全球化的趋势。按照产业生命周期的发展规律，以信息通讯、生物技术、新材料和新能源等为主的高技术产业，因具有高投入、高风险、高回报的特点而成为发达国家投入和培育的重点领域，而那些即将或正处于成熟期和衰退期的技术以及价值链上的低端产业，出于对经济利益的追逐，将逐步转移到发展中国家。这种技术贸易无国界的趋势配合世界范围的产业调整和产业转移，使产业的上中下游环节依据各国的产业资源优势而在不同国家重新分布，表现为全球性的产业升级。

产业升级全球化客观上为发展中国家提供了发展机遇，但也使其被动地接受生产的专业化分工，最终只能作为“世界组装车间”，难以改变其全球价值链中的边缘地位。我国经济在改革开放 30 年中得以长足发展，但如吴敬琏(2005)所言，改革开放以来中国的

经济增长并未完全脱离工业化国家早期的一般模式，在产业层面表现为技术创新动力不足、环境和资源关系的恶化、服务业发展受限制等弊端。我国企业融入世界生产体系的广度虽然可观，但深度严重不足，即大部分企业处于价值链低端已是不争的事实。这使得目前所面临的转变增长方式的压力越来越大，而建立现代产业体系正是实现这种转变的重要支撑。在全球化的开放背景下，通过构建现代产业体系提升我国在国际分工体系中的地位，使经济获得持续、健康的发展，既有理论上的必要性，也有实践上的迫切性。

（二）建立现代产业体系是发挥“核中之核”作用的必然要求

振兴东北等老工业基地是我国继实施沿海开放战略之后，从全面建设小康社会和区域经济协调发展大局出发而做出的重大战略决策，是我国区域战略由非均衡发展到促进区域协调发展的重要转折。东北老工业基地建设承担着优化产业结构、加强基础设施建设、改善民生，加快推进社会事业发展、深化改革开放，保护生态环境的任务，还承担着加快形成具有独特优势和竞争力的新的增长极的重要使命。

大连是东北地区实际利用外资比例最高、工业产业集中度最高、金融业开放度最高、总部经济最密集、国际贸易最频繁、教育科研最发达的城市之一，可谓之为东北老工业基地的首位经济核心城市。改革开放之初，为实施外向牵动战略而建立的大连开发区，经过 25 年的积累发展，已经成为大连城市经济发展格局中活力最强、带动性最大、承载力最高的区域增长极核和优势极点。可以说，大连的发展是东北老工业基地振兴发展的风向标；大连开发区的发展则是大连能否实现跨越式发展的决定性因素。即大连开发区是东北老工业基地振兴战略的“核中之核”。大连开发区建立现代产业体系将为东北地区老工业基地进一步解决体制性、结构性等深层次矛盾，进一步巩固已经取得的发展成果，进一步发掘发展潜力进行积极的探索，也是其发挥“核中之核”作用的必然要求。

（三）建立现代产业体系是支撑“三个中心”建设的必然要求

航运、金融、物流“三个中心”建设是大连现阶段发展的主要定位，也是大连服务东北、辐射东北亚的重要机遇。2009 年一季度辽吉黑三省 GDP 增长分别达到9.5%、9%和6%，均高于全国平均水平，这说明东北经济经受住了全球性金融危机的考验，实施老工业基地振兴政策所积蓄的能量得以释放。此时，无论是产业升级、提高自主创新能力，或是提高东北地区综合竞争力，都需要建立一个与之相适应、为之服务，并可跨区域、跨国界进行资源配置的复合型中心。东北亚国际航运中心的定位，决定着大连必然是区域性的金融、物流中心。需注意的是，复合型中心是城市综合功能的系统集合，它在给产业发展带来更多的资源流、资金流、信息流的同时，也需要强大的临港产业与腹地经济作为支撑。这也是“三个中心、一个集聚区”发展目标的题中应有之义。大连开发区是 1984 年经国务院批准设立的第一个国家级开发区，其设施水平、产业构成、创新体系、体制功能等相对成熟，2008 年，大连开发区工业排名前五位的支柱产业占全区工业总产值的56.6%，产业集聚效应已经显现。这些支柱产业将通过乘数效应（倍增效应）带动产业门类和企业等级不断增多。在此基础上，大连开发区完全有能力、有责任尽快发展和壮大一系列以专业化、集中化、网络化与地域化特性为竞争优势源的产业集群,进而形成完备的现代产业体系,以有力地支撑“三个中心”建设的顺利进行。

(四)建立现代产业体系是带动全市产业结构优化的必然要求

产业结构是衡量城市经济社会发展水平最重要或最核心的指标。正常情况下,产业结构的变化是从较低水平状态向较高水平状态发展的动态过程,主要包括:产业结构由第一产业占优势比重向第二、第三产业占优势比重的方向顺次演进;产业结构由劳动密集型产业占优势比重向资金密集型、技术密集型、知识密集型产业占优势比重的方向顺次演进;产业结构由低附加值产业占优势比重向高附加值产业占优势比重的方向顺次演进;产业结构由低加工度产业占优势比重向高加工度产业占优势比重的方向顺次演进;产业结构由制造初级产品的产业占优势比重向制造中间产品、最终产品的产业占优势比重顺次演进。优化的产业结构即是能很好地发挥资源转换器的效能和效益,伴随着技术进步和社会化程度的提高,不断淘汰衰退产业,加强传统产业的高新技术改造,实现主导产业的合理转换,扶持和引导支柱产业和新兴战略产业快速发展。

开发区建设过程伴随的空间开发、经济要素重组、人口聚集流动等,对所在城市及地区的经济社会必然产生强烈的催化、带动效应;而开发区所依托的城市(母城)原有的经济基础、产业结构、地缘文化等,也会对开发区的发展产生综合影响。开发区在区域结构与功能优化过程中发挥积极作用,是开发区与母城协同发展的重要条件。目前,已进入成熟发展期的大连开发区在城市经济中的“高位势”特征和“引擎”作用,决定其发展的任何动态都直接关系到城市产业结构与经济结构的调整与演变。大连开发区建立现代产业体系,必然为大连中心区释放空间、优化结构、“退二进三”,在空间上重组各类经济活动,步入工业化成熟期或后工业时代夯实基础。

二、国内先进城市建立现代产业体系的发展经验

(一)我国改革开放以来产业结构的调整与变化

自建国至改革开放之前,我国没有沿用其他国家一般采用的轻纺工业起步的模式,而是采取了“优先发展重工业”的战略,经过“大跃进”时期的三年重工业强攻,按可比价格计算,1960 年重工业总产值比 1957 年增长了 2.33 倍,而轻工业总产值仅增长了 47%,农业总产值不仅没有增长,反而下降了 32.8%。农轻重的比例关系由 1957 年的 43.3∶31.2∶25.5 变为 1960 年的 21.8∶26.1∶52.1,国民经济重大比例关系出现严重失衡,致使消费品严重短缺,消费需求受到抑制,整个经济表现出“高积累、低消费、低效率”的特征,国民经济因结构矛盾而缺少稳定、持续的增长能力。在此条件下,我国产业结构在改革开放以后历经了以下几次大的调整变化。

1. 第一个阶段:1978 年~1984 年

这是我国经济从“文革”的严重破坏中得以恢复,农村改革全面展开的时期。这一时期产业结构变动的显著特点,是第一产业占国民生产总值的比重迅速上升。1984 年,第一产业的比重达到 32%,比 1978 年的 28% 提高了 4 个百分点,同期第二产业下降 5 个百分点,

第三产业只上升1个百分点;第一产业增加值的年均增长率为14.5%,超过二产10%和三产12.7%的速度。这说明我国农业改革政策极大解放了农业生产力,也反映出资源配置向第一产业的倾斜。在工业化过程中,第一产业比重迅速提高,是世界上是少有的经济现象。事实上,这是市场对第一产业发展不足进行的纠正,具有补偿性和暂时性。

2. 第二阶段:1985年~1992年

这是我国非农产业较快发展的时期。第三产业的比重,从28%左右上升到34%左右,达到历史最高点。同时,第二产业比重保持在43%左右,而第一产业下降6个百分点。从总体上看,这一时期第三产业的发展也带有补偿发展不足、调整比例关系的特征。80年代中期,我国国民生产总值比1980年翻了一番,农业和消费品工业的发展,使人民生活基本解决了温饱问题。这时,就业压力与第三产业发展不足的矛盾日益突显,社会资源的配置逐步转向第三产业,促进了第三产业的发展。按当年价格计算的增加值年均增长率第三产业为20%,第二产业为17%,第一产业为14.5%;第三产业的就业人数增加3400万人,而第二产业只增加2500万人。到1994年,第三产业就业人数在总量上也超过第二产业。

3. 第三阶段:1993年~1996年

这是我国重化工业主导的时期。这一时期的显著特点,是能源、交通和通信设施等基础设施建设加强,使第二产业的比重迅速提升。1996年,第一产业比重跌至20%,第二产业比重接近49%,第三产业下降至31%。这个时期,经济增长明显地具有重化工业为主导的特征,电力、钢铁、机械设备、汽车、造船、化工、电子、建材等工业成为国民经济成长的主要动力。其内在原因,是长期存在的能源、交通通信等产业"瓶颈"制约的矛盾最为突出,而经过十几年的迅速发展,我国又具备了解决上述矛盾的实力,随着能源、交通、通信基础设施建设的进展,带动了电力、运输车辆、建筑材料、钢铁、有色、石油化工和机械电子等产品和建筑业的需求,推动了第二产业的发展。"八五"时期,能源、交通、通信基础设施建设创造了新中国成立以来的最好水平,相应带动了第二产业的增长。

上述三次调整,解决了历史遗留的第一产业、第三产业比例失调及基础设施不足的矛盾,"瓶颈"产业制约国民经济发展的矛盾也得到缓解。

4. 1997年~至今

1997年党的十五大报告指出,经济结构战略性调整,要"根据我国经济发展状况,充分考虑世界科学技术加快发展和国际经济结构加速重组的趋势,着眼于全面提高国民经济整体素质和效益,增强综合国力和国际竞争力"。产业结构调整方向具体为加大调整改造加工工业的力度,振兴支柱产业,积极培育新的经济增长点。在2002年党的十六大报告明确提出,要走出一条科技含量高、经济效益好、资源消耗低、环境污染少、人力资源优势得到充分发挥的新型工业化之路。这意味着产业结构的调整要重视技术创新,依靠市场拉动和技术推动两种力量来完成产业转型升级。2007年党的十七报告提出,要发展现代产业体系,大力推进窗体底端信息化与工业化融合,促进工业由大变强,振兴装备制造业，淘汰落后生产能力；提升高新技术产业，发展信息、生物、新材料、航空航天、海洋等产业；发展现代服务业，提高服务业比重和水平；加强基础产业基础设施建设，加快发展现代能源产业和综合运输体系。

以此为依据，建立现代产业体系成为今后一段时期关系国民经济全局的紧迫而重大的战略任务。

(二)上海建立新型产业体系的实践

早在2002年，上海市第八次党代会提出，“抓住国际产业结构调整的机遇，建立新型产业体系”。新型产业体系的提出，是在新的发展起点上对上海产业发展的新思考，即坚持“三二一”产业发展方针，把握国际产业升级与转移加速的新趋势，大力发展高增值、强辐射、广就业产业，走新型工业化发展道路，保持第二、第三产业共同推动经济增长，在参与经济全球化中增强产业国际竞争力。

1. 上海构建新型产业体系的背景

——着眼于率先基本实现现代化的新要求，明确构筑新型产业体系的导向。新型产业体系瞄准世界发达国家先进水平，参照信息化时代的“第二次现代化”标准，力求从整体上全面提升产业结构水平，提高经济增长质量，缩小同发达国家的产业差距。

——紧紧围绕国际大都市的功能性定位，从建设“国际经济、金融、贸易、航运中心”之一的需要，提出建立新型产业体系的任务。在经济全球化趋势加快、我国加入世贸组织的背景下，上海开始真正进入功能性大发展时期，因此有必要按照城市功能定位目标对产业体系进行结构性重塑。

——根据国内外经济发展环境的新变化，按照全面参与国际合作与竞争，在融入和服务全国中加快发展的要求，确定完善建立新型产业体系的思路。

2. 上海构建新型产业体系的具体措施

在五年内基本建立适应现代化国际大都市功能的新型产业体系，即结构更合理，附加值更高，辐射性更强的新型产业体系。在整体产业布局上，上海坚持“三二一”产业发展方针，优先发展第三产业，积极发展第二产业，稳步发展第一产业。在具体产业门类上，上海提出要尽快形成支柱产业、基础产业、新兴产业和都市型产业构成的新型产业体系，大力发展附加值高、关联带动大的信息、金融、商贸、汽车、成套设备、房地产等六大支柱产业；积极培育生物医药、新材料、环境保护、现代物流等四大新兴产业；优化发展石化、钢铁两大基础产业，鼓励发展服装服饰、食品加工等都市型产业。在工作思路上，更加突出产业发展由比例调整向技术与能级提升的转变；坚持产业结构调整与布局调整相结合，加快实现产业配置由分散均衡布局向重点聚集式布局的转变；坚持以创新推动产业结构优化调整，全面推进由局部创新向综合整体创新的转变。

3. 上海构建新型产业体系的突出特点

——大力发展先进制造业。上海市先进制造业坚持“有所为、有所不为”方针，突出发展目标的前瞻性和战略性，提升支柱产业竞争优势，推动装备产业升级突破，加快战略产业培育壮大,抢占新兴产业重点领域,保持都市产业稳定增长。以提升自主创新能力为核心,依托大产业、大项目和大基地建设,运用新技术、新装备、新工艺提升制造业水平,促进产业集群化发展,实现从"发展中调整"向"发展中提高"的转变。积极培育生物医药、新能源新材料、船舶制造、航空航天等战略产业。优化发展钢铁、石化等基础工业。

——加快发展现代服务业。上海市提出以信息化为基础,以金融、物流、文化等为重点,以现代服务业集聚区为突破口,以大型服务企业集团为载体,集聚高端人才,加强综合集成,积极承接国际服务外包业务,提升服务业的规模与能级。重点发展金融业,围绕国际金融中心建设,加快完善金融机构、金融市场、金融服务和金融监管体系。加快发展物流业,围绕国际航运中心建设,依托深水港、航空港及铁路、公路网络,促进国际中转物流发展,拓展航运服务产业链。大力发展文化及相关产业,促进科技、创意与文化融合发展,加大开放和创新力度,着力促进文化休闲娱乐业、创意和时尚、印刷包装等产业发展。积极发展会展旅游、专业服务、社区服务等产业。

(三)广东省建立现代产业体系的实践

从产业基础看,广东省是从"三来一补"起步的,相当长一个时期以劳动密集型产业的代工为主,产品处在产业链的低端环节。目前广东已经成为重要的世界制造业基地,但上端研发和下端营销服务业仍较落后,特别是下端营销服务业和金融业的发展滞后约束了广东产业自主参与国际产业分工的能力。为此,广东省委省政府出台了《关于加快建设现代产业体系的决定》,将建立和完善现代产业体系作为提升广东在国际产业分工体系中地位的主要战略。

1. 广东构建现代产业体系的发展目标

到 2012 年,广东省的三次产业结构趋于合理,服务业占三次产业的比重为 50% 左右,现代服务业快速发展,先进制造业规模壮大,农业综合效益明显提高,产业国际竞争力显著增强。

到 2020 年,三次产业结构更加合理,现代服务业成为主导产业,在第三产业中比重超过 60%;先进制造业和现代农业分别成为第二、第一产业的主体,高新技术产业、优势传统产业和基础产业成为现代产业体系的支柱,形成相对成熟的现代产业体系。

2. 广东构建现代产业体系的主体框架

——发展以生产性服务业为重心的现代服务业。主要包括金融业、物流业、信息服务业、科技服务业、外包服务业、商务会展业、文化创意产业和总部经济八个产业。

——发展以装备制造业为主体的先进制造业。主要包括装备制造、汽车、钢铁、石化、船舶制造五个产业。

——发展以电子信息为主导的高新技术产业。主要包括电子信息、生物医药、新材料、环保、节能与新能源、海洋生物等六个产业。

——发展以品牌带动的优势传统产业。包括以高新技术改造提升的产业(家电、家具、五金、纺织服装、食品饮料、陶瓷、建材等)和提高人民生活质量的产业(旅游、住宿和餐饮、房地产等)。

——发展以质量效益为导向的现代农业。包括优质粮食、特色园艺业、畜牧业、渔业、现代林业和农产品精深加工服务业六个产业。

——发展以能源、交通、水利等为支撑的基础产业。主要包括煤、电、油、气等能源产业,海陆空等交通产业,堤坝库水利工程等三大类产业。

3. 广东省建设现代产业体系的八大载体

——建设"珠江三角洲现代产业核心区"。按照"珠三角经济一体化"的战略要求,统筹协调和大力推进区域一体化的大交通运输体系、重大基础设施、资源能源、环保、电力、信息等网络系统建设,实现产业同步、市场同体、交通同管、电力同网、信息同享、环保同治。统筹区域内产业发展规划、定位和重点,错位发展,优势互补,加快建设高新技术产业带和世界先进制造业基地,共同打造以广州、深圳为中心的现代服务业集聚区和空港海港经济圈,积极建设中国服务外包基地城市和国际服务业支持中心。加快"腾笼换鸟",提升产业层次。通过五年努力,把珠三角建成核心竞争力强、高端产业集聚、三次产业协调发展,带动全省、辐射华南的现代产业示范区。

——建设"东西两翼及山区产业转移工业园区"。办好省认定的产业转移工业园,推动基础设施及项目落户建设;重点规划建设1~2个辐射带动能力强的大型产业转移园区。加快"双转移"步伐,加强转移就业的公共服务,促进欠发达地区劳动力向产业园区转移、就地就近就业,形成区域布局合理、与珠三角优势互补配套的产业转移园区网络体系。到2012年,实现本省劳动力就业比重显著提高,产业转移园区成为东西北地区重要经济增长点。

——建设"数字广东"。建设全省基础传输网络和宽带无线移动通信网络,实现粤港澳网络一体化;建设网络民生、网络创新创业、公共服务在线化三大工程,实施数字家庭普及计划,实现信息技术和互联网在政务、商务、生产、生活中的普及应用,推进"信息兴农"工程,实现"泛珠"区域信息共享;大力建设国家电子信息产业基地和国家级产业园,形成优势信息产业集群。经过五年努力,全省经济社会全面信息化取得重大进展,主要信息化指标达到中等发达国家水平、珠三角地区信息化水平初步迈入全球信息化水平先进行列。

——建设"广东循环经济系统工程"。加快建立和完善发展循环经济建设节约型社会的政策法规体系、能效标准体系、技术创新体系。以我省国家级和省级循环经济试点单位为基础,分别创建500家国家级清洁生产企业、节水型、节能型、节材型、节地型及资源综合利用示范企业;以省产业集群示范区和专业镇(区)为重点,建成30个循环经济生态工业园;以省级节约型试点城市为基础,推进大中城市生态化改造,力争全省一半的大中城市建成国家环保模范城市。通过五年努力,在全省逐步建立起以减量化、再利用、资源化为特征,集清洁企业、循环生态工业园区和节约型城市于一体的循环经济体系和节约型社会,成为我国循环经济示范区。

——建设"广东现代流通大商圈"。着力构建以广州、深圳两大商贸物流中心为核心,以珠三角、粤东、粤西、粤北四个城镇群为支撑,对接港澳及周边省区,辐射东南亚,功能互补的现代流通网络体系;推动商业贸易龙头企业规模化、网络化、品牌化经营,建立一批具有国际竞争力的大型流通企业集团;配套建设一批中高级流通贸易市场,构建现代分销、批发体系,形成重要商品集散、采购、物流配送和会展四大中心及农产品流通网络体系。用五年时间,初步建立起门类齐全、布局合理、运营灵活的大市场、大商业、大流通的全国现代流通中心,显著提高现代流通业占第三产业比重。

——建设"粤港澳金融合作平台"。在 CEPA 基础上,建立粤港澳金融合作协调机制,推动粤港澳金融合作与开放先行探索,努力推进三地金融机构、市场和业务等双向开放。打造港、澳、深、穗、佛金融合作圈,完善粤港澳经贸活动往来人民币和外汇跨境结算系统;创造条件争取中央批准在粤进行金融改革开放与创新方面的先行先试,努力构建粤港澳金融共同市场。力争经过五年努力,金融产业成为我省国民经济支柱产业,粤港澳形成有重要影响力的金融中心区域。

——建设"珠江两岸文化创意产业圈"。依托珠江两岸良好的创意产业基础,创新广府文化、潮汕文化、客家文化,重点发展数字内容、工业设计、文化传媒、动漫制作、创意产品研发、咨询策划、设计创意等高端行业,做大做强一批文化创意产业园区、企业和品牌,培育出一批竞争力强的文化创意产业集群。五年内,建立发展水平全国领先的珠江两岸文化创意产业圈、中国南方文化创意中心、国家级文化创意产业示范区,成为亚太地区最具竞争力的文化创意区之一。

——建设"全国加工贸易转型升级示范区"。创新外经贸发展方式,多元化拓展进出口市场;积极吸引跨国公司设立地区总部、研发中心、采购中心。优化加工贸易产业的区域布局,延伸加工贸易产业链。加快实施"引进来"与"走出去"相结合战略,鼓励加工贸易企业转型开拓国内市场,创立内销品牌,推动企业走出去开展国际化经营和资源合作开发,支持一批企业发展成为具有自主知识产权和国际品牌的跨国经营企业。创新加工贸易监管模式。力争五年内率先完成加工贸易转型升级,实现全省内外需联动的开放型经济战略转型。

三、大连开发区发展进程中的时序阶段

1979 年至 1980 年,中央做出了关于兴办深圳、珠海、汕头、厦门四个经济特区的决定。中央在 1984 年 4 月,做出了开放从大连到北海 14 个城市港口的决定。同年,又在 14 个城市当中,选择了大连等 12 个开放城市兴办经济特区,这是我国开发区最早的起步。

(一)成型阶段

我国开发区建设发展的实践看,这一阶段从开发区的设立开始,到开发区发育成为一个新兴工业园区、成为城市经济增长极局面的形成为止,一般需要 5 ~ 10 年的时间。这一阶段最显著的特征,一是集中投资,创造环境;二是先试先改,特事特办;三是政策优惠。这些条件使得开发区在对资金、技术、人才及其他资源的争夺战(亦即发展权的竞

争)中更具竞争力,能够在向市场经济转轨的进程中抢占先机,因而很快便后来居上,一跃成为所在地区主要经济增长点。但是,这一阶段开发区对母城的反馈是微弱的:以高新技术为主导的产业结构特征(意味着与当地传统产业之间存在着技术水平、运营管理等方面的"断层"),以及投资和市场"两头在外"的特点,使得开发区与本地经济的关联效应和技术转移效应并不显著;开发区建设需要的多是高学历、专业技术型人员,因而新增的白领就业岗位对于解决城市工业企业的下岗(失业)问题作用甚微;同时,土地和税收优惠政策的大量使用,使开发区对当地政府财政贡献也十分有限。在这一阶段开发区与母城的关系上:开发区对其母城更多的是依赖与索取。开发区需要依赖母城提供的资金、人员、技术、基础设施来启动、运转。

大连开发区利用最初创建的10年时间,完成了产业体系从无到有的过程。地区生产总值从1985年的不足1亿元,发展到1994年的56亿元;尤其是第二、第三产业得到了长足发展,三次产业增加值比例由1985年的4.4:66.3:29.3,发展到1994年的2.7:65.3:32(见图1)。1994年,开发区工业总产值达到93亿元,占全市总量的15%;外资企业出口额7.8亿美元,占全市总量的62.6%,初步形成了以机械制造、石油化工、电器机械、电子通讯等为主的工业结构体系,为下一阶段的加速成长夯实了基础。

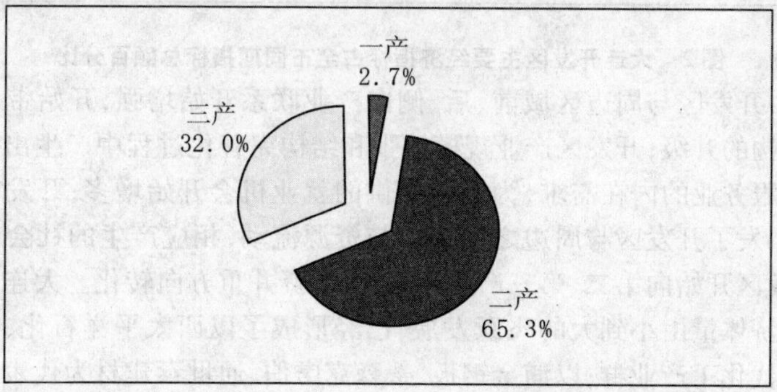

图1　大连开发区1994年三次产业增加值比例

(二)成长阶段

成长期是开发区从成型期到成熟期之间一段持续增长的时期,以开发区从工业园区向科、工、贸、商、住多功能复合发展方向转化,逐步进化成为粗具规模的新城区(或新城镇)为标志。我国开发区在这一阶段经历了内外环境的重大变化:1997年亚洲金融危机、美国"9·11"事件,以及我国加入WTO等等,使开发区引进外资为主、出口导向型战略的推行比以往困难许多;"西部大开发"战略的出台,政策及投资开发的整体格局也发生转变;开发区中较早的投资企业受产品生命周期规律的影响已开始面临新一轮停转产、利润下滑问题,这些因素使开发区"孤岛经济"的脆弱性和风险性开始暴露。尽管如此,开发区前一阶段超高速增长的惯性犹存,新经济的旺盛活力和涉外经济的综合优势,以及体制新、人员精、机构简、效率高的优势,使开发区依然是综合投资环境佳、极具竞争力的区域,因而仍能保持持续增长,但增长速度均有所回落,大连开发区 1994 年与 2003 年主要经济指标的比较也印证了上述问题(见图 2)。

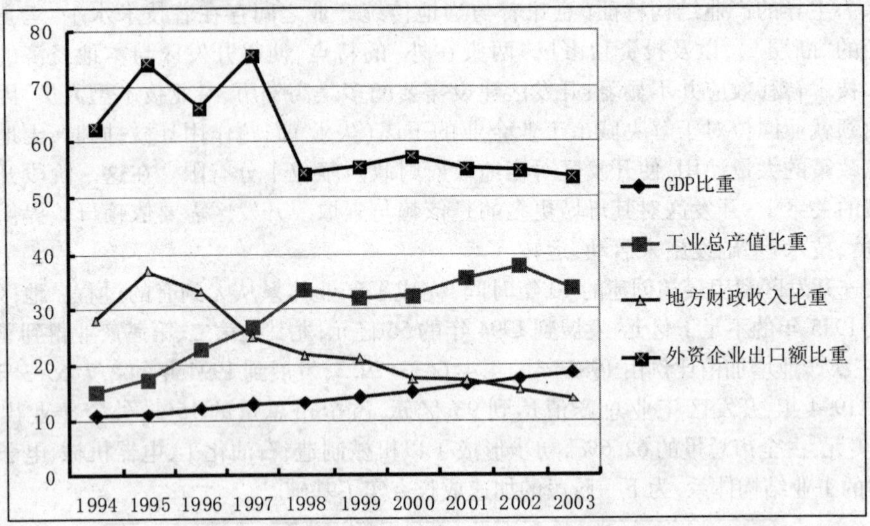

图 2　大连开发区主要经济指标占全市同期指标总额百分比

这一阶段,开发区与周边区域前、后、侧向产业联系开始增强,开始带动周边产业的发展及产业结构的升级;开发区产业规模扩张和结构完善化过程中产生出的对生产性服务业及消费性服务业的内在需求,为当地提供的就业机会开始增多;开发区产业与人口的不断聚集,引发了开发区与周边之间人口与资源流动,相应产生的社会活动与经济活动等,刺激开发区开始向第二、第三产业并行、内外资并重方向转化。大连开发区在这一阶段实现了经济体量由小到大的飞跃发展,已经形成了以西太平洋石化、齐化开发区新厂为代表的现代化工产业群;以浦金钢板、蒂森克虏伯、通世泰建材为代表的新材料产业群;以东芝电视、佳能打印机、美佳网讯科技、环宇通讯为代表的电子信息产业群;以三洋制冷、东芝大连、富士电机为代表的机电一体化制造产业群;以辉瑞制药、宝生物工程、高新生物工程和凯飞农药为代表的生物制药产业群;以金山水产、三岛食品为代表的食品加工产业群等。同时,高新技术产业成为开发区工业最主要的增长点。2003 年,大连开发区高新技术产品产值达到 340 亿元,占全区工业产值的 57%;实现出口 13.5 亿美元,占全区出口总额的 41%。开发区以高新技术产业为主导的先进结构、高速增长的势头、运行方式及管理模式等与周边地区形成了发展层次上的"位势梯度",这种位势梯度决定了这一时期的开发区在区域发展过程中处于高位运行,并具有了对周边区域产生扩散辐射效应的能力;也决定了开发区与母城尤其是与中心市内的科研院所、金融机构之间的联系更为密切,双方在资金、市场、技术、科研成果等方面的交流与转化更加集中。在此过程中,开发区与中心城市互动的局面开始出现,开发区在城市经济社会发展中开始承担和发挥更多的功能。

(三)成熟阶段

成熟期是开发区对母城全面反哺的时期,开发区与母城之间的互动及深层次的功能整合全面展开。开发区成熟的标志是其人口密度、设施水平、功能种类等日益趋于一般意义上的城市化地区,指导其继续发展的政策从单纯的开发区政策演变为开发区政策与城市和区域发展政策的复合。开发区增长已不再依赖于优惠性政策,而转向依靠自身的体制优势和创新源优势。随着开发区结构与功能的不断完善化,开发区已经有能力承接、分担母城的许多功能,因而可以协助母城的城市结构调整和转型。更重要的是,开发区能够以其产业、资金、人才、体制、创新等方面的优势,通过溢出效应、辐射效应,以点—轴增长、网络增长等模式催化带动更大区域的整体发展。

目前,大连开发区正在经历由大到强的转变,总体经济规模已经达到中等城市发展水平,多项经济指标占全市总量的四分之一以上,近 10 年年均增速为 23%;现代产业加速集聚,已有 48 个国家和地区在开发区兴办 3000 余个外资项目,内资企业发展到 7000 余家。全区形成了石油化工、先进制造业、电子信息等支柱产业集群,汽车及其零部件、LED、风电、生物医药等产业集群正在形成,同时节能环保、旅游、航空等新兴产业正在加速向开发区集聚。城市功能显著提升,已经成为规划面积 410 平方公里、建成区面积 120 平方公里、社会总人口 65 万人的新城区。区内工业区、生活区、商务区、度假休闲区功能完备,特别是近几年来,先后修建了东北领先、国内一流的图书馆、大剧院、规划馆、网球馆、市民健身中心、滨海及山地公园,使城区服务功能得到显著提升。正在建设中的小窑湾国际商务中心区,3 ~5 年后将成为面向东北亚的国际性现代服务业聚集区,辐射东北的生产力服务中心和公共活动中心,是未来新市区的中心商务区。

大连开发区经济集聚效应明显,开发区的产业发展正在改变大连传统的主导产业,形成了一系列现代优势产业群,成为大连外向型经济的重要基地。开发区在城市地区经济中的比重不断增加,促使城市的经济重心向北、向海转移,并强化了大连在东北亚经济圈中的辐射与扩散作用。

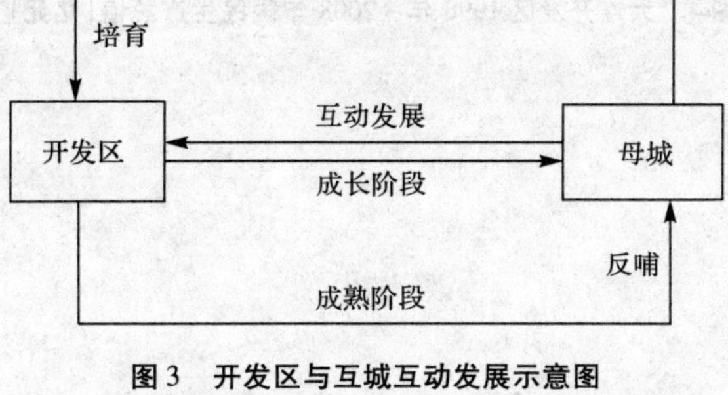

图 3　开发区与互城互动发展示意图

四、大连开发区产业发展的现状研究

(一)大连开发区产业发展的概况及特点

1. 开发区经济发展的基本情况

大连开发区自1984年建立以来,经济呈现持续健康高速发展的良好态势。产业项目由最初的"三来一补"、"投资少,见效快"的传统加工业和一般性产品等技术含量较低的初级工业项目,实现了向产业高端化和集群化发展的转变;产业发展战略由"对外开放政策高地",实现了向"世界一流产业高地"的转变;产业发展直接带动了全区经济规模不断壮大。

2008年,大连开发区实现地区生产总值833.2亿元,同比增长18.5%,其中第一产业增加值完成12.5亿元,按可比价格计算,比上年增长23.8%;第二产业增加值完成529.1亿元,同比增长17.5%;第三产业增加值完成亿元,同比增长20.3%。第一、第二、第三产业增加值比例为1.5:63.5:35。2008年全区实现工业总产值1911亿元,同比增长25%。(见图4、图5)

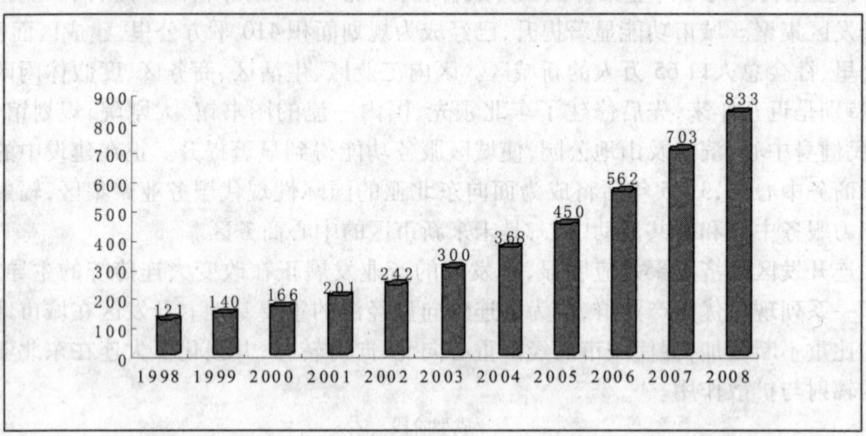

图4　大连开发区1998年~2008年国民生产总值(亿元)

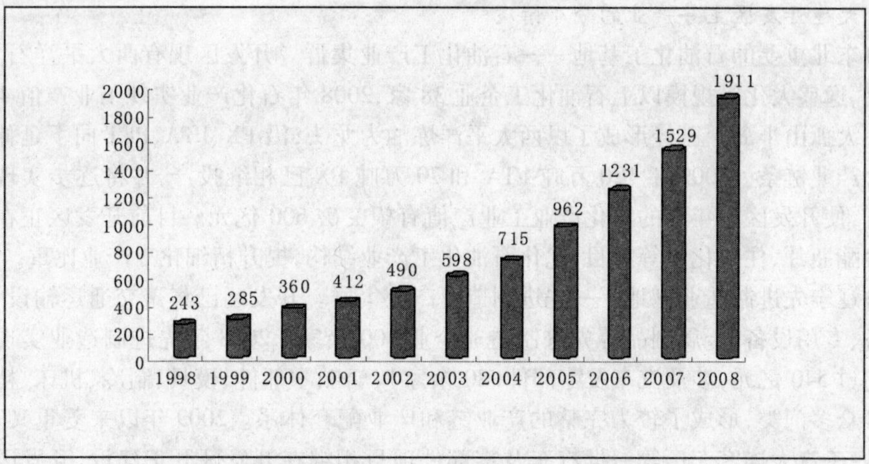

图 5 大连开发区 1998 年 ~2008 年工业生产总值(亿元)

开发区经济发展势头良好,各项经济指标增长速度明显高于全市总体水平。经济体量占全市经济比重不断提高,开发区地区生产总值占全市地区生产总值的比重由 1999 年的 15.1% 提高到 2008 年的 21.6%;尤其是工业总产值,近十年来,更是以 23% 的年均增长速度高速发展。2008 年开发区规模以上工业总产值占全市比重达到了 28.7%,产值比重十年间提高了将近一倍(见图 6、图 7)。

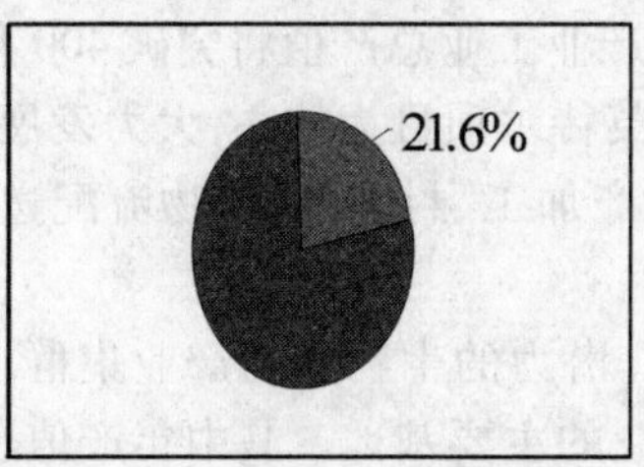

图 6 2008 年大连开发区国民生产总值占全市比重

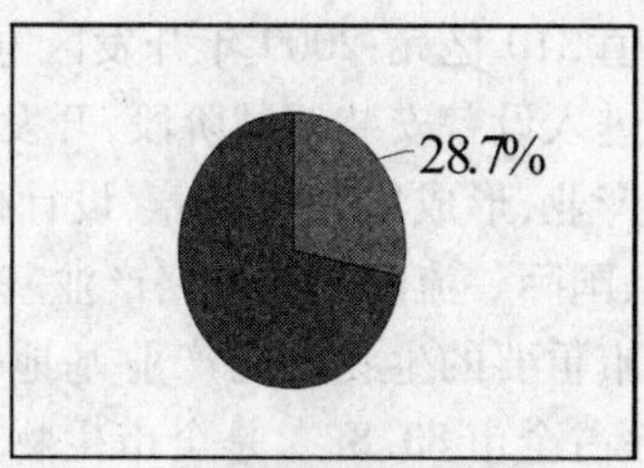

图 7 2008 年大连开发区工业总产值占全市比重

2. 大连开发区产业发展概况

目前,已有来自世界 48 个国家和地区的外资项目 3000 余个落户大连开发区,48 家世界 500 强企业兴办项目 76 个,平均投资规模达到 7000 多万美元。近年来,已形成以西太平洋石化为龙头的石油化工产业,以装备制造、汽车及其零部件、修造船配套为龙头的先进制造业,以英特尔为代表的电子信息产业已成为开发区的主导产业,在全市的产业发展中发挥了巨大的拉动作用。同时,LED、生物医药等产业集群正在形成,节能环保、旅游、航空等新兴产业正在加速集聚。装备制造业、石油化工和电子信息产业作为大连开发区的三大主导产业,规模大且发展速度快,2008 年,三大主导产业工业产值占开发区全部工业总产值的 80% 以上。

3. 大连开发区主导产业的分布情况

●东北重要的石油化工基地——石油化工产业集群。开发区现有西太平洋石化、齐化化工、逸盛大化等规模以上石油化工企业38家,2008年石化产业实现工业产值443亿元。在大孤山半岛上已经形成了以西太平洋炼油为龙头,沿PX、PTA、PET向下延伸的完整石化产业链条。2009年120万吨PTA和70万吨PX已相继投产,并将逐步实现满负荷运行,使开发区本年度的石化产业工业产值有望突破600亿元。目前开发区正在积极推进聚酯瓶片、住友化学等项目,优化石油化工产业结构,提升精细化工产业比重。

●辽宁先进制造业基地——先进制造业产业集群。开发区已集聚交通运输设备、通用设备、专用设备、金属制品等先进制造业企业300余家。2008年先进制造业实现工业产值超过540亿元,涉及汽车及零部件(80余家)、船舶零部件、模具、制冷、机床、精密零部件等众多门类,形成了较为完整的产业链和产业配套体系。2009年以来菱重叉车、博格华纳、一汽大连客车厂等一批汽车及零部件项目相继在开发区开工建设,开发区先进制造业工业产值本年度将突破700亿元。以此为契机,开发区将重点做强汽车及零部件产业,努力实现在高端整车项目上的突破,建设东北汽车以及零部件物流中心,建设全国重要的新能源汽车生产基地。

●东北亚重要集成电路产业集散地——电子信息产业集群。开发区现有佳能大连办公设备、日本电产、松下通讯、罗姆电子、大显电子等规模以上电子信息制造业企业86家,涉及电子元器件、计算机外部设备与耗材、通信、工业电子等重点门类。2008年电子信息产业产值310亿元;2009年开发区电子信息产业工业总产值将突破400亿元。随着英特尔项目进入设备安装调试阶段,开发区将以英特尔项目为核心,大力发展电子、集成电路及配套产业,形成集人才培养、设计研发、生产加工、封装测试、物流配送为一体,配套产业集聚、国际一流的集成电路产业基地。

●大连市重要的生物制药产业基地——极具潜力的生物制药产业集群。开发区生物企业众多,占全市83.8%,是全市生物制药产业的主要基地。其中年产值过亿元的企业7家,过千万元的企业10家。以辉瑞制药、欧姆龙、珍奥集团等大企业为龙头,以汉信、亚维、雪奥等科技企业为骨干的生物产业集群已经形成。由于开发区的政策优势以及产业集群的特点,吸引了金凯美、意大利富勒玛、凯飞、联化等10余家优势外包企业在双D港形成特色集聚,使得生物外包的产值不断提高,成为继软件与信息服务外包之后,又一新兴服务外包业务领域。2008年,开发区生物外包产值突破5亿元,比2005年翻了两番,实现了连续3年的大幅度增长。

●东北地区重要的汽车及零部件产业基地——快速发展的汽车及零部件产业集群。在装备制造业集群中,汽车及零部件产业在东北地区影响力正在显现,正在向现代化、国际化的“汽车城”迈进。目前,已成为众多跨国公司投资的热点,聚集了博格华纳汽车变速箱、大众一汽发动机、道依茨一汽大柴发动机、鞍钢新轧—蒂森克虏伯钢板、博世汽车底盘系统、汉拿空调以及菱重叉车、一汽大客等汽车及关键零部件等大项目。近百家与汽车生产相关的企业已经形成了从汽车产业的发动机、变速箱，到维系产业发展提速的技术研发，从汽车产业链条最上游的原材料钢铁、玻璃等，到下游的销售、物流、仓储等较为完整的整车制造及零部件配套产业集群。据统计，开发区仅汽车零部件配套产业，每年产值就高达 100 多亿元人民币。

4. 大连开发区产业发展的主要特点

●以创新发展带动“大连制造”向“大连创造”的转变。大连开发区将创新发展作为区域经济发展和产业升级的不竭动力，不断地完善科技发展平台和科技创新体系，引进和建立研发机构 100 余家。依托这些研发机构以及良好的政策氛围，许多内资企业和合资合作企业在消化引进技术的基础上，实现了由低端产品的制造生产向技术密集、自主开发和产品整机化的战略转型，为区域内优化产业、产品结构，保持可持续发展提供了强大动力。以大连三洋制冷有限公司为例，公司进入开发区前期阶段，曾经靠引进日本技术和关键零部件组装产品。2000 年以后，公司自主研发出具有液晶显示、网络通讯功能的 F 型吸收式制冷机，并向三洋本社出口高端产品技术图纸，实现了从技术引进到技术输出的重大转变。2009 年 8 月，该公司研发生产的国内首台直燃型吸收式热泵 DG - 63GMHP 机组，在天津塘沽中海油渤海港区一次调试成功，标志着该公司在废热、余热应用领域实现了重大突破，填补了国内技术空白，为我国油田、石化等工矿企业的节能减排改造项目提供了成功模式。

●以集群式发展带动产业升级。开发区之所以能够建成“世界一流产业高地”，实现产业升级，从技术角度讲，得益于产业集群发展。而成功推动集群发展，是开发区融入世界经济结构调整进程的结果。进入新世纪以来，伴随全球产业分工的发展与产业组织的全球裂变与整合，发达国家产业集群在更广的范围内整合与分离已趋于常态。从本质上讲，产业集群的跨国转移是资金、劳动力、技术、市场等资源以一定的组织形式在全球范围内的重新配置，其过程既伴随着投资、贸易等行为，更伴随着产业升级的过程。开发区产业升级，正是在全球产业分工的发展与产业组织的全球裂变与整合的过程中逐步完成的。从 1992 年第一批世界 500 强企业进入开发区，以及其后近 20 年的引资过程中，开发区不断调整招商结构，一批技术密集型、知识密集型产业快速进入并集聚发展，集群特征开始显现。目前已经形成的现代装备制造业、电子信息、产业集群，LED、节能环保、生物医药以及现代服务业等一批新兴高技术产业，大多都是通过集群式发展而得以逐步壮大。英特尔大连芯片厂是最为典型的案例。自 2007 年 9 月开工建设以来，与英特尔相关的众多上下游企业云集开发区，形成了具有国际竞争力的集成电路产业基地。

●以资源和技术优势优化产业结构。在当代科学及技术条件下，产业结构优化的重要标志之一，是代表产业发展方向和趋势的生物产业、新能源汽车等新兴潜力产业的发展速度与规模。生物技术和新能源汽车等在发达国家已经或正在成为新的经济引擎。资料显示，生物产业增长速度在发达国家长期保持在 25% ~30% 之间，是整个经济增长平均数的 8 ~10 倍左右。2009 年国务院分别通过和出台了《促进生物产业加快发展的若干政策》《汽车产业调整和振兴规划》,表明新兴潜力产业将成为未来产业结构的主体。近几年来,大连开发区充分利用自然资源、人才资源和技术优势加快发展生物产业、新能源汽车等新兴产业,不断推进产业结构优化,取得了巨大进展。2008 年,开发区规模以上生物制药企业 16 家,是 2004 年的 4 倍,五年间,产值年均增长 28.3%。目前,开发区拥有生物领域的市级以上技术研发中心、工程研究中心 3 个,企业级、区级的研发中心和平台 7 个,国家级专业技术型创业中心 1 个;区内的双 D 港作为辽宁省首家国家级生物医药产业基地,已经聚集了生物技术与制造企业 50 余家。

(二)大连开发区产业结构分析

1. 产业结构分析

大连开发区在经济总量持续快速发展的同时,三次产业也以不同的增长速度持续健康发展(见表 1)。从最近五年的各项经济指标来看,开发区第一产业增加值由 2004 年的 8.9 亿元增长为 2008 年的 12.5 亿元,年均增长速度为 8.7%;第二产业增加值由 2004 年的 226.8 亿元增长为 2008 年的 529.1 亿元,年均增长速度为 24%,是同期第一产业年均增长速度的 2.7 倍;第三产业增加值由 2004 年的 131.9 亿元增长为 2008 年的 291.6 亿元,年均增长速度为 21.9%。工业发展速度更为迅猛,开发区工业生产总值由 2004 年的 715 亿元增长为 2008 年的 1911 亿元,年均增长速度为 27.9%,明显高于同期 22.7% 的 GDP 年均增长速度。

表 1　　大连开发区 2004 年 ~2008 年主要经济指标及年均增速

指标(亿元)	2004 年	2005 年	2006 年	2007 年	2008 年	年均增速
GDP	367.6	450.1	562.5	703.1	833.2	22.7%
第一产业增加值	8.9	10.1	10.3	10.1	12.5	8.7%
第二产业增加值	226.8	278.1	354.7	450.5	529.1	24%
第三产业增加值	131.9	161.9	197.5	242.5	291.6	21.9%
工业总产值	715	962	1231	1529	1911	27.9%

数据来源:2005 年 ~2009 年《大连经济技术开发区发展报告》。

随着三次产业自身的发展壮大,尤其是工业的强劲增长,开发区的产业结构也在不断优化升级,并逐步形成了以工业发展为主导、服务业发展为支撑、农业发展趋向都市化为特点的“二三一”的产业格局。三次产业比重由 2004 年的 2.4:61.7:35.9 发展为 2008 年的 1.5:63.5:35,第一产业比重明显降低,第二产业比重持续提高。

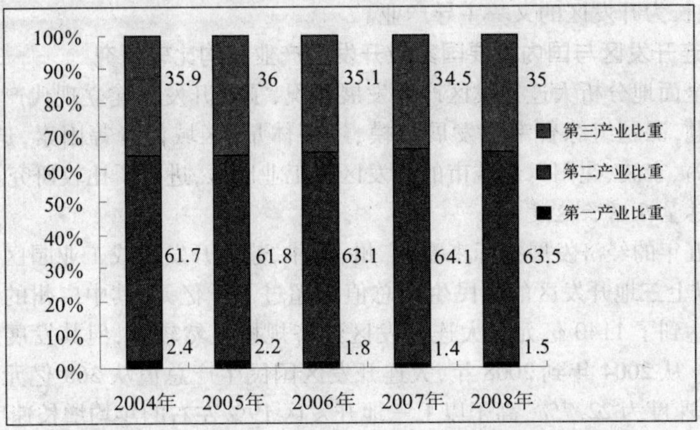

图 8　大连开发区 2004 年 ~2008 年三次产业结构比

2. 主导产业发展

开发区成立二十五年以来,工业发展成绩显著,形成了以石油化工、先进制造业、电子信息为龙头的特色鲜明的主导产业及产业集群(见表 2)。其中,石油化工产业规模以上工业产值由 2004 年的 217 亿元增加到 2008 年的 433 亿元,年均增长速度为 19.6%;以装备制造业为核心的先进制造业规模以上工业产值由 2004 年的 147 亿元增加到 2008 年的 467 亿元,年均增长速度为 33.5%;电子信息制造业规模以上工业产值由 2004 年的 199 亿元增加到 2008 年的 308 亿元,年均增长速度为 21.1%。

表 2　　大连开发区主导产业规模以上工业产值及年均增速

行业	2004 年		2008 年		年均增速（%）
	工业产值（亿元）	比重（%）	工业产值（亿元）	比重（%）	
石油化工	217	32.7	443	30.4	19.6
装备制造	147	22.2	467	32.2	33.5
电子电器	199	30	308	21.1	11.5
医药制造	12	1.8	41	2.8	36.5

数据来源:2005 年 ~2009 年《大连经济技术开发区发展报告》。

通过上述分析我们能够看出,石油化工、装备制造业、电子信息制造业三大产业的工业产值之和占开发区工业总产值的 80% 以上,成为绝对的主导产业。2009 年奇瑞整车项目的引进以及英特尔项目全面投产在未来几年内对相关企业的强力带动,预示着开发区先进制造业等主导产业将在二至三年内出现增长的高峰;同时,伴随着双 D 港纳入开发区的行政管辖,开发区医药制造业将在原有基础上,焕发更大的活力,实现跨越式发展，并逐步成长为开发区的又一主导产业。

（三）大连开发区与国内主要国家级开发区产业结构比较研究

为了更全面地分析大连开发区产业发展状况，了解开发区建立现代产业体系所要面临的主要问题，课题组综合考虑发展规模、经济体量、区域位置等因素，选取了广州、天津、苏州、青岛、宁波、沈阳六个城市的开发区或工业园区，进行了比较研究。

1. 经济总量及增长速度

从最近五年的经济发展指标来看，广州、天津、苏州开发区或工业园区的经济总量较大，2008 年以上三地开发区的国民生产总值均超过了千亿元，其中广州的开发区国民生产总值更是达到了 1140 亿元。大连开发区经济规模虽然较小，但其发展速度却明显高于以上三地。从 2004 年到 2008 年，大连开发区国民生产总值从 368 亿元增加到 833 亿元，年均增长速度为 22.7%，高于以上三地开发区 19% 左右的年均增长速度（见表 3）。

表 3　全国主要国家级经济技术开发区 2004 年～2008 年 GDP 及年均增速

各地区开发区	2004 年～2008 年各地区 GDP（亿元）					年均增速（%）
	2004 年	2005 年	2006 年	2007 年	2008 年	
大连	368	450	562	703	833	22.7
天津	530	642	780	938	1066	19
广州	562	653	789	947	1140	19.4
苏州	503	580	679	836	1001	18.8
青岛	276	372	470	597	724	27.2
沈阳	157	198	276	386	539	36
宁波	177	235	271	317	353	18.9

数据来源：2005 年～2009 年《大连经济技术开发区发展报告》。

2. 产业结构

从选取的全国主要开发区 2008 年三次产业增加值比例来看，大连、天津、广州等七个城市的开发区均呈现“二三一”的产业发展格局，以第二产业发展为主体，尤其是天津、广州、沈阳三地的开发区，第二产业增加值均达到或接近地区国民生产总值的 80%，而第一产业增加值比重为 0。从构建现代产业体系的角度来看，现代都市农业是不可或缺的组成部分，在选取的开发区中，大连开发区的第一产业比重最大，三次产业发展比例最均衡。从第三产业增加值比重来看，在选取的七个城市开发区中，大连开发区的第三产业比重最大，为 35%。若以第三产业比重来衡量一个地区的工业化发展进程，那么大连开发区无疑是全国主要国家级经济技术开发区中工业化程度最高，第二、第三产业发展比例最均衡的地区（见表 4、图 9）。

表 4　　全国主要国家级经济技术开发区 2008 年三次产业增加值及比例

各地区开发区	三次产业增加值(亿元)及比例(%)			
	第一产业	第二产业	第三产业	比例
大连	12.5	529.1	291.6	1.5:63.5:35
天津	0	860.8	205.5	0:80.7:19.3
广州	0	865.6	274.7	0:75.9:24.1
苏州	1.8	693.9	305.8	0.2:69.3:30.5
青岛	5	483.8	235.7	0.7:66.8:32.5
沈阳	0	441.3	97.4	0:81.9:18.1
宁波	0.8	244.9	107.4	0.2:69.4:30.4

数据来源:《大连经济技术开发区发展报告 2009 年》。

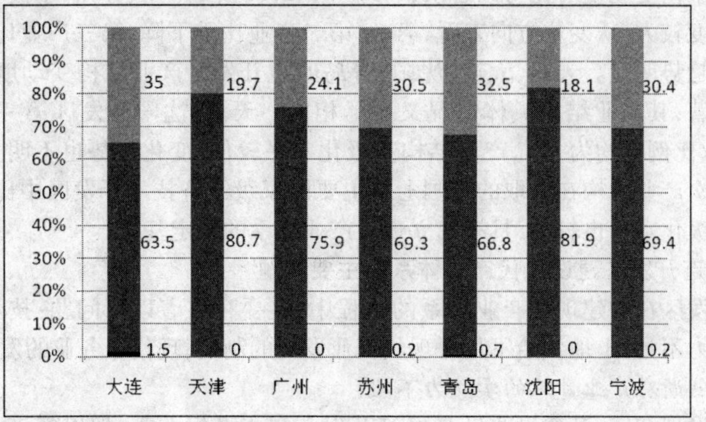

图 9　全国主要国家级经济技术开发区 2008 年三次产业增加值比例

3. 产业结构变动度

为衡量一个地区的产业结构变动程度,须引入产业结构变动度指标。产业结构变动度表示一个地区一段时间内三次产业构成变化值的绝对值之和。其计算公式如下:

$$K = \sum_{i=1}^{3} | Q_{ij} - Q_{i0} |$$

式中 K 为产业结构变动度,Q_{ij} 为报告期第 i 次产业构成百分比,Q_{i0} 为基期同次产业构成百分比。经计算,大连、天津、广州等七城市开发区 2004 年 ~2008 年产业结构变动度如表 5 所示:

表5　全国主要国家级经济技术开发区2004年~2008年产业结构变动度

各地区开发区	2004年三次产业比重(%)			2008年三次产业比重(%)			产业结构变动度(%)
	一产	二产	三产	一产	二产	三产	
大连	2.4	61.7	35.9	1.5	63.5	35	3.6
天津	0	83	17	0	80.7	19.3	4.6
广州	0.3	82.5	17.2	0	75.9	24.1	13.8
苏州	0.6	76.2	23.2	0.2	69.3	30.5	14.6
青岛	1.5	66.2	32.3	0.7	66.8	32.5	1.6
沈阳	0	80.8	19.2	0	81.9	18.1	2.2
宁波	0.4	79.2	20.4	0.2	69.4	30.4	20

数据来源:根据《大连经济技术开发区发展报告》相关数据。

从产业结构变动度对比可以看出,2004年~2008年,广州、苏州、宁波三地开发区产业结构变动度较大,从变化方向来看,第一、第二产业比重下降,第三产业比重提高,产业结构高级化趋势明显。天津、大连、沈阳、青岛四地开发区产业结构变动度较小,产业结构变化不显著,其产业结构具体情况又不尽相同。天津、沈阳开发区第一产业为零,第二、第三产业比例大约为4:1,产业结构高级化水平较低,变化趋势也不明显;而大连、青岛开发区三次产业结构在选取的全国七个主要国家级经济技术开发区中比例最为均衡,产业结构高级化水平也较高,具有建立现代产业体系的稳定基础。

(四)大连开发区建设现代产业体系的主要问题

大连开发区在构建现代产业体系的进程中,主要存在着以下问题:技术创新对产业升级的牵动力不足;土地供给不足对现代产业发展的制约;现代服务业的发展相对滞后。

1.技术创新对产业升级的牵动力不足

开发区发展初期,其建设方针是经济开发与技术开发并重,但以经济开发为主。当经济发展达到相当规模时,开发区的建设方针必须进行调整:即经济开发与技术开发并重,但以技术开发为主,这是所有开发区或经济转型地区最终成功的关键转折。从大连开发区产业基础看,是以传统产品生产和加工为主导;从企业资本构成看,是以外资企业为主。2008年,装备制造业和石油化工业创造的工业产值占开发区全部工业产值的67%以上;同时期,内资企业虽然超过7000家,比3000余个外资项目多出一倍多,但产值百强企业中,外资企业仍占绝对主力。石化等传统产业扩张的表现形式是资本增量和对土地需求的增加,虽然也伴随着创新过程,但少有自主知识产权的原始创新和重大集成创新。外资企业对我市地方经济发展做出重要贡献的同时,也形成了技术垄断和壁垒,技术研发和原始创新极少在我市完成。即使像英特尔这样的企业,五年内也不大可能在开发区内进行技术研发或有核心技术的有效溢出。技术创新对开发区产业升级的牵动力不足,将是现代产业体系建设中必须面对的关键问题。

2. 土地供给不足对现代产业发展的制约

这种制约表现在两个方面:一是土地供给绝对量严重不足。目前,大连开发区面积从创建初期的5平方公里左右,发展到现在的410平方公里,一直存在着和农民争地的问题。20世纪80年代,我市农业耕地600多万亩,而目前,只有400多万亩。在我市城市发展用地、工业用地、道路建设用地等诸种用地项目中,工业用地需求量最大、增长速度最快。按照国家18亿亩耕地底线和我市最低良田保护面积,可供开发区使用的土地几乎到了无地可用的程度。按照目前开发区产业发展规划,土地供应不足将是今后产业发展的最大瓶颈。二是土地集约化程度不高。大连开发区在土地利用水平、单位面积土地产出率方面存在较大差距。2004年,苏州工业园区辖区面积为250平方公里,内外资企业共计8200家,每平方公里拥有企业33家。同期,台湾新竹科技园区管理面积10.61平方公里,企业数348家,每平方公里拥有企业32家。2009年,我市开发区面积410平方公里,企业数10000家,每平方公里拥有企业24家,分别少9家、8家。2004年,苏州工业园区单位平方公里工业产值为200亿元,2009年,我市开发区单位平方公里工业产值不足5亿元(统计口径可能存在差异)。也就是说,我市开发区既有土地资源总量不足的限制,也有土地资源利用率不高的现象。

3. 现代服务业的发展相对滞后

现代产业体系的产业结构与传统产业结构不同在于,现代服务业提供的增加值占GDP的比重高达60%以上,提供的就业份额达到50%以上。大连开发区三次产业分布虽然在国家同类级开发区的比较中相对均衡,但综合竞争力排序并不占优(表6),服务业的规模与层级与现代产业体系的发展要求相去甚远。特别是营销服务业和金融业的发展未引起足够的关注,直接影响了我市产业自主参与国际产业分工的能力。

表6　　2008年国家级开发区GDP及综合竞争力前十名排序

各市开发区或工业园区	GDP排序	GDP(亿元)	各市开发区或工业园区	综合竞争力排序
广州	1	1140.3	天津	1
天津	2	1066.3	苏州	2
苏州	3	1001.5	广州	3
昆山	4	843.5	昆山	4
大连	5	833.2	青岛	5
青岛	6	724.5	烟台	6
烟台	7	650.0	北京	7
北京	8	565.8	大连	8
沈阳	9	539.7	漕河泾	9
漕河泾	10	474	杭州	10

数据来源:商务部关于国家级开发区投资环境综合评价。

五、大连开发区建立现代产业体系的基本思路与工作重点

(一)基本思路

当前,在国际金融危机影响下,世界经济格局正在进行深度调整和再平衡,全球产业结构调整面临重大机遇,新科技革命加速推进,抢占后金融危机时代制高点的竞争更趋激烈,新兴战略性产业成为未来世界经济发展方向,成为新技术革命的突破口和新一轮经济增长的主动力。我国以国际视野和战略思维,抓住新兴产业发展的良机,加快产业结构调整与转变,以新能源、新材料为代表的低碳经济等新兴产业成为新一轮发展的战略选择。大连作为东北经济振兴的龙头和在辽宁沿海经济带发展中起核心作用的城市,在新的形势下,提出了全域城市化、产业高端化发展目标,传统产业提升和新兴产业培育成为新的产业增长动力,东北亚国际航运中心、物流中心、金融中心和现代产业集聚区正在建设中。

在此形势下,大连经济技术开发区产业发展,面临着新的历史机遇,应顺应世界产业发展趋势,抓住世界和国家产业结构调整,东北振兴和辽宁沿海经济带上升为国家战略机遇,围绕大连市“三个中心、一个基地”建设,以邓小平理论和“三个代表”重要思想为指导,深入贯彻落实科学发展观,以国际视野谋划产业布局,以提高产业竞争力为目标,以绿色产业为方向,以体制、机制创新为动力,以高新技术为引领,建设立足于自主创新的先进制造业、现代服务业产业集群。加速现代产业核心区发展进程,构建具有国际竞争力的高端化、集群化、总部型、创新型茁壮于高新技术产业、繁茂于现代服务业的现代产业体系。当好大连发展龙头,在辽宁沿海经济带开发开放中充分发挥“核中核”作用,做好表率,当好先锋。要面向国际金融危机后世界产业发展的新趋势,适应绿色发展和低碳经济形成的全球市场新需求,形成以高新技术产业为先导、以先进制造业和现代服务业为支撑的产业格局。按照核心企业—产业链—产业集群—产业基地的思路,加速现代产业核心区发展进程,扶强做大特色支柱产业,打造先进产业集群,建设现代产业基地。充分利用交通、物流等区位优势和现代产业发展基础,大力发展现代服务业,全面提升服务东北开放和辽宁振兴的质量和水平,在大连区域性国际金融中心建设中发挥重要作用。结合大连市战略规划调整和组团式空间发展布局,实施重大基础设施配套跟进建设,推动与大连城市发展重心北移和“一小时经济圈”建设相匹配的城市功能性设施建设,提升新市区核心区的整体功能。以“小政府、大社会、大服务”的体制优势,创新政府管理运行机制;要坚持科技创新、投融资体制创新、人才管理体制创新,建设体制机制创新区。带动区域经济实现新的跨越式发展,使大连开发区成为辽宁沿海经济带开发开放的排头兵。

(二)发展目标

站在辽宁沿海经济带开发开放上升为国家战略的新起点上,以更加宽阔的全球视野,积极利用国际国内两个市场、两种资源,实现更具辐射效应和牵动力的科学发展、创新发展、率先发展、协调发展。努力建设国际化开放程度高、竞争力强、效益好、环境佳的

国内一流、全球知名的改革开放先行区。在未来三至五年时间内，实现主要经济指标翻一番，占大连市的比重达到1/3以上，当好经济发展领先区；聚焦世界先进生产力，建设现代产业核心区。用3年左右时间，打造5个千亿、百亿级产业集群，建设成为东北大型石油化工基地、东北亚先进制造业基地、亚洲重要集成电路产业基地，带动区域经济实现新的跨越式发展。瞄准科技含量高、经济效益好、资源消耗低、环境污染少的新兴产业，积极培育光电、生物医药、环保、航空、旅游五大新兴产业。充分利用交通、物流等区位优势和现代产业发展基础，大力发展现代服务业。形成产业结构高级化、产业布局合理化、产业发展集聚化、产业竞争力高端化的现代产业体系。进一步把开发区建设成为全市经济增长、产业发展和城市功能提升的核心区，体制机制创新的先行区，实现科学发展的示范区。

——现代制造业：到2015年实现工业总产值9000亿元，年均增长25%，其中，高新技术产业产占全部工业总产值的比重达到35%，形成3个千亿级、2个百亿级产业集群，高新技术产业、现代装备制造业和优势传统产业集群成为现代工业体系的支撑，产业能级和竞争力得到显著提升。

电子信息产业集群：到2012年，工业总产值达到1000亿元；

石油化工产业集群：到2011年，工业总产值达到1000亿元；

现代制造产业集群：到2011年，工业总产值达到1000亿元；

光电产业集群：到2011年，工业总产值突破100亿元；

生物医药产业集群：到2011年，工业总产值突破100亿元。

——现代服务业：到2015年实现服务业增加值1800亿元，年均增长30%，进一步提高服务业增加值占全区GDP的比重。其中，生产性服务业增长速度不低于服务业平均增长速度。现代服务业成为经济和经济发展的引擎、现代制造业产业转型升级的主支撑。

到2012年，小窑湾国际商务中心建设成为面向东北亚的国际性现代服务业聚集区，辐射东北的生产力服务中心和公共活动中心。

——企业发展目标：力争到2015年，培育引进5家百亿元以上规模的领军企业，10家50亿元以上规模的骨干企业，35家10亿元规模以上的优势企业。

（三）基本原则

大连开发区现代产业体系发展，必须坚持科学发展、城市化引领、集聚发展、创新驱动、融合协调、“三高二低”、“三力合一”等六大原则。

1. 坚持科学发展原则

按照科学发展的要求，正确处理好近期与长远发展、保增长与调结构的关系，促进经济健康快速发展；大力发展绿色经济、低碳经济，新兴产业，促进经济转型升级；正确处理好产业发展与环境保护关系，实现资源节约和节能减排，促进可持续发展；正确处理好提升传统优势产业与发展新兴战略产业的关系，把培育新兴战略产业作为现代产业体系建设的重中之重。

2. 坚持城市化引领原则

实施“城市化工业化两轮驱动”战略，加快城市化进程，提升和完善功能配套，整合和集聚发展要素，以强化中心区城市功能为导向，加强与周边区域协同共进，大力提升产业核心竞争力和产业辐射带动力，引领全区现代产业体系发展，推进区域经济向城市经济转型。

3. 坚持集聚发展原则

依托资源条件、产业基础和临海优势，尊重产业发展的内在规律，以市场为导向，集聚区内外优势资源，调整和优化产业结构和生产力布局，促进优势产业集群的形成和发展，形成产业特色突出、产业链条完整、产业分工合理、产业布局优化的现代产业集群，提高集约化规模和水平。

4. 坚持创新驱动原则

着力推进体制机制及技术创新，提升创新对经济社会发展的贡献率。激发企业“二次创业”热情，注重自主创新，加强关键技术、关键设备的自主研发能力。扩大国际技术交流与合作，引进先进适用技术，实现技术层次的跨越；瞄准世界先进水平，通过消化吸收，提高企业自主创新能力。加快创新型城区建设，促进产业发展从要素驱动向创新驱动转型，实现产业升级发展。强化对企业创业创新的支持力度，形成多主体、多层次、开放互动的创新机制和环境。

5. 坚持融合协调原则

加快信息化与工业化相融合，用信息化带动工业化和现代化。推动现代服务业特别是生产性服务业与先进制造业相促进，以现代服务业发展促进现代先进制造业升级。实现产业结构与就业结构相适应，全面推进现代产业和相关社会事业的协调发展。

6. 坚持“三高二低”原则

坚持高技术含量、高附加值、高投资密度、低能耗、低污染“三高二低”的标准，严把项目准入关，积极引进符合“三高二低”标准的大项目好项目，促进产业结构不断优化。

7. 坚持“三力合一”原则

强化政府主导，健全市场体系，发展壮大民营企业队伍，实现政府主导力、市场配置力和企业主体力“三力合一”、优势互补、共生共荣。

六、大连开发区建立现代产业体系的保障措施

(一)编制产业布局规划

以大连市“十二五”发展规划和开发区“十二五”发展规划为依据，科学编制开发区构建现代产业体系的发展规划及相关配套规划，加强与城乡规划、土地利用规划和主体功能区规划的衔接。继续完善开发区的基础设施和功能配套，以及功能性载体建设；加快区内工业布局调整，引导和推动生产要素向现代产业体系的重点领域集聚；对一些衰退产业、“五小”和“三高两低”企业，要努力使之有序收缩和转移，减速发展，同时通过实施“腾笼换凤”，为更大规模发展主导产业和潜力型产业腾出土地空间、环境容量；提升开发

区自主创新和内源发展能力，推进产业集聚和结构优化，力争把开发区打造成大连乃至东北地区的现代产业体系建设先导区。

（二）完善政策支持体系

针对现代产业体系建设中的新情况、新问题，从财政税收、融资支持、协调管理、行政服务等多方面，加快研究制定相关的发展规划和方针政策。明确现代产业发展的政策导向，包括建立现代产业体系的统计指标、监测和评价体系，建立健全产业安全预警应急机制和政策实施反馈机制等具体的配套政策措施和实施意见；加快研究制定现代产业体系重点领域的专项发展政策，进一步完善扶持主导产业、潜力型产业和现代服务业发展的产业政策。在此基础上，抓好政策的组织实施，建立强有力的协调推进机制，加快推动规划落实到位。同时，针对实施过程中出现的问题不断修订完善，增强政策体系的科学性、系统性和可操作性。

（三）完善资金保障体系

尽快建立以财政投入为主导、以企业和社会资本投入为主体的多元化产业发展投入机制。充分整合利用国家对东北老工业基地实施的优惠政策、省市出台的各类产业扶持资金等，为现代产业体系的建立争取到政策支持和资金倾斜；开发区应设立现代产业发展导向基金，用以推动关系到现代产业体系建设全局的关键领域重点项目，增强财政资金对产业结构调整和转型升级的支持和引导作用，形成加快建设现代产业体系的财政投入机制；拓宽融资渠道，重视产业与金融、资本的融合发展，通过企业上市、政企银互动平台建设、担保再担保体系建设、引入风险投资与民间资本等诸多方式，提高资金供给对现代产业发展的支持强度，形成与现代产业体系想适应的融资系统。

（四）深入推进自主创新

加强官产学研合作，整合资源、发挥优势，创新合作机制和模式，不断优化科研成果产业化机制和渠道；不断完善健全行业、区域自主创新服务平台，逐步建立国际科技合作体系，提升对科技创新创业的承载支撑能力；实施一批重大科技和技术创新项目，集中力量突破一批关键领域核心技术和行业共性技术，促进通用技术、共性技术、先进适用技术的消化吸收再创新；调动企业科技创新创业积极性，引导企业加大科研技改投入和人才引进力度，鼓励各类企业在开发区建立研发机构，加快创建一批国家级、省级技术研发中心等；引导企业提升品牌观念，大企业应该在产品研发、产品创新和质量改进上多下功夫，中小企业应该通过市场细分，力争局部市场的垄断权，在此基础上形成带动多个企业的“区域品牌”；切实抓好知识产权保护和标准化建设，形成完善的促进科技创新创业的知识产权运用和保护体系。

（五）提高集约化利用资源的能力

注重重要资源要素的统筹利用，重点加强用地指标的规划利用，最大限度盘活和整合土地资源，新增用地重点用于构建现代产业体系的重点领域；运用行政手段和经济手段激励企业开展节能新技术、新产品、清洁能源和新能源的推广应用，在产业园区内建立企业间的废弃物和副产品的交换网络，形成集约式的发展模式和增长模式；加快建立健全节能减排的统计、监测和评价体系，全面落实节能减排问责制和“一票否决制”，坚决淘汰高耗能、高污染的落后产能；严格实行能耗和污染物排放总量前置审核制度，建立产业准入、退出机制，逐步形成排污权交易市场。

(六)培养充足的人才队伍

围绕建立现代产业体系的发展要求，从人才培养、人才引进和人才使用三个环节入手，形成一支高层次创新创业的人才队伍。首先将人才培养作为建立现代产业体系的基础条件，整合政府、中介机构、企业等资源，建立多渠道、立体化的企业在职人员培训模式。同时促进校企合作，使职业教育发展与地方经济发展相衔接，为现代产业当前和今后发展储备和提供大量的专业人才；其次要进一步加大高层次创业创新人才引进的政策优惠力度，重点引进拥有自主创新成果、熟悉国际先进管理经验、善于运作科技资源的创新创业领军人才；再次以重点产业、重点学科、科研基地、重大科研和工程项目为依托，为优秀人才提供创新创业的载体支撑，同时积极探索科技要素资本化，鼓励资本、技术等要素参与分配，鼓励企业采取人才股、技术股等多种方法吸引人才、留住人才。

七、大连开发区建立现代产业体系的对策建议

(一)以全球化的视野，争取世界产业链中的有利位置

在经济一体化的发展背景下，产业发展面对的是全球范围的国际竞争。因此，大连开发区建立现代产业体系，必须用世界眼光和全球化思维勾勒产业发展的未来。通过把握关键技术和市场，实现由被动接受国际分工逐步走向自主参与国际分工；由产业链条的末端地位逐步走向抢占中端产业、并向上端产业延伸；通过创新商业模式，主动切入国际市场，争取贸易规则设计的参与权。首先，建立现代产业体系应瞄准世界发达国家先进水平，明确构筑现代产业体系的导向，力求从整体上全面提升产业结构水平，提高经济增长质量，缩小同发达国家的产业差距。其次，建立现代产业体系应根据国内外经济发展环境的新变化，按照积极参与国际合作与竞争、主动融入和服务东北及东北亚中加快发展的要求，确定和完善发展思路。再次，开发区建设现代产业体系，按照城市功能定位目标对产业体系进行结构性重塑，是围绕大连国际化城市的功能定位、实施金融、物流、航运三个中心建设的重要保证；是开发区对母城的全面反哺；是开发区与母城之间的互动及深层次的功能整合的全面展开；也是开发区在城市新一轮增长中应该承担的主导、引领责任。

(二)推进传统产业做大做强与优化升级

近5年来，大连开发区内石油化工、橡胶、钢铁、纺织、食品等传统产业产值的年均增长速度为3.4%～34.8%；传统产业产值在社会总产值的比重为44%～42%，仍是国民经济的重要基础，也是现代产业体系的重要构成。但是，传统产业资本密集、劳动力密集以及高物耗、高能耗、高污染的特征，决定着必须对传统产业进行提升改造，才能使其适应新经济的发展，继续发挥在国民经济中应有的作用。

1. 调整存量,优化产业结构和规模结构

首先,要结合产品结构的调整,压缩市场供过于求的、低附加值产品的生产企业;淘汰高能耗、高物耗、高污染、生产效率低下的生产企业,实现产业结构高级化。其次,要通过资产重组、收购兼并、改变传统产业数量多、规模小、层次低的结构状况,使传统产业向“大而强”、“小而精”的方向转变。通过规模结构优势来提升传统产业的竞争能力。

2. 推进“千亿集群”项目,实现集群式发展

开发区现有西太平洋石化、齐化化工、逸盛大化、福佳大化等规模以上石油化工企业38家,2008年实现工业产值443亿元。在大孤山半岛上已经形成了以西太平洋炼油为龙头,沿PX、PTA、PET向下延伸的完整石化产业链条。实施“千亿集群”项目,就是以西太平洋石化等重点企业为龙头,加强相关企业间的专业化协作和相互服务的功能;加强相关企业间的技术合作,提高技术创新效率;加强相关产业间的投资联动,扩大产业链集聚效应和配套优势,促进产业链由加工制造向研发、设计、营销、服务等全过程延伸,争取在三年内形成产值超千亿的石化产业集群。

3. 加强传统产业技术改造,促进产业升级

由于大多数传统产业仍然是经济发展的基础产业,因而,通过对传统产业进行技术改造,可以大大提高产业整体素质,实现产业升级。传统产业的技术改造应该做好三个方面的工作:一是用高新技术改造传统装备,包括功能替代和在原有设备上增加自动控制系统两种模式。其目的是注入高新技术,大幅度降低生产成本,提高产品质量,提高产品的附加价值,促进传统产业技术上的跨越和升级。二是运用高新技术改造传统工艺,目的是加快产品设计,改进加工工艺,改革生产流程,发展柔性制造系统。三是利用高新技术来升级换代传统产品,促使传统产业的产品朝着多种类、多功能、高档次、高效率、低能耗的方向发展,通过产品升级换代来诱发传统产业的活力。

(三)支持主导产业,启动产业集群化发展进程

产业集群是一种相关的产业活动在特定时空范围内的高密度集聚带来经济效益增加的现象。产业集群的外在特征是众多同行企业和强相关企业在地理上的集中;内在机制是企业间分工协作等机理带来的边际效用递增。实施产业集群战略是全球化背景下产业发展的客观规律和必然要求;是东北老工业基地加快调整和改造,走新型工业化道路的必然要求;也是开发区建立现代产业体系的重要支撑。开发区应依托优势产业,以“1+2”的模式加快启动产业集群的发展进程。“1+2”即通过一个传统(石化)产业与二个主导(先进制造、电子信息)产业的叠加带动,在三年内形成三个规模超千亿的产业集群。石油化工产业集群,依托产业基础和港口运输优势,以西太平洋石化为龙头,以PTA和甲醇项目为主体,重点发展原油深加工、基础原料化工和精细化工,向农药中间体、催化剂和助剂等精细化工领域以及以合成树脂、合成纤维为主的高分子化工领域延伸,形成炼油—芳烃(PX)—对苯二甲酸(PTA)—聚酯(PET)完整的石化产业链和产业聚集。现代制造产业集群,依托汽车及零部件、船舶零部件、模具、制冷、机床、精密零部件等较

为完整的产业链和产业配套体系,以及汽车零部件产业园和船舶配套产业园,以一汽集团客车厂为龙头,重点培育和发展节能与新能源汽车产业集群。电子信息产业集群,以英特尔大连公司为核心,以佳能、日本电产、大显电子、罗姆电子等现有的重要企业为支撑,发展电子元件、IT、LED 及配套产业,形成集人才培训、设计研发、生产加工、封装测试、物流配送为一体,配套产业集聚、国际一流的集成电路产业基地,进一步改造提升现有的电子装配制造业,增加产品的技术含量和附加值。

在启动集群式发展进程中,首先要继续深化国有企业改革,集群中处于龙头地位的多是国有大中型企业,其发展质量直接决定整个产业集群的发展状况。只有通过国有资产所有者与国有资产经营者的分离,使国有企业成为自主经营、自负盈亏的法人实体,才能彻底改变国有企业在计划经济体制下所形成的被动状态,变被动为主动,增强国有企业经济活力,使之成为产业集群生产技术的核心。其次根据产业结构优化升级的要求,大力发展为龙头企业配套服务的中小企业群体,积极创造条件延长产业价值链,通过辐射作用和"拉动挤出"效应带动产业集群的整体发展。从国内外一些富有活力的产业集群的发展经验看,核心大企业周边需要为数众多的中小型辅助企业,才能共同组成产业链条、价值链条完整的组织系统。鼓励中小企业与大企业形成产业链的协作配套关系,促进其向"专精特优"方向发展,培育出量大面广、健康而有活力的微观主体是产业集群的发展基础。

(四)突出重点,积极培育潜力型产业

重点培育光电、生物医药等潜力型产业和节能环保及航空产业等新兴产业,成为大连—辽宁—东北乃至全国重要的新兴产业基地。

充分利用开发区是国家半导体照明工程产业化基地、国家(大连)电子元件产业园、国家信息产业技术基地核心区和双 D 港是"国家电子视听光电产业园"优势,在现有 LED 芯片、外延片、发光粉、显示器等高端项目的基础上,重点发展 LED 显示、激光器件和光通信三大技术领域,完善配套产业,拉长延伸产业链条。同时带动业内一批机制优良的民营创业型小企业迅速成长。通过联产合作加强产业研发体系建设,初步形成较完善的光电子产业创新体系。建成完善产业创新、服务平台体系,形成以光电技术研发设计中心、LED 检验测试与认证中心、建成我国光电产业示范基地,国内重要的光电上游产品研发生产基地。

依托双 D 港的功能优势,加快推进生物医药产业群建设。大力发展生物工程技术和医药外包,在 3~5 年内,汇集 6 个以上国家级、省级研究中心和重点工程实验室,孵化 100 个优质产业化项目,新增生物外包企业 15 家,外包服务业收入超过 10 亿元。到 2011 年实现生物医药产业产值突破 100 亿元的目标,生物医药产业集群建设初具规模。用 10 年左右的时间,把开发区建设成北方生物技术与医药产业化基地和加工制造基地,使生物医药产业由新的经济增长点发展为开发区未来的主导产业。

加快以光伏产业为主的环保和新能源产业发展。以城北工业区的新材料产业园为发展空间,积极促进环保新能源项目集聚,重点发展光伏产业,重点发展新一代薄膜太阳能电池、晶体硅电池、聚光电池、燃料电池、太阳能聚光光伏发电系统、太阳能设备和风力发电、海洋发电设备等。在环保方面,重点发展水、污水及废弃物处理、除尘、烟气脱硫、机动车排气净化、室内空气净化、噪声污染控制、环境监测等项目。在原有新材料产业基础上,争取在电子材料、医药功能材料、纳米材料、环保节能材料等领域有所突破。重点发展单、多晶硅、石英晶体、光纤涂料、高磁导率材料、特种陶瓷材料、电子浆料等电子信息产业用材料以及医用材料,逐步形成具有开发区特色的新材料基地。逐步发展航空航天产业。在城北工业区设立产业园,重点发展通信导航设备、航空复合材料、航空电子仪表等项目,争取在直升机和大飞机维修领域有所突破,力争未来三至五年形成一定规模。

(五)加大力度,优先发展现代服务业

当今世界各国经济的基础结构正发生着巨大的变化,其突出特点是,世界产业结构正由过去的刚性结构逐步向柔性结构转化。以此为特征的现代服务业在国民经济中的比重正在不断增加。优先发展现代服务业就是要把握大连开发区整体功能性再造与层级提升的阶段性机遇,逐步将“二三一”的产业发展序列转变为“二三并重”的产业发展序列,以“发展中调整”、“调整中提高”来保证第二、第三产业共同推动经济增长。开发区加快发展现代服务业,应该以小窑湾商务中心建设为突破口,以现代航运服务业、金融业、旅游业等为重点,以大型服务企业为载体,集聚高端人才,加强综合集成,提升现代服务业的规模与能级,努力提高现代服务业在开发区经济总量中的比重。

加快提升商务服务功能。依托在建的小窑湾国际商务中心区,以知识经济时代生产力的三大要素——资本、技术和人才的有效整合为支撑,以信息服务、科技服务、创意服务为内容,建立适合大连乃至东北地区科技与经济发展需要的服务功能体系,吸引国内外行业龙头企业总部,鼓励国内外大型企业在此建立研发中心、投资与决策中心、财务中心、物流中心和营销中心等具有总部功能的机构。使小窑湾国际商务中心区在3~5年后成为面向东北亚的国际性现代服务业聚集区,辐射东北的生产力服务中心和公共活动中心。

重点现代航运服务业。一般意义上的现代航运服务业主要涉及:船舶登记、船舶买卖、航运融资、航运保险、海事仲裁与诉讼、公估公证、海损理赔、航运交易、航运咨询、航运组织、人才培养、邮轮运输、货物运输、船舶租赁、船舶管理、码头服务、集装箱堆场、仓储服务、船舶代理、货运代理、报关理货服务、内陆运输服务、船舶供应服务、船员劳务等。围绕大连国际航运中心建设,现代航运服务主导产业应集中于:国内外著名航运企业总部及大规模的航运服务企业总部;以交易、金融、法律、咨询、教育为代表的航运高端服务业;由上述主导产业辐射形成的物流配送等航运中下游业及相关的地产、商业、娱乐休闲等辅助产业。

进一步加快金融服务业发展。未来三至五年,开发区要在金马路总部经济一条街基础上,以小窑湾为空间布局,大力发展总部经济和以金融服务为主的现代服务业。重点吸引金融机构、股权投资机构、金融专业中介服务机构、金融后台服务机构和金融服务外包业项目,积极引进银行、证券、保险、信托等各类金融机构,尤其是投资银行、证券基金、资产管理、融资租赁、风险投资、产权交易类金融企业,以及融资担保、投资咨询、信用评级、资产评估、会计法律、金融咨询等金融服务业和保险呼叫中心、后台数据处理中心、银行卡支付结算、金融数据处理等现代服务业项目。

大力发展旅游、文化及相关产业。发展旅游业应该以金石滩国家旅游度假区为载体,依托天然地质景观及国际水准的休闲设施,充分挖掘自然资源和人文资源,整合区域内各类文化旅游资源,加深旅游产业内涵的丰富与外延的伸展。加大旅游资源、旅游环境、旅游产品及旅游服务的营销力度,拓展旅游消费领域,延伸旅游产业链条,设计和推广出既突出山海特色又富有文化因素旅游精品项目和线路。同时并加快常江湾国际运动中心建设,打造成为滨海景观、体育运动、康体养生、影视文化融为一体的辽宁沿海经济带"海洋文化中心",将常江湾水上体育运动与金石滩自然风光旅游紧密结合,实现旅游产业跳跃式发展。

(六)加快城市化建设步伐,拓展现代产业发展空间

结合大连市战略规划调整和组团式空间发展布局,实施重大基础设施配套跟进建设,推动与大连城市发展重心北移和"一小时经济圈"建设相匹配的城市功能性设施建设。以大型交通路网建设为基础,加快水、电、气等源点建设及二次管网的配套工程建设,确保三年内全部区域基本具备产业项目入驻条件。在大连市总体规划框架下,对405平方公里范围内进行全新的产业规划和空间布局扩展未来发展空间。加速推进登沙河临港产业发展园区和城北工业区建设,建设高标准的都市新村。用三年左右时间实现"全域城市化"建设目标。

《大连经济技术开发区建立现代产业体系的对策研究》课题组成员

课题领导小组:

组　长:李　才　大连市政府发展研究中心　主任　教授

解学慧　大连开发区管委会发改局　局长

副组长:栾福军　大连市政府发展研究中心　副主任

课题组:

组　长:鲁　岩　大连市政府发展研究中心　处长　副研究员

鲁保良　大连开发区管委会发改局　处长

成　员:秦学冬　大连市政府发展研究中心　处级调研员　助理研究员

冯士森　大连市政府发展研究中心　副主任科员

荆　敏　大连振兴经济研究所　研究员

关于建立大连长兴岛综合保税区的研究报告

王文清　王金成

一、海关特殊监管区概述

（一）海关特殊监管区分类

综合保税区具有对外开放政策的特殊性，区域范围的划定性，经济活动的外向性，经营活动的均等性，优惠待遇的广泛性，经济成分的多样性，社会制度的依附性，自由程度的有限性，管理机构的高效性等特点。其主要作用在于：(1)作为贸易保护主义的避风港，促进国际贸易的发展，据统计，目前流经经济自由区的贸易量约占国际贸易总量的五分之一；(2)对于推动国际间的资本流动和技术转移，促进世界范围的产业传递和调整，加强世界经济中相互依赖关系，发挥着显著的作用；(3)较为成功地引进国外资金、先进技术和管理方法，扩大劳动就业、提高工业水平，并且通过转移技术和管理，促进产业的调整和升级，推进经济发展。

目前海关对保税物流大致分可分为两个层次。一是保税监管场所，主要包括保税仓库、出口监管仓库及保税物流中心。二是海关特殊监管区域，主要包括保税区、出口加工区、保税物流园区、保税港区、综合保税区等。

（二）海关特殊监管区发展历程

20 世纪 90 年代初，国家在经济特区不断发展的基础上，为进一步促进对外开放，设立了第一个海关特殊监管区——上海外高桥保税区。保税区最早提出了境内关外的概念，即实现区内商品出口自由，货物从国内进出园区按进出口手续办理，海关依法对区内货物、物品、运输工具等实施监管，不再实行进出口配额和许可证管理，货物实际离境时办理退税。并确立了保税区三大功能：保税仓储、出口加工、转口贸易。上海外高桥保税区的设立带动了全国保税区的建设发展，北起大连南至海口共 15 个保税区一一落成。

中国保税区经过十余年的发展，完成了自身基础开发建设和一系列规章制度体系的设立，比较充分地发挥了保税区的功能优势和形成了特有的运作模式。保税区的历史体现了勇于探索、大胆创新和接轨世界的特点，发挥了体制创新和示范作用。保税区促进了我国产业的发展和结构的提升，已成为吸引外资、先进技术和扩大进出口的主要经济区域。随着对外开放的层次、深度和开放形式的不断提高和拓展，保税港区已成为开放型经济的新增长点和国际经济运行规则的最佳对接点，在我国实现开放型经济发展中具有不可替代的战略地位。近十年来,全国保税区快速发展,保税区的经济效益明显提高,综合实力不断增强,对区域经济发挥了很大的辐射、带动作用。1996年全国保税区国内生产总值占全国的比重约千分之一,进口总额约占1.28%,出口约占2.25%。到2002年,中国15个保税区批准总面积51.05平方公里,累计开发土地约29平方公里;累计批准设立企业32671家,其中外商投资企业14784家,实际利用外资116.8亿美元,保税区已成为我国外商投资高密集地区;2004年全国保税区进出口货物总额达742亿美元,比上年增长45%。2006年,全国保税区实现增加值达到1427.9亿元,相当于2000年的5.4倍、1996年的25.8倍。保税区成为我国资源集约化程度最高、单位面积产出最多、对地区开放型经济贡献度最大的特殊经济区域。

加工贸易的发展,使其分布更加广泛,监管困难的矛盾日益突出。随着越来越多的跨国公司来华投资,保税区原来功能已不能满足其发展需要,尤其是货物按实际离境退税的政策,制约了加工贸易产业的发展。2000年昆山成为最早封关运作的出口加工区,2005年国家批准设立了15个出口加工区试点。出口加工区是保税状态的加工区,仅适用于外销产品,同时境内采购的原材料进区可享受退税政策。

加工贸易产业的快速发展,使得保税区的物流、贸易发展相对缓慢问题日益突出。为应对这一局面,国家推行"区港联动"试点,从上海外高桥开始,渐渐向青岛、宁波、大连等地保税区推进。在保税区内划出专门的独立封闭区域,将保税仓储功能和临近港口的装卸、运输功能整合起来,实现保税区与港口的一体化运作,并赋予其国际中转、国际配送、国际采购和转口贸易四大功能。然而,几年的实践显示,区港联动的尝试并未取得预期中的效果,保税物流园区与港区在保税政策和港口功能上很难实现一体化。

为实现海关各类监管区功能、政策优化整合,为解决我国海关特殊监管区域长期与港区分离的格局,适应世界经济一体化与我国对外贸易的发展,实施真正意义上的区港联动,充分利用临港货物集散便利的交通优势,在继续发挥海关现有政策的基础上,提高货物流通速度和提升港区功能,2005年6月,国务院批准设立了第一家保税港区——上海洋山保税港区。

我国保税港区的设立是国家战略,也是深化改革开放的一个重大举措。保税港区所具有的区位优势、已经形成的产业集聚优势、区内市政配套齐全的优势和周边地带经济发达的优势将会长期存在。保税港区叠加了保税区、出口加工区、保税物流园区乃至港口码头通关的各项政策和功能,可发展国际中转、配送、采购、转口贸易和出口加工等业务,被公认为功能最强大,开放程度最高、政策最优惠、手续最便捷,成为名副其实的全能型海关特殊监管区域。而后,全国又有数家保税港区获批。

内陆地区如何实现保税港区的功能与政策,苏州工业园区率先取得突破,变口岸地区的保税港区为内陆的综合保税区。苏州工业园在整合了多种类型的特殊监管区域之后,成立了首家综合保税区。专门为空客A320项目打造的天津滨海新区综合保税区紧随其后。至此,我国海关特殊监管区域实现了向功能整合迈进。

(三)综合保税区功能与政策

综合保税区是指经国务院批准,设立于特定区域内,具有口岸、物流、加工及展示功能的海关特殊监管区域。综合保税区集口岸通关、保税加工、保税物流、对外贸易、采购分销、检测维修、展示展览等功能于一体,是目前国内功能最全的特殊监管区域。具体可开展如下业务:

(1)存储进出口货物及其他未办结海关手续的货物;

(2)对外贸易,包括国际转口贸易;

(3)国际采购、分销和配送;

(4)国际中转;

(5)检测、维修;

(6)商品展示、展览;

(7)研发、加工、制造;

(8)经海关批准的其他业务。

综合保税区具有以下各项优惠政策:

(1)国外货物入区保税;

(2)国内货物入区视同出口,实行退税;

(3)区内企业间的交易不征增值税和消费税;

(4)综合保税区内企业开展业务所需进口的机器、仓储设备、管理设备等给予免税;

(5)区内企业建设厂房、仓库用的基建物资以及自用的水、电、气可享受退税政策;

(6)综合保税区与境外之间进出的货物,不实行进出口配额、许可证件管理。

(四)海关各类特殊监管区功能政策比较

类型	主要功能	优惠政策	特点
各类保税仓库	保税仓库除具有传统的保税仓储功能可具有转口贸易、缓税、简单加工和增值服务、物流配送、商品展示等功能	允许一般贸易货物存入保税仓库。拓宽保税仓储货物流向的渠道,提高物流辐射范围。适应第三方物流的需求,赋予保税仓库增值服务功能	保税仓库实际是口岸功能的延伸
保税物流中心(A型、B型)	保税仓储、简单加工、国际贸易和配送	A型是指由一个物流公司为开展保税货物仓储;B型是指由多家保税物流企业进驻的公共型保税物流中心。其税收政策类似于实行"区港联动"的保税物流园区	保税物流中心具有同区港联动保税物流园区相同的保税仓储物流功能,无需依托保税物流园区
出口加工区	出口加工区实行全封闭卡口式管理。主要功能:出口加工	境外入区的原材料、元器件予以保税。由区外入区的货物视同出口予以退税,区内加工产品不征收增值税,加工区运往区外的货物按规定办理进口手续并按实际状态征税	区内只能设立从事出口加工的生产企业和为其服务的仓储企业,以及专门从事加工区货物进出的运输企业

续表

类型	主要功能	优惠政策	特点
保税区	保税仓储、国际贸易、出口加工和商品展示	实行更加开放的企业准入制度;海关外汇支付自由;竞争性的税收政策	各保税区在实践中逐步将物流分拨作为主要功能进行开发,并由此带动周边区域物流业的发展,这是保税区的一大特点
保税物流园区	保税物流主要有两种模式:区港联动的保税物流园区和内河港的保税物流中心。主要功能:保税仓储、全球采购与配送、国际中转和转口贸易	保税物流园区享受保税区在免征关税和进口环节税、海关特殊监管等方面的政策及港区原有政策外,在税收政策上,还叠加了出口加工区的政策,即实现了国内货物入区退税等	园区内货物可以自由流转;园区内不得开展商业零售、加工制造、翻新、拆解及其他与园区无关的业务
保税港区	保税港区将口岸区、保税区、出口加工区、保税物流园区融为一体,具有港口、国际中转、国际配送、国际采购、国际转口贸易和出口加工等功能	享受保税区、出口加工区、保税物流园区、港区的政策。主要税收政策为:境外货物入区保税;区外货物入区退税;区内企业之间交易不征收增值税和消费税	保税港区既不同于"港",也不同于"区",兼有"港"和"区"的双重特性,具有"自由港"特征
综合保税区	综合保税区将保税区、出口加工区、保税物流园区融为一体,具有国际中转、国际配送、国际采购、国际转口贸易和出口加工等功能	享受保税区、出口加工区、保税物流园区、港区的政策。主要税收政策为:境外货物入区保税;区外货物入区退税;区内企业之间交易不征收增值税和消费税	内陆的保税港区

二、建立长兴岛综合保税区的必要性

(一)有利于大连国际航运中心建设

长兴岛临港工业区依托优良港口岸线资源与大连港、大连大窑湾港区形成互动格局,使长兴岛港区成为大连国际航运中心的组合港。长兴岛港区被国家批准的《大连东北亚国际航运中心发展规划》定位为核心港区和重要载体(岸线容量可以规划建设80余个公共码头,年吞吐能力达3.5亿吨),长兴岛临港工业区有关发展计划已被列入国家批准的《东北地区振兴规划》当中。按照极化经济理论,在区域经济发展中,一个或几个增长极是必需的,而在辽宁沿海经济带战略和东北老工业基地振兴中,大连的外向牵动型增长极角色是无法替代的。中央确定把大连建设成为东北亚重要的国际航运中心,就是要使大连进一步发挥辐射和牵动作用。这一作用的发挥需要进一步整合港口的区位优势和创建综合保税区的政策优势。设立长兴岛综合保税区,必将为大连国际航运中心建设提供强有力的政策和功能支撑,有助于推动东北亚国际贸易向大连集中,增强大连吸引外资和聚集国际航运要素的能力。有助于承接发达国家产业转移,促进东北地区加工制造产业结构优化升级,扩大东北对外开放。

(二)有利于辽宁沿海经济带快速崛起

2009年7月1日,辽宁沿海经济带发展上升为国家战略。国家战略的实施必将带动辽宁乃至东北经济步入加速发展轨道。落实这一国家发展战略需要相应的政策、功能支撑。目前,东南沿海发达地区以及京津冀三角地区,均有不同数量的保税港区等海关特殊监管区域,而辽宁"五点一线"尚属空白。在大连长兴岛设立综合保税区,有助于提升辽宁"五点一线"沿海经济带的整体形象,增强投资吸引力。有利于进一步优化投资环境,提升经济国际化、现代化水平。以"政策高地"吸引各类高新技术产业聚集,在更高层次上吸引国际国内资本,获得更强的区域竞争力。在大连长兴岛设立综合保税区,有利于大连长兴岛临港工业区建设成为世界级新型产业基地。有助于发挥大连长兴岛的龙头和引领作用,实现功能、政策区与产业区的有效结合,并使这一区域真正成为东北开放的平台,通过沿海经济的拉动、辐射,增强参与东北亚经济圈合作与竞争的能力,使辽宁更好地融入世界经济,加快振兴步伐。

(三)有利于与大连大窑湾保税港区优势互补

拟建立的长兴岛综合保税区和大窑湾保税港区虽然地处同一经济区域,但两者各有侧重,可通过合理分工、科学互补、有效联动,加快推动辽宁与东北地区发展。大窑湾保税港区重点发展集装箱业务,重点为大连和东北各大城市服务,并辐射东北地区。长兴岛综合保税区侧重大宗大运量的散杂货和集装箱,重点为周边城市和辽宁沿海经济带服务。在国家辽宁沿海经济带战略全面实施的背景下,长兴岛临港工业区后发优势更为突出,与大连保税港区具有较强的互补性,在功能开发上存在较大合作空间,还能在未来发展中形成互补互促的密切协作关系。同时,大连空港建设与发展是大连国际航运中心的重要组成部分,随着产业升级和国际贸易的发展,空港的地位也越来越重要。长兴岛综合保税区将依托快速增长的航空物流实施互动,使海空两港成为辽宁沿海经济带、东北地区对内对外贸易的货物集散地,成为走向国际市场的重要通道。随着长兴岛开发建设步伐加快,经济快速健康发展,吸引了许多外向型企业前来投资。设立长兴岛综合保税区,将为入区企业提供相关口岸、物流和加工等功能及税收和外汇等政策支持。有助于解决目前大连保税港区项目基本摆满,发展空间严重不足的问题。国家所批保税港区大多辟址新建,大连保税港区则是在原址建立,是国家批准设立的保税港区中面积最小者,港口作业区与产业加工区比例失衡,阻碍加工贸易、仓储物流的快速发展。设立长兴岛综合保税区将有效解决现有大连保税港区所存在的问题,与大窑湾保税港区实行错位发展、优势互补,为加工贸易、仓储物流等业务拓展提供更为广阔的空间,加速提升整个辽宁沿海经济带、东北地区的港口竞争力、开放竞争力和服务带动力。

(四)有利于加快东北地区对外开放

大连长兴岛是东北和内蒙古东四盟通向世界新的重要出海口,交通运输部明确要求大连长兴岛港口要把服务东北腹地作为首要任务。目前,东北腹地部分大型装备制造企业正在向长兴岛转移,下一步随着高速公路和铁路的开通,长兴岛将成为东北腹地集疏运体系与世界链接的重要枢纽。设立大连长兴岛综合保税区,将有利于吸引国际航运中转业务和拓展港口功能,为东北腹地进行港口、航运、贸易、仓储和加工产业发展提供全方位的配套服务,推动东北地区现代物流业的发展,提高整体对外开放水平。在辽宁沿海经济带和东北老工业基地振兴产业发展的目标市场中,世界市场占有极端重要的位置,也只有在世界市场有一定份额,辽宁沿海经济带和老工业基地振兴才能较快实现。在未来大连市开放型经济发展的较长时间内,作为参与国际分工的主要贸易方式,加工贸易仍将占有极其特殊的地位。国际经验表明,加工贸易的发展对港口特别是对综合保税区制度有着强烈的需求,全球营销时代加工贸易的发展需要一个与国际惯例接轨的自由区域。建设大连长兴岛综合保税区,不仅有利于国际资本、信息、技术等要素向辽宁沿海经济带和东北腹地延伸和辐射,也有利于我国产品进入国际市场,使辽宁更好地融入世界经济,加快振兴步伐。

(五)有利于中国与新加坡政府间深入开展合作

长兴岛临港工业区作为继苏州工业园区之后中新政府间又一重大合作区域,将极大带动长兴岛的开发开放。国家第一个综合保税区——苏州工业园综合保税区——即诞生于中新政府间的苏州工业园区内,开启了国家海关特殊监管区向非口岸城市扩展之路。长兴岛设立综合保税区将有力促进中新政府间深入开展合作,建立起新型现代化临港工业体系和综合服务体系,有利于成为中国东北地区对外开放和国际合作的成功典范,成为东北亚最具国际竞争力的典型园区,并最终把长兴岛建设成为具有新加坡城市规划特点的新兴港口城市。

三、长兴岛临港工业区基础与优势

(一)区位优势明显

大连长兴岛临港工业区位于渤海湾北岸中端,由长兴岛、西中岛、凤鸣岛、骆驼岛和交流岛五个岛屿连接组成,辖区面积502平方公里,自然岸线长189.3公里,是渤海湾地区港口自然条件最为优越,容量最大的一个天然港湾。区域位置优越,目前陆上南距大连市区130公里,北距沈阳292公里,毗邻沈大高速公路与哈大铁路,海上距河北秦皇岛港84海里,天津港170海里,韩国仁川港约339海里,日本长崎港约660海里,既是面向环渤海经济圈优良的出海口,又是通往东北腹地便捷的大通道,对连接辽宁中部城市群和东北经济区具有重要的战略位置。

(二)产业发展初具规模

经过多年的发展,目前长兴岛初步形成以船舶制造、海洋工程、石化等产业为主的产业体系。截至2008年末,累计签约项目120多个,总投资781亿元人民币,其中外资项目64个,总投资61亿美元,实际利用外资9.73亿美元,内资项目56个,总投资352亿元人民币。已开工项目50多个,总投资543亿元人民币,其中外资49亿美元,内资200亿元人民币。其中世界第六大造船企业韩国STX集团投资30亿美元的造船项目,已到位资金5.05亿美元,实际完成总投资10亿美元,2008年12月18日第一艘船下水舾装,并已手持船舶订单72艘、海洋结构物订单6个;世界排名第四位的化学品承运商新加坡万邦集团投资8亿美元的造船和海洋工程项目2009年4月份开工;中集集团投资10亿美元的海洋工程项目已具备开工条件;大连造船重工修船项目已开工建设。这些重大项目开工建设将极大地带动相关配套企业向长兴岛集聚发展。

(三)港口条件突出

长兴岛海岸水深湾阔,宜港和工业岸线总长91.2公里。其中长兴岛本岛西北部深水岸线12.2公里,葫芦山湾北岸岸线28.9公里。深水港口岸线离岸400米即可达到20米等深线,离岸1公里即可达到30米等深线,可建停泊30万吨兼停40万吨以上的深水码头,是渤海湾中最为优良的深水港口岸线资源,也是继大窑湾港区后,可供大连未来数十年持续发展的重要港址。

(四)建立长兴岛综合保税区具备了必要的条件

从2008年开始,省市领导高度重视长兴岛综合保税区的建设,大连市政府全面启动了长兴岛综合保税区规划建设的前期工作,多次组织专门人员到境内外相关区域进行考察学习,并进行了充分的论证;组建了长兴岛综合保税区筹备小组,全力推进综合保税区的前期工作;完成了建立长兴岛综合保税区规划前期研究和可行性研究报告。拟建立的大连长兴岛综合保税区土地利用规划,正在申请符合城市建设总体规划和土地利用总体规划的要求。

四、建立长兴岛综合保税区的可行性分析

(一)口岸开放基础

2009年7月1日,辽宁沿海经济带开发开放战略上升为国家战略,自此辽宁沿海地区进入大开发大开放的新阶段。伴随旅顺口新港、庄河港口岸开放已正式通过由国家海关总署(国家口岸办)会同公安部、交通运输部、质检总局以及总参谋部等部门组成的验收组验收,长兴岛口岸开放也已经进入议事日程,不日将实现长兴岛口岸对外开放,为设立长兴岛综合保税区扫清了阻碍。

(二)具有广泛的企业需求

长兴岛聚集着韩国STX、新加坡万邦、大连船舶重工、中集集团造船和海洋工程等重大制造项目,与其关联的配套企业成百上千家,这些配套企业既有很多国内企业,也有相当多的境外企业。这些企业需要大量从国内外购进相关的原材料、零部件来满足船舶、海洋工程等制造的需求。正在洽谈的日本名村造船、今治造船、伊藤忠商社等企业的加工制造项目也有类似需要。而这些制造企业及以POSI为首的物流配送企业对设立综合保税区,享受相关政策与功能,降低物流成本,提高生产效率等具有很大期待。

(三)腹地优势

大连作为东北三省及内蒙古东四盟最重要的出海口,具有发展潜力极大的腹地优势。东北三省及内蒙古东四盟面积近110万平方公里,人口为1.1亿。东北地区自然资源丰富,产业基础良好,科教优势明显,技术人才众多,基础条件完备。

(四)符合国家现行土地政策

长兴岛综合保税区选址用地属于长兴岛临港工业区内存量工业建设用地,符合长兴岛临港工业区总体规划、大连市发展总体规划和辽宁省土地用地总体规划。可以保证充足的出口加工用地和保税仓储物流用地,土地成本较低,为吸引加工制造、仓储物流提供了宽广的发展空间。

五、宁波、苏州、海口等综合保税区的经验与启示

(一)宁波梅山综合保税区

梅山岛位于宁波市北仑区东南部,为梅山乡辖区。全岛面积26.9平方公里,加上东北侧青龙、扑蛇二岛,总面积为27.22平方公里。梅山岛岸线资源丰富,港口条件良好,与大陆仅距500米左右,海岸线总长22.5公里,其中深水岸线达7公里,最深处达69米,处在长三角的核心区,是宁波—舟山港的枢纽区块。2008年2月24日,国务院批准设立宁波梅山保税港区。这是全国申办时间最快的地区,用时132天。目前,港口、交通等城市基础设施正在建设中。

宁波梅山保税港区的设立条件属“白手起家”,它所在的梅山岛是一个荒芜的小岛,既没有产业也没有港口设施,更说不上口岸开放,但在申办过程中通过市政府的努力,省政府的有力支持,创造条件申办,并得到了国家领导人的大力支持。他们自己也进行了努力,取得了在荒岛上获得国家批准的经验。

(二)苏州工业园区综合保税区

苏州工业园区综合保税区成立于2006年12月17日,规划面积5.28平方公里,目前封关运作面积4.86平方公里。现入驻企业173家,其中生产企业98家、物流企业34家和贸易公司41家。2009年1~10月份,监管进出口货值389亿美元,监管进出口货量158万吨。苏州工业园区成立于1994年,历经12年的产业孕育,2006年苏州工业园区综合保税区成立,苏州工业园区保税区的建立是在成熟的产业推动下形成的,因此发展迅速、结构优化,已经成为华东地区重要的精密机械制造基地和电子产品集散中心,三星家电、快捷半导体、捷豹—陆虎等10多家跨国公司分拨向中心进驻,业务辐射国内除西藏、澳门外所有地区,功能惠及全国近5000家生产企业。

苏州工业园区综合保税区目前的状态比较成熟,共有注册企业173家,其中生产企业98家,物流企业34家,贸易公司41家。现已建成保税仓库20万平方米,厂房80万平方米,区外周边建成普通仓库40万平方米,商业办公设施10万平方米,初步形成了设施先进、配套完善、交通便利,集保税加工、保税物流和进出口贸易为一体的综合性功能区域。2008年,综合保税区监管货值达到475亿美元,完成进口环节税收19.5亿元人民币,审核报关单49万份。

苏州综合保税区主要经验是以产业为先导,先有产业聚集,后按照产业发展需求建立的综合保税区,在推动经济转型升级、提升区域竞争力方面起到了重要的促进作用。一是加快流通企业集聚。区域内业务涵盖进出口贸易、报关报检、货代、仓储、运输、分销

配送等领域,原来相对独立发展的流通企业,在这里形成集聚,通过相互间的资源整合,为企业提供更为高效的物流解决方案。二是提升招商引资水平。综合保税区通过提高通关速度和检测维修、研发、展览展示等增值服务后,大大增加了招商引资的“筹码”,三星半导体、快捷半导体等企业的全球配送中心落户。随着奇美电子的货物进区,全球排名前五的液晶面板制造商均通过综合保税区进行货物配送,使其已成为中国最大的液晶面板集散中心。三是促进商贸市场繁荣发达。综合保税区已成为苏州地区面向上海进行货物集散和中转的一个重要枢纽。依托原信息产业部批准在苏州设立的中国电子产品交易基地,将园区电子制造产业链条上的企业吸引进来,开展相关产品交易活动。积极吸引总部经济和消费品专业市场进入,已有37家贸易公司在区内注册并开展进出口贸易。四是促进加工贸易升级。积极引导企业将加工贸易的内涵向附加值更高的上游研发采购和下游销售、售后服务扩展,带动了整个园区加工贸易转型升级。

(三)海口综合保税区

海口综合保税区的前身是海口保税区,成立于1992年10月21日,规划建设面积1.93平方公里。因紧邻海口市区,随着海口城区建设的发展,海口保税区所在位置周边已发展为商业居住区,保税区功能定位与城市发展规划间的矛盾突出,加之区港距离过远,不利海关监管。经过一年时间申办,2008年12月22日,经国务院批准海口保税区区位调整至海南老城经济开发区内并升级设立海口综合保税区,面积1.93平方公里,紧靠国家一类口岸——马村港,距粤海铁路海口南站15公里,距海口市中心区30公里,距海口美兰国际机场35公里,距环岛西线高速公路3.5公里,距海口绕城公路10公里。原保税区内企业可根据经营需要随迁新址。海口综合保税区目前正在规划建设中。

海口综合保税区其前身是区港分离的海口保税区,根据海口市“工业向园区集中,园区向西部转移”的产业发展布局,进行了调整升级和完善功能,通过土地置换和区位调整,在马村港辟建新的综合保税区,封关运作后原海口保税区相应撤销。为确保申办成功,申办小组30多次往返北京,用9个月时间,先后拜访了93位各级别的相关审批人员,与他们汇报、沟通最终获得了批准。在前期准备区位调整方案、可行性研究及相关图文等大量资料的基础上,申办小组还根据国土资源部、国家发改委等部委要求补充了相关材料20多份。

(四)对申办大连长兴岛综合保税区工作的启示

第一,苏州、海口的经验证明,设立综合保税区要有产业作支撑。在封闭的海关特殊监管区内,保税物流和生产加工企业有大量的对综合保税区功能和政策的需求。梅山保税港区虽然建在荒岛盐碱滩上,但它依托的是国内港口吞吐量位居第二的宁波港和经济发达的工业园区,这是建设综合保税区重要的基础,更重要的是,这些城市创造了新的发展理念和概念,有力地推动了申办成功。

第二,根据宁波和海口的经验,在同一经济区域内或同一城市范围内可以设立两个保税区。苏州市有工业园综合保税区和张家港保税区,宁波市有宁波保税区和梅山保税港区,海南有海口保税区和洋浦保税港区。关键问题要有充足的理由,在功能定位上要各有侧重,在发展空间上服务的对象亦有所不同,总之,要突出自身的重点和突破点。

第三,苏州、海口和宁波在申办综合保税区时,都实行了一次报批,分步实施的办法。申办综合保税区要解决好土地指标问题,这是最重要的前置条件。这三家的起步区都未超过3平方公里,我们亦可用3平方公里作一期,以后逐渐扩大。

第四,土地政策、口岸开放也是申办成功的条件之一,但不是制约瓶颈。大连长兴岛申办综合保税区面临着两个不容忽视的问题:一是要尽快解决城市规划修编产生的制约,规划的8.9平方公里的围网区要符合国家现行土地政策,符合大连市城市总体规划、辽宁省土地利用总体规划;二是口岸开放问题。目前宁波梅山口岸没有开放,但并没有影响申办。我们应借鉴宁波的经验,可以有理由说服口岸交通部门,同时抓紧时间与国家交通部及有关部门沟通,加快推进长兴岛口岸正式开放。

六、建立大连长兴岛综合保税区的主要思路

(一)目标定位

结合大连自身条件,大连长兴岛综合保税区的目标定位为:建设以国际物流、出口加工为核心的综合保税区,全面提升综合保税区运作水平。以国际配送、采购、分销、出口加工为突破口,整合区域物流资源和产业资源,改善周边投资贸易发展环境,建设成为按国际惯例办事,与国际市场接轨,实现货物、资金、人员进出自由和投资经营自由的、高度开放的特殊区域。长兴岛综合保税区要找准自身优势,扬长避短,与大窑湾保税港区遥相呼应,优势互补,错位发展。突出以港口业务为基础、保税物流为核心、加工制造、增值服务为特色的发展模式。按照由近及远、由点到面的发展思路,实现综合保税区政策功能的拓展与延伸,形成辐射辽宁沿海经济带、延伸东北经济区、拓展海内外的现代物流和加工贸易运营示范区,带动周边城市群的制造业基地建设和经济国际化,推动大连乃至环渤海地区的开发开放。

建设大连长兴岛综合保税区,要突出以下四个节点:

一是突出建设环渤海地区的中转枢纽港。作为国际物流网络的一个重要节点,区域性枢纽港已成为支持区域性经济、国际贸易发展的国际大流通体系的主要组成部分,成为本地连接全世界生产、交换、分配、消费的重要环节。要提高和发挥长兴岛的港口优势,加强与大窑湾港及营口等周边港口的协作,加强与大连周水子国际机场的空港物流合作,加快建设集疏条件便捷、辐射面广、海陆联运功能突出的枢纽港。

二是突出国际物流为核心的贸易功能。综合保税区要实行区港一体,以口岸国际物流为核心功能,发展贸易、海运、船代、货代、商展、信息、金融等业务,为进出口贸易、国际贸易转口提供便利、优质和低成本的物流服务,有效促进大连服务贸易的发展,建立起面向国际国内的大市场流通体系,促进产业与市场的融合。

三是突出产业布局的优化调整。紧紧围绕辽宁沿海经济带开发开放的战略部署,抓住市场资源这个核心,通过市场与国际接轨,寻求产业布局的最佳形式。要把建设综合

保税区与临港工业区的建设、大型临港产业建设、先进制造业产业集群建设有机结合起来，抢抓国际产业和资本转移的机遇，加快发展生产加工业，加快产业结构战略性调整，加快实现建设世界先进制造业基地的目标。

四是突出区港联动的制度创新。围绕畅通物流业务、降低物流成本和提高通关效率，利用现代信息技术，建设服务于综合保税区的区港联动、覆盖广泛、功能齐全的统一公共服务平台；协调海关监管、外贸经营、出口退税管理等政策，规划并构建港口、物流园区、出口加工区联动发展的新框架。

(二)功能定位

根据综合保税区功能定位的基本原则：发展性原则、国际性原则、特殊性原则、整体性原则，大连长兴岛综合保税区重点以国际中转、国际配送、国际采购、国际转口贸易、保税加工和保税物流等功能为主导，以商品交易、投融资保险等金融贸易功能为辅助，以法律政务、中介签证、休闲文化、生活居住等服务功能为配套，具备生产要素集散、重要物资中转等功能的国家重要区域性资源配置中心。

1. 保税加工

保税加工制造实行进口设备免税、进口材料免税、入区材料退税、区内境外之间贸易免税等政策，允许加工企业采购销售用于售后服务的原辅材料。出口加工的内容主要包括电子信息产业、机电加工业、海洋产品加工业，以及有保税物流需求的加工业。

2. 保税物流

对入区经营的综合物流企业允许开展以下业务：

(1)在不改变物权情况下，根据物权单位指令，将其存放于保税仓库内的货物向区内企业、区外企业、境外企业、其他海关监管区域企业配送；

(2)在物权转移情况下，将自行在境外采购、区内采购、区外采购其他海关监管区采购的货物存放于保税仓库内，然后向四类区域的企业销售；

(3)在保税仓库内，开展简单加工和增值服务(包括分类、分级、分装、刷帖标志、改换包装、加刷唛码、拼装等)；

(4)接受境外企业委托，存放区外企业加工复出口的货物；

(5)开展保税仓库内物品转往国内其他海关监管区的移库等。

3. 货物贸易

允许从事货物贸易的国际贸易、国内贸易企业入区注册公司，从事货物的采购、销售。从事货物贸易的公司既可以从事与境外进出口业务，也可以与国内区外、区内、其他监管区域进行贸易业务往来。所有注册和管理沿用现有加工区工业制造、物流企业的政策和管理。即区内企业销售均用统一的专用发票，内销产品也不用增值税发票。增加在区内办理了工商注册、海关备案、租用保税仓库前提下，允许区外总公司在区内设立分公司从事货物贸易。

4. 服务贸易

增加允许为加工制造、现代物流业、国际贸易等配套的服务业入区经营。如信息技术服务企业、工程技术服务企业、信息咨询企业、服务外包企业、金融服务业、设备租赁企业、期货交割服务企业。

5. 展览展示

允许在区内设立产品展览展示场所，允许展览展示企业入区从事国际、国内产品展览展示业务。

6. 研发、维修、检测

制定完善研发、维修、检测业务相适应的保税料件电子账册和核销办法，使研发、维修、检测等售后服务畅通地开展。允许销往国内的产品返区维修。

（三）发展定位

以港口为依托，以商贸、物流和生产加工三大产业为支柱，以 8.9 平方公里围网区为特殊政策享受区，建设覆盖长兴岛临港工业区并服务大连、辽宁沿海经济带、东北地区的示范性商贸、物流、生产加工功能区域。成为辽宁沿海经济带、东北地区与国际经济运行接轨的重要平台、沟通国内外两个市场的重要桥梁、拉动区域开放型经济的重要载体。区内商流、物流、资金流顺畅，可以面向国际国内市场综合开展贸易、仓储配送和生产加工服务，满足大连、辽宁沿海经济带和东北地区企业的需求。

七、建立大连长兴岛综合保税区的方案设计

（一）区域范围

大连长兴岛综合保税区选址于现已建成的通用泊位和规划的集装箱码头后方区域，与港口相距 4.5 公里。拟建于长兴岛中部、葫芦山内湾北岸，毗邻造船基地和船舶配套产业园，规划面积为 8.9 平方公里，四至范围：北至城八线，南至南滨海路，西至西山，东至产业区 5 号路。交通便利、地形条件好，便于实行物理隔离。

（二）总体布局

按照"统一规划，一次报批，分步实施，分期验收"原则，严格实施土地利用总体规划，按规定程序履行具体用地报批手续；周密拟定大连长兴岛综合保税区的建设实施方案，在合理集约利用土地资源的前提下，8.9 平方公里的综合保税区分三期进行建设。其中，一期建设面积为 3 平方公里的起步区，待综合保税区申请批复后，主要开展场地平整、道路、桥梁、市政管线、围网及卡口工程、信息化工程以及开闭站等工程建设，重点建设船舶配套物流区、精品钢材物流区、液体化工物流区、生产加工区等。并经国务院联合检查组后，再分步启动二、三期 5.9 平方公里土地的建设。

在综合保税区内将项目用地分为四个功能分区：出口加工区、保税仓储区、保税物流（含国际贸易与转口贸易）区、管理办公（含国际商品展示）区，四个区的用地相对集中，便于各区运作和提供管理服务。项目区域总面积 8.9 平方公里，初步规划出口加工区为 5.5平方公里，保税仓储区 1.5 平方公里，保税物流区为 1.5 平方公里，管理办公区为 0.4 平方公里。一期规划中，初步确定出口加工区 1.6 平方公里，保税仓储区 0.5 平方公里，保税区物流区 0.5 平方公里，管理办公区 0.4 平方公里。

(三)管理体制

长兴岛临港工业区管委会可在区内设立正处级编制的综合保税区管理办公室,负责日常的企业服务和政策协调。管理办公室实行行政管理封闭式、经营管理开放式的管理模式,建立有高度自主开发权、以服务为主导并能对具体问题做出快速反应的优质服务体系。管理办公室牵头制定产业系统规划,组织区域内信息平台开发,出台产业扶持政策,负责园区规划、经贸、财政、建设、环保、物价、人事等管理。同时,海关、国检、工商、国税和市外汇管理局均在综合保税区设立现场办公机构,为企业提供从注册到报检、通关、退税申报及外汇核销在内的一站式服务。

(四)海关监管

长兴岛综合保税区严格按照海关的监管要求和功能设定,进行规范建设和管理,构建通关便捷、服务完善、管理规范、监管有效的海关监管平台,满足企业货物快速流通和海关有效监管的要求。监管方式上按照"一线放开、二线管住、区内自由"的模式进行管理。一是严格执行国务院相关规定,做好规划,确保区域内土地的使用符合综合保税区功能,避免区内土地及相关设施的使用性质被随意改变;二是按海关要求建设隔离围网、卡口、巡逻通道、查验场所、闭路监控系统等监管设施;三是设定严格的准入与退出机制并确保落实到位,确保外向型企业的发展空间,全力发展外向型经济;四是加强区域的信息化建设。建立连接区内企业与其他口岸的数字共享系统,建立统一信息管理平台,将口岸各相关部门的数据进行共享,更好地满足综合保税区的实际发展需求。简化企业与相关口岸、特殊监管区之间货物流转手续,实现货物的快速流转,带动整个保税区物流体系,实现各个口岸及特殊监管区的联动、互动。

八、有关对策与建议

(一)建立强有力的申办组织机构

争取长兴岛综合保税区申办成功,建立强有力的申办组织机构是一项系统性工程,必须要有实干、强有力的组织保障。海口综合保税区申办工作之所以能够快速、顺利推进,与其专门成立领导小组是分不开的。因此,建议我市成立由省、市主要领导挂帅的领导机构和工作班子,全程负责长兴岛综合保税区的申办工作。一是省、市政府领导积极争取海关总署等单位的支持,省政府有关部委应成立机构主动与国土资源部、国家发改委、财政部、交通部、商务部、税务总局、工商总局、质检总局、外汇管理局等部委,就设立长兴岛综合保税区沟通协商。二是组织好工作班子在北京驻地,全面动员一切可以利用的资源和力量,全力争取国家各部委的批准,力求在短期内取得突破性进展。三是建立强有力的综合协调机制。政府部门在长兴岛综合保税区的发展上,要处理好长远利益与眼前利益、全局利益与局部利益、政策导向与企业发展之间的关系,协调好各方利益,调动各方积极性,加强协调,求真务实地解决申办过程中的问题。

(二)积极争取海关总署支持

按照综合保税区审批的总体要求,海关总署是审查批准的牵头单位。审批的主要程序是，首先要征得海关总署的批准，然后由海关总署的加工贸易司向国家部委征求意见，征得签署意见后再返回海关总署。因此，为确保有关部委签署意见一次成功，需要省对口厅局事先对审批事项进行沟通，对征求完的意见立即进行修改完善。总之，省市政府要诚恳邀请大连海关帮助做好申办工作，积极做好海关总署的工作，使长兴岛综合保税区适时进入实质性审批阶段。

（三）做实产业配套支撑体系

综合保税区的建设，不仅可以扩大服务贸易量，而且可以依靠规模经济提高物流效率，降低商务成本，有助于出口企业更好地适应“生产零库存、采购全球化、订单网络化”的要求，提高企业的国际竞争力。综合保税区在开发建设初期，依托STX造船、万邦集团等大型临港产业，利用引进特大项目的时机，申办与之配套的海关特殊监管区域。加快推进与新加坡国家级层面的战略合作。创造条件争取与新加坡国际企业发展局签订战略框架协议，通过与新加坡的合作，积极推进综合保税区开发开放，重点在综合保税区开发与管理、港口物流、生产加工等领域开展合作。区域内开展有针对性的招商，进一步加快国际资本、技术、信息等要素向长兴岛乃至大连的延伸和辐射，积极引导企业用足用好政策，成规模地发展保税物流、加工贸易，最大限度地实现产业集聚，构筑更大空间的经济协作体系。大力促进低能耗、高环保、高效益、高技术含量的电子信息技术、生物制药、新材料和环保型登临港出口加工企业、临港装备制造企业发展，进一步提高长兴岛工业化水平。在物流招商项目上，重点引进国际知名物流企业，争取将长兴岛综合保税区作为其中转基地，大力发展转口贸易，提升综合保税区的物流层次、服务水平和管理水平。要超前做好整体规划与空间布局，依托长兴岛大型临港产业以及周边与后方加工产业布局，逐步增强国际物流集聚效应，延伸产业链形成良性互动。

（四）打造区域性的物流基地

要立足辽宁沿海经济带、面向国际市场，加快建设具有运输枢纽、临港产业带动、仓储配送、网络化信息服务、金融服务功能的区域性综合物流中心。首先，加快促进长兴岛港口全面开放，积极争取交通部等部门的联合验收。其次，利用港口、工业和贸易优势，在区内设立大型仓库和服务设施，利用出口加工形成的原材料贸易和出口成品优势，牵动内地各种物资向区内汇集，吸引国外货物在进区储存中转，促进综合保税区政策功能的拓展与延伸，实现综合保税区与临港工业区、辽宁沿海经济带的无缝链接。同时，通过深水港、信息港为依托，健全物流服务体系，完善物流快速通道，创建一批知名物流品牌，培养一批优秀物流人才，建设区域性物流基地。最后，要放宽区内外汇管制，允许区内设立中资或中外合资金融机构，允许区内的所有外资银行经营本地业务，形成较高开放度、较强的国际性和较大覆盖面的金融功能。

（五）构筑有活力的开发机制

建设综合保税区，要确立政府引导、市场运作的管理理念。在综合保税区区内体现和遵循“优先发展保税物流、出口加工业”的总体框架下，围绕综合保税区发展模式创新这条主线，推行政府管理、公司运作的发展模式。坚持以企业为主体，以市场为导向，吸引各类社会力量参与综合保税区建设和资源整合，充分发挥企业在开发建设中的主导作用。综合保税区通过体制、机制创新，导入多样化的开发和管理模式，加快制定总体规划、出台扶持政策，完善配套设施，为企业集聚创造良好条件。

(六)赋予强劲的政策支持

在综合保税区开发建设过程中，除了国家既定的政策支持外，地方政府也应给予适当的政策支持。继续贯彻执行《辽宁省人民政府关于鼓励沿海重点发展区域扩大对外开放的若干政策意见》(辽政发〔2006〕3 号)和《大连市人民政府关于加快推进重点工业园区和沿海经济带建设的若干政策意见》(大政发〔2007〕98 号)等文件精神。在综合保税区开发建设初期，要充分发挥政策导向作用，处理好长远利益与眼前利益、全局利益与局部利益、政策导向与企业发展之间的关系，调动各方积极性。综合保税区具有与其他地区无法比拟的特殊政策，应积极引导企业用好用足，促进区域内加工贸易发展。在国家允许的范围内，为企业来综合保税区创业提供政策支持和发展环境，在财政政策上、建设政策上、税收政策上给予入园企业、建设单位实施一定的优惠。

(七)营造优化的投资环境

争取长兴岛综合保税区的申办成功，离不开高度发达的服务环境的支撑。应从落实政策、简化手续、提高效率、方便运作的软环境到港区相连、信息畅通、交通发达、服务配套的硬环境，全方位地为企业提供一个良好的物流运作环境。要树立大服务思想，积极推动综合贸易区各项功能的开发，从而构筑大口岸、大通关、大流通、大辐射的现代物流发展平台，进一步形成信息流、资金流、货物流、人才流的强大集聚效应，推动物流产业、加工业的发展和对外贸易的增长。同时借助于这一区域，带动开放型经济发展的步伐，推动全市经济的大发展。

《关于建立大连长兴岛综合保税区的研究报告》课题组成员

课题领导小组：

顾　问：徐长元　大连长兴岛临港工业区管委会　副主任
组　长：李　才　大连市政府发展研究中心　主任　教授
副组长：高顺东　大连长兴岛临港工业区管委会　副主任
　　　　李文语　大连市政府发展研究中心　副主任

课题组：

负责人：王文清　大连市政府发展研究中心开放研究室　主任　副研究员
　　　　董延洪　大连长兴岛临港工业区港口口岸办公室　主任
成　员：刘仁贵　大连长兴岛临港工业区管委会办公室　副主任
　　　　董庆国　大连长兴岛临港工业区港口口岸办公室　副主任
　　　　李　岩　大连海关加工贸易处保税物流科　副科长
　　　　王金成　大连市政府发展研究中心　助理研究员

花园口经济区管理体制机制创新研究

尹晓琴　王树坤

一、花园口经济区管理体制机制创新的意义

(一)发展新机遇要求管理体制机制创新思路

2009年7月,国务院常务会议讨论并原则通过了《辽宁沿海经济带发展规划》,辽宁沿海经济带发展上升为国家战略。这不仅体现了党中央、国务院对辽宁及东北地区经济发展所寄予的厚望和支持,也预示着环渤海经济圈将成为继珠三角、长三角之后,中国经济增长的第三极,更意味着作为辽宁沿海经济带的重要区域的花园口经济区,面临着前所未有的重大机遇和挑战。

花园口经济区作为辽宁沿海经济带的重要区域,兼受东北亚经济圈、日韩经济圈和环渤海经济圈的三重辐射,它的发展意义远不仅在于其自身按照建设资源节约型、环境友好型和亲海型城市的要求,通过高起点规划,大力发展先进制造业和现代服务业,进一步调整和优化产业布局,推进基础设施建设,最终把花园口经济区建成国内外产业转移升级的承接地,振兴东北老工业基地的先导区,循环经济和可持续发展的示范区,现代化、生态型海滨新城,成为大连国际性城市的重要组团之一。更重要的是花园口经济区将引领带动辽宁东南部地区的经济振兴,通过面向日韩的黄海窗口拉动和辐射东北地区的经济繁荣,加速推进辽宁东南沿海区域城市化进程。通过与辽宁沿海经济带其他开发区的携手合作,共同构建东北黄海沿岸对外开放的前沿阵地和大连东北亚国际航运中心的战略支撑点。这样一个宏伟的发展愿景和历史重任,势必对花园口经济区管理体制机制有着新的迫切的要求。如何建立一个开放合作的创新管理体制机制,来开拓和打造更大的发展空间与平台,以适应未来开放合作的发展需要,是当前花园口经济区亟待解决的重大课题。

(二)产业新定位需要管理体制机制创新保障

为了尽快走出金融危机,并在后金融危机时代抢占经济发展的制高点,重塑国家竞争优势,各国都在进一步调整科技政策,加大科技投入,培育和发展以新能源、新材料、生物技术、信息技术、低碳经济等高新技术产业为主的新的经济增长点。

在这一背景下,2008年5月,国家发改委下发了《关于建设宁波等7个新材料产业国家高技术产业基地的通知》,提出要在全国布局和建设一批高技术产业基地。在新一轮

产业布局中，大连花园口经济区有幸被列入7个区域之中。这一定位进一步优化了大连的产业结构，明确了花园口经济区的产业发展方向，对花园口经济区的开发建设具有里程碑式的意义。花园口经济区建设国家高新技术产业新材料基地，需要以管理体制机制创新为保障，以适应新的国际竞争和自身可持续发展的需要。

（三）新城区建设亟待管理体制机制创新助推

2007年，市委十届三次全会明确了全域谋划的思路，并启动了新区体制改革的调研工作；2009年市委十届七次全会做出了加快全域城市化战略部署；市委十届八次全会明确了实现科学发展新跨越的奋斗目标，提出推进新市区组团管理体制改革的重大任务。

对于作为大连都市区重要功能组团之一的花园口经济区而言，其新城区建设，必须依靠管理体制机制创新为助推力，积极探索行政区与功能区的有机融合，用功能区的一些政策优势来带动行政区的发展，用行政区形成的社会服务的一些良好体系来为功能区服务，这两方面的融合将是一个双赢的局面。

（四）"十二五"规划编制中管理体制机制创新不可或缺

"十二五"期间是花园口经济区加速发展、价值快速提升的关键时期，国家、省里和市里对花园口经济区今后的创新发展，提出了更高的要求，赋予了更大的使命。因此，在花园口经济区"十二五"规划编制和相关政策制定上，经济区管委会需要更加重视经济区管理体制机制的创新，以适应今后不断发展的新需要。

花园口经济区"十二五"发展规划编制中，管理体制机制创新，必须起到"提纲挈领、举足轻重"的作用。问题的关键，在于如何改革制约经济社会发展中的不合理因素，通过进一步完善和创新管理体制机制，制定正确的政策和措施，构筑以新材料、新能源等高新技术产业为先导，以先进制造业和现代服务业为两翼，以生态农业为特色的现代绿色产业体系，培育新材料千亿级产业集群。最终将花园口经济区建设成为国家高新技术新材料产业基地，世界五百强跨国企业的集聚区，国内外产业转移升级的承接地，文明、富庶、和谐的现代化、生态型海滨新城。

二、我国经济区管理体制机制可资借鉴的经验

花园口经济区管理体制机制的创新，要充分借鉴国内经济区管理体制机制的发展经验。目前，我国经济区因其目的与内容不同，可分为三大类：经济功能区、部门经济区、综合经济区。

经济功能区。根据区内同一性和区外差异性原则确定的经济区，如经济技术开发区、高新技术产业园区、保税区、出口加工区、综合保税区等。它是为制定特别的区域性经济政策提供的空间区域，是促进对外开放、引进先进技术、提供特定经济功能的国家制度安排。这些经济功能区通常肩负多重历史使命，会成为地方经济发展的引擎、对外开放的窗口、体制创新的试验田。

部门经济区。根据其特有的地域分工规律，结合各地区的具体条件进行部门经济区的划分，如工业区、农业区、商业区等。每一种部门经济区还可以分综合部门经济区和单

项部门经济区,例如综合农业区包括农、林、牧、副、渔全部农业生产部门,畜牧区、林业区、粮食作物区、油料作物区等则属于单项农业区。

综合经济区即通称的经济区。根据我国的国情,经济区的分级系统一般分为基层经济区、省级经济区、大经济区三级。基层经济区是经济区体系中最低一级,范围较小,经济结构比较单纯,大多是由地方的经济中心同它周围有密切经济联系的地区所组成。省级经济区与行政区划的省、自治区并不一致,它们是进行经济管理和宏观经济调控的地域单元。大经济区是指在全国范围内形成的最高一级经济区,中国的大经济区通常包括若干省级区域,空间跨度大、经济结构复杂。如长三角经济区、珠三角经济区、环渤海经济区、京津冀经济区及海峡西岸经济区等。

本课题所探讨的经济区特指综合经济区中的基层经济区,这种经济区本质上是经济技术开发区或者工业园区的一种扩展。是一个国家或地区为吸引外部生产要素、促进自身经济发展而划出一定范围并在其中安排特殊政策和管理手段的特定区域。

(一)国内经济区管理模式的主要类型

目前,国内基层经济区的管理体制可以归纳为三种基本类型:

1.准政府的管委会体制

管委会作为政府的派出机构,其主要职能是经济开发规划和管理,为入区企业提供服务,主要适用于人口较少的相对独立的中小型新开区。管委会本身就是政府职能改革的产物:经济区管理职能与行政区管理职能相分离;政府职能转变,机构精简,办事程序简化,效率高;实行用人机制改革,普遍采取竞争上岗等。大部分基层经济区在建设初期采取这种管理体制。但这是一种过渡形式,当经济区发展到一定规模,城市功能健全以后,这种管理模式就不适应了。

2.经济区与行政区管理合一的管理体制

其特点是经济区和行政区的管理合一,或者是两块牌子一班人马,这种模式主要适用于整个城区作为经济区,或者经济区是原有城区建制的一部分。政府管理部门的体制保持行政区管理机构的编制和职能,其特点是便于协调,但是处理不好,会导致包袱较重,财力不足。

3.以企业为主体的开发体制

其特点是通过设立一个企业来规划、开发、管理一个经济区,开发公司实际上承担了一定的政府职能,进行公共事业开发。这种体制首创于蛇口,也称之为"蛇口模式"。上海的漕河泾、闵行、虹桥开发区,以及洋浦开发区和浙江省的宁波大榭开发区也采取这种模式。在这种模式中,开发主体不是一级行政组织或行政派出机构,而是投资开发商,但又要进行大量的公共基础设施投资,由于开发主体无法从区域税收中获得必要的投资补偿,其对基础设施的巨额投资或者转嫁到地价上,致使地价过高;或者因不能及时回收资金,债务过重,而陷入财务困境。

从我国基层经济区管理体制的沿革和发展趋势来看,基层经济区的管理体制和模式是随着经济区的功能定位和发展而变化的，几种管理模式是相互联系的。通常，在基层经济区建设初期，由于规模较小，人口较少，城市功能不完善，为了集中精力开发建设，大部分基层经济区的管理机构是上一级政府的派出机构，按准政府的方式，实行放权经营。当基层经济区发展到一定规模，居民越来越多，城市功能越来越强，准政府的体制就不能适应地区发展和管理的需要，又回归到行政区管理模式。但是，这并不是回归到传统意义的政府构架，此时的政府已不是原来意义上的政府，而是一个精干、高效的政府。如上海浦东开发区建立初期采取准政府管委会的管理体制，2000 年实行行政区管理体制。

（二）国内具有代表性的管理体制创新模式

基层经济区管理体制是与其区划和功能定位有关的，国内具有代表性的经济区管理模式主要有上海浦东开发区模式、北京中关村科技实验区模式、深圳高新技术开发区模式、苏州工业园区模式、青岛黄岛开发区模式等。

1. 上海浦东开发区模式

上海浦东开发区是由川沙县及三个上海市区交界地组成的，共 500 多平方公里。浦东开发区成立以后，川沙县政府撤销，成立开发区管委会，保留原县、区下面的乡镇和街道机构，实行管委会和乡镇、街道两级管理，实现了浦东新区的统一领导。

浦东新区下设 4 个主要的开发区，各区的开发工作由开发公司负责。开发公司行使经济开发职能，没有行政管理职能。经过 8 年的建设，随着浦东的开发规模扩大和经济增长，浦东新区的城市功能越来越齐全，准政府的方式已经难以发挥作用。因此，2000 年 8 月上海浦东开发区成立浦东区政府，实现了准政府向行政区政府的过渡。

2. 北京中关村科技试验区模式

北京市中关村科技试验区是由分布在各区县的相互独立的 5 园 1 区组成的。为了加快首都北京的高科技产业发展，实行统一规划和统一政策，1998 年，国务院批准建立北京中关村科技试验园区，成立了大管委会，实行大管委会和各园区管委会两级管理体制。中关村园区管委会主要负责制定政策，各园区采取不同的管理模式，每个开发区的具体政策和规划基本是由所属政府决定。如海淀园采取管委会与行政区分离的方式，税收、工商都由海淀区政府负责，管委会进行落实政策，协调企业与政府各方面的关系，高新技术企业认证和企业服务等。在兴县亦庄经济技术开发区是国家级开发区，采取封闭式的管委会管理体制。

中关村科技园区管理上的主要问题是各独立园区之间的政策不统一，形成竞争；转变政府职能和制度创新在一定程度上受原有行政体制的制约，如大管委会确定的有些政策和制度创新难以在行政区体系中得到贯彻。

3. 深圳高新技术开发区模式

深圳市是全国的特区，由于特区的行政管理体制改革和政策优惠都优先于其他地区，因此，深圳特区兴办高新技术开发区的主要目的不是为了进行体制改革试点和政策优惠，而是发挥集聚效应，创造高新技术开发区品牌。深圳的高新技术开发区建立于

1996年,是在原有4个独立的功能性开发区和加工区基础上组建的。当年组建深圳高新技术开发区的目的就是要把分别隶属于不同主管部门的独立开发区组合起来,把分散的审批权归还给有关行政管理部门,实行统一规划和布局,形成集聚效益。深圳高新技术开发区的管理体制的特点,一是区内区外政策几乎一样,特区政策适用于高新技术区。深圳建立高新技术开发区的目的不是实施优惠政策,而是为了提高入区企业的素质,提升地区产业结构。深圳市高新技术开发区条例要求进入高新区的企业达到一定标准,并定期对园区内企业进行评定,如果企业达不到要求的标准,则要迁出高新技术区。通过这种动态控制的办法促进企业不断进行研究开发和创新,提高自身的竞争力和水平。政府的主要作用是在高新技术园区创造一个较好的经营和生活环境,吸引企业在区内发展;而且企业进入开发区,不仅是因为高新技术开发区所处的位置和设施较好,更重要的是为了获得一个高新技术区企业的无形品牌。二是开发区管理中心没有项目审批权,批租土地、审批项目都是由深圳市相关行政主管负责。管理中心的主要职能是规划、协调和监督检查政策落实情况。

由于特区内的土地资源有限,土地开发已经趋于饱和,在特区内已很难找到比较大的土地空间集中发展高新技术产业。为了解决发展空间不足的矛盾,进一步扩大发展空间,不少县区自己开始建设开发区。与此同时,特区内的4个区没有空间来发展。各区县的开发区或地段的建设基本处于分散孤立的状况,由各主管部门和各区镇独立进行,各区片功能定位不清,出现了相互竞争、拆台的局面,不能发挥整体竞争优势。为了防止分散竞争,加强对产业布局的引导,促进高新技术产业发展,发挥深圳市的整体优势,深圳市委和市政府提出建设深圳高新技术产业带的设想。一方面把各县区正在建设的开发区纳入产业带的统一规划;另一方面,又新划出一部分特区外的土地,构建高新技术产业带。

深圳市高新技术产业带实行三级管理。第一个层次是高新技术产业带领导小组,市委书记为组长,市长和常务副市长为副组长,各区委书记为领导小组成员。主要制定大政方针和发展战略。第二个层次是高新技术产业带办公室。办公室是执行机构,由原来的高新技术开发区管理办公室承担。高新技术开发区的领导办公室没有项目审批权和高新技术企业的审批权,只有规划权、协调权和企业进入区内建场的权利。第三个层次是产业带片区管理机构,负责各片区的具体开发组织管理和政策落实。深圳高新技术产业带管理体制考虑到各方面的利益协调,在管理权限上即考虑了统一规划,协调布局的需要,实行行政管理部门的管理链条不变,审批权限不变;同时又考虑到发挥各区政府的积极性,保持各县区的资产管理权限不变。为了防止各片区之间的竞争,实行产业合理布局,在照顾区县利益和建立利益分配机制的前提下,产业带的管理体制强调三个统一:统一领导、统一规划、统一政策。在利益分配上实行区、市两级分配,税收由所在区征收,再按一定比例分配。

4. 苏州工业园区模式

苏州工业园区是从苏州的几个郊县中各划出一块成立的独立的开发区,其中包括4个乡镇,境内没有县、区政府。工业园区实行管委会和乡镇两级管理模式,园区管委会是准政府体制，主要负责工业园区的整体统一规划和新区的建设、管理；老区部分还是充分发挥乡镇政府的作用，乡镇政府的编制和构架保持不变，继续实施其职能，但是服从管委会的统一规划和管理。工业园区每年给乡镇一定财政支持，并制定具体的开发和招商引资计划。

苏州工业园区的管理在很大程度上借鉴了新加坡政府的经验，实行严格的政企分开，管委会主要制定规划和制度规范并落实政策。开发功能由中新合资开发公司来承担。

5. 青岛的黄岛开发区模式

青岛经济技术开发区位于黄岛区，原规划面积为 15 平方公里。黄岛区是县级区，有 220 平方公里。山东省和青岛市政府为了尽快发挥和扩大开发区的带动作用，将青岛经济技术开发区的范围扩大到全岛 220 多平方公里，管委会与黄岛县政府合署办公，两块牌子一班人马，采取行政区的机构模式，形成 800 人的政府机构。合并后，由于功能和体制不顺，出现较多矛盾。其中财政和行政体制两个因素对开发区的发展产生较大影响。一是财力过于分散，开发力度不足。青岛经济技术开发区享受国家级开发区的税收优惠政策，而黄岛县是一个财政补贴县。原来经济技术开发区可支配的财力约 8 亿元，主要用于 15 平方公里滚动发展。合并后，人员膨胀，干部待遇就高不就低，开发区原有的收入在 200 多平方公里全面统筹使用就显得力不从心了。二是回归旧的行政管理体制。原来青岛开发区是小政府大社会，以经济开发为主要职能，合并后，采取全建制的行政性政府，传统行政体制将开发区的新体制淹没了，结果黄岛开发区的发展被拖累。

（三）国内管理体制创新的演变趋势

经济区管理体制的变化趋势。随着经济区的发展和功能转化，经济区的管理体制也随之变化，主要呈现几个趋势。

1. 从准政府向行政区体制转化

随着开发区范围扩大，功能多元化，从准政府向行政区体制转化。经过十几年的发展，有些经济区的规划用地已经基本布满，需要扩大规模；一些独立的新开发经济区已经由原来单纯的制造加工生产区转向工业、生活和商贸结合的综合区，经济区已经从单纯的经济功能转向城市功能。因此，原有准政府管理体制不能适应功能多元化的需要，一些经济区的管理体制开始从准政府体制向行政区管理体制转变。如上海浦东开发区管委会转为浦东行政区政府。

2. 从分散管理逐步转向集中管理

随着经济区层次和数量增多，竞争加剧，从分散管理逐步转向集中管理。目前，我国不仅有国家级经济技术开发区和高新技术开发区，还有省、市级开发区，区县开发区，甚至有乡镇开发区。因此，不少地区开始把分散的开发区逐步集中起来管理。但是，各地采取不同的管理方式，效果不同，有些集中是貌合神离，主要问题是缺乏有效的利益协调机制，只是形式上的单元合并。其结果是增加管理层次，出现双重领导，实际上并没有真正解决分散竞争问题。

3. 从优惠政策竞争逐步转向制度竞争

经济区之间的竞争从优惠政策竞争逐步转向制度竞争。过去,经济区主要靠基础设施条件和优惠政策吸引投资者。目前,各地各种经济区的免税政策已经大同小异,有些地区减免税已经达到8~10年,甚至实行零地价,增加政策优惠的余地不大。因此,近些年来开发区间吸引投资的竞争已经变成制度创新、政府效率、服务体系的竞争。目前,国内几个主要经济区在制度建设和转变政府职能方面开展"比、学、赶、超"的竞争。如,北京出台了《中关村科技园区条例》,上海出台了《张江科技园区发展的若干规定》等。

4. 一区多园,发展专业园区

目前随着经济区地域扩大,许多地区开始进行经济区内部功能分工,发展专业同区。如,杭州的经济技术开发区分为高校园、医药园等;深圳建设高新技术产业带,对不同区片进行功能划分;北京的一区五园中有科技试验园、经济技术开发区、电子城等。

(四)影响经济区管理体制机制的主要因素

1. 改革因素的影响

除了经济开发和产业布局功能以外,我国相当一部分经济区还承担着体制改革和机制创新的试点功能。经济区在改革开放、转换政府职能和建立市场经济机制试点方面发挥了积极作用。如,深圳特区在转变政府职能、精简机构、用人机制改革等方面起到了示范作用。

经济区的管理体制与地区的经济体制改革有关。当行政区的管理体制与市场经济接轨程度越高,经济区管理机构的政府行政职能就越弱化,机构层次就越少。如,深圳是特区,特区的行政管理体制改革和优惠政策都优先于其他地区。深圳兴办高新技术产业开发区的目的不是为了实行优惠政策,而是创造高新技术园区品牌,提高入区企业的素质,提升地区产业结构。因此,深圳高新技术开发区的管理体制有两个特点:一是区内区外统一政策,深圳特区政策适用于高新技术产业开发区。企业进驻园区,不仅是因为经济区的位置和设施较好,更重要的是为了获得高新技术产业开发区企业的无形品牌。二是高新技术产业开发区管理中心没有项目审批权,批租土地、审批项目都是由深圳市相关行政主管部门负责。管理中心的主要职能是规划、协调和监督检查政策落实情况,为企业提供服务。

2. 经济区功能定位的影响

经济区管理体制与经济区的区划、基础条件、功能定位有关。目前,我国的经济区区划有三种基本形式:

一是独立的新区。其主要功能是吸引产业投资,进行经济开发。这种模式通常是老城市的延伸和扩展。通常采取准政府体制,管委会具有相对独立的管理权限,并以经济开发管理职能为主。

二是经济区带大行政区。在老区内设立经济区,经济区管理部门不仅负责新区经济开发功能,还有管理原有老城区的功能。这种模式主要是以经济区直接带动所在区的城市化,或为经济区留下足够的发展空间。在这种情况下,经济区的管理机构不论是采取行政区管理体制，还是准政府体制，实际上是兼有经济区与行政区职能，有的地区采取一班人马两块牌子。

三是园区和老城区为一体的无边界经济区。如，深圳、长沙等地的高新技术开发区等。这种模式通常是为了利用原有基础设施，特别是依托大学和科学院所的科技力量兴办高科技企业，促进科技成果转化，形成一个区域性孵化器。在这种情况下，经济区的管理机构要服从区、市双重领导，其职能主要是提供服务。

3. 园区产业定位的影响

当前，普遍的认识是区域间的竞争主要就是经济区的竞争。大部分园区存在产业层次偏低，特色不够鲜明，项目规模偏小，经济增长主要依靠外延型等问题，以区域经济特色、专业优势为基础的经济区少，而综合性、一般性的经济区多。经济区的竞争有"优势趋同化"的迹象，表现在：一是产业同构化。如长江三角洲 14 个城市排在前 4 位的支柱产业均为电子信息、汽车、新材料、生物医药工程，趋同率达 70%，该区域内"十五"高新技术规划中，集成电路同构性 35%、纳米材料 48%、计算机网络 59%、软件 74%。二是商务成本平均化。各个地区均千方百计力求在外商投资成本上不构成落差。三是思路趋同化。各级各类经济区在目标定位、产业导向方面彼此雷同不在少数。四是政策翻版化。优惠政策相互抄袭，不比创新比力度。五是特区全国化。各地自建的小特区——经济区遍地开花，成为近年来中国一道独特的景观。这些问题很大程度上制约了经济区对区域竞争力提升作用的发挥，无法成长为"经济增长极"。竞争趋同化对经济区管理体制的独特性提出了现实的要求。

4. 政府行政分权因素的影响

经济区管理体制涉及事权划分和人员安排，存在条块分权两方面问题。首先是地区内部分权问题。独立新区具有相对独立性，相当于新设一个地区管理机构，通常是扩大授权经营。在经济区和行政区双重管理的情况下，存在一个经济区管理机构与当地同级政府分权的问题，通常经济区管理是虚，行政区管理是实，财权和人权都在行政区手中，有些改革措施和政策因触动了行政部门的已有权力和利益，难以落实。其次是中央和地方分权问题。由于有些部门实行垂直管理，经济区的一些制度和体制创新需要经过有关部门核准，否则难以实施。

5. 财税体制的影响

经济区的管理体制也在很大程度上受财政体制的影响。目前，经济区管理机构的收入功能有两类。一类是有财税收入功能。即经济区管理委员会作为一级管理和服务部门，可获得经济区企业的税收分成，用来进行经济区的建设和发展。现有的大部分新开独立经济区采取这种形式。另一类是没有财税收入。经济区管理机构或开发公司不能从企业的税收中提取留成，税收收入归所在地政府。

(五) 国内管理体制机制创新的启示

1. 不断提高思想认识

经济区开发必须不断提高思想认识。经济区要实现跨越式发展，没有牢固的工业基础不行；要发展质量效益型经济，没有大而强的工业不行。发展工业必须要有园区这个平台，实现工业的集聚必须通过园区这个载体。因此，必须从战略的高度来认识在现有园区内建设好几个骨干企业的重要性，解放思想、更新观念，增强服务和持续发展意识。

2. 不断创造优良环境

经济区开发必须不断创造优良环境。优良的软硬件环境是发展经济区经济的重要支撑。创造优良的硬件环境，要强化经营理念，巧用市场运作，引导各类资本参与经济区基础设施建设。创造优良的服务环境，始终坚持投资者的需求就是工作目标、投资者的困难就是服务方向的服务宗旨，主动上门帮助解决问题。创造优良的人居环境，要坚持抓好经济区的美化、绿化、亮化工作，为投资者创造适宜的生活居住环境，走"以人气聚财气"的良性发展之路。

3. 始终坚持规划先行

经济区建设必须始终坚持规划先行。经济区的开发要高度重视规划的指导性和严肃性，在科学规划的指导下实施开发和建设，要坚持四个原则：一是规划科学前瞻，牢固确立规划投入是效益型投入的观念。二是注重节约资源，十分珍惜土地、水、森林等宝贵资源，坚持开发与保护并举的方针，最大限度地发挥资源的经济效益、社会效益和环境效益。三是切实贯彻规划，坚决维护规划的法定性、权威性、严肃性。四是狠抓项目聚集，大力发展规模大、关联度大、带动性强、特色鲜明的项目。

4. 始终注重体制创新

经济区建设必须始终注重体制创新。严格按照与国际接轨和市场经济运行体制的要求，构建一个高效灵活的开发体制，真正走出一条市场主导、政府引导、多元投资的经济区开发新路子。一要创新管理模式；二要创新激励模式。

5. 高度重视招商引资

经济区发展必须高度重视招商引资。招商引资是经济区快速发展的生命线。一要树立机遇意识，经济危机全球化趋势给我国既带来挑战，也带来机遇；二要强化招商意识，想方设法抓招商、促投产；三要抓好招商队伍，培养出更多的复合型管理人才和技术人才；四要创新招商方式，改进招商办法。

6. 全力打造优势产业

经济区发展必须全力打造优势产业。产业建设是经济区开发的核心。要按照集约开发、集合能量、集聚产业的目标，遵循以特色求生存、以差别促发展的方针，全力构建特色鲜明、竞争力强的经济区优势产业。

三、花园口经济区管理体制机制现状和问题

(一)花园口经济区概述

国内经济区管理体制创新的几种模式表明，基层经济区的管理体制与其区划和功能定位有关，并伴随其功能定位和发展而变化。

1. 区划和产业定位

(1)区划

花园口经济区位于辽东半岛南端,地处我国黄海北岸中部,与朝鲜、韩国和日本隔海相望,兼受东北亚经济圈、日韩经济圈和环渤海经济圈的三重辐射。

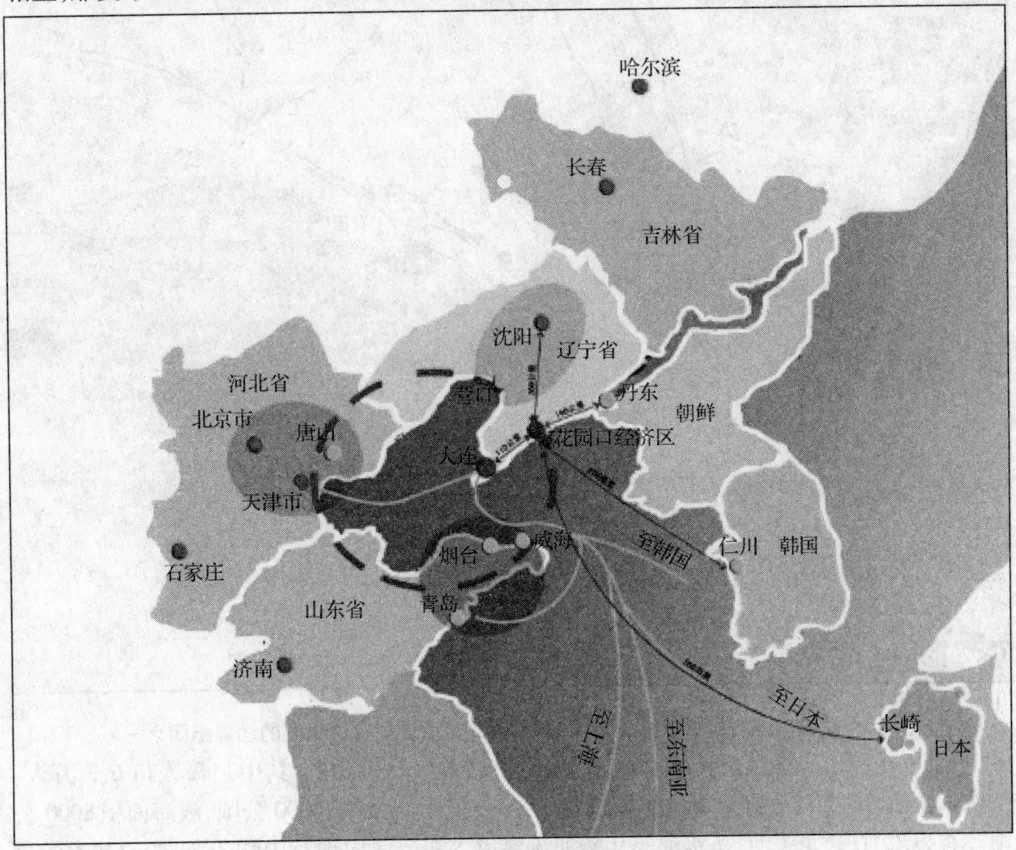

图1　大连花园口经济区位于辽东半岛南端,地处我国黄海北岸中部

花园口经济区始建于2004年,是庄河市政府在15平方公里的国有废弃盐田上建设和发展起来的,时称"大连花园口工业园区"。2005年被列为辽宁省鼓励沿海重点发展区域。2007年9月,中共大连市委、市政府批准成立花园口工业园区党工委、管委会,分别作为大连市委、市政府的派出机构。2008年5月,大连市政府决定将庄河市所属的明阳镇成建制划归大连花园口经济区代管,同时将"大连花园口工业园区"正式更名为"大连花园口经济区"。

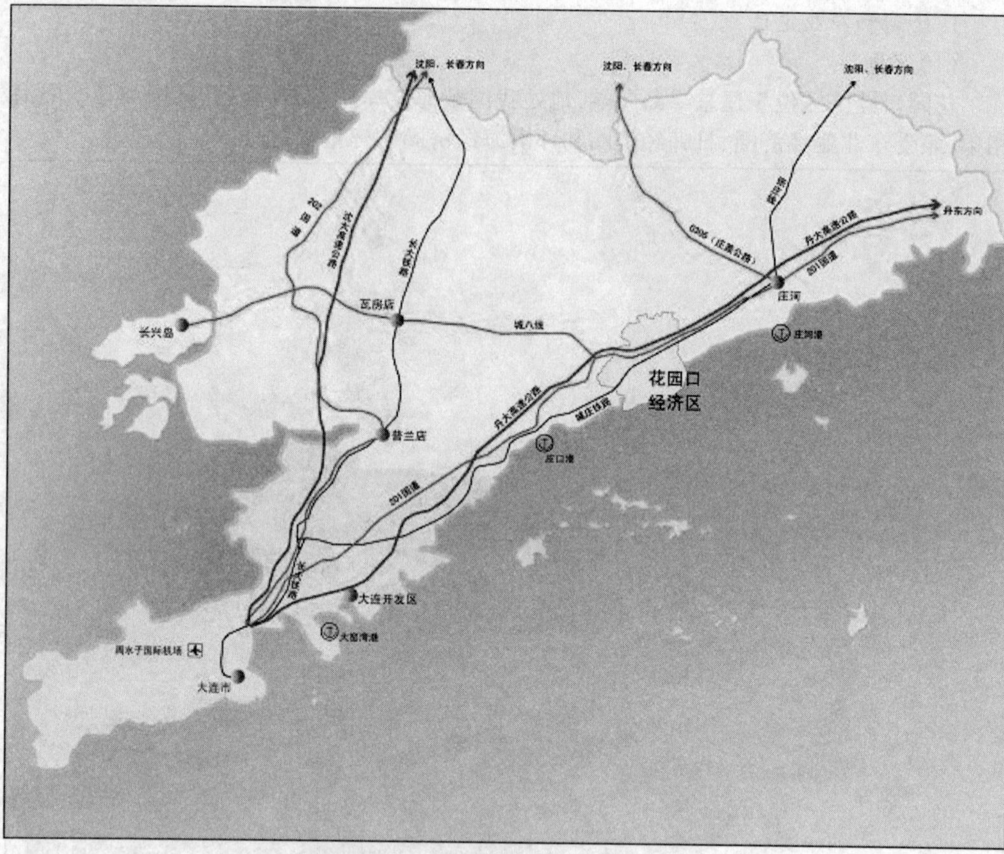

图 2　花园口经济区位于大连市域的中南部，是大连都市区重要的功能组团之一

目前，花园口经济区总面积 268 平方公里，总人口 6.5 万人，其中户籍人口 6.3 万人。下辖 1 个镇，16 个行政村。境内海岸线长 38.4 公里，滩涂面积 4000 公顷，浅海面积 8000 公顷。有碧流河、老龙头河、圣水河等 9 条河流穿境入海。区内现有中学 2 所，职业技术学校 1 所，小学 16 所，地区中心卫生院和乡镇卫生院各 1 座。

（2）产业定位

2008 年 5 月，国家发改委下发了《关于建设宁波等 7 个新材料产业国家高新技术产业基地的通知》。在新一轮产业布局中，花园口经济区有幸被列入其中。这一定位，进一步优化了大连的产业结构，明确了花园口经济区的产业发展方向：即以高科技为引领，以产业协作、资源节约、环境友好、科技引领为方向，构筑以新材料、新能源等高新技术产业为先导，以先进制造业和现代服务业为两翼，以生态农业为特色的现代绿色产业体系。重点围绕新材料产业链上游设备制造和下游应用环节，重点发展新材料产业，选择和发展新材料装备、电动汽车产业、先进装备制造业、电子信息工业、生物制品等相关产业。同时，积极推动农业经济的产业化和集约化，促进农业向现代化、集约化、生态化和休闲化方向发展；以旅游、物流、商贸、地产为现代服务业的核心，提高服务业在国民经济结构中的比重，促进第三产业与工业协调发展。

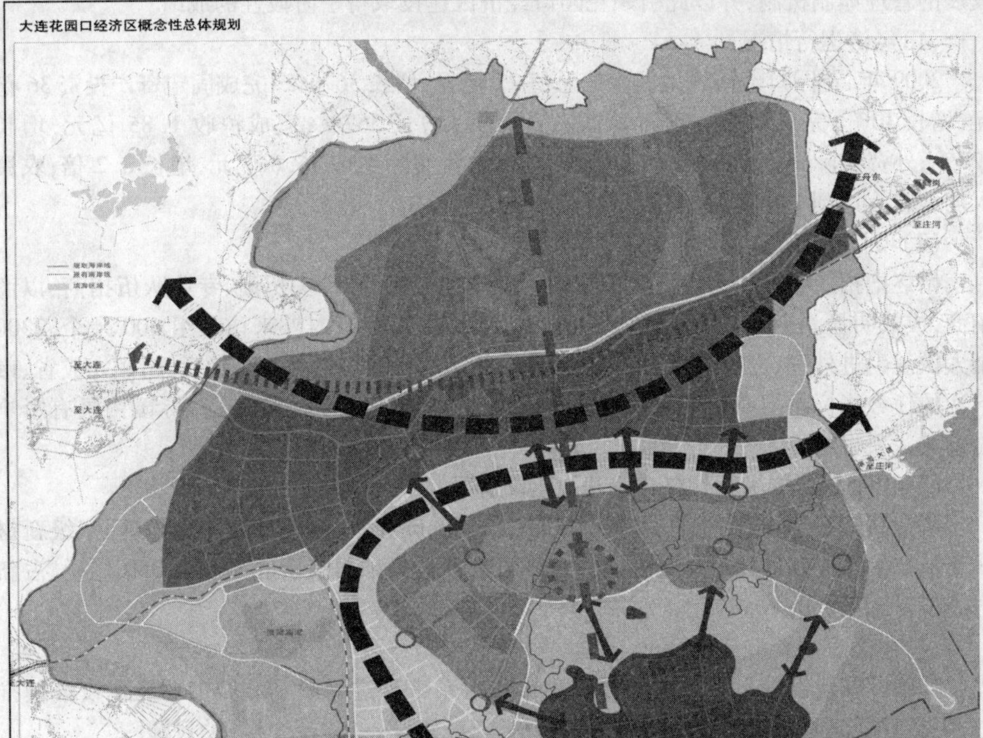

图3 花园口经济区规划结构及功能布局图

2. 经济和社会发展概况

花园口经济区自成立以来,经济区党工委、管委会不断探索适应经济区经济和社会发展的管理体制机制,并以此引领花园口经济区建设取得了阶段性的成绩。

(1)经济运行情况

2009 年,花园口经济区地区生产总值 22 亿元,增长 36.6%;完成固定资产投资 36 亿元,增长 30%;完成财政一般预算收入 3 亿元,增长 567%;完成税收 1.85 亿元,增长 429%;外资实际到位 1.5 亿美元,增长 1 倍;内资实际到位 46.8 亿元,增长 8.2 倍;农民人均纯收入达到 11632 元,增长 15%。

(2)项目招商情况

始终把招商引资作为经济区工作的生命线,坚持领导带头招商、专业队伍招商、以商招商,成效明显。全年共组织境内外招商 20 余次,接待境内外来访团组 600 余个、2300 余人次。引进外资、内资实现突破,新落地项目 76 个,投资总额 438 亿元,超额完成省、市下达的任务指标。招商引资质量明显提升,一批高科技、高附加值、在国际国内具有影响力的龙头项目纷纷入驻。

(3)国家高新技术新材料产业基地建设情况

坚持高端定位,错位竞争,差异化发展,咬住低碳经济、绿色产业不放松,国家级新材料高新技术产业基地建设初具规模。全区引进新材料项目投资总额超过 350 亿元,占新引进项目总投资的 80% 以上。

(4)生态宜居新城建设情况

基础设施建设进一步加快,道路、桥梁和水系工程进展顺利。城市功能建设继续推进,生态宜居滨海新城建设全面启动,实现了新城建设一年"变个样"的目标。

(5)和谐花园口建设情况

新建的 48 班型标准化小学和幼儿园已经完工,适龄儿童入学率达 100%。新型合作医疗参保人数占应保人数的 100%,大病、重病群众得到及时救治。农村特困救助、大病救助和最低生活保障于困难群众的生产生活得到妥善安置。城镇职工的五险、城镇居民医疗保险,机关单位医疗、工伤、生育保险已纳入市级统筹,机关事业单位养老保险、失业保险实行区统筹,企业五险开始登记办理。社会秩序平稳安定,全区社会环境良好,人民安居乐业。

花园口经济区的建设发展虽取得了一定成绩,但是,我们也应该看到,其现行管理体制机制还面临着许多问题,特别是有些体制机制已经不再适应经济区的未来发展,为此,我们对花园口经济区的管理体制机制现状进行了梳理,并将其存在的主要问题进行归纳总结。

(二)管理体制机制现状

1. 管理体制发展历程回顾

2007 年,大连市委、市政府决定设立中共大连花园口工业园区工作委员会和大连花园口工业园区管理委员会,分别作为市委和市政府派出机构,均为正局级建制。根据市委、市政府决定,党工委、管委会设置7个职能机构,处级建制。党工委、管委会机关人员编制38名。2008年,《关于调整大连花园口工业园区机构编制的通知》将党工委、管委会设置9个职能机构,核定党工委、管委会编制100名。2009年,《关于花园口经济区调整机构编制的批复》,同意成立大连花园口经济区总工会,人员编制3名。调整后,花园口经济区党工委、管委会机关人员编制103名。

表1　大连花园口经济区2007年~2010年党工委、管委会机构设置变更情况

2007年机构设置	2008年机构设置	2009年机构设置	2010年机构名称及设置预调整(尚待市编办批复)
党工委、管委会领导	党工委、管委会领导	党工委、管委会领导	党工委、管委会领导
党工委党群工作部	党工委办公室(纪工委监察室)	党工委办公室(纪工委监察室)	党群工作部
管委会办公室	管委会办公室(督查室)	管委会办公室(督查室)	党工委、管委会办公室(简称党政办公室)
经济发展局	经济发展局(安全生产监督管理局与其合署办公)	经济发展局	经济发展局
招商一局	招商一局	招商一局	对外交流与合作一局
招商二局	招商二局	招商二局	对外交流与合作二局
(无)	招商三局	招商三局	预留
规划建设局(安全生产局与其合署办公)	规划建设局	规划建设局	规划建设局
财政局	财政局	财政局	财政局
	行政服务中心	行政服务中心	行政许可与审批局
	社会管理事业局(与明阳镇实行一个机构两块牌子的管理体制)	社会管理事业局(与明阳镇实行一个机构两块牌子的管理体制)	独立设置社会事业管理局
		独立设置安全生产监督管理局	安全生产监督管理局
	市公安局花园口分局(40人编制)	市公安局花园口分局(40人编制)	市公安局花园口分局(40人编制)
		花园口总工会	花园口总工会
			组建纪工委、成立监察审计局(二者合署办公)
			成立人力资源与社会保障局
编制合计:38人	100人	103人	待定

相关政策文件：

①大编发〔2007〕95 号文件《关于大连花园口工业园区管理委员会职责配置、机构编制和人员编制的通知》为花园口党工委、管委会设置 7 个职能机构，其中设党工委党群工作部，负责党群工作。其他为管委会机构。

另：设立大连市国土资源和房屋局花园口国土资源分局，与规划建设局实行一个机构两块牌子的管理体制。设立大连市环境保护局花园口工业园区办事处，人员编制另行核定。园区内质量技术监督、食品药品监督、地方税务等管理工作由市垂直管理的有关部门负责；公安等其他社会管理工作暂由庄河市政府负责。

②大编发〔2008〕52 号文件《关于调整大连花园口工业园区机构编制的通知》为花园口党工委、管委会设置 9 个职能机构，但没有党群工作部，只设党工委办公室（纪工委监察室），其他为管委会行政机构。

③大编发〔2008〕95 号文件，同意成立大连花园口经济区社会事业管理局，处级建制，与明阳镇实行一个机构两块牌子的管理体制。

④大编办发〔2009〕17 号文件《关于大连花园口经济区安全生产监督管理局单独设置的批复》，同意将安全生产监督管理局单独设置，处级建制，核定人员编制 5 名，正、副局长职数各 1 名。

⑤大编办发〔2009〕51 号文件《关于花园口经济区调整机构编制的批复》，同意核定大连花园口经济区总工会人员编制 3 名，正处级领导职数 1 名。调整后，花园口经济区党工委、管委会机关人员编制 103 名。

2. 现行管理体制机制架构

（1）党工委、管委会领导分工

表 2　　大连花园口经济区党工委、管委会领导分工

党工委、管委会领导	主管工作
党工委书记、管委会主任董呈发	负责党工委、管委会的全面工作。分管财政局
党工委副书记、纪工委书记、管委会副主任李杰	协助党工委书记、管委会主任负责党工委、管委会的日常工作，协调跨分工领域有关事项。负责组织人事、纪检监察、政法、统战、工会、法制建设、共青团、妇联、人民武装、公安、边防、机要、保密、档案、应急、机关管理和建设等工作。分管党群工作部、办公室、公安分局、法院、检察院等部门。负责与市人大、市政协、驻军的联系工作
管委会副主任王会军	负责对外宣传、工业经济、现代服务业、安全生产等工作。分管经济发展局、安全生产监督管理局、广电文化中心和文化、旅游、商业、粮食、供销等部门
管委会副主任孙龙业	负责对外开放、招商引资、外经外贸、外事侨务、工商、税务等工作。分管招商一局、招商二局、工商分局、国税分局、地税局等部门

续表

党工委、管委会领导	主管工作
管委会副主任王永福	负责城乡建设与管理、房地产开发、基础设施建设、农业经济等工作。分管规划建设局、环保办事处、工程建设事务中心和交通、农业、林业、畜牧业、渔业、水务、气象、防汛、防台、防震等工作
管委会副主任刘天飞	负责行政审批和行政服务、社会事业等工作。分管行政审批局(行政服务中心)和教育、卫生、食品药品监督管理、体育、科技、知识产权、人口与计划生育、民政、民族、宗教、残疾人事业等工作
管委会副主任陈崇松	负责信访、司法、民事调解、社会稳定、劳动和社会保障、就业与再就业、劳动仲裁、机关事业单位保险、城镇居民保险、农民养老保险、新型农村合作医疗工作

(2)机构职能设置

①党工委、管委会设置13个职能机构,处级别建制。具体为:党工委办公室(纪工委监察室)、管委会办公室(督察室)、经济发展局、安全生产监督管理局、招商一局、招商二局、招商三局、规划建设局、财政局、行政服务中心、社会管理事业局(与明阳镇实行一个机构两块牌子的管理体制)、市公安局花园口分局(40人编制)、花园口总工会。

②人员编制和领导职数:核定党工委、管委会人员编制103名,党工委、管委会领导职数6名。

③市垂直管理机构设置:大连市环保局花园口经济区办事处为市环保局派出机构;大连市国土资源和房屋局为市国土资源和房屋局的派出机构,与规划建设局实行一个机构两块牌子的管理体制;质监、药监、地税等其他市垂直管理机构设置,由市直有关部门与管委会沟通同意后,报市编委批注设置。

④用人制度:党工委、管委会领导和职能机构正副局长(主任)实行任命制,按公务员管理;其他工作人员采取雇员制,实行全员聘用合同管理,人员档案封存,调离党工委、管委会机关后恢复原身份。

⑤机关后勤服务机构:管委会机关后勤服务逐步实行社会化管理,不设专门机构和人员。

(3)管理权限

中共大连花园口经济区工作委员会(党工委);大连花园口经济区管理委员会(管委会),均为正局级建制。管委会履行《辽宁省经济技术开发区管理规定》中规定的职责和省市政府赋予的其他职责。

3. 机构调整与管理体制创新

(1)机构名称设置的变更调整

2010年4月,根据实际工作需要,为了更好地健全体制和完善机制,花园口经济区向大连市机构编制委员会申请，提出部分机构名称变更和设置要求。

表3　2010年大连花园口经济区党工委、管委会机构设置申请变更情况及调整原因

机构名称设置的变更调整（尚待市编办批复）	调整原因
1.党工委办公室变更为党群工作部	大发编〔2007〕95号文件《关于大连花园口工业园区管理委员会职责配置、机构编制的通知》，为花园口党工委、管委会设置7个职能机构，其中设党工委党群工作部，负责党群工作。其他为管委会机构。大发编〔2008〕52号文件《关于调整大连花园口工业园区机构编制的通知》，为花园口党工委、管委会设置9个职能机构，但没有党群工作部，只设党工委办公室（纪工委监察室）。其他为管委会机构。根据文件要求，要将原来的党群工作部公章换成党工委办公室公章。但对外工作中一直沿用党群工作部的名称，主要考虑一是与大连市各先导区的一致性；二是其名称能涵盖所担负的职能。这样就出现部门名称与公章不符的情况，给工作带来很多麻烦。因此须将党工委办公室变更为党群工作部为易
2.管委会办公室更名为党工委、管委会办公室	党工委办公室变更为党群工作部后，就不能继续履行党办的职能，结合花园口经济区工作实际及花园口经济区管委会的实际，可以将管委会办公室更名为党工委、管委会办公室，简称党政办公室
3.管委会招商一局、二局分别变更为管委会对外交流与合作一局、二局	管委会招商局的主要职能是宣传花园口经济区投资优势、优惠政策，密切联系外商和外来投资者，开展招商引资工作，负责同海外联系密切的国有企业及内资企业的联系，负责办投资说明会等招商活动的具体工作的。而在实际工作中，招商一局、二局的业务不仅是招商，更有经济合作交流等层面的需求。为拓展工作领域，方便工作，提供国际交流的便利，可以将管委会招商一局、二局分别变更为管委会对外交流与合作一局、二局，不增加编制
4.管委会行政服务中心变更为管委会行政许可与审批局	为推进行政审批制度的改革，加强廉政建设，提高办事效率，让好项目"一路绿灯"进入花园口经济区，花园口党工委、管委会决定，将所有的审批与许可事项全部集中在行政服务中心，做到"大厅之外无审批与无许可"。因此行政服务中心的职责和名称就无法满足工作的需要。所以，可以将管委会行政服务中心变更为管委会行政许可与审批局

续表

机构名称设置的变更调整（尚待市编办批复）	调整原因
5.成立纪工委、监察审计局	大发编〔2008〕52号文件《关于调整大连花园口工业园区机构编制的通知》中，设党工委办公室（纪工委监察室）。按照中纪委、中组部、中央编办、监察部、财政部联合下发的《关于加强地方县级纪检监察机关建设的若干意见》的要求以及中共大连市纪律检查委员会关于县级纪检监察机关建设的要求，为加强花园口经济区党政机关的纪律检查工作，强化花园口经济区行政监察审计职能，推动党风廉政建设和反腐败工作的更好的开展，可以将纪工委监察室从党工委办公室分离，组建大连花园口经济区纪工委，同时成立监察审计局，与纪工委合署办公，正处级建制，编制6人，领导职数2人
6.成立人力资源与社会保障局	花园口经济区人事和保障工作，一直由党群工作部负责。2010年乃至“十二五”期间，全国全省及大连人力资源和社会保障工作的总体要求，是以稳定就业形势为重点，开展人力资源开发、高校毕业生就业服务、企业用工裁员情况调查等工作，任务十分繁重。原人事局和劳动局下属的事业单位涉及的人才引进、培训、考试、管理，人事代理，人才市场开发建设，高级人才及大中专毕业生接收，专业技术人员职称、失业登记管理、高校毕业生就业服务、就业与再就业服务与管理、劳动与社会保障政策法规的执行、劳动力市场的管理、职业技术培训、技能鉴定及劳动关系调整等多项业务，必须有相应的机构来履行职责。也只有这样，才能为花园口经济区内各单位和相关人员提供更细致明白的服务，改善人才环境，促进人才合理流动，实现打造人才高地的目标，完善社会保障体系，健全劳动关系协调机制，全面提升劳动保障服务水平。因此花园口经济区须成立人力资源与社会保障局。正处级建制，编制12人，领导职数3人
7.独立设置社会事业管理局	大发编〔2008〕95号文件，“同意成立大连花园口经济区社会事业管理局，处级建制，与明阳镇实施一个机构两块牌子的管理体制”。花园口经济区执行后，工作中发现问题有三：一是明阳镇行政区提格执行社会事业管理局职能，原有人员综合素质与现有职能要求层次不相匹配；二是代表管委会的社会事业管理局无法指导、考核明阳街道的工作；三是街道工作职能与社会事业管理局的职能只有少部分可以重叠，绝大部分独立性很强，即职能和责任的不对称、不统一、不稳定。为了便于开展工作，保证工作质量，特申请独立设置社会事业管理局，将明阳街道45个编调出20个给社会事业管理局，增加3个领导职数，不增设编制

(2)管理体制机制的自主创新

在体制机制创新过程中,花园口经济区管委会提出,要通过创新两种机制,管好两种权力,来不断提高自身服务能力和服务水平。

①创新行政审批机制,管好行政审批权力。一是成立了全国首家行政审批局。在坚持行政管理权与审批权不变的情况下,创新行政审批权力的运行方式和行政审批的运行模式,改变过去一切审批行为部门分散审批为行政审批局集中组织审批,都在行政审批局设立的一个受理和送达窗口统一受理送达。二是建立了项目建设绿色通道。由主要领导挂帅,管委会一名副主任负直接责任,变企业跑腿为干部全程代办。对每个项目都抽调管委会机关一名得力干部,全程代替企业办理所有申办事项。三是限时满意办结。制定规范的审批流程,行政审批按流程运转,谁超了时限就追究谁的责任,使行政审批在一周内办结。

②创新招投标运行机制,管好招投标权力。一是报名保密。由原来建设部门负责卖标书,改为由纪检监察部门责成一名得力干部专管,其他人不准插手,出现泄密唯专管者一人是问,使保密成为现实。二是标底公开。及时向社会发布标底,让所有投标者提前获得公开准确的信息,达到了在一个平台上公平有序竞争的目的。三是合理低价中标。只要不是恶意竞争,价格最低者中标。实行以来综合效果非常明显,仅节约财政资金就高达40%,而且保证了工程质量全优。

(三)存在的主要问题

花园口经济区的管理体制机制创新过程,立足工作实践,突出服务需求,与时俱进,但也存在一些问题。根据我们对花园口经济区的调研,其现行管理体制既有全国普遍的共性问题,也有自身特殊的个性问题。目前,花园口经济区存在的主要问题是:

1. 机构设置和职能存在不对称的矛盾

按照“小政府、大社会,小机构、大服务”建立的经济区管理机构与现有体制内的上级政府管理机构不对称,产生了新旧体制性矛盾。经济区作为“探索精简高效的管理模式”的政府机构改革试点,普遍设立精简的管理机构。但实际工作中,花园口经济区除面临与大连市一级政府的行政职能部门不能一一对应之外,更主要的是其内部机构设置和职能也存在不对称。这些问题如果不解决,很容易造成实际工作中的冲突,成为制约经济区经济社会发展的主要因素。比如:缺少人力资源和社会保障局,党工委和党群工作部对外使用公章的问题,社会管理局代管明阳街道出现的职能和责任不对称和不统一问题等。

2. 管理权限授权不够,落实不足

近年来,国家进一步加强了对各类开发区或高新区重点部门、重点领域的管理力度,对工商、税务、技术监督、安全生产、土地、规划等管理机构实行垂直领导,经济区管理委员会作为派出机构所拥有经济管理权、财税统筹权等逐渐被收回。从实际情况看,经济区被赋予的权限,被上级部门的行政规章和条条框框的红头文件强调的纵向集中管理所分解，一些原本下放给开发区行使的职能权限逐一被上收，导致经济区在招商引资等过程中办事环节增多，协调难度增大，工作效率降低，经济成本提高。比如：花园口经济区"加工贸易业务批准证书"，必须由企业派专人到大连市外经贸委现场审批；进出口企业的贸易审批不能就近到庄河海关，必须到大连海关审批等。往返6个小时的路程，浪费了大量的人力、物力和时间，使办事企业有意见。

3. 缺乏灵活的人力资源管理和择优竞聘机制

目前，花园口经济区所实施的人力资源管理改革还不够彻底，中层以上干部需要经过上级部门任命，还不能完全采用聘任制和竞争上岗。经济区作为一种新型的经济发展模式，如果缺少灵活的人力资源管理和择优竞聘机制，以及激励或者利益分享机制，就很难发挥其体制上的优势，将不可避免地产生工作效率不高，缺乏工作积极性等问题。

4. 地方财政收入较低，税收优惠政策力度有待加大

2007年花园口经济区（时称花园口工业园区）的管理模式是准政府的管理模式，2008年大连市政府将庄河明阳镇以城建制划归花园口，并改称花园口经济区，标志着花园口的管理体制由准政府的管理模式向经济区与行政区合一的管理模式过渡。这种变化的优势是增加了土地面积，拓展了经济区的发展空间，但劣势是增加社会管理职能，分散了管委会的精力，在一定程度上加大了花园口经济区的财政负担。考虑到自身的实际情况，经济区建设起步不久，地方财政收入较弱，花园口经济区管委会相关部门应尽快形成材料，报送上级有关部门，积极申请大连市级财政的支持。

此外，在税收政策优惠力度方面，花园口经济区的税收政策等参照高新园区和开发区的标准，但是考虑到花园口的实际情况，税收优惠政策力度仍有待加大，特别是要积极争取，加快申请国家重大政策的支持和落实。

5. 健全的投融资体系、产学研合作机制尚未建立

有效的投融资体系，能为经济区企业技术创新、经济发展提供强大动力。从花园口目前实际情况来看，还没有规划涉及建立完善的产权交易市场，形成完备的风险投资退出机制，以及健全相应投融资配套措施。如果花园口经济区在未来规划编制和实际操作中不建立健全有效的金融服务体系，在专利申请、上市扶持、科技立项等方面给予企业全方位的扶持，势必将影响很多企业入园的积极性，限制花园口经济区的长期可持续性发展。目前，比较可行的办法是建议前期先申请创建国家高新技术产业新材料基地产业发展扶持基金；建立创业引导基金；建立人才引进和技工培训基金等。

产学研合作是企业、高校、研究院所之间的合作，是促进科技和经济共同发展的一条有效途径。目前，花园口经济区缺乏新材料产业研发平台，也没有文件涉及如何推进企业与科研机构共同参与的产学研合作，以便于加速科技成果转化的专项规划和办法。更重要的是，尚未规划创建成立与新材料、新能源相关的职业技能学校和科研机构，如果未来产业集聚吸引不到足够的高端科研和管理人才，而自身也没有培养足够的技能人才满足需求的话，花园口经济区未来发展将势必难以突破人才缺乏的瓶颈。

四、花园口经济区管理体制机制创新的总体构想

花园口经济区实现管理体制与运行机制创新，是不断获取新的发展契机和培植新的经济增长点的基本条件，这既是一个上下互动的过程，也是一个不断完善的过程。花园口经济区深层次的发展需要外因和内因的有机结合，管理体制与运行机制应具有更强的应变性和适应性，成为吸引新一轮国际产业转移的新平台。

（一）指导思想

以科学发展观统领全局，坚持"小政府、大社会，小机构、大服务"的理念，以组织机构设置、项目招商、企业服务、人才队伍建设、资源环境保护和城乡统筹等领域建设为重点，大力推进管理体制机制创新，科学的构筑与一般行政区相区别、精干高效的经济区管理体制，与市场经济要求相适应、与国际惯例相接轨的经济区运行机制，为建设"生态宜居、民富区强、民和政通"的"实力花园口、活力花园口、魅力花园口、和谐花园口"而努力奋斗！

（二）总体思路

以花园口经济区实际情况为出发点，以有利于提高花园口经济区的行政效率和有利于经济区的发展为原则，把积极引进大项目、加快促进产业集聚和加快建设新材料、先进制造业基地作为推动花园口经济区创新发展的两个重要战略支点，围绕经济区管理体制机制创新这条主线，坚持推行经济区与行政区合一的管理模式和政府管理、企业运作的经济区开发模式。在实施改革创新中经济区和行政区各有侧重，着力完善激发经济发展内在动力与活力的管理体制机制创新，着力完善促进经济快速发展和城乡统筹的管理体制机制创新，着力形成国际合作与竞争新优势的管理体制机制创新，着力健全改善民生的保障机制创新，着力形成促进社会和谐稳定的管理体制机制创新。

（三）改革目标

争取到2015年，建设完成比较成熟的、适应花园口经济区发展的一体化公共管理和公共服务体系；建设完成体现科学发展观要求的，具有花园口特色的经济区管理模式；把花园口经济区建设成为辽宁沿海经济带体制机制创新的先导区。

（四）主要任务

1. 坚持推行两种模式

（1）推行经济区和行政区合一的管理模式

花园口经济区管理体制机制的创新，必须符合花园口经济区的实际情况，并且要与其今后"十二五"的可持续发展相结合。从花园口经济区的实际情况看，经济区建设起步不久，经济规模还未形成，而庄河市所属的明阳镇成建制划归大连花园口经济区代管，意味着行政区已划入。也就是说，花园口经济区管理体制正在由准政府的管委会体制（初期）向经济区与行政区管理合一的管理体制（发展中）过渡，因此，坚持推行经济区与行政区合一管理模式，健全和完善各种体制机制，将是花园口经济区"十二五"管理体制机制创新的主要任务。

(2)推行政府管理、企业运作的开发模式

在花园口经济区内体现和遵循"优先发展新材料、先进制造业"的总体框架下,推行政府管理、企业运作的经济区开发模式。坚持以企业为主体,以市场为导向,吸引各类社会力量参与经济区建设和资源整合,充分发挥企业在开发建设中的主导作用。在开发建设初期,花园口经济区管委会应通过体制机制创新,加快制定总体规划、出台扶持政策,完善配套设施,为企业集聚创造良好条件。在城区空间布局模式上,充分利用建新城区成本低土地资源开发空间较大优势,坚持突出城市特色,进一步做好城市规划,加快基础设施和城市功能建设,打造生态宜居的海滨新城。

2. 重点推动六大领域创新

(1)组织机构设置

机构设置和职能存在不对称,是花园口经济区当前亟待解决的重要问题。为此,必须坚持"小政府、大社会,小机构、大服务"的理念,按照社会主义市场经济体制与国际惯例接轨的要求,结合花园口经济区的实际,进一步深化改革,科学设置内部机构,对人、财、物实行统一管理,积极探索实施"几块牌子一套人马"的组织机构,以创建效能型和服务型管委会为目标,逐步建立起统一、高效、精干、廉洁的管理体系。积极跟踪 2010 年 4 月向大连市编办提交的关于《部分机构名称变更和设置要求》申请的批复情况,必要时请管委会主任在市级层面协调解决。

(2)项目招商

招商引资是加快花园口经济区建设与发展的重要手段,是实现经济增强和外向带动能力大幅度提升的中心任务,必须始终抓住招商引资不放松。

第一,依托欧美、日韩、台湾以及内地新材料、新能源以及生物科技等产业建立关系良好的国内外招商网络,并由管委会招商局对招商计划进行设计和实施。

第二,建立一支精专业、懂外语、掌握国家产业政策和园区招商政策、了解产业转移趋势、熟悉国际招商惯例、善于与国际大企业沟通接洽的高层次、专业化、复合型招商队伍。

第三,招商引资工作从主要依靠政策优惠向主要靠服务功能、产业环境和制度规范优势转变。

第四,努力实现招商引资向招商选资转变。要不断提高项目质量,逐步实现招商引资到招商选资的跨越。要切实抓好主题概念招商,力争引进更多具有牵动作用的大项目。

第五,建立招商引资的激励机制。一是设立招商引资专项基金,用于支持园区的招商引资、发展外向型经济活动经费和招商奖励。同时,加强专项资金监管,杜绝浪费和使用不当现象。二是建立专项奖励项目与奖励办法,表彰在招商引资中取得突出成绩的部门、企业和个人。比如制定《大连花园口经济区招商引资奖励办法》,激活各个层面的招商主动性与创造性。

(3)企业服务

能够塑造和完善一流的企业投资和服务环境,是吸引国内外企业入区投资的关键。

第一,积极推进管委会职能由管理型向服务型转变,营造良好的投资与法制环境。坚持透明度和效率原则,对保留的审批事项实行阳光操作,逐步建立与完善投诉、调查、协调、处理和监督的职能和机制。

第二,全面实施社会服务承诺制,加强管委会诚信服务机制建设。形成行为规范、运转协调、公正透明、廉洁高效的招商引资管理机制,不断提高诚信服务的能力和水平,以赢得外商的信赖。各对外办事部门和下属承担公共管理服务职能的机构均公开承诺相关服务内容、服务标准、工作时限和办事规则;当企业遇到困难时,即便事先没有相应承诺,也要尽可能为企业排忧解难。

第三,充分发挥全国首家行政审批局的职能作用,进一步优化和完善全程"保姆"式服务。要制定项目审批流程,简化手续,减少环节,使审批流程达到最优化,不断提高办事效率和行政效能,打造具有花园口特色的、全国一流的政务软环境。

第四,进一步做好行政授权对接工作。加强与上级部门的联系沟通,增进了解,赢得理解,取得支持,为经济区发展奠定良好基础。

第五,努力降低入区企业的综合成本,提高对国内外客商的吸引力。花园口经济区要降低企业的投入成本,将土地价格控制在比较合理的水平。要降低企业的经营成本,严格控制土地、水电、劳动力价格。要突出抓好行政事业收费和服务性收费的监管力度,严格清理收费、罚款,确保降低收费的各项规定落到实处。

第六,加快各类配套园区建设,为承接跨国公司产业转移和招商引资创造条件。各类工业园区的建设与形成,是产业集聚的重要载体,要顺应世界经济发展潮流,按照园区的产业定位,大力推进中小企业配套园、新材料工业园建设的推进和招商工作,精心培育市场空间和产业链的延伸,创造条件承接国内外大规模的产业发展与集聚。

第七,建立投资环境监测评估体系,定期评估投资环境状况,建立定期检查和相关职能部门反馈问题的渠道,做到服务内容细化、服务标准量化、奖惩措施具体化、接受监督公开化。

(4)人才队伍建设

以科学发展观、领导干部科学的政绩观和经济区三个文明建设为内在导向,建设效能型和服务型管委会体制机制为基本理念,构建科学的领导班子和高素质的干部队伍。

首先,着力打造"四型"(学习型、创新型、竞争性、服务型)机关处室和培养"六型"(学习型、创新型、实干型、民主型、竞争型、服务型)干部。

其次,加强对年轻干部的培养锻炼。制定并实施全区处级后备干部队伍建设十年规划,让优秀的年轻干部脱颖而出,茁壮成长。

(5)资源环境保护

城市是经济社会发展的载体,在花园口经济区开发建设中,经济区应实施环境保护和可持续发展的先进理念,重视环境的优化、保护与土地资源开发管理。

第一,构建高标准、高起点的环境保护体系。加快构建节能减排和生态环境保护的政策体系,实行严格的环保监控,建立可靠的环保防线。对有污染源且不能有效治理或虽能治理达标但污染总量过大的项目,一律禁止进入;对有污染源但可实现有效控制的项目,充分估计其污染源万一失控后的危害程度,严格控制其与居民区的距离;对经过治理虽已达标的污水,仍强制集中排放至指定的污水处理系统;区内各种垃圾经分类后集中处理。

第二,建立土地集约节约利用机制,高效利用土地资源。花园口经济区土地管理部门应会同有关部门,对辖区内土地实施有序化管理,以提高土地资源的集约利用为重点,提高土地的投资强度,以最少的资源代价获取最大的投资和产出效益。建立并完善土地供给与回购机制,严格执行国家的土地政策和产业政策,集约高效开发利用土地。

(6)城乡统筹

按照城乡一体化发展思路,加强城乡规划建设、经济社会发展的衔接与统筹,构建起统筹城乡发展、改善民生福利的长效机制。

第一,高水平推进新农村建设,支持经济区加大对农村地区的投入,大力发展社会事业,加强对明阳镇的社会管理职能。

第二,积极探索农村变成社区、乡镇变街道、农民变居民的改革。理顺区内与区外、条条与块块、管理与服务的关系,鼓励经济区对社区管理模式的探索与创新。

第三,进一步提升社会保障水平。加快提高全区尤其是农村的社会保障和生活救济水平,完善低保、五保制度,做到应保尽保。针对外来人口不断增多的实际,加大临时保障的扶持力度,特别是对困难群众要及时保障到位。坚持广覆盖、大保障,立足提高质量层次,加快推进全区社会保障体系建设。深化医疗卫生体制改革,新型农村合作医疗参保人数占应保人数100%,逐步解决困难群众看病难、看病贵问题。

五、花园口经济区管理体制机制创新的保障措施

(一)以科学严格的规划管理为先导

目前,花园口经济区已经邀请新加坡裕廊国际编制了城市概念性总体规划,并邀请大连理工大学、哈工大对其进行了进一步修改。建议经济区管委会以此为基础,进一步构建科学、严格的规划建设管理体系,发挥科学规划的先导作用。

(1)科学、严格、合理地制定规划。学习借鉴国内外先进地区的规划理念,综合考虑花园口经济区经济发展现状、资源和能源条件、产业基础和特色,以主导产业、发展空间、功能区块、基础设施、配套设施及生态保护为主要内容,科学规划和修订经济区规划。

(2)坚持高规划、高强度投入、高标准建设、高效能管理的建设方针。以建设新材料、先进制造业基地为重点,把经济区规划纳入大连市国民经济和社会发展规划、土地管理总体规划、城市总体规划和环境保护规划,形成总体规划、专项规划、详细规划相统一的规划体系。

(3)严格落实规划管理措施,维护规划的权威性、严肃性和延续性。经批准的经济区规划向社会公布,接受社会监督。加大对规划执法力度,严格按照批准的经济区建设发

展总体规划组织实施建设，坚决杜绝规划执行的随意性，保障规划实施的准确性、有效性和延续性。

(二)完善选人、用人、考核和激励体系

创新选人、用人、考核和激励机制，从制度上保障发展的不竭动力，是花园口经济区可持续发展必须要重视的一个重点。

(1)在选人机制上。除主要领导指派外，管委会其余人员均可面向社会公开招聘，不拘于机关、不限定身份、不设学历门槛，重点选用高素质、高能力、高学历、年纪轻的复合型人才。

(2)在用人机制上。树立以政绩论英雄，凭德才用干部的导向。实行全员聘任，竞争上岗，一年一聘，变身份、职位管理为岗位管理。大胆提拔使用品德高尚、业绩突出、敢于面对问题、敢于承担责任、不怕得罪人、不怕丢选票的优秀干部。

(3)在考核机制上。实行定性与定量、客观与主观、领导与群众、自我评价与服务对象评价相结合的办法，量化考核评分，建立人人皆有指标的责任机制，建立以工作业绩和项目为中心的考评体系。对职能部门实行绩效考核，考核结果与部门、个人奖惩挂钩，激发内在动力和干劲。

(4)在激励机制上。坚持依岗定薪、能者高薪的原则，实行岗位绩效工资制，初次分配按岗位，二次分配按贡献的目标激励机制。

(三)打造自主创新的综合性支撑平台

打造自主创新的综合性支撑平台，提高内生创新能力，是创新花园口经济区科学发展的重要保障。

(1)花园口经济区要高度重视发展各类科技中介服务机构，促进企业之间、企业与大学和科研院所之间的知识流动和技术转移，真正建立以市场为基础的科技成果转移、扩散机制，加快科技成果转移步伐。

(2)花园口经济区要树立全球视野、利用开放的条件，实现自主创新，把在技术引进基础上的学习和再创新作为增强自主创新能力的重要路径。鼓励经济区企业主动利用全球的新材料、新能源、生物技术等科技资源，在更大范围、更深层次上学习先进科技成就，分享国内外研究开发资源、先进管理经验和优秀科学技术成果。

(3)加快形成花园口经济区自己的研发平台和孵化基地，全面提升国内外科技合作的层次和规模，提高经济区科技创新能力。

(四)创建完善的中小企业融资和风险投资市场体系

资金的供给是制约企业发展的一个重要瓶颈问题，因此要通过多种形式为园区基础设施建设拓宽投融资渠道，积极推进融资渠道的多元化，积极为进入园区的企业提供这方面的服务。

(1)加快构建完善的企业信用服务体系，建议花园口经济区应成立中小企业服务中心，主要承担行业管理、企业协调服务和社会中介机构的三大职能。同时，建立规范的企业信用担保体系。担保公司主要以政策性资金为主,公益性服务为宗旨,采取开放、滚动发展的模式,建立严格的担保运作和风险监控制度。

(2)积极申请各项基金扶持,包括申请创建国家高新技术产业新材料基地产业发展扶持基金,其中,中央投入50%,省市各投入25%;建立创业引导基金,其中中央给予补助30%;建立人才引进和记功培训基金,中央投入50%,省、市各投入25%。

(3)条件成熟时,规划建立完善的产权交易市场,形成完备的风险投资退出机制,以及健全相应投融资配套措施。

(五)依托信息化平台,打造"数字经济区"

积极学习天津滨海新区经验,依托网络化、智能化信息平台,构建数字化的新型管理模式,打造"数字经济区",用以实施阳光政务、实施政策信息共享、实施交互式办事指导。

除此以外还包括:建立经济区企业信用体系和信用技术支持系统、本地行业市场导向与业务咨询服务信息系统;建立项目库、人才库以及远程培训系统和市场经济运行系统,运用电子商务优化产业供应链和价值链,促进现代服务业的发展,提升经济区企业竞争力和拓展力;建立经济区智能化监控系统,包括实施经济运行、城市管理和灾害突发及处理系统、地区各种资源基于同一的空间数据标准而整合生成的三维地理导航与产业导航系统;主导产业品牌产品与产后服务网络跟踪系统等。

(六)积极争取市级财政补贴,申请国家重大优惠政策支持

积极申请争取大连市级财政补贴。花园口经济区建设起步不久,地方财政收入较弱,明阳镇的城建制划入增加了社会管理职能,在一定程度上加大了财政负担。花园口经济区管委会相关部门应尽快形成材料,报送上级有关部门,积极申请大连市级财政的支持。比如:申请将大连市每年2000万财政补贴由2010年年末到期继续向后延续3年,申请将教育补贴等市级专项资金配套与北三市相同等。

积极申请国家税收优惠政策支持。比如:经济区新注册的企业,自盈利之日起,2年内免征企业所得税,第3年至第5年减半征收企业所得税;经济区内企业缴纳的增值税和企业所得税,地方财政与中央财政的分成比例分别为50%;将中央税收增量部分全部返还,用于花园口的开发建设;对入区的各类企业,5年内取得的财政补贴资金,凡用于扩大企业经营生产的,免征企业所得税;对企业、研发机构和教育类部门中,引进高级以及技术职称或月薪万元以上的管理人员的工薪收入,5年内免征个人所得税等。

(七)健全高层次、高技能的人才培养和引进机制

花园口经济区在招商引资与引进大项目能否在更高层面上不断向纵深推进,最根本的还取决于能否聚集越来越多的多方面高层次、高技能、高素质的人才。

(1)建议制定一系列务实的国内外人才吸纳政策。花园口经济区管委会内业务性较强的领导岗位,可按照职位目标向全国或境外公开选拔。建议出台符合国际惯例的吸引出国留学人员来经济区搞科研、办企业的高素质人才引进的优惠政策,设立投资创业基金、对缺乏基金的高新技术人才进行创业扶持;加强与大中专院校的合作,针对产业定向

培养专业化人才。定期举办企业家培训班,集中解决企业管理中普遍遇到的问题,促进管理者管理水平的提高。

(2)健全人才培养和人才引进机制。规范人才市场流动,吸引本地和外来的相关领域专业人才。大力发展职业技术教育,构建专业的职业技术教育和培训体系。重视人才的层次性和实用性,对制造业所需要的大量技术工人,不仅要发展就业前的职业培训,而且要建立社会化的职业技能考评和认证体系,使得技术工人可以在就业岗位上不断提升自己的专业技能水平,从而为本地积累专业技术知识和人才创造良好的环境。

(八)构建和谐稳定劳动关系,健全劳动保障体系

构建和谐稳定的劳、资、政协调体系,是依法维护劳动者合法权益,保护企业合法利益,最终取得双赢的重要机制。

(1)发布规范性文件,致力于建立和谐、稳定的劳动关系和劳动管理制度。

(2)把维护劳动者合法权益和维护投资商正当权益有机统一起来,建立由劳、资、政三方组成的工资增长和谈判机制,促进劳动用工的规范性、用工成本的合理性和企业用工的稳定性。

(3)成立以加强劳资合作关系为宗旨的园区工会联合会,加强外企工会的指导,一方面可以减轻管理层生产经营以外的工作负担,同时又可发挥其增强企业凝聚力、协调密切劳资关系的作用。和谐稳定的劳、资、政三方协调体系的建立,可为经济区创造更多的就业机会,改善员工的劳动和生活质量,从而形成更为优越的投资软环境。

(4)加快构建覆盖全区的劳动保障体系。把行政企事业单位职工以及农民都纳入到社会保障体系。城镇职工的五险、城镇居民医疗保险、机关单位医疗、工伤、生育保险要全部纳入市级统筹;机关事业单位养老保险、失业保险实行区统筹;入区企业五险加快登记办理,切实保障企业员工利益。

《花园口经济区管理体制机制创新研究》课题组成员

课题领导小组:

组　长:李　才　大连市政府发展研究中心　主任　教授

副组长:李文语　大连市政府发展研究中心　副主任

成　员:尹晓琴　大连市政府发展研究中心社会事业研究室　主任　副研究员

课题组:

负责人:尹晓琴　大连市政府发展研究中心社会事业研究室　主任　副研究员

成　员:王树坤　大连市政府发展研究中心社会事业研究室　副主任科员　助理研究员

大连开发区“十二五”服务外包产业发展规划研究

张少颖　鲁　岩　宋欣茹　赵　欣　冯士森

一、服务外包综述

(一)理论综述

1. 服务外包定义

外包(Outsourcing)一词的直接释义是“利用外部资源”,服务外包(Outsourcing the service)就是“有效利用外部资源完成企业内部的业务流程”。

国际上一般采用美国毕博管理咨询公司的定义:服务外包是指企业为专注于提高核心竞争力,以信息技术为依托,利用外部专业服务商来完成原来由企业内部完成的工作,从而达到降低成本、提高效率、提升企业对市场环境应变能力并优化企业核心竞争力的一种服务模式。企业委托外部服务商完成的工作,主要是一些非核心的ITO业务和基于IT平台的BPO业务。基于IT平台的要点是,服务外包利用IT技术,在计算机上操作完成,并以数据信息形式交付。

我国商务部对服务外包有广义和狭义的界定。广义的服务外包泛指WTO《服务贸易总协定》规定的各项服务活动的外包,包括商务服务、通讯服务、建筑及相关工程服务、分销服务、教育服务、环境服务、金融服务、健康及社会服务、旅游服务、文化娱乐及体育服务、交通运输服务、其他服务12个大类,155个详细分类。狭义的服务外包与国际一般定义接轨,专指企业内部的ITO、BPO业务。本项目报告的研究对象是狭义的服务外包。

2. 服务外包分类

表1　服务外包业务领域分类

一级分类	二级分类	业务领域
信息技术外包(ITO)	软件产品开发	应用软件开发、嵌入式软件开发、集成电路(IC)设计、系统集成、整体方案设计等
	系统应用服务	IT工程设计、基础IT系统管理、网络开发、电子商务开发、IT测试服务、系统远程维护等

续表

一级分类	二级分类	业务领域
业务流程外包(BPO)	数据处理	银行结算数据、信用卡数据、保险理赔数据、医疗体检数据、税务数据等数据处理
	企业内部管理	人力资源管理、劳动工资管理、财务会计管理、培训服务、后勤服务等
	业务运营服务	金融后台服务、电信增值服务、营销服务、供应链管理、能源管理、教育卫生服务、政府公共服务等
知识流程外包(KPO)	研发设计	产品和技术研发、工业设计、工程设计、动漫和创意设计等
	生物技术研发	生物医药研发、生物工程研发、健康服务等
	咨询服务	信息咨询、市场调研、项目策划、知识产权服务、中介代理服务等

表2　　　　服务外包交付方式分类

交付方式	服务形式	主要特点
离岸外包	发包商委托境外服务供应商提供外包服务,服务供应商为发包商提供跨境服务	发包商国内人力成本较高,服务供应商国内人力成本较低
近岸外包	发包商委托近邻国家的服务供应商提供外包服务,服务供应商为发包商提供跨境服务	近邻国家文化联系密切,语言障碍较小,具有人力资源优势
在岸外包	现场服务:发包商委托本国或境外的服务供应商提供外包服务,服务供应商在发包商现场提供服务 境内服务:发包商委托本国的服务供应商提供外包服务,服务供应商在境内为发包商提供服务	发包商与服务供应商可以便利快捷地联络沟通,及时评估项目成果并进行调整完善,有利于降低交通成本和管理成本、提高运营效率
混合交付	服务供应商为适应客户需求和提高服务质量,采取离岸外包与在岸外包相结合的交付模式,为发包商提供服务	克服地域和时区差异,实行二十四小时不间断服务,有利于降低客户的经营风险和成本

3. 服务外包特点和作用

一是以高技术为依托。服务外包以IT技术为依托,以计算机操作为手段,是技术密集型产业,发展服务外包有利于促进IT技术进步,扩大IT技术在服务业的广泛应用。

二是以高智力为支撑。服务外包以高素质人力资本为支撑,是知识和智力密集型产业,发展服务外包有利于培养高素质专业人才,优化人力资源结构。

三是创造附加值较高。服务外包是知识和技术含量较高、附加值较高的新型高端服务业,发展服务外包可以发挥高技术、高智力和专业化优势,创造较高的经济效益。

四是吸纳就业能力较强。服务外包是人力资源密集型产业,发展服务外包能够吸纳大量专业人才就业,并带动相关服务业发展,创造更多的就业机会。

五是节能减排效果明显。服务外包是典型的低碳经济,资源消耗低,环境污染少,发展服务外包可以有效改善生态环境,促进经济社会可持续发展。

(二)国际发展趋势

1. 经济全球化推动国际服务外包发展

20世纪90年代以来,随着经济全球化发展和发达国家产业结构不断升级,世界500强企业和跨国公司加快了产业转移步伐,并从制造业逐步扩展到服务业,把大量ITO业务转移给新兴国家和发展中国家,推动了国际服务外包快速发展。随着IT技术不断进步和产业分工逐渐细化,制造业服务化、服务流程数字化和模块化日益明显,使得产业链、价值链中下游的各个服务流程都成为外包对象,国际服务外包不断扩大,逐渐成为国际分工的主要形式和世界经济发展的主导力量。

进入新世纪以来,国际服务外包呈现出新的特点和趋势:一是服务外包领域不断扩展,从ITO业务领域扩展到金融、电信、物流、能源、医药、研发设计、教育、政府等BPO、KPO业务领域;二是服务外包形式多样化,离岸外包与在岸外包相结合成为主要形式;三是形成了全球服务外包分工体系,美国、欧盟和日本是主要发包国,亚太国家是主要接包国。

2. 全球服务外包市场发展空间巨大

据国内外有关资料分析,2008年全球服务外包市场贸易额5000亿美元,按年均增长率20%计算,2015年将达到15000亿美元。目前,世界最大的1000家公司中有超过半数的公司尚未剥离服务流程,外包业务占这些公司服务流程的比重不到5%。可见,全球服务外包市场拥有巨大的发展空间。今后,随着越来越多的跨国公司剥离服务流程参与国际分工,全球服务外包市场将会保持蓬勃发展态势。

3. 全球服务外包市场竞争激烈

从接包国看,印度、爱尔兰和中国为第一梯队,接包额约占全球市场的75%;第二梯队有加拿大、俄罗斯、菲律宾、澳大利亚、新西兰、马来西亚、墨西哥、西班牙等国;第三梯队有中东欧国家、印度尼西亚、泰国、巴西、以色列、埃及、巴基斯坦、南非等国。

表 3　　　　2008 年全球离岸外包市场构成

发包国	排名	离岸发包/本国发包总量	离岸发包/全球市场	主要接包国
美国	1	20%	66%	印度 60%、加拿大、菲律宾等
欧盟	2	10%	18%	爱尔兰、以色列、俄罗斯等
日本	3	2%	5%	中国 70%、印度 13%、韩国 8%、菲律宾等
接包国	排名	离岸外包/本国外包总量	离岸外包/全球市场	主要发包国
印度	1	70%	46%	欧美 90%
爱尔兰	2	95%	19%	欧盟 90%
中国	3	6%	10%	日本 61%、欧美 23%、香港 9% 等

资料来源：2008 年全球软件和信息服务业的统计。

(三)国内发展趋势

1. 服务外包发展势头迅猛

据国内有关资料统计，2008 年我国服务外包总收入 575 亿美元(约 3927 亿元人民币)，年均增长 30% 左右，大大高于全球市场的增长速度，成为仅次于美国的全球第二大服务外包市场。2009 年 6 月，全国有服务外包企业 6673 家、从业人员 121.5 万人；完成服务外包合同金额 32.9 亿美元(国际服务外包占 77.8%)，同比增长 42.4%。

2. 在岸外包市场发展空间巨大

2008 年我国在岸外包收入 3688 亿元，占服务外包总收入的 94%，其中 ITO 收入占 80%，BPO 收入占 20%，主要集中在制造、金融、电信、物流业和政府。目前，我国信息化建设支出(软件年销售收入 9300 亿元)仅占 GDP 的 2.8%，远远低于发达国家和印度的水平，BPO 市场尚在开发中，在岸外包市场拥有巨大的发展空间。今后的发展重点：工业信息化外包；金融、电信、物流、医药、能源、文化创意等业务流程外包；教育、卫生、环保、政府等公共服务外包。

3. 离岸外包市场发展前景广阔

2008 年我国离岸外包收入 35 亿美元(约 239 亿元人民币)，占服务外包总收入的 6%、全球市场的 10%。目前，我国离岸外包主要依靠人力成本优势，外包业务集中在 ITO、BPO 中低端业务领域，高端业务份额很小。

从发展前景看，我国拥有庞大的服务外包市场、丰富的人才资源、较低的人力成本、完善的电信基础设施和高度开放的市场环境，这些因素对全球发包商和服务供应商都具有极大的吸引力。近年来，已有许多世界 500 强企业和跨国公司进入我国开展服务外包,他们在抢占中国市场的同时,也带来了大量离岸外包业务,并提供国际合作和培训服务,从而提高了我国服务供应商的国际竞争力,推动了离岸外包快速发展。今后,我国将坚持走国际化道路,大力发展离岸外包,抢占国际高端服务外包市场,向世界服务外包强国迈进。

表4　　2008年我国服务外包10强城市主要指标

城市	收入排名	总收入(亿元)RMB	出口排名	出口(亿美元)	主要市场	主要业务领域
北京	1	1537	8	5.35	日本、美国	IT、研发设计、动漫设计、政府、金融、教育
深圳	2	1108	1	65	香港	IT、IC、研发设计、制造、金融、电信、电力
上海	3	1040	2	14.8	日本、欧美	IT、IC、金融、研发设计、医药、物流
广州	4	500	7	5.75	香港	IT、制造、电信、物流
南京	5	471	4	8	日本	IT、电信、电力、动漫设计、医药
成都	6	423	10	3	美国、日本	IT、金融、电信、动漫设计、
杭州	7	397	9	5.31	日本	IC、金融、电信、动漫设计、零售
大连	8	306	3	10.5	日本、韩国	IT、金融、物流、制造、电信、动漫设计
苏州	9	272	6	5.9	欧美、港澳台、日本	动漫设计、IC、金融、医药、互联网
无锡	10	262	5	6.18	美国、港澳台	IT、IC、工业设计、金融

资料来源:2008年中国软件和信息服务业的统计。

4.服务外包发展面临诸多挑战

一是缺乏专业人才。国内大学的学科设置不合理,缺乏与实践相结合,培养实用人才不足,中高端人才和复合型人才匮乏,服务外包企业还要付出很高的人才培养成本。

二是缺乏专业服务供应商。许多服务外包企业管理水平不高,接包能力薄弱,交付能力得不到海外客户的广泛认可。国内企业普遍不熟悉西方国家业务流程,达到CMM5级认证的企业很少,对日本和欧美外包一般都是分包业务,缺乏直接接包能力。

三是法律法规不健全。服务外包企业认证条件苛刻,要求离岸外包收入、大专以上员工占70%,将一大批中小在岸外包企业排除在外;服务外包税收优惠较小,不如印度、爱尔兰、菲律宾等国的“零”税负或低税负;离岸BPO合同不被认定为技术服务出口合同,无法享受税收优惠;外资企业开展电信外包面临申请电信服务许可证、所有权不得超过50%等限制,而印度、爱尔兰不存在这些限制;服务外包管理体制和统计体系尚未理顺,知识产权保护、信息隐私保护、信用体系建设等法律法规不健全。

四是缺少行业组织。在拓展国际市场方面,缺少全国统一的、有国际影响力的行业组织和营销机构,难以同印度等服务外包强国竞争。

五是基地城市缺乏特色。各个基地城市战略定位大同小异、发展重点雷同、比较优势不突出,导致同构化竞争激烈;招商引资目标趋同,优惠政策向大企业倾斜,对中小企业缺乏扶持力度。

二、发展基础

(一)有利条件

1. 综合经济实力较强

大连开发区是我国重要的国家级开发区,也是大连对外开放和经济发展的先导区。"十一五"以来,开发区贯彻落实建设辽宁沿海经济带、振兴东北老工业基地等国家战略,不断深化改革和扩大开放,大力发展航运物流、石化、制造和电子信息产业,促进了区域经济持续快速发展,成为东北地区最大的对外开放窗口、大连国际航运中心的核心功能区、辽宁沿海经济带重要的先进制造业集聚区。2009 年地区生产总值 1002 亿元,同比增长 20%,占全市 GDP 的 22.7%;工业总产值 2331 亿元,同比增长 22%,占全市工业总产值的 38.8%;实际利用外资 20 亿美元,同比增长 52.7%,占全市利用外资总额的三分之一。

2. 本地市场需求较大

大连开发区的制造业、新兴产业和物流业的发展规模较大,发展目标定位较高,未来发展会产生较大的服务外包需求。

表 5　　2009 年大连开发区产业发展规模

产业	规模以上企业(家)	产值、收入(亿元)	经济贡献率	发展目标	服务外包需求
制造业	2000	600	占全市四分之一	千亿级产业集群	工业信息化、工业设计、供应链管理
电子信息产业	86	400	占全市80%	千亿级产业集群	嵌入式软件开发、IC 设计
光电产业	50	40	占全市60%	百亿级产业集群	嵌入式软件开发、IC 设计
生物医药产业	49	40	占全市40%、辽宁 15%	百亿级产业集群	生物医药研发、健康服务
物流业	500	300	占全市二分之一	国际物流中心核心功能区	供应链管理、物联网

资料来源:大连开发区发展报告、大连市统计资料。

3. 服务外包初具规模

"十一五"以来,在大连软件和服务外包产业发展的带动下,开发区逐步发展服务外包并取得了一定成绩。据不完全统计,2009 年服务外包收入约 50 亿元,服务外包企业发展到 140 多家。

主要特点:以在岸外包为主,发包方多来自本地市场;主要外包业务有嵌入式软件开发、生物技术研发、工业设计、供应链管理;嵌入式软件开发、生物技术研发形成了一定规模,成为全市最大的嵌入式软件、生物技术外包基地。

表 6　　2009 年大连开发区服务外包发展情况

业务分类	产值、收入(亿元)	市场份额	服务供应商(家)	业务领域
嵌入式软件开发	29.9 年均增长 30%	占全市 56%	11	通信设备、自动控制、数字视听、汽车电子
生物技术研发	5 年均增长 50%	占全市 80%	11	生物医药研发、健康服务
研发设计	4.3		21	大型装备、电子信息产品、家电产品
供应链管理	10		10	采购、运输、仓储、分销、配送
其他服务			92	计算机服务、专业技术服务、商务服务

资料来源:大连开发区有关资料。

4. 开放优势明显

多年来,开发区一直坚持外向发展战略,积极改善投资环境,吸引外商投资,承接日本和欧美产业转移,利用外资和对外贸易不断扩大,经济国际化水平显著提高。目前,开发区是日资企业在华的主要集聚区之一,拥有日资企业 1000 多家、世界 500 强企业 48 家、其他外资企业和项目 3000 多个,许多外资企业开展了服务外包发包、接包业务。这些国际化的市场环境为引进国内外知名的服务外包企业创造了良好条件。

5. 科技实力较强

开发区在数控技术、新能源技术、生物技术、工业设计等领域拥有一批高水平的研发设计机构,为服务外包发展创造了有利条件。

数控技术:光洋科技、科德数控、大森数控、大连机床等企业研发中心。光洋科技、科德数控是国内知名的数控机床企业,形成了产学研一体化研发体系,建有国家博士后工作站、国家工控技术转移中心、辽宁省工程技术研究中心等创新平台,累计申请发明专利百余项,掌握了一批数控核心技术,参与了国家科技重大专项研发工作,开发出一批具有世界先进水平的高档数控机床。

新能源技术:路明科技、淡宁、科利德等企业研发中心。路明科技是国内知名的新能源、新材料企业,在世界上首次开发出稀土发光材料,累计申请发明专利 60 多项。目前已开发出发光材料、发光芯片两大产品系列,在开发区建立了国家级 LED 产业基地,完成了多项国家、省市重大科研项目,路美蓝光、绿光、蓝绿光芯片产品达到世界先进水平,形成了规模化生产。

生物技术:企业研发中心和研发机构11家。双D港是辽宁最大的国家级生物医药产业基地,有新生源、金凯美、富勒玛(意)、凯飞、联化等7家中外企业研发中心,设立了国内先进的生物技术实验检测平台,推行了CRO外包模式,开发出一批具有自主知识产权的生物医药产品。开发区还引进了沈阳药科大学、辽宁中医药大学、中科院植物所、化物所等知名高校和科研院所,设立了国家级研发中心2家、省级研发中心2家。

工业设计:一重集团设计研究院、冶金设计院等研发设计机构。一重集团设计研究院是我国最大的重型机械设备研发设计机构,主要研制开发大型冶金成套设备、锻压设备、矿山设备、核电设备、石化设备、军工设备等。近几年来,申请发明专利37项、实用新型专利200项,专利实施年产值50多亿元。曾荣获国家级奖项28项、省部级奖项61项。

6. 人才资源丰富

大连是我国重要的软件人才培养基地。在22所高校和40所职业中专设立了IT专业,成立了5所软件学院,其中大连理工大学软件学院、东软信息学院是全国最大的软件学院,IT专业在校生达5万人。建立了200多所软件人才培训机构,每年可培训上万人。开发区有大连理工大学软件学院、大连大学等11所高校,博士后工作站6个,职业技工学校和培训机构12所,还将与英特尔合作建立IC人才培训基地。这些教育和培训机构可以培养大量的IT人才及其他专业人才,为服务外包发展提供了人才保障。

7. 生态环境优良

开发区地处黄海海滨,环绕着大窑湾、小窑湾、长江湾等深水港湾,坐落着金石滩国家旅游度假区。服务外包园区都规划建在海滨地区,依山傍海,风光秀丽,植被茂盛,空气清新。这些优良的生态环境对服务外包人才和企业具有极大的吸引力。

8. 政策环境较好

近年来,省市主要领导多次视察开发区,要求开发区抓住机遇不断调整产业结构,在发展石化、制造和电子信息产业的同时,加快发展服务外包,推进产业结构优化升级。开发区管委会认真贯彻落实省市领导指示,把发展服务外包作为一项重要任务,抓紧研究制定有关规划和政策。这些政策环境为服务外包发展创造了良好条件。

(二)发展机遇

1. 国家政策大力支持

近几年来,我国政府高度重视发展服务外包产业,把它作为调整优化产业结构、转变外贸发展方式、增加大学生就业的重要途径。国务院批准北京、天津、上海、重庆、大连、深圳、广州、武汉、哈尔滨、成都、南京、西安、济南、杭州、合肥、南昌、长沙、大庆、苏州、无锡、厦门等21城市为“中国服务外包示范城市”,实行税收优惠、财政支持、金融支持、知识产权保护、实用人才培训、特殊劳动工时、改善投资环境等一系列扶持政策和措施,这些城市服务外包收入已占全国市场的75%以上。商务部制定了全国服务外包产业发展规划和政策,许多地方政府也制定了这方面的规划和政策,进一步推动了服务外包发展。

根据商务部的规划，今后五年，我国要建成一批具有国际竞争力的服务外包基地；承接200家著名跨国公司的服务外包业务；培育2000家具有国际资质的大中型服务外包企业；培训120万名服务外包实用人才；新增100万大学生就业。到2013年，全国承接国际服务外包合同300亿美元，比2008年翻三番以上。

2. 建设辽宁沿海经济带

建设辽宁沿海经济带要求大连发挥核心和龙头作用，加快建设"三个中心、一个集聚区"，带动辽宁和东北老工业基地振兴。根据国际航运中心和物流中心建设规划，大连到2015年实现港口货物吞吐量3.9亿吨，集装箱吞吐量1700万标箱，比2009年增长44%即为2009年的2.8倍。随着物流规模不断扩大和现代物流业不断发展，将会产生很大的供应链管理外包需求。根据区域性金融中心建设规划，大连要依托人民路和星海湾金融商务区，着力引进国内外知名金融机构，打造国际金融产业集群，向东北亚国际金融中心发展。随着金融业不断发展和分工不断细化，将会产生很大的金融后台服务外包需求。根据现代产业集聚区建设规划，大连要依托开发区等临港临海产业基地，大力发展先进制造业和战略性新兴产业，打造若干千亿级产业集群，向世界级先进制造业集聚区发展。随着制造业不断发展和技术不断进步，将会产生很大的工业信息化、研发设计等外包需求。大连经济发展还会带动辽宁和东北老工业基地全面振兴发展，进一步扩大制造业、新兴产业和物流业的服务外包需求。

3. 大连争创"两个第一"

大连软件和服务外包产业具有国际比较优势。2008年软件销售收入306亿元，软件出口10.5亿美元，近十年平均增长45%，走在国内前列；2009年有效抵御了国际金融危机影响，软件销售收入400亿元，软件出口15亿美元，分别增长30%以上。拥有软件企业900多家，其中外资软件企业400多家，世界500强企业50家，从业人员8万多人。被国家授予"中国服务外包基地城市"、"软件产业国际化示范城市"、"软件人才国际培训基地"、"国家软件版权保护示范城市"等称号，并被IDC评为全球离岸交付指数城市世界第五、中国第一。"十二五"时期，大连将按照温总理的要求，赶超班加罗尔，争创"中国第一"、"世界第一"，向全球软件和服务外包新领军城市迈进。服务外包产业布局将以旅顺南路软件产业带为核心，向市内四区和开发区扩展。

综上所述，大连开发区应充分利用这些机遇，面向国内外服务外包市场，发挥大连软件和服务外包产业优势，争取各级政府的政策支持，加快发展服务外包产业，逐步建成我国重要的服务外包基地。

（三）制约因素

1. 园区发展空间不足

开发区规划的服务外包园区中，双D港生物技术外包园区的发展空间明显不足，现有50多家研发机构和生产企业已占据了90%的空间，很难再设立新的企业。未来要发展生物技术研发外包，还需要规划新的发展空间，引进更多的研发机构。

2. 服务外包企业较少

开发区现有各类生产性服务企业 130 多家,其中独立开展外包业务的企业数量较少,从业人员、业务规模也较小。生物技术研发机构从业人员只有 240 人,软件信息和计算机服务企业的从业人员只有 200 人;不少嵌入式软件开发企业由于收入较低,尚未纳入大连市软件和信息服务业统计范畴。

3. 人才结构不合理

大连服务外包人才结构不尽合理,软件人才较多,IC 人才、生物技术人才较少。从软件人才看,从事程序编码、数据处理等低端业务的人员较多,缺少架构师、设计师、估价师等高端人才,更缺少外语水平较高、掌握专业技能并熟悉国际市场的复合型人才。由此也导致整体接包能力较弱,嵌入式软件开发和 IC 设计能力不强,难以承接高端外包业务。

4. 生活服务环境滞后

开发区规划的服务外包园区普遍离金马路商业中心区较远,周边尚未形成完善的生活服务区。各个园区虽然规划了配套生活服务区,但全部建成使用需要几年时间。办公区建成使用后一段时间内,进驻企业人员还要往返于园区与金马路一带,承受交通和生活不便的压力。

5. 产业政策不完善

从国家政策看,我国对服务外包企业缺乏明确界定,使许多 BPO 企业不能被认定为服务外包企业,无法享受优惠政策。服务外包统计管理、电信管理、海关监管、外汇监管、人员出入境监管等方面的体制和政策尚不完善,也制约了服务外包发展。

从地方政策看,开发区还需进一步完善服务外包税收优惠、收费减免、知识产权保护、信誉体系建设等政策,并在基础设施建设、人才培养和引进、科技创新体系建设等方面加大政策支持。

三、总体发展思路

(一)指导思想

以科学发展观为指导,加快转变经济发展方式,贯彻落实辽宁沿海经济带发展规划和大连市"十二五"发展规划,以发展先进制造业、战略性新兴产业和现代服务业,推进产业结构优化升级为宗旨,利用国内外服务外包市场不断扩大的机遇,大力发展服务外包产业,重点发展嵌入式软件开发、集成电路设计、生物技术研发、工业设计、供应链管理、金融后台服务、动漫和创意设计等外包业务,构建服务外包产业集聚区,打造服务外包产业集群,逐步建成我国重要的服务外包基地,促进大连科学发展新跨越、辽宁沿海经济带建设和东北老工业基地振兴。

(二)发展原则

一是错位发展原则。根据区域分工特点,重点发展具有比较优势的外包业务,形成区域服务外包的合理分工和优势互补。

二是改革开放原则。坚持政府引导、市场化和国际化运作,促进服务外包企业发展,提高服务外包国际化水平。

三是集约化原则。科学规划服务外包产业布局，依靠产业集聚、结构优化和自主创新推动服务外包发展，提高服务外包的发展质量和效益。

四是协调发展原则。发展服务外包与发展先进制造业、战略性新兴产业和现代服务业相结合，推进产业结构优化升级。

五是可持续发展原则。建设绿色环保型服务外包园区，扩大节能减排，发展循环经济和低碳经济，促进服务外包可持续发展。

（三）发展模式

基于对市场需求、产业基础、外部环境和制约因素的分析，建立具有开发区特色的服务外包发展模式：

一是面向大连和东北地区的服务外包市场，建立以制造业服务、健康服务外包为主的发展模式。

二是发挥嵌入式软件开发、生物技术研发的比较优势，建立以高端服务外包为主的发展模式。

三是发挥大连软件和服务外包产业的国际竞争优势，建立在岸外包与离岸外包相结合的发展模式。

四是着眼于服务资源要素的合理配置，建立具有综合竞争力优势（基础设施完善、政策法规健全、企业竞争力强、人才素质高、经济效益好）的服务外包发展模式。

（四）发展目标

开发区争取经过5～10年努力，建立起“七大业务”（嵌入式软件开发、生物技术研发、集成电路设计、工业设计、供应链管理、金融后台服务、动漫和创意设计）、“四大园区”（双D港生物技术外包园区、数字湖服务外包园区、金石IT服务外包园区、卧龙湾服务外包园区）构成的服务外包产业集聚区，培育出国际竞争力较强的服务外包产业集群，建设成我国重要的服务外包基地，打造成东北地区制造业服务、健康服务外包中心。

表7　大连开发区“十二五”服务外包发展指标

发展指标	2009年	2015年	年均增长
服务外包收入（亿元）	50	300	35%以上
服务外包出口（亿美元）		10	
服务外包企业（家）	145	600	75
服务外包从业人员（人）	不足1万	6万	8000

四、发展重点

大连开发区“十二五”服务外包发展重点如下：

制造业服务外包——嵌入式软件开发、集成电路设计、工业设计、供应链管理

健康服务外包——生物医药研发、生物工程研发、健康服务

其他 BPO 业务——金融后台服务、动漫和创意设计

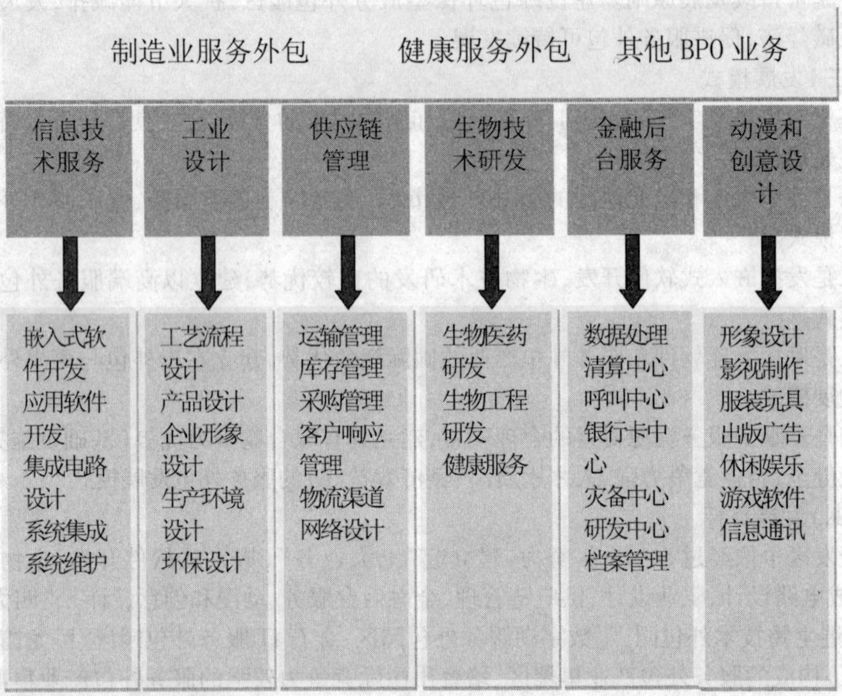

图1　大连开发区服务外包发展重点

(一)嵌入式软件开发

1. 基本概念

嵌入式软件是计算机技术、半导体技术、微电子技术与各个行业应用相结合的 IT 产品，是一个技术密集、资金密集、应用领域高度分散、技术周期快速更新的技术集成系统。嵌入式软件系统通常面向特定用户和产品，随着市场需求变化不断创新和升级。应用于某种产品的单片机系统就是典型的嵌入式软件系统，如手机、MP3 等。

2. 业务流程

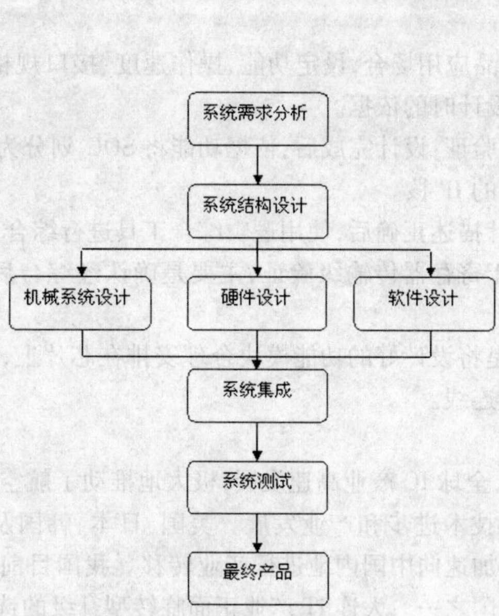

图2　嵌入式软件开发流程图

3. 市场分析

嵌入式软件是世界最有发展前途的 IT 技术之一，广泛应用于通信网络、自动控制、消费电子、汽车电子、医疗电子、金融电子、办公自动化、军事、航空航天等领域。2009 年我国嵌入式软件总产值超过 1000 亿元，年均增长 30%，预计 2015 年达到 4800 亿元；大连嵌入式软件产值超过 50 亿元，年均增长 40%，预计 2015 年达到 380 亿元。

4. 开发区对策

面向大连和东北地区的工业信息化市场，积极引进国内外知名 IT 企业，培养高素质 IT 人才，重点围绕通信设备、自动控制、数字视听、数字家电、汽车电子、医疗电子等产业的发展需求，承接和开展嵌入式软件外包，不断提高软件开发能力和接包能力，扩大国内市场占有率。

(二) 集成电路设计

1. 基本概念

集成电路（IC）设计是 IC 产业、IT 产业的核心，比嵌入式软件具有更高的技术含量。早期 IC 设计以专用电路板设计为主。20 世纪 90 年代中期开始，由于专用电路板设计不能满足系统产品的可靠性等要求，出现了片上系统（SOC）概念，并成为现代 IC 设计的发展方向。SOC 是在单芯片上集成数字信号处理器、微控制器、存储器、数据转换器、接口电路等电路模块，可直接实现信号采集、转换、存储、处理等功能，其中 IP 核（具有自主知识产权的可复用的电路功能模块）设计是 SOC 设计的基础。随着 IC 技术由深亚微米向超深亚微米的发展，为 SOC、IP 核设计提供了有力的工艺支持。

2. 业务流程

功能设计:在 IC 产品应用场合,设定功能、操作速度、接口规格、环境温度、消耗功率等规格,作为将来电路设计时的依据。

设计描述和行为级验证:设计完成后,依据功能将 SOC 划分为若干功能模块,并决定实现这些功能将要使用的 IP 核。

逻辑综合:确定设计描述正确后,使用逻辑综合工具进行综合,得到门级网表。

门级功能验证:属于寄存器传输级验证,主要是确认经综合后的电路是否符合功能需求。

布局和布线:布局是将设计好的功能模块合理安排在芯片上,规划好它们的位置;布线是完成各模块之间的连线。

3. 市场分析

20 世纪 90 年代后,全球 IC 产业高速发展,极大地推动了航空航天、遥感、通信、计算机、医疗、家电等领域的技术进步和产业发展。美国、日本、韩国及中国台湾地区是世界主要 IC 产业基地,正在加速向中国内地进行产业转移。我国目前 IC 产业产值已超越日本,成为世界 IC 产业大国之一。大连 IT 产业正面临转型升级的选择,引进英特尔项目为承接国际 IC 产业转移创造了有利条件,预计未来 5 ~ 10 年 IC 产业将会出现快速发展。

4. 开发区对策

利用英特尔项目带来的机遇,积极承接国际 IC 产业转移,建立 IC 设计、代工制造、封装测试等 IC 产业链;重点发展 IC 设计,着力引进国内外知名的 IC 设计企业,培养高素质 IC 人才,参与国内外 IC 设计外包市场竞争,不断提高 IC 设计能力和接包能力,扩大国内外市场占有率。

(三)工业设计

1. 基本概念

国际工业设计协会定义:工业设计是对批量生产的工业产品,凭借训练、技术、经验及视觉感受,赋予产品以材料、结构、形态、色彩、表面加工以及装饰一新的质量和性能。在企业生产经营中,工业设计师根据市场和客户需求,对产品做出功能、性能、形式、价格和使用环境的定位,并结合材料、技术、结构、工艺、形态、色彩、表面处理、装饰、成本等因素,对产品进行创意设计,企业向社会提供符合设计要求的产品,就会实现客户需求与企业效益的完美统一。

2. 业务流程

产品设计:是工业设计的核心,即将原材料设计加工成更有价值的工业产品。

环境设计:设计厂房、办公楼、仓库、交通、绿化带、生活区等室外环境以及室内装饰环境。

企业形象设计:设计统一的经营理念、企业文化、行为规范和企业商业形象。

其他设计:提供与产品相关的包装设计、广告设计、多媒体设计、展示设计等。

设计管理:对工业设计流程进行科学管理,使之达到最佳效果。

3. 市场分析

工业设计在企业生产经营中占有重要地位。据有关国际调查,在开发差异化产品和国际名牌产品,提高附加值、市场占有率和国际知名度等方面,工业设计的作用占到70%以上。当前,随着国内外市场竞争日趋激烈,越来越多的企业把工业设计委托给国际知名设计机构完成,从而使工业设计外包市场不断扩大。

4. 开发区对策

面向大连和东北地区的研发设计外包市场,积极引进国内外知名的研发设计机构,培养高素质研发设计人才,重点围绕装备制造、汽车、电子信息、医疗器械、纺织服装、家具等产业的发展需求,承接和开展工业设计外包,不断提高研发设计能力和接包能力,扩大国内市场占有率。

(四)供应链管理

1. 基本概念

供应链:企业从原材料和零部件采购、运输、加工制造、分销直至最终送到顾客手中的整个过程被称为供应链。供应链成员包括上游的供应商、中间的制造商和运输商、下游的消费者。

供应链管理:对整个供应链系统进行计划、协调、操作、控制和优化的管理工作,其目标是将顾客所需的正确产品在正确时间,按照正确数量、质量和状态送到正确地点,并使总成本最小。

IT平台:供应链管理利用IT网络平台实现信息共享,供应链各成员都能及时掌握市场需求信息和供应链运行信息,每个环节都能真实透明地与其他环节进行信息交流和反馈,从而避免了市场信息不对称和由此带来的成本损失。

供应链管理外包:各成员把供应链管理外包给第三方物流供应商,第三方物流的现代化、专业化服务可以确保供应链系统实现效率最高、成本最低目标。

2. 业务流程

运输管理:选择运输方式和运输承运人,规划运输路线和运输设备的使用时间,设计合理的运输网络,在满足客户需求的基础上,使车辆和人员的使用效率最高。

库存管理:面对市场需求变化和供应链成员之间的不协调、不确定问题,通过合理调整库存解决供求矛盾,满足市场需求。库存管理策略:体现集成化管理的供应商库存管理策略;体现风险共担的联合库存管理策略;强调全局资源优化的多级库存管理策略;强调战略合作的工作流库存管理策略。

采购管理:采取订单驱动模式(用户需求订单—制造订单—采购订单—供应商)使供应链系统能及时响应客户需求,降低整体库存水平。采购管理遵循准时采购策略,即在恰当的时间、地点以恰当的数量和质量提供恰当的物品。

客户响应管理:通过销售终端采集客户消费信息,整理客户需求特点,并通过网络传递给供应链成员共享,使各成员及时根据市场变化调整经营行为,满足客户需求,提高客户响应和满意度。

物流渠道管理:合理设计物流渠道,优化供应链各节点企业(制造企业、分销中心、仓库等)的位置和数量,优化物流系统,获得较低的运输成本和库存成本。

网络设计:合理设计供应链设施,包括生产、存储、运输设施的区位、容量和功能设计,使各种设施功能最大化。

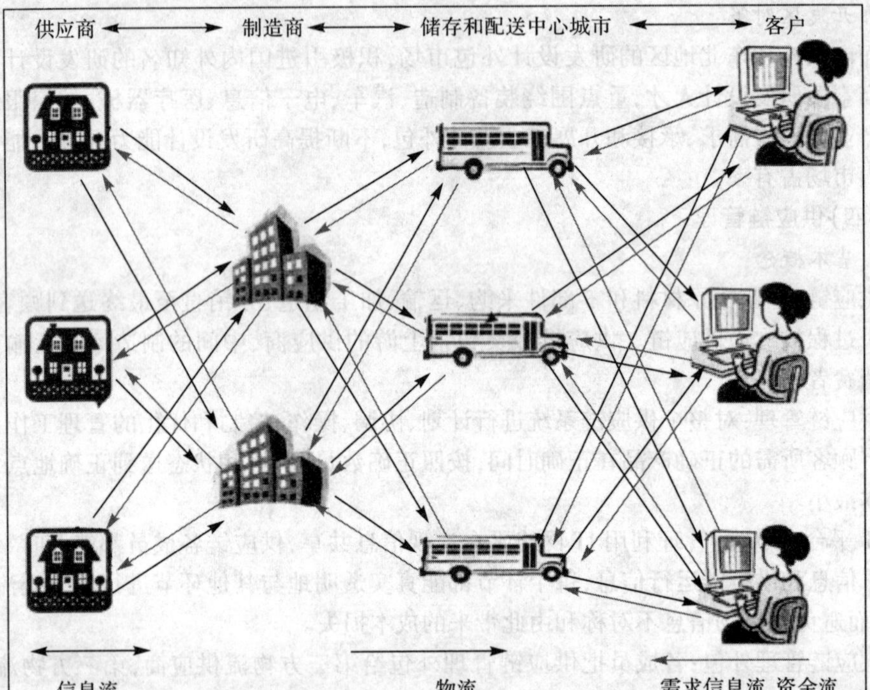

图3 供应链管理结构模型图

3. 市场分析

大连是东北亚重要的国际航运中心和物流中心,拥有国内外物流企业2000多家,其中全球20大国际集装箱班轮公司17家、中国货代20强企业13家、中国物流百强企业十几家。2009年物流业总收入超过500亿元,年均增长20%,供应链管理外包约占10%;预计到2015年物流业总收入超过1500亿元,供应链管理外包超过20%。

4. 开发区对策

面向大连和东北地区的供应链管理外包市场,积极引进国内外知名的第三方物流企业,培养高素质物流人才,重点围绕制造业、物流业的发展需求,承接和开展供应链管理外包,不断提高物流管理水平和接包能力,扩大国内外市场占有率。

（五）生物技术研发

1. 基本概念

生物技术研发：生物医药研发、生物工程研发、健康服务等。

健康服务：保健产品和设备研发、健康检测评估、健康咨询服务、医疗数据处理、手术治疗、康复服务、保健服务等。

2. 业务流程

生物医药研发的业务流程：早期药物发现—药理毒性和剂型—配方开发—工艺开发—中间产品—有效药品成分—分析测试—临床试验研究—政策法规咨询—产品物理成型—制剂生产和包装—产品注册及认证—市场策划和营销—药物经济学评价—商业咨询及药效追踪。

3. 外包组织形式

合同研究组织（CRO）提供新药研发外包；合同生产组织（CMO）提供委托加工和异地生产外包；合同销售组织（CSO）提供市场策划和营销外包；基地管理组织（SMO）提供临床试验基地现场协调和管理外包。

表 8　医药研发外包组织形式及业务流程

外包组织形式	业务流程	
合同研究组织（CRO）	新药研发	筛选、合成、制剂、提取、发酵、生物技术
	临床前研究	药效、一般药理、药理模型、急性毒性、长期毒性、特殊毒性、致突变、致畸、生殖毒性、致癌、过敏、刺激、药代动力学
	临床研究	Ⅰ/Ⅱ/Ⅲ/Ⅳ期、CRF 设计、方案设计、流行病学、生物利用度、生物等效性、药物代谢、医学统计、生物统计
合同生产组织（CMO）	中间体生产、原料药生产、制剂生产、诊疗器械生产	
合同销售组织（CSO）	产品注册及认证、市场策划和营销、商业咨询及药效追踪、财务管理	
基地管理组织（SMO）	临床试验基地现场协调和管理	

4. 市场分析

20 世纪 90 年代后，全球生物技术产业高速发展，极大地推动了生物医药、转基因工程、生命科学、遗传工程等领域的技术进步和新产品开发，成为世界各国竞相发展的战略产业之一。2010 年全球生物医药研发贸易额将达到 360 亿美元，年均增长 25%，其中 CRO 外包占 1/3；预计 2015 年全球生物医药研发贸易额超过 1300 亿美元，CRO 外包超过 500 亿美元。2008 年我国生物医药研发总收入 93 亿元，同比增长 1 倍以上，预计 2015 年超过 1000 亿元。

5. 开发区对策

面向国内外生物技术研发市场，积极引进国内外知名的生物技术研发机构，培养高素质生物人才，重点围绕生物医药、保健产品研发，开展 CRO 系列外包，不断提高研发能力和接包能力，扩大国内外市场占有率。

大力发展健康服务。利用海洋生物资源优势，发展保健食品研发和生产；利用休闲度假旅游优势，发展医疗康复和保健服务；建立现代化特色医院，面向中高收入人群提供健康服务；建立现代化体检中心，面向社会提供健康检测和疾病防治服务；引进国内外知名的健康服务机构，培养高素质服务人才，面向国内外开展健康服务外包。

（六）金融后台服务

1. 基本概念

金融后台服务是指同金融机构直接经营活动（前台服务）相对分离，并为前台服务提供支持的功能模块和业务部门，如数据中心、清算中心、呼叫中心、银行卡中心、灾备中心、研发中心等。随着金融业务不断创新和分工不断细化，能从金融机构总部分离出来的后台服务越来越广泛，从而促进了金融后台服务外包快速发展。

2. 业务流程

单据处理：金融作业流程中，前台柜员受理客户单据，通过影像技术、网络技术传输后台处理中心统一进行单据处理。

呼叫服务：是客户服务的主要形式，金融机构通过电话联系客户进行业务处理，为客户提供不受时间地点限制的账户查询、转账、修改密码、电话挂失、自助缴费、信息服务等业务服务。

银行卡业务：与银行卡相关的征信、营销、授权和交易服务，以及交易发生之后代办行与发卡行之间进行的跨地区、跨境清算服务。

灾害备份：对金融机构主数据中心的各类金融信息数据（客户信息、交易记录、贷款记录、信用记录等）进行保护和备份。备份站点一般只备份数据不承担业务，而一旦出现灾难时，将及时接替主数据中心的业务，从而维护业务运行的连续性，避免关键数据丢失造成难以估量的经济损失和巨大的社会影响。

技术研发：金融机构业务信息化建设所需的系统软件、金融产品开发及内部系统维护和管理。

档案管理：金融机构客户资料、交易原始凭证、办公资料等原始数据的微缩处理和储存管理。

3. 市场分析

金融后台服务外包是全球最大的服务外包业务，2009 年国际贸易额超过 2000 亿美元，占全球服务外包市场的 30%。近年来，我国金融后台服务外包也在不断扩大，各大银行在全国设立了许多金融后台服务基地。大连是东北亚重要的国际金融中心，拥有国内外金融机构地区总部 57 家，其中有花旗银行、汇丰银行、东京银行等外资银行 14 家。高新区是东北亚重要的金融后台服务外包基地,2009 年离岸外包收入约 100 亿元,占服务外包总收入的 1/4,预计 2015 年金融后台服务外包收入超过 500 亿元。

4. 开发区对策

面向国内外金融后台服务外包市场,与高新区开展合作,积极引进国内外知名的金融后台服务企业,培养高素质金融人才,重点围绕大连国内外金融机构的发展需求,承接和开展金融后台服务外包,不断提高金融服务水平和接包能力,扩大国内外市场占有率。

(七)动漫和创意设计

1. 基本概念

创意产业又称创意经济,是指以个人创意为核心、利用 IT 技术手段、进行市场化开发、开展知识产权营销的行业,是文化产业的源头。动漫和创意设计被誉为 21 世纪最具发展潜力的产业。从文化商品属性看,它不仅对文化产业具有广泛的影响力和推动力,而且具有长达 70 年的生命周期,可以延伸到影视、服装、玩具、工艺品、出版、广告、休闲娱乐和软件开发、工业设计、多媒体、信息通讯等各个领域,形成庞大的创意设计产业集群和文化消费市场。

2. 业务流程

原创产品:动漫和创意设计的上游产品是原创性漫画卡通。日本在这方面做得最好,具有完全竞争的漫画卡通市场,各种漫画杂志市场定位明确、市场细分完善,由此开发出许多原创性的漫画卡通形象,以此为基础向电视剧、动画电影等下游产品扩展。这种运营方式极大地提高了动画片市场成功的概率。

衍生产品:动画制作成本高昂,投资回收期较长,而动画衍生产品因具有广告效应投资回收较快。美国、日本在这方面做得较好,开发了游戏软件、DVD、图书、动画模型、装饰品、海报、拼图、服装等,甚至如迪斯尼乐园的主题游乐场,这些衍生产品具有巨大的盈利空间。

多媒体:多媒体技术为动画"无纸化"创造了条件。韩国在这方面做得较好,开发动漫网络市场,利用手机接收动漫图片、声音、文字和视频,将手机制作成一个集彩信、图片/绘本、铃声/歌曲、游戏/宠物、影视于一体的便携式多媒体个人娱乐平台,进一步扩大了动漫市场空间。

分工合作:动画制作是全要素(劳动力、资本、技术和知识)密集型产业,依靠合理的分工合作。美国、日本一般都是将动画制作中的低附加值业务发包给韩国、中国和菲律宾,自己承担高附加值的动画形象设计,并通过对动画形象的知识产权保护和授权经营获得更高收益。

品牌建设:动漫品牌是反映动漫企业核心竞争力和战略优势的价值形态。国外动漫企业都是以动漫品牌为核心建立合作共同体,开展动漫设计、开发生产和市场营销。

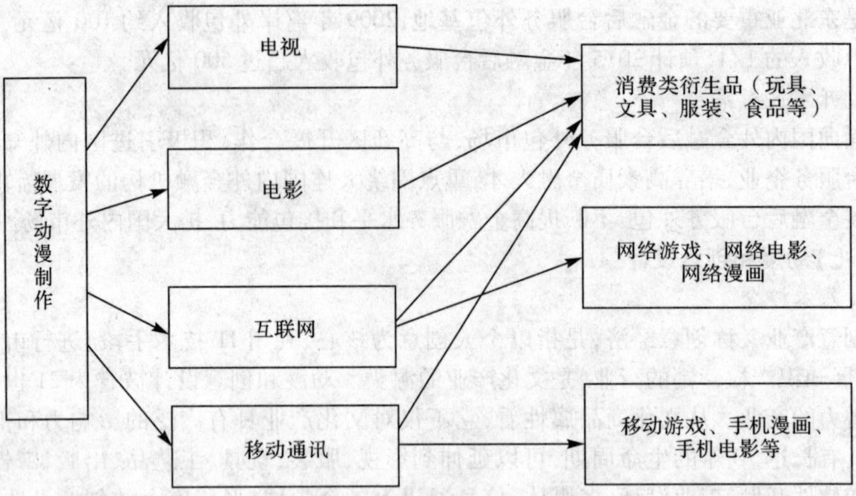

图4 动漫和创意设计产业模式图

3. 市场分析

动漫设计外包是全球排在第二位的服务外包业务。2008 年全球动漫产业产值 2228 亿美元，衍生产品产值超过 5000 亿美元；我国动漫产业产值 250 亿元，衍生产品产值超过 400 亿元。大连是我国重要的动漫产业基地，高新区拥有动漫企业 150 多家，其中有北京中视、东方嘉纳、上海阿凡提、韩国 NHN、日本百锐、美国甲骨文等国内外知名动漫企业 30 多家。2009 年动漫产业销售收入 48 亿元，年均增长 30%，预计 2015 年超过 200 亿元。

4. 开发区对策

面向国内外动漫设计外包市场，与高新区开展合作，积极引进国内外知名的动漫和创意设计企业，培养高素质创意人才，参与国内外动漫设计外包市场竞争，不断提高创意设计水平和接包能力，扩大国内外市场占有率。

五、产业布局及项目

(一) 产业总体布局

大连开发区“十二五”服务外包产业总体布局如下：

建设双 D 港生物技术外包园区，重点发展生物医药研发与健康服务；

建设数字湖服务外包园区，重点发展嵌入式软件开发、IC 设计和工业设计；

建设金石 IT 服务外包园区，重点发展应用软件开发、嵌入式软件开发、动漫和创意设计；

建设卧龙湾服务外包园区，重点发展金融后台服务、供应链管理、动漫和创意设计。

在金马路金融商务区、金石国际运动中心建设一批服务外包专业楼宇，引进国内外知名的服务外包企业，发展嵌入式软件开发、IC 设计、研发设计等高端外包业务。

(二)双 D 港生物技术外包园区

1. 建设概况

双 D 港生物技术外包园区占地面积 1 平方公里。

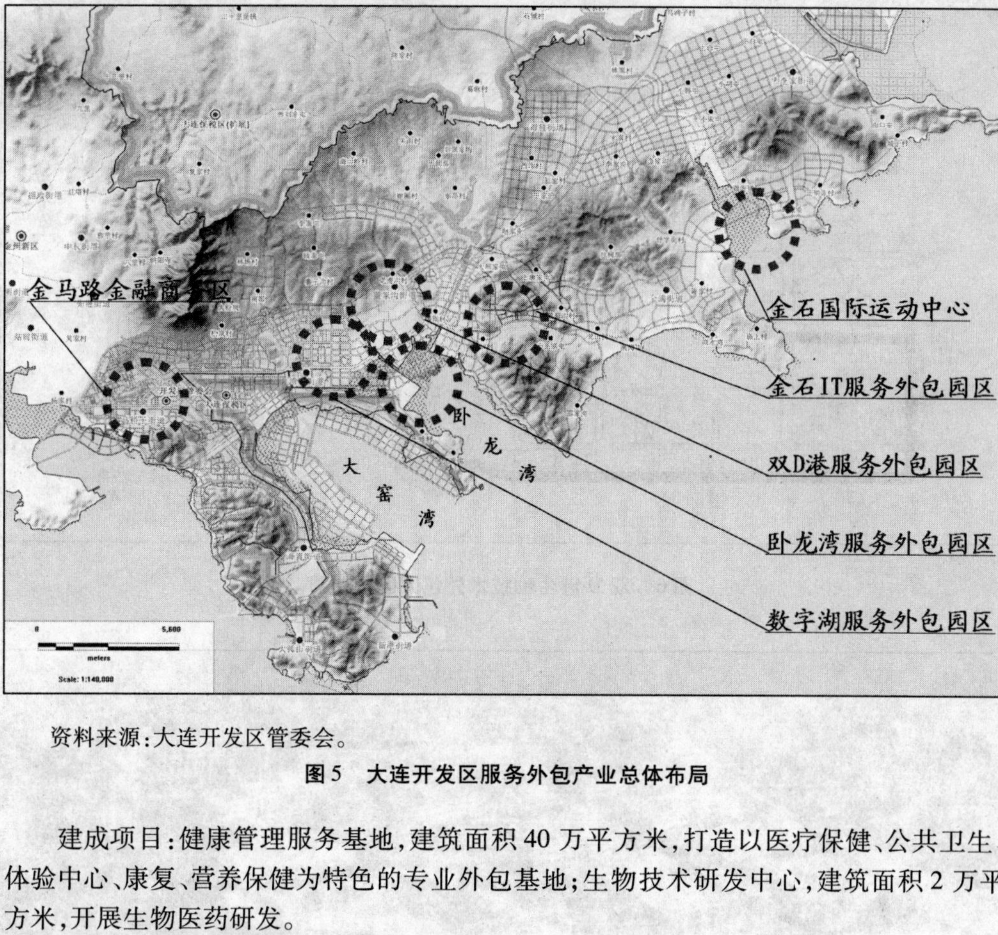

资料来源:大连开发区管委会。

图 5　大连开发区服务外包产业总体布局

建成项目:健康管理服务基地,建筑面积 40 万平方米,打造以医疗保健、公共卫生、体验中心、康复、营养保健为特色的专业外包基地;生物技术研发中心,建筑面积 2 万平方米,开展生物医药研发。

在建项目:生物技术外包中心,建筑面积 10 万平方米,2010 年下半年投入使用,开展生物技术研发及外包中介服务;科技创新园,建筑面积 5 万平方米,一期总部园区已竣工,二期信息中心建设已启动,三期人才服务中心建设将在 2011 年启动。

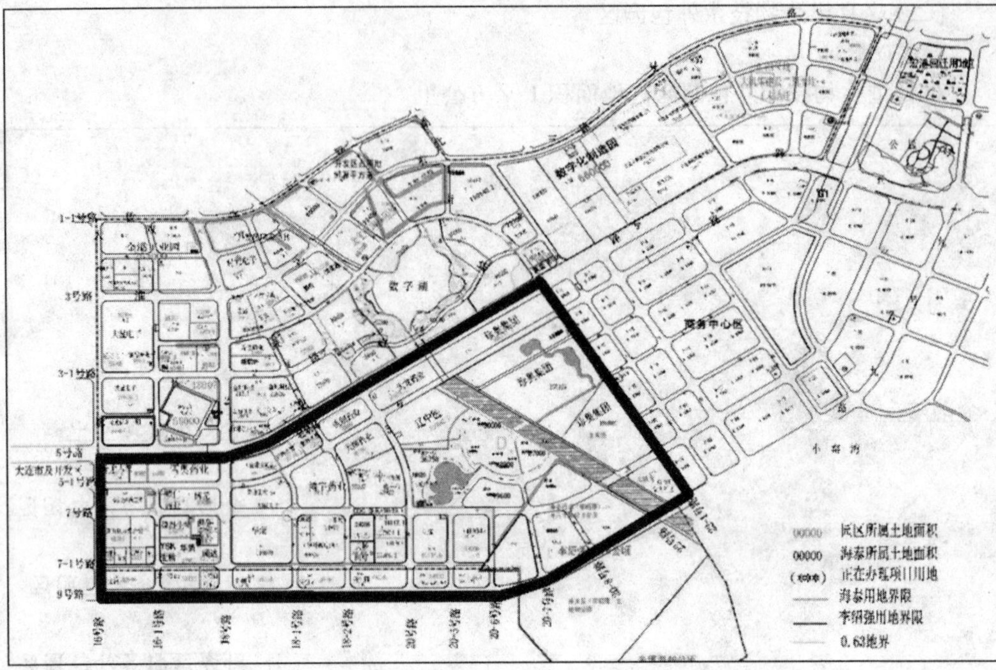

图6　双D港生物技术外包园区规划图

资料来源：大连开发区管委会。

图7　双D港生物技术外包园区鸟瞰图

2. 进驻企业

截至2009年12月，进驻生物技术、生物医药企业47家，其中外资企业10家，注册资本超千万的企业13家。2009年生物医药工业产值超过40亿元，生物技术研发收入6亿元。

表9　　双D港生物技术外包园区进驻企业一览表

	企业名称	企业性质	注册资本（万元）	外方国别
1	大连新生源生物医药技术服务有限公司	内资企业	300	
2	大连珍奥药业有限公司	内资企业	3600	
3	大连金威基因技术有限公司	外资企业	1050	美国
4	贝姆生物工程(大连)有限公司	外资企业	500	加拿大
5	天畅医疗卫生用品(大连)有限公司	外资企业	10.5	中国香港
6	大连味思开生物技术有限公司	外资企业	450	日本
7	大连亚维药业有限公司	外资企业	7500	加拿大
8	大连慧力生物科技有限公司	外资企业	360	中国香港
9	大连闻达生物科技有限公司	内资企业	1300	
10	金凯美(大连)医药科技有限公司	外资企业	100	中国香港
11	大连叶氏应用抗体研究中心有限公司	外资企业	100	加拿大
12	大连奇源生物工程有限公司	私营企业	280	
13	大连民大生物工程有限公司	私营企业	500	
14	大连施倍得生物技术有限公司	私营企业	50	
15	大连赛姆生物工程技术有限公司	私营企业	500	
16	大连神谷生物科技发展有限公司	私营企业	50	
17	大连美创药业有限公司	内资企业	3000	
18	大连豪伦生物工程有限公司	私营企业	300	
19	大连贝尔药业有限公司	私营企业	2000	
20	大连博元生物科技有限公司	私营企业	1000	
21	鸿宇集团大连生物工程有限公司	内资企业	1000	
22	大连雪奥生物工程医药技术有限公司	私营企业	6000	
23	大连博元生物科技公司生物工程研究所	私营企业	0	
24	大连格林佰欧纳米生物技术有限公司	私营企业	50	
25	大连美瑞康基因诊断技术有限公司	私营企业	50	
26	大连医美科技有限公司	私营企业	50	
27	大连普信化学生物有限公司	私营企业	50	

续表

	企业名称	企业性质	注册资本（万元）	外方国别
28	大连中正方圆生物工程技术有限公司	私营企业	10	
29	大连棒棒生物工程有限公司	私营企业	122	
30	大连海圣生物工程有限公司	私营企业	2000	
31	大连鸿宇国际生物连锁经营有限公司	私营企业	388	
32	大连仁和堂生物技术开发有限公司	私营企业	30	
33	大连锐朗药业有限公司	内资企业	700	
34	辽宁中医药大学中药研究所	营业单位	58	
35	大连倍赢生物技术有限公司	私营企业	50	
36	大连鼎立医药科技有限公司	私营企业	100	
37	大连天畅医疗设备有限公司	私营企业	100	
38	大连绿得海洋生物技术有限公司	内资企业	1713	
39	大连维特奥康复咨询有限公司	外资企业	2800	英属维尔京
40	大连爱福尔生物科技有限公司	内资企业	10	
41	大连华昊生物技术有限公司	内资企业	3000	
42	大连恒远生物工程有限公司	私营企业	50	
43	大连华钰生物科技有限公司	私营企业	200	
44	大连雪奥保健品营销连锁有限公司	内资企业	100	
45	大连珍奥健康管理有限公司	内资企业	30	
46	大连富乐马生物科技有限公司	外资企业	26	意大利
47	大连市波利盾生物工程有限公司	私营企业	100	

资料来源：大连开发区管委会。

3. 发展思路

发挥开发区生物技术研发优势，积极引进昆泰、GSK、强生等国际知名的生物医药研发企业，打造集国内外企业总部、研发中心、信息中心、财务中心、培训中心和生产基地于一体的生物技术产业集群，发展生物医药研发、生物分析、剂型研究、工艺研发和优化、生物芯片开发、体外诊断、保健服务等外包业务，逐步建成国内外一流的生物技术外包基地。

4. 引进项目

表 10　　双 D 港生物技术外包园区重点引进项目

项目内容		服务供应商
合同研究（CRO）	药物研发	PPD 公司、EliLily、GSK、瑞士罗氏
	临床前研究	昆泰公司、科文斯公司 、惠氏
	临床研究	昆泰公司、科文斯公司 、强生
合同生产（CMO）		PAREXEL International 公司、雅培、阿斯利康
其他业务流程外包（BPO）		PPD 公司、赛诺菲 - 安万特公司

（三）数字湖服务外包园区

1. 建设概况

数字湖服务外包园区占地面积 1 平方公里。

建成项目：软信大厦和软程大厦，建筑面积 10 万平方米。已有大机床、大显等多家企业总部进驻，企业年产值超过百亿元，对数控机床和电子产品技术研发有较大的外包需求。

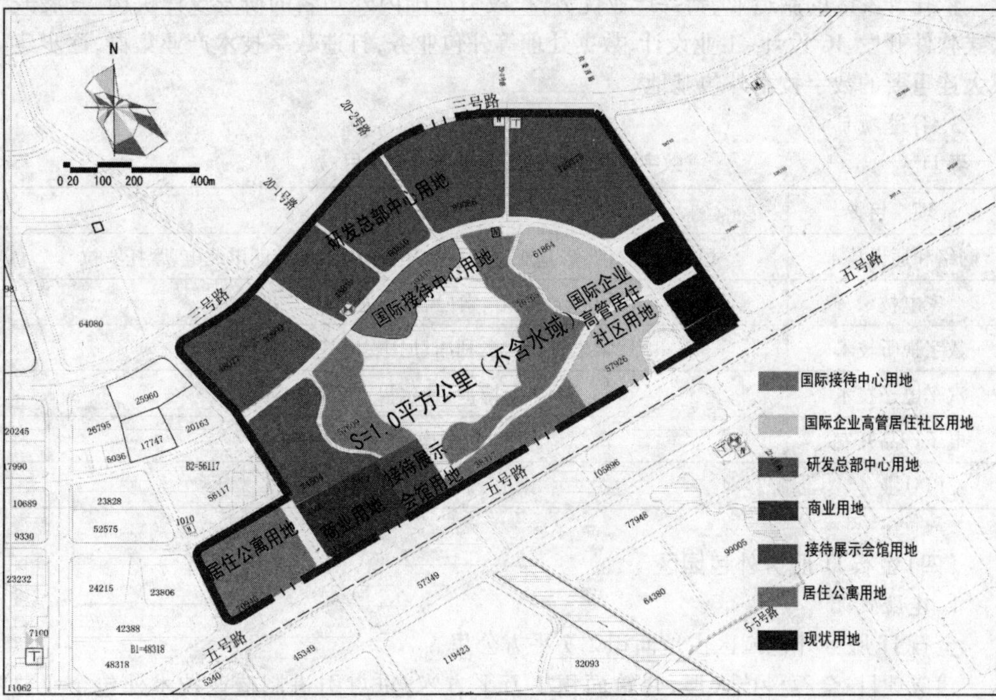

图 8　数字湖服务外包园区规划图

资料来源:大连开发区管委会。

图 9　数字湖服务外包园区鸟瞰图

2. 发展思路

依托开发区的制造业、新兴产业优势,积极引进国内外知名的研发设计机构,发展嵌入式软件开发、IC 设计、工业设计、数据处理等外包业务,打造数字技术产业集群,逐步建成大连重要的数字技术外包基地。

3. 引进项目

表 11　数字湖服务外包园区重点引进项目

项　目	服务供应商
网络和通讯技术	思科、爱立信、诺基亚、西门子、华为、阿尔卡特朗讯北电、摩托罗拉
家电技术	松下、索尼、富士通、LG、三星
数字视听技术	索尼、三菱、飞利浦、尼康、诺基亚、三星、华为
汽车电子技术	博世、德尔福、伟世通
电子产品开发	索尼、尼康、诺基亚、三星
BPO 业务	索尼、华为、思科、爱立信、LG

(四)金石 IT 服务外包园区

1. 建设概况

金石 IT 服务外包园区占地面积 2.7 平方公里。

建成项目:金石科技大厦,建筑面积 3 万平方米,重点引进制造业技术外包企业总部,建设数据交换中心和商务服务中心,目前正在开展招商引资。

规划项目:远洋 IT 工业园,占地面积 76 万平方米,建筑面积 160 万平方米;IT 沃都,占地面积 26 万平方米，建筑面积 49 万平方米；金石国际创新中心，占地面积 31 万平方米，建筑面积 52 万平方米。

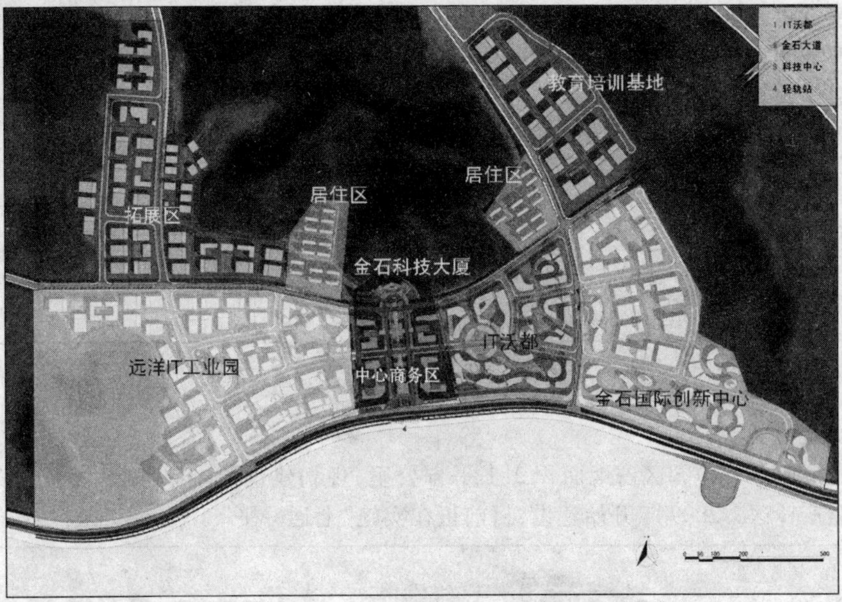

图 10　金石 IT 服务外包园区规划图

资料来源：大连开发区管委会。

图 11　金石 IT 服务外包园区鸟瞰图

2. 发展思路

发挥大连软件和服务外包产业优势,积极引进国内外知名的软件和服务外包企业,发展应用软件和嵌入式软件开发、系统应用服务、数据处理、呼叫中心、动漫和创意设计等外包业务,打造软件和服务外包产业集群,逐步建成大连重要的软件和服务外包基地。

3. 引进项目

表 12　　金石 IT 服务外包园区重点引进项目

项　目	服务供应商
ITO 业务	HP、苹果、甲骨文、NTT、IBM、东芝、乐科科
BPO 业务	GE、IBM、艾森哲、EDS、BEA、Infosys、塔塔
KPO 业务	GE、IBM、甲骨文

(五)卧龙湾服务外包园区

1. 建设概况

卧龙湾服务外包园区占地面积 2.1 平方公里,规划建设金融服务区、物流服务区和文化创意产业区。2009 年开始建设,目前正在实施"七通一平"工程。

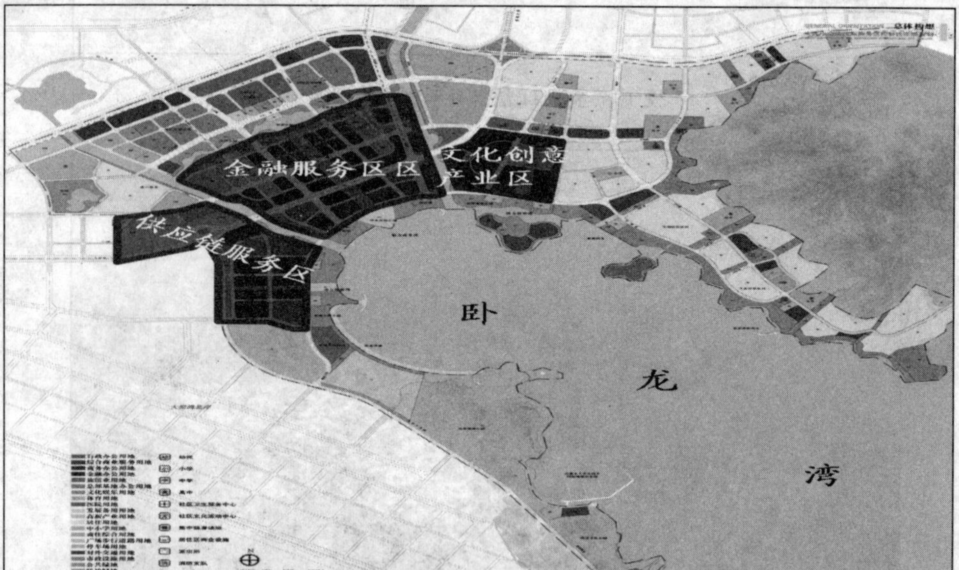

图 12　卧龙湾服务外包园区规划图

资料来源：大连开发区管委会。

图 13　卧龙湾服务外包园区鸟瞰图

2. 金融服务区

金融服务区占地面积 1 平方公里，内部设置金融街核心区、专业中介服务区、事务所集聚区、商务区等功能区。

发展思路：发挥大连国际金融中心优势，积极引进国内外知名的金融后台服务企业，发展数据处理中心、呼叫中心、银行卡中心、结算中心、灾备中心等外包业务，打造金融后台服务产业集群，逐步建成大连重要的金融后台服务外包基地。

3. 物流服务区

物流服务区占地面积 0.4 平方公里，内部设置临港物流产业区、供应链服务区等功能区。

发展思路：依托开发区航运物流业优势，积极引进国内外知名的第三方物流企业，发展供应链管理、物联网服务等外包业务，打造供应链管理产业集群，逐步建成大连重要的供应链管理外包基地。

4. 文化创意产业区

文化创意产业区占地面积 0.7 平方公里，内部设置创意设计区、商业办公区、科技研发区、配套服务区等功能区。

发展思路：发挥大连动漫产业优势，积极引进国内外知名的动漫和创意设计企业，发展动漫制作、网游设计、创意设计、影视文化等外包业务，打造动漫和创意设计产业集群，逐步建成大连重要的动漫和创意设计外包基地。

5. 引进项目

表 13 卧龙湾服务外包园区重点引进项目

项　目	服务供应商
金融后台服务	恒生银行、荷兰银行、加拿大丰业银行、法国里昂信贷银行、富士银行、广岛银行、韩国国民银行、三菱信托银行
供应链管理	中铁快运股份有限公司、中邮物流有限责任公司、中铁集装箱运输有限责任公司、安吉汽车物流有限公司、宝供物流企业集团有限公司
动漫和创意设计	美国 JWDA 建筑设计事务所、法国 ARTE 建筑事务所、加拿大 ANT 设计公司、宏梦卡通集团、中影华龙集团、十月数码(北京)动画中心

六、保障措施

(一) 加快基础设施建设

加快建设服务外包园区。按照"集约化、生态化、现代化、国际化"原则,进一步完善服务外包园区规划,加快建设各个服务外包园区,逐步建成功能设施完备、生态环境优良、主导产业突出、产业链完善、辐射力强大的服务外包产业集聚区。

建设完善配套基础设施。在交通设施方面,建设通往各个园区的快速交通和立体交通体系;在能源和环保设施方面,进一步提高水电气供给能力,建设现代化的污水处理厂和垃圾综合处理厂;在通信设施方面,实施"世界电信港"计划,建设由高宽带通讯设施、跨国通信网络、数字交换与传输设施、集成化网络服务平台、卫星地面站组成的世界最先进的电信网络系统;在综合服务设施方面,建设中高档酒店、写字楼等商务服务设施,以及高标准的住宅、公寓、购物、餐饮、教育、医疗、文化体育、休闲娱乐等生活服务设施。

(二) 促进外包企业发展

促进国内服务外包企业发展。支持骨干外包企业做大做强,提高自主创新能力和接包能力,扩大国内外市场占有率,争取在境内外主板市场上市,尽快成长为服务外包新领军企业。扶持中小外包企业发展,提高管理水平和人员素质,克服技术障碍和融资瓶颈,扩大外包规模,提高经济效益,争取在中小板或创业板上市。

引进国际知名的服务外包企业。提供先进的基础设施,营造良好的投资环境,发挥现有世界 500 强企业的示范作用,与高新区开展合作,采取专业招商、定向招商、委托招商、以商招商等多种形式,加快引进一批世界 500 强外包企业和跨国服务供应商,提高服务外包国际化水平。

(三) 拓展国内外市场

参与国内服务外包市场竞争。面向辽宁和东北地区的服务外包市场,大力发展嵌入式软件开发、IC 设计、工业设计、供应链管理等外包业务,推进国民经济信息化建设,促进东北老工业基地振兴;面向国内服务外包市场,大力发展生物技术研发、金融后台服务、动漫和创意设计等外包业务,促进新兴产业和现代服务业发展。

抢占国际高端服务外包市场。依托国内外知名的服务外包企业，调整优化外包业务构成，提高自主创新能力和国际竞争力，抢占国际服务外包产业链、价值链的上游位置。巩固扩展对日外包市场，逐步开拓欧美外包市场；巩固扩展 ITO 业务市场，逐步开拓 BPO、KPO 业务市场，扩大国际市场占有率。

(四)加强人才资源开发

加强服务外包人才培养。与各个高校、软件学院和职业中专开展合作，扩大服务外包人才教育；与各类社会培训机构开展合作，扩大服务外包人才培训；鼓励具备条件的外包企业开展在职人员培训；鼓励开展多种形式的校企联合，扩大"订单式"外包人才培养。

加强高端外包人才培养。与国际服务外包专业协会合作，成立具有国际水平的服务外包专业学院，重点培养架构师、设计师、估价师等高端外包人才和复合型人才，建设高端外包人才储备基地。与国内外知名的服务外包企业合作，实施"服务外包人才培训工程"，重点培训各类外包企业的管理人员和技术骨干，提高服务外包人才素质。

加强服务外包人才引进。积极引进国内服务外包人才，利用人才市场、人才招聘会、招商说明会等渠道，发布人才需求信息，实施优惠的人才政策，吸引国内各地的服务外包人才进驻发展。大力引进国外服务外包人才，利用软交会、海外学子创业周、海外人才招聘会等渠道，发挥境外企业、驻外机构、华侨华人团体的中介作用，实施更优惠的人才政策，吸引海外留学人才和高端外包人才进驻发展。

(五)完善科技创新体系

完善科技孵化器体系。整合各类孵化器资源，建设完善软件孵化器、集成电路孵化器、生物技术孵化器和动漫孵化器，推进科技成果转化和产业化，促进中小科技企业和外包企业快速发展。建设完善各类公共技术服务平台，为科技企业和外包企业提供专业技术服务；引导科研院所、大企业开放各类试验和检测设备，面向社会开展公共技术服务。

完善科技投融资体系。争取参加国家创业投资基金试点，坚持政府引导、市场化运作原则，政府设立引导资金，引进境内外知名创业投资机构，围绕电子信息、生物技术、新能源等新兴产业，共同设立创业投资基金；依托创业投资机构，组建专家型基金管理团队，开展市场化投资运营，重点扶持中小科技企业和外包企业发展，培育高科技上市公司。规划建设创业投资广场，引进创业投资基金、私募股权基金、投资管理公司、新三板市场、产权交易所以及各类中介服务机构，打造创业投资集聚区和资本市场服务链。争取参加国家科技金融创新试点，建立完善中小企业信用担保体系，开展科技信用贷款、保险贷款和科技银行试点，扩大科技投融资规模。

完善科技中介服务体系。组建服务外包行业协会，建立行业自律机制，引导服务外包企业规范化发展。发挥行业协会作用，积极开展政策协调、咨询评估、资质认证、知识产权保护、人才培训、投资促进、市场开发、贸易谈判、国际合作等中介服务，为服务外包企业创造良好的发展环境。

(六)加大政策支持力度

争取国家的政策支持。完善服务外包企业认定标准，明确规定服务外包业务包括

ITO、BPO、KPO 业务,交付方式包括离岸外包、在岸外包,允许从事这些外包业务的企业同等享受国家的优惠政策。学习国际先进经验,对服务外包企业实施更加优惠的税收政策,例如:对服务外包企业免征营业税;实行企业所得税五年免征、五年减半征收;允许 BPO 企业从业人员的工资收入全额纳入成本,在税前列支,并适度减免个人所得税。建立健全服务外包管理体制,在服务外包统计管理、电信管理、海关监管、外汇监管、人员出入境监管等方面与国际接轨,按国际惯例办事。

开发区加大政策支持。学习国内外先进经验,制定完善服务外包产业政策,促进服务外包企业发展。

表 14　　**大连开发区服务外包产业政策**

政策级别	政策条款
国家政策	1. 对技术先进型服务企业,减按 15% 的税率征收企业所得税,离岸服务外包业务收入免征营业税
	2. 对于服务外包企业,每新录用 1 名大学生(含大专以上学历)从事服务外包工作,给予企业每人不超过 4500 元的定额培训支持
大连市政策	3. 年销售额超过 4000 万元以上的服务企业,参照其当年实现的增加值、营业收入、利润总额形成的地方财力比上年(最高年份)增量部分,市财政和区财政分别按其留成的 100% 给予扶持
	4. 对服务外包行业的平台、基地开发建设企业,在土地购置上给予补贴
	5. 对服务外包企业或培训机构向金融机构获取贷款,给予不超过贷款利息 30% 的补贴
	6. 对于服务外包公共平台建设,给予设备购置不超过实际设备购置费用总额 50%(单个项目不超过 100 万元)的补助;运营费用给予不超过实际运营费用总额 20%(单个项目不超过 50 万元)的补助
开发区补充政策	7. 新注册服务外包企业经认定后,自开始获利年度起前 2 年对开发区的财力贡献 100% 返还,后三年对开发区的财力贡献 50% 返还
	8. 对服务外包企业高级人才给予奖励,对企业缴纳员工各类社会保险费给予政策扶持
	9. 对新注册服务外包企业领军人才给予 500 万专项奖励;对创业团队给予 100 万创业奖励;对高级人才给予个人所得税专项奖励并给予安家补贴
	10. 对租用管委会指定用房的服务外包企业免 3 年房租

资料来源:大连开发区管委会。

加强知识产权保护。政府强制采购正版软件，建立计算机软件登记制度，强化服务外包企业的知识产权保护意识，推行软件正版化。建立企业自主知识产权申报认证体系，并对认证企业给予重点支持和保护。完善知识产权保护中心的服务功能，为服务外包企业的知识产权创造、专利申请、保护和运用提供全方位服务。建立服务外包行业诚信数据库、企业诚信备案制度和从业人员准入制度，加强企业和从业人员的诚信管理，规范企业和从业人员的行为。加大知识产权保护执法力度，依法查处和打击各种侵权盗版行为，保护知识产权持有人的合法权益。逐步扩大知识产权保护方面的国际合作。

加强信用体系建设。加强信息安全保护，对服务外包企业全面实施《个人信息安全保护规范标准》制度。与国内外发包商签订信息安全保护的相互认证协议。学习借鉴国际先进经验，采取有效措施保护国家、企业和个人的信息安全，保障经营者的合法权益。推行质量认证制度，实施财政补贴政策，支持服务外包企业进行 CMM、PCMM、ISO、SAS 等国际质量标准体系认证，促进企业管理现代化，提高企业的资质等级。

《大连开发区“十二五”服务外包产业发展规划研究》课题组成员

课题领导小组：

组　长：张世坤　大连开发区管委会　主任
　　　　李　才　大连市政府发展研究中心　主任　教授

副组长：解学惠　大连开发区发改局　局长
　　　　冯海波　大连开发区科技局　局长
　　　　栾福军　大连市政府发展研究中心　副主任

课题组：

负责人：张少颖　大连市政府发展研究中心财贸研究室　主任　研究员

成　员：刘凤斌　大连开发区发改局计划处　处长
　　　　孙大鹏　大连开发区科技局科技产业处　处长
　　　　于建波　大连开发区发改局计划处　副处长
　　　　鲁　岩　大连市政府发展研究中心工业研究室　主任　副研究员
　　　　宋欣茹　大连市政府发展研究中心财贸研究室　研究人员
　　　　赵　欣　大连市政府发展研究中心财贸研究室　研究人员
　　　　冯士森　大连市政府发展研究中心工业研究室　研究人员
　　　　王　波　大连开发区发改局计划处　工作人员

总　撰：张少颖

撰　稿：张少颖　鲁　岩　宋欣茹　赵　欣　冯士森

大连保税区健全社会管理体制研究

王　玲　徐向峰　刘文展

一、大连保税区管辖区域基本现状

大连保税区于1992年5月13日经国务院批准设立，面积为1.25平方公里。截至2009年年末，大连保税区管辖面积已达160.8平方公里，管辖范围包括位于大孤山半岛的大连保税区、大连出口加工区A区、大连大窑湾保税港区等三个国务院批准设立的海关特殊监管区域和临港产业区以及金州区二十里堡街道。

（一）自然状况

1. 地理区位

大连保税区、大连出口加工区A区、大连大窑湾保税港区、临港产业区与大连经济技术开发区毗邻，距大连市中心30公里，距大连周水子国际机场约25公里。

二十里堡街道位于金州区中南部，西偎金州城区，北依三十里堡，南临大连开发区，分别距大连市区32.5公里、大连周水子国际机场30公里、大连港40公里、大窑湾保税港区15公里、金州城10公里，是大连市区、大连经济技术开发区、大连保税港区与东北腹地相联系的必经之地，区位优势相当明显。交通四通八达，特别是连接大窑湾保税港区和沈大高速公路的疏港高速路大部分在二十里堡境内。

2. 辖区面积及人口

表1　　大连保税区管辖区域基本情况

管辖范围	管理时间	管辖面积（平方公里）
大连保税区	1992年5月	1.25
大连出口加工区A区	2000年4月 （其中2004年8月～2009年12月划归大连开发区管理，2009年12月重新交由保税区管理）	1.5
大连保税物流园区	2004年8月	1.5

续表

<table>
<tr><th>管辖范围</th><th>管理时间</th><th colspan="2">管辖面积(平方公里)</th></tr>
<tr><td>大孤山半岛
(包括大连保税区、大连保税物流园区、大窑湾港区、临港产业区)</td><td>2004 年 8 月</td><td colspan="2">64</td></tr>
<tr><td rowspan="3">大连大窑湾保税港区</td><td rowspan="3">2006 年 8 月</td><td colspan="2">6.88</td></tr>
<tr><td>一期</td><td>3.06(已建成)</td></tr>
<tr><td>二期</td><td>3.82(尚未选址)</td></tr>
<tr><td>二十里堡街道</td><td>2009 年 12 月</td><td colspan="2">95.3</td></tr>
</table>

目前,在大连保税区 160.8 平方公里管辖区域中,大孤山半岛为 65.5 平方公里,二十里堡街道为 95.3 平方公里。

大孤山半岛辖区就业人数为 5.3 万人,另在保税区预留地建设的格林小镇住宅区有住户 3956 户,人口 11780 人。

二十里堡街道下辖二十里、十三里、前半拉、韩家、刘半沟、广宁寺、三台子、赵家、三房身、钟家、富岭等 11 个行政村,97 个村民小组,现有居民 11127 户,总人口 28132 人,流动人口近 10000 人。劳动力总数 9155 人,其中男性 5275 人,女性 3880 人。

3. 辖区土地构成

大孤山半岛辖区内的 65.5 平方公里土地,主要为贸易、加工、物流等企业建设用地,少数为办公、住宅和公共设施用地。二十里堡辖区的 95.3 平方公里即 142950 亩土地中,耕地面积 42300 亩(其中基本农田 39915 亩),林地面积 21210 亩,果木面积 28041 亩(其中樱桃 22983 亩),其他用地 51399 亩。

(二)组织机构设置

1. 行政管理机构

大连保税区管理委员会作为大连市人民政府的派出机构,在此行使管理职能。管委会合署办公,现下设经济发展局、招商局、物流发展局、市场发展局、管委会办公室、机关党委、区团委、工会工作委员会、大项目促进办公室、法制办公室、经济研究中心、监察审计局、公用事业管理局、财政局、国有资产管理局、劳动人事局、重点工程建设指挥部、规划土地管理局和建设管理局共计 19 个部门。管委会工作人员共 203 人,其中公务员编制 47 人,事业单位人员编制 150 人,工勤编制 6 人。

二十里堡街道办事处设置有党政办公室、人大办公室、社会事务办公室、城区管理办公室、财政审计办公室、经济发展办公室、农业办公室和司法所等,公务员编制 30 人,其中正处职 3 人,副处职 9 人。事业单位机构设置有农科站、农业水利站、文化广播站、经济发展中心、安全生产监督站等，人员编制32人。机关内设机构的各科室及事业单位的各站、所均为科级。

2. 市直、区直部门派出机构

大连保税区驻区机构主要有：大连保税区国家税务局、大连保税区地方税务局、大连市工商行政管理局保税区分局、大连保税区海关、大窑湾保税港区海关、中华人民共和国辽宁出入境检验检疫局大连保税区办事处、大窑湾检验检疫局、大连市环保局大孤山半岛分局、国家外汇管理局大连市分局保税区办事处、大连市公安消防局保税区消防科等。

二十里堡街道派驻机构主要包括：

(1)公安派出所：金州区公安分局派出机关，在编人员11人，所长任街道办事处副主任，另有街道党工委副书记兼综治办主任1人(副处级)。

(2)司法所：金州区司法局派出单位，在职人员2人。

(3)国土资源管理所：金州国土局派出单位，现有在职人员6人，负责二十里堡、大魏家、七顶山街道国土资源管理。

(4)法庭：金州法院派出机关，现有编制6人，辖二十里堡、大魏家、七顶山街道。

(5)国税所：金州区国税局派出单位，现有人员7人。

(6)地税所：现有编制4人。

(7)二十里堡动物防疫监督所：金州区将原畜牧兽医站更名列为区直部门，定编4人。

(三)经济发展情况

大连保税区建区18年来，移山填海、区港联动、申办保税物流园、创保税港区、建汽车码头、辟专业市场、通八方物流，现已发展成为集国际贸易、仓储物流、出口加工及保税商品展示等功能于一身，拥有港口、国际物流、保税港区政策、集疏运体系等国际航运中心核心要素的大连东北亚国际航运中心核心功能区。

1. 经济总量

表2　　2008年大连保税区主要经济指标完成情况

指标名称	单位	2008年	2007年	同比增长(%)
地区生产总值(含关税)	亿元	108.60	82.06	26.20
工业总产值	亿元	85.00	70.00	21.43
市场交易额	亿元	646.00	430.00	50.23
实际使用外资	亿美元	5.07	4.12	23.06
引进内资	亿元	24.70	14.10	75.20
固定资产投资	亿元	68.09	45.06	50.91
一般预算收入	亿元	8.00	6.25	28.00
税务部门税收	亿元	19.20	14.94	28.51

续表

指标名称	单位	2008 年	2007 年	同比增长(%)
其中:地税	亿元	8.63	6.71	28.61
国税	亿元	10.57	8.23	28.43
自营出口	亿美元	15.17	12.47	21.65
货运总量	万吨	3120.00	2650.00	17.74
集装箱承运	万标箱	320.00	263.00	21.67

资料来源:《2008 年大连保税区经济发展统计公报》。

2008 年大连保税区实现地区生产总值 108.59 亿元,同比增长 26.2%,增幅高出全市近 10 个百分点,占全市地区生产总值的 2.81%。第三产业是拉动区域经济增长的主要动力,2008 年实现增加值 88.18 亿元,同比增长 22.9%;第二产业实现增加值 20.41 亿元,同比增长 44.2%。二三产业构成比例约为 20:80。截至 2008 年年底,保税区企业总数达 3000 多家,企业资产总规模 577 亿元,同比增长13.36%,人均地区生产总值达到 20.5 万元。

2008 年二十里堡街道完成地区生产总值 101149 万元。其中,第一产业 2871 万元,占 GDP 2.8%;第二产业 72120 万元,占 GDP 71.3%;第三产业 26158 万元,占 GDP 25.9%。实现工商税收 11997 万元,其中纳税 500 万元以上企业 3 家,金宏集团纳税 5210 万元。本级财政收入 5577 万元,按金州区街道财政体制计算,街道可支配财力 3000 万元左右(不含街道中小学教育、卫生事业支出)。各项财政支出 3389 万元。2008 年二十里堡街道人均收入 13100 元,其中工资性收入 6000 元,家庭经营性收入 4000 元,财产性收入 2000 元,土地转让收入 1100 元,收入构成比为 45.8:30.5:15.3:8.4。

2. 产业发展

大连保税区现已形成工业、物流和贸易三大主导产业。2008 年三大产业对全区经济增长 26.2% 的贡献率分别为 6.28、3 和 16.7 个百分点。

物流业:规模和水平不断提升,现已形成以国际物流为核心,保税仓储、分拨配送和第三方物流为重点的口岸物流体系和保税物流体系,物流企业达到 309 家。2008 年物流业实现增加值 23.93 亿元,同比增长 20.2%,占地区生产总值的 22.04%;实现营业收入 75 亿元,税收 6.53 亿元,物流企业总收入约占大连物流企业总收入的 30%。

保税港区运作顺畅,2008 年区内企业达到 81 家;完成集装箱吞吐量 175 万标箱,占大连港口集装箱吞吐量的 38.7%;进出口货值 160 亿美元,实现保税业务进出区货值 36 亿美元。

工业:2008 年全区实现工业总产值 85 亿元,增长 21.43%,实现工业增加值 18.68 亿元,同比增长 36.3%,工业增加值率为 23%。规模以上企业达到 79 家,实现产值 82.2 亿元,占全区工业总产值的 96.7%;实现增加值 18.4 亿元,占全区工业增加值的 98%;实现销售产值75.43亿元,产销率达91.8%。

贸易业:2008年实现商品销售总额356亿元,比上年增长49.9%;市场交易额646亿元,增长50%;贸易业实现增加值64.01亿元,同比增长24.1%,占地区生产总值的59%。

二十里堡街道主要产业为加工业、农业和商贸服务业。

加工业:主要为机械加工制造、建材加工、食品加工和服装加工业。现有加工企业379家,其中规模以上企业43家,外商投资企业15家。农产品加工企业以大连凯富隆食品有限公司为代表。

农业:以优势果业为主,其中大樱桃为其特色农产品。目前,二十里堡街道大樱桃栽种面积接近3万亩,其中成果面积已达7000余亩。现有各类果业协会12个,会员150余人。畜牧业发展也初具规模,街道对发展畜牧养殖业的个体经营业户和个人发展庭院式经济的户主给予资金支持,由街道协调在农村信用社获得小额贷款,2008年街道出资50万元作为贷款贴息,调动了个体业主发展畜牧养殖业的积极性。

商贸服务业:主要为房地产开发建设、金融服务和商贸服务业。

(四)社会事务管理与发展情况

1.大孤山半岛辖区

此前的大连保税区基本上是一个经济功能区,需要管理的社会事务有限。目前,大连保税区设有大连保税区劳动人事局,局内设综合管理科、社会保障科和劳动监察科,负责区内相关事务管理;设有大连保税区工会工作委员会,内设组织建设部、宣教文体部、权益保障部、女职工部、民主管理部和办公室,负责全区计生、民兵、征兵、扶贫帮困、职工维权、文体活动等工作。其他社会事务暂由大连经济技术开发区代管。

大连保税区文化建设卓有成效,为推动区域和谐,增强区域吸引力,形成区域凝聚力,提高区域竞争力发挥了积极的促进作用。建区以来,大连保税区注重人文教育,积极建立青年论坛等文化学习阵地,组织青年演讲比赛,开展园区职工歌咏、球类、长跑比赛,定期举办职工书法、绘画、摄影展以及野外拓展训练、徒步等形式多样、丰富多彩的文体活动。同时,还组织开展多种形式的慈善捐助活动,仅2005年~2007年就捐款220多万元,援建4所小学。

2.二十里堡辖区

二十里堡街道社会事业管理机制相对完善,设有社会事务办公室,区域社会事业发展取得一定成效。

(1)教育:现有1所初级中学、3所小学和9所幼儿园。中学教职工编制数92人,学生数1120人;3所小学教职工编制数99人,学生数1577人;9所幼儿园学生数594人。

(2)医疗卫生:现有卫生院1所、村卫生所17个。卫生院现有医护人员38人,其中医师11人,护士11人。金州区每年投入财政资金100万元左右,用于更新、维护医疗设施及医务人员开支。

(3)社会保障:2005年成立了二十里堡劳动保障事务所,另11个行政自然村各设有一个劳动保障服务站。截至2008年年末,该辖区参加城镇职工养老保险人员为1620人;

参加农村养老保险人员为4777人,其中3117人参加失地养老保险(大机车参保人员714人);有523人享受农村低保,171人享受城镇低保。2009年该辖区新农合参保人数已达23095人。

(4)计划生育:现已形成了街道、村、居民组及中心户四级计划生育工作组织网络。目前该辖区共有育龄妇女6239人,区、街每年投入计划生育经费20万元以上。

二、当前大连保税区社会事务管理面临的主要问题

(一)社会事务管理机构不健全

目前,大连保税区尚未设置专门的社会事务管理机构,大孤山半岛辖区暂由毗邻的大连开发区代行部分社会事务管理职责。然而,随着辖区内格林小镇住宅区的建成、入住,小区的供水、供电、供暖、物业管理、消防安全、社会治安、文体设施建设、社区居委会管理等一系列事务亟待理顺归口管理。尤其是随着金州区二十里堡街道的整建制划归管理,其原由金州区统一管理的社会保障、劳动就业、拆迁补偿、民政、司法、民族宗教、文化、教育、体育、卫生、计划生育、爱国卫生、社会治安及工会、妇联、残联等一系列社会事务都急需转交给新的主管部门管理与服务。此外,二十里堡辖区的开发建设并不是一蹴而就的,需要统一规划、分步实施,这样该辖区内暂未开发建设的区域农业生产仍将存续一定时间,农林水利等相关管理问题也需要大连保税区给予高度重视。因此,大连保税区全面行使社会管理职能已是大势所趋,不可回避。

(二)社会保障问题纷繁复杂

社会保障不仅关乎民生,也是经济建设能否顺利开展的重要保证。大连保税区代管二十里堡街道之后,面临的最为核心的社会事务问题就是社会保障。首先,农村社会保障问题。目前二十里堡街道只有少数人实现了"农转居",获得了城镇居民社会保障,而大多数当地居民仍然只能得到农村社会保障。农村社会保障制度的缴费特点是由区、街道和个人各自承担相应的部分,这样原来由金州区承担的费用必须由保税区负责。而且,农村社会保障的水平低、覆盖面小,急需保税区出台有关政策予以解决。其次,动迁补偿安置问题。二十里堡地区作为保税区的产业配套区,土地征用已是必然趋势,由此原农村以土地为基础的社会保障即失去作用,如何妥善解决好这部分失地农民的社会保障问题,将对保税区能否顺利实施扩区建设产生重大影响。动迁补偿一直是发展中的焦点问题,最容易引发社会矛盾,并导致群体上访事件的发生。如何做好动迁补偿的合理公平,既不侵害农民的利益,又不纵容乱建、乱栽行为,是摆在保税区管委会面前的又一大难题。再次,农民生活保障问题。对于失地农民来说,自失地之时到领取养老保险之日的生活来源是个大问题,这事关社会稳定,不容忽视。对于那些土地暂未被征用的地区和农民而言,发展农业生产仍是生活之必需,因此统筹规划好农业产业发展,提高农民收入,也是确保二十里堡产业区顺利开发建设的稳定基础。此外,柏林小镇住宅区居民的社会保障问题也需一并加以考虑与管理。

(三)教育事业发展差距明显

二十里堡街道的文化教育与城市相比,还存在着不小的差距:一是基础教育相对薄

弱。二十里堡街道中小学在教学条件、教育质量和教学水平上与城市相比还存在较大差距,师资力量较弱,优秀教师和年轻教师短缺。二是职业教育发展严重滞后。目前,职业教育由初级中学兼办,投入不足,办学条件差,教学模式、教学内容相对落后,接受职业教育和职业培训的人员有限,“双师型”师资严重匮乏,与社会实际需要脱节,不能适应农业产业化发展和农村劳动转移对农民素质提高的需要。三是中小学生通行困难。较远村落中小学生上学既没有校车接送,也缺乏寄宿制度,造成学生上学不便及安全风险。四是目前出现初中升高中去向问题。此前该地区初中生升高中可按区划进入金州区高级中学和大连市102中学,划归保税区代管后,初中毕业生到何处就学急需保税区管委会成立相关职能部门进行协调解决。

(四)医疗卫生事业基础薄弱

与城市相比,二十里堡街道的公共卫生和医疗服务体系不能充分满足群众的健康需求,看病难、看病贵问题依然突出。一是卫生基础设施条件薄弱,医疗用房严重不足,医疗仪器设备严重缺乏,已有常规设备陈旧且大部分需要更新。二是经费短缺,此前卫生事业费投入与城市相差较大,制约了卫生事业的发展。三是卫生队伍素质偏低,专业技术人员匮乏,知识老化,卫生院、卫生所的技术人员学历、技术水平普遍较低,医疗服务水平较差。四是新型农村合作医疗作用有限,难以满足农民对大病保障需求。此外,柏林小镇住宅区急需完善社区医疗服务体系。

(五)文体事业发展滞后

大孤山半岛辖区的文体事业发展已有一定基础,但二十里堡街道的公共文化建设差距十分明显,文体活动内容相对匮乏,专业化管理水平相对较低。一是现有文体基础设施简陋,总量不足,功能不全,文化站原有的房舍被占用,设施被挪用,原配备的文化器材被损坏或流失。二是文体活动主要集中在街道一级,而且活动形式单一、内容匮乏,距离农民的日常生活较远,难以满足不同人群的文体活动需求。三是农村文体公共经费投入不足,文体事业运行保障经费缺乏,管理体制转换滞后,公共文体服务网络尚需健全。四是文体管理队伍建设滞后,重视不够,数量不足。

(六)就业、再就业以及转移就业形势严峻

就业的严峻形势集中出现在二十里堡地区。目前该辖区面临农村人口与城镇人口、滞留富余劳动力和新增劳动力的多重就业压力。现有各类失业人员总数达5800人,其中失业职工422人(国有、集体企业失业职工304人,其他失业职工118人)。新成长劳动力310人,复转军人5人,农转城(失地)及其他人员5063人。这些人多数文化素质不高,没有经过职业技能培训,就业、再就业能力有限。目前在各类失业人员中实现再就业的5602人,其中稳定就业仅1400人。而且,随着二十里堡汽车物流园的开发建设,失地农民将不断增加,转移就业需求将进一步增大,就业形势将更为严峻。

(七)计划生育管理任务艰巨

在大连保税区行政管辖区内,计划生育管理工作相当艰巨。格林小镇居住人员复杂,计划生育管理相当困难。二十里堡街道大部分为农村地区,计划生育管理工作难度远大于城市。主要表现为政策外生育问题仍然比较突出,出生人口性别比严重偏离正常范围,重男轻女现象严重,流动人口计划生育管理困难,计划生育管理手段弱化等。

三、国内经济功能区社会事务管理经验借鉴

经济功能区是我国改革开放和体制创新的产物。我国现有经济特区、经济技术开发区、高新技术产业园区、保税区、旅游度假区、出口加工区、边境经济合作区、社会改革综合试验区等多种特殊经济区域和政策区域,经过多年发展积累了丰富的发展经验。下面,就以广州开发区、苏州工业园区、大连经济技术开发区以及大连高新技术产业园区为例,探讨经济功能区社会管理体制机制创新发展的历程及经验,借他山之石健全完善大连保税区社会管理体制与运行机制。

(一)国内四个主要经济功能区社会事务管理历程

1. 广州开发区

广州开发区前身是1984年成立的广州经济技术开发区。1998年广州经济技术开发区与1991年成立的广州高新技术产业开发区合署办公(两块牌子,一套管理机构)。2000年经国务院批准,在广州开发区内成立了广州出口加工区。2002年6月广州开发区又与1992年成立的广州保税区合并成为我国第一个"四区合一"管理模式的经济功能区。2005年4月经国务院批准,在开发区基础上整合周边农村地区,设立了萝岗区,管辖面积达393平方公里,总人口31.35万人。

与此相应,广州开发区社会事务管理从无到有经历了如下历程:

第一阶段,不管理社会事务阶段。1984年广州经济技术开发区成立后,经济迅速发展,人口不断集聚,1989年设立了夏港街道办事处。夏港街道成立后,由于开发区不具备相应的社会管理职能,街道社会事务交由黄浦区代管。

第二阶段,准政府模式管理阶段。随着广州开发区的不断发展壮大,无论经济规模还是土地面积都已经超过了广州大多数区级行政单位,代管开发区社会事务的黄浦区深感力不从心。为解决这一矛盾,2003年广州市政府将黄埔区夏港街道办事处和萝岗镇整建制划入广州开发区管理,开发区成立"社区管理局"开始正式管理社会事务。社区管理局施行"多块牌子、一套人马"、"一人多岗"的人员配置模式。

第三阶段,区级政府管理阶段。2005年萝岗区成立,广州开发区与萝岗区"两块牌子、一套人马",下辖5街一镇,彻底解决了开发区管委会只是"准政府",在法律上没有管理社会事务依据的问题。目前,广州开发区已成为我国经济功能区"小政府、大社会"管理模式的成功典范。

目前广州开发区(萝岗区政府)下设社区管理局、卫生局、教育局、农林水利局4个局级职能部门管理辖区社会事务。社区管理局下设7个处室,其中民政事业科与区双拥工作领导小组办公室、区地名委员会办公室合署办公,劳动关系处与区劳动争议仲裁委员会办公室合署办公,就业促进处与社会保障处、就业工作领导小组办公室合署办公;卫生局下设7个科室;教育局下设2个科室,其中办公室与组织人事科合署办公;农林水利局

下设4个科室。详见图1。

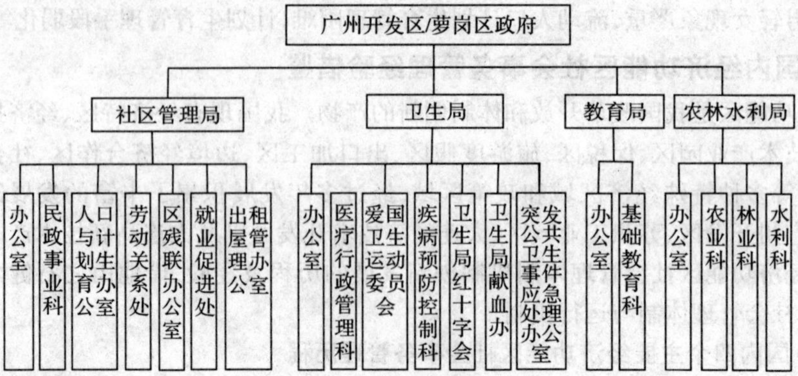

图1　广州开发区社会管理组织架构

2. 苏州工业园区

苏州工业园区是我国较为特殊的经济功能区域，具有区别于国内其他经济功能区的显著特点：第一，它是中国和新加坡两国政府签署协议兴办的国际合作项目；第二，园区的行政管理由中方全权负责，成片开发由中新合资的开发公司负责，对外招商引资由中新共同负责；第三，国务院同意在苏州工业园区自主的、有选择的借鉴新加坡经济发展和公共管理方面的经验。基于这一特殊性，苏州工业园区建立之初就在园区管委会设立了“社会事业管理局”，统一管理园区内全部社会事业。经过多年发展，苏州工业园区社会事业管理走过了一个从小到大、从少到多，逐步发展完善的过程。社会事业管理局建立初期，园区社会事业管理工作量大、人员少、事务多、业务杂、牵扯面广，针对这种状况，社管局逐步扩大公务员编制，并招聘一定数量的事业编制人员作为补充。随着园区社会事业规模的扩大，园区管委会又将教育卫生、社会保障、环境保护等职能剥离社管局，成立了劳动和社会保障局、教育局，逐步形成了较为完善的社会事业管理组织架构。在社会事业管理具体操作层面上，苏州工业园区着重对中新合作区新建社区、动迁居民社区、待开发乡镇三种不同类型社会事业管理对象进行了政策措施上的细分，力争做到动迁一批、受益一批（动迁即受益），新建一批、成型一批（新建即成型）。目前，苏州工业园区社会事业管理已经形成权责一致、分工合理、决策科学、执行顺畅、监督有力的管理体制和运行机制。

目前苏州工业园区管委会下设劳动和社会保障局、教育局、社会事业局（民政局）等三个职能部门管理辖区社会事务。其中，劳动和社会保障局负责园区内劳动、人事、社会保障相关工作；教育局负责园区文化、教育、体育相关工作；社会事业局负责民政、农林水利、卫生、计划生育、爱国卫生相关工作。三个社会事业管理部门分别设置若干领导和非领导职位负责具体事业的运作和管理。详见图2。

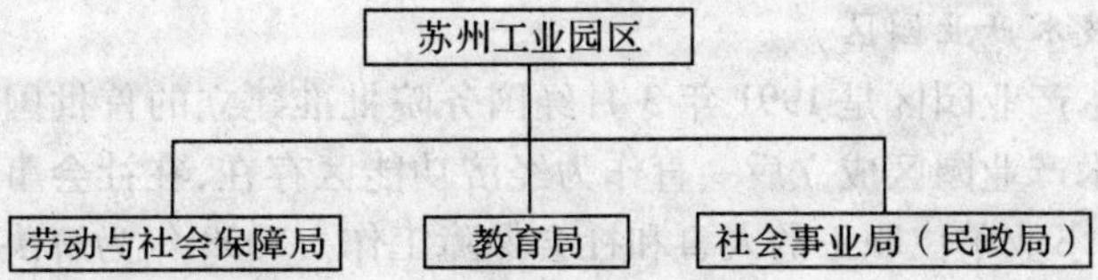

图 2　苏州工业园区社会管理组织架构

3. 大连经济技术开发区

大连经济技术开发区是经国务院批准，于 1984 年 9 月设立的我国第一个国家级开发区。1986 年，大连开发区设立了第一个街道——马桥子街道，自此开始管理辖区社会事务。但是，当时并未成立专门管理机构，而是由开发区城区工作处担负管理职责。随着开发区经济持续发展，社会事业不断壮大，1992 年开发区成立了城区工作委员会，专门管理开发区社会事业。2000 年以后，大连开发区已经从一个 3 平方公里的经济功能区发展成为规划面积达 300 多平方公里、总人口超过 40 万人，集工业生产区、生产服务区、科研区、生活居住区和商业服务区为一体的新城区，社会事务管理工作量已经达到甚至超过大连市多数行政区。为理顺关系，明确权责，更好地管理开发区社会事务，2000 年开发区将原来的城区工作委员会更名为社会事业管理局。2004 年进一步细化分工，将文教卫生、劳动人事和社会保障管理工作从社会事业管理局中剥离出来，成立了教育卫生局、劳动人事和社会保障局。其中，劳动人事和社会保障局下设 5 个处室，负责区内劳动、人事、社会保障相关工作；教育卫生局下设 5 个处室，负责区内文化、教育、体育、卫生、计划生育、爱国卫生相关工作；社会事业管理局下设 4 个处室，负责民政、农林水利、司法相关工作。目前，大连开发区已经形成职责明晰、制度完善、精简高效的社会管理体系。详见图 3。

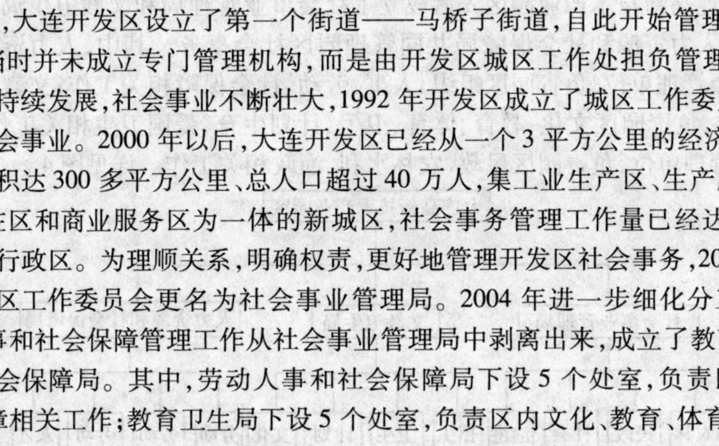

图 3　大连开发区社会管理组织架构

4. 大连高新技术产业园区

大连高新技术产业园区是1991年3月经国务院批准建立的首批国家级高新技术产业园区。高新技术产业园区成立后一直作为经济功能区存在,在社会事务管理方面只负责园区内机关、企事业单位职工的人事和社会保障工作。2008年为解决高新技术产业园区发展空间严重不足、产业发展成本过高等问题,市政府将甘井子区凌水街道、旅顺口区龙王塘街道及大连奶牛场整建制划归其代管,高新技术产业园区自此开始全面行使社会管理职能。

为此,大连高新技术产业园区先后成立了社会事业管理局和文教卫生局两个职能部门,与原有的人力资源和社会保障局共同管理园区社会事务。其中,人力资源和社会保障局下设4个管理单位,负责园区组织、人事、劳动、社会保障相关工作;文教卫生局下设4个管理单位,负责园区文化、教育、体育、卫生、计划生育、爱国卫生相关工作;社会事业局下设4个管理单位,负责园区民政、农林水利、渔政相关工作。详见图4。

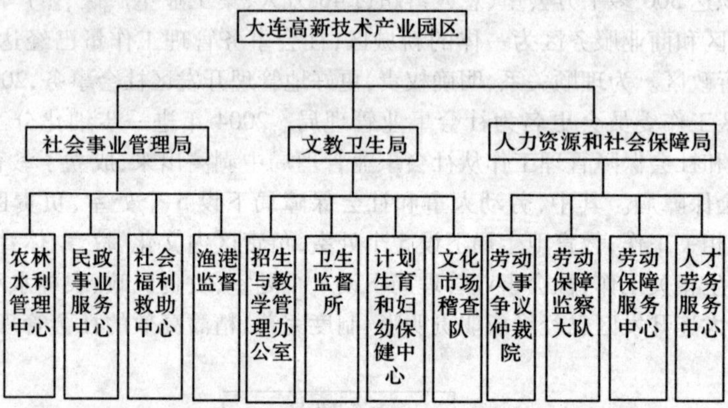

图4 大连高新技术产业园区社会管理组织架构

(二)国内经济功能区社会事务管理阶段性规律及经验

1. 经济功能区社会事务管理阶段性规律

自1984年我国成立第一批经济技术开发区后,各种类型的经济功能区即不断涌现。这些经济功能区在为地区经济增长以及发展空间扩展做出重大贡献的同时,自身也获得快速发展,一些经济功能区已经超出了原来的概念,开始具备城市功能,辖区社会事务管理工作逐步增加。总结上述四个经济功能区社会事务管理所走过的历程,可以明晰我国经济功能区社会事务管理的阶段性规律,详见表3。

第一阶段,经济功能区起步阶段。这一阶段的经济功能区刚刚起步,管委会作为上级政府的派出机构,多只行使经济管理职能。此时辖区规模较小,经济初步发展,社会事务少,无需设置专门的社会事务管理机构,多由周边区域政府代管。

第二阶段,经济功能区快速发展阶段。这一阶段经济功能区经济总量明显增加,发展空间不断扩张,社会事务显著增多,需要行使社会管理职能,成立专门机构管理区内社会事务。此时经济功能区的社会管理机构呈现高度集中、统一管理的特点。

第三阶段,经济功能区向新区过渡阶段。这一阶段经济功能区经济高度发达,发展空间大规模扩张,社会事务纷繁复杂,经济功能区管委会与新区政府"两块牌子,一套人马",行使经济职能以及一级政府的行政管理职能。此时的社会事务管理呈现细化分工、多部门共同管理的特征。

表3　　　　我国经济功能区社会事务管理阶段性规律

项目 阶段	发展阶段	基本职能	管理机构	基本特征	社会事务管理内容	社会事务管理模式	典型代表
第一阶段	起步发展期	经济管理职能	管委会	辖区较小、社会事务少	不管理或部分管理社会事务	委托代管	哈尔滨开发区、海口保税区、宁波保税区等
第二阶段	快速发展期	经济管理职能及部分社会管理职能	管委会 党工委	辖区扩展、社会事务增多	全部社会事务	集中统管	苏州工业园区、大连开发区、大连高新技术产业园区等
第三阶段	发展过渡期	经济职能及一级政府行政管理职能	管委会 行政区	辖区大规模扩张、社会事务纷繁复杂	全部社会事务	细化分管	广州开发区、青岛经济技术开发区、天津滨海新区等

2. 经济功能区管理社会事务的优势

第一,机构精简、办事高效。经济功能区社会事务管理机构保持了功能区管理部门事权一致、精简高效的特点,机构设置基本都是按照"几块牌子、一套人马"、"一人多岗"的要求设置,多数职能部门合署办公。机构精简带来了办事流程简化、办事环节减少、行政成本和社会成本降低等诸多优势,并创造了"一个窗口对外"、"一站式办公"和"一条龙服务"的社会服务模式。这些创新也成为我国行政体制改革的试验田和突破口,为我国深化行政体制改革起到了示范带头作用。

第二,管理理念先进。传统的社会事务管理往往存在权力本位和官本位思想,有着较强的人治色彩,管理模式以管制型为主。经济功能区管理经济形成的"服务型政府"、"亲商思维"、"依法行政"、"透明管理"等先进管理理念,在其管理社会事务时得到了继承和延续,营造出了公平、公正、公开的社会服务环境。

第三,加快区域城乡一体化进程。经济功能区管理社会事务便于经济功能区更好的处理开发建设过程中的土地征用、人员安置、公共事业建设等方面问题,从而加速经济功能区及周边地区的城乡一体化进程。首先,经济功能区自行管理社会事务可以直接实现农村到城市,农民到市民的转变。经济功能区开发建设过程中一般采用较高赔偿的标准和优厚的回迁政策,被拆迁农民户籍直接从农村转为城镇、农民生活方式迅速向城市转变。经济功能区的基础设施规划建设标准高、速度快,区域景观迅速向城市转变。其次,经济功能区自行管理社会事务可以推动郊区城市化。经济功能区一般布局在城市的郊区,功能区的开发建设会引发城市就业结构、工作区域、生活区域的变化,加速人口流动及人口分布的变化,从而实现郊区城市化。再次,经济功能区管理社会事务可以加速整个城市的城乡一体化进程。随着经济功能区体量不断扩张和社会事业的发展,经济功能区在与城市的相互作用过程中,对所在城市经济、社会、实体空间的演化具有强烈的催化、带动效应,从而加快整个城市的城乡一体化进程。

3. 经济功能区管理社会事务经验总结

第一,经济功能区起步阶段不宜担负社会管理职责。首先,社会事务管理工作纷繁复杂,需要大量的人力、物力、财力,这对于起步阶段的经济功能区来说负担过于沉重;其次,经济功能区一般都是设立在城市周边,在发展初期区域内居民少,社会事务管理量小,此时经济功能区不宜肩负社会管理职责,以便轻装上阵,迅速发展壮大。

第二,经济功能区发展到一定阶段必须接管社会事务。随着经济功能区经济总量的增加以及管辖区域的不断扩大,经济功能区只行使经济管理职责不管社会事务的运行模式与功能区经济社会发展产生矛盾,在一定程度上影响经济快速发展,抑制经济功能区“增长极”作用的发挥。解决这种困境最有效的方法就是经济功能区成建制接管周边区域,成立管理部门管理辖区所有社会事务。

第三,具备条件的经济功能区应与行政区整合发展。我国一些经济功能区拥有财力优势,但不掌握土地等要素,行政区拥有土地资源,但缺乏财力支撑,结果造成土地、资金、人才、技术等生产要素流动不畅,制约了区域经济社会整体发展,影响了区域的整体竞争力。突破这一发展瓶颈最有效的方法就是整合区域内经济功能区和行政区,成立统一的行政架构,构建精简高效的管理机构,建立既集中统一领导又发挥各方优势、充满生机与活力的管理体制。目前已有一些城市进行了创新尝试,例如福州开发区已与马尾区合并,广州开发区也与天河区、黄埔区、白云区、增城等的部分街镇合并成立了新的萝岗区,天津开发区与天津保税区、塘沽、汉沽、大港以及东丽、津南一部分合并成立滨海新区。这些区域经过整合,经济保持了快速发展势头,社会事业也取得了长足进步。

(三)对大连保税区的启示

大连保税区经过近十八年的探索和实践,实现了经济的高速与持续发展。随着大连保税区自身规模的膨胀和经济功能的不断拓展增加,加之代管金州区二十里堡街道后管理区域的大幅扩大,原有的管理体制已不能完全适应发展需要,尤其是社会管理体制急需与时俱进、完善创新。

目前,大连保税区已经渡过了起步阶段,进入了扩张发展期。根据经济功能区的发展规律,现阶段大连保税区必须增加社会管理职责,全面接管区内社会事务,健全社会管理体制与运行机制。正如生产力与生产关系相互作用规律所揭示的,大连保税区进入新的发展阶段必然要求有更高层次的体制创新特别是管理体制创新与其相适应,因此大连保税区管理社会事务乃大势所趋,势在必行。

四、构建大连保税区社会管理体系的主要思路与模式选择

(一)指导思想

以科学发展观为指导,以金州区二十里堡街道整建制划管为契机,以全面提高区内社会事业发展水平和人民生活质量为宗旨,以统筹经济与社会协调发展为主线,以人人均等享有基本公共服务为己任,参照其他经济功能区社会事务管理经验,结合自身特点,建立一整套组织严密、职能健全、制度完善、精简高效的社会管理体系,全面履行辖区社会管理职责,为做大做强大连保税区、进一步加快区域经济发展提供有力支撑。

(二)基本原则

1. 机构精简

保持经济功能区管理部门特点,按照"一人多岗"、"多块牌子、一套人马、合署办公"的要求设置机构,防止机构无谓膨胀,避免由管委会模式向一般行政区模式的简单复归。

2. 职责明晰

部门内部业务规范、配置合理、分工明确、权责一致。

3. 服务高效

坚持科学发展、以人为本的要求,建立"一个窗口对外"、"一站式办公"和"一条龙服务"的社会服务模式,简化办事流程、减少办事环节、降低行政成本和社会成本。

4. 管理科学

继承和延续大连保税区现已形成的先进管理理念,坚持以人为本,依法行政,透明管理,营造公平、公正、公开的社会服务环境。

(三)构建目标

社会管理体系组织严密、机构精简、制度完善、管理科学,各职能部门之间以及职能部门内部结构优化、配置合理、职责明确、业务规范、协调有力、运作有序、管理高效,形成权责一致、分工合理、决策科学、执行顺畅、监督有力的管理体制和运行机制,为大连保税区构建和谐社会、实现经济社会与人的全面发展提供可靠保障。

(四)模式选择

参照国内其他经济功能区的发展规律,目前大连保税区可考虑新设置一个社会事务综合管理机构,统筹管理区内新增的社会事务相关事宜。今后,大连保税区可视开发建设以及产业聚集、人员聚集情况,适时增加相关管理机构。

(五)机构设置及职责

建议成立大连保税区党工委,内部设置社会事业管理局,统管辖区内城乡社会事业及"三农"工作。社会事业管理局行政级别与保税区其他局级直属机构相同。社会事业管理局内设民政科、文教卫生科、农林水利科及办公室等 4 个职能科室,人员编制暂定 11

人,其中正局级领导职务1个、副局级领导职务2个、科级领导职务4个、科级非领导职务4个。详见图5。大连保税区原有管理部门归口管理因行政划管新增的相关管理事务。

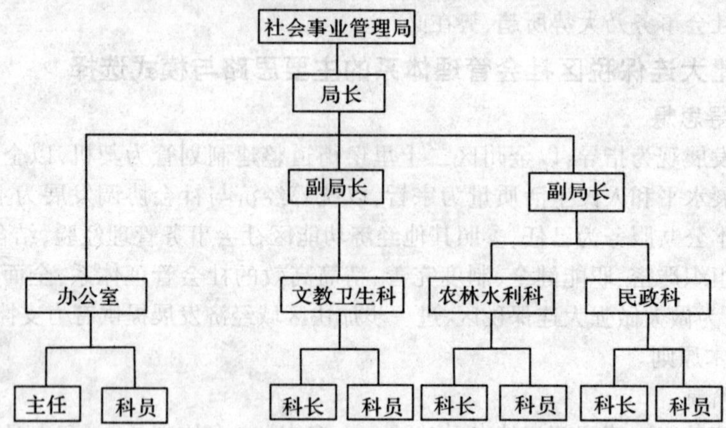

图5　大连保税区社会事业管理局组织架构

1. 民政科的主要职责

(1)负责辖区城乡社会救济、救灾、扶贫、捐助和城乡居民最低生活保障工作;(2)负责辖区基层政权和社区建设指导工作;(3)负责辖区行政区划、勘界工作及地名工作;(4)负责辖区社团及民办非企业单位的登记管理工作;(5)负责辖区优抚、复转军人相关工作和组织双拥共建活动;(6)负责辖区婚姻登记、儿童收养登记、城市生活无着落流浪乞讨人员救助、福利彩票发行工作;负责园区老龄委工作;(7)负责辖区殡葬、社会福利机构、福利企业和慈善机构管理工作;(8)负责辖区残疾人、民族、宗教事务管理工作;(9)负责依法治区和法制教育宣传工作;(10)负责辖区防震减灾工作。

2. 文教卫生科的主要职责

(1)贯彻执行国家、省、市有关文化、教育、体育、卫生、计划生育、爱国卫生等工作方针政策、法律、法规及规章,编制辖区文教卫生等社会事业中长期发展规划、年度计划及相关的地方性行政管理规定,经批准后组织实施;(2)负责指导辖区文化、体育工作,对文化、体育市场进行监督和管理;(3)负责辖区学前教育、基础教育、职业技术教育、成人教育、民办教育等教育行政管理和督学工作,指导开展教育科研及教师培训工作,组织全区的招生考试工作;(4)负责辖区医疗卫生、预防、保健工作。组织开展妇幼卫生、劳动卫生等监督管理工作,负责医疗机构的行政管理工作和监督工作,负责辖区卫生技术人员资格认证、医生护士注册及卫生行风建设,负责医疗纠纷、医疗事故的处理工作,负责地方病防治和重大突发事件及自然灾害的伤病员救治与疾病控制工作;(5)负责辖区计划生育工作;(6)负责辖区爱国卫生工作;(7)负责辖区教育卫生系统人员培训工作;(8)负责辖区校舍建设、维修、管理和设备设施配备工作。

3. 农林水利科的主要职责

(1)负责辖区水资源和水利、农业、林业、畜牧业的行政管理工作;(2)编制合理开发利用山林资源、水资规划，实施节约资源的行政许可和监督管理措施；(3)负责农业产业化发展、农产品安全监测、农业统计、动物疫病防治和监督、造林绿化、山林防火、野生动植物保护、防汛抗旱等工作。

4. 办公室的主要职责

(1)协调、督办局内各部门工作；(2)负责局会议的组织工作；(3)负责建立和落实局工作制度；(4)负责局目标管理工作；(5)负责文件、材料的收发、传阅、催办、立卷、归档和局发文件的审阅、呈签、报送工作，起草涉及局综合性情况的有关文件、材料；(6)负责印信、档案管理，负责机要、宣传、保密、保卫工作；(7)负责局人事、接待、财务管理，负责本部门国有资产管理和后勤服务工作；(8)负责计算机信息网络建设的协调管理和电子政务及办公现代化建设；(9)负责组织全体人员的培训工作。

至此，大连保税区社会管理体制与运行机制基本健全，相关职责基本完善，为今后辖区社会事务有序管理、社会事业健康发展提供了体制与机制保障。

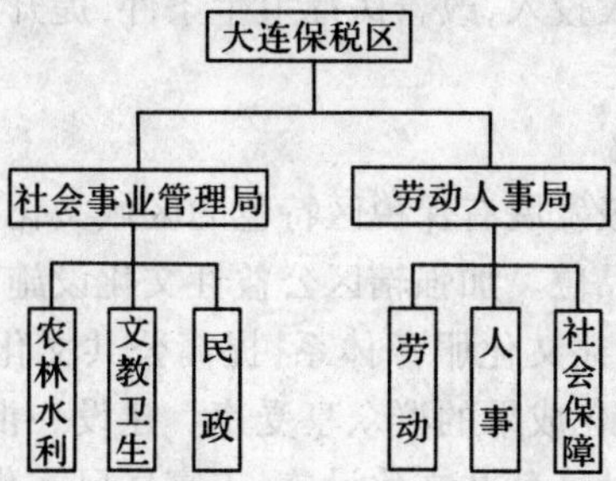

图6 大连保税区社会事业管理组织架构

五、大连保税区社会事务管理的重点任务

坚持以人为本，把维护好、实现好、发展好人民群众的根本利益放在第一位，关注民生，促进公平，统筹兼顾，加快辖区城乡社会事业一体化建设，推动社会事业均衡、和谐发展，推动大连保税区向具有多功能的综合管理区域转变。

(一)注重提升教育水平

健全大连保税区管委会及其教育管理部门对义务教育直接负责的管理体制，高标准、高质量普及义务教育。大力支持辖区基础教育，建立教育经费保障和投入机制，确保义务教育经费全面纳入财政保障范围。认真落实农村免费义务教育的政策措施，推进城区免费义务教育，落实对家庭经济困难学生的免补政策，妥善处理好流动人口子女入学问题。大力推进义务教育标准化学校建设，改善辖区中小学办学条件，推进教育 e 时代工程，缩小城乡和城区学校之间差距，使适龄人口均能享受到基本同质的义务教育。推进基础教育课程改革，扎实推进素质教育。

（二）大力发展医疗卫生事业

高度关注辖区人民群众健康，强化政府责任，严格监督管理，为群众提供安全、有效、便捷、价廉的公共卫生和基本医疗服务。

建立健全辖区疾病预防控制体系、卫生监督执法体系、突发公共卫生应急管理及医疗救治体系，建设覆盖全区的疾病预防控制网络，形成“功能完善、反应迅速、运转协调”的突发公共卫生事件应急机制，保障公共卫生安全。加大卫生执法力度，加强食品、药品卫生监管，保障人民群众食品安全和用药安全。加强环境卫生监测和职业病防治工作。积极开展健康教育，提高辖区居民健康意识，树立良好生活习惯。发展妇幼卫生事业，提高妇女儿童保健水平。大力开展爱国卫生运动，营造健康生活环境。

逐步完善城乡医疗服务体系。重点发展社区卫生服务机构，建立起与人民群众基本卫生需求相适应，布局合理、经济有效，直接面向群众、面向家庭，集基本医疗、预防、保健、康复、计划生育、健康教育于一体的社区卫生服务体系。进一步巩固和完善二十里堡街道医疗卫生服务网络，加大投入，改善医疗卫生条件，提升卫生院和卫生所建设标准及服务水平。

（三）重视发展文体事业

实施文化强区工程，积极发展有保税区特色的区域文化事业，活跃群众文化活动，弘扬区域文化，增强区域文化品位。加强辖区公益性文化设施建设，构建全面覆盖、布局均衡、功能互补、运行有序的公共文化服务体系，提高公共文化产品数量和服务质量，增加文化活动的社会参与率和文化成果的群众享受率。建设一批居委文化活动室、文化活动广场、社区图书馆等基础性社区公共文化设施，丰富居民文化生活。重视农村文化建设，完善农村文化基础设施，积极组织送文化下乡活动，促进农村文化繁荣。深入开展以“爱国、守法、诚信、知礼”为主要内容的现代公民教育活动，加强社会公德、职业道德、家庭美德和未成年人思想道德建设。开展精神文明创建活动，积极创建文明社区、文明村镇、文明行业、文明单位，全面提高辖区整体文明程度。

认真实施《全民健身计划纲要》，积极推动全民健身活动。结合保税区实际，以学校、社区、村庄、工作单位为重点，广泛、深入、持久地开展有益身心健康的各类群众性体育活动。增加公共体育的经费投入，完善体育场地设施建设，重点改善农村体育设施条件，积极推动学校体育设施向社会开放，同时建设文体康乐设施，为辖区居民提供良好的体育健身环境。

（四）加强人口、就业和社会保障工作

加强人口调控管理，实现辖区人口总量增长与经济增长相协调、人口结构优化和素质提高与经济结构调整优化相协调、人口分布与城市空间发展和产业布局相协调，创建人口协调发展示范区。完善流动人员管理服务体系，加强流动人员的管理与服务工作，全面实现流动人员信息化管理。建立健全“属地管理、单位负责、居民自治、社区服务”的计生管理体制，完善人口和计划生育目标管理责任制，优化人口计生服务和管理，为区域发展创造良好的人口环境。强化老龄意识和养老意识,积极应对人口老龄化。

构建保税区就业工作机制,健全区、街、村就业服务体系,成立保税区就业工作领导小组、劳动就业服务管理中心以及二十里堡街道劳动保障服务中心和村级劳动服务站,切实落实就业扶持政策和就业援助制度,统筹做好城镇新增劳动力就业、失地农民就业、农村富余劳动力转移就业、失业人员再就业工作,重点帮助“4050”人员、“农转居”人员、零就业家庭和农村贫困家庭等困难群体实现就业。做好按比例安排残疾人就业工作,为残疾人提供就业指导和职业培训服务,拓宽残疾人就业渠道。健全面向劳动者的职业技能培训制度,积极支持自主创业、自谋职业,以创业带动就业。加大劳动保障监督执法力度,严格执行国家劳动标准,依法保障劳动者特别是农民工的合法权益。

建立健全覆盖辖区居民的以社会保险为核心,社会救助、社会福利、优抚安置、社会互助相衔接的社会保障体系,切实抓好“就业—保障—救济—帮困”四环联动的社会保障工作机制,缩小贫富差距和城乡差别。推进城乡基本保障制度的完善与衔接,探索城市医疗保险和农村合作医疗相衔接的新型农村医疗保障制度,扩大基本养老保险覆盖面,将辖区各类用人单位全部纳入基本养老保险统筹范围。推进建立以城乡居民最低生活保障制度为基础的医疗救助、住房保障、就业援助、教育援助、法律援助和社会互助等各项制度配套的新型社会救助体系,加强对困难群体的救助。

(五)推进社区建设、妇女儿童、民族宗教等各项事业

构建管委会—街道—居(村)委会的社区管理体制,提升社区管理服务水平,全面推进平安和谐社区建设。健全社区事务工作协调机制,完善社区网格化管理,实现社会治理的良性发展。强化街道的社会管理和公共服务职能,充分发挥居(村)委会的自治职能,不断增强服务群众的能力。做好“村改居”的各项工作,正确处理农村城市化进程中出现的各种矛盾,确保各项管理工作平稳过渡。加大社区服务设施建设力度,不断完善社区功能,建立多渠道的社区服务投入机制,加快社区服务社会化步伐。

重视妇女儿童事业的发展,增加妇女儿童事业的投入,切实保障妇女儿童的合法权益,保障妇女儿童享有应有的公共服务,促进妇女儿童身心健康发展。

重视民族宗教事务。切实保障少数民族群众的合法权益,促进平等、团结、互助的新型社会主义民族关系的发展。合理规划、安排宗教活动场所,尊重信教群众的信仰。

六、大连保税区加强社会事务管理的主要措施

(一)提高认识,加强领导

大连保税区要高度重视社会管理工作,充分认识社会发展对构建社会主义和谐社会的重要作用,加强对社会事务的组织领导和管理力度,全面提升社会事业管理与发展的战略地位,将其融入全区发展和改革的全局。社会事务管理部门要切实履行职责,发挥职能作用,工作人员通力协作,科学有序地开展工作。要加强各项社会事业发展政策措施的制定和组织实施,建立健全社会事业发展的目标管理责任制,切实促进全区社会事业发展。

(二)统筹规划,严格实施

要按照大连城市发展"西进北拓"战略以及建设二十里堡汽车物流城的新要求,将经济功能区和广大农村地区统筹考虑,科学编制大连保税区总体发展规划,明确任务和主要措施,以利于相关社会事务管理。在总体规划的框架下,对位于汽车物流城范围内的村庄进行统一规划,将目前零散分布的农村房屋相对集中起来,按城市社区的标准,以行政村为单位统一规划建设农民公寓新村,全面提升农民生活居住环境水平。同时,加强对辖区其他农村地区村庄规划和房屋建设的管理,积极探索农村地区村庄规划过渡期的管理方案,严格农村建房的管理。认真编制好教育、卫生、文化、体育、人口、就业、社会保障以及农业等各专项和行业发展规划。制定重大社会事业建设项目和功能性设施、社区公益性设施布局建设规划,合理确定功能定位、建设规模与空间布局,促进各项社会事业设施的资源共享、功能整合和布局优化。为提高区域规划的水平,建议聘请国际一流规划设计单位对全区管辖和委托管辖区域进行规划,经专家论证、评选后确定规划方案。

(三)增加投入,加大支持

大连保税区要尽快建立健全与公共服务相适应的公共财政体制,把财政支出的重点逐步转到加强社会管理和公共服务上来,逐年加大公共财政用于社会发展尤其是基本社会公共服务的资金投入,并形成稳定的社会发展建设投入和经费保障机制。保税区管委会每年新增财力要优先用于社会事业发展,提高基本公共产品和公共服务均等化水平,促进公共服务区域协调发展。进一步改革和完善社会事业投融资体制,拓宽投资渠道,通过政策引导,充分发挥市场机制作用,落实促进社会事业发展的各项优惠措施,鼓励和吸引各种资金通过多种方式参与社会事业建设。

(四)深化改革,促进发展

深化教育、卫生、文化、体育等社会事业管理体制改革,划分社会事业的决策、管理、监督权限,提高社会管理和公共服务的能力和水平。推行社会事业单位分类管理,按照承担任务的公益性程度以及营利和非营利性质,划分社会事业单位类型并实行不同的支持政策和管理运行模式,使公益性和非营利性事业单位成为社会事业发展的主体,同时积极推进营利性社会事业单位的市场化进程。充分调动一切积极因素,形成社会成员广泛参与社会事业发展的格局。积极培育社会组织,逐步构建政府、非政府社会组织、企业相互合作的公共服务体系。积极探索新的社区发展与管理模式,把一部分政府可以不直接承办和企事业单位剥离的社会职能、服务职能交由社区承担,使社区成为加强社会管理和提供基本公共服务的平台。扩大社会管理的参与度,建立健全社会利益协调机制,建立健全重大决策听证、信访、社会舆情收集分析等制度,广泛听取相关利益群体的意见,引导群众以理性合法的形式表达利益诉求。

(五)审时度势,发展农村经济

重视农村经济发展对区域和谐稳定的重要性。结合二十里堡街道各村实际,因地制宜,分类指导,加快农业产业化、农村工业化和农村城市化。制定鼓励政策,扶持发展农村经济，重点发展壮大村级集体经济，将其作为加强当地社会事务管理、确保区域安定和谐的重要举措。建议大连保税区在开发建设二十里堡地区时，充分考虑农民利益，考虑发展村级集体经济的客观需要，按实际征地面积的一定比例（8% ~10%）给被征地村划留经济发展用地，为其做好发展规划，引导村庄利用村经济发展用地发展第二、第三产业，例如统一规划建设为汽车物流城配套的员工楼、标准厂房和专业市场等，大力发展物业经济，以此保障被征地农民拥有长期稳定的经济来源，增加农民资产性收益，并创造就业岗位。同时在二十里堡地区有计划、有步骤地开展农村宅基地流转工作试点，借鉴嘉兴模式，探索将农户宅基地和承包地分开、搬迁与土地流转分开，在依法、自愿基础上，以宅基地置换城镇房产、以土地承包经营权置换社会保障，置换出的宅基地除部分用于农民公寓新村建设外，其余全部作为工业与建设用地，增加开发用地和村级自留经济发展用地面积。积极探索农村集体经济组织创新，加快推进村级集体经济组织市场化改制，增强发展活力。推动农村社区合作经济组织股份制改革，引导成立股份制经济发展公司，加快发展都市型现代农业，提高集体经济收入。对于今后一定时期不用于开发建设的基本农田，鼓励实行规模化经营，提高经营效益，保障农民基本生活来源。

《大连保税区健全社会管理体制研究》课题组成员

课题领导小组：

李　才　大连市政府发展研究中心　主任　教授

卢　林　大连保税区管委会　主任

栾福军　大连市政府发展研究中心　副主任

课题组：

负责人：王　玲　大连市政府发展研究中心农村研究室　主任　副研究员

朱　倬　大连保税区管委会经济研究中心　主任

成　员：徐向峰　大连市政府发展研究中心工业研究室　副主任

刘文展　大连市政府发展研究中心农村研究室　副调研员

屈东林　大连保税区管委会经济研究中心　副主任

王玉丽　大连保税区管委会经济研究中心

张晶晶　大连保税区管委会经济研究中心

旅顺口区“十二五”全域城市化民生发展战略研究

尹晓琴　王树坤

一、旅顺“十二五”全域城市化民生发展的基础和趋势分析

近年来，旅顺区委、区政府深入贯彻落实科学发展观，坚持以改善民生为重点，认真解决人民群众最关心、最直接、最现实的利益问题，努力使改革发展成果更多地惠及全区人民，促进和谐旅顺建设。以下分别从人民生活水平、社会就业保障、社会公共服务、社会公共安全和生态文明建设五大方面，对旅顺 2005 年～2009 年民生发展状况、问题进行客观的分析，并对旅顺“十二五”全域城市化民生发展的趋势进行判断。

（一）“十一五”民生发展的状况

1. 人民生活水平方面

（1）居民收入水平稳定增长

2005 年～2009 年，旅顺口区城镇居民可支配收入和农民人均纯收入均保持两位数增长，年平均增长分别为 17.5% 和 15.0%。2009 年全区城镇居民人均可支配收入 18630 元，农民人均纯收入 13900 元，分别比 2005 年的 9209 元和 7617 元增长 102.3% 和 82.5%。

从收入构成来看。2009 年城镇家庭总收入 20364 元，比上年净增 3602 元，增长 21.5%，其中，工薪收入 13602 元，净增 2790 元，增长 25.8%，增幅高于总收入 4.3 个百分点，占总收入的比重由上年的 64.5% 上升到 66.8%；经营净收入 1564 元，增长17.8%；2009 年农民人均纯收入 13900 元，净增 1467 元，增长 11.8%，其中，工资性收入人均为 4948 元，增长 13.2%；家庭经营纯收入 5492 元，增长 11.5%。全年农民人均总收入 17501 元，净增 1224 元，增长 7.5%。

从全市范围比较看。城镇方面：2005 年～2009 年，旅顺口区城镇居民人均可支配收入始终低于全市平均水平，但是从 2006 年起，旅顺城镇居民人均可支配收入增长速度开始高于全市平均水平，两者差距开始不断缩小，目前已由 2005 年的 2785 元最大差距，缩小为 2009 年的 384 元；农村方面：农民人均纯收入始终高于全市平均水平，特别是从 2008 年起，旅顺农民人均纯收入增长速度超过大连市平均增速，目前已由 2005 年的 1714 元最小差距，拉大到 2009 年的 3175 元。

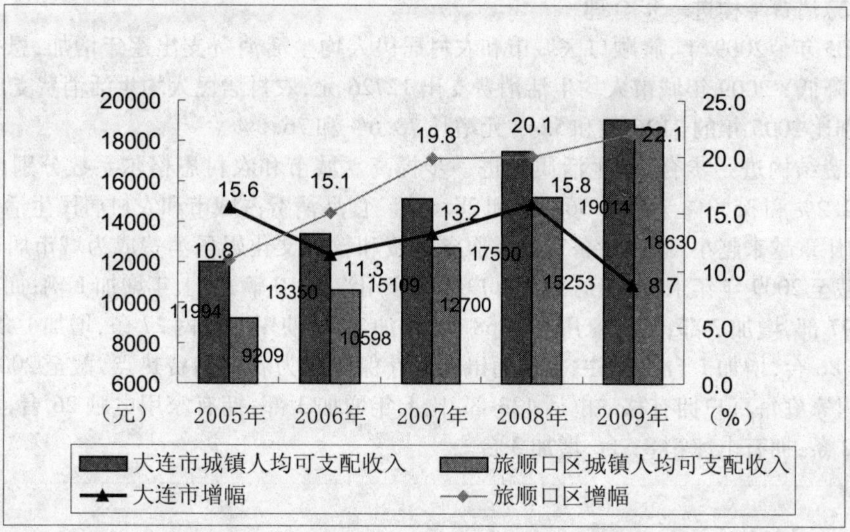

数据来源：根据 2005 年 ~ 2009 年大连市旅顺口区国民经济和社会发展统计公报整理。

图 1　大连市与旅顺口区农民人均纯收入及增速比较

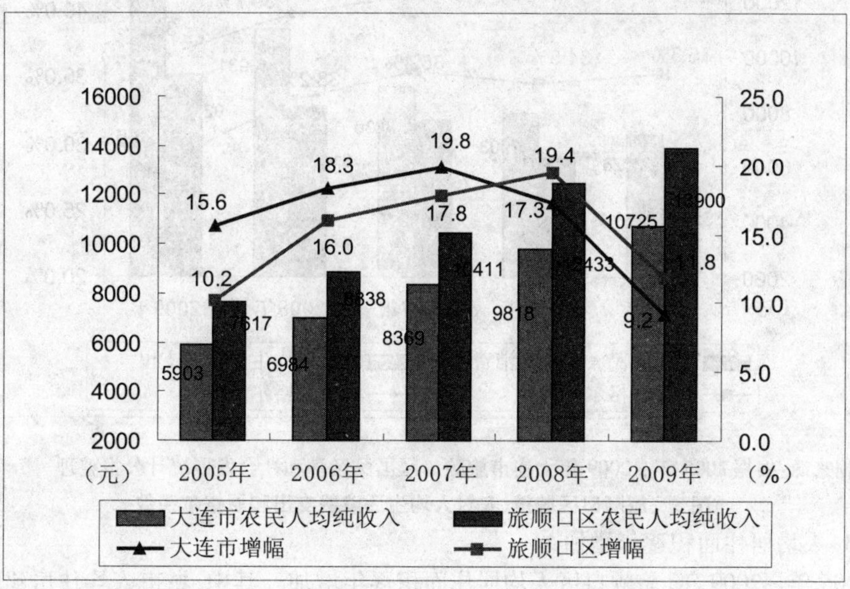

数据来源：根据 2005 年 ~ 2009 年大连市旅顺口区国民经济和社会发展统计公报整理。

图 2　大连市与旅顺口区城镇居民人均可支配收入及增速比较

(2)消费结构进一步合理

2005 年 ~2009 年,旅顺口区城市和农村居民人均生活消费支出逐年增加,恩格尔系数逐年降低。2009 年城市人均生活消费支出 12726 元,农村居民人均生活消费支出 9268 元,分别比 2005 年的 7126 元和 5249 元增长 78.6% 和 76.6%。

消费结构进一步合理,生活质量进一步提高。城市和农村恩格尔系数分别由 2005 年的 42.2% 和 35.3% 下降为 36.6% 和 28.6%。食品消费占城市和农村居民生活消费总支出的比重越来越小,家庭设备用品及服务消费和教育文化娱乐消费成为城市居民消费热点,截至 2009 年年末,城市居民每百户拥有家用汽车 10 辆,比上年增加 1 辆;拥有移动电话 197 部,增加 7 部;拥有家用电脑 68 台,增加 2 台;使用互联网 27 条,增加 1 条;淋浴热水器 86 台,增加 1 台。居住、交通通讯和医疗保健成为农民消费热点,截至 2009 年年末,农村家庭每百户拥有移动电话 133 部,比上年增加 3 部;拥有家用电脑 26 台,使用互联网 12 条;拥有电冰箱 81 台,增加 3 台。

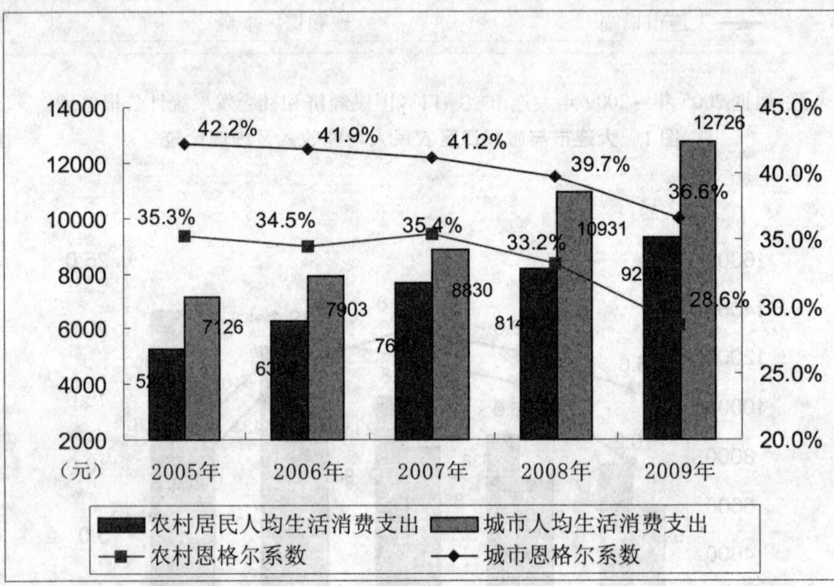

数据来源:根据 2005 年 ~2009 年大连市旅顺口区国民经济和社会发展统计公报整理。

图 3 旅顺口区城镇、农村人均生活消费支出和恩格尔系数

(3)人均居住面积逐年增加

2005 年 ~2009 年,旅顺口区人均居住面积逐年增加。其中:城市人均住房建筑面积已经由 2005 年的 26.7 平方米/人,增加到 2009 年的 33.3 平方米/人。2009 年全区投资 4368 万元,率先在全市以经济适用房货币化补贴方式,一次性解决 560 户群众住房问题,发放廉租住房补贴 102 万元;农村人均居住面积分别由 29.7 平方米/人增加到 35.2 平方米/人,其中,钢筋混凝土住房面积 26 平方米/人,所占比重达 73.9%。

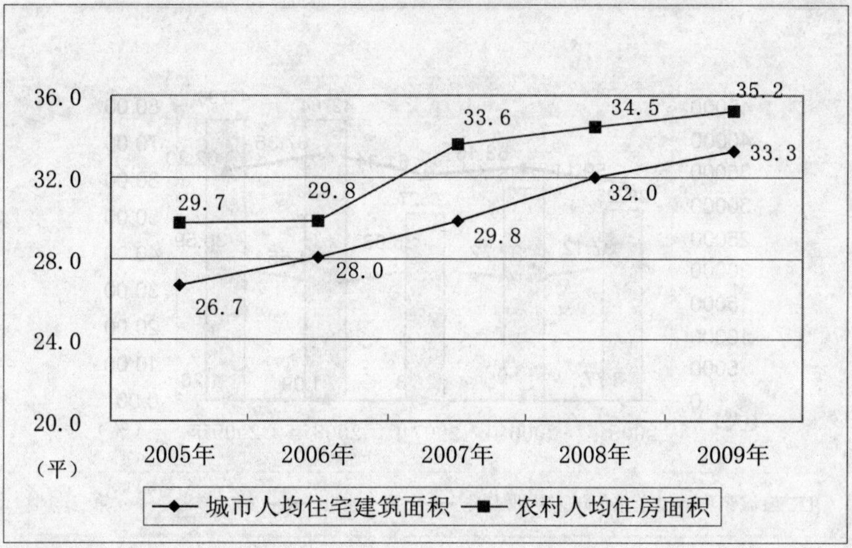

数据来源:根据2005年~2009年大连市旅顺口区国民经济和社会发展统计公报整理。

图4　旅顺口区城镇人均住宅建筑面积、农村人均居住面积

2.社会就业保障方面

(1)就业局势保持稳定

从就业数据上看,2005年~2009年,全区就业规模不断扩大,三次产业从业人员比例基本保持稳定。2009年旅顺口区城镇集体以上单位从业人员数为42790人,比2005年的29225人增加13565人。三次产业从业人员比例中,第一产业从业人员比例逐渐下降,由2005年的3.77%下降为2009年的1.20%,第二、第三产业从业人员比例基本保持稳定。2009年最新三次从业人员比例为1.20:36.59:62.20。

从就业政策来看,2009年,旅顺区委、区政府把就业和稳定就业工作作为民生之本,列入十项民生工程并积极采取有效措施加以推进。一是实施14项稳定和扩大就业的措施;二是建立企业失业预警机制;三是建立企业裁员报告制;四是全面落实减轻企业负担的稳定就业政策;五是组织开展"再就业援助月"等系列活动;六是着力解决高校毕业生就业问题;七是切实加强农民工就业的指导和服务工作。

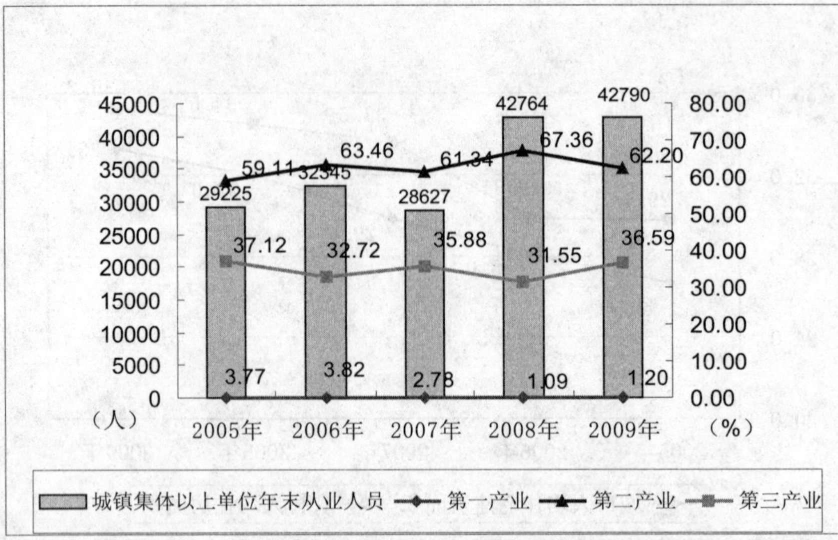

数据来源：根据 2005 年～2009 年大连市旅顺口区国民经济和社会发展统计公报整理。

图 5 旅顺口区年末城镇集体以上单位从业人员数及三次产业从业人口比

（2）社会保障体系逐步完善

养老和医疗保险。2005 年～2009 年，全区社会保险扩面征缴任务超额完成，社会保险稽核与劳动监察“一体执法”工作效果明显。一是养老保险方面（见图 6）。2009 年，全区征缴企业养老保险统筹基金 2.67 亿元，超额完成 16.5%，参保 6.1 万人。为 28367 名退离休人员支付养老金 3.89 亿元，养老金按时足额社会发放率达 100%（见图 7）。机关事业单位社会征缴养老保险基金 1.59 亿元，超额完成 160%，确保了 3307 名退离休人员养老金 100% 按时社会化发放，按照上级统一部署，适时完成了企业退休人员养老金增资和事业单位退休人员规范补贴工作。二是医疗保险方面（见图 8）。参保人数不断增加，征缴金额大幅提升。2009 年，城镇职工医疗保险参保 11 万人，超额完成 4.6%；征缴医疗保险基金 2.48 亿元，超额完成 96.8%；基金支出 1.99 亿元，基金结余 4924 万元。依照政策规定，对 2008 年度享受大病救助 194 人补助 64 万元，651 人享受慢性病补助 105 万元，全区参保职工抚养比为 2.21∶1。城镇居民参保 17944 人，占应参保 22893 人的 78%，收入医保基金 256.5 万元，基金支出 441 万元。农村合作医疗保险参合 7.6 万人，参保率 98%，筹集医保资金 1484 万元，5.9 万人次享受 1513 万元医疗补助，全区农村低保 231 人享受 28.2 万元医疗救助。提高了定点医疗机构综合病平均住院人次费用结算标准，扩大了参保职工医疗补助病种范围，慢性病病种由十五种增加到三十种，进一步减轻了参保人员负担。

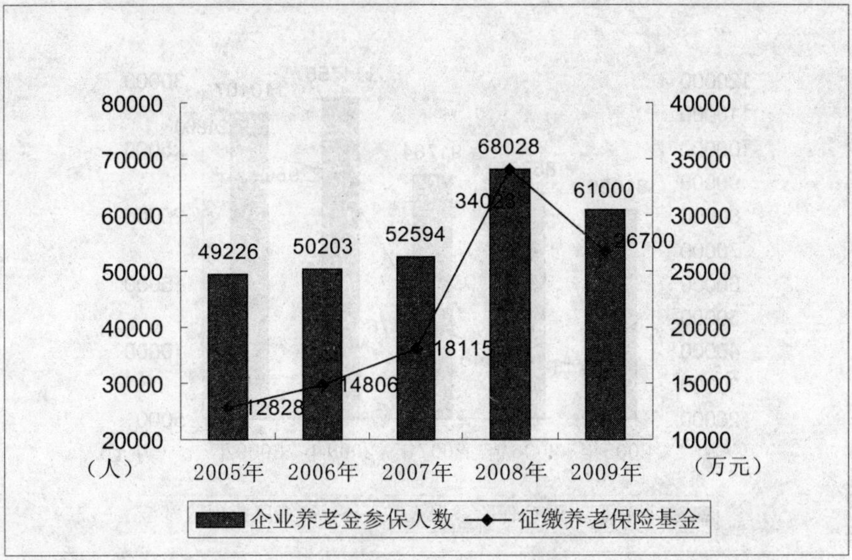

数据来源：根据 2005 年～2009 年大连市旅顺口区国民经济和社会发展统计公报整理。

图 6　旅顺口区企业养老保险参保人数及征缴养老保险基金额

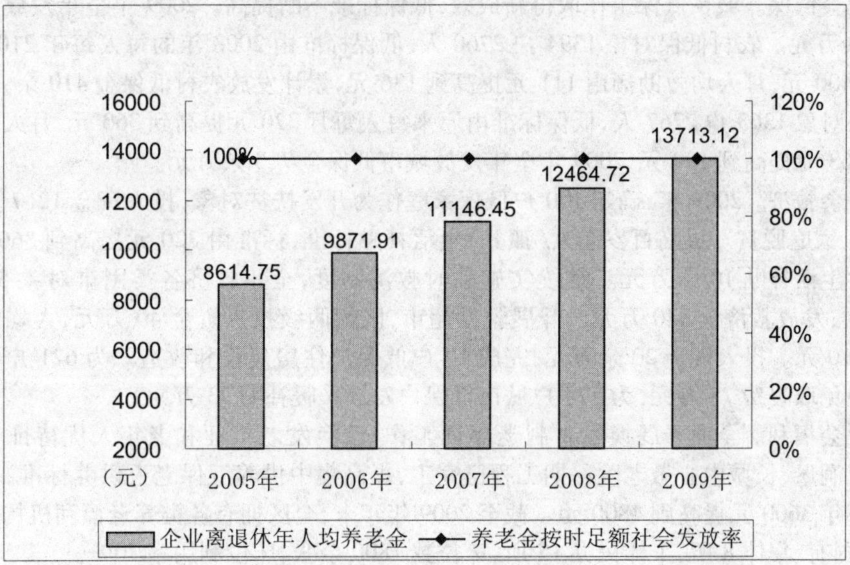

数据来源：根据 2005 年～2009 年大连市旅顺口区国民经济和社会发展统计公报整理。

图 7　旅顺口企业离退休养老金及发放率

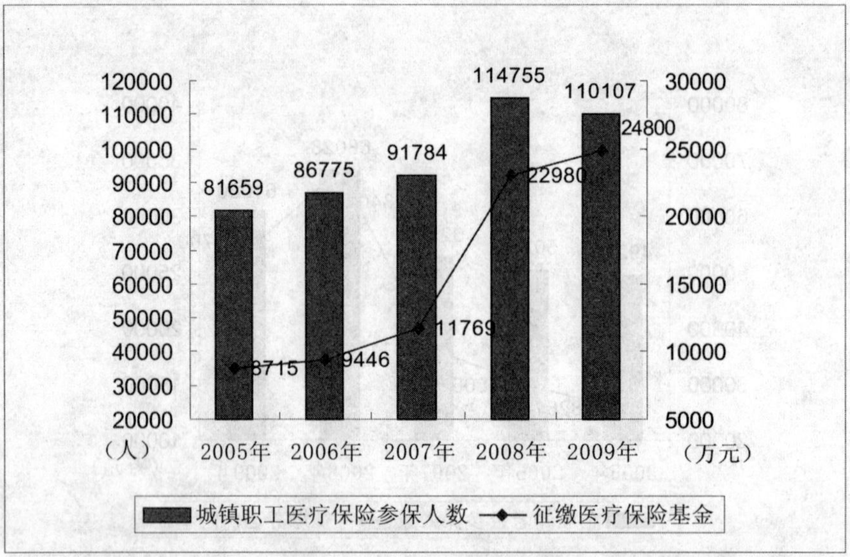

数据来源:根据2005年~2009年大连市旅顺口区国民经济和社会发展统计公报整理。

图8　旅顺口区城镇职工医疗保险参保人数及征缴医疗保险基金额

社会低保。城乡低保工作取得新成效,低保标准不断提高。2009年全年发放低保金1120余万元。农村低保对象1394户2760人,低保标准由2008年的每人每年2100元提高到2400元,月人均救助额由111元提高到136元,累计发放农村低保金410余万元;城市低保对象1363户2767人,低保标准由原来每人每月320元提高到360元,月人均救助额由163元提高到199元,2009年全年发放城市低保金710余万元。

社会救济。2009年,确定100户低保家庭作为开发扶贫对象,投入资金12.7万元帮助30%家庭脱贫。提高百岁老人(孤儿)生活补贴标准,标准由320元提高到360元,全年发放生活补贴10余万元。继续实施临时救济制度,全年救济各类困难对象5640户(人)次,发放救济金340万元。开展救助超市,区街两级投入资金40万元,人均救济额超过110元。投入资金20余万元,完成10户低保户住房建设和改造。为621户城市低保户减免取暖费75万元,为578户城市低保户发放采暖补贴23万元。

社会福利。全面开展换发省制老年证工作,已换发老年证和老年人优待证3.6万个。三涧堡、长城中心敬老院一期工程已完工,提高集中供养五保老人供养标准,由原来每人每年3600元提高到4800元。截至2009年年末,全区拥有各类养老福利机构23所,其中,国有、集体8所,个体民办15所,床位数1800余张,床位利用率70%。

3.社会公共服务方面

(1)教育事业协调发展

学前教育。2009年全区拥有幼儿园38所,其中城市15所,农村23所。幼儿入学率98%,其中城市100%,农村94%。

基础教育。全区小学适龄儿童入学率保持100%，初中适龄少年入学率保持100%，17周岁人口中初级中等教育完成率保持100%。

高中阶段教育。全区高中阶段学校在校生近5000人，初升高比例连续三年保持在100%，已实现基本普及高中阶段教育，其中，普通高中录取率达到63.2%。每年中职学校在校生规模保持在1400人左右。

高等教育。近三年来，高考成绩连年丰收，2007年高考上线率高出全市4.52个百分点，2008年高考上线率高出全市6.31个百分点，2009年高考考生上线率达到93.2%。2009年成人高考报名864人，总上线率50.8%。

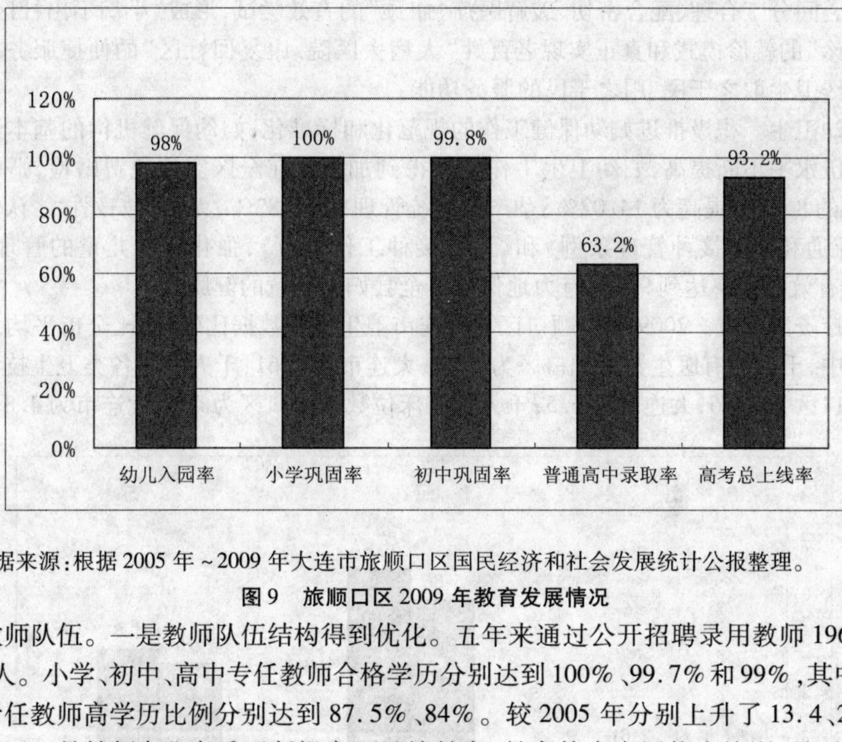

数据来源：根据2005年～2009年大连市旅顺口区国民经济和社会发展统计公报整理。

图9　旅顺口区2009年教育发展情况

教师队伍。一是教师队伍结构得到优化。五年来通过公开招聘录用教师196人，调入76人。小学、初中、高中专任教师合格学历分别达到100%、99.7%和99%，其中小学、初中专任教师高学历比例分别达到87.5%、84%。较2005年分别上升了13.4、24.5个百分点。二是教师专业素质不断提高。继续教育、教育技术应用能力培训、骨干教师培训、专任教师培训四管齐下，全力提高教师执教能力。推行教师交流制度，城乡教师之间的交流，达到了经验互补，从整体上促进了教师素质的提高。

(2)公共医疗卫生体系初步形成

新型农村合作医疗。旅顺口区自2005年全面实施新型农村合作医疗工作以来，全区新型农村合作医疗制度运行良好，农村医疗卫生条件日益改善。全区79个卫生所整体水平有了很大提高，7个乡镇卫生院预防保健和公共卫生突发事件应急处置能力明显提高，3个区级医疗机构进一步巩固了医疗预防保健技术指导中心地位。农村病人基本上做到了小病不出村，常见病不出乡镇，大病不出区，有效地降低了农民的就医成本，减轻了病人的负担。

乡镇卫生院建设。着力推行示范卫生院建设,加快乡镇卫生院建设规范化、标准化的进程。全县所有乡镇卫生院已基本达到国家制定的建设标准。通过改扩建等项目的实施,全区卫生基础设施薄弱的状况得到了明显改善,所有乡镇卫生院的业务用房紧张状况得到了较大的缓解。

社区卫生。按照全市社区卫生服务示范机构建设基本标准,对重点卫生服务中心进行了全面的升级改造。社区卫生服务中心科室设置齐全,能为社区居民提供预防、医疗、保健、康复、健康教育、计划生育指导"六位一体"的居民健康卫生服务。逐渐建立医院与服务中心间分工合理、配合密切、破解医疗"瓶颈"的有效尝试,形成"小病不出社区,大病及时转诊"的就诊模式和真正实现老百姓"大病去医院、康复回社区"的便捷服务。充分发挥社区卫生取之于民、用之于民的服务功能。

妇幼卫生。积极推进妇幼保健工作的规范化和标准化,妇幼保健机构的基本建设和技术队伍水平不断提高,妇幼卫生工作明显得到加强。在全区实施免费婚检,婚检率由2006年的8.88%提高为14.02%;孕产妇系统管理率94.82%,无孕产妇死亡。认真贯彻《疫苗流通和预防接种管理条例》和《预防接种工作规范》,强化流动儿童的管理,确保"五苗"有效接种率达到99%,有力地保障了全县妇女儿童的健康。

医疗资源配置。2009年旅顺口区与大连市卫生机构数据比较,均比全市平均水平略低。其中,千人拥有医生数旅顺口区为2.44,大连市为2.61;千人拥有各类卫生技术人员数旅顺口区为5.86,大连市为6.5;千人拥有床位数旅顺口区为4.5,大连市为4.8。

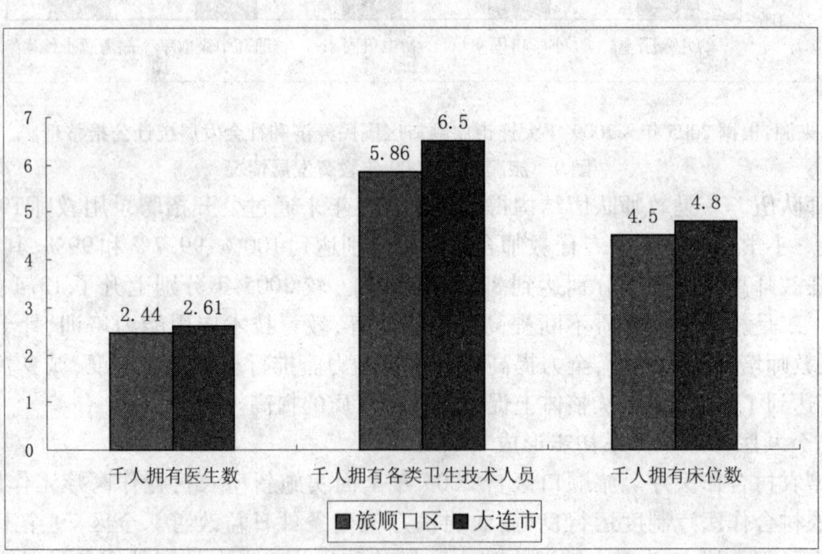

数据来源:根据2005年~2009年大连市旅顺口区国民经济和社会发展统计公报整理。

图10 旅顺口区与大连市卫生机构数据比较

(3)群众文化体育活动日益丰富

精心策划组织7项大型文体活动。“欢乐大年”春节系列文体活动，首届“中国大连旅顺人居节”、“旅顺樱桃节”、“旅顺渔民节”、第五届“旅顺之夏”、“旅顺口区国庆六十周年”文艺晚会等活动充分展示了旅顺浓厚的文化氛围，掀起全民文体活动新高潮。入夏以来，全区策划组织了具有一定规模的广场演出活动100多场次，文化下乡、进军营演出20场，免费送电影到农村900场。全区直接参加表演活动人数6000多人次，参与观众20多万人次。“万人健身徒步大会”，免费为百姓进行国民体质监测，为百个优秀全民健身示范点的单位颁发了锦旗，为68个行政村13个社区全部配发健身音响器材，为22个农民体育健身工程受赠单位发放篮球，为4个社区和2个行政村发放室外健身路径各一套。来自全区各界共1万余人参加了徒步大会。

启动7项文体基础设施建设工程。争取市财力支持启动了北海、双岛、龙头、三涧、长城5个涉农街道综合文化站建设工程，目前五个新建综合文化站主体工程已基本完工，实现了全区涉农街道都有文化站的目标。争取市财力支持完成36个农家书屋建设任务。完成13个城市街道社区文体活动室建设任务。完成68个文化信息资源村级共享示范点建设任务。积极推进农民体育健身工程，为全区68个行政村13个社区配发健身音响器材，为22个行政村新建篮球场，配发篮球架和篮球，为6个社区和10个行政村配发健身路径。完成旅顺剧场改造工程。争取市财力专项资金50万元，对剧场的消防、用电等项目进行改造，消除安全隐患，确保了国庆文艺晚会和全区日常大型文化活动场地需求。全力推进市民健身中心工程。

(4)人口发展态势基本稳定

人口发展。2005年~2009年旅顺口区户籍人口数量稳定在20余万人。2009年最新统计显示，全区共有居民80283户，户籍人口203565人，其中，男性100773人，女性102792人，人口性别比为98.04∶100。在总人口中，18岁以下、18岁~35岁、35岁~60岁、60岁以上所占人口的比例分别为11.6%、23.1%、45.7%、19.6%。从近五年的发展趋势上看，18~35岁和35~60人口占比变化不明显，而18岁以下人口占比明显减少，60岁以上人口占比明显增加，说明旅顺人口自然增长率为负，人口老龄化程度加重。2009年迁入人口2980人，其中，省外迁入2365人，迁出人口876人，人口机械增加2104人。非农业人口157961人，城市化率77.6%。

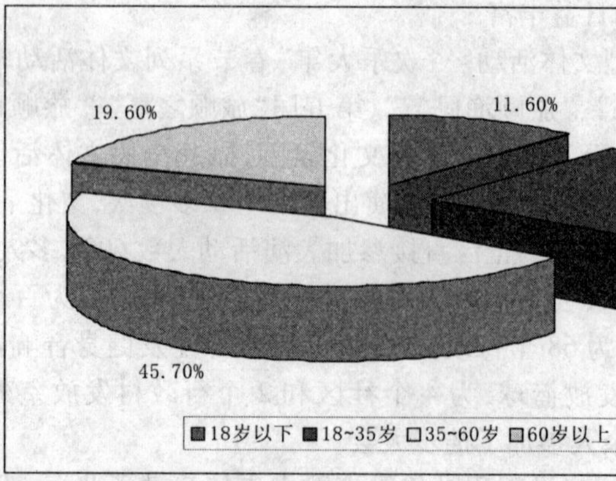

数据来源：根据 2005 年～2009 年大连市旅顺口区国民经济和社会发展统计公报整理。

图 11　2009 年旅顺口区各年龄阶段人口占比

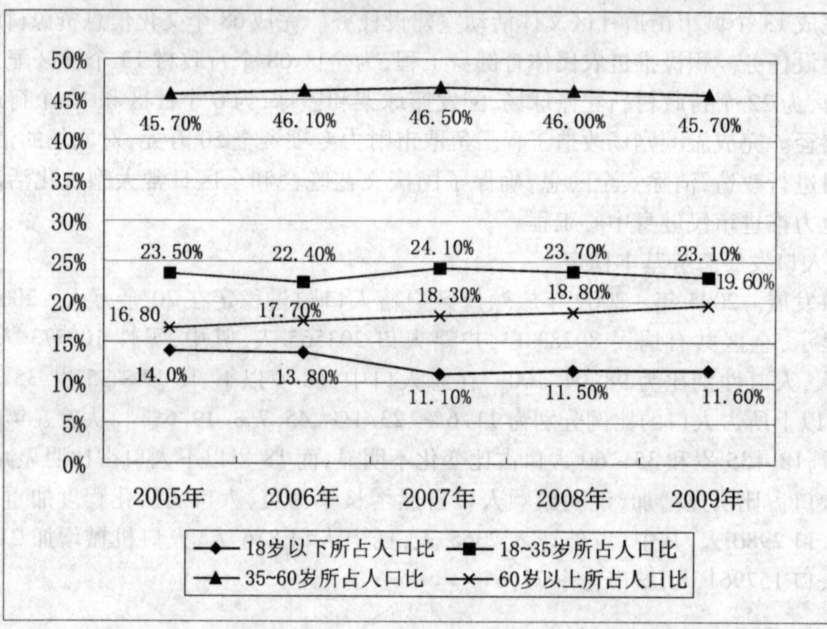

数据来源：根据 2005 年～2009 年大连市旅顺口区国民经济和社会发展统计公报整理。

图 12　2005 年～2009 年各年龄阶段人口占总人口比趋势

计划生育。2009 年全年出生人口 1282 人，出生率为 6.36%，其中，男孩 659 人，女孩 623 人，出生人口性别比 105.8∶100；死亡人口 1377 人，死亡率 6.84%；人口自然增长率 -0.47%。人口平均预期寿命 79.63 岁。计划生育率 99.22%；已婚育龄妇女 37741 人，采取节育措施 30599 人，节育率 81.08%；女性初婚 1440 人，晚婚率 89.17%。筹建区、街、村三级人口文化传播基地,累计建成生育文化广场 10 个,文化长廊 15 个,文化大院 28 个,文化墙 98 个。4 万名妇女享受免费生殖健康服务,1598 人享受农村部分计划生育奖励扶助金,12999 人享受独生子女父母奖励政策。启动未就业人员计划生育补助费发放工作,为 1939 人发放资金 387.8 万元。

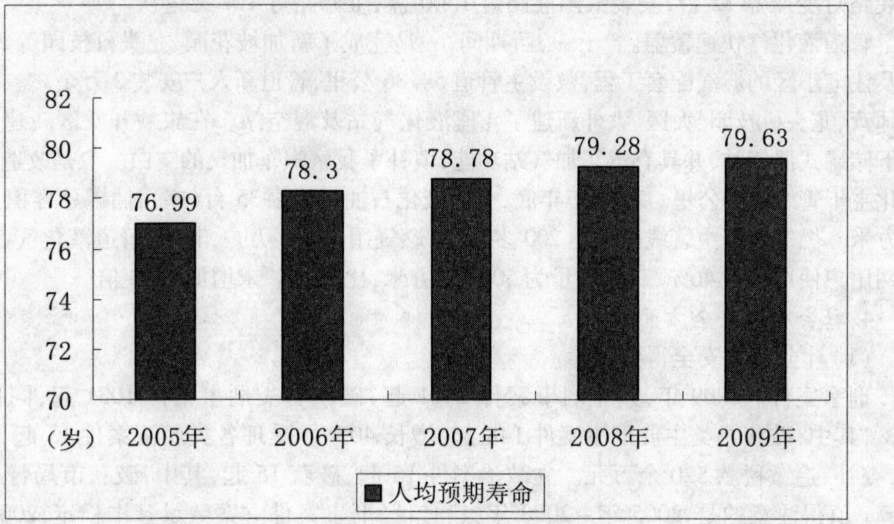

数据来源:根据 2005 年~2009 年大连市旅顺口区国民经济和社会发展统计公报整理。

图 13 旅顺口区人均预期寿命

(5)城市基础设施综合功能快速提升

城市路网建设逐步完善。一是开发和新建了 15 条市政道路,总长 37 公里,总面积 45.6 万平方米。主要完成了旅顺新城区 D 线、A 线道路,旅顺中科院、旅顺开发区、老城区赵家沟道路和旅顺南路大学园区地下隧道新建工程;配合交通局对姜水路、长盐线、马北线 3 条公路按城市标准实施排水设施配套建设,形成了旅顺新城区、旅顺开发区与旅顺老城区全程贯通的标准化路网格局。综合改造了 43 条道路,其中黄河路、长江路、九三路、五一路、斯大林路等 5 条主要干道和 38 条旅游线路,总长 23 公里,总面积 34.5 万平方米。二是改造维修了民联街、育慧街等 80 余条街巷路,总长 4 公里,总面积 10 万平方米。三是完成了中科院园区桥梁新建和我区海岸桥、胜利桥翻扩建工程,改善了老城区主要旅游道路及周边环境。

城区排水能力不断增强。一是改造了友谊路、向阳街等 10 条低洼道路排水工程,增容排水管网 819 米,扩建集水井 17 处,总长 18 公里,有效缓解了城市防汛压力。二是完成了旅顺凤河改造、龙河上游污水治理、潮海街上游河道治理、黄金街污水截流、郭家甸中游和下游污水管网改造等 6 项工程,新铺设污水管网、管线 7968 米。三是完成了 45 公里污水收集系统建设和柏岚子污水处理厂升级改造工程,新建了 13 个泵站,污水处理能力为 3 万立方米/日,污水处理率达 90%,解决了我区中心河下游入海口环境污染和近海海域的污染问题，提升了我区沿海周边的水环境。

城市照明和光环境明显改善。大力推进城市光明工程和亮化工程，一是完成了旅顺南路、北路、郭水路到旅顺开发区的路灯安装工程。二是在黄河路、长江路、九三路等主要交通线路实施了 LED 夜景工程。五年新安装路灯 5578 盏，敷设和更换线缆 80 公里，安装路灯变压器 32 台，安装太阳能路灯 1500 盏，维修路灯 1.7 万盏次。

管道液化气快速覆盖。“十一五”期间，一是完成了新加坡花园、龙头科技园等 37 个园区及住宅小区的燃气配套工程，敷设主管道 54.36 公里，管道新入户安装 2 万余户。二是在水师营、龙头科技园、大医、大外新建了 4 座液化气站及混空站。在旅顺开发区新建了 1 座地下储罐式混气站，并具有汽车加气站功能，填补了我区汽车加气的空白。三是改造了燃气老化主干管线 1.6 公里。2010 年年底，全区液化石油气储罐 35 台（座），储罐总容积为 1280 立方米。燃气地下主管线敷设达 200 多公里，燃气用户 8.3 万户，其中，管道液化气 5 万户，管网用户使用率占 46%，日用气量为 5000 立方米，比“十五”末增加了 10 倍。

4. 社会公共安全方面

（1）社会公共安全得到保障

刑事案件。2009 年，共立刑事案件 2421 起，破获各类刑事案件 1031 起，同比提高 14%，其中，破获八类主要刑事案件 148 起，增长 40%。受理各类经济案件 13 起，破案 7 起，查补、追缴税款 520 余万元。立政治案件 15 起，破获 15 起，其中，破获市局督办案件 7 起。值得注意的是，2005 年～2008 年旅顺口区刑事案件立案数量基本稳定，2009 年数量突然猛增，很可能与金融危机背景下大的经济环境不好，导致了就业和失业问题进一步恶化，以及外来务工人员增多等因素有关。

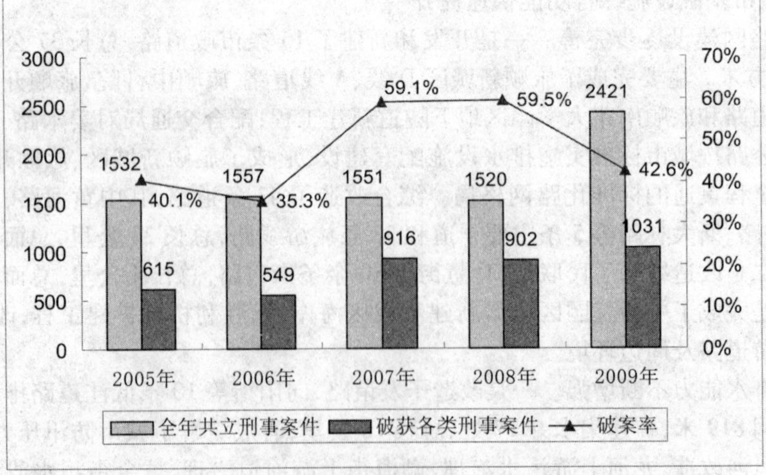

数据来源：根据 2005 年～2009 年大连市旅顺口区国民经济和社会发展统计公报整理。

图 14　旅顺口区刑事案件立案及破获情况

治安状况。2009 年,受理各类治安案件 4120 起,查结 2819 起,结案率 60%,其中,行政拘留 344 人,劳动教养 31 人。建立各级治保组织,配备专职巡防队员 361 名,企事业单位保安 735 名,义务防范员 9955 名。新建社区平台 3 个、监控探头 245 个、CK 报警系统 49 套。值得注意的是,与刑事案件趋势相同,2005 年 ~2008 年旅顺治安案件持续增长,但同样 2009 年治安案件数量突然猛增,原因同上,必须引起相关部门高度重视。

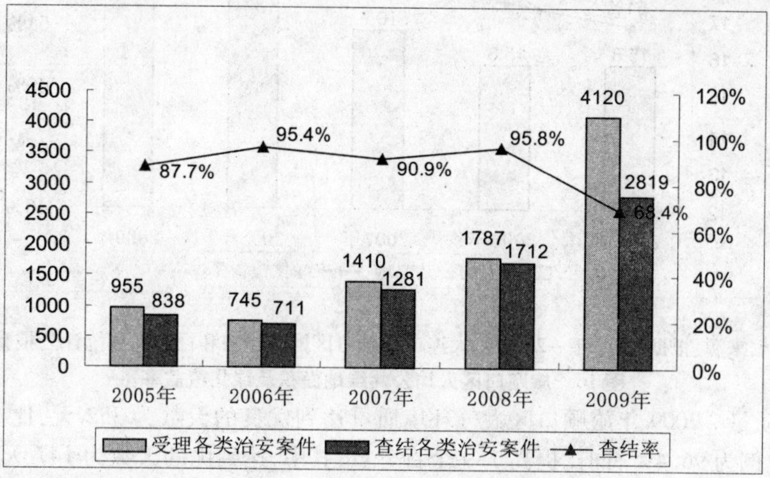

数据来源:根据 2005 年 ~2009 年大连市旅顺口区国民经济和社会发展统计公报整理。

图 15　旅顺口区治安案件发案及破获情况

(2)社情民意得到畅通表达

区政府自觉接受人大的法律监督、工作监督和政协的民主监督,高度重视"两案"办理工作,全年办理人大代表建议 153 件,政协委员提案 156 件,办结率 100%,代表、委员满意率分别为 92.8% 和 92.9%。进一步强化信访工作领导责任机制、分级负责机制和督查督办机制,严格落实领导干部大接访制度,138 个重点信访案件得到有效解决。2009 年排查调处矛盾纠纷 732 起,比上年下降 28.4%,成功调解 724 起,调解率 100%,成功调解率 99%,没有发生"民转刑"等重大矛盾纠纷。办理各类公证 5505 件,其中,民事 4779 件,涉外 680 件;律师办理各类案件 391 件,其中,民事 336 件;法律援助办理 68 件,解答法律咨询 3600 人次,为农民工追讨工资 300 万元。基层法律服务所代理诉讼、非诉讼事务 147 件,避免和挽回经济损失 285 万元。

5. 生态文明建设方面

(1)人居生态环境明显改善

城市绿化。在城区主干道和重点旅游线路实施了彩色绿化改造工程,总面积达 5 万平方米。完成了区内环城路、迎春街等 32 条(块)行道树补植和绿地补植工程。五年来,新栽植乔灌木 54 万株,铺种草坪 12 万平方米,新增绿地 34 万平方米。城区绿化覆盖率达 54.12%,人均公共绿地达 18.83 平方米,两项绿化指标位居全省前列。

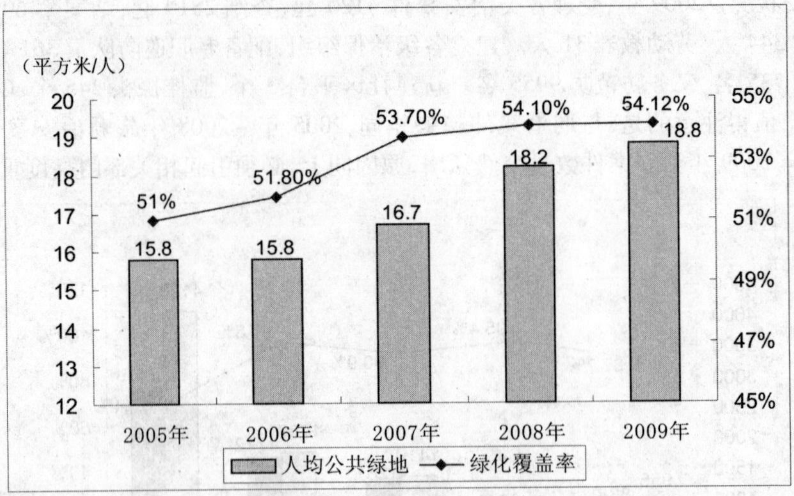

数据来源：根据 2005 年～2009 年大连市旅顺口区国民经济和社会发展统计公报整理。

图 16　旅顺口区人均公共绿地面积及绿化覆盖率

环境质量。2009 年旅顺口区大气环境质量达到优良的天数为 352 天，比上年增加 6 天，所占比例为 96.4%，同比提高 1.9 个百分点，其中，达到优的天数为 147 天，影响空气质量的污染物主要是可吸入颗粒物。集中式饮用水水源地水质达标率为 100%；沿海水水质状况继续保持清洁，全海域水质达到相应功能区标准；城市功能区、交通噪音符合国家规定标准。

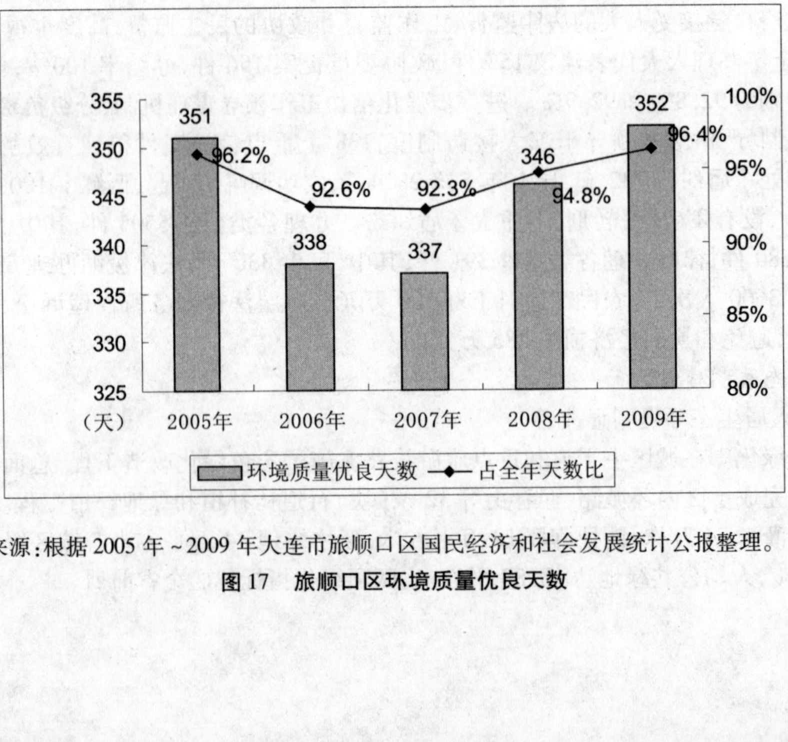

数据来源：根据 2005 年～2009 年大连市旅顺口区国民经济和社会发展统计公报整理。

图 17　旅顺口区环境质量优良天数

卫生管理。全区环境卫生管理水平大大提高,野广告净化率达95%,此做法受到广泛重视并在全国推广。取缔全区垃圾填埋场12个,城乡居民生活垃圾全部统一收集和外运处理,较好地解决了农村垃圾散放和管理无序的问题。"十一五"期间,全区安装地埋式垃圾桶2500个,城区道路清扫面积243.37万平方米,比"十五"期间增长10%;机械化清扫率达40%,增长24%;生活垃圾日清运量447吨,增长30%;居民生活垃圾袋装收集3.3万户,增长25%;城乡生活垃圾密闭清运率达到100%。城区公共厕所24座,其中高档移动公厕5座。农村自来水普及率98%,农村新建和改建各类无害化厕所1万余座,普及率达35%。

上述研究表明:2005年~2009年的五年,旅顺口区民生发展取得了明显进步,五大领域各项主要指标均有所提升。从大连市整体看,旅顺口区民生发展水平位居各区(市)县中等偏上。另外,在取得成绩的同时,我们也看到旅顺口区的民生发展还存在一些问题,这里既包括社会建设方面的一些老问题,也包括全域城市化进程中的新问题。

(二)"十一五"民生发展存在的主要问题

1.城镇居民收入水平相对偏低

在研究过程中,我们发现旅顺口区城乡居民收入具有两大特征:一是"人均指标好于总量指标"。按照收入分配的一般规律,地方经济发展越好,居民收入越高。当前旅顺口区经济发展仍相对滞后,主要经济数据中,GDP、地方财政收入等总量指标相对全市各区(市)县偏低,但城乡居民人均GDP、人均可支配收入等指标都较高。二是相对来说"农村富城市穷"。从全市来看,旅顺口区农民人均纯收入比全市平均水平高,而城镇居民人均可支配收入却比全市平均水平低。从恩格尔系数20%~30%为富裕的判定标准来看,旅顺口区农村恩格尔系数始终比城市恩格尔系数低得多,2009年为28.6%。因此,在"十二五"期间,旅顺口区在保证农村居民收入持续稳定增长的同时,必须更加关注城镇居民的收入增长问题。

2.劳动就业状况仍不容乐观

劳动就业状况不容乐观,全面制定和落实更加积极的就业政策,完成就业目标,推动创业带动就业,促进高校毕业生就业,援助困难群体就业,健全促进农民工就业的长效机制,切实加强职业技能培训工作,加强公共就业服务体系建设等稳定和扩大就业任务依然艰巨。劳动关系不稳定因素增加,劳动合同制度建设,劳动人事争议调解仲裁信访体系建设,劳动监察执法力度,劳动监察网格化和网络化管理,劳动监察工作向社区乡村延伸等切实维护劳动者合法权益的措施亟待加强与落实。

3.完善社会保障体系任务艰巨

社会保险扩面征缴、社会保险体系制度、基本养老保险政策、工伤和生育保险的加强,社会保障待遇水平、企业退休人员社会化管理等完善社会保障体系建设任务繁重;社会保障资金的筹措及管理尚不到位,社会保障社会化服务发展相对缓慢,人人享有社会保障的目标短期内难以实现,统筹城乡社会保障的任务还十分艰巨。

4. 教育发展仍存在不均衡现象

教育发展仍存在不均衡现象，主要表现在城乡师资队伍的教学技能和水平不均衡，优质教育发展与居民的需求尚有差距；职业教育整合力度不够，技能人才培养的规模和专业还不能够与经济发展的需求相匹配；幼儿教育的公办比例偏低，一定程度上影响了社会公共资源质量管理和社会公益性需求；社区教育的公共资源尚待建设，与经济发展相适应的特色教育尚未形成。

5. 医疗卫生改革与发展仍存在瓶颈

一是旅顺口区城乡二元社会经济结构，造成城市和农村之间在卫生经费分配、卫生资源配置和居民健康状况等方面存在着巨大的差异。二是医药品零差价后的医疗补偿机制，医疗服务价格的形成，基层医疗卫生单位的生存与发展等问题亟待解决。三是居民看病难和看病贵的问题仍存在，强化公立医院的公益性，扎实做好公立医院的改革试点工作势在必行。

6. 人口自然增长和老龄化问题严重

近年来，旅顺口区户籍人口总量基本维持在 20 万 ~23 万人，人口发展态势保持稳定，但是人口结构不合理。人口自然增长为负，新生儿死亡率偏高，18 岁以下人口占比明显减少；人口老龄化问题严重，60 岁以上人口占比明显增加，老龄事业与老龄产业发展相对滞后。

7. 城市基建还不能满足民生发展的需要

旅顺口区涉及民生发展的城市建设存在的主要问题，一是城市基础设施欠账仍然较大，目前，旅顺口区还有 30% 的地下管网、涵洞、涵管、明沟暗渠，需要加固和改造；二是城市污水、垃圾处理等能力和水平亟待提高。三是城市精细化管理还有一定的差距，管理手段仍比较落后。

8. "村改居"的诸多问题亟待解决

"村改居"必然要求完善组织体系。"村改居"是旅顺口区"十一五"期间社区建设中一个新的突出问题。"改居"的关键就是改制，而改制必然要求完善社区组织体系。因此，探索组织体系的优化路径使其适应新的建制需求就极为重要。

首先，"村改居"集体资产处置难度大。集体资产处置是"村改居"工作面临的重大问题。实行征地农转非"村改居"的村（组、社）的集体资产和债权、债务如何处理，有关法律、法规和政策没有明确规定。因此，针对旅顺口区"村改居"的实际情况，必须积极学习借鉴全国"村改居"集体资产处置成功的做法和经验，有效地破解全域城市化进程中"村改居"面临的集体资产处置难题，从而促进"村改居"社区的和谐稳定。

其次，"村改居"居民就业困难。一是目前国家对城镇失业人员和进城务工人员在就业政策及相应待遇、社会保险等方面有所不同，城镇人员在就业待遇及保险落实方面比农民工要高一些，对改制居民就业没有优惠政策。因此，部分企业为减少企业生产经营成本，宁愿招收农民工，而不愿招收"村改居" 居民，客观造成"村改居"居民就业难；三是被征地农民的生存方式改变。一直以耕种为生存方式的村民没多少文化,没有技术,缺乏在城镇竞争就业和生存的基本技能,一时难以适应社区居民的生存方式。如果仅仅靠"低保"维持生存,他们将不可避免地沦为新的"城市贫民",给城市管理增加新的沉重负担。

再次,"村改居"社会保障配套措施不完善。一是"村改居"后的居民不再全部享受农村劳动力转移及就业提供的优惠政策和各项支农惠农政策及资金;二是相当一部分"村改居"居民把土地补偿款和安置补偿费用于购买安置房和生活用品后所剩无几,生活陷入困境;三是社会保障还未将"村改居"居民纳入社会养老和医保范围,同时"村改居"居民又失去了新型农村合作医疗的资格,客观造成"村改居"居民医疗保障缺失;四是"村改居"居民作为城镇居民,其子女受义务教育客观上存在着被歧视和不公平待遇。

最后,"村改居"后农民变居民的社区管理模式有待探索。随着全域城市化的推进,市郊农村通过"村改居"的方式转为城市社区,乡村农民变为社区居民,"村改居"必然后凸显出农村型社区的特殊性,这一特殊地带新型的社区管理模式仍处于探索之中,要求我们结合城市社区的经验作一些有益的探索。

(三)"十二五"全域城市化民生发展趋势的判断

1. 从民生发展的基本规律来看

所谓民生,主要是指民众的基本生存和生活状态,以及民众的基本发展机会、基本发展能力和基本权益保护的状况等。从人权角度看,民生就是人的全部生存权和普遍发展权;从需求角度看,民生是指与实现人的生存权利有关的全部需求和与实现人的发展权利有关的普遍需求。从责任角度看,就是党和政府施政的最高准则。

民生问题由低到高,呈现出一种递进状态的三个层面的具体内容:第一个层面的内容,主要指民众基本生计状态的底线。这一层面上的民生问题主要侧重民众基本的"生存状态"问题。其具体内容包括:社会救济、最低生活保障、基础性的社会保障、义务教育、基础性的公共卫生、基础性的住房保障等等。

第二个层面的内容,主要指民众基本的发展机会和发展能力。即一个社会在满足了社会成员基本生存问题之后,就应考虑社会成员基本的发展能力和发展机会问题,以期为民众提供起码的发展平台和发展前景。其具体内容包括:促进充分就业,进行基本的职业培训,消除歧视,提供公平合理的社会流动渠道,以及与之相关的基本权益保护问题(如劳动权、财产权、社会事务参与权)等等。

第三个层面的内容,主要指民众基本生存线以上的社会福利状况。即当一个社会解决了民众基本生存和基本发展机会、基本发展能力之后,随着经济发展水准和公共财力的大幅度提升,进一步需要考虑的问题,应当是为全体社会成员提供生活质量得以全面提升的福利。

"十二五"期间,旅顺口区保障和改善民生工作,要遵循民生发展的基本规律,继续保障人民群众基本需求,不断满足人民群众发展需求,进一步加快重点民生工程建设,不断提升民生质量。

2. 从当前我国民生发展的现状来看

当前,我国民生发展仍带有重点性和局部性。近几年,我国经济在保持持续较快发展的同时,民生事业也呈现出良好的发展态势,特别是十七大以来,加快推进以改善民生为重点的社会建设,成为中央着眼于推动科学发展、促进社会和谐、实现全面建设小康社会奋斗目标而做出的重大决策和部署。但是,总体来看,现有的促进民生仍带有重点性和局部性,迄今为止采取的举措主要是解决民生的重点问题,即就业、教育、社保,而收入分配、生活质量、社会公平等方面进展缓慢。

未来,我国即将进入民生发展时代。2009 年在应对国际金融危机冲击的进程中,国家推出了全面启动医疗卫生体制改革,放宽中小城市户籍限制,推进农民养老体系建设试点,启动社会保障全国统筹,推进基础教育均衡发展等一系列前所未有的民生举措。最近,十七届五中全会在勾画"十二五"发展蓝图中,将保障和改善民生放到了更加突出的位置,强调指出"十二五"规划要由以前的主要追求国强,向今后的主要追求民富转变,可见,保障和改善民生将成为"十二五"最绚丽的亮点,也预示着我国即将进入民生发展时代。

旅顺口区保障和改善民生工作,要牢牢把握国家民生发展的大趋势,以党的十七届五中全会精神为指导,按照全市"十二五"规划关于民生发展相关部署,结合自身实际,积极探索解决民生发展的重点问题,进而推进民生的全面发展。

3. 从旅顺全域城市化角度来看

全域城市化是城市跨越发展的必然选择,也是优化经济结构、转变经济发展方式的一个重要途径,更是旅顺口区实现城乡统筹、提高广大人民群众生活水平的必然发展方向。"十二五"期间,旅顺的全域城市化,在经济发展上面临着建设绿色经济区,打造"五城一都"的新任务,在民生发展上也面临着新的形势。

(1)社会需求总量增长

按照产业发展对人口集聚的要求,到 2015 年,旅顺口区常住人口总量预计将达到 27 万~30 万人。伴随着城市的扩张和人口的增长,社会需求量将相应增长。伴随着新生人口比例的降低和人均预期寿命的提高,全区 60 岁以上老年人口比例将由 2009 年的 19.6% 进一步提高,形势更加严峻,从而带来更多的老年服务和社会养老需求。

(2)公众需求提高并呈现多样化

经过改革开放 30 年的发展,人民生活总体已由温饱向小康迈进,人们将更注重生活品质,追求自身发展,并呈现多层次和多样化特点,这种需求水平的提高还会催生出许多新的民生问题。

(3)社会事业和公共服务提质增速

2005 年~2009 年数据表明,旅顺口区综合经济实力的逐步增强,为解决好民生问题提供了坚实的物质基础。2009 年全区生产总值 147.9 亿元,比上年增长 26.4%,人均生产总值按常住人口计算达到 8800 美元，按照过去 5 年年均 12.5% 的增速计算，预计 2015 年，旅顺口区人均生产总值预计超过 12 万元，达到 17800 美元，将会推动社会事业和公共服务领域进入更好更快发展阶段，经济发展和社会发展之间的关系将会紧密联系、相辅相成。

(4)民生领域矛盾和问题将会长期存在

从全市层面比较来看，旅顺口区民生发展总体水平位居大连中等偏上，位于市内四区之后，北三市、长海之前。但是，由于常年驻军等特殊原因，旅顺对外开放的程度不高，产业发展比较缓慢，人口总量不大。虽然人均指标比较靠前，但是 GDP、地方财政收入等经济总量指标仍处于全市同类县域的后列，解决民生领域欠账的任务还很艰巨，帮扶贫困人口和特殊困难人群的担子还很重。

因此，“十二五”期间，旅顺区委、区政府必须提高对解决民生问题艰巨性和长期性的认识，始终坚持以经济建设为中心，加快做大经济总量，极大增加社会财富，增强改善民生的经济实力。必须加快推进社会体制改革，努力实现社会公平正义，统筹城乡协调发展。必须进一步转变工作作风，密切联系旅顺口区实际，做到发展为了人民、发展依靠人民、发展成果由人民共享。

二、旅顺“十二五”全域城市化民生发展的战略构想

(一)指导思想

以十七届五中全会精神为指导，全面贯彻落实科学发展观，在打造旅顺绿色经济区，加快“五城一都”建设的全域城市化进程中，把保障和改善民生作为经济发展的根本目的和施政的最高准则，以更大决心全面推进民生各领域的改革与发展，不断提高全区城乡居民生活水平和幸福指数。要合理调整收入分配关系，努力提高居民收入在国民收入分配中的比重、劳动报酬在初次分配中的比重；要努力稳定和扩大就业，构建和谐劳动关系；要健全覆盖城乡居民的社会保障体系，逐步实现全区基本养老、医疗保险全覆盖，逐步完成城乡低保一体化；要加快推进重点民生项目建设，建立健全基本公共服务体系，推动社会公共服务均等化，不断满足城乡居民教育、卫生医疗、文化体育等方面的基本需求；要加快医疗卫生事业改革发展，全面做好人口老龄化工作，深化提升双拥优抚工作；要加强和创新社会管理，稳步推进“村改居”工作；要增加忧患意识，积极维护和保障人民群众权益，有效解决人民内部矛盾，切实保障促进旅顺口区的社会稳定和谐。

(二)基本原则

1. 结合区情、科学规划

旅顺口区相关部门民生发展规划应坚持从全区实际出发，量力而行、尽力而为，特别是要与全区的国民经济和财力增长相适应。科学规划必须坚持立足当前、着眼长远，要把长远目标和阶段性任务结合起来，要注意政策的稳定性、连续性和联动性。

2. 统筹兼顾、突出重点

民生工作涉及面广，列入 5 年发展规划的重点民生工作不宜面面俱到，应当区分轻

重缓急,坚持有所为、有所不为。在统筹兼顾经济发展水平和各方面承受能力的前提下,总体上坚持循序渐进,加快重点突破,实现整体推动,动态地解决好民生问题。

3.加大投入、注重公平

建立公共财政投入稳定增长的机制,确保义务教育、公共卫生、公共文化事业的必要经费增长幅度明显高于财政经常性收入的增长幅度。重点向基层倾斜、向农村倾斜、向矛盾突出的领域倾斜,逐步缩小城乡、行业以及不同人群间享有基本公共服务的差距。

4.强化监督、抓好落实

民生政策的执行和有效落实,需要区主要领导高度重视、亲自挂帅,各相关部门和单位要以“十二五”规划为契机,切实加强民生发展工作的研究、分析和监测,建立和完善科学的民生发展监督和评价指标体系,加强绩效考核,推动工作落实。特别是要把民生重点项目列为政府督办检查重点,加大监督检查力度,强化跟踪问效。

(三)总体目标

1.居民收入

要合理调整收入分配关系,逐步提高居民收入在国民收入分配中的比重,提高劳动报酬在初次分配中的比重。参照2005年~2009年城镇居民人均可支配收入和农民人均纯收入17.5%和15%的增速,预计到2015年城镇居民人均可支配收入年均递增15%左右,到2015年年末达到43000元左右;农民人均纯收入年均递增13%左右,2015年年末达到29000元左右。

2.居民消费

保持消费品市场繁荣稳定,保障市场供应,满足市民需求,不断扩大流通规模,社会消费品零售总额年递增15%以上,2015年达到75亿元。稳定物价,居民消费价格指数保持在105%以内。

3.劳动就业

继续实施积极的扩大就业和稳定就业政策,按照2015年常住人口27万~30万的发展目标,预计2011年~2015年,城镇新增就业4~5万人左右,着力解决好新增劳动力就业;充分就业社区达到100%,消除城镇“零就业”家庭;大力促进高校毕业生就业,努力实现旅顺应届毕业生源90%就业;充分发挥10个就业培训基地作用,培训各类人才3万~4万人,转岗培训1万人,培训后就业率达60%~70%左右,职业技能鉴定0.85万~1万人;加快推动创业带动就业,积极开展创业培训和落实相关政策,创业成功率达30%~40%左右;2015年年末,城镇登记失业率控制在3%左右。

4.社会保障

继续做好社会保险扩面征缴工作。2015年城镇职工基本养老保险、基本医疗保险、失业保险参保率100%;农民工社会劳动保险达到80%以上;继续巩固新型农村合作医疗制度,基本医疗保险达到100%;全区各项社会保险征缴率继续保持在98%以上;确保“十二五”开局之年顺利实现城镇职工医疗保险市级统筹;尽快把城镇无社会保障老人纳入养老保险体系;全区退离休人员100%进入社会化网络管理,社区企业退休人员活动参与率50%以上,退休人员档案接收100%。

继续深化社会救助工作。推进社会救助城乡一体化发展,达到城乡社会救助标准统一、救助政策无缝对接、救助对象全覆盖;完善落实最低生活保障标准自然增长机制。构筑以城乡低保为中心,以临时救助、救助超市为重点,其他转向救助为补充的民生保障新格局;初步建立起以居家养老为基础、社区养老为依托、机构养老为补充的养老福利服务体系,城乡养老服务床位数达到每千名老人拥有50张,床位总数达到2000张以上,力争每年新增社会办养老床位100张,按每所社区养老服务中心至少辐射2000名老年人标准,建设养老服务中心,到"十二五"末达到全覆盖,养老中心面积不低于200平方米。

5. 教育事业

到2015年,全区市级以上示范幼儿园要有2所,3~6岁幼儿入园率达到99%以上。普及12年教育提高新水平,到2015年小学在校生为13300人左右,适龄儿童小学入学率、毕业率稳定在100%;到2015年中学在校生为6920人左右,入学率达到100%,巩固率达到100%以上,九年义务教育完成率达100%以上;确保职教、普高的协调稳定发展,基本普及高中阶段教育。进一步做强做特职业教育,促进职业教育的可持续发展,到2015年,形成适应发展方式转变和经济结构调整要求、体现终身教育理念的现代职业教育体系;完善大学园区基础设施的配套建设;建立完整的特殊教育体系,实现适龄残疾儿童少年义务教育阶段入学率达到100%的目标;积极发展民办教育,建立终身教育服务体系,建设学习型社会。

6. 医疗卫生

主要健康指标,到2015年,全区人均期望寿命达到82岁左右,婴儿死亡率控制在4%左右,基本保证无孕产妇死亡。卫生事业发展主要指标,儿童计划免疫接种率以乡为单位达到95%;孕产妇系统管理率达到95%以上;建立以社区卫生服务中心为主体的城市社区卫生服务网络,形成居民步行15分钟可到达的社区卫生服务圈,城市卫生人口覆盖率达到100%,在居民自愿基础上,家庭卫生管理率达到95%;加强卫生人才队伍建设,到2015年卫生人才总量达到2000人,具有硕士以上学历或副高级以上职称的高层次人才达到30%,二级医院在岗执业医师本科及以上学历达到90%,其他医疗机构在岗执业医师本科及以上学历达到70%;加快公共卫生信息体系建设,居民健康档案建档率达到90%。

7. 文化体育

文化事业全面繁荣,基本形成适应全面建设小康社会的基层文化新格局。广泛开展群众性文化活动,大力推进社区文化、企业文化、校园文化、广场文化;改建和新建一批特色鲜明、功能完备的重要文化设施,逐步形成与现代化进程相适应的布局合理、覆盖全区的文化设施体系;建立健全文化公共服务网络,提高公共文化产品和服务的供给能力;推出一批展示时代风貌,体现旅顺口区特色,高水准的文化精品;"十二五"期间,全区文化艺术专业技术人才总量不断增加,具有研究生学历的专业技术人才占人才总量的5%左右，大学本科学历达到40%，高级人才比例达到17%。

大力发展体育事业，积极构建全区全民健身服务体系。全区每个街道拥有一个文体活动中心，每个社区拥有一个活动中心、一条全民健身路径、一块篮球场地，达到每万人文化体育设施活动面积800平方米以上标准；全区体育人口力争达到49%，每万人社会体育指导员人数达到15人。

8. 人居环境

至2015年，城区人均公共绿地达到20平方米，绿化覆盖率达到56%，使全区成为名副其实的"花卉之都"；实现全区生产垃圾、生活垃圾100%收集、处理。降低四害密度，有效控制相关传染病，保持无鼠传疾病成果；探索农村环境卫生管理长效机制，加强卫生镇（村）创建和成果巩固工作。到2015年全区污水收集率100%，污水处理率100%；到2015年，全区年建筑节煤2000吨，节电200万度，节约资金2000万元；城市人均住房面积达到20平方米，对符合住房困难条件、申请廉租住房补贴的城市低收入家庭实施应保尽保。

9. 城市建设与管理

城市管理实现精细化、数字化。实现城建执法"零投诉"，实现城市建设管理"零危机"。市政道路建设，确保车辆通行快捷、停泊方便，打造旅顺至大连周边县市区1小时生活圈；路灯照明，亮灯率100%，做到有路必有灯；燃气管道覆盖率提高10%，老化管网改造率达100%。人防发展到2015年新增人防工程面积10万平方米，城区人均面积达到1平方米；全面应用电子手段管理建筑档案，重点建筑项目入档率100%，建筑档案利用率提高10%；地震工作完善"测震监测、前兆监测、宏观观测网"系统，提高地震综合防御能力和应急救援能力，对新建重点建筑物地震安全性评价率达100%。

10. 公共财政

完善公共财政体系，推进基本公共服务均等化。改变当前基本公共服务差距较大的状况，大力调整财政支出结构，更加关注民生。统筹经济社会发展，财政投入更多地投向义务教育、基础医疗和公共卫生、基本社会保障、公共就业服务、廉租房建设、环境保护等方面；力争到2015年年末，教育支出占地方财政支出的比重达到16%以上，医疗卫生支出占地方财政支出的比重达到10%以上，社会保障和就业支出占地方财政支出的比重达到15%以上，文化体育支出占地方财政支出的比重达到2%以上，城乡社区事务支出15%以上。

三、旅顺"十二五"全域城市化民生发展的主要任务

（一）合理调整收入分配关系，普遍较快增加居民收入

一是要合理调整收入分配关系，逐步提高居民收入在国民收入分配中的比重，提高劳动报酬在初次分配中的比重。稳妥谨慎地做好收入分配制度改革，普遍较快增加居民收入，在努力增加工资性收入的同时，让更多市民拥有财产性收入，从而使全区中等收入者比重稳步提升，绝对贫困现象基本消除，人民群众生活更加宽裕。

二是要完善公务员工资制度。解决基层公务员由于职级低、晋升空间小而出现的工资偏低问题。

三是深化事业单位收入分配制度改革。贯彻国家关于事业单位绩效工资和规范津贴补贴政策，提出实施意见并组织落实，充分发挥工资激励机制作用，搞活收入分配。

四是健全机关事业单位工资统发和福利工作。完善机关事业单位工资统发制度，研究制定机关事业单位福利费使用管理和公务补偿办法，完善机关事业单位人员定期体检制度。

五是加快完善企业工资宏观调控机制。及时发布工资指导线、人力资源市场工资指导价位和行业人工成本信息。全面落实最低工资标准，适时调整最低工资标准。指导企业落实《大连市工资集体协商规定》，合理确定职工工资水平。

(二)努力稳定和扩大就业，全面实施和谐劳动关系工程

1. 努力稳定和扩大就业

一是全面落实更加积极的就业政策。继续落实好已出台的一系列稳定和扩大就业政策。建立健全重大项目带动就业增长机制，加强失业预警和调控。

二是加快推动创业带动就业。全面推进国家级创业型城市创建工作，推进旅顺创业孵化基地建设。加大创业资金补贴力度，完善小额担保贷款政策，健全创业培训体系，促进创业带动就业。

三是大力促进高校毕业生就业。加大高校毕业生就业扶持力度，突出抓好旅顺生源高校毕业生的就业工作。继续实施高校毕业生“三支一扶”计划，一个社区一名大学生计划和高校毕业生人才储备计划，搭建就业平台，促进高校毕业生就业。

四是积极援助困难群体就业。延续“4050”人员社保补贴和公益性岗位政策，充分发挥再就业基地和公益性岗位作用，确保有就业能力和就业愿望的零就业家庭、困难家庭毕业生和大龄就业困难人员在认定之日起7个工作日内全部实现就业。

五是健全促进农民工就业的长效机制。建立区农民工工作联席会议制度，改善进城务工环境，提供就业援助服务，促进农民工公平就业。

六是切实加强职业技能培训工作。继续实施特别职业培训计划，健全覆盖城乡劳动者职业技能培训体系。重点培训社会紧缺专业人员，确保培训质量和效果。切实加强农村剩余劳动力转岗转业培训。

七是加强公共就业服务体系建设。推动公共就业服务机构和职能有机整合，建立统一规范的人力资源市场，开发建设覆盖城乡的人力资源管理信息平台，完善就业失业统计制度，规范基层人力资源和社会保障平台服务内容。继续推进AAA级街道和充分就业社区创建活动。

2. 全面实施劳动关系和谐工程

一是深入推进劳动合同制度建设。全面推进劳动合同制度和集体合同制度建设，规范各类企业与劳动者依法订立并履行劳动合同。全面建立劳动用工备案数据库，充分发

挥劳动关系协调工作体系作用,指导用人单位加强和规范劳动用工管理。

二是加强劳动人事争议调解仲裁信访体系建设。完善多层次的争议调处机制,坚持预防为主,基层为主,调解为主的原则处理争议,争议调解率达到50%以上,按期结案率达到95%以上。稳妥处理人民来信来访,继续实施领导干部大接访。

三是持续加强劳动监察执法力度。全方位加强执法监督检查,对建筑施工、加工制造、餐饮服务业等行业企业的劳动合同签订和工资支付等情况实施重点监控,稳妥处理因企业裁员、欠薪引发的突发事件。深入开展整顿人力资源市场秩序、打击非法用工、清理拖欠农民工工资等5个专项监察活动。投诉举报案件按期结案率达到95%以上,农民工工资清欠率达到98%以上,切实维护劳动者合法权益。深入实施劳动监察网格化和网络化管理,推动劳动监察工作向社区乡村延伸。

(三)健全覆盖城乡的社会保障体系,深化提升社会救助工作

1. 健全覆盖城乡的社会保障体系

一是全力做好社会保险扩面征缴工作。继续扩大各项社会保险参保人数,各项保险费征缴率保持98%以上。继续巩固新型农村合作医疗制度。

二是加快完善养老保险制度。尽快把城镇无社会保障老年居民纳入养老保险体系;规范被征地农民社会保障工作,维护合法权益;探索研究新型农村社会养老保险制度建设;做好组织实施,积极推进农民工参加基本养老保险工作;进一步加强社会保险业务档案管理,进一步完善定点医疗机构和药房的监管机制,并严格考核制度。

三是完善基本养老保险政策。探索建立城乡一体化的医疗保障体系,推动各项基本医疗保险制度有效衔接,实现城镇居民基本医疗保险市级统筹。

四是深入推进医疗保险制度改革,逐步解决困难企业职工参保难的问题,降低医疗保险参保人员个人负担,完善城镇居民医疗保险制度,逐步提高基本医疗保险保障水平。

五是切实加强工伤和生育保险工作。加强工伤认定管理,缩短工伤调查时限,提高工伤认定准确率,加快工伤快报制度。研究解决尚未纳入工伤保险统筹的"老工伤"保障问题。推动工伤预防宣传,切实加强工伤、生育保险基金支付管理。

六是稳步提高社会保障待遇水平。探索提高城镇职工和城镇居民基本医疗保险,新型农村合作医疗的最高支付限额,进一步扩大城镇职工基本养老保险门诊慢性病补助范围,稳妥解决因单位欠费而影响退休人员医疗保障问题。

七是提高企业退休人员社会化管理。进一步加强对基层企业退休人员社会化管理机构的管理和指导,深入开展"健康生活、老有所养"的主题活动,力争社区企业退休人员活动参与率达到50%以上。

2. 深化提升社会救助工作

一是城乡低保工作。要逐步完成城乡低保一体化,统一居民低保标准、政策,完善低保对象分类救助制度,出台全区城乡一体化低保办法;完善落实最低生活保障标准自然增长;坚持应保尽保,不断完善城乡低保管理体制。

二是社会救助工作。全面实施临时救助制度,将临时救助作为维持全区城乡居民基本生活的保障平台;继续加强救助超市建设工作,将救助超市作为提高全区社会救助水平的主要突破口;继续整合扶贫助学资源,将困难学生全部纳入救助范围,保障其顺利完成学业;加强救灾救济工作体系建设。

三是老龄工作。建立较为完善的社会养老保障制度,建立以居家养老为基础、社区服务为依托,机构养老为补充,以老年社会福利、生活照料、医疗保健、健康体育、文化教育和法律服务为主要内容的城乡养老服务体系;进一步扩大优待范围,提高老年人优待水平;健全老龄工作机构,加强基层老年群众组织建设。

四是社会福利工作。加强社会养老福利机构软硬件建设工作,拓宽工作领域,全面提高管理服务质量,优化整合资源、逐步构建以区福利院和区域性中心敬老院为中心,其他福利机构为补充的新型社会福利体系;依法保障残疾人的合法权益,逐步提高残疾职工的各项待遇。

五是双拥优抚工作。以争创第七轮双拥模范城为契机,大力开展多种形式的拥军活动。全面落实优抚政策、提高优抚对象的生活保障水平;认真观测义务兵优抚、安置政策,做好军退人员安置和服务管理工作。

(四)建立健全基本公共服务体系,推进基本公共服务均等化

1.教育事业

一是促进各类教育均衡协调发展。第一,加大财政投入力度,逐步扩大公办幼儿园所占比例。加强幼儿教育教学科研体系建设,确保幼儿教育办学公益性和质量。第二,确保职教、普高的协调稳定发展。加大普通高中教育教学改革力度,改革人才培养模式,主动对接高考升学模式改革,大力促进普通高中学校管理水平提高。第三,进一步做强做特职业教育,促进职业教育的可持续发展。建立健全政府主导、行业指导、企业参与的办学机制,促进校企合作制度化,到2015年,形成适应发展方式转变和经济结构调整要求、体现终身教育理念的现代职业教育体系。第四,建立完整的特殊教育体系,满足各年龄盲、聋、哑、弱智的少年接受特殊教育的需求。第五,大力发展成人教育,把旅顺电大建设成为旅顺口区现代远程教育中心和成人教育中心。第六,积极发展社区教育,建立终身教育服务体系,建设学习型社会。

二是加强教学和科研队伍,提高教育整体发展水平。第一,加强校长队伍建设,对在岗中小学校校长进行分层次、多形式的全员培训。进一步完成校长队伍梯队建设,逐步推行校长职级制。第二,完善教师资格准入制度,认真做好各类教师资格认定工作,逐步完善教师聘任制度。加大教师培训工作,提高农村地区教师教育教学水平。第三,落实义务教育教师绩效工资政策,抓好教师绩效考核和奖励性绩效工资分配,支持优秀人才长期从教、终身从教。第四,深入实施教师轮换制度,加大骨干教师培养力度,探索骨干教师、学科带头人的培养模式。实施教育科研先导工程,加强教育科研的基础建设和科研骨干队伍建设。

三是加强安全教育。第一,加大幼儿园、中小学校安全防范力度,着力抓好寄宿制学校安全管理和学校传染病、食物中毒的防控,坚决遏制重特大安全事故发生。第二,进一步加强校园网络管理。第三,深入推进校园周边环境综合治理,建设平安、文明、绿色、和谐的校园。

2. 医疗卫生

一是加大卫生机构基础设施建设,卫生机构基本建设要依据社会发展和人民群众对医疗卫生的需求,要有计划、有重点、有针对性逐步加以解决。要完成旅顺国际医疗康复中心、区医院住院大楼、传染病医院、旅顺第三人民医院等重点项目建设。

二是加强农村卫生服务能力建设,要不断提高新农合筹资水平,扩大新农合覆盖面。完善农村居民医疗救助制度,做好新农合与农村医疗救助制度之间的衔接。加强乡镇卫生院和村卫生室建设,按照"一乡一院政府办"的原则,理顺乡村卫生服务管理体制,逐步实现全区乡村卫生服务一体化管理。

三是大力发展社区卫生服务。建立以社区卫生服务中心为主体的城市社区卫生服务网络,形成居民步行15分钟可到达的社区卫生服务圈。以保障社区居民健康为中心,完善服务功能,提供疾病预防控制等公共卫生服务、一般常见病及多发病的初步诊疗服务、慢性病管理和康复服务。建立科学规范的社区卫生考核评价体系。

四是加快公共卫生信息体系建设。重点建设以居民电子健康档案为核心的区域卫生信息平台和电子病历为基础的医院信息平台。

五是建立公立医院管理体制、运行机制和监督机制。制定医疗卫生机构设置规划,探索医疗机构属地化和全行业管理。合理调整公立医院数量、布局和规模,确定一、二、三级公立医院的功能定位与发展。组建区域性医疗联合体,大力推进医疗资源纵深整合,建立公立综合三甲医院与县级医院以技术为纽带的对口分工协作机制。完善二级以上医院对口支援农村乡镇卫生院制度,建立长期对口协作关系。探索建立若干个医疗联合体,纵向整合三级医院、社区医院和社区卫生服务中心医疗卫生资源。探索首诊制和双向转诊制度,形成"小病在社区、大病进医院、康复回社区"的就医格局。

3. 文化体育

一是文化方面。第一,继续加大政府对公益性文化设施建设的投入,图书馆、文化馆力争达到国家一级馆标准,抓好旅顺民间艺术馆等项目建设。第二,完成涉农街道综合文化站建设,参照国家三级文化馆标准,各街道完成文化馆建设,街道建筑面积不低于100平方米,藏书量在1万册以上,并实现与区级图书馆的联网。第三,与创建文明社区相结合,建设标准化社区公共文化活动场所,原则上一个社区设置一座,因地制宜建设社区文化信息资源共享工程点。第四,加强村级文化设施建设,村级文化设施实现"三个一"。第五,积极开展市级文化示范街道(乡镇)、示范社区(村)创建活动。第六,加强文物和非物质文化遗产保护。第七,加快文化产业发展,优化产业结构,培育重点产业区,扶持具有导向性、拥有自主知识产权、核心能力强的文化产业龙头企业,发展一批优势产业门类。第八,不断加快文化队伍建设。

二是体育方面。以镇、街道和社区为重点,全面加强体育阵地、体育队伍、体育活动内容和方式建设,努力满足广大人民群众日益增长的精神文化需要。重点加强体育设施建设,建成能容纳3万人的新体育场,管理使用好旅顺市民健身中心。健全、完善文化馆(体校)、站、室三级公共文体服务网络。倡导全面健康理念,培养旅顺市民每人至少明确一项适合自身的文明、健康、科学的健身方式。加强体育后备人才培养,输送优秀体育人才。

4. 人居环境

一是实施住房保障。在"十二五"期间,建立健全以经济适用住房货币补贴、廉租住房补贴为主要形式的住房保障制度。首先,对全区低收入家庭3000户次,发放廉租住房补贴资金800万元,解决低收入家庭2000户次的住房问题。其次,发放经济适用住房货币补贴2亿元,解决2500户中低收入家庭住房问题。

二是城市绿化。以建设"花卉之都"为总体目标,重点完善生态廊道建设,加大绿地和山体公园的建设及改造,形成一街一品的绿化特色,启动城市立体绿化试点工程,实施山体公园连接工程,做好病虫害防治工作。

5. 城市建设与管理

一是公共交通。进一步完善大连至旅顺、旅顺新老城区之间、旅顺城区与涉农街道之间城市骨架路网和新城区规划路网建设,提升公路等级,改善交通条件,重点解决城市行车难、停车难问题,大力发展公共交通设施,完成旅顺北路、南路轻轨建设。

二是路灯照明。尽快实施路灯节能改造,积极引进新光源,逐步安装路灯监控设施,确保照明效果。

三是燃气。完成旧有老管网改造,加快新气站建设。

四是城市管理。实施新老城区精细化数字化管理,至2015年建立城市管理空间细化和管理对象精确定位的数字化城市管理新模式,实现"数字城区"。

(五)加大民生投资力度,推进重点民生项目建设

项目名称	备　注
一、教育项目	
1. 新建实验小学	根据元宝坊周围地区的生源增加的要求,拟新建一所实验小学,规划办学规模30班,占地面积22000平方米,建筑面积9700平方米
2. 新建旅顺中学	为加快旅顺口区高中阶段教学发展,拟在新城区新建旅顺中学,规划办学规模30班,占地面积72000平方米,建筑面积42000平方米
3. 扩建旅顺第三高级中学	三高中向西征地扩建,规划办学规模30班,二期工程将占地面积10000平方米,建筑面积4800平方米

续表

项目名称	备　注
4. 旅顺职教中心异地新建工程	将新的职教中心建设成为占地 50000 平方米,建筑面积 30000 平方米以上、招生规模 1500 人的职业学院(或高级技师学院),或与大专院校联合办学,开展高职教育
5. 新建长城九年一贯制学校	规划办学规模 30 班,建筑面积 18000 平方米
6. 新建旅顺口区中小学素质教育中心	占地面积 30000 平方米,建筑面积 20000 平方米
7. 翻建光荣小学、五十六中、小南小学	部分校舍进行抗震加固
8. 塑胶操场建设工程	全区中小以上各学校将全部建成塑胶操场
9. 新建 58 中学体育馆	建筑面积 2000 平方米
10. 新建第二幼儿园	在新城区政府公办
11. 实施食宿改造工程	新建或改建一批学校食堂、学校宿舍,不断改善学校师生的饮食环境
二、医疗卫生项目	
1. 旅顺国际医疗康复中心	旅顺龙头街道新建,占地 20000 平方米
2. 建议新建区医院住院大楼	占地 12000 平方米,建筑面积达 10000 平方米
3. 建议新建传染病医院	因水师营地区已成为新城区,故建议重新选址建一所能容纳 50 ~ 100 张床位的传染病医院
4. 建议兴建旅顺第三人民医院	建议在开发区中心适宜地段,兴建旅顺口区第三人民医院,总建筑面积为 5000 平方米以上,占地面积 10000 平方米左右
三、文体项目	
1. 新建区文体中心	占地面积 60000 平方米,建设面积 20000 平方米,投资 22000 万元
2. 新建新广电中心	新城区,占地 20000 平方米,投资 10000 万元
3. 文化馆	启动旅顺文化馆建设工程
4. 体育城	启动旅顺体育城改造工程
5. 图书馆	完成旅顺图书馆改扩建工程

续表

项目名称	备　注
6. 市民健身中心	推进市民健身中心工程建设
7. 文广大厦	地标性建筑,投资 22000 万元
四、城市基础设施项目	
1. 垃圾中转站和垃圾厂	新建一座可处理 200 吨居民生活垃圾的中转站,新建一座建筑垃圾厂,提高机械化作业水平,继续安装垃圾地埋柜,努力解决城区居民楼垃圾二次污染问题
2. 污水处理厂	在新城区旅顺南路附近分期建设一座日处理量 3 万 T/d 的污水处理厂。在开发区规划建一座处理量 2 万 T/d 的污水处理厂。具备条件时,在旅顺规划建设一个小型污泥处理站进行无害化处理
3. 排水管网建设、改造	新城区 30 公里污水干管工程,主要用于新区一、二级干管建设;开发区 25 公里干管,主要用于新建生活区及工业区管网建设;长城与三涧规划区 40 公里,主要由于一、二级污水管网建设
4. 北部供热中心	地点开发区,建设面积 27488㎡,时间 2009 年 ~ 2011 年,投资 27960 万元
5. 西部供热中心	地点开发区,建设面积 10000㎡,时间 2009 年 ~ 2011 年,投资 11500 万元

(六)稳妥推动"村改居"工作,加快全域城市化进程

"村改居"是旅顺口区现行城乡二元体制下,加快全域城市化进程的重要手段。"村改居"也是一项民心工程,是一项能让广大农村居民最终受益的工程。针对当前旅顺口区"村改居"存在的主要问题,建议采取以下措施。

1. 明确实施"村改居"的条件

实施"村改居"必须坚持的四个基本条件:

一是拟撤销的村民委员会,必须位于城市规划确定的城镇建设用地范围之内。

二是该村委会农民集体所有的土地,已被依法征收完毕或虽未征收完毕,但人均耕地已无法满足农民生产生活基本需要。

三是该村委会所辖区域内,三分之二以上具有劳动能力的适龄农民已经转移到非农业生产领域,不再依靠农业生产作为自己主要生活来源。

四是农村集体资产、债权债务得到妥善处置,完成资产改制,产权关系明确。

2. 规范实施"村改居"的程序

"村改居"必须符合民主、公开、合法的程序,由当地村民委员会所在街道办事处(镇

乡)在广泛征求群众意见和民主协商的基础上提出方案,经村民会议讨论同意后报上一级政府审核批准,在上一级政府批准同意基础上由当地政府组织实施。

3. 积极稳妥处置农村集体资产

一是清产核资。清产核资应以每个集体经济组织为单位,以账面价值为基础,以产权归属为主要内容,按有关规定全面清查核实各种资产、负债和所有者权益,界定权属,明确产权关系。建议委托有资质的机构进行审计和清产核资。

二是量化资产。按照"依据法律、尊重历史、实事求是"的原则界定好资产所有人产权资格。明确"生老病死"、"出嫁女"、"户籍迁入迁出"等权属认定情况。资格认定后,必须张榜公布接受广大村(居)民监督,经居民代表会议确定。

三是理顺发展。第一,建立村民保障储备金,将集体资产中的流动资金剥离出来,建立村民保障储备金,专款用于支付村民"土地换社保"或教育、医保等个人保障性费用支出。第二,成立股份合作经济组织。将集体资产中的固定资产总额作为总股本金成立股份合作经济组织,作为"村改居"后原集体经济的载体,明确集体股和个人股比例,其收益主要用于现行村(社区)的正常经费开支、公共设施建设开支、社会保障开支和股(村、居)民的个人收益。第三,逐步建立现代企业制度。股份合作经济组织要以现代公司制为方向,逐步完善法人治理机构,设立股东代表大会、董事会、监事会、经理层等管理组织,并以市场化运作开展各项经营活动,最后在政府给予的优惠期限结束后平稳过渡到完全公司化运作企业。

四是政策扶持。针对少数区县个别村出现土地全部被征、人员全部转非、集体资产为负、又无发展空间的现状,建议政府组织专门力量对拖欠、占用村集体资产的进行及时追债,能变现的尽量变现;协调相关金融单位,核减其债务,并协调征地开发单位适当承担村级债务或纳入征地成本。在可能情况下,政府应出资购买原村集体的公益性资产(如办公服务用房等),既帮助村资产变现抵债,又可转为对以后社区建设的投入。

4. 妥善引导失地居民创业就业

一是实行"留地安置"政策。探索留地安置政策。对征地村预留10%左右的发展用地,将这些预留地按城市用途,统一规划,规模发展,由集体进行集中管理和使用,鼓励、支持和引导当地失地居民集中开发办企业、办商业以及从事其他实业,即吸纳当地失地居民再就业。

二是解决失地农民的就业问题。实施就业服务管理,把失地农民纳入城市就业服务管理体系,对失地农民就业实行优惠政策,帮助"村改居"居民转变就业观念,有计划地组织对"村改居"劳动力和劳动预备人员的职业技能培训和劳动预备制培训,引导"村改居"居民积极创业就业。

5. 建立完善"村改居"广覆盖多层次的社会保障体系

一是在集体资产处置中,应确立社保和医保优先原则,建议从土地级差收益、征用土地的安置补助费和集体资产中提取一定比例资金,建立村改居社会保障专项资金,专款专用,建立集集体统筹、个人存缴、财政补充相结合的社会保障筹资机制。

二是失去土地的“村改居”居民，属企业在职职工的，在理顺劳动关系基础上，按规定参加城镇职工社会保险和医疗保险。不属企业职工、但有合法职业和固定收入且符合参保条件的，按城镇自由职业者参加社会保险和医疗保险。其他无收入来源的，由各地建立相应养老、医疗等补助制度。符合城镇居民最低保障条件的，享受城镇居民最低生活保障待遇。

6. 加强“村改居”社区管理

一是理顺社区管理体制。积极探索一套人马，两块牌子的管理体制，建立适应新社区需要的“两委”工作机制，明确社区“两委”的职责是管理社区、服务居民，妥善解决基层组织名称变更及相关手续衔接等工作。

二是提供社区管理经费保障。制定政府对“村改居”财政投入的长期规划，财政部门要将“村改居”工作经费纳入年度预算，在“村改居”完成改制后，逐步加大投入力度，最终达到“一体化”的管理目标；推行社区物业化管理，按规定的标准向居民收取一定的管理费，管理费专款专用，以“收”抵“支”，减轻财政负担。

三是加强社区干部队伍建设。“村改居”社区党组织、居委会及其他组织的职数配备、成员生活补贴待遇等，应有一个统一的标准，经费应全部由财政负担；加强“村改居”社区工作人员的专项业务培训，提高“村改居”干部社区工作意识，确保“村改居”后的社区工作者能按新要求、新标准正常开展各项工作。

四、旅顺“十二五”全域城市化民生发展的保障措施

（一）加强各级党政领导重视，为民生发展提供组织保障

1. 树立执政为民的理念

旅顺口区各级党政领导，必须牢固树立以人为本、以民为本、执政为民的理念，推进改善民生从满足人民群众的生存性需求向满足人民群众的发展性需求转变，从重视解决人民群众最关心、最直接、最现实的利益问题向注重提升人民群众的幸福感、舒适感、安全感转变；主动地从全局和战略的高度出发，用国际眼光、国际视野和战略思维审视民生、谋划民生、发展民生，实现民生新提升、大发展。

2. 建立协调发展机制

进一步加快政府职能转变，增强各部门依法行政的自觉性，建立协调发展机制，按照管理与执法分离和精简、统一效能的原则，扩大政务公开和便民服务范围，提高工作透明度和公众知情权，提高协同执政的能力，做到政令畅通，令行禁止。为高效率、高质量完成各项民生发展建设任务提供保障。

3. 进一步提高政府公共管理能力

健全党委领导、政府负责、社会协同、公众参与的民生事业和民生产业管理的格局，落实政府的民生发展主导作用，要强化以人为本，执政为民的意识，加速打造“民生”政府。要进一步提高政府公共管理能力，勇于打破传统工作理念和模式的束缚，创新社会管理体制、民生工作职能和公共服务提供方式，努力争当民生发展的开拓者，高起点定位民生工作，高水平提升民生服务，高速度发展民生事业，高质量争创民生一流。

(二)建立多元化的资金投入机制,为民生发展提供资金保障

1. 加大政府财政投入力度

要加快建立民生投入与经济发展适度同步增长机制,充分发挥公共财政主渠道作用,加大政府财政向民生领域的投入力度,确保民生发展与经济发展同步、与社会建设协调。逐步提高对教育事业、医疗卫生、社会保障、劳动就业、保障性住房、文化体育、公共事业以及新农村建设等重点民生领域的资金倾斜力度。

2. 广泛吸引社会资金注入

积极引导社会资金投入民生事业,形成多渠道筹集机制。支持和鼓励国内外资本和民间资本以多种形式参与城市基础设施和公益设施的建设和管理,采取冠名权、使用权、管理权等方式,凝聚资金力量进行民生领域的再投入。

3. 积极争取上级资金支持

抓住辽宁沿海经济带发展上升为国家战略的机遇,抓住大连市大力推进全域城市化建设的机遇,准确把握国家、省、市在民生发展重点领域的政策导向,积极向上争取相关的建设资金,促进民生快速发展。

(三)继续推进体制机制创新,为民生发展提供制度保障

1. 形成多元化投资新格局

区别民生事业与民生产业的不同特点,在加大投入发展公益性民生事业的基础上,创新体制、转换机制、面向市场,积极探索发展经营性的民生产业。逐步开放城建市场,对经营性和准经营性的城建项目,广泛地引导吸纳社会资本投入建设,并一律通过市场化运作来进行。对社会资本无力全额投资的重大经营性、准经营性项目,通过 BOT、合资合作等方式,广泛吸引国内外资本参与建设,逐步形成多主体投资、多元化建设的新格局。

2. 提高民生发展规划执行力

建立健全各级推进民生发展的组织机构,明确主要领导作为第一责任人,切实把解决民生问题的各项重大政策研究好、落实好。树立“规划第一”理念,按照民生发展规划总体安排,结合区域和部门实际,将任务目标分解落实到专项规划和年度计划中,做到任务到岗到人、责任到岗到人。

(四)落实各项民生优惠措施,为民生发展提供政策保障

1. 充分保障民生项目建设的用地需求

在各级土地利用规划中统筹考虑,加大对民生项目建设的用地、项目审批等的支持力度。加大公益性事业单位国有土地的收储和招标、拍卖、挂牌出让力度,最大限度地做到应收尽收。在政策允许的范围内,及时为政府提供保障性住房和民生重点基础设施建设所需用地。对列入民生规划的重点项目,属于公益性质的可以采取行政划拨方式供地,所涉及的行政事业性收费和政府性基金给予适当减免。对依法必须有偿使用的土地,可采取出让或租赁方式处置。

2. 落实劳动就业的相关税收优惠政策

围绕建立大就业格局制定政策保障措施;对自主创业的个体工商户适时调高纳税起

征点;对安置下岗职工、低保特困家庭成员就业的企业进一步给予相应税收减免,全面落实国家关于鼓励和扶持大学毕业生自主创业、灵活就业的各项优惠政策。对吸纳残疾人、优抚对象等人员就业的福利企业,要从税收上突破所有制界限,把优惠政策扩大到社会各种投资主体设立的各类所有制企业。

3. 制定和落实各项利民惠民价格政策

认真落实富民工程,全面提高城乡居民的收入水平和生活质量,积极稳定物价,高度重视居民消费品价格特别是生活必需品价格对群众生活的影响。要首先考虑到弱势群体的承受能力,重点落实好对城市低收入群体和大专院校家庭经济困难学生的价格补贴,建立健全针对社会保障政策的价格预警机制、物价联动机制。加大对教育、医药、涉农等价格和收费的检查力度,严格查处乱收费行为,保证各项利民惠民价格政策落实到位。

(五)建立健全社情民意表达机制,为民生发展提供法律保障

1. 畅通社会公众诉求和建议表达渠道

办好“区长热线电话”,逐步建立“网络论坛”、“民情邮箱”等网络表达渠道。采取信访接待日、热点问题听证会等形式,搭建解决民生问题的沟通平台。坚持把人民建议征集工作作为扩大民主、吸纳民智、凝聚人心、推进决策科学化、民主化的有效途径,作为破解民生难题、维护和发展人民利益、改进工作和促进发展的重要渠道。着力加强和完善全区党政领导干部和党代表、人大代表、政协委员联系群众制度,把群众利益诉求纳入制度化、规范化、法制化轨道。

2. 不断完善法律援助立体化服务网络体系

提高对法律援助重要性的认识,加大法律援助工作的力度,不断完善覆盖全区的法律援助立体化服务网络体系。形成区级法律援助机构—街镇法律援助工作站—社区(村居委)法律援助联络点三级服务网络。建立农民工法律援助工作站,形成农民工法律援助工作专门网络。

3. 建立法律援助的联动机制

司法行政部门要加大协调力度,各级法律援助中心要做到应援尽援,实行首问责任制,一案包到底,确保案结事了,并经常征求有关部门的意见和建议,不断改进工作,定期召开会议,通报工作情况,争取有关部门的理解、配合和支持。各有关部门要积极支持、密切配合司法行政部门工作,确保法律援助工作的健康、规范、有序运行。

4. 建立法律援助经费保障机制

应尽快建立“一元为主,多元结合”的经费保障机制。“一元为主”就是要建立以政府财政拨款为主导的经费保障制度。加大法律援助经费的财政投入,法律援助专项经费纳入财政预算,保障法律援助事业与经济发展和社会保障水平相协调。“多元”结合就是要建立以社会参与为补充的经费保障制度。拓宽法律援助资金来源渠道,多方筹措资金,发挥法律援助的作用。建立法律援助经费保障机制,还必须保证法律援助经费应当专款专用,任何部门不得截留、挪用。

5. 进一步强化信访工作责任制

一是强化领导责任。要把信访工作摆到议事日程上来，不断强化信访工作领导责任，真正把各级领导信访工作责任制落实到位，强化信访接待日工作，定期到信访部门接待群众来访，研究和调处重大疑难信访问题；二是完善信访预警预报机制，切实把握信访工作的主动权。加大下访工作力度，定期深入基层进行调查研究，切实将信访问题解决在基层；三是加大信访督办力度，推动信访问题的解决。努力构建统一领导、部门协调、统筹兼顾、标本兼治、各负其责、齐抓共管的大信访工作格局。

（六）构建民生发展指标评价体系，为民生发展提供体系保障

1. 构建民生发展评价指标体系

应当充分借鉴上海闵行区的经验，加快构建旅顺口区民生发展评价指标体系，为全区的民生发展提供体系保障。旅顺口区民生指标体系应从“点”到“面”，系统规划民生发展的阶段目标和近期工作重点。民生指标的设置，既要注重人民生活水平、社会就业保障、社会公共服务、社会公共安全和生态文明建设五大领域“面”的覆盖，也要更加关注老百姓最关心、最直接、最现实的利益“点”上的问题，通过点上试行、面上推广、以点带面的方法，持续解决民生热点难点问题，让百姓有改善生活的真实感受。

2. 民生指标纳入政府绩效考核

把改善民生纳入各级党委政府经济社会发展规划和政府绩效评估内容，实行民生指标年度考评与政府绩效评估结果挂钩。建立民生发展工作目标考评体系，将民生指标任务分解到各级各部门，责任到岗，责任到人，形成行之有效的工作考核和抓落实机制。开展民生绩效专项效能监察，定期督查，强化“保民生”工作的执行力。

3. 民生发展评价指标体系稳步实施与科学调整

民生指标的设置应该以具体的、百姓可直观感受的指标为主体，同时，民生指标设置又是随经济社会的不断发展而变化的。在保证民生发展评价指标体系实施稳步实施的同时，指标体系每年将向公众及媒体公布，由群众评选最关心的若干项指标甚至另设议题。在此基础上，相关部门应根据百姓的要求和政府的工作重点，及时调整和完善体系的内容。

《旅顺口区“十二五”全域城市化民生发展战略研究》课题组成员

课题领导小组：

组　长：李　才　大连市政府发展研究中心　主任　教授

副组长：李文语　大连市政府发展研究中心　副主任

成　员：尹晓琴　大连市政府发展研究中心社会事业研究室　主任　副研究员

课题组：

负责人：尹晓琴　大连市政府发展研究中心社会事业研究室　主任　副研究员

成　员：王树坤　大连市政府发展研究中心社会事业研究室　副主任科员　助理研究员

大连市中山区开展国家服务业综合改革试点方案

张少颖　宋欣茹　赵　欣

一、区域发展概况

(一)自然情况

中山区位于大连市区东南部,东、南、北三面环海,东至棒棰岛,南至滨海路,北至大连湾,西与西岗区相连,陆地面积43.85平方公里,海岸线长42.5公里。行政区划下设街道办事处8个,社区居民委员会51个,2009年年末户籍总人口35.7万人。

中山区的总体布局大体分成四大功能区:一是北部CBD商务功能区,包括中山广场—人民路中央商务区、东港国际商务区,面积约7.5平方公里;二是西部商贸功能区,包括青泥洼桥商业中心、天津街商业区,面积约1.5平方公里;三是中部生态宜居功能区,包括解放路、中南路两侧的居民区,面积约27平方公里;四是南部旅游功能区,包括滨海路旅游观光带的景区景点,面积约8平方公里。

中山区在历史上一直是大连的中心城区,经济地位十分重要,是大连的金融中心、航运服务中心、商务商贸中心、信息中心。

(二)经济发展现状

中山区经济发展走在大连市前列。2009年,完成地区生产总值460亿元;固定资产投资总额202亿元;实际利用外资4.26亿美元;社会消费品零售总额303亿元;地方财政总收入74亿元。在大连市政府综合考核评比中连续6年位列中心城区组第一名。

中山区已形成服务业为主的经济结构。2009年,服务业增加值实现427亿元,占地区生产总值的93%;服务业从业人员占社会从业人员的比重、服务业税收占全区税收总额的比重都在90%以上。金融、航运物流、商务商贸、房地产是全区的主导产业,现代服务业发展领先全市。

中山区已形成开放型的经济结构。拥有一批世界500强企业和跨国公司;全市三分之二的外资银行设在中山区;全市80%以上的外贸公司、国际航运公司、国际金融、外汇和国际结算机构设在中山区。这些外向型企业和金融机构依托中山区、面向国内外市场开展经营活动,有力地推动了大连经济的国际化发展。

二、服务业发展基础

(一)服务业工作情况

1."十五"工作概况

2003年,国家做出振兴东北老工业基地的重大战略决策,出台了《中共中央、国务院关于实施东北地区等老工业基地振兴战略的若干意见》,提出把大连建设成东北亚重要的国际航运中心。大连市进一步提出建设"一个中心、四个基地"的发展目标。根据这种形势,中山区委、区政府提出:抓住建设国际航运中心的契机,发挥中心城区优势,规划建设中央商务区,加快发展金融、航运、商务、商贸等服务业,提升城市核心功能。2004年制定了《中山区全力推进中央商务区建设规划纲要》,进一步提出:围绕大连建设"一个中心、四个基地"的经济布局,打造具有港航服务业特色的中央商务区。为此采取了一系列措施促进服务业发展。2005年,全区服务业增加值占地区生产总值的比重达到85%以上。

2."十一五"工作概况

"十一五"时期,中山区进一步加大发展服务业的工作力度,主要采取了以下措施:

一是制订完善发展规划。中山区"十一五"发展规划提出:建设具有港航服务业特色的中央商务区。2007年出台了《中山区现代服务业发展规划纲要》,进一步提出:依托区位优势和资源优势,构建与具有港航服务业特色的中央商务区建设相适应的生产性服务业体系,与中心城区发展相匹配的消费性服务业体系。到2010年,形成以金融业、港航服务业、创意产业、科技与信息服务、商务服务、旅游业、现代商贸业七大重点产业,青泥洼桥和天津街、中山广场、人民路、东港区四大集聚区和南部旅游观光带为特色的现代服务业发展格局。服务业增加值占GDP的比重达到95%以上,使中山区成为大连乃至东北地区国际化程度最高的区域,成为大连市现代服务业发展的领军区。同时,成立了"中山区发展现代服务业工作领导小组",设立专门的办公室负责推进服务业发展。2009年,中山区委、区政府又提出:力争通过五到十年的努力,把中山区建设成区域性金融中心的核心功能区、东北亚国际航运中心和物流中心的服务功能区、社会和谐安定的文明城区、引领全市科学发展的首善之区。

二是加大政策支持力度。为了加快建设"具有港航服务业特色的中央商务区",中山区专门制定了《大连人民路中央商务区建设规划》,并相应出台了一系列扶持政策,主要有:《中山区加快发展总部经济的若干意见》《重点项目推进突出贡献奖励办法》《中山区外向型经济发展资金管理和使用办法》《关于整合大厦资源发展楼宇经济的推进方案》《中山区特色专业大厦房屋租赁补贴资金管理办法》等。根据这些政策规定,对发展楼宇经济、总部经济、引进服务业重点项目等实行税收优惠、贴租、贴息、奖励等政策。

三是大力开展招商引资。已经引进了美国花旗银行、英国汇丰银行、荷兰国际集团、丹麦马士基、德国邮政、日本三菱商事、芬兰诺基亚、法国道达尔等30多家世界500强企业和金融机构。同时引进了一批国内知名企业和金融机构。

四是加快建设重点项目。建设培育了航运专业大厦、物流专业大厦、金融专业大厦、总部经济专业大厦、进出口贸易专业大厦等11座专业大厦；在原有的富丽华、香格里拉等五家五星级酒店的基础上，新建了远洋洲际、凯宾斯基、新世界、泰达美爵四家五星级酒店，使大连的五星级酒店全部坐落在中山区；完成了东港区控制性详细规划，创意产业园、游艇港、万达酒店、国际会议中心等一批重点项目开工建设。

（二）服务业发展优势

1. 金融业发展优势

中山区金融业的发展优势突出。中山广场金融商务区是全市最大的金融机构集聚区，也是区域性金融中心的主要功能区，拥有银行、保险、外汇、证券、期货、投资管理等分行（公司）以上级金融机构59家，占全市金融机构的四分之三。目前，大连共有中资银行分行和地区总部26家，其中23家设在中山区；中资保险公司分公司和地区总部16家，全部设在中山区；外资银行、保险公司地区总部和全国总部14家，全部设在中山区。人民银行大连中心支行、大连证监局、保监局等金融监管机构，以及大连银行业协会、保险业协会、证券期货业协会、上市公司协会等金融行业协会也设在中山区。这些金融机构聚集在中山广场周围，依托中山区、面向东北地区及国内外市场开展金融服务，使大连成为东北地区的国际金融、外汇和国际结算中心。

2. 航运物流业发展优势

中山区航运物流业的发展优势突出。人民路是全市最大的航运物流企业集聚区，也是国际航运中心的服务功能区，拥有航运物流企业1400多家，约占全市航运物流企业的80%，其中有全球20大国际集装箱班轮公司17家、中国货代20强企业13家、中国物流百强企业3家，以及大连港集团、铁龙物流等本地的大型航运物流企业。人民路还设立了东北地区最大的航运交易市场；建设了辽宁电子口岸、大连口岸物流网、航运在线网、锦程物流网等物流信息服务平台；大连海关、边检、检验检疫、海事监察等进出口查验机构也设在这里。这些航运物流企业聚集在人民路，依托中山区、面向东北亚及全球市场开展航运物流业务，使大连成为东北亚重要的国际航运中心。

3. 商务服务业发展优势

中山区商务服务业的发展优势突出。人民路是大连的中央商务区，具有以下四个特征：

一是总部经济集聚区。人民路是全市最大的企业总部集聚区，拥有国内外知名企业的地区总部230家，其中有世界500强企业44家、中国百强企业27家、中国服务业百强企业39家。还有各类进出口公司1000多家、航运物流企业1400多家，以及法律、会计、审计、资产评估、财务、税务、咨询策划、广告传媒等中介服务机构600多家。这些大企业、大公司聚集在人民路，依托中山区、面向东北地区及国内外市场开展经营和贸易活动，使大连成为东北地区重要的商务商贸中心。

二是楼宇经济集聚区。人民路是全市商务服务设施最密集的区域，聚集了建筑面积

3000 平方米以上的酒店和商务楼宇 156 座，其中有五星级酒店 9 家、四星级酒店 15 家、三星级酒店 26 家、高档写字楼 51 座、商住公寓 27 座、企业办公楼 28 座。高档写字楼中有专业商务大厦 11 座、税收超千万元的商务大厦 20 座。

三是会议经济集聚区。依靠完善的商务服务设施，人民路还成为大连的国际会议集聚区。近几年来，大连举办的国际高端会议不断增多，成功举办了两届夏季达沃斯—新领军者年会，以此为契机，又举办了汇丰（中国）财富论坛、科技孵化器国际论坛、国际海运（中国）年会、世界规划师大会、国际生物技术大会等国际性会议。人民路的五星级酒店是接待这些国际会议与会者的主要服务设施。

四是高效经济集聚区。人民路中央商务区的空间面积仅占全区的 5% 左右，共吸纳各类企业 8000 余家，占全区企业总数的 80% 以上，企业税收占全区税收总额的 70% 以上。从总部经济的辐射效应看，其创造的经济效益和社会效益更是不可估量的。

4. 信息和科技服务业发展优势

中山区信息和科技服务业的发展优势明显。中国网通、中国移动、大连电信局、邮政局、气象局、邮电枢纽大厦、报业集团、新华书店等大型信息和传媒机构都设在中山区，形成了全市最大的信息服务市场。2009 年，以中山区金融、航运物流业为主的信息业务量约占全市信息业务量的 60%。

近几年来，中山区坚持科技兴区战略，在建设创新服务平台、培育中小科技企业方面也取得了显著成绩。建设了中山区科技创业服务中心、锦联大厦科技园、时代大厦航运物流软件园、天安国际大厦服务外包基地等孵化服务平台。2009 年，全区科技企业发展到 829 家，其中软件、信息技术和信息服务企业 550 家，培育出一批高成长的中小科技企业，高新技术产业产值达到 26.3 亿元。中山区连续八年被国家科技部评为“全国科技进步先进城区”。

5. 商贸业发展优势

中山区商贸业的发展优势突出。青泥洼桥是全市最大的商业中心，也是全国著名商业区之一。中国零售业领军企业大商集团总部设在这里，拥有大连商场、新玛特、麦凯乐、百年城、太平洋百货等大型购物中心、百货店和大超市，全国家电连锁超市国美电器，苏宁电器全市最大的量贩超市胜利广场等，形成了新型业态齐全、功能完善的现代化商业中心。人民路还有友谊商城、时代广场名品廊、新世界名店坊等高档购物中心，形成了国际化高端商业区。大连的四家商业板块上市公司（大商集团、大连友谊、辽宁成大、辽宁时代万恒）全部聚集在中山区。

6. 旅游业发展优势

中山区旅游业的发展优势明显，具有以下三个特点：

一是旅游资源丰富。中山区生态环境优美，自然景观丰富，拥有 42.5 公里黄金海岸线，滨海路旅游观光带依山傍海、风景秀丽，沿途有东海公园、海之韵、棒棰岛、三山岛、老虎滩、北大桥、秀月峰、燕窝岭等景区景点，是大连最具海滨观光特色的旅游景区。中山区城市风光迷人,人文景观丰富,中山广场传统的巴洛克式、哥特式建筑物与人民路现代高楼大厦相互映衬,构成了中西合璧的城市建筑群,是大连“浪漫之都”的典型代表景观。还有劳动公园、儿童公园、植物园等绿色休闲区,中山广场、友好广场、港湾广场、海军广场等10余个广场游览区。

二是精品旅游景区较多。老虎滩海洋公园是大连首个、东北唯一的5A级旅游景区,有极地馆、珊瑚馆、欢乐剧场、海兽馆、鸟语林等十余个精品旅游项目,每年接待海内外游客2000多万人次。棒棰岛是4A级旅游景区,占地面积87公顷,有温泉酒店、高尔夫球场、网球场、游泳池、保龄球馆等运动健身和休闲娱乐设施。还有女子骑警基地、大连观光塔等3A级旅游景区。

三是旅游服务水平较高。中山区拥有旅游星级酒店100多家,其中五星级酒店的数量和豪华水平居东北地区之首,棒棰岛宾馆是我国著名的国宾馆;旅行社149家,占全市旅行社的41%,其中有出入境旅游资质的旅行社16家,国内旅行社133家;其他旅游服务设施也较完善。

三、有利条件和制约因素

(一)有利条件

1. 国家科学发展新战略

我国实施科学发展新战略,为中山区开展服务业综合改革试点创造了有利条件。当前,世界进入“后金融危机时代”和“低碳经济时代”,我国进入经济发展的战略转型期。温总理在政府工作报告中指出:转变经济发展方式刻不容缓,要大力推动经济进入创新驱动、内生增长的发展轨道。为此,要大力发展战略性新兴产业,抢占经济科技制高点;加快发展服务业,进一步提高服务业发展水平和在国民经济中的比重。因此,中山区应贯彻落实国家科学发展新战略,积极开展服务业综合改革试点,大力发展面向生产的服务业,促进战略性新兴产业发展;大力发展面向民生的服务业,引导和扩大消费,从而加快转变经济发展方式,推动经济进入创新驱动、内生增长的发展轨道。

2. 建设辽宁沿海经济带

辽宁沿海经济带建设上升为国家战略,为中山区开展服务业综合改革试点创造了有利条件。建设辽宁沿海经济带要求大连发挥核心城市作用,加快建设东北亚国际航运中心、国际物流中心、区域性金融中心和现代产业集聚区,带动辽宁经济发展和东北老工业基地振兴。大连市进一步提出:着力抓好“三个中心、一个集聚区”建设,强化核心城市功能。全面提升航运中心、物流中心功能,大力引进和培育具有国际竞争力的港航物流企业;加快推进金融中心建设,高水平建设中山广场和星海湾金融商务区。因此,中山区应根据省市工作部署,积极开展服务业综合改革试点,加快建设人民路中央商务区,提升航运物流服务功能;高水平建设中山广场金融商务区,提升金融业服务功能,从而推进“三个中心、一个集聚区”建设。

3. 大连现代服务业发展规划

大连现代服务业发展规划明确了中山区的功能定位和任务，为中山区开展服务业综合改革试点创造了有利条件。大连市“十一五”发展规划提出：中山区要全面推进从中山广场至海之韵广场以金融、商贸、旅游、航运、涉外商务等服务业为特点的中央商务区建设，完善和提升服务功能，逐步发展成为国际航运中心的重要服务区。2007 年出台的《大连市现代服务业发展规划纲要》提出：大连现代服务业重点发展“八大产业”、建设“九大块区”。中山区要建设成现代化中心城区和具有港航服务特色的中央商务区，重点发展总部经济、金融保险、港航服务业、中介服务、文化创意等现代服务业，建设人民路—东港中央商务区。2009 年出台的《大连区域性金融中心建设规划》提出：在空间布局上形成两大金融核心功能区，拓展中山 CBD 金融商务区，加快建设星海湾金融商务区，逐步发展成为东北亚重要的国际金融中心。因此，中山区应贯彻落实全市发展规划，积极开展服务业综合改革试点，加快发展现代服务业，建设人民路中央商务区、中山广场金融商务区，向东港区延伸和扩展 CBD 功能，促进大连现代服务业发展壮大。

4. 中山区服务业发展优势

中山区服务业发展优势突出、地位和作用重要，为开展服务业综合改革试点创造了有利条件。经过近十年改革开放和发展，中山区确立了服务业发展优势，形成了服务业为主的开放型经济结构，构建起以金融业、航运物流业、商务服务业、商贸业为主导的服务经济体系，成为大连国际航运中心、物流中心和金融中心的组合功能区，也成为辽宁和东北地区现代服务业发展的先导区。因此，中山区应按照国家试点工作部署，积极开展服务业综合改革试点，进一步提升服务业功能，增强服务业的辐射力和带动力，促进大连科学发展新跨越、辽宁沿海经济带建设和东北老工业基地振兴。

（二）制约因素

中山区服务业发展面临的主要制约因素如下：

一是空间制约。中山区是老城区，行政空间有限，而且地理上三面环海，基本没有空间扩张余地。服务业发展日益受到空间约束，现有空间内企业和项目趋于饱和，新的重点项目大多要靠老城区改造重新配置土地资源，但这样的发展空间也将越来越少。未来中央商务区建设和现代服务业发展还需要更大的承载空间，调整产业结构和空间布局已成当务之急。

二是体制制约。中山区是服务业发展的黄金宝地，人民路号称大连的“华尔街”，东港区海域是大连的“钻石海湾”。目前，对基础设施和重点项目建设的审批与管理权都集中在市里，区里除了开展前期调研、招商引资、提供配套服务外没有更多参与权。这种状况难以发挥区里的积极性。

三是人才制约。中山区发展现代服务业特别是高端服务业，需要大量的专业人才、复合型人才和高端人才，而现有的人才结构远不能满足这方面需求。另外，政府部门也需要更多的高素质管理人才，而现在的干部队伍还有一定差距。

四是资金制约。与市内其他城区相比,中山区与大连市的财政分成比例相对低一些。在发展经济方面,区级财政事权负担较重,可支配财力不足,迫切需要各级政府的资金支持。

五是政策制约。过去几年,大连现代服务业发展规划提出的一些促进政策,如土地配置、税收优惠、财政补贴和奖励、信贷支持等政策,还没有完全落实。中山区作为现代服务业发展的先导区,缺乏开发区、高新区等先导区的政策环境。与国内先进地区相比,大连对现代服务业的政策支持还有一定差距。

我们相信,中山区通过开展服务业综合改革试点,在各级政府的大力支持下,将会很快克服这些制约因素,促进服务业又好又快发展。

四、试点目标与主要任务

(一)试点总体要求与目标

1.指导思想

深入贯彻落实科学发展观,以国家《服务业综合改革试点实施方案》为指导,以大连市和中山区"十二五"发展规划为依据,以建设主体功能突出的区域服务业中心为主要任务,积极开展服务业综合改革试点,加快发展生产性服务业和消费性服务业,大力发展现代服务业和新兴高端服务业,扩大服务业规模,强化服务业主导产业,优化服务业结构,提升服务业功能,增强服务业的辐射力和带动力,推动服务业全面协调可持续发展,逐步建设成主体功能突出的区域服务业中心,促进大连科学发展新跨越、辽宁沿海经济带建设和东北老工业基地振兴。

2.基本原则

中山区开展服务业综合改革试点,要坚持以下基本原则:

一是坚持科学发展原则。转变经济发展方式,走集约化发展道路,依靠创新驱动、产业集聚、结构优化推动服务业发展,提高服务业发展质量和效益。

二是坚持改革开放原则。深化服务业改革开放,走市场化、国际化发展道路,依靠政府引导、市场化运作,发展壮大服务企业,提高服务业国际竞争力。

三是坚持全面协调发展原则。适应"三个中心、一个集聚区"建设的要求,加快发展生产性服务业;适应民生需求和生态宜居城市建设的要求,加快发展消费性服务业。

四是坚持可持续发展原则。推动服务业节能减排、降耗环保,发展循环经济和低碳经济,实现可持续发展。

五是坚持务求实效原则。科学制定服务业发展规划,分阶段实现发展目标,发挥积极探索、勇于创新、真抓实干的精神,务求取得实效,树立突破和示范效应。

3.试点目标

中山区的试点目标分为近期目标和远期目标。

近期目标:2010年~2012年,重点发展"四大产业"(金融业、航运物流业、商务服务业、商贸业)、建设"四大功能区"(人民路中央商务区、东港国际商务区、青泥洼桥商业中心、滨海路旅游观光带)，构建一批以主导产业为核心的布局合理、结构优化、功能完善的现代服务业集聚区，培育一批拥有自主品牌、专业化水平高、竞争力强的服务企业，形成主导产业突出、对辽宁沿海经济带建设辐射带动作用较强的区域服务业中心。

远期目标:2013 年~2015 年，促进主导产业做大做强，培育和引进一批具有领军作用的国内外服务企业，打造以领军企业为核心的服务产业集群;建设完善“四大功能区”，形成各具特色、充满活力的服务业创新示范区;加快发展信息服务业、科技服务业、文化创意产业和会展经济，培育一批创新能力强、成长性好、发展潜力大的新兴高端服务业。依托服务业发展优势，逐步将中山区建设成东北亚国际金融中心的核心功能区、国际航运中心的高端服务功能区、东北地区重要的商务商贸中心，形成主导产业突出、对东北老工业基地振兴辐射带动作用较强、并辐射东北亚及全球市场的区域服务业中心。

计划到 2015 年，中山区服务业增加值占地区生产总值的 98% 以上;现代服务业对全区经济的贡献率达到 80% 以上，基本实现产业结构高级化。

(二)试点主要任务

1. 大力发展金融业，建设东北亚国际金融中心的核心功能区

发展国际金融总部经济。依托中山广场—东港金融商务区，引进更多的国内外知名金融机构，重点引进内外资银行地区总部、国际财团地区总部、跨国公司财务中心、基金公司、投资管理公司、投资银行、国际金融组织办事机构等，打造国际金融产业集群，构建东北亚国际金融中心。

促进中资金融机构发展。深化金融体制改革，推动中资金融机构与国际金融规则全面接轨，健全公司治理结构，完善激励机制和约束机制，提高国际竞争力。

建立健全金融市场体系。扩大信贷、保险、证券、外汇和期货市场;建立风险投资市场、产权交易市场、新三板市场、境内外上市通道等多层次资本市场;逐步建立离岸金融市场，全面提升国际金融中心的服务功能。

创新金融服务和产品。完善中小企业信用担保体系，扩大中小企业担保贷款;建立科技金融服务体系，发展信用贷款、科技保险贷款和投贷组合业务;建立航运金融服务体系，开展航运融资、担保、保险、外币兑换、结算等服务;建立金融后台服务基地，发展金融后台服务外包。

加强金融安全区建设。健全金融法律法规和政策;完善社会信用体系;强化金融监管与服务;建立金融风险预警机制，防范和化解金融风险。

2. 大力发展航运物流业，建设东北亚国际航运中心的高端服务功能区

促进航运物流企业发展。依托人民路中央商务区，引进和培育具有龙头作用的国内外物流企业，提升物流业的专业化、社会化和国际化水平。重点引进国外的全球物流运营商、第三方物流公司和物流地产开发商，鼓励这些企业在连设立国际物流分拨中心。培育本地航运物流企业，促进港口企业由单一港口物流服务商向区域综合物流服务商转变，鼓励大连港集团等大型航运物流企业面向辽宁和东北地区，整合航运物流资源，开展

跨地区、跨行业并购重组,打造航运物流产业集群,提高国内外市场占有率。支持民营物流企业改制重组,组建规模较大的物流企业集团,提高市场竞争力。

建设完善物流信息服务平台。推动辽宁电子口岸、大连口岸物流网、航运在线网、锦程物流网等物流网络平台开展分工合作,拓展网络信息集成、加工、浏览、交易、定舱、结算、查询等功能,形成口岸物流信息服务中心。逐步建立以大连口岸物流信息服务平台为中心,与东北地区及国内外各个物流节点信息一体化的物流信息网络体系,提升国际航运中心的服务功能和运营效率。

建设完善航运物流服务体系。依托航运交易市场和航运物流专业大厦,发展航运咨询、海事法律、货运代理、后勤补给以及航运融资、保险、结算等航运服务业;促进各类航运服务企业扩大业务范围,提高服务质量,取得国内外行业资质认证,增强国际竞争力。逐步发展国际客运代理、国际旅行社、国际邮轮服务等专业服务机构,为发展国际邮轮经济创造条件。

3. 大力发展商务服务业,建设东北地区重要的商务中心

加强高档商务楼宇建设。依托人民路—东港中央商务区,规划建设世界一流水平的超五星级酒店,打造东北地区标志性的高端商务服务设施,提供国际商务会展、休闲度假等全方位服务;规划建设一批具有国际会议功能的高档酒店、商务楼宇、会议和文化设施,提升国际商务会展服务功能。

发展商务中介服务业。重点发展律师、公证、法律援助、司法鉴定、经济仲裁等法律中介服务,提高公平服务水平;发展会计、审计、资产评估、财务、税务、计量检测、资质认证、招投标等经济鉴证类服务,提高诚信服务水平;发展信息咨询、科技评估、专利、知识产权、技术转移、培训、投融资等科技中介服务,促进中小科技企业发展;发展改制策划、财务顾问、并购重组、投资与资产管理、上市保荐等资本运营类服务,推动企业在境内外上市。

4. 着力发展信息和科技服务业,建设大连重要的科技创新基地

建设完善信息服务设施。推动中国网通、中国移动等电信和网络服务商瞄准世界先进水平,实施“世界电信港”工程,建设由高宽带通讯设施、跨国通信网络、数字交换与传输设施、集成化网络服务平台、卫星地面站组成的电信网络系统,为信息和科技服务业发展搭建“信息高速公路”。全面实施三网融合、有线电视升级工程,扩大网络数字增值业务,提高区域信息化水平。

发展软件信息服务业。依托软件和服务外包专业大厦,引进国内外知名的软件企业,培育中小软件企业。鼓励软件企业抢占国际高端服务外包市场,重点发展应用软件、嵌入式软件、集成电路设计和系统集成外包服务,发展电信增值服务、金融后台服务、动漫制作、研发设计、业务流程管理等 BPO 外包服务;进军国内信息化市场,参与商业软件、金融后台服务外包市场竞争,逐步形成规模较大、竞争力较强的软件和服务外包产业集群。

发展科技服务业。整合商务楼宇资源,建设一批高水平的科技创新服务平台,引进跨国公司研发中心、国内重点高校和科研院所及科技项目带头人,围绕电子信息、生物技

术、新能源、新材料、节能环保等新兴产业，开展技术研发、成果转化和技术转移，提高自主创新能力。创新孵化器发展模式，推动孵化器建设与国内外发展趋势接轨，构建"平台专业化、标准国际化、管理企业化、服务专家化、融资多元化、政策规范化、布局网络化"的孵化器体系；建立"专业孵化 + 创业导师 + 天使投资"的孵化服务模式；推行孵化器与风险投资相结合的创业孵化集团模式；建设集研发基地、成果转化基地、产业化基地为一体的孵化器产业集群；开辟科技企业在新三板挂牌—创业板上市的便利通道，提升孵化功能和孵化效率，推进科技成果转化和产业化，促进中小科技企业快速成长。

5. 着力发展文化创意产业，建设大连重要的创意设计基地

在东港区规划建设文化创意产业园，引进国内外知名的文化创意企业，培育中小文化创意企业。加快发展文化产业，开发音乐、艺术、图书、影视、多媒体等文化产品，建立编剧创作、演艺录制、市场发行、售后服务、人才培养等产业服务链，打造文化产业集群。发展动漫游戏产业，开展原创设计制作、外包服务、版权交易、体验娱乐和市场营销，保护知识产权，培育品牌形象和龙头企业，打造动漫产业集群。发展创意设计产业，开展服装设计、工业设计、建筑设计、景观设计和环保设计，建立设计制作、信息和技术服务、展示发布、市场推广、人才培训等服务平台，打造创意设计产业集群。

6. 加快发展商贸业，建设东北地区重要的商贸中心

优化青泥洼桥商业中心功能。推动大商集团进一步做大做强，扩大经营规模，创新服务模式，提高服务质量，打造中国商业品牌形象。改造现存的传统商业街，规划建设高端特色商业区，引进国内外知名的商业企业和先进业态，发展专业店、特色店、品牌店、名品店；扩大国内外品牌总代理和总经销，建立世界名品精品展销中心。

培育高端商业市场。促进友谊商城、时代广场名品廊、新世界名店坊等高端商业区繁荣发展，加快建设裕景国际商城、东港国际购物广场，构建东北地区国际购物中心。

改造天津街商业区。鼓励国内外企业参与商业资源整合，盘活商业存量资产；重点发展特色商业，建设特色购物街、特色餐饮街、文化娱乐街和商旅结合特色街；发展商业采购配送、邮政快递、网络购物和电子商务，打造全市商业物流配送中心。

发展社区服务业。建设完善社区服务设施，改造传统服务业，发展便利店、折扣店、专业连锁店、农副产品超市、家政服务超市等新型业态，为社区居民提供全方位服务。扶持中小商业企业和个体工商户发展，扩大社会就业，满足民生需求。

7. 加快发展旅游业，建设"浪漫之都"著名的旅游目的地

开发建设滨海路旅游观光带。发挥生态环境和自然景观优势，加快建设琥珀湾、渔人码头等旅游项目，深入开发沿途各个旅游项目和产品，打造集海滨观光、自然生态、主题公园、娱乐休闲、运动健身为一体的旅游目的地。

发展城市观光旅游。发挥城市风光和人文景观优势，开发中西文化观赏、绿色休闲、广场游览、商务旅游、文艺表演、现代商业体验等旅游项目和产品，打造集城市观光、文化体验、娱乐休闲、旅游购物为一体的旅游目的地。

开发建设东港旅游区。发挥海洋生态和城市资源优势,加快建设国际邮轮港、游艇港、钻石广场等旅游项目,建设高档商务商贸设施、大型会议和文化设施,打造集海洋游乐、水上运动、城市观光、休闲度假、商务会展旅游、文化旅游为一体的旅游目的地。

提高旅游服务水平。深化旅游业改革开放,促进旅游企业发展壮大;提高旅游服务质量,建设完善旅游公共服务系统、自助式旅游服务体系;丰富旅游文化内涵,提升"浪漫之都"文化品位;推进旅游节能环保,实现旅游业可持续发展。

五、空间布局及重点项目

(一)人民路中央商务区

人民路中央商务区包括中山广场金融商务区、航运物流服务区、总部经济集聚区,面积约1.5平方公里。现在是区域性金融中心的主要功能区、国际航运中心的服务功能区、大连的中央商务区,未来将建设成东北亚国际金融中心的核心功能区、国际航运中心的高端服务功能区、东北地区重要的商务中心。

1. 中山广场金融商务区

中山广场金融商务区是大连最大的金融机构集聚区,拥有银行、保险、外汇、证券、期货、投资管理等金融机构59家,约占全市金融机构的四分之三。中外资银行、保险公司地区总部占全市的90%以上。

图1　中山广场金融商务区

表1　中山广场金融商务区中外资银行明细表

序号	银行名称	注册地址
	中资银行	
1	工商银行大连分行	中山区中山广场5号
2	农业银行大连分行	中山区中山路10号
3	中国银行辽宁省分行	中山区中山广场9号
4	中国银行大连分行	中山区延安路一方大厦
5	建设银行大连分行	中山区解放街1号
6	国家开发银行大连市分行	中山区人民路15号国际金融大厦25楼
7	中国进出口银行大连分行	中山区人民路15号国际金融大厦20楼
8	交通银行大连分行	中山区人民路1号
9	中信银行大连分行	中山区人民路29号
10	光大银行大连分行	中山区上海路45号
11	民生银行大连分行	中山区延安路28号
12	招商银行大连分行	中山区人民路17号
13	华夏银行大连分行	中山区同兴街25号
14	广东发展银行大连分行	中山区解放街5号
15	深圳发展银行大连分行	中山区友好路130号
16	浦东发展银行大连分行	中山区中山广场3号
17	兴业银行大连分行	中山区中山路136号希望大厦19层
18	大连银行	中山区中山路88号
19	哈尔滨银行大连分行	中山区银洲国际大厦
20	锦州银行大连分行	中山区人民路23号宏源大厦
21	盛京银行大连分行	中山区解放路
22	大连市农村信用联社	中山区一德街76号
	外资银行	
23	东亚银行大连分行	中山区人民路7号东亚银行大厦
24	南洋商业银行大连分行	中山区明泽街16－18号丽苑大厦1楼
25	汇丰银行大连分行	中山区人民路宏誉商业大厦1楼
26	花旗银行(中国)有限公司大连分行	中山区中山广场2号
27	英国渣打银行有限责任公司大连分行	中山区五惠路21号瑞士酒店1309室
28	韩国外换银行大连分行	中山区世界贸易中心25楼

表2　　中山广场金融商务区中外资保险公司明细表

序号	公司名称	分类	注册地址
1	百年人寿股份有限公司	寿险	中山区人民路15号国际金融大厦7楼
2	中国人寿保险公司大连分公司	寿险	中山区人民路26号中国人寿大厦
3	平安财险公司大连分公司	财险	中山区人民路24号平安大厦5楼
4	平安寿险公司大连分公司	寿险	中山区人民路24号平安大厦11楼
5	华泰保险大连分公司	财险	中山区长江路123号长江写字楼16F
6	泰康人寿大连分公司	寿险	中山区吉庆街31号
7	天安保险大连分公司	财险	中山区人民路7号东亚银行19楼
8	新华人寿大连分公司	寿险	中山区同兴街25号世界贸易大厦11层
9	太平保险大连分公司	财险	中山区七一街11号银洲国际大厦19F
10	太平人寿保险大连分公司	寿险	中山区七一街11号太平人寿大厦25F
11	中华联合财产保险大连分公司	财险	中山区人民路15－17号国际金融大厦7楼
12	华安保险大连分公司	财险	中山区民主广场3号亚太物业办公楼17－18楼
13	中国出口信用保险辽宁分公司	财险	中山区中山广场2号万恒商务大厦4楼
14	大地保险大连分公司	财险	中山区民泽街68号B座
15	生命人寿保险大连分公司	寿险	中山区人民路55号亚太国际金融中心5－7层
16	安邦保险大连中心支公司	财险	中山区友好路211号商务特区5层
17	都邦保险大连分公司	财险	中山区人民路23号虹源大厦8F
18	平安养老保险大连分公司	寿险	中山区人民路24号平安大厦7F
19	民生人寿大连中心支公司	寿险	中山区上海路4号上鼎大厦27F
20	合众人寿保险大连分公司	寿险	中山区延安路1号保嘉大厦13楼
21	太平养老大连业务总部	寿险	中山区七一街11号太平人寿大厦26F
22	幸福人寿大连中心支公司	寿险	中山区中山路136号希望大厦4F
23	首创安泰保险公司	寿险	中山区同兴街25号,世贸大厦37楼
24	首创安泰大连分公司	寿险	中山广场2号万恒商务大厦3层
25	日本财险大连公司	财险	

2. 航运物流服务区

人民路是大连最大的航运物流企业集聚区，拥有航运物流企业1400多家，约占全市航运物流企业的80%，其中有全球20大国际集装箱班轮公司17家。还设立了东北地区最大的航运交易市场；建设了口岸物流信息服务平台；大连海关、边检、检验检疫、海事监察等进出口查验机构也设在这里。

图2　大连港区万吨级码头

表3　航运物流服务区国际集装箱班轮公司明细表

序号	公司名称	排名	大连注册企业名称	注册地址
1	马士基海陆	1	马士基(中国)航运有限公司大连分公司	人民路68号宏誉商业大厦26楼1-1号
2	长荣海运	3	长荣香港有限公司大连办事处	大连人寿大厦2601室
3	铁行渣华	4	铁行渣华(中国)船务有限公司大连分公司	人民路85号国运大厦2001-2002室
4	达飞轮船	5	达飞轮船(中国)船务有限公司大连分公司	同兴街25号世界贸易中心大厦5100室

续表

序号	公司名称	排名	大连注册企业名称	注册地址
5	美国总统	6	美国总统轮船(中国)有限公司大连分公司	人民路24号平安大厦2300室
6	韩进轮船	7	韩进海运(中国)有限公司大连分公司	人民路68号宏誉大厦2003-2003室
7	日本邮船	8	日本邮船(中国)有限公司大连分公司	港湾街7号时代大厦2204室
8	中远集团	9	大连中远国际货运有限公司	人民路71号成大大厦4-5层
9	中海集运	10	中海集装箱运输大连有限公司	港湾街2-1号海景酒店17楼
10	东方海外	11	东方海外货柜航运(中国)有限公司大连分公司	人民路68号宏誉大厦2402室
11	川崎汽船	12	川崎汽船(中国)有限公司大连分公司	人民路85号国运大厦2807室
12	以星航运	13	以星综合航运(中国)有限公司大连分公司	人民路23号虹源大厦2802室
13	商船三井	14	商船三井(中国)有限公司大连分公司	人民路67号安誉大厦
14	赫伯罗特	16	德国赫伯罗特货柜航运有限公司大连办事处	人民路23号虹源大厦3706室
15	南美智利轮船	17	南美船务集团代理(香港)有限公司大连代表处	港湾街2号海景酒店9楼
16	阳明海运	18	青岛阳明国际货运有限公司大连分公司	港湾街7号时代大厦1802室
17	现代商船	20	现代商船(中国)有限公司大连分公司	人民路68号宏誉大厦1603-1603室

3. 总部经济集聚区

人民路是大连最大的企业总部集聚区,拥有国内外知名企业的地区总部230家,其中有世界500强企业44家。还有各类进出口公司1000多家、航运物流企业1400多家、各类中介服务机构600多家。

图 3　人民路中央商务区

表 4　　总部经济集聚区世界 500 强企业明细表

序号	公司名称	大连注册企业名称	注册地址	主要业务
1	法国道达尔	中化道达尔燃油有限公司大连分公司	人民路 23 号虹源大厦 2605 室	燃油
2	荷兰国际集团	首创安泰人寿保险有限公司	世贸大厦 37 层	保险
		首创安泰人寿保险有限公司大连分公司	中山广场 2 号	保险
3	美国花旗银行	花旗（中国）银行大连分行	中山广场 2－1 号	银行
4	法国安盛	法国安盛公司大连办事处	人民路 60 号富丽华大酒店 617 室	保险
5	英国汇丰控股	汇丰银行（中国）有限公司大连分行	人民路 68 号宏誉大厦 1、2、10 层	银行

续表

序号	公司名称	大连注册企业名称	注册地址	主要业务
6	美国摩根大通	大连希望大厦有限公司	中山路136号	银行
7	法国家乐福	香港家乐福全球采购亚洲有限公司大连代表处	人民路71号成大大厦1608	食品药品店
		大连家乐福商业有限公司中山店	鲁迅路29－5号	食品药品店
8	日本日立	日本株式会社日立物流大连代表处	人民路68号宏誉大厦901A室	贸易
9	德国邮政DHL	中外运－敦豪国际航空快件有限公司辽宁分公司	朝阳街68号	邮递
10	日本索尼	索尼(中国)有限公司大连中山分公司	人民路15号24层E2单元	电子电气设备
11	韩国乐金	韩国株式会社LG商事大连办事处	同兴街25号世贸大厦47层3B号	多样化
12	韩国现代	韩国现代油化株式会社大连代表处	上海路4号	贸易
		韩国现代综合金属株式会社大连代表处	鑫港大厦2112室	贸易
		现代商船(中国)有限公司大连分公司	宏誉大厦1603－1604室	海运
13	日本东芝	东芝电梯(沈阳)有限公司大连分公司	上海路4号1607室	电子电气设备
14	芬兰诺基亚	诺基亚(中国)投资有限公司大连办事处	人民路15号中银大厦24F	网络通讯设备
15	丹麦马士基集团	马士基物流(中国)有限公司大连分公司	人民路68号宏誉大厦2601－2603室	海运
		马士基(中国)航运有限公司大连分公司		
16	美国摩托罗拉	摩托罗拉(中国)电子有限公司	上海路4号	网络通讯设备
17	日本三菱商事	日本三菱商事株式会社大连事务所	人民路15、17号中银大厦21层D2	贸易

续表

序号	公司名称	大连注册企业名称	注册地址	主要业务
18	日本三菱电机	上海三菱电梯有限公司大连分公司	港湾街7号时代大厦	电子电气设备
19	美国麦当劳	大连麦当劳餐厅食品有限公司	同兴街25号世界贸易大厦50层	饮食服务
20	美国惠氏	上海惠氏营养品有限公司大连办事处	人民路68号	制药
21	德国曼恩集团	丹麦曼恩 B&W 柴油机有限公司大连办事处	友好路101号曼哈顿大厦2座1111室	汽车与零件
22	日本邮船	日本邮船(中国)有限公司大连分公司	港湾街7号时代大厦2205室	海运
23	美国万宝盛华	上海万宝盛华人力资源有限公司大连分公司	同兴街25号世贸大厦26层3A-1室	人力资源
24	日本鹿岛	日本株式会社鹿岛商会大连办事处	七一街69号4层403室	工程建筑
25	美国礼来大药厂	美国礼来亚洲公司大连代表处	青泥街57号瑞士酒店1108室	制药
26	英国翠丰	大连百安居装饰建材有限公司中山店	杏林街60号	专业零售
		上海百安居装饰工程有限公司大连中山分公司	杏林街60号	专业零售
27	美国百胜	大连肯德基有限公司	昆明街9号地A区城市广场内	餐饮
28	松下公司	松下电器(中国)有限公司大连分公司	大连市中山区中山路136号大连希望大厦902-906室	商务服务
29	英国渣打银行	英国渣打银行大连分行	大连市中山区五惠路21号(瑞士酒店1309室)	银行
30	富士通集团	富士通微电子(上海)有限公司	大连市中山区中山路136号20层08B室	商务服务

续表

序号	公司名称	大连注册企业名称	注册地址	主要业务
31	中国石化	中国石化销售有限公司东北大连分公司	长江路12号	炼油
		中石化中海船舶燃料供应有限公司大连燃料分公司	鲁迅路74号	
		中石化中海船舶燃料供应有限公司大连物资分公司	学士街131号	
		大连中石化物资装备公司	北斗街36号	
32	中国石油天然气	中国石油天然气股份有限公司东北销售大连分公司	三八广场3号	炼油
		中国石油天然气股份有限公司大连销售分公司	昆明街200号	
		中国石油天然气运输公司大连分公司	昆明街200号	
33	国家电网	中国电力财务有限公司东北分公司业务三部	中山路102号	电力
34	中国工商银行	中国工商银行大连市分行	中山广场5号	银行
35	中国移动通信	中国移动通信集团辽宁有限公司大连分公司	上海路4号	信息服务
36	中国人寿	中国人寿保险股份有限公司大连市分公司	人民路26号	保险
37	中国银行	中国银行股份有限公司辽宁省分行	延安路9号	银行
38	中国建设银行	中国建设银行股份有限公司大连市分行	解放街1号	银行
39	中化集团	中化辽宁公司	人民路23号	贸易
		大连中化辽宁油品公司	人民路23号	
40	中国农业银行	中国农业银行大连市分行	中山路10号	银行

续表

<table>
<tr><th>序号</th><th>公司名称</th><th>大连注册企业名称</th><th>注册地址</th><th>主要业务</th></tr>
<tr><td>41</td><td>宝钢集团</td><td>大连东北宝钢产品分销有限公司</td><td>鲁迅路 35 号</td><td>贸易</td></tr>
<tr><td>42</td><td>中国建筑工程</td><td>中国建筑第六工程局第五建筑工程公司大连分公司</td><td>明泽街 16 号</td><td>建筑业</td></tr>
<tr><td rowspan="2">43</td><td rowspan="2">中粮集团</td><td>大连中粮进出口公司</td><td>一德街 9 号</td><td rowspan="2">贸易</td></tr>
<tr><td>大连中粮广场大厦</td><td>一德街 11 号</td></tr>
<tr><td rowspan="5">44</td><td rowspan="5">中远集团</td><td>中远(香港)航运有限公司大连办事处</td><td>民寿街 4 号银河公寓 24 楼</td><td rowspan="5">海运</td></tr>
<tr><td>大连中远国际货运有限公司</td><td rowspan="2">人民路 71 号</td></tr>
<tr><td>大连中远集装箱船务代理有限公司</td></tr>
<tr><td>大连中远物流有限公司国际货运分公司</td><td rowspan="2">港湾街 2 号
深业大厦</td></tr>
<tr><td>大连中远国际航空货运代理有限公司</td></tr>
</table>

4. 楼宇经济集聚区

人民路是大连商务服务设施最密集的区域，拥有建筑面积 3000 平方米以上的酒店和商务楼宇 156 座。其中有三星级以上酒店 50 家、高档写字楼 51 座、商住公寓 27 座、企业办公楼 28 座。高档写字楼中有专业商务大厦 11 座、税收超千万元的商务大厦 20 座。

图 4　东北首家五星级酒店——富丽华酒店

表 5　楼宇经济集聚区五星级酒店一览表

序号	酒店名称	酒店地址	酒店层数
1	瑞士酒店	五惠路 21 号	38
2	凯宾斯基酒店	解放路 92 号	31
3	日航饭店	长江路 123 号	27
4	富丽华酒店	人民路 60 号	30
5	香格里拉大饭店	人民路 66 号	28
6	海景酒店	港湾街 2 号	30
7	远洋洲际酒店	中山路	48
8	新世界酒店	人民路	31
9	泰达美爵酒店	中南路 205 号	25

图5　总部经济大厦——希望大厦

表6　　楼宇经济集聚区专业商务大厦一览表

序号	大厦名称	大厦地址	建筑面积（万 M2）	专业功能
1	宏誉大厦	人民路68号	3.5	航运大厦
2	虹源大厦	人民路23号	6.3	物流大厦
3	国运大厦	人民路85号	2.3	物流大厦
4	海港大厦	长江路12号	2.5	物流大厦
5	国际金融大厦	人民路15-17号	5.65	金融大厦
6	成大大厦	人民路71号	3.1	外贸大厦
7	希望大厦	中山路136号	8.96	总部经济大厦

续表

序号	大厦名称	大厦地址	建筑面积（万 M2）	专业功能
8	银洲国际大厦	七一街 11 号	2.8	小企业创业基地
9	锦联大厦	祝贺街 35 号	1.7	科技大厦
10	辽宁时代大厦	港湾街 7 号	4.63	航运物流软件园
11	天安国际大厦	中山路 88 号	7	服务外包大厦

5. 近期新建重点项目

人民路中央商务区近期新建重点项目 7 个，计划总投资 53 亿元。2009 年竣工项目 4 个，总投资 16 亿元；在建项目 4 个，总投资 37 亿元。

表 7　人民路中央商务区近期新建重点项目一览表

项目名称	项目类型	建设性质	项目业态	总投资（亿元）
时代广场	总部经济	竣工	酒店购物	7
港湾壹号	总部经济	竣工	公寓公建	4
海派优座	总部经济	竣工	公寓公建	2
国际金融中心	金融商务	竣工	写字楼	3
新世界大厦	金融商务	在建	酒店购物	15
世界金融中心	金融商务	在建	写字楼公寓	10
上方港景	总部经济	在建	写字楼公寓	12

（二）东港国际商务区

东港国际商务区是大连规划建设的最高端城市功能区，也是大连建设国际化大都市的标志性城区。坐落在中山区东北部，面向“钻石海湾”，与人民路中央商务区贯通，总面积 5.97 平方公里（陆地面积 2.78 平方公里、填海面积 3.19 平方公里）。未来将延伸和扩展人民路中央商务区功能，建设成集国际金融、总部经济、商务会展、文化创意、高端商业、观光度假旅游为一体的现代服务业集聚区。

东港国际商务区规划建设五大功能区。一是建设总部经济区，发展国际金融、航运物流、国际贸易、中介服务等总部经济，同时发展商务会展、软件信息、文化创意等高端服务业；二是建设金融商贸区，发展资本市场、航运金融、金融后台服务、高端商业等服务业；三是建设邮轮游艇区和海滨服务区，发展国际邮轮、水上运动、海滨观光、休闲度假、餐饮娱乐等旅游业；四是建设时尚社区，发展高档住宅和别墅。

东港国际商务区规划建设重点项目18个，计划总投资260亿元。

表8　东港国际商务区规划建设重点项目一览表

项目名称	项目类型	建设性质	项目业态	总投资（亿元）
东北第一楼	高端商务	规划	酒店写字楼	80
万达酒店	商务度假	在建	酒店公寓	60
金融大厦	金融商务	规划	写字楼	10
报业大厦	总部经济	规划	写字楼	10
电业大厦	总部经济	规划	写字楼	10
辽宁三检大厦	总部经济	规划	写字楼	10
商务公寓	商务度假	规划	写字楼公寓	5
国际会议中心	商务会展	在建	会议大厅	10
大剧院	文化会展	规划	展演大厅	10
美术馆	文化会展	规划	展示大厅	5
创意产业园	文化创意	在建	孵化平台	5
国际购物广场	高端商业	规划	购物中心	15
国际邮轮港	国际旅游	规划	港口	10
游艇港	水上运动	在建	港口	5
钻石广场	观光休闲	在建	广场	3
渔人码头	餐饮娱乐	规划	特色街	5
威尼斯水城	观光休闲	规划	旅游景点	5
海滨观光栈道	观光休闲	规划	旅游景点	1
休闲公园	休闲娱乐	规划	旅游景点	1

东北第一楼是最大的建设项目，建筑面积57.4万平方米，总投资超过80亿元，由上海绿地集团建设。计划建设一幢综合商务楼宇和4幢150米高的豪华海景公寓，综合商务楼宇集超白金五星级海景酒店、世界500强企业总部5A级写字楼、世界顶级奢侈品购物中心、豪华海景公寓、金融家俱乐部于一体，建筑设计高度518米，是东北地区最高的商务楼宇。

图6　东港国际商务区

图7　超五星级酒店——万达酒店

图8 国际会议中心

图9 钻石广场和游艇港

(三)青泥洼桥商业中心

青泥洼桥商业中心(含天津街商业区)是大连最大的商业中心,面积约1.5平方公里。拥有新玛特、麦凯乐、大连商场、百年城、太平洋百货等大型购物中心、百货店和大超市;全国家电连锁超市国美电器、苏宁电器;全市最大的量贩超市胜利广场等,形成了新型业态齐全、功能完善的现代化商业中心。未来将建设成东北地区重要的商贸中心。

1. 商业中心主力店

图 10　大商集团主力店——大连商场

图 11　太平洋百货

图 12　胜利广场量贩超市

2. 近期新建重点项目

青泥洼桥商业中心近期新建重点项目 8 个，计划总投资 91.6 亿元。2009 年竣工项目 4 个，总投资 16 亿元；在建项目 4 个，总投资 75.6 亿元。

表 9　　青泥洼桥商业中心近期新建重点项目一览表

项目名称	项目类型	建设性质	项目业态	总投资（亿元）
香榭里	商业	竣工	餐饮休闲	5
普照假日广场	商业商务	竣工	公寓公建	2
久光百货	商业	竣工	购物	2
希望大厦	商务	竣工	写字间	7
大连老街	商业	在建	餐饮休闲	3.6
大连中心裕景	商业商务	在建	公寓公建	62
国泰港汇中心	商业商务	在建	公寓公建	5
嘉汇国际中心	商务	在建	精装修公寓	5

（四）滨海路旅游观光带

滨海路旅游观光带依山傍海、风景秀丽，沿途有东海公园、海之韵、棒棰岛、三山岛、老虎滩、北大桥、秀月峰、燕窝岭等景区景点，是大连最具海滨观光特色的旅游景区。未来将与城市人文景观、东港旅游新区融为一体，建设成“浪漫之都”著名的旅游目的地。

1. 主要旅游景区

图 13 海之韵景观

图 14 棒棰岛景观

图 15　5A 级旅游景区——老虎滩公园

图 16　哥特式建筑——中国银行辽宁分行

2. 近期新建重点项目

滨海路旅游观光带近期新建重点项目 2 个，均为在建项目，计划总投资 16 亿元。

表 10　滨海路旅游观光带近期新建重点项目一览表

项目名称	项目类型	建设性质	项目业态	总投资（亿元）
渔人码头	旅游	在建	休闲餐饮	6
琥珀湾	旅游	在建	休闲餐饮	10

六、试点保障措施

(一)加强组织领导

1. 提高思想认识

中山区开展服务业综合改革试点,建设主体功能突出的区域服务业中心,是大连市和中山区新时期面临的一项重大任务,对于促进大连科学发展新跨越、辽宁沿海经济带建设和东北老工业基地振兴具有重要意义。市区政府要把开展试点工作摆在十分重要的位置上,切实加强组织领导,举全市之力完成试点任务,实现试点目标。

2. 成立试点领导机构

成立"大连市中山区开展服务业综合改革试点领导小组",由大连市主管副市长任组长,市发改委主任、中山区区长任副组长,成员单位包括全市各有关部门;领导小组办公室设在中山区,由主管副区长任办公室主任。建立试点工作联席会议制度,统筹协调各成员单位,研究解决试点进程中面临的重大问题;建立与国家发改委的协调机制,定期汇报和联系沟通,争取国家的政策支持。

3. 制订实施相关规划

领导小组办公室负责制订《中山区服务业"十二五"发展规划》,完善"四大功能区"建设规划;组织实施各项规划,对基础设施和重点项目建设统一进行审批与管理。市有关部门制订全市"十二五"发展规划及相关行业(金融、航运物流、科技、商贸、旅游、交通、能源、城建、环保等)发展规划时,要把中山区"四大功能区"建设作为重点项目,优先满足项目建设需要。认真落实国家和市里的有关政策,引导资金、人才、技术等资源要素向中山区流动,促进服务业快速发展。

(二)深化改革开放

1. 深化行政管理体制改革

深化行政管理体制改革,推进审批型政府向服务型政府转变。建立依法行政、精干高效的行政管理机构,转变政府职能,减少审批事项,简化审批程序,提高办事效率;逐步与国际惯例接轨,建立政府引导、市场化运行的机制,健全法律法规,发挥中介服务机构的作用,营造公平竞争的市场环境。

加强服务型政府建设,提高服务质量和效率。规范行政收费,合理确定收费标准,严禁对企业"乱收费、乱摊派、乱干预",逐步学习国内先进经验,建立"零收费"制度。建立健全统计制度,引进现代服务业和新兴产业统计指标,完善统计指标体系;定期发布统计信息,开展统计信息评估分析,为政府决策和企业管理提供科学依据。加强企业分类指导,开展"企业诊断"服务,引导"健康企业"向产业集群发展,帮助"患病企业"克服障碍加快发展。

2. 深化服务企业改革

深化服务企业改革,发展壮大市场主体。推进服务企业改制,完善公司治理结构,提高自我发展能力;鼓励优势企业整合行业资源,开展并购重组,组建规模较大的服务企业集团。逐步培育一批具有国际竞争力的大型服务企业集团，争取在境内外上市。

3. 深化投融资体制改革

深化投融资体制改革，建立多元化、多渠道投融资体系。市区加大专项资金投入，争取国家和省里的资金支持。扩大利用国家开发银行贷款；完善中小企业信用担保体系，扩大利用商业银行贷款。吸引社会投资主体参与投资建设。开辟资本市场融资渠道，利用产权交易市场开展股权融资；争取参加国家新兴产业创业投资基金试点；组织发行企业集合债券；推动企业在境内外上市。

4. 加大招商引资力度

加大招商引资力度，吸引国内外企业投资发展服务业。实行优惠政策，建立高素质的招商队伍，采取灵活多样的招商方式，面向国内外大力开展招商引资。招商引资逐步由依靠政策优惠招商向依靠制度创新引资转变，建立依法行政和诚信服务制度，对引进项目实行“一站式审批”、“全程保姆式服务”，营造规范化、高效率、低成本的投资环境，吸引国内外企业投资。招商引资逐步向招商选资转变，重点引进高技术、高智力、高附加值项目，实现引进项目数量与质量、规模与效益的有机结合。

（三）加快功能区建设

1. 加快基础设施建设

推进重点项目和配套基础设施建设。对项目建设实行统一规范的工程招投标制，严格工程质量监督管理，保证项目建设达到设计标准。到 2012 年年末，基本完成人民路中央商务区、滨海路旅游观光带的重点项目建设；到 2015 年年末，基本完成青泥洼桥商业中心的重点项目建设，东港国际商务区的重点项目建设完成 70% 以上，使中山区服务业进入快速发展阶段。

加快功能区环境改造。整治和改善人民路周边环境，对商务大厦外立面、灯光灯饰和广告牌匾进行亮化美化升级改造，打造“浪漫之都”新形象新亮点。在各个功能区规划建设大型立体停车场，着力解决行车难、停车难等交通瓶颈问题；学习和借鉴国内外先进经验，规划建设 JD 型立体交通体系，构建世界一流的现代化、人性化城市交通体系和景观，为服务业发展创造良好的交通环境。

2. 健全商务楼宇服务机制

引导现有商务楼宇加大投入，做好资源整合和综合开发，完善配套生活服务设施，提高楼宇信息化和智能化水平；加强与新建楼宇的沟通协调，帮助开发商找好项目定位，建设完善配套服务设施；扶持特色专业大厦发展，引进更多的优势企业和项目；建立商务楼宇、进驻企业动态管理体系，及时掌握楼宇经济发展动态，有效解决进驻企业诉求，促进楼宇经济和总部经济发展。

3. 培育产业集群

依托功能区大力开展招商引资，争取引进具有领军作用的国内外服务企业。围绕领军企业的产业链分工，引进上下游配套企业、采购供应商、营销服务商、相关研发机构和中介服务机构,延长和完善产业服务链,逐步打造以领军企业为核心的产业体系完备、分工协作密切、规模效益较高的服务产业集群。

4. 开展环境保护

加强功能区环境监管,与环保部门密切合作,对引进项目实行环评否决制,严禁污染超标项目进入区内;要求项目投资商科学编制环评报告,经环保部门审核批准后落实环保措施;高标准规划建设城市绿化带,在主要交通线路两侧构建由树冠、灌木丛、草地构成的立体绿化带;大力发展循环经济,实行全部污水综合处理,推行垃圾分类处理和综合焚烧利用,保护和改善功能区生态环境。

(四)搞好人才资源开发

1. 加强专业人才培养

根据服务业发展对人才资源的需求,加快培养精通外语、掌握专业技能、熟悉现代服务业、通晓国际规则的高素质专业人才。支持重点高校及其他院校扩大专业人才教育;支持职业中专扩大专业人才和专业技术人员的培养;支持社会培训机构开展专业人才的培训、实训;支持功能区企业开展专业人才的岗位培训。鼓励开展多种形式的校企联合,建立专业人才的培训、实训基地,采取"订单式"教育培训模式,扩大专业人才定向培养。

2. 加强高端人才培养

与大连理工大学、东北财经大学等重点高校合作,举办高端人才培训班,实现师资队伍、课程设置、考试和认证制度与国际接轨,重点为企业和政府部门培养高级管理人才、高级技术人才、外向型人才和复合型人才。与国内服务业发展的先进地区合作,实施"重点人才互派培训计划",不断提高企业和政府部门高中层管理人员的素质。

3. 扩大国内外人才引进

积极引进国内人才,利用人才市场、人才招聘会、招商说明会等渠道,定期发布人才需求信息,实施优惠的人才政策,吸引国内专业人才和专业技术人员入区发展,重点面向东北地区、环渤海地区、长江三角洲和珠江三角洲地区,引进紧缺人才、外向型人才和复合型人才。大力引进国外高端人才,依托中国海外学子创业周、软件交易会及国际友好城市、外资合作伙伴、驻外机构、华侨华人社团等海外引才平台,实施更加优惠的人才政策,重点面向日、韩、港澳台、欧美等国家和地区,引进外向型人才和复合型人才。建立有利于人才成长的长效服务机制,做到引进人才、留住人才、用好人才。

(五)加大政策支持力度

1. 争取国家和市里的政策支持

积极申报《中山区开展国家服务业综合改革试点方案》,争取首批获得国家批准,贯彻落实国家的各项试点政策,促进中山区服务业快速发展。

争取市政府的政策支持。适度提高中山区与大连市的财政分成比例,增加区级财政可支配财力;市财政设立服务业综合改革试点专项资金,支持中山区开展试点工作;大连现代服务业发展规划提出的各项促进政策,如土地配置、税收优惠、财政补贴和奖励、信贷支持等政策,优先向中山区倾斜。

2.进一步放宽市场准入

中山区对国家法律法规未明令禁止的服务业领域,全部向社会开放,允许各类投资者准入发展,并实行内外资、内外地企业同等待遇。对一般服务企业注册资本最低限额,除法律法规另有规定外,一律降低到1万元;以知识产权等无形资产出资设立服务企业,无形资产出资比例最高可占企业注册资本的50%;组建服务企业集团,母公司注册资本降低到1000万元,母子公司合计注册资本降低到3000万元。

3.鼓励国内外企业投资

对国内外企业在中山区投资建设重点项目,实行下列优惠政策:对投资1亿元及以上的企业,返还其缴纳营业税(地方分成部分)的50%,不超过三年;自企业盈利年度起,返还其缴纳企业所得税(地方分成部分)的50%,不超过五年;挂牌取得项目建设用地,返还其缴纳土地出让金的50%。对投资1000万元至1亿元的企业,返还其缴纳营业税、企业所得税和土地出让金的40%,政策年限不变;对投资1000万元以下的企业,返还其缴纳营业税、企业所得税和土地出让金的30%,政策年限不变。

4.设立服务业发展专项资金

中山区设立多种形式的服务业发展专项资金,支持服务业重点领域发展。设立基本建设专项资金,支持功能区基础设施建设;设立科技专项资金,支持科技研发和成果转化;设立人才专项资金,支持培养和引进专业人才;设立贷款担保资金,为中小企业提供信贷融资服务;设立社区发展专项资金,支持社区服务业发展,扶持居民就业创业。服务业发展专项资金每年按一定比例增长,且不低于地方财政预算的增长幅度。

5.支持楼宇经济和总部经济发展

认真落实《中山区特色专业大厦房屋租赁补贴资金管理办法》有关规定,对符合产业政策的企业入驻专业大厦租赁房屋经营,给予租金补贴;对世界500强企业及其他国内外知名企业入驻专业大厦租赁房屋经营,给予一次性奖励,并提高租金补贴比例;对入驻企业完成税收增长计划的专业大厦,给予一定奖励。

6.扶持中小科技企业发展

申请开展国家新兴产业创业投资基金试点,建立中山区创业投资基金,专门扶持软件信息、文化创意等领域的中小科技企业发展。鼓励国内外创业投资机构对科技企业扩大投资,投资额占净资产50%以上,可认定为高新技术企业,享受税收优惠政策,并按投资额的一定比例给予风险补偿。扩大科技信贷融资规模,推行中小科技企业信用共同体管理模式,扩大信用担保能力;允许科技企业以知识产权质押融资;与银行、保险公司合作开展信用贷款、科技保险贷款试点,向优秀的科技企业提供非抵押、非担保贷款,并给予贴息和保险费补贴。鼓励高成长的科技企业在新三板挂牌、创业板上市,对挂牌和上市企业给予一定补贴,并返还企业在上市过程中发生的各项税费。

《大连市中山区开展国家服务业综合改革试点方案》课题组成员

课题领导小组:

顾　问:李万才　大连市人民政府　市长

组　长:李向东　大连市中山区　区委书记

　　　　江亲喻　大连市中山区　区长

副组长:蔡先勃　大连市中山区　常务副区长

课题组:

负责人:张少颖　大连市政府发展研究中心财贸研究室　主任　研究员

　　　　吴晓辉　大连市中山区发展和改革局　局长

成　员:尹执刚　大连市中山区发展和改革局　副局长

　　　　宋欣茹　大连市政府发展研究中心财贸研究室　研究人员

　　　　赵　欣　大连市政府发展研究中心财贸研究室　研究人员

执　笔:张少颖